L'annuaire du Québec 2006

SOUS LA DIRECTION DE
MICHEL VENNE ET
ANTOINE ROBITAILLE

**L'annuaire
du
Québec
2006**

LE QUÉBEC
EN 2006

2005 EN SEPT
POLÉMIQUES

L'ÉTAT DU QUÉBEC
LA POPULATION

L'ÉCONOMIE ET
LES CONDITIONS
DE VIE

LA SANTÉ ET
L'ÉDUCATION

LA CULTURE
LES SPORTS
ET LES MÉDIAS

LA VIE POLITIQUE

LE TERRITOIRE

LE QUÉBEC,
LE CANADA,
LE MONDE

LE QUÉBEC EN
UN COUP D'ŒIL

FIDES

Crédits photographiques

Première de couverture
En haut, de gauche à droite : John Gomery (© Jacques Nadeau), Céline Dion (© CPimages.ca / AP Photo /
Joe Cavaretta), Gilles Duceppe (© Jacques Nadeau), Nathalie Simard (© Publications TVA Inc. / Avec l'aimable
autorisation de Madame Nathalie Simard), Alexandre Despatie (© CPimages.ca / CP Photo / Ryan Remiorz).

En bas, de gauche à droite : Philippe Couillard (© Jacques Nadeau), manifestants (© Jacques Nadeau),
José Théodore (© Jacques Nadeau), Guy A. Lepage (© Michel Tremblay).

Quatrième de couverture : © Jacques Nadeau.

Catalogage avant publication de Bibliothèque et Archives Canada

Vedette principale au titre :
L'annuaire du Québec 2006

Comprend des réf. bibliographiques et un index.
Publ. en collab. avec : Institut du Nouveau Monde.

ISSN 1711-3571
ISBN 2-7621-2646-0

1. Québec (Province) - Politique et gouvernement - 21ᵉ siècle.
2. Québec (Province) - Conditions sociales - 21ᵉ siècle.
3. Québec (Province) - Conditions économiques - 21ᵉ siècle.
I. Venne, Michel, 1960-.
II. Institut du Nouveau Monde.

FC2925.2.Q41   971.4'05   C2004-390011-9

Dépôt légal : 4ᵉ trimestre 2005
Bibliothèque nationale du Québec
© Éditions Fides, 2005

Les Éditions Fides remercient de leur soutien financier le ministère du Patrimoine canadien, le Conseil des Arts du
Canada et la Société de développement des entreprises culturelles du Québec (SODEC). Les Éditions Fides bénéficient
du Programme de crédit d'impôt pour l'édition de livres du Gouvernement du Québec, géré par la SODEC.

IMPRIMÉ AU CANADA EN NOVEMBRE 2005

L'Annuaire du Québec est publié chaque année depuis 1996 par Les Éditions Fides. C'est une publication de l'Institut du Nouveau Monde (INM).

Directeurs
Michel Venne et Antoine Robitaille

Rédaction, recherche, révision, traduction
Sophie Breton-Tran, Denis Desjardins, Miriam Fahmy, Serge Laplante

Conseillers et partenaires
Robert Choinière (santé), Paul-André Comeau (administration publique), Madeleine Gauthier et l'Observatoire Jeunes et sociétés (familles et généra-tions), Robert Laliberté et l'Association québécoise des études québécoises (le Québec et le monde), Maurice Tardif et le Centre de recherche interuniver-sitaire sur la formation et la profession enseignante (éducation), Daniel Giroux et le Centre d'études sur les médias (médias), le ministère des Affaires municipales et des régions (régions).

Rédaction
Anne-Marie Aitken, Pierre Anctil, Sébastien Arcand, Lise Bacon, Stéphane Baillargeon, Pierre Beaudet, Louise Beaudoin, Carole Beaulieu, Éric Bédard, Hélène Bégin, Claude Béland, Noreddine Belhocine, Gérard Bérubé, Robert Bernier, Mathieu Bock-Côté, Denise Bombardier, Gérard Bouchard, Pier-André Bouchard St-Amant, Vicky Boutin, Michel Brûlé, Henri Brun, Jocelyne Caron, Frédéric Castel, Alec Castonguay, Charles Castonguay, Clairandrée Cauchy, Jean Cermakian, Marc Chevrier, Robert Choinière, Hélène Chouinard, Marie-Andrée Choinard, Thomas Collombat, Robert Comeau, Louis Cornellier, Michel David, Fabien Deglise, Bernard Descôteaux, Jean-Pierre Desaulniers, Christian Desmeules, Jean Dion, Frédérique Doyon, Bernard Drainville, Pierre Dubuc, Christian Dufour, Jacques Dufresne, Clermont Dugas, Luc Dupont, Robert Dutrisac, Valérie Émond, Joseph Facal, Dominique Foisy-Geoffroy, Pierre Fortin, Graham Fraser, Gilles Gagné, Jean-Paul Gagné, Gabriel Gagnon, Dominique Garand, Clermont Gauthier, Jean-Pierre Girard, Daniel Giroux, Alain Guay, Steven Guilbault, Denis Hamel, Fatima Houda-Pepin, Isabelle Hudon, Amir Khadir, Jacques Keable, Rémy Kak'wa Kurtness, Gilles Labelle, Robert Laliberté, Bernard Lamarche, Simon Langlois, Robert Laplante, Serge Laplante, Daniel Leblanc, Patrice LeBlanc, Pierre Lefebvre, Anne-Marie Lemay, Kathleen Lévesque, Robert Lévesque, Pierre L'Hérault, Jocelyn Maclure, Don Macpherson, Nicolas Marceau, Daniel Maltais, Bachir Mazouz, Martin E. Meunier, Nelson Michaud, Henry Milner, Alain-Robert Nadeau, Jacques Nantel, Bertrand Nolin, Joëlle Noreau, Pierre Noreau, François Normand, Marc-Urbain Proulx, Marc Ouimet, Ginette Paquet, Isabelle Porter, Philip Raphals, Jean Renaud, Christian Rioux, Marc Rioux, Jean-Claude Rivest, Yves Rousseau, Jean-Hugues Roy, Mario Roy, Sylvie Roy, Nicolas Saucier, Mathieu-Robert Sauvé, Majella Simard, Pierre Thibault, Marc Van Audenrode, Thierry Vandal, Bernard Vermot-Desroches, Claude Villeneuve, Jean-Philippe Warren.

Photographies
Jacques Nadeau (sauf avis contraire)

Caricatures
Michel Garneau (Garnotte)

Direction artistique
Gianni Caccia

Mise en pages et infographie
Gaétan Venne

L'Annuaire du Québec est publié en collaboration avec Le Devoir

Les Éditions Fides
358, boul. Lebeau, Saint-Laurent (Québec) H4N 1R5

L'Institut du Nouveau Monde
209, rue Sainte-Catherine Est, C.P. 8888, succ. Centre-ville Montréal (Québec) H3C 3P8
inm@inm.qc.ca • www.inm.qc.ca

L'Annuaire 2006 : boule de cristal et rétroviseur

Antoine Robitaille

Antoine Robitaille

L'*Annuaire du Québec* bouge, en 2006. Nous l'avons voulu plus nerveux, plus critique, plus dynamique, parfois plus littéraire, tout en gardant ce qui en a fait depuis une décennie un véritable ouvrage de référence qui dresse ni plus ni moins que l'état du Québec et offre sur cette société les données fondamentales les plus fraîches.

Boule de cristal

Commençons par le côté boule de cristal : bien sûr, il s'est toujours fait de la prospective dans L'*Annuaire du Québec*. Mais dans cette édition 2006, nous avons amplifié et mis en relief cet exercice toujours périlleux mais stimulant. Non seulement nous avons demandé à nos quelque 80 auteurs de faire, dans leur texte, un effort de prospective, mais nous avons sollicité l'avis de quelque 35 observateurs de la société québécoise sur ce que sont les trois plus grands défis du Québec en 2006. Deux anciens premiers ministres du Québec, Jacques Parizeau et Pierre Marc Johnson, ainsi qu'une sénatrice, Lise Bacon, ont entre autre accepté de se prêter à l'exercice.

Rétroviseur

L'Annuaire de 2006 tient aussi à jeter un coup d'œil sur le rétroviseur, pour voir d'où le Québec vient, pour mieux interpréter son parcours. Bien sûr, ses éditions précédentes le faisaient déjà - pensons aux précieuses sections chronologiques de Serge Laplante, qui reviennent encore cette année - mais nous avons ici aussi décidé de mettre les choses en relief. Notamment dans la nouvelle section sur les sept grandes polémiques de 2005, décortiquées par des plumes aguerries qui proposent des essais de grande qualité.

Dominique Garand s'affaire avec brio à décortiquer le phénomène télévisuel Tout le monde en parle... L'historien Éric Bédard, explique les grandes causes de la grève étudiante de 2005... etc. Aussi, deux journalistes à qui l'on doit plusieurs révélations, Daniel Leblanc et Kathleen Lévesque, s'attardent respectivement au dossier où ils ont servi avec brio le droit du public à l'information : le scandale des commandites dans le cas de Leblanc et la saga du CHUM, dans celui de Lévesque.

Nous avons voulu regarder encore plus loin dans le rétroviseur. En 2006, nous soulignerons les 30 ans du 15 novembre 1976, date de l'accession au pouvoir du Parti québécois et autour de laquelle débattent dans nos pages deux personnalités politiques de camps opposés.

Nous avons parfois regardé très loin dans le passé : il ne faut rater le texte du sociologue Jean-Philippe Warren qui a voyagé 100 ans en arrière pour explorer l'état d'esprit du Québec en 1906. Plus proche de nous : l'expert en changements climatiques Claude Villeneuve, décrit les 10 ans qui ont suivi le déluge du Saguenay. Quant au très regretté sociologue des médias Jean-Pierre Desaulniers, fauché par le cancer début août, il nous a fait l'ultime cadeau d'un texte documenté et plein de verve au sujet des 20 ans de Télévision Quatre-Saisons.

Un agenda pour 2006

Les aspects « boule de cristal » et « rétroviseur » se retrouvent tous deux dans une toute nouvelle section Calendrier des rendez-vous de 2006. Se voulant d'une utilité immédiate, elle propose ni plus ni moins de dresser une liste non exhaustive des grands rendez-vous nationaux et internationaux de l'année. Rien de mieux pour voir ce que 2006 nous réserve. Voilà une autre bonne raison de garder l'annuaire sur son bureau ou sur sa table de nuit pendant toute l'année.

Ce calendrier s'ajoute aux autres éléments factuels et statistiques, la chronologie de l'année écoulée, les lois adoptées en 2004-2005, le personnel politique, les grandes dates de l'histoire du Québec, que nous avons regroupés, à la fin de l'ouvrage, dans une section Le Québec en un coup d'œil complètement remaniée.

Nos « classiques »

L'Annuaire du Québec 2006 conserve les grandes têtes de chapitre sur lesquelles repose sa pertinence. Il dresse l'état du Québec, propose ses bilans régionaux, analyse certaines données clés de son économie, s'attarde aux questions religieuses, de santé, d'éducation, en passant par la culture, les médias, les sports (une nouveauté avec Jean Dion), la vie politique ainsi que l'inscription du Québec dans le monde.

Plusieurs auteurs habitués reviennent avec bonheur. Ce sont les classiques de l'Annuaire : Michel David dresse son bilan politique ; Pierre Fortin étudie un dossier éconmico-politique, celui de la Gaspésia ; Louis Cornellier interprète l'année des essais ; Jean Dion interprète à sa façon le déclin du base-ball et du hockey et la montée du football et du soccer ; Simon Langlois propose de lire le Québec en 20 tendances. Avec Gilles Gagné, il nous propose le fruit d'une étude exclusive de l'opinion publique sur la souveraineté du Québec etc.

Aussi, des plumes connues s'ajoutent au panthéon de l'Annuaire : Graham Fraser s'attarde au bilan de Bernard Landry ; Robert Lévesque propose son bilan du théâtre en 2005 ; Mathieu-Robert Sauvé s'attarde à l'année des hommes québécois ; Stéphane Baillargeon tente de comprendre pourquoi les artistes québécois ont tant de succès à Las Vegas.

Autrement dit, cet ouvrage hybride, à la fois un almanach, un « état du Québec » et un panorama de la recherche sur cette « société distincte » contient des trésors que les lecteurs prendront plaisir à découvrir tout au long de 2006 et au delà. Vos commentaires sont les bienvenus : inm@inm.qc.ca.

Sommaire

INSTITUT DU NOUVEAU MONDE

Une nouvelle BOÎTE À IDÉES

L'INM EST UN INSTITUT INDÉPENDANT, non partisan, voué au renouvellement des idées, à l'animation des débats publics et à l'éducation civique au Québec.

L'INM ŒUVRE DANS UNE PERSPECTIVE DE JUSTICE SOCIALE, de respect des valeurs démocratiques, et dans un esprit d'ouverture et d'innovation.

RETROUVER LE GOÛT DE L'AVENIR, relancer l'imaginaire, aider les décideurs à décider mieux, dessiner les contours du Québec dans lequel nous voulons vivre demain, déterminer ce qui doit être fait pour répondre aux aspirations d'une société progressiste, juste, démocratique et pluraliste : voilà l'essentiel de la mission de l'Institut du Nouveau Monde.

Incorporé le 20 janvier 2003, l'INM a été lancé publiquement le 22 avril 2004 en présence de 300 citoyens et citoyennes à l'hôtel de ville de Montréal.

La parole aux citoyens

PAR SES ACTIONS, l'INM encourage la participation des citoyens, contribue au développement des compétences civiques, au renforcement du lien social et à la valorisation des institutions démocratiques. L'avenir du Québec dépend certes d'une économie de marché dynamique et d'un État transparent mais aussi d'une société civile forte, bien informée, rompue aux règles de la délibération, apte à participer aux décisions et à produire de l'innovation.

Après à peine un an d'existence, **L'INM A REÇU LE PRIX CLAIRE-BONENFANT 2005**. Il s'agit du Prix de la citoyenneté remis par le gouvernement du Québec pour les valeurs démocratiques et l'éducation civique.

UNE ÉCOLE D'ÉTÉ pour changer le monde...

« Wow ! Merci !... pour ces nouvelles idées, ce regain d'espoir et cet intense désir d'engagement... »

L'ÉCOLE D'ÉTÉ DE L'INM s'adresse aux 15-30 ans. Du 19 au 22 août 2004, la première édition, baptisée l'Université du Nouveau Monde, a regroupé quelque 400 jeunes, de toutes les régions, et quelque 90 conférenciers dont Riccardo

L'ÉCOLE D'ÉTÉ
DE L'INSTITUT DU NOUVEAU MONDE
UNE ÉCOLE DE CITOYENNETÉ AUX AIRS DE FESTIVAL

Petrella, Jacques Attali, Lise Bissonnette, Roméo Dallaire, Michaëlle Jean, Amir Khadir, Pops, Céline Saint-Pierre, Bernard Landry, Claude Béchard, Pierre Reid… et les groupes musicaux Polémil Bazar et Loco Locass.

La deuxième édition de l'École d'été de l'INM a eu lieu du 18 au 21 août 2005. La participation a augmenté de 50 % en un an, pour atteindre 600 jeunes de toutes les régions du Québec. Elle s'est inscrite dans un tout nouveau Festival citoyen, ouvert au grand public, qui comportait du théâtre, du cinéma, une nuit d'écriture, de l'humour avec la sénégalo-rimouskois Boucard Diouf, de la musique et des grandes conférences avec le candidat aux présidentielles américaines Ralph Nader, le philosophe John R. Saul, le sociologue Gérard Bouchard et l'ex-ministre Louise Beaudoin.

Cette école de citoyenneté aux airs de festival conjugue des volets éducatifs, délibératifs, ludiques et artistiques. Elle est à la fois une tribune, une caisse de résonnance pour les idées des jeunes, et un moyen de renforcer leurs compétences civiques et d'accroître leurs connaissances sur les grands enjeux de notre temps. L'École d'été est un lieu d'apprentissage et un lieu d'apprivoisement de la chose publique et de l'action citoyenne. C'est aussi une contribution au dialogue entre générations.

Les participants à l'École d'été 2004 ont adopté 50 propositions pour le Québec de demain qui font une large place aux valeurs d'humanisme et de responsabilité. Les jeunes veulent un État qui soit le gardien du bien commun, valorisent le dialogue entre les générations, les régions et les cultures, veulent une mondialisation équitable et respectueuse des droits et affichent leur conscience de l'identité particulière du Québec. Ils ont proposé l'établissement d'un conseil des sages, une journée fériée d'action citoyenne, une taxe sur la publicité, le transport en commun gratuit dans vingt ans, la création d'un réseau interrégional de diffusion culturelle, la semaine de quatre jours et des dizaines d'autres innovations.

En 2005, les jeunes ont formulé 38 projets concrets, réalisables par eux-mêmes, dans le but d'atteindre un idéal. Une quinzaine de ces projets sont en voie de réalisation.

INFORMER, DÉBATTRE, PROPOSER:
Un dialogue citoyens/experts

*« C'est un privilège qu'on s'est accordé…
S'asseoir et se poser la question : dans quelle
société voulons-nous vivre ? »*

SANTÉ :
le temps des choix

RENDEZ-VOUS
STRATÉGIQUES

12 MARS, 9 AVRIL, 6-7 MAI 2005

INSTITUT DU
NOUVEAU MONDE

L'INM a tenu, à l'hiver 2005, un premier **RENDEZ-VOUS STRATÉGIQUE** sur la santé. Les Rendez-vous stratégiques de l'INM ont pour objectif de dégager, par des débats ouverts et informés, entre experts et citoyens, une vision du Québec dans lequel nous voulons vivre dans vingt ans. Cinq grands thèmes feront l'objet d'autant de rendez-vous : après la santé, l'économie, la culture et l'éducation, le territoire et la population, et l'État et le citoyen.

La démarche se décline en trois temps : informer, débattre, proposer. Un comité directeur, formé d'experts, propose les questions à soumettre au débat et constitue une documentation pertinente et accessible au grand public. Les membres de l'INM sont conviés à débattre, entre eux, dans chacune de leurs régions, des dilemmes proposés. Ils se réunissent à la fin de la démarche pour adopter des orientations et des propositions d'actions concrètes.

Pour ses rendez-vous stratégiques, l'INM a recours à la vidéoconférence, pour rassembler virtuellement les membres de diverses régions et leur donner accès à des conférenciers, puis à Internet où sont rassemblés les conférences (audio-vidéo), les textes de référence et les résultats de la démarche.

Quelque 200 participants et experts ont participé à ce premier rendez-vous stratégique sur la santé. Le comité directeur était présidé par Marcel Villeneuve.

Les participants ont recommandé :
- un virage prévention
- un virage citoyen
- une ouverture au privé mais un refus de la logique du profit
- et un frein à la bureaucratisation et aux corporatismes.

Le deuxième Rendez-vous stratégique porte sur l'économie et est prévu pour l'hiver 2006.

L'ANNUAIRE DU QUÉBEC et ses suppléments

L'INM PUBLIE CHAQUE ANNÉE *L'ANNUAIRE DU QUÉBEC*, un ouvrage de référence, publié aux Éditions Fides. Cet ouvrage, accessible au grand public, est constitué de textes inédits produits par les meilleurs experts du Québec dans leur domaine : études originales, synthèses ou revues de littérature, données statistiques sur toutes les dimensions du Québec contemporain, analyses de grands phénomènes sociaux.

L'Annuaire du Québec est utilisé notamment au cégep et à l'université comme outil de référence.

L'INM a lancé une nouvelle collection d'ouvrages thématiques grand public : les **SUPPLÉMENTS DE L'ANNUAIRE DU QUÉBEC**. Le premier numéro portait sur la santé et regroupait les résultats du premier Rendez-vous stratégique sur la santé : *100 idées citoyennes pour un Québec en santé*.

Le deuxième numéro fait état des nouvelles formes d'engagement des jeunes Québécois, offre une réflexion sur le mouvement de grève étudiante de l'hiver 2005 et raconte l'expérience de la première école d'été de l'INM. Il comporte aussi des extraits des conférences de Jacques Attali, Riccardo Petrella, Roméo Dallaire, Michaëlle Jean, etc.

DES ACTIVITÉS PONCTUELLES

L'INM organise ou participe à l'organisation de diverses activités de débat tout au long de l'année, notamment : les ciné-débats de l'INM à l'ONF, les grandes conférences citoyennes à la Grande Bibliothèque, un colloque sur les CPE, un colloque sur la participation civique des immigrants, un débat sur l'avenir de la forêt au Québec, un colloque sur le développement durable. Surveillez nos activités sur notre site Internet.

Un «THINK TANK» démocratique

> « Ce que je recherche, ce ne sont pas seulement les idées, mais les yeux, les voix, les visages…»

L'INM COMPTAIT 950 MEMBRES INDIVIDUELS ET QUARANTE MEMBRES CORPORATIFS AU 30 SEPTEMBRE 2005. La moitié des membres habitent Montréal, 14 % Québec. 16 % sont âgés de moins de 30 ans, 55 % entre 30 et 60 ans et 29 % ont plus de 60 ans. 59 % sont des hommes et 41 % sont des femmes.

Les membres de l'INM sont regroupés en **CERCLES RÉGIONAUX**. Au cours de sa première année, l'INM a formé huit cercles régionaux : en Outaouais, dans Lanaudière, au Saguenay-Lac-Saint-Jean, en Estrie, dans le Bas-Saint-Laurent, en Mauricie, en Abitibi, à Québec et à Montréal. Les cercles régionaux organisent des activités sur une base locale.

Le conseil d'administration de l'INM est composé (au 30 juin 2005) de : Conrad Sauvé (président), Claude Béland, Karine Blondin, Gérard Bouchard, Michel Cossette, Patrick Ferland, Sally Phan, Céline Robitaille-Cartier, Susan Rona, Sara Saber-Freedman, Céline Saint-Pierre, Caroline Sauriol, Roger Simard, Michel Venne, Marcel Villeneuve et Patrick Woodsworth.

Directeur général : Michel Venne.

DEVENEZ MEMBRE !

… *Pour contribuer à l'émergence des idées nouvelles pour le Québec*
… *Pour participer aux débats sur l'avenir de notre société*
… *Pour recevoir une information fiable sur les grands enjeux de notre temps*
… *Pour faire partie d'un vaste réseau de citoyens et de citoyennes*

PARCE QUE nous voulons être des artisans du monde en devenir…

PARCE QUE le temps de rafraîchir nos modèles est arrivé…

PARCE QUE trop de problèmes demeurent sans solution…

PARCE QUE le débat public est paralysé par des logiques partisanes…

PARCE QU'IL est vital de combattre le fatalisme et la résignation…

PARCE QUE seuls les citoyens peuvent déterminer le changement qui répond à leurs besoins.

www.inm.qc.ca

Le Québec
en 2006

Les défis du Québec

Se projeter dans l'avenir

Michel Venne

Michel Venne

Le Québec vit une période d'ébullition sur le plan social et politique. Juste au moment de mettre sous presse L'*Annuaire du Québec* 2006, deux groupes de citoyens bien connus venaient de publier chacun un manifeste (pour un Québec lucide et pour un Québec solidaire) invitant les Québécois à prendre conscience de certaines réalités et de la nécessité d'un changement. Un nouveau parti politique est en gestation. Le Parti québécois vient de se choisir un nouveau chef (l'élection n'avait pas encore eu lieu au moment où j'écris ces lignes, début novembre). Les mouvements sociaux sont mobilisés. Des débats de fond sont engagés sur l'avenir de notre système de santé, notamment suite à la décision de la Cour suprême du Canada dans l'affaire Chaoulli (survenue trop tard en 2005 pour que nous ayions eu le temps d'inclure un article dans la présente édition de L'*Annuaire du Québec*). Des réformes sont débattues également en éducation, au sujet du mode de scrutin en vigueur au Québec, sur l'avenir des centres de la petite enfance. Les régions s'interrogent sur leur avenir. Les étudiants ont fait la grève l'hiver dernier. Et le reste à l'avenant.

Afin de contribuer au débat, L'*Annuaire du Québec* publie cette année une section entièrement consacrée aux défis du Québec. Nous avons d'abord invité les quatre anciens premiers ministres du Québec toujours vivants à nous faire part de leurs réflexions sur ce sujet. MM. Pierre Marc Johnson et Jacques Parizeau ont accepté notre invitation. MM. Daniel Johnson et Lucien Bouchard l'ont déclinée. M. Bernard Landry était toujours chef du Parti québécois et chef de l'Opposition lorsque nous avons lancé ce projet. Les propos de MM. Johnson et Parizeau ont été recueillis par Antoine Robitaille et Michel Venne. Les textes ont été rédigés par Antoine Robitaille. Nous avons ensuite demandé à une cinquantaine de leaders d'opinion de la société québécoise – leaders de groupes sociaux, élus, journalistes, directeurs ou rédacteurs en chef de revues d'idées et de débats, intellectuels, de tous âges, de gauche comme de droite –, de proposer à la réflexion, dans un texte court, trois défis pour le Québec de 2006. Trente-cinq ont répondu à l'appel. Ces deux exercices donnent un résultat fascinant, que nous reproduisons dans les pages qui suivent.

Il se dégage une première ligne de fond : le Québec doit s'affranchir de ses dogmes, comme le suggère Jacques Parizeau. Il lui faut passer outre les tabous.

Cesser de craindre le changement. Retrouver le goût de l'audace et de la créativité. Redécouvrir des rêves collectifs, comme le propose le sociologue et historien Gérard Bouchard. Il faut aussi savoir passer le relais aux générations montantes. Réapprendre à débattre également, et comprendre le sens des mots, au-delà des slogans et des sondages. À propos de dogmes, plusieurs de nos invités montrent du doigt le débat privé-public. Ni le tout public, ni le tout privé ne sont des avenues envisageables. Alors pourquoi semble-t-on incapable de faire la part des choses lorsque l'on critique les lourdeurs du secteur public et pourquoi le privé est-il souvent dépeint comme le diable en personne ? La question se pose notamment dans le domaine de la santé. À cet égard, Pierre Marc Johnson en étonnera plus d'un en prenant le contre-pied d'une idée à la mode : le Québec, dit-il, doit préserver sa capacité de taxer s'il veut pouvoir continuer à préserver sa spécificité culturelle et sociale. Mais, selon lui, il y a lieu de cesser de vouloir que l'État gère l'économie et crée des emplois à la place des entreprises.

Le grand projet mobilisateur pour le Québec est-il l'indépendance ? D'aucuns le pensent, dont Jacques Parizeau, bien sûr, et certains de nos invités. Il faut entre autres, écrit Robert Laplante, le directeur de la revue L'Action nationale, réapprendre à dire NOUS. Pierre Marc Johnson reste hésitant devant cette question. Ce qui lui importe, c'est que le Québec dure dans le temps et réussisse à faire face aux défis de la mondialisation. Pour ce faire, une alliance avec les forces progressistes du reste du Canada lui semble essentielle. À moins que les Québécois préfèrent l'autonomie à l'indépendance ? Un nouveau parti politique pourrait-il incarner mieux une sorte de troisième voie ? Le philosophe Jocelyn Maclure en est convaincu.

Pour faire face à la mondialisation, l'important c'est l'éducation, affirment plusieurs de nos invités. Certains font de cette question le seul enjeu qui compte. Celui-ci est très lié à notre capacité d'innovation, note Jacques Parizeau, ce qui l'incite à proposer que l'on mette un accent plus fort sur le soutien à la recherche scientifique. Le journaliste Bernard Drainville suggère quant à lui un nouveau pacte de productivité entre patrons, fonds d'investissement et syndicats pour affronter la concurrence de la Chine et de l'Inde. Pour faire notre place dans le monde, n'oublions pas Montréal, rappelle la présidente de la Chambre de commerce Isabelle Hudon. Et ne négligeons pas non plus le défi démographique. Le déclin nous guette. Il faut, dit la sénatrice Lise Bacon, une vraie politique familiale et une vraie politique d'immigration. Et essayons de garder nos Anglos chez nous, suggère le chroniqueur Don Macpherson.

Il reste qu'à côté de ces grands défis de nature économique, il y a ceux reliés à notre qualité de vie. Pourrions-nous mieux huiler nos relations interpersonnelles en y remettant un peu de civilité ? demande Denise Bombardier. Retrouver le sens de l'éthique, de l'honnêteté et de l'intégrité malmené par les révélations de la commission Gomery, suggère le directeur du Devoir Bernard Descôteaux, avec plusieurs de nos invités ? Le temps, l'espace, la culture, la mémoire, le développement durable autrement qu'en paroles, les habitudes de vie et de consommation, la prévention et la promotion de la santé, autant d'autres questions soumises aux Québécois et aux Québécoises de 2006. Matière à réflexion. Carburant pour l'action.

Les 35 leaders d'opinion
Lise Bacon,
Joseph Facal,
Amir Khadir,
Jean-Claude Rivest,
Gérard Bouchard,
Claude Béland,
Steven Guilbault,
Pier-André Bouchard St-Amant,
Isabelle Hudon,
Pierre Beaudet,
Bernard Descôteaux,
Carole Beaulieu,
Mario Roy,
Don Macpherson,
Bernard Drainville,
Denise Bombardier,
Jean-Paul Gagné,
Pierre Dubuc,
Jacques Dufresne,
Pierre Thibault,
Robert Laplante,
Jocelyn Maclure,
Louis Cornellier,
Éric Bédard,
Anne-Marie Aitken,
Gabriel Gagnon,
Robert Comeau,
Pierre Lefebvre,
Pierre L'Hérault,
Jean Renaud,
Dominique Foisy-Geoffroy,
Stéphane Baillargeon,
Michel Brûlé,
Christian Dufour,
Mathieu Bock-Côté.

Pierre Marc Johnson
Le Québec doit préserver sa capacité de taxer

Propos recueillis par
Antoine Robitaille et Michel Venne

Pierre Marc Johnson

Pour durer, pour protéger sa différence culturelle et pour organiser la solidarité comme il l'entend, le Québec doit défendre sa « capacité d'avoir un taux d'imposition qui permet des transferts sociaux ». Il s'agit là de l'un des principaux défis du Québec en 2006, selon Pierre Marc Johnson. Il faut « défendre notre spécificité sociale et culturelle par le maintien d'un fardeau fiscal un peu plus élevé que les autres, dit-il. Moi j'accepte de payer plus d'impôt. Et je trouve qu'au bout de la ligne, comme citoyen et comme membre d'une collectivité, c'est une bonne chose. J'accepte que parce que je fais plus d'argent, je participe plus aux transferts sociaux. Je veux être sûr, par contre que l'État est efficace. »

Mais ce ne sera pas chose facile – affirme l'ancien premier ministre, qui a quitté la vie politique en 1987 – dans une rare entrevue accordée durant l'été 2005 à *L'Annuaire du Québec*. Car au sud, depuis des décennies, la théorie baptisée « starve the beast » – « affamer la bête », la bête étant l'État – gagne du terrain.

L'idée en est simple : on réduit les impôts considérablement après avoir par ailleurs adopté des lois prohibant les déficits. Et dès qu'un déficit apparaît, les politiciens peuvent dire qu'il n'ont d'autres choix que de... réduire la taille de la bête, ce qui implique de couper dans les services, les « transferts ». Selon Pierre Marc Johnson, tant d'Américains « critiquent l'État parce qu'il est à leurs yeux mauvais en soi. Et comme pour prouver leur thèse, ils lui enlèvent tous les moyens d'être efficace ».

Cette réduction de la bête rend-elle pour autant les Américains plus compétitifs ? « Non, je ne le crois pas. Ils vont avoir à gérer les problèmes sociaux énormes qui découleront de ça. Et il y a des résistances dans la population américaine autour de la sécurité sociale. »

Ainsi, les réformes du président américain se sont soldées, « particulièrement pour les plus riches et pour les entreprises », par des baisses d'impôt considérables. Cela va « influencer les facteurs de concurrentialité en Amérique du Nord », dit-il. Et si le reste du Canada cède à la tentation d'imiter les Américains, M. Johnson « doute que le Québec puisse persister seul avec son système fiscal ». Comment y échapper, alors ? Après hésitations, il lance : « ...je vais le dire : il faut accepter qu'on fasse,

avec les forces progressistes au Canada anglais, une alliance fondamentale sur la fiscalité ».

Dans le ROC (rest of Canada), l'électorat, mis à part l'Alberta, est selon lui en majorité convaincu de la nécessité de conserver un « univers fiscal » solide. Même le chef conservateur Stephen Harper « est en train de recentrer son programme » face à un électorat canadien peu porté à voir l'État comme une « bête ».

Observateur engagé de la mondialisation

Est-ce à dire que l'État, aujourd'hui, doit échapper aux remises en question ? Qu'il faut éviter de le repenser ? « Pas du tout », répond Pierre Marc Johnson. La raison tient en un mot : mondialisation.

Ces dernières décennies, M. Johnson en a été un observateur et un acteur privilégié. Il se définit comme un « internationaliste » et passe en effet une bonne partie de son temps à l'étranger, en partie pour son travail d'avocat conseil – dans l'importante firme d'avocat Heinan Blaikie. À l'automne 2005, il a été négociateur du Canada auprès des Américains au sujet du bois-d'œuvre. Aussi, pour des raisons personnelles, il passe « 40 % de son temps en Californie », révèle-t-il.

Sans compter qu'il se déplace partout sur la planète, puisqu'il suit tout ce qui discute de la notion de développement durable, qu'il explore et promeut depuis 1988.

Cela a fait de lui une sorte de diplomate environnementaliste international, indéniablement jet-setter, observateur engagé de la mondialisation. Un des piliers, par exemple, du grand Sommet de la Terre à Rio de 1992, organisé sous l'égide de son ami l'homme d'affaires Maurice Strong.

M. Johnson se passionne aussi pour des notions théoriques telle « l'irréversibilité », exposée ainsi sommairement : « En matière sociale, on a vécu depuis 2000 ans en Occident avec des disparités énormes, avec une incapacité de gérer étroitement les ressources en santé pour les rendre accessibles et puis ça n'a pas empêché le développement, mais ça a fait bien des victimes. En théorie de l'environnement, c'est bien différent. Parce qu'un certain nombre de phénomènes s'installent et ont un caractère irréversible. Donc, il y a un phénomène d'urgence. » Avec les années, M. Johnson a développé une expertise dans le domaine dénommé en anglais « Trade and the environment », ou « comment les accords de commerce prennent ou non en compte les préoccupations environnementales ».

S'adapter

En 1995, il avait été l'un des signataires d'un rapport-manifeste du Groupe de Lisbonne, Limites à la compétitivité (édité chez Boréal), avec un des penseurs de l'altermondialisation, Ricardo Petrella. Mais 10 ans plus tard, c'est pourtant avec un verbe honni par Petrella que Pierre Marc Johnson aborde le rapport du Québec avec la mondialisation : « s'adapter ».

Les défis du Québec en 2006 découlent d'une question centrale, dit-il : « comment s'adapte-t-on au phénomène ? » Car celle-ci impose de nouvelles contraintes découlant « avant tout de la circulation du capital ». Les frontières sont poreuses comme jamais aux biens et aux services, et bien sûr au capital. Les entreprises œuvrant ici sont, comme jamais, de propriété multiple, étrangère : « Traditionnellement, si les mines appartenaient aux Anglais, il fallait les sortir. Mais aujourd'hui, on n'en est plus aux monologues de Michel Chartrand, repris si brillamment par Yvon Deschamps... »

La réalité d'aujourd'hui est tout autre : « il y a des entreprises de service, au Québec, qui sont de capital européen, mais dont les acteurs principaux sont des Québécois francophones. Alors tout ça est fluide et l'État n'a pas beaucoup de préhension là-dessus. »

Par conséquent, « les attentes qu'on a à l'égard de l'État doivent être différentes ». Ce dernier ne peut pas « ignorer l'importance des acteurs privés quand il analyse des solutions à apporter à des problèmes identifiés dans la société ». En clair, cela signifie ? « Très concrètement, je vais vous le dire : les partenariats public-privé, ça a du sens. Ça n'en avait pas il y a 30 ans. »

PMJ a changé

Pierre Marc Johnson, donc, a changé. Il l'avoue candidement : « J'étais plutôt étatiste et social-démocrate. Vous savez, j'ai appartenu à un parti qui l'était, mais je me suis réconcilié avec l'idée que le rôle du secteur privé est fondamental dans l'évolution des sociétés développées et évidemment, ça n'exclut pas le Québec. »

Avant, « on tenait pour acquis qu'il y avait une vertu intrinsèque aux moyens qu'on prenait pour régler un problème ». Par exemple on considérait que « le transport public devait être fait par des fonctionnaires ayant des conditions de travail s'apparentant à celles de la fonction publique ». Ainsi, tout service qui apparaissait crucial aux yeux de la population devait être effectué par des fonctionnaires, dépendants de l'État. Aujourd'hui, il est possible de définir une mission et de permettre au privé de livrer le service.

« Pour laver le linge sale dans les hôpitaux, illustre-t-il, pas nécessaire que ce soit des syndiqués de la CSN avec des conventions collectives qui sont les mêmes partout à travers le Québec. Il y a peut-être des acteurs privés qui peuvent intervenir. » Pour faire des économies ? Certes, dit Johnson. Le privé motivé par le profit cherche à en faire, toujours. « Mais ces économies ne se font pas nécessairement aux dépens de la main-d'œuvre, mais souvent par l'innovation intelligente, par la communication adéquate, etc. » À l'État de trouver une façon d'encadrer intelligemment la chose, dit celui qui fut ministre du Travail de René Lévesque.

Un des défis du Québec serait donc de prendre conscience que l'État ne peut plus être le « planificateur économique » qu'il a déjà été. « Il peut toutefois continuer d'être le planificateur social. Ça ne veut pas dire que c'est un eunuque ! » Au fond, il n'a plus tellement de « préhension » sur l'économie. Les réflexes d'antan se perdent, d'ailleurs. Il note qu'on voit de moins en moins les ministres se faire interpeller à la télé pour qu'ils « viennent empêcher la fermeture d'une usine ». Si cela se produit, d'ailleurs, la réponse et les solutions de ce dernier seraient bien différentes de celles d'autrefois. « Il organisera quelque sauvetage peut-être avec le Fonds de solidarité de la FTQ ou alors il approchera la Caisse de dépôt. »

La nouvelle donne fait que les États ne peuvent plus continuer à « faire comme si, fondamentalement c'était dans l'ordre des choses que 60 % du PIB

transite pas eux. Ce n'est plus possible aujourd'hui ».

Syndicalisation

Les contraintes de la mondialisation sont aussi liées au fait d'être exposé au monde entier, de devoir composer avec les perceptions venant d'ailleurs et de s'y « adapter ». Les « conditions de la concurrentialité » en dépendent. Par exemple, « J'entendais récemment des gens qui disaient : le Québec, l'endroit le plus syndiqué en Amérique du Nord. Ce n'est pas un endroit qui ne va pas intéresser le capital. » Johnson s'inscrit en faux face à cette idée : « Au contraire, le syndicat peut être une force de progrès et d'innovation. Les Allemands et les Autrichiens ont compris cela. »

Ce ne sont « pas uniquement des forces de contestation et de dysfonction », dit-il avant de raconter que dans les conseils d'administration auxquels il siège, Air Canada par exemple, malgré une tradition syndicale très forte, très « étatique », nombre de changements sont survenus en trois ans et « les syndicats s'y sont adaptés ».

Reste un problème : tous les investisseurs internationaux n'ont pas cette vision nuancée des choses et les perceptions se cristallisent vite : « C'est sûr que lorsque tu es l'endroit le plus syndiqué en Amérique du Nord et que tu as des syndicats qui s'attaquent à Wal-Mart, le géant mondial qui n'a pas un marché syndiqué aux États-Unis... » Autrement dit, il n'est pas « nécessairement vrai » qu'il est « nécessairement négatif » d'être une des sociétés les plus syndiquées, « mais ça ne doit pas nous empêcher de poser les questions de productivité ».

« Au fond, moi ce qui m'intéresse, c'est qu'on dure. »

L'innovation

L'innovation devient aujourd'hui un défi de taille pour les vieilles économies d'Occident, fait ensuite remarquer Pierre Marc Johnson: «bientôt, la plupart des objets simples d'accès courant et peut-être plus rapidement qu'on le pense les biens durables, vont être fabriqués en Asie et en Amérique latine, à un coût moindre.» Dans ce contexte, «les cerveaux plus que les bras» détermineront la compétitivité d'un pays, on ne pourra plus longtemps se fier aux ressources naturelles, même si «la Chine a besoin de cuivre et de fer». Sur le plan des cerveaux, Johnson se fait assez optimiste à cet égard, car le Québec a certaines cartes dans son jeu: «On a de bonnes universités, un peu partout sur le territoire québécois.»

Dans le secteur des richesses naturelles, d'ailleurs, c'est l'innovation qui permet au bois québécois de faire des percées aux États-Unis. «J'ai vu des usines où l'espèce de vrille qui va découper la base de ce qui va faire ton 2 par 4 est directement branché sur un ordinateur qui fait l'analyse des volumes transigés à la bourse de Chicago et du prix pour certains produits. Ils adaptent leur production en quelques heures. En revanche, dans le sud des États-Unis, on fait encore des moulins comme on en faisait dans les années 50.»

Universités et entreprises

Mais pour généraliser ces prouesses innovantes, Pierre Marc Johnson souligne un grand défi: celui de lier université et entreprises. Le modèle en la matière est californien. Stanford, plus précisément. «L'université est à 100% privée», fait-il remarquer sans en faire «un dogme nécessairement importable». Reste que

«la souplesse du privé a permis un apport corporatif, de successions, de testaments autour de projets très très précis». Le défi, donc, est d'obtenir la participation du secteur privé.

Certes, une campagne de financement annuelle, une fondation, etc. peuvent servir à constituer un noyau. «Mais pas de vraies synergies.» Il faut donc aller plus loin, soutient-il, en multipliant les investissements conjoints de trois partenaires: gouvernement, université, secteur privé. Rien à craindre sur le plan de la liberté académique, dit-il, après tout, les grandes universités américaines font malgré tout de la contestation sociale. «Et on a un avantage extraordinaire, c'est que s'il était un peu imaginatif, l'État pourrait aiguillonner le monde académique, parce qu'il le finance à 84%.» Il réclame donc un «virage radical» dans notre conception de l'apport de l'université à la vie économique».

Les universités, pour mieux se financer, devraient pouvoir hausser les frais de scolarité. Là aussi, il regarde vers la Californie pour s'inspirer. Et qu'y voit-il? Un État progressiste qui, pourtant, impose aux universités publiques une formule de financement simple: «un tiers en subventions, un tiers en frais de scolarité, un tiers en différentes dotations.»

Le régime fiscal encourage l'institution à faire du financement privé. Quant à l'accessibilité, ils compensent par des bourses au mérite. C'est préférable, dit-il, à la situation québécoise, qui pendant longtemps a été à ses yeux ridicule: «À un moment donné on revendiquait au Québec le droit pour les étudiants de faire quatre fois le cégep: ça n'a pas de bon sens!»

Identité

Et l'identité. Bien sûr, ici aussi la mondialisation exerce une pression considérable, fait remarquer Pierre Marc Johnson. Par rapport à la langue anglaise, par exemple, le défi est de changer de perspective. «On a fait longtemps l'équation qu'apprendre l'anglais, c'est accepter que la minorité montréalaise impose sa vision des choses, le monde économique, anglo-saxon, d'origine ontarienne nous impose le moule... Ce n'est plus ça, là. L'anglais, ce n'est pas une affaire d'asservissement, une affaire de soumission, l'anglais doit être vu comme un défi qui est un instrument de développement.»

Au fond, nous devrions prendre exemple sur les Norvégiens restés eux-mêmes profondément, mais qui se sont ouverts à l'anglais de manière importante dans les dernières décennies. Il use d'un autre exemple venant du vieux continent : «Dans la force intégrée européenne qui découle du traité de Maastricht et qui n'a que quelques unités, la langue de travail entre Belges et Français, c'est l'anglais.» Et puisque, dans la situation où le Québec se trouve, l'anglais est relativement aisé à apprendre, il ne faut pas s'en priver, croit-il. Commencer tôt, dès la première année, est donc une bonne idée, à une condition : «Je voudrais pas cependant qu'il soit enseigné par des profs de géographie qui sont incapables de prononcer un mot d'anglais et qui se retrouvent là à cause du recyclage de la convention collective. C'est une catastrophe, et c'est arrivé à plusieurs endroits.»

Les 4 fondements du combat québécois

Enfin, la mondialisation a des conséquences sur la situation du Québec dans la fédération canadienne. Selon M. Johnson, elle nous force à réévaluer ce qu'il considère comme les «quatre fondements du combat québécois» :

• d'abord, «un sentiment de discrimination individuelle relié à la langue»;
• deuxièmement, «un sentiment de discrimination collective, reliée à l'infériorité socioéconomique»;
• en troisième lieu, «une volonté de bâtir un État, née à la fin des années 50 avec les mouvements intellectuels progressistes et traduite dans la révolution tranquille sous Lesage»;
• enfin, «la recherche de la reconnaissance.»

Sur les trois premiers fondements, «la réalité est profondément changée», affirme-t-il. Selon lui, on ne peut pas dire par exemple qu'il y ait encore de la discrimination individuelle sur le plan linguistique : «À la fois des politiques fédérales et des politiques du Québec ont permis une normalisation de la vie des francophones au Québec. Même si en pratique l'assimilation continue d'être très grande ailleurs au Canada.»

Sur le deuxième fondement, Johnson y va directement : ceux qui prétendent éprouver encore aujourd'hui un sentiment de discrimination collective ont des «réactions de dinosaures», dit-il. Car les anglophones qui refusaient le fait québécois ont quitté le Québec. Certains d'entre eux sont encore à Toronto, où ils ont déménagé : «Et si vous y allez, à Toronto, vous verrez qu'ils ont beaucoup de sous et que c'est une ville pas mal mieux en point que

« Il faut qu'on fasse, avec les forces progressistes au Canada anglais, une alliance fondamentale sur la fiscalité »

Montréal sur le plan de la richesse », note-t-il au passage. Concernant le troisième fondement, celui de « bâtir un État », Pierre Marc Johnson considère que « c'était un projet des élites qui a eu à une certaine époque des résonances dans le peuple ». Mais aujourd'hui ? « Les gens pensent surtout à avoir une deuxième auto et un écran plat à la maison. » Autre preuve, ironise-t-il : il suffit de regarder « quantité de sous-ministres et de présidents de sociétés d'État qui sont aujourd'hui dans le secteur privé ».

Reste la « recherche de la reconnaissance ». « C'est fondamental » et on ne l'a pas obtenu. Sur ce point, il formule deux commentaires. D'une part, il faut s'assurer que cette différenciation « s'appuie sur quelque chose de réel : nos racines linguistiques et culturelles. Il faut que ça fasse partie des politiques de l'État. Il faut nourrir ça. La richesse de l'expression. Avec la complexité que ça représente : l'intervention de l'État dans la créativité, il y a toutes sortes de zones grises là-dedans, mais moi je n'ai pas trop de problèmes avec ça ».

D'autre part, il faut veiller au « danger de la dérive ». Car tout sentiment identitaire « peut facilement conduire à un discours xénophobe qui se module dans quelques mots, quelques phrases :, s'inquiète-t-il en soulignant que « Lévesque l'avait bien vu ». Il y voit même un « devoir du chef du PQ : constamment rappeler de façon percutante à l'occasion qu'on refuse tout discours raciste ou ethnocentrique ». Être vigilant certes, mais savoir aussi souligner les progrès de l'ouverture qui rendent les futures dérives de moins en moins probables : « Je regarde les amis de ma fille. Il y en a 11 qui sont des enfants d'immigrants. Qui auraient probable-ment appris à parler l'anglais s'il n'y avait pas eu la loi 101. »

Faut-il la souveraineté pour accomplir ce 4e fondement ? Est-elle possible dans la mondialisation actuelle ? « Il n'y a aucune incompatibilité entre la souveraineté et la mondialisation », répond-il. Après tout, le nombre de pays aux Nations unies ne cesse de croître. Le Québec, toutefois, se trouve en Amérique du Nord, un contexte géographique et économique qui rend notre État fragile.

Ce qui le ramène à la fiscalité : « On veut défendre notre spécificité sociale et culturelle par le maintien d'un fardeau fiscal un peu plus élevé que les autres. Or, on a un intérêt objectif à faire ça avec le reste du Canada. Absolument. On va être bien plus efficace si on est avec les Canadiens pour le faire. Est-ce que cela veut dire qu'il faut être dans la fédération pour le faire et comment tout cela va se poser ? Je ne veux pas intervenir là-dessus, mais dans le fond on a des intérêts fondamentaux. Et paradoxalement, c'est pas des intérêts économiques dans un contexte de mondialisation, c'est l'intérêt de défendre des instruments et la mécanique qui permettent de maintenir des instruments pour faire des transferts sociaux, entre autres. Et de donner à l'État un certain nombre de moyens. Et je crois qu'il y a au Canada anglais plein de gens qui croient à cela. – Vous ne vous prononcez pas... Non. Le combat du maintien de la capacité d'agir, il est à faire qu'on soit souverain ou non, parce que – et ça, ça arrive avec tous les peuples qui sont en situation minoritaire – il faut durer. Au fond, moi ce qui m'intéresse, c'est qu'on dure. »

Jacques Parizeau
Le Québec doit s'affranchir de ses dogmes

Propos recueillis par
Antoine Robitaille et Michel Venne

Jacques Parizeau

On se serait cru aux HEC. Avant de recevoir les représentants de l'*Annuaire du Québec* dans son bureau situé dans l'édifice des Archives nationales, rue Viger à Montréal, Jacques Parizeau s'était visiblement préparé comme s'il s'apprêtait à donner un cours.

Pourtant, le sujet imposé par nous – les grands défis du Québec pour l'année qui vient – est un peu celui qui l'a animé toute sa vie comme haut fonctionnaire, comme homme politique, ministre des Finances et premier ministre. «Si vous le voulez bien, je vais présenter les choses systématiquement», lance-t-il, en puisant son inspiration sur son bureau, où il avait déposé une dizaine de feuilles griffonnées.

Perceptions figées

Son angle d'approche : le grand défi pour le Québec, selon lui, consiste à ce

« Dans certaines facultés, c'est deux femmes pour un homme ! Et personne n'en parle ! Il y a clairement quelque chose qui ne va pas avec nos garçons. »

qu'il fasse évoluer ses perceptions sur un « certain nombre de choses ». À ses dires, le Québec s'empêche de prendre des virages, évite plusieurs débats essentiels, parce qu'il est engoncé dans une foule de perceptions figées. Perceptions à propos de questions anciennes, usées ; par exemple les rapports entre les secteurs privé et public. « J'y reviendrai », dit-il.

Mais il y a aussi des phénomènes nouveaux pour lesquels d'antiques perceptions nous aveuglent. Le premier cas auquel il s'attarde est assez inattendu : la proportion déclinante des garçons dans les études supérieures. « Dans certaines facultés, c'est deux femmes pour un homme ! Et personne n'en parle ! » dit M. Parizeau. Est-ce à dire que l'ancien premier ministre se désole de la réussite de quatre décennies d'efforts pour ouvrir les portes de l'université aux femmes ? « Non, certainement pas », insiste-t-il. Mais cela ne nous empêche pas de nous interroger sur les raisons du décrochage de tant de garçons avant les études supérieures.

« À 60 % de femmes, 40 % d'hommes, c'était acceptable. Mais lorsqu'on est dans une proportion de deux femmes pour un homme, il faut s'alarmer. Il y a clairement quelque chose qui ne va pas avec nos garçons. » Et avec la façon dont le système scolaire est bâti, poursuit-il. Car si on retrouve de moins en moins les garçons dans les études supérieures, ils ne vont pas pour autant peupler les écoles techniques. Ici, on sent le Parizeau économiste qui renoue avec un des thèmes de sa campagne électorale de 1994 centrée sur l'urgence

de revaloriser la formation professionnelle. « Tout le monde n'est pas fait pour aller à l'université. »

La productivité

C'est inévitable, avec Jacques Parizeau, les questions économiques viennent rapidement sur le tapis. Quant à la politique et plus particulièrement son parti, il les abordera, mais à la toute fin de l'entretien. (voir encadré)

Lorsqu'on parle d'économie, en 2005, le sujet « Chine » s'impose. À l'égard de l'Empire du milieu, « il faut se donner une perception juste », dit-il. La Chine représente un défi à propos duquel on se méprend souvent. Elle n'est plus uniquement un bassin gigantesque de travailleurs à bas salaire. Dans les années 1960 et 1970, il y avait aussi, un peu partout sur la terre, de telles main-d'œuvres « bon marché », mais ces dernières étaient peu productives. Dans les pays développés, « c'était l'inverse : on avait des salaires élevés accompagnés d'une productivité très forte ». Lorsque la Chine commence à pratiquer le bas salaire et la haute productivité, « là, on se sent dépourvus », dit M. Parizeau. Or, il n'y a pas mille et une solutions : « il faut qu'on accroisse la productivité par heure travaillée. Et ça, ça ne se fait que par l'outillage, l'équipement, l'informatisation. Et la découverte du meilleur bidule, évidemment. »

D'où l'importance, donc, de la recherche universitaire comme facteur de développement industriel. Précisons qu'il ne s'agit pas ici de ce qu'on pourrait appeler les sciences « molles ». M. Parizeau, à ce sujet, n'y va pas par quatre chemins : « Si les sociologues ont un peu moins d'argent, je ne braillerai pas!» lance-t-il en éclatant d'un rire homérique.

«On va en parler à nos amis sociologues!» lui rétorque-t-on alors. «Je leur ai dit tellement souvent que ça ne les surprendra pas», s'amuse-t-il en enchaînant avec le mot d'esprit du vice-président de la Commission Parent et ancien directeur du *Devoir*, le regretté Gérard Fillion: «il ne faut quand même pas qu'il y ait plus d'anthropologues que d'Eskimos!»

Comme exemple d'université tournée vers le développement, M. Parizeau chante les louanges de l'Université du Québec à Trois-Rivières. «Dans le domaine de l'informatique, c'est un lieu étonnant de créations de PME.» Rimouski aussi se développe en ce sens, au point où il est parfois difficile «de distinguer l'université, le cégep de Rimouski et Telus», un trio en train de créer un pôle de croissance «absolument exceptionnel» dans cette région, croit-il.

Privé-Public: un débat vicié

Mais là où les perceptions sont les plus dommageables, estime M. Parizeau, c'est dans ce «grand débat dogmatique» opposant les notions de «secteur privé» et de «secteur public».

Il présente les choses de manière pour le moins virulente: «On dit que c'est un débat de société. Oui, peut-être. Mais dans des termes qui font regretter d'avoir mis des milliards dans l'éducation depuis tant d'années. Ce sont des débats de niais.» Pourquoi donc? En cette matière, explique-t-il, les nuances, depuis un certain temps, ne sont plus possibles: soit on croit que l'État est incapable, dépensier et inutile; soit, au contraire, qu'on pense que le secteur public est parfait et que le privé, «c'est

le diable». Les moyens termes entre ces deux extrêmes sont de moins en moins possibles, déplore l'ancien premier ministre: «C'est blanc ou noir. Choisis ton bord!»

M. Parizeau cache mal son exaspération: «c'est ridicule, j'espère qu'à un moment donné, on va être capables de se conduire comme des adultes pour se donner une perception simplement réaliste des choses. Je sais que nous venons d'une société qui est culturellement religieuse. Il y a un bon et un méchant. En fait, c'est même pire que la religion, on se croirait dans un film western où il y a un bon, un méchant et une jolie blonde.»

Caisse de dépôt

Pourquoi, par exemple, lorsque la Caisse de dépôt et placement – un organisme mis sur pied entre autres par M. Parizeau – fait d'importantes pertes, comme en 2002, on impute ces problèmes à « sa proximité d'avec l'État »? Alors qu'on refuse de voir que d'autres entreprises, non liées à l'État, connaissent des déboires comparables, en raison d'un même contexte. « Quand M. Monty a perdu la chemise de Bell dans Téléglobe, il a sauté ou pas? Il a sauté! Comme Scraire a sauté sur Videotron et Quebecor. Les deux ont fait des pertes à peu près du même ordre. L'un est privé, l'autre est public... Or, écoutez les débats... on n'arrive pas à reconnaître que la même chose s'est passée chez Bell et à la CdP. »

Une autre belle illustration, selon M. Parizeau, est le traitement réservé

Face à la Chine, «il faut qu'on accroisse la productivité par heure travaillée. Et ça, ça ne se fait que par l'outillage, l'équipement, l'informatisation.»

« Que l'on doive privatiser un certain nombre de choses, ça me paraît évident. »

récemment à la Société générale de financement (SGF) dans l'affaire de l'usine Magnolia : « Pourquoi ça ferme, Magnolia ? Elle fonctionnait très bien cette usine-là, mais les Chinois se sont mis à faire du dumping de magnésium. Si bien qu'il n'est plus possible de livrer une saine concurrence. Et donc on ferme l'usine. »

Certains – notamment les libéraux au pouvoir à Québec – y ont tout de suite vu une preuve que « l'État ne peut rien gérer sans faire des pertes ». L'ennui, aux yeux de M. Parizeau, est que l'on a décidé de «passer aux pertes et profits la totalité de la valeur de l'investissement de la SGF dans Magnolia ». Mais quel était le plus important actionnaire de cette entreprise-là ? « Ce n'était pas public, rappelle-t-il. Ça appartenait à Noranda ! Qu'est-ce qu'a fait Noranda ? Ils ont amorti la perte en trois ans. » Conséquence : « Cette année-là, Noranda montre une perte, mais pas très grosse. Alors que la perte est tellement grosse à la SGF que le nouveau gouvernement l'évalue à "500 millions de pertes" et se donne ainsi un argument pour faire sauter la direction. Il en fait une question dogmatique, alors que c'est la même usine. Et les mêmes Chinois... »

L'autre camp

Évidemment, un dogmatisme comparable fait des ravages dans l'autre camp, note M. Parizeau. « Que l'on doive privatiser un certain nombre de choses, ça me paraît évident. »

Hydro-Québec, par exemple. Non pas privatiser complètement, précise-t-il. Mais pourquoi ne pas vendre 10 % des actions de la société d'État ? Il rappelle avoir proposé de le faire lorsqu'il était ministre des Finances. À partir de 10 % ça devenait taxable au sens de la loi générale. « Je trouvais complètement idiot que les Québécois qui voulaient acheter des actions d'une compagnie d'électricité, devaient les acheter aux États-Unis. » Or, l'opposition la plus vigoureuse, se souvient-il, est venue du public, qui, même pour vendre 10 % seulement des actions, a dit « Touchez pas à mon Hydro ! » Selon M. Parizeau, on peut encore ici parler de perceptions. « Ç'a été général. Encore récemment, j'ai vu quelqu'un qui a essayé le coup. Qu'ils aient raison ou tort, les gens ont l'impression qu'Hydro-Québec, comme disait René Lévesque, "c'est le bateau Amiral" ».

Autre exemple de privatisation : lorsque le secteur public a pris des mesures pour changer un marché ; lorsque ce marché change et que l'intervention de l'État n'est plus nécessaire, que faire ? Pourquoi ne pas privatiser ?

Selon lui, le cas le plus évident a été celui de Sidbec, en 1964. L'État était intervenu pour permettre au Québec de contourner le cartel de l'acier qui protégeait les prix entre Windsor, Sault-Sainte-Marie et Oshawa. Importer des États-Unis ? Non, les droits de douane sont trop chers. « Bref, on a créé à Montréal une aciérie dont le rôle principal était d'avoir un laminoir de produits plats. Et après ça, on a cassé le prix du cartel. » Cela a permis à des entreprises de construction comme Canam-Manac de prendre de l'ampleur. Mais plus tard, l'importation a permis d'obtenir des meilleurs prix encore. « Que faire ? Vendre Sidbec ! Ça été fait. Mais mon Dieu, pendant des années, on a encaissé des pertes. L'État n'est pas un bon producteur d'acier. Il est bon pour casser un cartel, cependant. »

Au dire de l'ancien professeur des HEC, nous projetons des « perceptions dogmatiques » sur des phénomènes éternels et nullement propres à notre époque. « Que le marché soit la meilleure forme de création de la richesse, il ne sert à rien de revenir là-dessus, c'est vrai. Que cependant, laissé à lui-même, il provoque d'énormes abus, c'est vrai. Bref, que l'État ait à s'occuper de l'économie privée, et que l'économie privée résiste à toute tentative d'intervention de l'État, c'est comme ça depuis toujours ! » Puis il hésite... « depuis les Romains en tout cas... Peut-être même avant, mais je n'y étais pas... Quoique oui, le code commercial d'Hammurabi en Perse en 1730 avant JC, c'est l'encadrement du marché. Ha ! C'est le plus vieux débat du monde! Il s'agit essentiellement de l'adapter ! » s'exclame-t-il.

Santé : le privé existe, il faut l'encadrer

S'il y a un domaine où nombre de Québécois redoutent comme la peste l'immixtion du privé, c'est bien celui de la santé.

Or, Jacques Parizeau déplore là aussi l'emprise des dogmes. « Cette perception qu'on a développée qu'il y a un conflit entre la médecine des riches et la médecine des pauvres, ce n'est pas sérieux ! »

Selon lui, pour prendre un électrocardiogramme, une radiographie, « si vous voulez aller à l'hopital, ça vous prend des heures. C'est tout simplement pas la place ». Nulle surprise de voir le développement d'entreprises comme les laboratoires médicaux Biron. « C'est en train de s'établir partout. Si ça s'adressait aux riches seulement, ça ne ferait pas de la publicité à la télévision, croyez-moi. Ça n'aurait pas non plus 100 points de service à travers le Québec. »

Un exemple lui tient particulièrement à cœur : la possibilité d'obtenir une « chambre privée » à l'hôpital. À Saint-Luc, par exemple : « Avant, c'était possible. Mais aujourd'hui, ça ne l'est plus. » Pour M. Parizeau, c'est une erreur : « Moi, si je ne peux plus avoir de chambre privée... je paie assez d'impôt pour avoir le droit à mes bébites. C'est pas vrai que vous allez me monter une société qui, sous prétexte d'être égalitaire, n'aura plus de chambre privée. »

Pour l'illustrer, M. Parizeau confie une anecdote personnelle s'étant produite lors d'un séjour récent à Saint-Luc. « On me met dans une chambre avec un autre qui téléphone à toute sa famille en disant "Tu sais pas qui est avec moi, eille c'est Parizeau! Venez-vous-en !"... la folie furieuse! Finalement en plein milieu de la nuit, je fais sortir un fauteuil de la chambre, je me mets dans le corridor avec un oreiller et une couverture. C'est là que j'ai dormi le reste de la nuit. »

Pour bien mener le débat sur la place du privé en santé, il faut s'entendre sur une chose, insiste-il : « Oui il va y avoir une médecine privée. D'ailleurs elle existe déjà. Oui, il va falloir la réglementer la médecine privée. Non pas dire "je ne veux pas la voir, je souffle

« Que le marché soit la meilleure forme de création de la richesse, il ne sert à rien de revenir là-dessus, c'est vrai. Que cependant, laissé à lui-même, il provoque d'énormes abus, c'est vrai. »

« Oui il va y avoir une médecine privée. D'ailleurs elle existe déjà. Oui, il va falloir la réglementer la médecine privée. »

dessus et il n'y en a plus!" Il y en a une. Les cliniques font déjà pas mal de travail. Il faut réglementer. » Réglementer pourquoi ? « Parce qu'on ne peut avoir la déréglementation et la privatisation en même temps, il faut être tombé sur la tête. C'est l'un ou c'est l'autre. »

Chaoulli

À ses yeux, le jugement Chaoulli de la Cour suprême, qui a ouvert la porte aux assurances privées en santé, est « très compréhensible ». La Cour a dit en somme « que l'État ne pouvait plus profiter de son monopole ».

Mais jusqu'où faut-il laisser le privé intégrer le système de santé ? Faut-il donner à contrat la construction et l'entretien d'hôpitaux à des entreprises privées ? Il s'insurge : « Ça, c'est affreux, c'est absolument inimaginable. Comprenons-nous bien : le profit, dans un hôpital, et l'entretien, dans un hôpital, sont des valeurs opposées. Moins vous faites d'entretien, plus vous faites de profit. C'est donc impossible d'accepter ça tel quel. »

Autre scénario à rejeter : celui présenté en 2003 par l'Action démocratique du Québec dans lequel des chirurgiens auraient pu louer des lits et des salles d'opération dans des hôpitaux publics. « Non, c'est ridicule », dit-il parce qu'il n'y aurait pas plus d'opérations, mais un déplacement d'opérations.

PPP

Concernant les partenariats public-privé (les fameux PPP), M. Parizeau estime qu'à une certaine époque, il en a fait sans le savoir, une peu comme M. Jourdain avec la prose. Et il n'y voit pas vraiment d'objection, si la chose est bien réglementée. Dans la circonscription de l'Assomption, qu'il a représentée de 1976 à 1984 et de 1989 à 1995, il fut un temps où 32 % des places dans l'hôpital étaient occupées par des personnes âgées qui n'avaient pas besoin de soins.

« Je m'en suis sorti en faisant louer des centres d'accueil privés. Ils construisaient le centre d'accueil. Et puis là, ils louaient la place au gouvernement, tant par année. »

Le programme du PQ contient des « conneries »

Au moment de nous rencontrer à la fin juin 2005, Jacques Parizeau estimait que le nouveau programme du Parti québécois, adopté le même mois, ne méritait aucunement tout le respect que lui ont voué certaines tête d'affiche du parti depuis. Selon l'ancien premier ministre, ce document est plein de défauts, de «conneries», et devra être corrigé après la course : «Un nouveau chef devra faire un "renérendum" ou un congrès spécial », nous avait-il dit à ce moment.

« Sur ces questions, Boisclair dit : "J'ai le plus grand respect pour le programme qui vient d'être voté". Je ne sais pas s'il l'a vraiment lu, mais "il a le plus grand respect". Ça aide, ça !» s'était esclaffé l'ancien chef du PQ. Parmi les défauts du programme, le politicien à la retraite en a en particulier contre une phrase trop molle à son goût : «Le lendemain de son élection, le gouvernement du Parti québécois se limitera à poser uniquement les gestes absolument indispensables pour donner suite à son engagement de réaliser la souveraineté." On va en mobiliser, des étudiants, avec une phrase comme celle-là! Et ça a été adopté au congrès! » se désole M. Parizeau. Il faut savoir que les partisans de l'ancien chef, comme Jean-Claude St-André, qui réclamaient des « gestes de ruptures », ont été défaits au congrès sur cette question.

Peur

Cette disposition clé du programme transpire non seulement le manque d'audace, mais selon lui « la peur, la frousse ». Il rappelle avoir « dénoncé » depuis des années « l'attitude de politiciens qui disent "ah, si vous les électeurs, vous aviez davantage confiance en vous, moi aussi j'aurais davantage confiance en moi." » Revenant sur le passage cité plus haut, il se désole : « On n'a pas idée d'écrire ça. Franchement! Si on ne veut pas, on n'y arrive pas. (...) là c'est [comme si on disait] "on va vous conduire vers les lendemains qui chantent en mettant le pied sur le frein". »

Problème de Leadership? Non, répond-t-il, car du leadership, « il y en a eu souvent dans le Parti québécois », dit-il, ironique : « car c'est souvent un leadership qui demande à ceux qui suivent d'avoir l'assurance que le leadership n'a pas : "Dites-moi que j'ai raison. Que je m'en vais dans la bonne direction".» Au moment de l'entretien (le 28 juin), M. Parizeau se réjouissait que le candidat Louis Bernard ait dit clairement, sans détour, qu'il était temps « de faire l'indépendance ».

Pravda

D'autres sections de la version préliminaire de juin du nouveau programme ne plaisaient pas à Jacques Parizeau. Celle par exemple où l'on disait qu'un gouvernement du PQ « formera des médias souverainistes ». Ce qui lui inspire ce commentaire : « Mais ça va être quoi? *La Pravda ?* » Notons qu'en octobre – entre autres lorsque s'exprimèrent les réticences de M. Parizeau ont été ébruitées – cette disposition du programme a été biffée et finalement remplacée par la formulation suivante : « Le Parti québécois entend créer un réseau de télévision et de radio national. »

Au congrès de juin, au dire de l'ancien chef du PQ, les militants « étaient tellement préoccupés par la démission de

Landry » qu'ils ont adopté un programme de manière distraite. Il prédisait à l'époque que les incongruités de ce programme allaient intervenir dans la course à la chefferie. « Il va falloir que les candidats se prononcent sur des conneries comme ça ».

Autre exemple. À un moment donné, le programme précise que l'on adoptera une « constitution initiale » qui « réaffirmera solennellement le droit du Québec à l'autodétermination ». M. Parizeau s'insurge : « On l'a déjà [ce droit]. Donnez-le aux Cris ou aux Inuits. Ce qu'on veut, nous, c'est l'exercer, c'est faire l'indépendance ! » L'ancien chef est convaincu qu'il faudra changer ce programme, mais ce ne sera pas chose aisée, car, ironise-t-il, « dans leur grande sagesse ils ont décidé que les congrès auraient lieu tous les quatre ans ».

Les anarchistes…

Concernant la souveraineté, il réitère le message qu'il va porter dans une dizaine de cégeps à chaque année : pour faire face à la mondialisation mieux vaut être un pays. « Moi j'aimerais bien qu'on puisse avoir les pouvoirs du Bénin ou du Mali ou du Niger pour prendre l'exemple de petits pays qui, avec l'aide du Brésil de la Chine et de l'Inde, ont torpillé la conférence de Cancún au sujet du prix du coton. »

Même ceux qui ont, depuis toujours, rejeté l'État, reconnaissent l'importance d'être un pays à notre époque, souligne M. Parizeau. Qui ? Les anarchistes ! « C'est très révélateur. Pensez-y : pendant un siècle, ils ont été opposés à toute forme de gouvernement. Aujourd'hui, ils supplient les gouvernements de protéger les populations contre les effets de la mondialisation. C'est extraordinaire! Le monde entier comprend que si la mondialisation comporte pas mal d'avantages, elle comporte aussi des dangers de dérives, des dangers effrayants. Et que la seule possibilité de se défendre contre la mondialisation, c'est de faire appel à "l'État", comme disait Jean Lesage. Parce que c'est le seul qui a la possibilité de faire des lois, c'est le seul, dans le cadre actuel, qui en est mesure de négocier avec les autres. Tout le monde a compris ça, même les anarchistes. »

Les défis du Québec en 2006
Vus par 35 leaders d'opinion

Faire le pari du savoir

Lise Bacon
Sénatrice, ancienne vice-première ministre du Québec

La clé du succès économique et social du Québec de demain repose sur le savoir et l'usage judicieux qu'on doit lui réserver. J'identifie trois défis majeurs pour 2006 : prendre le virage du savoir en misant sur l'éducation postsecondaire, prendre la pleine mesure du défi démographique qui nous attend et procéder à une véritable réforme démocratique.

L'éducation postsecondaire

Le Québec est déjà sur la route du savoir, mais il doit prendre un virage plus accentué. Le débat sur la santé occulte souvent l'éducation, mais il serait sage de ne pas négliger ce secteur névralgique. Privilégier le savoir, l'innovation et la formation permanente a été un facteur de succès important pour l'Irlande. Le résultat fut une croissance économique exceptionnelle. Montréal est la 4ᵉ ville en Amérique du Nord pour les secteurs de haute technologie. Elle est une ville universitaire de renommée internationale. Il faut miser sur ces atouts. Notre réussite dans un monde compétitif repose sur l'innovation et la productivité. Il existe un lien évident entre la capacité d'innover des entreprises et la compétence de la main-d'œuvre. De la réussite de nos jeunes aujourd'hui dépend notre succès économique de demain.

L'éducation postsecondaire souffre d'un sous-financement réel. Pour que nos universités demeurent des centres de recherche à la fine pointe, des investissements doivent être faits à tous les niveaux. Unités de recherche, relève professorale, nouveau créneaux de formation et de recherche, bibliothèques et infrastructures nécessitent des moyens considérables. Nos universités peinent à attirer les professeurs les plus qualifiés et les meilleurs étudiants étrangers faute de moyens adéquats. Il faut remédier rapidement à cette situation avant qu'il ne soit trop tard. Il est nécessaire de tenir un véritable débat sur le financement des universités et d'envisager une réforme dans ce secteur. L'Ontario a identifié les mêmes problèmes et le Rapport Rae a formulé des recommandations. Au Québec le gel des frais de scolarité est devenu une vache sacrée. À l'instar de l'Ontario, une réflexion s'impose. Si nous voulons avancer, il ne faut pas négliger de nouvelles avenues de financement.

Nous sommes profondément attachés à l'équité et à l'accessibilité de l'éducation au Québec. C'est une question de justice sociale et d'égalité des chances. Si on emprunte le chemin du dégel des frais de scolarité – c'est une avenue à ne pas écarter – il faut le faire en respectant nos valeurs. Deux éléments m'apparaissent indissociables. Un éventuel dégel des frais de scolarité – au niveau universitaire seulement – doit impérativement se voir accompagné d'une réforme sérieuse du programme de prêts et bourses. L'accessibilité doit être maintenue. Les éléments les moins favorisés doivent recevoir des bourses suffisantes et l'endettement doit demeurer raisonnable en tenant compte de la capacité éventuelle de rembourser selon les secteurs d'activités choisis.

Le part du financement public, de la contribution des anciens et des entreprises doit par ailleurs augmenter. Le gouvernement fédéral semble disposer de ressources financières qui outrepassent le cadre de ses besoins de fonctionnement. Il devra trouver un juste terrain d'entente avec les provinces sur la question du financement des universités.

Le défi démographique : une politique familiale et d'immigration moderne

Au Québec l'indice de fécondité avoisine le 1,4, alors qu'il devrait se situer à près de 2 pour assurer l'avenir de notre société. Les jeunes hésitent à fonder une famille. Les études sont longues, les débuts professionnels précaires et instables. Concilier la carrière et la famille devient un enjeu de taille pour nos jeunes. Le Québec est certes sur la bonne voie. Les Centres de la petite enfance sont un succès et ils sont accessibles à 7 $. Leur donner des moyens accrus serait aussi un pari audacieux. La rémunération de nos éducatrices pourrait être revue, car nous devons valoriser davantage cette profession. Après tout, ce sont ces personnes à qui l'on confie nos enfants.

Les mœurs doivent évoluer et le marché du travail doit devenir plus flexible. Avec un peu d'audace, le Québec doit se doter d'une politique plus globale qui mettrait en valeur le télétravail, les horaires flexibles, les congés pour enfants ainsi que le travail à temps partiel.

Le Conseil du statut de la femme préconise un concours ISO-famille afin de sensibiliser les entreprises à la flexibilité des horaires. Nous devons nous inspirer de cette recommandation.

Les parents méritent qu'on leur offre un soutien continu tel que le font déjà des pays comme la Suède et la Finlande. Des mesures d'aide continue de l'enfance jusqu'à l'adolescence permettraient aux parents de mener les responsabilités professionnelles et familiales de front plus facilement. L'aide au devoir est une bonne idée formulée par le gouvernement, mais il importe aussi d'envisager d'autres pistes.

L'autre facette du défi, c'est l'immigration. Bien accueillir les nouveaux arrivants et bien les intégrer. Nous sommes une terre d'accueil. Pour continuer à attirer des immigrants, non seulement devons nous promouvoir le Québec à l'étranger, notamment dans la francophonie, mais faudra-t-il aussi reconnaître les compétences et diplômes obtenus à l'extérieur. Beaucoup de progrès reste à faire à ce chapitre. Un système efficace de reconnaissance des acquis et compétences demeure à mettre en place. Les infrastructures pour accueillir les nouveaux arrivants doivent êtres fonctionnelles pour assurer une intégration rapide et sans heurts.

Les régions du Québec sont elles aussi confrontées à un défi démographique. Les jeunes quittent en grand nombre. L'État doit obligatoirement faire preuve de leadership et créer un dialogue permanent avec les représentants des régions. Les solutions économiques et sociales pour contrer l'exode et dynamiser davantage les régions seront le fruit de la qualité du partenariat établi entre tous les acteurs concernés. Le développement des régions doit demeurer – le gouvernement s'y est engagé – une préoccupation permanente.

Le renouvellement des institutions démocratiques : un débat qui dure depuis trop longtemps

À chaque élection générale, un débat surgit sur l'opportunité de réformer notre système électoral, car un déficit démocratique apparaît évident. En 1944, 1966 et 1998, le parti qui a obtenu le plus de votes n'était pas porté au pouvoir, ce qui constitue un renversement de l'expression démocratique. Dans le système uninominal à un tour, le vote de beaucoup de citoyens est sacrifié au nom de l'efficacité. Le ministre Dupuis et maintenant le ministre Pelletier sont sensibles à cette question. Par ailleurs, il existe un large consensus au Québec sur l'à-propos d'une réforme visant à corriger les écarts actuels.

La réforme proposée actuellement met de l'avant un mode de scrutin proportionnel mixte où 77 députés représenteraient des circonscriptions et 50 autres serait désignés à partir de listes dans des districts regroupant certaines circonscriptions. Il n'existe pas de mode de scrutin exempt de faiblesses.

Afin de s'assurer que l'ensemble de la société québécoise adhère à un nouveau mode de scrutin, la partisanerie politique doit faire place au sens profond des intérêts de la démocratie. La population ne doit pas sentir que le mode de scrutin est mis en place avec, en toile de fond, le dessein d'avantager une formation politique.

Un travail pédagogique important doit être conduit par l'ensemble des leaders politiques, toutes options confondues, afin de convaincre la population du bien fondé d'un changement de cette envergure. Le test des prochaines années sera d'abord et avant tout un test de maturité pour nos élites politiques. L'intérêt général et le sens démocratique doivent inspirer la conduite de chacun dans la mise en place de la réforme. Il est temps de cesser de pousser la question sous le tapis.

Le Québec que je connais ne dort pas sur ses lauriers. Il est audacieux et ne craint pas de se retrousser les manches pour relever les défis auxquels il est confronté. Tout en se préoccupant de la santé, il serait avisé de s'affranchir de l'obsession qu'elle est devenue. Nous ne devons pas nous laisser distraire des défis à venir. Je fais le pari que le Québec et l'ensemble de ses régions ont les atouts et la volonté pour s'attaquer avec succès au monde du savoir et de l'innovation. Les moyens de notre réussite, à nous de nous les offrir !

Déséquilibre fiscal, déclin démographique et rôle du privé dans la santé

Joseph Facal

Professeur, HEC Montréal. Ex-ministre dans les gouvernements Bouchard et Landry.

Au-delà des soubresauts de notre vie politique, je vois trois enjeux fondamentaux qui se renforcent mutuellement : le déséquilibre fiscal, l'impact du déclin démographique sur les finances publiques, et les suites du récent jugement de la Cour suprême sur le rôle du secteur privé dans le domaine de la santé.

De 1993 à 2003, les revenus fédéraux perçus au Québec ont augmenté de 58 % alors que les transferts fédéraux n'ont augmenté que de 5,8 %. Trois solutions en théorie : convaincre Ottawa de hausser et de stabiliser ses transferts, convaincre Ottawa de transférer des points d'impôt, ou faire la

souveraineté. Jean Charest ne croit qu'à la première, mais n'a pour le moment rien obtenu.

L'augmentation des dépenses en santé est inévitable, mais il faut que cette augmentation soit contrôlée. Elle ne l'est pas parce que nous refusons de débattre collectivement de ce que nous sommes capables de nous payer. À l'heure actuelle, nous finançons la santé sur le dos des autres missions essentielles de l'État.

En ce sens, le jugement de la Cour suprême témoigne certes de la déplorable ingérence politique des juges, mais nous forcera enfin à confronter la question du rôle du secteur privé en

Joseph Facal

santé. En théorie, le ministre Couillard a raison d'envisager une coexistence des secteurs privé et public sur le modèle scandinave. En pratique, cela se heurte cependant à la pénurie de personnel qualifié. Mais le débat est au moins lancé.

L'autre Québec

Amir Khadir
Porte-parole, Union des forces progressistes

Le Québec connaît de formidables contestations citoyennes à forte connotation politique : la Marche mondiale des femmes en 2000, le Sommet des peuples à Québec en 2001 contre l'ordre marchand des Amériques, les 200 000 manifestants de février 2003 à Montréal contre l'invasion de l'Irak. Puis il y a eu le succès remarquable du mouvement étudiant en 2005. Tout ça, c'est l'autre Québec. Celui où le débat public, sur initiative populaire, force le grand patronat à ravaler son lucratif rêve d'implanter le méga-hôpital universitaire dans la gare de triage du CP. Celui où une quasi révolte spontanée force le gouvernement à abandonner son projet de centrale à Suroît.

Cet autre Québec cherche son relais politique. L'Union des forces progressistes et Option Citoyenne sont nées de cette quête. La fusion de ces formations, si elle se concrétise en 2006, changera durablement la scène électorale. Or, les institutions du pouvoir et les élites du Québec, l'assemblée nationale, les décideurs publics, les médias et même les grandes centrales syndicales restent imperméables ou en décalage à cette évolution politique. Le premier défi du Québec est de faire place à cette évolution par une réforme authentique et profonde du mode de scrutin. C'est la condition première pour renverser l'érosion de la confiance du public dans les institutions politiques situation indigne d'une société démocratique.

Deux autres défis auxquels notre société se confronte retiennent mon attention. Celui immédiat de préserver la pérennité du système de santé du Québec, le contrôle public de sa gestion et de son financement. Le jugement de la cour suprême, obtenu par le Dr Chaouli, menace l'universalité, la gratuité et l'équité du système de santé, sous prétexte de remédier à ses indéniables faiblesses. L'autre défi majeur est de se responsabiliser collectivement pour changer nos habitudes de vie et de consommation terriblement énergivores et polluantes. Pas en 2050, pas à l'échéance de Kyoto en 2012! Il faut commencer tout de suite en 2006, car on l'a vu à la Nouvelle-Orléan : les perturbations climatiques, contrairement à nous, ne remettent pas leurs promesses aux calendes grecques.

Une seule priorité : l'éducation

Jean-Claude Rivest

Sénateur, ancien conseiller du premier ministre Robert Bourassa

Une seule priorité : l'éducation. Nul n'a probablement souvenir, ni du jour, ni du mois, ni de l'année ou un premier ministre du Québec a soutenu d'une manière engagée l'importance cruciale de l'éducation et de la formation des ressources humaines pour une société développée. Étrange constat que celui de ce silence relatif de nos dirigeants et de la société en général sur ce qui est tout de même au cœur de notre vie individuelle et collective : l'éducation.

Dans l'univers politique et médiatique québécois, on ne parle, en effet, presque plus de l'éducation, si ce n'est qu'occasionnellement pour relever un incident dans une institution d'enseignement, pour faire état de revendications des étudiants et des enseignants ou pour souligner l'insuffisance des ressources financières disponibles. Bien peu de réflexions véritables sur l'importance de l'éducation dans la société .

L'éducation, c'est pourtant la condition première du progrès de la société et de l'épanouissement des individus. Si le Québec moderne existe, n'est ce pas d'abord et avant tout parce qu'au moment de la Révolution tranquille, on a compris que tout, absolument tout, reposait sur le talent, la formation et la compétence des ressources humaines de la société ? Les réformes audacieuses entreprises alors n'ont en effet eu d'impacts véritables que le jour ou les premiers contingents de diplômés ont pris charge des ambitions de changement et de progrès de la société. On vouait alors un véritable culte de l'éducation. Quel remarquable pas en avant pour le Québec, cela a-t-il permis de faire!

Et depuis lors, les réussites québécoises, que ce soit dans le domaine politique économique, social et culturel, ont toujours eu comme moteur premier celui de la compétence des hommes et des femmes du Québec. L'entrepreneurship québécois (des succès comme la Baie James, Bombardier,Québécor...), la qualité de notre administration publique et celle de nos services de santé et de nos services sociaux, les œuvres de nos créateurs et de nos artistes et les découvertes de nos chercheurs... Tout cela n'est en fait que le fruit de nos efforts passés en matière d'éducation – la conséquence de cette passion que nous avions pour l'Éducation et qui parait s'être perdue...

La mondialisation des valeurs, de l'économie et des solidarités sociales est désormais au cœur de notre vie quotidienne. La taille du Québec fait que nous ne pouvons prétendre y avoir une influence déterminante. Nous devons cependant faire face aux extraor-dinaires exigences que cela comporte pour la société et les individus. Les seuls atouts dont nous disposons vraiment sont celui de la volonté indéfectible de réussite des hommes et des femmes d'ici et celui de notre capacité à leur fournir les moyens de soutenir avec avantage l'énorme défi de la concurrence et de la compétition. La formation des jeunes et des adultes devient alors l'unique voie d'avenir pour le Québec.

Le défi du Québec pour 2006 (et les années subséquentes), une chose toute simple – la plus importante et la plus urgente : retrouver et entretenir la passion pour l'éducation !

La jeunesse, les autochtones et les mythes fondateurs du Québec

Gérard Bouchard

Historien et sociologue, Université du Québec à Chicoutimi
Membre fondateur de l'Institut du Nouveau Monde

Il y a un important redressement à effectuer du côté des jeunes Québécois dans les métropoles, et peut-être plus encore dans les régions. Je pense ici au décrochage scolaire, au sous-emploi, aux désordres sociaux (toxicomanie, suicide...). Plus profondément encore, il faudrait porter une attention particulière au sentiment de désarroi, de vide existentiel, de « désespérance » qu'éprouvent de nombreux jeunes. Ce phénomène est d'autant plus tragique qu'il se manifeste moins dans des excès ou des écarts relevant de la criminalité que dans des comportements auto-destructeurs.

Le Québec doit intensifier les initiatives qu'il a prises depuis quelques années pour redéfinir ses rapports avec les communautés autochtones. Ces initiatives sont avant-gardistes d'abord parce qu'elles délaissent la voie des tribunaux pour emprunter celle des négociations, et aussi à cause de l'originalité dont elles font preuve en se basant sur la reconnaissance du droit à l'autonomie de ces populations. Après un bon départ (du côté des Cris, notamment), la démarche gouvernementale semble maintenant piétiner (par exemple, dans le dossier des Innus). Les Québécois doivent se montrer vigilants, car ils ont ici une occasion de faire l'histoire : nulle part dans le Nouveau Monde on ne s'était jusqu'ici montré aussi audacieux et novateur dans la façon d'aborder ce vieux problème qui assombrit le passé de toutes les collectivités neuves.

Présentement, sur le plan politique, il n'y a plus de véritable pensée fédéraliste au Québec. De son côté, le Parti québécois présente certes les éléments d'un projet susceptible de relancer notre société en la mobilisant en fonction d'un horizon, d'une direction, d'un grand rêve collectif. Mais en dépit des efforts réalisés récemment, ce projet reste en attente d'une redéfinition qui l'articule pleinement aux questions, aux besoins, aux contraintes et aux immenses possibilités du temps présent. Les grands mythes fondateurs de la Révolution tranquille ont presque tous épuisé leur potentiel de mobilisation et de changement. Il presse de les relayer.

La citoyenneté

Claude Béland

Président du Mouvement pour la démocratie et la citoyenneté du Québec
Membre du conseil d'administration de l'Institut du Nouveau Monde

À quelle entreprise impossible ou dont on l'estime incapable le Québec doit-il s'attaquer en 2006 ? Je pose la question en m'inspirant de la définition du « défi » selon le grand Larousse, le Québec étant, bien entendu, pour les fins de l'identification de ces défis, non pas l'État ou ses institutions, mais la population elle-même.

Vu sous cet angle, un des défis prioritaires est celui pour les citoyennes et citoyens de refuser la soumission systématique aux volontés des élus ou aux diktats monopolistes, mais d'amorcer plutôt l'affirmation et l'incarnation du pouvoir citoyen. Les Québécois et les Québécoise, doivent renoncer à n'être que de simples électeurs périodiques et doivent s'inscrire dans une démarche menant à l'instauration d'une démocratie davantage participative.

Pour ce faire, ils doivent relever le défi de leur éducation citoyenne et politique, ce que d'aucuns les estiment incapables de réussir. Lutter pour la diversité de l'information indépendante. S'inscrire dans les groupes qui, par des débats et des échanges, permettent d'y trouver une information non partisane, véritable oxygène de la démocratie.

Ils doivent aussi relever le défi de la renaissance de l'éthique de la citoyenneté et du civisme. Réapprendre à «vivre ensemble» dans le respect des uns et des autres, le civisme étant «une foule de petites choses» qui, nourries de la poursuite collective du bien commun, redonnent le goût du Québec.

Développement durable : de la parole aux gestes ?

Steven Guilbault
Directeur, Greenpeace Québec

Steven Guilbault

Depuis quelques années, le vent du développement durable souffle sur le Québec. Pour le gouvernement Charest, tout, ou presque, est maintenant du développement durable pour le meilleur mais aussi, hélas, pour le pire.

Pour le meilleur, il y a certainement l'abandon de la filière thermique au Québec, dont le projet le Suroît, et le virage vers l'énergie éolienne, la volonté du ministre Corbeil, aux Ressources naturelles, de donner suite à certaines des recommandations de la Commission Coulombe, soit la réduction les droits de coupes de 20 % et la création de nouvelles aires protégées.

Dans la catégorie des bourdes monumentales, notons le cafouillage autour du changement de nom du ministère de l'Environnement qui est devenue le ministère du Développement durable, de l'Environnement et des Parcs, ainsi que la motoneige qui devient, selon M. Charest, du développement durable tout comme les projets de prolongements des autoroutes 25 et 50 (ce dernier annoncé le jour de l'entrée en vigueur du Protocole de Kyoto). Et la dernière en liste, soit la transformation de la rue Notre-Dame en autoroute urbaine qui permettra à trois fois plus de voitures d'avoir accès au centre-ville de Montréal. La politique sur le développement durable aura peut-être le mérite de favoriser la prise en compte d'éléments dépassant une simple analyse étroitement économique au sein de l'appareil gouvernemental, mais sans plus. Au-delà de ses bons et mauvais coups, la volonté du gouvernement Charest d'utiliser la notion de développement durable à toutes les sauces nous laisse trop souvent l'impression de relever de l'improvisation et de l'opportunisme politique. Saura-t-il rectifier le tir?

L'éolien, l'éducation postsecondaire et la transition démographique

Pier-André Bouchard St-Amant
Ancien président de la Fédération étudiante universitaire du Québec

Le premier défi de 2005-2006, c'est le développement éolien au Québec. Les appels d'offres actuels favorisent un modèle de développement économique qui n'avantage pas les régions. Pour chaque dollar qui demeure dans les régions à fort potentiel éolien, 1,80 $ s'en va aux États-Unis, en Alberta et en Ontario. Car les investisseurs actuels ne sont pas québécois. Un modèle de développement sous forme de coopératives, en partenariat avec Hydro-Québec, favoriserait la rétention d'argent dans les régions à fort potentiel éolien, renforçant ainsi leur économie. Ainsi, les investisseurs seraient des gens de la région, sous le modèle des Caisses Populaires. Autre avantage : l'augmentation du niveau d'acceptabilité d'un tel projet.

Le second défi sera d'ordre politique. Le budget fédéral Layton-Martin garantit 1,5 milliards en éducation postsecondaire, soit environ 375 millions pour le Québec. Ces crédits budgétaires, même s'ils ont été votés, doivent arriver dans nos universités et cégeps. Or, rien n'est moins sûr puisque le gouvernement Martin, maintenant plus fort dans les sondages, risque de dissoudre la chambre et d'aller en élection. Pour que cet argent nous parvienne, il faut que le milieu de l'éducation postsecondaire et le gouvernement du Québec s'entendent non seulement sur la répartition des sommes, mais aussi sur la stratégie à adopter face au gouvernement fédéral.

Dernier défi : mettre en place toutes les politiques nécessaires pour nous assurer que la transition démographique à venir soit la plus douce possible. Le gouvernement se doit de ne pas baisser les impôts, d'éviter la croissance de la dette publique ou de vendre ses actifs pour financer son déficit. Il lui faut favoriser l'immigration et l'éducation postsecondaire.

Pier-André Bouchard St-Amant

La métropole, le talent, la créativité

Isabelle Hudon
Présidente et chef de la direction, Chambre de commerce du Montréal métropolitain

Autant le Québec est obsédé – non sans raisons – par le développement de ses régions, autant celui de sa «locomotive économique» – la métropole – est l'objet de peu de préoccupations. Pourtant, le propre d'une locomotive, c'est d'emmener tout le monde dans sa suite. Aussi, si le Québec veut aller plus vite, il y a tout lieu d'exploiter au maximum le potentiel de sa métropole. Cela devrait être un enjeu électoral de la Gaspésie jusqu'en Abitibi, ne serait-ce que parce que la métropole apporte 25 milliards $ de revenus au gouvernement du Québec, soit plus de la moitié de ses revenus autonomes. Ainsi, l'une des meilleures façons pour l'État de se donner les moyens d'agir en région, c'est justement d'investir dans la croissance de Montréal. Et cela devrait être une priorité pour tous les Québécois.

D'ici 2016, la croissance nette de la main-d'œuvre dépendra à 100% de l'immigration. Dans ce contexte, notre capacité collective à nourrir la croissance de notre bassin de talents est cruciale. Cela nécessite des actions sur les trois «fronts» de la bataille du talent: la formation, l'attraction et la rétention.

Les plus grandes réussites québécoises portent toutes le sceau de l'audace, de la créativité et de l'entrepreneurship. Il faut cultiver ce goût – qui est commun à ceux qui innovent en science, qui inventent en art ou qui osent en affaires – tout en se rappelant qu'il faut donner aux créateurs des outils leur permettant de donner forme à leurs idées, à commencer par la formation et l'acquisition de compétences.

Le grain de sable

Pierre Beaudet
Directeur, Alternatives

Le monde dans lequel nous vivons nous interpelle chaque seconde. L'image d'une «prison-monde» appelée

Guantanamo nous hante, même si la population québécoise a pu démontrer en 2003 comment elle rejetait une guerre immonde menée au nom de la liberté. On garde espoir, car il y a aussi le surgissement d'une lutte sans cesse renouvelée pour la justice, la paix, la démocratie, que l'on voit à Beyrouth, Kiev ou Buenos Aires. Au Québec, nous sommes en même temps très loin et très proches de cette mondialisation polarisée. On nous fait parfois croire que nous vivons à l'écart de ces grands tourments, que nous sommes à l'abri du géant américain dans une sorte de «république des satisfaits». Certes, cette illusion est promue par un système qui exclut de plus en plus de gens et qui malgère le néolibéralisme. Heureusement, l'indifférence et l'ignorance sont battues en brèche. Notamment par ses milliers de jeunes Québécois et Québécoises qui entendent que l'extraordinaire grève étudiante du printemps 2005 est racontée à Porto Alegre ou à Barcelone et que la prochaine mobilisation contre la guerre aura bientôt lieu dans 150 villes simultanément. De tout cela émerge une altermondialisation à chaque fois plus proche des gens. Nos plus grands défis dans ce contexte se résument à un seul : comment survivre à côté d'une superpuissance menaçante et militarisée, malheureusement bien appuyée par une «société civile» intégriste et fanatisée ? Il faut résister. Non pas par «antiaméricanisme», car notre combat est le même que celui de millions d'Américains qui luttent contre ce qui s'apparente – sans être semblable – à ce qui avait été mis en place par Hitler il y a 60 ans. Il faut jeter dans l'engrenage le plus gros grain de sable que l'on peut trouver.

Intégrité et honnêteté

Bernard Descôteaux
Directeur, Le Devoir

Quels défis attendent les Québécois en 2006 ? L'actualité de 2005 me conduit à privilégier la mise en œuvre du rapport du juge Gomery sur le scandale des commandites. Ce rapport nous renvoie aux valeurs morales de notre classe politique, mais aussi à celles de notre société.

L'enquête menée par le juge Gomery en 2005 a montré que des mots comme «intégrité» et «honnêteté» ont perdu leur sens. Comment expliquer autrement qu'au sein même d'un appareil gouvernemental, régi par des normes et des contrôles aussi nombreux que rigoureux, un programme gouvernemental aussi important ait pu être détourné de ses fins pour le profit de quelques-uns sans retenue ?

Parmi tous ceux qui ont participé à ce grand jeu des commandites, personne n'a osé dire: je ne joue pas! Et, encore moins, le dire publiquement. Étonnant? Pas vraiment, puisque ceux qui jouent à ce jeu sont de plus en plus nombreux. N'est-ce pas à ce même jeu auquel on jouait chez Cinar et chez Nortel, pour s'en tenir à des exemples du secteur privé au Canada? N'est-ce pas aussi ce que font tous ceux qui travaillent au noir? Puisque tout le monde le fait...

Le scandale des commandites entraînera un resserrement des contrôles et des normes appliquées dans la fonction publique. Cela est inévitable. Mais à la base, le rapport du juge Gomery devrait appeler la société québécoise à une réflexion sur ses valeurs morales. L'attitude de ceux qui confondent leurs intérêts personnel avec l'intérêt public ne changera pas durablement si on n'admet pas que les comportements condamnés par la commission d'enquête ont été possibles parce que tolérés. Le défi est peut-être plus grand qu'il n'y paraît.

Politique, énergie et richesse

Carole Beaulieu
Rédactrice en chef, L'actualité

Les Québécois aiment voter «autonomiste», «solidaire»... et «réaliste». Toute leur histoire récente en témoigne. Pourtant, sur l'échiquier politique de la province, aucun parti ne leur offre ce choix. Le PLQ de Jean Charest est trop peu autonomiste. L'ADQ trop peu solidaire. L'Option citoyenne pas toujours très réaliste en matière d'économie! Le Parti québécois et son nouveau chef sauront-ils occuper le terrain, pour l'instant vacant, de cette autonomie solidaire-réaliste?

L'année 2006 risque d'être marquée au fer rouge de la bataille pour l'énergie. Et de ses conséquences politiques. Gonflé par la demande mondiale – de la Chine notamment –, le prix du baril de pétrole brut a bondi de 10 à 60 dollars (vrf) en moins de 14 mois! Avec assez d'or noir pour approvisionner l'Amérique du Nord pendant 50 ans, l'Alberta devient le centre du «nouveau Canada», riche, bourré d'emplois... et bientôt d'électeurs! Les Québécois voudront-ils se séparer du pays qui a le plus gros avantage mondial en matière de sécurité énergétique?

À moins qu'ils ne pressent eux-mêmes le pas pour s'enrichir! Et créer un nouveau pôle de richesse et d'attraction, à l'est, dans ce que certains commencent à appeler le «vieux» Canada. Tout un défi.

La peur

Mario Roy
Éditorialiste, La Presse

Outre ses difficultés spécifiques (dont, évidemment, le lancinant casse-tête constitutionnel), le Québec fait face aux mêmes problèmes que les autres nations développées. Essentiellement, ils posent un défi unique, vaincre la peur, qui se décline en trois volets. Vaincre la peur du changement. Celle de la réalité. Celle de la... fin du monde.

Cette dernière phobie est la plus étonnante. Car la société dans laquelle nous vivons est, historiquement et à tous points de vue, la plus sûre et la mieux équipée pour la survie à long terme, nonobstant les discours de tous les marchands d'apocalypse. Oui, il faut se préoccuper d'environnement et de santé, de sécurité et de paix. Mais, non, la situation de l'espèce, globalement, ne se détériore pas. Non, la Terre ne cessera pas de tourner. Et il reste encore plusieurs milliards d'années avant un éventuel Big Crunch ...

La peur de la réalité, des faits bruts, est moins étonnante. Elle conduit à la foi aveugle, autant dans le domaine de la spiritualité que de la politique. Or, il n'est pas certain qu'après avoir déserté les églises, les Québécois ne se soient pas rués en masse vers d'autres chapelles. Le refus obstiné du changement, enfin, est à la fois une cause et un effet de ce que nous venons de voir. Jadis, progresser consistait à faire quelque chose. Maintenant, se ranger du côté du progrès consiste plutôt à se battre pour que rien n'arrive.

Cela ne pourra pas durer, comme le suggère le plus élémentaire bon sens. Alors, pourquoi ne pas, dès 2006, entreprendre l'exhumation de la confiance et de l'audace ?

Garder nos Anglos

Don Macpherson
Chroniqueur, The Gazette

Certains grands défis du Québec sont tellement évidents que je compte sur d'autres invités de l'*Annuaire* pour les choisir.

Pour faire original donc, j'ai décidé plutôt d'exprimer trois souhaits pour le Québec en 2006 qui ne figurent pas nécessairement sur beaucoup d'autres listes, mais qui sont des défis quand même.

1) Je nous souhaite plus de courage pour affronter les problèmes de démographie et de finances publiques auxquels nous faisons face. En vieillissant, le Québec est devenu conservateur et suffisant. Dans les années 60, les Québécois descendaient dans la rue pour changer les choses. Aujourd'hui, ils le font pour protéger les acquis de leur groupe d'intérêt respectif.

2) Je nous souhaite un plus grand respect et une plus grande défense de nos libertés fondamentales, et non pas seulement quand nous sommes d'accord avec ceux qui les exercent. Quand ceux qui croient que les fins justifient les moyens utilisent des tactiques fascistes pour empêcher leurs adversaires de se réunir ou de s'exprimer, la démocratie est menacée.

3) Et je souhaite qu'on fasse un plus grand effort pour stopper l'exode des cerveaux anglophones du Québec en offrant aux jeunes diplômés de ma communauté des emplois intéressants à la hauteur de leurs ambitions et de leurs talents. Alors que le Québec fait des efforts considérables pour attirer et intégrer des immigrants d'autres pays, il laisse partir des jeunes qui sont nés et formés ici et qui parlent déjà français. Et il laisse à d'autres de profiter de compétences acquises à ses dépenses. Quel gaspillage.

Québec contre Chine : un pacte de productivité

Bernard Drainville
Journaliste, animateur de La Part des choses, RDI

Le bonheur humain est la fin d'une société; l'économie, le moyen pour l'atteindre. Plus l'économie crée de richesse, d'emplois, plus les citoyens ont de chances de vivre heureux. Le hic, c'est que le « p'tit bonheur » des travailleurs québécois est en train de prendre le chemin de la Chine, de l'Inde et des économies émergentes. Pour le moment, ce sont nos usines de meuble et textile qui disparaissent (pour réapparaître à Shanghai ou Shentzen...), mais avant longtemps, c'est toute notre haute technologie qui risque d'y passer. Avez-vous vu les 4 x 4 chinois débarqués en Europe? Les avions « made in China » ne sont pas bien loin derrière. Ils vont bientôt avoir Bombardier et toute notre industrie aéronautique dans le collimateur.

Pouvons-nous gagner? Oui, mais à condition d'être meilleurs qu'eux! Plus compétitifs qu'eux! Si le travailleur de Bombardier veut continuer à gagner un salaire 10 fois plus élevé que le travailleur chinois, il va devoir produire 10 fois plus de valeur que lui. Sinon l'Asiatique va lui chiper son emploi! Sans nécessairement travailler plus, il faudra travailler mieux. La recette n'est pas chinoise: il faut fournir à nos travailleurs les meilleures machines (notre dollar canadien fort nous aidera à les importer) et la meilleure formation pour les utiliser. Il va falloir apprendre à dire « PRO-DUC-TI-VITÉ » sans grimacer. Mieux encore, il nous faut un PACTE :

Aux chefs d'entreprises : êtes-vous prêts à investir une plus grande part de vos profits et de votre rémunération (parfois stratosphérique...) dans l'innovation technologique et la formation en usines?

Aux fonds d'investissements, gestionnaires de portefeuille et autres actionnaires : êtes-vous prêts à accepter qu'une entreprise déclare des profits moindres parce qu'elle a investi dans ses équipements, ses bâtisses, ses travailleurs? Où allez-vous, comme c'est devenu la règle, punir l'entreprise en faisant dégringoler son action en bourse?

Aux travailleurs et à leurs syndicats : êtes-vous prêts à consentir à certains sacrifices si l'employeur s'engage dans une politique d'investissement qui vise à protéger vos emplois contre la concurrence asiatique?

Bref, pouvons-nous construire un capitalisme de long terme? Un capitalisme original, solidaire, durable, québécois?

La civilité

Denise Bombardier
Écrivaine et journaliste, chroniqueuse au Devoir et à TVA

Quel défi que de définir trois défis pour 2006. Mais c'est un exercice qui permet certainement de cerner les contours du Québec d'aujourd'hui. C'est pourquoi il me semble que notre premier défi est d'éviter le piège de la désillusion face à la dégradation de la vie politique actuelle. À ce jour, l'électorat québécois avait boudé le cynisme si pratiqué dans les vieux pays européens revenus de tout. Les scandales, une certaine fatigue morale aussi, favorisent cette position amorale et socialement redoutable.

Le second défi serait peut-être de tenter de reconnaître l'énorme fossé entre les prétentions idéologiques, héritage des années soixante, et la réalité sociale qui en découle. Au nom de la justice sociale, la génération baby-boomers a accédé au pouvoir et défini les paramètres de la nouvelle société dont elle a pris le contrôle avec comme conséquence de figer le changement selon ses propres termes. À la lutte des classes s'est substituée la lutte des classes d'âge. Le défi est de lâcher du lest en tendant le bâton du relais à la génération subséquente.

Enfin, le troisième défi serait de remettre un peu de tendresse dans nos relations interpersonnelles, façon de lutte contre une dépersonnalisation qui ne doit pas être inéluctable. Nous introduisons dans nos débats publics une brutalité de ton qui empoisonne la discussion et transforme la polémique en mise à mort. La vie démocratique exige plus d'hauteur de vue, plus de finesse intellectuelle et plus de civilité. Nous devons aussi tenter de résister à cette tendance lourde de plonger dans la trivialité.

La santé, les finances de l'État et l'énergie

Jean-Paul Gagné
Rédacteur en chef, Les Affaires

En matière de santé, le gouvernement du Québec devra se conformer au jugement de la Cour suprême dans l'affaire Chaoulli. Québec a jusqu'au 6 juin 2006 pour encadrer l'achat d'assurance privée pour financer des soins de santé normalement dispensés dans le cadre du régime public de santé. Québec devra aussi se prononcer sur la recommandation du rapport Ménard de créer un régime public de financement des soins aux personnes en perte d'autonomie.

Sur le plan des finances publiques, les prochains budgets des gouvernements devraient alimenter le débat sur le déséquilibre fiscal et la péréquation. L'Alberta, qui n'a ni dette, ni taxe de vente et où les particuliers paient un taux unique de 10 %, se dirige vers un surplus de 7 G$ grâce aux redevances sur les hydrocarbures. Elle pourra éliminer son impôt sur les profits. Pendant ce temps, le fédéral continue d'afficher des surplus, le Québec recourt à des astuces comptables pour montrer un équilibre budgétaire et l'Ontario enregistre des déficits. Les provinces dites pauvres accroîtront la pression sur le fédéral, mais celui-ci ne voudra pas toucher aux redevances albertaines, puisque les ressources sont de la compétence des provinces.

En énergie, Québec devra donner suite au rapport de la commission sur l'énergie. Il devra présenter ses choix entre les différentes formes d'énergie qui formeront le bilan énergétique des prochaines années. Il devra se prononcer sur les projets de terminaux méthaniers de Lévis et de Gros-Cacouna à la suite des rapports publiés sur leur impact environnemental.

Indépendance, leadership et communications

Pierre Dubuc
Directeur, L'Aut'journal

Quelque part, au cours des prochaines années, le Québec aura à nouveau à se prononcer sur son avenir. De tels rendez-vous historiques se préparent de longue main. Bien qu'elle doive s'appuyer sur une ferveur populaire exceptionnelle, l'indépendance nationale ne peut se réaliser sans un véhicule politique sophistiqué embrassant la grande coalition souverainiste. La reconnaissance des clubs politiques dans les statuts du Parti québécois permet désormais cette cohabitation. Dès maintenant, il faut transformer cette potentialité en réalité.

Pour naviguer dans les eaux agitées et troubles d'une campagne référendaire, une nouvelle génération de dirigeantes et dirigeants est requise. Car, au fil des ans, tous les arguments pour la souveraineté ont été déposés sur la table. Pour vaincre les dernières hésitations des couches les plus vulnérables de notre société aux coups fourrés adverses, il ne manque plus qu'un leadership ferme, marchant d'un pas assuré. Beau défi, s'il en est un, que de favoriser son émergence .

De nouveaux leaders émanent des luttes politiques et sociales, mais également du débat d'idées. Au Québec, ce dernier est biaisé, perverti et censuré d'avance par le contrôle quasi-absolu de la presse d'opinions par les forces fédéralistes. Mais, chaque fois, dans l'histoire, un mouvement s'est buté à un univers médiatique aussi hostile, il a utilisé les nouveaux médias de l'époque pour contourner le problème. Le mouvement souverainiste s'est construit sur l'utilisation du téléphone. Aujourd'hui, la maîtrise pour le combat politique d'Internet et des nouvelles technologies de l'information est à l'ordre du jour.

L'éducation, le transport et les organisations communautaires

Jacques Dufresne
Philosophe, éditeur de L'Encyclopédie de L'Agora

La Fédération des commissions scolaires s'est attaquée récemment aux cégeps et aux écoles privées avec l'espoir de trouver un remède à ses maux dans l'affaiblissement de ces réseaux qu'elle considère comme des concurrents.

Sur le plan administratif, les écoles privées ressemblent davantage aux cégeps qu'aux écoles publiques : même autonomie, même enracinement dans la communauté, même accès direct au ministère de l'Éducation, même choix de l'institution par les étudiants et les parents. N'est-ce pas ce modèle gagnant qu'il conviendrait d'étendre au secteur public, plutôt que de faire l'inverse comme le veulent les Commissions scolaires ?

Devant ces centaines de milliers de kilomètres de routes à refaire, on s'interroge. Dans quelle mesure avions-nous prévu ces frais d'entretien ? Faut-il refaire les mêmes investissements aveugles, sachant que le coût de l'essence ne cessera d'augmenter ? En avons-nous les moyens ? Ne faudrait-il pas au contraire profiter de la conjoncture pour revoir toute la politique du transport dans la perspective du développement durable ? N'ayant pas d'industrie automobile, nous n'avons nullement intérêt, compte tenu de notre dur hiver, à gagner le concours du nombre de kilomètres de routes asphaltées par habitant. Mieux vaudrait innover à la manière de la ville de Curitiba au Brésil, « une ville, nous dit Francis Ford Coppola, qui se soucie plus de ses habitants que de ses voitures » (*Courrier international*, N° 766, 12 juillet 2005).

On connaît depuis longtemps les limites du marché en matière sociale, on connaît désormais celles de l'État. Entre les deux, il y a le secteur communautaire. On s'affaire depuis quelques années à créer des fondations communautaires dans les principales villes du Québec. N'est-ce pas là l'ébauche d'un mouvement qui devrait prendre de l'ampleur ? Les organismes communautaires ont besoin du soutien de toute la population. Ils sont l'État providence de demain.

Le privé en santé, le financement de la culture et l'immigration

Pierre Thibault
Rédacteur en chef, hebdomadaire culturel Ici

Il sera urgent en 2006 d'évaluer la manière dont seront intégrés des services de nature privée dans le système de santé québécois. Une planification rigoureuse et des études serrées devront être effectuées afin de permettre une plus forte participation du privée en santé sans pour autant remettre en cause l'universalité des soins. Plus il perdure, plus le statu quo actuel nous mène vers une réelle médecine « à deux vitesses », ce que la plupart des observateurs redoutent.

En 2006, le Québec aura à faire face à la grogne soutenue exprimée par un nombre grandissant d'artistes quant aux modèles existants en matière de financement des arts. Il ne s'agit pas ici d'entrevoir la chose sur le strict plan des sommes allouées, mais bien sur la manière dont les budgets sont distribués. Le programme d'intégration des arts à l'architecture et le principe des jurys composés de pairs, notamment, font l'objet de récriminations chez plusieurs artistes qui les accusent d'être à l'origine de situations de conflits d'intérêts, de favoritisme ou de règlements de comptes. À terme, des États généraux sur le financement de la culture seront nécessaires.

Le vieillissement de la population constitue un handicap majeur pour le devenir du Québec. En ce sens, l'arrivée d'immigrants est souhaitable. Aussi, et pour éviter des problématiques vécues par certains pays européens, dont la France et l'Angleterre, il est impératif de revoir dans leur ensemble les politiques d'intégration des immigrants à la société québécoise.

Redire nous

Robert Laplante
Directeur, L'Action nationale

Cela ne se règlera certainement pas cette année, mais il se pourrait bien que les choses basculent. Le Québec est en passe de se refonder dans son récit national. Si cela se produit l'Histoire se mettra en mouvement.

La guerre psychologique qu'on lui a menée depuis 1995 a eu des effets désastreux sur la cohésion sociale et la représentation nationale. Comme c'est souvent le cas, les artistes ont devancé les politiciens. Le renouveau de la chanson engagée a remis les Québécois en face d'eux-mêmes. Une parole renouvelée cherche à redire un « nous ». Le Québec s'emploie à se raccorder avec lui-même.

La course au leadership du PQ et la création d'un nouveau parti de gauche vont contribuer à clarifier les choses. Ou bien le PQ réussira à regagner la confiance des indépendantistes et des désabusés ou bien il se transformera en relique vivante, une espèce d'Union nationale post-moderne. Si cela se produit, le nouveau parti de gauche risque de reconfigurer l'espace politique. A moins que l'abstention ne progresse encore.

La crise du secteur public sera un événement-clé. Voulue ou non, cette crise va frapper au cœur de la représentation que les Québécois se font d'eux-mêmes et de leur semi-État. Ce sera un test majeur pour la cohésion nationale, peut-être même un rendez-vous électoral. Les Québécois accepteront-ils de vivre avec les moyens que le Canada leur laisse ? Leur réponse fixera aussi les résultats de l'élection fédérale et le niveau d'appui au Bloc.

La question nationale radicalise les choix.

L'éthique et un nouveau parti politique

Jocelyn Maclure
Professeur adjoint, faculté de philosophie, Université Laval
Rédacteur en chef des Cahiers du 27 juin

Le renforcement du souci éthique

Il faut faire en sorte que la préoccupation ou le souci éthique s'immisce autant dans la logique fonctionnaliste de nos institutions que dans le foyer intérieur de la conscience individuelle. L'éthique ne peut se porter garante à elle seule de la réalisation de la justice et du bien commun, mais elle garantit au moins que le souci de justice sociale constitue l'un des critères de jugement des décideurs et des citoyens dans leur vie quotidienne.

L'émergence d'un parti politique fondé sur une lecture plus adéquate de l'évolution sociopolitique du Québec contemporain

La politique partisane au Québec est dans une impasse. Il lui manque un parti politique pragmatique tant dans son progressisme que dans son affirmationnisme.

1. le PLQ n'a pas fait la preuve qu'il est animé par autre chose que la conquête et la préservation du pouvoir. Quelle est l'éthique sociale qui soustend l'action de son gouvernement?
2. Le PQ fait du projet de souveraineté un absolu.
3. L'ADQ, en plus d'avoir une fâcheuse propension au populisme, n'est pas, jusqu'à preuve du contraire, progressiste.
4. L'Option citoyenne, même si sa présence dans le paysage idéologique et politique québécois est positive, ne nous a pas prouvé jusqu'ici qu'elle avait la capacité de renouveler le discours et la pratique progressistes et qu'elle pouvait exercer le pouvoir. Le Québec a besoin d'un nouveau parti.

Souverains, solidaires et moraux

Louis Cornellier
Rédacteur en chef de la revue Combats

Je pourrais être original; je serai plutôt sérieux et expéditif. Voici donc, selon moi, les trois plus grands défis qui attendent le Québec en 2006.

Le Parti québécois aura un nouveau chef. Les Québécois progressistes devront lui faire comprendre clairement qu'ils sont prêts pour la souveraineté démocratiquement réalisée. Pour ce chef, le défi prendra la figure de la clarté et du courage. Pour les citoyens, il prendra la figure de la lucidité et de la constance.

En matière de santé, le débat sur une privatisation partielle des services battra son plein et les chantres du "gros bon sens" tenteront de nous enfoncer dans la tête l'idée, fausse, selon laquelle le "tout public" est dépassé. Il faudra se défendre bec et ongles contre cette arnaque moralement et rationnellement indéfendable. Il nous faudra, oui, être des purs et durs de la solidarité contre une logique économique artificielle.

Directement relié au précédent, le troisième grand défi s'adresse, lui aussi, à tous. Il consiste à en finir avec une mentalité pragmatique débilitante qui nous impose de tout penser en fonction d'un soi-disant réalisme à la petite semaine. Contre ce rapetissement de notre humanité au nom de l'idéologie de l'efficacité, l'heure est venue de réhabiliter la morale, qui n'est pas le moralisme, dans les débats sociaux. Comme le disait Socrate, mieux vaut souffrir de l'injustice que de la commettre.

Un slogan n'est pas une politique

Éric Bédard
Historien, rédacteur en chef de la revue Argument

Argument n'est pas une revue de combat mais un espace de débats. Notre revue n'a pas été créée pour résoudre des problèmes mais bien davantage pour les penser. Ses animateurs ne sont pas unis par une Cause, ils souhaitent modestement animer un forum de discussions sur des enjeux qui les préoccupent comme celui de l'avenir de l'humanisme dans un monde subjugué par la technique, de l'étiolement de l'idée du bien commun dans une société d'individus, du rapport souvent trouble que les Québécois entretiennent avec leur passé ou avec la modernité. Esquisser, dans un tel contexte, les « trois grands défis » de la prochaine année pour le Québec pourrait sembler hasardeux.

Et pourtant, malgré notre volonté farouche d'offrir aux esprits libres un vrai lieu d'échanges, nous sommes, nous aussi, animés par une foi. Nous voulons croire que le débat d'idées est essentiel à la démocratie, que sans une éthique exigeante de la délibération, il est impossible d'éclairer les grandes questions de notre temps.

La politique, contrairement à ce qu'on a pu voir lors des audiences de la commission Gomery, ne saurait se réduire à de la publicité, du marketing, des analyses de *focus group*. Un sondage n'est pas un point de vue éclairé et un slogan n'est pas une politique. Pour se projeter dans l'avenir, envisager certaines réformes nécessaires, il faut être en mesure de comprendre un peu mieux la complexité des choses. Un tel exercice requiert du recul et du temps. Ce sens des perspectives, n'est-ce pas là l'un de nos principaux défis pour l'année à venir ?

Pluralisme, justice, ouverture

Anne-Marie Aitken
Rédactrice en chef de la revue Relations

Parmi les nombreux défis auxquels le Québec aura à faire face en 2006, je re- tiens d'abord celui d'un pluralisme croissant qui suscite des questions inédites relatives à notre identité nationale et à notre vivre ensemble. Les nouveaux arrivants en provenance des quatre coins de la planète nous enrichiront de leur culture et de leur vison du monde à condition que nous leur offrions une place dans notre société pour qu'ils s'ouvrent à notre culture. C'est avec eux que nous avons à bâtir un Québec pluriel et solidaire, au nom même de la démocratie.

Le deuxième défi est celui de la justice sociale dans un contexte de mondialisation qui enrichit les riches et appauvrit les pauvres. Le néolibéralisme actuel donne une place de plus en plus grande à l'économie et centre tout sur le profit et la rentabilité. Tout se vend, à n'importe quel prix. Que devient alors l'humain ? Une marchandise comme les autres ? Détaché de tout lien avec ses semblables? L'avenir réside dans la résistance au nivellement de la pensée, dans la lutte contre l'exclusion, la défense d'un environnement viable, la promotion d'une certaine forme d'humanité pour laquelle liberté et fraternité signifient encore quelque chose.

Le troisième défi réside tout simplement dans l'ouverture à l'avenir, c'est-à-dire dans la reconnaissance d'une transcendance qui nous dépasse et qui permet de faire confiance à la vie toujours plus généreuse qu'on ne le pense, malgré les obstacles qui se dressent à l'horizon.

Changer notre mode de vie

Gabriel Gagnon
Sociologue, membre du comité de rédaction de la revue Possibles

Notre terre se réchauffe, la pollution de l'air s'accélère, une eau rare fait l'objet de toutes les convoitises, nos forêts disparaissent, plusieurs espèces végétales et animales sont menacées. Voilà le principal défi auquel les Québécois, comme l'ensemble des habitants de la planète, ont à faire face dès maintenant; pourtant, ni l'application timide par le gouvernement fédéral du protocole de Kyoto ni la politique ambiguë de développement durable du gouvernement Charest ne sont une réponse adéquate à une évolution insidieuse qui, à très court terme, mettra en péril notre vie quotidienne comme nos projets de pays et de société.

Plusieurs d'entre nous travaillent trop. Beaucoup d'autres sont exclus du marché du travail ou réduits à un revenu de subsistance. Pour ces hommes et ces femmes, la vie quotidienne est de plus en plus difficile. Repenser la place du travail dans nos vies devrait donc être un défi constant de nos partis politiques et de nos syndicats. Diminuer le temps de travail afin de le mieux partager, réduire de façon radicale les heures supplémentaires obligatoires, établir un revenu de citoyenneté accessible à tous, promouvoir la simplicité volontaire, voilà autant de façons de transformer nos vies tout en favorisant la décroissance d'une économie mondiale devenue incontrôlable. La plupart des Québécois et Québécoises ne sont encore assez conscients ni de la nécessité ni surtout de la possibilité de changer leur mode de vie comme leur attitude face à l'économie, au travail et à l'argent. Seul un vaste mouvement d'éducation citoyenne tout au long de la vie pourrait leur permettre, comme le souhaitait le philosophe Castoriadis, d'inventer un nouvel imaginaire social fondé sur une véritable démocratie participative susceptible de répondre aux défis posés par un environnement menacé et une vie quotidienne aliénante.

Déséquilibre fiscal, mondialisation et mémoire

Robert Comeau
Historien, directeur du Bulletin d'histoire politique

Le premier défi auquel est confronté le Québec est l'élargissement de l'assiette fiscale afin d'améliorer les finances publiques. Jean Charest faisait le même constat en octobre 2004 tout en refusant d'engager le combat pour aller chercher une plus grande part des impôts, comme l'avaient réussi avant lui Duplessis en 1954 et Lesage par la suite. Le Québec provincial n'a pas les moyens financiers pour répondre adéquatement aux responsabilités que lui octroie la constitution (santé, éducation, sécurité du revenu, problèmes urbains, francisation des immigrants, etc). Cette inadéquation permet au gouvernement fédéral de s'ingérer toujours plus dans nos juridictions en consolidant la construction de l'État national canadien et en renforçant l'identité canadienne. Les indépendantistes devront expliquer à la population les impacts du déséquilibre fiscal, inhérent au fédéralisme canadien. L'accélération du processus de centralisation menace l'existence même de nos programmes sociaux, privant le Québec des moyens nécessaires à ses politiques.

Le deuxième défi porte sur la nécessité de combattre solidairement les effets pervers de la mondialisation sur le monde du travail et l'existence des régimes de protection sociale. Il faudra que les jeunes travailleurs se fassent une place dans le mouvement syndical. Cette relève syndicale doit être consciente que face aux stratégies de privatisation des services publics, les luttes syndicales sont de plus en plus nécessaires. Il faut que les dirigeants syndicaux s'adaptent aux nouvelles formes de travail. Les travailleurs avec un statut précaire et les travailleurs autonomes doivent profiter des régimes de protection sociale conçus par et pour les temps-plein permanents.

Au plan politique, le Parti québécois devra réussir à former une large coalition avec d'autres formations politiques qui ne partageront pas son projet de société mais qui seront d'accord pour que le Québec puisse enfin disposer de la pleine souveraineté, c'est-à-dire disposer de tous les outils assurant son propre développement. Les intellectuels souverainistes ne devront plus sacrifier la mémoire canadienne-française au nom de la nécessaire ouverture. Trop d'entre eux semblent avoir honte de leur histoire et entretiennent une relation ambiguë avec leur mémoire collective. Car les Québécois francophones ont une mémoire même, si leurs historiens semblent parfois ne plus en avoir. La conception radicale de la modernité ou post-modernité avec la primauté accordée aux identités multiples tend à évacuer la mémoire canadienne-française et par le fait même coupe la tradition intellectuelle de ses propres racines. Cette mémoire est pourtant fondamentale à l'édification de toute société et bien sûr au projet souverainiste, légitimé par une longue histoire. Seule une mémoire assumée génère l'idée même d'un destin à accomplir dans le cours de l'histoire. Cette subjectivité reconnue, comme l'a bien exprimé le sociologue Jacques Beauchemin est «consentement à soi-même», passage obligé à la reconnaissance de l'autre.

Une politique culturelle

Pierre Lefebvre
Revue Liberté

Je ne peux concevoir un défi digne de ce nom pouvant être résolu dans le cadre d'une année. Cela dit, l'un des défis du Québec actuel est l'élaboration d'une politique culturelle, cette vieille tarte à la crème qu'on a mise au rancart depuis que Georges-Émile Lapalme a pris la porte du gouvernement Lesage. Ce défi peut s'articuler de plusieurs façons, mais pour les besoins de l'exercice, déclinons-le en trois parties. Le plus pressant serait de se débarrasser du concept d'« industrie culturelle » qui nous force à concevoir la culture comme un secteur essentiellement économique. Une œuvre n'est pas un produit et les groupes d'artistes, des entreprises. Les problèmes culturels ne sont pas économiques. Ce sont des problèmes de conceptions de la culture. L'initiative du gouvernement du Québec « Pourvoir la culture ensemble » est une aberration tant que l'on ignore ce que l'on cherche à promouvoir et défendre.

Le premier défi serait donc de cesser de penser en terme économique. Le deuxième serait de cesser de confondre parole citoyenne et création. Toute voix a le même poids politique, mais toutes n'ont pas le même poids artistique. Inonder les librairies d'inepties qui finissent au pilon fait peut-être rouler l'édition, mais mine l'écosystème littéraire. Subventionner les producteurs privés qui font dans « La Fureur » n'est peut-être pas le rôle de l'État. Dès lors, le troisième défi serait d'arriver à nommer ce que l'on choisit de subventionner ou non, ce qui reviendrait à avoir le courage d'affirmer que tout ne s'équivaut pas.

Un nouveau Projet

Pierre L'Hérault
Directeur du magazine culturel Spirale

On hésite à ramener dans le vocabulaire québécois un mot aussi piégé que « projet ». Pourtant l'insatisfaction à l'égard d'un gouvernement québécois agissant à la petite semaine par avancées et reculs, le cynisme provoqué par le scandale des commandites, le peu d'intérêt suscité par les maigres résultats de la « Saison des idées » du Parti québécois, pour ne donner que ces quelques exemples, en disent long sur l'absence d'un discours politique articulé et soulignent l'impérieuse nécessité pour le Québec de se redonner une vision politique, sociale et culturelle porteuse pour aujourd'hui et qui puisse être prise en charge par le gouvernement, qu'il soit fédéraliste ou indépendantiste – car si le choix à faire reste également impérieux, il ne doit pas monopoliser tout le champ de la conscience collective au point de sacrifier le pays réel au pays rêvé. Tel est, me semble-t-il, le défi majeur. Pour le relever, il faudra délester le « projet » de ce qui tient à la situation et aux circonstances de sa formulaton dans les années 60, afin d'y retrouver l'élan collectif et les valeurs de solidarité qui l'inspiraient et le fondaient et que nous avons quelque peu perdues de vue en cours de route. En d'autres mots, commencer par faire le point – c'est le deuxième défi que j'identifie –, par reconnaître les acquis des quarante derrnières années de manière à procéder à un aggiornamento qui ne soit pas que cosmétique. Cela est loin d'être fait, comme nous pouvons le constater régulièrement dans les textes d'opinion des journaux où ressurgissent des oripeaux de discours passéistes. Pensons simplement à la situation linguistique créée par la loi 101 et à l'espace pluraliste qu'elle a contribué à construire. Or, n'a-t-on pas parfois l'impression que les démographes traitent la question linguistique à partir de critères datant d'avant la loi 101 ? Ou encore, admettons-nous le fait que la question nationale se pose aux jeunes générations fort différemment qu'à leurs aînés ? Moins centrale – peut-être parce que, pour ainsi dire, « réglée », attendant simplement la sanction d'un référendum –, elle laisse place à d'autres priorités de la vie collective (écologie, conciliation travail/famille, redéfinition des modes de participation à la démocratie, etc.) Plutôt que d'interpréter cette attitude comme une démobilisation envers la « cause sacrée » (!), ne conviendrait-il pas de saluer, dans cette diversification des préoccupations, l'apparition des conditions « normales » d'un débat public sur les enjeux d'une société homogène rapidement devenue pluraliste ? Le Québec, en effet – et c'est le troisième défi que je nomme –, n'a-t-il pas comme tâche urgente, ainsi que le montrent les discussions sur les « accommodements raisonnables », d'établir, sans repli ni sans faire table rase de sa mémoire, de son originalité culturelle, un contrat social autour des grands principes qui régissent la vie citoyenne dans une société diversifiée, libre et laïque. Les trois défis, est-il besoin de le préciser, exigent une démarche critique exigeante dont on ne peut pas dire qu'elle brille dans le ciel québécois.

Les brèches

Jean Renaud
Revue Égards

Une société aussi paralysée que la société québécoise, aussi intimidée par ses élites, aussi dénaturée par l'étatisme, a beau, grâce à la collaboration de divers préposés à la flatterie nationale, vouloir compenser par une comique surestimation d'elle-même ce qu'aurait de pénible la considération de sa propre léthargie, un murmure public importun commence à être perçu par les plus distraits : le roi est nu !

Qu'il s'agisse d'une radio bâillonnée (sous l'emprise des jacobins libéraux du CRTC), d'une culture subventionnée (qui, hypocritement complaisante envers les pantalonnades faussement subversives, récompense la paresse, la négligence, la médiocrité, la servilité), de l'école (à la botte de syndicats et d'un État pour lesquels l'enfant est un sujet de manipulation sociale), du système de santé (le Québec ressemble à un gigantesque hôpital, composé kafkaïen de vampirisme et de bureaucratie), tout se fissure, tout craque, mais ces brèches qui s'élargissent sont riches d'utiles et rudes leçons.

Pour qu'un réveil salutaire ait lieu en 2006, il faut lutter sur trois fronts :
• Profiter de chaque raté dans le contrôle technocratique sur la société civile pour remettre en question le modèle péquisto-trudeauiste.
• Créer les instruments et les conditions d'une conquête culturelle : librairies, maisons d'édition, revues, journaux, groupes de réflexion doctrinale, réforme intellectuelle et morale.
• Constituer une grande alliance pancanadienne pour la résurgence ou la réviviscence de nos institutions et la refondation conservatrice du Canada : famille (contre l'hystérie anomique des apprentis-sorciers), collège classique (où l'imparfait du subjonctif serait davantage qu'une légende urbaine), monarchie constitutionnelle (gardienne traditionnelle de nos libertés).

L'environnement, le vieillissement et l'histoire

Dominique Foisy-Geoffroy
Codirecteur de Mens, revue d'histoire intellectuelle de l'Amérique française

Un premier défi consiste à préserver l'environnement pour les prochaines générations. L'activité humaine sur l'environnement a des effets sur tous les aspects de notre vie personnelle et collective. Le « développement durable » constitue une des clés fondamentales du bien-être de nos héritiers, de leur prospérité et de la stabilité future de l'économie québécoise, notamment de celle des régions.

Le deuxième défi est posé par le vieillissement de la population. Parce que leur poids dans la population totale sera moins grand, les prochaines générations de travailleurs-contribuables auront un fardeau financier de plus en plus lourd à porter. Il faudra sans doute résister à la tentation de mettre tous nos œufs dans le même panier – la santé – et s'occuper aussi d'économie, d'éducation, de la dette publique afin de donner aux Québécois de demain les moyens de soutenir le nombre grandissant de personnes âgées sans sacrifier leur propre avenir.

Le dynamisme de notre société dans l'avenir en dépend.

Un dernier défi concerne ma spécialité, l'histoire. Les Québécois d'origine canadienne-française auraient tout intérêt à se délester du ressentiment qui souvent anime leur conception de leur histoire. Qu'ils se réconcilient avec elle, apprennent à mieux la connaître et de manière plus nuancée ; qu'ils sachent en reconnaître la beauté et la valeur. Développer une véritable fierté nationale est difficile lorsqu'on méprise les origines de son peuple ; on ne base pas sa confiance et l'affirmation de soi-même sur le dénigrement systématique ou le reniement de ce qu'on a été.

Le temps, l'espace, la culture

Stéphane Baillargeon
Journaliste, Le Devoir

Le temps, l'espace, la culture. Trois réalités fondamentales de toute société qui posent chacune à leur manière un problème essentiel à la société québécoise contemporaine.

Le temps, d'abord. Celui qui manque et s'accélère pour tout un chacun. La suractivité de notre société devient une incommensurable source d'angoisse, particulièrement pour les parents soumis à des horaires de fous et qui

commencent à se sentir aussi misérables que les chevaliers du progrès décrits par Musil, « avec quatre pattes étrangères sous le ventre qui continuent irrémédiablement à avancer ». Comme premier problème, j'identifie donc la conciliation travail-famille.

Ensuite, l'espace. Celui que l'on habite, le paysage physique, à la ville comme à la campagne, dans ce coin du monde auquel la société québécoise manque trop souvent de respect. Le Québec souffre par excès de défaut esthétique. Il doit se doter de règles collectives et adopter des habitudes individuelles pour protéger son patrimoine et l'enrichir d'aménagements de qualité. Cette nécessité devient d'autant plus pressante pour le patrimoine religieux soumis aux effets de la sécularisation croissante. Comme deuxième problème, je souligne donc la nécessité d'adopter et de mettre en œuvre une solide Politique du patrimoine.

Et puis la culture. La société québécoise pèche aussi par excès de bêtise exprimée dans une langue appauvrie, en voie de créolisation, par des incultes plus ou moins diplômés. L'indigence de ses bibliothèques publiques et scolaires en témoigne. La faiblesse, voire la disparition, de ses programmes scolaires artistiques en rajoute. Comme dernier défi au Québec en 2006, je mentionne finalement l'arrimage entre la culture et l'école.

Le principe du malbouffeur-payeur

Michel Brûlé
Président des éditions Les Intouchables

Les trois défis de 2006 : la santé, la santé et la santé.

Étant donné que le Québec consacre 43 % de son budget a la santé, il va sans dire que le plus grand défi des Québécois est de régler ce problème. Depuis plus de dix ans, les différents ministres de la Santé ont pris des mesures pour stopper l'hémorragie, mais la situation n'a cesse de s'aggraver. Aux grands maux, les grands moyens : je propose une solution radicale qui s'inspirerait du principe pollueurs-payeurs. L'idée serait de mettre sur pied un Office des aliments dangereux qui aurait pour mandat d'iden-

tifier les produits taxables, de récupérer l'argent ainsi récupéré et de l'injecter directement dans le système. Quand je parle de solution radicale, je ne veux pas dire qu'il faudrait taxer la bouteille de Coke de 2 ou 3 %, mais bien d'un dollar. Le Big Mac idem. Le sac de chips aussi! Cette solution permettrait de s'attaquer a un autre problème lié a la santé, soit l'obésité et la malnutrition. Le concept malbouffeurs-payeurs devrait faire réfléchir la population. Jean-Claude Saint-Onge, auteur de *L'envers de la pilule*, publié chez Écosociété, m'a raconté que le budget consacré aux médicaments a quintuplé ces dernières années. Il faut que le Québec prenne le virage des médecines douces ou mettons de l'avant le principe de preneux-de-pilules-payeurs.

Crise majeure probable

Christian Dufour
Chercheur à l'ENAP

Le Québec apparaît confronté à trois défis dont la solution n'est pas en vue même si les problèmes concernés compromettent son avenir, rendant probable à terme une crise majeure : défi démographique, défi financier et défi politique.

Le vieillissement de la population se retrouve dans la plupart de sociétés développées mais le phénomène est plus prononcé au Québec, l'effondrement du taux de natalité élevé des Canadiens français d'avant 1960 ayant été l'une des premières manifestations de la Révolution tranquille. Au surplus, l'environnement nord-américain du Québec est moins affecté que les autres par cette réalité dont les pires conséquences restent à venir : augmentation du coût déjà élevé des services de santé et diminution de la population active en mesure de créer les richesses nécessaires au financement des dépenses publiques. Cela affectera une société québécoise se caractérisant déjà,

en 2005, par un niveau d'endettement plus élevé que celui de ses voisins, au sein d'un Canada où cette société est confrontée à un pouvoir fédéral centralisateur aux ressources financières surabondantes.

L'affaiblissement résultant des problèmes démographique et financier ne peut que nuire au défi politique. Au delà du débat entre fédéralistes et souverainistes, ce défi est d'accéder à un statut constitutionnel – à l'intérieur ou à l'extérieur du Canada – favorable à la modernité de l'identité québécoise, entre autres par la reconnaissance sur le territoire québécois de la règle de la claire prédominance du français sans exclusion de l'anglais.

Ces problèmes inquiètent en raison de leur gravité, mais aussi de la faible conscience qu'ont les Québécois d'une situation qui rendra vraisemblablement impossible le simple maintien du statu quo en ce qui a trait aux bénéfices qu'ils sont habitués à recevoir de l'État.

Rupture avec le progressisme

Mathieu Bock-Côté
Fondateur du Cercle Raymond Aron

Les trois défis du Québec contemporain? On pourrait en énumérer quelques-uns, bien concrets, qu'il s'agisse simplement de préserver notre mode de scrutin, de poursuivre la modernisation du modèle québécois ou d'empêcher la conversion définitive des péquistes à une forme de trudeauïsme identitaire. Mais le principal défi, pour les prochaines années consistera à rompre avec le consensus progressiste des élites québécoises et ses nombreuses manifestations, qu'elles soient alter-mondialistes, écologistes, féministes ou multiculturalistes. En fait, et c'est un vrai problème au Québec, plus qu'ailleurs, cette distance croissante entre les élites et la majorité silencieuse qui ne souscrit pas toujours avec enthousiasme à l'orthodoxie identitaire, culturelle, morale, économique et sociale en place. Il faut désormais penser la rupture avec cette élite et travailler à l'apparition d'une nouvelle, plus enracinée, plus vivante, qui croit aux libertés, au sens commun, à l'identité nationale, et qui ne cherche pas à faire passer la majorité silencieuse, celle des classes moyennes et populaires, dans ce grand camp de rééducation idéologique consacré à la rectitude politique qu'est devenue la société québécoise contemporaine. Le temps est venu pour le peuple québécois de reprendre pied, de dépasser la Révolution tranquille sans la renier, de faire le pari d'un sain conservatisme, national et libéral, indispensable à la restauration des institutions qui assurent sa liberté, à la réappropriation de son identité nationale, à la rénovation du sens commun. Il faut dire stop aux illuminés du changement pour le changement qui monopolisent la parole publique. De jeunes conservateurs tâcheront de le faire.

Le projet
Perspectives Science-Technologie-Société (STS)
du Conseil de la science et de la technologie

Conseil de la science et de la technologie Québec

Depuis plusieurs années, le Conseil de la science et de la technologie[1] plaide en faveur d'un dialogue plus fructueux entre la science et la technologie, d'une part, et la société québécoise, d'autre part. Pour que le Québec puisse se transformer en une véritable société du savoir, la science et la technologie doivent s'intégrer de façon plus décisive et harmonieuse dans tous les milieux et dans tous les secteurs de la collectivité. Le rapprochement doit s'effectuer dans les deux sens. Un bon dialogue exige que le monde de la recherche s'ouvre aux besoins de la société en nouveaux savoirs et en nouvelles technologies. Il suppose également que la société et la population en général comprennent l'importance de la science et de la technologie et rehaussent leur niveau de culture scientifique et technique.

C'est dans ce contexte que le Conseil de la science et de la technologie a lancé un projet de type prospectif appelé Perspectives STS.

Les objectifs de Perspectives STS

Le premier objectif est de sensibiliser tous les secteurs de la société québécoise à l'importance et à l'utilité de la science et de la technologie pour comprendre et résoudre les problèmes socioéconomiques. Le deuxième objectif consiste à convier la communauté scientifique québécoise à participer aux finalités sociale et économique de la science et de la technologie.

À ces fins, le projet s'appuie à la fois sur les milieux de la recherche et de l'innovation et sur les autres acteurs socioéconomiques, de même que sur la population en général. On entend ainsi mobiliser les partenaires du développement socioéconomique du Québec, y compris ceux du développement scientifique et technologique, pour déterminer les grands défis que devra affronter la société québécoise dans les prochaines années, ainsi que les stratégies nécessaires pour relever ces défis.

La démarche retenue

La démarche se divise en deux grandes phases. La première, qui s'est achevée au printemps 2005, a permis de définir sept grands défis socioéconomiques. La seconde phase a débuté à l'automne 2005 et devrait se dérouler jusqu'en 2007. Elle vise à concevoir et à mettre en place des stratégies pour permettre le développement de la recherche, son transfert et son appropriation autour des défis socioéconomiques retenus.

Première phase : La détermination des défis[2]

Étape 1 : Consultation de la population (automne 2003 - hiver 2004)

Perspectives STS a commencé par interroger la population sur ses préoccupations face à l'avenir. Six groupes de discussion ont été réunis à l'automne 2003 dans différentes régions du Québec pour s'exprimer sur le sujet. Les informations recueillies au sein de ces groupes ont permis de concevoir un questionnaire visant à mieux cerner les préoccupations de la population face aux changements qui pourraient toucher la société québécoise au cours des vingt prochaines années. Un sondage téléphonique a par la suite été réalisé auprès de 1 623 résidants du Québec âgés de 15 ans et plus.

Étape 2 Atelier de prospective (automne 2004)

Une centaine de personnalités venant d'un très grand nombre de secteurs d'activité du Québec ont été invitées ensuite à participer à un atelier de prospective qui s'est tenu à Bromont, les 28 et 29 octobre 2004, sur le thème « Construisez leur avenir ». Ces personnes avaient pour mandat d'établir une liste d'une quarantaine de défis socioéconomiques majeurs pour le Québec des vingt prochaines années. Pour alimenter leur réflexion, les participants avaient pris connaissance d'une première synthèse des résultats du sondage mené à l'étape 1.

Étape 3 Consultation des membres de la communauté scientifique (janvier-février 2005)

Parmi les quarante défis retenus à l'étape 2, il fallait maintenant déterminer ceux pour lesquels la science et la technologie ont les meilleures chances d'apporter une contribution majeure au cours des prochaines années. La liste des défis a donc été soumise aux chercheurs du Québec, au cours d'une consultation en ligne menée au début de l'année 2005. Au total, 1 306 chercheurs des milieux universitaires, industriels, gouvernementaux et autres ont participé à la consultation. Plus de 50 % des répondants ont fait porter leurs préférences sur sept défis.

Étape 4 Rédaction de sept rapports thématiques (mars-avril 2005)

À la suite de la consultation, le Conseil a mis sur pied sept groupes de travail réunissant en tout une soixantaine d'experts. Chaque groupe avait pour mandat de rédiger un court rapport thématique décrivant succinctement la nature et les enjeux de leur défi. Le document présentait également un aperçu des grands chantiers de recherche pouvant aider à relever le défi, des exemples de thèmes de recherche et un éventail des disciplines scientifiques et technologiques concernées.

Les sept grands défis résultant de l'exercice

La démarche du Conseil a permis de retenir sept défis socioéconomiques majeurs pour lesquels la recherche pourra tantôt fournir une meilleure compréhension de la problématique propre à chacun, tantôt proposer des solutions. Ces sept défis sont :

1 Promouvoir l'adoption de **saines habitudes de vie**, fondées sur une **vision** globale **préventive** de la santé physique et psychologique, et qui responsabilise la population à l'égard de son état de santé.

2 Accroître **l'efficacité du système public de santé** dans un environnement dominé par une population vieillissante, tout en contrôlant les coûts.

3 Exploiter plus efficacement les **ressources naturelles**, ainsi que les matières résiduelles, selon une approche de **développement durable** et faire du Québec un chef de file mondial dans ce domaine.

4 Rendre accessible à toutes et à tous une **formation de haute qualité** combinant rigueur, créativité, flexibilité et sens civique.

5 Cibler des **créneaux stratégiques et prioritaires** de recherche, de développement économique et de formation, établis sur la base des forces actuelles et des secteurs émergents.

6 Réduire notre dépendance à l'égard des énergies fossiles et faire du Québec un leader dans les domaines de l'**efficacité énergétique**, de l'**énergie renouvelable**, du transport en commun et des nouvelles technologies de l'environnement.

7 Adopter des **interventions novatrices** pour contrer la pauvreté et les facteurs qui la génèrent et la maintiennent, et prévenir ce qu'elle induit : la marginalité, le sentiment d'impuissance, l'iniquité, la violence.

Deuxième phase : Des stratégies pour développer la recherche autour des sept défis

Au cours de la phase II du projet, le Conseil entend faire en sorte que soient conçues et mises en place des stratégies de développement de la recherche pour chacun des sept défis retenus à la phase I. Il s'agit en somme de s'assurer qu'une partie de l'effort scientifique et technologique du Québec puisse effectivement et durablement aider les acteurs de la société québécoise à relever les défis.

La deuxième phase de *Perspectives STS* a débuté à l'automne 2005. Le Conseil a entrepris des démarches pour établir des ententes avec des ministères et des organismes ayant une responsabilité par rapport aux défis. Les trois fonds subventionnaires québécois[2], notamment, ont décidé en juin 2005 de s'associer au Conseil pour lancer des actions concertées[3], de manière à couvrir les sept défis, et pour collaborer à la conception des stratégies s'y rapportant. De plus, ils intégreront les défis à leur propre planification stratégique.

Les stratégies que le Conseil souhaite voir développer et mettre en application devraient s'articuler autour de questions comme :

Quels sont les thèmes de recherche qu'il faut développer en priorité pour aider à relever le défi ?

Quelles sont les ressources dont on aura besoin ?

Comment s'assurer du transfert et de l'échange de connaissances entre les chercheurs et les utilisateurs ?

Comment favoriser les échanges et les collaborations durables entre les chercheurs de différentes provenances et de différentes disciplines ?

Pour élaborer les stratégies, le Conseil et ses partenaires entendent mettre en place des groupes de travail composés de chercheurs et d'utilisateurs de la recherche. Leur réflexion pourra notamment prendre appui sur les sept rapports thématiques produits à l'étape 4 de la phase I.

Les principaux partenaires de Perspectives STS

Les principaux organismes québécois qui ont accordé leur soutien au Conseil de la science et de la technologie pour la réalisation du projet *Perspectives STS* sont : le ministère du Développement économique, de l'Innovation et de l'Exportation, Valorisation-Recherche Québec, le Fonds de la recherche en santé du Québec, le Fonds québécois de la recherche sur la nature et les technologies, le Fonds québécois de la recherche sur la société et la culture, l'Association francophone pour le savoir et l'Association de la recherche industrielle du Québec. De plus, trois ministères sectoriels ont confirmé leur intérêt dès le démarrage du projet. Il s'agit des ministères de la Santé et des Services sociaux, de l'Éducation, du Loisir et du Sport, de même que de l'Emploi et de la Solidarité sociale.

---

1 Organisme consultatif qui relève du ministre du Développement économique, de l'Innovation et de l'Exportation.

2 Il s'agit du FQRSC (Fonds québécois de la recherche sur la société et la culture), du FQRNT (Fonds québécois de la recherche sur la nature et les technologies) et du FRSQ (Fonds de la recherche en santé du Québec).

3 Actions concertées est un programme partagé par les trois fonds qui leur permet de financer la recherche universitaire dans le cadre d'appels à propositions réunissant équipes de chercheurs et utilisateurs.

► Les anniversaires

1906

Il y a cent ans
La guerre de 1906

Jean-Philippe Warren
Sociologue, Université Concordia

La guerre de 1906? Y eut-il vraiment une guerre en 1906 dans laquelle le Québec fut impliqué? Oui, et même plusieurs, à la condition, bien sûr, que l'on entende ces guerres dans un sens métaphorique.

En 1906, alors que quelques-uns des grands sports auxquels s'amusent les Québécois se nomment la crosse, le rugby et la lutte, le discours général de la société est informé par une métaphore guerrière qui ne laisse pas d'intriguer l'historien contemporain. Le monde d'alors est séparé en deux camps, « ami » et « ennemi », selon une division aussi franche que définitive. Entre ces camps, nulle paix n'est possible, nulle armistice souhaitable, nul cessez-le-feu envisageable. Au début dernier siècle, les Canadiens français, dont on a dit récemment qu'ils avaient un sens inné de la paix et une haine séculaire de la violence militaire, conçoivent ainsi le monde comme un immense champ de bataille où se livrent des combats, à l'issue toujours incertaine, pour le triomphe du droit et de la justice.

L'essayiste Edmond de Nevers, mort il y a aujourd'hui exactement cent ans, a écrit une œuvre qui ressemble à un condensé des clichés et des préjugés de son époque : à ses yeux, le passé de la Nouvelle-France est magnifique dans la mesure où l'on y entend sans cesse résonner les cris de guerre des peuples autochtones et le bruit des mousquets et des canons anglais. La guerre déclarée contre les Iroquois n'est pas pour lui une chose horrible et détestable mais l'expérience primordiale d'une vie humaine qui s'exprime et se révèle dans et par le combat.

C'est ainsi que ces périodes de luttes meurtrières et sanglantes auraient gravé dans l'âme canadienne-française ce que Edmond de Nevers n'hésite pas à appeler une « hérédité belliqueuse ». « Un instinct de combativité s'est perpétué qui ne sait voir dans l'expansion active d'un peuple que la lutte contre les ennemis qui l'entravent ou s'y opposent. »[1] Or, contrairement à ce qu'on pourrait croire, cet instinct, pour notre auteur, n'a rien de nocif, il est tout au contraire salutaire dans la mesure où il assure aux nations qui le cultivent la volonté de résister contre des éléments hostiles.

N'ayant plus de luttes à mener depuis 1867, c'est-à-dire depuis la Confédération, ni sur le terrain militaire, ni dans le champ politique, les Canadiens français, selon Nevers, ont cédé à la paresse et n'ont guère songé à investir les domaines scientifiques et artistiques pour y appliquer les leçons de leurs expériences bellicistes. Sans batailles à livrer, du moins en apparence, ils se sont couchés dans le lit de l'indifférence. Les luttes les avaient fait forts; la paix absolue menace de les avachir et de les avilir, sinon de les asservir. « Notre nationalité résisterait à l'oppression, elle succombera par la tolérance, si nous ne nous hâtons pas d'ouvrir des champs nouveaux à l'activité des esprits, à l'ardeur des tempéraments. »[2]

Quels sont ces champs nouveaux dont parle Nevers ? Citons-en seulement quelques-uns, tous tirés des revues et journaux de 1906, sans l'ambition d'être exhaustif et simplement pour donner une idée de ces conflits oubliés qui font rage au début du XXe siècle.

★★★

L'anglicisme, voilà l'ennemi! avaient lancé, comme un cri de guerre, le libéral Louis Fréchette et l'ultramontain Jules-Paul Tardivel, pour une fois unis dans un même effort de sauver la langue française assiégée et meurtrie. En 1906, on continue de croire à la nécessaire lutte aux anglicismes, lutte conçue dans les termes d'une campagne levée contre l'envahissement d'une armée de termes étrangers et barbares.

Le pansaxonisme, « le plus acharné, sinon le plus redoutable » des « ennemis extérieurs » des Canadiens français, est aussi dénoncé avec force en 1906. L'impression générale est que les Canadiens français sont « entourés de races rivales ou ennemies »[3]. Alors qu'ailleurs on craint le « péril jaune » ou le « péril noir », au Québec, on s'énerve des progrès du « péril américain » et du « péril anglais ». C'est pourquoi on parle de plus en plus d'entreprendre des croisades pour conjurer « les légions qui se lèvent contre nous ». Dans le journal de l'Action catholique de la jeunesse canadienne, *Le Semeur*, on en appelle à la constitution d'une petite armée pour mieux défendre, dans le contexte d'une rivalité incessante entre les nations, le peuple canadien-français assiégé.

On peut aussi entendre le cri : *La franc-maçonnerie*, voilà l'ennemi! On s'imagine que les francs-maçons, au rang desquels on compte souvent les Juifs, sont à livrer une lutte « sans trêve et sans merci » contre les soldats du Christ. Les peuples catholiques doivent résister courageusement aux attaques insidieuses de ces groupes obscurs et tentaculaires, afin de préserver la pureté de leurs mœurs et la droiture de leurs traditions.

Il ne faudrait pas croire que la tournure de ces discours est l'apanage des seuls nationalistes du début du siècle ; les milieux libéraux sont tout autant convaincus de la réalité de la « bataille de la vie ». Recyclant le thème de la guerre dans l'idéologie du *struggle for life*, ils en appellent à s'opposer à ces adversaires que sont la paresse et l'indolence, la prodigalité et l'imprévoyance. Dans ce « siècle de batailles continues », le *Moniteur du commerce* assimile les gérants de magasin à des généraux et les commis, à des soldats dont on doit surveiller la tenue et l'entraînement.

Les milieux conservateurs et progressistes ont adopté la rhétorique de la prophylaxie et de l'hygiène. De même que tout organisme vivant doit lutter contre ces ennemis que sont les bactéries et les microbes, de même, la société doit mener un combat continuel contre certains ennemis moraux. Par exemple, on n'hésite pas à déclarer : *L'alcoolisme, voilà l'ennemi* ! « Si un ennemi franchissait notre frontière et menaçait de renverser notre société, quel est celui qui refuserait de prendre les armes pour le combattre et le forcer de rétrograder ? Eh bien, cet ennemi existe. Non seulement il a envahi notre territoire et menace notre société, mais il s'attaque à notre nationalité, à nos mœurs, à notre foi : cet ennemi, c'est l'alcoolisme. Il faut lui faire une guerre à outrance et ne déposer les armes qu'après l'avoir vaincu. »[4] On comptera aussi l'anémie (comme cette réclame pour le médicament Pilules rouges qui annonce : « L'ANÉMIE -- il vaudrait mieux dire : L'ENNEMI DE LA FEMME [...], le plus mortel ennemi de votre âge et de votre sexe ») au nombre des maux moraux qui forment la constellation des adversaires de la nation canadienne-française.

Ce ne sont là que quelques exemples épars de ces guerres qui séparent le monde en amis et ennemis. *L'ami du colon, L'ami du peuple*, ne sont-ce pas là des noms de journaux qui trahissent une certaine vision du monde ? Or, cette dualité fondamentale qui informe la psyché collective de 1906 prend source dans une sainte alliance idéologique, celle qui fait se combiner darwinisme, libéralisme et catholicisme. Au monde structuré par les puissances du Bien et du Mal, ou si l'on préfère de Dieu et de Satan, est désormais greffé un monde fait de bruits et de fureur, celui de la lutte pour la vie des espèces animales et celui de l'âpre concurrence économique. D'un côté, les « races » humaines rivaliseraient d'énergie et de talents pour s'imposer devant les forces conjurées des nouveaux empires (britannique, américain, français, allemand, etc.) ; de l'autre, les puissances industrielles, marchandes et financières seraient en lutte les unes contre les autres pour la conquête de la suprématie économique. Darwinisme, libéralisme et manichéisme chrétien se conjuguent par conséquent pour dresser de l'univers une image conflictuelle, violente, à la fois progressive et apocalyptique.

La guerre est donc déclarée. Il y a cent ans, en l'année 1906, nul doute dans les esprits que le monde est irrémédiablement et irréductiblement fracturé entre amis et ennemis, alliés et concurrents, frères et étrangers. Dans cet espace idéologique, la seule manière d'assurer la paix semble de préparer la guerre. Non, les Canadiens français ne sont pas encore, en ce début de siècle, ces êtres pacifiques, voire pacifistes, dont on a récemment voulu vanter les qualités isolationnistes et paisibles.

Notes

1 DE NEVERS, Edmond, *L'avenir du peuple canadien-français*, Montréal, Fides, 1959, p.13.

2 DE NEVERS, Edmond, *L'avenir...*, p.14.

3 FRADER, Jules, « Nos collèges classiques », *Le nationaliste*, 2 septembre 1906, p.3.

4 Duc in Altum, « Guerre à l'alcoolisme », *L'étoile du Nord*, 19 avril 1906, p.1.

5 Voir entre autres : ROBITAILLE, Antoine ; « Le Québec : une nation pacifique ou pacifiste ? », texte publié dans *L'Annuaire du Québec 2004*, éditions Fidès, Montréal, 2003.

1906

Pellan tel qu'en lui-même

Bernard Lamarche
Journaliste, *Le Devoir*

Alfred Pellan

Le Québec n'est peut-être pas doué pour assurer à pleine hauteur la commémoration des artistes qui ont contribué à son histoire. En 2005, une figure importante de la modernité québécoise, Paul-Émile Borduas, aurait atteint l'âge respectable de cent ans. Or, peu de traces institutionnelles de cet anniversaire qu'il aurait été naturel de célébrer ont été laissées. La dernière commémoration autour de Borduas remonte à 1998, à l'occasion du cinquantenaire du *Manifeste de Refus global*, mais c'est alors moins la mémoire du peintre que le mythe entourant le brûlot qui a été célébré. Le dossier n'a pas été rouvert depuis. Alfred Pellan, lui, est né en 1906. Les manifestations visant à souligner son centenaire seront parsemées au cours de l'année 2006, mais toutes tenteront d'explorer des pistes de lecture précises, aptes à approfondir les connaissances autour de cette production pionnière dans l'histoire de l'art québécois. Sans qu'il soit possible de parler de révisionnisme comme tel, il semble que se dessine une lecture de l'œuvre de Pellan davantage centrée sur le caractère multiple de sa production.

Alfred Pellan a contribué à introduire au Québec la pensée cubiste en peinture avant de la conjuguer au mode surréaliste. Sa carrière remarquable a été entre autres marquée par la querelle avec Borduas, mais cet épisode est désormais éloigné. Encore, en 2004, le documentaire Pellan, la femme désirée, du cinéaste Pierre Houle, cherchait à extraire Pellan des chamailleries d'écoles de peinture. Le conservateur de l'art contemporain du Musée des beaux-arts de Montréal, Stéphane Aquin, y soumet l'idée qu'il serait temps de considérer Pellan comme un « créateur de mondes », le rapprochant ainsi davantage de Jean-Paul Riopelle que de Borduas. Accepter ce point de vue revient à chérir l'idée que ce ne soit plus du prêche du modernisme en peinture et de sa conception progressiste de l'histoire que la carrière artistique de Pellan doit être appréciée. De fait, l'adhésion à ce nouveau cadre de lecture force à revoir la fortune critique de Pellan sous la loupe d'une modernité plus éclectique et multiforme.

Ce travail de recherche sur le corpus des œuvres de Pellan ne semblait pas destiné à être effectué par les grandes institutions muséales québécoises. Au moment d'écrire ces lignes, le Musée d'art contemporain de Montréal, le Musée des beaux-arts de Montréal et le Musée national des beaux-arts du Québec n'avaient pas prévu tenir en 2006 d'exposition autour de Pellan. Sans prendre l'initiative, ces grandes institutions nationales ont plutôt accepté, il faut toutefois le souligner, de prêter des œuvres à des centres plus modestes, qui eux se sont chargés de marquer l'année 2006 d'une pierre blanche à la mémoire de Pellan.

Trois centres d'exposition ont pris le taureau par les cornes. Le Musée des enfants à Laval, le Musée d'art contemporain des Laurentides à Saint-Jérôme et le Centre d'exposition de Baie-Saint-Paul soulignent le centenaire de la naissance de Pellan.

Retour de Paris

À Saint-Jérôme, l'approche sera plus volontiers historique et mettra l'accent sur le retour de Pellan au Québec en 1940, après un séjour de quatorze années à Paris. Il aura été le premier boursier du Québec inscrit à l'École supérieure des beaux-arts de la Ville-Lumière. Là, il sera plongé dans l'effervescence de la scène artistique parisienne. Il se frotte aux « ismes » qui se succèdent lors de cette époque encore souriante aux poussées fiévreuses des avant-gardes, il expose dans les meilleures galeries : chez Jeanne Bûcher, autour de 1940, ses œuvres fréquentent celles des Braque, Léger, Giacometti et autres Picasso, qu'il a d'ailleurs rencontré à quelques reprises. La guerre le pousse cependant à revenir au pays, où il est confronté à une modernité qui certes n'a rien de rétrograde, comme l'a bien montré l'historienne de l'art Esther Trépanier dans son ouvrage Peinture et modernité au Québec 1919-1939, mais dont les bases reposent essentiellement sur le genre du paysage et dont l'esthétique, qui n'est certes pas uniforme, n'est pas, du point de vue parisien faut-il dire, dernier cri.

C'est essentiellement cette dimension que cherchera à présenter l'exposition du Musée d'art contemporain des Laurentides. Sa directrice, Andrée Matte, explique qu'elle entend faire retour sur le fait que l'on affirme toujours que « Pellan, à son retour de Paris, amène avec lui la modernité. L'exposition fera voir ce qu'il y avait au Québec à cette époque. On cherchera aussi à montrer en quoi Pellan est devenu un moderne à Paris, entre autres à travers ses rencontres parisiennes. » Outre des œuvres de Pellan réalisées dans la capitale française, l'exposition présentera des œuvres qui témoignent de ce qui se passait au Québec dans l'entre-guerre, de 1935 à 1940, à l'aide d'une quinzaine d'œuvres environ. Notamment celles de John Lyman, principal fondateur de la Société d'art contemporain de Montréal en 1939, Adrien Hébert, qui se met dans les années 20 à peindre la ville, Horatio Walker (« décédé en 1938, mais dont les œuvres circulaient à l'époque ») et Clarence Gagnon. L'exposition sera l'occasion de revoir au Québec une des toiles les plus importantes de Pellan, *La fenêtre ouverte*, de 1936, qui appartient à la Hart House de l'Université de Toronto.

Peinture de jardins

L'exposition préparée par le Musée des enfants de Laval, dont la mission vise l'éducation artistique des jeunes, présentera une trentaine d'œuvres de Pellan, en plus d'une quarantaine de dessins d'enfants, réalisés à partir des toiles de l'artiste. De novembre 2005 à février 2006, la Maison des arts de Laval accueille des œuvres réalisées entre 1955 et 1982, « des œuvres où les végétaux prédominent », souligne la commissaire de l'exposition pour le Musée des enfants, Madeleine Therrien. « Sa période des grands jardins coïncide avec son installation définitive à Laval, sur le boulevard des Mille Îles, en pleine campagne », poursuit la commissaire. Pellan retourne à Paris de 1952 à 1955, comme boursier de la Société royale du Canada, mais avait auparavant élu domicile à Auteuil (aujourd'hui Sainte-Rose), à Laval.

« La vie quotidienne devait être égayée pour Pellan, estime Therrien. Dans sa maison, il découpait des feuilles de papier en forme d'animaux qu'il collait sur les pierres de sa maison. À chaque jour, il créait. »

Pellan avait notamment dessiné les pierres de la façade de sa maison pour les transformer en un fantastique bestiaire. Dans un document d'archives, on le voit mentionner avoir peint ainsi 195 de ces pierres. Une enquête plus approfondie parviendrait peut-être même à monter en quoi cette entreprise est comparable à une version modeste des environnements d'art que révèle le paysage québécois, notamment dans le Bas du Fleuve, la Gaspésie et le comté de Charlevoix, où des artistes autodidactes (à la différence de Pellan), métamorphosent leurs maisons et terrains en un écran vaste et insolite où se projettent les plus folles pulsions créatrices. « Il avait gardé une âme d'enfant dans son travail », signale Therrien, pour qui l'expression « créateur de monde » ne saurait mieux qualifier l'art de Pellan.

Le monde du spectacle

Pellan s'est par ailleurs impliqué par intermittence dans l'univers du théâtre. En 1944-45, il signe les costumes, décors et accessoires de *Madeleine et Pierre* d'André Audet, au Monument-National à Montréal. En 1946, il signe les costumes, décors, accessoires et maquillages de *La Nuit des Rois* de Shakespeare, par les Compagnons de Saint-Laurent, au théâtre du Gesù à Montréal. En 1957, il produit une maquette de rideau pour le Montréal Théâtre Ballet. Finalement, en 1968-69, *La Nuit des Rois* est reprise par le T.N.M., au théâtre Port-Royal, à la Place des Arts, à Montréal.

C'est sur ce terrain que se situe le projet d'exposition du Centre d'art de Baie-Saint-Paul, à l'été 2006. L'exposition aura pour titre *Mascarade*. L'univers de la scène dans l'œuvre de Pellan et cherchera à démontrer à quel point il a pu être un artiste multidisciplinaire avant la lettre. Avec ses décors, souliers, peintures, sculptures et tapisseries, la présentation explorera l'idée de décloisonnement dans l'œuvre de Pellan. Le commissariat de l'exposition a été confié à l'historienne de l'art Édith-Anne Pageot. Elle en a suggéré la thématique qui permettra de mettre à jour des intérêts peu documentés de l'artiste, notamment sa fascination pour le spectacle, ses acteurs et ses costumes.

L'exposition entend aller plus loin que la présentation des costumes de Pellan pour *La Nuit des rois*, tenue en 1971 par le Centre culturel canadien à Paris et que cette autre exposition, de 1995 celle-là, organisée par la Maison des arts de Laval sous le titre *En scène : Pellan*. « Quand je dis univers de la scène, explique Édith-Anne Pageot, je dis non seulement théâtre, mais je veux

proposer de rafraîchir la lecture à partir de ce motif. » Aussi les figures de clown, de danseuse, de gymnastes, d'acrobates, se retrouveront-elles mises en scène à nouveau par la présentation, qui comprendra de plus une curiosité : des souliers d'artistes que Pellan a réalisés dans les années 1970.

Certaines des œuvres inédites, issues du Fonds de Madeleine Pellan, veuve de l'artiste, témoignent de son engagement dans le monde du spectacle au tout début des années 40, alors qu'il conçoit les décors et costumes pour *Madeleine et Pierre*, un feuilleton pour enfant alors radiodiffusé à CKAC et mis en scène, rappelle Pageot. « Ça peut être considéré comme les débuts du théâtre professionnel moderne au Québec », estime la commissaire. On sait que le Théâtre Yiddish, dans les années 1920, a proposé des décors plus modernes, « mais là, vraiment, avec *Madeleine et Pierre*, Pellan fait des costumes et des décors qui sont presque non-référentiels ».

Environ 80 numéros, dont une vingtaine d'inédits, composeront cette lecture de l'univers du monde du spectacle comme source d'inspiration pour Pellan. « Pellan, en se fondant sur le monde du spectacle, a fait comme plusieurs peintres du XIXe siècle. Je veux montrer comment Pellan explore sa modernité de ce point de vue. »

Sous cet angle, Pellan n'est plu ramené à la simple querelle locale avec Borduas. Cette exposition contribuera peut-être à secouer le premier mythe de la modernité culturelle québécoise, autour de l'automatisme, de même qu'à éviter les préjugés de l'histoire de l'art, même la mieux intentionnée.

1976

Élection du gouvernement du Parti québécois

30 ans plus tard : la souveraineté, un projet toujours vivant

Louise Beaudoin
Professeure associée, département d'histoire, UQAM

René Lévesque

CPimages.ca

Surprise, divine surprise. Alors que personne n'y croyait, le lundi 15 novembre 1976 le Parti québécois est élu. Avec 41,4 % des voix, il obtient 71 sièges sur 110.

Ce soir-là, j'ai eu le sentiment que le monde nous appartenait; que tout devenait possible; que rien ni personne ne pourrait nous arrêter. Je n'ai pas douté un seul instant que le Québec deviendrait bientôt, par la volonté populaire, un pays souverain.

Cette euphorie tenait à plusieurs facteurs.

Les Québécois avaient réussi, dans les années 1960, leur Révolution tranquille, cette vaste mutation qui avait transformé leur gouvernement de conseil municipal en État national, ce vaste mouvement qui avait permis aux francophones, pour la première fois de leur histoire, de prendre leur place dans l'économie et d'assurer ainsi leur propre développement et qui, surtout, les avait métamorphosés, les avait « décolonisés ». Ils avaient confiance en eux et par conséquent le goût d'entreprendre dans tous les domaines. Les Québécois formaient, dorénavant, une nation plurielle, majoritairement francophone - la seule dans les Amériques - consciente d'elle-même, de sa singularité, de son originalité.

Ensuite, il y avait l'équipe, les hommes et les femmes qui venaient d'être élus : Jacques Parizeau, Lise Payette, Bernard Landry, Camille Laurin et les autres. Une vraie nouvelle « équipe du tonnerre » qui donnerait à l'action politique, j'en étais certaine, un nouveau souffle et aux Québécois un nouvel espoir collectif.

Enfin, il y avait René Lévesque. Chef charismatique incontesté, René Lévesque, premier ministre au « parler vrai », à la grande liberté de ton, réfractaire à toute rectitude politique, souvent provocant et même provocateur. C'était une époque où la politique n'était pas encore que le spectacle. René Lévesque dont, personnellement, je ne me suis jamais lassée d'entendre la voix, d'écouter les propos. René Lévesque, aujourd'hui le Québécois le plus populaire de tous les temps.

Alors pourquoi les Québécois, me disais-je, s'arrêteraient-ils en si bon chemin? Pourquoi n'iraient-ils pas au bout de leur cheminement et de leurs possibilités en achevant le travail amorcé? Pourquoi, en d'autres termes, n'accompliraient-ils pas un geste sup-

plémentaire, naturel, celui de se donner un pays alors que toutes les conditions semblaient réunies pour y arriver?

De grands espoirs

L'élection du Parti québécois en 1976 a signifié un moment de grands espoirs. Les années suivantes ont, d'ailleurs, été des années de réalisations marquantes : financement démocratique des partis politiques, loi 101 sur la langue, assurance automobile, zonage agricole, développement des relations politiques avec la France, santé et sécurité au travail, intervention dans l'économie avec des programmes comme OSE, etc.

Cet élan s'est brisé en 1980, lorsque les Québécois ont refusé de faire le dernier pas.

Cette défaite entraîna la lente descente aux enfers, personnelle et politique, de René Lévesque. Blessé, cet homme énergique et combatif a décliné et sa dégringolade s'est accélérée à partir de 1982 au moment où le gouvernement fédéral a fait adopter, sans l'accord du Québec, une nouvelle Constitution diminuant les pouvoirs de son Assemblée nationale. Il ne s'en remettra pas.

Que reste-t-il, trente ans plus tard, de cet enthousiasme suscité par la première victoire électorale du Parti québécois et surtout où en est son projet, toujours inachevé, de faire du Québec un pays indépendant?

Le mouvement souverainiste est toujours là : très enraciné, bien vivant, puissant, même s'il a connu des hauts et des bas, des moments fastes et des périodes de désenchantement. Le Parti québécois en est encore la principale composante; il n'a certainement pas été « un accident de l'Histoire ».

La question nationale structure toujours le débat politique, mais des effets délétères se font sentir qui se manifestent par un sentiment d'impuissance. Après 38 ans d'existence, le PQ n'a pas réussi à réaliser le premier article de son programme. Dès sa création, il a choisi d'être le parti du grand changement politique, mais aussi du bon gouvernement. Aussi a-t-il été réélu en 1981 et en 1998 en promettant de ne pas reposer la question de l'indépendance nationale, à moins (en 1998) que « les conditions gagnantes » ne soient manifestes. Ce qui était une bonne façon pour le parti de ne pas perdre contact avec la population, de ne pas s'éloigner de ses préoccupations et de participer concrètement à la construction de la maison commune même en dehors des périodes d'effervescence nationale. Mais ce qui n'a pu, par ailleurs, que générer tiraillements et sempiternelles querelles internes sur le comment plutôt que sur le pourquoi de la souveraineté. Sur la souveraineté comme moyen ou comme fin en soi. Débat déchirant au PQ, mais surréaliste pour beaucoup de Québécois. Pour moi, l'essentiel réside dans le fait que la souveraineté nationale est aussi nécessaire en 2006 qu'en 1976. Le monde a changé et pour faire entendre sa voix, un peuple doit pouvoir dire OUI quand il veut dire OUI et NON quand il veut dire NON. Pour ce faire, le Québec doit accéder au statut de pays, comme les 191 membres actuels des Nations-Unies.

La mondialisation

Le PQ, dès sa création, était ouvert sur le monde. Grâce, en bonne partie, à René Lévesque qui l'a fait découvrir à l'ensemble des Québécois par Point de Mire, son émission à la télévision de Radio-Canada, dans les années 1950. Jamais la souveraineté n'a signifié retour en arrière ou repli sur soi.

Le nouveau défi pour le PQ c'est d'inscrire la souveraineté dans le cadre de la mondialisation en cours. C'est de démontrer le lien entre souveraineté et mondialisation, le lien entre le national et le mondial; c'est de convaincre les Québécois qu'il n'y a pas de fatalité, qu'ils peuvent avoir prise sur les décisions et les évènements qui les affectent – même sur ceux qui leur semblent très éloignés. Pour autant qu'ils décident d'exister sur la scène internationale et d'y prendre leur place, ils pourront alors participer avec d'autres nations, plus particulièrement avec celles de la Francophonie internationale et des Amériques, à la redéfinition d'un monde plus juste, plus équitable, plus humain. Ils pèseront de tout leur poids – qui est réel – sur l'avenir de la langue française comme grande langue internationale, sur l'adoption de politiques de réduction des écarts de richesse entre le Nord et le Sud, sur la concrétisation de la notion de développement durable, sur la diversité culturelle, etc.

Pour atteindre son objectif d'assurer la pérennité de la nation québécoise en la conduisant à la pleine maîtrise de son avenir politique, le Parti québécois qui a amplement prouvé sa capacité à bien gouverner, doit adapter son discours et son action à la réalité du XXIᵉ siècle et procéder rapidement, après sa réélection, à la réalisation de son projet.

Louise Beaudoin a été Déléguée du Québec à Paris et ministre du gouvernement du Québec.

1976

Élection du gouvernement du Parti québécois

Le 15 novembre 1976, une date parmi d'autres

Jean-Claude Rivest
Sénateur

Le 15 novembre 1976 prendra peut-être une certaine signification historique si le Québec devient un jour un État souverain. Et encore, ce jour du 15 novembre 1976 sera tout de même beaucoup moins important que celui de la proclamation de l'indépendance ou celui du référendum qui aura vu une majorité de Québécois et de Québécoises décider de faire du Québec un pays. Le 15 novembre 1976 devra par surcroît partager son lustre avec les référendums du 20 mai 1980 et du 30 octobre 1995 qui constitueront aux yeux de l'histoire des étapes encore plus marquantes de cette éventuelle accession du Québec a la souveraineté que la simple élection du Parti québécois en 1976. Alors, le Québec n'étant toujours pas un pays indépendant, pourquoi faut-il vraiment célébrer l'élection du 15 novembre 1976 ?

Le 15 novembre 1976 n'est, en effet, pour le moment, que le jour ou un nouveau parti politique, le Parti québécois, a été appelé à former le gouvernement du Québec. Rien de tellement plus his-

torique que le jour (c'était quel jour et de quelle année?) ou pour la première fois le Parti libéral du Québec a pris le pouvoir pour jouer pendant plus d'un siècle un rôle déterminant dans la vie politique québécoise!

Le 15 novembre 1976 fut, sans doute, un moment exceptionnel d'enthousiasme et d'espoir pour les militants et sympathisants péquistes : l'élection d'un premier gouvernement souverainiste engagé a tenir un référendum sur l'indépendance politique du Québec. Or, depuis ce jour, l'élection d'un tel gouvernement souverainiste s'est produite à trois reprises et les péquistes sont en attente d'un quatrième 15 novembre! Cela fait bien des moments historiques à célébrer ! Une chose est sûre, pour l'ensemble des Québécois et des Québécoises, le 15 novembre 1976 fut tout simplement le jour d'un changement de gouvernement comme cela arrive depuis toujours à intervalles plus ou moins réguliers avec, il est vrai, comme distinction principale, l'arrivée au poste de premier ministre de l'un des hommes les plus marquants de l'histoire politique du Québec, monsieur René Lévesque.

Rien de véritablement historique…

Ce gouvernement péquiste fut sans doute un bon gouvernement qui eut le mérite de respecter pratiquement à la lettre les engagements pris au cours de la campagne électorale : la protection du consommateur, la réforme de l'assurance automobile, la reconnaissance du droit à la santé et à la sécurité des travailleurs, la loi anti-briseurs de grève, le zonage agricole, la démocratisation du financement des partis politiques, l'affirmation sans équivoque du caractère français du Québec, le rétablissement d'une certaine paix sociale… Donc, un ensemble impressionnant de mesures progressistes qui méritent d'être reconnues. Rien toutefois de véritablement historique.

En effet, la nature elle-même de ces réalisations péquistes n'a certainement pas changé la société québécoise au point de nous autoriser à parler du Québec d'avant le 15 novembre 1976 et d'un Québec nouveau d'après le 15 novembre 1976. À l'exception peut-être du changement opéré par l'adoption de la Charte de la langue française, les initiatives particulières du gouvernement péquiste issu de l'élection du 15 novembre 1976 n'ont fait que s'inscrire dans une démarche réformiste propre à tous les gouvernements québécois depuis 1960. Certes, l'élection de l'Union nationale de monsieur Daniel Johnson (et le gouvernement de monsieur Jean-Jacques Bertrand) ont pu paraître ralentir le mouvement de réforme, bien qu'il y eut alors de nombreuses choses de faites (Radio-Québec, le Protecteur du citoyen, les cégeps, les communautés urbaines…). Par contre, l'élection du 29 avril 1970 du gouvernement libéral de monsieur Robert Bourassa permit au Québec de retrouver, dans un contexte politique et social trouble, un rythme accéléré de changements : la réforme de l'État (la gestion par programmes), la mise en valeur du potentiel énergétique du Québec (la Baie James), l'élimination de la barrière de l'argent pour accéder au service de santé (l'assurance-santé), le français langue officielle du Québec, la Charte québécoise des droits et libertés de la personne… Le Québec moderne n'est donc pas apparu un certain 15 novembre 1976, il avait commencé à se construire bien avant. Qui d'ailleurs, peut objectivement prétendre que le bilan législatif et administratif, par exemple, du gouvernement libéral des années 1970 ne peut absolument pas soutenir la comparaison avec la performance du gouvernement péquiste issu de l'élection du 15 novembre 1976 !

Si, dans la foulée du 15 novembre 1976, il y eut un premier mandat particulièrement productif , il y en eut un deuxième beaucoup moins glorieux : les conséquences de l'échec référendaire, le rapatriement unilatéral de la constitution canadienne au détriment des droits constitutionnels du Québec, de sérieuses difficultés financières, des tensions sociales aiguës avec les syndicats du secteur public et de graves dissensions internes sur la question du « beau risque »… La vie ! La vie ! Quoi ! Le parcours on ne peut plus banal de tous les gouvernements : le pouvoir, des réalisations remarquables… puis, la fatigue, l'usure et la défaite électorale !

Le 22 juin 1960

On dira en revanche, et non sans raison, que le 15 novembre 1976 a tout de même quelque chose de singulier. C'est, en effet, à partir de ce jour que le projet de la souveraineté politique du Québec s'est en quelque sorte incarné dans la réalité quasi quotidienne de la vie politique québécoise et canadienne et que la chose dure depuis trente ans! Poser la question du changement au statut politique du Québec d'une façon aussi forte et soutenue est certainement quelque chose d'unique. Aux yeux de l'histoire, cependant, seule la réponse compte. Or, après 30 ans, il n'y a toujours rien. Le Québec fait toujours partie de l'espace politique canadien. Attendons alors avant de célébrer le caractère historique du 15 novembre 1976!

Pour l'heure, il est, dans l'histoire politique du Québec moderne une date autrement plus importante que le 15 novembre 1976: le 22 juin 1960. Cette date a déjà acquis une véritable et incontestable signification historique quoi qu'il advienne d'ailleurs du statut politique futur du Québec: la naissance du Québec moderne. Le Québec d'après le 22 juin 1960 n'a pratiquement plus rien eu à voir avec le Québec d'avant le 22 juin 1960. Monsieur Jean Lesage et son équipe (un certain René Lévesque en était) ont radicalement changé la société québécoise en lui donnant un élan et un souffle exceptionnels. Ils sont à l'origine de l'émergence de cette identité québécoise distincte et de cette nouvelle société moderne, dynamique et solidaire qui fait aujourd'hui la fierté des Québécois et des Québécoises. Le rythme et l'ampleur des changements et des initiatives prises alors demeurent inégalés. Tous les aspects de la vie de la collectivité furent touchés: la création d'un véritable État et d'une administration publique moderne (une fonction publique indépendante), l'accès généralisé à l'éducation, à la culture et au savoir (le ministère de l'Éducation), l'assurance-hospitalisation, l'égalité juridique des femmes, la mise en place d'instruments publics de développement économique (nationalisation de l'électricité, la SGF, la Soquem... et l'extraordinaire Caisse de dépôt et de placement), la protection des droits des travailleurs (un nouveau code du travail et le droit de grève dans le secteur public), la reconnaissance du rôle primordial des artistes, des créateurs et des intellectuels (le ministère de Affaires culturelles)...

Il y eut alors Révolution... tranquille!

Un réel moment historique à célébrer! Manifestement, rien de tel ne se produisit avec l'élection du Parti québécois un certain 15 novembre 1976. Le Québec eut simplement l'avantage d'avoir un bon gouvernement, comme il y en a toujours eu, inscrit dans la continuité progressiste de la politique québécoise amorcée avec autorité par le gouvernement de monsieur Jean Lesage, un certain 22 juin 1960.

Alors, en 2006, s'il nous faut vraiment célébrer le trentième anniversaire de l'élection d'un bon gouvernement péquiste, pourquoi ne pas se préparer, dès maintenant a célébrer en 2010 un indiscutable moment d'histoire: le cinquantième anniversaire de l'élection du gouvernement libéral qui a véritablement donné naissance au Québec moderne?

Jean-Claude Rivest a été conseiller du premier ministre Robert Bourassa.

Naissance de TQS, le Mouton noir de la télévision

TQS : rien comme la persistance

Jean-Pierre Desaulniers
Professeur de communication, UQAM

Devant les profits énormes générés par Télé-Métropole, le Conseil de la radiodiffusion et des télécommunications du Canada (CRTC) revient, durant les années 1980, sur sa politique de prudence dans l'attribution des licences d'exploitation de chaînes de télévision. En 1985, le Conseil tient donc des audiences pour l'émission d'un second permis d'exploitation d'une chaîne de télévision généraliste commerciale francophone au Canada. Deux câblodistributeurs disposent d'un capital suffisant pour se lancer dans l'aventure et s'imposer comme quatrième joueur avec Radio-Canada, Télé-Métropole et Radio-Québec. Le groupe de Jean Pouliot, propriétaire de CF-Cable et de la station locale anglophone CFCF, et le groupe Cogéco, propriété de Henri Audet, s'installent sur la ligne de départ.

Guy Fournier, auteur prolifique à la mode et personnage public doté d'un bagou redoutable, est chargé de donner une personnalité à la chaîne proposée par CF-Cable et d'en dessiner la programmation. Il construit une télévision à son image : impertinente, urbaine et scolarisée, se démarquant considérablement de la télé conventionnelle. Il veut refaire la télé trente ans après, en s'inspirant des expériences britanniques et américaines, surtout. Fini les téléromans lents, bavards et interminables à maman. Fini les matches de sport soporifiques à papa. On se concentre plutôt sur l'action, les films et le spectacle et l'information en direct.

De son côté, la direction de Cogéco refuse de jouer à la vedette montréalaise, se montre beaucoup plus discrète et concocte une chaîne étonnamment sage, familiale, à la limite vieillotte. Appelée Télévision Saint-Laurent, cette seconde programmation rapelait étrangement celle de Radio-Canada à ses débuts : une télé traditionnelle, classique, que la concurrence farouche entre Radio-Canada et Télé-Métropole avait érodée durant les années 1970.

Le CRTC opte pour Quatre-Saisons et sa promesse de renouveau. La famille Pouliot jubile et Louis Audet, le fils qui en était à sa première grande initiative après sa sortie d'école, connaît un échec au démarrage. Il doit renoncer à sa première grande ambition personnelle. Aujourd'hui, en 2005, les Pouliot se sont retirés du milieu de la télédiffusion et Louis Audet est à la barre de TQS... Curieux retour de situation qui s'explique amplement par la détermination du nouveau propriétaire; héritier d'une chaîne au profil ambigu, contradictoire, mais d'une chaîne qui a su résister à plusieurs condamnations. Persistance de la volonté d'un chef d'entreprise et persistance d'une télé dont on se demande parfois quel miracle lui a permis de survivre.

Une double personnalité

Le 6 septembre 1986, Guy Fournier pavane à la Place des Arts, auréolé d'un énorme panache amérindien, rappelant la « mire » de la télé à ses débuts. Présentation des émissions et des vedettes, visite étonnante du « château » de monsieur et madame Pouliot à la manière d'une tournée de *Rich and Famous*. Promenade dans les studios. Tout semble baigner dans l'huile, mis à part une petite panne de son. Fournier resplendit, ramasse toute l'attention sur lui; il est le « king » de la soirée. Il imprègne de sa personnalité celle de Télévision Quatre-Saisons. Quatre-Saisons, c'est lui. Désormais, on ne peut pas imaginer la chaîne sans lui. Au point où Jean Pouliot en prend ombrage et l'accuse de faire un « power

trip ». Ça lui vaudra d'ailleurs son emploi. Quelques semaines plus tard, Fournier plie bagage et le bébé se retrouve orphelin de son concepteur.

Or, le vrai travail d'installation de la chaîne débutait à peine. Les émissions originales imaginées par Fournier demandaient à être rodées. Il fallait meubler de nombreux « À communiquer », cases encore sans contenu. Mais surtout la chaîne devait trouver sa voie parmi les autres et se constituer rapidement un bassin de fidèles, un auditoire stable, sur lequel prendre appui pour attirer et rassurer les annonceurs. Cette jeune clientèle urbaine et scolarisée qu'avait imaginé Fournier allait-elle être au rendez-vous ? Et surtout suffisamment nombreuse pour apparaître dans les relevés d'audience ?

Adrien Pouliot, le fils du président, assure l'intérim. Il n'a aucune expérience de la télé, encore moins de la télé québécoise. Il n'en connaît ni les traditions, ni les antécédents. Pour finir l'année, père et fils vont tolérer les émissions-phares de Fournier (*Rock et Belles Oreilles*, *Playback*, *Première*). Mais devant un déficit immédiat de plus de 12 millions de dollars, malgré une notoriété vite acquise, Jean et Adrien Pouliot optent pour un tout autre profil de chaîne dès la seconde saison. Le mot d'ordre est lancé : il faut sortir TQS du rouge en s'alignant sur le modèle des stations régionales américaines (dont CFCF est une bonne référence) pour assurer la rentabilité. Tous les VP qui défileront désormais rue Ogilvy devront assumer quotidiennement la consigne d'un amortissement à l'américaine : le plus de monde possible pour le moins cher possible. Finie cette idée de se constituer une clientèle stable et sophistiquée à long terme à partir de la génération qui écoute le moins la télé, finie la télé de l'avenir. On revient aux recettes éprouvées à Baltimore, Detroit ou Kansas City. La télé régionale classique aux USA.

Les concepts innovateurs de Fournier se retrouvent à la poubelle, sauf RBO et le film de cul hebdomadaire, desquels survivra un esprit d'impertinence.

Au cours des années suivantes, la direction de TQS fera de cette chaîne un véritable cheval de Troie francophone de la télé américaine avec ses « Roues de fortune », ses faits divers locaux, son film d'action à 20 heures et son lot d'émissions «syndicated» (en reprise) pour colmater les trous qui restent, dont *Les Pierrafeu* vont devenir le meilleur exemple.

La direction de TQS renie ses engagements solennels devant le CRTC. « Pas de sport » ? On rentre le hockey, mais surtout la lutte « grand prix », dans son apparat hyper-kitch. « Plus de téléroman interminable » ? TQS diffuse la première saga quotidienne québécoise, *La Maison Deschênes*, inspirée des « soaps » américains. Et on comble le tout avec une foule d'émissions populaires du genre *La fourchette d'or* ou *Téléfun*.

En fait, TQS s'est mis à récupérer les téléspectateurs de Télé-Métrople qui acceptaient mal, ou pas du tout, le virage sophistiqué que cette chaîne prenait depuis qu'elle avait changé de main en 1986. Une information plus costaude et plus nationale, des séries de fiction « lourde » et surtout l'expulsion des émissions quétaines, genre *Les Brillant*...

Annoncée comme la télé de l'heure, la télé de l'innovation, la télé de la jeune génération, TQS devient vite la télé de la consommation bas de gamme, avec son information à scandales, dont l'émission *Caméra XX*, ses festivals de « Gros bras », ses jeux débiles et ses films de troisième catégorie.

Mystérieusement toutefois, TQS va tout au cours de son évolution offrir des surprises déconcertantes qui rappellent chaque fois l'autre facette de sa naissance, cette possibilité d'une télé autre et novatrice. Comme si l'Indien de Fournier revenait de temps à autre insuffler une folie.

Ainsi, en 1989, la gang de *100 limite*, avec son humour de cégep, va créer une énorme commotion et devenir l'émission quotidienne incontournable des ados. Imaginez les Brassard, Tachereau et Cie céder le studio chaque jour à Serge Laprade et Michèle Richard préparant *Garden Party*. Comment les fans de Jacques Chevalier-Longueuil pouvaient-ils s'identifier à *Signé Andrée Boucher* et comment les plus âgés pouvaient-ils tirer amusement des blagues de Raymond Beaudouin sur la masturbation ?

Ce paradoxe flagrant entre une télé provocante et une télé dégénérée faisait partie des gènes de la chaîne. Comme si cette double nature ne pouvait échapper à TQS. Pourrait-il ainsi réunir suffisamment de gens disparates pour la rendre rentable un jour ?

Dans cet esprit de nouveautés subites et inattendues, plusieurs personnalités importantes de la télé vont se faire connaître d'abord à TQS : la toute jeune Julie Snyder (*Sortir*), Stephan Bureau (*Graffitis*), Guy A. Lepage en animateur (*Besoin d'amour*), Francis Reddy (*Reddy Reddy Go*), etc. TQS va devenir une pépinière étonnante de jeunes talents, que la direction ne réussit jamais à retenir pour faire d'eux des piliers du développement. À périodes fixes, les finances sonnaient le glas des émissions les plus prometteuses pour les remplacer par des traductions d'émissions américaines surannées.

De même, de temps en temps, on tente des coups rétro ou on sort des anciennes vedettes des boules à mites. Par exemple, *Denise aujourd'hui*, un rappel de *Chez Denise*, en ondes 15 ans auparavant. Encore là, arrêt brutal. Les annonceurs se montrent insatisfaits de la cote d'écoute.

Début 1990, dans un geste radical, la direction interrompt la programmation du matin. La chaîne ne va démarrer que le midi. Décision pathétique quand on sait combien les chaînes privées ont besoin de temps d'antenne pour le placement de leurs messages publicitaires.

Rien à faire. En dépit de quelques succès, dont le hockey des Nordiques, certaines séries policières increvables et les jeux de fin d'après-midi, genre *L'épicerie en folie* ou *Misez juste*, la chaîne devient un véritable cauchemar déficitaire. À la veille du 10e anniversaire en 1995, le déficit cumulé de TQS dépassait les cent millions de dollars. La famille Pouliot affichait de plus en plus ouvertement son désarroi et sa dépression.

Le temps des incertitudes

En 1996, la rumeur en ville se fait persistante : TQS aura été une erreur. Le marché francophone au Canada est trop étroit pour absorber deux chaînes privées. Magnanime, André Chagnon, alors à la tête TVA, offre une solution de rechange : maintenir les deux chaînes, mais sous une même direc-

tion. Il propose carrément à Adrien Pouliot d'acheter TQS. Ce dernier concède quasi immédiatement. Le choc est total. TVA et TQS ne se fusionneraient pas, mais une même direction assurerait leur programmation respective. Plusieurs producteurs s'insurgent. Ils se retrouveraient désormais devant un seul interlocuteur. Une seule mésentente et c'est la faillite pour eux. Impensable. Ils y perdraient tout argument de négociation. Une coalition se forme, ceux-là refusant de devenir les otages de quelque patron. Les annonceurs réagissent eux aussi fort mal : une seule direction en viendrait à fixer les tarifs de toute la publicité dans le secteur privé. Ils craignent un déséquilibre du marché, une surenchère artificielle. Personne n'ose imaginer qu'un seul homme, André Chagnon, puisse dominer toute la diffusion privée au Québec.

À l'arrière plan, Louis Audet, qui s'était accaparé près de 10 % des actions de CFCF, fait cabale contre la transaction. Il recommande aux actionnaires majoritaires de rejeter l'offre d'achat de Vidéotron et propose plutôt d'acheter lui-même TQS. Mais la Cour supérieure lui barre la route. Il ne pourra pas faire objection à une entente éventuelle entre CFCF et Vidéotron.

Pendant que le monde des affaires s'agite, TQS propose une autre surprise de taille qui va subitement faire grimper ses cotes d'écoute à des sommets qu'elle n'avait jamais atteints. Une nouvelle et étonnante synthèse entre une télé bas de gamme et une télé innovatrice, incarnée dans un seul personnage, Jean-Marc Parent. Celui-ci fait partie de cette jeunesse tant recherchée, mais il projette l'image d'une télé sans prétention, relâchée, sans classe et fière de se manifester comme telle. On lui cède les dimanches soirs. Il se présente seul sur scène entouré de fans, à la façon d'un gourou. Il annonce une nouvelle forme de télé, mais sûrement pas la télé novatrice chic annoncée 10 ans auparavant. Les chroniqueurs des quotidiens montréalais ne se gênent d'ailleurs pas pour souligner les travers de Parent, visiblement agacés par le succès phénoménal d'un homme qui n'hésite pas à se présenter sur scène le visage couvert d'acnée et en survêtement de coton.

Au moment même où la famille Pouliot démissionne, aurait-on trouvé l'instrument de la rentabilité? Pendant ce temps, le CRTC tient ses audiences. Vidéotron démontre que la propriété conjointe serait le seul moyen de conserver deux chaînes francophones viables en faisant de TQS une chaîne «jeune et dynamique» à l'image de sa première conception. Louis Audet réitère son intention d'acheter TQS. Il suggère même de mettre la chaîne aux enchères. Un regroupement de producteurs privés s'objecte farouchement à la fusion, de même que Radio-Canada. Des producteurs de Québec proposent même de déménager TQS chez eux. La rumeur veut que d'autres joueurs reluquent TQS, dont Bell, Astral, Cinar... Bref, pour un temps, TQS redevient populaire, mais dans les couloirs du Complexe Guy-Favreau où se tiennent les audiences du CRTC.

La saga du marchandage s'arrête abruptement début 1997: le CRTC refuse d'avaliser l'acquisition de TQS par Vidéotron, donc de faire de cette chaîne le petit frère de TVA. Par contre, le Conseil accepte que Vidéotron achète la compagnie de câble détenue par CFCF à condition que TQS devienne la propriété d'un tiers... Cette chaîne, dont tout le monde s'était convaincu un an auparavant de la non-viabilité devient subitement l'objet de la convoitise de toutes sortes d'entreprises: CanWest, Coscient, Quebecor, Jean-Luc Mongrain, s'ajoutent à la liste.

À la surprise générale, c'est le vieux Péladeau qui l'emporte (bien que Cogéco continue de détenir 20% des actions...) Il a négocié raide et sec et surtout veut faire de TQS son dernier «train électrique». Du coup les bureaux de la direction se vident. Personne ne veut vivre sous la férule du magnat. Mais Péladeau n'aura pas beaucoup de temps pour s'amuser. Trois mois plus tard, une crise cardiaque le terrasse. Personne n'ose croire que ses héritiers vont vouloir conserver cette chaîne chaotique. Une nouvelle période d'incertitude s'installe, le temps que la famille Péladeau se redistribue les avoirs du boss. Mais deux nouveaux dirigeants, récemment installés, restent à la barre et profitent d'une liberté circonstancielle pour bâtir une grille sans devoir rendre des comptes. Ils ont décidé de faire de TQS leur affaire. Ils vont devenir les figures emblématiques de la chaîne: Luc Doyon et Louis Trépanier.

Ils doivent composer avec une grille moribonde, avec des émissions sans relief. Mais ils installent une émission phare, La fin du monde est à sept heures. Marc Labrèche, improvisateur de génie, est au pupitre d'un faux bulletin d'information accueillant une brochette de commentateurs ironiques et loufoques. Cette émission va faire oublier les insignifiances contrôlées de

Parent et surtout laisser entrevoir ce qu'aurait pu être TQS depuis le début. Les jeunes scolarisés reprennent TQS d'assaut.

Le coup d'envoi est donné. On fonce. TQS va devenir la télé de l'impertinence, quelle qu'en soit la matière et la manière. La saison 1998 regorgera d'émissions catastrophes, policières et à caractère sexuel. La nouveauté va venir aussi du scandale... C'est ainsi qu'une télévision généraliste va pour la première fois se donner une personnalité nettement distincte et travailler systématiquement une image clairement définie, celle du « mouton noir ». Mais surtout, le caractère québécois et régional ressort enfin nettement. Les émissions ne sont plus de fades traductions d'émissions sensationnalistes américaines mal doublées mais des productions locales, présentant des histoires d'ici, du type *Coroner*, une série documentaire sur des scènes de crimes ou encore *Métier Policier*, décrivant la quotidienneté de ces derniers. TQS (on tue l'appellation Télévision Quatre-Saisons) a enfin trouvé sa niche au sein de la télé québécoise. Provocante, populaire et populiste.

On n'hésite pas à faire dans le mauvais goût avec l'émission *Black out*. On traite ouvertement de sexualité en plein après-midi avec Louise-Andrée Saulnier. On présente des films de série B, mais avec une violence explicite. Jean-Luc Mongrain, connu pour ses frasques et dénonciations, rejoint les rangs de l'information. Même le grand patron, Pierre-Karl Péladeau, joue au mouton noir devant le CRTC et accuse Radio-Canada de concurrence déloyale, tout en se défendant bien d'avantager TQS dans les pages de ses quotidiens.

Bref, à l'orée du second millénaire, TQS s'est trouvée un ton, une allure, une orientation, une hybridation entre les folichonneries de Labrèche et les sorties de Mongrain. On a l'impression que désormais tout peut arriver sur cette chaîne. On a trouvé la vraie nouveauté : offrir des effets de surprise dans un paysage télévisuel pépère, engoncé dans ses formules éculées et sans jamais aucun étonnement.

Du meilleur, du pire, peu importe, finie surtout la télé pas dérangeante. TQS diffuse le défilé annuel de la fierté gaie. La chaîne met le Conseil canadien des normes au défi en présentant les atouts les plus évidents de Demi Moore en milieu de soirée. Gilles Proulx viendra y donner des coups de gueule quotidiens. Avec lui le midi et Mongrain à l'heure du souper, TQS devient le pilier de l'information commentée, conviviale et centrée sur le quotidien au Québec.

TQS prend du coffre

Mais des choses se trament dans d'autres coulisses qui allaient menacer à nouveau sinon l'existence, du moins le contrôle de TQS. Quebecor a pris goût à la télé et veut avaler Vidéotron au complet, y compris TVA. Encore une fois le problème de la concentration refait surface. Il est impensable que Pierre-Karl Péladeau puisse devenir le patron du *Journal de Montréal*, du *Journal de Québec*, de TVA et de TQS, et de pratiquement tous les magazines à potins.

Dès lors TQS va donc se retrouver encore une fois en vitrine, pour une autre vente. Une fois de plus les gros joueurs font signe : Astral, BCE et évidemment Cogéco. En juillet 2001, le CRTC avalise la vente de Vidéotron à

Jean-Pierre Desaulniers,
professeur dévoué et citoyen engagé

Anthropologue de la culture contemporaine et des médias, de l'histoire sociale et culturelle, analyste de la dramaturgie télévisée et de la rhétorique publicitaire, ce sociologue de formation est recruté en 1974 à titre de professeur régulier par le Département des communications de l'Université du Québec à Montréal. Il favorise le choc des idées et provoque même ses étudiants pour les amener à outrepasser voire décloisonner les structures admises par l'Institution. Il bouscule l'ordre établi au point de défier ses étudiants à repousser plus loin, plus haut les limites de leurs recherches. Ses propos ne sont pas toujours tendres, mais ils permettent le dépassement de soi. Dans un texte, ce n'est ni la syntaxe, ni la grammaire, encore moins l'orthographe qui intéressent en premier lieu ce chercheur infatigable, mais la création et la culture scientifiques. Il privilégie les projets à résonance concrète et applicables dans la vie ordinaire, ceux qui font réfléchir la société québécoise et suscitent des réactions voire des débats.

Mais ce professeur de communication qui émettait fréquemment ses opinions dans les quotidiens et multiples publications était beaucoup plus qu'un fin analyste des scènes de la vie quotidienne et des téléromans populaires, il était actif au sein de la collectivité. Bénévole, il m'a épaulée et il a peaufiné les critères d'admissibilité du volet «bourses culturelles» de la Fondation du Maire de Montréal pour la jeunesse à l'époque où je dirigeais cet organisme. Il privilégiait, à titre de président du comité de sélection (2001-2004), les projets issus de jeunes dont les créations étaient émergentes dans leur forme culturelle. Le jour de sa nomination, comme membre du Conseil de la famille et de l'enfance, le 16 novembre 2004, il apprenait également qu'il était atteint d'un cancer. En mai dernier, affaibli et hospitalisé, il a prononcé une conférence lors de l'ouverture du colloque Regards sur la diversité des familles : Mieux comprendre pour mieux soutenir, organisé par le Conseil de la famille et de l'enfance. Il a livré une magistrale performance, enregistrée sur vidéo par deux de ses étudiants issus du programme de Stratégies de productions de l'UQAM - programme qu'il avait mis sur pied un an auparavant. Pièce d'anthologie, sa dernière conférence est une réflexion subtile de cette diversité de la famille vue à travers les téléromans depuis la famille Plouffe jusqu'à la famille Bougon.

Jean-Pierre Desaulniers fut mon directeur de mémoire à la maîtrise et le président du jury lors de ma soutenance de thèse doctorale en communication le 23 mai dernier. L'analyse qu'il a faite de ma thèse fut sa dernière et même si nous nous connaissions et qu'il était affaibli par la maladie, il a été très généreux de commentaires : il ne m'a pas épargnée! Il me laisse un bel héritage, celui de devoir me surpasser et de servir les seuls intérêts valables à ses yeux, ceux de l'indépendance intellectuelle. Au cours des dix dernières années, nos chemins se sont croisés et recroisés. Ce pédagogue dans l'âme fut significatif sur mon parcours de vie, sur celui de plusieurs autres étudiants, artistes et artisans de chez nous.

Marguerite Blais, Ph.D.
Présidente, Conseil de la famille et de l'enfance

Quebecor, à la condition que cette dernière se départisse de TQS. Après de longues tergiversations, Cogéco en association avec BCE et Bell Globe Media remporte la mise. Quinze ans plus tard, Louis Audet a finalement réussi son coup.

Au début des années 2000, la chaîne ne cesse d'augmenter sa part de marché, passant de 9 % à 15 %. Non seulement la persistance de Louis Audet aura eu gain de cause, mais cette longue attente lui aura été bénéfique : dès la première année suivant son acquisition, la chaîne franchit enfin le seuil de la rentabilité.

TQS se lance alors dans des aventures de plus en plus risquées, dont *Loft Story* en 2003, avec son lot de petits scandales reliés à la consommation d'alcool et aux scènes de sexe. Beaucoup de monde devant l'écran, mais la relation coût-bénéfice est faible. En 2005, on se lance dans une autre aventure, *Casting*, qui va tourner à la catastrophe. Peu importe, on a appris à TQS que l'essentiel consistait à essayer des choses, quitte à se péter la gueule... Ou à réussir. *Flash* s'est développé une personnalité propre au point de devenir un incontournable du milieu artistique. Depuis trois ans, TQS réussit à livrer une réelle concurrence au puissant *Salut, bonjour!*, de TVA, avec *Caféine*. TQS a livré des débats musclés sur des questions de sport ou d'actualité, après les nouvelles de 22 heures. Quelques personnalités sont devenues des figures emblématiques de la chaîne : Paul Rivard, Chantal Lacroix, Patricia Paquin, les Mecs comiques.

En 20 ans, Louis Audet et les dirigeants de TQS ont appris qu'il n'y a jamais rien d'acquis... Le Mouton noir de la télé québécoise a su traverser toutes sortes d'épreuves depuis le ridicule de certaines émissions (dont les *Gingras-Gonzalez*), jusqu'à l'incertitude tenace de changement de propriété durant des mois et des mois. Mais chose certaine, 20 ans après, plus question de renvoyer l'animal à l'étable et de le faire disparaître de la scène télévisuelle québécoise. À sa façon et avec ses faibles moyens, il réussit à bousculer le paysage du petit écran ; peut-être pas à le renouveler comme Fournier le souhaitait, mais du moins à lui secouer les puces.

Une seule faute va demeurer impardonnable dans ce parcours compliqué et parfois tortueux : ne pas avoir pris le risque financier d'accueillir *Les Bougon*. Cette famille aurait démultiplié le sens donné au «mouton noir». Du coup, l'auguste société d'État est devenue plus irrévérencieuse que la petite chaîne baveuse. Comme quoi la télé est faite de bien des surprises.

Ce texte de Jean-Pierre Desaulniers a été rédigé en collaboration avec Catherine Légaré. Il a été remis à l'éditeur le 4 juin 2005. M. Desaulniers est décédé le 18 août 2005 à l'âge de 59 ans.

1996

Le «déluge» au Saguenay

La vision à court terme

Claude Villeneuve

Biologiste, directeur de la Chaire de recherche et d'intervention en Éco-Conseil
Université du Québec à Chicoutimi

CPimages.ca / Jacques Boissinot

En juillet 1996, la région du Saguenay connaissait un épisode climatique exceptionnel que les médias ont consacré sous le vocable évocateur de «déluge». On a retenu le terme pour qualifier les crues dévastatrices des rivières dont le bassin versant s'alimente dans le secteur Nord de la Réserve faunique des Laurentides.

L'épisode de juillet 1996 est souvent cité comme un exemple de ce qui nous attend dans un scénario de changements climatiques où les crues aujourd'hui considérées comme exceptionnelles seront plus communes. Dix ans après, qu'avons nous appris sur ce sujet?

En 1995, à la suite d'une deuxième série de rapports du Groupe intergouvernemental d'experts sur le climat (GIEC), l'assemblée des pays ayant ratifié la Convention cadre des Nations-Unies sur les changements climatiques (CCNUCC) en venait à la conclusion que l'humanité avait un effet mesurable sur le climat planétaire.

L'assemblée des pays signataires se donnait le mandat de Berlin, c'est-à-dire celui de négocier un accord contraignant dont l'objectif serait de réduire dans les faits les émissions mondiales de gaz à effet de serre, ce qui allait conduire en 1997 au Protocole de Kyoto.

Malgré les milliers de publications scientifiques qui n'ont cessé depuis de confirmer les prédictions du GIEC et la publication en 2001 d'une troisième série de rapports beaucoup plus consensuels et précis sur les conséquences du changement climatique en cours, le Protocole de Kyoto n'a finalement été mis en œuvre qu'en février 2005 à l'issue de négociations épiques.

La prochaine série de rapports du GIEC est attendue pour 2007. L'analyse la plus récente de la littérature scientifique (1) nous montre que le consensus sur l'ampleur et les causes du changement climatique sont plus forts que jamais. Des études publiées dans les plus grandes revues scientifiques par des chercheurs provenant de tous les horizons confirment que les prédictions faites en 1995 étaient très conservatrices.

Dans les faits, tant au niveau des émissions de gaz à effet de serre que dans l'ampleur des manifestations des changements climatiques induits par l'homme, ce sont les hypothèses pessimistes qui se réalisent. Cela est particulièrement observable dans les plus hautes latitudes où le réchauffement des moyennes annuelles a déjà dépassé dans bien des endroits les 5 ° C.

Les événements climatiques autrefois considérés comme exceptionnels se sont succédé à l'échelle planétaire et chaque année depuis 1996 on peut consigner aux annales un ou plusieurs épisodes climatiques exceptionnels. D'ailleurs, les quinze années les plus chaudes jamais enregistrées depuis 150 ans à l'échelle planétaire l'ont été dans les vingt dernières années.

L'inquiétude au Québec

Au Québec, après les inondations du Saguenay et au verglas de 1998 (moins de dix-huit mois plus tard), l'inquiétude a gagné le gouvernement qui s'est donné un plan de lutte aux changements climatiques et a contribué, en 2002, à la création du Consortium OURANOS visant l'adaptation aux changements climatiques. Le changement de gouvernement en 2003 s'est traduit par l'oubli des objectifs du plan de 2002 et on attend toujours, avec plus d'un an de retard, d'en savoir un peu plus sur les actions qui ont été mises en œuvre pour atteindre les objectifs du plan de 2002.

Le gouvernement du Canada pour sa part a tergiversé pour ratifier, finalement à reculons, le Protocole de Kyoto en décembre 2002 et présenter son plan de lutte aux changements climatiques basé essentiellement sur des mesures volontaires. Ce plan a d'ailleurs été tellement... efficace qu'en mai 2005, la cible de réduction des émissions pour 2010 s'était éloignée de 30 millions de tonnes de CO_2 et que le nouveau «Projet vert» du ministre Dion réduisait les cibles sur lesquelles il pouvait avoir un minimum de contrôle. Les pronostics sont sombres.

Au Saguenay

Pendant ce temps, au Saguenay, les riverains du lac Kénogami et de la rivière Chicoutimi étaient consultés sur une série de recommandations concernant la gestion des bassins versants et la prévention de crues dévastatrices. On stabilisait les berges endommagées, les détenteurs de droits acquis se rebâtissaient près des zones inondables et un recours collectif était entrepris et réglé à l'encontre de la papetière Abitibi-Consolidated de La Baie qui fermera ses portes à l'hiver 2003 et rasera son usine de Port Alfred en 2006, dix ans tout juste après que sa digue du lac Ha Ha ait cédé, dévastant le centre-ville de Grande Baie.

Le gouvernement du Québec, au terme de sa consultation, avait résolu de construire un barrage sur la rivière Pikauba, principal affluent du lac Kénogami. Il avait aussi instauré une surveillance particulière du niveau du lac et rétabli la surveillance au barrage du Portage des Roches qui régule la rivière Chicoutimi. En 2004, le nouveau gouvernement a indiqué qu'il ne construirait pas le barrage d'étêtage de crues en raison de son coût, prohibitif pour les finances publiques.

L'été 2005 au Saguenay a été chaud et sec. Le plus chaud depuis cinquante ans. En août, les résidents du lac Kénogami se plaignent du niveau d'eau trop bas qui les empêche de naviguer en paix avec leurs gros bateaux qui émettent une demi-tonne de gaz à effet de serre par jour. Il y a dix ans, ils se plaignaient d'être inondés. Le nouveau mode de gestion ne fait pas leur affaire quand il ne pleut pas suffisamment. Le maire de la ville de Saguenay prend fait et cause pour leurs récriminations (un bon investissement pour les élections de novembre 2005). Dix ans plus tard, on voit toujours à aussi court terme au Saguenay, au Québec et au Canada. Les changements climatiques feront bien d'autres victimes avant que cela change le moindrement.

Notes

1 VILLENEUVE Claude et François RICHARD, 2005, *Vivre les changements climatiques: Quoi de neuf?*, Éditions Multimondes, 420 pages

2005
en sept
polémiques

▶ 2005 en sept polémiques

Le printemps des étudiants
Place à la génération « Y » !

Éric Bédard
Historien, Professeur à la Télé-Université (UQAM)

L'impressionnante mobilisation étudiante du printemps 2005 contre la transformation de 103 millions de dollars de bourses en prêts étudiants a bousculé les perceptions de ceux qui, comme l'observateur Gil Courtemanche, croyaient que les jeunes étaient «apolitiques, hédonistes et égoïstes», plus intéressés par les jeux vidéos, le *heavy metal* et les intrigues de la téléréalité que par les enjeux sociaux et politiques[1]. Cette mobilisation étudiante est probablement la plus importante de l'histoire du Québec. Le 16 mars, ils étaient près de 100 000 à manifester dans les rues de Montréal, du jamais vu. À l'apogée du mouvement, 230 000 des 250 000 étudiants des cégeps et des universités avaient débrayé et, de ce nombre, presque la moitié était en grève générale illimitée.

Dans cette lutte contre le gouvernement, les étudiants ont remporté la bataille de l'opinion publique. Un sondage Léger-Marketing, rendu public fin mars, a montré que deux tiers des Québécois acceptaient de renoncer à une baisse d'impôt si cela permettait de réinjecter les 103 millions. L'événement mérite que l'on s'y attarde. Pour l'une des rares fois dans l'histoire du Québec moderne, les étudiants de toutes les classes sociales et de toutes les tendances idéologiques se sont ralliés autour d'une revendication politique.

Outre la mauvaise décision du gouvernement, admise par le premier ministre Jean Charest, deux facteurs semblent avoir joué un rôle déterminant : 1. L'excellente organisation et le pluralisme idéologique des forces politiques étudiantes ; 2. L'éclosion d'une conscience générationnelle. Le premier facteur semble avoir favorisé la mise en place d'une vaste coalition étudiante, alors que le second semble avoir donné une dimension particulière à ce vaste mouvement social.

Pour l'une des rares fois dans l'histoire du Québec moderne, les étudiants de toutes les classes sociales et de toutes les tendances idéologiques se sont ralliés autour d'une revendication politique.

Le pluralisme des forces politiques étudiantes

La maladresse du gouvernement Charest ne suffit pas à expliquer l'extraordinaire manifestation étudiante. Après tout, des gouvernements ont déjà pris des décisions qui affectaient davantage d'étudiants – pensons au dégel des droits de scolarité de 1990 – sans provoquer une telle ferveur militante. La grève de l'hiver 2005 a révélé l'existence d'un mouvement étudiant très bien structuré, d'une organisation capable de mobiliser ses membres aux moments opportuns, d'orchestrer une campagne de relations publiques efficace et de présenter au public un argumentaire serré qui allait bien au-delà du légendaire « so-so-so-solidarité » ! De plus, les étudiants de sensibilité réformiste et plus radicale ont pu se retrouver dans le discours et les moyens d'action mis de l'avant par les forces politiques étudiantes en présence.

Deux grandes organisations ont occupé l'avant-scène. D'une part, la FEUQ (Fédération étudiante universitaire du Québec) et la FECQ (Fédération étudiante collégiale du Québec), deux organisations sœurs, qui, ensemble, représentent un peu plus de 200 000 étudiants et, d'autre part, l'ASSÉ (Association pour une solidarité syndicale étudiante) élargie en CASSÉ (« c » pour coalition des associations...) qui parlent au nom d'environ 40 000 étudiants. Si la CASSÉ ne disposait pas des mêmes moyens que ceux des deux fédérations, son rôle durant le conflit n'a pas été moindre. De cultures et de sensibilités idéologiques très différentes, ces deux grandes organisations se sont en quelque sorte complétées durant le conflit, chacune défendant ses propres valeurs et proposant des moyens d'action particuliers pour convaincre l'opinion de rejeter la compression de 103 millions.

L'ASSÉ : la contestation

L'ASSÉ est née en février 2001, deux mois avant la tenue du Sommet des Amériques et quelques mois après le Sommet du Québec et de la Jeunesse. Ces deux événements ont provoqué la mobilisation significative d'une frange plus radicale de la jeunesse qui proteste contre la mondialisation néolibérale et rejette toute forme de « collaboration » avec le pouvoir. Ces jeunes « altermondialistes » renouent avec

La grève de l'hiver 2005 a révélé l'existence d'un mouvement étudiant très bien structuré.

un discours de contestation du régime capitaliste et avec des moyens d'action plus musclés qui ne sont pas sans rappeler ceux des années soixante et soixante-dix. Le document qui présente les origines de l'ASSÉ fait d'ailleurs explicitement référence à cette culture de contestation. Cette organisation « s'inscrit dans la mouvance étudiante d'opposition au néolibéralisme et à la mondialisation capitaliste »[2]. Pour les porte-parole de l'ASSÉ, il ne s'agit pas seulement de défendre les intérêts des étudiants, mais de faire de ces derniers les fers de lance d'une lutte contre les puissances de l'argent qui souhaitent faire de l'éducation un bien de consommation comme les autres. Ces étudiants mènent cette lutte au nom de la justice sociale et de la démocratie qu'ils estiment bafouée par les dirigeants des pays riches et des grandes corporations.

Les leaders de l'ASSÉ proposent une plate-forme de revendications qui va beaucoup plus loin que celle des fédérations. Contre toutes les formes de discrimination basée sur la richesse, elle réclame la gratuité scolaire, l'abolition pure et simple des frais de scolarité imposés aux étudiants. Elle réclame également la disparition de l'endettement des étudiants par la mise en place d'un programme qui n'offrirait que des bourses. Qui devrait payer la facture de ces nouvelles mesures ? L'État, bien sûr, qui doit taxer davantage les grandes entreprises et faire disparaître les abris fiscaux dont ne profitent que les plus riches. Le Québec, estiment les leaders de l'ASSÉ, analyses du professeur Léo-Paul Lauzon à l'appui, est l'une des sociétés qui taxent le moins les grandes entreprises; le gouvernement aurait donc la possibilité de « prendre l'argent là où il est »[3].

L'ASSÉ ne se distingue pas seulement des fédérations par ses revendications, mais aussi par les moyens de pression auxquels elle a recours pour faire entendre sa voix. Ses porte-parole se disent contre ce qu'ils appellent le « concertationnisme » qui privilégie le dialogue et les relations institutionnalisées avec le pouvoir établi qu'incarnent les administrations collégiales et universitaires ou le gouvernement. Le vrai rapport de force, estiment les leaders de l'ASSÉ, ne découle ni de la participation aux diverses instances administratives, ni des discussions de couloir lors des rassemblements des partis politiques mais de la contestation ouverte dans la rue. Ce sont les actions spectaculaires (grèves, manifs) qui font fléchir les autorités, non les discussions polies autour d'une table. On ne s'étonne donc pas que ce soit des associations membres de l'ASSÉ qui aient voté les premiers débrayages lors du dernier conflit. À la négociation en douce, au partenariat complice, aux consensus des Sommets, l'ASSÉ préfère la confrontation, l'affrontement, le syndicalisme de combat. C'est d'ailleurs surtout sur le terrain des moyens d'action que l'ASSÉ conteste le travail des fédérations étudiantes à qui elle impute le dégel de 1990 et l'augmentation constante des « frais afférents »[4] dans les cégeps et les universités. Elle reproche aux leaders des fédérations d'avoir troqué le rapport de force des étudiants contre un illusoire pouvoir de négociation et d'avoir entretenu des relations incestueuses avec les gouvernements, surtout ceux du Parti québécois, pour mieux préparer leur future carrière. Cela explique en partie le comportement violent de certains partisans de l'ASSÉ qui, déçus de l'entente négociée par les fédérations qui a mis fin à la grève, ont saccagé les locaux de la FEUQ et agressé en pleine rue son président, Pier-André Bouchard Saint-Amant.

Bien que récente, l'ASSÉ rappelle plusieurs des caractéristiques de l'ANEEQ (Association nationale des étudiantes et des étudiants du Québec) qui, de 1975 à 1994, a marqué l'histoire du mouvement étudiant. Les documents de présentation de l'ASSÉ établissent d'ailleurs clairement cette filiation[5]. Dans les deux cas, on retrouve le même esprit de contestation globale, la même rhétorique anti-capitaliste, la même méfiance des autorités instituées. Pour l'ANEEQ, « dialoguer » avec le pouvoir, c'était « se faire fourrer », jouer le jeu des autorités[6]. Avant de discuter, il fallait établir un rapport de force par le biais de la confrontation ouverte. De plus, comme toutes les organisations d'extrême gauche, l'ANEEQ a toujours fait primer la question sociale sur la question nationale. En 1980, c'est après des débats très houleux qu'elle a finalement pris position en faveur du OUI[7]. En 1988, elle se dit favorable au jugement de la Cour suprême qui invalide les dispositions de la loi 101 sur la langue d'affichage et affirme son attachement à « un État canadien fédéraliste non pas constitué de plusieurs nations, mais de plusieurs minorités »[8]. En dépit de ce que propagent souvent les porte-parole de l'ASSÉ, la défunte association nationale est en grande partie responsable du dégel de 1990. En plus de sa position controversée sur la question linguistique, qui lui a alors aliéné une partie importante de la jeunesse nationaliste, l'ANEEQ s'est tirée dans le pied en lançant une « grève offensive » contre le dégel en 1988 qui s'est avérée désastreuse sur le plan de la mobilisation. Déconnectée de sa base sur la question nationale, incapable de planifier une stratégie efficace contre le dégel, l'ANEEQ a creusé sa propre tombe et est disparue en 1994.

Ce détour historique nous permet de mieux comprendre le discours et les moyens d'action privilégiés par les fédérations étudiantes, car c'est précisément au début des années 1990 que celles-ci vont naître et se développer. Elles se veulent alors une solution de rechange politique crédible à une ANEEQ affaiblie, souvent noyautée par des groupuscules d'extrême-gauche[9], captive d'un dogmatisme idéologique que le gouvernement, les leaders d'opinion et les grands médias ne prennent plus au sérieux et pour qui les grèves, les manifestations semblent devenues des fins bien plus que des moyens. Plusieurs ont alors le sentiment que la jeunesse étudiante est mûre pour un autre discours, d'autres moyens d'action, plus en phase avec l'étudiant moyen, plus pragmatique dans ses revendications, moins prompts à sonner l'appel des troupes.

FEUQ ET FECQ : Une sensibilité réformiste

De sensibilité réformiste, les fédérations défendent des revendications plus modérées que celles de l'ASSÉ. Elles ne cherchent pas à casser un système mais, en premier lieu, à défendre les intérêts des étudiants. C'est pourquoi Benoît Lacoursière, un observateur proche de l'ASSÉ, qualifie les fédérations de « néo-corporatistes »[10]. Si elles s'opposent farouchement au dégel des frais de scolarité, elles sont loin de réclamer leur abolition. Leur rhétorique est plus comptable

L'ASSÉ « s'inscrit dans la mouvance étudiante d'opposition au néolibéralisme et à la mondialisation capitaliste »

De sensibilité réformiste, les fédérations (FEUQ et FECQ) ne cherchent pas à casser un système mais, en premier lieu, à défendre les intérêts des étudiants.

qu'idéologique. Les budgets consacrés par les gouvernements à l'éducation sont souvent présentés comme un « investissement » rentable, comme un facteur de prospérité. Sur le fond cependant, les fédérations considèrent, tout comme l'ASSÉ, que les collèges et les universités sont des « biens publics » et « qu'il serait inacceptable d'assujettir l'éducation aux lois du marché »[11]. Les propositions des fédérations sont généralement plus concrètes, comme si celles et ceux qui les élaboraient se mettaient à la place du législateur. Les fédérations n'hésitent pas, elles aussi, à élargir la portée de leurs revendications en se présentant comme les porte-parole de la « jeunesse ». Elles ont toujours collaboré aux travaux du Conseil permanent de la jeunesse (CPJ), ont participé au dernier Sommet de la jeunesse et ont milité en faveur de la mise en place d'une politique jeunesse. Sur la question nationale, les fédérations ont adopté des positions clairement souverainistes qui leur ont d'ailleurs valu certaines désaffiliations du côté anglophone.

Les moyens d'action des fédérations, comparables à ceux qu'utilisent les syndicats d'aujourd'hui ou les associations patronales, sont ceux d'un groupe de pression typique. Avant de lancer des appels à la grève et aux manifestions grandioses, les fédérations s'assurent de disposer d'un argumentaire serré, de données solides et vérifiées, obtenues, souvent, grâce à des études commandées à des experts. Pour gagner une bataille, la rhétorique de contestation et les slogans ne suffisent pas, il faut pouvoir convaincre le citoyen de bonne foi avec des arguments qui interpellent sa raison. Une fois les idées fixées, les fédérations déploient des stratégies de relations publiques qui intègrent toutes les facettes d'une campagne digne de ce nom : entrevues, lettres aux journaux, publicité, lobby auprès des décideurs. Cette dernière tactique semble d'ailleurs avoir porté fruit. Pour convaincre les partis politiques de s'engager à ne pas dégeler les frais de scolarité – engagement que les trois partis représentés à l'Assemblée nationale ont pris depuis le dégel de 1990 – les fédérations n'ont pas hésité à déléguer des représentants aux congrès et conseils généraux des formations politiques. Aidées par les ailes jeunes de ces partis, les fédérations ont souvent réussi à faire adopter des propositions qui allaient dans le sens de leurs revendications.

De forces inégales, de sensibilités idéologiques différentes, privilégiant chacune un type d'actions distinct, les fédérations étudiantes et l'ASSÉ ont toutefois fait front commun contre la compression de 103 millions de dollars dans le régime des prêts et bourses. Voilà pourquoi on a pu voir dans les rues de Montréal, de Québec et d'ailleurs, les étudiants de Brébeuf et du Vieux-Montréal, ceux des HEC et de sociologie, de médecine et de musique, défiler côte à côte, scander ensemble des slogans, réclamer le retour des 103 millions au nom d'une vision de la justice sociale, sinon d'un projet politique, que l'on ne définissait pas nécessairement de la même manière, mais qui pouvait, pour une rare fois, s'incarner dans un combat commun. Dans ce conflit sans précédent dans les annales du mouvement étudiant québécois, les deux cultures syndicales étudiantes ont pu déployer leurs tactiques, faire valoir leurs arguments respectifs de façon à ce qu'une vaste majorité des étudiants puisse voir ses valeurs incarnées par un discours et une pratique militante.

Une nouvelle conscience générationnelle ?

Cette façon qu'ont eue les étudiants de transcender les clivages idéologiques et les cultures syndicales, c'est précisément ce qui donne à cette grève une portée générationnelle. Le pluralisme idéologique de ce mouvement social aura permis aux jeunes de toutes tendances de se découvrir une communauté de destin.

Des témoignages intéressants parus dans les journaux, souvent sous forme de lettres d'opinion, laissent voir la découverte, chez certains, d'une commune appartenance à une même génération. Pour Blanche Baillargeon, étudiante en musique à l'Université de Montréal, cela a pris l'allure d'une véritable révélation. « Je suis fière de nous, écrit-elle. Je suis, pour tout dire, comblée : je constate avec stupeur que j'ai une génération. C'est la mienne, elle est belle, elle a quelque chose à dire : quelle surprise! Quel choc que ce rassemblement inattendu ! »[12]. Étudiant en science politique de l'Université du Québec à Montréal, Renaud Plante estime que ce mouvement de grève a donné naissance à une nouvelle « génération politique ». Selon lui, la grève sera au « programme des cours d'histoire durant les prochaines décennies ». En prenant ainsi le plancher, les jeunes adultes mettent fin aux éternelles jérémiades de la génération X qui « s'est fait un point d'honneur d'évacuer de son horizon tous les héritages possibles des boomers » et qui, à l'instar d'un Jeff Fillion, a « abdiqué la pensée critique et le raisonnement politique, prenant la gent politique comme responsable de toutes les calamités dont elle a été victime ». La nouvelle génération politique, croit Plante, préfère prendre les choses en main plutôt que de passer son temps à critiquer les autres; elle renoue non seulement avec la politique, mais surtout, avec le destin du Québec. La conséquence bénéfique de cette grève, selon Plante, c'est d'avoir favorisé la politisation d'une partie importante de la jeunesse « jusque-là complètement étrangère à cette sphère » et d'avoir provoqué un « recentrage de l'altermondialisme primaire vers des intérêts nationaux ». Cette reprise en main risque de se conclure par une grande victoire pour le Québec : « Nos parents nous ont parlé de leur 1968, nous pouvons maintenant parler de notre 2005. Ils nous ont entretenus sur leur défaite de 1980, nous pourrions bien leur parler de notre victoire de 2009 »[13].

Cette comparaison avec le mouvement étudiant d'octobre 1968 a été fréquente. Mais des chroniqueurs du *Devoir*, Michel David et Denise Bombardier, ont tenu à distinguer les deux mouvements. Pour le premier, l'ampleur de la « crise étudiante » de 2005 est « comparable » à celle de 1968 « mais elle est d'une tout autre nature ». C'est qu'à l'époque, rappelle David, « les étudiants du cégep Lionel-Groulx, qui avaient lancé le mouvement de grève (...) inscrivaient leur action dans "l'ordre d'une contestation globale du système économique du Québec et de toutes les structures de la société québécoise" ». Or, remarque David, « cet état d'esprit est largement étranger à la lutte contre les compressions de 103 millions de dollars (...) qui ne se situe pas dans

La nouvelle génération politique préfère prendre les choses en main plutôt que de passer son temps à critiquer les autres.

Cette entrée en scène de la génération « Y » est d'autant plus éclatante qu'elle se solde par une victoire politique convaincante.

l'ordre de la contestation mais bien de la conservation »[14]. David explique que la poursuite du déficit zéro et les tensions liées au déséquilibre fiscal des dernières années ont eu un effet pédagogique sur la population. Si les étudiants de 1968 voulaient construire une société radicalement différente, ceux de 2005 semblent vouloir préserver certains acquis, défendre un héritage. Denise Bombardier partage ce point de vue. Elle s'attriste de l'attitude « trop sage », « trop contenue » de ces jeunes qui sont descendus dans la rue non pour réclamer un monde meilleur mais pour sauvegarder une enveloppe budgétaire de 100 millions. « Vingt ans, écrit-elle, ça n'est pas un âge pour négocier » ou pour « avoir les yeux fixés sur les colonnes de chiffres », c'est l'âge de la « démesure », de « l'absolu ». Si les jeunes préfèrent les colonnes de chiffres aux utopies, explique Bombardier, c'est qu'ils « sont aussi les héritiers des désillusions de leurs parents [baby-boomers] désenchantés », ils sont les enfants du « divorce, de la perte des repères (...), de la faillite des idéologies, des contraintes budgétaires et de la commercialisation des rapports humains »[15]. Dans un tel contexte, la modération des jeunes, leur réalisme, ne doivent guère nous surprendre.

Certains des étudiants qui se sont exprimés sur la nature de leur mouvement refuseraient de telles analyses. Plusieurs ont même le sentiment de poursuivre le combat des parents en faveur d'une société plus démocratique et plus juste. Dans un journal des étudiants de sa faculté, Simon Tremblay-Pepin rejette catégoriquement l'analyse de Bombardier dans laquelle il voit un souverain mépris pour la jeunesse et un rejet des valeurs boomers : « Nous pourrons faire n'importe quoi (...) nous ne vous plairons jamais », écrit-il. « Nous sommes les enfants de ces baby-boomers que vous conspuez si souvent et dont nous voyons les bons côtés, un certain héritage à défendre »[16]. Même son de cloche chez l'étudiante Blanche Baillargeon qui estime, elle aussi, poursuivre le combat des baby-boomers. « Je refuse catégoriquement la destruction massive de ce que nos parents, quoi qu'on puisse leur reprocher aujourd'hui, ont mis en place il y a 40 ans. » Cette étudiante en musique ne se dit nullement désillusionnée ou désenchantée par rapport aux grands défis qui attendent sa génération, « je me donne le droit d'être idéaliste »[17], écrit-elle. Cette perspective d'une fidélité à l'héritage des boomers en même temps que d'un idéalisme à défendre, on la retrouve aussi chez l'étudiant Renaud Plante. Selon lui, « l'icône » de la nouvelle génération politique est « sans aucun doute celle de nos parents » qui avaient 20 ans en 1968. « Cette génération est encore aujourd'hui, et sans doute avec raison, considérée comme la plus politisée du XXe siècle québécois. » « Loin de s'arrêter à la seule rétrocession des 103 millions », ces jeunes qui, à la manière de leurs parents, ont pris la rue le printemps dernier, veulent défendre un « idéal de société », ils souhaitent « [jeter] les bases de la société politique que sera le Québec des prochaines années »[18]. Encore là, nulle trace de désillusion et de désenchantement. Au contraire, tout se passe comme si la fidélité à l'héritage des parents était une forme d'idéalisme, comme si la réaffirmation des valeurs promus par les boomers constituait toujours un programme d'avenir.

La jeunesse, d'autres l'ont dit, n'est pas monolithique. Cette volonté de défendre le projet et l'idéalisme des boomers n'est pas partagée par tous, évidemment. Il s'est en effet trouvé des voix pour accuser les boomers d'avoir trahi leurs rêves ou d'être entrés dans le rang une fois la carrière commencée. C'est le cas de Hans Heinrich, un étudiant de l'UQAM, qui rejette l'idée selon laquelle chaque génération posséderait une essence propre. Il ne faut pas écouter les boomers qui croient que les jeunes d'aujourd'hui, tout comme eux, seront un jour récupérés par le Système. «La meilleure façon de ne pas reproduire les erreurs de nos parents est de ne pas avaler un seul mot de leur discours selon lequel nous finirons lassés et blasés tout comme eux.» C'est que le contexte a beaucoup changé, explique Heinrich. Le monde allant de plus en plus mal, selon lui, la nouvelle génération «sera beaucoup plus difficile à récupérer que l'a été celle de la génération des baby-boomers». Confrontée aux déboires de notre époque, la jeunesse d'aujourd'hui n'aura d'autres choix que de préserver ses idéaux. L'idéalisme de la jeunesse n'est pas le produit d'un quelconque volontarisme politique ou d'un goût lyrique pour la fête. Dans ce monde difficile à réformer, «vide de sens», être à gauche n'est plus un «rêve à contre-courant», cela devient une nécessité vitale. L'idéalisme des jeunes n'a rien du trip festif d'autrefois, il est dicté par les nécessités d'une société malade. Chez Heindrich, l'idéalisme de gauche n'a rien d'une fidélité à l'héritage des boomers, c'est, au contraire, la seule posture qui permettra, peut-être, de corriger leurs erreurs[19].

★

Il est encore trop tôt pour prédire l'impact de cette vaste mobilisation sur les jeunes qui l'ont vécue. N'en doutons pas cependant, ce mouvement social aura permis a nombre d'entre eux de vivre des moments intenses, de créer des liens durables, mais aussi d'inscrire leurs actions, leurs revendications, leur mobilisation dans une histoire québécoise en marche, d'envisager ce que seront les grands défis de leur génération. Cette entrée en scène de la génération «Y» est d'autant plus éclatante qu'elle se solde par une victoire politique convaincante. De quoi donner espoir à certains boomers catastrophistes qui croyaient qu'après eux, il n'y aurait plus rien !

Notes

1 COURTEMANCHE, Gil , « Petite révolution et occasion ratée », *Le Devoir*, 2 et 3 avril 2005.

2 *Qu'est-ce que* l'ASSÉ, novembre 2004, p. 4. Pour consultation : http://asse-solidarite.qc.ca/tex-analyse/index.htm

3 *Ibid.* p. 6-7.

4 Ces frais administratifs que les étudiants doivent payer au début de chaque session ont toujours été perçus comme des frais de scolarité déguisés.

5 *Qu'est-ce que l'ASSÉ*, op. cit., p. 10-11.

6 Voir, là-dessus, Pierre BÉLANGER, *Le mouvement étudiant québécois: son passé, ses revendications et ses luttes* (1960-1983), Montréal: ANEEQ, 1984, 208 p.

7 *Ibid.*, p. 157-158.

8 Cité dans Benoît LACOURSIÈRE, *Le mouvement étudiant au Québec de 1983 à 2000*, Mémoire (M.A.), Université du Québec à Montréal, 2005, p. 84.

9 Voir *Ibid.*, p. 61. L'ANEEQ a tour à tour été infiltrée, sinon noyautée, par des groupes comme EN LUTTE!, le Parti communiste ouvrier (PCO) et, surtout, à la fin des années 1980, par le Groupe d'Action Socialiste (GAS).

10 *Ibid.*, p. 5.

11 *Choisir d'investir dans les universités*, Mémoire de la FEUQ, juillet 2004, p. 14. Pour consultation: www.feuq.qc.ca/documents/MEMOIRE_FEUQ.pdf

12 BAILLARGEON, Blanche, «Et moi qui croyais être née au mauvais moment», *Le Devoir*, 24 mars 2005.

13 PLANTE, Renaud, «Une génération politique est née», *Le Devoir*, 4 avril 2005.

14 DAVID, Michel, «Répéter ses erreurs», *Le Devoir*, 17 mars 2005.

15 BOMBARDIER, Denise, «Chacun son tour», *Le Devoir*, 19 et 20 mars 2005.

16 TREMBLAY-PEPIN, Simon, «Réplique à Denise Bombardier», *Union libre*, avril 2005, nº 3, p. 5. Journal étudiant de la faculté de droit et de science politique de l'UQAM.

17 BAILLARGEON, *loc. cit.*

18 PLANTE, *loc. cit.*

19 HEINDRICH, Hans, «Les bébés des baby-boomers», *Union libre*, avril 2005, nº 3, p. 11.

Scandale des commandites

Gomery : des histoires d'argent et de pouvoir

Daniel Leblanc
Journaliste, *The Globe and Mail*

Il y a eu les balles de golf de Jean Chrétien, les trous de mémoire de Jean Lafleur et de Jacques Corriveau, le témoignage choc de Jean Brault, et la valse de libéraux qui ont confessé avoir empoché des enveloppes d'argent liquide.

L'année 2005 a été celle du scandale des commandites sur la scène politique, grâce aux travaux de la Commission d'enquête présidée par le juge John H. Gomery. De pur inconnu, cet Anglo-Québécois est devenu une célébrité au pays, et ses arides audiences, un événement télévisuel unique dans les annales des chaînes d'information RDI et LCN.

Le juge John Gomery

Aux yeux d'un public captivé, les témoignages s'enchaînaient comme dans un téléroman où foisonnaient des histoires d'argent et de pouvoir, avec les bons (les avocats de la commission et certains témoins repentis) et les méchants (les voleurs et les menteurs).

La question demeure toutefois de savoir si l'événement ne laissera une marque profonde qu'au Québec, ou si le reste du Canada y passera aussi. Le chroniqueur Lawrence Martin a donné sa version du scandale dans le *Globe and Mail* au printemps, disant que c'était une histoire purement provinciale.

« Il s'agissait d'une dispute entre deux groupes de francophones, les supporters de Jean Chrétien et les nationalistes québécois. »

Le chef conservateur Stephen Harper y est allé d'une autre explication, disant que ce n'était pas un scandale québécois, mais bien un « scandale libéral » dû à plus de 10 ans d'usure du pouvoir.

Peu importe la version retenue, il est clair que le scandale des commandites a eu un effet plus marqué au Québec en 2005, même si les libéraux y ont goûté dans les sondages d'un océan à l'autre après la comparution du président de Groupaction, Jean Brault.

M. Harper n'a toutefois pas réussi à capitaliser sur le scandale au printemps et à achever les libéraux, qui ont amorcé une remontée au cours de l'été après une série de manœuvres parlementaires risquées. En particulier, le premier ministre Paul Martin a promis de déclencher les prochaines élections 30 jours après le dépôt du dernier rapport du juge Gomery (deux rapports sont prévus).

La commission Gomery demeurera au centre de la vie politique canadienne au courant des années à venir, alors que les libéraux et les conservateurs voudront convaincre la population qu'ils sont mieux placés que leurs adversaires pour mettre en vigueur ses recommandations. Le juge Gomery s'intéresse entre autres aux lois pour protéger les dénonciateurs et à une plus grande ouverture en matière d'accès à l'information.

Paul Coffin

Jacques Corriveau

Jean Brault

Joseph Morselli

Petite histoire d'un grand scandale
Le tout a commencé avec la parution en 2002 d'une série d'articles dans le *Globe and Mail* sur les « rapports manquants » de Groupaction, qui avaient coûté 1,6 million $ aux contribuables. La vérificatrice-générale a lancé son enquête et invité la GRC à s'en mêler. Le tout a mené à la parution du rapport de Sheila Fraser en 2004 et à la mise en accusation subséquente de M. Brault et de l'ex-fonctionnaire Charles « Chuck » Guité relativement à des allégations de fraude.

M. Martin a alors lancé la commission Gomery, mais celle-ci n'a atteint sa vitesse de croisière qu'en 2005 lors des dernières semaines d'audiences à Ottawa. C'est alors que les Canadiens ont compris que le programme des commandites était géré d'une manière bâclée, avec une intervention politique hors du commun. M. Guité, qui avait dirigé le programme de sa naissance en 1996 jusqu'en 1999, disait qu'il n'avait fait que suivre les ordres de ses maîtres libéraux.

Une série d'anciens et actuels ministres, toutefois, ont défilé devant les caméras pour professer un par un leur innocence et leur ignorance. Le plus attendu était Alfonso Gagliano, l'ancien

Gilles-André Gosselin

Charles « Chuck » Guité

Alfonso Gagliano

Jean Lafleur

Jean Pelletier

115

ministre des travaux publics dont la carrière avait été éclaboussée par des histoires de favoritisme et de scandale, avant qu'il ne soit nommé ambassadeur du Canada au Danemark.

M. Gagliano a été fidèle à ses habitudes, rejetant tout le blâme sur la fonction publique et affirmant qu'il avait réglé tous les problèmes dès qu'il en fut informé. Mais celui-ci a aussi eu de la difficulté à convaincre le juge Gomery qu'en tant que ministre, il n'avait pas de pouvoir décisionnel au sein du programme des commandites. Le vrai pouvoir, a dit M. Gagliano, résidait au sein de la fonction publique qui avait le dernier mot sur les récipiendaires de fonds, les montants accordés, et l'identité de l'agence de communication qui récolterait une généreuse commission au passage.

« Je vous dis, moi, mon intervention, c'était toujours une suggestion », a déclaré M. Gagliano à la commission. Le moment clé des audiences qui se sont tenues à Ottawa demeure la comparution consécutive en février d'un ancien premier ministre, M. Jean Chrétien, et de son successeur M. Paul Martin, un événement unique dans l'histoire du Canada.

Chrétien contre Gomery

Témoignant en premier, M. Chrétien a fait part de son mépris pour la commission, affirmant qu'elle coûtait bien cher, et pour le juge Gomery, qui avait critiqué l'achat de balles de golf portant la signature de l'ancien premier ministre.

M. Chrétien s'est alors vengé en sortant de sa valise les balles de golf signées par des chefs d'État et des personnalités de divers milieux qu'il avait reçues au cours de sa carrière, incluant une balle du cabinet d'avocats où travaille la fille du juge Gomery.

M. Chrétien est allé encore plus loin, amorçant des démarches légales pour obtenir la récusation du juge Gomery pour cause de partialité. Les procédures ont été abandonnées quelques mois plus tard.

M. Martin, à l'inverse, a défendu le juge Gomery et sa neutralité tout au long de l'année. Lors de sa comparution, M. Martin a traité la commission avec respect, bien qu'il n'ait pas fourni beaucoup d'information sur le scandale. L'ancien ministre des Finances a dit qu'il avait bel et bien augmenté les ressources du Fonds de réserve pour l'unité canadienne de M. Chrétien, mais qu'il ignorait que l'argent avait servi entre autres à créer le programme des commandites.

« Non, je ne savais pas », a dit M. Martin à la commission. Après une courte pause en février, la commission a déménagé ses travaux à Montréal, au Complexe Guy-Favreau, nommé en l'honneur d'un ancien ministre de la Justice qui avait démissionné dans les années 1960 – à cause de sa mauvaise gestion d'une histoire de corruption...

Une galerie de personnages

Le premier témoin de cette deuxième phase d'audiences publiques était l'inoubliable Jean Lafleur, l'ex-président de Lafleur Communication & Marketing. Sa firme avait été la première à amasser des contrats de commandites en 1996, et lui-même et sa famille avaient accumulé des salaires et bonis de 12 millions de dollars au cours des six années subséquentes.

Mais M. Lafleur n'arrivait plus à se

rappeler d'événements clés, telle la naissance du programme des commandites ou ses contacts avec M. Guité. «Je n'ai pas de souvenir de ca, là» a répété M. Lafleur à maintes reprises.

Ces commentaires ont soulevé l'ire du juge Gomery, et convaincu bien des Québécois que le programme des commandites ressemblait de plus en plus à un épisode des *Bougon*. Malgré son amnésie, M. Lafleur a quand même révélé de nombreuses amitiés dans le monde politique avec d'anciens et d'actuels ministres libéraux, ainsi que d'anciens adjoints politiques de M. Chrétien, qui se réunissaient parfois pour fumer le cigare. «Comme entrepreneur, comme homme d'affaires, j'ai intérêt à avoir des amis partout», a déclaré M. Lafleur, révélant l'existence d'un réseau serré de copains au cœur du programme des commandites.

«Smoking gun»

L'image des dirigeants d'agences de publicité a encore souffert avec la comparution de Gilles-André Gosselin, de Gosselin Relations Publiques, qui a lui aussi reçu des millions grâce à des factures douteuses. Et que dire de la loge au Centre Corel à Ottawa, que Gosselin traitait comme sienne, même si elle était payée par le programme des commandites.

Le coup de grâce a été donné par Jean Brault lors d'un témoignage de six jours. Initialement tenu à huis clos, celui-ci a été dévoilé d'un coup dans les médias, lesquels ont alors fait leurs manchettes avec les révélations les plus juteuses les unes que les autres.

«Brault vide son sac», titrait *La Presse*, alors que *Le Devoir* y allait avec un titre percutant: «Pratiques mafieuses

au PLC?» *Le Globe and Mail* parlait du «Smoking gun», comme si la Commission Gomery avait trouvé l'arme du crime.

C'était la première fois qu'un acteur du scandale faisait un lien direct entre les contrats de commandites et des contributions occultes à la caisse électorale du Parti libéral. Sous serment, M. Brault a dit avoir fourni aux libéraux de faux emplois, des contributions camouflées, des commissions détournées, et des pots-de-vin. Afin de payer ces dépenses, évaluées à un million de dollars, M. Brault a avoué avoir surfacturé divers dossiers de commandites.

«Le problème, c'est que l'État et la politique dans le cas des commandites ne faisaient qu'un dans beaucoup de cas», a dit M. Brault. «On était très sollicités… On laissait sous-entendre que toute contribution allait être prise en considération et allait d'une manière ou d'une autre être compensée.»

Le témoignage de M. Brault a ouvert la porte à une série de comparutions qui, sans corroborer tous ses dires, ont révélé l'existence d'un réseau de trafic d'influence et de commissions secrètes au sein du programme des commandites.

Enveloppes brunes

Deux anciens directeurs-généraux au sein du Parti libéral du Canada (section Québec), Michel Béliveau et Benoît Corbeil, ont dit avoir cueilli des enveloppes d'argent liquide pendant les élections de 1997 et 2000 pour payer leur campagne.

M. Béliveau a notamment dit avoir demandé – et reçu – environ 250 000 $ de M. Corriveau, un fidèle supporter et ami de M. Chrétien. L'argent aurait ensuite abouti dans les mains de M. Corbeil et de l'organisateur en chef pour l'est du Québec, l'ancien ministre provincial de la Santé Marc-Yvan Coté.

Mais M. Corriveau a nié toute allégation de malversations, tout en confirmant avoir soumis des factures bidon à Groupaction et au Groupe Polygone pour obtenir des millions en sous-contrats de commandites. En tout, M. Corriveau a recueilli environ huit millions de dollars grâce au programme, à maintes reprises pour peu ou pas de travail.

M. Corriveau a aussi rejeté l'accusation la plus compromettante contre lui, qui venait d'un autre ancien directeur général du PLC(Q), Daniel Dezainde. Dans un des témoignages clés devant le juge Gomery, M. Dezainde a dit qu'il y avait une lutte intestine en 2001 entre M. Corriveau et deux collaborateurs de M. Gagliano, son chef de cabinet Jean-Marc Bard et son bras droit Joseph Morselli.

Selon M. Dezainde, la rivalité était liée aux activités de financement au sein du PLC(Q), et M. Corriveau s'était fait tasser après les élections de 2000. C'est alors que M. Corriveau aurait fait sa confession.

« Il m'a dit, "Écoute bien là, dans le passé j'avais mis en place un système où je recevais des ristournes sur les commissions des agences de communication. J'en gardais une partie pour mes frais et le reste, je le mettais à la disposition du Parti" », a relaté M. Dezainde.

Lors d'une seconde comparution devant le juge Gomery, M. Corriveau a nié avoir tenu ces propos avec M. Dezainde. Mais M. Corriveau a quand même admis avoir accepté de placer des employés du Parti libéral sur sa liste de paye, bien qu'ils ne travaillaient pas pour lui. M. Corriveau dit alors qu'il s'agissait d'une erreur anodine.

« Cela arrive à un moment donné où le parti est réellement — il l'a toujours été, je pense — en manque de fonds et on me demande de collaborer. Dans un geste magnanime, on accepte », a dit M. Corriveau.

Quels seront les résultats de l'enquête ?

Malgré tous ces coups d'éclat, la Commission Gomery a connu quelques ratés, dont le rapport tant attendu de la firme de juris-comptables Kroll Lindquist Avey. Le rapport a bel et bien démontré qu'il y avait encore plus d'argent dépensé pour ce programme — 332 million $ et non 250 millions $ comme l'avait dit Mme Fraser — mais n'a pas rajouté de nouveaux éléments de preuve contre les divers acteurs.

Somme toute, il y a fort à parier que le juge Gomery fera parler de lui dans les années à venir, surtout s'il y a un troisième référendum sur la souveraineté du Québec. Un témoin a raconté à la commission qu'il s'était fait traiter comme du « poisson pourri » lorsqu'il installait, grâce à l'argent des commandites, des drapeaux canadiens dans les régions plus nationalistes du Québec pendant les années 1990. On peut imaginer le traitement qui serait réservé à un poseur de drapeaux du Canada de nos jours.

Le rapport de la Commission Gomery – phase 1
Qui est responsable?

Le rapport de la la Commission d'enquête sur le Programme de commandites et les activités publicitaires du gouvernement du Canada, présidée par la juge John Gomery, a été présenté le 1er novembre 2005, tout juste au moment où *L'Annuaire du Québec 2006* allait sous presse. Ce premier rapport est intitulé: Qui est responsable. Un second rapport, phase 2, contenant des recommandations, doit être présenté en 2006. Nous présentons ici très brièvement les principales constatations du premier rapport. Vous pouvez consulter l'ensemble des documents présentés par le juge Gomery à l'adresse: **www.gomery.ca**.

La Commission d'enquête a constaté:

· la preuve incontestable d'une ingérence politique dans l'administration du Programme de commandites;

· un manque de supervision de la part des échelons les plus élevés de la fonction publique;

· un voile de secret entourant la gestion du Programme de commandites; [...]

· une surfacturation flagrante des agences de communication pour les heures travaillées et les biens et services fournis; [...]

· l'utilisation du Programme de commandites à des fins autres que l'unité nationale où la visibilité fédérale;

· des actions délibérées pour échapper aux dispositions des lois et politiques fédérales;

· un écheveau complexe de transactions financières comprenant des pots-de-vin et des contributions illégales à un parti politique;

· des agences payant les salaires de personnes qui, à toutes fins utiles, travaillaient pour le Parti libéral du Canada; [...]

· le refus de ministres, des hauts responsables du cabinet du premier ministre et de fonctionnaires d'admettre leur responsabilité pour la mauvaise gestion constatée.

Jean Chrétien et Jean Pelletier

L'absence de preuve de leur implication directe dans les malversations donne à MM. Pelletier et Chrétien le droit d'être exonérés de tout blâme pour l'inconduite de M. Corriveau (identifié par la commission comme le responsable d'un système de pots-de-vin au bénéfice du Parti libéral du Canada). En revanche, il y a lieu de leur reprocher leurs omissions. Comme M. Chrétien avait décidé de diriger le programme depuis son propre bureau et de demander à son personnel exonéré de s'en occuper, il est redevable de la manière déficiente avec laquelle le Programme et les initiatives de commandites ont été mis en œuvre. M. Pelletier n'a pas pris les précautions les plus élémentaires contre les risques de mauvaise gestion. [...]

Alfonso Gagliano

M. Gagliano a pris directement part aux décisions concernant le financement d'événements et de projets à des fins partisanes n'ayant pas grand-chose à voir avec l'unité nationale.

Paul Martin exonéré

Les autres ministres, dont Paul Martin: la preuve ne donne aucune raison d'attribuer un blâme ou une responsabilité quelconque pour la mauvaise administration du Programme de commandites à un autre membre du Cabinet. Il y a lieu d'exonérer M. Paul Martin, au même titre que tout autre ministre du caucus québécois, de tout blâme pour imprudence ou négligence.

Le Parti libéral du Canada (Québec)

On décrit dans ce rapport le système de pots-de-vin mis en place par Jacques Corriveau, qui consistait à puiser dans les bénéfices que le Programme de commandites rapportait à des personnes comme Jean Brault, et probablement à d'autres. Les personnes qui ont accepté des contributions en liquide et d'autres avantages malhonnêtes se sont déshonorées et ont déshonoré le parti politique. On doit blâmer Michel Béliveau, Marc-Yvan Côté, Benoît Corbeil et Joseph Morselli pour leur inconduite. Ils ont agi au mépris des lois régissant les dons aux partis politiques.

Pourquoi tout le monde parle de Tout le monde en parle

Dominique Garand
Professeur, études littéraires. Université du Québec à Montréal

Photo : Michel Tremblay

Guy A. Lepage

Cet article a été rédigé durant l'été 2005. Il n'aborde donc pas les polémiques de l'automne dont celle entourant le Dr Pierre Mailloux.

L'émission hebdomadaire *Tout le monde en parle*, animée par Guy A. Lepage et Dany Turcotte, s'est imposée comme le phénomène médiatique le plus discuté de l'année. Les cotes d'écoute ont fait du *talk show* une réussite incontestable, si bien que certains l'ont présenté comme une nouvelle messe dominicale susceptible de devenir une référence collective et d'engendrer, au travail comme en famille ou entre amis, un espace de discussion sur des sujets variés

(Régimbald va même jusqu'à comparer le dispositif de l'émission à la dernière Cène au cours de laquelle «l'animateur, Saint-Pierre et les apôtres de l'heure y règlent, en partageant le vin, le sort de notre petit monde»).

Mais si cette réussite, dont peuvent se féliciter à juste titre ses artisans, confère à l'émission une telle fonction sociale, il y a lieu de dépasser le simple constat empirique et de nous interroger sur sa teneur, sur sa portée réelle et sur les valeurs qui l'animent. Dans la présente réflexion, nous nous proposons de dresser un bilan des enjeux soulevés par l'émission, en nous inspirant des polémiques qui ont eu cours tout au long de l'année à son sujet. «Tout le monde en parle», mais de quoi est-il question au juste? Parallèlement, nous tenterons d'exposer ce qu'est cette émission et ce qu'elle *ne peut pas être*, de manière à cerner le plus adéquatement possible ce qu'elle contribue à créer au sein de la communauté et le type de rapport à la culture qui s'impose avec elle.

Le succès de *Tout le monde en parle* est dû à la conjonction de plusieurs facteurs : 1) l'émission reprend une formule gagnante, déjà éprouvée en France (avec le défi, toutefois, de l'adapter et d'en faire quelque chose de typiquement québécois) ; 2) l'animateur jouit au départ d'une grande popularité (sa carrière, autant comme humoriste que comme scénariste et animateur, est une série de succès) ; 3) le show présente une grande variété d'invités, lesquels ont le loisir d'interagir entre eux quand ce n'est pas avec l'animateur ou le coanimateur, ce qui rend le spectacle animé; 4) ces invités ont pour caractéristiques d'être d'actualité, populaires ou porteurs d'un discours controversé («Avec, à chaque émission, son acteur loué, son chanteur populaire, son humoriste exalté, son sportif ravi, son politicien intéressé, sa femme fatale, son personnage controversé et son ahuri de service, l'émission aura de quoi attirer et satisfaire «tout le monde», du plus ignare au plus lettré, du plus prude au plus libidineux », écrivent malicieusement Limoges et St-Onge) ; 5) l'émission occupe une plage horaire des plus convoitées, soit le dimanche soir de 20h à 22h. ; 6) enfin, le titre de l'émission fonctionne comme un performatif : il dicte l'attitude à adopter avant de se faire passer pour réalité. Nous sommes ici dans le champ d'attraction de la mimesis : devient événement ce dont « tout le monde parle » mais, en définitive, ce dont tout le monde doit parler, c'est de l'émission elle-même, comme si « l'émission travaillait à se fabriquer elle-même comme événement » (Limoges et St-Onge, toujours).

Si on le compare à d'autres « show de chaises », *Tout le monde en parle* introduit donc quelques éléments nouveaux qui rendent sa formule attrayante. L'un de ces éléments est sans aucun doute le ton adopté par les animateurs, qui s'écarte parfois des conventions du genre pour exploiter les manières suivantes, à doses contrôlées et en s'efforçant de minimiser l'agressivité par le rire : le persiflage provocateur, la pointe satirique, l'impertinence amusée, la boutade facétieuse ou grivoise, l'écart de langage ostensible, sans parler des mimiques et jeux de regards souvent plus éloquents que les mots (et qui peuvent être saisis au montage grâce à l'utilisation, à l'enregistrement, de plusieurs caméras en simultané).

La mission de la télévision publique

Toutes ces raisons, toutefois, n'expliquent pas entièrement pourquoi *Tout le monde en parle*, plutôt que de simplement refléter les ten-

> *Devient événement ce dont « tout le monde parle » mais, en définitive, ce dont tout le monde doit parler, c'est de l'émission elle-même.*

> *L'émission peut être interprétée comme le symptôme flagrant du dévoiement des objectifs fondamentaux de la télévision publique.*

On lui demande d'être ce qu'elle ne peut pas être, on attend d'elle qu'elle remplisse les attentes du public cultivé.

dances à la mode, est devenue elle-même sujet d'actualité et de controverse. Nous négligerons ici les réactions ponctuelles aux propos ou à l'attitude de certains invités pour nous en tenir à l'émission dans sa globalité.

Première constatation : plusieurs prises de position polémiques à l'égard de l'émission sont déterminées par son succès, qui suscite chez les uns du ressentiment, chez les autres des inquiétudes. Mais à quoi tiennent ces dernières ? Après tout, quantité d'émissions sont beaucoup plus médiocres que celle-là (sa principale concurrente fut *La poule aux œufs d'or*...).

Le point central, épinglé par plusieurs commentateurs, concerne le mandat culturel de Radio-Canada et le fait que l'émission ait remplacé *Les Beaux dimanches*, émission jusque-là intouchable, associée à la vocation traditionnelle du réseau d'État. Plus encore, il est arrivé que le prolongement de l'émission entraîne un retard dans la diffusion du téléjournal de 22 h, renversant ainsi un ordre de priorité jugé non négociable par plusieurs. Les règles entourant le mandat culturel de Radio-Canada sont donc entrées en concurrence avec les règles du marché qui soumettent la société d'État à l'impératif de la rentabilité (elle-même déterminée par les cotes d'écoute à partir desquelles peut se négocier le tarif des publicités).

De cette contradiction de base ont découlé d'autres débats, par exemple au sujet de la culture de divertissement qui prendrait le pas sur la culture lettrée, ou sur la qualité de la langue, ou

encore sur l'omniprésence des humoristes dans les médias, enfin sur la dimension publicitaire de l'émission « dont le but est de nous vendre nos vedettes » (Warren).

De plus, l'apparition sur l'écran de *Tout le monde en parle* a coïncidé avec une série de faits : l'abolition de la chaîne culturelle à la radio de Radio-Canada, la diminution des budgets accordés à des émissions comme *Second regard* et *Zone libre*, sans parler du congédiement cavalier de Denise Bombardier et de Christiane Charrette. Chez nombre de citoyens désireux d'une télévision publique capable de favoriser l'élaboration et d'assurer la transmission d'une culture de qualité, l'inquiétude a pointé de voir renforcée « la menace d'une uniformisation des contenus télévisuels vers le divertissement » (da Costa).

On le voit donc, une grande partie de l'impact de l'émission vient de ce qu'elle peut être interprétée comme le symptôme flagrant du dévoiement des objectifs fondamentaux de la télévision publique. Or, à l'inquiétude du public cultivé s'ajoute aussi son sentiment d'impuissance puisque la rationalité économique semble devoir l'emporter sur tout autre argument : les représentants de Radio-Canada, pourtant tenus de justifier leurs politiques, ont eu beau jeu en effet de faire la sourde oreille ou de répondre à côté lorsqu'on les a confrontés à des exigences autres que mercantiles.

Guy A. Lepage y est même allé, pendant l'émission, d'un argument comptable pour le moins douteux destiné à réduire à néant les récriminations de téléspectateurs outrés que leurs impôts servent à financer une émission où l'on se permettait si allègrement de sacrer; et il concluait sa démonstration par un provocateur : « Changez de poste pis câlissez-moé patience » (cela dit le sourire aux lèvres, car il s'agit d'une pointe d'humour, n'est-ce pas, et l'humour n'a pas à rendre de comptes).

Une émission de variétés

Un autre argument servi par Lepage dans une entrevue accordée à Nathalie Petrowski, stipulait que la rentabilité de son émission permettrait la réalisation d'autres émissions sérieuses, ce qui peut paraître rationnel de prime abord mais ne résiste pas à l'examen des faits : *Tout le monde en parle* n'a entraîné la création d'aucune émission culturelle en remplacement des *Beaux dimanches*. À ce niveau, le débat devient éminemment politique : il concerne les valeurs que nous voulons entretenir comme collectivité. Malheureusement, ce débat n'a pas lieu véritablement, il n'est livré qu'à la pièce et sans respect des normes qui assureraient le minimum de rationalité permettant d'aller au fond des choses. En tant que symptôme, donc, l'émission soulève une série de questions cruciales que l'on aurait tort de négliger.

Tel est le revers du succès : point de mire des téléspectateurs, *Tout le monde en parle* canalise divers enjeux sociaux d'envergure dont sont plus ou moins conscients ses animateurs (leurs commentaires les montrent davantage portés à défendre leur personnalité et la qualité de leur performance). Le fait que cette émission ait remplacé les très respectés *Beaux dimanches* entraîne une distorsion facilement explicable : on lui demande d'être ce qu'elle ne peut pas être, on attend d'elle qu'elle remplisse les attentes du public cultivé alors qu'il s'agit clairement d'une émission de variétés sans prétention intellectuelle ou artistique.

Mais est-ce si clair, justement ? Les exigences formulées à l'égard de cette émission ne seraient-elles pas occasionnées par sa forme même qui tend à en faire, par-delà la variété, un lieu de débats, sinon de discussion ? Guy A. Lepage ne déclarait-il pas, en songeant sans doute à ses prises de position pour les grévistes de la SAQ ou contre Jeff Fillion et Wal-Mart : « Plus ça va, plus j'ai le sentiment d'être utile. Avant, je faisais du divertissement. C'est bien, j'en suis fier. Mais là pour une fois, je me sens utile socialement » (Petrowski).

En mettant le pied dans cette dimension-là, Lepage s'expose à recevoir des leçons, notamment de la part d'intellectuels qui se font une plus haute idée que lui de la fonction critique et qui souriront dubitativement, avec Nathalie Petrowski, devant son déni du pouvoir dont il jouit. Aveuglement idéologique typique : celui dont le désir personnel entre en symbiose avec le pouvoir qu'il sert ressent sa servitude comme l'expression de sa propre liberté.

Slogans et jugements à la va-vite

Mais l'«utilité sociale» implique une responsabilité et c'est précisément la tâche des journalistes compétents et des intellectuels critiques de le rappeler aux personnalités en vue qui ont les moyens d'influencer l'opinion publique. Faire passer une opinion, rappelons-le, n'a rien à voir avec le fait

La portée des opinions n'est pas déterminée par la puissance de la démonstration, mais bien par la visibilité, la crédibilité et le poids social de celui qui l'émet.

d'exercer son jugement sur la base d'une réflexion approfondie. La portée des opinions dans une émission comme *Tout le monde en parle* n'est pas déterminée par la puissance de la démonstration, mais bien par la visibilité, la crédibilité et le poids social de celui qui l'émet. Or, lorsque l'ethos (la réputation de celui qui parle) et le pathos (les affects que le discours stimule chez l'auditoire) l'emportent sur le logos (la rigueur de la démonstration), nous sommes en présence d'une technique de manipulation qui exploite le réflexe mimétique et ce, quelle que soit la légitimité de l'opinion émise.

La prétention de *Tout le monde en parle* à occuper un espace critique dans la société crée donc du mécontentement chez maints journalistes et intellectuels. Si cette émission est un lieu de discussion, on s'interroge sur sa capacité à accueillir autre chose que des slogans idéologiques et des jugements à la vavite. On se demande aussi si l'émission est en train d'imposer une nouvelle manière de traiter les affaires publiques, sur la base, entre autres, de nouveaux rapports de force qui soumettent désormais les politiciens, les artistes, les journalistes et les militants aux normes d'une industrie du spectacle orchestrée par les humoristes.

Le fait d'évoquer les « victimes » trahit le sensationnalisme de l'approche. De même, l'intellectuel est ici réduit à la figure de l'expert qui « explique ».

Menace à la démocratie ?

Da Costa voit dans cette tendance une réelle menace pour l'exercice de la démocratie, dans la mesure où l'impératif des cotes d'écoute tend vers l'unanimisme des intérêts et occasionne une tolérance complaisante à l'endroit des effets d'interpellation que constituent les sacres, la dérision et les vulgarités en tous genres. Quelques commentaires bien argumentés (Gagnon, Cauchon, Robitaille, entre autres) ont bien mis en relief le risque couru par la télévision lorsque le laisser-aller et les transgressions verbales se généralisent : plus qu'une atteinte au bon goût, ces transgressions faciles installent un esprit de goujaterie nocif à tout point de vue. Malgré ces avertissements, il semble que la direction de Radio-Canada, la seule susceptible de faire respecter une éthique claire sur la question, n'ait pas jugé important d'intervenir.

De quel niveau sont donc les discussions dans l'émission et favorisent-elles la vie démocratique ? L'opinion émise par Gilles Lesage peut paraître excessivement sévère lorsqu'il dénonce le règne des « potinages et placotages ». Certains invités sont parvenus, en effet, à exprimer des points de vue sur le monde cohérents et éclairants, comme Laure Waridel, Yves Boisvert ou Chantal Hébert, dont les préoccupations avaient l'avantage de concerner des aspects très particuliers de la vie sociale. L'émission, toutefois, ne mise manifestement pas sur le discours analytique. Pour justifier l'absence des intellectuels sur son plateau, Guy A. Lepage opère une réduction significative de l'opposition entre le vécu et sa compréhension : « Reste que lorsque je dois faire un choix entre un gars qui fait un survol et celui qui est impliqué directement, je prends celui qui est impliqué. Donne-moi la victime, pas celui qui m'explique pourquoi » (Petrowski).

Le fait d'évoquer les « victimes » trahit le sensationnalisme de l'approche. De même, l'intellectuel est ici réduit à la figure de l'expert qui « explique », alors que l'intellectuel (on est en voie de l'oublier) est aussi quelqu'un doté d'une personnalité, d'une voix, de passions. Nathalie Petrowski, elle, attribue l'exclusion des philosophes, peintres, danseurs et musiciens classiques à une « attitude populiste ». Quoi qu'il en soit, il est bien évident que les interviews cherchent premièrement à mettre de l'avant, plutôt que des discours sur le monde, des figures mondaines, des imagos, des talents à promouvoir : on s'intéresse à la carrière, aux succès, aux produits offerts par l'invité. Celui qui tente de tenir des propos à distance de l'opinion dominante ou du tout entendu a fort à faire pour franchir la barrière des préjugés (l'obstacle le plus retors n'étant pas l'opposition argumentée, mais la joke qui prend appui le plus souvent sur des valeurs consensuelles implicites).

Une émission consensuelle

Incidemment, peu de commentateurs ont relevé l'aspect consensuel de l'émission, sauf peut-être Anne-Marie Régimbald qui observe que, bombardé de questions, l'invité « a intérêt à faire partie de la gang ». En d'autres termes, il faut répondre dans le ton commandé, c'est-à-dire de manière à alimenter le spectacle tout en se rendant sympathique aux yeux du public. Lorsque Dany Turcotte déclare être « celui qui fait sortir les invités de leur discours habituel » (*La Tribune*, 23 avril 2005), on peut mettre en doute qu'il en aille réellement ainsi (mais aucun journaliste ne l'a fait).

Question de perception, cela va de soi, mais il importe tout de même de savoir si la fonction dialectique que doit remplir le « fou du roi » est ici opératoire. La rupture interlocutoire que ses interventions introduisent est-elle réellement destinée à créer des effets de vérité, ou bien n'a-t-elle pour but que de mettre un peu de sel ou de piment dans la discussion ? La recherche du « bon mot » ne prédomine-t-elle pas sur le souci d'ouvrir le champ d'exploration ? Ces interventions, qui proposent un artifice de transgression, peuvent être interprétées comme des épreuves initiatiques lancées aux invités qui doivent alors, sur-le-champ, trouver la bonne manière de réagir pour rester dans le ton et passer le test.

L'esprit consensuel, toutefois, exerce une pression encore plus insidieuse. Instinctivement, les invités savent ce qu'il convient de dire ou de ne pas dire. L'assistance présente aux enregistrements aide à régler le comportement : l'invité entend les applaudissements ou les murmures de désapprobation. Mais pour parler de consensus, il faut d'abord faire référence au titre même de l'émission qui traduit l'unanimité des intérêts. À ce sujet, une réponse de Guy A. Lepage à l'un de ses correspondants mérite d'être citée au complet : « Chaque semaine, plus de deux millions de québécois regardent *Tout le monde en parle*. Ajoutez à cela environ 300 000 Canadiens français hors-Québec. Ça fait beaucoup de monde. Certains vont trouver cette émission trop intello, d'autres trop populiste. Certains la trouvent trop vulgaire, d'autres pas assez. Avec ce volume d'auditoire et avec les discussions que l'émission en-

De quel niveau sont donc les discussions dans l'émission et favorisent-elles la vie démocratique ?

125

Il est demandé aux invités de Tout le monde en parle *de s'adapter au modèle festif proposé par l'émission.*

gendre pendant la semaine, tout le monde prend position... Bref, tout le monde en parle » (site Web de l'émission). Il est facile de voir comment, dans une telle perspective, la pluralité des opinions évoquées, loin de garantir le débat démocratique (ou simplement critique) se dissout en réalité dans l'unanimisme du spectacle : l'effet est réussi si tout le monde en parle, sans égard à la valeur de l'opinion émise.

La difficulté de tenir un réel débat tient à la fois au contenu des questions et au rythme de l'émission qui se doit d'être rapide. Le montage lui-même, par souci d'efficacité, annule tout silence entre les questions et les réponses : « Pas le temps de répondre à une question que la suivante tombe, comme un soufflet, sur l'invité. » Or, « penser, réfléchir, c'est accepter la lenteur » (Régimbald). La recherche de l'effet immédiat interdit la rythmique interne de la pensée qui tente de se frayer un chemin à travers des hésitations, des silences, des reprises. Observons par ailleurs un trait qui contribue à la signature de *Tout le monde en parle* : alors que la tâche classique d'un interviewer consiste à se rendre disponible au langage et à l'univers mental de son invité, à faire naître une écoute permettant que s'énonce sa parole dans ce qu'elle a de plus singulier, il est plutôt demandé aux invités de *Tout le monde en parle* de s'adapter au modèle festif proposé par l'émission. Le moindre

faux-pas vous exclut automatiquement (pensons à André Forcier) alors que la résistance au consensus (pensons au maire d'Huntington, Stéphane Gendron, ou à Benoît Dutrizac) vous conduit à être mal entendu. Voilà pourquoi Guy A. Lepage se méprend peut-être sur les intentions de personnalités qui n'ont pas accepté son invitation : leur « manque de courage » repose sans doute sur le sentiment que l'émission ne leur donnera pas la possibilité d'exprimer adéquatement ce qu'ils sont et ce qu'ils ont à dire.

Renouveler la transmission des savoirs

Mais ces critiques ne succombent-elles pas à la distorsion que nous évoquions plus haut, qui conduit les lettrés à exiger autre chose que ce qu'une telle émission de variété peut offrir ? Il paraît certain que l'opposition à *Tout le monde en parle* serait à peu près nulle s'il existait d'autres émissions capables de compenser pour ce que celle-là n'arrive pas à donner. Nous devrons donc conclure par une réflexion sur les conditions actuelles de possibilité d'émissions culturelles capables de satisfaire les exigences du public cultivé.

Il appert que nous ne savons plus très bien ce qu'est la culture, en premier lieu la « culture populaire » qui se trouve désormais confondue avec la culture de masse. L'opposition à ce type de culture est souvent interprétée comme une manifestation d'élitisme, ou encore comme une nostalgie de la culture bourgeoise sur le modèle des *Beaux dimanches*. En réalité l'« élite » s'est de tout temps nourrie du « populaire », et vice-versa. Le problème actuel est autre : on assiste à une évacuation de la culture

La parole de l'intellectuel peut quitter les rives de l'austérité et se montrer joueuse, inventive, illuminante.

lettrée, non pas au profit du populaire mais bien au profit des... profits liés à la culture de masse (autrement dit la culture de divertissement). Celle-ci se fait valoir comme norme, comme totalité de ce que le réel peut offrir ; sa domination signe l'oubli progressif (et bientôt consommé) d'un autre type de parole. Car si l'on devait résumer en peu de mots ce désir de culture, ce n'est pas aux *Beaux dimanches* qu'il faudrait faire référence, mais à quelque chose de plus fondamental encore.

Le désir de culture, à l'opposé de l'unanimisme de la culture de masse, repose sur le désir que QUELQU'UN PARLE. Le désir de culture est un désir d'entendre non pas « tout le monde » mais quelqu'UN, une voix singulière liée à un corps, à une expérience, une voix capable de projeter l'esprit dans un espace et un temps autres que ceux, programmés et unidimensionnels, de la masse. Il ne s'agit pas là d'élitisme (ce commun désir de distinction) mais de respiration, de souplesse mentale, de nuances dans la sensibilité. Le manque d'alternative, voilà le phénomène dont s'inquiètent bon nombre de citoyens et pas seulement les intellectuels ou les artistes d'avant-garde.

La question est de savoir s'il est encore possible, à la télévision, de faire entendre d'autres voix que celles, admises, de la rigolade ou de la confession croustillante. Il s'agit avant tout d'ouvrir le champ du possible, de donner à entendre l'inouï, de permettre aux esprits de quitter leurs prisons familières. Il s'agit de proposer les joies de l'intellect et l'inventivité des formes créatives contre l'abêtissement de jokes aussitôt dites, aussitôt oubliées.

Les artistes et les intellectuels — ceux dont on ne parle pas mais qui auraient des choses à dire — ont désormais le défi de repenser entièrement leur rapport à cette culture qu'ils prétendent essentielle à la vie. Il se pourrait que la télévision ne soit pas un médium approprié pour certaines formes d'expression artistique. L'arrivée de *Tout le monde en parle* sur le petit écran oblige les lettrés à s'interroger sur les modes de transmission du savoir. Après tout, si l'industrie du divertissement cherche constamment à se renouveler, pourquoi la pensée critique et la création s'en tiendraient-elles à des formes obsolètes ?

Exercer des pressions politiques pour que Radio-Canada accorde plus de place à la culture et aux affaires publiques ? Sans doute... Mais il faut envisager aussi des formes inédites de médiation, créer des liens vivants avec les journalistes, encourager les efforts qui ont lieu pour renouveler les formes télévisuelles, fomenter une puissance parallèle à ce qui domine l'espace public. Instaurer aussi un dialogue avec les protagonistes des émissions : la page Web « Guy répond » sur le site de *Tout le monde en parle* est ouverte à tous mais pratiquement aucun intellectuel ne s'y est risqué, même si l'animateur prenait la peine de répondre à la plupart des courriels (des lettres intelligentes le divertiraient sans doute de la médiocrité du courrier habituel).

S'il n'est pas consenti aux intellectuels de créer leurs propres émissions, il leur reste la possibilité d'investir celles qui existent déjà et de les

Si l'industrie du divertissement cherche constamment à se renouveler, pourquoi la pensée critique et la création s'en tiendraient-elles à des formes obsolètes ?

détourner au profit d'une pensée critique. Cela ne va pas de soi et exige un art réfléchi de l'intervention publique. À la limite, l'intellectuel qui n'est pas invité sur ces plateaux peut au moins les commenter, les soumettre à la question, à condition toutefois de sortir de son isolement. À condition aussi de dépasser le ton de la complainte impuissante. La parole de l'intellectuel peut quitter les rives de l'austérité et se montrer joueuse, inventive, illuminante. Elle ne peut désormais se contenter d'exiger des changements, mais doit s'imposer elle-même comme l'indice d'un changement effectif au moment de son énonciation. Elle ne lèvera pas le nez sur ce dont tout le monde parle, mais démontrera qu'il est possible d'en parler autrement.

Références

BEAULIEU, Victor-Lévy, « Adieu téléroman! Adieu télévision! », *La Presse*, 7 février 2005, p. A11.

CAUCHON, Paul, « Faut-t'être proch' du peupe, stie », *Le Devoir*, 27 septembre 2004, p. B7.

CAUCHON, Paul, « Du bon usage de la provocation », *Le Devoir*, 18 avril 2005, p. B6.

DA COSTA, Joseph-Marie, « Les glissements de *Tout le monde en parle* », *Le Devoir*, 22 septembre 2004, p. A7.

DUMAS, Hugo, « Guy A. Lepage. *Tout le monde en parle*, parle, jase, jase », *La Presse*, 24 décembre 2004, p. 1 (Arts et spectacles).

FORTIN, Marie-Claude, « L'effet Tout le monde en parle », *La Presse*, 13 mars 2005, p. 1 (Arts et spectacles).

GAGNON, Lysiane, « Le temple de l'inculture », *La Presse*, 5 mars 2005, p. A24.

LEPAGE, Guy A. « Guy répond », sur www.radio-canada.ca/television/toutlemondeenparle/.

LESAGE, Gilles, « Libre opinion : Radio-Canada vient de jeter aux orties une pièce importante de notre patrimoine culturel », *Le Devoir*, 18 septembre 2004, p. B4.

LIMOGES, Jean-Marc et Mathieu ST-ONGE, « Tout le monde « en » parle... mais de quoi, au juste ? », *Le Devoir*, 22 octobre 2004, p. A9.

PETROWSKI, Nathalie, « Guy A. Lepage. Celui dont tout le monde parle », *La Presse*, 26 mars 2005, p. 1 (Arts et spectacles).

Presse canadienne, « Dany Turcotte doit composer avec la controverse », *La Tribune*, 23 avril 2005, p. E2.

RÉGIMBALD, Anne-Marie, « Famille sans nom », Liberté, n° 268 (vol. 47, no 2), mai 2005, p. 35-39.

ROBITAILLE, Antoine, « Québec cru, Québec « vrai » ? », *Le Devoir*, 8 janvier 2005, p. A1.

WARREN, Paul, « *Tout le monde en parle* : une énorme entreprise de publicité ! », *Le Soleil*, 3 février 2005, p. A16.

Le rouleau compresseur de Wal-Mart

Jacques Nantel
Professeur, HEC Montréal

Le début de 2005 a marqué, dans l'imaginaire des Québécois, une date charnière. Une première mondiale venait de se produire : la compagnie Wal-Mart décidait de fermer son magasin de Jonquière plutôt que de voir un syndicat s'y implanter. Du coup, on venait de comprendre à quel point Wal-Mart n'est pas un détaillant ordinaire.

Afin de bien comprendre la force de cette entreprise, rappelons quelques chiffres : Wal-Mart possède et opère, à travers le monde, plus de 5700 magasins. Si la plupart de ces magasins prennent la forme que nous connaissons au Québec c'est-à-dire des magasins à escompte d'environ 100 000 pieds carrés, d'autres concepts sont en déploiement depuis maintenant une quinzaine d'années aux États-Unis. On trouve ainsi des magasins de type entrepôt (Sams Club), des SuperCenters de plus de 200,000 pieds carrés ainsi que de plus petits magasins (45 000 pieds carrés)

Une première mondiale au Québec : Wal-Mart ferme un de ses magasins, celui de Jonquière, plutôt que de voir un syndicat s'y implanter.

offrant principalement des produits alimentaires (Neighborhood Markets).

En 2004, les ventes mondiales de ce géant dépassaient 285 milliards de $ américains générant un profit net de plus de 10 milliards de $. Ces chiffres sont si énormes qu'on a tôt fait de les perdre de vue tant ils semblent désincarnés. Aussi est-il utile de replacer le tout dans un contexte qui nous est plus familier. Au Canada, Wal-Mart opère pour l'instant plus de 265 magasins dont 46 sont situés au Québec. Nous ne disposons pas de chiffres officiels quant aux opérations de ce détaillant au Québec par contre nous pouvons les estimer à environ 2 milliards de dolars canadiens par année[1]. Cette estimation nous indique la force réelle de cette entreprise puisqu'en 2004 au Québec les ventes au détail, excluant les secteurs de l'alimentation et de l'automobile, totalisaient près de 40 milliards de dollars. Bref en 10 ans, soit depuis son implantation au Canada en 1994, l'entreprise qu'est Wal-Mart a su s'accaparer une part de marché de près de 5 %, possiblement plus dans les domaines dans lesquels elle est particulièrement présente tels que les appareils électroniques, les produits saisonniers ou encore les vêtements pour enfants.

L'impact sur les petites communautés

Maintenant, afin de bien comprendre le phénomène Wal-Mart il faut aller à un niveau de détail encore plus fin et considérer son impact sur les petites communautés. Cette précision est importante puisque, depuis sa fondation en 1962, ce détaillant s'est avant tout implanté dans ce type de communautés. Wal-Mart n'est pas de manière prédominante un phénomène urbain. Rappelons à cet égard que des villes telles que New-York et Chicago en sont dépourvues alors que l'île de Montréal ne compte que cinq magasins et à peine neuf pour la grande région métropolitaine.

En revanche on retrouve des Wal-Mart dans des plus petites localités telles que Alma, Saint-Eustache, Saint-Jérôme et même à Lac Mégantic dont la population locale n'est que 6060 habitants (22 000 pour la région). Ce dernier cas illustre bien l'impact d'une telle implantation dans des petites localités. Le magasin qui y fut implanté en 2005 est d'une superficie de 70 000 pieds carrés offrant ainsi un potentiel de vente de près de trois millions de dollars. Or la population de Lac Mégantic au total génère une consommation annuelle totale (excluant l'épicerie, les dépenses liées à l'automobile ainsi que les dépenses au restaurant) de 20 millions de dollars. L'implantation d'une grande surface dans une petite localité telle que Lac Mégantic représente une part de marché non plus de 5 mais bien de 15 % ce qui, il va sans dire, n'est pas sans créer d'impact sur les commerçants locaux.

S'il est incontestable que Wal-Mart a su, au cours des dernières années, dominer la scène du commerce de détail non seulement aux États-Unis mais dans le monde entier, son succès tient à une recette d'une simplicité étonnante : une obsession à offrir aux consommateurs les prix les plus bas. Cette formule, conçue par son fondateur, Sam

Walton, part du principe que, dans l'ensemble, les consommateurs sont avant tout sensibles aux prix. Wal-Mart postule qu'à valeur égale les consommateurs iront toujours chez le marchand offrant les plus bas prix peu importe l'atmosphère en magasin ou encore l'environnement commercial.

Impitoyable envers les fournisseurs

Cette stratégie, qui en principe peut sembler simple, s'est traduite chez Wal-Mart par une obsession quasi maladive à réduire ses coûts d'opération tout en fonctionnant avec de faibles marges de profit brut. Autrement dit on négocie de manière intraitable avec les fournisseurs puis on refile les économies aux consommateurs. Cette stratégie a pour effet d'augmenter l'achalandage et les ventes en magasin ce qui, en retour, permet de négocier des prix encore plus bas. Combinée au système d'information et de gestion des stocks le plus performant au monde, cette approche permet à Wal-Mart de tirer le maximum de ses fournisseurs. Cette stratégie n'est pas sans conséquence pour ces derniers puisque plusieurs d'entre eux dépendent tellement de Wal-Mart qu'il leur serait impossible de perdre ce compte. Tel est le cas non seulement pour de petits manufacturiers mais aussi pour des géants tels que Proctor and Gamble dont plus de 18 % des ventes dépendent désormais de Wal-Mart.

On imagine facilement que dans de telles conditions ce soit le détaillant et non plus le manufacturier qui fixe les règles du jeu. C'est ainsi que l'on a vu les marges brutes[2] de Wal-Mart passer de 22,9 % en 2003 à 24,5 % en 2005 et ce tout en maintenant ses prix bas et

sans changer de manière importante son mix de produits vendus. On peut donc en conclure que le géant paie de moins en moins cher ses fournisseurs. Cette détermination à payer toujours moins cher pousse, entre autres choses, Wal-Mart à acheter de plus en plus en Chine. En 2004 ses achats en sol chinois se sont élevés à plus de 18 milliards de $ US faisant ainsi de Wal-Mart le sixième plus gros marché d'exportation de ce pays juste après l'Allemagne. Les achats réalisés en Chine représentent désormais près de 10 % des ventes de l'entreprise.

Ce mode de fonctionnement n'est pas sans se répercuter sur les économies locales puisque la pression ainsi imposée aux manufacturiers locaux, dont certains sont québécois, ne cesse de s'amplifier. Pour la plupart des manufacturiers, devenir fournisseur de Wal-Mart est une arme à deux tranchants. On est content du volume souvent imposant que nous procure ce client mais, par la suite, on ne saurait s'en passer et ce malgré les modestes profits ainsi générés.

Si la « recette » Wal-Mart passe nécessairement par une gestion serrée avec ses fournisseurs, elle passe aussi par une gestion serrée des frais d'opération dont ses coûts de main d'œuvre. D'une marge de profit brut de 24,5 %, Wal-Mart en consacre moins de 20 % à ses frais d'opération (coûts de immobilisation, gestion générale, publicité, et main-d'œuvre) de manière à générer une marge sur ses opérations équivalente à 5 % de son chiffre d'affaire. À titre de comparaison, le détaillant canadien « La Compagnie de la Baie

Wal-Mart possède et opère, à travers le monde, plus de 5700 magasins.

d'Hudson » (La Baie, Zeller's et Déco Dépôt), qui fonctionne avec des marges brutes plus élevées, arrive à générer une marge sur ses opérations d'à peine 2 %. La différence tient à la façon de faire des deux détaillants.

Alors que Wal-Mart investit peu dans ses surfaces de vente (décoration en magasins), La Baie investit encore beaucoup (à l'exception des magasins Zeller's) et alors que Wal-Mart n'utilise jamais de circulaires, le groupe HBC a conservé une stratégie coûteuse qui mise encore sur des ventes et des rabais.

Une main-d'œuvre parfaitement flexible

Finalement les coûts de main-d'œuvre mais surtout l'organisation du travail distinguent encore de manière importante Wal-Mart de ses concurrents canadiens. Pour Wal-Mart chaque ratio d'opération est scruté sur une base permanente de sorte qu'à la fin de l'année les profits soient maximisés tout en gardant les prix les plus bas. Parmi ces ratios l'un des principaux demeure celui de la main-d'œuvre en magasin qui, normalement, ne devrait jamais dépasser 8 % des revenus. Ce ratio n'est pas à ce point éloigné de ce que l'on retrouve chez des détaillants de même type. Ce qui le caractérise c'est la façon d'y arriver.

Pour Wal-Mart il demeure essentiel de pouvoir avoir une main-d'œuvre parfaitement flexible de sorte à ce qu'elle soit utilisée à l'endroit, au moment et pour la fonction qui maximise les ventes et les profits de l'organisation. Bref peu d'emplois spécialisés. Un employé peut placer des produits sur les tablettes et la minute après être appelé à venir aider aux caisses pour ensuite

être assigné à une tâche d'entretien, et ce, selon des horaires qui visent à maximiser l'efficacité des opérations. Bref des pratiques qui sont souvent peu compatibles au mode de fonctionnement syndical.

Comme la stratégie principale de Wal-Mart est de toujours offrir aux consommateurs les prix les plus bas, ceux-ci devraient être particulièrement entichés de ce détaillant. Pourtant les choses ne sont pas aussi simples. Un récent sondage[3] effectué auprès de 1113 américains indique que pour près de la moitié des consommateurs interrogés, Wal-Mart était considérée comme l'entreprise la plus crédible offrant le meilleur service à la clientèle, alors que pour l'autre moitié le même détaillant était perçu comme étant la pire entreprise américaine sur ces deux critères.

Appauvrissement des collectivités

Ces résultats, pour le moins inusités, illustrent de manière magistrale à quel point les consommateurs sont polarisés face à ce géant. Pour certains, la domination de ce détaillant est telle qu'on en vient à le considérer comme une menace à la libre concurrence, en particulier dans les petites communautés. Pour les autres, seul compte l'efficacité du détaillant et en particulier sa capacité à agir comme une sorte de Robin des Bois des consommateurs. Pour ces derniers, Wal-Mart est considéré comme le symbole du modèle économique américain.

Cette division, qui trouve son équivalent au Québec[4], oppose les consommateurs avides de bas prix aux défenseurs des petits détaillants. Pour ces derniers, la philosophie Wal-Mart en est une qui oppose la grande entreprise aux commerçants locaux. Si tous s'entendent sur le fait que Wal-Mart fait baisser les prix à la consommation, ses détracteurs évoquent souvent l'argument que, pour ce faire, l'entreprise entraîne un appauvrissement des collectivités où elle s'implante.

Cet appauvrissement s'explique par trois phénomènes : une diminution des salaires payés aux employés en particulier lorsque comparés aux emplois syndiqués[5], un plus faible taux de réinvestissement, dans les communautés locales, des profits de la compagnie et enfin des revenus moindres sur l'ensemble de la chaîne d'approvisionnement. Combinés, ces trois phénomènes ont pour effet de faire passer les retombées économiques pour la région de 44 $ pour chaque 100 dollars de vente à 27 $.[6]

Bien entendu, ce phénomène serait socialement conspué si les économies réalisées sur le dos des travailleurs revenaient entièrement dans les poches des actionnaires, mais même les plus farouches opposants à la «Wal-Martisation» de l'économie s'entendent pour dire que ces économies sont, au moins en partie, redonnées aux consommateurs. En somme, ce qui s'oppose, c'est la primauté du bien-être privé au bien-être collectif. Ce mode de fonctionnement est si fort, si efficace et si implacable que les autres détaillants forcent désormais les syndicats à revoir à la baisse les conditions de travail de leurs membres. C'est, au Canada, ce qu'a fait le géant de l'alimentation Loblaw's.[7]

L'impact de la syndicalisation

C'est dans une telle mouvance que s'inscrit la question «Que signifierait la syndicalisation à la québécoise pour un magasin Wal-Mart?» En soi, peu de chose sur le plan de rentabilité des magasins car, bien qu'à terme les salaires soient ajustés sur ceux du secteur de l'alimentation (qui est davantage syndiqué), ils le seraient de toute façon car le principal défi de Wal-Mart, comme de tous les détaillants canadiens et québécois, devient celui de la pénurie de main-d'œuvre.

Par contre, c'est sur le plan de l'organisation du travail que le modèle risque de ne pas passer. En effet la flexibilité requise par le concept Wal-Mart est en opposition totale avec la rigidité des conventions syndicales que l'on retrouve dans le secteur de l'alimentation. C'est ce plein droit de gérance que ne veut d'aucune façon abandonner le géant du commerce de détail. C'est véritablement là que s'opposent deux conceptions du travail. Au modèle de solidarité à la québécoise s'oppose pleinement le modèle de l'efficacité à l'américaine. Cette opposition va se reproduire tôt ou tard, car contrairement à la fabrication des produits leur commercialisation peut difficilement être déplacée en Chine ou ailleurs.

Au Québec comme ailleurs dans le monde le phénomène Wal-Mart ne risque pas de s'essouffler de sitôt. Avec une indéfectible volonté de croître d'au moins 10% par année, cette entreprise suit, de manière indéfectible, deux stratégies de croissance. La première est de croître par une expansion sur les marchés internationaux. Le premier magasin à ouvrir ses portes à l'extérieur des États-Unis fut ouvert à Mexico en 1991. Depuis, le plus fort de la crois-

En 10 ans, l'entreprise a su s'accaparer une part de marché de près de 5 % du marché au Québec.

sance de Wal-Mart est venu du Canada et du Mexique, son marché d'origine étant de plus en plus saturé.

Aujourd'hui près du quart des magasins Wal-Mart sont situés à l'extérieur des États-Unis, dont 149 au Brésil, 91 en Allemagne, 282 en Grande-Bretagne (sous la bannière ASDA) et 43 en Chine. Seconde source de croissance pour l'entreprise, ses nouvelles formules de magasins. C'est là que réside pour le Québec la prochaine étape. Pour l'instant, Wal-Mart est peu présente dans le domaine de l'alimentation au Québec de même que dans le marché des clubs entrepôt. Si l'on se fie à ce qui s'est fait au États-Unis et plus récemment en Ontario, il y a fort à parier que Wal-Mart verra sous peu à ouvrir des Sam's Club à Montréal et, à terme, il ne faudrait pas se surprendre de voir cette entreprise s'attaquer à l'industrie de magasins d'alimentation.

Bref, au Québec comme ailleurs le train est en marche et soutenu par au moins un consommateur sur deux, il n'est pas près de s'arrêter. Si comme citoyen notre cœur bat à gauche, comme consommateur notre portefeuille se situe souvent à droite et cela, Wal-Mart le sait bien.

Notes

1 Une première estimation est possible en divisant le total des ventes mondiales de l'entreprises par le nombre de magasins, ce qui nous donne environ 50 millions de $ par magasin. Comme on compte 46 magasins au Québec, on peut estimer les ventes de Wal-Mart pour cette province à environ 2,3 milliards $. On peut aussi y arriver en utilisant la méthode des ventes au pied carré. La plupart des analystes suggèrent des ventes de 400 $ pour les Wal-Mart traditionnels. Comme en moyenne les magasins du Québec comptent 100 000 pieds carré de surface, on arrive à des ventes de plus de 1,8 milliard $.

2 La marge brute chez un détaillant est égale au profit brut divisé par le total des ventes. Le profit brut pour sa part est égal au ventes totales moins le coût des ventes (c'est-à-dire le prix payé aux fournisseurs). Ansi, un téléviseur vendu 100 $ par Wal-Mart et acquis 75 $ du manufacturier Sony générera un marge brute de 25 %, soit (100 $-75 $)/100 $.

3 JOHNSON, Bradley (2005) «Wal-Mart is the Best! No Wait, it's the Worst» *Advertising Age* June 13. Vol 76.Iss 24 page 14.

4 Selon un sondage Léger Marketing effectué en février 2005, un tiers des Québécois blâmait le syndicat pour la fermeture du magasin de Jonquière, alors que les deux tiers rendaient l'entreprise responsable.

5 Supercenters and the Transformation of the Bay Area Grocery Industry: Issues Trends and Impacts. Council and the Association of Bay Area Governments (janvier 2004).

6 The Anderson Study of Retail Economics by Civic Economics, October 2004.

7 KUYUMCU, Nancy (2003) "The duel of the titans continues unabated" Canadian Grocer. Toronto: Aug 2003.Vol.117, Iss. 6; pg. 13

Benoît XVI : vers un divorce entre culture québécoise et Église catholique

« Quand l'Église promet des choses qu'elle ne peut pas tenir, elle devient évidemment incroyable ».
- Raymond Lemieux[1]

E.-Martin Meunier
Département de sociologie, Université d'Ottawa

CPimages.ca / Andrew Medichini

Le pape Benoît XVI

Le 19 avril 2005, l'Église catholique apostolique romaine a un nouveau chef spirituel. Au moment de l'annonce, le professeur Patrick Snyder, qui avait pourtant réfléchi à la valeur des « papabiles » pour l'avenir de l'Église, est consterné de voir confirmé ce qu'il avait lui-même décrit en direct comme le pire des scénarios : le cardinal Joseph Ratzinger, préfet de la Congrégation

Selon Ratzinger, la vérité de l'Église n'a pas, pour lui, à céder aux requêtes et désirs des individus; au contraire, il faudra « détruire l'apparence de sa coïncidence avec le monde et redevenir ce qu'elle est: une communauté de croyants ».

pour la propagation de la foi, est élu pape. «Pour le théologien que je suis, dira-t-il le lendemain, cette élection vient éteindre le peu d'espérance que j'entretenais, au niveau d'un véritable dialogue avec un monde pluraliste. [...] L'ère moderne n'a qu'à bien se tenir, le nouveau pape Ratzinger s'engage à lui montrer le droit chemin».[2]

Au Québec, nul ne semble rester indifférent à la nouvelle de l'élection du cardinal allemand. « Il risque plus de diviser que de rallier, d'affirmer le théologien Gilles Routhier »[3] ; « [...] cela confirme le soupçon sur l'institution et sa capacité d'évoluer [et ...] la position de ceux qui disent qu'il n'y a plus rien à attendre de l'institution pour comprendre les questions difficiles qu'on a à vivre tous les jours », de dire sœur Gisèle Turcot, supérieure générale de l'Institut des sœurs Notre-Dame-du-Bon-Conseil[4]. D'autres catholiques de gauche, comme Hélène Chénier, présidente du réseau Culture et foi, semblent découragés : « [...] je ne m'investirai plus [...]. Chacun peut se retirer dans cette Église et vivre sa foi individuellement. Je ne l'ai jamais fait en 53 ans de vie spirituelle, mais là, assez, c'est assez! »[5].

Descendu à Rome pour l'occasion, Luc Gagnon, directeur de publication de la revue *Égards*, une revue conservatrice sur le plan moral, avait « prié dès le premier jour de la mort de Jean-Paul II pour que le cardinal Ratzinger soit choisi ». L'élection de Ratzinger marque

pour lui un point d'arrivée dans l'histoire de l'Église : « Il vient couronner le pontificat de Jean-Paul II et nous sortir enfin d'une certaine confusion». Avec Benoît XVI, « les catholiques de ce monde doivent s'attendre à une réforme de l'ampleur, ni plus ni moins, de celle du Concile de Trente – l'esprit de mai 1968 représentant aujourd'hui ce qu'était la menace protestante pour l'Église du XVIe siècle. Mais la situation actuelle est encore plus urgente »[6], d'ajouter cet homme qui est aussi président de la Campagne Québec-Vie.

Le désarroi des uns comme l'enchantement des autres illustrent le caractère inédit et historique de l'élection du cardinal Ratzinger. Les catholiques ne passaient pas seulement d'un pape à un autre, ils voyaient entériné un programme idéologique très mordant, tout en donnant les clés de Saint-Pierre de Rome à l'un des théologiens les plus redoutables que la hiérarchie catholique contemporaine ait connu. Terminé le temps du statu quo et du benoît accommodement avec les cultures modernes? «Aujourd'hui, plus que jamais, d'affirmer le cardinal Ratzinger (il y a 20 ans déjà), le chrétien doit être conscient d'appartenir à une minorité et d'être en opposition avec ce qui semble bon, évident et logique pour l'«esprit du monde », comme l'appelle le Nouveau Testament»[7].

Pour Marco Veilleux, artisan de la revue *Relations*, une revue sociale-démocrate appartenant aux Jésuites, l'élection de Ratzinger est d'abord signe de continuité, mais aussi de radicalisation. Il craint que le cynisme, l'attitude autoritaire de Ratzinger, son obsession pour la morale notamment, ne deviennent pour plusieurs « la raison finale pour quitter le navire ». A contrario de L. Gagnon, Marco Veilleux ne croit pas qu'une nouvelle ère s'annonce : l'élection de Benoît XVI, « n'est qu'un autre épisode au chapitre des trahisons du catholicisme post-Vatican II »[8].

Pour lui, peuple du Québec et membres de la hiérarchie catholique consommeront plus encore un « schisme collectif qui s'est produit il y a longtemps déjà »[9], bien avant le pontificat de Karol Wojtyla, en fait. Il faut remonter selon lui aussi loin qu'à « *Humanae vitae*[10] [pour trouver] la source de lourds contentieux qui perdurent toujours, [...] entre l'Église et les Québécois »[11].

Mais l'arrivée de Benoît XVI saura-t-elle freiner ce mouvement et amoindrir ce hiatus entre la foi et la culture, entre la religion catholique et le Québec post-Révolution tranquille ? Si plusieurs en doutent, certains rêvent encore au retour massif des Québécois vers l'autel. « Les Québécois ne forment pas un peuple, mais un troupeau, d'affirmer sans ambages Luc Gagnon. Les choses peuvent donc changer très rapidement! [...] Au risque de perdre les « corps morts », on va enfin trancher : l'ère Benoît XVI sera le glaive de la vérité! C'est un calcul évangélique qui va faire germer un nouveau catholicisme »[12].

Le pari Ratzinger ou le nouveau style d'Église sous Benoît XVI

Il s'agit effectivement de tout un pari : relancer le catholicisme québécois qui, malgré sa vitalité propre[13], s'éloigne toujours davantage de la culture québécoise depuis les années 1960, en clarifiant les contenus doctrinaux, les prescriptions et les proscriptions, en critiquant les aléas du monde moderne, en clamant haut et fort les préceptes de la morale basée sur la loi naturelle, la Révélation et la tradition de l'Église telle que définie par la Hiérarchie, tout cela en centrant l'action pastorale sur la conversion individuelle et la reconnaissance des péchés en vue d'accroître le nombre de catholiques, de rasséréner les croyants pratiquants et d'encourager les vocations de qualité.

Voilà grossièrement résumé le programme d'action de Benoît XVI, du moins celui déduit par plusieurs commentateurs à partir des écrits antérieurs du cardinal Ratzinger. Bref, pour le Québec, la gageure ecclésiale est énorme : par l'énonciation répétée d'affirmations et de critiques, s'attaquer sans relâche à la « dictature du relativisme »[14] afin de chercher à convertir un à un les individus d'une des nations les plus progressistes de l'Amérique, ce qui ne représente pas une mince tâche. Les concurrents sont nombreux et les moyens sont plutôt réduits.

Aussi incertain soit le pari Ratzinger, c'est un nouveau style d'Église qui est ici mis en avant. Si le catholicisme post-Vatican II insistait sur la primauté de la personne, sur l'Incarnation et la notion d'engagement, on se situe plutôt ici « dans la problématique ancienne : création, péché originel, rédemption »[15]. Plusieurs n'hésitent d'ailleurs pas à y voir une restauration de ce que les dominicains Chenu et Congar nommaient la « théologie baroque », toute empreinte de culpabilité, de légalisme et d'autoritarisme[16].

Or, la théologie de Ratzinger se veut plus qu'une restauration : elle n'est pas pur retour à la tradition, mais un effort de synthèse idéologique que l'on pourrait dire ultramoderne, en ce sens qu'elle cherche à dépasser une modernité qui n'a pas su réaliser ses promesses .

C'est donc à partir de l'identification des apories de cette dernière (notamment son incapacité à produire des normes de la Raison) et contre le relativisme qui se manifeste notamment dans l'équivalence des normes et des valeurs typiques des sociétés pluralistes que sont ici réaffirmés les préceptes moraux légitimés par la loi naturelle religieuse. De ce lieu, sont alors proclamées des dites vérités concernant tantôt «le féminisme, l'accès à la communion aux personnes remariées, l'homosexualité, la théologie pluraliste et ouverte, la théologie de la libération [..., tantôt] la supériorité de l'Église catholique sur les autres grandes traditions religieuses et les États laïcs»[17].

Les droits des femmes et des homosexuels

À l'aune de l'histoire de l'Église, est aussi formulée l'une des critiques les mieux articulées de ce que J. Ratzinger nomme l'«idéologie libéralo-radicale de type individualiste, rationaliste, hédoniste»[18]. Mais le rôle de Préfet de la Congrégation de la foi a sans doute favorisé une sorte de crispation de la posture théologique de Ratzinger. En 1991, il dénonce la «complicité des États qui permettent que des moyens colossaux soient consacrés à l'avortement et à l'euthanasie»; en 1997, il affirme un «non» ferme «pour toujours» aux demandes de sacerdoce féminin et va jusqu'à réaffirmer le caractère infaillible de l'enseignement à cet égard; il décrira à maintes reprises l'homosexualité comme «un mal moral» et un «un désordre objectif qui est contraire à la sagesse créatrice de Dieu»[19]; en juillet 2003, il rappellera le «devoir moral» des hommes politiques catholiques qui ont à «s'opposer par tous les moyens» à la légalisation des unions entre personnes de même sexe.[20]

Pessimiste quant à la condition humaine[21], la vérité semble, pour Ratzinger, intégralement à recevoir et non à faire[22] : «un personnalisme outrancier a conduit certains théologiens à refuser l'ordre interne, le langage de la nature [...], ne laissant à la sexualité – y compris conjugale –, pour tout point de référence, que le libre-arbitre de la personne»[23]. Par mollesse ou désir de reconnaissance, l'Église a ainsi peu à peu renoncé à son premier devoir qui est de proposer aux hommes un sens autre, qui exprime «la différence du chrétien» par rapport aux modèles du «monde»[24]. Pour Ratzinger, elle doit se ressaisir. L'Église n'est pas l'État : elle n'est ni l'incarnation de la volonté générale, ni le lieu de règlement des litiges identitaires. «Elle doit avoir conscience de sa mission spéciale : être pour ainsi dire l'évasion hors des particularités du monde pour entrer dans la lumière de Dieu.»[25]

La vérité de l'Église n'a pas, pour lui, à céder aux requêtes et désirs des individus; au contraire, il faudra «morceau par morceau, détruire l'apparence de sa coïncidence avec le monde et redevenir ce qu'elle est : une communauté de croyants»[26]. Une telle position ne va pas sans conséquences pratiques : la pastorale des sacrements – notamment le baptême, le mariage et les funérailles – ne pourra logiquement plus être dispensée sans un examen minutieux de la foi et de la probité du ou des demandeur(s). C'est donc plus qu'un nouveau style d'Église qu'on peut repérer dans les écrits passés de Joseph Ratzinger et qui risque de se concrétiser sous le pontificat de Benoît XVI, ce serait bien plutôt une forme inédite de communalisation de la foi catholique où les critères de pureté doctrinale, d'intensité de la foi et de soumission aux prescriptions des meneurs semblent tenir davantage de l'intransigeance de la secte que de la tolérance de l'Église, comme le suggère la typologie du sociologue et théologien Ernst Troeltsch.[27]

Vers deux solitudes : culture québécoise et Église catholique

Si l'on cherche à estimer les probabilités de succès d'un tel virage dans l'Église, on doit prendre toute la mesure qui le sépare des mœurs des Québécois. À la lumière des statistiques, ce qui saute aux yeux, c'est la grande différence entre les valeurs et opinions des Québécois et l'«ethos ratzingerien». À la question «pour chacune des conduites suivantes, dites-moi s'il s'agit d'une conduite immorale ou non?», un peu moins de 73 % des Québécois jugent immoral d'avoir une liaison extraconjugale (bon dernier au Canada), 26,1 % estiment l'homosexualité de la sorte (dernier au Canada, à égalité avec la Colombie-Britannique; très loin des Prairies avec ses 43,5 %). 28,1 % des Québécois pensent que le suicide assisté d'un malade par un médecin représente un acte immoral (dernier au Canada) et 16 % estiment qu'avoir des relations sexuelles avant le mariage est un acte moralement répréhensible (encore dernier au Canada – la plus proche étant la Colombie-Britannique avec ses 26,8 % ; loin des Prairies et des provinces Atlantiques avec respectivement 41,3 % et 41,8 %)[28].

En matière de sexualité, un sondage récent vient illustrer l'écart incroyable entre l'idéal catholique et les mœurs des Québécoises. 24 % de celles-ci avouent avoir eu plus de 10 partenaires sexuels au cours de leur vie ; 55 % affirment avoir eu leur première relation sexuelle avant 18 ans (23 % l'auraient eue avant 15 ans)[29]. Quant au mariage, on remarquera la nette préférence des Québécois pour l'union libre : près de 80 % de ceux-ci (au début des années 1990) entraient dans leur première union en union libre – seulement 20 % le faisant par mariage. C'est plutôt 50 % de mariage qui caractérisait la première union de la population du reste du Canada[30]. Les résultats du dernier recensement donnaient à voir que 58,2 % des familles du Québec étaient composées de couples mariés, par rapport à 70,5 % pour l'ensemble du Canada ; mais il faut ajouter pour mieux situer cette statistique qu'«en 1996, 53 % des bébés québécois sont nés de mères non mariées, soit trois fois plus qu'en Ontario et près de deux fois plus que la moyenne nationale»[31].

On apprenait, de plus, que le Québec a maintenant une proportion d'union libre/population générale égale à la Suède (champion mondial des unions libres avec ses 30 %) et supérieure à des pays tels la Norvège (24,5 %), la Finlande (18,7 %) ou la France (17,5 %)[32]. Et la tendance ne semble pas se démentir, en dix ans, le pourcentage des unions libres au Québec a crû de 10 %, soit deux à trois fois plus qu'en Ontario,

En matière de sexualité, un sondage récent vient illustrer l'écart incroyable entre l'idéal catholique et les mœurs des Québécoises.

139

La stratégie conservatrice de la hiérarchie catholique est d'autant plus risquée qu'elle attaque plus qu'un catholicisme de gauche, mais, indirectement, une part appréciable des valeurs et des idéaux qui ont su ériger le modèle québécois.

dans les Prairies et en Colombie-Britannique[33].

Quant à la perception de l'homosexualité, 47 % des Québécois interrogés affirment qu'ils sont à l'aise avec l'homosexualité et qu'elle représente pour eux un « état normal » (contre 32 % pour le reste du Canada). Toujours selon la même étude, 63 % des Québécois (contre 55 % pour le reste du Canada)[34] accepteraient l'union d'un membre proche de leur famille avec une personne du même sexe; et 77 % du même groupe accepteraient d'assister au mariage de deux personnes homosexuelles (contre 63 % pour le reste du Canada, 49 % en Alberta)[35]. Lorsqu'on demande aux Canadiens s'ils seraient favorables à ce que les « insultes ou injures homophobes soient réprimées aussi sévèrement que les insultes racistes ou antisémites », 75 % des Québécois sont totalement ou plutôt favorables à de telles mesures (contre 58 % dans l'ensemble du Canada ; 52 % en Ontario)[36].

L'étude Bibby sur l'avenir de la famille vient confirmer ces données : selon cette recherche, 69 % des Québécois catholiques acceptent l'homosexualité (que ces derniers approuvent ou désapprouvent cette pratique) – contre 51 % chez les catholiques hors Québec ; les protestants (centre /gauche)[37] avec 62 % et les protestants conservateurs avec 25 %. En ce qui a trait à l'adoption d'enfants par les couples homosexuels, au fait que les couples de même sexe soient capables de bien élever les enfants ou de donner aux couples homosexuels les mêmes avantages que les autres couples, les résultats du sondage de R. Bibby montrent que les catholiques du Québec ont à peu de choses près la même opinion que celle des protestants (centre / gauche). Notons finalement que dans un sondage où 76 % des Québécois se prononçaient en faveur du mariage des prêtres catholiques hétérosexuels, 40 % des répondants donnaient leur aval au mariage des prêtres homosexuels.[38]

L'avortement, autre pratique jugée immorale par l'Église, demeure exceptionnel chez l'ensemble des femmes du Canada, mais est plus répandu au Québec (42,6 pour 100 naissances pour le Québec contre 31,1 pour 100 naissances pour l'ensemble du Canada[39]. En fait, sa « progression a été rapide à tous les âges, mais elle est plus marquée pour les groupes où l'avortement était le plus fréquent : le taux se multiplie par plus de 5 à 15-19 ans et à 20-24 ans », soit environ de 4 pour 1000 femmes en 1975 à 25 en 1999 pour les 15-19 ans et environ de 6 pour 1000 femmes à 35 pour les 20-24 ans.[40] Il semble que cette augmentation ait coïncidé avec la Révolution tranquille : on dénombrait moins de 2000 avortements en 1971, on en décomptait quelque 30 000 en 1997, soit une augmentation de près de 10 000 par décade.[41] En 2002, un sondage Gallup nous apprenait que 68 % des Québécois interrogés trouvaient l'avortement moralement acceptable[42].

En ce qui a trait au suicide assisté, les Québécois, ici encore, semblent plus ouverts à la reconnaissance de telles pratiques. À la question : « Si vous étiez atteint d'une maladie incurable qui vous occasionnait une souffrance extrême souhaiteriez-vous qu'on vous aide à mourir ? », 70,9 % des Québécois ont répondu « oui » (contre 52,8 % pour l'Ontario)[43]. Un sondage plus récent (dans la foulée du documentaire *Manon*, réalisé par Benoît Dutrizac et André Saint-Pierre) indiquait que 68 % des Québécois réclameraient qu'on les aide à mourir s'ils étaient atteints d'une maladie incurable et 79 % du même groupe considèrent qu'il ne faut pas poursuivre en justice un proche ayant aidé à mettre un terme au jour d'un malade incurable[44].

Toujours catholiques… malgré tout

Il ne faudrait toutefois pas déduire de ces quelques chiffres que les Québécois n'ont plus aucune attache au catholicisme, loin de là. Ici, habitudes de vie, valeurs, pratiques et appartenance religieuses ne vont pas nécessairement de pair. À la lecture du dernier recensement, on constate que malgré une augmentation de 56 %, entre 1991 et 2001, du nombre de Québécois ayant déclaré n'avoir aucune religion, ceux-ci ne représentaient que 5,6 % de la population, alors que les «sans confession religieuse» forment près de 25 % de la population albertaine et près de 35 % de celle de la Colombie-Britannique[45]. Seulement 7,8 % des 0-35 ans se rangent parmi les «sans-religion» au Québec; les 15-24 ans avec leur 8,3 % forment la catégorie de la population québécoise appartenant le moins à une religion[46].

Selon les données du recensement 2001, le catholicisme romain demeure la confession religieuse la plus populaire au Canada (12 793 125, pour 43,2 % de la population canadienne) – et on retrouve toujours le plus grand nombre de catholiques ainsi que la plus grande proportion de ceux-ci au Québec (5 930 385, pour 83,4 % de la population québécoise). En 2001, 32,6 % des Québécois se qualifiaient de «croyant pratiquant» (contre 45,1 % en Ontario)[47] et 55,1 % se classaient parmi les «croyants non pratiquants» (contre 38,5 % en Ontario)[48]. Si, au Canada, «seulement le cinquième (20 %) des personnes âgées de 15 ans et plus prenaient part aux services religieux de façon hebdomadaire en 2001, comparativement à 28 % en 1986 », et que, de 1988 à 1998, la participation mensuelle (au moins une fois par mois) est passée de 41 % à 34 %[49], il demeure que, de 1986 à 1998, c'est au Québec que la diminution a été la plus marquée, soit de 20 %. Le taux de pratique mensuelle y est passé de 48 % à 29 %, ce qui le place en 3e position des provinces les moins assidues à la messe, après l'Alberta (29 %) et la Colombie-Britannique (27 %)[50]. Ajoutons qu'on estime aujourd'hui à 15 % le taux de fréquentation hebdomadaire à la messe catholique[51] chez les Québécois et que 43 % des répondants à un sondage Crop / *La Presse*, effectué fin 2004 dans la province, ont affirmé ne pas avoir assisté à un service religieux de la dernière année[52].

Ce portrait n'est pas radicalement différent chez les Québécois âgés de 35 ans et moins. On y constate que la religion a une importance similaire, et ce, dans des proportions tout aussi distinctes du reste du pays : « les croyances religieuses sont nommées par près de trois fois et demie plus de Canadiens que de jeunes Québécois (23 % par rapport à 8%) comme critère influençant leur identité »[53]. Un sondage Crop/Radio-

Canada effectué auprès de jeunes Canadiens âgés de 16 à 35 ans à l'été 2002 a montré une certaine permanence des croyances, des perceptions et des revendications faites à l'Église chez les jeunes Québécois par rapport à la population adulte de la province. Soixante-dix pour cent des jeunes du Québec croient en Dieu (c. 79 % pour le Canada) ; 63 % croient en Jésus (contre 77 % pour le Canada) ; 50 % croient que Dieu est peu ou pas présent dans leur vie (contre 73 % des jeunes Canadiens qui affirment que Dieu est présent ou très présent). Quatre-vingt-quinze pour cent des jeunes Québécois interrogés sont pour l'utilisation de moyens contraceptifs ; 86 % pour les relations sexuelles avant le mariage (contre 68 % au Canada) ; 69 % pour la reconnaissance du mariage entre conjoints de même sexe ; 78 % pour le droit à l'avortement (contre 50 % au Canada) et 88 % pour l'ordination des femmes prêtres[54].

Si la religion catholique signifie toujours quelque chose dans le cœur des Québécois, toutes ces statistiques montrent à voir cependant que le fil qui relie encore pratique, valeur et appartenance s'étiole de plus en plus. Et il n'est pas du tout certain que la tournure idéologique du catholicisme actuel sache endiguer cette tendance. Les chiffres semblent plutôt indiquer que la morale de l'Église sous Benoît XVI semble mieux se marier aux valeurs et mœurs du ROC (Rest Of Canada), particulièrement des Prairies, qui, comme le soulignait le sociologue albertain Bibby, connaît en ces heures un certain *revival* religieux[55]. Mais au Québec, se peut-il que le pari Ratzinger représente plutôt le risque d'une rupture, comme une dernière poussée qui signe la fin d'une longue époque ? « L'Église qui s'efforce de se renouveler, affirmait le cardinal Ratzinger, se débarrasse des broussailles d'une période historique qui se sont fixées sur elle et en elle [...] »[56]. Mais est-ce de toute la culture contemporaine du Québec dont l'Église devra se débarrasser ?

Rupture des ponts

Le cardinal Ratzinger l'a répété maintes fois, l'œuvre du concile Vatican II aurait été détournée de sa véritable signification et aurait conduit une part de l'Église à sa déroute. L'ennui avec une telle critique, du moins pour le Québec, c'est que les croyants d'ici ont marché à plein dans le renouveau personnaliste et communautaire du catholicisme post-Seconde Guerre mondiale. Ce renouveau religieux, qui a largement été diffusé par les canaux de l'Action catholique, a inspiré plusieurs acteurs et penseurs de la modernisation des institutions d'encadrement social des années 1950-1960. Il fut même l'un des foyers d'idéaux et de valeurs les plus importants pour qui cherche à comprendre comment et surtout au nom de quoi une génération d'intellectuels (celle proche de la revue *Cité libre*, notamment) a critiqué le régime cléricalo-duplessiste et ainsi cherché à sortir de la « Grande noirceur ». Même si, peu à peu, la référence religieuse s'estompera, plusieurs idéaux progressistes de la Révolution tranquille seraient ainsi en partie issus de ce catholicisme renouvelé, qui conduira au concile Vatican II[57].

Les Québécois accueilleront sans doute défavorablement le pari Ratzinger et ses suites. Cela n'est pas seulement dû à cet écart remarquable entre l'idéal proposé par Benoît XVI et l'état de fait progressiste des mœurs, pratiques, perceptions et valeurs de la majorité des Québécois. Présentant une théologie en réaction aux errements de l'éthique personnaliste des années 1950-1960, la stratégie conservatrice de la hiérarchie catholique est d'autant plus risquée qu'elle attaque plus qu'un catholicisme de gauche, mais, indirectement, une part appréciable des valeurs et des idéaux qui ont su ériger le modèle québécois. Ce n'est donc pas une simple position idéologique que combattra l'Église sous Benoît XVI, c'est toute une culture qui, pour les Québécois, s'avère tout aussi moderne que nationale.

Défiant la culture dans son ensemble; défiant le projet même de cette culture – dirait Jacques Grand'Maison, un tel type d'Église semble jouer d'imprudence. Est-il possible qu'un tel catholicisme «réifiant ainsi la foi, péchera par manque de loyauté à son peuple », comme le pense Marco Veilleux ?[58] Je ne saurais dire. Or, s'il est une inquiétude sociologiquement fondée, c'est le possible « effet pervers » d'une telle radicalisation du catholicisme sur la morphologie culturelle du Québec. À trop insister sur l'heure de vérité, sur « le temps du réveil des consciences et de la décision de la foi »[59] selon l'exhortation du cardinal Ouellet, l'Église du Québec pourrait perdre en sou-

plesse, en tolérance et affaiblir sa capacité d'inscription de l'expérience religieuse contemporaine.

Mis en demeure de raccorder tout seuls le hiatus entre leur foi et leur culture, les Québécois se fatigueront peut-être de « tenir les deux bouts de la chaîne »[60]. Cela pourrait paradoxalement accélérer un phénomène pourtant craint par l'Église elle-même : l'exculturation du catholicisme québécois, c'est-à-dire « la déliaison de l'affinité élective que l'histoire a établie en profondeur entre les représentations partagées des [Québécois] et la culture catholique»[61]. Au fur et à mesure qu'un à un seront menacés les ponts entre la religion et la culture – et ce, au nom même, dans ce cas, de la pureté de la foi – ce sont plus que quelques valeurs et représentations qui seront menacées de disparaître, mais une référence identitaire importante qui a traversé le Québec de la Nouvelle-France à nos jours. Partout, la logique des « born-again » semble triompher. Entre la mémoire d'une culture oubliée et l'oubli de la culture contemporaine, l'articulation foi/culture s'annonce périlleuse pour les citoyens du Québec.

Au fur et à mesure qu'un à un seront menacés les ponts entre la religion et la culture, c'est une référence identitaire importante qui a traversé le Québec de la Nouvelle-France à nos jours qui est menacée.

Notes

1 « Entrevue. Le catholicisme au carrefour des nouvelles tendances », *Revue Notre-Dame*, janvier 2003, p. 26

2 SNYDER, Patrick, « L'ère moderne n'a qu'à bien se tenir », *La Presse*, 20 avril 2005, p. A29.

3 Gilles ROUTHIER cité par Alain BOUCHARD et Éric MOREAULT, «L'unité de l'Église en danger, selon des théologiens», Le Soleil, 20 avril 2005, p. A3.

4 Gisèle TURCOT citée par Louise-Maude RIOUX et Clairandrée CAUCHY, «Douche froide pour les catholiques progressistes du Québec», Le Devoir, 20 avril 2005, p. A1.

5 Hélène CHÉNIER citée par Ibid.

6 Luc GAGNON, Entretien téléphonique, 20 juillet 2005.

7 RATZINGER Joseph et Vittorio MESSORI, Entretien sur la foi, Paris, Fayard, 1985, p. 136.

8 Marco VEILLEUX, Entretien téléphonique, 22 juillet 2005.

9 Idem.

10 Sur le contrôle des naissances et les méthodes contraceptives, 1968.

11 Marco VEILLEUX, «Ne cherchons plus le salut à Rome», L'Actualité, vol. 30, n° 8, 15 mai 2005.

12 Luc GAGNON, op. cit.

13 Voir Raymond LEMIEUX et Jean-Paul MONTMINY, Le catholicisme québécois, Sainte-Foy, Éditions de l'I.Q.R.C., 2000, 141 pages.

14 RATZINGER, Joseph, «Extrait de l'homélie lors de la messe pro eligendo Romano Pontifice du 18 avril 2005 - reproduit dans le site Web du journal La Croix.

15 ROLLET, Jacques, Le Cardinal Ratzinger et la théologie contemporaine, Paris, Cerf, 1987, p. 27.

16 Déjà en 1922, le philosophe Jacques MARITAIN faisait mention de l'idée d'ultramodernité à laquelle l'Église pouvait contribuer en actualisant la tradition (et ses impératifs) à l'aune des défis contemporains; voir notamment J. Maritain, «Préface» (1922), Antimoderne (1922), Oeuvres, 1912-1939, Paris, Desclée de Brouwer, 1975, pp. 107-108. Sous un autre registre, notons que, depuis peu, cette notion a été conceptualisée dans divers travaux des sociologues de la religion Danièle Hervieu-Léger et Jean-Paul Willaime.

17 SNYDER, Patrick, op. cit.

18 RATZINGER, Joseph ..., Entretien sur la foi, op. cit., pp.31-32.

19 RATZINGER, Joseph, cité par Claudette Samson, «Joseph Ratzinger, le pire choix, selon les gais», Le Soleil, 20 avril 2005, p. A4.

20 Voir Agence France Presse, «Joseph Ratzinger: des positions tranchées», Le Devoir, 20 avril 2005.

21 Christian TERRAS, Interview faite par Libération, «Un pape aux convictions inébranlables», reproduits dans Le Devoir, 23 avril 2005, p. B3.

22 ROLLET, Jacques op. cit., p. 19.

23 Joseph et Vittorio MESSORI, op. cit., p. 102.

24 RATZINGER, Joseph, et Vittorio MESSORI, op. cit., p. 135.

25 RATZINGER, Joseph, Le sel de la terre. Le christianisme et l'Église au seuil de IIIᵉ millénaire. Entretiens avec Peter Seewald, Paris, Flammarion/Cerf, 1997, p. 263.

26 RATZINGER, Joseph Le Nouveau Peuple de Dieu, Paris, Aubier, 1971, p. 135.

27 Sur l'hypothèse de la «sectarisation» de l'Église catholique, voir l'article de Jean Séguy, «Intensité et innovation dans le catholicisme actuel», in Jean SÉGUY, Conflit et utopie, ou réformer l'Église. Parcours wébérien en douze essais, Paris, Cerf, 1999, pp. 433 à 452.

28 Sondage Presse Canadienne / Léger Marketing réalisé auprès de 1519 Canadiens du 8 au 13 janvier 2002 (marge d'erreur de 2,6%, 19 fois sur 20). Léger Marketing, *Les Canadiens et l'immoralité; rapport*, 2002, p. 7.

29 Sondage Léger Marketing, / *Journal de Québec* et Astral Média réalisé auprès de 1058 Québécoises du 26 au 31 janvier 2005 (marge d'erreur de 3,01%, 19 fois sur 20). Léger Marketing, *Les pratiques sexuelles des Québécoises*, février 2005, Dossier : 11679-037.

30 Voir J. DUMAS et A. BÉLANGER, « Les unions libres au Canada à la fin du XXe siècle », in *Rapport sur l'état de la population du Canada*, 1996, Ottawa, Statistique Canada, 1997.

31 D'après Statistique Canada, étude publiée le 8 juillet 1998 citée par Vincent Marissal, « L'immigration surpasse les naissances », *La Presse*, 9 juillet 1998, p. A1.

32 Statistique Canada, *Profil des familles et ménages canadiens : la diversification se poursuit*, Recensement 2001, 22 octobre 2002, Catalogue : no. 96F0030XIF2001003.

33 Statistique Canada, *Recensement de 2001*; tableau 97F005XCB01006.

34 Sondage Léger Marketing / Gai écoute auprès de 1507 Canadiens du 3 au 11 juillet 2005 (marge d'erreur de 2,6% / 19 fois sur 20). Léger Marketing, *Sondage d'opinion auprès des Canadiens - Gai écoute. Étude omnibus Pan Canadienne. Perception et opinion des Canadiens à l'égard des personnes homosexuelles*, mai 2005, dossier : 12717-007.

35 *Ibid.*

36 Seulement 15 % des Québécois ne sont pas favorables à pareilles mesures. Léger Marketing, *Les Canadiens et leur tolérance envers l'homosexualité*, Rapport, 2004, p. 7. Source : Sondage Léger Marketing / Presse Canadienne réalisé auprès de 1511 Canadiens du 6 au 11 avril 2004 (marge d'erreur de 2,6% / 19 fois sur 20).

37 D'accord avec ces énoncés : l'adoption d'enfant par des couples homosexuels (47% catholiques du Québec et protestants centre-gauche du Canada), que les couples de même sexe soit capable de bien faire pour élever les enfants (61% catholiques du Québec et protestants centre-gauche du Canada) ou de donner à ceux-ci les mêmes avantages que les autres couples (55% catholiques du Québec et 52% protestants centre-gauche du Canada). Source: Reginald W. BIBBY, The futures Families Project, Vanier Institute of the Family, 2004. Reginald W. BIBBY, « Religion and Same-sex Debate », Press Release, University of Leithbridge, December 10th 2004, pp. 3-4.

38 Sondage Crop / *La Presse* réalisé auprès 1001 Québécois du 14 au 25 août 2003 (marge d'erreur de 3% / 19 sur 20). Cité par Sophie ALLARD, « Le mariage des homosexuels divise les Québécois », *La Presse*, 27 août 2003, p. A7.

39 Statistique Canada, *CANSIM, tableau 106-9013 et produit no. 82-233-XIF au catalogue*; Institut sur la santé, 20 mars 2005.

40 Evelyne LAPIERRE-ADANCYK et Marie-Hélène LUSSIER, « De la forte fécondité à la fécondité désirée », in Victor PICHÉ et Céline LE BOURDAIS (dirs.), *La démographie québécoise. Enjeux du XXIe siècle*, Montréal, P.U.M., 2003, p. 96.

41 François BERGER, « Les naissances touchent un creux, les avortements un sommet. Compte-rendu des données récentes sur la fécondité publiées par le Bureau de la Statistique du Québec », *La Presse*, 30 janvier 1999, p.A20.

42 Voir Josephine MAZZUCA, « American and Canadian views on Abortion », *The Gallup Organisation*, September 24th 2002. Source : Sondage Gallup auprès de 1003 Canadiens du 21 au 27 août 2002 (marge d'erreur de 3%/19 fois sur 20).

43 Sondage Léger Marketing / Presse Canadienne auprès de 1507 Canadiens, du 5 au 13 juin

2001 (marge d'erreur de 2,6%, 19 fois sur 20). Léger Marketing, Étude sur les perceptions des Canadiens à l'égard de l'euthanasie, Rapport exécutif, 22 juin 2001, p.4.

44 Sondage Léger Marketing / Télé-Québec auprès de 1000 Québécois entre le 27 et le 31 octobre 2004 (marge d'erreur 3,4% / 19 fois sur 20).

45 Statistique Canada, Recensement 2001: série: «sondages», Les religions au Canada, 13 mars 2003, no. 96F0030XIF2001015, p. 12-19. «La croissance du nombre de personnes sans confession religieuse est liée à l'immigration. Le cinquième des 1,8 million d'immigrants arrivés au pays entre 1881 et 2001 a déclaré n'avoir aucune religion. C'est particulièrement le cas des personnes nées en République populaire de Chine, à Hong Kong [...] et à Taïwan.» Statistique Canada, Recensement 2001: série «analyse». Les Religions au Canada, op. cit., p. 9.

46 Statistiques données et recomposées à partir de Statistique Canada, Recensement 2001, 13 mai 2003, no. 95F0405OXCB2001003. Il est cependant à noter que l'institut du Québec établit à 16% des hommes et à 12% des femmes ne s'identifiant à aucune religion au Québec. Cité par Sylvie St-Jacques, «Croire à la dérobée», La Presse, 18 décembre 2004, p. A37. Il faudra attendre de nouvelles données pour expliquer cette différence et mieux identifier la tendance.

47 Sondage Léger Marketing / Presse Canadienne auprès de 1507 Canadiens, du 5 au 13 juin 2001 (marge d'erreur de 2,6%, 19 fois sur 20). Léger Marketing, Étude sur les perceptions des Canadiens à l'égard de l'euthanasie, Rapport exécutif, 22 juin 2001, p. 7

48 Statistique Canada, Recensement de 200, série «analyse», op. cit., p. 6.

49 CLARK, Warren «L'évolution de la pratique religieuse», Tendances sociales canadiennes, n° 59, hiver 2000, p. 26.

50 Ibid, p. 29.

51 Chiffre cité par David SAVOIE, «Sièges à combler», Le Droit, 5 avril 2005, Pulsion p.21.

52 Résultat cité par Nathalie COLLARD, «Les trois quart des Québécois croient à Dieu», Le Droit, 18 novembre 2004, p. 3.

53 Sondage Environics Research / Master Card Canada auprès de 2012 Canadiens entre le 7 et le 27 mars 2003 (marge d'erreur de 2,2% / 19 fois sur 20).

54 Sondage Crop / Radio-Canada auprès de 500 personnes au Canada de 16 à 35 ans, le 14 juillet 2002 (marge d'erreur de 4,4% / 19 fois sur 20). Résumé dans Fabien DEGLISE, «Sondage - Un Québec distinct jusque dans ses pratiques religieuses», Le Devoir, 22 juillet 2002.

55 Voir, entre autres, Reginald W. BIBBY, Retless Gods. The Renaissance of Religion in Canada, Toronto, Stoddart, 2002 et Restless Chrurches. How's Canada's Churches Can Contribute To The Emerging Religious Renaissance, Saint-Paul University, Novalis, 2004.

56 RATZINGER, Joseph, Le Nouveau Peuple de Dieu, op. cit, p. 128.

57 MEUNIER E.-Martin, et Jean-Philippe WARREN, Sortir de la «Grande noirceur». L'horizon «personnaliste» de la Révolution tranquille, Sillery, Éditions du Septentrion, Collection «Cahiers du Septentrion» n°. 22, 2002, 209 pages.

58 VEILLEUX, Marco, Entretiens..., op. cit.

59 OUELLET, Mgr Marc, Homélie inaugurale à l'occasion de l'Eucharistie marquant le début de son ministère pastoral comme Archevêque de Québec, Basilique de Québec, 26 janvier 2003.

60 MOUNIER, Emmanuel, L'affrontement chrétien (1945), Œuvres, tome 3, Paris, Seuil, 1961, p. 33.

61 HERVIEU-LÉGER, Danièle, Catholicisme, la fin d'un monde, Paris, Bayard, 2003, p.97.

Les écoles juives privées dans la tourmente

Pierre Anctil
Directeur de l'Institut d'études canadiennes, Université d'Ottawa

Il y a plus d'un siècle que l'on débat à Montréal de la place des élèves de confession juive dans le système scolaire québécois. En fait, la question des écoles juives reste une des plus marquantes de l'historiographie québécoise et ceci à plus d'un titre.

La Confédération de 1867 avait mis en place au Québec, par le biais de l'article 93 de la constitution, un réseau scolaire confessionnel public où les représentants de deux grandes religions se voyaient confier des responsabilités directes de gestion de l'enseignement, soit le catholicisme et le protestantisme, à l'exclusion de toutes les autres. L'affaire ne se présentait pas trop mal à cette époque car le Canada ne comptait à la fin du XIXᵉ siècle qu'un nombre très réduit de citoyens ne partageant pas la tradition chrétienne.

Tout changea quand débuta vers 1900 la grande migration juive en provenance d'Europe de l'Est. En 1931, quand ce mouvement démographique commence à s'essouffler, Montréal compte environ 60 000 Juifs et le yiddish est devenu la troisième langue la plus parlée à Montréal après le français et l'anglais. Les Juifs, dont les pères de la Confédération et les leaders religieux du temps n'avaient guère tenu compte dans leurs discussions constitutionnelles, se voyaient tout simplement exclus du réseau scolaire québécois du fait qu'ils ne pratiquaient aucune des deux religions dominantes du Canada.

Un jugement du Conseil privé de Londres confirma en 1928, à l'occasion de la cause Hirsch, que les adeptes du judaïsme ne possédaient aucun droit relativement aux commissions scolaires confessionnelles et publiques déjà en place depuis un demi-siècle à Montréal. La question resterait ouverte jusqu'aux années soixante.

Les élèves juifs ne pouvant attendre que les cours de justice portent un regard sur leur statut légal au regard de l'instruction publique, une loi provinciale datant de 1903 avait paré au plus pressé en déclarant que ceux-ci seraient considérés à des fins éducatives comme des protestants. En clair, cela signifiait que le clergé catholique, responsable du réseau scolaire de même nom et largement francophone, ne pouvait se résoudre pour des raisons doctrinales à admettre des Juifs sur les bancs de leurs écoles. Ces derniers se dirigèrent donc en masse dès le tout début du XXᵉ siècle vers des maisons d'enseignement tenues par des anglophones protestants, avec les conséquences linguistiques et culturelles que l'on sait.

Dès 1910

Voyant de part et d'autre leur place sans cesse remise en question dans les écoles publiques confessionnelles, des activistes juifs fondèrent dès les années 1910 à Montréal un réseau d'institutions scolaires privées allant des plus séculières aux plus orthodoxes, dont certaines prirent selon les périodes une forte coloration sioniste, socialiste ou encore communiste. À la fin des années 1930, les Juifs formaient le quart de la clientèle des écoles protestantes montréalaises, où leurs parents ne pouvaient ni voter ni briguer des postes de direction. Au même moment, les maisons d'enseignement juives privées s'étaient tellement développées que près de la moitié de la population juive y inscrivait ses enfants. Ces tendances se maintiendraient jusqu'au début du XXIᵉ siècle, sinon iraient s'accentuant.

Il fallut attendre les grands bouleversements de structure mis en place par la Révolution tranquille pour que la question des étudiants juifs trouve un début de solution dans le monde scolaire québécois. Héritant d'un réseau catholique privé très performant, plutôt que de le démanteler, les premiers titulaires du ministère de l'Éducation créé en 1964 avaient préféré l'intégrer au système nouvellement mis en place. Des subventions importantes furent donc accordées dès cette période aux maisons d'enseignement privées que l'Église animait sur une base confessionnelle depuis plusieurs siècles au Québec. Pour ne pas créer de nouveaux déséquilibres dans un milieu où les compartimentations confessionnelles continuaient d'exister, le gouvernement choisit d'offrir au cours des années 1960 un certain soutien financier aux écoles juives privées existantes, soit tout près d'une vingtaine en tout.

Des conditions

Un statut d'institution associée fut donc imaginé où 80 % des coûts d'opération étaient remboursés à la structure communautaire juive, et où les programmes d'enseignement séculiers se trouvaient assujettis aux critères du ministère de l'Éducation. Ce chiffre fut plus tard ramené à 60 %, ce qui correspond en gros à la proportion dont nous discutons toujours actuellement. Quelques années après la réforme scolaire de 1973 portant sur l'impôt scolaire, et à la suite en 1977 de l'élection pour la première fois des commissaires au suffrage universel dans l'Île de Montréal, les subventions aux écoles juives privées furent assujetties à l'obligation d'utiliser le français comme langue d'enseignement pendant quatorze heures par semaine.

D'autres changements fondamentaux de perspective attendaient encore le réseau scolaire public québécois, dont l'obligation à partir de 1977 pour les immigrants d'inscrire leurs enfants à l'école francophone, et l'amendement constitutionnel de 1998 créant au Québec des commissions scolaires non plus confessionnelles mais linguistiques. En 1990, le moratoire imposé quant à la reconnaissance de nouvelles écoles dites ethnoreligieuses privées, c'est-à-dire de foi ni catholique ni protestante, était levé par le gouvernement de Robert Bourassa. À la faveur de cette libéralisation, des écoles arméniennes, grecques orthodoxes et musulmanes obtenaient les mêmes avantages financiers et le même statut que les institutions d'enseignement juives fondées dès le début du XXᵉ siècle par les immigrants est-européens.

De fait, à cette époque, l'entente conclue vingt ans plus tôt avec les écoles de la communauté juive fut tout simplement étendue sur les mêmes bases à de nouvelles confessions. Depuis, une forte immigration en provenance de l'Afrique du Nord, du Moyen-Orient et de l'Inde a permis l'établissement au Québec de plusieurs dizaines de milliers de musulmans, de sikhs et d'adeptes de diverses autres religions non-chrétiennes, qui souhaitent ardemment voir les établissements d'enseignement privés qu'ils ont fondé reconnus par l'État.

Pendant que le monde de l'éducation traversait une tourmente sans précédent du fait de la déconfessionnalisation du secteur public et de l'arrivée dans les commissions scolaires francophones d'une importante clientèle allophone autrefois dirigée vers leurs équivalents protestants anglophones, les écoles juives privées montréalaises maintenaient le cap en attirant bon an mal an près de 6000 étudiants, pour la grande majorité nés au pays depuis plusieurs générations.

Financées par les parents, par la communauté juive et par le ministère de l'Éducation, les institutions scolaires juives comptent parmi les plus performantes et les mieux gérées au Québec, comme le révèlent régulièrement les classements annuels publiés dans les médias. En soi, rien donc ne permettait de prévoir au début de 2005 que la question des écoles juives prendrait soudainement le devant de la scène, au point de devenir pour le public un des symboles les plus ancrés de la gestion erratique du gouvernement Charest.

Une controverse inattendue

De fait, et c'est là un des éléments les plus importants de cette affaire, ni les parents juifs concernés, ni les enseignants de ces différentes institutions, ni les différentes composantes de la structure communautaire juive, dont le Congrès juif canadien, ne furent mis au parfum des tractations qui avaient lieu entre certains leaders juifs et les autorités publiques. Tout indique plutôt que la proposition de financer à 100 % cinq écoles juives fut déposée au cours de l'automne 2004 par les hautes instances de la Fédération CJA, l'organisme central chargé de planifier et de coordonner une prestation de services aux quelque 93 000 Juifs montréalais, et ce dans des domaines aussi divers que la santé, les services sociaux, la philanthropie, la culture, l'éducation et les loisirs.

De la même manière, ni les militants du Parti libéral du Québec, ni les députés de cette formation politique à Québec, ni les membres du cabinet Charest, à l'exception peut-être du ministre de l'Éducation, ne furent associés de près à la décision finale d'offrir 100 % de financement à cinq écoles juives privées, assortie d'une associa-

Voyant leur place sans cesse remise en question dans les écoles publiques, des activistes juifs fondèrent dans les années 1910 un réseau d'écoles privées.

Les écoles juives privées montréalaises attirent bon an mal an près de 6000 étudiants, pour la grande majorité nés au pays depuis plusieurs générations.

tion avec une commission scolaire montréalaise. On en veut pour preuve l'information parue le 20 janvier 2005 à l'effet que la présidente du Conseil du Trésor, Monique Jérôme-Forget, avait refusé le mois précédent d'avaliser sur le plan administratif le transfert des 10 millions de dollars nécessaires à la mise en place de la mesure, geste plus tard contourné de manière politique pendant une absence de la première intéressée. Il en va de même pour les fonctionnaires et les instances consultatives du ministère de l'Éducation, dont le Comité sur les affaires religieuses qui avait déposé en mars 2003 auprès du ministre de l'époque un avis intitulé : *Rites et symboles religieux à l'école. Défis éducatifs de la diversité.*

La décision de financer à 100% fut annoncée le 7 décembre 2004 par le ministre de l'Éducation Pierre Reid, à l'occasion de l'inauguration à l'école Talmud Torah d'une bibliothèque incendiée quelques mois auparavant. Elle ne fut relevée par aucun média, sans doute parce que peu de gens comprirent sur le coup la portée de la mesure, y compris les membres de l'Opposition officielle, et surtout parce qu'aucun communiqué de presse officiel ne fut émis à cette occasion.

L'affaire fut présentée pour la première fois au grand public par *Le Devoir* dans son édition du 13 janvier 2005. En page titre le quotidien montréalais annonçait ce jour-là qu'une subvention de 5 200 $ serait bientôt accordée par le ministère de l'Éducation à chaque en-

fant inscrit dans certaines écoles juives, soit 100% des coûts d'opération réguliers pour une institution de ce type. L'entente était assortie d'une association formelle avec les commissions scolaires Marguerite-Bourgeois et Lester B. Pearson, qui pouvaient conserver une petite fraction de la somme à titre de frais administratifs.

Un porte-parole du ministre Reid déclarait alors : « Ce n'est pas une entente basée sur des considérations religieuses [...] c'est une entente historique dans le but de favoriser les échanges culturels [...] et l'apprentissage interculturel chez les jeunes en milieu scolaire. » Le lendemain, 14 janvier 2005, *Le Devoir* enregistrait une série de réactions très senties à cette nouvelle, dont les commentaires favorables du Conseil musulman de Montréal, par la voix de son président l'imam Salam Elmenyawi, de l'Association des parents catholiques et de la Fédération des établissements d'enseignement privé du Québec. Toutes ces organisations voyaient dans le financement des écoles juives un précédent ouvrant la porte à des accommodements ou à des concessions de l'État face à l'enseignement religieux et face au réseau scolaire privé. D'autres intervenants y allaient toutefois de propos cinglants et fort hostiles contre la mesure, dont la Coalition pour la déconfessionnalisation du système d'éducation, présidé par Louise Laurin, le Mouvement laïque du Québec animé par Daniel Baril ainsi que les grandes centrales syndicales du Québec dont la Confédération des syndicats nationaux (CSN) et la Centrale des syndicats du Québec (CSQ).

Le 15 janvier 2005, Michel David, chroniqueur au *Devoir*, signait un réquisitoire très serré contre la décision prise par le ministre Reid, intitulé : «La connerie». Dénonçant le lien fait par le ministre entre l'incendie criminel à l'école Talmud Torah de Saint-Laurent, en avril 2004, et le financement à 100 %, David écrivait : «Loin de favoriser de meilleurs rapports entre la communauté juive et les autres composantes de la société québécoise, la décision de M. Reid risque au contraire de renforcer les préjugés dont cette communauté est l'objet». Dans un autre ordre d'idée David soulevait : «Alors que le système public crie famine, comment justifier que l'État accorde un financement équivalent à des écoles privées financées par des enfants dont les parents ont les moyens de payer des droits de scolarité de 7 000 $ par an.» Pour ce commentateur politique, aller de l'avant avec cette mesure risquait aussi d'attiser l'appétit d'autres communautés culturelles minoritaires laissées pour compte jusque-là.

Le 15 janvier, toujours dans *Le Devoir*, deux opinions contradictoires sur la question étaient présentées dans la page des lecteurs, soit celle favorable de Daniel Racine, directeur des services scolaires à l'école arménienne Sroup Hagop, et celle nettement plus critique d'Anne Laperrière, professeur de sociologie à l'UQAM. Le même jour, le financement à 100 % était dénoncé par la Fédération des commissions scolaires du Québec et par la présidente de la Fédération des comités de parents du Québec.

Au même moment, dans *La Presse* du 15 janvier, Gérard Bouchard, professeur à l'UQAC, faisait paraître un texte intitulé: «Une décision précipitée». La charge était complétée le 17 janvier par une opinion d'André Pratte, éditorialiste à *La Presse*, exigeant que le gouvernement se ressaisisse et abandonne la mesure avant que trop de dommage ne soit fait au milieu scolaire et dans le domaine des relations interculturelles.

Le débat ne prit toutefois une tournure catastrophique que le 18 janvier 2005, et de la manière la plus dommageable possible, c'est-à-dire quand le journal *La Presse* insinua qu'il fallait rattacher cette décision politique à une campagne de financement très réussie, menée en novembre 2004 auprès des électeurs de la communauté juive par le parti libéral du Québec. En somme, le gouvernement Charest agissait dans ce dossier en favorisant pour des raisons partisanes une communauté réputée pour ses sympathies libérales.

Jusque-là la réaction à l'affaire n'avait touché que des commentateurs chevronnés ou des dirigeants d'organismes liés à l'éducation. Il n'avait fallu que cette allusion au favoritisme politique pour que la question se retrouve le 19 janvier, sous un jour négatif, à la une de tous les quotidiens montréalais et dans toutes les salles de nouvelles des médias électroniques. Aussitôt, en quelques heures, la mesure proposée se mérita une réprobation quasi universelle, non seulement en éditorial de *La Presse*, du *Devoir* et de la *Gazette*, mais aussi semble-t-il dans l'ensemble de l'opinion publique autant francophone qu'anglophone. Un sondage publié le 19 janvier par Léger Marketing révélait en effet que 89 % de la population québécoise refusait de laisser le ministre

Tout indique que la proposition de financer à 100 % cinq écoles juives fut déposée au cours de l'automne 2004 par les hautes instances de la Fédération CJA.

de l'Éducation mettre en application son projet de financement des écoles juives.

Pendant qu'un déluge de protestations s'abattait sur le gouvernement libéral, le 19 janvier en après-midi, craignant sans doute que des retombées encore plus néfastes pour sa propre carrière politique, le premier ministre reculait au cours d'une conférence de presse improvisée et enterrait définitivement la mesure.

Relations interculturelles ou déficit financier à combler ?

En soi, le financement à 100 % des écoles juives privées n'avait rien d'illégitime ou d'inacceptable dans les circonstances. Certaines écoles grecques primaires bénéficiaient déjà de cette mesure depuis plusieurs années, en association avec la commission scolaire de Montréal. N'eut été de la manière dont le gouvernement s'y est pris pour annoncer sa décision, et de la façon dont il comptait justifier la mesure, il y a fort à parier que le débat aurait été plus serein et plus réfléchi.

Dans un texte publié le 18 janvier dans Le Devoir, Sylvain Abitbol, le président de la Fédération CJA, faisait appel à l'importance de relations interculturelles harmonieuses entre jeunes issus de la communauté juive et ceux appartenant aux autres traditions culturelles et religieuses présentes au Québec. Il insistait ensuite pour affirmer que : « Le véritable enjeu de cette initiative est l'intégration. » Prenant la parole presque au même moment, le premier ministre Charest et son ministre de l'Éducation évoquaient à leur tour la nécessité d'un rapprochement et d'une participation plus poussée des Juifs à la société québécoise : « L'objectif poursuivi, c'est l'intégration de tous les citoyens du Québec à la communauté québécoise. »

Or il n'est pas nécessaire d'être un grand clerc pour constater que les Juifs de Montréal se trouvent parfaitement à l'aise dans la vie économique et politique québécoise, et que les excellentes écoles privées fréquentées depuis longtemps par les jeunes de la communauté suffisent amplement à les préparer à leurs responsabilités de futurs citoyens. Plutôt, il aurait été plus juste de mentionner que ces institutions, pour performantes qu'elles soient sur le plan intellectuel et scolaire, souffrent d'un déficit annuel d'opération de plus de deux millions de dollars, que la Fédération CJA cherche à combler depuis longtemps par un moyen ou par un autre, dont le recours à une aide gouvernementale accrue.

Surtout, le gouvernement libéral se fit un tort immense en promettant une aide monétaire accrue à une seule communauté parmi les quatre qui bénéficiaient déjà de subventions scolaires à titre de minorités ethnoreligieuses. Dans un contexte démocratique et empreint d'un esprit de libéralisme civique, favoriser un groupe identitaire au sein de la population plutôt qu'un autre revêtait un caractère odieux et arbitraire, à moins de prouver que des formes de discrimination clairement établies ne viennent d'une manière ou d'une autre entraver la marche de ses membres vers l'équité.

En soi, le financement à 100 % des écoles juives privées n'avait rien d'illégitime. Certaines écoles grecques primaires bénéficiaient déjà de cette mesure.

Or rien dans l'argumentation du ministre Reid ne suggérait que les Juifs souffrent présentement d'entraves ou d'injustices criantes au sein de la société montréalaise ou québécoise, justifiant notamment des privilèges particuliers au niveau scolaire. Les leaders communautaires juifs qui s'exprimèrent en public dans ce contexte ne firent pas non plus allusion à des enjeux de défavorisation criants, sauf pour mentionner l'incendie criminel à l'école Talmud Torah dont on savait à cette époque qu'il avait été allumé par un individu isolé.

Certes des préjugés et des formes d'ignorance persistent toujours à l'encontre des Juifs au sein de la population francophone, mais qui ne sont pas une menace immédiate et insistante pour les premiers intéressés. Tant qu'à y être, le ministre Reid aurait sans doute été mieux inspiré de promettre des mesures égales à l'endroit de toutes les minorités religieuses ou de toutes les écoles confessionnelles privées. Le tollé soulevé contre de tels avantages financiers aurait sans doute été tout aussi assourdissant, mais au moins il aurait permis d'éviter d'isoler une communauté qui a dû affronter seule dans les circonstances l'opprobre des médias et de l'opinion publique. En fin de compte, l'affaire du financement à 100 % n'aura servi qu'à jeter les Juifs montréalais en pâture à l'opinion, confortant ainsi certains secteurs de la population québécoise dans leurs stéréotypes négatifs des minorités.

Mauvaise évaluation des risques

L'hécatombe qui a suivi le dévoilement par les médias de la mesure Reid montre bien que le gouvernement n'avait pas su évaluer les risques inhérents à un enjeu aussi sensible au sein de la société québécoise. Jamais autant de commentateurs et de porte-parole ne seraient montés aux barricades pour une affaire ne concernant strictement que le milieu scolaire, et jamais la déroute du gouvernement n'aurait été aussi complète s'agissant d'une question plutôt technique ou purement administrative. En fait le financement à 100 % des écoles juives s'en prenait de front à rien de moins que la question de la laïcité au sein de la société québécoise, débat dont on sait qu'il est loin d'être résolu et qui soulève des passions liées à la place des femmes dans les grandes traditions religieuses, à la légalité tribunaux islamiques et au rôle de l'État dans la gestion de l'espace public.

En prenant une pareille décision en décembre 2004, le premier ministre Charest donnait entre autre l'impression de vouloir réduire la neutralité récemment acquise du réseau scolaire public face aux croyances religieuses de toutes sortes. Il ouvrait également la voie à des subventions accrues pour les institutions d'enseignement privées de tout acabit, et ce, à un moment où les écoles publiques encaissaient des reculs budgétaires notables. Surtout, il remettait en question l'équilibre difficilement acquis depuis la Révolution tranquille dans le domaine du financement des écoles confessionnelles privées et des écoles ethniques.

De toute évidence, toucher impunément à autant de questions névralgiques, dont l'histoire québécoise récente montre qu'elles ont en général été résolues au prix de beaucoup de difficultés et au milieu de débats déchirants, ne pouvait mener qu'à un fiasco de pre-

L'hécatombe qui a suivi montre que le gouvernement n'avait pas su évaluer les risques inhérents à un enjeu aussi sensible au sein de la société québécoise.

mier ordre. Rarement la retraite d'un gouvernement québécois fut aussi brutale sur une question d'intérêt public et aussi précipitée. Visiblement, ni le premier ministre ni le ministre Reid n'étaient préparés à devoir affronter la colère quasi unanime des citoyens sur une décision en apparence aussi sectorielle.

Nul ne peut prédire aujourd'hui quelles seront les retombées à long terme de cette affaire. À la lumière de ce qui s'est passé en janvier 2005, il est toutefois possible d'affirmer sans trop se tromper que le débat autour des écoles juives, auquel nous venons d'assister, risque de rester dans la mémoire collective pendant plusieurs années encore, sinon pendant des décennies. Il y a fort à parier en effet que le financement à 100 % refera surface chaque fois qu'il s'agira de délimiter la responsabilité de l'État face aux croyances religieuses et face à leur enseignement dans le milieu scolaire.

Pour la communauté juive il y a là un contexte nouveau qui pourrait s'avérer rien de moins que catastrophique. L'opinion publique québécoise a été si braquée contre toute intervention gouvernementale accrue dans les institutions d'enseignement juives, que des voix rendues encore plus insistantes par les derniers événements s'élèveront pour réclamer l'abolition pure et simple de telles pratiques budgétaires de la part de l'État. Les écoles privées aussi seront touchées par une telle vindicte, même celles qui se réclament entièrement laïques. Il en va de même de toute forme apparente de fragmentation communautaire ou identitaire que des immigrants récents voudront promouvoir sur la place publique afin de faciliter leur intégration à la majorité.

Quoi qu'il en soit des écoles juives en particulier, le tempête de janvier 2005 montre que le débat sur la question religieuse ne fait que s'engager au Québec et qu'il est promis à un bel avenir, comme dans toutes les sociétés occidentales d'ailleurs. Assurément il ne sera plus possible dorénavant dans ce dossier d'agir de manière irréfléchie et désinvolte, ou de faire avancer les intérêts d'une seule communauté au détriment de toutes les autres.

La saga du CHUM

Kathleen Lévesque
Journaliste, *Le Devoir*

Le gouvernement du Québec vient de s'engager dans le plus important projet d'immobilisation en santé depuis 40 ans en donnant, en mars 2005, le coup d'envoi à l'implantation du Centre hospitalier de l'Université de Montréal (CHUM) au centre-ville. Pour y parvenir, il aura toutefois fallu qu'il traverse un débat houleux de quatre mois marqué par son indécision politique et sa difficulté à résister au lobby de l'establishment financier.

Le débat s'engage à l'automne 2004 alors que la dynamique paraît irréversible. Un regroupement de gens d'affaires a discrètement usé de tout son poids et la décision de construire le CHUM à Outremont est attendue pour la mi-décembre. Cette coalition d'intérêts est animée notamment par la famille Desmarais de Power Corporation.

Les acteurs économiques du secteur se montrent hésitants à défendre le site du centre-ville, pourtant favorisé dans le monde de la santé. La classe politique est également muette. La Ville de Montréal adopte son plan d'urbanisme qui prévoit la consolidation des activités hospitalières ainsi que les centres de recherche au centre-ville. Mais en coulisse, l'administration du maire Gérald Tremblay s'enthousiasme pour le projet à Outremont; des avis extérieurs sont demandés afin de contrer l'avis négatif des professionnels municipaux. Les élus locaux ne savent plus sur quel pied danser.

Les députés se réfugient également dans le silence. Les libéraux voient poindre une bataille entre le premier ministre Jean Charest et le ministre de la Santé et des Services sociaux, Philippe Couillard. Quant aux péquistes, toute prise de position dans le débat risque de mettre en lumière leur propre inertie dans le dossier depuis 1995 lorsqu'ils formaient le gouvernement.

Dans l'espoir de renverser cette tendance, des organismes communautaires du centre-ville décident de former une alliance et d'alerter l'opinion publique. Mais c'est peine perdue. Si quelques mois plus tôt, le dossier de la centrale thermique du Suroît avait soulevé un tollé dans la population, l'emplacement du CHUM n'émeut guère. La coalition ne réussit pas à mobiliser la société civile. Elle servira toute-

Philippe Couillard

Daniel Johnson fait la démonstration de l'explosion des coûts, de la pénurie de services directs à la population, des retards de réalisation et du transport ferroviaire dangereux à proximité du CHUM.

fois à légitimer l'intervention officieuse d'autres acteurs auprès des médias.

À compter de la mi-novembre, *Le Devoir* publie plusieurs informations qui contribuent à animer le débat. Cette médiatisation du dossier viendra bousculer le pacte informel qui semble lier les promoteurs d'Outremont et le gouvernement de Jean Charest.

Mulroney-Johnson pour le centre-ville

Rien ne laisse pourtant entrevoir une controverse d'une telle ampleur sur le choix de l'adresse à donner au futur CHUM lorsqu'en avril 2004, la Commission d'analyse des projets d'implantation du CHUM et du Centre universitaire de santé McGill (CUSM), coprésidée par l'ancien premier ministre du Canada, Brian Mulroney, et l'ancien premier ministre du Québec, Daniel Johnson, dépose son rapport.

La population croit alors que le dossier est clos. Après tout, en arrivant au pouvoir un an plus tôt, les libéraux avaient rejeté le gigantisme des superhôpitaux et établi de nouvelles balises budgétaires correspondant à la capacité financière de l'État québécois. L'impression sera renforcée au mois de juin suivant alors que le ministre de la Santé et des Services sociaux, Philippe Couillard, fait sienne la recommandation de la commission Mulroney-Johnson d'ériger le CHUM au centre-ville.

Mais depuis des mois, un autre projet circule et fait l'objet d'un jeu de coulisses assidu. Le recteur de l'Université de Montréal, Robert Lacroix, s'active auprès du cabinet du premier ministre pour forcer une révision de la position gouvernementale. Il plaide en faveur de la création non plus d'un hôpital universitaire, mais d'une cité du savoir et de la santé où la «synergie des intérêts» aurait des allures de «projet de société».

M. Lacroix sait se montrer convaincant. Il s'est notamment associé à l'influent fondateur de Power Corporation, Paul Desmarais, un libéral notoire. M. Desmarais a obtenu que CP accepte de vendre son immense terrain (l'ancienne gare de triage) à Outremont. Des consultants sont appelés en renfort pour étayer le projet. Des analyses d'impact, des plans préliminaires, une évaluation financière sont présentés à Québec.

Une technopole

La vision du recteur est claire: pour prétendre à un calibre international, le CHUM doit être érigé sur le même site que la faculté de médecine et les centres de recherche. De plus, Robert Lacroix soutient que son institution est à l'étroit sur le flanc nord du mont Royal et que la gare de triage du Canadien Pacifique (CP) située à Outremont offre la possibilité pour l'Université de Montréal d'y prendre de l'expansion aux côtés du CHUM. Jean Charest est séduit par le concept de tehnopole.

Le gouvernement débloque des fonds pour que la direction de l'actuel CHUM entreprenne différentes études sur la possibilité de construire le CHUM à Outremont. Un avis complémentaire est demandé à Daniel Johnson. Un comité interministériel impliquant sept ministères est mis sur pied et l'Agence de développement de réseaux locaux de services de santé et de services sociaux de Montréal doit faire l'analyse de la distribution des services. Tout se fait en secret.

Lorsque l'ampleur du soutien accordé au projet d'Outremont est révélée et le manque de transparence dans le processus décisionnel d'un tel dossier du même coup, la controverse explose littéralement. La direction de l'actuel CHUM et le rectorat de l'Université de Montréal entrent dans une guerre de chiffres : 170 millions les séparent dans l'évaluation qu'ils font du site d'Outremont.

Ils étaient pourtant frères d'armes moins d'un an plus tôt alors que les deux institutions s'entendaient sur la construction du futur hôpital dans la Petite Patrie. Or, cet emplacement a été écarté lorsque les libéraux ont pris le pouvoir ; officieusement, il était hors de question d'ériger le CHUM dans la circonscription de Gouin détenue par le Parti québécois, et qui plus est, où le député d'alors, André Boisclair, avait des velléités de devenir premier ministre.

On apprend par la suite que le gouvernement fédéral est de connivence avec les promoteurs d'Outremont. Le choix du gouvernement Charest n'est pas connu officiellement, mais le ministre fédéral des Transports, Jean Lapierre, est disposé à financer le déplacement des voies ferrées qui traversent la gare de triage. Une somme de 25 millions est ainsi prise en compte par l'Université de Montréal dans son évaluation du projet.

Deux milliards
Les appuis à Outremont continuent d'affluer alors que les adversaires

Daniel Jonhson et (en arrière plan) Brian Mulroney

peinent à obtenir le soutien de personnalités publiques. Toutefois, les experts gouvernementaux favorisent tous le site du centre-ville. Le projet d'Outremont coûterait plus de 2 milliards de dollars et ne permettrait pas de respecter l'échéancier de 2010, selon eux.

Le gouvernement Charest est sous pression ; la décision tarde à venir. La veille de Noël, il devient clair que l'élite du milieu des affaires aurait menacé de ne pas participer à la collecte de fonds privés nécessaires à

Le recteur de l'Université de Montréal plaide en faveur de la création non plus d'un hôpital universitaire mais d'une cité du savoir et de la santé.

Cour de triage du CP à Outremont

prend également une tournée pour tenter de freiner les critiques que le projet d'Outremont suscite ; elle contacte des chefs syndicaux mais aussi des journalistes.

Couture et Saint-Pierre pour Outremont

Coincé entre ce lobby et la multiplication des révélations qui commencent à tracer le contour de ce que certains voient comme une vaste machination, Jean Charest nomme en janvier un nouveau duo d'experts. Armand Couture et Guy Saint-Pierre doivent analyser les analyses déjà effectuées.

Le ministre Couillard n'a pas été associé à cette décision ; le mandat a été établi dans le bureau du premier ministre qui, lui, a été tenu au courant de l'évolution des travaux jusqu'à la rédaction du rapport.

Mais d'autres éléments du dossier sont débusqués. *La Presse*, qui appartient à l'empire Desmarais et dont les éditorialistes ont pris position en faveur d'Outremont, décide après deux mois de fouiller aussi le dossier.

Les dangers de construire un hôpital à proximité d'une voie ferrée où sont transportées des matières dangereuses sont démontrés.

Et comme si l'accumulation de faits ne suffisait pas, le jeu de souque à la corde que se livrent Jean Charest et son ministre de la Santé prend de l'ampleur. Après avoir affirmé qu'il n'avait d'oreille que pour le « lobby des patients », Philippe Couillard aurait menacé derrière des portes closes d'aller au bout de ses convictions et de démissionner. Il ne reste alors qu'une sortie de secours au premier ministre : la tenue d'une commission parlementaire.

la construction du CHUM si le gouvernement Charest rejette le projet d'Outremont.

Au début de janvier 2005, la famille Desmarais est de plus en plus active. L'épouse de Paul Desmarais junior (tête dirigeante de Power), Hélène Desmarais, lance un appel pressant dans la communauté des affaires pour que certains leaders comme les Jean Coutu, André Caillé, Rémi Marcoux, Pierre Boivin et autres Marcel Dutil prennent la parole publiquement. Mme Desmarais entre-

Le coup de grâce est donné par Daniel Johnson en commission parlementaire. L'ancien premier ministre fait la démonstration de l'explosion des coûts, de la pénurie de services directs à la population, des retards de réalisation et du transport ferroviaire dangereux à proximité du CHUM. La décision finale est annoncée le 24 mars. Cela vient mettre un terme à une décennie de tergiversations, croit-on.

Un nouveau projet

Des ego ressortent écorchés mais les perdants ne s'avouent pas facilement vaincus. Les gens d'affaires que l'on a vus occuper le devant de la scène, retournent à leur discrétion habituelle. Mais ils n'en travaillent pas moins à la réalisation d'une technopole de la santé et Outremont fait partie de leurs plans. Il en va de même pour l'Université de Montréal qui maintient son offre d'achat de la gare de triage auprès de CP. Elle veut y installer un nouveau campus. L'organisme Montréal International et la Ville de Montréal sont partenaires pour le développement d'une technopole de la santé sur cinq pôles, dont l'un à Outremont.

Le centre-ville risque de se retrouver avec un hôpital. Point. Les élus locaux se secouent et plaident le même argument servi quelques mois plus tôt par l'Université de Montréal, soit la synergie qu'entraîne la concentration autour de l'hôpital des centres de recherche et des entreprises liées à la santé. On craint surtout que les fonds publics soient éparpillés. Le contexte électoral à Montréal oblige le maire Gérald Tremblay à calmer le jeu en donnant l'assurance que des investissements importants seront octroyés au centre-ville.

Robert Lacroix

Après un débat houleux sur l'emplacement du CHUM, une nouvelle polémique semble ainsi se dessiner autour des retombées économiques que le futur hôpital générera. Plus de six mois après avoir annoncé que le CHUM sera construit là où s'élève l'actuel hôpital Saint-Luc, le financement n'est toujours pas réglé.

Tous les ingrédients pour l'irruption d'un nouveau volcan semblent réunis encore une fois. À moins que Jean Charest n'opte pour la transparence, mette de côté l'improvisation et n'apprenne à dompter les désirs des puissants.

Cliquez,
vous avez du travail !
www.emploiquebec.net

SERVICES D'EMPLOI EN LIGNE
- Offres d'emploi des secteurs privé et public
- Perspectives d'emploi par région
- Information sur plus de 500 métiers et professions

Mettez-vous au travail : visitez le site emploiquebec.net. Accédez par Internet à nos **services de placement et d'information sur le marché du travail,** de chez vous, d'un café Internet, d'une bibliothèque ou d'une école. Inscrivez-vous et recevez par courriel des offres d'emploi qui correspondent à votre profil.

Emploi
Québec

L'état du Québec

L'HOMME QUÉBÉCOIS EST-IL UN PERDANT?

La population

Les mythes de « l'exode des jeunes »

Les deux tiers des jeunes vivent dans leur région d'origine

Patrice LeBlanc
Groupe de recherche sur la migration des jeunes
Université du Québec en Abitibi-Témiscamingue

Les projections de l'Institut de la statistique du Québec[1] quant à l'avenir démographique de plusieurs régions du Québec sont plutôt inquiétantes. En effet, d'ici 2026, sur les 17 régions administratives, six connaîtront un déclin soutenu (Gaspésie-Îles-de-la-Madeleine, Côte-Nord, Abitibi-Témiscamingue, Saguenay-Lac-Saint-Jean, Bas-Saint-Laurent, Mauricie), quatre connaîtront une phase de transition d'une situation de croissance vers une situation de décroissance (Centre-du-Québec, Capitale-Nationale, Chaudière-Appalaches, Nord-du-Québec), tandis que seulement sept régions, essentiellement dans le sud ouest du Québec, verront la taille de leur population croître (Laurentides, Outaouais, Lanaudière, Laval, Montréal, Estrie, Montérégie). Selon ce scénario, les régions dites périphériques verront ainsi leur poids démographique diminuer au profit de la grande région de Montréal, de celles de l'Outaouais et de l'Estrie. Les jeunes sont souvent montrés du doigt en ce qu'ils contribueraient par leur « exode » à réduire la taille des populations régionales, d'autant qu'ils sont aussi à un âge où ils sont à même de procréer. Les différentes enquêtes du Groupe de recherche sur la migration des jeunes (GRMJ)[2] ont cependant permis de mettre en lumière que les parcours migratoires des jeunes sont beaucoup moins unidirectionnels qu'il ne le semble et que les jeunes sont plus présents qu'on ne le pense en général dans les régions périphériques du Québec.

Depuis près de 12 ans, le GRMJ observe et analyse la mobilité intraprovinciale des jeunes Québécois. Ces différents travaux illustrent les rapports complexes que les jeunes entretiennent avec les différents territoires qu'ils habitent. Amorcés en 1994 par une réflexion sur la question de l'exode des jeunes des régions dites périphériques vers les grandes centres urbains, ses travaux se sont rapidement cristallisés autour du concept de migration. En effet, cette dernière notion possède une connotation moins négative et un caractère moins irréversible que la précédente, rend mieux compte de ce que disent vivre les jeunes lors de leurs déplacements successifs, faits souvent d'aller-retour entre leur milieu d'origine et leur nouveau milieu de vie, et ouvre la porte à des interventions d'accompagnement ainsi que d'attraction pour agir positivement sur la migration des jeunes au profit des régions moins centrales du Québec, et non pas simplement de rétention.

Quel portrait peut-on faire de ces jeunes qui se déplacent sur le territoire québécois ? Quels rapports entretiennent-ils avec les régions qu'ils quittent et celles qui les accueillent ? L'enquête la plus récente du GRMJ permet d'apporter un éclairage neuf à ces questions.

Un nouveau sondage national

En 2004-2005, le GRMJ a réitéré un vaste sondage téléphonique qu'il avait déjà réalisé en 1999 en interrogeant cette fois-ci environ 6 000 jeunes québécois francophones, anglophones ou autochtones âgés de 20 à 34 ans[3]. Les différentes questions portaient tout autant sur le départ du domicile familial, sur le départ du milieu d'origine et l'intégration au lieu de la première migration, sur l'identité régionale et l'intérêt du répondant pour l'avenir de sa municipalité d'origine, sur l'évaluation de la situation actuelle, sur la stabilité et la mobilité potentielle du jeune, que sur son retour réel ou potentiel dans sa région d'origine.

Repères méthodologiques

Toute personne résidant au Québec ou toute personne résidant à l'extérieur du Québec mais dont la famille réside au Québec, âgée de 20 à 34 ans et pouvant s'exprimer suffisamment en français ou en anglais pour répondre à un questionnaire, était admissible au sondage. Le sondage repose sur plusieurs échantillons superposés et administrés séquentiellement. Le premier échantillon, appelé échantillon national, a permis de rejoindre 2 510 répondants à partir d'un modèle d'échantillonnage proportionnel étendu à l'ensemble du territoire québécois. À ce nombre se sont ajoutées des personnes qui, ne pouvant répondre au critère de sélection du suréchantillon anglophone (détails ci-après), ont pu être intégrées à ce noyau central pour totaliser 2 700 répondants. Un second échantillon représente un suréchantillonnage de 2 179 personnes s'appliquant à certaines régions et a été réalisé à partir de deux vagues de collecte de données. Les régions qui ont obtenu les ressources nécessaires à la réalisation de questionnaires supplémentaires sont au nombre de 8, soit le Bas-Saint-Laurent, le Saguenay–Lac-Saint-Jean, la Capitale-Nationale, la Mauricie, l'Estrie, l'Abitibi-Témiscamingue, la Gaspésie–Îles-de-la-Madeleine et Chaudière-Appalaches. Un suréchantillon a également été réalisé dans la région de la Côte-Nord. Pour les suréchantillons régionaux, la méthode d'échantillonnage est identique à celle utilisée pour l'échantillon national, mais le tirage supplémentaire a été fait à l'intérieur des régions ciblées. Un troisième échantillon représente un suréchantillonnage de 1081 répondants anglophones, sélectionné à partir du critère suivant : utiliser l'anglais à la maison. Le tirage s'est fait à partir des banques d'informateurs constituées par la firme de sondage pour la réalisation de ses sondages Omnibus. L'échantillon a été tiré parmi les « non-

GRAPHIQUE 1 **Profil de migration des jeunes Québécois**

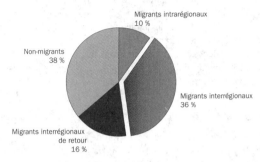

Source : GRMJ, Sondage sur la migration des jeunes, 2004-2005

francophones », c'est-à-dire parmi les personnes dont la langue maternelle est en principe autre que le français. Un quatrième échantillon est constitué de 37 autochtones des communautés suivantes : montagnaise, attikamek, algonquine et huronne. Il s'agissait avant tout d'un pré-test qui a permis d'évaluer la faisabilité d'une enquête de plus grande envergure auprès des jeunes autochtones, conformément aux paramètres méthodologiques établis pour l'ensemble du sondage. Les données de l'échantillon national, des suréchantillons régionaux, du suréchantillon anglophone et du suréchantillon au-

tochtone ont été, après pondération adéquate, amalgamées dans un fichier total (5 997 personnes). La pondération a pour effet de redonner à toutes les régions et aux sous-groupes de répondants le poids qu'ils ont dans la population québécoise âgée de 20-34 ans. Les entretiens téléphoniques se sont déroulés entre mai 2004 et février 2005. La durée moyenne des entrevues complétées est de 33 minutes.

L'échantillon final comprend, une fois pondéré, 51 % d'hommes et 49 % de femmes ; 34 % de jeunes âgés de 20 à 24 ans, 34 % âgés entre 25 et 29 ans et 32 % âgés entre 30 et 34 ans. Soixante-dix-huit pour cent des répondants déclaraient avoir le français comme langue maternel, 7 % l'anglais, 2 % l'anglais et le français tandis que 13 % de l'échantillon affirmaient avoir une langue maternelle autre que le français ou l'anglais. Si 3 % des répondants avaient au mieux un diplôme primaire complété, 25 % des jeunes avaient complété un diplôme secondaire, 38 % un diplôme collégial et 34 % un diplôme universitaire. Au cours de la dernière année, 61 % des jeunes répondants étaient au travail (dont 90 % à temps plein), 4 % à la recherche d'un emploi, 25 % aux études et 9 % à la maison, tandis que 1 % des jeunes déclaraient avoir une autre occupation.

Plus du tiers des jeunes (38 %) sont des non-migrants, c'est-à-dire des jeunes qui vivent toujours dans la même

GRAPHIQUE 2 **Âge de la première migration selon le sexe**

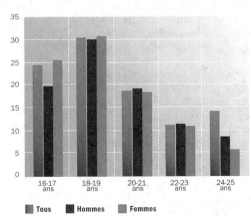

Source : GRMJ, Sondage sur la migration des jeunes, 2004-2005

municipalité que celle de leurs parents sans l'avoir quittée pour plus de six mois. Dix pour cent des jeunes sont des migrants intrarégionaux en ce qu'ils ont déménagé pour plus de six mois dans une autre municipalité de la même région administrative, certains étant revenus dans leur municipalité d'origine. Trente-six pour cent des jeunes sont des migrants interrégionaux puisqu'ils vivaient au moment de l'enquête dans une autre région administrative que celle de leurs parents, tandis que 16 % sont des migrants interrégionaux de retour, revenus dans leur région d'origine. On remarquera que près des deux tiers (64 %) des jeunes de 20 à 34 ans vivent dans leur région d'origine[4] et que 32 % de l'ensemble des jeunes migrants interrégionaux (tant ceux qui vivent à l'extérieur de la région d'origine que ceux qui y vivent au moment de l'enquête) sont des migrants interrégionaux de retour[5]. Contrairement à la croyance populaire, les jeunes sont donc encore fortement présents dans leur région d'origine et nombreux sont ceux qui y reviennent après un séjour dans une autre région administrative.

La première migration

Les jeunes quittent pour la première fois leur municipalité d'origine à un âge relativement jeune. En effet, plus de la moitié des premières migrations s'effectuent avant l'âge de 20 ans alors que moins de 15 % auront lieu après 23 ans. En fait, 25 % des jeunes ont migré pour une première fois à 17 ans ou moins, 31 % l'ont fait à 18 ou 19 ans, 19 % à 20 ou 21 ans et 11 % à 22 ou 23 ans. Les femmes migrent à un âge plus précoce que celui des hommes. Elle sont plus nombreuses à effectuer leur première migration avant l'âge de 20 ans, tandis que les hommes migrent davantage que les femmes pour une première fois à partir de 20 ans.

La première migration s'effectue pour une proportion assez importante de jeunes dans leur propre région administrative. Quelle que soit la région d'origine[6], c'est toujours entre 41 % et 57 % des jeunes qui migrent pour une première fois dans leur région d'origine. Montréal se démarque avec 72 % des jeunes qui, lors de leur première migration, restent dans la région, tandis que les régions Gaspésie-Îles-de-la-Madeleine (28 %) et Côte-Nord (25 %) sont celles qui voient la plus forte proportion de jeunes partir pour une autre région lors de cette même première migration. Les régions de Montréal, de la Capitale-Nationale et de la Montérégie sont celles qui, après les régions d'origine des jeunes, accueillent le

TABLEAU 1   **Connaissance du lieu de la première migration selon le sexe et selon le type de première migration (en %)**

	Connaissance du lieu de la première migration			
	Beaucoup	Assez	Peu	Pas du tout
Hommes	19,5	21,6	30,0	29,0
Femmes	20,4	21,1	26,9	31,5
Migration intrarégionale	33,7	27,2	24,0	15,1
Migration interrégionale	15,7	19,6	30,5	34,2
Total	**20,0**	**21,3**	**28,5**	**30,3**

Source : GRMJ, Sondage sur la migration des jeunes, 2004-2005.

TABLEAU 2   **Motifs du déménagement au lieu de la première migration selon le type de première migration (en %)**

Motif de départ	Migration intrarégionale	Migration interrégionale	Total
Pour vivre votre vie	85	77	79
Pour améliorer vos perspectives d'avenir	56	62	61
Pour avoir une bonne qualité de vie	63	52	55
Pour poursuivre des études	42	58	54
Pour des raisons de travail	25	30	28

Source : GRMJ, Sondage sur la migration des jeunes, 2004-2005.

plus de migrants. Elles reçoivent respectivement 31 %, 15 % et 10 % des jeunes lors de leur première migration.

Qu'ils soient des hommes ou des femmes, les jeunes connaissent relativement peu le lieu de leur première migration à l'époque de celle-ci. En effet, 59 % des hommes et 57 % des femmes déclarent connaître peu, voire pas du tout le lieu de leur première migration. Cette connaissance grimpe tout à fois à 61 % lors de migrations intrarégionales; elle n'est que de 36 % lors de migrations interrégionales.

Plusieurs raisons peuvent expliquer le déménagement vers le lieu de la première migration. Cependant, contrairement à ce que l'on pourrait croire, ce n'est pas d'abord l'emploi qui l'explique le plus fortement. En effet, seulement 28 % des jeunes migrants ont identifié l'énoncé « Pour des raisons de travail » pour expliquer leur première migration. En fait, c'est le motif « Pour vivre votre vie » qui recueille le plus haut de pourcentage, avec 79 % des jeunes qui l'ont choisi. L'amélioration des perspectives d'avenir, la volonté d'avoir une bonne qualité de vie et la poursuite des études sont les trois autres raisons identifiées par plus de 50 % des répondants (respectivement par 61 %, 55 % et 54 % des jeunes migrants).

Les raisons invoquées pour expliquer sa première migration varient peu selon qu'elle soit réalisée à l'intérieur ou à l'extérieur de la région d'origine. On notera toutefois que les raisons « Pour vivre votre vie » et « Pour avoir une bonne qualité

TABLEAU 3   **Évaluation de certains aspects de la municipalité d'origine et ses environs selon le profil de migration (% de tout à fait d'accord et plutôt d'accord)**

	Non migrants	Migrants intrarégionaux	Migrants interrégionaux	Migrants interrégionaux de retour
Pas d'emploi pour moi	28	47	42	33
Pas d'avancement	27	46	47	36
Décideurs ne bougent pas assez vite	56	53	51	51
Région trop contrôlée par générations plus âgées	37	41	38	39
Pas assez de loisir	26	40	30	30
Pas d'activités culturelles	23	36	31	28

Source : GRMJ, Sondage sur la migration des jeunes, 2004-2005.

de vie » sont choisies plus fréquemment par les jeunes migrants intrarégionaux que par les jeunes migrants interrégionaux, tandis que ces derniers choisissent dans des proportions un peu plus élevées les motifs reliés à l'amélioration des perspectives d'avenir, à la poursuite des études et au travail.

Intérêt pour l'avenir de la municipalité d'origine et éléments d'évaluation
On pourrait croire que la migration des jeunes les amène à se désintéresser de l'avenir de leur municipalité d'origine et à en faire une évaluation négative. Loin des yeux, loin du cœur, dit-on parfois. Pourtant, il n'en est rien. Le plus récent sondage du GRMJ démontre en effet que 67 % des migrants interrégionaux se disent encore très intéressés ou assez intéressés par ce que va devenir leur municipalité d'origine dans l'avenir. C'est même chez ce type de migrants, vivant au moment de l'enquête dans une autre région administrative, que l'on obtient le niveau d'intérêt le plus élevé. Les migrants ayant déménagé ailleurs dans la région d'origine de même que ceux qui après un séjour à l'extérieur de celle-ci y sont revenus se disent intéressés pour l'avenir de leur municipalité d'origine dans des proportions un peu plus faible de 64 % et 61 %.

Tout comme l'intérêt pour l'avenir de la municipalité d'origine est grand, l'évaluation qui en est faite reste dans l'ensemble assez positive, bien qu'elle varie en fonction du profil de migration des jeunes. D'abord, quant à la situation en regard de l'emploi, les non-migrants et les migrants interrégionaux de retour en font une évaluation plutôt positive. En effet, seulement 28 % des non-migrants et 33 % des migrants interrégionaux de retour estiment qu'il n'y a pas d'emploi pour eux dans leur municipalité d'origine et ses environs, tout comme ils estiment respectivement à 27 % et 36 % qu'ils ne pourront pas y avoir d'avancement. Les migrants intrarégionaux et les migrants interrégionaux de retour sont un peu moins optimistes puisqu'ils sont d'accord un peu plus fortement avec l'idée qu'il n'y a pas d'emploi pour eux dans leur municipalité d'origine et avec celle qu'ils ne pourront pas y avoir d'avancement. Les pourcentages d'accord avec les différents énoncées varient entre 42 % et 47 %.

En ce qui a trait aux activités culturelles et de loisirs, ce sont les jeunes non-migrants qui en font l'évaluation la plus positive : seulement près du quart de ceux-ci estiment qu'il n'y a pas assez de loisir (26 %) ou pas assez d'activités culturelles (23 %) dans leur milieu. À l'opposé, les migrants intrarégionaux sont davantage d'accord avec le manque de loisir (40 %) et

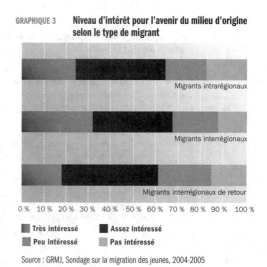

GRAPHIQUE 3   **Niveau d'intérêt pour l'avenir du milieu d'origine selon le type de migrant**

Migrants intrarégionaux

Migrants interrégionaux

Migrants interrégionaux de retour

0 % 10 % 20 % 30 % 40 % 50 % 60 % 70 % 80 % 90 % 100 %

■ **Très intéressé**   ■ **Assez intéressé**
■ **Peu intéressé**   ■ **Pas intéressé**

Source : GRMJ, Sondage sur la migration des jeunes, 2004-2005

TABLEAU 4   **Caractère définitif ou temporaire du lieu de résidence au moment de l'enquête selon le profil de migration (en %)**

	Caractère du lieu de résidence		
	Temporaire	Définitif	Autre
Non-migrants	7	93	0
Migrants intrarégionaux	39	60	1
Migrants interrégionaux	55	44	1
Migrants interrégionaux de retour	48	51	1
Total	**51**	**48**	**1**

Source : GRMJ, Sondage sur la migration des jeunes, 2004-2005

le manque d'activités culturelles (36 %). Paradoxalement, les jeunes qui ont sans doute connu des milieux plus riches du point de vue des loisirs et des activités culturelles, parce qu'ils ont migré vers des plus grandes villes, ont une perception positive qui se rapproche un peu plus de celle des non-migrants que de celle des migrants intrarégionaux. En effet, environ 30 % des migrants interrégionaux ou interrégionaux de retour évaluent négativement la situation.

Enfin, dans un registre un peu plus politique, plus de la moitié des jeunes (entre 51 % et 56 % des répondants), quelque soit leur profil de migration, sont d'accord avec l'idée que les décideurs ne bougent pas assez vite. Par contre, seulement autour de 40 % d'entre eux estiment que la région est trop contrôlée par les générations les plus âgées.

La question du retour

Le retour vers le lieu d'origine est sans aucun doute la question qui préoccupe le plus lorsque l'on s'intéresse à la migration des jeunes Québécois. C'est en effet autour de celle-ci que prennent corps pour plusieurs intervenants et décideurs régionaux certains enjeux démographiques de leur région.

GRAPHIQUE 4   **Raisons pouvant expliquer un éventuel retour dans la municipalité d'origine**

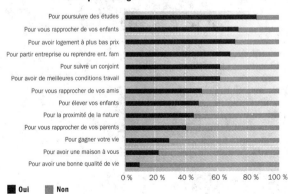

■ Oui   ■ Non

Source : GRMJ, Sondage sur la migration des jeunes, 2004-2005

Constatons d'abord que 51 % des jeunes non-migrants ou migrants considèrent leur lieu de résidence au moment de l'enquête comme temporaire. Cette proportion est plus grande chez les migrants interrégionaux (55 %) et beaucoup plus faible chez les non-migrants (7 %), tandis qu'elle est de 39 % chez les migrants intrarégionaux et de 48 % chez les migrants interrégionaux de retour. De plus, seulement 47 % des répondants souhaitent vivre dans une grande ville (18 %) ou dans sa banlieue (29 %), tandis que 25 % souhaitent vivre à la campagne, 21 % dans une ville moyenne et 7 % dans un village. Ainsi, la ville attire les jeunes migrants mais ne constitue pas un lieu où ils souhaiteraient passer toute leur vie d'adulte. Mais si de nombreux jeunes sont encore mobiles, reviendraient-ils pour autant vivrent dans leur municipalité d'origine? Les jeunes migrants intrarégionaux qui ne vivent pas dans leur municipalité d'origine tout comme les migrants interrégionaux répondent oui à cette question à 58 % si les circonstances s'y prêtaient.

En fait, plusieurs raisons pourraient justifier ce retour dans leur municipalité d'origine. La raison la plus souvent évoquée, par 85 % des jeunes migrants, est la volonté d'avoir une meilleure qualité de vie, suivie à 73 % par « Pour avoir une maison à vous ». L'emploi, représenté par l'énoncé « Pour gagner sa vie », n'arrive qu'en troisième place : 71 % des jeunes estiment que cela pourrait justifier un retour au lieu d'origine. Trois autres raisons obtiennent un niveau d'assentiment de plus de 60 % : « Pour vous rapprocher de vos parents » (68 %), « Pour élever vos enfants » (61 %) et « Pour la proximité de la nature » (61 %).

Le portrait est quelque peu différent lorsque l'on interroge les migrants intrarégionaux ou interrégionaux qui sont revenus dans la région du lieu d'origine. Si la volonté d'avoir une bonne qualité de vie arrive encore en première place (identifiée par 82 % des répondants), « Pour gagner sa vie » se classe cette fois-ci en deuxième place (70 %) quant aux raisons justifiants le retour dans la région d'origine. Se rapprocher de ses parents (62 %) et de ses amis (62 %) ainsi que la proximité de la nature (57 %) expliquent aussi assez fortement le retour des jeunes.

Ainsi, d'une façon générale, trois groupes de facteurs expliquent le retour potentiel ou réel des jeunes dans leur milieu d'origine : d'abord, la qualité du milieu de vie et la proximité de la nature, ensuite l'emploi et enfin les relations sociales avec les parents et les amis.

Conclusion

Les différentes enquêtes du GRMJ, notamment le sondage de 2004-2005 dont nous venons de présenter quelques résultats, permettent de déboulonner quelques mythes tenaces quant au jeunes et leurs rapports au territoire. D'abord, les jeunes n'ont pas tous fui leur région administrative d'origine : plusieurs ne l'ont jamais quittée, d'autres s'y sont déplacés, tandis que d'autres encore y sont revenus. En fait, c'est près de 65 % des jeunes de 20 à 34 ans qui vivent

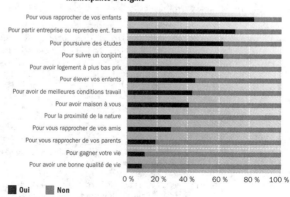

GRAPHIQUE 5   **Raisons expliquant le retour dans la région de la municipalité d'origine**

Source : GRMJ, Sondage sur la migration des jeunes, 2004-2005

171

dans leur région d'origine. D'autre part, si les jeunes sont mobiles, leurs migrations ne sont pas unidirectionnelles, allant des régions dites périphériques vers les grands centres urbains. Nombreux sont les jeunes qui veulent vivre ailleurs que dans la grande ville ou sa banlieue et plusieurs décident après des séjours plus ou moins longs à l'extérieur de leur région d'origine d'y revenir. De plus, le regard que les jeunes portent sur leur milieu d'origine est somme toute assez positif. Les perspectives d'emploi leur semblent bonnes, les loisirs et les activités culturelles sont en nombre suffisant.

Ce ne sont pas des conditions de vie difficiles et des perceptions négatives de la région d'origine, notamment au regard de l'emploi, qui incitent les jeunes à migrer mais bien une volonté de vivre sa vie, à comprendre ici comme une désir de prendre une distance du milieu familial, de faire ses propre expériences et d'acquérir autonomie et indépendance. En ce sens la migration des jeunes est intimement lié à la période du cycle de vie – la jeunesse – qu'ils traversent. Cette période de la vie est également marquée pour certains par une volonté de poursuivre des études supérieures, ce qui vient renforcer et justifier le besoin d'aller vivre dans un plus grand centre urbain.

Enfin, si l'emploi explique en partie le retour des jeunes dans leur région d'origine, la qualité de vie, la proximité de la nature ainsi que la présence des parents et des amis jouent un rôle non négligeable lorsque vient le temps pour les jeunes de décider de leur milieu de vie.

En définitive, les jeunes façonnent, par leur présence ou absence, les différents territoires du Québec, mais ceux-ci à leur tour offrent ou non les opportunités d'épanouissement et d'expérimentation de la vie adulte qu'ils recherchent. Se créent dès lors des rapports variés entre les jeunes et les territoires qu'ils quittent, traversent et adoptent, rapports dont il importe de saisir toute la complexité[7].

Notes

1 INSTITUT DE LA STATISTIQUE DU QUÉBEC, (2004). Si la tendance se maintient…Perspectives démographiques, Québec et régions, 2001-2051. (Disponible en ligne à : www.stat.gouv.qc.ca/publications/demograp/pdf/tendance2001_2051.pdf)

2 Le Groupe de recherche sur la migration des jeunes (GRMJ) est sous la responsabilité de Patrice LeBlanc de l'UQAT. Font partie de ce groupe en 2004 les professeurs : Serge Côté et Frédéric Deschenaux de l'UQAR, Lucie Fréchette de l'UQO, Madeleine Gauthier et Myriam Simard de l'INRS Urbanisation, Culture et Société, Camil Girard et Martin Simard de l'UQAC, Claude Laflamme de l'Université de Sherbrooke, Marie Lequin et Jean-Louis Paré de l'UQTR, Marc Molgat de l'Université d'Ottawa, Derek Wilkinson, de l'Université Laurentienne. Au fil des ans, plusieurs agents de recherche, assistants et étudiants ont participé à ses travaux.

3 La première fois, 5518 jeunes avaient répondu au questionnaire en français. Contrairement à la nouvelle version du questionnaire, aucune question ne permettait alors de déterminer l'identité francophone, anglophone ou autochtone des répondants. Pour les résultats de ce premier sondage voir GAUTHIER, Madeleine, Marc MOLGAT et Serge CÔTÉ (2001). La migration des jeunes au Québec. Résultats d'un sondage auprès des 20-34 ans du Québec, INRS Urbanisation, Culture et Société, 2ᵉ édition, 113 pages. (Disponible en ligne à : www.obsjeunes.qc.ca/F/Projets/espace/realisations/Sondage-20-34.pdf)

4 Cette proportion passe même à 75 % dans les six régions identifiées par l'ISQ comme étant en décroissance démographique.

5 Ce taux de retour est de 50 % dans les régions identifiées par l'ISQ comme étant en décroissance démographique.

6 La méthode d'échantillonnage retenue par le GRMJ fait en sorte qu'il est difficile de décrire avec un degré de fiabilité élevé la migration des jeunes des régions de Lanaudière, Centre-du-Québec, Nord-du-Québec, Laval et Laurentides. Il n'en est donc pas question ici.

7 Pour obtenir des analyses plus complètes des différentes enquêtes du GRMJ, le lecteur est invité à consulter le site Web de l'Observatoire Jeunes et société (www.obsjeunes.qc.ca) sous l'onglet Rapport à l'espace. On consultera aussi le dernier ouvrage collectif du groupe : LEBLANC, Patrice et Marc MOLGAT (dir.) (2004), *La migration des jeunes. Aux frontières de l'espace et du temps*, Collection Culture & Société, Presses de l'Université Laval, Sainte-Foy.

L'homme québécois est-il un perdant?

« La souffrance moderne est une identité
et presque une raison d'être. »
Pascal Bruckner

Mathieu-Robert Sauvé
Journaliste et auteur

De Montcalm aux films québécois contemporains comme *Horloge biologique*, l'homme québécois est présenté comme un perdant. Cette perception est-elle justifiée?

« Nous sommes des perdants perpétuels », dit Jacques Parizeau à son biographe, Pierre Duchesne, cinq ans après le référendum de 1995.

Dans cette phrase lourde de sens, l'ancien chef du Parti québécois résume avec cynisme un trait caractéristique de la perception que l'homme d'ici a de lui-même. L'homme du Québec est un perdant. Un *loser*. C'est ainsi qu'il se perçoit et l'année 2005 a renforcé comme jamais cette perception...

Quand on survole notre histoire, il faut convenir que les grandes victoires n'ont pas été au rendez-vous. Même avant que le Québec n'ait un nom, Joseph de Montcalm, le premier émissaire puissant de la Nouvelle-France, s'est écrasé contre un jeune militaire cruel et sanguinaire du nom de James Wolf. L'affrontement n'a duré que 15 minutes. Puis, la déroute des rebelles

patriotes en 1837 et 1838 a alimenté ce sentiment d'échec. Moins d'un siècle plus tard, les porte-parole québécois ont été désavoués durant les crises de la conscription de 1917 et 1942. Puis, le non l'a emporté lors des référendums de 1980 et en 1995...

On peut bien sûr évoquer quelques victoires sur la route des souverainistes : le PQ porté au pouvoir en 1976, l'adoption des lois linguistiques, la création du Bloc québécois en 1990. Mais l'objectif ultime des sécessionnistes, lui, a toujours semblé s'éloigner.

Certains prétendent qu'il n'y a pas de lien de cause à effet entre la bataille des plaines d'Abraham et l'état d'esprit du jeune homme d'une école secondaire de Trois-Rivières, en 2005, qui pense quitter ses études pour aller laver de la vaisselle dans une auberge de Banff. Pour ce jeune homme qui ne connaît presque rien de son histoire, Papineau et Montcalm ne seront jamais que des noms de rues ou de centre commercial. Mais qu'on le veuille ou non, il partage avec ses contemporains une certaine perception de lui-même : une identité marquée par le défaitisme.

Fernand Dumont, dans *Genèse de la société québécoise*, affirme : «Quand les journaux et les élites du Canada anglais jetaient à la face des vaincus les qualificatifs d'ignorants, d'illettrés, d'incapables, que Durham reprit dans son célèbre rapport, les francophones n'étaient-ils pas enclins, sinon à approuver ce portrait d'eux-mêmes, du moins à s'interroger sur sa ressemblance? Un certain complexe d'infériorité s'est insinué dans le peuple et dans les élites, traduit dans les gestes de soumission ou de vaines colères dont la tradition ne s'est jamais perdue tout à fait. Né dans la seconde moitié du XIXe siècle, le nationalisme a hérité de ce réflexe défensif[1]. »

On ne perd pas impunément des batailles aussi décisives sans laisser de traces. Celles-ci sont profondément enracinées dans l'imaginaire collectif. Pour s'en convaincre, il suffit de porter un regard panoramique sur le type de personnages masculins créé par nos auteurs d'ouvrages de fiction, nos scénaristes, nos scripteurs de téléromans. Même les concepteurs d'annonces publicitaires ne se gênent plus pour offrir aux clientèles visées des hommes pitoyables, tournés en dérision par leur conjointe souriante et cheveux au vent.

Dans l'œuvre de Michel Tremblay, l'homme de la maison ne sert que de faire-valoir aux désirs d'émancipation des femmes. L'homme dur, manipulateur et grossier se met au travers de leur route. Cela crée des situations dramatiques très riches, bien entendu, mais aussi très manichéennes.

De même, le mauvais père est un personnage récurrent. Au mieux il est absent, indifférent au malheur des siens. Au pire il est la cause de leurs déconvenues. C'est vrai chez Tremblay, mais également chez Marcel Dubé, Claude-Henri Grignon, Félix-Antoine Savard, Monique Proulx, Yves Beauchemin, Louis Hamelin. Quand on trouve un véritable héros, prêt à sacrifier sa liberté au bénéfice de l'amour de sa famille ou de la patrie, l'auteur le fait mourir avant la fin, comme dans *Maria Chapdelaine*, de Louis Hémon.

Horloge biologique

La cinématographie récente n'échappe pas à la règle. Sébastien, Fred et Paul, les héros *Horloge biologique*, sont des jeunes hommes qui n'ont aucun contrôle sur leur vie; des hommes «Whippet», pour reprendre l'expression de Charles Paquin, du nom d'un chien qu'on doit battre («Whip-it») pour lui faire entendre raison.

En cela, les hommes de Ricardo Trogi s'insèrent à merveille dans la lignée d'homoncules qui dominent la filmographie québécoise. Il faut remonter à la lointaine tradition orale pour retracer des mâles vaillants, courageux et épris de liberté auxquels la descendance aurait pu rêver de s'identifier. Malheureusement, ces bûcherons et coureurs de bois ne figurent plus que dans quelques contes et légendes. Depuis Philippe Aubert de Gaspé, les Ti-Coune tiennent les premiers rôles.

Il y a pourtant quelque chose d'inouï dans l'obsession père-fils que les cinéastes explorent depuis quelques années. Denys Arcand a fait mourir son personnage principal (un père) dans *Les invasions barbares*; Sébastien Rose fait mourir le sien dans *La vie avec mon père*.

Dans les deux cas, il s'agissait d'hédonistes amoraux, découvrant sur le tard les vrais bonheurs de la vie. On peut bien sûr se réjouir de toutes ces morts symboliques. Sigmund Freud applaudirait sûrement. Mais on peut s'inquiéter aussi de cette monomanie : l'homme d'aujourd'hui refuse le devoir de durer.

Les relations paternelles sont les véritables stars de *Gaz bar blues*, *La vie avec mon père*, *C.R.A.Z.Y.*, et cette *Horloge* qui sonne le succès de l'été. Si chacun de ces longs-métrages présente des modèles intéressants d'hommes aux prises avec des déchirements existentiels propres aux relations humaines, *Horloge biologique* trace certainement le tableau le plus cynique. Le trio de trentenaires attardés reprend d'ailleurs là où le précédent film de Ricardo Trogi, *Québec-Montréal*, avait laissé. On y voit des hommes *Peter Pan*, soit d'éternels adolescents terrorisés à l'idée de devenir adultes. Ils sont, de plus, dominés sinon méprisés par leur conjointe. Quand Sébastien tente d'obtenir un prêt personnel pour accompagner ses amis à Anticosti, l'agente de financement lui répond simplement : « Non. Pas si sa compagne ne signe pas. »

Dans leur vie intime, ces hommes préfèrent de loin la malhonnêteté, la superficialité et la subordination. Il n'y a qu'entre eux, à l'occasion de leur « 5 à 7 » hebdomadaire, que la véritable franchise apparaît. Pour se dire les vraies affaires, il faut être saoul et à l'abri de l'autre sexe.

L'horloge contre le couffin

Cela dit, *Horloge biologique* est un film très réussi. On rit à s'en taper les cuisses. Mais pourquoi la comédie fait-elle rire ? Parce qu'elle accentue des traits dominants d'une réalité. Si on rit, c'est que l'image est un reflet troublant.

Pour trouver un point de comparaison cinématographique sur la paternité, il faut remonter à *Trois hommes et un couffin*, de Coline Serreau. Réalisé en 1985 et repris deux ans plus tard aux États-Unis par Leonard Nimoy (*Three men and a baby*), ce film présente trois colocataires qui pensent à tout sauf à la paternité. Jusqu'à ce qu'on dépose un bébé à leur porte. Plongés dans les couches et les biberons, les célibataires endurcis découvrent en eux une fibre paternelle très forte. Les spectateurs en sortent émus, ébranlés.

Avec le recul, on peut dire que les trois hommes de Serreau (Pierre, l'architecte ; Michel, le dessinateur, et Jacques, l'agent de bord) incarnaient un courant nouveau dans la société occidentale : la prise en charge d'une paternité nouvelle, festive et sensuelle. En vingt ans, les pères ont considérablement changé. On ne se surprend plus de voir plus de pères que de mères aux réunions de parents ; dans les jardins d'enfant, ce sont souvent eux qui poussent les balançoires et la garde partagée est aujourd'hui nettement privilégiée en cas de séparation. L'homme, dans bien des cas, se sent aussi compétent que la mère en matière de parentalité.

Que retenir du vendeur d'auto, du gérant de quincaillerie et de l'informaticien de Trogi ? Qu'ils préfèrent rompre plutôt que de s'enchaîner à la même femme ? Qu'ils refusent la paternité à moins de se la faire imposer ? Et gare à celui qui se laissera happer par cette tare, car il perdra l'amitié de ses pairs.

Sur le plan symbolique, c'est inquiétant. Refuser d'être père, c'est refuser de s'inscrire dans la durée. Sans pères, l'avenir s'estompe. C'est le nihilisme. C'est une génération qui crie *No Future*!

À la projection, durant les scènes des hommes de Cro-magnon, un jeune homme assis près de moi tentait par des petites caresses de rassurer sa compagne, enceinte. Il avait l'air de vouloir lui dire : « Moi, je ne suis pas comme ça ! » Ben non tu n'es pas comme ça, semblait répondre sa conjointe.

Les hommes que je connais, ce ne sont pas des whippets. Ils ont tous accepté la paternité. Certains l'ont même désirée profondément. Autant que leur compagne. Les hommes que je connais placent leur rôle de père au sommet de leurs priorités. Ils veulent s'épanouir professionnellement, mais pas au prix de renoncer à une vie de famille riche. Le plus beau jour de leur vie, ce n'est pas celui où leur vendeur leur a donné les clés de la voiture neuve, ni celui où ils ont frappé leur premier coup de circuit. C'est le jour où leur compagne a accouché. Quand ils ont pris leur petit dans leurs bras, il s'est passé quelque chose.

Les hommes d'aujourd'hui s'intéressent à l'éducation, l'économie et la politique. Ils suivent avec intérêt le retrait des colons de la bande de Gaza et applaudissent aux thèses antimilitaristes de Michael Moore. Mais le héros de leur été n'a pas été André Boisclair, Alexandre Despatie ou Marc Garneau. Leur héros, c'est peut-être... François Legault. Cet aspirant chef du Parti québécois a renoncé à une course pour jouer au tennis avec ses fils, Victor et Xavier. « Les politiciens sont remplaçables, mais les pères sont irremplaçables », confiait-il récemment à un journaliste. Discours impressionnant!

L'homme public

Il demeure que l'homme public est en baisse. Les médias nous en ont servi une puissante démonstration au cours des derniers mois. De Jeff Fillion à Guy Cloutier, en passant par les entrepreneurs invités à témoigner devant le juge John Gomery, la déchéance médiatique d'hommes jadis couverts de gloire et de richesse vers le statut de parias n'a échappé à personne.

Rappelons qu'à la suite de dénonciations publiques de deux jeunes femmes qui en avaient assez des affronts qu'elles avaient subis (Nathalie Simard et Sophie Chiasson), le producteur Guy Cloutier et l'animateur Jean-François Filion sont tombés dans l'opprobre public. Ces hommes paient maintenant leur dette à la société : l'un fait son temps en prison et l'autre est tombé dans l'anonymat après avoir été le roi des ondes dans la région de Québec.

Ces candidats à la course du pire homme de l'année 2005 sont aussi pour la plupart des pères de famille. Ils auraient dû avoir pour mission d'incarner le bon exemple aux yeux de leurs proches, de les précéder sur le chemin de l'honnêteté et du civisme. Au lieu de cela, ils ont montré que la calomnie, la fourberie et la fraude pouvaient être des moyens de gagner quelques échelons dans la grande lutte pour une place au soleil.

Bien entendu, des scandales, il y en a toujours eu, et le Québec n'est pas le seul endroit où ils sévissent. Mais il semble que la modernité y ait produit, plus qu'ailleurs, des fruits amers en matière de modèles masculins.

Certains diront que de jeunes auteurs comme Stéphane Bouguignon (*La vie, la vie*) ou Isabelle Langlois (*Rumeurs*) ont mis en scène un nouveau modèle d'hommes. À leur suite, de jeunes réalisateurs (Louis Bélanger, Sébastien Rose, Jean-Marc Vallée), ont proposé aux Québécois une nouvelle lecture de la relation père-fils. On y voit des hommes parfois maladroits et rétrogrades, mais qui manifestent clairement leur sensibilité. En nous présentant de nouveaux modèles de pères, ces films sont des lueurs d'espoir. Mais le mâle pitoyable et immoral n'est jamais loin. En témoigne la minisérie de l'heure, *Les Bougon*, de François Avard.

Y a-t-il une crise de la masculinité au Québec ? Certains en doutent et font valoir à juste titre que les postes de pouvoir échappent encore aux femmes et que l'équité salariale n'est pas encore acquise. Il faudrait toutefois beaucoup de mauvaise foi pour nier que la condition féminine s'est améliorée en Occident depuis 30 ans, particulièrement au Québec. S'il faut se réjouir de ce phénomène, on ne peut pas nier non plus que les hommes, eux, peinent à ce redéfinir dans leur rapport au monde.

De façon générale, on sent que les hommes d'ici encaissent mal la perte de leur hégémonie professionnelle. Le taux de chômage s'établit actuellement, chez l'homme, à 9,1 % contre 7,8 % chez la femme. Alors qu'il occupait jadis la quasi totalité des places disponibles dans les universités, l'étudiant type est désormais une étudiante. Le taux d'obtention d'un diplôme est déjà supérieur chez les femmes : 33 %

d'entre elles ont un baccalauréat contre 25 % des hommes. Une tendance qui ira en s'accentuant, car la plupart des facultés professionnelles (droit, pharmacie, médecine, médecine vétérinaire, par exemple) accueillent maintenant trois ou quatre femmes pour un homme. Sans parler du suicide, des problèmes de santé physique et mentale des garçons et des jeunes hommes.

Cet élan est manifeste quand on allume notre téléviseur, le soir. Qui a accompli les exploits sportifs de la dernière année ? Chantal Petitclerc. Qui est à l'origine de la Commission Gomery ? L'équipe de la vérificatrice générale, Sheila Fraser. Qui pilotera de Houston la prochaine mission de la navette spatiale ? Julie Payette. En revanche, Jacques Villeneuve n'arrête pas de perdre ses courses, les légendes du hockey (Guy Lafleur, Michel Goulet) sont devenues des porte-parole de Viagra. Pendant ce temps, la cote de popularité de Jean Charest a atteint son plus bas niveau, et le chef du Parti québécois a démissionné.

« Tel père, tel fils » C'est le titre d'un article de Brian Myles faisant état dans *Le Devoir* du témoignage d'Éric Lafleur devant la Commission Gomery, le 10 mars 2005. Comme plusieurs autres témoins convoqués durant la commission d'enquête la plus coûteuse de l'histoire du Canada, le jeune Lafleur a tenté d'expliquer comment son utilisation de la manne fédérale n'avait rien de malhonnête, comment il n'avait fait que son travail, etc.

Son explication, comme celle de ses compagnons d'infortune, n'a pas convaincu les centaines de milliers de Québécois qui ont suivi Gomery comme un long téléroman de fin de soirée. Mais Éric Lafleur avait ceci de particulier qu'il succédait à son père à la barre. Drapé dans son silence, Jean Lafleur n'a offert que des réponses laconiques et évasives.

Cette commission d'enquête a été marquée par la succession de «témoins amnésiques et de menteurs», comme l'écrit encore Brian Myles à l'issue des audiences. Mais il est important de souligner le cas des Lafleur, père et fils, pour le caractère symbolique de cette situation filiale. Totalement méconnu du grand public jusque-là (les médias ne connaissaient qu'une seule photo de Jean Lafleur), le président de Lafleur Communication a été propulsé au-devant de la scène lorsqu'il a été appelé à témoigner. Durant les quelques jours où il a obtenu une notoriété dont il aurait bien voulu se passer, on l'a vu répéter qu'il ne se souvenait de rien.

Les André Ouellet, Jean Lafleur, Alfonso Gagliano, Gilles-André Gosselin, Daniel Dezainde, Gilles Corbeil ont incarné l'homme de la honte. Leurs forces? Hypocrisie, mensonge, abus de pouvoir, détournement de fonds, corruption. Certains sont devant les tribunaux et la plupart se terrent en attendant la fin de la tourmente. S'ils ont tenté de nier leur responsabilité, ils ont mené le gouvernement fédéral au bord de l'éclatement.

Le perdant n'est pas perpétuel

Le Québécois est-il un perdant? Sans aucun doute. Perpétuel? Voilà qui est moins certain.

C'est en rêvant de devenir Maurice Richard, Jean Béliveau et Guy Lafleur que des générations de hockeyeurs se sont élancées sur des patinoires. Avec son style flamboyant et ses coupes

Stanley, Patrick Roy (lui-même admirateur de Jacques Plante) a fait plus que n'importe quel programme national de promotion du hockey. En stoppant des rondelles et en gagnant des matches, il a contribué à faire naître et évoluer des carrières exceptionnelles dans la Ligue nationale de hockey. Repêché dans la Ligue de hockey junior majeur du Québec en 1984, Roy a servi d'inspiration à plusieurs grands noms chez les cerbères : Martin Brodeur (1990), Félix Potvin (1990), Jocelyn Thibault (1993), Patrick Lalime (1993), José Théodore (1994), Jean-Sébastien Giguère (1995), Mathieu Garon (1996), Roberto Luongo (1997), etc.

Il n'est pas interdit de penser que des hommes politiques victorieux auraient donné une impulsion positive aux générations suivantes. Car ce qui est vrai des modèles positifs est vrai également de ceux qui nous affligent. Les hommes qui ont échoué ont frappé les imaginations. De façon plus insidieuse et avec des effets plus dévastateurs. «Nous avons une identité individuelle et un bagage collectif. Il m'apparaît évident que les hommes d'aujourd'hui ont hérité de ce qu'ils ont reçu de leurs ancêtres. Le grand nombre d'hommes dépressifs, désorientés, fragiles vient peut-être de là», estime André Caron, professeur au Département de psychiatrie à l'Université McGill.

Ce sociologue a longuement étudié les causes du suicide dans des régions comme l'Abitibi, où le problème est endémique. Il a rencontré des familles endeuillées, des responsables de la santé publique, quantité de spécialistes. Bien qu'il reconnaisse que le phénomène du suicide est très complexe, la question des modèles masculins lui apparaît majeure. Les hommes du Québec ont porté de grandes causes, rappelle-t-il. Hélas, ils les ont toutes perdues.

Selon le biographe de Camille Laurin, Jean-Claude Picard, le psychiatre, qui fut un des sept premiers députés élus sous la bannière du Parti québécois en 1970, recevait dans son cabinet des hommes peureux, peu sûrs d'eux-mêmes, dépressifs et démoralisés. « Il a développé la conviction que seul un référendum pouvait leur donner un traitement choc nécessaire pour les relancer », affirme le biographe.

Au fond, avec ou sans modèles collectifs, des hommes d'ici ont accompli de grandes choses dans le passé, et continueront à se dépasser. Cela sert d'exemple aux jeunes hommes qui ont envie de croire en eux-mêmes. Chacun peut puiser dans un large réservoir de héros en leur genre : Félix Leclerc, Robert Lepage, Joseph Armand Bombardier, Armand Frappier, Marie-Victorin, Marc Garneau, Wilder Penfield, Robert Piché, Hubert Reeves, Hans Selye, Jean Drapeau, Pierre Lemoyne d'Iberville, Jacques Parizeau, Jean Coutu, Joseph-Alexandre DeSève, Alphonse Desjardins, Guy Laliberté, Daniel Langlois, Pierre Péladeau, Marc Gagnon, Guy Lafleur, Maurice Richard, Bernard Voyer. Aucun de ces hommes n'est sans défaut, mais ils ont tous accompli des exploits dignes de mention, créé des entreprises, refait le monde à leur façon.

On voit apparaître sur la place publique de nouveaux visages issus de la génération X. Ils ont moins de 45 ans et tiennent dans leurs mains les rênes

du pouvoir. Pensons à Thierry Vandal, 44 ans, pdg d'Hydro-Québec, Bruno-Marie Béchard, 40 ans, recteur de l'Université de Sherbrooke, Sylvain Toutant, 41 ans, président de la Société des alcools du Québec, Yvan Delorme, 42 ans, directeur du Service de police de Montréal. Sur la scène médiatique, l'animateur Guy A. Lepage (44 ans), le journaliste Stéphan Bureau (40 ans) et un bon nombre de comédiens et d'artistes font la pluie et le beau temps. Quant à l'un des aspirants au titre de chef du Parti québécois, André Boisclair, il n'a pas encore fêté son quarantième anniversaire. Moins visibles, de jeunes hommes mènent de brillantes carrières dans les universités et centres de recherche partout au Québec. Ces brillants cerveaux ont la planète comme terrain de jeu. Ils courent les congrès internationaux en bioinformatique, nanotechnologie, génie des matériaux, pharmacogénétique. Ce sont des héros de l'ombre, car ils ne font presque jamais la une des journaux.

Autre fait encourageant, ces brillants personnages n'ont pas mis toute leur énergie dans la réussite de leur vie professionnelle. La plupart ont également investi beaucoup d'eux-mêmes dans la réussite de leur vie familiale et sociale. Ils envisagent l'avenir personnel avec optimisme.

Par leur seule existence, ces nouveaux modèles nous permettent de croire que l'homme québécois n'est pas un perdant... perpétuel.

Journaliste et auteur, Mathieu-Robert Sauvé a publié en 2005 Échecs et mâles *aux éditions Les Intouchables.*

Notes

1 Fernand Dumont, *Genèse de la société québécoise*, Boréal, Montréal, p. 323-324.

Que disent les groupes ethniques aux gouvernements ?

Une revue des mémoires des associations ethniques présentés aux commissions parlementaires

Sébastien Arcand
Docteur en sociologie

Dans les sociétés démocratiques libérales, les relations ethniques ont connu de nombreuses transformations au cours des quarante dernières années. De nouveaux rapports sociaux ethniques se sont constitués, provoquant une redéfinition des relations qui se tissent entre individus et groupes aux horizons distincts, partageant désormais un destin commun, celui d'assurer la constitution d'un « nouveau » lien social. La présence de différents groupes ethniques sur un même territoire peut créer des tensions que la capacité d'intégration du système démocratique libéral réussit généralement à contenir. Par contre, ce système ne peut éliminer *ipso facto* les sources potentielles de conflits, d'où l'importance du rôle de l'État pour assurer la stabilité et le respect des principes démocratiques d'égalité et de liberté.

L'État cherchera à institutionnaliser l'ensemble du processus de revendication en mettant sur pied des processus de consultations publiques permanentes. Les revendications des groupes ethniques minoritaires formulées lors de ces consultations permettent de mieux comprendre les dynamiques ethniques à l'œuvre lorsque se rencontrent minoritaires et majoritaire au sein des institutions étatiques.

C'est de cette rencontre et plus précisément des discours des associations de groupes ethniques minoritaires aux commissions parlementaires dont il sera question au cours des prochaines pages.

Nous avons constitué et analysé un corpus de 57 mémoires déposés par des associations de groupes ethniques minoritaires lors de neuf commissions parlementaires tenues au Québec entre 1974 et 2000[1]. Ces commissions se répartissent au sein de quatre thématiques, soit la thématique linguistique, constitutionnelle, de l'immigration et de l'éducation. Au total, 13 groupes monoethniques et 10 groupes multiethniques sont représentés au cours de ces vingt-six années couvertes par la présente recherche.

TABLEAU 1 **Participation des AGEM aux commissions parlementaires : thématique linguistique**

Année	Commissions	Total des mémoires d'AGEM retenus
1974	Commission de l'avant-projet de loi 22	5
1977	Commission sur l'avant-projet n° 1 : Charte de la langue française	3
2000	Commission des États généraux sur la situation et l'avenir de la langue française	4
Total		**12**

La langue : à la recherche du statu quo

En ce qui concerne la question linguistique, les associations valorisent le statu quo, quelle que soit la période étudiée. Si les associations insistent en 1974 pour que la situation linguistique instaurée depuis la Commission Gendron de 1969 ne soit pas modifiée, en 1977 elles valorisent la loi 22 de 1974 et en 2000 elles reconnaissent certains bienfaits de la Charte de la langue française de 1977. Les positions semblent se former et se reformer au gré des commissions, mais toujours avec la crainte que les restrictions en matière d'usages linguistiques s'accroissent. Certains passages de ces mémoires reconnaissent les droits historiques des Québécois francophones, de leur culture et de la langue française, mais pour faire valoir que ces droits ont mené à la constitution d'une société juste et démocratique qui ne saurait passer outre aux principes d'égalité et de libre choix dont doivent aussi jouir les minoritaires.

Plusieurs facteurs expliquent la tendance à valoriser le statu quo. Premièrement, la question du changement de locuteur et du leadership au sein d'une communauté peut entraîner un changement de perspective. Les communautés ethniques sont des espaces dynamiques au sein desquels des changements de mentalités peuvent s'opérer au fil des ans. Deuxièmement, il est possible que des effets bénéfiques non attendus, des effets pervers en quelque sorte, se dévoilent plusieurs années après l'adoption d'une loi, ce qui ferait changer la position d'une association d'une commission à l'autre. Troisièmement, et cela nous apparaît important, la valorisation du statu quo peut être la seule réplique possible des minoritaires à la tendance des gouvernements à légiférer en matière linguistique. En mettant l'accent sur le statu quo, elles montrent qu'elles respectent et reconnaissent les droits des majoritaires en matière linguistique tout en voulant mettre des balises aux gouvernements. C'est aussi dans cette optique de statu quo que ces mémoires mettent l'accent sur les bienfaits du bilinguisme, puis du multilinguisme en 2000, tout en accordant à la langue française le statut de langue de la majorité, de langue « prioritaire » et de langue de socialisation.

À ce titre, les deux associations de la communauté chinoise considèrent que le français est la langue de l'intégration, et sa pratique ainsi que sa transmission relèvent de la responsabilité des majoritaires. Pour les autres associations (juive, hellénique, italienne, polonaise), le français doit être valorisé et reconnu comme la langue des majoritaires, mais sans que sa pratique quotidienne ne soit une condition sine qua non de l'intégration. Sur le fond, ces positions ne sont pas antinomiques, car elles passent par la valorisation du bilinguisme et de la volonté de ne pas porter la responsabilité principale de la « survivance » de la langue française. Pour toutes les associations, le français demeure la « propriété » des majoritaires et elles rejettent toute pression sur les minorités ; que ce soit pour perpétuer l'usage du français, pour en faire la promotion ou comme unique langue d'usage (privée et/ou publique). De même, la connaissance de l'anglais est pour toutes ces associations le gage d'une mobilité sociale et d'une intégration à un ensemble géopolitique canadien, nord-américain et mondial. Cela dit, il n'y a pas que des points de similitudes entre les mémoires, car sur la question des inégalités liées aux pratiques langagières une distinction s'opère.

En effet, alors que les associations de la communauté chinoise considèrent que la méconnaissance du français équivaut à faire de certains individus des citoyens de seconde classe, les autres associations monoethniques affirment au contraire que la connaissance de l'anglais est une condition pour échapper à ce statut de seconde classe. Les associations des communautés juive, italienne, polonaise et hellénique se situent plutôt sur un axe individualiste-libéral qui fait appel aux notions de libre choix, d'égalité et de citoyenneté. Cette perspective individualiste-libérale fait peu appel à l'appartenance ethnique pour mieux la recentrer au sein d'un discours valorisant l'individu et les principes démocratiques régissant la société québécoise. Tout en reconnaissant l'importance de protéger le français et d'orienter les enfants des minorités issues d'une immigration récente vers les écoles françaises, les associations juive,

polonaise, italienne et hellénique pensent que les mesures de protection du français ne doivent pas affecter leur capacité à elles, ces communautés ethniques minoritaires « anciennes », d'avoir le libre choix linguistique en matière d'éducation. D'une part, ces associations ne veulent pas être liées à la catégorie « immigrant », compte tenu de leur présence de longue date au Québec ; d'autre part, elles revendiquent une appartenance minoritaire construite en fonction de l'utilisation généralisée de l'anglais par les membres de leur communauté respective.

La question nationale : pluralisme et appartenances multiples

L'analyse des dix-neuf mémoires retenus pour la thématique constitutionnelle indique que les associations sont en grande majorité opposées à l'indépendance du Québec et préfèrent vivre au sein de la fédération canadienne. Cela dit, il existe des différences entre les positions exprimées en 1990 et en 1995, différences qui tiennent moins aux caractéristiques de chacune des communautés représentées qu'au contexte sociopolitique dans lequel se sont tenues les commissions. À l'exception d'une association africaine, les mémoires présentés à la Commission Bélanger-Campeau (1990)

TABLEAU 2	Participation des AGEM aux commissions parlementaires : thématique constitutionnelle		
Année	**Commissions parlementaires**		**Total des mémoires d'AGEM retenus**
1990	Commission Bélanger-Campeau		10
1995	Commission de Montréal sur l'avenir du Québec		9
Total			**19**

sont contre l'indépendance et contre le statu quo. La Commission Bélanger-Campeau s'est tenue peu de temps après l'échec de l'Accord du lac Meech, entente à laquelle la population québécoise était majoritairement favorable. Par conséquent, il y avait à cette époque une volonté de renouveler le fédéralisme canadien. Pour sa part, la commission de 1995 (tenue quelques mois avant un référendum sur la souveraineté) se tient trois ans après l'échec de l'Accord de Charlottetown, auquel la population québécoise était moins favorable.

Toutes les associations profitent de ces deux commissions pour demander des améliorations à la pratique du pluralisme. En mettant l'accent sur les bienfaits du pluralisme et de la pluralité des appartenances, les minoritaires s'inscrivent en faux contre la prétention à l'universalisme des majoritaires. Le discours des minoritaires s'inscrit également dans une volonté d'universaliser la différence et non dans un processus de différenciation sociale propre à renforcer des rapports de domination entre majoritaires et minoritaires. Dans cette optique, les associations adoptent une position défensive dans la mesure où, avant d'aborder la question du pluralisme à proprement parler, elles prennent soin de souligner le caractère distinct de la société québécoise. Les passages d'une appartenance identitaire à une autre (allophone, minorité, communauté ethnique) sont autant d'éléments rappelant au majoritaire que les communautés sont elles-mêmes porteuses de ce pluralisme et qu'elles permettent au Québec de s'ancrer dans son époque.

Cependant, la répétition, en 1995, des critiques formulées déjà en 1990 sur les thèmes de l'appartenance et du pluralisme identitaire indique que ces associations ont perçu peu de changement dans la réalité sur ces sujets durant les cinq années qui séparent ces deux commissions. Pour les minoritaires, le principal débat n'est pas de savoir si le Québec doit accéder ou non à son indépendance, mais de savoir comment accroître la reconnaissance de la contribution de chacune des communautés à l'ensemble de la société québécoise et canadienne.

Immigration : remise en question du facteur linguistique

Les débats sur l'immigration et l'intégration ravivent les discussions sur la question linguistique. Bien qu'elles reconnaissent au groupe majoritaire le droit de protéger et de défendre sa langue, les associations considèrent que les mesures prises à cette fin mettent trop l'accent sur la connaissance pré-migration du français chez les nouveaux arrivants. Ainsi, les associations proposent d'assouplir les contraintes linguistiques lors de la sélection des immigrants au profit de critères économiques, culturels ou identitaires.

TABLEAU 3 **Participation des AGEM aux commissions parlementaires : thématique de l'immigration**

Année	Commissions parlementaires	Total des mémoires d'AGEM retenus
1991	Commission sur l'Énoncé de politique en matière d'immigration et d'intégration	12
2000	Commission sur les taux d'immigration au Québec pour 2001-2003	3
Total		15

L'évocation d'arguments culturels est attribuable à des associations multiethniques telles le Congrès latino-américain, la Maison d'Afrique et le Collectif des femmes immigrantes[2]. À des degrés divers et surtout à partir de vécus différents, ces trois associations posent le rapport majoritaire/minoritaire en termes différents. Le Collectif des femmes immigrantes et la Maison d'Afrique, par exemple, confrontent directement le majoritaire en l'invitant à cesser de légiférer, mais à consulter pour mettre en pratique son discours. Ces associations multiethniques vont également demander au gouvernement de ne plus voir dans l'immigrant une source de rentabilité économique et de prendre en considération les aspects humanitaires de l'immigration. Pour une majorité d'associations, l'approche directe et conflictuelle avec le gouvernement ne doit pas être privilégiée. C'est plutôt en reconnaissant le fait français qu'elles remettent en question certains aspects des politiques visant à défendre le français, lesquelles politiques nuiraient à l'immigration de leurs membres.

Les associations s'appuient sur des arguments légalistes pour affirmer que les politiques d'immigration ne devraient pas tenir compte de la langue des immigrants. Ainsi, s'ils acceptent le principe du « contrat moral », bien que plusieurs le considèrent comme symbolique, les associations affirment que leurs membres respectent leur part du contrat (la reconnaissance du fait français), mais que le groupe majoritaire, lui, ne le respecte pas. Ses efforts en matière de sélection et d'intégration des immigrants seraient à la fois insuffisants et trop orientés vers la connaissance et la promotion du français.

Outre la connaissance de la langue, les associations soulignent d'autres caractéristiques culturelles de leur communauté (valeurs familiales différentes, grande capacité d'intégration due à des pratiques internes à la communauté, valorisation de l'éducation) qui facilitent leur intégration.

Éducation : résurgence de l'appartenance ethnoculturelle

Les positions soutenues dans les mémoires déposés lors des deux commissions sur l'éducation que nous avons retenues sont en continuité et en rupture avec celles présentées sur les autres thèmes. Si la question du libre choix est toujours privilégiée pour une majorité d'associations, on insiste davantage sur l'appartenance ethnique et minoritaire. Cet accent dans le discours s'explique en partie par la présence accrue des associations multiethniques lors de ces deux commissions. Celles-ci véhiculent un discours plus rassembleur, voire homogène, à l'égard d'un nous minoritaire, sans doute parce qu'elles représentent non pas un seul groupe ethnique mais plusieurs. On délaisse les revendications fondées sur les intérêts particuliers en faveur d'un discours marquant une séparation claire entre majoritaires et minoritaires[3].

TABLEAU 4	Participation des AGEM aux commissions parlementaires : thématique de l'éducation	
Année	Commissions parlementaires	Total des mémoires d'AGEM retenus
1995	Commission des États généraux sur l'éducation	7
1999	Commission sur la place de la religion à l'école	4
Total		**11**

En marquant une distance entre Québécois francophones et membres des communautés ethniques minoritaires formant un tout, les associations multiethniques amorcent une transition dans les débats sur les rapports sociaux ethniques. Du pluralisme normatif, la reconnaissance de la diversité, on passe au pluralisme politique au sein duquel les minoritaires revendiquent une amélioration de leurs institutions communautaires. Ce phénomène s'explique également par les effets de la politique d'interculturalisme qui, en favorisant le développement des associations de groupes ethniques minoritaires, un peu à la manière du multiculturalisme canadien, encourage l'expression d'appartenances ethniques minoritaires.

Le système d'éducation étant une institution où la dimension culturelle est centrale, les débats à son sujet suscitent des positions orientées vers les identités ethnoculturelles. L'éducation, en tant que lieu privilégié de socialisation, canalise des représentations qui consolident le nous minoritaire en réaction à la prégnance des représentations majoritaires. De plus, lors de la commission de 1995, la question linguistique revient fréquemment, alors qu'en 1999 les groupes qui ne sont ni catholiques ni protestants s'entendent sur l'importance de déconfessionnaliser le système d'éducation. D'une manière ou d'une autre, cela revient à rejeter l'imposition des pratiques langagières et religieuses des majoritaires. Les liens d'appartenance ethnique et minoritaire mis de l'avant permettent aux associations de faire valoir la congruence de leurs institutions avec celles de la société québécoise et de dénon-

cer certaines pratiques des majoritaires pouvant freiner leur intégration.

L'intégration en éducation ne passe pas par la volonté de parler français comme les majoritaires ou encore de parler la langue du développement économique, c'est-à-dire l'anglais. L'intégration passe par la capacité des majoritaires à accorder une place aux minoritaires au sein d'une institution importante, l'école, mais en regard de leurs spécificités. Ces deux façons de concevoir l'intégration se distinguent par leur manière de créer des espaces de sociabilité pour les groupes ethniques minoritaires. Pour la thématique linguistique une place est demandée au sein de ce qui est déjà établi, un espace public francophone dans un espace géographique anglophone. Pour ce qui est de la place de la religion en éducation, on demande une ouverture qui respecterait les caractéristiques de chaque minoritaire et des minoritaires en général.

Plusieurs associations considèrent qu'une bonne connaissance des origines ethniques et des pratiques afférentes permet de mieux s'intégrer au nouveau contexte circonscrit par la mondialisation. Phénomène intéressant, ce sont les associations monoethniques, celles qui tiennent un discours individualiste libéral, qui font le plus référence à la mondialisation. Ces associations insistent sur la nécessité de préserver et de transmettre aux enfants les pratiques culturelles et religieuses.

Les associations italienne, polonaise et juive ne soutiennent pas la même position quant à la place de la religion à l'école et à la nécessité de procéder à des changements. Pour les groupes juifs, le statu quo n'est pas envisageable et le système scolaire doit être déconfessionnalisé. Il en va autrement pour les associations italienne et polonaise pour lesquelles le maintien du système scolaire bi-confessionnel est la seule garantie du respect des droits historiques des majoritaires et de certains minoritaires, dont elles.

Conclusion

Notre étude nous conduit à conclure que la thèse de l'ethnicisation des rapports sociaux est une piste de réflexion peu féconde pour mieux saisir les tenants et les aboutissants de l'inscription des minoritaires dans le champ du politique. Il existe plutôt, au sein des associations, une volonté d'inscrire, dans un cadre institutionnel formel, des voix minoritaires pouvant bonifier les pratiques majoritaires. Nous n'avons pas trouvé l'expression d'une condition minoritaire totalisante.

Dans notre étude, nous avons pu identifier l'expression de plusieurs formes de lien social qui contredisent les thèses voulant que l'inscription de critères d'appartenance ethnique et re-ligieux dans l'espace public participe à la désintégration du lien social et à la fragmentation des sociétés libérales. Soit les associations constituent des groupes d'intérêts et ces intérêts relèvent avant tout d'appartenances spécifiques. Cela ne les empêche pas de véhiculer une conception du vivre-ensemble dans lequel la spécificité ethnoculturelle du Québec et le pluralisme sont des composantes d'un axe identitaire commun. La perception positive que les associations entretiennent à l'égard de la société québécoise et canadienne est, à cet égard, un exemple probant de la présence d'une identité québécoise et/ou canadienne plurielle chez les représentants de ces communautés. Malgré l'absence d'un modèle commun d'appartenance, les formes du lien social semblent détachées du pays d'origine et s'enracinent dans le contexte québécois, canadien et nord-américain. Rien dans les représentations sociales des associations ne laisse entrevoir la présence de sentiments nostalgiques ni l'idée d'un éventuel retour au pays d'origine.

Références

BAR-TAL, Daniel. *Group beliefs: a conception for analyzing group structure*, processes, and behaviour, New York, Springer-Verlag, 1990.

BAUMANN, Gerd. *Contesting culture: discourses of identity in multi-ethnic London*, Londres, Cambridge University Press, 1996.

«La communauté ethnique, communauté politique», *Sociologie et société*, Vol. XV, 2, 1983, pp. 23-37.

BERGERON, Gérard, *Petit traité de l'État*, Paris, PUF, 1990.

DE RUDDER, Véronique. «La cohabitation pluriethnique et ses enjeux», *Migrants-Formation*, N° 80, numéro spécial «Les relations interethniques», mars 1990, pp. 68-90.

GAMSON, Wiliam et Magrit MEYER. «Framing Political Opportunity», in D. J. McAdam et al. (ed.), *Comparative Perspectives on Social Movements: Political Opportunities, Mobilizing Structures and Cultural Framing*, Cambridge, Cambridge University Press, pp. 275-290, 1996.

GERMAIN, Annick. « Grandeur et misère de l'institutionnalisation de l'action collective : le cas des associations dans les quartiers multiethniques de Montréal », conférence présentée dans le cadre du XIVᵉ Congrès mondial de sociologie, Montréal, juillet 1998.

HABERMAS, Jürgen, *Structural Transformation of the Public Sphere: an Inquiry into a Category of Bourgeois Society*, (traduit par T. Burger), Cambridge, MIT Press, 2002.

HALL, John, A. *Coercion and Consent : Studies on the Modern State*, Cambridge, Polity Press, 1994.

JEDWAB, Jack. « Representing Identity : Non-Formal Political Participation and the Role of the State in Canada », in *Bringing the World Together : The Study of the Political Participation of Women in Canada and Lessons for Research on Newcomers and Minority Political Participation*, Metropolis Project, Seminar Proceedings, Ottawa, Mars 2002, pp. 73-95.

JUTEAU, Danielle. « Introduction à la différenciation sociale », in D. Juteau (dir.) *La différenciation sociale : modèles et processus*, Montréal, Les Presses de l'Université de Montréal, pp. 9-30, 2003.

JUTEAU, Danielle, Marie McANDREW et Linda PIETRANTONIO. « Multiculturalism à la Canadian and Intégration à la Québécoise », in R. Bauböck et J. Rundell (dir.), *Blurred Boundaries : Migration, Ethnicity, Citizenship*, Vienne/Brookfield, European Centre, Vienne, Ashgate Publishing, pp. 95-110, 1998.

LABELLE, Micheline et Joseph LEVY. *Ethnicité et enjeux sociaux : Le Québec vu par les leaders de groupes ethnoculturels*, Montréal, Liber, 1995.

MANN, Patrice. *L'action collective : mobilisation et organisation des minorités actives*, Paris, Armand-Colin, 1991.

MARTINIELLO, Marco. « Ethnic Leadership, Ethnic Communities' Political Powerless and the State in Belgium », *Ethnic and Racial Studies*, Vol. 16, Nᵒ 2, pp. 236-251, 1993.

SAYAD, Abdekmalek. « L'immigration et "pensée d'État" », *Actes de la recherche en sciences sociales* 129, septembre : pp. 5-14, [1996]1999.

WEBER, Max. *Économie et société*, Tome I et II, Paris, Plon/Agora, [1922] 1995.

Notes

1 Les critères de sélection des mémoires ne peuvent être explicités ici faute d'espace. Ils correspondent toutefois à un processus de sélection rigoureux approuvé par notre jury de thèse. Pour plus de détails sur cet aspect et sur des données liées à la participation des associations de groupes ethniques minoritaires (noms des associations, date de dépôts, etc.), voir : Sébastien Arcand, « L'État québécois et les associations ethniques minoritaires : un survol socio-historique d'une participation politique », Institut de recherche, formation et actions sur les migrations (IRFAM), Bruxelles, Collection compétences culturelles, pp. 34-55, 2004.

2 À cette liste, nous pourrions ajouter une association de Vietnamiens de Sherbrooke qui met l'accent sur la nécessité de régionaliser l'immigration ; aspect qui est peu abordé par les autres associations.

3 Comme l'ont fait remarquer Juteau, McAndrew et Pietrantonio, le multiculturalisme et l'interculturalisme partagent plusieurs similarités. Cela pourrait expliquer pourquoi les AGEM, tout en tenant un discours propre à la politique multiculturelle du Canada, voient en l'interculturalisme un moyen efficace de s'intégrer à la société québécoise et de faire respecter leurs spécificités. Voir D. Juteau, M. McAndrew et L. Pietrantonio, 1998, « Multiculturalism à la Canadian and Intégration à la Québécoise », in R. Bauböck and J. Rundell (eds.), *Blurred Boundaries : Migration, Ethnicity, Citizenship*, Vienne/Brookfield, European Centre, Vienne, Ashgate Publishing, pp. 95-110.

LA LANGUE

La Cour suprême du Canada et le droit à l'école publique anglaise au Québec

Henri Brun
Avocat, professeur de droit constitutionnel, Université Laval

Jeunes immigrants

Le 31 mars 2005, la Cour suprême du Canada a rendu deux importantes décisions concernant le droit des parents de faire instruire leurs enfants au Québec dans des écoles de langue anglaise financées par l'État. Avant de rendre compte de ces arrêts et d'en commenter la teneur, il faut rappeler brièvement le contexte juridique et historique dans lequel ils se situent.

Le contexte

Jusqu'au milieu des années 1970, le principe unique qui s'est appliqué en la matière fut celui du libre choix des parents. L'importance croissante de l'immigration, conjuguée à la tendance alors manifestée par les nouveaux Québécois d'opter pour l'école anglaise, a toutefois à cette époque convaincu le législateur québécois de la nécessité d'intervenir. La *Loi sur la langue officielle* de 1974 réserva alors l'accès à l'école anglaise aux seuls enfants ayant de la langue anglaise une «connaissance suffisante» pour recevoir leur instruction en cette langue. La difficulté de jauger le niveau de cette connaissance, notamment par l'administration de tests, eut vite fait cependant de prouver l'inadéquation de ce critère.

La *Charte de la langue française* prit le relais en 1977, en réservant l'école publique anglaise à la minorité anglophone du Québec : seul le parent qui a reçu son enseignement primaire en anglais au Québec peut faire instruire son enfant dans des écoles anglaises financées par l'État. Ce critère, qui reçut le nom commun de «clause Québec», fut remplacé par une «clause Canada» en 1982. Cette dernière n'était toutefois pas l'œuvre du Parlement du Québec, seul législateur compétent au Québec en matière d'éducation. Elle fut plutôt, tout au contraire, adoptée par le constituant canadien malgré l'opposition formelle du Parlement du Québec, c'est-à-dire, en réalité, par les autorités fédérales du Canada approuvées en cela par les neuf provinces anglaises de la fédération. C'est l'article 23 de la *Charte canadienne des droits et libertés* qui énonce dans la Constitution du Canada cette «clause Canada», et la Cour suprême du Canada est venue confirmer en 1984 que l'article 23 avait bel et bien remplacé la «clause Québec», puisque telle était sa seule raison d'être.

La «clause Canada» de l'article 23 de la *Charte canadienne* s'exprime de deux manières. D'une part, elle reprend la phraséologie de la «clause Québec», en y substituant les mots «au Québec» par les mots «au Canada». Ainsi, le parent qui a reçu son enseignement primaire en anglais au Canada peut au Québec faire instruire son enfant dans des écoles anglaises financées par le gouvernement du Québec. L'article 23 énonce d'autre part ce qu'il est convenu d'appeler une «clause grand frère», selon laquelle le parent dont un enfant a reçu ou reçoit son enseignement primaire ou secondaire en anglais au Canada peut également au Québec faire instruire tous ses enfants dans des écoles anglaises financées par le gouvernement.

L'existence de ces normes constitutionnelles, qui lient juridiquement le Parlement du Québec, n'empêche pas complètement celui-ci de légiférer de manière à encadrer l'accès à l'école anglaise au Québec. Mais encore faut-il que ses interventions n'affectent ce droit constitutionnel à l'école anglaise qu'à l'intérieur de limites qui seraient jugées raisonnables, ce qui laisse beaucoup d'espace à la discrétion judiciaire. Ainsi, par exemple, l'article 73 de la Charte de la langue française ajoute aux deux aspects de la «clause Canada» le critère de «la majeure partie». Le parent qui allègue avoir reçu son enseignement primaire en anglais doit, selon l'article 73, avoir reçu la majeure partie de cet enseignement en anglais ; celui qui invoque qu'un de ses enfants a reçu ou reçoit son enseignement primaire ou secondaire en anglais doit être en mesure de démontrer que cet enfant a reçu la majeure partie de cet enseignement en anglais. De même, l'article 73 prévoit que l'enseignement reçu au Québec dans des écoles anglaises privées et non subventionnées, où prévaut le libre accès, de même que l'enseignement reçu dans des écoles anglaises publiques ou subventionnées, par application des exceptions prévues pour les cas de séjours temporaires ou de problèmes familiaux ou humanitaires, ne compte pas pour l'application de la « clause grand frère ».

Ce sont là les éléments essentiels du contexte dans lequel la Cour suprême a été amenée à se prononcer le 31 mars.

L'arrêt Gosselin

L'affaire Gosselin est d'une grande simplicité juridique. La Cour supérieure et la Cour d'appel du Québec ont d'abord rendu à son égard des décisions tout à fait correctes et concordantes et il peut sembler étonnant à première vue que la Cour suprême du Canada ait senti le besoin d'accorder la permission d'en appeler à elle de ces décisions. Il faut croire qu'elle tenait à les confirmer, car il est inimaginable à nos yeux qu'elle aurait pu accueillir l'appel des appelants.

Les appelants, dans cette affaire Gosselin, étaient tous des parents faisant partie de la majorité francophone du Québec : aucun d'entre eux n'avait reçu son enseignement primaire en anglais, comme l'exige l'article 73 de la Charte de la langue française pour avoir le droit de faire instruire ses enfants au Québec dans des écoles publiques de langue anglaise. Néanmoins, comme ils désiraient que leurs enfants fréquentent au Québec des écoles publiques anglaises, ils ont plaidé que l'article 73 était discriminatoire à leur endroit. Ils ont invoqué à cette fin le droit à l'égalité énoncé aux articles 10 et 15 des Chartes québécoise et canadienne des droits, respectivement.

La Cour suprême, évidemment, n'a pas éprouvé plus de difficulté que la Cour supérieure et la Cour d'appel à constater que l'article 73 de la Charte de la langue française devait s'apprécier en rapport avec l'article 23 de la Charte canadienne des droits et libertés dont il ne fait sur ce point qu'énoncer la même règle, soit celle de l'obligation du parent d'avoir reçu son enseignement primaire en anglais. Si le droit à l'égalité des Chartes québécoise et canadienne devait, par rapport au droit d'accès à l'école anglaise, obliger le législateur québécois à traiter tous les parents de la même façon, sans tenir compte de la langue dans laquelle ceux-ci ont reçu leur enseignement primaire, c'en serait fait du compromis constitutionnel adopté en 1982 et formulé à l'article 23 de la Charte canadienne. Or, il est un principe constitutionnel bien reconnu, par la jurisprudence et par le gros bon sens, qui veut qu'une partie de la Constitution ne puisse rendre inopérante une autre partie de la *Constitution*.

Le droit de faire instruire ses enfants dans des écoles anglaises financées par l'État, nous dit la Cour suprême, est « un droit qui n'est garanti au Québec qu'à la minorité anglophone » (paragraphe 10). Il s'agit donc d'un de ces quelques droits collectifs enchâssés dans la Constitution du Canada dans le but de protéger certaines minorités au Canada. Il est à ce titre, par nature, une exception au droit individuel et universel à l'égalité, prévue dans le but de favoriser dans ces cas une égalité davantage réelle que purement formelle. Or, il importe de noter que pour la *Cour suprême*, la minorité qu'il s'agit de protéger, par le respect des normes constitutionnelles encadrant le droit d'accès à l'école publique anglaise au Québec, est d'abord la minorité anglophone du Québec, mais aussi la majorité francophone du Québec qui demeure en même temps partie d'une minorité linguistique dans l'ensemble du Canada (paragraphe 31) :

> Au Québec, une autre dimension s'ajoute au problème en ce que la présence d'écoles destinées à la communauté linguistique minoritaire ne doit pas servir à contrecarrer la volonté de la majorité de protéger et de favoriser le français comme langue de la majorité au Québec, sachant que le français restera la langue de la minorité dans le contexte plus large de l'ensemble du Canada.

L'arrêt Solski

L'affaire Solski soulève une question plus difficile à résoudre. Elle a fait l'objet d'un jugement de la Cour supérieure, que la Cour d'appel a renversé unanimement. La Cour suprême du Canada a pour sa part rendu à son sujet un jugement élaboré, qui l'a amenée à accueillir en partie l'appel interjeté contre la décision de la Cour d'appel.

L'appelante, dans Solski, conteste la constitutionnalité du critère de « la majeure partie » qu'énonce l'article 73 de la Charte de la langue française afin d'encadrer le droit d'accès à l'école anglaise découlant de la « clause grand frère » de l'article 23 de la *Charte canadienne des droits et libertés*. Comme un de ses enfants a reçu une partie de son enseignement en anglais en Ontario, l'appelante satisfait à la seule condition qu'impose l'article 23 afin d'avoir le droit d'inscrire ses enfants dans des écoles publiques anglaises au Québec. Mais comme cet enseignement reçu en anglais ne représente pas la majeure partie de l'enseignement primaire ou secondaire de l'enfant, ce droit lui est refusé en vertu de l'article 73. Elle prétend donc que cet aspect de l'article 73 est incompatible avec l'article 23.

La Cour supérieure a ainsi jugé que l'article 73 était incompatible avec l'article 23, du seul fait qu'il limite la catégorie de personnes admissibles à l'école anglaise en vertu de la « clause grand frère », et cela sans qu'il soit possible de se demander si cette limitation ne serait pas raisonnable. La Cour d'appel, au contraire, a jugé que le critère de « la majeure partie » était en lui-même compatible avec l'article 23, parce qu'il est nécessaire que la « clause grand frère » soit encadrée, afin qu'elle ne puisse justement pas rendre l'ensemble de l'article 23 sans objet en permettant, grâce au bref détour d'un enfant dans une école anglaise privée ou extérieure, un accès quasi automatique à l'école publique anglaise au Québec. Pour la Cour d'appel, le critère de « la majeure partie » est bien adapté à cette fin.

La Cour suprême du Canada, dès le départ de son analyse, nous apprend que le droit à l'école publique anglaise au Québec, énoncé à l'article 23 de la Charte canadienne des droits, est d'abord et avant tout un droit individuel, bien qu'il présuppose l'existence d'une collectivité de langue anglaise susceptible d'en bénéficier (paragraphe 23). De cette assertion découle la suite de son jugement.

S'agissant on l'espère de la partie de l'article 23 qui traite de la « clause grand frère », la Cour s'emploie par la suite à donner à celle-ci un sens individualiste distinct de l'objectif constitutionnel de protéger la minorité anglophone du Québec. Si la « clause grand frère » a pour objet immédiat et précis de favoriser la continuité dans la langue d'enseignement, de préserver l'unité familiale et de favoriser la liberté de circulation et d'établissement interprovinciaux, ce n'est pas tant dans le but ultime de protéger la minorité anglophone que pour donner effet à un « engagement authentique à cheminer dans la langue de la minorité » anglophone (paragraphe 28). À partir de là, toute la question est de savoir identifier les facteurs les plus susceptibles de permettre de reconnaître cet « engagement authentique », abstraction faite, précise la Cour, de l'existence (ou inexistence) de tout lien réel entre le parent et l'enfant d'une part, et la collectivité anglophone d'autre part (paragraphe 31). Ce n'est donc plus la minorité anglophone du Québec qu'il s'agit de protéger, mais bien la volonté individuelle de parents manifestée par certains gestes, dans certains contextes.

Pour mener à bien cette entreprise de reconnaissance d'un engagement parental authentique envers l'anglais, le critère de « la majeure partie » en tant que tel ne convient pas. Déterminer quantitativement si un enfant a reçu la majeure partie de son enseignement primaire ou secondaire en anglais n'est pas la façon de connaître la nature de l'engagement des parents de cet enfant à faire cheminer leurs enfants dans cette langue. Le critère de « la majeure partie », nous dit la Cour suprême, ne peut donc être sauvegardé que si l'on donne à l'adjectif « majeure » un sens qualitatif plutôt que quantitatif (paragraphe 1). Pour une juste application de la « clause grand frère », il faut examiner avec souplesse et relativisme un certain nombre non limitatif de facteurs, dont quatre sont exposés par la Cour en détail.

La Cour suprême résume finalement sa pensée dans une avant-dernière section de ses motifs, qu'elle intitule « Sommaire ». Elle y affirme que dans la majorité des cas, l'enfant inscrit dans un programme d'enseignement en langue anglaise, et qui le suit régulièrement, est en mesure de poursuivre ses études dans cette langue. Changer l'enfant de programme ne serait dans l'intérêt ni de l'enfant ni de la minorité anglophone. Néanmoins, poursuit la Cour, « il est justifié de procéder à une évaluation qualitative de la situation pour déterminer s'il existe une preuve d'engagement authentique à cheminer dans la langue d'enseignement de la minorité » anglophone (paragraphe 45). Le fait d'une seule inscription en cours à un programme reconnu d'enseignement en anglais suffit donc à faire naître une présomption d'« engagement authentique », lui-même suffisant pour que la « clause grand frère » engendre le droit à l'école anglaise pour tous les enfants d'une famille. La présence d'un enfant dans une école anglaise fait porter par le gouvernement le fardeau de prouver que cet enfant et ses frères et sœurs n'ont pas le droit de recevoir leur instruction dans des écoles publiques anglaises au Québec.

Par le dispositif de son jugement, la Cour suprême accueille enfin l'appel de l'appelante. Les enfants de celle-ci ont le droit de fréquenter des écoles anglaises financées par le Québec, car l'un d'entre eux a participé à un programme d'immersion en français dans une école anglaise de l'Ontario, ce qui doit être considéré selon la Cour comme de l'enseignement en anglais. Et, fait pour le moins inusité, la Cour, dans ce même dispositif, donne également raison à une personne qui n'était pas appelante devant elle. Les enfants de cette personne ont eux aussi le droit de fréquenter des écoles publiques anglaises, étant donné que l'une d'entre elles a passé une année dans une école privée et non subventionnée, où 60 % de l'enseignement se donnait en anglais.

Commentaires

Il faut d'abord dire que l'arrêt Gosselin apparaît sans reproches. Ce jugement allait de soi, pourrait-on prétendre. Mais encore n'était-il peut-être pas complètement inutile que la Cour suprême du Canada vienne confirmer expressément certaines évidences, comme celle voulant qu'un droit individuel à l'égalité constitutionnalisé ne puisse servir à neutraliser un droit collectif également constitutionnalisé, soit celui de la minorité anglophone à des écoles à elle, qui est aussi celui de la majorité francophone à ce que ces écoles ne servent pas à angliciser le Québec. L'existence de ce jugement relève peut-être aussi d'une sorte de compromis, destiné à faire passer l'arrêt Solski inaperçu.

Le jugement Solski est en effet davantage critiquable, à plusieurs égards. Il l'est d'abord en ce qui regarde sa prémisse voulant que le droit de faire instruire ses enfants au Québec dans des écoles anglaises financées par l'État est avant tout un droit individuel. Cette assertion est à notre avis sans fondement. Elle ne repose que sur une courte phrase, dans laquelle la Cour mentionne que l'article 23 de la Charte canadienne attribue un droit à des « personnes appartenant à des catégories particulières de titulaires ». Or ce constat ne fait que rappeler que des droits collectifs, contrairement aux droits individuels, n'appartiennent qu'à des catégories spécifiques de personnes, qu'il faut de quelque manière pouvoir identifier. Le fait que l'article 23 indique les moyens de reconnaître les membres de la collectivité titulaire du droit n'a pas pour effet de faire de ce droit un droit avant tout individuel. Celui-ci demeure au contraire un droit d'abord et avant tout collectif de par sa raison d'être, mais dont la mise en œuvre implique secondairement une dimension individuelle.

Le droit à des écoles publiques anglaises au Québec n'existe en effet que parce qu'existe au Québec une minorité historique anglophone le justifiant et parce que fut élaboré un jour un compromis politique reconnaissant ce droit. Il s'agit essentiellement d'un droit collectif, qui n'a rien à voir avec les droits civils et politiques, individuels et universels, qui se rattachent aux attributs fondamentaux de la nature humaine. L'être humain n'a pas davantage droit à des écoles publiques anglaises au Québec qu'il n'a droit à des écoles publiques chinoises à New York. S'il en va autrement pour certaines personnes au Québec, ce ne peut être que parce que celles-ci font de quelque manière partie de la minorité anglophone qui s'y trouve. Et cela devrait valoir tout autant pour la « clause grand frère » de l'article 23 de la Charte canadienne des droits que pour l'ensemble de l'article 23 dont cette clause fait partie intégrante. L'effort généreux qu'il convient de déployer doit avoir pour objet la reconnaissance des membres de cette collectivité minoritaire, et non l'extension du droit de l'article 23 aux Québécois qui ne présentent pas ou présentent peu de signes d'appartenance à la collectivité anglophone. La Cour suprême elle-même, dans l'arrêt Gosselin, reconnaît que le droit d'accès à l'école publique anglaise au Québec est « un droit qui n'est garanti au Québec qu'à la minorité anglophone » (paragraphe 10). Surtout dans le contexte québécois, où la langue de la majorité se trouve sous la continuelle menace de l'anglais, l'école anglaise ne devrait pas pouvoir être conçue comme poursuivant d'autres fins que la protection de la minorité anglophone du Québec. Le principe de l'école française n'a au Québec rien de capricieux; il est vital.

Parce qu'elle considère que la « clause grand frère » attribue un droit individuel, la Cour suprême est au contraire amenée à chercher à identifier l'objet de ce droit. Tous les critères qu'elle évoque de manière non limitative semblent en définitive pointer vers un objet se situant quelque part entre le respect d'une certaine volonté parentale et la protection de l'enfant lui-même, ce qu'elle appelle l'« engagement authentique » à cheminer en langue anglaise. Et, bien sûr, lorsqu'on a affaire à un droit individuel d'une telle nature intime, le nuancement et le relativisme des critères d'application apparaissent de bon aloi. La Cour suprême s'évertue dans Solski à trouver les moyens de connaître la vraie volonté des parents et le meilleur intérêt de l'enfant, alors que la question était de savoir si les personnes en cause pouvaient raisonnablement être considérées comme des membres de la collectivité minoritaire qu'il s'agit de protéger. Or, il faut bien admettre que l'appelante, de même que l'autre personne qui obtient gain de cause sans avoir porté sa cause en appel, n'affichent pas en l'espèce, selon les faits rapportés, grand lien d'appartenance à la collectivité anglophone du Québec. Dans ces conditions, le sort des dispositions de la Charte de la langue française, qui depuis 2002 écartent du décompte, pour les fins de la « clause grand frère », l'enseignement reçu en anglais dans une école privée non subventionnée, ou à l'occasion d'un séjour temporaire ou pour des raisons humanitaires, apparaît pour le moins compromis.

Le jugement Solski est également critiquable en ce qu'il prétend agréer le critère de « la majeure partie » comme norme d'application de la « clause grand frère ». La Cour suprême prétend en effet s'adonner à de l'interprétation constitutionnelle : le critère de l'article 73 est constitutionnel, et il continue de s'appliquer, à la simple condition de lui donner un sens qualitatif et relatif. C'est sur la base de cet aspect déclaratoire du jugement Solski que celui-ci est dit n'accueillir l'appel qu'« en partie ». Or plus on progresse dans la lecture du jugement, plus on se rend compte que tout cela n'est qu'illusion et que le critère de « la majeure partie » est appelé en définitive à signifier tout autre chose que ce qu'implique son vocable. Un peu comme dans la célèbre Loi de clarification, adoptée par le Parlement fédéral à la suite du jugement de la *Cour suprême* sur la sécession du Québec, où la notion de majorité est dite pouvoir signifier tout autre chose que la majorité. Comme on l'a vu, la Cour en vient même à établir une présomption en faveur du droit à l'enseignement en anglais, sitôt qu'existe une inscription en cours à un programme anglais, ce qui nous situe fort loin de l'exigence qu'une majeure partie de l'enseignement ait été suivie en langue anglaise. C'est à se demander quelle interprétation sera donnée au même critère, employé dans la partie principale de la « clause Canada » pour qualifier l'enseignement primaire que doit avoir reçu en anglais le parent requérant. En réalité, la Cour suprême du Canada se montre ici beaucoup plus ratoureuse qu'elle ne l'avait été en 1988 dans l'affaire Ford, où elle avait déclaré inconstitutionnelle la norme générale de l'affichage commercial en langue française. Au lieu de heurter la norme, ici elle se transforme en législateur si pointilleux et si nuancé que la norme s'en trouve vidée de sa substance. Il est vrai qu'une déclaration d'inconstitutionnalité n'aurait pas heurté que la norme, car le Parlement du Québec n'aurait pas pu écarter le jugement de la Cour suprême comme il le fit en 1988 à l'aide de la disposition de dérogation de l'article 33 de la Charte canadienne, celle-ci ne s'appliquant pas à l'article 23.

De façon plus générale, le jugement Solski est aussi critiquable à ce chapitre en raison du parti pris individualiste dont il fait preuve, qui l'amène à relativiser à l'infini une norme élaborée avec soin par le législateur compétent, après débats et longue réflexion. Et cela au point d'en faire une non-norme, dont il devient impossible de saisir la portée pratique. Or, en matière de droit à l'école anglaise au Québec, la preuve a pourtant déjà été faite que des normes trop relatives sont impraticables, comme ce fut le cas pour le critère de la « connaissance suffisante » de l'anglais avant la venue de la Charte de la langue française. Le discutable labeur de législation auquel s'adonne la Cour suprême, en rendant le critère de « la majeure partie » insaisissable, réjouira peut-être quelques avocats, en multipliant les litiges. Mais il aura certes et surtout pour effet d'engendrer de la tension sociale, en autorisant des personnes à croire qu'elles jouissent d'un droit individuel fondamental à l'école publique anglaise au Québec, droit qui à ce titre devrait s'ajuster à leur credo personnel. Cette propension de la Cour suprême du Canada à vouloir régler tous les problèmes au cas par cas, quelle qu'en soit la nature, semble en définitive relever d'une culture sociojuridique de *common law*, ou de *case-law*, qui est bien davantage canadienne que québécoise. Cet individualisme exacerbé entraîne d'ailleurs parfois la dissidence des juges québécois de la Cour, mais dans les deux affaires présentes, cette dernière s'est exprimée unanimement et anonymement.

Le point sur les substitutions linguistiques

L'anglicisation plus courante que la francisation*

Charles Castonguay
Université d'Ottawa

La différence entre la population parlant le français comme langue d'usage à la maison et celle de langue maternelle française a progressé deux fois plus entre les recensements de 1971 et de 2001 que la différence correspondante quant à l'anglais. Cela porte facilement à conclure que le français a recruté au Québec, depuis 1971, deux fois plus de nouveaux locuteurs usuels que l'anglais.

Pareil progrès du français en matière de substitutions linguistiques n'est toutefois qu'apparent. Des changements apportés au questionnaire de recensement en 1991 ont réduit le degré d'anglicisation des francophones et dopé la part du français dans l'assimilation des allophones; de nouveaux changements ont encore gonflé la francisation des allophones en 2001 (Castonguay 2003). En outre, beaucoup d'allophones anglicisés, énumérés en 1971, sont décédés depuis et ont été remplacés par de nouveaux cas d'anglicisation. Les francophones et allophones anglicisés au Québec sont portés aussi à migrer ailleurs au Canada. Enfin, nombre d'immigrés allophones qui, au recensement, se déclarent francisés avaient en fait déjà adopté le français comme langue d'usage à l'étranger. Ces quatre facteurs de distorsion font en sorte que le pouvoir d'attraction du français vis-à-vis de l'anglais a moins progressé au Québec que ce que laisse entendre un examen trop sommaire des données.

Quel a donc été le progrès réel du français sur ce plan? Plus précisément, combien de substitutions linguistiques en faveur du français et de l'anglais ont été effectivement réalisées sur le territoire québécois depuis 1971? La question est assez importante pour qu'on

TABLEAU 1   **Solde des substitutions linguistiques, Québec**

Année	Français	Anglais	Autre
1971	2 460	95 115	- 97 575
1981	- 371	109 508	- 109 143
1986	- 9 739	124 316	- 114 586
1991	62 324	131 661	- 193 991
1996	84 139	137 136	- 221 261
2001	110 598	151 079	- 261 676

Note : Le total pour une année peut s'écarter légèrement de zéro en raison de l'arrondissement aléatoire des données par Statistique Canada.

Source : Compilations spéciales des recensements de 1971 à 2001.

s'efforce d'y voir clair. Nous invitons le lecteur à suivre de près nos estimations, car le constat qui s'en dégage ne manquera pas d'étonner.

Gains apparents du français et de l'anglais depuis 1971

Plusieurs Québécois adoptent au cours de leur vie une langue d'usage au foyer différente de leur langue maternelle. Le tableau 1 présente l'évolution du solde de ces substitutions de langue parmi les résidents permanents du Québec qui n'habitent ni dans un établissement institutionnel ni dans une réserve amérindienne (voir encadré).

Il en ressort qu'à chaque recensement, le solde des substitutions évolue de façon favorable à l'anglais. Il évolue favorablement aussi pour le français après 1986. En faisant la part belle au français, disons en chiffres ronds qu'entre 1971 et 2001, le solde passe de 0 à 110 000 pour le français et de 95 000 à 150 000 pour l'anglais. Cela représente un progrès de 110 000 pour le français et de 55 000 pour l'anglais. En apparence, donc, deux fois plus de nouvelles substitutions se seraient réalisées en faveur du français qu'en faveur de l'anglais.

Trois courants dominants de l'assimilation

Bien qu'il puisse y avoir six sortes de substitution entre le français, l'anglais et les autres langues, elles se résument à trois tendances dominantes : une anglicisation nette des francophones et une anglicisation aussi bien qu'une francisation nettes des allophones. L'anglicisation nette des francophones se chiffre par la différence entre le nombre de francophones anglicisés et celui d'anglophones francisés. L'anglicisation nette des allophones se calcule de même en soustrayant, du nombre d'allophones anglicisés, les quelques cas d'adoption d'une tierce langue par des anglophones. La francisation nette des allophones se mesure de façon semblable.

Le tableau 2 montre l'évolution de chacun des trois courants dominants. C'est leur mouvement qui détermine les gains ou pertes au tableau 1. Par exemple, le solde des substitutions pour l'anglais, au tableau 1, est la somme de l'anglicisation nette des francophones et de celle des allophones telles qu'indiquées au tableau 2.

L'intérêt du tableau 2 est de révéler l'ampleur des principales ruptures de comparabilité causées par les modifications apportées au questionnaire de recensement. De toute évidence, la réforme du questionnaire en 1991 a effacé presque totalement l'anglicisation nette des francophones et a fortement augmenté la francisation aussi bien que l'anglicisation des allophones. Le tableau 2 suggère également que les changements apportés en 2001 ont eu pour effet de gonfler la francisation des allophones.

Pour estimer le progrès réel du solde du français vis-à-vis de l'anglais, nous

TABLEAU 2 — **Les trois vecteurs principaux de l'assimilation, Québec**

Année de recensement	Anglicisation nette des francophones	Francisation nette des allophones	Anglicisation nette des allophones
1971	24 605	27 065	70 510
1981	28 376	28 005	81 148
1986	39 412	29 668	84 908
1991	6 236	68 564	125 422
1996	2 569	86 711	134 562
2001	7 762	118 353	143 315

Source : Compilations spéciales des recensements de 1971 à 2001.

annulerons à tour de rôle l'effet de chaque facteur de distorsion. Ce faisant, nous raisonnerons à plusieurs milliers près et infléchirons nos estimations dans le sens d'une réduction modérée du pouvoir d'attraction du français, de manière à assurer la robustesse du résultat final.

L'effet du questionnaire de 1991 sur l'anglicisation nette des francophones

Nous savons que le nouveau modèle de questionnaire adopté en 1991 a brusquement réduit le nombre de francophones anglicisés au Québec et augmenté de même le nombre d'anglophones qui se déclaraient francisés (Castonguay 1996). Ces deux hiatus ont entraîné une chute abrupte de l'anglicisation nette des francophones. Au bas mot, le nouvel instrument d'observation a fait reculer de 20 000 leur anglicisation nette à comparer à ce que donnaient à voir les recensements de 1971 à 1986 (tableau 2).

Si le questionnaire de 1991 avait servi dès 1971, l'anglicisation nette des francophones aurait donc été presque inexistante sur les trente années en cause. Par conséquent, compte tenu de la francisation nette des allophones, le solde des substitutions pour le français aurait été d'au moins 20 000 en 1971 au lieu du résultat à peu près nul inscrit au tableau 1.

Annuler cet effet du nouveau questionnaire en 1991 équivaut ainsi à faire passer le solde des substitutions pour le français de 20 000 en 1971 à 110 000 en 2001, ce qui représente un progrès de 90 000. Suivant un raisonnement semblable, le solde de l'anglais passe de 75 000 (et non 95 000) en 1971 à 150 000 en 2001, pour un progrès concomitant de 75 000.

D'entrée de jeu, ce premier ajustement produit un résultat bien différent de celui qui semblait s'imposer à première vue. Soulignons qu'il n'est pas question ici d'accorder une préférence à l'un ou à l'autre des questionnaires quant à déterminer le pouvoir d'attraction « réel » des langues, mais uniquement d'apporter des ajustements qui visent à cerner le véritable mouvement

---

Mesures prises pour améliorer la comparabilité des données

Parmi les recensements en cause, seul celui de 1971 a recueilli les renseignements sur la langue maternelle et la langue d'usage auprès des pensionnaires d'établissements institutionnels. De même, seuls les recensements de 1991 à 2001 comprennent des données touchant les résidents non permanents. Enfin, les réserves amérindiennes collaborent de façon inégale aux recensements. Pour assurer l'uniformité des univers statistiques comparés, les pensionnaires d'institutions, les résidents non permanents et ceux des réserves amérindiennes ont donc été exclus des compilations spéciales qui sous-tendent la présente analyse.

À chaque recensement, certains répondants déclarent plus d'une langue maternelle ou d'usage. La fréquence de ces déclarations fluctue en fonction des modifications apportées au questionnaire et au mode de traitement des données. Il s'agit rarement, d'ailleurs, des mêmes personnes d'un recensement à l'autre. Statistique Canada a simplifié ces réponses multiples lors même de la saisie des données en 1971, au moyen d'un procédé qui équivaut grosso modo à les répartir également entre les langues déclarées. Pour toutes ces raisons, nous avons réparti de façon égale entre les langues déclarées les réponses multiples recueillies aux recensements ultérieurs.

de ce que les divers questionnaires donnent différemment à voir.

L'effet du questionnaire de 1991 sur l'assimilation des allophones

Afin d'estimer l'effet du questionnaire de 1991 sur la francisation et l'anglicisation nettes des allophones, l'augmentation de chaque type d'assimilation entre 1991 et 1996 peut nous servir de guide. En effet, les informations sur l'assimilation des allophones recueillies à ces deux recensements au moyen d'un module de questions linguistiques inchangé se sont avérées d'une comparabilité optimale (Castonguay 2005).

Au tableau 2, la francisation nette des allophones progresse de 39 000 entre 1986 et 1991, mais de 18 000 seulement entre 1991 et 1996. Le questionnaire de 1991 a donc gonflé ce courant d'assimilation de quelque 20 000 personnes. De même, l'anglicisation nette des allophones progresse au tableau 2 de 40 500 entre 1986 et 1991, mais de seulement 9 000 entre 1991 et 1996. Ainsi, l'effet inflationniste du nouveau questionnaire a été à cet égard d'environ 30 000.

Le modèle de questionnaire adopté en 1991 a été repris en 1996 et 2001. On peut estimer par conséquent que la francisation nette des allophones est, en 2001, plus élevée de 20 000 que si l'instrument d'observation n'avait pas été refondu en 1991. Annuler l'effet du changement de questionnaire revient alors à réduire à 90 000 le solde pour le français en fin de période. On peut estimer de même que le solde pour l'anglais se trouve gonflé de 30 000 personnes en 2001 relativement aux données des trois premiers recensements. Une fois annulé l'effet du questionnaire, il reste un solde de 120 000 pour l'anglais en 2001. Le progrès du solde qui en résulte est de 70 000 pour le français (étant passé de 20 000 en 1971 à 90 000 en 2001) et de 45 000 pour l'anglais (étant passé de 75 000 à 120 000).

La correction de l'ensemble des distorsions causées par l'introduction d'un nouveau modèle de questionnaire en 1991 conduit ainsi à une évolution plus modeste du solde des substitutions. C'est notamment le cas du progrès du français à ce chapitre.

L'effet du questionnaire de 2001

À la suite du progrès de 18 000 dans la francisation des allophones, enregistré entre 1991 et 1996 au moyen de questions linguistiques identiques, les questions modifiées du dernier recensement

---

Une estimation perfectible mais robuste

En cas d'incertitude, nous avons fait pencher nos estimations en faveur du français plutôt que de l'anglais. Des estimations plus satisfaisantes peuvent venir modifier quelque peu l'issue des ajustements effectués ci-dessus. Toutefois, cela ne devrait pas en changer le sens tant semble nette la domination de l'anglais au cours de la période à l'étude. Le lecteur intéressé trouvera dans un ouvrage connexe (Castonguay 2005) des analyses que nous n'avons pu que résumer ici, notamment en ce qui concerne les changements apportés au questionnaire de recensement, leur incidence sur les données et les substitutions réalisées à l'étranger. En revanche, la présente étude a bénéficié de recherches inédites sur l'incidence de la mortalité et de la migration interprovinciale.

ont produit un bond invraisemblable de 32 000 entre 1996 et 2001 (tableau 2). Nous en avons contrôlé l'authenticité au moyen de vérifications longitudinales qui permettent de conclure que les changements apportés avaient, en 2001, haussé d'environ 10 000 la francisation nette des allophones (Castonguay 2003 et 2005).

Par contre, ces changements ne semblent pas avoir affecté de façon significative les autres vecteurs principaux de l'assimilation. L'annulation de l'effet des modifications de 2001 se limite donc à réduire de 10 000 la francisation relative des allophones. Le solde des substitutions pour le français en 2001 se chiffre alors à 80 000. Cela porte le progrès du solde des substitutions pour le français à 60 000, celui-ci étant passé de 20 000 à 80 000 sur trente ans, à comparer au 45 000 obtenu pour l'anglais à la section précédente.

L'incidence de la mortalité

Les allophones anglicisés étaient beaucoup plus nombreux en 1971 que les francisés, soit 70 500 à comparer à 27 100 (tableau 2). Par conséquent, beaucoup plus d'anglicisés que de francisés sont décédés depuis. Si l'anglicisation et la francisation nettes des allophones ont progressé, c'est aussi parce que les décédés ont été remplacés par le recrutement d'un nombre équivalent de nouveaux locuteurs usuels de l'anglais et du français. Ces substitutions de remplacement échappent à une lecture trop rapide de l'évolution des données.

L'âge médian des allophones anglicisés énumérés en 1971 était de 38 ans et celui des francisés, de 35 ans. En particulier, parmi la population déjà âgée de 45 ans ou plus, les 26 090 anglicisés

TABLEAU 3	Estimation des substitutions réalisées au Québec	
	FRANÇAIS	**ANGLAIS**
Gains apparents entre 1971 et 2001	**110 000**	**55 000**
Ajustements:		
Effets de questionnaire	- 50 000	- 10 000
Mortalité	+ 10 000	+ 25 000
Substitutions à l'étranger	- 30 000	- 10 000
Migration interprovinciale	- 10 000	+ 15 000
Substitutions réalisées au Québec entre 1971 et 2001	**30 000**	**75 000**

étaient plus de trois fois plus nombreux que les 8 345 francisés. Par conséquent, on peut supposer qu'au minimum, près de trois fois plus d'anglicisés que de francisés sont décédés depuis 1971 et ont été remplacés par autant de nouvelles substitutions.

Afin d'avantager la progression du pouvoir d'attraction du français vis-à-vis de celui de l'anglais, disons que 25 000 allophones anglicisés et 10 000 allophones francisés, énumérés au Québec en 1971, sont décédés depuis. Comme ils ont tous été remplacés, cela augmente d'autant les substitutions réalisées entre 1971 et 2001. Le progrès du français en matière de substitutions réalisées depuis 1971 s'élève alors à 70 000 et celui de l'anglais, à 70 000 également.

Les substitutions réalisées à l'étranger

Selon Termote (1999), la majorité des substitutions déclarées par les immigrés d'arrivée récente auraient été réalisées au préalable à l'étranger. En outre, pas plus de la moitié des substitutions déclarées par l'ensemble de la population allophone immigrée auraient été accomplies au Québec. Des vérifications longitudinales confirment entièrement ses hypothèses (Castonguay 2005).

Les allophones immigrés déclarent beaucoup de substitutions dès le premier recensement suivant leur arrivée. Aux seuls recensements de 1991, 1996 et 2001, nous en avons compté, au total, 43 200 pour le français et 17 300 pour l'anglais. À la lumière des vérifications mentionnées ci-dessus, on peut estimer que, uniquement de 1986 à 2001, les substitutions réalisées à l'étranger ont contribué pour au moins 30 000 au solde des substitutions pour le français recensées en 2001 et pour environ 10 000 à celui pour l'anglais (Castonguay 2005, section 3.5). En ce qui a trait au pouvoir d'attraction qu'exercent le français et l'anglais au Québec même, cela réduit le progrès du français à 40 000 depuis 1971 et celui de l'anglais à 60 000.

L'incidence de ce facteur de distorsion serait plus importante encore sur l'ensemble des trente années à l'étude. Les substitutions réalisées à l'étranger ne sont évidemment pas attribuables à l'effet de la loi 101 sur le pouvoir d'attraction du français au Québec. En revanche, une partie découle, sans doute, de la connaissance préalable du français comme critère de sélection des immigrants.

La migration interprovinciale des francophones anglicisés

Statistique Canada dresse un bilan quinquennal de la migration interprovinciale par langue maternelle et langue d'usage au moyen d'une question sur le lieu de résidence cinq ans avant le recensement. Ce bilan est toujours négatif pour la population francophone anglicisée.

Un total de 41 000 francophones anglicisés ont été énumérés à l'extérieur du Québec aux recensements de 1976 à 2001, alors qu'ils résidaient au Québec cinq ans auparavant. Quelques-uns sont décédés avant 2001, mais la vaste majorité auraient été recensés au Québec en 2001 s'ils n'avaient pas élu domicile ailleurs au Canada. En recoupant le bilan migratoire quinquennal avec l'information sur le lieu de résidence un an avant le recensement, recueillie à partir de 1991, on peut aussi estimer qu'un peu moins de la moitié des francophones anglicisés qui ont quitté le Québec durant le lustre précédant le recensement s'y étaient déjà anglicisés avant leur départ.

De manière très modérée, disons donc que 10 000 francophones anglicisés au Québec auraient été recensés comme tels au Québec en 2001 s'ils n'étaient pas partis vivre dans une autre province. Pour le français, cela réduit de 10 000 le bilan, en 2001, des substitutions réalisées sur le territoire québécois depuis 1971, et augmente d'autant le bilan pour l'anglais. Le progrès sur trente ans s'établit alors à 30 000 pour le français et à 70 000 pour l'anglais.

La migration interprovinciale des allophones anglicisés

D'un lustre à l'autre, la migration nette des allophones francisés entre le Québec et les autres provinces est à peu près nulle. Par contre, celle des allophones anglicisés est toujours négative.

Aux recensements de 1976 à 2001, on compte un total de 33 000 allophones anglicisés énumérés dans le reste du Canada, mais qui résidaient au Québec cinq ans auparavant. Quelques-uns sont décédés avant 2001, d'autres sont des immigrés qui étaient anglicisés avant d'arriver au Québec. On peut estimer aussi qu'un peu moins de la moitié des allophones anglicisés non immigrés qui ont quitté le Québec pendant le lustre précédant le recensement s'y étaient anglicisés avant de partir.

De façon modérée, toujours, disons que trente années de tamisage linguistique interprovincial ont soustrait de la population recensée au Québec en 2001 quelque 5 000 allophones qui s'y étaient anglicisés. Cela augmente d'autant le bilan de l'anglais quant aux substitutions réalisées sur le sol québécois depuis 1971, et porte son progrès en cette matière à 75 000.

Dans nos estimations de l'incidence du tamisage migratoire sur le bilan des substitutions, nous n'avons pas distingué entre les migrants francophones ou allophones qui se sont anglicisés au Québec avant 1971 et ceux qui s'y sont anglicisés depuis, car le départ de ceux qui se sont anglicisés avant 1971 exerce un effet équivalent à celui de la mortalité en haussant le vrai bilan de l'anglais au Québec depuis 1971. D'une façon ou d'une autre, il faut donc faire entrer ces départs aussi en ligne de compte.

Le tableau 3 résume l'effet des quatre facteurs de distorsion qui embrouillent le suivi des substitutions réalisées au Québec. Tous y ont contribué de façon importante.

La domination persistante de l'anglais

De prime abord, le français semble avoir recruté depuis 1971 deux fois plus de nouveaux locuteurs usuels que l'anglais. Nos ajustements débouchent sur un constat diamétralement opposé : 30 000 pour le français, 75 000 pour l'anglais. À bien y penser, ce n'est pas si étonnant. Dans le premier cas il s'agissait de comparer deux instantanés pris, d'ailleurs, au moyen d'instruments différents; dans le second, d'estimer combien de substitutions se sont réalisées sur le territoire québécois durant les trente années en cause.

Notre conclusion n'est pas irréconciliable non plus avec le progrès bien documenté du pouvoir d'attraction du français auprès des jeunes immigrés allophones touchés par les dispositions scolaires des lois 22 et 101. Car entre 1941 et 1971, par exemple, la dynamique des substitutions réalisées en sol québécois était vraisemblablement encore plus favorable à l'anglais qu'entre 1971 et 2001.

Quant à l'appréciation de la vitalité comparée du français et de l'anglais au Québec, la présente analyse contribuera peut-être à dissiper la confusion qui règne. Les uns suivent l'évolution de la langue maternelle et de la langue d'usage à la maison sans admettre encore la rupture de comparabilité touchant les substitutions plus récentes, notamment celle provoquée par la modification de l'instrument d'observation en 2001 (OQLF 2005, p. 65-73). Les autres n'en ont que pour la langue d'usage public, alors que nous ne disposons d'aucune série d'observations comparables qui permettraient d'en suivre l'évolution.

À mesure que les preuves de défaut de comparabilité s'accumulent, la levée du blocage des uns ne sera sans doute qu'une question de temps. Il est possible, cependant, que le dogmatisme empêche les autres de reconnaître que l'évolution des substitutions linguistiques dans l'intimité du foyer peut refléter celle de la situation des langues dans la vie publique.

Références

CASTONGUAY, Charles, « Assimilation Trends Among Official Language Minorities, 1971-1991 », dans Towards the XXIst Century: Emerging Socio-Demographic Trends and Policy Issues in Canada, Federation of Canadian Demographers, Ottawa, p. 201-205, 1996.

CASTONGUAY, Charles, « La vraie question linguistique : quelle est la force d'attraction réelle du français au Québec? Analyse critique de l'amélioration de la situation du français observée en 2001 », dans M. Venne (dir.), L'annuaire du Québec 2004, Fides, Montréal, p. 232-253, 2003.

CASTONGUAY, Charles, Les indicateurs généraux de vitalité des langues au Québec : comparabilité et tendances 1971-2001, Office québécois de la langue française, Montréal, 2005.

OFFICE QUÉBÉCOIS DE LA LANGUE FRANÇAISE, Les caractéristiques linguistiques de la population du Québec : profil et tendances 1991-2001, Montréal, 2005.

TERMOTE, Marc, Perspectives démolinguistiques du Québec et de la région de Montréal à l'aube du XXIe siècle, Conseil de la langue française, Québec, 1999.

* La présente contribution s'inscrit dans le cadre de travaux subventionnés par le Conseil de recherches en sciences humaines du Canada. Une version préliminaire a été présentée au colloque Census Data and the Assessment of Linguistic Normalization tenu à Barcelone en mars 2005 lors du 5th International Symposium on Bilingualism.

L'anglais sera enseigné en première année

Marie-Andrée Chouinard
Journaliste, Le Devoir

Les batailles ont été si nombreuses cette année dans la cour de récréation de l'éducation qu'une nouveauté a franchi toutes les étapes d'approbation politique, pour se frayer doucement un chemin vers les salles de classe sans que trop de chemises ne se déchirent sur la place publique. En effet, foi de ministre de l'Éducation, dès septembre 2006, les petits mousses qui s'inscriront en première année s'initieront à l'anglais, un plan de match qui est loin de faire l'unanimité.

En juin 2005, le ministère de l'Éducation, sous la baguette de Jean-Marc Fournier, a donné le feu vert à l'apprentissage de l'anglais langue seconde dès les premiers battements du primaire. À compter de septembre 2006, en effet, les écoliers inscrits au premier cycle du primaire devront apprendre la langue de Shakespeare en plus de commencer à maîtriser lecture et écriture dans celle de Molière, comme en a décidé le gouvernement libéral.

C'était une autre de ces promesses électorales, auxquelles le gouvernement Charest a souvent été accusé de s'accrocher. Ajouter du temps d'enseignement au primaire, comme d'autres formations politiques d'ailleurs l'avaient proposé lors de la dernière campagne électorale provinciale, mais utiliser quelques-unes de ces précieuses minutes additionnelles pour apprendre à conjuguer aussi en anglais, et dès l'âge de six ans.

La mesure, vivement contestée par certains groupes, permettra en réalité de devancer de deux années l'entrée en piste de l'anglais, qui s'enseigne actuellement à compter de la troisième année (début du deuxième cycle dans le nouveau jargon scolaire lié à la réforme). L'ajout d'une heure trente de plus à la semaine scolaire, qui comptera désormais 25 heures, permet le déploiement de ce projet.

Mais l'introduction de cette matière, dans un Québec où toute incursion sur un terrain linguistique nécessite de cheminer à pas de loup, n'a pas créé d'unanimité. Au contraire, des enseignants aux commissions scolaires, en passant par des spécialistes de l'enseignement de l'anglais, ils ont été plusieurs à se dire peu convaincus des arguments avancés pour justifier l'ajout de l'anglais à une grille-matière déjà bien barbouillée chez les tout-petits.

Au cours de la dernière année, c'est sans doute d'ailleurs l'opinion du très sérieux Conseil supérieur de l'éducation, un organisme-conseil du gouvernement, qui a pesé le plus lourd dans la balance.

Dans un avis qui a fait l'effet d'une petite bombe dans le milieu scolaire, le Conseil supérieur de l'éducation (CSE) a en effet clairement indiqué qu'il ne souscrivait pas à l'introduction de l'anglais langue seconde au premier cycle du primaire.

Après examen de l'ensemble des modifications apportées au Régime pédagogique de l'éducation préscolaire, de l'enseignement primaire et secondaire, le CSE tranchait qu'il s'agissait d'une mesure «injustifiée» dont l'efficacité n'a pas été «démontrée».

Saluant la vaste majorité des changements proposés pour modeler encore davantage le parcours scolaire à la réforme instaurée au début des années 2000, le CSE n'a conseillé au ministre de reculer que sur un point: celui de l'anglais en première année.

«Le Conseil recommande de surseoir à la proposition d'introduire l'enseignement de l'anglais au 1er cycle du primaire», peut-on lire dans le document, qui propose du même souffle la création d'un groupe de travail qui examinerait la question de l'enseignement de l'anglais d'un point de vue tant «organisationnel que pédagogique».

S'il insiste sur le fait qu'il ne s'inscrit pas contre la pertinence d'initier les Québécois francophones à l'anglais langue seconde, le Conseil note toutefois que trop de questions demeurent sans réponse pour embrasser ce type de changement: «Par exemple, est-il démontré de manière suffisamment probante qu'un enseignement précoce de l'anglais, surtout dispensé à petite dose, soit efficace?» demande le CSE dans son avis.

L'incidence de cet apprentissage sur les élèves en difficulté, de même que les effets de l'enseignement du français en milieu anglophone au Québec ou des expériences canadiennes hors Québec n'ont pas été explorés, déplore aussi le Conseil.

«Il nous est apparu évident que le gouvernement ne pouvait justifier sa proposition sur des bases pédagogiques», a affirmé le président de l'organisme, Jean-Pierre Proulx, enjoignant les autorités à tout simplement mettre le processus entre parenthèses, histoire de mieux le valider.

Alors que les quotidiens ont fait la manchette avec cet avis pesant, insistant sur les réserves du Conseil, le ministre de l'Éducation, Jean-Marc Fournier, n'a pas attendu longtemps pour dévoiler son jeu: la journée même où les médias analysaient le contenu de l'avis de long en large, M. Fournier a fait savoir lors d'un point de presse impromptu organisé à l'Assemblée nationale, qu'il irait de l'avant tel que prévu, malgré les avis des uns et des autres.

Du coup, il repoussa l'idée du Conseil de créer un comité pour mieux réfléchir à cette question délicate. «On est capable de marcher et de mâcher de la gomme en même temps», affirmait alors le ministre, signifiant son intention d'aller de l'avant tout en ayant l'œil ouvert sur des ajustements à apporter en cours de route.

Au sein même du ministère, a lancé le ministre pour rassurer les troupes, des comités planchent sur les aspects les plus inquiétants liés à l'introduction de l'anglais si tôt dans le parcours scolaire. Et des « expériences-pilote » menées dans quelques écoles du Québec sont sous haute surveillance, ce qui pave la voie aux nouveautés que l'ensemble des écoles connaîtra sous peu.

Outre l'absence d'une démonstration pédagogique fine sur les bienfaits de cette mesure promise à la faveur d'une campagne électorale, le Conseil supérieur de l'éducation n'a pas manqué dans son avis d'insister sur les réserves que les acteurs scolaires eux-mêmes exprimaient et sur le climat hostile qui pourrait donc accueillir le changement par ceux-là mêmes qui devront l'orchestrer.

Tant les enseignants liés à la Centrale des syndicats du Québec (CSQ) que les commissions scolaires ont évoqué la fragilité de la langue française chez les apprentis écoliers au moment où l'on se mettra maintenant en devoir de leur montrer aussi l'anglais.

Les détracteurs de cette future politique ne manquent pas ainsi pas de mentionner la maîtrise de la langue maternelle pour expliquer leurs réticences à voir poindre l'anglais au moment où le français lui-même ne fait que montrer ses bourgeons. L'Association des cadres scolaires du Québec, son cousin la Fédération des commissions scolaires du Québec et la Centrale des syndicats du Québec ont ainsi marqué leur ferme opposition à cette nouveauté pédagogique, ce qui n'a pas empêché Québec de persister dans cette idée.

Des spécialistes de l'enseignement de l'anglais ont aussi revendiqué le statu quo, comme l'a fait la Société pour la promotion de l'anglais (SPEAQ), qui met en question ce principe d'apprentissage précoce de l'anglais, souvent opposé à un bain linguistique plus prononcé. Plusieurs commissions scolaires offrent désormais une moitié d'année en anglais intensif pour clore le primaire, et plusieurs ont revendiqué une analyse pointue des avantages de cette formule en comparaison avec l'entrée de l'anglais aux premières heures du bain scolaire.

D'autres encore ont avancé que l'apprentissage de l'anglais n'avait peut-être pas besoin d'un tremplin scolaire aussi rapide, puisque sa progression chez les francophones n'était pas du tout en mauvaise posture.

« Il paraît que lorsqu'on apprend une langue seconde, quelle qu'elle soit, très jeune, on pourra par la suite des choses l'utiliser sans accent », avançait le ministre Jean-Marc Fournier au printemps 2005 devant la commission de l'éducation, qui lui demandait de justifier la pertinence de son projet.

Quant à « une impression de menace par rapport à la survie de l'identité québécoise », cet argument ne tient plus désormais, affirmait aussi le ministre, qui croit que désormais, nous sommes passés à une « période de confiance » qui s'arrime tout à fait avec l'ouverture des frontières qui caractérise le monde contemporain.

Un éveil jeune à une nouvelle langue se transformera-t-il en un saupoudrage inutile, comme le craignent plusieurs groupes très peu enclins à voir les cahiers d'anglais dans les sacs des petits écoliers de la première année ?

Au Québec, cette envolée pédagogique s'est accrue de quelques appréhensions linguistiques, liées à la fragilité du statut français dans la province.

Le Mouvement national des Québécois, la Société Saint-Jean-Baptiste de Montréal et le Parti québécois n'ont ainsi pas manqué de relever l'importance de mettre le grappin sur de véritables analyses mesurant l'impact d'une telle mesure sur la qualité du français avant de se lancer dans l'aventure. « En moins de 20 ans, nous sommes passés d'un enseignement de l'anglais commençant à la fin du primaire à un enseignement dès la première année, sans jamais se baser sur aucune étude sérieuse », a dénoncé la présidente du Mouvement national des Québécois, Chantale Turcot.

Derrière un « objectif louable », cette absence d'examen scientifique donnera lieu à une décision « imprudente et improductive », a lancé l'ex-chef de l'opposition et président du Parti québécois, Bernard Landry, reprochant au passage à l'autorité libérale de n'être guidée que par des « convictions » plutôt que des « études d'impact ».

Le ministère de l'Éducation lui-même reconnaît que ses tablettes ne regorgent pas d'analyses et d'enquêtes lui permettant de tirer une ligne claire sur cet éternel débat. « Il y en a plusieurs et elles se contredisent », affirmait toutefois la porte-parole de l'ex-ministre de l'Éducation, Pierre Reid, qui a le premier relancé ce débat dans l'arène. Et pourtant...

L'arène de l'éducation a connu tellement d'autres chauds débats tout au cours de cette dernière année que celui-là, peut-être noyé parmi tous les autres, n'a pas occupé l'avant-scène. Entre une grève générale chez les étudiants du collège et de l'université, et les moyens de pression d'enseignants du primaire et du secondaire, qui allait se soucier de retouches du genre au régime pédagogique ? L'arrivée probable d'un nouvel ordre professionnel des enseignants, conjuguée au remodelage promis du réseau collégial et au refinancement exigé des universités n'a pas non plus dégagé le paysage politique dans le réseau de l'éducation, si bien que ce changement devrait passer de la théorie à la pratique sans que d'autres étapes d'acceptation ne soient franchies.

Il faudra toutefois que des maîtres se montrent disponibles et disposés à enseigner l'anglais à ces petits, ce qui fait déjà l'objet de quelques chauds débats dans certaines commissions scolaires où l'on ne se bouscule pas à la porte pour réciter l'alphabet en anglais.

Si Montréal peut se vanter de trouver chaussure à son pied assez aisément, est-il vrai aussi qu'à Jonquière et à Chicoutimi, tout le monde lève la main lorsqu'on cherche des titulaires prêts à dispenser l'anglais ?

Pourrait-il donc y avoir une pénurie de professeurs d'anglais au moment où la totalité des enfants du primaire, de la première à la sixième année, auront besoin de plusieurs minutes d'anglais par semaine ?

Aucun problème, a répondu à ce sujet le ministre de l'Éducation, qui a calculé que près du tiers des enseignants d'anglais langue seconde au primaire et 20 % de ceux du secondaire n'ont pas une pleine tâche et pourront donc occuper les heures manquantes en voletant d'une école à l'autre pour ajouter à leurs agendas les enfants de première et de deuxième année.

« Actuellement, le ministère, les commissions scolaires et les universités sont en train d'explorer des solutions à l'égard de la pénurie pour augmenter la formation », a indiqué le ministre Fournier, reconnaissant la présence d'un problème, mais promettant la recherche d'une solution.

Cette solution pourrait peut-être même passer par d'autres provinces, comme celles de l'Atlantique, où d'autres enseignants pourraient être recrutés et profiter d'une dérogation qui leur permettrait d'accéder au titre sans la formation québécoise.

« Parfois il faut se dire : si on prenait cette décision et qu'on mettait tout en œuvre pour que ça fonctionne, est-ce qu'on peut y arriver ? » demandait Jean-Marc Fournier devant la Commission de l'éducation. « Oui, mais est-ce que le jeu en vaut la chandelle ? Le jeu en vaut très certainement la chandelle. »

La charia à la canadienne

Clairandrée Cauchy

Journaliste, *Le Devoir*

Le système de justice ontarien doit-il reconnaître des arbitrages religieux fondés sur la charia ? La question a soulevé les passions en Ontario, dans les provinces voisines, mais aussi en Europe. Devant l'opposition, le gouvernement ontarien a dû modifier une loi adoptée en 1991 qui autorisait l'arbitrage religieux en droit de la famille.

À l'automne 2003, un projet de Tribunal d'arbitrage religieux islamique voit le jour en Ontario, porté par le président de l'Institut islamique de justice civile, Syed Mumtaz Ali. Un tollé s'élève rapidement du côté des féministes et de plusieurs membres de la communauté musulmane canadienne qui jugent la charia discriminatoire à l'égard des femmes.

Contrairement à ce qu'ont laissé entendre plusieurs reportages, le gouvernement ontarien ne s'apprêtait pas alors à modifier sa législation pour permettre à la charia de s'immiscer dans le système de justice, le véhicule légal existait déjà. Des instances d'arbitrage juives, chrétiennes et mêmes musulmanes d'obédience ismaélienne (un courant très minoritaire de l'Islam) disposaient de telles instances. La loi de

1991 conférait aux arbitrages – religieux ou autres – une valeur légale liant les parties, tant et si bien qu'il fallait une permission de la cour séculière ontarienne pour porter en appel le jugement d'un arbitre.

Une mobilisation pour contrer l'instauration de tribunaux d'arbitrage basés sur la charia s'organise dès le printemps 2004. La Campagne contre la charia, appuyée par des groupes comme le Conseil des femmes musulmanes du Canada et le Congrès musulman canadien, déborde rapidement les frontières de l'Ontario.

Les détracteurs du projet de l'Institut islamique de justice civile craignent une ghettoïsation des femmes musulmanes, qui subiraient la pression de leur communauté pour recourir à la justice islamique. On martèle également que la charia serait intrinsèquement discriminatoire à l'égard des femmes. Par exemple, une femme ne reçoit que la moitié de l'héritage d'un homme ayant le même lien de parenté (les imams répliqueront que l'argent de la femme est réservé à son usage personnel alors que celui de l'homme doit aussi servir aux besoins de la famille) ;

lors d'un divorce, la garde des enfants de plus de sept ans va systématiquement au père ; les règles en matière de pensions alimentaires sont aussi moins généreuses, l'homme n'étant tenu d'épauler financièrement son ex-épouse pendant seulement quatre mois, etc. Par-dessus tout, les militants anticharia appréhendent des temps difficiles pour les groupes de femmes qui combattent les lois religieuses dans les pays dits musulmans, si celles-ci ont droit de cité au Canada. On anticipe aussi un effet domino dans certains pays européens.

Ceux qui vantent les vertus de l'arbitrage religieux invoquent le multiculturalisme canadien et le droit à la liberté de religion. On souligne que tout bon musulman doit vivre selon la loi de sa religion. La justice religieuse serait également plus adaptée aux litiges vécus par les fidèles. Les musulmanes étant peu enclines à s'adresser à la justice séculière, elles auraient ainsi accès à un arbitre accrédité. Elles pourraient, par exemple, voir leur divorce reconnu sur le plan religieux et ainsi faciliter une nouvelle union. Certains précisent que l'arbitrage est déjà pratiqué par plusieurs imams, un tribunal aurait le mérite d'assurer une plus grande transparence, de s'assurer que les causes soient jugées par des imams qualifiés.

Une ancienne procureure générale à la rescousse

Devant la controverse, le gouvernement ontarien demande à l'ancienne Procureure générale de la province, la néo-démocrate Marion Boyd, d'étudier la question.

Après plus de six mois de recherche et de consultations, Mme Boyd donne le feu vert en décembre 2004 à l'instauration de tribunaux d'arbitrage musulmans. Dans son rapport intitulé « *Résolution des différends en droit de la famille : pour protéger le choix, pour promouvoir l'inclusion* », elle propose cependant quelques aménagements, notamment en recommandant une formation pour les arbitres, en exigeant que les décisions soient consignées par écrit et en prévoyant un mécanisme pour s'assurer que les femmes y consentent en toute connaissance de cause.

Loin de calmer le jeu, le rapport Boyd donne un nouveau souffle à la mobilisation contre la charia. Une pétition internationale recueille des dizaines de milliers de noms et près de 200 organisations soutiennent la cause. En septembre, une manifestation se tient simultanément dans les principales villes canadiennes, mais aussi dans plusieurs grandes villes européennes telles Londres, Paris, Düsseldorf, Amsterdam et Stockholm.

Coup de théâtre, le gouvernement de l'Ontario annonce quatre jours plus tard qu'il fera fi du rapport Boyd et interdira l'arbitrage religieux en matière familiale, pour toutes les confessions. Soupir de soulagement chez les féministes et les détracteurs du projet. Déception chez plusieurs musulmans et colère chez les autres groupes religieux qui se voient retirer un droit. Certains envisagent même de porter la cause devant les tribunaux, invoquant une atteinte à la liberté de religion.

Au Québec

La question se pose en des termes tout à fait différents au Québec, où le Code civil soustrait clairement les matières familiales du champ de l'arbitrage.

Certes, on y préconise la médiation, mais cette dernière doit être menée par des intervenants accrédités (membres de certains ordres professionnels reconnus). Le débat soulevé en Ontario connaît néanmoins des échos au Québec.

Vers la fin 2004, on apprend que le Conseil musulman de Montréal (CMM), regroupant une quarantaine de mosquées, caresse le projet de créer une instance qui ferait de l'arbitrage commercial et de la médiation familiale, dans le respect de la législation québécoise. On allègue qu'on pratiquerait ainsi au grand jour ce qui se fait déjà «derrière des portes closes» dans plusieurs mosquées, par des imams qui ne sont pas toujours formés à cette fin. Le président du CMM, Salam Elmenyawi avait d'ailleurs sollicité une rencontre avec le ministre de la Justice au cours de laquelle il entendait entre autres aborder cette question.

Cette volonté rendue publique, le ministre de la Justice juge bon de rappeler que la loi interdit tout arbitrage religieux en matière de droit de la famille et qu'il n'a pas l'intention d'étendre le spectre des médiateurs autorisés à des représentants religieux. Au début 2004, le président du CMM met son projet sur la glace et renonce à en discuter sur la place publique.

Quoi qu'il en soit, la députée libérale d'origine marocaine Fatima Houda-Pepin présente le 26 mai 2005 une motion, adoptée à l'unanimité, pour renforcer la position du ministre de la Justice. Ainsi, l'Assemblée nationale s'oppose «à l'implantation de tribunaux dits islamiques au Québec et au Canada». (voir le texte accompagnant la motion à la page suivante) Mme Houda-Pepin soutient que l'introduction de la charia au Canada «vise à isoler la communauté musulmane afin de la soumettre à une vision archaïque de l'Islam».

La position de l'Assemblée nationale québécoise suscite un malaise chez des représentants de la communauté, qui se gardent bien cependant de prendre position sur le fond de la question. On fait valoir qu'il s'agit d'une motion «discriminatoire», puisque seuls les tribunaux religieux musulmans ont été visés.

Si le dossier des tribunaux d'arbitrage religieux paraît réglé, il n'en demeure pas moins qu'il a soulevé des enjeux importants qui débordent le cadre légal. Bien qu'il n'existe pas à proprement dit de tribunaux religieux au Québec, des instances juives arbitrent des litiges, sans toutefois que les jugements aient de valeur légale. Des imams reconnaissent également arbitrer des différends entre les fidèles au sein de leur mosquée. Certes il ne s'agit pas formellement d'arbitrage, mais les jugements des imams sont suivis, «*parce que les gens nous font confiance*», comme le dit l'un d'entre eux.

«*Est-ce qu'on doit adopter des règles pour faire en sorte que les femmes ne puissent plus abdiquer leurs propres droits?*» s'interroge la présidente de l'Association canadienne des femmes et du droit, Andrée Côté, posant ainsi un dilemme social complexe.

L'Assemblée nationale contre les tribunaux islamiques

Le 26 mai 2005, l'Assemblée nationale du Québec a adopté à l'unanimité une motion s'opposant à l'implantation des tribunaux dits islamiques au Québec et au Canada. Nous reproduisons ici les textes des discours prononcés alors par les députées Fatima Houda-Pepin (Parti libéral du Québec), Jocelyne Caron (Parti québécois) et Sylvie Roy (Action démocratique du Québec).

Mosquée de Montréal

Fatima Houda-Pepin
Députée de La Pinière (PLQ)

Texte du discours lu à l'Assemblée nationale le 26 mai 2005

Je sollicite le consentement de l'Assemblée nationale pour débattre d'une motion présentée conjointement avec mes collègues les députées de Terrebonne (Mme Jocelyne Caron) et de Lotbinière. Elle se lit comme suit :

« Que l'Assemblée nationale du Québec s'oppose à l'implantation des tribunaux dits islamiques au Québec et au Canada. »

Aujourd'hui, l'Assemblée nationale du Québec parle d'une seule voix pour dire non à l'implantation des tribunaux dits islamiques au Québec et au Canada.

C'est la réponse que les parlementaires souhaitent donner à la revendication de certains groupes qui tentent de soustraire les musulmans aux lois canadiennes et québécoises.

Cette revendication a donné lieu à un rapport de l'ancienne ministre déléguée à la Condition féminine, Marion Boyd, mandatée par le Procureur général de l'Ontario pour examiner cette question sous l'angle de la Loi sur l'arbitrage. Les conclusions de ce rapport, déposé le 20 décembre 2004, sont pour le moins troublantes. Le problème posé ici nous renvoie, M. le Président, à l'application de la charia dans un contexte non musulman, une revendication poussée par des groupes minoritaires qui se servent de la Charte des droits pour s'attaquer aux fondements mêmes de nos institutions démocratiques.

Pourtant, la Charte canadienne stipule clairement que « La loi ne fait acception de personne et s'applique également à tous, et tous ont droit à la même protection et aux mêmes bénéfices de la loi ».

Les victimes de la charia ont un visage humain, et ce sont les femmes musulmanes. Pas étonnant qu'elles aient réagi vivement au rapport Boyd. Souhaitons que leur voix trouvera une meilleure écoute auprès du Procureur général de l'Ontario, qui doit disposer de ce rapport.

L'implantation des tribunaux dits islamiques au Canada n'est pas une affaire de liberté religieuse ni d'accommodement raisonnable. Les musulmans sont des citoyens à part entière, qui jouissent des mêmes droits et des mêmes obligations que l'ensemble des Canadiens. Ils ont le loisir de bâtir leurs mosquées et gérer leurs écoles musulmanes, dont certaines sont financées à même les fonds publics. D'ailleurs, la première mosquée à avoir été construite en Amérique du Nord l'a été au Canada, la Mosquée Al Rashid, à Edmonton, en 1938. Au Québec, la mosquée de Markaz al Islam a été constituée par une loi de l'Assemblée nationale adoptée en août 1965, il y a précisément 40 ans.

Les membres de la communauté musulmane, dont la présence au Canada remonte à 1871, font des efforts considérables pour s'intégrer malgré les stigmates et les amalgames dont ils font l'objet. La nouvelle génération de jeunes musulmans est particulièrement prometteuse, avec un niveau d'éducation parmi les plus élevés au Canada. Or, ces efforts d'intégration consentis par des dizaines de milliers de musulmans sont anéantis par une mouvance islamiste minoritaire mais agissante qui cherche à imposer son système de valeurs au nom d'une certaine idée de Dieu.

Pourtant, l'islam est une religion laïque, c'est-à-dire une religion sans clergé, sans intermédiaire entre Dieu et les croyants, une religion où les imams sont de simples guides de prière qui n'ont aucun statut sacerdotal et encore moins une compétence juridique reconnue. Or, depuis plusieurs années, le Canada est le théâtre de luttes intenses pour le contrôle de la communauté musulmane.

L'application de la charia au Canada participe de cette même stratégie qui vise à isoler la communauté musulmane afin de la soumettre à une vision archaïque de l'islam, une vision dont les islamistes sont à la fois les idéologues, les propagandistes, les financiers et les opérateurs.

Peut-on justifier l'application de la charia au Canada quand, dans les pays musulmans, les groupes de la société civile réclament son abrogation pour en finir avec la discrimination faite aux femmes ? Réclamer l'application de la charia au Canada est un véritable coup de force qui vise à saper l'une des assises fondamentales de notre démocratie : notre système de justice. Elle divise et fragilise une communauté musulmane déjà durement éprouvée par les aléas de l'actualité internationale.

Rappelons le contexte de cette revendication. L'idée d'implanter des tribunaux dits islamiques a vu le jour, au Canada, il y a une quinzaine d'années, sous l'impulsion de la Rabita al-Islamya, la Ligue islamique mondiale, une organisation qui a son siège social en Arabie Saoudite. La Ligue islamique mondiale avait financé, en août 1991, une rencontre à Washington, à laquelle ont participé des imams des États-Unis et du Canada, notamment de Montréal, de Toronto, de Mississauga, de London, Ontario, d'Edmonton et de Vancouver. Le thème de cette rencontre : Élaborer des stratégies pour introduire la charia au Canada et aux États-Unis.

Deux axes d'intervention furent définis : d'abord, convaincre les musulmans du Canada de se soustraire aux lois séculières, considérant qu'il n'y a qu'une seule souveraineté, la souveraineté de Dieu. Arafat Al-Ashi, alors directeur de la Ligue islamique mondiale à Toronto, avait affirmé, et je cite : « Aucun musulman ne peut prétendre à ce titre, s'il ne peut appliquer cette loi ; sinon il est considéré comme non croyant. »

Le deuxième axe d'intervention visait le lobbying des élus et des partis politiques afin de susciter leur appui à l'implantation des tribunaux dits islamiques. Le Canada avait été ciblé comme étant le pays où les islamistes estimaient avoir les meilleures chances de mener à bien ce projet, à cause des garanties constitutionnelles dont jouissaient les minorités en termes de chartes de droits et de lois sur le multiculturalisme. De plus, si la charia était appliquée au Canada, elle servirait comme un puissant symbole pour décourager les pays musulmans qui cherchent à moderniser leurs codes juridiques. L'un des arguments évoqués par Arafat Al-Ashi touchait les nations autochtones, alléguant qu'ils avaient leurs propres systèmes de justice, alors pourquoi pas les musulmans ?

Le comité de suivi issu de cette rencontre a été placé sous la direction d'un personnage aux convictions inébranlables, un avocat qui avait travaillé au bureau du Procureur général de l'Ontario et considéré comme un expert en matière des lois et des chartes des droits prévalant au Canada. Il s'agit de Syed Mumtaz Ali, également président de la Canadian Society of Muslims, qui a déclaré à un journaliste de Toronto, en septembre 1991, et je cite : « Le divorce est un droit divin accordé au mari. En Islam, le mariage est un contrat civil. Une fois le mariage brisé, le contrat est terminé, le mari n'est pas responsable de son épouse. »

En parlant des imams, à qui la législation canadienne reconnaissait le statut de célébrants des mariages et qui étendent ce pouvoir à la pratique du divorce, Syed Mumtaz Ali n'y voyait aucun problème, affirmant, et je cite : « Tout comme vous avez accepté les mariages religieux, acceptez les divorces religieux. »

Dès que ce débat a rejoint la communauté, la réaction ne s'est pas fait attendre. Face à l'opposition manifeste, les promoteurs du projet ont décidé d'effectuer un recul stratégique, un repli stratégique qui a duré à peine 15 ans, avant que ce même Syed Mumtaz Ali ne revienne hanter la communauté musulmane à l'automne 2003.

Fort de son expérience, il est résolu cette fois à ne pas répéter les erreurs du passé. Il s'est appliqué à banaliser, soigneusement et au maximum, la portée du tribunal dit islamique. Tout est fait pour ne pas choquer l'opinion publique, on évite même de prononcer le terme « charia ». On met de l'avant des femmes musulmanes qui chantent les vertus de la médiation familiale version islamiste. On invoque également les tribunaux rabbiniques pour illustrer la soi-disant discrimination faite aux musulmans. On va même jusqu'à mettre en veilleuse la polygamie, alors qu'elle se pratique bel et bien au Canada. Sayed Mumtaz Ali, aujourd'hui à la tête de l'Islamic Institute of Civil Justice, a décelé une faille, dans la Loi sur l'arbitrage de l'Ontario, qui lui a permis de s'y glisser habilement, réclamant rien de moins que l'implantation des tribunaux dits islamiques au Canada. Or, qui dit tribunal islamique dit charia, la loi qui a été élaborée entre les VIIIe et le XIIe siècles et qui porte sur des matières civiles, pénales, criminelles et internationales.

Dans un cadre de référence global comme celui-ci, plusieurs codes juridiques se sont greffés à cette toile de fond. Il y a donc autant de codes juridiques qui s'inspirent de la charia que de pays musulmans. Quel est le code juridique qui va prévaloir au Québec et au Canada ? Celui du Pakistan, où, au nom de la charia, une femme violée doit faire la preuve, par la corroboration de quatre témoins masculins, qu'elle a réellement été victime de viol, sinon elle s'expose à la flagellation ? Celui du Nigéria, où, au nom de la charia, des femmes musulmanes ont été condamnées à la lapidation pour avoir eu des relations sexuelles hors mariage ? Celui du Soudan, où, au nom de la charia, on a coupé les mains et les jambes de centaines de personnes soi-disant pour lutter contre le vol ? Celui de l'Iran, où, au nom de la charia, les hommes peuvent s'offrir autant de femmes qu'ils le désirent par le biais de Jawaz al-Mutaa, le mariage du plaisir ? Ou celui de l'Arabie saoudite, où, au nom de la charia, les femmes n'ont même pas le droit de conduire leur propre voiture ? Autre question cruciale : Quelle est l'autorité juridique reconnue de l'ensemble des musulmans qui sera responsable de l'application de la charia au Canada ? Le marché est ouvert et il est très lucratif. Chose certaine, dans l'Islam, il y a cinq écoles juridiques autorisées, quatre sunnites et une chiite. Laquelle sera accréditée au Canada ?

Fins stratèges, Sayed Mumtaz Ali et les groupes islamistes qui le soutiennent aiment bien ramener leur revendication à une simple affaire de médiation familiale. Si tel était le cas, pourquoi implanter des tribunaux quand on sait que la médiation familiale dans les pays musulmans n'est ni juridique ni institutionnelle. Elle se pratique depuis des siècles à l'intérieur même de la famille. Pourquoi alors judiciariser la médiation familiale dans une religion qui ne la prévoit même pas ? Quel intérêt cherche-t-on à défendre ?

La réalité, c'est qu'au Canada, le pays de la Charte des droits, la répudiation et la polygamie se pratiquent déjà à l'abri des autorités judiciaires. Ce que ces tribunaux dits islamiques vont faire, c'est institutionnaliser ces pratiques qui sont contraires à nos règles de droit. Un imam, par exemple, qui est autorisé par les lois canadiennes à célébrer les mariages, doit savoir que ce pouvoir délégué ne l'autorise pas à faire des actes de divorce. Il faut fermer la porte à ces pratiques au lieu de les encourager.

Ce n'est pas parce qu'une pratique soi-disant religieuse est mise en place au sein d'une communauté qu'il faut la reconnaître pour autant et l'homologuer par notre système de justice, un système qui est certes loin d'être parfait mais qui demeure perfectible. Au contraire, nous avons le devoir de protéger les personnes les plus vulnérables, celles qui sont victimes de l'arbitraire et des abus. C'est à ces dérives que nous devons nous attaquer, car ce qui est en cause ici, ce n'est pas seulement les affaires des femmes ou des communautés musulmanes, c'est le fondement même de nos assises démocratiques, qu'il faut protéger. Permettre l'application de la charia au Québec et au Canada reviendrait à remettre en question tous les acquis que nous avons réalisés collectivement, depuis les 50 dernières années, en matière d'égalité, de justice et de droits de la personne.

À cet effet, je tiens à saluer le leadership du vice-premier ministre et député de Saint-Laurent qui, lorsqu'il était ministre de la Justice, n'a pas hésité, au nom du gouvernement, à fermer la porte à toute tentative d'implantation des tribunaux dits islamiques au Québec, position qui a été réitérée, ce matin même, par le premier ministre du Québec. En affirmant haut et fort notre opposition à l'application de la charia au Québec et au Canada, l'Assemblée nationale écrit une page d'histoire et fait preuve d'un leadership qui mérite d'être suivi par les autres législations, tant au Canada qu'ailleurs dans le monde occidental.

Jocelyne Caron
Députée de Terrebonne (PQ)

Texte du discours lu à l'Assemblée nationale le 26 mai 2005

Cette motion est extrêmement importante pour le respect de notre démocratie, de notre système de justice et pour le respect des droits des femmes vivant au Québec et au Canada, peu importent leurs origines et leurs religions.

Je tiens à remercier, dès le départ, très sincèrement la députée de La Pinière qui nous a fait partager son expertise, ses expériences, sa connaissance. Elle l'a déjà fait au cours d'un petit-déjeuner où elle a invité tous les parlementaires, et elle l'a fait à nouveau au cours de cette motion.

Notre Assemblée nationale, par cette motion, exprime clairement son opposition à toute demande de reconnaissance de tribunaux dits islamiques non seulement sur le territoire du Québec, mais également sur tout le territoire du Canada, car toute ouverture constituerait une brèche inacceptable en Occident. Une brèche inacceptable aussi à notre Charte des droits et libertés de la personne du Québec, mais aussi à la Charte canadienne et à tous les traités signés par le Québec et le Canada concernant notre obligation de lutter contre toute discrimination faite aux femmes.

Au Québec comme au Canada, il doit y avoir une seule application de la justice. L'ex-ministre de la Justice, le député de Saint-Laurent, l'a exprimé au moment où il était ministre de la Justice, le premier ministre l'a exprimé ce matin, j'aimerais aussi citer le bâtonnier du Québec, M. Denis Mondor, le 4 mars dernier, et je cite : « Le principe de la diversité culturelle n'implique pas l'instauration de juridictions d'exception telles que l'arbitrage religieux en matière familiale. Au contraire, [le Barreau du Québec] croit fondamental que le système de justice soit unique et applicable à tous les justiciables quelles que soient leur religion ou leur appartenance à une communauté culturelle. »

Les revendications pour des tribunaux islamiques ne sont pas récentes, ma collègue l'a bien exprimé tantôt. En effet, tous les pays ont ce genre de pressions à intervalles réguliers pour remettre en question leur système de justice et tenter d'établir un système parallèle. Le Québec et le Canada ont connu ces mêmes pressions au début des années quatre-vingt-dix. L'opposition fut très vive à Montréal à ce moment. Une nouvelle demande fut exprimée au milieu des années quatre-vingt-dix. Et puis, depuis l'automne 2003, la demande a été réactivée en Ontario. Les pays musulmans ne sont pas exempts des pressions. En effet, dans ces pays, les groupes extrémistes demandent de durcir l'application de la charia.

Je voudrais profiter de la présence de la députée de la Chambre des représentants du royaume du Maroc, Mme Nouzha Skalli, et de la consule qui l'accompagne pour rappeler le courage des femmes musulmanes, qui se sont mobilisées et ont reçu l'appui du roi pour obtenir des modifications importantes de leur gouvernement au niveau de la justice et du code de la famille au Maroc. Il est un peu ironique, M. le Président, qu'au moment où un État islamique se donne des outils pour lutter contre la charia, un État de l'Occident donne un rapport positif à une demande de tribunaux dits islamiques.

Je veux souligner également le travail exceptionnel du Conseil canadien des femmes musulmanes pour lutter contre l'acceptation des tribunaux dits islamiques en Ontario. Elles n'ont pas ménagé leurs démarches pour éviter un précédent lourd de conséquences. Pourtant, le rapport de Mme Marion Boyd, ex-Procureure générale et ex-ministre de la Condition féminine, n'a aucunement pris en compte leur position.

Je souhaiterais ici donner la parole aux femmes et aux hommes qui ont dénoncé la demande ontarienne et le projet québécois pour un conseil de la charia. La coordonnatrice de la campagne contre les tribunaux islamiques au Canada, Mme Homa Arjomand, dit que les musulmanes du Québec ne tireraient effectivement aucun bénéfice d'un tel projet. Même si la décision du médiateur n'a pas le poids d'un jugement légal, elle amènera ces femmes, déjà soumises aux pressions de leurs familles, à se soumettre à leurs conclusions. La travailleuse sociale d'origine iranienne, qui conseille beaucoup de musulmanes abusées, croit que le problème est pire en Ontario où ces femmes sont poussées à accepter l'arbitrage. « Dans certains cas, si elles refusent, il est possible qu'elles mettent leur vie en danger. » Fin de la citation.

Mme Alia Hogben, présidente du Conseil canadien des femmes musulmanes – qui représente près de 1 000 membres – craint que cela n'ouvre la porte à l'implantation de la loi musulmane de la famille à travers les tribunaux québécois. On n'est plus devant... Je cite : « On n'est plus devant des situations isolées où les familles peuvent accepter ou se passer des conseils de l'imam. Il s'agirait d'une instance légale avec des relations établies avec les cours du Québec. Il s'agit donc de l'application de la loi musulmane dans la province, et cela porterait atteinte aux droits des femmes. » Elle rappelle l'étude faite par le réseau Femmes sous lois musulmanes dans 12 pays où cette loi est en vigueur et où partout il y a atteinte aux droits des femmes.

Des voix masculines musulmanes s'élèvent aussi, M. le Président. Le président d'Espace Maroc-Canada, M. Mejlaoui, s'exprimait en ces termes, en décembre dernier : « Je ne peux tolérer qu'au nom d'une interprétation archaïque et patriarcale de la charia, on fasse de la médiation pour dire aux femmes du Québec de se soumettre à des concepts du genre : Dieu t'ordonne d'obéir à ton mari et Dieu ne te donne pas le droit de divorcer. Nous sommes plusieurs à regretter que cela puisse arriver dans ce pays. Ces gens ne peuvent imposer à nos communautés leur interprétation personnelle ou partisane de l'islam. »

L'avocat torontois d'origine pakistanaise Hamid Bashani ajoutait, dans une enquête spéciale de *La Gazette des femmes*, en novembre-décembre dernier, Gazette qui est soutenue par le Conseil du statut de la femme : « Ne soyons pas dupes. Cette affaire dépasse la question légale ou religieuse. Elle s'inscrit dans un mouvement mondial d'affirmation politique. Pour les fondamentalistes, l'islam est un code auquel tous les aspects de la vie doivent être assujettis, même ici, au Canada. C'est une attaque frontale à la démocratie laïque. On peut violer des droits fondamentaux, au nom de la liberté de religion. »

Le réseau international des Femmes sous lois musulmanes a effectué une tournée au Canada. Elles se sont mobilisées, en Europe et dans les pays musulmans, contre le projet en Ontario. La Ligue démocratique pour les droits des femmes, au Maroc, a fait circuler une pétition en Europe, au Maghreb, pour la faire parvenir au bureau du Procureur général en Ontario.

Le mouvement féministe dans les pays musulmans s'est mobilisé contre le rapport de Mme Boyd, et je cite : « Une certaine ex-Procureure générale présente un rapport réduisant les femmes musulmanes à des esclaves-objets, entretenues par les hommes, justifiant la polygamie et la discrimination envers les femmes, au nom de la relativité culturelle. Nous, femmes musulmanes, nous, femmes libres tout court, dénonçons les propos de ce rapport. » Fin de la citation.

Des voix de femmes et d'hommes du monde entier se sont élevées pour s'opposer avec vigueur à tout geste légal qui autoriserait, en partie ou en totalité, une application de la charia au Québec et au Canada. Au Québec, nous avons lutté pour une séparation de l'Église et de l'État. Nous croyons profondément à notre système de justice, de droit. Nous travaillons ardemment pour une égalité de fait pour les femmes. Nous refusons une justice parallèle fondée sur une religion.

Cette motion conjointe se veut un geste de solidarité qui s'inscrit parfaitement en accord avec la Charte mondiale des femmes pour l'humanité qui repose sur les cinq valeurs suivantes : égalité, liberté, solidarité, justice et paix.

La position de l'Assemblée nationale du Québec ne peut être plus claire. D'une seule voix nous disons non à toute forme de tribunaux dits islamiques au Québec et au Canada et aux conséquences qui en découleraient. Nous voulons maintenir l'application de la justice de droit et non une justice discriminatoire basée sur la religion.

Sylvie Roy
Députée de Lotbinière (ADQ)

Texte du discours lu à l'Assemblée nationale le 26 mai 2005

Il me fait plaisir d'intervenir sur cette motion afin d'exprimer clairement qu'à l'Action démocratique nous sommes contre les tribunaux islamiques et de le dire haut et fort ici, en cette Assemblée. Cette assertion claire est permise dans cette Assemblée à l'instigation de ma collègue la députée de La Pinière, et je l'en remercie.

Ceux qui vivent ici y sont nés et ont décidé d'y rester, d'autres, hommes et femmes, ont choisi le Québec. Ce n'est pas surprenant parce que le Québec projette, dans le monde, une image de marque dans la promotion, le respect et la défense des droits de la personne. Cette réputation, nous la devons aux hommes et aux femmes qui ont contribué à façonner cette société. Ce fut un long parcours. Nous fêtions, en cette Chambre, le 60ᵉ anniversaire du droit de vote des femmes récemment. Nous avons traversé beaucoup de démarches pour atteindre l'égalité, qui n'est pas encore parfaite, j'en conviens, mais qui s'est améliorée au cours des années, M. le Président. Du droit de vote des femmes, en passant par l'adoption des chartes, en passant récemment par la légalisation des unions civiles pour conjoints de même sexe, nous avons parcouru un chemin immense. Et, pour y arriver, il a été nécessaire de séparer l'État et l'Église de façon de plus en plus complète –, je vois ici que, où vous siégez, il y a un crucifix au-dessus de vous. L'État n'est pas encore séparé, mais c'est un long parcours que nous avons effectué. Il me semble que nous ne devrions pas revenir en arrière en appliquant la charia.

Cette séparation de l'Église et l'État a été de ce que le Québec est maintenant, mais les valeurs contenues dans les chartes québécoises de droits et libertés de la personne, et celles qui sont aussi intégrées au Code civil du

Québec, et celles de la Charte canadienne des droits et libertés l'ont beaucoup façonné. On se prévaut de cette charte pour maintenant vouloir introduire quelque chose qui à mon sens est vraiment contraire à l'essence même des chartes. Puisque les principes de droit familial reposent sur ces fondements, notre système judiciaire repose également sur les fondements de la charte, et notre système judiciaire est la pierre angulaire de la démocratie. Ce système doit, à l'instar de ce qui est dans les chartes, demeurer unique et s'appliquer d'une façon homogène à qui que ce soit, sans égard à leur sexe, leurs croyances religieuses, la couleur de leur peau. Donc, au nom de cette démocratie, au nom de ceux et celles qui l'ont façonnée, je ne vois pas d'autre façon que de m'opposer vivement à des tribunaux parallèles à ceux que nous avons ici, au Québec.

Je profite de cette motion pour tendre la main aux femmes qui continuent le combat dans d'autres pays ou qui subissent cette charia. Je profite de l'occasion pour souligner leur courage, nos meilleures pensées s'envolent vers elles. Et, pour ce qui est de notre part, je crois que nous devons demeurer fortes et garder le cap : un seul système judiciaire au Québec s'impose.

Convertis québécois et unions interreligieuses

Quelques tendances observées chez les nouveaux musulmans et bouddhistes

Frédéric Castel
GRIMER, *département des Sciences religieuses,* UQAM

Sur fond de la récente redécouverte du facteur religieux dans diverses problématiques sociales ou politiques et de questions liées à la nouvelle immigration, on observe depuis peu une montée d'intérêt pour le phénomène des conversions aux religions non chrétiennes. Il n'est pas question ici de chercher à comprendre les complexes motivations qui poussent aux conversions ni d'avancer des chiffres définitifs, mais d'examiner quelques tendances sociologiques discernables dans les chiffres du recensement de 2001 à partir des exemples musulman et bouddhiste.

Les deux principaux modes d'entrée en contact avec l'islam et le bouddhisme

Les années 1970-1980 voient l'éclosion des premiers centres bouddhiques (tibétains et zen) dont les fondateurs sont des enseignants étrangers bientôt suivis par quelques-uns des premiers convertis nés au pays. Les activités de propagation, alliant célébrations et publicité, s'adressent à des clientèles «nouvelâgistes», en particulier par le biais de magazines spécialisés.

Guère perceptible avant les années 1990, l'activité missionnaire musulmane est relativement tardive, bien que des pionniers soufis (membres de confréries se consacrant à la mystique) se soient mis à l'œuvre dès les années 1980. En dehors d'une poignée de centres d'information s'adressant au grand public, la propagation musulmane se déploie principalement dans les collèges et les universités. Les conversions n'ont pas cessé après septembre 2001, bien au contraire. La montée de l'intérêt pour l'islam a créé un besoin d'information dont la diffusion semble avoir joué en faveur des conversions.

Bien sûr, on pourrait ajouter les démarches personnelles, parfois erratiques, le bouche-à-oreille, les témoignages médiatisés d'adeptes, ainsi que la lecture d'ouvrages spécialisés qui amènent éventuellement aux groupes ayant pignons sur rue.

Une autre façon d'entrer en contact avec l'altérité religieuse passe par les relations estudiantines, professionnelles et amicales que l'on entretient avec des immigrants porteurs de ces religions. Plusieurs natifs du Québec en sont venus ainsi à s'intéresser au boud-dhisme et en particulier à l'islam. Dans la foulée des rencontres, beaucoup de couples interreligieux se sont formés, menant parfois à la conversion de l'un des conjoints, conversion qui peut d'ailleurs aussi se faire en direction du christianisme.

La coloration ethnique des milieux convertis et biculturels

À cause du caractère flou du segment « origines multiples » de la variable sur l'origine ethnique de Statistique Canada (tableaux 1 et 2) et à cause aussi de l'ambiguïté de certaines catégories de ses statistiques, telle que « Canadien », il est impossible d'établir avec précision le nombre de convertis occidentaux à l'islam (voir encadré méthodologique).

On peut simplement circonscrire un groupe hétérogène de 9 000 personnes mêlant convertis et individus issus de familles biculturelles. Le nombre des musulmans d'ascendance française doit se situer entre 4 000 et 5 000. Cette composante française prédomine tant chez les nouveaux musulmans que parmi les biculturels. Si les Anglo-Écos-

TABLEAU 1   **Nombre de musulmans et de bouddhistes selon l'ethnie, Québec, 2001**

origines ethniques	Musulmans			Bouddhistes		
	o.u.	o.m.	Total	o.u.	o.m.	Total
Canadiens*	2 320	3 435	**5 755**	905	1 195	**2 100**
Français	745	2 110	**2 855**	465	1 135	**1 600**
Québécois	110	175	**285**	75	35	**110**
Acadiens	0	30	**30**	0	15	**15**
Irlandais	15	345	**360**	25	320	**345**
Anglais	115	585	**700**	65	440	**505**
Écossais	15	180	**195**	35	245	**280**
Américains	10	55	**65**	15	80	**95**
Italiens	55	415	**470**	75	60	**135**
Portugais	10	60	**70**	20	15	**35**
Espagnols	65	120	**185**	0	25	**25**
Belges/Flamands	10	10	**20**	10	35	**45**
Néerlandais	0	85	**85**	10	25	**35**
Allemands	20	190	**210**	30	175	**205**
Hongrois	0	10	**10**	10	15	**25**
Polonais	0	55	**55**	10	40	**50**
Juifs	15	40	**55**	25	65	**90**
Roumains	10	45	**55**	10	20	**30**
Grecs	35	135	**170**	15	20	**35**
Mexicains	0	0	**0**	25	0	**25**
Péruviens	10	15	**25**	20	0	**20**
Chiliens	0	10	**10**	20	0	**20**
Haïtiens	110	30	**140**	10	0	**10**
Jamaicains	20	45	**65**	10	0	**10**
Amérindiens	15	155	**170**	35	130	**165**

Source: Statistique Canada, tableau no. 97F0010XCB01040.
o.u.= origine unique; o.m.= origines multiples
* 96% des Canadiens (o.u.) sont francophones - sans égards à la religion.

sais sont autour de 850, les 470 Italiens ont de quoi étonner, car ils devancent les Irlandais. Les Allemands, hispaniques et Haïtiens se comptent par centaines.

Notons qu'une partie des immigrants musulmans qui se sont implantés au Québec proviennent de la diaspora occidentale des Antilles et de l'Europe (France, Italie, Grèce, Grande-Bretagne, Allemagne). On pourra donc trouver aussi parmi les natifs de ces pays des convertis et des métis.

Comme la plupart des bouddhistes asiatiques ont immigré directement au Québec et que les enfants nés d'unions interculturelles ne sont pas encore très nombreux, il est plus facile de dénombrer les bouddhistes occidentaux, qui sont environ 3 400. Sur dix adeptes, sept sont d'ascendance française et

deux d'origine anglo-écossaise. Culturellement placés entre les deux précédents groupes, les Irlandais sont plus de 300. Les autres nouveaux bouddhistes sont dispersés dans une variété de groupes ethniques. Les convertis représentent 8 % de la communauté bouddhiste québécoise. Encore ne parle-t-on que de ceux qui se disent bouddhistes. Le nombre serait bien plus élevé si l'on ajoutait les adeptes qui ont des pratiques bouddhiques aussi sérieuses et assidues que les premiers sans pour autant s'identifier comme bouddhistes, chose qui n'est d'ailleurs pas nécessaire.

L'âge et le sexe des convertis
Chez les Québécois d'origine française, les hommes sont un peu plus nombreux (53 %) à se convertir à l'islam que

TABLEAU 2.1   **Musulmans d'origines française et anglaise, Québec, 2001**

Age	Musulmans d'origine française Femmes			Hommes		
	o.u.	o.m.	Total	o.u.	o.m.	Total
0-14 ans	120	465	**585**	175	505	**680**
15-24 ans	60	170	**230**	30	205	**235**
25-44 ans	150	295	**445**	85	310	**395**
45-64 ans	15	65	**80**	70	85	**155**
65 ans et plus	5	0	**5**	40	5	**45**
	350	995	1 345	400	1 110	1 510

Age	Musulmans d'origine anglaise Femmes			Hommes		
	o.u.	o.m.	Total	o.u.	o.m.	Total
0-14 ans	10	130	**140**	20	105	**125**
15-24 ans	10	35	**45**	10	75	**85**
25-44 ans	35	70	**105**	40	100	**140**
45-64 ans	0	10	**10**	0	60	**60**
65 ans et plus	0	0	**0**	0	0	**0**
	55	245	300	70	340	410

o.u. = origine unique; o.m.= origines multiples
Source: Statistique Canada, tableau 97F0010XCB2001040.

les femmes. Curieusement, ces dernières dominent nettement dans les tranches d'âge des 15-24 ans et des 25-
44 ans, où elles représentent près des
deux tiers des gens concernés (voir
tableau 2.1). Au surplus, 43 % des
femmes sont concentrées dans ce
dernier groupe d'âge contre seulement
21 % des hommes, davantage dispersés
dans toutes les tranches d'âge. Ainsi,
les hommes sont-ils plus susceptibles
de se convertir à tout âge, y compris
avancé, alors que les femmes sont plus
enclines à faire de même pendant leur
jeune âge. C'est justement l'âge où elles
socialisent le plus avec des jeunes
hommes musulmans – sans toutefois réduire les conversions féminines à ce seul
élément. Chez les convertis d'origine
anglaise, il n'existe pas de tel dimor-
phisme entre les femmes et les hommes.

Dans le milieu converti bouddhiste,
les hommes prédominent dans tous les
groupes d'âge, bien que ce phénomène
soit plutôt l'apanage des adeptes d'o-
rigine française (voir tableau 2.2) chez
qui l'on trouve six hommes pour quatre femmes. On ne trouve rien de tel
non plus chez les adeptes d'origine
anglaise.

Les nouveaux bouddhistes sont plus
nombreux dans la tranche d'âge des
45-64 ans, ce qui est particulièrement
saillant chez ceux qui sont d'origine
française. Alors que moins du tiers
d'entre eux ont entre 25 et 44 ans, plus
de la moitié ont 45 ans ou plus. Ce n'est
que chez les bouddhistes que l'on rencontre une aussi grande proportion
d'adeptes de plus de quarante ans. Le
fait que les centres bouddhiques fassent
des adeptes depuis plus de deux décen-

TABLEAU 2.2 **Bouddhistes d'origines française et anglaise, Québec, 2001**

| Age | Bouddhistes d'origine française | | | | | |
| | Femmes | | | Hommes | | |
	o.u.	o.m.	Total	o.u.	o.m.	Total
0-14 ans	0	60	**60**	20	105	**125**
15-24 ans	20	65	**85**	25	80	**105**
25-44 ans	60	200	**260**	85	310	**395**
45-64 ans	100	150	**250**	130	145	**275**
65 ans et plus	0	10	**10**	20	10	**30**
	180	**485**	**665**	**280**	**650**	**930**

| Age | Bouddhistes d'origine anglaise | | | | | |
| | Femmes | | | Hommes | | |
	o.u.	o.m.	Total	o.u.	o.m.	Total
0-14 ans	0	20	**20**	0	40	**40**
15-24 ans	0	25	**25**	10	40	**50**
25-44 ans	10	95	**105**	0	105	**105**
45-64 ans	10	55	**65**	10	65	**75**
65 ans et plus	0	0	**0**	10	10	**20**
	20	**195**	**215**	**30**	**260**	**290**

o.u. = origine unique; o.m.= origines multiples
Source: Statistique Canada, tableau 97F0010XCB2001040.

nies explique en bonne partie le phénomène. D'autres facteurs sont à considérer : on met quelques années à se considérer bouddhiste ou à s'engager dans une pratique plus assidue ; la crise de la quarantaine pourrait entrer en adéquation avec certaines propositions bouddhistes.

Les unions interculturelles et interreligieuses

Les couples interreligieux mariés dont un des conjoints est de religion musulmane se comptent par milliers. La majorité des 1 500 hommes musulmans vivant en union libre – en moyenne, plus jeunes que les hommes mariés – ont une conjointe non musulmane. Ainsi y a-t-il beaucoup plus de femmes que d'hommes issus de la société d'accueil qui épousent des musulmans. D'aucuns verront dans cette tendance le fait que les hommes et non les femmes puissent épouser une personne de religion chrétienne ou juive, mais un fait s'impose de soi-même : la population célibataire musulmane se compose de 17 000 hommes et seulement 9 000 femmes.

Même si le désir est là, normalement, les hommes de confession musulmane n'insistent pas pour que leur conjointe se convertisse. D'ailleurs, la grande majorité des femmes qui vivent en union libre avec un musulman ne se convertissent pas (nous ne pouvons rien dire des femmes mariées, sauf que les non converties sont quelques milliers). C'est dire que les épouses qui se convertissent le font d'elles-mêmes, par conviction, sinon par osmose, pourrait-on dire.

Comme les immigrants bouddhistes de la génération des 40-60 ans ont im-

migré majoritairement en familles, on ne retrouve pas un tel déséquilibre numérique entre les hommes et les femmes. Sans doute est-ce une des raisons qui expliquent pourquoi les unions interreligieuses impliquant un conjoint bouddhiste sont relativement moins nombreuses, état de chose qui a sensiblement évolué ces dernières années. Les mariages impliquant un Québécois d'origine européenne et une femme bouddhiste d'origine asiatique sont plus courants que les mariages fondés sur la combinaison inverse.

Évidemment, les facteurs qui conduisent les membres de la société d'accueil à s'unir à des femmes bouddhistes et à des hommes musulmans dépassent les seules contingences démographiques.

Les enfants de familles interreligieuses

Les dynamiques sociodémographiques des foyers interreligieux ne sont pas tout à fait les mêmes selon que l'un des conjoints est musulman ou bouddhiste. Dans le premier cas, le conjoint est généralement un immigrant ou un étudiant étranger, alors que dans le second cas, le partenaire est plus souvent un enfant d'immigrants né au pays ou ayant immigré dans l'enfance. Les premiers couples semblent en moyenne un peu plus âgés que les seconds, ce qui expliquerait en partie pourquoi les enfants de moins de 15 ans forment 43 % des musulmans français et anglais (origines uniques et multiples) et seulement 12 % chez les bouddhistes. Contrairement à la situation observée chez les bouddhistes, on note chez les musulmans d'origine française et anglaise l'émergence d'un nombre important d'enfants de moins de 15 ans aux origines multiples (voir tableau 2.1), même si le métissage n'a pas nécessairement d'incidence interreligieuse.

Le lien du français

Il est permis de croire que les relations interculturelles et la formation d'unions interreligieuses avec des francophones soient favorisées par l'usage du français puisque les trois quarts des bouddhistes (83 % des seuls Indochinois) et des musulmans (environ 96 % des Maghrébins) savent communiquer en cette langue. Il est aussi vrai que sous l'effet de l'école de la loi 101, les francophones, les enfants des immigrants bouddhistes et musulmans socialisent depuis le plus jeune âge. Les liens tissés à l'école et plus tard au travail faisant le reste.

Conclusion

La montée des conversions en faveur du bouddhisme et de l'islam est un phénomène indubitable. Le mouvement est-il important? La réponse ne peut être que relative. En comparaison des conversions à la foi bahaï, au judaïsme, à l'hindouisme, au taoïsme et au sikhisme (qui se comptent en centaines ou en dizaines selon les cas), on peut dire qu'il s'agit d'une lame de fond significative. Toutefois, le

---

Note méthodologique

Depuis le recensement de 1981, les répondants peuvent déclarer une ou plusieurs origines ethniques. Dans les tableaux, chaque groupe ethnique comprend les segments origine unique (o.u.) et origines multiples (o.m.). Ceci devait rendre compte du métissage. Malheureusement, la question sur l'origine ethnique du recensement de 2001 présentait «Canadien» parmi les exemples, ce qui a provoqué une explosion exponentielle des déclarations impliquant «Canadien» à titre d'origine unique ou parmi des origines multiples. Cet état de choses brouille considérablement la question des identités ethniques et compromet notre compréhension du métissage tout en exagérant ses proportions.

Ainsi, parmi les 2 110 musulmans «français» aux origines multiples (voir tableau 1) se mêlent trois groupes : des gens qui ont décliné deux identités ethniques ou nationales. De ce fait, ils sont inclus parmi les métissés alors qu'ils n'ont fait que se dire «Canadien Français» ou «Français Québécois»; des personnes qui ont effectivement hérité de plusieurs origines européennes («Français Irlandais», «Français Italien», etc.); des biculturels nés du métissage associant ladite origine française avec une origine non occidentale. Ce n'est que dans ce dernier groupe que l'on retrouve les métis qui ont une incidence religieuse comme les «Français Algériens» ou les «Français Marocains». Les musulmans des deux premiers groupes ne sont donc pas des métis (ou biculturels), au sens qui nous intéresse, mais bien des convertis occidentaux.

Puisque dans les chiffres, on ne peut pas distinguer les convertis des biculturels, il est impossible de dénombrer précisément les convertis, du moins chez les musulmans puisque la variable sur les minorités visibles peut rendre des services en ce qui concerne les bouddhistes.

Dans le texte, les traits sociodémographiques observés se basent sur le segment origine unique afin qu'ils ne puissent s'appliquer qu'aux seuls convertis.

Enfin, comme 96,5 % des gens qui s'identifient uniquement comme «Canadiens» ont le français comme langue maternelle, il est probable que la majorité des «Canadiens» bouddhistes et musulmans soient bel et bien d'origine française. Dans le texte, le vocable «origine française» fait invariablement référence à la catégorie de Statistique Canada. Afin de se démarquer de cette catégorie statistique et avancer des estimations qui réunissent les gens d'origine française identifiés comme tels, mais aussi cachés au sein d'autres catégories (Québécois, Acadiens, Canadiens), nous avons eu recours à l'expression «ascendance française».

phénomène apparaît marginal si on le compare avec les mouvements de conversions massives observées par exemple en Amérique du Sud en faveur des Églises protestantes (pentecôtistes et autres) d'impulsion américaine.

Sans tout simplifier, le double phénomène des conversions et des couples interreligieux dit certainement quelque chose de la capacité d'ouverture des uns et de la volonté des autres de s'enraciner au Québec.

Références

Le thème de la conversion a été étudié sous divers angles, mais le plus souvent à partir d'études de cas. Avec la montée de l'immigration venant d'outre Occident qui amène une accélération du phénomène, le thème devient plus sensible.

ALLIEVI, Stefano. *Les convertis à l'islam. Les nouveaux musulmans d'Europe*, Paris, Montréal, L'Harmattan, 1999.

BARBARA, Augustin. *Les couples mixtes*, Paris, éd. Bayard, 1993.

CADGE, WENDY, HEARTWOOD. *The First Generation of Theravada Buddhism in America*, Chicago, University of Chicago Press, 2004.

DAYNES, Sarah. «Processus de conversion et modes d'identification à l'islam. L'exemple de la France et des États-Unis», *Social Compass*, 46, 1999, p. 313-323.

FLEURY, Brigitte. «Étude de la conversion religieuse d'un point de vue communicationnel: le cas de Roger Garaudy», mémoire de maîtrise en communications, UQÀC, 2004.

LENOIR, Frédéric. *Le bouddhisme en France*, Paris, Fayard, 1999.

MARTIN, Anne. «Stratégies identitaires du couple mixte et changements de l'ordre social: les Québécoises d'origine canadienne-française converties à l'Islam», mémoire de maîtrise, Québec, Université Laval, 1995.

OBADIA, Lionel. *Bouddhisme et Occident. La diffusion du bouddhisme tibétain en France*, Paris, L'Harmattan, 1999.

THIBEAULT, François. «Les enjeux actuels de l'étude du bouddhisme en Occident et la tradition Vipassana de S. N. Goenka», communication présentée à l'American Academy of Religion, printemps 2005.

Pour situer les conversions dans le contexte général de l'immigration musulmane et bouddhiste au Québec, voir:

CASTEL, Frédéric. «Morphologie du pluralisme ethnoculturel et confessionnel de la communauté bouddhiste du Québec», actes du colloque *La réception du bouddhisme au Québec* (2003) dans *Cahiers de spiritualité ignatienne*, décembre 2005.

«La diversité ethnique et religieuse d'origine orientale au Québec. Un portrait de la communauté musulmane», mémoire de maîtrise en sciences des religions, UQÀM, 2002.

L'économie et les conditions de vie

Le boom de l'éolien au Québec

Philip Raphals
Directeur général, Centre Hélios

L'année 2005 a vu l'arrivée incontestable de l'énergie éolienne sur la scène québécoise. En effet, le 25 février 2005, Hydro-Québec Distribution signait huit contrats pour la construction d'environ 500 turbines éoliennes en Gaspésie entre 2006 et 2012, d'une puissance installée de 990 MW. Et quelques mois plus tard, premier ministre Jean Charest annonçait l'ajout de 2 000 MW additionnels d'énergie éolienne entre 2009 et 2013.

Pour de nombreux observateurs du secteur énergétique, cette succession d'annonces était étonnante. Avec cet ajout de 3 000 MW, le Québec pourrait devenir le chef de file des provinces canadiennes en matière d'énergie éolienne si ce n'est de l'Amérique du Nord tout entière ! Le rêve de plusieurs serait-il devenu soudainement réalité ? En fait, cette explosion d'activité est moins soudaine qu'elle ne le paraît ; elle est le fruit d'un long processus dont voici les principaux jalons.

Le passé

Le programme de recherche d'Hydro-Québec en matière d'énergie éolienne remonte aux années 80, mais n'a jamais pris son envol. En 1983, la société d'État avait construit Éole, un énorme prototype expérimental à Cap-Chat en Gaspésie utilisant une technologie d'axe vertical qui n'a jamais bien fonctionné. Depuis lors, on a vu beaucoup d'études, mais bien peu d'action. L'éolien demeurait toujours l'énergie de l'avenir, mais cet avenir tardait à arriver.

Pendant plus de 10 ans, les mouvements écologistes du Québec faisaient la promotion de l'énergie éolienne en soulignant l'immense potentiel de notre territoire, la complémentarité entre l'éolien et l'hydraulique, etc. Mais ils s'adressaient en fait à un auditoire déjà convaincu. Les autres, ceux qui avaient la capacité de changer les choses, leur prêtaient une oreille plutôt sourde.

Vint alors 1997 et la création de la Régie de l'énergie du Québec, à qui le gouvernement avait donné des pouvoirs décisionnels sur les nouveaux investissements d'Hydro-Québec et le mandat de réduire les coûts de l'ensemble de la société québécoise par une planification intégrée de ses ressources. Plusieurs s'attendaient alors à ce que cet exercice démontre incontestablement la supériorité sociale, environnementale et même économique de l'énergie éolienne, d'autant plus que ses coûts, quoique encore plus élevés que les solutions de rechange, baissaient rapidement. Hélas, la Régie n'a jamais pu exercer ses pouvoirs comme prévu, mais c'est là une autre histoire...

À la fin de 1997, le ministre des Ressources naturelles, Guy Chevrette, réveillait encore une fois les espoirs du monde éolien en demandant à la Régie de lui donner un avis sur cette filière. Quelques mois plus tard, il a également demandé un avis sur les petites centrales hydroélectriques. Aux yeux de plusieurs, seul ce deuxième avis devait mener à l'action, le premier ayant surtout comme objectif de calmer les esprits des tenants de l'énergie éolienne.

Dans son avis publié en septembre 1998, la Régie recommandait un programme d'achat annuel d'énergie échelonné sur neuf ans, de façon à créer les conditions propices à l'implantation d'une industrie de fabrication d'éoliennes au Québec. Elle proposait alors l'ajout de 50 MW par année, de 2002 à 2010. En même temps, elle reconnaissait que cette énergie coûterait sensiblement plus cher que les solutions de rchange. Personne ne s'étonna alors de l'absence de réponse du gouvernement à cet avis.

Côté hydraulique, la situation était toute autre. Même les termes de référence du ministre laissaient entendre que la décision d'aller de l'avant était déjà prise. De fait, en 2001 le gouvernement annonçait son intention de développer 36 sites hydrauliques sur 24 rivières. Mais ce programme fut confronté à une opposition bien structurée et bien organisée par des publics locaux qui firent adopter des rivières par des personnalités connues. Après quelques reculs stratégiques, le programme a été à toutes fins utiles retiré.

Ce n'est qu'au cours des derniers mois du gouvernement Landry, en mars 2003, qu'on entendit parler à nouveau d'énergie éolienne. Les cyniques diront que le gouvernement cherchait désespérément à stopper l'hémorragie de la gauche du Parti québécois, puisque le décret sur l'énergie éolienne fut une des raisons principales pour lesquelles le mouvement environnementaliste s'est rallié au PQ lors des élections de 2003. Toutefois, cet appui n'a pas suffi à empêcher sa défaite. Aujourd'hui, c'est le gouvernement libéral qui récolte le bénéfice politique de cette décision populaire.

Pendant ce temps, la cote des filières thermiques va de mal en pis. Leurs coûts augmentent, leur image auprès du grand public se détériore et un climat d'incertitude règne partout. Le protocole de Kyoto entre finalement en vigueur, et le prix du pétrole double près d'un an après l'invasion de l'Iraq. À la lumière de tous ces événements, l'énergie éolienne devient de plus en plus attrayante...

En effet, en 2001, HQ Production avait annoncé son intention de construire une centrale à cycle combiné alimentée au gaz naturel dans le Suroît. Ce projet ne découlait en aucune façon du plan de ressources d'HQ Distribution, mais faisait plutôt partie des plans d'expansion commerciale d'HQ Production. À la grande surprise de tous, le public s'y est férocement opposé.

Pour se tirer du pétrin, le gouvernement Charest, déjà affaibli, a renvoyé la balle à la Régie de l'énergie en lui demandant un avis sur la nécessité de construire cette centrale. L'ironie de cette demande d'avis a été savourée par ceux qui n'avaient pas encore digéré la suppression de la compétence de la Régie sur la production d'électricité, grâce à la regrettée loi 116, adoptée à bras de fer par le gouvernement de Lucien Bouchard en 2000 (encore une autre histoire ...).

Or, les écologistes ont saisi l'occasion pour démontrer, avec une rigueur exemplaire, l'énorme potentiel éolien du Québec. Une étude d'Hélimax, une firme d'expertise-conseil spécialisée dans le domaine de l'éolien, a démontré que, même en se limitant aux vents de qualité exceptionnelle et sans compter le Grand Nord, le Québec jouissait d'un potentiel éolien de presque 55 000 MW, dont presque 4 000 MW se trouvaient à moins de 25 km d'une ligne de transport à haute tension. Le prix de revient de ce potentiel tournerait autour de 7 cents le kWh. Pour les vents de qualité un peu moindre, et donc d'un prix un peu plus élevé, le potentiel serait plusieurs fois plus grand. Dans son Avis, la Régie recommandait la réalisation d'une étude de la faisabilité de l'ajout de jusqu'à 3 000 MW d'énergie éolienne au réseau québécois.

Ayant fait durer trop longtemps l'agonie du projet Suroît, le gouvernement Charest lui a finalement donné le coup de grâce en novembre 2004 et, pour faire pleine mesure, il annonçait immédiatement l'ajout d'un autre 1 000 MW d'énergie éolienne. Quelques mois plus tard, il double sa mise.

Ainsi, un appel d'offres pour 2000 MW serait émis par HQ Distribution en octobre 2005.

On ne peut que se réjouir du fait que le Québec se lance si vigoureusement dans cette filière si prometteuse. On a cependant droit à se demander jusqu'à quel point cette décision découle d'un processus rationnel de planification qui évalue les coûts et les impacts environnementaux et sociaux des différentes options pour répondre aux besoins énergétiques prévus. Ces décisions ne sont-elles pas plutôt conjoncturelles, ayant ses racines, dans un premier temps, dans un calcul électoral, et, plus tard, dans un mouvement de protestation qui a ébranlé un gouvernement en grand besoin d'appuis de la population?

Ce n'est qu'après coup qu'on constate les conséquences (plutôt heureuses) de cette décision sur le Plan d'approvisionnement d'HQ Distribution - les prévisions de ses besoins en énergie de base à l'horizon 2014 ont chuté de 9,3 TWh, selon les données de 2004, à 2,7 TWh, dans le nouveau Plan. Et le coût de l'énergie produite par des centrales au gaz naturel est maintenant estimé à plus de 9,5 ¢ le kWh.

But is this any way to run a railroad? Comme la Régie l'a si bien dit dans son avis sur le Suroît,

« La population exprime un désir profond de participer activement au choix des filières énergétiques et des projets proposés pour répondre à leurs besoins. Enfin, il n'existe aucun forum permanent leur permettant d'en influencer le choix. Ce débat requiert un forum neutre, indépendant et à l'écoute de la population. »

Or, ce besoin est toujours pressant. Si la participation publique à la prise de décision en matière énergétique se limite à quelques comités ad hoc ou aux avis occasionnels de la Régie, on ne doit pas être surpris que l'évolution énergétique du Québec continue à subir des dérapages imprévus et conjoncturels.

L'avenir

Que nous réserve l'avenir? On peut déjà entrevoir les obstacles qui devront être surmontés :

Au plan technique d'abord. Il va de soi qu'une ressource intermittente comme l'éolien crée un défi important pour ceux qui doivent gérer un réseau d'électricité, en équilibrant parfaitement l'offre et la demande à chaque instant de chaque journée. Certes, notre parc hydraulique est un outil précieux pour le faire. Mais quelles en sont les limites, et quels sont les coûts économiques et même environnementaux pour le faire[1]?

Les coûts, maintenant. Ceux de l'énergie éolienne ne semblent pas maintenant plus élevés que ceux de la production au gaz naturel. Cela dit, ils demeurent encore beaucoup plus élevés que nos coûts actuels de production. Depuis l'adoption de la loi 116 en l'an 2000, Hydro-Québec Production et Hydro-Québec Distribution opèrent comme entités distinctes l'une de l'autre. La première vend une quantité fixe d'énergie à un prix fixe de 2,79 ¢ le kWh à la seconde. Celle-ci doit alors aller chercher ailleurs les quantités supplémentaires dont elle a besoin, mais payer le « prix du marché » (Mais de quel marché? Voilà encore une autre histoire à raconter...) Les effets tarifaires qu'auront inévitablement les approvisionnements additionnels d'HQ

Distribution ne se sont pas encore fait sentir. Blâmera-t-on l'énergie éolienne pour les augmentations tarifaires à venir?

L'environnement. Bien que la plupart des gens semblent, à l'heure actuelle, favorables au développement de l'énergie éolienne, cette lune de miel ne peut durer toujours. Dans les pays qui ont connu une explosion rapide de l'industrie éolienne, comme les États-Unis et l'Espagne, l'accueil des populations locales est loin d'être acquis. Ainsi, l'appui quasi unanime qu'on voit aujourd'hui ici risque de se heurter aux intérêts locaux, au fur et mesure que les tours de 80 mètres et les nouvelles lignes de transport requises pour les connecter au réseau se construiront. Déjà, les agriculteurs se plaignent d'être bousculés par les promoteurs éoliens, qui n'offrent, selon les agriculteurs, qu'une pitance en échange ...

Quel serait donc l'avenir de la filière éolienne au Québec?

D'abord, il est presque inévitable que le rythme actuel ralentisse. Digérer l'ajout de grands parcs éoliens de 3 000 MW de 2006 à 2013 représente déjà un défi important. Soyons réalistes : on ne peut s'attendre à des décrets de cette nature tous les ans.

Cela dit, trois autres facettes du développement de l'énergie éolienne au Québec pourraient et devraient faire du progrès: les réseaux autonomes, les réservoirs d'Hydro-Québec Production et l'approche communautaire.

Les réseaux autonomes. Pour répondre aux besoins en électricité des communautés éloignées du réseau de transport d'énergie, HQ Distribution utilise des génératrices fonctionnant au diesel. C'est le cas de 24 des 25 communautés québécoises dans cette situation. La production totale de ces groupes électrogènes est d'environ 300 GWh par année. Or, le coût du combustible diesel, qui doit généralement être livré par barge, ce qui ne peut être fait que l'été, fait en sorte que le seuil de rentabilité pour des énergies nouvelles y est beaucoup plus élevé qu'au sud du Québec. En plus, la production au diesel est inefficace, contamine l'air local et contribue grandement à l'effet de serre.

Depuis plusieurs années, HQD étudie le jumelage éolien-diesel pour ces communautés et les outils développés par l'IREQ sont de renommée mondiale. Mais jusqu'à ce jour, rien n'a été fait sur le terrain. C'est maintenant le temps de passer à l'action. Aux audiences de la Régie (qui a gardé sa compétence sur la production uniquement pour les réseaux autonomes), HQD a annoncé un premier projet pilote aux Îles-de-la-Madeleine. Si tout va bien, et avec un bon coup de pouce de la Régie, on pourrait s'attendre à voir ce type de développement devenir réalité dans un avenir rapproché.

HQ Production. HQ Production est curieusement absente de cette brève histoire. En effet, depuis l'abandon du projet pilote de Cap-Chat, HQP semble préférer laisser la filière éolienne aux tiers, comme elle le fait avec la petite hydraulique. Rappelons que l'ensemble des 3 000 MW qui font l'objet des décrets sera acheté par HQ Distribution des producteurs du secteur privé. Certes, elle a signé des contrats pour acheter de l'énergie éolienne de la compagnie 3Ci, pour lesquels elle a été rondement critiquée pour absence de transparence. Mais plusieurs se demandent pourquoi notre producteur d'électricité national est si réticent à participer directement à cette filière en pleine ébullition.

En fait, HQ Production repose sur une ressource éolienne énorme, celle de ses propres réservoirs. Avec des vents dominants d'ouest, la côte est de tout grand réservoir d'eau devient une source de vent de premier choix. Les côtes est des grands réservoirs nordiques – Robert-Bourassa, LG-3, LG-4 – devraient donc être des sites extrêmement propices au développement éolien. Ils ont aussi d'autres avantages : il s'agit des terrains qui sont déjà consacrés à la production électrique et les réseaux collecteurs du projet La Grande fournissent un accès direct au réseau de transport. Qui plus est, le coût du capital est sensiblement moindre pour Hydro-Québec que pour un producteur privé, ce qui tend à diminuer l'ensemble des coûts de développement. Pourquoi donc tant de réticence ? Au moment où j'écris ces lignes, rien ne nous porte à croire qu'HQ ait même entamé l'étude de cette possibilité.

L'approche communautaire. Jusqu'ici, toute notre discussion concerne de grands parcs d'éoliens développés par de grandes sociétés, selon le modèle traditionnel d'une centrale électrique. Toutefois, dans les pays où l'énergie éolienne a pris de l'importance, c'est un tout autre modèle qui a été mis de l'avant. C'est celui du développement coopératif ou communautaire. Au Danemark par exemple, où l'énergie éolienne contribue presque 20 % de la production d'électricité, un quart de cette production est propriété de coopératives et presque

50% est détenu directement par des individus, dont la plupart sont des agriculteurs. En Allemagne – le leader mondial de l'éolien – presque un tiers de la puissance installée a été construite par des associations locales.

Les avantages de cette approche sont nombreux. Les impacts sur le paysage sont moindres lorsqu'il s'agit de turbines individuelles ou en petite grappe, bien moindres que les impacts d'énormes étendues de centaines de machines. L'emplacement de la production éolienne près de la charge réduit les pertes d'électricité dans les réseaux de transport et de distribution. Et la participation financière au projet de ceux qui vivent près des turbines crée un sentiment d'appartenance qui, à son tour, augmente considérablement les chances qu'a le projet d'être accepté par le public. Comme l'explique un fermier néerlandais : « Vos propres cochons ne puent pas ».

Plus près de chez nous, c'est l'approche communautaire qui a mené au développement d'un éolien de 750 kW dans le Harbourfront de Toronto, à la fin de 2002. Ce projet est le fruit d'une collaboration entre Toronto Hydro Energy Services (un fournisseur d'énergie dans le marché concurrentiel qu'est devenue l'Ontario) et WindShare, une coopérative de plus de 400 personnes mise sur pied par le Toronto Renewable Energy Cooperative. Il n'aura fallu que huit mois en 2002, pour trouver les investisseurs de WindShare. Ce projet a permis aux milliers de personnes par jour qui défilent sur l'autoroute adjacente de voir ce qu'est une véritable éolienne. On ne pouvait demander meilleure vitrine.

Toutefois, le contexte légal et réglementaire en vigueur au Québec ne facilite pas ce genre d'approche. HQ Distribution ayant un monopole statutaire sur les ventes au détail, le développement « distribué » de l'énergie éolienne doit se limiter à l'autoproduction. Ainsi, tout excédent de production par rapport aux besoins du producteur ne peut être vendu qu'à HQD. Jusqu'à très récemment, HQD se montrait plutôt réticente à parler d'autoproduction éolienne, une question que de son côté, la Régie jugeait aussi « prématurée ».

En revanche, c'est aussi en 2005 qu'a débuté, devant la Régie, le débat sur les modalités de l'autoproduction renouvelable. Les excédents d'un autoproducteur pourraient-ils être retournés au réseau en laissant tourner son compteur à rebours ? Devrait-il installer un nouveau compteur pour comptabiliser ses ventes à HQD ? Combien serait-il payé pour son excédent ? HQ Distribution se montre aujourd'hui beaucoup plus réceptive à l'idée qu'auparavant, mais rien n'est encore acquis ...

Tout compte fait, les deux dernières années ont été plus qu'encourageantes pour l'avenir de l'énergie éolienne au Québec, mais ce ne sont que les premières pages de son histoire. Pour la suite, restez à l'écoute ...

Note

1 Vu de l'écosystème en aval, augmenter la variabilité des débits d'une centrale hydraulique n'est pas nécessairement une option souhaitable...

Le défi du développement durable

Thierry Vandal
Président-directeur général, Hydro-Québec

Texte de l'allocution prononcée à l'occasion de la conférence Camput 2005, à Québec, le 2 mai 2005

Hydro-Québec s'est bien adaptée à l'ouverture des marchés de l'énergie. En plus du Québec, nous sommes dorénavant présents sur les marchés américain et canadien comme exportateur d'électricité et comme négociant sur les différents marchés régionaux.

Dès les années 1990, certaines décisions majeures ont été prises. En 1997, le réseau de transport d'Hydro-Québec TransÉnergie a été ouvert à tous les producteurs d'électricité. La même année, Hydro-Québec Production a obtenu un permis de négociant en gros de la FERC.

Plus largement, au Québec, l'adaptation à cette nouvelle réalité s'est fait en ayant à l'esprit deux éléments importants : préserver les acquis du passé, notamment la position avantageuse du Québec en matière tarifaire et permettre la concurrence pour l'approvisionnement futur de notre marché en électricité.

Il faut tracer un bilan positif de notre expérience liée à l'ouverture des marchés. Le système fonctionne. Il a trouvé son erre d'aller. Il continuera bien sûr de s'améliorer.

Il faudra tenir compte notamment des préoccupations légitimes de la population à l'égard de l'environnement. C'est sans doute l'un de nos plus importants défis des prochaines années.

Comme vous le savez, j'amorce mon mandat à titre de pdg d'Hydro-Québec. C'est bien sûr l'occasion de donner une nouvelle impulsion à l'entreprise. Mon but - et c'est un but que je partage avec toute l'équipe de Direction - c'est qu'Hydro-Québec soit une entreprise à l'écoute de ses clients; une entreprise qui fait preuve de leadership; une entreprise dont les employés sont fiers et pour laquelle ils sont mobilisés; une entreprise très performante.

Je vois trois axes majeurs pour nos actions et notre développement :
- l'efficacité énergétique,
- l'hydroélectricité et l'éolien
- les nouvelles technologies électriques.

L'efficacité énergétique
Le premier objectif, donc : « L'efficacité

énergétique ». L'électricité est une ressource précieuse – il faut l'économiser. Tout le monde s'entend sur la nécessité de faire mieux en matière d'efficacité énergétique. L'intérêt environnemental est évident. C'est aussi le gros bon sens au niveau économique : chaque nouveau kWh coûte maintenant très cher. Beaucoup plus cher en fait que la valeur moyenne reflétée par nos tarifs. Cet écart met de la pression à la hausse sur les tarifs. C'est donc dans l'intérêt de tous d'économiser l'énergie.

C'est d'autant plus important que je ne vois pas la valeur de l'électricité baisser à moyen ou long terme. À titre d'exemple, on parlait jusqu'à récemment d'un prix de 6,5 ¢ le kWh pour les nouveaux approvisionnements. Ce prix est déjà dépassé. Cela se situe maintenant entre 7 et 8 ¢ le kWh.

Nos clients nous demandent aussi de faire mieux en efficacité énergétique. La population est globalement satisfaite d'Hydro-Québec et de nos services. On parle d'un taux de 90 %. – c'est toutefois moins le cas sur certaines questions spécifiques liées à l'efficacité énergétique.

Selon un bilan récent de la FCEI – la Fédération Canadienne des Entreprises Indépendantes, la part des PME satisfaites de nos programmes d'efficacité énergétique n'est que de 26 %. Il y a donc une bonne marge à l'amélioration.

On va retourner voir nos clients, mieux leur faire connaître nos programmes et surtout écouter ce qu'ils ont à dire sur le sujet. Il y a certainement de bonnes idées de ce côté.

Avec nos clients résidentiels, la clé, c'est l'information et la communication – il faut inviter nos clients à modifier certaines habitudes de consommation. Beaucoup de clients le font déjà et je les en remercie. Il faut maintenant que ce nombre grandisse. Je pense que beaucoup de gens sont prêts à le faire comme engagement personnel pour l'environnement et le développement durable.

C'est un levier fantastique pour encourager les économies d'énergie. Pour mettre les choses en perspective : 1 degré C° de chauffage au Québec, un seul degré, représente 2 milliards de kWh chaque année – c'est beaucoup d'énergie – ça vaut 150 millions de dollars par année. Pensons-y : garder nos résidences à 19 degrés C° plutôt que 20 degrés C°, ce serait un geste vraiment écologique.

Hydroélectricité et éolien

Le deuxième axe majeur pour notre développement c'est l'hydroélectricité et l'éolien – des énergies renouvelables qui se développent en parallèle et de manière complémentaire.

Ce deuxième axe confirme le choix d'Hydro-Québec en faveur des énergies renouvelables pour satisfaire les nouveaux besoins de nos marchés. C'est le développement, durable dans sa plus pure expression.

Encore là, c'est une question de gros bon sens. Nous sommes bien positionnés. On a l'hydroélectricité : une filière bien établie au Québec, avec un bon potentiel à développer – et dont le développement assure une base solide pour développer l'éolien.

On a l'éolien : une technologie émergente, avec un fort potentiel aussi à développer au Québec.

Pour l'hydroélectricité, le développement des grands projets se poursuit

Nous allons réconcilier l'eau et le vent.

- l'objectif c'est maintenant aussi de devancer les mises en service des ouvrages en construction – j'ai donné cet objectif additionnel à Réal Laporte, notre nouveau Président de la division **Équipement/SEBJ.**

• Cinq milliards de dollars de projets en construction.

• Cinq milliards de dollars additionnels qui devraient être en construction d'ici les 12-14 prochains mois.

• Par la suite : ce sera le tour des grands projets comme le Bas Churchill et Romaine.

Pour l'éolien : on poursuit les appels d'offres. On devrait passer le cap de 2500 MW au global avec le prochain appel d'offres de 1000 MW. Mais je souhaite aussi faire plus - pour faciliter l'intégration de l'éolien sur le réseau au Québec.

Hydro-Québec doit devenir « la » référence mondiale en termes de qualité et de fiabilité de l'intégration éolienne sur un grand réseau électrique. Nous adopterons une approche « facilitante » pour le développement éolien, au même titre que celle préconisée pour le développement hydroélectrique.

À titre d'exemple, pour l'équilibrage de l'éolien : on va mettre de l'avant une nouvelle proposition sous peu que l'on croit meilleure et qui sera moins coûteuse pour Hydro-Québec Distribution et ses clients. Ce sera bien sûr à la Régie de l'énergie d'en juger.

Il y a aussi la capacité de prévoir la production éolienne en temps réel. La notion d'aléatoire est souvent associée à la production éolienne. C'est un défi partout dans le monde.

Automobile : Le XXe siècle a été celui du moteur à combustion et du pétrole. Le XXe siècle devrait être celui de l'électricité.

Hydro-Québec va faire preuve de leadership. Le vent peut être prévisible sur un horizon à court terme (4 à 6 heures avant livraison). On va donc s'adapter et travailler à l'intérieur de cet horizon très court de planification de la production. Pour ça, nos experts feront le tour de tout ce qui se fait en matière de modèles de prévision de la production éolienne. On va améliorer ces modèles et systèmes au besoin; on va les adapter aux conditions de nos régions productrices, en commençant bien sûr par la Gaspésie. Nous allons avoir un système qui marche et nous allons bien prévoir la production éolienne dans un horizon de court terme.

L'hydroélectricité et l'éolien – ce sont des énergies renouvelables complémentaires – on est chanceux de les avoir sur notre territoire. C'est du vrai développement durable et ça peut nous amener très loin dans le temps.

Nous allons réconcilier l'eau et le vent.

Et il y a aussi d'autres énergies renouvelables comme la biomasse, la géothermie et l'énergie solaire, une énergie qui a sa place dans notre échiquier : le solaire passif et le solaire actif – les panneaux et les capteurs ; les développements technologiques dans ce domaine sont à suivre de près.

Les nouvelles technologies électriques

Ce qui m'amène justement à mon troisième axe de développement. Les nouvelles technologies « électriques » : l'avenir technologique de l'électricité. Le potentiel est immense. Il y a les technologies qu'on va introduire dans nos installations pour être plus performants et rester à la fine pointe. Les technologies numériques, par exemple, dans nos postes de transformation. Un poste dans la région de Trois-Rivières va justement servir de plate-forme pour ces technologies – c'est l'avenir technologique en transport – un créneau d'excellence chez Hydro-Québec. Cela va prendre forme à cet endroit et ailleurs sur le réseau au cours des prochaines années.

D'autres technologies vont nous permettre d'améliorer la fiabilité et l'utilisation des équipements du réseau de transport d'électricité : les technologies de contrôle en temps réel du réseau, pour aller plus loin dans l'utilisation du réseau ; les technologies de simulation du réseau : un autre créneau d'excellence pour notre entreprise.

Il y a également les technologies qu'on souhaite introduire sur le réseau de distribution et chez nos clients, en partenariat avec eux. Nous allons avancer dans la direction d'un réseau de distribution plus interactif - avec des clients dont la consommation s'ajuste en temps réel et qui fournissent également le réseau à d'autres moments grâce à la production distribuée, le stockage thermique, etc. C'est ça le futur de la distribution d'électricité et nous serons au rendez-vous.

Les nouvelles technologies électriques, c'est aussi l'électricité dans le secteur automobile.

Le XXe siècle a été celui du moteur à combustion et du pétrole. De l'avis général, le XXIe siècle devrait être celui de l'électricité, avec les systèmes hybrides comme transition vers le « tout électrique ».

J'ai d'ailleurs commandé ma première voiture hybride récemment! Et je ne compte pas revenir au « tout-à-l'essence » dans l'avenir.

Dans ce secteur de l'électricité et du transport terrestre, par l'entremise de notre filiale TM4, héritière des technologies du moteur roue, nous sommes en excellente position. Nous produisons des moteurs électriques très compacts, qui développent une grande puissance et dont l'électronique de contrôle est à la fine pointe du domaine.

On va poursuivre le développement de TM-4 avec des partenaires. Notre premier partenaire c'est Dassault, la firme française qui a donné à la France plusieurs avions très performants comme le Mirage ou le Rafale. Dassault vient d'acquérir une participation dans TM-4. Nous irons étape par étape. Ce ne sera pas facile, mais le potentiel est évident.

Ce sont donc les trois axes majeurs pour l'entreprise :

1- L'efficacité énergétique ;
2- L'hydroélectricité et l'éolien en complémentarité ;
3- Les nouvelles technologies électriques.

Durant cette prochaine phase de développement, Hydro-Québec va continuer d'être bien gérée : c'est l'héritage d'André Caillé. La rentabilité va progresser.

Il ne faut toutefois pas s'attendre à la progression des 10 dernières années, une période de redressement durant laquelle on est passé de 300 millions de dollars de bénéfices à plus de deux milliards.

On vise une progression régulière. Pour ça, on va continuer d'améliorer la performance de nos opérations. Et les marchés d'exportation devraient nous aider aussi au fur et à mesure que notre marge de manœuvre va se rétablir.

Nous allons être ouverts et transparents. Il y aura plus d'efforts pour informer et communiquer régulièrement avec tous nos publics, avec empathie et en expliquant mieux nos affaires.

Pour témoigner de cette volonté de transparence, j'ai donné instruction que les niveaux d'eau de nos réservoirs soient rendus publics, à la fréquence que la Régie de l'énergie jugera utile. J'invite la Régie à nous indiquer rapidement cette fréquence qu'elle jugerait utile pour satisfaire la volonté exprimée par le public d'être bien renseigné en matière de sécurité énergétique.

Je fais confiance à la Régie de l'énergie pour déterminer une fréquence qui assurera un bon équilibre entre nos intérêts commerciaux et une meilleure information pour nos clients.

Pour entamer cette nouvelle étape, nous pouvons compter sur des employés fiers et compétents. Notre développement, nous le ferons avec des employés d'Hydro-Québec. Pour la relève dans l'entreprise et pour notre croissance, nous allons recruter parmi les meilleurs, et nous allons bien former notre monde.

Comme vous pouvez le constater, le plan de match est clair. Nous allons bâtir, nous allons développer, et surtout, nous allons miser sur notre avantage renouvelable.

Tour d'horizon de l'économie en 2005

Sa Majesté le consommateur

Gérard Bérubé
Journaliste, Le Devoir

L'économie québécoise n'a fonctionné en 2005 que sur un seul moteur. N'empêche, malgré un secteur manufacturier en panne, elle a pu garder le cap sur la croissance en misant sur la vigueur de sa demande intérieure.

Dépenses de consommation - soutenues par l'effervescence du marché de l'habitation - et hausse des investissements des entreprises se sont donc offertes en contrepoids à un secteur extérieur paralysé par la vigueur relative du dollar canadien face à sa contrepartie américaine. Et cette conjoncture devrait servir de toile de fonds en 2005 et 2006, quoique pour cette dernière année, l'impact du troisième choc pétrolier demeure encore difficile à cerner. Donc, selon le scénario principal retenu, la croissance de l'économie du Québec, qualifiée de modérée en 2004, devait maintenir le rythme en 2005 pour s'accélérer et dépasser son niveau dit de « plein potentiel » en 2006.

Le baromètre de référence - le produit intérieur brut (PIB) au prix du marché - a progressé de 2,4 % (en termes réels) en 2004, pour se fixer à

Des jeunes en formation professionnelle

236,3 milliards. Ce rythme se veut une accélération par rapport à la hausse de 1,8 % observée en 2003 et permet à l'économie du Québec de retrouver sa vitesse de croisière moyenne de 2,5 % observée au cours des 20 à 25 dernières années. À titre de comparaison, la hausse du PIB canadien pour ces deux années a été de 3,1 % et de 2 % respectivement. « La demande intérieure finale est demeurée forte », a commenté Hélène Bégin. L'économiste au

Laurent Beaudoin, Bombardier

Mouvement Desjardins indique notamment la vigueur soutenue des dépenses personnelles, alimentées par un secteur résidentiel conservant son tonus. Mme Bégin a noté une hausse de 15 % des investissements résidentiels, qui vient s'ajouter à une augmentation de 10 % des investissements des entreprises, ces derniers prenant essentiellement la forme d'achat de machines et de matériel. Ces investissements en capital fixe ne sont pas étrangers à la robustesse du dollar canadien face au billet vert et témoignent d'une volonté des entreprises de compenser une détérioration de la conjoncture sur le commerce extérieur par des gains de productivité. Enfin, la dernière composante de la demande intérieure finale, les dépenses publiques, a crû de 3 %. À l'Institut de la statistique du Québec (ISQ), on retient également que la demande intérieure aura fait la différence en 2004.

Avec une poussée de 4,4 %, « elle enregistre sa plus forte augmentation depuis 1999 ». Pour une deuxième année consécutive, cette performance « provient en très grande partie de l'investissement en capital fixe, suivi de la consommation des ménages ».

Taux d'intérêt

Poussée du dollar canadien et maintien des taux d'intérêt à des bas niveaux ont donc conjugué leurs effets pour dicter la marche à suivre de l'économie québécoise. « Du côté de l'investissement des entreprises, après la hausse de 10,5 % de la construction résidentielle en 2003, la croissance se poursuit en 2004 » avec un bond de 14,9 %, a souligné l'ISQ, qui met en exergue la vigueur de la construction neuve et des rénovations. « Par ailleurs, l'investissement en machines et matériel (12 %) enregistre se plus forte hausse depuis 1999, tandis que la construction non résidentielle améliore largement sa croissance. » Quant aux ménages, la hausse des dépenses de consommation, de 3,3 % en 2004 contre 3,8 % en 2003, reflète le maintien de la croissance de l'emploi et du revenu disponible, la faiblesse du loyer de l'argent et l'effet d'entraînement du marché de l'habitation sur les achats liés à ce secteur. Ainsi, le revenu personnel disponible s'est apprécié de 2,5 %, contre 2 % en 2003. L'ISQ a cependant mis l'accent sur le taux d'épargne des ménages québécois, chutant à 0,8 % en 2004, « soit le taux le plus bas jamais enregistré dans l'historique des données des comptes économiques, qui débute en 1981 ».

Toutefois, sur le plan de l'endettement, y a-t-il lieu de s'alarmer ? « Il faut faire attention avec ces données sur l'endettement. Pour notre part, nous ne sommes pas inquiets. Nous sommes plutôt modérés », a répondu Hélène Bégin. Aux yeux de l'économiste, l'endettement moyen des ménages repose sur de bonnes assises. Lorsque calculé selon l'actif ou ramené au niveau du paiement d'intérêt en fonction des revenus, « ce n'est pas catastrophique », dit-elle.

Tout n'est cependant pas que rose dans l'environnement économique québécois. Le secteur extérieur se trouve plombé par la montée du dollar canadien face au billet vert. Avec une croissance des exportations plus faible que celle des importations, le Québec est passé d'un état de surplus (de 965 millions de dollars) du solde du commerce extérieur en 2003 en une situation de déficit (de 5,5 milliards) l'année suivante, selon les données de l'ISQ. L'on peut toutefois se consoler en se disant que derrière l'impact d'un dollar fort sur le secteur manufacturier québécois, la vigueur des exportations n'est pas étrangère à l'accélération des investissements des entreprises. Les entreprises sensibles au taux de change renouvellent leur machinerie et outillage. En clair, « les industries les plus menacées tentent de se moderniser pour survivre », a illustré Mme Bégin.

Dans le monde

Les données de ce bilan expliquent que l'économie québécoise occupe une place importante sur les marchés mondiaux, selon un classement socioéconomique de l'ISQ comparant 235 pays et territoires selon 50 critères. Selon la dernière lecture, publiée en mars 2005, le Québec exportait en

Usine à Huntingdon

2004 53 milliards américains, soit le quart de son PIB, faisant de cette économie le 34e exportateur (Canada, 7e) sur les marchés internationaux. Au chapitre des importations, qui représentaient également près de 26 % de son PIB, le Québec retenait le 30e rang (le 8e pour le Canada). Autre donnée : malgré une population le situant au 93e rang du classement mondial, le Québec occupe le 37e rang pour ce qui est de la taille de son économie (selon le PIB mesuré en parité de pouvoir d'achat). Cette position situe cette économie derrière celle de la Grèce (36e), de la Suisse (33e), de l'Autriche (32e) et de la Suède (31e), mais devant celle du Portugal (40e), de la Norvège (42e) et du Danemark (44e). Enfin, la richesse générée par l'économie du Québec (toujours selon le PIB mesuré en parité de pouvoir d'achat) se chiffrait à 27 789 $US par habitant en 2004, tout juste devant l'Italie et derrière l'Allemagne et Hong Kong, qui affichent des écarts inférieurs à 1 %. « Le Québec occupe ainsi la 20e position. Le

Mexicain au travail au Québec

Luxembourg se situe à la tête du palmarès, suivi des États-Unis, de la Norvège, de l'Irlande et du Canada, en septième place avec 31 952 $US», a précisé l'Institut de la statistique du Québec.

2005-2006

Sans être une copie conforme, l'économie québécoise n'évoluera pas en territoire inconnu en 2005. Même si l'année a débuté avec un marché du travail anémique, la hausse du PIB devrait atteindre les 2-2,2 % et s'approcher du taux de plein potentiel. À noter que ce potentiel se chiffre à 2,5 %, contre 3 % pour l'ensemble canadien, l'écart reflétant un différentiel démographique. Le départ a toutefois été lent, avec un PIB québécois en hausse de 1,9 % après cinq mois, comparativement à 2,9 % à l'échelle canadienne. Mais « la demande intérieure devrait tenir le coup, notamment au niveau des dépenses personnelles de consommation, avec des ventes au détail deux fois plus fortes qu'en 2004 », croit Hélène Bégin.

Cette frénésie des consommateurs devra cependant compter sur une contribution moindre du secteur de l'habitation. La construction résidentielle ne saura pas être au rendez-vous en 2005, sous le jeu d'un retour graduel du marché vers l'équilibre, les économistes du Mouvement Desjardins allant même jusqu'à prévoir une baisse des investissements résidentiels. Autre point sombre, le marché du travail, comme en témoigne son lent départ au premier semestre, pourrait manquer de tonus, avec une création d'emplois tombant à un rythme des 30 000 en 2005, soit deux fois moins que les 60 000 emplois créés, en moyenne, en 2003 et 2004. Le marché immobilier se contracte donc progressivement, l'ajustement ne laissant entrevoir aucun éclatement d'une bulle, qui n'aura été qu'hypothétique au Québec. Hélène Bégin est catégorique : « Il y a eu des poches de surchauffe, dans certains secteurs, mais pas de bulle immobilière au Québec. » La croissance des prix a été forte, mais elle est survenue après une baisse couvrant la première moitié de la décennie 1990. « Il y a eu rattrapage, complété en 2003. Quant à l'atteinte de l'équilibre, elle est prévue pour la fin de 2006. Nous aurons alors 8 ou 10 vendeurs par acheteur, contre 5 pour 1 présentement. » Ce retour à l'équilibre s'appuie sur une remontée des taux d'intérêt, dont le mouvement haussier se veut modeste mais réel. Ce resserrement du loyer de l'argent se combine à la montée des prix pour apporter sa contribution à la baisse de régime observé sur le marché immobilier. Chez Desjardins, on table sur une hausse de 75 points de base des taux directeurs en

2005. L'on mise également sur un taux préférentiel partant de 4,5 % pour atteindre les 5,75 % à la fin de 2006, et sur une hausse des taux hypothécaires de quelque 100 points de base dans l'intervalle, reflétant un taux baromètre de 30 ans passant de 6 à 7 %. « La hausse sera modeste mais suffisante pour réduire l'accessibilité à la propriété des logements », résume Hélène Bégin.

Ce survol de 2005, qui déborde à l'année suivante, permet d'avancer que le PIB québécois devrait dépasser son plein potentiel en 2006 pour afficher une progression d'environ 3 %. Essentiellement le niveau de l'emploi, déprimé par un taux de change défavorisant le secteur manufacturier, est appelé à reprendre sa vitesse de croisière et revenir dans les 60 000 emplois créés. « Le gros de l'effet de la hausse du dollar canadien serait alors passé », croit l'économiste de Desjardins. Entre-temps, le secteur manufacturier parvient toujours difficilement à redresser la tête. En mai 2005, il affichait une baisse de production pour un troisième mois depuis le début de l'année, pour un sixième mois sur une période de 12 mois. Toujours en mai, 11 des 19 grands secteurs composant le segment de la fabrication, à l'origine de près de 60% de la production manufacturière, évoluaient en mode contraction.

Le pétrole, une inconnue

Reste l'effet pétrole, dont l'impact demeure difficile à cerner. Pour l'heure, l'on entrevoit un impact qui se ferait sentir par la bande, par ricochet, par les répercussions d'un ralentissement de l'activité au États-Unis sur l'économie québécoise. « La consommation est très forte en 2005. Et il y a la confiance des consommateurs, qui demeure très élevée sur une base historique. » Y aura-t-il effet de substitution? Doit-on craindre que les pressions inflationnistes deviennent systémiques et provoquent une hausse plus prononcée des taux d'intérêt? « Ce n'est pas dans les cartes présentement », a répondu Hélène Bégin.

L'autre point d'incertitude réside au niveau de la situation financière du gouvernement du Québec. Sur ce point, et alors que le gouvernement entamait les négociations avec la fonction publique - des négos menées sous le thème de l'état de santé précaire des finances publiques - le ministre des Finances, Michel Audet, s'est fait alarmiste à la fin d'août 2005 en affirmant que la flambée des cours pétroliers ralentira l'économie québécoise de façon importante. Il a même cru bon d'évoquer le mot récession, en précisant toutefois que l'on parviendrait à l'éviter. M. Audet a estimé que la poussée des prix de l'essence pourrait retrancher jusqu'à un point de pourcentage à la croissance du PIB québécois cette année, une croissance estimée par le gouvernement à 2,5 % sur la période d'un exercice financier se terminant le 31 mars 2006. Chaque repli d'un point de pourcentage se traduit par un manque à gagner de 400 millions de dollars dans les revenus du gouvernement. Cet impact s'inspire d'une étude menée par le ministère fédéral des Finances, qui indique qu'une hausse de 20 % du prix du pétrole retranche 0,8 % au PIB après un an, 1,4 % après deux ans.

Gaspésia : empêcher que l'histoire se répète

Pierre Fortin
Économiste, UQAM

Marc Van Audenrode
Économiste, Université Laval

La publication du rapport Lesage sur le fiasco de Papiers Gaspésia à Chandler a déclenché une querelle médiatique entre les acteurs du drame qui a conduit à la fermeture du chantier, en janvier 2004. Cette querelle ne va mener nulle part. Il nous paraît plus utile de réfléchir aux vices du système qui ont entraîné la fermeture du chantier. L'important, c'est d'empêcher que l'histoire se répète dans l'avenir.

La teneur du rapport nous fait croire que le dérapage de Chandler a trois sources probables. Premièrement, le principal promoteur du projet, le gouvernement du Québec, et le principal investisseur, le Fonds de solidarité des travailleurs du Québec, étaient tous les deux en conflit d'intérêt. Deuxièmement, le gérant du projet, la papetière Tembec, n'était pas imputable des résultats obtenus. Troisièmement, les syndicats de la construction ont cherché à extraire le maximum de la situation.

Le gouvernement

Dès le départ, le gouvernement du Québec était en conflit d'intérêt. Il assumait le rôle double et contradictoire de promoteur principal du projet et de gardien de l'intérêt financier des contribuables. Il était pressé de faire la démonstration de sa détermination à sauver les emplois coûte que coûte. Il a donc décidé d'aller de l'avant le plus rapidement possible avec le projet de Papiers Gaspésia. Mais il en a fait la promotion en négligeant son rôle de protecteur de l'intérêt public. Il n'a pas tenu compte des analyses internes et externes qui jetaient un doute sérieux sur le coût et la rentabilité du projet. Le chantier de Chandler a finalement dû être fermé. Les entrepreneurs et les contribuables ont perdu 300 millions de dollars. Et pas un emploi n'a été maintenu.

Il n'y a pas d'autre issue à ce genre de conflit d'intérêt que de créer, une fois l'idée d'un grand projet lancée, une distance entre le gouvernement et ce projet, afin que l'intérêt public soit sauvegardé. Cela doit se faire en mettant en place, comme le suggère le rapport Lesage, une commission d'évaluation qui introduirait dans le processus de démarrage une analyse complète de la rentabilité et des risques et une imputabilité véritable des gestionnaires. Un tel contrepoids pourrait prendre diverses formes, mais il devrait dans tous les cas s'exercer dans un contexte de transparence totale, écarter les évaluations complaisantes et promouvoir la participation de la société civile à la formulation du projet. Les délais seraient plus longs, mais les sommes impliquées sont astronomiques. Il faut qu'on y mette le temps nécessaire.

Le siège social de la CDP

Tous conviennent de l'extrême importance du développement régional. Mais cela ne justifie pas les gouvernements de faire à peu près tout et n'importe quoi au nom de cette cause. La rentabilité économique est une condition nécessaire pour le développement social. Une entreprise en faillite ne crée pas d'emploi. Il est clair que la stratégie des mégaprojets pour relancer la Baie des Chaleurs ne marche pas. Il faudra penser le développement régional autrement. Une cinquantaine de petits projets locaux de 10 millions, plutôt qu'un seul de 500 millions, auraient créé des emplois en plus grand nombre, plus stables, plus générateurs de dynamisme local, et à un coût moindre que celui de n'importe quel projet Gaspésia, même si ce dernier avait connu le succès.

Le Fonds de solidarité

Principal investisseur dans le projet, le Fonds de solidarité des travailleurs du Québec a perdu 70 millions dans le naufrage de Papiers Gaspésia. Le Fonds est un organisme public auquel les contribuables québécois confient leur épargne en retour d'avantages fiscaux. D'une part, il investit les montants recueillis dans des entreprises qui

ont besoin d'un soutien à l'emploi. D'autre part, il doit gérer l'argent de manière prudente à l'avantage de ses actionnaires. Dans le cas du projet de Chandler, le Fonds désirait maintenir l'emploi des travailleurs de l'usine de Papiers Gaspésia, affiliés à la FTQ. La décision du Fonds de s'impliquer dans le projet a été un désastre : les travailleurs de l'usine n'ont pu récupérer leurs emplois et le Fonds a perdu sa mise de 70 millions, financée à même l'épargne des Québécois.

Il faut évidemment s'attendre à ce que le Fonds, comme tout investisseur, fasse de mauvais placements de temps à autre. Toutefois, le fiasco de Papiers Gaspésia soulève la question fondamentale de la gouvernance de cette institution. Le conseil d'administration du Fonds est très majoritairement contrôlé par des représentants syndicaux (12 membres sur 16), et dirigé par le président de la FTQ. Au minimum, une telle composition accrédite la perception que, lorsque les intérêts de syndiqués de la FTQ comme ceux de Papiers Gaspésia sont en jeu, il peut y avoir conflit avec l'objectif du Fonds de bien gérer les sommes qui lui sont confiées par le grand public. Il est essentiel, pour protéger l'intégrité du Fonds, que cette situation soit clarifiée. Son conseil d'administration doit comprendre un plus grand nombre de membres indépendants du monde syndical.

La papetière Tembec

La papetière Tembec était le gérant du projet de Papiers Gaspésia et l'opérateur désigné de l'usine. Or, le gouvernement a permis que Tembec n'assume pratiquement aucun risque. Elle devait percevoir des bonis si sa performance était bonne, mais ne devait subir aucune pénalité dans le cas contraire. Deux conséquences s'en sont suivies. La première est que l'identification et l'analyse des risques, qui sont d'une importance capitale dans un grand projet comme celui de Chandler, ont été négligées. La seconde conséquence est que le gérant du projet n'était aucunement imputable pour les erreurs qu'il pouvait faire dans la prévision des coûts. Quand le chantier a été fermé, ce sont les malheureux entrepreneurs et les contribuables qui ont dû ramasser la lourde facture de ce système d'irresponsabilité structurelle.

L'absence d'imputabilité de la gérance est une carence qui ne doit plus être répétée dans les grands projets au Québec, que ces derniers soient réalisés par une entreprise publique ou par une entreprise privée dûment mandatée. Chaque fois que cela est faisable, le projet considéré doit être soumis au test de la volonté du capital privé de participer à bonne hauteur à son financement, sans le filet de sécurité de la garantie gouvernementale.

Les syndicats de la construction

Enfin, la description des événements faite par le rapport Lesage a amplement démontré que le pouvoir des représentants et délégués syndicaux sur les grands chantiers industriels est énorme. Selon la manière dont il est exercé dans chaque cas particulier, ce pouvoir peut ajouter ou retrancher grandement à la probabilité de succès d'un projet sur le plan du budget et de l'échéancier. Parmi les grands chantiers industriels récents, la hausse des heures rémunérées entre l'estimation initiale et l'estimation finale a été pratiquement nulle pour Wayagamack à Trois-Rivières, de 27 % pour la Phase II d'Alouette à Sept-Îles, de 50 % pour Interquisa à Montréal et de 77 % pour Papiers Gaspésia à Chandler.

Ce qui frappe dans ces chiffres, c'est l'impossibilité de prévoir le résultat. Réduire ce risque constitue un enjeu primordial pour l'avenir de l'investissement industriel et des grands projets au Québec. La qualité de la gestion du projet est en cause dans certains cas, mais la manière dont s'exerce le pouvoir syndical l'est également. Le Québec a besoin d'un régime de relations de travail qui décourage beaucoup plus nettement les comportements excessifs sur les grands chantiers industriels.

Si on veut faire avancer le Québec, on ne doit pas en rester à la distribution des mauvaises notes aux élèves présumés fautifs. Il faut s'attaquer aux vices du système. Le principal défi, pour l'avenir, consistera à résoudre quatre problèmes fondamentaux : libérer le gouvernement de son conflit d'intérêt, revoir la gouvernance du Fonds de solidarité, rendre imputable la gérance des grands projets, et garantir un exercice plus tempéré du pouvoir syndical sur les grands chantiers industriels.

Un syndicalisme ébranlé

Thomas Collombat
Science politique, Carleton University

Grévistes

Les syndicats québécois traversent une phase difficile. Alors qu'ils sortaient d'une année riche en mobilisation politique face à un gouvernement aux inclinaisons plutôt antisyndicales, ils se sont trouvés plongés dans une période de négociation intense, notamment face au plus gros employeur du Québec... c'est-à-dire ce même gouvernement. Par ailleurs, certains de leurs succès dans le secteur privé ont été contestés (on pense bien sûr à la fermeture du magasin Wal-Mart de Jonquière), tandis que les secteurs d'activités dans lesquelles ils se sont traditionnellement développés continuent de tirer de la patte.

Il ne faut pas pour autant dresser un portrait apocalyptique de la situation. Malgré les tendances que nous venons de souligner, le bilan est nuancé et les bases du syndicalisme québécois sont assez solides pour résister à l'orage sociopolitique du moment. Mais elles sont tout de même ébranlées, et il est encore trop tôt pour dire si l'avenir en sera un de reconsolidation ou d'affaissement.

L'actualité des douze derniers mois nous invite par ailleurs à aborder le rapport du syndicalisme à l'État, dans toutes ses ambiguïtés et parfois même ses contradictions. Les événements, médiatisés ou non, portent à nous interroger sur le «modèle québécois» de relation entre l'État et les syndicats, en constatant notamment une remise en cause de la place privilégiée qu'occupaient les organisations de travailleurs jusqu'à présent.

Syndicalisation: pause ou retournement de tendance?

Alors que nous avions pris l'habitude, depuis quelques années, de noter l'augmentation, certes modeste mais constante, de la syndicalisation au Québec, 2004 a semblé marquer un changement de cette tendance. Les chiffres de l'étude sur la population active de Statistique Canada indiquent en effet une baisse de 1,2 point du taux de présence syndicale, celui-ci passant de 41,2% en 2003 à 40% en 2004[1]. Le Québec reste en première place au Canada, devant Terre-Neuve (38,9%), et conserve un taux supérieur à celui du Canada dans son ensemble, même si celui-ci n'a perdu que 0,6 point entre 2003 et 2004 (de 32,4% à 31,8%). La Colombie-Britannique s'établissait

quant à elle à 33,6% (-0,2 point), et l'Ontario à 27,8% (-0,7 point).

La baisse semble donc, toutes proportions gardées, plus marquée au Québec que dans le reste du pays. Autre indice, le nombre absolu de travailleurs régis par une convention collective est aussi en baisse (-22 700). Et sans surprise, c'est dans le privé que l'affaiblissement s'est fait ressentir. En effet, les travailleurs du secteur public québécois restent couverts à 82% tandis que ceux du privé ne le sont plus qu'à 26,7% (-1,7 point par rapport à 2003). Les hommes sont toujours plus syndiqués que les femmes (41,5% contre 38,5%) alors que la différence de salaire moyen entre la main-d'œuvre syndiquée et non syndiquée est plus forte chez les femmes (5,03 $/heure en plus pour une syndiquée) que chez les hommes (2,41 $/heure)[2].

La répartition des allégeances syndicales est, quant à elle, remarquablement stable. La Fédération des travailleurs et travailleuses du Québec (FTQ) est toujours en tête avec 43% des syndiqués, suivie par la Confédération des syndicats nationaux (CSN, 21%), la Centrale des syndicats du Québec (CSQ, 9%) et la Centrale des syndicats démocratiques (CSD, 4%). Les syndicats dits «indépendants», c'est-à-dire qui ne sont pas affiliés à une centrale, constituent 23% des effectifs. Parmi eux, la Fédération des infirmières et infirmiers du Québec (FIIQ), le Syndicat de la fonction publique du Québec (SFPQ) et le Syndicat des professionnelles et professionnels du gouvernement du Québec (SPGQ) sont les formations les plus importantes. Toutefois, il est à prévoir que ces proportions seront quelque peu remises en cause par la grande campagne de réorganisation des unités d'accréditation dans le réseau de la santé et des services sociaux.

On observe par ailleurs que seuls 5 % des conclusions de conventions collectives se sont faites après un arrêt de travail. Les 129 conflits de travail ayant eu lieu en 2004 ont touché 35 200 travailleurs (+96,4 % par rapport à 2003), mais ne représentent que 747 949 jours-personnes perdus, soit une baisse de 14,7 % par rapport à 2003. Si l'immense majorité de la main-d'œuvre québécoise est régie par le Code du travail du Québec, 53 % des travailleurs touchés par des arrêts de travail en 2004 travaillaient dans des domaines de compétence fédérale. Les grèves observées dans la fonction publique et certaines agences fédérales ainsi qu'au Canadien National comptent pour beaucoup dans ces chiffres. Parmi les conflits sous compétence québécoise, on notera notamment celui à la Société des alcools du Québec (SAQ), chez Urgel Bourgie (services funéraires), Shermag (meubles) ou encore Agropur (agroalimentaire). La durée moyenne des conflits reste stable, à 59 jours.

Henri Massé

Des actions politiques plus discrètes

Les douze premiers mois du gouvernement Charest avaient vu les syndicats se mobiliser de façon très énergique, notamment pour contrer une série de projets de loi considérés comme antisyndicaux. Certaines initiatives syndicales ont toutefois pris l'allure de pétards mouillés, en particulier l'idée de conduire une grève générale de 24 heures à travers toute la province. On se souvient que plusieurs centrales, notamment la CSN et la CSQ, avaient d'ores et déjà obtenu de nombreux mandats

de grève de la part de leurs syndicats. Dans la foulée des mobilisations de l'hiver 2003, les troupes semblaient prêtes à franchir le pas. L'entente intercentrales ne fut toutefois pas au rendez-vous. Quand la FTQ a annoncé qu'elle ne se coordonnerait pas nécessairement avec les autres pour mener cette initiative, la belle unanimité commença à vaciller, et l'idée de grève générale s'éteignit peu à peu. Les mandats obtenus arrivant progressivement à échéance, le projet mourut au feuilleton.

Toutefois les syndicats ne manquèrent pas d'épingler au passage certains nouveaux projets du gouvernement libéral. Ce fut en particulier le cas de la création de l'Agence des partenariats public-privé (APPP), pilotée par la présidente du Conseil du Trésor. Les PPP ont soulevé d'intenses débats, mais le projet initial du gouvernement ne fut que très peu altéré. Il appert qu'en la matière, les inquiétudes de la Protectrice du citoyen aient pesé plus lourd que les mémoires des centrales, qui demandaient unanimement le retrait pur et simple du projet[3]. À grands renforts

Manifestation anti-Charest

de comparaisons avec les États ayant déjà opté pour de telles pratiques, en particulier le Royaume-Uni, les syndicats ont présenté les PPP comme la prolongation logique du mouvement de « réingénierie » de l'État engagé par le gouvernement depuis avril 2003. Difficile en effet de ne pas voir de liens entre les modifications apportées à l'article 45 du Code du travail, qui facilitent la sous-traitance, et une volonté affichée de donner une part plus importante au secteur privé dans les champs de compétence de l'État. Mais la « bataille des PPP » souleva moins de passions dans les rangs syndicaux que les batailles menées l'année précédente et qui avaient notamment donné lieu aux journées de « perturbation nationale » en décembre 2003, et emmené 100 000 personnes dans les rues de Montréal le 1er mai 2004 (contre environ 8000 en 2005). Le résultat fut toutefois le même : les centrales n'ont pas réussi à faire bouger le gouvernement.

À la lumière des événements de l'année qui vient de s'écouler, force est de constater que le syndicalisme québécois n'a plus l'oreille du gouvernement. Depuis les années 1960, il avait pourtant réussi à s'imposer progressivement comme un interlocuteur privilégié de l'État, au point que certains observateurs ont pu parler de « néo-corporatisme » à la québécoise, c'est-à-dire d'arrangements institutionnels donnant aux syndicats le rôle officieux de représentant de l'ensemble des travailleurs, sur des sujets dépassant largement le strict cadre des relations du travail. Or, parmi les mouvements sociaux québécois, le syndicalisme n'est certainement pas celui à avoir connu les victoires politiques les plus retentissantes cette année. Les étudiants ont regagné une bonne partie de leurs prêts et bourses, les environnementalistes ont victorieusement combattu la construction de la centrale du Suroît, et même un courant spontané de protestation a réussi à faire revenir sur ses pas le gouvernement dans son choix de financement des écoles juives. Dans tous ces cas, le mouvement syndical a joué tout au plus un rôle de soutien, quand ce n'était pas de spectateur sympathique à la cause. Mais lui n'a réussi à contrer aucun des principaux projets de loi auxquels il s'opposait frontalement. Et les conséquences commencent déjà à se faire sentir, notamment dans la négociation engagée avec l'État.

Négociation avec l'État : le grand chantier

Le cadre actuel de négociation entre le gouvernement du Québec et ses salariés est le fruit d'une histoire complexe, bien que relativement courte. Ce n'est qu'en 1964, avec l'adoption du premier authentique Code du travail, que les employés de l'État ont eu le droit de se syndiquer au Québec. La multiplication des tables de négociation étant difficilement gérable, l'État s'est assez rapidement dirigé vers une négociation partiellement centralisée, dont l'importance n'a fait que croître en parallèle avec les effectifs de la fonction publique.

Le «grand» secteur public québécois est subdivisé en trois parties. Le secteur public à proprement parler, c'est-à-dire les employés directs de l'État (ministères), compte environ 96 500 travailleurs. Le secteur parapublic, c'est-à-dire les employés des réseaux de l'éducation de même que ceux de la santé et des services sociaux, compte environ 440 000 employés (209 000 en éducation, 230 600 en santé et services sociaux). Le secteur dit «péri-public» n'est plus associé aux négociations centralisées. On y trouve notamment des agences gouvernementales ainsi que les entreprises d'État (Hydro-Québec, SAQ, Loto-Québec...). Ce sont donc près de 537 000 travailleurs dont les salaires et conditions de travail sont négociés dans ces rondes. Bien sûr, tout n'est pas centralisé. La table dite «centrale» est essentiellement responsable des salaires. Les conditions de travail sont ensuite négociées à des tables sectorielles (37 en éducation, 13 en santé et services sociaux) ou directement par le Conseil du Trésor (pour les employés directs de l'État).

Les négociations en cours visent à renouveler des conventions collectives pour la plupart expirées depuis... juin 2003. Les syndicats avaient déjà consenti à les prolonger d'un an, pour faciliter l'application du programme d'équité salariale. Seulement voilà : ni la négociation, ni l'équité ne sont aujourd'hui réglées. Le gouvernement a déposé ses offres salariales l'an dernier, et les syndicats ont immédiatement répondu qu'ils voyaient mal comment une augmentation de 12 % sur six ans, équité comprise, pourrait répondre à leurs demandes. Mais depuis, quasiment rien n'a bougé, en grande partie à cause, précisément, des conséquences d'un des projets de loi controversés de 2003.

La chose est en effet passée presque inaperçue dans les médias, mais les syndicats québécois ont passé une grande partie de l'année à gérer les suites de la loi 30, qui impose la réorganisation des unités d'accréditation dans le réseau de la santé et des services sociaux. Cette loi délimite strictement cinq unités d'accréditation dans chaque établissement du réseau, alors que certains pouvaient en compter plus de 50. Elle a amené les 230 000 salariés du secteur et leurs organisations à s'engager dans une immense campagne d'allégeance de plus d'un an. Il est encore trop tôt pour présumer des résultats globaux, mais quelques constats commencent à s'imposer. La CSN, qui était largement majoritaire dans ce secteur, devrait continuer de constituer l'organisation la plus représentative. Elle a en particulier conforté sa position chez les personnels paratechniques, auxiliaires et de bureau. La FIIQ reste majoritaire chez les infirmières, même si la loi 30 l'a amenée à accepter dans ses rangs d'autres catégories professionnelles, dont les infirmières auxiliaires et les inhalothérapeutes. Les syndicats affiliés à la FTQ, dont le Syndicat canadien de la fonction publique (SCFP), semblent ne pas vraiment bénéficier de la campagne, et resteront donc minoritaires, renforçant par là l'image de « centrale du privé » de la FTQ. Quant à la myriade de syndicats indépendants que comptait le réseau, leur stratégie de « consolidation » a apparemment porté des fruits. La nouvelle Alliance du personnel professionnel et technique de la santé et des services sociaux (APTS) sera vraisemblablement très majoritaire dans la catégorie 4 (personnel professionnel et technique), la seule dans laquelle elle se présentait.

Ainsi, sur le plan des chiffres, la situation ne semble pas avoir été trop perturbée. Si ce n'est la disparition annoncée des petits syndicats indépendants (dont les centrales ne s'attristeront sans doute pas), et l'éclosion de l'APTS, les positions sont tout au plus renforcées. Toutefois, la campagne a donné lieu à d'intéressants affrontements, et on a pu notamment voir comment les différentes organisations jouaient sur différentes cordes. La thématique de « l'union » a sans doute été l'une des plus importantes dans les slogans utilisés. Mais tous ne voyaient pas l'union du même œil. Ainsi, pour la CSN, il s'agit de l'union de tous les travailleurs du secteur, quels qu'ils soient (« Pour unir nos forces : la CSN »), tandis que la FIIQ, dont le congrès était organisé cette année sous le slogan « Construire l'avenir ensemble », se présente avant tout comme « le syndicat des professionnelles en soins ». Il en va de même pour l'APTS dont le mot d'ordre à la destination des professionnels était « Distinguez-vous ! ». Difficile de dresser

en quelques lignes une monographie complète d'une campagne qui, bien que non désirée par les organisations syndicales, a mobilisé des ressources humaines et financières considérables. Au-delà des arguments « matériels » régulièrement évoqués dans les dizaines de documents adressés à chaque salarié votant (taux de cotisation, assurance-salaire etc.), une ligne semble se dessiner entre un syndicalisme jouant plus sur l'identité professionnelle, et un autre mettant avant tout de l'avant le rapport de force national. Au vu du maintien de la FIIQ et de l'installation solide de l'APTS, les syndicats dits « professionnels » semblent avoir tiré leur épingle du jeu. La CSN reste très présente, mais avec la décentralisation programmée de plusieurs sujets de négociation (autre conséquence de la loi 30), il est à penser que le rapport de force national perdra encore en importance face à la représentativité locale. Avec la construction, le secteur de la santé et des services sociaux semble donc être un de ces domaines où identités professionnelles et allégeances syndicales sont encore étroitement liées. Rien de vraiment nouveau quand on sait qu'une des racines les plus anciennes du syndicalisme nord-américain est, précisément, le syndicalisme de métier, formé autour des identités professionnelles communes et non des lieux de travail.

Mais pourquoi donc cette campagne a-t-elle eu un effet sur la négociation du secteur public ? Tout simplement parce que les organisations impliquées, en particulier la CSN et la FTQ, ne voulaient pas s'engager dans une négociation sans savoir... pour qui elles négocieraient. La CSQ, de son côté, était également impliquée dans la campagne d'allégeance du secteur de la santé, mais de façon beaucoup moins importante. Le plus gros de ses troupes est encore dans le réseau de l'éducation, où une telle campagne n'avait pas lieu. Il en va de même pour le SFPQ et le SPGQ, dont les membres sont pour la plupart des employés directs de l'État, et donc non concernés par les implications de la loi 30. Ces trois organisations ont ainsi décidé de former le Secrétariat intersyndical des services publics (SISP) avec la ferme intention d'arriver à une entente avec le gouvernement avant l'été 2005, plutôt que d'attendre l'automne pour commencer le processus, comme prévu par la CSN et la FTQ. Malgré de nombreuses rencontres de négociation et des moyens de pression exercés tant par les enseignants que par les membres du SFPQ (en particulier à la Société de l'assurance automobile et à Revenu Québec), le SISP n'est pas parvenu à ses fins et se retrouvera donc forcé à négocier au même moment que la CSN et la FTQ à l'automne. La situation ne sera pas simple pour autant. Les membres du SISP sont déjà engagés dans des moyens de pression et ont, pour beaucoup, voté des mandats de grève. Il n'en est rien à la FTQ et à la CSN, où les démarches ne font que commencer. Difficile donc de penser à une grande « union sacrée » syndicale dès l'automne.

En périphérie du secteur public : des négociations difficiles

Outre le «cœur» du secteur public, engagé dans des négociations centralisées, quelques éléments de sa « périphérie » ont également dû renouveler leurs conventions respectives, ces derniers temps. La particularité de ces négociations est que, sans être formellement en lien d'emploi avec l'État, les salariés concernés sont tout de même payés à même les fonds publics et ont donc un rapport indirect avec le gouvernement.

C'est notamment le cas des Centres de la petite enfance (CPE) publics, qui ont dû commencer une ronde de négociations surveillée de près par le Conseil du Ttrésor qui reste maître des cordons de la bourse. La situation des CPE est quelque peu paradoxale puisque les employeurs sont les parents des enfants, et se trouvent donc souvent sur la même ligne que les syndicats lorsqu'il s'agit de demander un meilleur financement du secteur. Le nerf de la guerre de la présente négociation n'est en fait pas inscrit dans la convention collective puisqu'il s'agit du règlement sur l'équité salariale. Les syndicats ne s'entendent pas avec le gouvernement sur le différentiel à appliquer, et demandent un règlement à 17,5 % contre une offre gouvernementale de 6,5 %. Sept mille huit cents éducatrices, affiliées à la CSN (majoritaire dans ce secteur), ont déjà débrayé quelques jours au printemps 2005 et prévoient recommencer de façon illimitée si les négociations ne débouchent pas. Mais c'est à l'appel de leurs employeurs qu'elles risquent de sortir la prochaine fois puisque les CPE menacent de fermer quelques jours en guise de protestation contre le coupes qui leur ont été imposées ! Une position complexe que n'ont pas contribué à améliorer les propos de la ministre responsable, qui a fait reposer les problèmes financiers des centres sur une mauvaise gestion locale et des salaires censément excessifs accordés aux cadres. Elle a d'ailleurs dû se rétracter par la suite.

Le cas de la SAQ est quelque peu différent. Bien que publique, la société d'État a tout de même une autonomie considérable et c'est donc sans ingérence politique que s'est déroulée la dernière négociation avec son Syndicat des employés de magasin et de bureau (SEMB-SAQ). Composé de 3800 membres, celui-ci était, jusqu'à dernièrement, indépendant, c'est-à-dire non affilié à une centrale syndicale. Composé en très grande majorité de travailleurs précaires (non permanents et/ou à temps partiel), le syndicat a opté pour une stratégie risquée en pariant sur son rapport de force à la veille des Fêtes de fin d'année pour forcer la SAQ à conclure un règlement. Mais la direction de la Société n'a pas cédé. Employant ses cadres pour faire fonctionner quelques succursales et voyant sa clientèle s'approvisionner en Ontario ou passer au vin de dépanneur pour quelques semaines, elle a fait durer le conflit en tablant sur l'épuisement des troupes syndicales. Malgré une bonne cote de popularité au sein de la population, les grévistes du SEMB-SAQ se sont retrouvés, une fois les Fêtes passées, dans une situation critique, notamment du fait que le fonds de grève de leur syndicat arrivait à épuisement, « indépendance oblige ». C'est donc en dernier recours que la direction du syndicat a proposé à ses membres l'affiliation à la CSN, centrale à laquelle le SEMB-SAQ avait déjà été affilié par le passé. Les statuts de la CSN ne permettent pas l'accès au Fonds de défense professionnelle à ses tout nouveaux membres, mais elle a tout de même pu apporter, sous forme de

prêts, l'aide nécessaire au syndicat pour qu'il puisse sortir la tête hors de l'eau et conclure assez rapidement une entente avec l'employeur.

La direction du syndicat a par la suite été critiquée pour sa stratégie. Il est toujours délicat de juger de ce genre de chose quand la plupart des décisions sont prises à huis clos, mais il est certain que le conflit à la SAQ amène non seulement à s'interroger sur le syndicalisme indépendant mais aussi sur le statut des précaires. Alors qu'ils refusaient au départ de les intégrer, les syndicats ont de plus en plus dû faire avec les travailleurs précaires, au point où ceux-ci sont devenus majoritaires dans certaines unités. La cohabitation entre permanents et précaires ainsi que les revendications, attentes et attitudes de ces derniers posent de nouveaux défis au syndicalisme et renforcent l'idée suivant laquelle les syndicats ne se ressemblent pas tous. Il est en effet indispensable de se pencher sur la composition et les statuts des membres pour mieux comprendre le fonctionnement et les décisions d'un syndicat. Lors de son dernier congrès, la CSN a adopté une résolution portant sur la précarité. Nul doute que ce sujet ne fera que grandir en importance au sein des préoccupations des centrales dans les années à venir. Et contrairement à l'idée reçue, le secteur public, même syndiqué, est loin d'être épargné. Certaines de ses branches sont même des championnes en la matière, comme le montre le cas de la SAQ, ou encore celui du réseau des cégeps dont 40 % des enseignants ont un statut précaire.

Un secteur privé en mutation

Bien que l'année syndicale ait été dominée par le secteur public, tant « central » que « périphérique », le privé n'a pas été en reste. Poursuivant une tendance identifiée l'an dernier, certains secteurs de l'industrie traditionnelle québécoise ont continué de battre de l'aile. Bombardier, un des joyaux industriels de la province, a réjoui bien des observateurs en annonçant la construction à Mirabel de ses nouveaux jets régionaux Série C de 110 places. Mais à quel prix. Les syndiqués de la région de Montréal, affiliés à l'Association internationale des machinistes (AIM-FTQ), ont en effet dû concéder un réaménagement de leur convention collective comprenant une modération des augmentations de salaire et une réorganisation du travail. Entreprise québécoise, Bombardier est avant tout une multinationale et elle n'a pas hésité à mettre plusieurs de ses unités de production en compétition pour voir qui, de l'Irlande du Nord, des États-Unis ou du Québec ferait la meilleure « offre ». Les syndicats se retrouvent sur la défensive face à cette situation. Ils sont involontairement amenés à jouer le jeu de la concurrence entre les employés d'une même entreprise, alors que leur vocation originelle est précisément de lutter contre la mise en compétition des travailleurs. C'est dans ce cadre que de nouvelles stratégies et alliances internationales se mettent en place afin d'organiser une « riposte » syndicale plus globale, mais elles n'en sont encore qu'à leur balbutiements (Gagnon et al., à paraître) .

C'est d'ailleurs aussi sur une thématique internationale que le secteur du vêtement s'est mobilisé. Sous l'égide de leur syndicat UNITE, récemment fusionné avec celui des travailleurs de

Conflit à la SAQ

l'hôtellerie (HERE), des travailleurs du vêtement ont demandé à Ottawa de réimposer des quotas d'importation, constatant que, depuis leur levée au début de 2005, les importations de vêtements chinois avaient explosé. Cinquante cinq pour cent des 140 000 travailleurs du vêtement canadiens sont au Québec, et cette branche ne voudrait pas voir son sort suivre celui du textile, dont le déclin a commencé encore plus tôt. Encore une fois, des pans de l'économie québécoise sont mis à mal par la concurrence internationale et les syndicats de ces secteurs essaient tant bien que mal de s'organiser face à cela.

Au-delà de l'industrie manufacturière, c'est sans doute celle des services qui a le plus fait parler d'elle cette année. La syndicalisation réussie du premier magasin Wal-Mart en Amérique du Nord, à Jonquière, s'est transformée en drame quand le géant de la distribution a annoncé qu'il fermerait cette succursale le 6 mai 2005, puisqu'il considérait ne pas pouvoir arriver à une entente satisfaisante en matière de rentabilité avec le nouveau syndicat accrédité, affilié aux Travailleurs unis de l'alimentation et du commerce (TUAC-FTQ). La fermeture fut finalement devancée au 29 avril, et souleva un tollé de protestation à travers tout le pays. Le syndicat engagea plusieurs recours devant la Commission des relations du travail (CRT), dénonçant la fermeture comme un «lock-out illégal» et demandant la réouverture, au moins provisoire, du magasin. Mais en vain. Toutes les requêtes furent rejetées. Cela n'empêcha pas d'autres sections des TUAC de poursuivre le mouvement, notamment à Saint-Hyacinthe et à Gatineau, où de nouvelles demandes d'accréditation furent déposées et acceptées dans le courant de l'année.

L'émotion soulevée par la fermeture du magasin de Jonquière a, pour un moment, mis le Saguenay à l'avant-scène de l'actualité, les médias états-uniens et européens couvrant également l'événement. Wal-Mart est en effet la cible de campagnes syndicales dans à peu près tous les pays où il est installé, et les syndicats américains, dont les sections des TUAC aux États-Unis, connaissent les mêmes difficultés que leurs voisins canadiens pour pénétrer dans cet empire de la distribution. Outre l'antisyndicalisme flagrant de cette décision, tant des militants que des observateurs des relations du travail ont souligné les carences du cadre juridique québécois dans cette affaire. Le modèle nord-américain de relations industrielles est en effet fondé sur la représentation et la négociation locales, décentralisées. Il était ainsi impossible de relier juridiquement la succursale de Jonquière à la multinationale Wal-Mart pour invoquer que les raisons avancées pour la fermeture ne tenaient pas. Dans tous les cas, les prérogatives de l'employeur restent très fortes, et nous ne connaissons pas, comme dans certains pays d'Europe, de système de vérification par les salariés des grandes décisions économiques prises par les directions d'entreprises. Même simplement consultatives, ces démarches permettraient une plus grande transparence et auraient sans doute rendu plus délicate la fermeture du magasin de Jonquière. Au final, l'épisode Wal-Mart aura mis en lumière que l'encadrement juridique des relations du travail en Amérique du Nord, même dans sa version québécoise (souvent considérée comme plus favorable aux syndicats que dans le reste du continent), a encore des failles. Et ces failles risquent d'être de plus en plus utilisées dans un contexte économique de moins en moins en phase avec celui des années 1940, période à laquelle le modèle actuel s'est développé.

Enfin, il serait difficile de terminer ce bilan sans mentionner la nouvelle négociation coordonnée menée par la Fédération du commerce de la CSN (FC-CSN) dans les grands hôtels de Montréal. Depuis les années 1990, la FC-CSN a fait en sorte que tous ses syndicats affiliés présents dans l'hôtellerie montréalaise se rassemblent pour décider d'une plate-forme et de stratégies communes. Menée tous les trois ans au cœur de l'été, la saison la plus achalandée dans le secteur, ces négociations permettent aux différents syndicats de faire jouer un rapport de force collectif sans pour autant perdre le contrôle de leur propre négociation. Il ne s'agit pas en effet d'une démarche centralisée mais coordonnée, de laquelle tout syndicat participant peut se séparer s'il le désire, tout en en informant les autres au préalable. La stratégie de négociation de l'été 2005 a été rendue publique par la FC-CSN dès le printemps. Celle-ci savait pouvoir compter cette année sur les Championnats du monde de sport aquatique comme flèche supplémentaire à son arc, les hôteliers ne pouvant pas vraiment se permettre de se retrouver sans personnel au milieu de cet événement majeur. Les syndicats de l'hôtellerie n'auront eu besoin que d'une journée de grève coordonnée, le 8 juillet, pour que des premiers employeurs acceptent leurs demandes, entraînant par la suite une vague de signatures en chaîne de la part des autres hôtels. La grève générale illimitée, brandie comme menace par la FC-CSN contre les employeurs récalcitrants, a dû toutefois être utilisée dans quelques établissements, dont l'Omni Mont-Royal. Mais de façon générale, cette stratégie a une fois de plus porté ses fruits, permettant aux travailleurs de l'hôtellerie montréalaise de faire jouer leur rapport de force collectif sans avoir recours à des moyens de pression trop dommageables.

Du rapport des syndicats à l'État

L'actualité syndicale est, nous l'avons vu, très marquée par les rapports entre syndicats et État. Au delà des négociations du secteur public, c'est encore une fois l'État qui est interpellé quand Wal-Mart ferme un magasin ou quand l'industrie du vêtement est au bord de l'étouffement. L'originalité de la situation présente ne réside pas dans ce rapport mais dans la nature et l'approche de ceux qui contrôlent l'appareil gouvernemental à Québec. Que l'on croit en l'existence d'un « modèle québécois » ou pas, il est indéniable qu'au moins sur la forme, le gouvernement Charest rompt avec l'attitude de ses prédécesseurs, péquistes comme libéraux. Et malgré la grande impopularité du premier ministre, il n'est pas dit que la situation s'améliorera nécessairement pour les syndicats si le Parti libéral devait perdre la prochaine élection. Les derniers mois ont prouvé que le Québec n'était pas « génétiquement pro-syndical ». Malgré toutes les avancées et la solidité qu'il a pu acquérir depuis la Révolution tranquille, le syndicalisme québécois reste fortement dépendant des orientations politiques de Québec. L'antisyndicalisme est un sentiment facile à répandre, comme l'a prouvé Mario Dumont lors de la dernière élection générale. Les commentaires les plus récents de Jean Charest, stigmatisant les fonctionnaires comme des « privilégiés », font penser que le premier ministre ne se gênera pas pour user de cette arme lors de négociations pendant lesquelles l'opinion publique joue un rôle non négligeable. Les prochains mois seront donc un test de la solidité du syndicalisme québécois. Et la bataille ne se déroulera pas uniquement derrière les portes closes des salles de négociation.

Références

Canada. *Enquête sur la population active*. Ottawa, Statistique Canada, 2005.

CONFÉDÉRATION DES SYNDICATS NATIONAUX. *Ensemble c'est possible! Rapport du comité exécutif*. Montréal, Confédération des syndicats nationaux, 61ᵉ Congrès, 2005.

FÉDÉRATION DES TRAVAILLEURS ET TRAVAILLEUSES DU QUÉBEC. *Mémoire sur le Projet de loi 61, Loi sur l'Agence des partenariats public-privé du Québec*. Montréal, Fédération des travailleurs et travailleuses du Québec, 2004.

GAGNON, Mona-Josée, Thomas COLLOMBAT et Pierre AVIGNON. "The international activities of trade unions: a socio-historical analysis based on the case of Québec", *Studies in Political Economy*, à paraître en 2006.

Québec. *Bilan des relations du travail au Québec en 2004*. Québec, Ministère du Travail, Direction de l'évaluation et de la recherche, 2005.

ROUILLARD, Jacques. «Qu'en est-il de la singularité québécoise en matière de syndicalisation», *Relations industrielles*, vol. 51, nᵒ 1, hiver 1996, p.158-176.

Sites Internet

Centrale des syndicats du Québec : www.csq.qc.net

Commission des relations du travail : www.crt.gouv.qc.ca

Confédération des syndicats nationaux (CSN) : www.csn.qc.ca

Conseil du Trésor du Québec : www.tresor.gouv.qc.ca

CSN - Services publics : www.secteurpublic.info

Fédération des travailleurs et travailleuses du Québec (FTQ) : www.ftq.qc.ca

Secrétariat intersyndical des services publics (SISP) : www.sisp.qc.net

Notes

1 Statistique Canada utilise le «taux de présence syndicale» plutôt que le «taux de syndicalisation», ce qui a tendance à surestimer légèrement les chiffres (voir Rouillard 1996). Toutefois, la comparaison reste valide puisque le même indicateur est utilisé pour chaque année.

2 Ces chiffres sont à prendre avec précaution, car ils tendent à rassembler sous un même label des réalités fort différentes. Ils ne permettent pas, par exemple, de connaître le différentiel salarial à emploi égal.

3 La Protectrice du citoyen et le Vérificateur général du Québec avaient tous deux émis des réserves quant au projet de loi sur l'APPP, notamment en s'inquiétant du fait que celle-ci échappait apparemment à leurs juridictions. Le gouvernement a réaménagé son projet en réaction à ces inquiétudes, sans pour autant que l'opposition officielle ne trouve ces changements suffisants.

Habitation : Le sommet est derrière nous

Hélène Bégin
Économiste, Mouvement Desjardins

Le secteur résidentiel a connu récemment sa meilleure période depuis la fin des années 1980. Cette effervescence s'est caractérisée par un essor de la construction neuve accompagné d'un marché de la revente en pleine ébullition. Les mises en chantier ont d'ailleurs atteint, en 2004, la plus forte activité depuis le sommet de 1987. La revente de maisons existantes a littéralement explosé, fracassant de nouveaux sommets en matière de transactions et de prix. Graduellement, cette cadence débridée s'essouffle. Le secteur résidentiel est en voie de retrouver un rythme qui cadre davantage avec l'évolution démographique de la province.

Les premiers signes qui laissent présager un ralentissement ont commencé à poindre, mais les éléments sont en place pour un atterrissage en douceur du marché de l'habitation au Québec. Le spectre d'une cassure semblable à l'après-boum des années 1980 peut être écarté sans hésitation. Les conditions ne sont tout simplement pas réunies pour revivre ce cauchemar qui a laissé de mauvais souvenirs aux différents acteurs du secteur résidentiel.

Chantier de construction à Montréal

Voyons ce que nous réserve l'avenir et pourquoi il n'y a pas lieu de craindre, du moins à court et à moyen termes, l'effondrement survenu au début des années 1990.

Les craintes d'une bulle immobilière se dissipent

L'augmentation des prix des propriétés existantes a régulièrement défrayé la chronique à la suite de l'ascension vertigineuse amorcée en 2002. Certains parlent de rattrapage tandis que

FAITS SAILLANTS - MARCHÉ DE L'HABITATION

Marché de la revente

Diagnostic:
le marché perd de la vigueur mais l'avantage reste dans le camp des vendeurs.

Signes de ralentissement
- Hausse des mandats de vente auprès des agents d'immeubles.
- Allongement des délais de vente.
- Retour des visites libres dans certains quartiers.

À venir
- Poursuite du ralentissement.
- Retour graduel vers l'équilibre d'ici la fin de 2006.
- Baisse du nombre de transactions.
- Progression moins rapide des prix.

Construction neuve

Diagnostic:
les mises en chantier ont atteint leur sommet dans le cycle actuel avec 58 448 unités en 2004.

Signes de ralentissement
- Remontée des stocks de logements neufs invendus.
- Écoulement plus lent des inventaires.
- Hausse des coûts de construction (modère la demande).
- Le marché de la revente déborde moins sur le neuf.

À venir
- Le rythme ralentira pour rejoindre la formation de ménages à compter de 2007, soit entre 35 000 et 40 000 mises en chantier par année.

Sources : Desjardins, Études économiques.

d'autres n'ont pas hésité à brandir le spectre d'une bulle immobilière au Québec. Qu'en est-il vraiment?

Après la déprime des années 1990, où les prix ont même chuté en termes réels, en raison d'une baisse draconienne de la demande et d'une offre trop abondante d'habitations, le marché était mûr pour un certain rattrapage, complété en 2003. Après avoir atteint un creux en 1996, les prix ont amorcé une lente remontée avant de connaître une véritable explosion à compter de 2002. Ainsi, le prix moyen des propriétés a augmenté de plus de 10 % pour une troisième année consécutive en 2004. Alors qu'il a franchi la barre des 100 000 $ au début du cycle haussier en 1997, le prix moyen a atteint 188 000 $ en juin 2005. Une augmentation de plus de 80 % ! Est-ce suffisant pour évoquer le phénomène de bulle immobilière ?

Eh bien non. Le fait d'enregistrer une forte hausse de prix dans un court laps de temps ne suffit pas à justifier l'existence d'une bulle. Celle-ci se manifeste plutôt lorsque les transactions sont uniquement effectuées dans le but de revendre avec profit dans un bref délai. Bien que quelques cas aient été décelés dans certains quartiers centraux de la région de Montréal, notamment le Plateau-Mont-Royal, Outremont et Notre-Dame-de-Grâce, ils n'ont pas été suffisants pour généraliser le phénomène à certains secteurs et encore moins à l'ensemble du marché. L'achat d'une propriété visait, à quelques exceptions près, l'occupation des lieux sur une période assez longue qui ne concordait pas avec des comportements spéculatifs. Il reste que la croissance des prix a été insoutenable jusqu'à tout récemment, ce qui a donné lieu à une phase de surchauffe.

L'ascension des prix depuis 2002 ne s'est pas limitée aux principales agglomérations. La majorité des régions de la province ont participé à cette embellie. Malgré cette appréciation, le coût d'acquisition d'une résidence reste relativement abordable au Québec. En juin 2005, le prix moyen d'une propriété approchait 188 000 $ comparativement à 270 000 $ en Ontario et à 250 000 $ au Canada. Comme l'augmentation annuelle des prix est plus rapide au pays, le prix moyen au Québec n'est pas près de se rapprocher de la moyenne nationale.

La hausse des prix s'apaise

La bulle immobilière appréhendée par certains ne s'est donc pas matérialisée. Au cours de 2005, le relâchement du marché s'est manifesté par une forte augmentation de propriétés à vendre et par une progression moins rapide des prix, écartant le spectre d'une bulle immobilière au Québec. Après des hausses supérieures à 10 % de 2001 à 2004, l'augmentation annuelle des prix a fléchi sous cette barre au cours de 2005. La remontée des mandats de vente confiés aux agents d'immeubles se traduit par un meilleur choix pour les acheteurs. Les délais de vente s'allongent, diminuant par le fait même la pression sur le marché. Sur le terrain, les exemples concrets se multiplient. Même dans les quartiers les plus convoités, le vent a tourné depuis quelques mois. Les achats sont moins impulsifs, la vente est plus difficile à conclure lorsque le prix demandé est trop élevé et l'escalade des prix cède la place à des hausses plus raisonnables.

À la suite de ce changement de cap, certains se sont rapidement interrogés sur la possibilité d'une baisse généralisée des prix. Or, il y a un fossé à franchir avant d'en arriver là, de sorte qu'un recul n'est pas envisagé à court terme et à moyen terme. En fait, le nombre de vendeurs par acheteur cons-

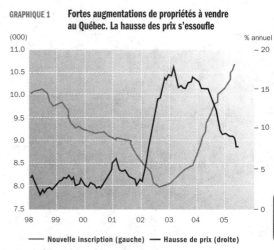

GRAPHIQUE 1 **Fortes augmentations de propriétés à vendre au Québec. La hausse des prix s'essoufle**

— **Nouvelle inscription (gauche)** — **Hausse de prix (droite)**

Source : Association canadienne de l'immeuble

titue l'élément clé de l'évolution des prix. Lorsque celui-ci se situe en deçà du ratio d'équilibre évalué entre 8 et 10, il s'agit d'un marché favorable aux vendeurs qui se traduit par un accroissement des prix supérieur à l'inflation. Malgré la remontée du nombre d'inscriptions, le marché est toujours très serré, avec un rapport d'environ cinq vendeurs par acheteur selon la région métropolitaine. La position de force des vendeurs a commencé à s'affaiblir, de pair avec l'augmentation du nombre de maisons à vendre et l'accalmie de la demande. Un retour à l'équilibre n'est pas envisagé avant la fin de 2006. Dès lors, la hausse des prix avoisinera l'inflation, soit entre 2 % et 2,5 %. Un recul tel que celui observé dans la première moitié des années 1990 n'est pas prévisible pour l'instant. À cette époque, le surplus d'habitations conférait un net avantage aux acheteurs, ce qui empêchait la progression des prix.

Même si une baisse de prix généralisée n'est pas envisagée, certains segments de marché sont plus vulnérables à cette éventualité. Le créneau haut de gamme des maisons unifamiliales et des condos semble plus à risque, car le ralentissement est déjà bien amorcé. Pour les maisons unifamiliales de plus de 250 000 $, qui représentent environ 25 % des transactions dans le Grand Montréal, le ratio vendeurs/acheteur a grimpé au-delà de 10 dans la majorité des secteurs à la mi-2005. Le marché montréalais des maisons de 250 000 $ et plus est donc déjà en surplus, sauf celui de l'île de Montréal, d'après l'analyse de la SCHL et de la Chambre immobilière du Grand Montréal. L'équilibre caractérise cette zone dont la moitié des maisons vendues ont plus de 250 000 $. Globalement, les résidences plus luxueuses trouvent donc preneur moins rapidement et la forte construction dans ce segment devrait amplifier le phénomène. Le marché des maisons plus dispendieuses est lui aussi saturé à Québec (> 200 000 $). Les hausses de prix des propriétés onéreuses seront donc moins importantes cette année et une baisse n'est pas exclue à court terme. Le diagnostic est bien différent pour les produits moins coûteux, incluant les maisons jumelées et en rangée dont le marché demeure en surchauffe. Par exemple, dans le Grand Montréal, les maisons entre 150 000 $ et 200 000 $ sont toujours très convoitées puisqu'on retrouvait seulement quatre vendeurs par acheteur dans cette catégorie au deuxième trimestre de 2005. Globalement, le prix des propriétés va de nouveau augmenter mais moins rapidement. L'appréciation avoisinera 6 % en 2005 et se limitera à 3,5 % en 2006. La progression sera supérieure pour les résidences abordables et des baisses de prix ne sont pas exclues dans les gammes supérieures de prix des condos et des maisons unifamiliales.

La décélération en cours du marché s'explique par l'envolée des prix qui rend les propriétés moins accessibles. Jusqu'à maintenant, la majoration des taux d'intérêt hypothécaires n'a pas été suffisante pour avoir un effet dissuasif. Celui affiché pour une hypothèque sur cinq ans avoisinait 6 % à l'été 2005, ce qui est très faible d'un point de vue historique. La remontée du coût du crédit se poursuivra de sorte que le taux hypothécaire d'une échéance de cinq ans pourrait approcher les 8 % en 2007. Même si un changement brusque du contexte économique survenait, une flambée des taux d'intérêt semblable à celle des années 1990 est peu probable. L'inflation est désormais sous contrôle et le redressement des finances publiques fédérales a considérablement

GRAPHIQUE 2   **Taux d'inoccupation des logements locatifs : En route vers l'équilibre au Québec**

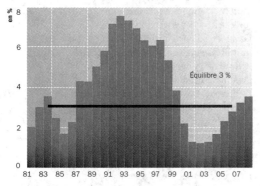

Source : SCHL et Desjardins, Études économiques

264

réduit les besoins d'emprunt, exerçant une pression baissière sur les taux d'intérêt. Un effondrement du marché de l'habitation attribuable à une ascension du coût du crédit peut donc être difficilement envisagé à brève et à moyenne échéances.

La construction neuve a atteint son apogée

À la suite de la léthargie des années 1990, les mises en chantier ont connu un essor fulgurant depuis 2002. Le surplus d'habitations qui a caractérisé la dernière décennie s'est rapidement transformé en pénurie au début des années 2000, notamment dans le logement locatif. L'amélioration des conditions économiques s'est traduite par une vague d'accession à la propriété qui a rapidement engorgé le marché de la revente. Faute de trouver une propriété qui leur convenait, plusieurs acheteurs se sont tournés vers le neuf, qui s'est rapidement ajusté à ce débordement. Les mises en chantier ont plus que doublé depuis 2001, passant de 27 682 unités à 58 448 en 2004. Faut-il craindre une chute draconienne de la construction semblable à l'après-boum des années 1980 ?

Outre l'affaissement de la demande provoquée par l'escalade des taux d'intérêt et par les mises à pied massives associées à la récession du début des années 1990, la construction excessive d'habitations est également à l'origine du marasme du secteur résidentiel de la dernière décennie. Cette époque s'est caractérisée par un ajout de nouveaux logements qui excédait largement la demande. Cela s'est notamment produit dans les appartements locatifs, où la construction spéculative battait son

plein. Ces surplus ont par la suite mis près de 10 ans à se résorber.

Or, la récente phase d'expansion ne s'explique pas par un mouvement spéculatif mais plutôt par une véritable demande. Cette fois-ci, les constructeurs ont été beaucoup plus disciplinés dans l'ajout de logements locatifs conventionnels, compte tenu de l'absence d'un environnement fiscal attrayant. Contrairement à la fin des années 1980, le taux d'inoccupation des logements locatifs n'a pas dépassé le seuil d'équilibre évalué à 3 %. Cet élément écarte les risques d'une chute brutale des mises en chantier semblable à celle des années 1990.

L'essor actuel est attribuable à un rattrapage en vue de combler la pénurie d'habitations perceptible depuis 2001. Celui-ci est pratiquement complété puisque le marché est en route vers l'équilibre. Ce stade ne sera pas atteint avant la fin de 2006 dans le cas des propriétés, soit lorsque le ratio vendeurs /acheteur aura remonté entre 8 et 10. Pour les appartements locatifs, la pénurie ne tardera pas à se résorber. Ce retour progressif à l'équilibre se caractérisera par une demande moins soutenue et par une certaine accalmie sur les chantiers. En somme, la table est mise pour un ajustement graduel et non pour un virage à 180 degrés. L'effervescence s'estompera pour faire place à un rythme plus soutenable qui tranchera avec la déprime des années 1990.

Les signes que le cycle haussier tire à sa fin sont biens présents. L'accumulation des stocks de logements neufs invendus et la forte augmentation des prix (20 % de 2001 à 2004) pointent vers un ralentissement des mises en chantier. De plus, le choix plus vaste sur le marché existant réduira la pression pour la construction neuve. Certains segments de marché, notamment les condos de luxe, sont désormais saturés et nécessitent un niveau de construction moins élevé. Or, l'effervescence des mises en chantier depuis 2002 s'explique en bonne partie par l'essor des copropriétés haut de gamme. L'atterrissage risque donc d'être plus brutal dans ce segment de marché. Dans l'ensemble, la réduction de cadence se fera progressivement et les mises en chantier fléchiront de 58 448 en 2004 à 53 000 en 2005. Par la suite, la formation de ménages dictera davantage les tendances de la construction neuve.

Un point de repère incontournable
À long terme, la formation de ménages constitue le point d'ancrage des mises en chantier. Un écart significatif peut toutefois survenir lorsqu'il y a un surplus ou une pénurie d'habitations. Par exemple, dans les années 1990, les

mises en chantier se sont effondrées à près de 30 000 unités, tandis que le nombre de ménages augmentait de plus de 40 000 par année. Cela a permis d'écouler l'offre excédentaire de logements induite par le boum de la fin des années 1980 et de la récession qui a suivi. Le surplus de la décennie 1990 a rapidement fait place à une pénurie à la suite de l'explosion de la demande. Jusqu'à maintenant, le début du millénaire a emprunté le chemin inverse afin de combler le manque d'habitations. Le niveau des mises en chantier a récemment surpassé la formation de ménages, qui approche les 40 000 par année. Cette période tire cependant à sa fin puisque le marché est en route vers l'équilibre. D'ici deux ans, les mises en chantier oscilleront entre 35 000 et 40 000 unités, ce qui correspond à la formation de ménages projetée par l'Institut de la statistique du Québec. La construction neuve rejoindra ainsi le potentiel démographique, qui se situe loin des standards historiques associés à une croissance de la population nettement plus rapide.

Perspectives à long terme
Au fil des ans, l'augmentation du nombre de ménages s'affaiblira et un déclin est même anticipé à compter de 2036. Faut-il prévoir un effondrement du marché de l'habitation ? Avant de céder aux sombres pronostics, il importe de considérer les deux côtés de la médaille. D'une part, la demande d'habitations va forcément diminuer, compte tenu des tendances démographiques défavorables. Certains créneaux seront toutefois plus porteurs que d'autres, vu l'évolution particulière à chacun des groupes d'âges. Le vieillissement de la

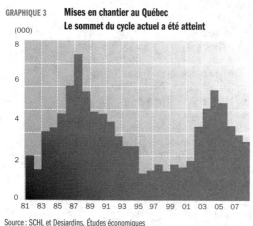

GRAPHIQUE 3 — **Mises en chantier au Québec**
Le sommet du cycle actuel a été atteint

(000)

Source : SCHL et Desjardins, Études économiques

population favorisera les produits destinés aux préretraités, aux retraités et aux personnes âgées. Dans ce contexte, les condos de luxe et les résidences pour la clientèle du troisième âge semblent les segments les plus prometteurs à long terme. La maison unifamiliale devrait être moins en demande à mesure que les baby-boomers changeront de mode d'occupation. Cette génération, qui a tout bouleversé sur son passage depuis son arrivée, laissera sa marque sur le marché de l'habitation. La demande de bungalow devrait par conséquent fléchir à mesure qu'ils délaisseront ce marché puisque les acheteurs potentiels (les cohortes plus jeunes) seront moins nombreux.

Avant de céder au pessimisme alimenté par une réduction prévisible de la demande, il importe de considérer l'ajustement qui touchera l'offre d'habitations. Le vieillissement du parc immobilier pourrait permettre d'amortir le choc. En effet, une part importante des maisons unifamiliales ont été construites dans les années 1970 et 1980, au moment où les baby-boomers accédaient massivement à la propriété. Ces résidences nécessiteront d'importants travaux de rénovation qui pourraient amortir la chute appréhendée de la construction neuve. Le vieillissement de la population pourrait accroître l'attrait pour la conversion des propriétés en maisons intergénérationnelles. Par ailleurs, les propriétés en plus mauvais état pourraient être démolies, réduisant par le fait même l'offre d'habitations. En dépit de ces ajustements, une baisse

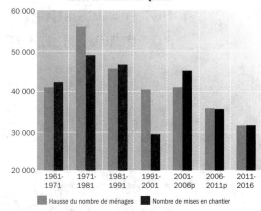

GRAPHIQUE 4   **La démographie abaissera bientôt le niveau des mises en chantier au Québec**

Légende : ■ Hausse du nombre de ménages   ■ Nombre de mises en chantier

Source : Institut de la statistique du Québec, Desjardins, Études économiques

du prix des maisons ne peut être écartée d'ici 10, 15 ou 20 ans. Les créneaux qui seront délaissés par les générations plus âgées sont évidemment plus à risque.

En somme, à long terme, la construction neuve sera soumise à une baisse de régime puisque le marché secondaire suffira davantage à combler la demande. L'augmentation de plus en plus faible du nombre de ménages n'entraînera pas nécessairement une baisse équivalente des mises en chantier, car l'évolution des besoins (changement du mode d'occupation) nécessita de nouvelles constructions. Il est trop tôt pour établir avec certitude l'ampleur des changements que ressentira le marché de l'habitation. Chose certaine, ils seront inévitables.

Références

Société canadienne d'hypothèques et de logement (SCHL) et Chambre immobilière du Grand Montréal, *Analyse du marché de la revente du Montréal métropolitain*, deuxième trimestre 2005.

La hausse du huard
donne des sueurs froides
au secteur manufacturier

Joëlle Noreau
Économiste, Mouvement Desjardins

L'évolution du dollar canadien au cours des trois dernières années a donné des sueurs froides aux entreprises manufacturières et aux exportateurs. Plusieurs analystes avaient prédit l'apocalypse pour le secteur manufacturier depuis que le dollar a commencé à s'enfiévrer en 2003. Pourtant, les livraisons réelles (dont on a éliminé les effets de prix) se sont accrues en 2004 et en pre-

mière moitié d'année de 2005. On peut se demander si l'effet de surprise nous a tous aveuglés. À l'analyse, on constate que la vue d'ensemble est trompeuse : elle cache à la fois des hausses importantes dans certains secteurs et des baisses sérieuses dans d'autres. Cependant, le ralentissement observé dans la production de certains biens manufacturés n'est pas totalement at-

TABLEAU 1 **Exportations nationales, livraisons et ratio exportations/livraisons**
Fabrication et sous-secteurs - Québec 2004

	Ratio Exportations nationales/livraisons[1] En %	Variations annuelles des livraisons réelles[2] En %
Total - Toutes les industries manufacturières	**43,6**	**1,8**
Fabrication de matériel de transport	85,9	8,7
Fabrication de produits informatiques et électroniques	76,4	7,9
Fabrication de machines	68,4	3,8
Fabrication de papier	68,3	(2,6)
Activités diverses de fabrication	55,3	(9,5)
Première transformation des métaux	51,5	(0,7)
Usines de textiles	45,7	(7,8)
Fabrication de produits en bois	45,3	0,6
Fabrication de meubles et de produits connexes	41,1	(2,9)
Fabrication de vêtements	40,1	(8,2)
Fabrication de produits en caoutchouc et en plastique	39,3	5,8
Fabrication de produits chimiques	37,4	2,0
Fabrication de matériel, d'appareils et de composants électriques	37,1	5,0
Fabrication de produits en cuir et de produits analogues	32,6	(6,6)
Usines de produits textiles	28,0	(3,8)
Fabrication de produits minéraux non métalliques	22,5	6,7
Fabrication de produits métalliques	21,9	(0,5)
Impression et activités connexes de soutien	19,0	1,5
Fabrication d'aliments	18,5	5,8
Fabrication de produits du pétrole et du charbon	8,1	6,2
Fabrication de boissons et de produits du tabac	5,9	(11,3)

Sources : Statistique Canada et ISQ

1 Compilation : Ministère du Développement économique, Innovation et Exportation, DAEPS
2 Desjardins, Études économiques

tribuable à l'appréciation du dollar cana-dien. En fait, la hausse de notre devise a contribué à exacerber des problèmes aux-quels bon nombre de secteurs faisaient déjà face. De même, l'emploi manufac-turier n'a pas atteint les profondeurs abyssales annoncées par certains.

Un bilan des dernières années
Les années 2003, 2004 et 2005 ont été marquées au sceau de l'adaptation pour le secteur manufacturier québécois. Le choc de l'appréciation du dollar a dû être encaissé. Pourtant, 11 des 21 secteurs industriels du Québec ont vu

le volume de leurs livraisons réelles s'accroître en 2004 (voir tableau 1) et le même phénomène s'est produit en pre-mière moitié de 2005.

Pourquoi, alors que notre dollar s'est apprécié considérablement depuis le début de 2003, le secteur manufacturier a tout de même réussi à cumuler des gains en 2004 et 2005 ? On a tendance à croire que lorsque la monnaie s'appré-cie, une barricade se dresse entre les frontières, empêchant ainsi la libre cir-culation des produits. Ce n'est pas le cas : on a tendance à oublier que le secteur manufacturier québécois est

GRAPHIQUE 1 **Variation de la production américaine et de livraisons réelles au Québec**

En % USA **Moyennes mobiles 12 mois** En % Québec

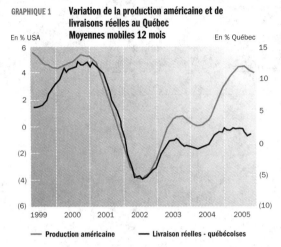

— Production américaine — Livraison réelles - québécoises

Source : Bureau of Economic Analysis et Statiqtique Canada

étroitement imbriqué à celui des États-Unis. Le graphique 1 est particulièrement intéressant : il permet de voir que les secteurs manufacturiers américain et québécois évoluent dans le même sens, mais pas nécessairement à la même vitesse. Or depuis l'année 2004, il y a eu un regain de la production américaine. Il a eu des échos chez nous : en fait, cet essor a outrepassé l'effet de l'appréciation du dollar canadien. On serait tenté de dire que lorsque le secteur manufacturier américain va, le nôtre va également.

Quels secteurs ont tiré leur épingle du jeu ? D'abord, celui du matériel de transport, dont 86 % de la production est exportée et dont les livraisons réelles ont crû de 8,7 % pour l'année 2004. Ce n'est pas du côté des avions entiers que la progression a été enregistrée, mais dans les pièces tels les turboréacteurs ou turbopropulseurs. On a tendance à oublier que le transport n'est pas que

l'aéronautique. À ce chapitre, la demande pour les camions à moteur diesel et pour les pneumatiques (pneus, chambres à air) s'est accrue en 2004 : elle s'est traduite par une hausse des exportations en dépit de la hausse du dollar canadien.

Malgré les restructurations en cours, la délocalisation d'une partie de la production, la fermeture de certaines usines, le secteur des produits informatiques et électroniques a accru ses livraisons (en volume) de 8,1 % en 2004. Il y a dans cette hausse un effet de rattrapage, perceptible surtout en début d'année. Au-delà d'un retard à combler, il y a tout de même une croissance réelle attribuable aux développements technologiques dont notre industrie entend tirer parti. La première moitié de l'année 2005 est également placée sous le signe de la croissance.

Parmi les secteurs qui ont ramé contre la marée montante du dollar canadien et le pessimisme ambiant, on note : les produits minéraux non métalliques (+6,7 % en 2004), les produits du pétrole et du charbon (+6,2 %), les produits en caoutchouc et en plastique (+5,8 %) et les aliments (+5,7 %). Tous ces secteurs ont accru le volume de leurs livraisons de plus de 5 % en 2004, dans un contexte qualifié «d'hostile» par plusieurs. Ces secteurs ont continué d'encaisser des gains en première moitié de 2005.

D'autres secteurs ont tiré leur épingle du jeu en 2004 : il s'agit du matériel, appareils et composantes électriques (+4,7 %), des machines (+3,8 %), des produits chimiques (incluant les médicaments) (+2,1 %), de l'impression (+1,3 %) et des produits du bois (+0,3 %).

Parmi ceux qui ont écopé au cours

de l'année 2004, on trouve en tête de liste (en pourcentage), le secteur des boissons (-11,5 % de moins qu'en 2003). Il compte un très faible pourcentage d'exportations (6 % environ), mais on peut penser que la force du dollar a pu contribuer à rendre moins coûteux les produits des concurrents étrangers (bières américaines notamment). Par ailleurs, le battage publicitaire intensif autour de produits plus «exotiques» (bières mexicaines, bières européennes, coolers, etc.) n'est pas sans effet. De plus, le conflit dans la Ligue nationale de hockey et la mise au banc des accusés des boissons gazeuses (colas et autres) ont également joué dans ce résultat.

Le secteur des vêtements (baisse des livraisons réelles de -7,9 % en 2004) a fait les frais de l'assouplissement des règles commerciales et du huard élevé. Le phénomène est le même pour les produits des usines des textiles (fils, tissus, feutres, rembourrage, rubans, etc.) (-7,7 %) et les produits textiles (tapis, carpettes, couvertures, couvre-lits, rideaux, etc.) (-4,1 %). Les livraisons de produits du cuir ont également reculé (-5,6 %). Ce phénomène s'est intensifié en 2005.

Le secteur du papier a aussi subi une baisse de ses livraisons de 2,9 % en 2004 de même que celui du meuble (-2,5 %). On a également observé une réduction des expéditions pour la première transformation des métaux (-1,0 %) et les produits métalliques (-0,2 %). Toutefois, comme nous le verrons plus loin, tout n'est pas attribuable à la force du dollar.

Le huard : le bouc émissaire par excellence

S'il faut en croire les manchettes, le dollar canadien a le dos large... On lui attribue pratiquement toutes les calamités qui ont frappé le secteur manufacturier québécois depuis trois ans. De la chute des exportations aux renégociations à la baisse des conditions de travail : il est le coupable tout désigné. Ce serait minimiser l'effet du dollar que de dire qu'il n'y est pour rien. Il faut reconnaître que la hausse aussi abrupte que rapide de notre devise a mis en évidence la vulnérabilité de certains secteurs.

À la lecture du tableau 1 on constate qu'on ne peut établir automatiquement une correspondance parfaite entre la réduction des livraisons manufacturières réelles et la part destinée aux exportations internationales. Dans les secteurs où la proportion des exportations sur les marchés internationaux est supérieure à 50 % des livraisons, on compte six secteurs. Parmi ceux-ci, ceux dont plus de 68 % de la production est exportée ont augmenté leurs livraisons réelles en 2004. Pour les autres, des éléments explicatifs, en sus de la hausse du dollar canadien, permettent d'éclairer l'analyse. Dans le secteur du papier, on peut évoquer la baisse de la demande nord-américaine, notamment celle de papier journal. Depuis l'année 2000, la consommation de papier journal a diminué sur le continent. Internet s'impose de plus en plus comme médium publicitaire et comme carrefour de l'embauche. Par ailleurs, les grandes papetières ont établi des usines performantes dans les pays où la croissance de la demande se fait sentir. À cela s'ajoute la fermeture de la papetière Abitibi-Consol à Port-Alfred, jugée non rentable en décembre 2003 et celle de Smurfit-Stone à New

Richmond en 2005. Le sous-investissement ici, et la surcapacité de production à l'échelle de la planète ont joué contre nous. De plus, l'effet dollar a réduit notre capacité concurrentielle et a placé cette industrie dans une situation encore plus délicate.

Plusieurs facteurs ont concouru à la baisse des livraisons de l'industrie de la première transformation des métaux en 2004 et 2005. Cette réduction peut sembler paradoxale alors que la demande mondiale de matières premières atteint un sommet. La fermeture des cuves Soderberg du complexe industriel de l'Alcan à Jonquière, en avril 2004, a contribué à réduire la production au Québec. On a devancé la mise au rancart de ces équipements jugés désuets et coûteux. Par ailleurs, le conflit de travail à l'aluminerie Alcoa de Bécancour a obligé une réduction significative de la production pour quelques mois (de juillet à la fin de novembre 2004). De plus, les fermetures de quelques aciéries ont ajouté à un palmarès peu déjà enviable d'événements qui ont réduit le volume de production l'an dernier. Dans le cas de la première transformation des métaux, l'effet dollar joue sur toute la chaîne de production : des coûts de main-d'œuvre à ceux de l'énergie, dont elle est grande consommatrice.

Le recul des livraisons manufacturières pour les secteurs dont moins de 50 % de la production est exportée à l'étranger : des pistes d'analyse.

Existe-t-il des explications au recul des livraisons manufacturières pour les secteurs dont le pourcentage des exportations est inférieur à 50 % ? Les usines de textiles avaient un taux d'exportation de 45,7 % en 2004 et leurs livraisons ont chuté de 7,7 % cette même année. De même, le secteur du vêtement a exporté 40,1 % de ses livraisons et ces dernières ont reculé de 7,1 %. Dans le cas de ces deux secteurs, un événement majeur permet d'éclairer l'analyse : l'abolition des quotas et des tarifs pour les 48 pays les plus pauvres de la planète dès janvier 2003. Dans un tel contexte, la force du dollar canadien a nettement amplifié les écarts de coûts et de prix entre la production locale et la production étrangère. Mais le premier coup de butoir est venu de l'assouplissement des règles commerciales.

Dans le cas du cuir et des produits connexes, le déclin est amorcé depuis longtemps déjà. Le déferlement des produits chinois (ex. : chaussures et bottes) sur nos marchés ne date pas d'hier. Déjà en 2002, alors que le dollar canadien s'échangeait en moyenne à 63,68 cents US, les livraisons réelles ont chuté de plus de 20 % cette année-là. La hausse du dollar canadien, conjuguée à la sous-évaluation du yuan chinois, a intensifié un phénomène déjà bien enclenché.

Le secteur des produits du bois a exporté pratiquement 45,3 % de sa production en 2004. Malgré le conflit sur le bois d'œuvre qui a perduré et la hausse du dollar canadien, les livraisons de produits du bois se sont maintenues en 2004 et se sont accrues en 2005. Il faut dire que le marché de l'habitation évolue à un rythme débridé tant au nord qu'au sud de la frontière depuis le début des années 2000 et que la demande de bois n'a pas dérougi en dépit de son prix. En 2004, le niveau des mises en chantier a culminé tant aux États-Unis, au Canada qu'au Québec. L'année 2004 a représenté le sommet du présent cycle de la construction neuve. Toutefois, la satisfaction de la demande, la hausse attendue des taux d'intérêt et l'augmentation notable du prix de la construction neuve depuis plusieurs années diminueront la pression sur la nouvelle construction, et conséquemment, sur la demande de bois, et ce, peu importe la force du dollar canadien.

Le volume de livraisons de l'industrie du meuble a reculé pour une troisième année consécutive en 2004 et le début de l'année 2005 n'annonce pas de reprise fulgurante. Après une décennie de croissance exceptionnelle, elle fait face à une redoutable concurrence. Environ 43 % de ses livraisons sont exportées et la production asiatique (chinoise, vietnamienne, malaisienne ou thaïlandaise) à bas prix lui rafle ses clients américains. Nul doute que l'appréciation du dollar canadien a accentué un mouvement entrepris au début des années 2000. À l'arrivée de concurrents se sont joints des problèmes d'approvisionnement en bois franc. De plus, la restructuration du marché de la vente de meubles entre quelques grands joueurs favorisant l'approvisionnement en quantité industrielle a désavantagé les industriels québécois plus performants dans la production de petits lots.

Dans le secteur des produits en caoutchouc et en plastique, environ 40 % de la production est exportée. En 2004, les livraisons réelles se sont accrues de 4,7 %. Le secteur des plastiques bénéficie, pour encore un moment, d'un certain engouement parce qu'on lui trouve des applications nouvelles ou parce qu'il agit comme produit de substitution pour le verre ou le métal. Cependant, les produits d'usage courant, à bas prix, venant de la Chine, présentent une menace grandissante pour notre industrie dans un contexte où le dollar s'est apprécié.

Les livraisons de produits chimiques, dont approximativement 37 % des expéditions sont exportées annuellement, ont également augmenté le volume de leur production en 2004. Ce sont les produits chimiques de base qui ont fortement contribué à cette hausse de 2,1 % de l'ensemble des livraisons (qui inclut les médicaments). L'industrie chimique évolue de pair avec les cycles économiques et, en période de croissance, ce secteur en bénéficie. Bien que la force du dollar canadien ait pu ralentir le flot des exportations, il a été favorable à ceux qui importent leurs intrants.

Enfin, le secteur de la fabrication de matériel, d'appareils et de composantes électriques, dont 37 % de la production est exportée, a vu ses livraisons réelles croître de 4,7 % en 2004. L'année 2005 a débuté avec brio avec une croissance supérieure à 6 %. Bien que la concurrence chinoise soit vive dans le matériel d'éclairage et les électroménagers, les entreprises québécoises ont accru de plus de 10 % les livraisons de matériel électrique (transformateurs, moteurs, générateurs) et autres types de matériel (batteries, piles, fils et câbles électriques). La demande était là et elle s'est exercée en dépit de l'appréciation du dollar canadien.

En 2004 et en première moitié de 2005, «l'effet dollar» n'a pas été aussi dévastateur que ce à quoi on aurait pu s'attendre a priori. Les livraisons manufacturières ne se sont pas effondrées, mais on conçoit aisément qu'un dollar dont la valeur moyenne est passée en

GRAPHIQUE 2   **L'appréciation du dollar canadien a été rapide**

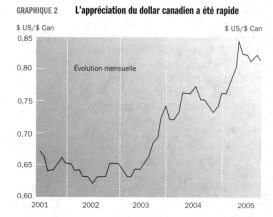

Source : Banque du Canada et Statistique Canada

moyenne de 0,7135 $US en 2003 à 0,7683 $US en 2004 et à plus de 0,8106 $US au cours des sept premiers mois de 2005, n'a rien pour mousser les exportations et ne constitue en rien un argument de vente. En 2004 et au premier semestre de 2005, la vigueur de la demande intérieure québécoise ainsi que la force des demandes canadienne et américaine ont été plus fortes que l'effet de l'appréciation du huard sur les exportations. C'est ce qui a permis d'éviter un recul de la production manufacturière québécoise.

À la lumière de l'analyse qui précède, on constate qu'on ne peut analyser la faible progression des livraisons manufacturières québécoises uniquement en fonction des exportations. Il faut trouver d'autres explications.

Circonstances atténuantes ou facteurs aggravants ?

Hormis la croissance fulgurante du dollar canadien, que s'est-il passé d'autre

en 2003, 2004 et 2005 ? Au cours des premiers mois de 2003, le climat économique était incertain : l'imminence d'une guerre en Irak avait pratiquement figé l'économie nord-américaine. L'effet n'a pas tardé à se faire sentir sur les échanges commerciaux qui ont ralenti considérablement au Québec. Le resserrement du contrôle frontalier, déjà engagé depuis le 11 septembre 2001 en a refroidi plus d'un (délais d'attente, paperasseries administratives, coûts supplémentaires liés à l'administration, etc.). Durant la même période, le dollar s'est apprécié de façon fulgurante (voir graphique 2), ce qui a envenimé la situation.

En parallèle, l'entrée de la Chine, comme membre de l'OMC à la fin de 2001, a agi comme accélérant à l'importation de produits concurrents à la production québécoise. La monnaie chinoise (yuan) étant fixée à 8,28 yuan pour chaque dollar américain, toute dépréciation du billet vert (en contrepartie, appréciation du dollar canadien) rendait encore plus attrayants les produits chinois à bas prix. En 2003, l'effet « SRAS » a contenu le volume des échanges en première moitié d'année, mais en 2004, on s'est largement repris (voir le graphique 3). Par ailleurs, la Chine était le cinquième partenaire du Québec pour la valeur des importations en 1999. Elle est passée au troisième rang en 2002, puis au deuxième rang en 2004 et 2005. La force de notre devise a attisé une tendance déjà enclenchée.

Le changement des règles du jeu : un poids supplémentaire à porter

D'autres éléments sont venus mettre des bois dans les roues des manufacturiers québécois depuis quelques années. On peut penser aux changements des règles de commerce. Le conflit sur le bois d'œuvre est une illustration éloquente de ce qu'est une lutte commerciale. L'imposition de droits compensateurs et anti-dumping depuis mai 2002 a mis du sable dans l'engrenage des scieries. La hausse du dollar canadien s'est ajoutée au fardeau moyen imposé de 27,2 % qui a rendu encore moins attrayant le bois canadien sur le marché américain. Néanmoins, la vigueur du marché de l'habitation sur tout le continent nord-américain a réussi à submerger ces éléments néfastes à l'industrie. Cependant, la décélération attendue de la construction résidentielle réduira la demande et les prix d'ici la fin de 2005 ainsi qu'en 2006.

Un autre exemple de changement des règles du jeu est l'ouverture du marché canadien sans tarifs, ni quotas, aux 48 pays les plus pauvres de la planète au début de 2003. Cette mesure, annoncée six mois auparavant, a coupé l'herbe sous le pied à l'industrie du vêtement qui appréhendait déjà la fin de l'ATV (l'Accord sur les textiles et le vêtement de l'OMC) au début de 2005. Les coûts de main-d'œuvre de ces pays n'ayant aucune commune mesure avec ceux d'ici, on devine aisément que les grandes chaînes de magasins (Wal-Mart en tête) ont préféré s'approvisionner davantage chez eux que chez nous. L'appréciation du dollar canadien a augmenté le différentiel de prix en notre défaveur.

Les cycles d'affaires, un autre ingrédient qui peut gâter la sauce

Dans le cas de l'industrie aéronautique, les cycles d'affaires comptent un peu

GRAPHIQUE 3 **La Chine et le Québec amis et ennemis à la fois**

En milliards de $

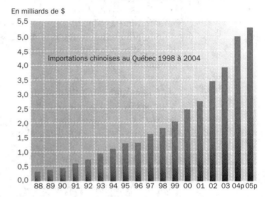

Importations chinoises au Québec 1998 à 2004

Source : Institut de la statistique du Québec (ISQ) et Desjardins, Études économiques

moins de dix ans et les années 2003 et 2004 étaient placées sous le signe du ralentissement. À cette tendance dans l'industrie s'est ajoutée la déconfiture des acheteurs d'avions. Nombre de compagnies aériennes n'ont pu redresser leur situation financière à la suite des événements du 11 septembre 2001 qui ont provoqué une chute de l'achalandage. La hausse faramineuse des prix du carburant depuis deux ans a fragilisé davantage leur position. Cette conjonction d'événements n'a pas favorisé l'industrie de l'aéronautique, particulièrement celles des jets d'affaires. Par ailleurs, les gros porteurs et les fournisseurs de pièces pour les sociétés Boeing et Airbus sont sortis de l'ornière.

Ces quelques exemples permettent de nuancer quelque peu l'analyse de la faible performance du secteur manufacturier québécois depuis quelques années. Il est certain que la hausse du dollar nous place dans une situation particulièrement délicate, surtout face aux concurrents asiatiques. La force de notre devise accentue la marge entre les importations à faible prix et nos produits. L'effet se fait sentir chez notre principal partenaire commercial et chez nous.

Les travailleurs du secteur manufacturier ont-ils fait les frais de la hausse du huard?

Bon nombre de mises à pied ont été annoncées au cours de 2004 et 2005. Ces statistiques donnent l'impression que l'emploi manufacturier s'en va à vau-l'eau au fur et à mesure que le dollar canadien s'apprécie. Pourtant, le bilan de l'emploi est moins dramatique qu'il n'y paraît à première vue.

Que s'est-il passé de 2000 à 2004?

Au cours des années 2000 à 2004, on a observé la création de 95 000 emplois manufacturiers au Canada alors que pour la même période, le Québec a stagné avec une perte estimée à 3 800. De toute évidence, ce n'est pas au Québec qu'est tombée la manne d'emplois. Toujours pour la même période, la part du Québec est passée de 28,8% de l'emploi manufacturier canadien à 27,4%, la province étant concentrée dans les secteurs à forte utilisation de main-d'œuvre et les plus exposés à la concurrence internationale (vêtements, textiles, meubles, etc.). Pour les sept premiers mois de 2005 (données partielles), l'emploi manufacturier ne semble pas avoir subi de recul dramatique.

L'évolution année par année est révélatrice : le graphique 4 permet d'apprécier les gains et pertes au cours des années 2000 à 2004. L'année 2003 a été la plus dévastatrice au Québec, avec la perte de 21 700 emplois, qui est venue

saper pratiquement tous les gains de l'année précédente. Retour du balancier ou «effet huard»? Les deux réponses sont bonnes, mais d'autres facteurs, qui ont été énumérés précédemment, ont joué.

Le portrait «quinquennal» cache les détails de la dynamique récente dans le secteur manufacturier. Il nivelle les variations importantes de 2002 et 2003. Voilà pourquoi il est intéressant de regarder l'évolution du marché du travail pour les années 2003 et 2004, au moment où le dollar canadien a commencé son ascension.

Le huard s'envole-t-il avec les emplois manufacturiers?

La mémoire récente nous donne une image plutôt apocalyptique de l'évolution de l'emploi manufacturier. Cette perception est alimentée par les annonces de mises à pied dans les grandes sociétés. On peut regarder la question de l'emploi à compter de décembre 2002, au moment où l'emploi manufacturier a culminé au Québec. Il s'est mis à reculer après ce sommet. Il faut mentionner qu'au même moment, l'économie américaine, où est acheminé plus du tiers des exportations québécoises, fonctionnait au ralenti depuis six mois. On constate que l'emploi manufacturier au Québec s'est maintenu en 2001 par rapport au niveau de décembre 2000 et qu'il a crû de façon importante en 2002 pour ensuite décliner de façon importante en 2003. Les années 2004 et 2005 constituent, en quelque sorte, des années de convalescence.

Le Bilan pour les années 2003 et 2004

Au cours des années 2003 et 2004, on

a observé la création de 13 600 emplois manufacturiers au Canada alors que pour la même période, le Québec a encaissé une perte de 21 200 postes. L'année 2003 a été la plus dévastatrice avec une baisse de la moyenne de l'emploi manufacturier de 21 700...

En 2004, la saignée de l'emploi manufacturier a cessé et il s'est ajouté 500 postes. Autant dire que l'emploi a stagné. Pourtant, le dollar canadien a atteint en moyenne 0,768 $ US, en hausse moyenne de 7,6 % par rapport à l'année précédente.

En 2003 et 2004, les pertes les plus importantes ont été notées dans l'industrie du vêtement. On a retranché 11 500 emplois en deux ans, dont 10 000 au cours de 2004.

L'industrie des produits métalliques (forgeage, estampage, coutellerie, produits d'architecture [tôles, barres, etc.], chaudière, réservoir, canette, quincaillerie, etc.) a perdu 7 700 travailleurs en deux ans, dont 4 700 en 2004. Dans le matériel de transport (aéronautique, automobile, camions, wagons de trains et de métro, etc.), on dénote une perte de 7 300 emplois en deux ans. S'il faut en croire l'Enquête sur la population active (EPA) de Statistique Canada, 13 300 emplois ont disparu en 2003. Cependant, 6 000 ont été créés en 2004.

La consolidation de l'industrie et la délocalisation de la production de composantes informatiques et électroniques se sont poursuivies en 2003 et 2004. Durant cette période, on a relevé 6 600 pertes d'emplois, dont 2 200 en 2003 et 4 400 en 2004. Dans ce cas, la hausse du dollar canadien a littéralement tiré le tapis sous les pieds des industries implantées ici.

La guerre d'usure sur le bois d'œuvre

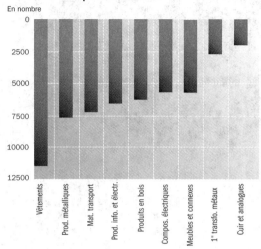

GRAPHIQUE 4 — Québec : le vêtement est bon premier dans les pertes d'emplois en 2003 et 2004

semble avoir eu des répercussions sur l'industrie des produits du bois, qui a perdu 6 300 emplois en deux ans. La majorité des pertes a été encaissée en 2003 (-5 500).

On rapporte d'autres pertes appréciables dans des secteurs fortement exposés à la concurrence, notamment celle de la Chine. Il s'agit des appareils et composantes électriques (-5 700 postes en deux ans) et celui de l'industrie du meuble (-5 700 également).

Au chapitre des gains, on constate que le secteur de la fabrication des aliments compte 9 400 travailleurs de plus en deux ans. Celui des machines compte 9 100 emplois supplémentaires tandis que, dans l'impression, on en dénombre en moyenne 8 900 de plus. La modernisation d'usines et la conversion de certains équipements ont permis à l'industrie du papier de rappeler 3 600 travailleurs en 2003 et 2004. Les

David Dodge

vent livrer dans des délais records. Quoi qu'on en pense, il y a toujours de la place pour des entreprises de ce type. Dans la mesure où notre devise ne souffrira pas trop de soubresauts, le nombre d'emplois manufacturiers fluctuera encore quelque peu en 2006. Il ne faut pas escompter de gains spectaculaires ou une chute dramatique de l'emploi manufacturier : c'est davantage la répartition entre les différents secteurs qui sera soumise à des changements.

grands travaux d'infrastructures ont soutenu l'activité dans le secteur des produits minéraux : on y compte 2 600 emplois de plus au cours de 2003 et 2004.

Et pour les années qui viennent ?

L'évolution du huard demeure une source d'incertitude. Bien malin serait celui qui pourrait prévoir avec justesse sa trajectoire au cours des prochaines années. Faut-il appréhender une catastrophe pour les années à venir ? Pas nécessairement. D'une part, l'économie américaine gardera un bon rythme de croissance en 2005, 2006 et 2007. Par ailleurs, nos entreprises offrent des produits sur mesure et peu-

Épilogue

L'adaptation à un dollar élevé n'est pas terminée... D'autant plus que les conditions favorables à la hausse du huard sont toujours présentes. La résorption du déficit commercial américain n'est pas sur le point de se produire et le dollar américain est voué à la dépréciation pour encore un moment. À quelle vitesse ? Nul ne le sait. Par ailleurs, les prix des matières premières ont continué d'étonner par leur fermeté au cours de 2005, ce qui a contribué à soutenir notre devise. En contrepartie, l'écart de taux d'intérêt entre les taux canadiens et les taux américains réussit, pour le moment, à contenir une progression trop musclée du dollar canadien.

Atmosphère de crise dans les pâtes et papiers

François Normand
Journaliste, *Les Affaires*

Réduction de 20 % des approvisionnements en sapins et résineux, conflit canado-américain sur le bois d'œuvre, envolée spectaculaire du huard par rapport à la devise américaine, l'industrie forestière québécoise vit en ce moment une crise majeure dans son histoire.

Si les problématiques du bois d'œuvre et du taux de change ont des répercussions sur l'ensemble de l'industrie forestière canadienne, les recommandations du rapport Coulombe, rendues publiques à la mi-décembre 2004, n'affectent en revanche que les entreprises du Québec.

La commission Coulombe a formulé plusieurs recommandations, dont une réduction de 20 % des capacités de coupes forestières jusqu'au 1er avril 2008, date à laquelle pourraient entrer en vigueur de nouveaux plans d'aménagements forestiers intégrés. Les libéraux ont mis en œuvre cette recommandation au printemps.

Pendant près d'un an, cette commission a examiné les modes de gestion de la forêt publique au Québec. Le gouvernement l'avait mise sur pied sous la pression de l'opinion publique, principalement à la suite de la diffusion du célèbre documentaire *L'Erreur Boréale*, qui faisait état de coupes forestières abusives dans la forêt nordique.

Dans un texte publié dans *Le Devoir* du 18 juin, Pierre Corbeil, ministre des Ressources naturelles et de la Faune, écrit que son gouvernement a décrété une diminution de 20 % de la possibilité forestière parce qu'il voulait que la forêt québécoise soit exploitée selon une logique davantage axée sur le développement durable.

« Le Québec doit mieux répondre aux aspirations des nombreux utilisateurs du milieu forestier. Nous devons donc promouvoir et mettre en place une gestion intégrée du milieu forestier et du territoire. Nous devons aussi accroître la mise en valeur de toutes les ressources du milieu forestier en mettant au cœur de l'action les gens qui y vivent. »

Pour sa part, l'industrie, qui regroupe les activités d'aménagement forestier, de sciage et de production de pâte et papier, estime que Québec est allé trop loin. Selon le Conseil de l'industrie forestière du Québec (CIFQ), 20 000 emplois seraient menacés à long terme si rien n'est fait pour atténuer l'impact de ces nouvelles règles.

Concrètement, une baisse de 20% de la coupe de sapins et de résineux causerait la perte de 10 000 à 12 000 emplois directs et indirects en région, et jusqu'à 8000 autres emplois induits, rapportait le journal Les Affaires, le 26 mars, citant des estimations de l'industrie.

En plus des employés des scieries et des camionneurs (emplois directs et indirects), la diminution de 20% de la possibilité forestière aurait aussi un impact sur les employés des restaurants, des stations-service, de même que toutes autres entreprises desservant ces travailleurs.

Le cas échéant, ces pertes d'emplois seraient importantes. En 2002, selon le CIFQ, l'industrie québécoise employait (directement et indirectement) 88 500 travailleurs, auxquels s'ajoutent 61 000 emplois induits. L'industrie générait un chiffre d'affaires de 13,5 milliards de dollars et comptait 362 usines (274 de sciage, 63 de pâte et papier, 25 de panneaux).

La Fédération des Chambres de commerce du Québec a aussi réagi vivement à la décision de Québec de réduire de 20 % les approvisionnements de l'industrie forestière. Selon l'organisme, les libéraux de Jean Charest sont en train de diriger les régions ressources «vers une catastrophe économique et sociale sans précédent».

Dans une lettre envoyée aux médias au printemps, la PGD de la fédération, Françoise Bertrand, affirme que «l'application des mesures du rapport Coulombe, dans une perspective tenant compte uniquement des considérations environnementales, en délaissant les aspects sociaux et économiques, ne constitue en rien du développement durable».

La décision du gouvernement a aussi un impact sur les dépenses en capital. Certaines entreprises ont retardé des investissements, comme Louisiana-Pacific Canada, qui exploite trois usines de panneaux à copeaux au Québec. Elle envisage d'investir dans ses usines de Chambord (Lac-Saint-Jean) et à Maniwaki (Outaouais).

Mais avant d'aller de l'avant, elle préfère voir ce qu'il adviendra de ses allocations annuelles de bois. Louisiana emploie 650 personnes au Québec. Une réduction de ses allocations réduirait sa capacité de production, par conséquent son chiffre d'affaires.

Pour atténuer l'impact de la diminution de la possibilité de coupe, Québec a annoncé, le 7 juillet, une première série de mesures d'aide à l'industrie forestière. Elle comprend une enveloppe budgétaire de 30,4 millions par année pour le programme de mise en valeur des ressources forestières, et ce, jusqu'en 2008-2009.

Le gouvernement Charest permettra aussi aux entreprises forestières de récolter le bois sur les territoires affectés par des feux de forêts, une initiative dotée d'un budget de 60 millions sur cinq ans. À la mi-août, le ministre Corbeil devait aussi annoncer des mesures spécifiques à chaque région du Québec.

L'onde de choc suscitée par l'annonce de la diminution la possibilité forestière survient alors que l'industrie subit toujours les foudres du quatrième conflit du bois d'œuvre en 25 ans entre le Canada et les États-Unis. Cette crise affecte des producteurs comme

Domtar, Abitibi-Consolidated, Bowater, Tembec et Kruger.

Depuis mai 2002, les exportations canadiennes de bois d'œuvre aux États-Unis sont frappées de droits compensateurs et antidumping, qui s'élèvent actuellement à 20,15 %. Washington perçoit cette taxe, car il prétend que le Canada subventionne son industrie avec de faibles droits de coupe. L'Organisation mondiale du commerce (OMC) et des tribunaux de l'Accord de libre-échange nord-américain (ALENA) ont rejeté ces allégations.

L'imposition de ces droits a un impact considérable sur les coûts de production des sociétés forestières canadiennes. Si, par exemple, une entreprise vend du bois pour une valeur de 100 000 $, elle doit payer des droits de 20 150 $ aux autorités américaines.

Si certaines entreprises peuvent payer cette taxe, d'autres en revanche ont réduit leurs expéditions sur le marché américain. Depuis le début du conflit, les exportations québécoises au sud de la frontière ont d'ailleurs chuté. D'autres producteurs de bois d'œuvre, entre autres d'Europe du nord, ont accru leur part de marché aux États-Unis.

Jusqu'à maintenant, les producteurs canadiens ont versé des droits de plus de 4,5 milliards. En principe, ils devraient pouvoir récupérer leur argent à la fin du conflit. Mais d'ici là, ce conflit fait augmenter les coûts de production des sociétés forestière, sans parler des honoraires qu'elles doivent assumer pour défendre leurs intérêts.

Depuis le début du conflit, l'industrie canadienne a payé des frais de plus de 300 millions (avocats, déplacements, hébergement, etc.) pour faire valoir son point de vue devant les instances de l'OMC et de l'ALENA. Par exemple, le CIFQ a dépensé quelque 20 millions en quatre ans pour défendre la position de l'industrie et des ses membres.

Cette rondelette somme dépasse la barre des 355 millions si l'on prend en considération les coûts défrayés par les gouvernements. Par exemple, Ottawa et Québec ont jusqu'à ce jour dépensé respectivement 45 et 13 millions en honoraires de toutes sortes.

Enfin, les entreprises forestières qui exportent aux États-Unis doivent aussi composer avec l'appréciation du dollar canadien par rapport à la devise américaine, ce qui réduit leur compétitivité sur le marché américain. Depuis le printemps 2002, le huard est passé de 0,65 à 0,82 $US (début du mois d'août 2005), soit un bond de plus de 25 %.

L'appréciation du taux de change a un impact important sur les revenus des entreprises forestières exportatrices. Ainsi, elles reçoivent moins de dollars canadiens pour les dollars américains que leur versent, par exemple, les importateurs de bois d'œuvre au sud de la frontière, et ce, pour une même quantité de marchandise.

Plusieurs facteurs expliquent la force du dollar canadien, dont la demande pour les ressources naturelles à travers le monde, surtout en Chine, et les bonnes conditions d'investissements au Canada, Depuis un an, le huard s'est aussi apprécié par rapport à d'autres devises, comme le yen et la livre sterling, mais il a reculé par rapport à l'euro.

Agroalimentaire :
fiasco sauce libérale

Fabien Deglise
Journaliste, Le Devoir

Le menu était alléchant. En arrivant au pouvoir en 2003, l'équipe Charest avait dans ses cartons quelques pistes – et promesses – pour repenser le modèle agricole québécois. Deux ans plus tard, la sauce n'est pas encore liée, altérée sans doute par un ingrédient politique connu : l'inertie. Et pendant ce temps, la colère gronde toujours dans les campagnes...

L'impair n'a pas manqué de faire sursauter. En présentant le 13 mai dernier son plan stratégique pour 2005-2008, le nouveau ministre de l'Agriculture, Yvon Vallières, s'est involontairement mis à dos les acteurs du milieu de l'agriculture biologique. La raison ? Leur secteur, de toute évidence, n'occupe guère de place dans « le plan de match » de l'administration Charest pour les années à venir.

Dans la kyrielle de bonnes intentions exposées au grand jour en guise de cadre de développement du Québec alimentaire, le bio, cette ancienne forme de production nouvellement remise au goût du jour, brille en effet par son absence. Et ce, même si la province fait figure de leader canadien en la matière. Pourtant, le Parti libéral du Québec (PLQ), lors de la campagne électorale en 2003, en avait fait un de ses chevaux de bataille pour séduire un électorat de plus en plus sensible et inquiet quant au contenu de son assiette.

L'oubli avait donc tout pour surprendre... sauf peut-être les agriculteurs philosophes qui, une fois la surprise passée, ont vu plutôt dans la chose un symptôme de plus de l'inertie de Québec, qui aime cultiver les paradoxes lorsqu'il est question d'agroalimentation.

Des paradoxes entretenus, d'un côté, avec des idées novatrices et dans l'air du temps pour révolutionner le secteur agricole. Et de l'autre, une agro-industrie, fortement « lobbyisée » et surtout prête à tout pour éviter de voir le cadre actuel de ses opérations trop bousculé. Même si son efficacité est loin d'être encore démontrée...

Une agriculture qui crie famine

Pourtant, la mathématique agricole est sans équivoque. Durant les vingt dernières années, les champs du Québec n'ont en effet jamais autant produit. Jamais autant exporté également vers les marchés étrangers, celui des États-Unis en tête, ou encore celui du Japon, où les cochons de la Beauce et de la Montérégie continuent de séduire les lucratifs gastronomes de l'Empire du soleil levant.

Les terres sont généreuses. La balance commerciale, avec des exportations passées de deux à quatre milliards en six ans, est excédentaire en matière de bouffe. Mais étrangement, dans plusieurs productions, les agriculteurs ne sont pas en mesure de goûter pleinement aux fruits d'une croissance conjuguée au temps de la mondialisation. Conséquence : ils crient aujourd'hui famine face à la crise du revenu qui les affecte depuis quelques années.

Placés en concurrence avec les quatre coins de la planète, les éleveurs d'agneaux, de carottes, de pommes de terre, de cornichons, de bœuf ou de tomates n'arrivent plus, pour la plupart, à mettre du beurre sur leurs épinards. Motif ? Des prix de vente, imposés par le marché mondial de la bouffe, inférieurs à leurs coûts de production. Un exemple : un sac de 10 livres de pommes de terre coûte aujourd'hui 84 cents à produire. Le cultivateur ne peut le vendre guère plus que 40 cents aux négociants en fruits et légumes.

Le modèle agricole, consacré en 1998 par les « objectifs de Saint-Hyacinthe » adoptés collective-

« L'agriculture bio n'occupe guère de place dans "le plan de match" de l'administration Charest. »

283

« La balance commerciale, avec des exportations passées de deux à quatre milliards en six ans, est excédentaire en matière de bouffe. »

ment lors d'une grande conférence sur l'agriculture, a de toute évidence beaucoup de limites. Toutefois, au sein de l'Union des producteurs agricoles (UPA), le plus important syndicat d'agriculteurs, l'équation est perçue d'une manière beaucoup moins alarmiste : « Si les producteurs n'avaient pas fait les choix qu'ils ont faits durant les vingt dernières années, ils n'auraient même pas été capables de maintenir leurs revenus », résumait à l'été 2004 dans les pages du *Devoir* Laurent Pellerin, président de l'organisme.

N'empêche. Pour plusieurs observateurs de la scène agroalimentaire, le paradoxe agricole est bel et bien là, alimenté par des notions de rendement, de productivité, de croissance et d'exportations davantage profitables aux acteurs en orbite autour des producteurs qu'aux producteurs eux-mêmes. Pis, le contexte particulier du Québec vert (ou rouge, ou brun, ou jaune, selon la saison), avec son climat, ses spécialisations et sa superficie restreinte de terres arables expliquerait également les effets pervers générés par le système de production actuel. Et le remède est tout trouvé : renverser la vapeur afin de tirer enfin partie de la conjoncture agricole québécoise plutôt que de la subir.

« Nous avons deux millions d'hectares de terres agricoles au Québec, estimait récemment Guy Debailleul, professeur émérite d'économie agricole à l'Université Laval. Ça, ce n'est rien d'autre qu'un grand jardin et il faut le cultiver comme un grand jardin, en privilégiant les produits de niche et de créneau, mais aussi en diversifiant

notre agriculture pour être moins vulnérables à la fluctuation des prix sur les marchés mondiaux. » Qu'on se le dise.

Cultiver la différence

La solution ne fait pas l'unanimité dans un secteur agricole industrialisé respirant le même air globalement mondialisant que les autres pays développés de la planète. Mais, pour le gouvernement Charest, elle semblait toutefois au cœur de ses préoccupations dans un document intitulé *Priorités d'actions politiques pour le secteur bioalimentaire québécois*.

C'était en janvier 2003, peu de temps avant le dernier scrutin provincial. Page 11, le PLQ s'engage alors à « s'assurer de la progression de la diversité des produits en évitant la mise en place d'un système réglementaire favorisant le développement d'un modèle alimentaire unique. » Cette mesure visant à « garantir aux Québécois un approvisionnement en aliments sains » s'accompagne également d'une accélération dans l'instauration des systèmes obligatoires de traçabilité (pour suivre un aliment de l'étable à la table), du développement d'une politique « rendant obligatoire l'étiquetage des tous les aliments contenant des organismes génétiquement modifiés (OGM), qu'il s'agisse d'aliments non transformés, d'aliments transformés ou d'intrants utilisés dans la transformation », mais aussi, d'une « stratégie de développement de l'agriculture biologique répondant aux exigences nouvelles des consommateurs ».

Le programme était chargé. Et à l'heure des bilans, le constat, lui, est loin de l'être autant. Preuve qu'à Québec, dénoncent les fervents défenseurs d'un nouveau pacte agricole, beaucoup de dossiers et d'études dorment encore sur le bureau du ministre de l'Agriculture qui tarde à en concrétiser les recommandations.

Les artisans du bio, oubliés dans le plan stratégique triennal, en savent quelque chose. Depuis deux ans, ils demandent en effet que Québec adopte une politique visant à rembourser les frais de certification imposés à ce secteur agricole en marge des autres types de production. En effet, pour produire biologique, il faut respecter des règles strictes encadrées par plusieurs organismes de certification. Ces organismes, dont le logo et le nom apparaissent sur les aliments bio mis en marché, veillent sur une base annuelle au respect de ces normes contre rémunération. Le coût de certification varie de 300 à 1500 $ par année, selon le type de production.

Avec près de 945 exploitations agricoles et transformateurs certifiés au Québec, la facture globale ne serait pas si exorbitante que cela. Mais à ce jour, aucune décision n'a encore été prise, même si une étude économique du ministère de l'Agriculture, des Pêcheries et de l'Alimentation du Québec (MAPAQ) révélait en mai 2005 que le milieu de la production biologique était désormais en perte de vitesse et que si rien n'était fait pour lui venir en aide, le Québec pourrait finir par manquer le bateau dans ce domaine. «En dépit [d'un] dynamisme et [d'une] croissance de la consommation, le secteur montre quelques signes de faiblesse», écrivaient les chercheurs Sami Ben Salha et Josée Robitaille dans une analyse intitulée *Les produits biologiques - Quel est leur avenir sur le marché canadien ?* Cette faiblesse, poursuivaient-ils,

risque «de pénaliser son développement stratégique à moyen et à long terme».

En guise de réponse, Québec a relancé en juillet dernier un programme d'aide à l'agriculture biologique existant depuis 2002. Pour une autre année, un peu moins d'un million sera injecté dans ce secteur afin de soutenir «des projets de développement structurants». De ce montant, une ponction de 500 000 $ est consacrée au fonctionnement du Conseil des appellations agroalimentaire du Québec (CAA), le chien de garde du bio au Québec.

En trois ans, près de 2,3 millions de dollars ont été versés par le gouvernement provincial pour aider des entreprises et agriculteurs biologiques (70 au total) à prendre leur envol. Ou à essayer de le faire. En comparaison, en 2005 seulement, le secteur du veau de lait, non biologique, a profité d'une aide de 21,1 millions de dollars dans le cadre du programme d'assurance stabilisation des revenus agricoles. La plupart des autres élevages intensifs et cultures extensives sont d'ailleurs logés à la même enseigne.

Reculer pour mieux sauter

Le sous-financement chronique du milieu biologique vient certainement illustrer les tensions qui tiraillent l'appareil gouvernemental. Car même si le bio et les produits du terroir semblent désormais séduire des consommateurs da-

« Selon Guy Debailleul, il faut privilégier les produits de niche et de créneau mais aussi en diversifiant notre agriculture pour être moins vulnérables à la fluctuation des prix sur les marchés mondiaux. »

« Le projet de loi sur les appellations réservées est vu, par les pourfendeurs de la malbouffe, comme une bouffée d'air frais dans le contexte actuel d'industrialisation aveugle. »

vantage informés côté bouffe (et malbouffe), ceux-ci continuent à envoyer des signaux contradictoires à ses dirigeants : ils demandent, par exemple, des aliments de meilleure qualité, plus sains, plus respectueux de l'environnement, plus bio. Mais à l'épicerie, rappelle avec justesse l'industrie et ses groupes de pression, l'homo consumus préfère toujours le prix le plus bas.

Toujours est-il que pour les organismes génétiquement modifiés (OGM), le Québec est pour le moins unanime. Le dernier coup de sonde envoyé dans la population, en novembre 2004, révélait en effet que 76 % des gens d'ici souhaitent que le gouvernement adopte rapidement une politique d'étiquetage obligatoire de ces organismes manipulés en laboratoire qui entrent désormais dans plusieurs produits transformés. Actuellement, contrairement à d'autres pays, comme ceux de l'Union européenne par exemple, il est impossible de déceler à l'épicerie ces OGM, dont l'existence suscite bien des craintes, même si à ce jour aucun effet néfaste sur la santé n'a été découvert. L'étiquetage est laissé, selon une norme fédérale, à la discrétion des industriels qui décident de mentionner ou non la présence d'OGM dans leurs produits.

Cette mesure est, bien sûr, totalement inefficace, estiment les groupes de pression prônant une meilleure information pour les consommateurs. Contrairement à l'étiquetage obligatoire que le PLQ avait dans ses boîtes en emménageant à Québec en 2003, et

que la Commission parlementaire de l'Agriculture, des Pêcheries et de l'Alimentation (CAPA) lui recommandait, en juin 2004, d'adopter le plus vite possible. Fait intéressant : les agriculteurs y sont mêmes favorables, comme le répète désormais l'UPA, ce qui est loin d'être le cas des industriels de la bouffe qui s'opposent farouchement à toute législation de la sorte pour des raisons évidentes : la lourdeur des mécanismes de traçabilité à mettre en place afin d'assurer que la filière non OGM ne soit pas contaminée par celle qui en contient. Autre crainte : l'image détériorée des aliments ainsi affublée d'une étiquette que les consommateurs risquent de ne pas aimer voir.

Leurs doléances, mieux que celles des consommateurs, semblent avoir trouvé une oreille attentive à Québec où, à ce jour, aucune réglementation n'a encore été adoptée. Les plans sont toutefois sur la table au cabinet du ministre Vallières, mais aucune solution définitive ne semble encore avoir fait l'unanimité.

C'est que le gouvernement, loin de vouloir se lancer seul dans cette aventure, compte désormais sur l'appui du reste du Canada pour la mise en place d'un étiquetage obligatoire en matière d'OGM. Chose impossible, en raison des lobbys pro-OGM qui font rage du côté des Prairies ou de l'Ontario où ces organismes se multiplient à une vitesse phénoménale dans les champs depuis plusieurs années. Ce qui permet aussi de justifier l'inertie du gouvernement, même s'il y a pas si longtemps Québec faisait cavalier seul dans un autre dossier d'étiquetage, celui du bio, qui se démarque sur l'échiquier alimentaire canadien.

Gratter ses fonds de terroirs

La quête du temps est bien sûr évidente. Mais elle tend aussi à se faire oublier actuellement sous l'effet d'un grand coup de Québec dans le domaine agroalimentaire : la signature de l'acte de naissance des produits du terroir avec le dépôt d'un projet de loi le 16 juin dernier modifiant la loi actuelle sur les appellations réservées. Et ce, après plusieurs tentatives avortées, sous le régime de l'ex-ministre de l'agriculture, Françoise Gauthier, pour encadrer ces aliments à l'identitaire fort qui font de plus en plus le bonheur des adeptes du bien-manger.

La stratégie, qui découle des recommandations du Groupe de travail sur les appellations réservées et les produits du terroir piloté par la chef cuisinière Anne Desjardins, a été laborieuse à mettre en place. Mais elle ouvre désormais la porte aux produits d'appellation d'origine (AO), et aussi à ceux avec indications géographiques protégées (IGP), comme cela pourrait être le cas de l'agneau de Charlevoix, par exemple. La modification à la Loi sur les appellations réservées va permettre également l'apparition de produits dits fermiers ou artisanaux afin de distinguer dans la masse les aliments répondant à des normes de fabrication moins industrielles.

Avec des terroirs naissants et un développement de produits s'inscrivant en marge d'une alimentation fortement homogénéisée, ce projet de loi est vu, par les pourfendeurs de la malbouffe, comme une bouffée d'air frais dans le contexte actuel d'industrialisation aveugle. Il représente aussi pour eux la première pièce d'un casse-tête qui s'avère aussi délicat à mettre en place que nécessaire à résoudre pour voir apparaître le Québec dont ils rêvent.

Dans ce Québec, les champs seraient exempts d'OGM, comme le souhaitent en passant les deux tiers de la population selon un sondage Léger Marketing réalisé en mars. Mieux, le caractère distinct de la province s'exprimerait à travers ses foies gras de canard, ses carottes biologiques, la diversité génétique de ses élevages, ses poulets Chantecler (le poulet de Brest des Québécois, oublié et dont la survie est menacée), mais aussi la qualité du lait de ses vaches canadiennes capable de donner des fromages d'une finesse incomparable. Un programme chargé, à portée de main, selon ceux qui le défendent. Mais qui, sans volonté politique, comme le veut la formule consacrée, ne risque pas d'aller très loin.

La criminalité baisse au Québec : pourquoi ?

Marc Ouimet
École de criminologie, Université de Montréal

Un comportement criminel peut avoir des conséquences négatives pour la victime, le délinquant, la communauté locale et l'ensemble de la société. La victime d'un crime est évidemment la plus directement touchée et peut voir sa qualité de vie diminuer de manière intense et durable. Celui ou celle qui commet un ou des crimes peut s'enfoncer dans la voie de l'inadaptation sociale qui le mènera vers le chômage, l'abus d'alcool et de drogues et l'incarcération. Un quartier qui voit une hausse de la fréquence de sa criminalité peut être perçu comme dangereux et voir sa population déserter. En somme, c'est l'ensemble de notre société qui est touchée par la délinquance juvénile et adulte.

Les coûts humains et monétaires associés au vol et à la violence sont astronomiques.

La criminalité est mesurée par les statistiques criminelles qui dénombrent les infractions au Code criminel déclarées à la police ou connues d'elle. Ces statistiques sous-estiment l'ampleur du phénomène puisque beaucoup d'infractions passent inaperçues et beaucoup de victimes n'informent pas la police de leur expérience. Le taux de déclaration est le concept qui désigne le pourcentage de crimes commis qui est connu de la police. Ce taux de déclaration varie considérablement d'un type d'infraction à l'autre; il est élevé pour les homicides et les vols de véhicules (environ 95 %), moyen pour les introductions avec effraction et les vols qualifiés (environ 70 %), faible pour les agressions sexuelles et les voies de faits (environ 30 %), très faible pour les fraudes et les méfaits (peut-être 5 % ou 10 %). Dans le cas des infractions relatives à la drogue ou à la prostitution, infractions dites sans victimes, les statistiques mesurent alors le niveau d'activité policière investi dans sa lutte.

Les statistiques criminelles, malgré leurs limites, permettent la comparaison dans le temps et l'espace puisque le taux de déclaration des différents types d'infractions tend à être constant d'un endroit à l'autre et d'une année à l'autre. Ainsi, si le volume observé d'un crime augmente et qu'il n'y a pas de raison de croire qu'une variation du taux de déclaration est en cause, alors la fréquence réelle de l'infraction est réputée être en hausse. Les données issues des sondages de victimisation sont des solutions de rechange aux statistiques criminelles mais permettent plus difficilement la comparaison dans le temps et l'espace en raison d'un échantillonnage petit et de la rareté de certaines formes de crimes. Nous ne les considérerons pas ici.

Catégories de crimes :

L'analyse des variations de la criminalité est souvent menée avec les indicateurs de crimes de violence et de crimes contre la propriété. Or, ces deux quantités sont trop fortement déterminées par une ou deux catégories de crimes (par exemple, le nombre de voies de faits détermine largement le taux de violence) pour représenter le phénomène. Nous préférons donc mener l'analyse crime par crime. Voici une courte description des infractions choisies; les nombres réfèrent aux crimes enregistrés au Québec en 2003 puisque les données détaillées de 2004 ne sont pas disponibles au moment de rédiger ce document.

- Les homicides comprennent les meurtres au premier degré (63), au second degré (23), les homicides involontaires coupables (11) et les infanticides (1);
- Les agressions sexuelles comprennent les agressions sexuelles (4167), les agressions sexuelles armées (90) et les agressions sexuelles causant des lésions corporelles (69);
- Les voies de faits comprennent les voies de faits simples (28 809), armées (8534), avec blessures (314), les voies de faits contre un policier, un agent de la paix ou un fonctionnaire (2346) et les autres (582);
- Les vols qualifiés comprennent les vols commis avec une arme à feu (1182), une arme blanche (2106) et la force

physique et/ou les menaces (3664) ;
- Les introductions avec effraction comprennent les cambriolages dans des établissements commerciaux (18 850), les cambriolages dans des résidences privées (47 776) et les autres (720) ;
- Les vols de véhicules à moteur comprennent les vols d'automobiles (23 393), de camions (10 246), de motocyclettes (1895) et d'autres véhicules à moteur (1447) ;
- Les vols simples comprennent les vols de bicyclettes (12 532), les vols dans ou sur un véhicule à moteur (44 201), les vols à l'étalage (13 724) et les autres vols (49 948) ;
- Le total des infractions au Code Criminel comprend le total des infractions ici décrites de même que l'ensemble des autres catégories d'infractions criminelles (méfaits, fraude, tentatives de meurtre, être en liberté

sans excuses, actions indécentes...) ;
- Les comportements proscrits relativement à la drogue ne se trouvent pas dans le Code criminel mais bien dans la Loi réglementant certaines drogues et autres substances. Ici sont présentées les infractions relatives au cannabis, soit la possession (9014), le trafic (2641), l'importation (143) et la culture (2939), de même que le total pour toutes les autres substances, soit l'héroïne (95), la cocaïne (2225), les autres drogues contrôlées (2360).

Variations dans le temps

Le tableau 1 présente le taux de criminalité par 100 000 habitants observé au Québec pour la période 1965-2004. Les données 1965-2003 proviennent du catalogue « Statistiques de la criminalité au Canada (2003 : 85-205) » et les données 2004 furent prélevées sur le Bulletin Juristat « Statistiques de la

TABLEAU 1   **Évolution de la criminalité au Québec : 1965-2004 (taux par 100 000 habitants)**

	Homicides	Agressions sexuelles	Voies de faits	Vols qualifiés	Introductions avec effraction	Vols de véhicules à moteur	Vols simples	Total Code Criminel	Infractions liées au cannabis	Infractions liées aux drogues (sauf cannabis)
1965	1,2	25	60	50	383	230	851	2131		
1970	2,3	37	156	87	771	304	1354	3926		
1975	3,7	33	207	181	1333	443	1957	5685		
1980	2,8	34	232	205	1875	438	2500	7331	95	32
1985	3,3	39	292	157	1568	397	2445	7323	67	50
1990	2,6	52	479	167	1607	566	2489	7651	53	71
1995	1,9	46	488	129	1415	591	2077	7037	93	77
2000	2,0	46	545	104	1084	575	1713	6027	181	79
									197	66
2003	1,3	58	503	93	899	494	1609	6407	(14 737)	(4680)
	1,5	59	517	90	858	519	1542	6493		
2004	(111)	(4422)	(38 998)	(6804)	(64 689)	(39 144)	(116 280)	(489 732)		

criminalité (2004 : 85-002, v. 25, n. 5) » qui est constitué des données préliminaires sur la criminalité.

Homicides : Le taux d'homicide, très bas au début des années 60, a triplé sur une période de 15 ans. Il est resté élevé jusqu'au milieu des années 80 avant de diminuer par la suite. Le taux d'homicide a baissé durant les années 90 pour se situer maintenant autour de 1,5/100 000 habitants. La baisse de 1990 à 2004 est de 25 %.

Agressions : Les deux infractions de violence que sont les agressions sexuelles et les voies de faits présentent des tendances différentes de l'ensemble de la criminalité. Elles montrent une augmentation continue de 1965 à 1990 et une période de stabilité par la suite. Des hausses importantes furent notées vers la fin des années 80, hausses en partie attribuables à une déclaration plus grande de ces crimes et à une meilleure réception des plaintes de violence conjugale et de violence sexuelle de la part des policiers.

Vols : La plupart des catégories de vols ont suivi le modèle de l'homicide, soit une explosion durant les années 1960, un sommet autour de 1980 et une baisse durant les années 1990. C'est le cas des vols qualifiés, des introductions avec effraction, des méfaits, des vols simples et des vols de véhicules. La baisse 1990-2004 est de 47 % et 46 % pour les vols qualifiés et les introductions par effraction, de 38 % pour les vols simples et de 8 % pour les vols de véhicules à moteur (c'est-à-dire que le nombre de véhicules à moteur a augmenté plus vite que la population durant cette période).

Drogues : Les infractions liées au cannabis montrent une baisse de 1980 à 1990, mais une hausse soutenue par la suite qui ne semble pas terminée. Les infractions de cannabis ont pratiquement quadruplé entre 1990 et 2003. Du côté des autres drogues, il y eut une hausse de 1980 à 1990 mais depuis aucune tendance claire n'est décelable. Une intolérance grandissante de certains milieux (par exemple, les écoles secondaires) face à la drogue et une pression plus soutenue de la part des policiers sur les réseaux de revendeurs de drogues expliqueraient en partie cette hausse des infractions liées au cannabis. Aussi, une action policière accrue contre la culture de cannabis a contribué à la hausse.

En somme, les statistiques officielles de la criminalité indiquent que des baisses soutenues se sont produites depuis les sommets de la criminalité enregistrés au début des années 1990. Plusieurs facteurs permettent d'expliquer ces baisses. D'abord, l'importance démographique du groupe d'âge le plus criminalisé, soit les 15-35 ans, a fortement diminué au cours des années 1990. Moins de jeunes égale moins de crimes.

Ensuite, depuis quelques années, les perspectives d'emploi pour les jeunes se sont améliorées et la fréquentation des établissements scolaires postsecondaires s'est accrue. L'intégration massive des jeunes au monde du travail à temps partiel procure de l'argent et occupe le temps de ceux-ci, mais surtout les intègre plus rapidement dans la vie adulte.

La troisième explication serait celle d'une plus grande probabilité d'accusation des personnes ayant commis un délit. D'une part, les victimes rapportent plus souvent leur mauvaise expérience à la police et celle-ci est de plus en plus efficace dans l'identification des criminels et dans la constitution des dossiers d'enquête.

La quatrième explication est celle de la diminution de la criminalité. Puisqu'une partie importante de la criminalité, notamment de violence, se produit dans le contexte d'infractions moins sérieuses, une baisse des petits crimes engendre une baisse des crimes violents.

De manière plus générale, il est probable que la baisse de la criminalité s'explique par des changements dans nos valeurs collectives. En effet, les deux dernières décennies se sont caractérisées sur le plan social par toute une série de campagnes de sensibilisation face aux comportements violents ou dangereux. Que l'on parle d'abus sexuel, de violence conjugale ou de conduite en état d'ébriété, le message est le même. Il faut respecter l'autre et la violence à son égard est inacceptable.

Le nouveau conservatisme a fait en sorte que des comportements acceptés ou tolérés dans une période libérale sont maintenant devenus proscrits par la culture. La révolution tranquille a eu comme effet pervers une augmentation importante de la criminalité qui a duré 20 ans. La récréation est maintenant terminée.

Il est remarquable que la criminalité ait baissé au Québec et au Canada dans une proportion équivalente à celle enregistrée aux États-Unis. Or, plusieurs chercheurs américains pensent que ce qui a fait baisser la criminalité chez eux est une hausse des effectifs policiers, une politique de tolérance zéro à l'égard de la petite délinquance et des nuisances et une hausse massive de l'in-

carcération. Chez nous, il n'y a pas eu de hausse de l'incarcération ni de hausse du nombre de policiers. Nous pouvons donc penser que ce qui a influé sur les tendances de la criminalité furent les tendances sociales générales (démographie, économie, éducation, valeurs) plutôt que des changements dans des pratiques des policiers, des tribunaux ou du secteur correctionnel.

Les données des deux ou trois dernières années laissent toutefois conjecturer que le niveau de criminalité s'est stabilisé et que la baisse généralisée est ainsi terminée. S'il n'y arrive pas de changements sociaux importants, la fréquence des vols et des violences devrait rester relativement constante pour encore plusieurs années. Il est peu probable que des hausses de la criminalité apparaissent dans un futur rapproché puisque les cohortes d'enfants et d'adolescents sont stables et que les conditions économiques pour les jeunes devraient rester bonnes. En particulier, des emplois demandant peu de spécialisation, comme par exemple des emplois de camionneurs ou de manœuvres dans la construction, devraient continuer à être accessibles pour les jeunes.

Variations dans l'espace :

Le tableau 2 présente la criminalité connue à différents endroits pour 2004. Les données canadiennes proviennent du Bulletin Juristat (2003 : 85-002) et les données américaines furent extraites du site Internet du FBI. D'abord, le tableau 2 permet la comparaison du Québec avec d'autres provinces canadiennes. Le Québec a des taux de violence légèrement inférieurs aux autres provinces. Par contre, la prévalence de la délinquance acquisitive est plus importante au Québec que dans ses provinces voisines. Au Canada, les taux de criminalité sont bas dans les maritimes, médians au Québec et en Ontario et élevés dans les provinces de l'Ouest et dans les territoires du Nord.

Au niveau des régions métropolitaines de recensement, qui comprennent des données pour la population située dans et dans la périphérie d'une grande ville, Montréal a les taux de criminalité les plus élevés au Québec. Les autres régions métropolitaines du Québec ont des taux de criminalité relativement bas. En ce qui concerne la criminalité des grandes villes canadiennes, Montréal montre des taux de crimes violents comparables à Toronto,

TABLEAU 2   **Comparaisons dans l'espace de la criminalité en 2004 (taux par 1 000 000 habitants)**

	Population (en milliers)	Homicides	Agressions sexuelles	Voies de fait	Vols qualifiés	Introductions avec effraction	Vols de véhicules à moteur
Selon la province :							
Nouveau-Brunswick	751	0,9	81	759	34	712	243
Québec	7543	1,5	59	517	90	858	519
Ontario	12 393	1,5	65	567	75	598	337
Alberta	3202	2,7	76	867	87	971	646
Colombie-Britannique	4196	2,7	79	963	108	1258	890
Selon le pays :							
Canada	31 946	1,9	74	732	86	860	531
États-Unis - 2003	*290 810*	*5,7*			*142*	*740*	*433*
Selon la région métropolitaine							
Montréal	3607	1,7	*53*	*568*	150	894	663
Québec	711	0,8	*54*	*355*	59	783	277
Sherbrooke	162	0,0			49	855	526
Gatineau	230	0,4			59	928	304
Trois-Rivières	141	0,7			45	692	367
Saguenay	154	1,3			18	542	337
Ottawa (Ont.)	702	1,1	*41*	*545*	84	578	316
Toronto	5203	1,8	*51*	*568*	103	449	325
Edmonton	1002	3,4	*70*	*641*	141	1129	1018
Vancouver	2160	2,6	*59*	*784*	148	1325	1104
Boston	*4453*	*1,9*			*124*	*433*	*388*
New York	*18 660*	*5,2*			*210*	*372*	*320*
Minneapolis/St-Paul	*3079*	*3,0*			*116*	*560*	*338*
Miami-Lauderdale	*5328*	*6,3*			*165*	*969*	*668*

Note: les données en italique sont de 2003.

mais a beaucoup plus de crimes contre la propriété. Les grandes villes de l'Ouest ont une prévalence beaucoup plus grande de vols et de violences.

Le tableau 2 permet aussi de situer la réalité québécoise dans l'ensemble nord-américain. Le Canada a un taux d'homicide environ trois fois moins élevé que celui des États-Unis. Les statistiques de voies de faits et d'agressions sexuelles ne sont pas comparables entre les deux pays (aux É.U., on dénombre les « forcible rape » et « aggravated assault » qui n'ont pas d'équivalent au Canada). Il y a plus de vols qualifiés chez nos voisins du sud, mais le Canada a plus de vols par effraction et de vols de véhicules à moteur. La comparaison des régions métropolitaines entre les deux pays montre que la criminalité n'est pas très différente entre des villes comparables. Globalement, les villes canadiennes ont un peu moins de crimes de violence, mais un peu plus de crimes contre la propriété. La gravité du problème de violence aux États-Unis est le fait des grands centres urbains comme New York, Detroit, Washington, Miami ou Los Angeles.

Le taux d'homicide particulièrement élevé chez les Américains s'explique d'abord par une plus grande létalité des conflits interpersonnels due à une plus grande accessibilité des armes à feu. Aussi, la ghettoïsation de certaines populations et la marginalisation économique de certains groupes permet certainement de rendre compte de l'extrême violence de certains quartiers des villes américaines.

La santé et l'éducation

LA SANTÉ

Les Québécois bougent plus mais pas encore assez

Bertrand Nolin et Denis Hamel
Institut national de santé publique du Québec

Conditionnement physique

L'activité physique est une composante incontournable de notre quotidien. Du lever au coucher, elle s'actualise de multiples façons afin de répondre à tous nos besoins, qu'ils soient essentiels ou non. Au-delà de son utilité, l'activité physique peut aussi être une source de plaisir et de détente durant les moments de loisirs.

Une autre caractéristique majeure est son influence sur l'état de santé des individus et, par conséquent, sur celui des populations. Ce phénomène, observé depuis des millénaires (U.S. Department of Health and Human Services (USD-HHS), 1996) et étudiée de manière plus systématique à partir du XXe siècle (USD-HHS, 1996; Bouchard, Shephard et Stephens, 1994), concerne plusieurs problèmes majeurs de santé, dont les maladies cardiovasculaires, le diabète, certains cancers, ainsi que le surpoids et l'obésité. De plus, il est bon de préciser que l'activité physique agit en amont (prévention) de ces problèmes et, dans plusieurs cas, elle peut aussi agir en aval (traitement) de plusieurs d'entre eux.

Il est donc important, face à ce constat, de connaître le niveau d'activité physique de la population. Idéalement, cette évaluation devrait porter sur les cinq catégories d'activité physique potentiellement incluse dans une journée (voir annexe 1). Cependant, les données disponibles ne permettent pas, pour le moment, ce type d'analyse.

Nous pouvons néanmoins avoir une bonne estimation du niveau d'activité physique de loisir et, de manière moins précise, de celui associé aux déplacements utilitaires (*transports*). Cette connaissance est importante car, pour une proportion élevée de la population du XXIe siècle, l'activité physique associée au travail, aux activités domestiques et aux activités «autres» (voir annexe 1) ne permet pas le maintien d'un niveau suffisant d'activité physique. De plus, leur potentiel de modification est peu ou pas présent, car la tâche à accomplir détermine la nature et la quantité (intensité, durée, fréquence) d'activité physique nécessaire. Dans le cas des catégories *loisir* et *transport*, notre pouvoir de modification est beaucoup plus élevé.

L'activité physique de loisir chez les 18 ans et plus

Les dernières données disponibles (tableau 1) montrent qu'en moyenne, près de quatre adultes sur dix (37 %) atteignent le niveau d'activité physique recommandé chez les adultes (définitions et exemples: voir annexe 2). Ce niveau, identifié sous le vocable «actif», permet de retirer des bénéfices substantiels sur le plan de la santé (Kezaniemi *et al.*, 2001; Comité scientifique de Kino-Québec (CSKQ), 1999; USDHHS, 1996; Bouchard, Shephard et Stephens, 1994). À l'inverse, environ une personne sur quatre (26 %) est sédentaire durant ses loisirs.

La proportion d'actifs est un peu plus élevée chez les hommes (38 % c. 35 %), mais en revanche, on observe un peu plus de sédentaires chez ces derniers

TABLEAU 1   **Niveau d'activité physique de loisir, population de 18 ans et plus selon le sexe, Québec 2003**

Sexe	Actif	Moyennement actif	Un peu actif	Sédentaire
		%		
Hommes	38	18	17	27
Femmes	35	20	20	25
Sexes réunis	37	19	18	26

Source : B. Nolin et D. Hamel, Institut national de santé publique du Québec, 2005.

Notes : a) Les pourcentages représentent la moyenne, pour l'ensemble d'une année, de la pratique sur une période de trois mois. (La collecte de données est répartie sur douze mois consécutive). b) Les pourcentages étant arrondis à l'unité, le total peut être différent de 100 %.

(27 % c. 25 %). Les niveaux de pratique intermédiaires (*moyennement actif* et *un peu actif*) regroupent, chacun d'eux (tableau 1), un pourcentage un peu plus élevé de femmes.

La pratique chez les 12 à 17 ans

Une pratique saine d'activité physique de loisir, chez les jeunes comme chez les adultes, est potentiellement bénéfique à plusieurs niveaux (physique, psychologique et social). Sur le plan de la santé, les dernières recommandations (Strong *et al.*, 2005 ; Cavill, Biddle et Sallis, 2001) conservent toujours la « barre » un peu plus haute dans le cas des jeunes (5 à 17 ans) soit, en fait, en recommandant le double du volume hebdomadaire recommandé chez les adultes (définitions et exemples : voir annexe 2).

Les résultats du tableau 2 montrent, qu'en moyenne, plus de quatre jeunes (12 à 17 ans) sur dix (44 %) atteignent le niveau recommandé pour leur groupe d'âge (actif : jeunes). Dans le cas des 5 à 11 ans, nous ne possédons pas d'informations spécifiques pour le Québec, mais des résultats chez nos voisins du sud (États-Unis) démontrent qu'une vaste majorité d'entre eux atteignent le niveau recommandé (Pate *et al.*, 2002). Donc, c'est surtout à l'adolescence que l'on observe une diminution importante du niveau d'activité physique.

Les résultats, selon le sexe, font ressortir qu'une proportion beaucoup plus élevée de garçons atteint le niveau recommandé. En effet, c'est environ un garçon sur deux (52 %) contre une fille sur trois (35 %) qui atteint ce niveau de pratique. À l'inverse, le pourcentage n'atteignant pas la moitié du niveau recommandé (*inférieur, actif : adultes*) est plus élevé chez les jeunes filles (36 % c. 24 %). Les différences selon le sexe, cependant, diminuent de manière importante au passage à l'âge adulte (voir tableau 1).

Les variations selon l'âge

La pratique de l'activité physique durant les temps libres, tant chez les hommes que chez les femmes, subit une forte diminution entre le groupe des 12-17 ans et celui des 25-34 ans (graphique 1). Dans le cas des hommes, le pourcentage atteignant le niveau recommandé chez les adultes (*actifs*) poursuit sa diminution pour atteindre 32 % chez les 45-54 ans, un pourcentage qui demeure stable par la

TABLEAU 2 **Niveau d'activité physique de loisir, population de 12 à 17 ans selon le sexe, Québec 2003**

Sexe	Actif : jeunes	Actif : adultes	Inférieur (actif : adultes)
		%	
Garçons	52	24	24
Filles	35	30	36
Sexes réunis	44	27	30

Source : B. Nolin et D. Hamel, Institut national de santé publique du Québec, 2005.

Notes : a) Les pourcentages représentent la moyenne, pour l'ensemble d'une année, de la pratique sur une période de trois mois. (La collecte de données est répartie sur douze mois consécutifs). b) Les pourcentages étant arrondis à l'unité, le total peut être différent de 100 %.

suite. Dans le cas des femmes, le pourcentage d'*actives* diminue à nouveau entre les groupes 25-34 ans et 35-44 ans (38 % c. 33 %) et il demeure stable entre le groupe des 35-44 ans et celui des 55-64 ans. Par la suite, le pourcentage repart à la baisse pour atteindre environ deux femmes sur dix (19 %) chez les 75 ans et plus. Finalement, on relève des différences entre les sexes chez les moins de 25 ans et les 65 ans et plus et cela, à l'avantage des hommes. Pour les autres groupes d'âges, les pourcentages sont comparables.

En corollaire, on observe que la sédentarité durant les loisirs augmente sensiblement au passage à l'âge adulte (graphique 2). Chez les hommes, le pourcentage de sédentaires passe d'environ 6 % chez le groupe des 12-17 ans à 27 % chez celui des 25-34 ans. Par la suite, la proportion atteint 32 % chez les 55-64 ans, un pourcentage plus élevé que celui des 25-34 ans. Finalement, pour les groupes d'âge de 35 ans et plus, le pourcentage de sédentaires demeure comparable.

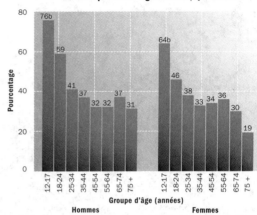

GRAPHIQUE 1   **Pourcentage d'actifs[a] durant les loisirs, population de 12 ans et plus selon l'âge et le sexe, Québec 2003**

Source : B. Nolin et D. Hamel, Institut national de santé publique du Québec, 2005.
a Actifs : niveau recommandé pour les adultes (définition et exemples : voir annexe 2).
b Pour fins de comparaison avec les 18 ans et plus, le même critère (actifs : adultes) est appliqué aux 12 à 17 ans. Les recommandations pour ce groupe d'âge, cependant, sont différentes de celles des 18 ans et plus (voir résultats du tableau 2 et autres détails à l'annexe 2).
Note : Les pourcentages représentent la moyenne, pour l'ensemble d'une année, de la pratique sur une période de trois mois. (La collecte de données est répartie sur douze mois consécutifs.)

Dans le cas des femmes, on relève une augmentation importante entre le groupe des 12-17 ans et celui des 18-24 ans (8 % c. 19 %). Par la suite, la proportion de sédentaires poursuit son mouvement à la hausse pour atteindre environ 25 % chez les 45-54 ans, 30 % chez les 65-74 ans et 44 % chez les 75 ans et plus. On n'observe pas de différence entre les groupes d'âge 18-24 ans, 25-34 ans et 35-44 ans, ainsi qu'entre les groupes 45-54 ans et 55-64 ans. Le pourcentage de sédentaires est plus élevé chez les hommes des groupes d'âge 25-34 ans et 35-44 ans, et l'inverse dans le cas des 75 ans et plus. Pour tous les autres groupes d'âge, les pourcentages sont comparables.

L'évolution de 1994-1995 à 2003

L'activité physique de loisir fait l'objet d'une promotion assez soutenue depuis les années 1960, plus particulièrement dans les pays industrialisés (Landry, 1975). Au Québec, ce phénomène a pris de l'ampleur durant les années 1970 (exemple : le programme Kino-Québec, né en 1978) et les efforts se poursuivent toujours afin de convaincre le plus grand nombre possible d'adopter ce comportement bénéfique pour la santé.

Nous ne possédons pas, malheureusement, d'informations détaillées sur l'évo-

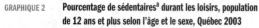

GRAPHIQUE 2 **Pourcentage de sédentaires[a] durant les loisirs, population de 12 ans et plus selon l'âge et le sexe, Québec 2003**

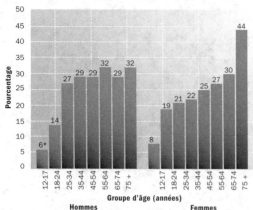

Source : B. Nolin et D. Hamel, Institut national de santé publique du Québec, 2005.
a Sédentaires: Fréquence de pratique inférieure à une fois par semaine.
* Coefficient de variation entre 16,6 % et 33,3 %; interpréter avec prudence.
Note : Les pourcentages représentent la moyenne, pour l'ensemble d'une année, de la pratique sur une période de trois mois. (La collecte de données est répartie sur douze mois consécutifs).

lution du niveau de pratique des Québécois et des Québécoises depuis le début des années 1970. Cependant, l'analyse de diverses enquêtes amène à conclure qu'il y a eu des améliorations durant les années 1970 et au début des années 1980. Par la suite, le niveau est demeuré stable jusqu'au milieu des années 1990 (Nolin, 1995).

Depuis cette période, le Québec connaît de nouveau des améliorations à ce chapitre et des gains notables ont été réalisés dans la majorité des cas. Chez les adultes (tableau 3), on constate que le pourcentage d'actifs est à la hausse depuis le milieu des années 1990. Chez les hommes, d'environ trois personnes sur dix (28 %) en 1994-1995, ce pourcentage est passé à près de quatre sur dix (38 %) en 2003. Dans le cas des femmes, il est passé d'environ une sur quatre (24 %) à une sur trois (35 %) durant la même période. À l'opposé, le pourcentage de sédentaires a connu une bonne diminution et cela, autant chez les hommes (37 % c. 27 %) que chez les femmes (33 % c. 25 %).

L'évolution du niveau de pratique, chez les 12 à 17 ans, est un peu différente de celle des adultes. Même si les garçons demeurent plus actifs que les filles du même âge (tableau 4), la proportion atteignant le niveau recommandé est demeurée la même depuis 1994-1995 (53 % et 52 %). Également, pour ceux n'at-

TABLEAU 3 **Proposition d'actifs et de sédentaires, population de 18 ans et plus selon le sexe, Québec 1994-1995 à 2003**

Niveau	Sexe	1994-1995	1996-1997	1998-1999	2000-2001	2003
		%				
Actif	Hommes	28	29	32	34	38
	Femmes	24	29	29	29	35
Sédentaire	Hommes	37	34	30	33	27
	Femmes	33	28	28	32	25

Source : B. Nolin et D. Hamel, Institut national de santé publique du Québec, 2005.

Notes : a) Les pourcentages représentent la moyenne, pour l'ensemble d'une année, de la pratique sur une période de trois mois. (La collecte de données est répartie sur douze mois consécutifs). b) Les variations observées entre 2000-2001 et 2003 peuvent être dues, en bonne partie, à une modification de la méthode de collecte de données lors de l'enquête de 2003 (St-Pierre et Béland, 2004).

teignant pas la *moitié* de cette recommandation (*inférieur, actif : adulte*), la proportion est elle aussi demeurée comparable durant cette période (27 % et 24 %). Pendant ce temps, la proportion de jeunes filles atteignant le niveau recommandé a augmenté (21 % c. 35 %) et, à l'opposé, il a diminué chez celles n'atteignant pas la *moitié* de cette recommandation (49 % c. 35 %).

Le Québec et le reste du Canada

La pratique d'activités physiques durant les temps libres est un phénomène influencé par plusieurs facteurs intrinsèques et extrinsèques à l'individu (CSKQ, 2004 ; Trost *et al.*, 2002). La culture, réalité complexe à laquelle sont associées diverses valeurs et attitudes vis-à-vis de plusieurs comportements, a une influence non négligeable sur ce type de pratique.

La valorisation de « préoccupations corporelles » constitue, du côté francophone, un phénomène plus récent que du côté anglophone. Les résultats publiés durant les années 1980 ont confirmé cette réalité dans le secteur de l'activité physique de loisir, avec des niveaux de pratique plus élevé du côté anglophone (McPherson et Curtis, 1986 ; Roy, 1985). Après les gains réalisés au cours des dernières décennies, quelle est la situation du Québec en ce début de XXIe siècle ?

La figure trois montre, globalement (jeunes et adultes), que le Québec est encore légèrement au-dessous la moyenne canadienne. Chez les adultes (graphique 3a), cependant, une analyse plus détaillée fait ressortir que trois provinces maritimes (Terre-Neuve-et-Labrador (31 %), Île-du-Prince-Édouard (33 %), Nouveau-Brunswick (32 %)) ont un pourcentage d'actifs moins élevé que le Québec (37 %). La Nouvelle-Écosse, le Manitoba et la Saskatchewan, pour leur part, se situent à un niveau comparable à celui du Québec. Dans le cas des trois autres provinces (Ontario (39 %), Alberta (42 %), Colombie-Britannique (48 %)), la proportion d'actifs est plus élevée qu'au Québec. Le Yukon (51 %) et les Territoires-du-Nord-Ouest (43 %) ont eux aussi un pourcentage supérieur d'actifs et, dans le cas du Nunavut, les résultats sont non comparables, mais cette pratique semble moins

TABLEAU 4   **Proportion se situant aux niveaux actif (*jeunes*) et inférieur, actif (*adultes*), population de 12 à 17 ans selon le sexe, Québec 1994-1995 à 2003**

Niveau	Sexe	1994-1995	1996-1997	1998-1999	2000-2001	2003
		%				
Actif : jeunes	Garçons	53	50	41	50	52
	Filles	21*	26*	31	27	35
Inférieur, actif : adultes	Garçons	27*	21*	22*	27	24
	Filles	49	54	45	46	35

Source : B. Nolin et D. Hamel, Institut national de santé publique du Québec, 2005.

* Coefficient de variation entre 16,6 % et 33,3 % ; interpréter avec prudence.

Notes : a) Les pourcentages représentent la moyenne, pour l'ensemble d'une année, de la pratique sur une période de trois mois. (La collecte de données est répartie sur douze mois consécutifs). b) Les variations observées entre 2000-2001 et 2003 peuvent être dues, en bonne partie, à une modification de la méthode de collecte de données lors de l'enquête de 2003 (St-Pierre et Béland, 2004).

GRAPHIQUE 3   **Activité physique de loisir : proportion atteignant le niveau recommandé, provinces, territoires et ensemble du Canada, 2003**

A) Adultes (18 ans et plus)

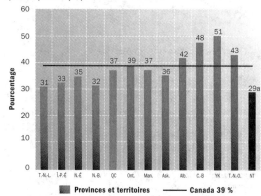

Provinces et territoires ———— Canada 39 %

B) Jeunes (12-17 ans) :

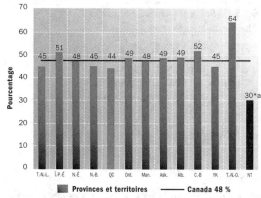

Provinces et territoires ———— Canada 48 %

Source : B. Nolin et D. Hamel, Institut national de santé publique du Québec, 2005
* Coefficient de variation entre 16,6 % et 33,3 %; interpréter avec prudence.
a Nunavut : résultat non comparable (échantillon représentant 70,7 % de la population)
Note : Les pourcentages représentent la moyenne, pour l'ensemble d'une année, de la pratique sur une période de trois mois. (La collecte de données est répartie sur douze mois consécutifs).

présente que dans les autres régions du Canada.

Chez les 12 à 17 ans (graphique 3b), cinq provinces (Terre-Neuve-et-Labrador, Île-du-Prince-Édouard, Nouvelle-Écosse, Nouveau-Brunswick, Manitoba) et un Territoire (Yukon) ont un pourcentage comparable à celui du Québec. Dans les autre cas, (Ontario (49 %), Saskatchewan (49 %), Alberta (49 %), Colombie-Britannique (52 %), Territoire-du-Nord-Ouest (64 %)), le pourcentage atteignant le niveau recommandé est moins élevé au Québec (44 %). Finalement, comme dans le cas des adultes, les jeunes du Nunavut semblent moins actifs que ceux du reste du Canada (données non comparables).

L'activité physique de transport

L'activité physique utilisée comme moyen de transport, tel que soulevé en introduction, peut être un autre moyen efficace de conserver un niveau souhaitable d'activité physique. Même si notre lieu de résidence, de travail et/ou d'études influence grandement les possibilités d'utilisation de cette catégorie d'activités, cette dernière demeure accessible à un nombre important d'individus.

Les données disponibles concernent la marche et la bicyclette utilisées comme moyen de transport. Ces informations sont moins détaillées que celles portant sur la catégorie loisir et elles ne permettent pas de vérifier l'atteinte des recommandations chez les jeunes et les adultes. Néanmoins, il nous est possible d'avoir un portrait global concernant certaines durées hebdomadaires d'utilisation de ce type d'activités.

La marche comme moyen de transport

Environ quatre adultes sur dix (41 % : tableau 5a) ne rapportaient aucune utilisation de la marche comme moyen de transport en 2003. Si on ajoute à cela une durée inférieure à une heure par semaine, c'est plus de cinq sur dix (55 %) qui n'utilisaient jamais, ou rarement, ce type de déplacement. Pour le reste de la population adulte, une majorité d'entre elles (31 %) utilisait ce type de déplacement de une heure à six heures, et 14 %, six heures et plus par semaine. Pour ces derniers (six heures et plus), cette bonne habitude dépasse amplement le volume de base recommandé chez les adultes.

Globalement, l'utilisation de ce moyen de transport est un peu plus répandue chez les femmes que chez les hommes (aucune heure : hommes 43 % et femmes 39 %). On observe une proportion plus élevée de femmes dans le cas d'une utilisation inférieure à six heures (49 % c. 42 %) et l'inverse pour une durée de six heures et plus (12 % c. 15 %).

Chez les jeunes de 12 à 17 ans (tableau 5b), c'est environ un sur quatre (24 %) qui ne rapportait aucune utilisation de ce moyen de transport en 2003. Ce pourcentage passe à un peu plus de quatre sur dix (42 %) si on ajoute une durée inférieure à une heure. Le reste de cette population se concentre majoritairement entre une heure et six heures (45 %) et, pour une durée d'utilisation de six heures et plus, on observe un pourcentage comparable à celui des adultes (14 %). Contrairement aux adultes, on ne relève aucune différence d'utilisation entre les deux sexes.

TABLEAU 5 **Marche comme moyen de transport : répartition selon la durée hebdomadaire d'utilisation, population de 18 ans et plus et de 12 à 17 ans selon le sexe, Québec 2003**

A) ADULTES (18 ANS ET PLUS)

Sexe	Aucune heure	Moins de une heure	De une heure à cinq heures cinquante-neuf	Six heures et plus
			%	
Hommes	43	13	29	15
Femmes	39	15	34	12
Sexes réunis	41	14	31	14

B) JEUNES (12 À 17 ANS)

Sexe	Aucune heure	Moins de une heure	De une heure à cinq heures cinquante-neuf	Six heures et plus
			%	
Garçons	25	16	46	13
Filles	22	20	44	15
Sexes réunis	24	18	45	14

Source : B. Nolin et D. Hamel, Institut national de santé publique du Québec, 2005.

Note : Les pourcentages représentent la moyenne, pour l'ensemble d'une année, de l'utilisation sur une période de trois mois. (La collecte de données est répartie sur douze mois consécutifs.)

Pour ce qui est de la comparaison à l'échelle du pays, on observe, globalement, qu'une plus grande proportion de personnes utilise ce moyen de transport dans le reste du Canada. Cela, autant chez les jeunes que chez les adultes (données non présentées).

La bicyclette comme moyen de transport

La bicyclette est utilisée depuis longtemps, au Québec et dans le reste du Canada, comme moyen de transport. Cependant, comparativement à d'autres pays, elle est soumise à des contraintes climatiques limitant son utilisation à seulement une partie de l'année. De plus, diverses autres contraintes techniques, sécuritaires et monétaires peuvent venir s'ajouter, ce qui explique, en bonne partie, le nombre assez restreint d'utilisateurs.

Plus de sept jeunes (12 à 17 ans : 72 %) et neuf adultes (18 ans et plus : 94 %) sur dix ne rapportaient aucune utilisation de la bicyclette comme moyen de transport en 2003 (tableau 6). Si on ajoute à cela une utilisation inférieure à une heure par semaine, c'est 81 % des jeunes et 96 % des adultes qui n'utilisaient jamais, ou rarement, ce type de déplacement. Concernant les différences selon le sexe, les hommes sont plus nombreux à utiliser ce moyen de transport, et cela, autant chez les jeunes que chez les adultes (données non présentées).

Pour ce qui est de la comparaison à l'échelle du pays, la situation est différente de celle de la marche. Globalement, chez les adultes, la proportion d'utilisateurs est comparable au Québec et dans le reste du Canada. Chez les jeunes, la proportion d'utilisateurs est plus élevée au Québec (données non présentées).

L'évolution de 1994-1995 à 2003

La promotion de l'activité physique de transport, contrairement à celle pratiquée durant les loisirs, est un phénomène beaucoup plus récent. Cette promotion s'appuie non seulement sur les bénéfices potentiels pour la santé mais, également, sur les bénéfices environnementaux associés à de telles pratiques (exemple : diminution des gaz à effet de serre).

On observe que des gains ont été réalisés depuis la fin des années 1990, dans le cas de la marche, chez les adultes (graphique 4). La proportion de ceux et celles qui ne font aucune utilisation (0 heure) de ce moyen de transport a diminué entre

TABLEAU 6 **Bicyclette comme moyen de transport : répartition selon la durée hebdomadaire d'utilisation, population de 12 à 17 ans et de 18 ans et plus, Québec 2003**

Groupe d'âge	Aucune heure	Moins de une heure	De une heure à cinq heures cinquante-neuf	Six heures et plus
			%	
12 à 17 ans	72	9	16	3
18 ans et plus	94	2	3	1

Source : B. Nolin et D. Hamel, Institut national de santé publique du Québec, 2005.

Note : Les pourcentages représentent la moyenne, pour l'ensemble d'une année, de l'utilisation sur une période de trois mois. (La collecte de données est répartie sur douze mois consécutifs).

1998-1999 et 2003 (hommes : 60 % c. 43 % et femmes : 51 % c. 39 %). En corollaire, on observe une amélioration pour ceux et celles qui rapportent une durée d'utilisation entre une heure et six heures (hommes : 18 % c. 29 % et femmes : 24 % c. 34 %).

Le phénomène est assez semblable chez les jeunes filles de 12 à 17 ans, mais, dans le cas des garçons, l'évolution est un peu différente. On n'observe pas de variation significative (statistiquement), entre 1994-1995 et 2003, dans le pourcentage de garçons ne faisant aucune utilisation (zéro heure) de ce moyen de transport (graphique 5). Pour la durée variant entre une et six heures, le pourcentage est à la hausse depuis 1994-1995 (27 % c. 46 %), une amélioration largement associée à une diminution touchant une utilisation occasionnelle (moins de une heure) et très régulière (six heures et plus) (données non présentées). Dans le cas des jeunes filles, la non utilisation (zéro heure) est à la baisse depuis 1996-1997 (40 % c. 22 %) et, à l'inverse, le pourcentage est à la hausse pour la durée variant entre une et six heures (24 % c. 44 %). L'utilisation très régulière (six heures et plus), quand à elle, est demeurée stable (données non présentées).

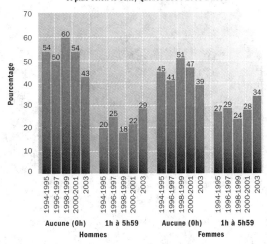

GRAPHIQUE 4 **Marche comme moyen de transport : évolution pour deux durées hebdomadaires d'utilisation, population de 18 ans et plus selon le sexe, Québec 1994-1995 à 2003**

Source : B. Nolin et D. Hamel, Institut national de santé publique du Québec, 2005

Notes : a) Les pourcentages représentent la moyenne, pour l'ensemble d'une année, de l'utilisation sur une période de trois mois. (La collecte de données est répartie sur douze mois consécutifs). b) Les variations observées entre 2000-2001 et 2003 peuvent être dues, en bonne partie, à une modification de la méthode de collecte de données lors de l'enquête de 2003 (St-Pierre et Béland, 2004).

Dans le cas de la bicyclette (données non présentées), on observe une évolution différente de celle de la marche. Globalement, chez les 18 ans et plus, le pourcentage d'utilisateurs a légèrement diminué entre 1994-1995 et 2003 (aucune utilisation : 91 % c. 94 %). Chez les 12 à 17 ans, après avoir vécu le même phénomène pour la période 1994-1995 à 2000-2001 (aucune utilisation : 67 % c. 77 %), la situation semble vouloir s'améliorer depuis lors (aucune utilisation : 77 % c. 72 %). Cependant, la variation entre 2000-2001 et 2003 peut être due, en bonne partie, à une modification de la méthode de collecte de données lors de l'enquête de 2003 (St-Pierre et Béland, 2004).

Conclusion

L'activité physique, tel que soulevé au début du texte, est une composante incontournable de notre quotidien. Cependant, pour plusieurs d'entre nous, l'activité physique de loisir et celle associée aux transports sont maintenant les deux avenues

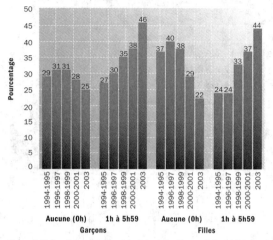

GRAPHIQUE 5 — **Marche comme moyen de transport : évolution pour deux durées hebdomadaires d'utilisation, population de 12 à 17 ans selon le sexe, Québec 1994-1995 à 2003**

Source : B. Nolin et D. Hamel, Institut national de santé publique du Québec, 2005.
* Coefficient de variation entre 16,6 % et 33,3 %; interpréter avec prudence.
Notes : a) Les pourcentages représentent la moyenne, pour l'ensemble d'une année, de l'utilisation sur une période de trois mois. (La collecte de données est répartie sur douze mois consécutifs). b) Les variations observées entre 2000-2001 et 2003 peuvent être dues, en bonne partie, à une modification de la méthode de collecte de données lors de l'enquête de 2003 (St-Pierre et Béland, 2004).

principales permettant d'atteindre et, surtout, de maintenir un niveau adéquat d'activité physique. Donc, il est important de faire le point sur ces deux catégories d'activités.

Les données touchant l'activité physique de loisir montrent qu'en moyenne près de quatre adultes sur dix (37 % en 2003) atteignent le volume hebdomadaire recommandé en utilisant ce type d'activité. Ce résultat, autant chez les hommes que chez les femmes, constitue une amélioration par rapport à 1994-1995. À l'opposé, le pourcentage de sédentaires, durant les loisirs, a diminué durant la même période.

Chez les 12 à 17 ans, c'est un peu plus de quatre jeunes sur dix (44 % en 2003) qui atteignent le niveau recommandé. Des différences importantes existent toujours entre les deux sexes et cela, au profit de garçons (52 % c. 35 %). Cependant, les jeunes filles ont fait des gains notables depuis le milieu des années 1990, ce qui n'est pas le cas des garçons.

Il n'est pas possible, dans le cas de la marche et de la bicyclette utilisées comme moyen de transport, de vérifier l'atteinte des niveaux recommandés. Néanmoins, pour ce qui est de la marche, les indicateurs disponibles montrent que des gains ont été réalisés depuis 1994-1995. Ce constat s'applique aux adultes des deux sexes mais, dans le cas des 12 à 17 ans, seulement les jeunes filles ont fait des gains réels à ce chapitre. La bicyclette, pour sa part, a vu sa proportion d'utilisateurs diminuer au cours de la même période.

Donc, globalement (*loisir et transport*), le Québec a connu des améliorations depuis le milieu des années 1990. Cette situation, dans le cas des groupes touchés, a apporté et apporte toujours des bénéfices importants sur le plan de la santé (maladies cardiovasculaires, contrôle du poids corporel, etc.). Cependant, des gains supplémentaires sont encore possibles. De plus, il est important de rappeler que les efforts de promotion doivent être maintenus et même intensifiés, car ces deux catégories d'activités (*loisir et transport*) demeurent, en grande partie, sous le contrôle personnel de chaque individu.

Références

BOUCHARD, C., R.J. SHEPHARD and T. STEPHENS. *Physical Activity, Fitness and Health : International Proceeding and Consensus Statement*, Champaign, Human Kinetics, 1055 p., 1994.

CAVILL, N., S. BIDDLE, and J.F. SALLIS. Health Enhancing Physical Activity for Young People : Statement of the United Kingdom Expert Consensus Conference, *Pediatric Exercise Science*, 13, pp. 12-25, 2001.

COMITÉ SCIENTIFIQUE de KINO-QUÉBEC. *Stratégies éprouvées et prometteuses pour promouvoir la pratique régulière d'activités physiques au Québec (Avis du comité)*, Québec, Secrétariat au loisir et au sport et ministère de la Santé et des Services sociaux, gouvernement du Québec, 31 p., 2004.

COMITE SCIENTIFIQUE de KINO-QUÉBEC. *Quantité d'activité physique requise pour en retirer des bénéfices pour la santé (Avis du comité)*, Québec, Secrétariat au loisir et au sport et ministère de la Santé et des Services sociaux, Gouvernement du Québec, 27 p., 1999.

KESANIEMI, Y.A., E. DANFORTH Jr., M.D. JENSEN, P.G. KOPELMAN, P. LEFEBVRE and B.A. REEDER. Dose-responses issues concerning physical activity and health : an evidence-based symposium, *Med. Sci. Sports Exerc.*, 33, (6, suppl.): S351-S358, 2001.

LANDRY, F. *Activités physiques et sport pour tous : un bilan des pratiques courantes et de la variété des formules d'incitation proposées en divers pays du monde*, Montréal, Revue Mouvement, monographie n° 1, 46 p., 1975.

McPHERSON, B.D. and J.E. CURTIS. *Différences entre les habitudes d'activité physique des Canadiens adultes selon les régions et les types de collectivités (un rapport de l'Enquête condition physique Canada de 1981)*, Ottawa, Condition physique et Sport amateur, gouvernement du Canada, 51 p., 1986.

NOLIN, B. « Activité physique de loisir », dans : Bellerose, C. Lavalllée, C. Chenard, L.; Levasseur, M. (sous la direction de), *Rapport de l'Enquête sociale et de santé 1992-1993, (volume 1)*, Montréal, Santé Québec, ministère de la Santé et des Services sociaux, chapitre 6, 1995.

NOLIN, B. et D. HAMEL, Institut national de santé publique du Québec (2005). *Analyses réalisées avec les fichiers de microdonnées de Statistique Canada portant sur l'Enquête nationale sur la santé de la population, cycle 1 (1994-1995), cycle 2 (1996-1997) et cycle 3 (1998-1999), ainsi que sur l'Enquête sur la santé dans les collectivités canadiennes, cycle 1.1 (2000-2001) et cycle 2.1 (2003)*. (Note : les critères d'analyse, pour l'activité physique de loisir, sont différents de ceux utilisés par Statistique Canada).

NOLIN, B., D. PRUD'HOMME, G. GODIN, D. HAMEL et coll. *Enquête québécoise sur l'activité physique et la santé 1998*, Québec, Institut de la statistique du Québec, Institut national de santé publique du Québec et Kino-Québec, Les Publications du Québec, 137 p., 2002.

NOLIN, B., G. GODIN et D. PRUD'HOMME. « Activité physique », dans C. Daveluy, L. Pica, N. Audet, R. Courtemanche, F. Lapointe et autres (sous la direction de). *Enquête sociale et de santé 1998*, Québec, Institut de la statistique du Québec, chapitre 7, 2000.

PATE R. R., P. S. FREEDSON, J. F. SALLIS, W. C. TAYLOR, J. SIRARD, S. G. TROST and M. DOWDA. Compliance with Physical Activity Guidelines : Prevalence in a Population of Children and Youth, *Ann Epidemiol*, 12 : 303-308, 2002.

ROY, L. *Le point sur les habitudes de vie : l'activité physique*, Québec, Conseil des affaires sociales et de la famille, gouvernement du Québec, 121 p., 1985.

ST-PIERRE, M. et Y. BÉLAND (fall 2004), *Mode effects in the Canadian Community Health Survey : a comparison of CAPI and CATI*. Ottawa, Statistics Canada, 8 p. (unpublished document). (For information: martin.st-pierre@statcan.ca)

STRONG, W.B., R.M. MALINA *et al.* Evidence based physical activity for school-age youth, Journal of Pediatrics, 146: 732-737, 2005.

TROST, S.G., N. OWEN, A.E. BAUMAN, J.F. SALLIS and W. BROWN, Correlates of adults' participation in physical activity: review and update, *Med. Sci. Sports Exer.*, 34 (12): 1996-2001, 2002.

U.S. DEPARTEMENT of HEALTH and HUMAN SERVICES. *Physical Activity and Health : A Report of the Surgeon General*, Atlanta, GA : U.S.D.H.H.S., Centers for Disease Control and Prevention, National Center for Chronic Disease Prevention and Health Promotion, 278 p., 1996.

ANNEXE 1

TABLEAU A1.1 **Catégories regroupant toute l'activité physique[a] potentiellement incluse dans une journée.**

CATÉGORIE	EXEMPLES D'ACTIVITÉS
Activités physiques domestique[b]	Se laver, habiller les enfants, passer l'aspirateur, bricoler, pelleter, faire le marché, etc.
Activités physiques de travail[b] (l'occupation principale)	Classer du matériel, faire le service aux tables, transporter des colis, pelleter de la terre, etc.
Activités physiques de transport	Se rendre au travail à pied, se rendre à l'école à bicyclette, aller chez une amie en patins à roulettes, etc.
Activités physiques de loisir[c]	Aller marcher, se promener à bicyclette, jouer au hockey, faire du conditionnement physique, aller danser, etc.
Activités physiques « autres » [b]	Bénévolat et autres activités réalisées dans un contexte différent des quatre premières catégories.

Adapté de : B. Nolin, G. Godin et D. Prud'homme (2000), p. 171.

a Tout mouvement corporel produit par les muscles squelettiques et produisant une dépense énergétique plus élevée que le métabolisme de repos (USDHHS, 1996, p. 20).

b Plusieurs activités de ces trois catégories sont physiquement très semblables ou même identiques. Ce qui les différencie, principalement, est le fait d'être rémunérées ou non rémunérées, ainsi que l'endroit et/ou le contexte dans lequel elles sont pratiquées.

c Activités physiques pratiquées durant les temps libres (sports, conditionnement physique, plein air, etc.).

ANNEXE 2

Recommandations d'activité physique : adultes et jeunes

A) ADULTES (18 ans et plus) :

Le niveau recommandé (actif : adultes), si on le répartit sur l'ensemble de la semaine, équivaut (par exemple) à au moins 30 minutes de marche rapide tous les jours. Le même niveau peut être atteint en pratiquant diverses autres activités à des fréquences, des durées et des intensités variées. Cependant, une fréquence minimale de trois jours par semaine doit être respectée. De plus, l'intensité de l'effort devrait correspondre, au minimum, à une marche d'un pas modéré (voir exemples au tableau A2.1).

Le niveau recommandé, particulièrement si on est une personne sédentaire, devrait être atteint graduellement. De plus, certains bénéfices seront déjà au rendez-vous avant même que le niveau recommandé soit atteint. Nous fournissons, au tableau A2.2, des exemples pour chacun des niveaux d'activité physique qui mène, graduellement, vers le niveau recommandé (Actif : adultes).

B) JEUNES (5 à 17 ans)

Le niveau recommandé (actif : jeunes), si on le répartit sur l'ensemble de la semaine, équivaut (par exemple) à au moins 60 minutes de marche rapide tous les jours. Le même niveau peut être atteint en pratiquant diverses autres activités à des fréquences, des durées et des intensités variées. Une fréquence minimale de cinq jours par semaine, chez les jeunes, devrait être respectée. De plus, l'intensité de l'effort devrait correspondre, au minimum, à une marche d'un pas modéré (voir exemples au tableau A2.3).

Le niveau recommandé, particulièrement si un jeune est assez sédentaire, devrait être atteint graduellement. Une première étape, dans ce cas, serait d'atteindre le niveau recommandé pour les adultes (actif : adultes). De plus, le choix des activités doit être adapté à son âge, ses goûts personnels et, dans la mesure du possible, facilement accessible dans son entourage immédiat. Le tableau A2.4 donne quelques exemples pour chacun des trois niveaux d'activité physique retenus pour les jeunes.

TABLEAU A2.1 **Dix exemples, chez les 18 ans et plus, permettant d'atteindre le niveau recommandé (Actif : adultes)**

ACTIVITÉ (intensité[a])	DURÉE[b] (minutes par jour)	FRÉQUENCE[c] (jours par semaine)
Marche (pas modéré)	40	7
Marche (pas modéré)	55	5
Marche (pas rapide)	30	7
Marche (pas rapide)	40	5
Patins sur glace (effort léger)	50	3
Ski de randonnée (effort léger)	40	3
Raquette (pas normal)	35	3
Natation (crawl, effort léger)	40	3
Bicyclette (effort léger)	45	3
Jogging (vitesse modérée)	30	3

Adapté de : Nolin, Prud'homme, Godin, Hamel et coll., 2002

a Intensité : aucune vitesse précise (km/h) n'est indiquée, car l'effort doit être adapté aux capacités personnelles de chacun, selon son âge, son niveau de condition physique et son état de santé.

b Durée : durée minimale, approximative. De plus, cette durée peut être fractionnée en périodes plus courtes (minimum 10 minutes) si la personne préfère cette formule. [Exemple : marche rapide (3 fois 10 minutes au lieu de 1 fois 30 minutes)]

c Fréquence : minimum de trois jours par semaine.

Note : le niveau recommandé peut, aussi, être atteint en combinant diverses activités au cours de la semaine (activités sportives, de plein air, de conditionnement physique ou de danse).

TABLEAU A2.2 **Trois exemples, chez les 18 ans et plus, pour chacun des niveaux d'activité physique**

NIVEAU	ACTIVITÉ (intensité[a])	DURÉE (minutes par jour)	FRÉQUENCE (jours par semaine)
Actif	Marche (pas modéré)	40	7
	Marche (pas rapide)	40	5
	Jogging (vitesse modérée)	30	3
Moyennement actif	Marche (pas modéré)	40	4
	Marche (pas rapide)	40	3
	Jogging (vitesse modérée)	30	2
Un peu actif	Marche (pas modéré)	40	2
	Marche (pas rapide)	40	1
	Jogging (vitesse modérée)	30	1
Sédentaire	Toutes	Toutes	Inférieure à 1

Adapté de : Nolin, Prud'homme, Godin, Hamel et coll., 2002, p.24-25

a Intensité : aucune vitesse précise (km/h) n'est indiquée, car l'effort doit être adapté aux capacités personnelles de chacun, selon son âge, son niveau de conditionphysique et son état de santé.

TABLEAU A2.3 **Dix exemples, chez les 12 à 17 ans, permettant d'atteindre le niveau recommandé (Actif : jeunes)**

ACTIVITÉ (intensité[a])	DURÉE[b] (minutes par jour)	FRÉQUENCE[c] (jours par semaine)
Marche (pas modéré)	80	7
Marche (pas modéré)	110	5
Marche (pas rapide)	60	7
Marche (pas rapide)	80	5
Patins sur glace (effort modéré)	50	5
Ski alpin (effort modéré)	55	5
Soccer (jeu en équipe)	50	5
Basketball (jeu en équipe)	40	5
Natation (crawl, effort modéré)	40	5
Bicyclette (effort modéré)	40	5

Adapté de : Nolin, Prud'homme, Godin, Hamel et coll., 2002, p.24-25

a Intensité : aucune vitesse précise (km/h) n'est indiquée, car l'effort doit être adapté aux capacités personnelles de chacun, selon son âge, son niveau de condition physique et son état de santé.

b Durée : durée minimale, approximative. De plus, cette durée peut être fractionnée en périodes plus courtes (minimum 10 minutes) si la personne préfère cette formule. [Exemple : marche rapide (3 fois 10 minutes au lieu de 1 fois 30 minutes)]

c Fréquence : minimum de cinq jours par semaine.

Note : le niveau recommandé peut, aussi, être atteint en combinant diverses activités au cours de la semaine (activités sportives, de plein air, de conditionnement physique ou de danse).

TABLEAU A2.4   **Trois exemples, chez les 12 à 17 ans, pour chacun des niveaux d'activité physique**

NIVEAU	ACTIVITÉ (intensité[a])	DURÉE (minutes par jour)	FRÉQUENCE (jours par semaine)
Actif (jeunes)	Marche (pas rapide)	60	7
	Soccer (jeu en équipe)	50	5
	Bicyclette (effort modéré)	40	5
Actif (adultes)	Marche (pas rapide)	45	5
	Soccer (jeu en équipe)	50	3
	Bicyclette (effort modéré)	40	3

Inférieur, actif (adultes) : Voir subdivision et exemples ci-dessous.

Moyennement actif	Marche (pas rapide)	45	3
	Soccer (jeu en équipe)	50	2
	Bicyclette (effort modéré)	40	2
Un peu actif	Marche (pas rapide)	45	2
	Soccer (jeu en équipe)	50	1
	Bicyclette (effort modéré)	40	1
Sédentaire	Toutes	Toutes	Inférieur à 1

Adapté de : Nolin, Prud'homme, Godin, Hamel et coll., 2002, p.24-25

a Intensité : aucune vitesse précise (km/h) n'est indiquée, car l'effort doit être adapté aux capacités personnelles de chacun, selon son âge, son niveau de condition physique et son état de santé.

Les coopératives de santé contre le modèle Jean Coutu

Jean-Pierre Girard

Université de Montréal

Le paysage des services professionnels de santé de première ligne change profondément au Québec. En même temps que les CLSC sont fusionnés aux hôpitaux et que l'avenir de leur mission soulève des questions, le développement à un rythme soutenu de cliniques médicales privées associées à de grandes surfaces commerciales, dont le groupe Jean Coutu, ne va pas sans changer radicalement l'approche à la santé. Il est possible d'imaginer une troisième voie, complémentaire, laissant une place plus significative aux citoyens dans la gouverne des établissements de première ligne. Les quelques coopératives de services de santé l'ont déjà démontré, mais à l'instar d'autres pays, il faut pousser plus loin la mise en œuvre.

Dans les années 1960, porté par le vent de renouveau de la Révolution tranquille, s'est mis en place au Québec un réseau de cliniques populaires. Fruit de la mobilisation de citoyens engagés et de professionnels de la santé fraîchement diplômés cherchant une voie originale de pratique, ces cliniques se caractérisaient par quelques grandes idées novatrices pour l'époque : place des citoyens dans la gouverne de l'éta-

blissement et sur des comités de travail, approche holistique de la personne conciliant santé et dimension sociale, pratique multidisciplinaire, etc. Terreau d'innovation sociale, au début des années 1970, ces cliniques serviront de socle à la mise en place du réseau des Centres locaux de services communautaires (CLSC). Seule la clinique de Pointe Saint-Charles saura préserver une certaine autonomie à l'égard de ce mouvement d'intégration dans l'appareil de l'État.

Au fil des décennies, les CLSC devront composer avec un phénomène d'institutionnalisation ayant notamment comme conséquence d'éroder graduellement l'emprise citoyenne sur ces organisations. En 2005, les CLSC sont intégrés dans les nouvelles structures portant le nom de Centre de santé et de services sociaux. Les CSSS regroupent aussi d'autres types d'établissements, tels les Centres hospitaliers et les Centres d'hébergement de soins de longue durée. Avec ce mouvement de fusion, la participation citoyenne dans les instances du réseau public de santé est réduite à une peau de chagrin.

Une douzaine de coops

En marge de ce qui se passe dans le réseau public, depuis une dizaine d'années au Québec, une nouvelle génération d'initiatives dites de la société civile voit le jour dans le domaine des services de santé. Des citoyens, avec ou sans la collaboration de professionnels de la santé, renouent avec l'engagement dans le milieu de la santé en œuvrant à la mise en place d'une entreprise collective qui porte le nom de coopérative. La bonne vieille formule coopérative qui a servi de fer de lance au développement de la grande institution financière qu'est le Mouvement Desjardins, du vaste réseau de coopératives agricoles, de milliers de logements locatifs à coût abordable, de dizaines de coopératives de services funéraires, des coopératives de travailleurs actives dans la création d'emplois et quoi encore est de nouveau mise à contribution. En quelques mots, des citoyens se réunissent sur une base volontaire pour satisfaire leurs besoins au moyen d'une entreprise dont la propriété est collective et où le pouvoir est exercé démocratiquement.

Depuis le milieu des années 1990, une douzaine de projets de coopératives de santé ont été élaborés. De ce nombre, cinq ont quitté le stade de la planche à dessin pour devenir réalité et être toujours en activité, soit à Saint-Étienne-des-Grès, Saint-Cyrille-de-Wendover, Sainte-Thècle, Aylmer et Contrecœur. Loin d'un processus d'institutionnalisation, il s'agit donc d'un terrain ouvert à l'expérimentation. Regardons-y de plus près.

Sur le plan des conditions d'émergence, ces projets sont tous portés par le même contexte, celui des citoyens animés par un profond désir d'amélio-rer la prestation des services de santé sur un territoire donné. Dans la majorité des cas, il s'agit de corriger une pénurie locale, il n'y a pas de médecins à proximité! La solution ne venant ni de l'État, nenni les CLSC, ni de médecins avec le statut d'entrepreneur, ni de grandes surfaces commerciales, ces citoyens ont donc mis la main à la pâte pour devenir entrepreneurs et lancer un projet de centre de santé! On ne s'improvise pas artisan d'un tel projet du jour au lendemain. La collaboration des autorités municipales et de la Caisse locale apporte un soutien clé non seulement en matière de soutien financier et humain, mais aussi d'expertise, de réseautage, de mobilisation d'acteurs.

Quatre de ces coopératives, localisées en milieu rural, ont démarré le projet d'un point zéro, c'est-à-dire construction ou achat d'un édifice, location d'espaces à des professionnels dont le difficile défi d'intéresser des médecins, recrutement de membres, etc. Pour l'essentiel, ces coopératives offrent donc l'accès à des médecins et parfois à d'autres services de santé. Cette formule de services de santé sur place permet à des gens d'éviter de se déplacer sur des distances appréciables.

Le cas de la cinquième coopérative est doublement intéressant. Il se déroule en milieu urbain et consiste en l'acquisition d'une clinique médicale avec des ressources professionnelles en place. On fait ainsi la démonstration qu'il n'y a pas qu'en milieu rural que ce type de mobilisation de la société civile peut se développer et qu'il est possible de développer un partenariat avec des médecins qui ont déjà une pratique d'établie. L'achat par une coopérative du Centre médical d'Aylmer-Lucerne située dans le secteur Aylmer de la ville de Gatineau constitue en fait une première au pays. La coopérative compte plus de 3200 membres usagers et a à son emploi 14 employés. Une équipe de six médecins y exercent leur profession et on y offre une grande variété de services de santé telles la médecine familiale, la radiologie, l'orthothérapie, la massothérapie. En outre, elle est engagée dans une intéressante programmation en matière de prévention. Parmi les projets en chantier, en collaboration avec la coopérative de techniciens-ambulanciers, la coopérative veut mener une campagne de sensibilisation du grand public à la procédure de réanimation cardiaque (RCR) et aux premiers soins. Un autre projet consiste en des interventions auprès d'immigrants de fraîche date pour prévenir les maladies chroniques et une étude sur les besoins socio-sanitaires des adolescents pour des actions correctrices ultérieures.

Soucieuses de s'ouvrir à la contribution du plus grand nombre dans le milieu, ces organisations ont un statut de coopérative de solidarité. Sont donc membres non seulement les utilisateurs des services, mais aussi les employés et une troisième catégorie dite de membres de soutien. Cette dernière catégorie s'adresse à des individus et des corporations qui, sans avoir l'un des statuts précédents, adhèrent à la mission de la coopérative. Chacune de ces catégories a droit à une représentation au conseil d'administration. Il s'agit sans l'ombre d'un doute d'un système de gouverne nourri par la participation pleine et entière des parties prenantes, ce qui permet une plus grande proximité avec les besoins du milieu. Alors,

comment expliquer que le nombre de ces organisations soit aussi réduit quand les besoins d'accès à des services de santé de première ligne semblent si importants ?

La grande séduction version grand capital

Un des secrets les mieux gardés au Québec est probablement la reconfiguration en profondeur du réseau des cliniques médicales. On a tous à l'esprit cette clinique de quartier propriété de médecins, clinique dans laquelle on trouve un comptoir de pharmacie où, le cas échéant, on peut acheter ses médicaments, faire remplir son ordonnance. Or, cette figure risque de relever de plus en plus d'un modèle marginal. Depuis quelque temps, de grandes organisations commerciales se sont résolument engagées dans des stratégies d'attraction de médecins. Sous le modèle d'affaires du marché de destination (One-stop-shop), soit la concentration de la consommation au même endroit, ces grandes chaînes de pharmacies ou d'épiceries veulent s'assurer d'avoir à proximité du commerce une clinique médicale. En d'autres mots, si par le passé, la présence d'un comptoir de pharmacie était généralement en annexe à la clinique, le rapport est maintenant inversé : la clinique est désormais l'extension de la pharmacie.

Prenons le cas du leader en ce domaine au Québec, le groupe Jean Coutu (PJC).

La forme que prend cette intégration se décline en deux modèles, celui où des médecins sont propriétaires d'une clinique médicale et s'installent à proximité d'une pharmacie PJC, et celui où PJC est lui-même propriétaire de la clinique, ce que l'on appelle une PJC clinique. Selon des données de 2004, pour le seul groupe PJC cela représentait au total plus de 80 cliniques où pratiquent des centaines de médecins, voire plus de 1000, essentiellement des omnipraticiens. Le groupe capitalise de la sorte sur une reconfiguration de la pratique médicale : l'augmentation des coûts de gestion des cliniques, le plafonnement de la rémunération des médecins, le vieillissement du corps médical et la féminisation de la pratique. En fait, la tendance semble se dessiner clairement : les nouveaux médecins ne veulent ni investir dans la propriété de cliniques médicales, ni s'engager à long terme avec d'autres médecins, ni gérer une clinique. Ils ne sont pas intéressés à la pratique en cabinet privé dans les conditions actuelles. Ils sont donc perméables à des propositions de cliniques adaptées sur mesure et peu coûteuses à utiliser, comme le proposent les chaînes de pharmacies et de supermarchés. Pour les jeunes femmes médecins, le fonctionnement d'une clinique médicale est de plus en plus coûteux et difficile à concilier avec les congés de maternité. Elles se sentent pénalisées au côté rémunération. Elles cherchent donc des conditions d'exercice qui répondent mieux à la conciliation famille-travail.

Loblaw suit la même tangente que le groupe PJC. En date de juin 2005, ce groupe commercial, le plus important au Canada dans la distribution alimentaire, comptait une trentaine de ces cliniques médicales, en Ontario et dans les Maritimes, avec la ferme intention d'implanter à court terme le modèle au Québec. Des cliniques installées à proximité de supermarchés ou, comme par hasard, l'on trouve une pharmacie ! On aurait tort de penser que le paysage est complet. Dans un secteur marqué par une forte concurrence et des mouvements de fusion intégration, la table semble mise pour la multiplication de ce modèle d'affaires : Pharmaprix, porte-étendard au Québec du groupe Shoppers Drug Mart, qui, au Canada, occupe le premier rang de la liste des pharmacies de détail et des fournisseurs de produits et de services pharmaceutiques ; Essaim et Obonsoins, qui ont récemment fusionné pour donner naissance au groupe PharmESSOR, et le groupe Métro, qui a acquis la chaîne de pharmacies Brunet. Il faut également évoquer d'autres grandes surfaces logeant une pharmacie, comme Wal-Mart, Zellers, IGA. Dernier sur la liste et non le moindre, Costco songe à ouvrir d'ici peu des pharmacies dans ses succursales. Une clinique médicale suivra-t-elle ? Pourquoi pas. Au demeurant, la multiplication des pharmacies ne devrait pas étonner. Le Québec remporte la palme du plus grand nombre d'ordonnances par citoyen au pays et par voie de conséquence, la plus forte concentration de pharmacies par habitant et en croissance. À titre d'exemple, Uniprix (avec ses UniCliniques), qui opère uniquement au Québec, fait partie des cinq plus grandes chaînes de pharmacies au Canada en ce qui concerne le chiffre d'affaires.

Cette nouvelle proximité de cliniques médicales à ces commerces ne répond pas seulement à la volonté de faciliter la consommation des personnes en un seul endroit, mais aussi à renforcer la liaison médecins-pharmacies, par le truchement des ordonnances dans un contexte où les premiers sont en pénurie. Qui plus est, dans un contexte où on n'arrête pas de nous dire que les coûts des médicaments et du système de santé augmentent, il faut se poser bien des questions sur l'offensive des grandes chaînes et du « prétexte de la proximité ».

Baliser le développement, faire des choix de société

La généralisation de ce nouveau modèle d'affaires ne va pas sans soulever des questions, poser des enjeux. La concentration de médecins au même endroit ne risque-t-elle pas d'entraîner des fermetures de cliniques ? Quelle part des 65 cliniques fermées à Montréal de 1998 à 2002 est liée à cette tendance ? Par ailleurs, considérant que ce modèle d'affaires se développe dans un milieu comptant une certaine densité de population – on évoque un minimum de 8000 à 10 000 personnes comme seuil de rentabilité –, ces cliniques, qui cherchent à attirer de nouveaux médecins, ne risquent-elles pas d'entraîner la fermeture des cliniques installées dans des petites communautés comptant de 4000 à 5000 habitants ? Une des conséquences est de forcer ainsi une population vieillissante à se déplacer davantage pour consulter un médecin.

À un autre niveau, ces cliniques se développent essentiellement sous un mode sans rendez-vous. Bien que fort utile, la multiplication à grande échelle de ce type de cliniques n'est-elle pas en contradiction avec un discours sur le nécessaire suivi médical du dossier du patient ?

À l'image de la coop santé Aylmer, verra-t-on ces cliniques lancer des programmes de prévention, promouvoir à grande échelle de saines habitudes de vie et autres ? Le développement de ces cliniques constitue-t-il une avancée sur la place des citoyens dans la gouverne de la santé ou plutôt sa réduction au seul statut de consommateur ? Poser la question c'est y répondre !

Que faire ? Des voix commencent à s'élever pour explorer d'autres scénarios. Revenons au modèle coopératif. Dans certains pays, loin d'occuper la portion congrue qui est celle de la poignée de coopératives dans le domaine de la santé au Québec, ces organisations sont davantage présentes dans le système, reconnues pour être avant-gardistes. Ainsi depuis le début des années 1950, au Japon, s'est développé un réseau de plus d'une centaine de coopératives qui possèdent des hôpitaux, des cliniques, des centres de soins spécialisés pour personnes âgées, mais il y a plus. Ce réseau, qui compte plus de 2,4 millions de ménages propriétaires-usagers, se singularise par son dynamisme en matière de prévention santé, au point d'être cité par l'Organisation mondiale de la santé comme référence dans le domaine : programme d'intervention précoce auprès des jeunes, tenue de kiosques d'information dans des lieux publics incluant des tests de mesure d'indicateurs santé, promotion à large échelle d'un manifeste sur les saines habitudes de vie, mise en place de réseaux de contacts pour briser l'isolement des personnes âgées, etc. Ces investissements dans ces activités n'ont pas de retombées en terme de rendement sur des actions, de profitabilité exceptionnelle de l'industrie pharmaceutique, ils ont plutôt une incidence à moyen terme et à long terme sur la santé des gens des milieux où évoluent ces organisations. Vecteur de privatisation que ce réseau ? Non, par entente contractuelle, les coopératives sont remboursées par les différentes caisses d'assurance maladie selon un barème fixé par l'État. Pour les membres, outre la souscription d'une part sociale de qualification établie à environ 30 $, ils sont invités, sur une base volontaire à souscrire mensuellement un modeste montant additionnel sur une base mensuelle pour l'achat de nouveaux équipements et le développement de services. Cette tarification est donc accessible au plus grand nombre. Ce réseau a aussi mis au point une charte des droits des patients précisant notamment les droits du patient d'avoir une information juste et transparente sur son état de santé et de participer de façon éclairée aux décisions d'interventions (opérations) sur son corps.

On l'aura deviné, dans ce type d'organisation, la fonction pharmacie n'a qu'un rôle instrumental, subsidiaire. La personne n'est pas réduite dans sa seule composante consommateur.

Du côté du Royaume-Uni, incontournable modèle de référence pour le système de santé canadien, depuis plus de dix ans, on est engagé dans une série d'innovations organisationnelles visant globalement une meilleure performance, par exemple en matière d'accès aux services. Étrangement, certaines mesures sont rien de moins qu'aux antipodes du chemin suivi au Québec. Deux cas. Le National Health Service (NHS) embauche plus d'un million et demi d'employés, ce qui, à l'échelle internationale, en fait la troisième organisation publique en importance dans le champ sociosanitaire. On a reconnu les limites de la centralisation : inefficacité,

lourdeur bureaucratique, application de formules mur à mur et distance accrue avec les besoins du terrain. Depuis quelque temps, on expérimente la mise en place pour les hôpitaux publics d'un équivalent à des conseils consultatifs (hospital trust) dans lequel on souhaite laisser davantage de place dans le processus décisionnel aux parties prenantes du milieu dont, bien entendu, des citoyens. L'implication des citoyens est soutenue par des programmes de formation, d'habilitation visant à rehausser leur niveau de connaissance du milieu de la santé. Plus du quart des établissements hospitaliers seraient déjà engagés dans cette voie. Autre cas, on mandate des médecins à se regrouper et à prendre en charge la couverture d'un territoire donné notamment en soirée, la nuit et les week-ends. Question de se donner une base de rapport égalitaire et d'avoir une pratique qui n'est pas orientée par une finalité lucrative, plusieurs médecins ont choisi le modèle coopératif. Ainsi dans le quartier sud-est de Londres, la coopérative SELDOC regroupe près de 500 médecins et offre ses services à plus d'un million de citoyens, services de références au téléphone, info-santé version britannique, services à domicile, clinique de santé-voyage, etc. Bien que l'expérience soit encore jeune, il s'avère que sur un certain nombre d'indicateurs, la performance s'est nettement améliorée, résolution d'un nombre accru de cas au téléphone évitant ainsi le déplacement du patient ou du médecin, délai d'attente raccourci, taux de fidélité plus élevé des médecins à l'organisation, etc.

En Espagne, à l'initiative d'un médecin visionnaire, le docteur José

Espriu, depuis près de 50 ans, un vaste réseau d'entreprises collectives dans le domaine de la santé s'est mis en place. En fait, on trouve réunies sous une fondation éponyme de ce Catalan décédé en 2002 des coopératives de médecins, contrôlant des compagnies d'assurance, propriétaires et gestionnaires d'un réseau d'une vingtaine de cliniques, une coopérative multisociétaire, usagers et travailleurs propriétaire d'un hôpital, l'hôpital de Barcelone, etc. Dans un livre publié en 1995, *Mrs. Life*, le docteur Espriu développe sa pensée du modèle souhaitable en santé : un système dans lequel patients et prestataires jouent un rôle de premier plan dans la gouverne des établissements, des organisations qui ne sont pas motivées par la recherche du profit et l'enrichissement personnel, mais l'amélioration continue des services, le réinvestissement dans l'achat d'équipements, etc. Sur cet idéal se sont donc bâties de multiples organisations regroupant plus de 20000 médecins. Près de 170 000 citoyens ont le statut de membres-usagers de l'hôpital de Barcelone, en plus des 770 membres-travailleurs.

Ces quelques cas parlent d'eux-mêmes : n'en déplaise à certains, en matière de système de santé, on est loin d'être condamné à composer avec le seul modèle public-privé à finalité lucrative. Une troisième voie existe et, comme l'a démontré une importante étude réalisée par l'Organisation des Nations unies en 1997, il y a dans cette voie un riche potentiel d'actions complémentaires avec les établissements publics en santé. Pourquoi? On l'a vu, la coopérative ne pratique pas la discrimination selon le statut socioé-

conomique des personnes, les croyances, ou autres, elle est ouverte à tous. Il s'agit d'une organisation centrée sur les besoins des personnes plutôt que sur la quête compulsive du profit. En ce sens, sans renier la pertinence d'une saine rentabilité des opérations, la coopérative n'hésitera pas à s'engager dans des actions en matière de santé qui ont une portée dans le moyen terme et le long terme : on pense en particulier au domaine de la prévention et de la promotion de la santé. Par ailleurs, comme c'est le cas pour la coopérative de solidarité, on trouve inscrite dans son code génétique toute l'ouverture nécessaire à la participation des parties prenantes clés. Enfin, considérant que la coopérative appartient à des gens d'un milieu donné, ses liens avec la communauté ne font pas de doute : elle ne pratiquera pas la délocalisation, à moins que ce soit le choix des membres.

Et maintenant? Il y a sur le terrain, celui des services de santé de première ligne, un combat à armes inégales : d'un côté, des organisations avec des ressources financières considérables qui ont donc une grande facilité à développer des cliniques médicales, d'y attirer des médecins et dans lequel l'influence de l'industrie pharmaceutique mériterait d'être mieux connue; de l'autre, des citoyens et des organismes locaux qui souhaiteraient bien améliorer le sort de leur milieu de vie, mais dont les ressources sont très limitées.

Le développement du modèle d'affaires grandes surfaces dans la propriété et la gestion des cliniques médicales est à terme une puissante menace sur des fondements du système de santé : participation citoyenne, promotion de la santé publique, pratiques de prévention, logique d'usage plutôt que logique mercantile, répartition des effectifs sur le territoire. Ce scénario n'est pas inéluctable. Il y aurait lieu d'explorer la formule d'ententes contractuelles entre le réseau public et des coopératives de santé : ententes sur certaines couvertures d'actes et de prestations auprès de populations d'un territoire donné, de plages horaires et autres en contrepartie d'un soutien actif au développement dont le recrutement de médecins. Relevant avant tout d'une approche de reconnaissance et de collaboration de l'État à l'égard des entreprises collectives plutôt que de contrôle et d'instrumentation, cette formule chercherait donc à contrecarrer les effets pervers de la généralisation du modèle marchand cité plus haut. Un scénario plus radical serait la concertation à grande échelle d'acteurs de la société civile et de professionnels de la santé à la vision humaniste pour mettre de l'avant une stratégie qui dépasse la seule dénonciation de la privatisation du système de santé, mais qui inclut la formulation de propositions audacieuses de renouvellement, appuyées notamment sur l'engagement du citoyen.

Au bas de l'échelle, tout n'est pas joué à l'âge de 4 ans

Ginette Paquet et Denis Hamel
Institut national de santé publique du Québec

Au Québec, un enfant de quatre ans risque davantage de voir sa santé et son développement compromis s'il vit depuis sa naissance au sein d'une famille située au bas de l'échelle sociale. Cependant, la vapeur peut être renversée si certains facteurs de protection entrent en jeu. C'est ce qui ressort de nos travaux. Par exemple, pour un tout-petit de quatre ans, vivre depuis sa naissance au sein d'une famille située au bas de l'échelle accroît de près de 42 % le risque d'être aux prises avec de l'embonpoint par rapport aux enfants du même âge et venant d'un milieu aisé. Comparativement à ses pairs issus d'un milieu favorisé, il court également environ 112 % plus de risque d'avoir des caries. Il en va de même de l'hyperactivité-inattention, de l'asthme et de l'hospitalisation. Or, on découvrira que certains facteurs peuvent protéger les enfants défavorisés des risques auxquels leur milieu les expose. Au fil des pages, nous ferons la lumière sur ces constats tout en proposant des pistes concrètes pour l'action publique.

Puisque les enfants ne naissent pas dans des familles disposant d'un accès égal aux ressources économiques, affectives et sociales et comme ces désavantages semblent être reliés, on peut aisément reconnaître que la petite enfance participe à la production des inégalités sociales de santé. Plusieurs études longitudinales viennent confirmer cet effet du statut socioéconomique de la famille sur la santé des enfants, mais surtout sur les parcours sanitaires à long terme des individus. Nos travaux s'inscrivent dans le courant des études qui traitent des influences de la trajectoire de vie sur la santé (Paquet *et al.*, 2003 ; 2005 ; Paquet, 2005). On porte ainsi un intérêt aux conditions de défavorisation sociale transmises aux enfants lors de la première socialisation, c'est-à-dire aux chances inégales de départ dans la vie (Barker, 1995 ; Marmot *et al.*, 2004 ; Power *et al.*, 1997 ; Siegrist *et al.*, 2004 ; Wadsworth, 1999). Pour ces enfants désavantagés, on observe en général une exposition à des conditions sociales défavorables pendant l'adolescence et leur vie de jeune adulte. Cette trajectoire sociale conduit à une augmentation des risques de maladies autour de la quarantaine et de la cinquantaine. Dans ce contexte, on peut penser, tout comme Willms (2003), que l'élaboration de politiques publiques visant à réduire les inégalités sociales en santé doit s'appuyer sur les efforts de recherche ayant pour but de « discerner les risques et les facteurs de protection qui modifient ou modèrent le gradient socioéconomique, ou qui ont un impact sur les résultats sociaux et sanitaires en sus des effets associés au statut socioéconomique » (Willms, 2003). L'Étude longitudinale du développement des enfants du Québec (ÉLDEQ), dont les données sont recueillies par l'Institut de la statistique du Québec, nous procure une remarquable occasion de travailler en ce sens[1].

Avant de poursuivre, il importe de rappeler certaines limites de notre étude. La taille de l'échantillon, la faible prévalence de problèmes de santé et de développement parmi les jeunes enfants, contrairement à une cohorte composée de personnes âgées, même que la sévérité de notre indicateur de faible position sociale persistante font en sorte que l'on n'obtient pas toujours des seuils irréprochables de signification statistique. Néanmoins, en nous inspirant des tendances observées et de résultats obtenus avec d'autres études longitudinales, l'ÉLDEQ procure ici une occasion inouïe de déceler des facteurs qui pourraient diminuer l'inégalité sociale des jeunes enfants devant la santé, car, à l'échelle du Québec, nous pouvons maintenant décrire les changements

qui surviennent dans la vie des tout-petits et de leur famille entre la naissance et l'âge scolaire.

Au Québec, dans quelle mesure la santé de jeunes enfants est-elle liée à la position sociale de leur famille ?

Comme il fallait s'y attendre, plus la position sociale des familles est élevée, meilleure est la santé des tout-petits[2]. Les résultats présentés à la figure 1 montrent en effet que l'hospitalisation, l'asthme, l'embonpoint, l'hyperactivité/inattention, la carie dentaire et la non-consultation de pédiatre et de dentiste sont positivement associés à la faible position sociale des familles[3].

On doit toutefois se poser la question suivante : si dans toutes les classes sociales, il y avait par exemple la même proportion de tout-petits ayant été allaités, d'enfants vivant dans des

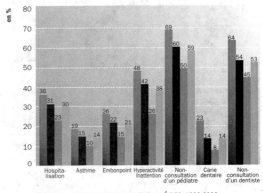

GRAPHIQUE 1 **Prévalence de certains indicateurs de la santé et du développement des enfants d'environ 4 ans selon la position sociale de la famille, Québec, 1998-2002**

Source : Institut de la statistique du Québec, ÉLDEQ, 1998-2002.

321

familles monoparentales ou d'enfants dont les parents fument à la maison (ce qui n'est pas le cas, bien sûr), pourrait-on encore observer des différences de santé selon la position sociale de la famille? C'est dans le but de neutraliser les effets de ces caractéristiques et de ces facteurs[4] que des analyses plus fines (multivariées) ont été effectuées.

L'hospitalisation

Quand les effets d'un ensemble de facteurs et de caractéristiques sont pris en compte, les résultats indiquent un lien affaibli entre l'hospitalisation et la position sociale de la famille, bien qu'on observe une tendance à l'avantage des enfants favorisés. Cela dit, le fait pour des bambins d'environ 4 ans de vivre depuis leur naissance au sein d'une famille située au bas de l'échelle sociale

accroît leur risque d'environ 41 % d'avoir séjourné au moins une nuit à l'hôpital, comparativement aux bambins de position sociale élevée (tableau A.3 en annexe). Outre un faible statut socioéconomique, d'autres facteurs augmentent la probabilité des tout-petits de passer au moins une nuit à l'hôpital : vivre dans une famille monoparentale, ne pas avoir été allaité pendant au moins six mois et avoir une mère non immigrante et qui déclare ne pas être en très bonne santé.

Observons maintenant ce que révèle l'examen de facteurs en mesure de modifier l'association entre l'hospitalisation et la position sociale de la famille[5]. En premier lieu, on constate que parmi les enfants qui n'ont pas été allaités pendant au moins six mois, l'influence de la position sociale sur la probabilité d'avoir séjourné une nuit à l'hôpital est forte, alors qu'elle se dissipe chez ceux l'ayant été (graphique 2). Concrètement, pour les enfants ayant été allaités pendant six mois, l'influence du statut socioéconomique sur la probabilité d'avoir séjourné au moins une nuit à l'hôpital depuis leur naissance ne semble pas jouer. Il est à noter que, peu importe l'appartenance sociale, les probabilités d'avoir été hospitalisé une nuit sont plus faibles dans ce groupe que dans les familles où l'enfant n'a pas été allaité pendant au moins six mois.

Maintenant, bien que l'interaction ne soit pas statistiquement significative au seuil retenu, nous avons procédé à l'examen du soutien instrumental et émotif reçu des grands-parents. Même si la taille de l'échantillon et la sévérité de notre indicateur de faible position

GRAPHIQUE 2 **Comparaison des liens entre la position sociale de la famille et l'hospitalisation de l'enfant selon le mode d'alimentation et la présence ou non du soutien des grands-parents, Québec, 1998-2002**

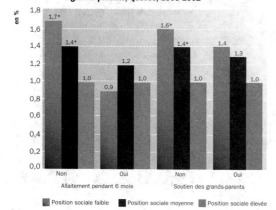

* Rapports de cotes significatifs au seuil de 5 %.
Interactions : Allaitement p = 0,10; Soutien des grands-parents p = 0,20.
Source : Institut de la statistique du Québec, ÉLDEQ, 1998-2002.

sociale persistante ne nous permettent pas d'obtenir le seuil de signification statistique souhaité, la tendance observée offre une piste d'intervention : le soutien instrumental et émotif des grands-parents. Ce dernier pourrait atténuer la relation entre l'hospitalisation de l'enfant pour au moins une nuit et la position sociale qu'occupe sa famille. En d'autres mots, dans les familles défavorisées où les grands-parents apportent leur soutien, la faible position sociale aurait un impact plus modeste sur la probabilité d'avoir été hospitalisé, une fois pris en compte l'ensemble des autres facteurs. Ces résultats révèlent le potentiel de protection de deux facteurs : l'allaitement maternel pour une période d'au moins six mois, d'une part, et, d'autre part, le rôle bénéfique du soutien des grands-parents.

Les crises d'asthme

Nos résultats montrent qu'en contrôlant l'effet de certains facteurs, l'association entre la position sociale et la probabilité de subir une crise d'asthme pour les tout-petits est amenuisée, au point de devenir non significative sur le plan statistique, même si l'on observe toujours une tendance dans le sens attendu (tableau A.3 en annexe). Ainsi, les enfants de familles se situant au bas de l'échelle sociale depuis leur naissance ont environ 47 % plus de probabilités d'avoir une crise d'asthme que leurs pairs issus de familles favorisées, lorsque l'on tient compte des autres facteurs.

L'examen des facteurs modifiants nous apprend ce qui suit (graphique 3). Pour les enfants qui vivent dans une famille de faible position sociale depuis la naissance, la probabilité plus élevée

d'avoir subi une crise d'asthme s'estompe quand ceux-ci vivent dans une demeure où il n'y a ni chien ni chat. En pratique cela signifie que, dans les familles sans chat ou chien, les tout-petits courent les mêmes risques élevés d'avoir une crise d'asthme indépendamment de leur appartenance sociale, une fois pris en compte l'ensemble des autres facteurs.

Compte tenu des résultats provenant d'autres études, nous avons une fois de plus examiné les contrastes concernant la « présence de fumée secondaire dans la maison » et la « santé déclarée de la mère » (données non présentées), bien que les tests d'interactions n'aient pas donné de résultats statistiquement significatifs. Néanmoins, la tendance

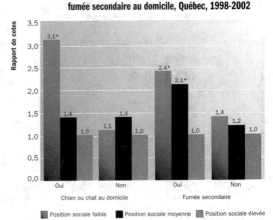

GRAPHIQUE 3 **Comparaison des liens entre la position sociale de la famille et les crises d'asthme selon la présence de chiens ou de chats à la maison et l'exposition à la fumée secondaire au domicile, Québec, 1998-2002**

* Rapports de cotes significatifs au seuil de 5 %.
Interactions : Chien ou chat p = 0,03 ; Fumée secondaire p = 0,18 pour le test si la différence entre les positions sociales moyenne et faible est égale pour les enfants exposés et non exposés.
Source : Institut de la statistique du Québec, ÉLDEQ, 1998-2002.

observée nous amène à penser que les désavantages liés à la position sociale de leur famille s'amenuisent pour les enfants vivant dans une maison où il n'y a pas de fumée secondaire ou encore pour ceux vivant avec une mère se déclarant en bonne santé.

Ainsi, sur le plan de la santé, deux autres facteurs sont susceptibles de rendre un peu plus égaux socialement les enfants d'environ 4 ans : la non-exposition à la fumée secondaire et une mère en très bonne santé. Par ailleurs, précisons que l'absence de chiens ou de chats dans la maison familiale semble faire perdre aux enfants favorisés leur position avantageuse quant au faible risque de subir une crise d'asthme. En milieu favorisé, le fait pour un enfant en bas âge d'avoir un chat ou un chien pourrait être bénéfique pour le développement de son système immunitaire. Un tel effet a déjà été observé dans d'autres études longitudinales (Ownby et al., 2002 ; Celedon et al, 2002)

L'embonpoint

En ce qui a trait au surplus de poids, on observe qu'une position sociale faible persistante ainsi qu'une position sociale moyenne demeurent significativement associées à une probabilité plus élevée d'avoir un surplus de poids à l'âge de 3 ou 4 ans, après avoir pris en compte l'effet de certains facteurs (voir le tableau A.3 en annexe). Les tout-petits vivant dans des familles de faible niveau socioéconomique ont une probabilité de près de 42 % plus grande de présenter de l'embonpoint par comparaison avec les enfants évoluant dans un milieu favorisé. En plus d'un faible statut socioéconomique ou d'un statut moyen, le fait de vivre dans une famille monoparentale augmente la probabilité des jeunes enfants de présenter de l'embonpoint. Selon nos résultats, aucun des facteurs que nous avons analysés ne semble en mesure de protéger les jeunes enfants vivant au bas de l'échelle sociale du risque accru d'avoir un surplus de poids. À titre d'exemple, nous avons vérifié les effets du poids à la naissance, du temps passé à regarder la télévision ou encore de celui consacré à l'ordinateur, en plus d'examiner quelques indicateurs pertinents traitant de certains aspects de l'alimentation des enfants.

GRAPHIQUE 4 **Comparaison des liens entre la position sociale de la famille et l'hyperactivité/inattention selon le mode d'alimentation, Québec, 1998-2002**

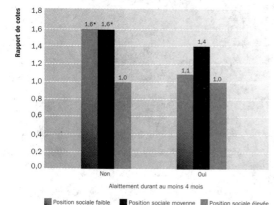

* Rapports de cotes significatifs au seuil de 5 %.
Interaction : p = 0,22 pour le test si la différence entre les positions sociales moyenne et faible est égale pour les allaités et les non-allaités.
Source : Institut de la statistique du Québec, ÉLDEQ, 1998-2002.

L'hyperactivité/inattention

Les données présentées au tableau A.3 en annexe montrent que le lien entre la position sociale de la famille et les problèmes d'hyperactivité/inattention chez les enfants est considérablement affaibli quand on tient compte de certains facteurs, bien que l'on observe tout de même une tendance à l'avantage des enfants de position sociale élevée. En effet, outre l'influence du statut socioéconomique, d'autres facteurs augmentent la probabilité d'être perçu par sa mère comme étant hyperactif-inattentif : être un garçon, vivre dans une famille où il y a des pratiques parentales coercitives et de la fumée secondaire, avoir une mère qui déclare ne pas être en très bonne ou en excellente santé, ne pas avoir été allaité pendant au moins quatre mois et vivre dans un quartier perçu comme étant dangereux pour les enfants et où il y a peu d'entraide.

En effectuant des analyses stratifiées, on constate une tendance : le lien entre des comportements hyperactifs et inattentifs et la position sociale s'estompe pour les enfants qui ont été allaités pendant au moins quatre mois (graphique 4). Bien que l'interaction ne soit pas jugée significative sur le plan statistique, une piste de réflexion pour l'intervention en santé publique peut être dégagée. En effet, pour les enfants ayant été allaités pendant au moins quatre mois, l'influence du niveau socioéconomique sur la probabilité d'avoir des comportements hyperactifs et inattentifs ne semble plus jouer. Cela signifie que, peu importe l'appartenance sociale, les probabilités d'être hyperactif pourraient être plus faibles dans ce groupe que dans les familles où l'enfant n'a pas été allaité pendant au moins quatre mois. Ces résultats se greffent à d'autres déjà observés qui tendent à confirmer le potentiel de protection d'un allaitement qui dure au moins quatre mois pour les tout-petits vivant au bas de l'échelle sociale depuis leur naissance.

La présence de caries (réparées ou non)

Après avoir pris en compte l'effet de plusieurs facteurs, une position sociale faible persistante demeure significativement associée à un risque considérablement accru d'avoir des caries (réparées ou non) durant la petite enfance (tableau A.3 en annexe). Le fait qu'un bambin vit depuis sa naissance au sein d'une famille située au bas de l'échelle accroît son risque d'environ 112 % d'avoir des caries, comparativement à ses pairs issus d'un milieu favorisé. En plus d'un faible statut socioéconomique, un autre facteur augmente la probabilité des tout-petits d'avoir des caries : ne pas fréquenter une garderie. Voyons maintenant ce que révèle l'examen de facteurs susceptibles de modifier ce lien. En fait, pour les enfants de 4 ans vivant dans une famille de position sociale inférieure depuis leur naissance, aucun des facteurs analysés n'apparaît en mesure de les protéger de la probabilité élevée d'avoir des caries (données non présentées).

La non-consultation d'un dentiste

Au Québec, pour les enfants de moins de 10 ans, la plupart des services dentaires sont gratuits, c'est-à-dire payés par notre régime public d'assurance-maladie. Or, nos analyses indiquent qu'une position sociale inférieure est liée à une probabilité élevée de ne pas avoir consulté un dentiste avant l'âge d'environ 4 ans. Le tableau A.3 en annexe révèle la persistance du lien entre la non-consultation d'un dentiste et la position sociale qu'occupe la famille depuis la naissance de l'enfant, même lorsque sont pris en compte les effets de l'ensemble de facteurs. Entre l'âge d'environ 2 ans et demi et 4 ans, les enfants défavorisés socialement ont un risque de près de 48 % plus grand de ne pas avoir été conduits chez le dentiste comparativement aux enfants provenant d'un milieu favorisé. En plus d'un faible statut socioéconomique, certains facteurs augmentent la probabilité des tout-petits de ne pas avoir été vus par le dentiste : être un enfant unique, ne pas fréquenter un jardin d'enfants ou ne pas participer à des activités éducatives et avoir une mère immigrante.

On remarque en outre la présence de deux facteurs en mesure de modifier ces liens : être un enfant unique et vivre dans une famille dont les parents biologiques sont séparés. D'une part,

nos résultats révèlent que les enfants n'ayant ni frère ni sœur courent les mêmes risques élevés de n'être jamais allés chez le dentiste, peu importe le niveau socioéconomique de leur famille (graphique 5). Alors que si les enfants vivent dans une famille de trois enfants et plus, plus la position sociale est faible, plus le risque de ne pas aller chez le dentiste augmente. De sorte que le fait d'être un enfant unique semble faire perdre l'avantage dont bénéficient les enfants favorisés en matière de consultation précoce d'un dentiste.

D'autre part, pour les enfants dont les deux parents biologiques ne vivent plus ensemble, l'influence de la position sociale ne joue pas sur la probabilité de ne jamais avoir consulté un dentiste avant l'âge d'environ 4 ans (graphique 5). Les enfants qui vivent dans une famille dont les parents biologiques sont séparés courent donc les mêmes risques, peu importe le niveau socioéconomique de leurs parents. Il en va autrement pour les enfants dont la famille est intacte : la probabilité de ne pas avoir effectué une visite chez le dentiste durant la petite enfance est étroitement liée à la position sociale de la famille, puisque plus la position sociale de la famille est faible, plus la probabilité de ne pas avoir consulté un dentiste augmente. En réalité, pour les enfants favorisés, avoir des parents qui sont séparés semble leur faire perdre les atouts conférés par la position sociale élevée de leur famille.

GRAPHIQUE 5   **Comparaison des liens entre la position sociale de la famille et la non-consultation d'un dentiste selon le nombre d'enfants et la présence des deux parents biologiques, Québec, 1998-2002**

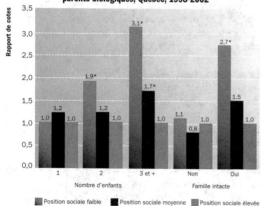

* Rapports de cotes significatifs au seuil de 5 %.
Interactions : Famille intacte p = 0,01 ; Nombre d'enfants p = 0,05.
Source : Institut de la statistique du Québec, ÉLDEQ, 1998-2002.

Des pistes pour l'action publique en milieu vulnérable

À l'évidence, pour réduire les inégalités sociales de santé, il faut diminuer les inégalités socioéconomiques au sein de la société québécoise. Toutefois, d'ici l'atteinte de ce nécessaire objectif, les résultats obtenus suggèrent certaines orientations à donner aux interventions en santé publique destinées aux populations vulnérables. Esquissons-les rapidement.

Tout en adoptant une attitude non culpabilisante et respectueuse des familles appartenant à un milieu social différent, l'ensemble des intervenants devrait promouvoir et soutenir l'allaitement maternel en milieu défavorisé, car ce dernier peut protéger la santé des enfants de faible position sociale. En témoignent les résultats portant sur l'hospitalisation et ceux concernant l'hyperactivité/inattention. Une attention spéciale devrait également être accordée aux familles monoparentales ainsi qu'à celles dont les parents sont eux aussi nés au Québec, les résultats ayant montré l'effet net de ces deux facteurs sur la propension à avoir été hospitalisé. On devrait aussi mettre en œuvre des actions qui encouragent le resserrement des liens intergénérationnels, puisque l'aide instrumentale ou émotive fournie par les grands-parents peut protéger la santé de leurs petits-enfants désavantagés. Retenons aussi que les programmes de santé publique visant à améliorer la santé des mères vivant en milieu défavorisé sont susceptibles de faire d'une pierre deux coups : sauvegarder aussi celle de leurs enfants.

Des actions non culpabilisantes visant à éliminer la fumée secondaire dans les maisons devraient également s'avérer bénéfiques pour protéger de l'asthme les tout-petits défavorisés. De plus, souvenons-nous que le tabagisme est associé au risque accru de comportements hyperactifs et inattentifs. Pour les crises d'asthme et pour l'hyperactivité/inattention, les garçons présentent une plus grande vulnérabilité que les filles. Il importe aussi de savoir que la plus grande prévalence de comportements hyperactifs et inattentifs rapportés parmi les enfants de faible niveau socioéconomique est associée à des pratiques parentales coercitives, au fait de vivre dans un quartier dangereux pour les enfants avec peu d'entraide et au fait d'avoir une mère qui n'est pas en très bonne santé.

D'autre part, lors de l'élaboration de programmes de santé publique visant à prévenir l'embonpoint ou la carie dentaire, une attention particulière devrait être accordée aux familles de faible niveau socioéconomique, puisque qu'il semble fort difficile de contrer l'influence de l'adversité. Pour le surplus de poids, les jeunes enfants vivant dans une famille monoparentale devront également recevoir une attention singulière. Alors que pour la prévalence de la carie dentaire, les familles dont les enfants ne vont pas à la garderie nécessitent un suivi spécifique. D'ailleurs, il faut accroître sensiblement les efforts visant à encourager les parents de faible position sociale à conduire précocement leurs enfants au cabinet du dentiste. Pour la non-consultation du dentiste en milieu défavorisé, on devra accorder une attention particulière aux familles ayant trois enfants et plus, où la mère est immigrante et où les bambins ne fréquentent pas une garderie ou ne sont pas insérés dans d'autres activités éducatives structurées.

Enfin, mentionnons que pour les enfants vivant dans des familles aisées sur le plan socioéconomique, certains facteurs peuvent leur faire perdre les avantages en matière de santé propres à leur position sociale élevée. Ainsi en est-il des enfants dont les parents ont vécu une séparation (consultation d'un dentiste), des familles qui n'ont ni chien ni chat (asthme) ou encore de celles ayant un seul enfant (consultation d'un dentiste).

Pour conclure, il nous semble fondamental d'investir à un âge précoce auprès des enfants défavorisés. À l'in-

star de James J. Heckman (2004), prix Nobel de sciences économiques, nous soutenons que c'est pendant la petite enfance que les citoyens du Québec devraient recevoir l'investissement par habitant le plus important. Une telle volte-face doit servir en priorité les très jeunes enfants de familles défavorisées. Ainsi, en contrant une certaine fatalité sociale et sanitaire, on pourrait réduire les inégalités sociales de santé à l'âge adulte.

Références

BARKER, D. J. « Foetal origins of coronary heart diseases », *British Medical Journal*, vol. 311 n° 6998, p. 171-174, 1995.

BERNARD, P. M., et C. LAPOINTE. *Mesures statistiques en épidémiologie*, Québec, Presses de l'Université du Québec, 314 p., 1991.

CEDELON, J.C, A. A. LITONJUA, L. RYAN, T. PLATTS-MILLS, S. T. WEISS et D. R. GOLD. « Exposure to cat allergen, maternal history of asthma, and wheezing in first 5 years of life », *Lancet*, vol. 360, n° 9335, p. 781-782, 2002.

HECKMAN, J. J. *Investir pour les jeunes enfants*. Conférence publique prononcée à l'Université de Montréal par le lauréat du prix Nobel de sciences économiques 2000, Montréal, 27 mai 2004.

MARMOT, M. G. et J. SIEGRIST. « Health inequalities and the psychosocial environment. Preface », *Social Science and Medicine*, vol. 58, n° 8, avril, p. 1461-1574, 2004.

OWNBY, D. R., C. C. JOHNSON et E. L. PETERSON. « Exposure to dogs and cats in the first year of life and risk of allergic sensitization at 6 to 7 years of age », *Journal of American Medical Association*, vol. 288, n° 8, p. 963-972, 2002.

PAQUET, G. *Partir du bas de l'échelle. Des pistes pour atteindre l'égalité sociale en matière de santé*, PUM, Presses de l'Université de Montréal, 154 p., 2005

PAQUET, G. et D. HAMEL « Conditions socioéconomiques et santé. Section II Inégalités sociales et santé des tout-petits : à la recherche de facteurs protecteurs », dans *Étude longitudinale du développement des enfants du Québec* (ELDEQ 1998-2002), Québec, ISQ, vol. 2, n°. 3, p. 57-100, 2003.

PAQUET, G. et D. HAMEL « Des alliés pour la santé des tout-petits vivant au bas de l'échelle sociale », *Étude longitudinale du développement des enfants du Québec* (ELDEQ 1998-2002) - *De la naissance à 4 ans*, Québec, Institut de la statistique du Québec, Institut national de la santé publique du Québec. vol. 3, fascicule 4, 16 p., 2005.

POWER, C. et C. HERTZMAN. « Social and biological pathways linking early life and adult disease », *British Medical Bulletin*, vol. 53, n° 1, p. 210 à 221.

SIEGRIST, J. et M. MARMOT (2004). « Health inequalities and the psychosocial environment - two scientific challenges .» *Social Science and Medicine*, vol., 58, n° 8, April, 1463-1473, 1997. (ou 2004)

SIEGRIST, J. et M. MARMOT « Health inequalities and the psychosocial environment - two scientific challenges », *Social Science and Medicine*, vol., 58, n° 8, April, 1463-1473, 2004.

TREMBLAY, R. E., B. BOULERICE, P. W. HARDEN, P. MCDUFF, D. PÉRUSSE, R. O. PIHL et M. ZOCCOLILLO (1996). « Les enfants du Canada deviennent-ils plus agressifs à l'approche de l'adolescence ? », dans Statistique Canada et Développement des ressources humaines Canada, *Grandir au Canada*, Ottawa, Ministère de l'Industrie, n° 89-550-mpf au catalogue, 1996.

WADSWOLRTH, M. « Early life », dans M. Marmot et R. Wilkinson (Eds), *Social Determinants of Health*, Oxford, Oxford University Press, p. 44-63, 1999.

WILLMS, J. D. « Dix hypothèses sur l'impact des gradients socioéconomiques et des différences communautaires sur le développement de l'enfant », *Rapport final*, Gatineau, Direction générale de la recherche appliquée, Développement des ressources humaines Canada, Institut canadien de recherche pour les politiques sociales, 40 p., 2003.

WILLMS, J. D. et M. SHIELDS. *A measure of socio-economic status for the National Longitudinal Survey of Children*, Document de travail préparé pour les utilisateurs des microdonnées du premier cycle de l'Enquête longitudinale nationale sur les enfants et les jeunes, Atlantic Center for Policy Research in Education (University of New Brunswick et Statistique Canada), Ottawa, 7 p., 1996.

Notes

1 Pour une description de l'ÉLDEQ, voir l'encadré 1 en annexe.

2 Pour plus de détails concernant la mesure de la position sociale, voir l'encadré 2 en annexe.

3 Pour une description des indicateurs de santé et de développement retenus, voir le tableau A.1 en annexe.

4 Voir le tableau A.2 en annexe pour des précisions sur ces facteurs.

5 Pour plus de détails concernant la méthode d'analyse, voir l'encadré 3 en annexe.

6 Les couples de jumeaux (naissances gémellaires) et les autres naissances multiples ne sont pas visés par l'enquête. De plus, parmi les naissances simples, une très faible proportion des bébés pour lesquels la durée de gestation s'élevait à moins de 24 semaines ou à plus de 42 semaines ont été exclus (soit environ 0,1 % des naissances).

7 Cet indice a été construit par la Direction Santé Québec selon la méthode mise au point par Willms et Shields dans le cadre de l'Enquête longitudinale nationale sur les enfants et les jeunes (Willms et al., 1996). Il combine cinq indicateurs : le revenu brut du ménage au cours des douze mois précédant l'enquête, le niveau de scolarité de la personne qui connaît le mieux l'enfant (PCM) et de son conjoint, s'il y a lieu, ainsi que le prestige de la profession principale exercée par la PCM et son conjoint, le cas échéant. Cet indice de la situation socioéconomique du ménage a été utilisé avec succès dans le cadre de plusieurs travaux, notamment ceux de Tremblay et ses collègues sur l'agressivité des jeunes (Tremblay et al., 1996) et ceux de Willms sur le développement de l'enfant (Willms, 2003).

Annexes

L'étude longitudinale du développement des enfants du Québec (ÉLDEQ)

Sous la gouverne de l'Institut de la statistique du Québec, Direction Santé Québec, les données ont été recueillies auprès d'un échantillon initial représentatif de 2 120 enfants, nés de mères résidant au Québec en 1997-1998 et qui ont été suivis de façon annuelle jusqu'à l'âge d'environ 4 ans dans le cadre de la première phase de l'ÉLDEQ (1998-2002).

La population visée par l'enquête est l'ensemble des bébés (naissances simples seulement) qui avaient 59 ou 60 semaines d'âge gestationnel au début de chaque période de collecte. Notons que les enfants nés de mères pour lesquelles on ne disposait pas de la durée de grossesse ou qui vivaient dans les régions sociosanitaires 10 (Nord-du-Québec), 17 et 18 (territoires cri et inuit) ainsi que sur les réserves indiennes ont été exclus de l'échantillon initial. En raison de la variation de la durée de grossesse et de la durée allouée à chaque période de collecte (quatre à cinq se-

maines), les nourrissons n'ont pas tous exactement le même âge chronologique au moment de la collecte. Ainsi, au premier volet réalisé en 1998, les enfants étaient âgés en moyenne de cinq mois.

L'ÉLDEQ s'articule autour de plusieurs instruments de collecte servant à recueillir l'information sur la personne qui connaît le mieux l'enfant (PCM), son conjoint ou sa conjointe s'il y a lieu, l'enfant cible et les parents biologiques non résidants, le cas échéant. Toutes les données présentées dans ce texte ont pu être pondérées et, de ce fait, les estimations présentées ont toutes fait l'objet d'ajustements visant à réduire les biais potentiels.

Pour plus de renseignements ou pour en savoir davantage sur la méthodologie d'enquête et les données présentées, on peut consulter le site Web de l'ÉLDEQ www.jesuisjeserai.stat.gouv.qc.ca

La mesure de faible position sociale persistante

La mesure de faible position sociale persistante utilisée est basée sur le statut socioéconomique (SSE) des familles pour tous les volets de l'enquête. À l'aide de cet indice, nous avons créé un indicateur de la présence persistante des familles dans le groupe socioéconomique le plus faible à tous les volets de l'enquête.

Cet indicateur de faible position sociale persistante, quant à la scolarité, au revenu et à la profession des parents, se définit ainsi : la position sociale maximum atteinte par une famille à l'un des volets de l'enquête. En fait, pour qu'une famille soit classée de position sociale faible persistante, il faut qu'elle demeure parmi le groupe socioéconomique inférieur pour tous les volets de l'enquête. Par exemple, si une famille se trouve dans le groupe socioéconomique moyen (groupe 2) au premier volet de l'enquête (1998), mais dans le niveau inférieur (groupe 1) à tous les autres volets, elle se

verra attribuer une position sociale moyenne (groupe 2) lors des analyses. Il importe de souligner que l'utilisation d'un indicateur aussi exigeant fait en sorte que nos résultats sous-estiment vraisemblablement les liens entre la faible position sociale de la famille et la santé.

Voici comment se répartissent les familles québécoises selon la position sociale la plus élevée atteinte depuis la naissance de l'enfant :

· 17 % des familles se trouvent dans la catégorie de faible position sociale ;

· 52 % des familles sont dans la catégorie de position sociale moyenne ;

· 31 % des familles font partie de la catégorie supérieure.

TABLEAU A.1   **Description des indicateurs de santé et de développement de l'enfant retenus**

Indicateur de santé et de développement	Volets	Description de l'indicateur
Hospitalisation	1998 à 2002	Admission à l'hôpital pour au moins une nuit depuis sa naissance
Asthme	1999 à 2002	Présence de crises d'asthme à au moins un des volets concernés
Embonpoint	2001 ou 2002*	Indice de masse corporelle (IMC) calculé à partir du poids et de la taille de l'enfant en tenant compte du sexe et de l'âge de ce dernier**
Hyperactivité/inattention	2000 à 2002	Valeurs supérieures à 5 sur l'échelle standardisée (de 0 à 10) mesurant l'hyperactivité/inattention à au moins un des volets concernés
Carie dentaire	2002	Présence de caries, réparées ou non
Non-consultation dentiste	2000, 2001 et 2002	Non-consultation d'un dentiste à tous les volets d'un concernés contre consultation d'un dentiste à au moins un des volets

*Dans le cas où les données du volet 2002 ne sont pas disponibles, nous utilisons les données du volet 2001.

**L'IMC a été calculé en tenant compte des critères élaborés par Cole et ses collègues : T. J. COLE, M. C. BELLIZZI, K. M. FLEGAL, et W. H. DIETZ (2000). « Establishing a standard definition for child overweight and obesity worldwide : international survey », British Medical Journal ,vol. 320, nᵒ 7244, p. 1240-1243.

Source : Institut de la statistique du Québec, ÉLDEQ, 1998-2002.

L'analyse des effets modifiants

Pour détecter les effets modifiants de certaines variables, des interactions doubles entre la position sociale et les variables potentiellement modifiantes sont introduites dans l'analyse (Bernard et al., 1999 ; Paquet et al., 2003 ; Paquet et al., 2005). Ces effets sont vérifiés en ajoutant les interactions une à la fois. Une interaction statistiquement significative (le seuil est fixé à 10 %) indiquerait d'emblée la présence d'un effet modifiant. On s'intéresse surtout à la partie de l'interaction touchant les deux groupes extrêmes. À moins d'avis contraire, les valeurs présentées au bas des figures représentent les niveaux de signification observés pour cette partie de l'interaction. Cependant, puisque la puissance de ces tests est relativement faible compte tenu de la taille de l'échantillon dans certains sous-groupes et de la sévérité de l'indicateur de faible position sociale persistante, nous avons aussi construit et testé certains contrastes bien définis en utilisant les termes d'interaction. Cela avait pour but d'identifier de nouvelles pistes de réflexion pour l'intervention. Notre attention s'est dirigée vers les facteurs pour lesquels la relation entre la position sociale et l'indicateur de santé ou de développement est presque inexistante pour certains sous-groupes alors que pour d'autres, elle semble persister, une fois les autres facteurs de contrôle pris en compte.

TABLEAU A.2   **Précisions concernant certains facteurs explicatifs ou de protection retenus pour les analyses multivariées**

Facteur explicatif	Volets	Description du facteur
Allaitement	1998 et 1999	Deux variables dichotomiques · non allaité durant 4 mois et allaité 4 mois et plus · non allaité durant 6 mois et allaité 6 mois et plus
Principal mode de garde	1999 à 2002	Deux variables · 2 catégories : fréquente une garderie aux 4 volets et autres situations · 3 catégories : fréquente une garderie aux 4 volets; un parent garde l'enfant à la maison aux 4 volets; autres situations
Santé perçue de la mère	1998 à 2002	Santé perçue de la mère moins que très bonne (bonne, moyenne, passable ou mauvaise à au moins un des 5 volets)
Famille monoparentale	1998 à 2002	L'enfant a vécu en famille monoparentale à au moins un des volets pour lesquels le SSE est au maximum
Famille intacte	1998 à 2002	Famille dont les deux parents biologiques de l'enfant sont présents aux 5 volets de l'enquête
Pratiques parentales coercitives	2000 à 2002	Valeurs supérieures à 4 sur l'échelle standardisée (de 0 à 10) mesurant les pratiques parentales coercitives en réaction au comportement difficile de l'enfant à au moins un des volets concernés
Animaux domestiques	1998	Présence de chiens et/ou de chats à la maison
Soutien des grands-parents	2000	Valeurs supérieures ou égales à 5 sur l'échelle standardisée (de 0 à 10) mesurant le soutien instrumental et émotif des grands-parents maternels ou des grands-parents paternels
Quartier perçu comme dangereux et absence d'entraide	1998, 2000 et 2002	Valeurs supérieures à 2,5 sur l'échelle (de 1 à 4) mesurant la perception d'un quartier dangereux/absence d'entraide à au moins un des volets concernés
Soutien social	1999 à 2002	Valeurs supérieures à 7 sur l'échelle standardisée (de 0 à 10) mesurant le soutien social à au moins un des volets concernés

Source : Institut de la statistique du Québec, ÉLDEQ, 1998-2002.

Le diabète, nouveau fléau

Valérie Émond
Institut national de santé publique du Québec

Le diabète est maintenant reconnu comme étant un problème de santé publique grandissant au Québec comme dans la plupart des pays industrialisés. Selon l'Organisation mondiale de la santé, le nombre total de personnes atteintes de diabète passerait de 171 millions en 2000 à 366 millions en 2030, soit plus du double. Cette croissance rapide et inquiétante se fera sentir partout sur la planète et à cause notammnet du vieillissement de la population et de l'urbanisation et ce, même si les niveaux d'obésité demeurent constant.

Au Québec, en 2001-2002, 5,8 % des adultes de 20 ans ou plus auraient un diabète diagnostiqué par un médecin, selon les données des fichiers médico-administratifs, soit 325 000 personnes. On estime aussi que le tiers de l'ensemble des cas de diabète ne seraient pas diagnostiqués. Il y aurait ainsi en tout près de 500 000 personnes diabétiques au Québec, si on considère les personnes non diagnostiquées, celles qui ne sont pas identifiées par les fichiers administratifs et les personnes de moins de 20 ans.

Qu'est-ce que le diabète ?[1]

Le diabète est une maladie chronique caractérisée par l'hyperglycémie (concentration élevée de glucose sanguin) attribuable à une carence ou à une déficience dans la production d'insuline. La classification étiologique du diabète, telle qu'établie par l'Association Canadienne du Diabète, comprend principalement le diabète de type 1 et le diabète de type 2. Le diabète gestationnel et le diabète imputable à des troubles de santé sont les autres types de diabète connus.

Le diabète de type 1 est caractérisé par une carence totale d'insuline que l'on traite par l'injection d'insuline. Il représente environ 10 % des cas diagnostiqués. Ce diabète apparaît habituellement avant l'âge adulte. Il n'existe aucun facteur de risque modifiable connu du diabète de type 1. L'origine ethnique, l'âge et la susceptibilité génétique peuvent augmenter le risque d'apparition de ce type de diabète.

Beaucoup plus fréquent, le diabète de type 2 représente environ 90 % des cas diagnostiqués. Ce type de diabète se caractérise par une production insuffisante d'insuline ou une résistance à son action. Le diabète de type 2 n'est souvent diagnostiqué qu'après apparition d'une complication. Toutefois, il peut être contrôlé par une diète adéquate, de l'activité physique, en prescrivant de la médication orale, l'injection d'insuline ou la combinaison de l'une ou l'autre de ces thérapies.

Les principaux facteurs de risque du diabète de type 2 sont l'obésité et la sédentarité. En modifiant certaines habitudes de vie, on peut ainsi réduire le risque d'apparition et de progression de ce type de diabète. L'origine ethnique, l'hérédité et le statut socioéconomique sont d'autres facteurs qui prédisposent au diabète de type 2. Les autochtones sont particulièrement touchés par la maladie. On observe des prévalences de trois à cinq fois plus élevées dans certaines communautés autochtones que dans le reste de la population et le rapport est encore plus élevé chez les femmes.

Le risque d'apparition de la maladie augmente aussi avec l'âge. Étant donné le vieillissement de la population de même que l'augmentation de l'obésité et de la sédentarité au Québec, on peut s'attendre à une croissance du nombre de personnes atteintes de diabète de type 2 au cours des années à venir. Par ailleurs, l'apparition du diabète de type 2 était observée, jusqu'à tout récemment, chez les personnes de plus de 40 ou 45 ans, mais on remarque depuis quelques années une diminution de l'âge d'apparition de la maladie. Maintenant des adolescents et des jeunes adultes souffrent de diabète de type 2, ce qui était presque impensable il y a à peine quelques années.

Les données sur le diabète au Québec
Jusqu'à récemment, les seules données sur la prévalence du diabète au Québec provenaient d'enquêtes sur la santé. Or, les données d'enquêtes tendent à sous-estimer l'ampleur de ce problème et ne permettent pas une surveillance épidémiologique détaillée de la maladie, de ses complications et de ses conséquences sur le système de santé. Au Québec, comme partout au Canada, un système de surveillance du diabète basé sur les données des fichiers médico-administratifs est en développement. Le *Système national de surveillance du diabète*, projet pancanadien auquel le Québec participe, est à l'origine de la méthodologie utilisée au Québec.

TABLEAU 1   Nombre de cas de diabète au Québec en 2001-2002, pour chaque sexe et par grand groupe d'âge

	Hommes	Femmes	Total
20-49 ans	26 779	23 649	50 428
50-64 ans	62 212	43 413	105 625
65 et plus	77 939	89 893	167 832
Total	166 930	156 955	323 885

Sources : Fichier d'inscription des personnes assurées, Régie de l'assurance maladie du Québec. Fichier des services médicaux rémunérés à l'acte, Régie de l'assurance maladie du Québec. Fichier MED-ÉCHO, ministère de la Santé et des Services sociaux. Perspectives démographiques, ministère de la Santé et des Services sociaux. Institut national de santé publique du Québec, novembre 2004.

Le système de surveillance du diabète développé au Québec comprend les données des fichiers médico-administratifs détenus par la Régie de l'assurance maladie du Québec et par le MSSS. Ces données permettent, grâce au développement d'un ensemble d'indicateurs, d'estimer l'ampleur de la maladie, les complications, la mortalité associée, de même que l'utilisation de services de santé et de médicaments par les personnes diabétiques.

L'ampleur du diabète au Québec

En 2001-2002, à partir des données issues du jumelage de fichiers médico-administratifs, le Québec comptait 323 885 cas de diabète chez les personnes de 20 ans ou plus. La prévalence relative ajustée[2] du diabète au Québec en 2001-2002 est de 5,8 %. Elle est de 6,6 % chez les hommes et 5,1 % chez les femmes. On trouve un peu plus d'hommes que de femmes diabétiques (51,5 % versus 48,5 %). Les personnes âgées de 65 ans ou plus représentent plus de la moitié des personnes diabétiques de 20 ans ou plus (52 %). Le tableau 1 montre la répartition par âge et sexe du nombre de cas de diabète qui prévalent au Québec en 2001-2002.

Le diabète augmente selon l'âge tant chez les hommes que chez les femmes (graphique 1). La prévalence relative est semblable chez les hommes et chez les femmes jusqu'à 40-44 ans; elle augmente par la suite davantage chez les

TABLEAU 2   **Prévalences relatives ajustées[1] du diabète chez les personnes de 20 ans ou plus par région sociosanitaire et pour l'ensemble du Québec, 2001-2002[2]**

Région	Sexes réunis		
	Prévalence relative ajustée[3]	Intervalle de confiance[4]	
		Inférieur	Supérieur
Bas-Saint-Laurent	4,7 (-)	4,6	4,9
Saguenay-Lac-Saint-Jean	5,2 (-)	5,1	5,4
Québec	5,2 (-)	5,1	5,3
Mauricie et Centre-du-Québec	5,4 (-)	5,3	5,5
Estrie	4,8 (-)	4,6	4,9
Montréal-Centre	6,2 (+)	6,1	6,2
Abitibi-Témiscamingue	5,8	5,6	6,0
Côte-Nord	6,8 (+)	6,5	7,1
Gaspésie-Îles-de-la-Madeleine	6,3 (+)	6,0	6,5
Chaudière-Appalaches	5,1 (-)	5,0	5,3
Laval	5,8	5,6	5,9
Lanaudière	5,7	5,6	5,9
Laurentides	6,0 (+)	5,9	6,2
Montérégie	5,7	5,7	5,8
Ensemble du Québec[5]	**5,8**	**5,7**	**5,8**

Sources : Fichier d'inscription des personnes assurées, Régie de l'assurance maladie du Québec. Fichier des services médicaux rémunérés à l'acte, Régie de l'assurance maladie du Québec. Fichier MED-ÉCHO, ministère de la Santé et des Services sociaux. Perspectives démographiques, ministère de la Santé et des Services sociaux. Institut national de santé publique du Québec, novembre 2004.

GRAPHIQUE 1 — **Prévalence relative du diabète chez les hommes et les femmes âgés de 20 ans ou plus selon le groupe d'âge, Québec, 2001-2002**

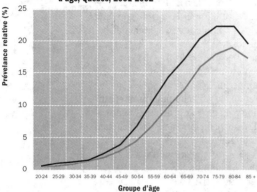

Sources : Fichier d'inscription des personnes assurées, Régie de l'assurance maladie du Québec. Fichier des services médicaux rémunérés à l'acte, Régie de l'assurance maladie du Québec. Fichier MED-ÉCHO, ministère de la Santé et des Services sociaux. Perspectives démographiques, ministère de la Santé et des Services sociaux. Institut national de santé publique du Québec, novembre 2004.

6,8 % dans la Côte-Nord. Elle varie de 5,0 % dans le Bas-Saint-Laurent à 7,2 % à Montréal-Centre chez les hommes.

Notons que les régions du Québec montrant des prévalences élevées du diabète présentent aussi des proportions importantes de l'un ou l'autre de facteurs prédisposant au diabète, comme l'obésité, la sédentarité, l'appartenance à certains groupes ethniques et un faible statut socioéconomique.

Le diabète chez les autochtones

Les autochtones vivant au Québec ne font pas exception à la règle voulant que la prévalence de la maladie soit au moins trois fois plus importante dans ces communautés que dans la population en général. L'exemple des Cris de la Baie-James reflète bien cette réalité. Face à la croissance marquée du nombre de cas de diabète, les Cris se sont dotés d'un système d'information sur le diabète qui permet de faire la surveillance de la maladie et un suivi clinique des personnes atteintes.

La prévalence ajustée[3] du diabète dans cette population atteignait 21 % en 2002 chez les personnes de 20 ans ou plus (26 % chez les femmes et 16 % chez les hommes). En proportion, les femmes représentent 62 % de la population diabétique crie, alors que les hommes en représentent 38 % (Légaré, 2004 ; Kuzmina, 2005). En général, dans les populations autochtones, les femmes sont davantage touchées par le diabète que les hommes. Ce phénomène n'existe pas dans la population en général où l'on retrouve à peu près le même nombre d'hommes que de femmes et où la prévalence relative est plus élevée chez les hommes que chez les femmes.

hommes que chez les femmes. L'écart plus élevé chez les personnes âgées pourrait s'expliquer en partie par une plus grande prédisposition à l'obésité abdominale et à la résistance à l'insuline chez les hommes âgés (Kelly et Booth, 2003).

Au niveau régional, plusieurs régions affichent des prévalences dont les écarts sont statistiquement significatifs par rapport à celles de l'ensemble des autres régions (tableau 2). Le Bas-Saint-Laurent et l'Estrie sont les régions où la prévalence de la maladie est la plus faible (4,7 % et 4,8 % respectivement). C'est dans les régions de la Côte-Nord et de la Gaspésie-Îles-de-la-Madeleine qu'elle est la plus élevée (6,8 % et 6,3 %), suivie de près par Montréal-Centre (6,2 %). Chez les femmes, la prévalence relative passe de 4,1 % en Estrie et à

Le Québec comparé au reste du Canada

Les données présentement disponibles pour comparer la prévalence relative du diabète au Québec à celle des autres provinces canadiennes sont aussi tirées des fichiers médico-administratifs et proviennent du *Système national de surveillance du diabète*. Elles font référence à l'année financière 1999-2000. À cette époque, la prévalence relative ajustée au Québec était de 4,7 % (voir note 1 sous la graphique 2), alors que la moyenne canadienne était de 4,8 %.

Les complications du diabète et la mortalité des personnes diabétiques

Les complications du diabète sont nombreuses et souvent lourdes de conséquences. Elles peuvent toucher les yeux, les reins, le système nerveux, le cœur et les vaisseaux sanguins. Elles débouchent, selon le cas, en maladie cardiovasculaire, accident vasculaire cérébral, insuffisance rénale terminale menant à la dialyse, amputation, cécité, perte de sensation, etc. Les complications réduisent la qualité et l'espérance de vie des personnes qui en sont atteintes, elles constituent une lourde charge pour les patients et leur entourage ainsi que pour les services de soins.

Au Canada, 50 % des décès observés chez les diabétiques sont attribuables aux maladies cardiovasculaires, 13 % attribuables directement au diabète, 13 % aux néoplasties malignes et 10 % aux accidents vasculaires cérébraux (Timothy, 2001 ; Roman *et al.*, 1997 ; dans Ouhoummane, 2005). Le diabète est aussi une des principales causes de cécité, d'insuffisance rénale et d'amputations non traumatiques. (données non présentées)

Au Québec, les indicateurs portant sur les complications et la mortalité des personnes diabétiques obtenus à partir des fichiers administratifs sont présentement en développement. Une première étude a permis d'établir des taux d'hospitalisation et de décès après infarctus aigu du myocarde chez les personnes diabétiques. Ainsi, entre 1996 et 2002, il y eut 24 312 hospitalisations pour infarctus chez les personnes diabétiques, soit une hospitalisation sur quatre dans l'ensemble des hospitalisations pour infarctus au Québec. Les résultats de cette étude suggèrent aussi que l'infarctus augmente de près de deux fois le risque de décès chez les per-

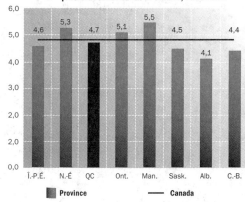

GRAPHIQUE 2 **Prévalences relatives ajustées[1] du diabète chez les personnes de 20 ans ou plus, Québec, provinces canadiennes et Canada, 1999-2000[2]**

1. Les prévalences relatives sont ajustées selon la structure par âge de la population canadienne de 1991. Les prévalences relatives pour 2001-2002 présentées dans cet article au tableau 2 et dans le texte sont ajustées à la sructure d'âge de la population québécoise de 2001. Les différentes mesures ne peuvent ainsi être comparées dans le temps.
2. Données sujettes à changement puisqu'elle pourront être augmentées de nouveaux cas identifiés par l'ajout des années 2000-2001 et 2001-2002.
Sources : Santé Canada (2003), *Relever le défi posé par le diabète au Canada*. Premier rapport du Système national de surveillance du diabète (SNSD), Ottawa.

sonnes diabétiques. Le développement futur d'indicateurs portant sur les complications du diabète est d'une grande importance puisque ces derniers permettront de déterminer l'ampleur et l'impact des complications du diabète, d'estimer le fardeau économique imputable aux complications et d'établir des comparaisons avec d'autres provinces et pays (Ouhoummane, 2005).

Au chapitre de la mortalité des personnes diabétiques, il est intéressant et inquiétant de constater qu'une personne sur quatre décédée au Québec en 2001-2002 était diabétique (Émond, 2005).

Conclusion

Le diabète est un problème de santé publique important au Québec qui risque fort de s'alourdir au cours des prochaines années, à cause notamment de l'augmentation de l'obésité et de la sédentarité et du vieillissement de la population. La province n'échappera donc pas à la tendance mondiale prévue par l'OMS. L'apparition de plus en plus précoce du diabète de type 2, qui survient même maintenant chez de jeunes adultes et chez les adolescents, ajoute une nouvelle dimension à la problématique du diabète. Les complications de la maladie seront vécues par des personnes de plus en plus jeunes. Ces personnes auront à composer plusieurs années non seulement avec le diabète et son traitement, mais aussi avec ses conséquences souvent invalidantes. On devra s'attendre à une demande accrue en soins et services et à une intensification des mesures de prévention de la maladie et des mesures visant à retarder les complications.

En effet, grâce à des modifications des habitudes de vies liées à une bonne alimentation et à une activité physique adéquate, il est possible de réduire le risque d'apparition et de progression du diabète. De même, par une prise en charge adéquate des personnes diabétiques, un bon contrôle glycémique et de la tension artérielle, il peut être possible de retarder les complications.

Enfin, le développement d'un système québécois de surveillance du diabète permettra un suivi continu et systématique du diabète et de ses complications. Les données tirées de ce système permettront de mieux connaître l'évolution de la maladie au Québec, dans le temps et dans l'espace, d'aider les décideurs à planifier, orienter et évaluer les actions préventives et programmes d'intervention en matière de soins, de prise en charge et de traitement de la maladie.

Références

Comité d'experts des *Lignes directrices de pratique clinique de l'Association canadienne du diabète*. *Lignes directrices de pratique clinique 2003 de l'Association canadienne du diabète pour la prévention et le traitement du diabète au Canada*, Canadian Journal of Diabetes, 2003 ;27 (supplément 2), S1-S4.

ÉMOND, V. et ROCHETTE, L. *La surveillance du diabète au Québec : prévalence et mortalité en 2001-2002*, Institut national de santé publique du Québec, 2005.

KELLY, C. et BOOTH, GL. « Diabète sucré chez les Canadiennes », dans *Rapport de surveillance de la santé des femmes*, Institut canadien d'information sur la santé et Santé Canada, Ottawa, 2003.

KUZMINA, E. et DANNENBAUM, D. *Cree Diabetes Information System (CDIS) 2004 Annual Report*, Conseil Cri de la santé et des services sociaux de la Baie-James, 2005.

LÉGARÉ, G. *Projet de surveillance du diabète chez les Cris d'Eeyou Istchee*, Institut national de santé publique du Québec et Conseil Cri de la santé et des services sociaux de la Baie-James, 2004.

MINISTÈRE DE LA SANTÉ ET DES SERVICES SOCIAUX DU QUÉBEC. *Rapport du Québec sur les indicateurs comparables dans le domaine de la santé*, Québec, 2004.

OUHOUMMANE, N. et ÉMOND, V. *Hospitalisation et décès après infarctus aigu du myocarde chez les personnes diabétiques : mesures produites dans le cadre du développement du système québécois de surveillance du diabète*, Institut national de santé publique du Québec, Québec, 2005.

ROMAN, SH. et HARRIS, MI. *Management of diabetes mellitus from a public health perspective*, Endocrinol Metab Clin North Am, 1997, 26(3) : 443-74.

Santé Canada. *Relever le défi posé par le diabète au Canada : premier rapport du Système national de surveillance du diabète (SNSD*, Ottawa, 2003.

Santé Canada. *Le diabète au Canada - deuxième édition*, Ottawa, 2002.

TIMOTHY, AW. *Diabetes Mortality* dans The Epidemiology of Diabetes Mellitus. An International Perspective, Chap 22, pp. 369-379, 2001.

WILD, S., ROGLIC, G., GREEN A., SICREE, R. et KING, H. *Global Prevalence of Diabetes - Estimates for the year 2000 and projections for 2030*, Diabetes Care, volume 27, numéro 5, mai 2004.

Notes

1 Plusieurs informations tirées de cette section proviennent des sources suivantes : Le site Internet de Diabète Québec (www.diabete.qc.ca); le site Internet du Système national de surveillance du diabète (www.ndss.ca); Le diabète au Canada (deuxième édition, Santé Canada, 2002) et Les lignes directrices de pratique clinique 2003 de l'Association canadienne du diabète pour la prévention et le traitement du diabète (Canadian Journal of Diabetes, décembre 2003, volume 27).

2 Les prévalences relatives sont ajustées selon la structure d'âge de la population du Québec en 2001.

3 Les prévalences relatives sont ajustées à la structure d'âge de la population du Québec en 2001 (calculs d'ajustement par V. Émond).

Notes du tableau 2

1 Les prévalences relatives sont ajustées selon la structure par âge de la population du Québec en 2001.

2 Données sujettes à changement puisqu'elle pourront être augmentées de nouveaux cas identifiés par l'ajout des années 2002-2003 et 2003-2004.

3 (-) (+) Prévalence relative statistiquement plus faible ou plus élevée que le reste du Québec, selon le test Carrière et Roos (1994).

4 L'intervalle de confiance des comparaisons est de 99,643 % pour tenir compte du fait que l'intervalle de confiance global est de 95 % et du nombre de comparaisons régionales (n = 14).

5 L'ensemble du Québec inclut les personnes des régions du Nord-du-Québec, du Nunavik, des Terres-Cries-de-la-Baie-James et de l'Outaouais, de même que les personnes pour qui la région de résidence est inconnue.

La réforme de l'éducation au Québec. Fallait-il aller si loin ?

Clermont Gauthier
Université Laval

En Occident, l'école fait face habituellement à des critiques sévères, et ce, à la mesure des attentes élevées que la société tient à son égard. Le système d'éducation québécois, modernisé de fond en comble au début des années 1960, remanié à la pièce depuis lors, commençait, selon plusieurs critiques, a subir l'épreuve du temps et se devait d'être réexaminé dans son ensemble. Sur cette base, les États généraux sur l'éducation, vaste consultation populaire menée à la grandeur du Québec au cours des années 1995 et 1996, ont vu le jour. Il convenait, selon le ministère de l'Éducation, de repenser la mission de l'école et de procéder à certains ajustements pour mieux répondre aux demandes et aux changements sociaux (Ministère de l'Éducation, 1996a, 1996b).

La Commission des États généraux sur l'éducation, responsable de la consultation, a d'abord présenté un portrait de la situation (Ministère de l'Éducation 1996a) en vue d'encadrer la réflexion. Il a été suivi d'un second rapport (Ministère de l'Éducation, 1996b) dans lequel ont été identifiés dix chantiers prioritaires pour rénover le système d'éducation québécois. La refonte des programmes des écoles primaires et secondaires figurait parmi ces priorités. Un groupe de travail a par la suite été mandaté pour jeter les bases sur lesquelles devait reposer le nouveau curriculum des écoles primaires et secondaires. Son rapport, déposé en juin 1997, appelé communément rapport Inchauspé (Ministère de l'Éducation, 1997a), a servi d'assise à l'énoncé officiel de politique éducative intitulé L'école, tout un programme (Ministère de l'Éducation, 1997b). Cette politique, rendue publique le 30 septembre 1997, lançait officiellement la réforme du curriculum des écoles québécoises. Le nouveau programme de formation de l'école québécoise a été d'application obligatoire à compter de l'année scolaire 2001-2001, d'abord pour le premier cycle de l'élémentaire, puis graduellement pour les autres cycles de l'école. Cette implantation débute maintenant à l'école secondaire.

Problématique

La détermination de la mission éducative et des contenus (les matières et leur importance relative dans le régime pédagogique), que l'école doit transmettre aux nouvelles générations, fait partie des débats qu'une société doit conduire. C'est là le rôle du politique au sens positif du terme et les États généraux sur l'éducation ont été la preuve vivante de l'expression démocratique : 56 jours d'audience publique, 462 heures de présentations et de discussions, deux mille mémoires provenant d'individus, de groupes ou d'organisations de la société civile. Sur ce plan, il y a peu à redire car tous, individus et groupes, ont pu s'exprimer. De plus, tant le rapport Inchauspé que l'énoncé de politique éducative semblaient refléter les préoccupations formulées lors des États généraux et proposer une vision cohérente des orientations et des contenus du curriculum à privilégier. Rappelons que le rapport Inchauspé proposait notamment (pp. 22-25) de mettre davantage l'accent sur la mission d'instruction de l'école, de rehausser les exigences sur le plan de la lecture et de l'écriture, d'augmenter les contenus de certaines matières comme les sciences au primaire, l'histoire, les langues secondes, de relever le contenu culturel des programmes d'études.

Là où le bât blesse, c'est qu'il semble y avoir eu un dérapage important par la suite, notamment entre la phase consultative et de première mise en forme de la réforme, d'une part

(Ministère de l'Éducation, 1996a, 1996b, 1997a, 1997b), et, d'autre part, le document de programme qui a été produit en fin de course au terme du processus d'élaboration (Ministère de l'Éducation, 2001). En effet, le document des programmes réformés est allé beaucoup plus loin que les conclusions du rapport des États généraux sur l'éducation et les orientations proposées par le Groupe de travail sur la réforme du curriculum (Rapport Inchauspé). Alors qu'il était proposé au début de réforme de restructurer les programmes du primaire et du secondaire pour en rehausser le niveau culturel, on aboutit finalement à des nouveaux programmes qui prônent plutôt un virage pédagogique radical. La réforme des programmes proposée est donc en décalage par rapport aux besoins identifiés au départ, pas au sens où elle ne va pas assez loin mais bien dans la mesure où elle va beaucoup plus loin.

Tout se passe comme si les réflexions sur le «pourquoi» (finalités de l'école) et celles sur le «quoi» (contenus du curriculum) avaient cédé le pas, étrangement comme par magie, à un ensemble de prescriptions sur le «comment enseigner». C'est même sur cet élément de la pédagogie que le ministère a choisi d'orienter toute sa campagne de communication : «Ce constat ressort de la lecture du projet de document d'accompagnement au programme de formation, des bulletins *Virage* et *Virage express*, des brochures d'information aux parents (...), de divers documents distribués lors des rencontres nationales et des sessions organisées pour implanter la réforme et, enfin, des documents distribués aux éditeurs scolaires dans le but d'encadrer leurs activités.»

(Trottier, 2001). En un mot, pour prendre le «virage du succès», comme le proclame le slogan ministériel, il faut désormais passer du paradigme de l'enseignement au paradigme de l'apprentissage, paradigme selon lequel les activités d'enseignement prendront le plus souvent la forme de projets réalisés en équipe par les élèves placés dans des situations complexes d'apprentissage.

C'est sur ce plan précis du choix des moyens pédagogiques les plus susceptibles de maximiser l'apprentissage que la recherche scientifique est directement interpellée, elle qui ne le fut malheureusement qu'accessoirement durant ces assemblées populaires des États généraux. La recherche en enseignement montre, contrairement aux prétentions ministérielles, que les moyens pédagogiques proposés dans le cadre de la réforme québécoise - notamment la pédagogie de projet et les approches par découverte - sont loin d'avoir fait leurs preuves. Ils ne produisent pas les effets escomptés sur l'apprentissage des élèves et, là où ils ont été expérimentés et évalués de manière rigoureuse, ils ont été jugés plutôt décevants.

• «Les écoles ont largement ignoré l'existence d'approches pédagogiques qui semblent capables de donner les résultats positifs attendus par la population. Ces approches ont été validées expérimentalement sur le plan de la recherche et sont reconnues pour améliorer de manière significative l'apprentissage. En lieu et place, les écoles ont continué d'utiliser des pratiques non vérifiées expérimentalement mais dites innovantes (Carnine, 1995; Marshall, 1993).

• Des pratiques d'enseignement comme le Mastery Learning, le PSI (personalized system of instruction) (Bloom, 1976; Guskey & Pigott, 1988; Kulik, Kulik & Bangert-Drowns, 1990), le Direct Instruction (Becker & Carnine, 1980; White, 1987), le renforcement positif et le feed-back (Lysakowski & Walberg, 1980, 1981), l'enseignement explicite (Rosenshine, 1986), sont largement ignorées en dépit des études et des méta-analyses dont elles ont fait l'objet et qui témoignent de leurs effets très positifs sur l'apprentissage (Ellson, 1986; Walberg, 1990, 1992).

• Des approches comme le whole language (Stahl & Miller, 1989), la pédagogie ouverte (Giacomia & Hedges, 1982; Hetzel, Rasher, Butcher & Walberg, 1980; Madamba, 1981; & Peterson, 1980), l'apprentissage par découverte (El-Nemr, 1980), et une grande variété d'approches qui visent à adapter l'enseignement à la diversité des apprenants (Boykin, 1986; Dunn, Beaudrey, & Klavass, 1989; Shipman & Shipman, 1985; Thompson, Entwisle, Alexander, & Sundius, 1992), continuent à être employées en dépit de résultats faibles, voire négatifs, quand ce n'est pas en l'absence même de résultats de recherche.» (Notre traduction) (Stone, 1996, p. 2)[1]

Nombre d'études portant sur l'efficacité comparée de diverses approches pédagogiques montrent que ces dernières ne se valent pas toutes et que certaines favorisent davantage les apprentissages scolaires des élèves. Ce sont les procédés pédagogiques faisant appel à une démarche d'enseignement explicite et systématique - qu'il ne faut surtout pas confondre avec l'enseignement magistral - qui donnent les meilleurs résultats. Les contenus et les habiletés à apprendre y sont présentés selon une démarche séquentielle procédant du simple vers le complexe. En comparaison, les approches centrées sur l'enfant ou sur la découverte comme celles proposées par le ministère – comme la pédagogie de projet – ont des effets nettement moindres sur l'apprentissage des élèves.

L'analyse des études révèle que des propositions pédagogiques analogues à celles qui sous-tendent la réforme québécoise ont conduit à l'augmentation du taux d'échec des élèves dans les systèmes scolaires où elles ont été implantées.

Ce fut le cas en Suisse, en Belgique, au Royaume-Uni et dans plusieurs États américains. En un mot, les approches pédagogiques privilégiées par la réforme québécoise vont dans le sens contraire des conclusions qui se dégagent d'un nombre important de travaux de recherche analysés et risquent de compromettre particulièrement la réussite des élèves provenant de milieux défavorisés ou en difficulté de comportement et d'apprentissage.

Conclusion

On comprend mal un tel changement de cap pédagogique quand on sait que la science évolue lentement, par petits pas, et que l'on observe rarement une percée majeure; à plus forte raison en éducation où la tradition de recherche est encore jeune; on s'explique mal également un tel virage pédagogique avec si peu de preuves empiriques; on est surpris enfin par une telle proposition de changement quand on sait que les élèves du Québec (ceux d'avant la réforme en cours) ont obtenu des scores les classant parmi les premiers au monde aux épreuves internationales en sciences, en mathématiques et en lecture (PISA, TEIMS).

Même si tous les réformateurs sont animés de la meilleure volonté du monde, il leur arrive d'être mal avisés et de prendre de mauvaises décisions. On présente trop souvent les pédagogies de la découverte comme étant l'innovation la plus prometteuse et le résultat le plus achevé de la recherche sur les processus d'apprentissage. Rien n'est moins sûr. Il y a sans doute trop d'innovations en éducation, mais pas assez de mesure et d'évaluations contrôlées pour en vérifier les effets avant de les implanter à large échelle. Il faudrait sans doute suivre le conseil de Rosenshine, un chercheur américain en éducation, qui propose de toujours demander à chaque réformateur enthousiaste : « Show me the data ! »

Références

CARNINE, D. *Why education experts resist effective practices? And what it would take to make education more like medicine?* Washington, D.C. The Fordham Foundation, 2000.

MINISTÈRE DE L'ÉDUCATION. *Programme de formation de l'école québécoise. Version approuvée. Éducation préscolaire, enseignement primaire.* Québec, Gouvernement du Québec, 2001.

MINISTÈRE DE L'ÉDUCATION. www.meq.gouv.qc.ca/virage/index.html

MINISTÈRE DE L'ÉDUCATION. *La réforme de l'éducation : questions et réponses à l'intention des parents et du public*, 2001. www.meq.gouv.qc.ca/virage/m_ques_rep.htm

MINISTÈRE DE L'ÉDUCATION. *Réaffirmer l'école. Prendre le virage du succès. Rapport du Groupe de travail sur la réforme du curriculum.* Québec, Gouvernement du Québec, 1997a.

MINISTÈRE DE L'ÉDUCATION. *L'école, tout un programme. Énoncé de politique éducative.* Québec, Gouvernement du Québec, 1997b.

MINISTÈRE DE L'ÉDUCATION. *Les États généraux sur l'éducation. 1995-1996. Exposé de la situation.* Québec, Gouvernement du Québec, 1996a.

MINISTÈRE DE L'ÉDUCATION. *Les États généraux sur l'éducation. 1995-1996. Rénover notre système d'éducation : dix chantiers prioritaires. Rapport final de la Commission des États généraux sur l'éducation.* Québec, Gouvernement du Québec, 1996b.

STONE, J. E. Developmentalism : An Obscure but Pervasive Restriction on Educational Improvement. Education Policy Analysis Archives. Vol. 4, n° 8, avril 1996. ww.wepaa.asu.edu/epaa/v4n8.html.

TROTTIER, D. *Le curriculum de l'enseignement primaire. Regards critiques sur ses fondements et ses lignes directrices, aspects fondamentaux et incidences sur l'apprentissage*, Communication présentée au colloque de l'ACFAS, Université de Sherbrooke, Sherbrooke, 2001.

Notes

1 «...Schools have largely ignored the availability of a number of teaching methodologies that seem capable of producing the kind of achievement outcomes demander by the public. They are experimentally validated, field tested, and known to produce significant improvements in learning. Instead, the schools have continued to employ a wide variety of untested and unproven practices which are said to be «innovative» (Carnine, 1995 ; Marshall, 1993). In particular, teaching practices such as mastery learning and Personalized System of Instruction (Bloom, 1976; Guskey & Pigott, 1988; Kulik, Kulik & Bangert-Drowns, 1990), direct instruction (Becker & Carnine, 1980; White, 1987), positive reinforcement (Lysakowski & Walberg, 1980, 1981), cues and feedback (Lysakowski & Walberg, 1982), and the variety of similar practices called «explicit teaching» (Rosenshine, 1986), are largely ignored despite reviews and meta-analyses strongly supportive of their effectiveness (Ellson, 1986 ; Walberg, 1990, 1992). Yet methodologies such as whole language instruction (Stahl & Miller, 1989), the open classroom (Giacomia & Hedges, 1982 ; Hetzel, Rasher, Butcher & Walberg, 1980 ; Madamba, 1981 ; & Peterson, 1980), inquiry learning (El-Nemr, 1980), and a variety practices purporting to accomodate teaching to student diversity (Boykin, 1986 ; Dunn, Beaudrey, & Klavass, 1989; Shipman & Shipman, 1985 ; Thompson, Entwisle, Alexander, & Sundius, 1992) continue to be employed despite weak or unfavorable findings or simply a lack of empirical trials.» (Stone, 1996, p. 2)

Pour un ministère de la Recherche au Québec

Pierre Noreau et Marc Rioux
Centre de recherche en droit public, Université de Montréal

En janvier 2005, trente directeurs de Centres de recherches universitaires, suivis de 5000 chercheurs et étudiants, signaient un appel en faveur du refinancement massif de la recherche en sciences sociales et humaines, en arts et en lettres[1].

Il s'agissait d'une première dans les annales de la recherche au Québec, alors que des mouvements équivalents se sont développés dans certains pays européens, notamment en France, où les enjeux du financement public de la recherche ont fait l'objet, depuis près de deux ans, d'importantes manifestations publiques[2].

Au Québec, les initiateurs de cet appel ont fait reposer leurs revendications sur quelques données peu connues, mais explicites. En effet, alors que moins de 20% des fonds consacrés à la recherche par l'État québécois sont orientés vers les sciences sociales et humaines, les arts et les lettres, ces domaines regroupent plus de la moitié des chercheurs universitaires et près des deux tiers des étudiants inscrits aux 2e et 3e cycles dans les universités québécoises. Sur le plan du financement institutionnel, le Fonds québécois[3] de recherche sur la société et la culture (FQRSC), chargé d'évaluer la qualité scientifique des travaux financés dans ces secteurs, ne se voit octroyer que 26% des fonds publics attribués aux trois organismes subventionnaires que compte le Québec[4].

Les initiateurs du mouvement Pour la recherche ont insisté notamment sur le fait que, contrairement aux sciences de la nature et de la santé, les recherches en sciences sociales et humaines, en arts et en lettres ne peuvent généralement pas compter sur le soutien du secteur privé. Les fonds destinés à ces champs de recherche sont essentiellement d'origine publique, ce qui accentue davantage la disproportion des ressources mises à la disposition des chercheurs. De même, cette dépendance financière accentue les effets pervers du désengagement de l'État. Cette situation fait du financement de la recherche en sciences sociales et humaines, en arts et en lettres, une mission essentielle de l'État.

Une « politique de deux sous »

Les compressions imposées aux budgets destinés à ces champs de recherche ont engendré, depuis 2003, des conséquences beaucoup plus importantes et plus immédiates que dans tout autre champ de la connaissance. Cette situation se justifie d'autant moins que l'essentiel des politiques publiques repose sur les conclusions de travaux menés en sciences humaines et sociales, en arts et en lettres. Il s'ensuit qu'en regard des 50 milliards de dollars de dépenses prévus au budget annuel de l'État québécois, les investissements dans ces domaines de recherche ne représentent tout au plus que « deux sous » pour chaque tranche de 10 $ engagés dans la définition, la mise en œuvre et l'évaluation des politiques publiques[5].

Cette réalité statistique en dissimule cependant une autre, plus difficile à chiffrer : les sciences humaines et sociales contribuent au développement de connaissances qui ne produisent pas toujours de retombées financières immédiates. Les travaux qui y sont menés engendrent des bénéfices sociaux souvent difficiles à quantifier, notamment parce qu'ils sont réalisés en amont des problèmes et qu'ils visent à les prévenir. C'est le cas dans pratiquement tous les secteurs de l'action publique en matière de services sociaux, de petite enfance, de réinsertion sociale des jeunes contrevenants, de conciliation travail-famille, de réforme du système électoral, d'intégration de la diversité culturelle, d'économie sociale, de politique culturelle, etc. Il s'ensuit que les avantages tirés du financement de la recherche ne se mesurent pas tant en termes de croissance économique ou de contribution à la « chaîne des valeurs », qu'en fonction de la qualité de vie proposées aux citoyens d'une société donnée.

Sur le plan plus spécifique de la recherche scientifique, l'appel lancé par les chercheurs reposait sur quatre arguments.

Préparer la relève

Le premier porte sur l'hypothèque que l'insuffisance des fonds fait peser sur la relève scientifique. Déjà, au cours des années 1990, les compressions budgétaires imposées aux universités avaient provoqué d'importantes ruptures au sein de certaines cohortes de chercheurs et retardé sinon compromis le renouvellement du corps professoral. En dépit d'une conjoncture financière difficile, des expertises en recherche se sont néanmoins développées au sein des nouvelles générations. Comme en témoignent les résultats des concours de 2003-2004 et 2004-2005, le nombre des demandes de financement soumises au FQRSC a augmenté de manière continue. C'est pourtant dans ce contexte de croissance que la capacité de financement du Fonds a été réduite de 7 % entre 2003 et 2004. Ces compressions ont été maintenues dans le budget 2005-2006[6]. Pour 2003-2004, en dépit d'un accroissement de 21,5 % des demandes de subvention de recherche, seulement 55 % des projets recommandés pour leur qualité scientifique ont en fait été financés. L'ensemble de ces projets recommandés totalisaient 20,8 millions de dollars, mais n'ont pu être soutenus qu'à hauteur de 7,7 millions.

L'impact des compressions est tout aussi considérable sur l'octroi des bourses d'excellence et le soutien à la relève scientifique. Malgré une augmentation de 36 % des demandes aux Programmes de bourses de maîtrise et de doctorat, la proportion des bourses attribuées par le FQRSC en 2003-2004 ne représentait que 18 % de celles qui avaient été recommandées, soit seulement 254 des 1409 candidatures retenues pour leur qualité scientifique. Si en 2004-2005, on constate une augmentation de la proportion des bourses d'excellence accordées aux étudiants (32 %), cette hausse n'a été possible qu'à la faveur de coupes sombres dans le Programme d'appui à la recherche innovante créé en vue de favoriser le renouvellement des thèmes et des orientations de la recherche. Rappelons que les compressions imposées aux programmes des bourses d'excellence du FQRSC survenaient alors que le soutien financier accordé aux étudiants par le régime public des prêts et bourses était réduit de 100 millions de dollars, avant d'être partiellement rétabli à la faveur d'une importante grève étudiante au printemps 2005.

Joindre recherche et formation

Le réinvestissement public dans la recherche en sciences sociales et sciences humaines, en arts et en lettres, est également justifié par les liens qui unissent la recherche et l'enseignement universitaires. Dans nombre de disciplines, les programmes et les cours à tous les cycles se renouvellent grâce aux résultats de la recherche. Comment l'université parviendra-t-elle à maintenir et renforcer ces liens si toutes les sources de renouvellement des connaissances sont constamment taries? Par ailleurs, c'est une caractéristique des sciences sociales et humaines, des arts et des lettres de favoriser la participation des étudiants à l'élaboration et à la réalisation des projets de recherche. Leur participation contribue de manière significative à leur formation et au financement de leurs études. Un meilleur financement de la recherche favorise par conséquent le maintien de la qualité de l'enseignement et de la formation universitaires.

Maintenir une stratégie de recherche ambitieuse

La réduction des investissements publics en sciences sociales et humaines compromet aussi la poursuite et le succès de la stratégie québécoise développée en matière de recherche. Depuis une quinzaine d'années, celle-ci vise la consolidation de regroupements, de centres de recherche, d'équipes et d'infrastructures stables dans toutes les disciplines et à la jonction de plusieurs domaines de connaissance. Ces orientations ont favorisé le développement d'une créativité exceptionnelle et d'un important savoir-faire en matière de recherche collective. Elles ont contribué à la présence et au succès des chercheurs québécois sur les plans canadien et international.

Protéger une mission essentielle de l'État

L'argument le plus convaincant en faveur du financement public de la recherche en sciences sociales et humaines, en arts et en lettres, réside, finalement, dans un fait simple : il s'agit d'une fonction essentielle de l'État québécois. Aucun gouvernement ne doit porter l'odieux d'une diminution graduelle du soutien à ces secteurs de la connaissance dont il a si impérativement besoin. Dans tous ces champs du savoir, la contribution de la recherche porte cependant bien au-delà de ces considérations utilitaires. Sur une tout autre échelle, affirment les chercheurs, se dresse la nécessité pour chaque collectivité de revoir constamment la définition qu'elle se donne; de saisir les ressorts qui sous-tendent le changement social et rendent possible ce travail si essentiel de la société sur elle-même. La fonction critique de la recherche joue ici un rôle premier. Elle est plus fondamentale encore pour cette société si particulière que constitue le Québec dans l'ensemble nord-américain.

Pour le rétablissement d'un ministère de la Recherche ?

Lancé en janvier 2005, le mouvement en faveur du refinancement public de la recherche a connu son aboutissement dans le gel des budgets consacrés à la recherche subventionnée par le ministère du Développement économique, de l'Innovation et de l'Exportation. Ce gel ne rencontre évidemment pas les objectifs poursuivis par les chercheurs, qui exigeaient un réinvestissement important et immédiat, de manière à ce que soit évitée la déstructuration de groupes et d'équipes de recherche et la démobilisation d'une nouvelle génération de chercheurs universitaires.

Les débats entourant le financement de la recherche jettent cependant les bases de questionnements plus spécifiques sur ses structures de financement. On a ainsi pu s'interroger sur l'opportunité de placer tous les orga-nismes subventionnaires sous la responsabilité d'un ministère à vocation économique, dont les objectifs s'orientent presque par définition vers la production de richesses et l'exportation de biens et de services. La recherche et l'innovation ne risquent-elles pas de s'y trouver toujours déclinées en fonction d'une conception réductrice de la « R&D », c'est-à-dire orientée pour répondre aux besoins de l'entreprise privée et de l'activité économique ? L'idée qu'on s'y fait du financement de la recherche, de ses exigences et de ses finalités, est-elle bien concordante avec la réalité spécifique et l'apport réel de la recherche dans le domaine des sciences sociales et humaines, des arts et des lettres ?

Ces craintes apparaissent du moins justifiées à la lecture des nouvelles orientations exposées en mai 2005 par le Conseil de la science et de la technologie[7]. Celles-ci répondent en effet aux impératifs de la «recherche industrielle» et de la « création de la richesse ». Le projet de la nouvelle politique de la recherche au Québec apparaît du moins clairement orienté dans ce sens, réduisant les enjeux de la recherche sociale à quelques problèmes stéréotypés : l'efficacité du système de santé, l'approche préventive des habitudes de vie, l'accès à une éducation de qualité, la pauvreté, etc. En plus de proposer une conception immédiatement utilitaire de la recherche, ces orientations laissent en plan la possibilité d'une définition plus générale et compréhensive de la recherche en sciences sociales et humaines, en arts et en lettres.

Ces orientations soulèvent, entre autres, deux questions pour l'avenir. La première a trait à la responsabilité de l'État à l'égard de l'autonomie et du développement de la recherche universitaire, notamment en sciences humaines et sociales. Au milieu des années 1990, le gouvernement du Québec s'était spécifiquement doté d'un ministère de la Recherche chargé d'élaborer la première politique québécoise de la recherche. Les activités de ce ministère allaient par la suite être intégrées à celles de ministères à vocation économique. Cette stratégie laissait deviner une orientation qui s'est accentuée au cours des derniers mois, alors que le ministère du Développement économique et régional et de la Recherche devenait, en 2005, le ministère du Développement économique, de l'Innovation et de l'Exportation. On cherchera en vain ici une quelconque référence à la recherche ! Parallèlement, le premier ministre de l'Ontario annonçait, en juin 2005, la création d'un ministère de la Recherche et de l'Innovation dont il prenait lui-même la direction. « Ce geste est très significatif, souligne la présidente de l'ACFAS, Geneviève Tanguay, il traduit cette volonté exprimée par le gouvernement d'inscrire l'Ontario en tant que société du savoir. » C'était pourtant là un projet déjà défini au Québec. Aurait-il dû être privilégié et protégé ? Son rétablissement est-il souhaitable pour assurer un réinvestissement dans la recherche en sciences sociales et humaines, en arts et en lettres ?

Références

LANOUE, Michèle. *Activités scientifiques et technologiques des administrations provinciales*, 1994-1995 à 2002-2003, Statistique Canada, juin 2004.

MINISTÈRE DE L'ÉDUCATION. *Statistiques de l'éducation - Enseignement primaire, secondaire, collégial et universitaire*, Édition 2004.

MINISTÈRE DE L'ÉDUCATION, DU LOISIR ET DU SPORT. *Indicateurs de l'éducation*. Édition 2005, www.meq.gouv.qc.ca/stat/indico5/indicateurs_index.htm.

Notes

1 Pierre NOREAU et coll., « Aller au-delà de la politique des deux sous », *Le Devoir*, 24 janvier 2005, p. A7. Voir aussi le site internet www.pourlarecherche.org

2 *Le Monde*, 20 mai 2005, p. 22.

3 Fonds québécois de la recherche sur la société et la culture, *La recherche en sciences sociales et humaines, en arts et en lettres*, mars 2004 ; Ministère de l'Éducation, *Statistiques détaillées sur les effectifs scolaires et les diplômes décernés*, « L'effectif étudiant des universités québécoises (2000 à 2004) » et « Nombre de sanctions décernées dans les universités québécoises (2000 à 2004) », Gestion des données sur les effectifs universitaires (GDEU), mai 2005, www.meq.gouv.qc.ca/stat/Stat_det/index.htm.

4 Institut de la statistique du Québec, *Enquête sur les dépenses en recherche, science, technologie et innovation au sein de l'administration publique québécoise 2000-2001 à 2003-2004*, mars 2005.

5 Gouvernement du Québec, *Budget de dépenses 2004-2005*, Volume II, « Crédits des ministères et organismes » et *Budget de dépenses 2003-2004*, Volume II, « Crédits des ministères et organismes », Conseil du trésor.

6 Gouvernement du Québec, *Budget de dépenses 2005-2006*, Volume II, « Crédits des ministères et organismes » Conseil du Trésor.

7 Ministère du Développement économique, de l'Innovation et de l'Exportation, *Le Québec à l'heure des choix*, Colloque tenu à Montréal, 30 mai 2005, voir www.mdeie.gouv.qc.ca/.

ELLE FAIT RAREMENT
LA MANCHETTE,
MAIS ELLE EST PRÉSENTE
QUOTIDIENNEMENT

LA RECHERCHE
EN SCIENCES SOCIALES
ET HUMAINES,
EN ARTS ET LETTRES
POUR MIEUX COMPRENDRE ET
APPRÉHENDER L'ACTUALITÉ

www.fqrsc.gouv.qc.ca/projetsencours

Fonds de recherche
sur la société
et la culture

Québec

La culture, les sports et les médias

Au bord de la crise...
L'année du théâtre québécois

Robert Lévesque
Chroniqueur, ICI

Pour les grandes comme pour les petites compagnies de théâtre, la situation économique et organisationnelle est de plus en plus précaire au Québec et l'année 2006 (ou plutôt la saison 2005-2006, qui a d'ailleurs failli être annulée) risque bien d'être celle d'une crise majeure que l'on a, sans doute en vain, tenté de repousser durant l'année 2005 (ou plutôt durant la saison 2004-2005). On a le sentiment qu'il y a, pour paraphraser le prince Hamlet, quelque chose de pourri au royaume du théâtre...

Étrange affaire parce que, depuis une vingtaine d'années, les gouvernements fédéral et provincial ont ouvert leurs goussets de sorte que chacun des « théâtres institutionnalisés » (appellation qui remonte au premier gouvernement péquiste dans les années 1970) a pu voir sa bâtisse rénovée de fond en comble ou reconstruite (le béton a coulé gaiement) et chaque salle (sauf le Théâtre de Quat'sous, mais ça s'en vient) est désormais équipée au mieux, les standards sont hautement professionnels; le parc des théâtres en est un de haut de gamme. Mais à l'intérieur des murs neufs, ça grince, ça va mal...

Un premier cri d'alarme avait été lancé au milieu des années 1990 par le comédien Raymond Cloutier (ex-directeur du Conservatoire d'art dramatique de Montréal) qui avait, dans un pamphlet intitulé *Le beau milieu*, cerné quelques-uns des irritants qui minent la santé autant économique qu'artistique des théâtres, la surproduction obligée, le sous-paiement des artistes, l'uniformisation des pratiques et des produits, le casse-tête des abonnements versus la possible gérance des succès, l'épée de Damoclès du déficit ; mais ce cri d'alarme, passé le petit choc médiatique, n'a pas été vraiment entendu, du moins n'a-t-il pas été suivi de réels ajustements, et je dois dire qu'il n'a même pas, ce sursaut de Cloutier, provoqué l'amorce d'une réflexion collective et constructive, ce qui nous a menés à la situation actuelle, un fonctionnement au bord de la crise...

Le metteur en scène André Brassard avait cyniquement commenté ce «bétonnage» des théâtres en disant que c'était l'industrie de la construction qui avait été soutenue par les ministères de la Culture et du Patrimoine. Le mot était vif et pertinent. Rien n'a été fait ni pensé, depuis les années 1970 où le gouvernement péquiste a installé le système de répartition actuel (un peu à tous sans distinction de genre), pour corriger cette situation permanente de si difficile survie du théâtre, pour améliorer son ordonnance, pour assouplir ses pratiques et viser à un fonctionnement plus efficace et moins enlisant dans les balises contraignantes des saisons à quatre ou cinq spectacles d'office par compagnie.

Cette absence de réflexion et d'action (des états généraux auraient été nécessaires, auront-ils enfin lieu en 2006 ?) a fait en sorte qu'en plein milieu de la saison 2004-2005 c'est le syndicat de l'Union des artistes (UDA, présidée par le comédien Pierre Curzi, ex-complice de Cloutier du temps du Grand Cirque Ordinaire au tournant des années 1970) qui a pris les devants en ouvrant un conflit avec le regroupement des Théâtres Associés Inc. (TAI, dirigé par la comédienne Marie-Thérèse Fortin, ex-directrice artistique du Théâtre du Trident à Québec et actuelle directrice artistique du Théâtre d'Aujourd'hui à Montréal) au sujet du paiement des heures de répétitions pour les comédiens.

Car, le public en est toujours étonné lorsqu'il l'apprend, les comédiens ne sont pas payés pour les semaines de répétitions d'une pièce, ils ne le sont que lorsqu'ils jouent devant public, et l'on peut avoir répété plus longtemps que l'on aura joué. Une bataille corporatiste s'est donc engagée sur ce point précis et elle s'est terminée dans un vague compromis que Michel Bélair, le chroniqueur théâtral du *Devoir*, a qualifié d' «occasion ratée» et de «plaster sur une béquille» dans l'édition du 21 juin 2005. «Lorsque viendra la crise», concluait-il.

Le problème c'est que cet affrontement (les membres de l'UDA refusaient depuis janvier 2005 de signer leurs contrats pour la saison à venir, ce qui était en soi un précédent) s'est fait dans les rapports incestueux les plus évidents, tout le monde ou à peu près vivant des deux côtés de la clôture, les dirigeants de TAI étant parfois comédiens ou metteurs en scène (Marie-Thérèse Fortin était en conflit d'intérêt, Curzi aussi) et les membres de l'UDA étant souvent liés aux directions des compagnies de théâtre, du moins pour leurs contrats d'acteurs quand ce n'est pas plus. Cette soi-disant entente qui a mis fin au conflit en avril 2005 n'est, au mieux, que temporaire. Et son application est ouverte à toutes les manigances, des pièces avec moins de personnages, des temps de répétition réduits, compressés, aucun barème. La menace de grève qu'on a brandie avait quelque chose de fallacieux. Et de bancal, puisque ce ne sont pas toutes les compagnies de théâtre qui sont membres de TAI.

Ainsi, les compagnies que l'on pourrait dire «de pointe» ou «marginales», comme le Théâtre Ubu de Denis Marleau, l'Usine C de Carbone 14 et Gilles Maheu, le groupe de l'Opsis, celui de la Veillée (Théâtre Prospero), la compagnie Sibyllines de Brigitte Haentjens, Pigeons International de Paula de Vasconcelos, le Théâtre Deuxième Réalité d'Alexandre Marine, bien d'autres, n'étaient nullement concernées par ce conflit UDA-TAI mais n'en ont pas moins des difficultés à survivre, la plupart étant sans domicile fixe (dans le cas de Marleau, si reconnu à l'étranger, ça frise le scandale, ses demandes d'aide ont été rejetées, et le fait qu'il dirige actuellement le Théâtre français du Centre National des arts à Ottawa ne devrait pas excuser cette anormalité), et certaines condamnées à la demande de subvention projet par projet, tout étant toujours à recommencer.

Quant aux petites ou jeunes compagnies, qui naissent et meurent mais où peut se recruter la relève, cela ne va pas mieux pour elles, ces groupes généralement formés de diplômés des six écoles de théâtre québécoises (l'École nationale de théâtre, les Conservatoires de Montréal et de Québec, l'École supérieure de théâtre de l'UQAM, les Options-théâtre des cégeps de Sainte-Thérèse et de Saint-Hyacinthe) crient régulièrement famine et une récente initiative, en marge du conflit de leurs aînés, allait dans le sens de la crise dont on frôle le bord...

Une vingtaine de ces petites compagnies ont fait parvenir aux ministres concernés et aux institutions responsables des subventions un cahier avec des dessins à colorier et des revendications pour que les pouvoirs publics investissent davantage dans les arts de la scène. Ce cahier a pour titre *Un avenir sombre à colorier*. Citons-en un extrait : « Nos jeune compagnies n'ont pas de place dans le milieu. Celles qui nous ont précédés manquent encore de fonds. La fragilité dans laquelle nous vivons est tragique. Nous n'avons ni les ressources pour nous organiser ni celles qui favoriseraient l'évolution de nos activités. »

Professionnels comme amateurs, institutionnalisés ou désorganisés, tous sont aux prises avec une situation qui demanderait un véritable *aggiornamento* théâtral et, au contraire, pour l'instant, on a la nette impression d'assister à une fuite en avant... Ce qu'il faudrait, ce que le regretté Jean-Pierre Ronfard souhaitait dans une lettre qu'il fit parvenir à l'un des ministres québécois de la Culture il y a quelques années, c'est ni plus ni moins un grand bouleversement dans les mœurs et habitudes de production. Ronfard prônait même l'abolition des abonnements de sorte que les compagnies puissent jouir de liberté et de marges de manœuvre plus grandes, poursuivre un succès quand succès il y a, retirer de l'affiche un échec, reprendre des spectacles importants, bref ne plus demeurer prisonnier des cases et formulaires et calendriers. Entre autres, pensait le cher Ronfard, pour préserver le côté festif et non commercial du théâtre. Que Sophocle ait son âme...

Révolution tranquille

Une révolution tranquille, en somme, où la pratique professionnelle du théâtre pourrait s'inspirer du modèle français où il y a une séparation entre, d'une part, un théâtre public (« élitaire pour tous », comme le comprenait Jean Vilar au temps du Théâtre National Populaire), subventionné par l'État, avec des compagnies dont la mission est de faire progresser l'art du théâtre, de permettre à des metteurs en scène d'approfondir et de développer leur quête d'art sans le souci de rendement financier et, d'autre part, un théâtre privé, non subventionné par l'État mais par des mécènes ou des entreprises, où le commerce théâtral pourra rouler, le vedettariat médiatique fleurir, et les caisses sonner.

Dans ce contexte, une compagnie comme le Théâtre du Nouveau Monde (TNM) serait (son histoire en faisant foi) une « scène nationale » avec au moins le triple des subventions qu'elle obtient en ce moment, on pourrait enfin loger le prestigieux Théâtre Ubu à demeure (je suggère l'Usine C puisque Gilles Maheu n'occupe pratiquement plus les lieux depuis son passage au showbiz musical), alors que la Compagnie Jean-Duceppe et celle du Rideau Vert, par exemple, où le théâtre n'est que divertissement, seraient des théâtres privés, comme le Théâtre Mogador ou La Michodière à Paris. On peut facilement imaginer que le Rideau Vert (dont le sort est incertain à la suite d'une mauvaise gestion et de la démission de sa fondatrice) deviendrait propriété du groupe Rozon (avec Denise Filiatrault déjà à la direction artistique de cette salle la fusion est dans l'air, elle serait logique).

Une telle répartition public-privé permettrait aux différents théâtres de sortir de cette uniformisation imposée actuelle qui fait que les spectacles offerts – tous conçus dans le même schéma de production décidé par les subventionneurs – ne se différencient plus vraiment d'une salle à l'autre, et chacun dans sa sphère libérée pourrait approfondir et perfectionner son approche, son style, ainsi au TNM ne verrions-nous plus de ces «produits» léchés et impeccables relevant d'une démarche marchande (une *Tempête* de Shakespeare gadgétisée par le duo clinquant Lemieux-Pilon), mais on saurait que dans ce théâtre le talent est mis au service de l'art théâtral d'abord, du texte, de la production de sens, quand au Rideau Vert on ne se sentirait plus obligé de programmer un Brecht débrechtisé entre deux boulevards bien envoyés...

Le théâtre à l'époque des méga-festivals

Au-delà des problèmes internes au fonctionnement de l'organisation de la pratique théâtrale, qui devraient être l'objet de discussions sérieuses en 2006 si l'on ne veut pas encore repousser la crise, il y a que la fréquentation des salles de théâtre par le public a tendance à stagner ou diminuer, et cela à cause d'une grande concurrence des autres secteurs des arts de la scène, en particulier la multiplication des spectacles d'humoristes (phénomène toujours à la hausse) et cette envahissante industrie des variétés qui, depuis ces dernières années, roule à tout casser. L'humour et les variétés, les deux mamelles du monde québécois du spectacle.

Selon l'Institut de la statistique du Québec (ISQ), en 2004, mais l'on peut aisément penser qu'en 2005 et 2006 ces chiffres ne changent pas sinon pour que se creuse encore plus l'écart entre le théâtre et les mamelles joyeuses, seulement 16,6 % des billets de spectacles vendus au Québec étaient des billets de théâtre, alors que les variétés et l'humour sont largement en tête avec 37,7 % des billets vendus, suivis de la chanson avec 33,5 %. Les empires culturels de Gilbert Rozon à Juste pour rire et d'Alain Simard à Spectra ont entièrement changé la donne depuis deux décennies; le théâtre en a pris ombrage.

Ajoutons à cela qu'à l'heure des méga-festivals du jazz, de l'humour et de la chanson (le FIJM, le FJPR, les FrancoFolies), les deux festivals consacrés au théâtre, le Festival de Théâtre des Amériques (FTA) à Montréal et le Carrefour international du théâtre (CIT) à Québec, crient famine. Les deux directions de ces festivals n'en peuvent plus de couper ici et là d'édition en édition parce que les subventions ne sont plus adéquates et qu'elles rétrécissent. Au FTA on a subi en 2005 une baisse de subsides gouvernementaux de l'ordre de 400 000 $ et le budget est passé de 3 millions de dollars en 2003 (ce festival est bisannuel) à 2,3 millions en 2005. À Québec, le Carrefour étouffe dans un budget de 1,15 million après de récentes compressions de 313 000 $ dans les subventions.

Et là aussi l'assistance diminue. Au FTA en 2005, on a accueilli 15 000 spectateurs contre 20 000 dans les éditions précédentes. L'édition 2005 offrait 80 représentations de 19 spectacles, quand en 2001 on comptait 105 représentations de 23 spectacles. C'est la peau de chagrin. Que ces festivals-là continuent de présenter des éditions artistiquement fortes et relevées tient du miracle et beaucoup du courage désintéressé de ses directeurs, en l'occurrence Marie-Hélène Falcon qui tient la barre du FTA depuis vingt ans, et Brigitte Haentjens et Marie Gignac au CIT depuis 1992.

Un avenir sombre à colorier... Cet avenir, ce sera celui de ceux et celles qui, aujourd'hui, fréquentent les écoles de théâtre, et je conclurai ce survol inquiet par l'évocation des étudiants du Conservatoire d'art dramatique de Montréal qui ont été délogés de l'ex-vieux Palais de justice de la rue Notre-Dame il y a quelques années pour se retrouver dans un entresol déprimant du Plateau Mont-Royal. On leur avait dit que ces locaux inadéquats n'étaient que temporaires, un an ou deux au plus, et qu'ils seraient relogés dans l'édifice qui serait construit près de la Place des Arts pour accueillir la salle de l'Orchestre symphonique de Montréal (OSM)...

Le comédien Normand Chouinard, flairant l'imposture, avait alors démissionné avec fracas de la direction du Conservatoire. Plusieurs années après, la salle de l'OSM est encore à l'état de projet, on en a modifié les plans et si jamais elle est construite il n'y aura pas de place pour y loger le Conservatoire. La jeunesse continue d'aller à l'école en entresol...

Cet article a été rédigé en juillet 2005.

Une année de contrastes
L'année du cinéma québécois

Yves Rousseau
Professeur, Cégep François-Xavier Garneau

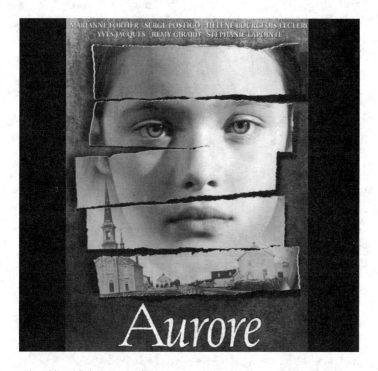

Si le public québécois s'est rué plus que jamais dans les salles obscures pour y voir son cinéma en 2005, si plusieurs films québécois se sont avantageusement distingués dans les festivals partout dans le monde, on ne peut pas dire que la première édition du Festival International de films de Montréal (FIFM), tenue en septembre, ait convaincu ni les cinéphiles, ni le milieu, ni la presse, ni le reste du monde. L'événement, issu de la volonté conjointe de Téléfilm Canada et de la Sodec d'évincer Serge Losique, le tenace plénipotentiaire du Festival des Films du Monde (FFM) du paysage festivalier montréalais a été un gigantesque bide.

Dans l'édition précédente de cet ouvrage, nous affirmions que M. Losique avait la couenne dure et qu'il risquait de ne pas se laisser «blackbouler» sans réagir. Les faits nous ont donné raison, à ceci près que les dégats ont été beaucoups plus importants que prévu. Ce qui n'augure rien de bon pour Montréal ville de cinéma, déjà aux prises avec une diminution marquée des tournages hollywoodiens, qui ont été depuis plusieurs années la véritable vache à lait de l'industrie, injectant dans l'économie locale bien plus d'argent que les budgets de la SODEC et Téléfilm réunis.

La comédie des erreurs

Il faut revenir sur la suite d'événements ayant entouré la génèse du FIFM pour comprendre et apprécier l'étendue des dommages, qui n'ont rien de collatéraux. Il en va de la réputation de Montréal et par ricochet du Québec sur la planète cinéma. Il était gênant d'entendre les invités internationaux, tant du FFM que du FIFM, patiner sur les pelures de bananes lancées (avec raison) par la presse d'ici sur le fait que Montréal présente trois festivals internationaux de films en moins de deux mois.

Depuis toujours en froid avec la presse et en phase avec le public, Serge Losique et son FFM ont fini par s'attirer les foudres des subventionneurs (SODEC et Téléfilm Canada) par une gestion pour le moins opaque des fonds publics. Il faut dire que les subventionneurs ont aussi donné beaucoup d'argent à une firme de comptables pour tenter de démontrer que les finances du FFM n'étaient pas saines, ce qui engendra le fameux «rapport Secor». L'autre talon d'achille du FFM étant l'aspect «business», ce qu'on appelle «le marché du film» où les producteurs rencontrent les distributeurs dans l'espoir d'y vendre leurs films pour un territoire donné, est particulièrement anémique, surtout au regard des centaines de millions qui se brassent au Festival de Toronto au début de septembre.

On peut d'ailleurs mettre sur le compte de la sempiternelle rivalité «Montréal la culturelle contre Toronto la riche», cette fixation quasi lemmingienne, ce fantasme d'un marché du film digne de ce nom à Montréal. C'est méconnaître profondément le rapport de forces du système de distribution des films étrangers en Amérique du Nord, où 98% du public potentiel parle anglais, que de penser que les producteurs européens ou asiatiques choisiront Montréal comme cheval de Troie pour envahir l'Amérique. De plus, les producteurs sont des financiers et il n'y a rien de plus fort que l'argent pour attirer l'argent. Mais le cahier des charges du nouveau festival spécifiait qu'il devrait y avoir un marché du film.

Il y eut plusieurs cafouillages avant le choix officiel du gagnant. Dans un premier temps, les subventionnaires renvoyèrent tout le monde refaire leurs devoirs, aucune proposition n'étant jugée satisfaisante au premier tour. Pendant ce temps, Serge Losique refuse de se porter candidat à sa propre succession et entame une série de poursuites judiciaires contre Téléfilm, la Sodec et même contre certains journalistes ; et proclame haut et fort qu'il tiendra une édition du FFM en août 2005, ce qu'il fit avec un certain panache, il faut le dire, au point de s'attirer un certain capital de sympathie. Nous en reparlerons sûrement l'année prochaine dans cet ouvrage mais on peut déjà affirmer que les avocats seront les seuls à bénéficier de cette affaire.

Avec le report du choix du gagnant, Sodec et Téléfilm se retrouvent avec un nouveau problème sur les bras : le temps joue contre eux. On a promis un événement pour l'automne 2005 et l'organisation d'un festival est une entreprise complexe, dans un milieu hautement compétitif. Finalement la décision est rendue et c'est l'équipe Spectra qui rafle la mise, offre assortie d'un partenariat avec le Festival du Nouveau Cinéma (FNC), qui est depuis trente ans l'autre festival de cinéma majeur à Montréal, dont l'âme est Claude Chamberlan et le mécène Daniel Langlois.

Curieux mariage, à l'image des deux parrains du nouvel événement, la Sodec et Téléfilm n'ayant ni le même agenda ni la même mission fondamentale (créature québécoise et créature canadienne). Ce compromis évident n'a d'ailleurs pas fait long feu, Daniel Langlois quittant le FNC pour rallier Spectra.

Si la Sodec et Téléfilm avaient voulu évincer d'un seul coup les deux personnalités majeures des festivals de films à Montréal depuis trente ans (Chamberlan et Losique) pour repartir sur de nouvelles bases, le plan semblait parfait. Mais là encore, c'était compter sans la ténacité de Chamberlan qui, pour être beaucoup plus sympathique que Serge Losique, n'en est pas moins aussi entêté.

C'est donc Spectra, une entreprise reconnue pour son expertise en gros événements surtout musicaux (Festival de jazz, Francofolies, Montréal en lumière, captation de concerts et diffusion télévisuelle) mais novice dans le milieu cinématographique, qui aura la charge d'organiser le nouveau festival ; et ce, à quelques mois de l'échéance voulue par Téléfilm et la Sodec : septembre 2005, un moment très encombré dans le calendrier des festivals de films. C'est dire qu'en imposant un «deadline» irréaliste, les institutions ont contribué à littéralement peinturer dans le coin les récipiendaires de l'appel d'offres.

On a donc confié le contrat à des organisateurs plutôt qu'à des programmateurs. L'embauche de Moritz de Hadeln au poste de Délégué général, titre ronflant voulant simplement dire «directeur de la programmation», visait à combler ce manque, pouvait à première vue rassurer tout le monde. Moritz de Hadeln n'avait-il pas fait de Berlin un rendez-vous majeur de la cinéphilie européenne, n'était-il pas vierge de tous les anciens conflits du milieu local dont le festivalier moyen n'a cure ?

La réalité a vite rattrapé le rêve et les conflits ont surgi à l'avant-plan.

Curieusement, l'ensemble de la couverture journalistique de la première édition du FIFM commençait toujours par de nombreux paragraphes sur les problèmes du festival (salles vides, compétition terne, chicanes internes) pour ensuite se terminer par « et maintenant, parlons des films », expédiés en quelques lignes.

Moritz de Hadeln, coincé entre l'arbre et l'écorce, trop expérimenté pour jouer les utilités mais appâté par un salaire mirobolant, ne s'est pas gêné pour confier ses états d'âme à la presse qui n'en demandait pas tant. Entre autres, il n'a jamais caché son désaccord avec les dates imposées. Si on a voulu acheter son carnet d'adresses fort bien garni, on s'est aussi retrouvé avec son franc-parler. Je ne miserais pas gros sur son retour l'an prochain.

De plus, on ne crée pas l'événement avec un hommage à Michel Deville, un cinéaste français surestimé, tout comme un jury présidé par un Claude Lelouch tout aussi *has been*. Il n'y a rien là pour attirer un public plus jeune qui préfère de loin les expérimentations de Claude Chamberlan. Un festival nouveau se doit d'avoir une niche, une personnalité unique.

Il aurait mieux valu passer un tour, attendre, prendre le temps de définir un créneau, une orientation claire et des dates qui respecteraient ce qui se fait déjà ici et ailleurs. Car il faut savoir que Montréal, en plus des trois festivals dont nous venons de parler, ne manque pas de festivals de films spécialisés : les gays, les Amérindiens, l'art, les Africains, le documentaire, Fant-Asia, les films français pour les anglos, le cinéma québécois, le cinéma latino ont tous leur festival spécialisé,

sans parler du festival permanent du cinéma hollywoodien à longueur d'année, pour n'en nommer que quelques uns.

La première édition du FIFM ressemblait au FFM, mais sans le public. Bref, un nouveau festival qui a déjà l'air vieux. On ne construit pas un festival uniquement sur le désir de dégommer Serge Losique.

On avait un petit problème avec lui, on a voulu faire tout de suite un gros festival, avec une grosse équipe, un gros budget, des grosses subventions, un gros programmateur, un gros tapis rouge. On aura obtenu un gros bide.

Les films obligatoires

Il y a désormais deux sortes de films au Québec : les films obligatoires et les autres. Comme nous avons récemment découvert les joies du marketing appliqué à la production cinématographique, avec tout ce que cela implique (tournée des médias, budgets de promotion conséquents, convergence, star-system local, publicité et bandes annonces, utilisation judicieuse des talkshows, etc.) certains films québécois deviennent une affaire dont tout le monde médiatique parle, pour paraphraser le titre d'une émission de télé en vogue.

Pourquoi s'en plaindre ? Si tous les quotidiens de la province font en même temps la une de leur cahier cinéma avec le même film québécois (c'est ce que j'appelle les films obligatoires) plutôt qu'avec un film hollywoodien, n'est-ce pas là un signe de la vigueur de la cinématographie locale ? Ne serait-ce qu'à titre de contribuable, ne devrions-nous pas aller dans les salles voir comment l'argent de nos impôts est dépensé ?

Toujours est-il que les films obligatoires sont tous, sauf un, des millionnaires au box office de 2005 qui, soit dit en passant, est l'année la plus faste de l'histoire du cinéma québécois en matière de recettes brutes au guichet. Juste durant l'été, une saison traditionnellement réservée aux blockbusters hollywoodiens, la production locale s'est arrogé plus de 20% de la fréquentation en salles, un score que nous envieraient des nations aussi riches en histoire et traditions culturelles que l'Allemagne, l'Italie, la Grande-Bretagne et l'Espagne. Devons-nous pourtant nous péter les bretelles et pavoiser? D'une part, il est clair que d'un point de vue strictement économique, il est préférable d'aller voir un film québécois moyen qu'un film hollywoodien moyen. D'autre part, les films qui sortent de la moyenne sont rarement appéciés du plus grand nombre. Il ont donc moins de chances de performer dans la logique du box office.

Pourtant des films se démarquent et trouvent leur public, et ce pour toutes sortes de raisons. Prenons les champions de l'année : *C.R.A.Z.Y.* de Jean-Marc Vallée et *Aurore* de Luc Dionne. Les deux films ont récolté plus de 5 millions cet été, ce qui est fort respectable, même si aucun des ces films ne sera rentable uniquement sur le marché local. Les deux films ont, superficiellement, plusieurs points communs : ce sont des films «d'époque», proposant des sujets dits universels : famille pour les deux, enfance meurtrie pour *Aurore* et récit d'apprentissage pour *C.R.A.Z.Y.*

Pourtant, si *C.R.A.Z.Y.* cartonne dans les festivals étrangers, *Aurore* ne connaîtra jamais de carrière internationale. Mettez-vous dans la peau d'un distributeur. Achèteriez-vous un téléfilm mélodramatique turc ou espagnol portant sur une enfant battue? Non. Le sujet n'est pas tout. Il faut un regard et un désir de cinéaste, en un mot une mise en scène. Luc Dionne est un bon scénariste de téléséries mais pas un cinéaste. D'ailleurs, les producteurs et distributeurs du film le savent. La mise en marché d'*Aurore* fut entièrement basée sur le fait que la violence faite aux enfants est inacceptable. Qui serait contre ça? *Aurore* a été mis en marché comme un film de CLSC, d'ailleurs, un survol de la revue critique du film montre que personne n'a soulevé de questions de mise en scène, de point de vue, bref, de cinéma, pour la simple raison qu'il n'y en a pas.

De nombreux films québécois passent d'ailleurs par la moulinette sociologique ou les personnages ne sont pas tant des personnages que des types sociologiques ou générationnels. On surfe ici sur des catégories directement issues de la culture des magazines féminins, faite de différents looks et tendances qu'il faut savoir décoder pour être «in». *Horloge biologique*, de Ricardo Trogi, est un exemple patent de la chose. Le fait que le film de Trogi ait mieux cartonné que *Maman Last Call* de François Bouvier démontre surtout que le public avait envie de voir l'autre point de vue, celui d'un mâle en début de trentaine, afin de faire carburer une industrie de la sociologie à la petite semaine en mal de discours provocateur pour alimenter le ronron médiatique. Là encore le film semble formaté pour susciter des débats tranchés mais peu subtils qui occultent des questions plus fondamentales auxquelles on ne peut pas répondre en trois minutes à la télé telles que : pourquoi ne faisons-nous plus assez d'enfants pour être viables en tant que peuple d'ici deux générations ?

Un objet inclassable s'est tout de même faufilé au milieu des films obligatoires, il s'agit de *La neuvaine* de Bernard Émond, primé à Locarno, festival européen qui se distingue par la rigueur de sa programmation et son attention aux films qui ne sont pas encore « tendance ». Comme si les médias dominants avaient une sorte de crainte de manquer quelque chose d'un objet qu'ils ne sont pas vraiment équipés pour comprendre. Mais on s'est dit bon, s'ils ont trippé à Locarno on devrait en parler, ça fera démocratique et on ne pourra pas nous accuser de toujours succomber aux sirènes du commerce. Mais on a prévenu le client : il s'agit d'un film austère avec peu de dialogues explicatifs. On y parle de foi et d'athéisme et ce n'est pas une comédie. Il faut dire que Bernard Émond n'est pas un novice de la mise en scène. Il en

est à son troisième long métrage de fiction et a fait plusieurs documentaires, tous pétris de la plus grande rigueur. Il était temps qu'on s'aperçoive de son importance.

Qui est un cinéaste ?

Dans un monde ou les films passent à une vitesse folle et sont de plus en plus formatés pour être remplacés vite par d'autres films, on peut se demander ce qui confère le privilège d'orchestrer la mise en scène de la forme d'art la plus coûteuse : le cinéma.

Cette année fut marquée par une polémique sur la profession même de cinéaste. Alors que de nombreux cinéastes émérites n'arrivent plus à travailler, d'autres, ayant d'abord comme caractéristiques d'être des gens connus, des célébrités locales, se voient propulsés au rang de cinéastes. Il faut juger l'arbre à son fruit et se rappeler cette blague hollywoodienne à propos de ce novice qui en est à son premier film : « Celui-là il tourne deux films en même temps ; son premier et son dernier ».

Penser l'impuissance
Les essais québécois

Louis Cornellier
Chroniqueur aux essais québécois, Le Devoir

Si les intellectuels ont parfois mauvaise réputation en certains milieux, cela tient à la nature même de leur fonction. Qu'est-ce qu'un intellectuel, en effet, sinon celui qui, à partir d'une vision du monde fondée sur des valeurs qu'il considère non négociables, intervient dans le débat public pour mettre ses contemporains devant leurs contradictions, leurs faiblesses et leur rappeler leurs manquements à l'égard de certaines vertus cardinales ? La puissance de l'intellectuel, en ce sens, se trouve dans sa capacité à penser au mieux l'impuissance qui l'entoure afin de lancer le mouvement visant à la surmonter. Aussi, plus elle est perçante, plus sa lucidité choque, mais plus elle est nécessaire, dans la mesure où elle ne reconduit pas elle-même l'impuissance qu'elle pointe et critique.

Où se trouve l'impuissance dans la société québécoise actuelle ? Dans sa tradition de pensée, a suggéré l'historien et sociologue Gérard Bouchard dans un essai publié à l'automne 2004 et intitulé *La pensée impuissante -Échecs et mythes nationaux canadiens-français* (1850-1960). Dans *Les deux chanoines*, publié l'année précédente, Bouchard avait démontré que la pensée de Lionel Groulx ne résistait pas à ses propres contradictions internes et que son caractère fragmentaire la rendait inopérante. Poursuivant sur cette lancée, son nouvel essai dissèque les pensées d'Arthur Buies, d'Edmond de Nevers, d'Édouard Montpetit, de Jean-Charles Harvey et, encore une fois, de Lionel Groulx, et en arrive à la même conclusion : « La pensée du Canada français (et plus précisément du Québec francophone) entre le milieu du XIXe siècle et le milieu du XXe siècle a été caractérisée principalement par une incapacité découlant de contradictions que des mythes inefficaces n'ont pas permis de harnacher. » Faut-il être moderne ou conservateur, Québécois ou Canadien, branché sur la France ou les États-Unis ? Ces penseurs ont échoué à fournir des réponses adéquates et stimulantes à ces questions. La Révolution tranquille – modèle de pensée radicale et organique – a temporairement permis au Québec de sortir de son indécision et de se développer sainement, mais la tentation de l'impuissance, depuis, nous aurait rattrapés. L'heure serait donc venue, selon Bouchard, de renouer avec l'esprit de ce brillant épisode de notre histoire.

La chose, cela dit, ne va pas de soi dans une société postmoderne comme la nôtre où le projet de vivre en commun, l'intérêt général, est battu en brèche par des égoïsmes qui ne se rejoignent que sous les bannières de divers corporatismes identitaires, ethniques ou professionnels. C'est justement cette impuissance à rétablir le politique comme monde commun, comme espace du vivre-ensemble, qu'analyse le sociologue Jacques Beauchemin dans un essai d'une rare puissance intitulé *La société des identités – Éthique et politique dans le monde contemporain*. La Révolution tranquille appartient à la modernité québécoise. Un renouement avec son esprit est-il seulement pensable dans le Québec postmoderne actuel ?

S'il faut en croire le politologue Marc Chevrier, l'horizon, à cet égard, s'annonce plutôt sombre. Dans un élégant essai de haute tenue littéraire intitulé *Le temps de l'homme fini*, ce dernier parle de l'homme contemporain comme d'un être « enfermé dans son moi, son identité et ses droits, qui ne tolère aucune référence étrangère à ses désirs, à son corps et à ses origines », un être privé du « sens de l'idéal » qui préfère les sondages à la délibération publique, le communautarisme à l'arrachement, la pédagogie du vécu à la transmission de l'héritage. Narcisse peut-il être citoyen ?

Encore faudrait-il, pour cela, que ceux qui ont la charge de mener les troupes soient capables d'une certaine hauteur de vue. Malheureusement, en lieu et place du leadership attendu, on assiste plutôt à une entreprise de rapetissement du Québec mené par un gouvernement libéral qui prend son pragmatisme incompétent pour une opération de modernisation. Dans un essai d'analyse de la première moitié du mandat libéral intitulé *Ambitions libérales et écueils politiques - Réalisations et promesses du gouvernement Charest*, les politologues Gérard Boismenu, Pascale Dufour et Denis Saint-Martin critiquent sévèrement ce gouvernement obsédé par la taille de l'État, nourri à des théories néolibérales dépassées (réingénierie, PPP), porteur d'une vision atomiste de la société (le Québec porterait « sept millions d'ambitions » en phase avec le postmodernisme délétère critiqué par Beauchemin et Chevrier et enfermé dans un provincialisme insignifiant. Le sursaut citoyen, de toute évidence, ne viendra pas de ce côté.

Viendra-t-il des souverainistes ? Onze intellectuels pour la souveraineté (IPSO) continuent d'y croire, en précisant, dans un essai au titre volontaire, qu'il importe de *Redonner sens à l'indépendance*. Pour Jacques Beauchemin, qui rappelle « la centralité de l'histoire et de la mémoire dans l'édification de toute société », le défi consiste à « conjuguer la mémoire de la communauté canadienne-française à la volonté de faire du Québec "le pays de tous les Québécois" ». Ce sociologue, inspiré par l'œuvre de Fernand Dumont, est peut-être, à l'heure actuelle, le plus brillants de nos penseurs souverainistes.

Le philosophe Serge Cantin, lui, s'inspire plutôt d'Andrée Ferretti et suggère d'en finir avec le trait d'union de la souveraineté-association afin de redonner à ce projet sa réelle portée libératrice. Sans être en désaccord avec Cantin sur la nécessité de faire la souveraineté, son collègue Michel Seymour propose une argumentation différente, mieux à même de rallier ceux qu'on appelle les « mous » au projet : « Il faut définir ce que l'on entend par fédéralisme multinational, puis expliquer ensuite pourquoi ce régime est devenu impossible à l'échelle canadienne et que c'est pour cette raison que nous sommes souverainistes. » Le nouveau chef du Parti québécois ne manquera pas de propositions à mettre dans sa besace à l'heure de partir en mission.

Autres visages de l'impuissance

L'impuissance, le général Roméo Dallaire ne l'a pas seulement pensée mais vécue, alors qu'il était le chef militaire de la Mission des Nations unies pour l'assistance au Rwanda, en 1994, au moment des massacres. A-t-il été à la hauteur de la tâche ? Dans un essai intitulé *Rwanda - Souvenirs, témoignages, réflexions*, l'historien militaire Jacques Castonguay, auteur du rapport officiel de la participation des Forces canadiennes aux missions de l'ONU au Rwanda commandé… par Dallaire lui-même, ne tarit pas d'éloges à l'égard de l'œuvre du général. Il a fait, écrit-il, ce qu'il avait à faire et même plus. Ce sont ses supérieurs qui l'ont abandonné.

Un de ceux-ci, le diplomate Jacques-Roger Booh Booh, patron direct de Dallaire à titre de chef de la mission de l'ONU au Rwanda, défend pourtant une autre version en accusant le général d'incompétence et d'opportunisme. Intitulé *Le patron de Dallaire parle - Révélations sur les dérives d'un général de l'ONU au Rwanda*, l'essai sulfureux de

Booh Booh n'a pas eu un grand retentissement au Québec. Faut-il comprendre qu'il était impertinent ou que la société québécoise tolère mal le déboulonnage de ses héros ?

En manque de modèles masculins, répondrait le journaliste Mathieu-Robert Sauvé qui signait au printemps 2005 un essai intitulé *Échecs et mâles - Les modèles masculins au Québec, du marquis de Montcalm à Jacques Parizeau*, le Québec ne pouvait probablement pas se permettre cette insolence. L'historien Sébastien Vincent, lui, en donnant la parole aux « Québécois engagés volontaires de 39-45 » dans *Laissés dans l'ombre*, n'a pas pris de risque. Les hommes qu'il fait entendre sont de réels héros comme on les aime : discrets, modestes et au-delà de tout blâme, en plus d'être les derniers survivants d'un drame mondial qui a marqué l'humanité.

Mais il n'y a pas, bien sûr, que la guerre qui tue. Les grévistes d'Asbestos, en 1949, en savaient quelque chose, eux que la poussière d'amiante ravageait à petit feu. Dans un document historiographique remarquable intitulé *Le quatuor d'Asbestos -Autour de la grève de l'amiante*, Esther Delisle et Pierre K. Malouf ont choisi de revenir sur les détails de cette histoire en redistribuant les rôles. Mgr Charbonneau, au final, y perd un peu de sa superbe historique, de même que Gérard Pelletier et Pierre Elliott Trudeau, accusés d'avoir détourné ce conflit, dont l'enjeu était l'amélioration de l'hygiène industrielle, à leurs propres fins idéologiques. Les véritables héros de cette histoire ? Le journaliste américain d'origine canadienne-française Burton LeDoux, à l'origine de toute cette saga, quelques jésuites progressistes, *Le Devoir* de

365

Gérard Filion et les mineurs eux-mêmes, bien sûr.

L'impuissance au cœur de l'histoire du hockeyeur Dave Morissette, racontée par Mathias Brunet dans *Mémoires d'un dur à cuire - Les dessous de la LNH*, est d'une nature différente puisqu'elle relève de l'autointoxication. Pour accéder à son rêve de jouer pour le Canadien de Montréal, Morissette s'est battu et dopé au point de se rendre dangereusement malade. Dur, dur d'être un héros.

Pas facile, non plus, de critiquer les vaches sacrées. Pour avoir osé s'en prendre à Nietzsche, penseur de la volonté de puissance, le philosophe Laurent-Michel Vacher, un des grands disparus de la scène intellectuelle québécoise cette année avec le politologue Thierry Hentsch, a dû subir les foudres du professeur Éric Méchoulan. La polémique, en fait, portait moins sur le fascisme de Nietzsche que sur des questions de style.

Apôtre de la clarté philosophique, Vacher critiquait le style obscur du philosophe allemand qui engendrait, selon lui, la confusion du sens. Dans *Le crépuscule des intellectuels - De la tyrannie de la clarté au délire d'interprétation*, Méchoulan s'élevait avec énergie contre cette position relevant, à son avis, de l'antiintellectualisme savant. La mort prématurée de Vacher, malheureusement,

n'aura pas permis à ce débat de déployer tout son potentiel.

On peut compter, cela dit, sur un Normand Baillargeon, qui signait cette année un rafraîchissant *Petit cours d'autodéfense intellectuelle*, pour reprendre le flambeau de la clarté philosophique légué par Vacher. L'héritage chrétien et citoyen de Claude Ryan, dont on publiait le *Testament spirituel* à la fin de l'année 2004, trouvera peut-être, lui aussi, preneur, malgré l'austérité et les hésitations nationales qui le caractérisent.

Qu'il existe de l'impuissance au sein d'une société ne fait pas pour autant de cette dernière une société impuissante. Tant et aussi longtemps que cette impuissance suscite une pensée vivante attachée à la surmonter, tous les possibles restent ouverts. La richesse soutenue de la vie intellectuelle québécoise, d'une année à l'autre, témoigne assez du fait que l'horizon, malgré ses obscurités, n'est pas bouché et que l'heure n'est pas au cynisme désabusé. La grande vitalité des revues intellectuelles québécoises – on pense ici à *Argument*, à *L'Inconvénient*, à *L'Action nationale*, à *Mens* et au *Bulletin d'histoire politique* qui ont toutes livré de solides numéros cette année – indique assez, aussi, que nos penseurs n'ont pas l'intention de laisser nos impuissances tranquilles. Leurs inquiétudes sont saines parce qu'elles sont combatives.

Références

BOUCHARD, Gérard, *La pensée impuissante - Échecs et mythes nationaux canadiens-français (1850-1960)*, Montréal, Boréal, 2004.

BEAUCHEMIN, Jacques, *La société des identités - Éthique et politique dans le monde contemporain*, Montréal, Athéna, 2004.

CHEVRIER, Marc, *Le temps de l'homme fini*, Montréal, Boréal, 2005.

BOISMENU, Gérard, DUFOUR, Pascale et SAINT-MARTIN, Denis, *Ambitions libérales et écueils politiques - Réalisations et promesses du gouvernement Charest*, Montréal, Athéna, 2004.

COUTURE, Jocelyne (sous la direction de), *Redonner sens à l'indépendance*, Montréal, VLB, 2005.

CASTONGUAY, Jacques, *Rwanda - Souvenirs, témoignages, réflexions*, Montréal, Art global, 2005.

BOOH BOOH, Jacques-Roger, *Le patron de Dallaire parle - Révélations sur les dérives d'un général de l'ONU au Rwanda*, Paris, Duboiris, 2005.

SAUVÉ, Mathieu-Robert, *Échecs et mâles - Les modèles masculins au Québec, du marquis de Montcalm à Jacques Parizeau*, Montréal, Les Intouchables, 2005.

VINCENT, Sébastien, *Laissés dans l'ombre - Les Québécois engagés volontaires de 39-45*, Montréal, VLB, 2004.

DELISLE, Esther et MALOUF, Pierre K., *Le quatuor d'Asbestos - Autour de la grève de l'amiante*, Montréal, Varia, 2004.

BRUNET, Mathias, *Mémoires d'un dur à cuire -Les dessous de la LNH*, Montréal, Les Intouchables, 2005.

MÉCHOULAN, Éric, *Le crépuscule des intellectuels - De la tyrannie de la clarté au délire d'interprétation*, Québec, Nota bene, 2005.

BAILLARGEON, Normand, *Petit cours d'autodéfense intellectuelle*, Montréal, Lux, 2005.

RYAN, Claude, *Mon testament spirituel*, Montréal, Novalis, 2004.

Entre l'Ancien et le Nouveau
Le roman québécois en 2004-2005

Christian Desmeules
Critique littéraire, *Le Devoir*

Marquée par l'arrivée de quelques jeunes loups et le retour de vieux lions qui sont encore loin d'avoir écrit leurs derniers mots, l'année littéraire 2004-

2005 s'est écrite quelque part entre l'ancien et le nouveau. Et tandis que l'année tire à sa fin, la production romanesque peut déjà être « lue » à la lumière de quelques premiers romans remarqués : Nicolas Dickner et les dérives sous contrôle de son comparse Nikolski, Clara Ness et sa musique du désir, l'humour qui grince de Nadine Bismuth. D'un petit groupe de retours attendus : Marie-Claire Blais, Michel Tremblay, Yves Beauchemin, Yvon Rivard ou Nelly Arcan. Sans oublier aussi de certaines surprises appréciables : François Avard ou Francine Noël, Victor-Lévy Beaulieu et Jean Barbe.

Profits de l'autofiction

Toutes les deux très attendues, après avoir connu de réels succès de librairie il y a quelques années, Nelly Arcan et Nadine Bismuth usent et « abusent » de l'autofiction – qui pourrait se définir largement comme une « *fictionnalisation de l'expérience vécue* » (Vincent Colonna). L'une brouille les pistes entre le réel et la fiction, tandis que l'autre se sert habilement et ouvertement du genre pour mieux le parodier en mode léger.

Trois ans après *Putain* (Seuil, 2001), *Folle* raconte l'histoire d'une passion en chute libre entre un journaliste montréalais et une ex-prostituée, une certaine Nelly Arcan, devenue auteure à succès avec un premier roman intitulé *Putain*. Entre domination de l'image, tentations suicidaires et pornographie, Nelly Arcan explore dans ce roman intense, emmêlé de vérités, de mensonges et d'amours tristes, une obsession de plus en plus collective pour la sexualité.

Près de cinq années après *Les gens fidèles ne font pas les nouvelles* (Boréal,

1999), qui avait propulsé Nadine Bismuth au sein de la courte liste des meilleurs vendeurs, *Scrapbook* se présente comme une « comédie romantico-sociale » qui explore les coulisses du monde littéraire québécois. À travers le filtre de l'humour, elle y raconte, sous la plume d'une jeune écrivaine qui se met en scène (et dont le parcours ressemble à s'y méprendre au sien, « mise au monde » de l'édition par son professeur de création littéraire à l'université McGill), des histoires de triangles amoureux, d'ambitions réelles et de cocktails littéraires.

Issu des milieux de l'humour et de la télévision (il est notamment l'auteur de la série à succès *Les Bougon*), François Avard s'est également fait remarquer durant cette année avec un roman qui exploitait – pour le dénoncer autant que pour en rire – la confusion des genres et des apparences. Avec *Pour de vrai*, son quatrième roman, qui a remporté le Grand prix littéraire Archambault en avril 2005, François Avard compose une sorte de « *reality book* » (« *C'est comme la télé-réalité mais sur papier*, explique-t-il à un ami dans le roman. *Les gens vont super aimer ça !* ») dans lequel un certain François Avard prétend raconter en direct ses démarches afin de retrouver cinq personnes qui l'ont marqué durant son adolescence. Cela à travers ses doutes, ses remises en question et ses maladies (l'auteur y souffre entre autres d'un « syndrôme Bourguignon » qui le fait sans cesse se comparer à ce qu'il n'est pas).

Situé davantage sur le versant du récit autobiographique assumé, *La Femme de ma vie* de Francine Noël remonte, neuf ans après la mort de sa mère, le cours de sa relation incontournable et complexe avec la «*femme de sa vie*», et nous livre le portrait d'un être non conformiste et exubérant qui lui a légué le verbe. «*Il n'y a pas de récit complet et objectif, écrit-elle. Je n'ai donc pas cherché la vérité, mais à raconter ma mère comme elle se disait et comme je l'entendais se dire.*» Entre la quête des origines et le devoir de mémoire, loin de l'hommage maternel figé ou du règlement de compte sanglant l'auteure de *Maryse* et de *Myriam première* (VLB, 1983 et 1985), deux romans qui avaient marqué leur époque, écrits sans fard et sans détours «*contre l'envasement de la mort*». Un récit bouleversant d'émotion et de vérité.

Liberté et imagination

Avec *Nikolski*, Nicolas Dickner inaugurait de belle façon la nouvelle collection des éditions Nota Bene consacrée à la fiction. À l'orée de la vingtaine, trois personnages à la généalogie floue, reliés entre eux par un mystérieux livre sans couverture, débarquent à Montréal et s'y frôlent sans jamais vraiment se rencontrer. Avec des phrases à la précision chirurgicale, portées de la première à la dernière page par une ironie subtile, Nicolas Dickner s'offrait en début d'année 2005 un premier roman à l'imaginaire débridé et contagieux. Un chassé-croisé aux allures de thriller, bricolé avec des îles, beaucoup de livres, quelques rencontres. Une sorte de Jacques Poulin altermondialiste, mêlé d'Amélie Poulain, de Borges léger et de Louis Hamelin «*on the road*».

Pour sa part, et toujours au chapitre des premiers romans, c'est avec une délicatesse infinie, sorte de fruit rare issu d'un mélange d'intelligence et d'audace, que Clara Ness, 22 ans, signait un premier roman à la vivacité contagieuse. Étudiante en médecine approchant la trentaine, la narratrice d'*Ainsi font-elles toutes* cultive la liberté sous toutes ses formes. D'un côté, il y a Paul, son amoureux musicien avec qui elle habite à Montréal. De l'autre, Luiz S., un écrivain français avec qui elle entretient depuis dix ans, à distance, une relation «*clandestine et absolue*». Entre les deux, comme un éclair, apparaît un jour Agnès, une libraire belle à ravir qui aime la vie, les livres et la musique, et que la narratrice essaiera lentement de séduire. Libertinage amoureux, mélodies de Mozart et de Rimbaud, *Ainsi font-elles toutes* est un poème court dédié à la beauté franche de la vie. Une sorte d'anti-Nelly Arcan, diront peut-être certains, où le plaisir n'est pas qu'un baume ou une marchandise, et dans lequel l'amour – et peut-être surtout le manque d'amour – ne défigure pas l'humanité.

Prix des libraires du Québec 2005, *Comment devenir un monstre* de Jean Barbe s'impose comme l'une des plus belles surprises de cette année. Treize ans après son premier roman (*Les Soupers de fête*, Boréal, 1991), l'ancien journaliste et premier rédacteur en chef de l'hebdomadaire *Voir* – il est depuis peu devenu directeur littéraire des éditions Leméac – revenait à la fiction. Il le faisait avec l'histoire d'un avocat, marié et père de deux jeunes enfants, qui se joint à l'organisme Avocats sans frontières et se retrouve à assurer la défense, dans un pays ravagé par des années de guerre civile (pensons seulement à l'ex-Yougoslavie), d'un homme accusé de crimes sordides.

Une traversée jusqu'au bout des apparences pour le narrateur, qui cherchait d'abord à fuir la banalité de son quotidien montréalais. Car le monstre, tel que le voit Jean Barbe, se trouve en chacun de nous, dans chaque village, de tous les côtés de la frontière. « *Avoir un ennemi est grisant. Le choc de deux armées trace une ligne de front bien nette dans un monde jusqu'alors confus, complexe, incompréhensible.* » Notons que Jean Barbe risque de faire encore parler de lui au cours de la prochaine année, puisqu'il publie à l'automne 2005 *Comment devenir un monstre* – dans lequel le romancier explore le destin de trois amis sur une période de vingt-cinq ans.

Nouveau Monde et mondes qui font peur

Pour sa seconde incursion dans l'univers de la fiction, le sociologue et historien bien connu Gérard Bouchard renouait avec certains des personnages de *Mistouk*, un premier roman qui avait connu un succès considérable en 2002. Second volet du « cycle de l'utopie du Nouveau Monde », *Pikauba* emprunte son titre à un petit village situé non loin de Chicoutimi, où Moise-Méo-Léopaul Tremblay-Manigouche, dit Léo le Bâtard (fils métis du Grand Méo, personnage central de *Mistouk*), fonde une florissante entreprise forestière. Avec humour et verve, Gérard Bouchard raconte, de 1940 jusqu'à aujourd'hui, l'histoire du village qui se construit autour de l'exploitation et celle de ces habitants – extravagants, démesurés, bâtisseurs d'avenir – qui « *le goût du rêve et de la folie* ». Un roman qui explore de façon personnelle et authentique l'utopie des recommencements et de l'Amérique qui se fait.

Pour sa part, Yvon Rivard mettait le point final à une trilogie amorcée il y a vingt ans. Professeur de lettres et de création littéraire à l'université McGill depuis 1973, conseiller en scénarisation pour le cinéma, essayiste et romancier reconnu, avec *Le Siècle de Jeanne*, Yvon Rivard fait revivre une dernière fois le personnage d'Alexandre, écrivain apparu dans *Les Silences du corbeau* (Boréal, 1986, prix du Gouverneur général) et repris dans *Le Milieu du jour* (Boréal, 1995, Grand Prix du livre de Montréal l'année suivante). À cinquante ans, Alexandre se retrouve seul pour un long séjour à Paris. Dans cet « Ancien monde » où tout semble avoir déjà fourni la matière d'un livre ou d'un poème, les journées s'écoulent entre l'écriture de cartes postales pour sa petite-fille adorée (Jeanne) et l'attente de Clara – qui doit venir l'y rejoindre.

Lue d'un bout à l'autre, la trilogie ressemble à une lente et difficile remontée vers le temps perdu de l'enfance : le refus de la vie et le départ en Inde (dans *Les Silences du corbeau*), l'enlisement du « milieu du jour » puis la remontée vers l'aube claire d'une enfance retrouvée. Liant l'Amérique au temps de l'enfance, au monde qui reste encore à faire, à l'immédiateté indispensable de la vie, *Le siècle de Jeanne* apparaît aussi en quelque sorte comme le roman de la maturité et vient ainsi clore – quoique sans la résoudre totalement – une suite romanesque vouée à l'apprentissage de l'amour, de l'écriture et de la liberté. Mais aussi à une ambitieuse exploration du temps, inspirée de celle de Virginia Woolf – qui étend son ombre partout dans ce roman magnifique d'authenticité et de réflexion essentielle.

Le Nouveau monde de Marie-Claire Blais, pour sa part, qui s'inspire à la fois du vrai autant qu'il le prophétise, en est un qui sème l'inquiétude. *Augustino et le chœur de la destruction*, troisième volet de la grande trilogie romanesque inaugurée par *Soifs*, en 1995, est un roman foisonnant à la ponctuation haletante, tout entier baigné par « la foudre et la lumière », dans lequel l'auteure d'*Une saison dans la vie d'Emmanuel* tire du néant une galerie de personnages entremêlés dans une petite île du golfe du Mexique. Chaos, maladie, destruction, visions de lendemains traversés par des éclairs de bombes à clous : « *il n'y aurait sur cette planète hargneuse, sans faiblesse, sèche et assoiffée, que des jeunes gens en colère, des envoyés au martyre dans de délicates missions, par milliers tous innommés, tous innommables...* »

Vieux lions et nouvelles exemplaires

Dans une tentative de recréation et d'explication du monde, Victor-Lévy Beaulieu proposait quant à lui *Je m'ennuie de Michèle Viroly*. Revenant de Cincinnati au volant de sa « Camaro Turbo-Jet », où il a remporté un important tournoi de quilles, un jeune homme de Trois-Pistoles est victime d'un grave accident de la route qui le laisse écorché. Une blessure qui en cache beaucoup d'autres encore, et qui l'amènera à cracher au monde toute la colère qui est la sienne. Entre l'essai, le roman obscène et le pamphlet politique, Victor-Lévy Beaulieu nous sert un long monologue intérieur et « cathodique » où il semble renouer avec le ton de ses romans des années 60 et 70. De colères en extases de ce narrateur tout-puissant, l'auteur – avec un clin-d'œil de vieux lion encore avide – nous entraîne du scandale des commandites jusqu'aux menaces qui planent sur l'identité québécoise, en passant par tous les excès des médias. Roman sonnant et trébuchant, à la sexualité débordante,

tricoté serré d'une langue inventive et « joycienne » (VLB prépare d'ailleurs un essai sur l'écrivain irlandais James Joyce), *Je m'ennuie de Michèle Viroly* porte son lecteur de drôlerie en d'indignation.

Au chapitre des poids lourds et des ventes sérieuses, de nouvelles œuvres d'Yves Beauchemin et de Michel Tremblay ont également jalonné cette année du roman. L'auteur du *Matou* amorçant d'abord, avec *Charles le Téméraire* et *Un saut dans le vide* (paru six mois plus tard), une ambitieuse trilogie romanesque. Les deux premiers tomes y couvrent les années de jeunesse et de formation de Charles Thibodeau, issu d'un milieu populaire, fils d'un homme alcoolique et violent, et qui deviendra journaliste. Tandis que Michel Tremblay, poursuivant avec *Le Cahier rouge* son second cycle des Chroniques du Plateau Mont-Royal, précise avec ce deuxième tome la destination d'une trilogie colorée. Toujours à travers le regard de Céline Poulin (une jeune naine de vingt-deux ans) devenue depuis *Le Cahier noir* hôtesse et animatrice dans une « maison close pour hommes avertis » du red-light montréalais à la fin des années soixante. Le portrait d'un monde et les dessous d'une époque, sous couvert de la naissance d'une vocation d'écrivaine.

La dernière année a aussi été marquée par la parution de deux recueils de nouvelles particulièrement réussis : *Qui a tué Magellan ?* et autres nouvelles de Mélanie Vincelette, et *On ne regarde pas les gens comme ça* de Sylvie Massicotte. La première nous offrait des nouvelles tout en finesse et sensibilité. Des personnages enfermés dans leurs frustrations, leur incapacité, leurs déceptions systématiques. Des amoureux silencieux et médusés, «jaloux de la vraie vie». Des gens souvent sans courage. Une radioscopie en douce de l'infidélité amoureuse. Et parfois aussi un peu de cet Orient lointain et bigarré qui nourrissait déjà une large part du premier recueil de Mélanie Vincelette (*Petites géographies orientales*, Marchand de feuilles, 2001).

La seconde, en une vingtaine de nouvelles souvent très courtes, fait évoluer sous les yeux de ses lecteurs «quelques personnages en chute libre». Ce sont pour la plupart des histoires toutes simples, traversées de doutes ou de subtiles inquiétudes. À coup de touches légères qui frappent l'iris et le cœur, l'auteure de *L'œil de verre* (L'instant même, 1993) compose un paysage humain vulnérable et remarquablement efficace à exprimer ce qu'elle cherche à dire : la fragilité de l'existence humaine, l'effritement de l'amour, la solitude absolue et nécessaire. Et la beauté qui palpite dans les silences et dans l'infiniment petit qui nous entoure.

On l'a vu, ni point de rupture, ni enfermement : le paysage du roman québécois actuel se situe entre la continuité tranquille et l'émergence continuelle de nouvelles voix qui interrogent le réel. Par la multitude de ses voix et de ses décors, peut-être apparaît-il traversé, plus que jamais, par une réflexion sensible sur le monde qui bruit autour de nous – au sens le plus large. Une tendance, s'il est seulement possible d'en dégager une à la lumière d'une poignée des quelques centaines d'œuvres de fiction qui se publient chaque année au Québec, qui ne devrait pas subir de révolution et qui en vaut bien d'autres.

Références

ARCAN, Nelly. *Folle*, Paris, Seuil, 2004.

AVARD, François. *Pour de vrai*, Montréal, djhd, djhd.

BARBE, Jean. *Comment devenir un monstre*, Montréal, Leméac, 2004.

BEAUCHEMIN, Yves. *Charles le Téméraire* et *Un saut dans le vide*, Montréal, Fides, 2004 et 2005.

BEAULIEU, Victor Lévy. *Je m'ennuie de Michèle Viroly*, Paroisse Notre-Dame-des-Anges, éd. Trois Pistoles, 2005.

BISMUTH, Nadine. *Scrapbook*, Montréal, Boréal, 2004.

BLAIS, Marie-Claire. *Augustino et le chœur de la destruction*, Montréal, Boréal, 2005.

BOUCHARD, Gérard, *Pikauba*, Montréal, Boréal, 2005.

DICKNER, Nicolas. *Nikolski*, Québec, Nota Bene, coll. « Alto », 2005.

MASSICOTTE, Sylvie. *On ne regarde pas les gens comme ça*, Québec, L'instant même, 2004.

NESS, Clara. *Ainsi font-elles toutes*, Montréal, XYZ, 2005.

NOËL, Francine. *La femme de ma vie*, Montréal, Leméac, 2005.

RIVARD, Yvon. *Le Siècle de Jeanne*, Montréal, Boréal, 2005.

TREMBLAY, Michel. *Le Cahier rouge*, Montréal, leméac, 2005.

VINCELETTE, Mélanie. *Qui a tué Magellan ?* et autres nouvelles, Montréal, Leméac, 2004.

La danse en crise :
La fermeture du FIND et les mauvais comptes de Perreault

Frédérique Doyon
Journaliste, *Le Devoir*

Rarement a-t-on vu la danse contemporaine occuper le haut du pavé culturel comme elle l'a fait durant les deux dernières années. Ce ne fut malheureusement pas pour vanter ses mérites et acquis. Depuis la fin de 2003, les tuiles n'ont cessé de s'abattre sur un milieu qui a pourtant connu, en vingt-cinq ans, une croissance fulgurante, dans un foisonnement de styles, hissant même Montréal au rang de capitale mondiale de la danse au cours des années 1990. Un titre que les événements récents ont fini de rendre caduc.

Onze mois après la fermeture, fin 2003, du Festival international de nouvelle danse (FIND), le seul événement de danse de cette envergure au Canada, la Fondation Jean-Pierre Perreault, compagnie du père de la danse au Québec, cesse ses activités. La tournée monumentale de *Joe* en Europe, chorégraphie-phare du répertoire québécois qui met en scène 32 danseurs, a mis les coffres de la compagnie à sec, laissant les interprètes sans salaire pendant huit semaines. Quelques jours plus tard, on apprend que La La La Human Steps, troupe d'Édouard Lock qui a conquis le monde et accumulé les prix, tente de résorber un déficit de 650 000 $. Puis, c'est au tour de Tangente, petite scène dédiée à la relève, d'annoncer qu'elle coupera sa programmation de moitié dès la saison 2005-2006 à cause d'un manque de ressources.

Avec les tristes événements qui ont suivi, on ne peut plus voir le cas du FIND comme un épiphénomène. Le problème des organismes en danse doit être abordé de manière plus globale, et impliquer les subventionneurs, comme l'indiquait dès 2001 une étude du Regroupement québécois de la danse.

« Nous croyons qu'il est temps de parler d'un rattrapage historique. Au cours des trois dernières années, le Conseil des arts du Canada a vu son crédit parlementaire s'accroître de 35 %. Or, encore aujourd'hui, la danse reçoit moins de la moitié de ce que reçoivent les autres disciplines alors qu'elle a connu dans les vingt dernières années un développement exponentiel. » [...] « ... ce milieu dynamique, en pleine effervescence, est menacé d'implosion par manque de ressources et de moyens malgré le fait qu'il trouve plus souvent qu'à son tour la force d'imaginer des solutions de survie. »[1]

La mort abrupte du FIND

2004-2005 fut d'abord l'année posthume du FIND, acculé à la fermeture quelques jours avant Noël 2003. Pourtant, l'organisation venait à peine de célébrer son 20e anniversaire et d'annoncer les grandes lignes d'une ambitieuse réorientation artistique. Le FIND devait céder la place au Laboratoire international de recherche et de développement de la danse, et produire, en plus d'un festival devenu annuel, une foule d'activités diverses : films, résidences d'artistes étrangers et locaux, spectacles en saison, etc.

Ce projet n'avait visiblement pas les moyens de ses ambitions, mais donnait la pleine mesure du chemin parcouru depuis la fondation du FIND en 1981. La scène chorégraphique québécoise ne comptait alors qu'une poignée de compagnies ; on en dénombre aujourd'hui 41, en plus des chorégraphes indépendants et des 1120 interprètes[2].

En vingt ans d'existence, le festival a ainsi accueilli quelque 300 compagnies internationales et plus de 50 compagnies canadiennes et québécoises. Il a fait découvrir aux Québécois les artistes majeurs que sont Anne Teresa De Keersmaeker (Rosas, Belgique), Merce Cunningham (États-Unis), Saburo Teshigawara (Karas, Japon). Il a aussi initié les publics d'ici à des œuvres issues des courants les plus actuels d'Europe, comme celles de Jérôme Bel ou Boris Charmatz. Il a enfin contribué au développement artistique de notre propre scène chorégraphique en invitant des artistes tels Jean-Pierre Perreault, Ginette Laurin, Paul-André

Fortier, Lynda Gaudreau, Benoît Lachambre, à y créer des pièces.

N'obtenant pas les revenus – des subventions et de billetterie – escomptés lors de sa onzième édition automnale, le FIND déclare donc forfait en décembre 2003, aux prises avec un déficit cumulé de 600 000 $. La nouvelle sème l'émoi dans le milieu, pris par surprise. La présidente et directrice artistique du festival, Chantal Pontbriand, invoque le sous-financement public de la danse : pourquoi le ministère de la Culture vient-il à la rescousse des Grands Ballets Canadiens, aussi en difficulté financière, et non à celle du FIND ? Elle rappelle le choc subi par le FIND en 2001, alors que le festival s'ouvrait une semaine après les attentats terroristes du 11 septembre. Le ministère lui avait pourtant accordé une aide spéciale à cette occasion. La perte du commanditaire principal (Hydro-Québec) de l'événement en 1995 et l'absence de partenaire majeur depuis n'ont sûrement pas aidé la cause du FIND.

Des rumeurs de mauvaise gestion se mettent alors à circuler... On montre du doigt la vision de grandeur de la directrice du FIND. Mais personne ne niera que son idéalisme a largement contribué au développement de la danse québécoise et à son rayonnement international. C'est aussi l'occasion de mettre au jour des querelles intestines, le divorce progressif entre le FIND et les autres diffuseurs qui ne parvenaient pas à travailler en complémentarité.

Pour tenter de faire un peu de lumière sur les rouages du milieu de la danse et les causes de la fermeture, Patrimoine canadien et les Conseils des arts du Canada et du Québec commandent une étude à l'automne 2004.

L'analyse porte également sur le Festival Danse Canada d'Ottawa, aux prises, lui aussi, avec des problèmes de financement en 2004. La vaste enquête a surtout confirmé des choses qui circulaient déjà dans le milieu : l'équilibre fragile entre production et diffusion, la difficulté de trouver du financement privé pour les festivals, la nécessité de ceux-ci pour protéger l'écologie de la discipline, le besoin d'un événement qui rallie un milieu plutôt divisé, des enveloppes de financement public qui n'ont pas augmenté au même rythme que les besoins de la discipline.

Grâce à une collaboration sans précédent des trois paliers de gouvernements, un nouvel événement majeur est créé en décembre 2005 après l'évaluation de quatre projets déposés à un guichet unique au début septembre. La première édition de ce nouveau festival devrait avoir lieu au courant de l'année 2007.

Les mauvais comptes de Perreault et la problématique des tournées

Au moment où cette étude est lancée, un autre feu couve. Les danseurs de la Fondation Jean-Pierre Perreault (FJPP), en pleine tournée européenne de *Joe*, œuvre-phare du répertoire québécois, ne reçoivent plus de salaire. Pendant huit semaines, ils brilleront sous les feux de la rampe, le ventre vide, pour mener à terme une tournée au succès artistique indéniable, mais financièrement exsangue. Quelques semaines après l'alerte déclenchée par les danseurs, c'est la compagnie de danse elle-même qui tombe. La FJPP annonce qu'elle doit cesser ses activités et mettre à pied ses employés, faute de fonds. C'est un autre monument de la danse

qui s'effondre puisque la FJPP, fondée en 1984, venait de s'installer, en 2001, dans sa nouvelle demeure : une église superbement rénovée, au coût de 3,3 millions, et adéquatement équipée, qui dotait enfin la danse d'un lieu de création et de recherche digne de ce nom.

Problèmes d'organisation entourant la monumentale tournée de *Joe* (32 danseurs et 8 techniciens), mauvaise gestion, absence de leadership au sein de l'organisme depuis le décès de son maître, le chorégraphe Jean-Pierre Perreault, en 2002 : toutes ces explications sont avancées pour expliquer l'écueil. La lumière reste à faire, là aussi. On a dit que la FJPP s'était engagée dans une tournée en sachant qu'elle entraînerait un déficit de 400 000 $. Le dernier président de la FJPP, le comédien Yves Desgagnés, en a plutôt contre l'absence d'engagement politique envers la danse et des administrateurs qui se sont délestés de leurs responsabilités au moment critique. Il rappelle les chiffres assumés par les gouvernement : le budget prévu de 1,3 million pour la tournée, dont seulement 400 000 en subventions, et les imprévus de 300 000 qui ont mis les caisses de la FJPP à sec.

La Fondation a reçu 508 000 $ du Conseil des arts et des lettres du Québec (CALQ) et 220 000 du Conseil des arts du Canada en 2004-2005 pour son fonctionnement. La tournée a été subventionnée à raison de 175 000 $ par le ministère des Affaires étrangères et de 120 000 $ par le CALQ. Les derniers chiffres révélaient un trou de 600 000 $, sans compter les salaires impayés des danseurs pendant huit semaines, que Québec et Ottawa ont finalement couverts en allongeant respectivement les sommes de 231 000 $ et 80 000 $.

Quoi qu'il en soit, la saga des «*Joe*» a lancé le débat sur le financement des tournées. Les danseurs ont mené une véritable croisade auprès des médias et des instances publiques afin d'être payés, eux qui vivent déjà avec les revenus les plus bas de toute la communauté artistique (12 000 $ annuellement en moyenne). Ils ont aussi réclamé haut et fort que plus d'argent soit investi pour des tournées, dénonçant le paradoxe dont ils sont victimes : pendant que la danse sert admirablement la diplomatie, et donne une jolie visibilité au Québec et au Canada, ses principaux porteurs – les danseurs – vivent sans le sou.

Si de nombreuses compagnies de danse québécoises se produisent à l'étranger et en tirent une large part de leur revenus[3], les tournées demeurent une entreprise de plus en plus risquée, selon les acteurs du milieu. Avec l'éclosion artistique des pays d'Europe de l'Est, la concurrence s'aiguise. Les cachets versés par les diffuseurs étrangers ne couvrent souvent pas toutes les dépenses et les subventions publiques n'ont pas augmenté à la mesure du rayonnement des compagnies et des coûts du marché.

Dans foulée de la tourmente de la FJPP, on apprend qu'un déficit cumulé de 650 000 $ secoue La La La Human Steps, compagnie emblématique du succès international de la danse québécoise. En rapport au colossal budget triennal de la troupe, le manque à gagner ne semble pas inquiéter la direction. Selon un plan de redressement entériné par les bailleurs de fonds et par le conseil d'administration, le déficit devrait d'ailleurs se résorber d'ici deux ans.

Mais le cas illustre une fois de plus l'extrême fragilité financière du milieu et la nécessité vitale de ses liens avec l'étranger. Pour avoir les moyens de créer, la plupart des compagnies n'ont pas d'autres choix que de se trouver différents coproducteurs étrangers – qu'elles rencontrent au gré de leurs tournées. Dans ce cas-ci, un danseur blessé a forcé le report de la première coréenne d'*Amelia* et le déroulement de la dernière résidence de création a dû se dérouler à Montréal aux frais de la troupe, plutôt qu'en Corée, aux frais du coproducteur.

La cure minceur de Tangente et les organismes en transition

Au printemps dernier, ce fut le tour du petit théâtre de Tangente de sonner l'alarme. Après vingt ans de travail acharné pour donner une visibilité aux créateurs émergents, l'organisme doit réduire sa programmation 2005-06 de 32 semaines à 17 pour payer son loyer et ses employés.

Ce dernier coup de masse sur le milieu révèle un autre symptôme de la crise, qui peut ici s'élargir à d'autres institutions culturelles québécoises. On se retrouve avec des organismes dirigés, depuis leur fondation, par les mêmes personnes, dont la passion a souvent largement compensé le manque de ressources. Au bout de vingt ans d'efforts, on espère une reconnaissance du travail accompli, du terrain défriché. Mais la conjoncture économique, la multiplication des joueurs de la scène culturelle a changé la donne.

C'est le problème des organismes en transition. La FJPP le reconnaît : on a mal prévu la succession de Jean-Pierre Perreault. Que faire de son œuvre, de son lieu? Quelle direction remplacera l'âme artistique de son fondateur?

Devant cette enfilade d'échecs et d'épreuves, les accusations de mauvaise gestion et les querelles intestines du milieu qu'on a d'abord brandies pour expliquer ces ratés, un à un, ne suffisent plus. Pourquoi un milieu qui n'a cessé de épanouir pendant plus de vingt ans verrait soudainement ses organismes regorger de mauvais administrateurs ? Le problème semble plus global et met en relief la fragilité de l'écosystème de la danse, dont les composantes ont changé : une aide publique qui n'évolue pas au rythme où la discipline se développe[4], les liens vitaux avec la scène internationale dont les lois d'offre et de demande ne sont plus les mêmes. Selon plusieurs acteurs du milieu, les événements des dernières années ne sont que les symptômes d'un mal plus profond. Les compagnies de danse jongleraient depuis toujours avec des déficits, mais auraient jusqu'ici réussi à sauver les meubles.

Les éclats des derniers 18 mois ont certes fait perdre de plumes à la scène chorégraphique québécoise et montréalaise. Mais ce qu'on appelle désormais la crise de la danse aura aussi su montrer les forces de ce milieu pourtant fragilisé : sa capacité à se mobiliser, à faire valoir son excellence envers et contre tous. Si le milieu de la danse est en crise, l'art de la danse contemporaine québécoise continue, lui, de briller, ici comme ailleurs.

Notes

1 Regroupement québécois de la danse, *La danse en péril*, mars 2001.

2 Regroupement québécois de la danse, 2002.

3 50 % en 2002-2003 comparativement à 25 % en 2000-2001, selon les *Constats du CALQ*, n°. 6, mai 2004. Le document reconnaît que le financement public est «indispensable» et profitable.

4 C'est d'ailleurs le constat d'une récente étude canadienne pour l'ensemble des arts : Hill Stratégies Recherche, *Dépenses des gouvernements pour la culture*, juillet 2005.

Revues

L'impossible renaissance du conservatisme moral au Québec

On nous croyait morts et nous sommes toujours vivants
Luc Gagnon, *Égards*, 3, p. 8

J'avoue ici mon doute.
Jean Renaud, *Égards*, 1, p. 42

Gilles Labelle
École d'études politiques, Université d'Ottawa

La force du conservatisme américain a résidé dans sa capacité à imposer l'idée qu'une «guerre culturelle» ("cultural war") déchire désormais profondément non seulement l'intelligentsia mais également l'ensemble des citoyens aux États-Unis. Plus qu'un conflit politique au sens étroit du terme, l'opposition entre « libéraux » ("liberals") et « conservateurs » ("conservatives") aurait une dimension sinon métaphysique, du moins existentielle. D'un côté se trouveraient ceux qui, embrassant sans restriction aucune la logique de la modernité, professeraient une foi quasi illimitée dans les capacités de la subjectivité humaine à modeler un monde à son image, alors que, de l'autre, se trouveraient ceux pour qui les individus ne devraient jamais oublier l'existence d'une transcendance dont ils dépendent.

Que la transcendance soit définie dans un sens fort – Dieu – ou faible – les traditions, les institutions –, les conservateurs et les néoconservateurs américains déduisent du primat qu'on devrait lui reconnaître, à l'égard des individus, que les questions essentielles autour desquelles devrait s'organiser la vie sociale et politique sont des questions morales. Dans l'attitude à l'égard de la famille, du mariage, de l'avortement, de l'homosexualité, du traitement des criminels, etc., se révéleraient soit la foi injustifiée et naïve des libéraux en la bonté naturelle et en la perfectibilité des êtres humains, soit la méfiance, bien fondée des conservateurs, nourrie par le dogme chrétien du péché originel à l'égard d'une humanité à jamais imparfaite et qui s'est révélée, notamment au XXe siècle, capable du pire.

Avec une patience qui devrait forcer l'admiration de leurs adversaires libéraux ou gauchistes[1], les conservateurs et les néoconservateurs américains ont, en ce sens, apparemment réussi à opérer ce que le marxiste Antonio Gramsci avait appelé une «réforme intellectuelle et morale» : dans l'espace intellectuel et public, ce sont eux qui déterminent désormais quelles sont les questions considérées comme pertinentes et légitimes, de telle sorte que leurs adversaires se trouvent constamment plus ou moins sur la défensive. Aussi rien de ce qui a fait le cœur de la «révolution des mœurs» des années 1960-1970 dans les pays démocratiques et libéraux – c'est-à-dire, en gros, l'idée que les institutions doivent être subordonnées aux individus plutôt que l'inverse –, ne va-t-il désormais de soi : par exemple, au droit des femmes d'avoir des enfants « quand elles le veulent et si elles le veulent », s'oppose le devoir de l'humanité à respecter ce dont elle n'est pas elle-même l'auteure, soit la vie du nouveau-né, y compris à son stade le plus embryonnaire.

Les États-Unis apparaissent le seul pays démocratique et libéral où une réaction à ce qu'on pourrait nommer pour simplifier « la contre-culture » ou encore « l'esprit de 1968 » a réussi à s'organiser aussi systématiquement et à peser aussi lourdement dans le champ intellectuel et politique. L'expression « guerre culturelle » ne vise pas simplement à décrire objectivement une situation, elle participe d'une visée de structuration de l'espace public et intellectuel autour de questions morales.

Dans les pays démocratiques et libéraux où cet espace est organisé différemment, la rhétorique conservatrice et néoconservatrice américaine déconcerte, pour dire le moins, si ce n'est qu'elle apparaît à plusieurs totalement incongrue. Les critiques amusées du « puritanisme » américain en France, par exemple, sont aussi superficielles que mal informées. Cette difficulté à prendre au sérieux un argumentaire qui récuse aussi radicalement une révolution des mœurs et qui s'inscrit de plus en plus dans l'incontesté est particulièrement apparente au Québec.

Les questions morales au Québec

Ce que certains ont appelé l'« anti-américanisme » des Québécois[2] – et qui apparaît à bien des égards comme un « anti-bushisme » – tient, du moins on peut en faire l'hypothèse, au fait que l'espace public et politique au Québec est structuré de telle façon que les questions explicitement présentées comme morales y apparaissent simplement impertinentes, voire illégitimes (on en a eu une claire indication au moment des débats – ou de l'absence de débats – sur l'union civile ou le mariage homosexuel).

Dans ces conditions, se pose la question du sens de la naissance récente d'un conservatisme intellectuel, autour de deux revues en particulier, *Égards* et *La Lettre conservatrice* : faut-il y voir un renversement radical de tendance, l'annonce d'une transformation de l'espace public et intellectuel au Québec[3] ?

Égards, en particulier, ne fait pas mystère de l'inspiration que le conservatisme américain représente pour ses rédacteurs – ce qui lui est d'ailleurs reproché par *La lettre conservatrice*, plus soucieuse de s'ancrer dans le terreau du traditionalisme canadien-français. Comme les conservateurs et néoconservateurs américains, son objectif est de provoquer ce qu'on n'hésite pas à appeler une « bataille culturelle » ou une « lutte culturelle » (É, n° 1, p. 13-14 et 45). Pour ce faire, également comme leurs prédécesseurs aux États-Unis, les rédacteurs d'*Égards* projettent une action en deux temps : d'abord, former une intelligentsia conservatrice, ensuite, plus largement, cultiver une opinion conservatrice dans l'espace public. Comme pour Russell Kirk ou William Buckley au cours des années 1950, un tel programme passe par un activisme qui vise soit à « restaurer d'anciennes institutions », soit, surtout, à « en créer de nouvelles (collège, journaux, associations, chaînes de radio et de télévision)» (É, n° 4, p. 47). Si un tel programme n'exclut pas forcément l'activité politique à proprement parler (ainsi Gary Caldwell à l'Action démocratique du Québec), il se situe d'abord sur le terrain du combat d'idées, l'objectif étant, à terme, d'opérer d'abord une «réforme intellectuelle et morale», autrement dit de changer la façon dont les esprits voient les choses (certains conservateurs américains ont dit que la victoire de Reagan en 1980 était en quelque sorte survenue trop tôt, les esprits n'étant pas encore prêts pour les transformations qu'ils envisageaient).

Stratégiquement, et ici aussi comme les conservateurs et néoconservateurs américains, les rédacteurs d'Égards entendent cultiver, au moins dans un premier temps, une sorte d'«œcuménisme de droite», afin d'aboutir à une grande «coalition des forces conservatrices» (É, n° 1, p. 14; É, n° 3, p. 121). Contre la «nouvelle classe» (autre thème cher aux inspirateurs américains), qui a envahi l'administration publique, l'université et les médias depuis la Révolution tranquille et qui y propage sans relâche une doxa gauchisante, il faut faire tonner tout ce qui est «politiquement incorrect», des libertariens (tout de même relativement peu présents dans Égards, il faut le signaler) aux «red tories» (Caldwell), en passant par le traditionalisme (Richard Bastien), l'intégrisme catholique (Luc Gagnon) ou même la prose célinesque (ou inspirée par Léon Bloy) de Maurice G. Dantec[4].

Une «théologie politique»

Cependant, des pensées qu'expriment les prosateurs d'Égards, l'une paraît devoir être considérée à part, tant elle semble être celle qui, en quelque sorte, donne le ton particulier de la revue. Écrivain consacré[5], Jean Renaud développe depuis la fondation d'Égards une véritable «théologie politique» qui, pourrait-on dire, manifeste au mieux les espérances du nouveau conservatisme moral québécois – en même temps, peut-être, que ses impasses, voire son impossibilité.

La «théologie politique», expression que Renaud emploie lui-même, désigne d'abord l'impossibilité de dissocier la réflexion sur le politique de la dimension théologique. Autrement dit, c'est sur le fond des finalités dernières de l'humanité, considérée comme créature de Dieu, que doivent être compris les événements politiques, même les plus contemporains. Destinés au bien par leur Créateur, les êtres humains non seulement s'en sont éloignés dès le commencement (dogme du péché originel) mais, dans l'ère moderne, ont entrepris de lui substituer un «faux bien».

Nous assistons présentement à l'aboutissement d'une telle entreprise : plutôt que de permettre à chaque personne de réaliser et d'incarner le bien (par l'exercice des vertus morales), les sociétés démocratiques proclament l'existence d'un bien désincarné qui se manifeste dans l'omniprésence du juridisme et du discours sur les droits de l'homme – discours que les organisations internationales, et l'ONU au premier chef, figure embryonnaire de l'«État universel» (É, 1, 93), ne cessent de promouvoir.

Aux États-Unis, ce sont les conservateurs qui déterminent quelles sont les questions considérées comme pertinentes et légitimes dans l'espace public.

L'espace public et politique au Québec est structuré de telle façon que les questions explicitement morales y apparaissent impertinentes.

Une telle conjoncture, où plus personne n'est appelé à rechercher le bien véritable mais où le mal est proclamé à la veille d'être éradiqué, correspond très exactement, du point de vue catholique qui est celui de Jean Renaud, à ce que l'Apocalypse décrit comme le règne de l'Antéchrist : « Le fils spirituel du Maudit apparaîtra comme un grand idéaliste, un philanthrope, un humaniste » (É, n° 2, p. 79). Sous son règne, « tout sera bien sans que personne ne soit bon » (É, n° 1, p. 82). C'est pourquoi l'époque à laquelle nous vivons fait apparaître avec une clarté inédite une vérité que le christianisme a énoncée dès le commencement : la question politique se réduit essentiellement à celle du kate- chon[6], c'est-à-dire à la question du temps qui reste avant la venue de l'Antéchrist ou de la falsification du bien. Ou bien les politiques « gagnent du temps », c'est-à-dire sont des « re- tardateurs » de la venue de l'Antéchrist, ce qui permet de convertir des âmes, ou bien, au contraire, ce sont des « ac- célérateurs », ils rapprochent de la fin des temps en œuvrant à l'avènement du faux bien ou de l'Antéchrist[7].

C'est à la lumière d'une telle théolo- gie politique qu'il faut juger, selon Jean Renaud, à la fois la politique améri- caine dans le monde et celle de ses ad- versaires. A-t-on affaire à des « retar- dateurs » ou à des « accélérateurs » ? La vieille Europe, humanitaire et paci- fiste, qui n'ose plus agir par elle-même mais veut s'en remettre en tout à l'ONU, et l'islam qui cherche à profiter de cette situation pour faire des gains

dans les pays chrétiens (comme il l'a toujours fait), ont tissé une alliance ob- jective qui en font clairement des « ac- célérateurs ». La vraie question con- cerne les États-Unis : quand ils s'opposent à l'Europe et l'islam, ils jouent le rôle de « retardateurs » ; mais quand, sous l'impulsion des néocon- servateurs – dont Jean Renaud se dé- marque ici sans équivoque aucune –, ils se font plus « onusiens » que l'ONU et se proposent d'édifier un Empire dont la principale tâche sera de propa- ger les principes démocratiques et libéraux partout dans le monde, ils jouent, eux aussi, le rôle d'« accélérateurs ».

Un OVNI

Faut-il insister ? Une telle prose rompt si radicalement avec tout ce qui s'est énoncé depuis quarante ans au Québec en matière de pensée politique et so- ciale qu'elle risque d'en devenir pour plusieurs incompréhensible, voire purement et simplement illisible. Quand on lit les textes de Jean Renaud et qu'on les met en rapport avec ceux, proliférant depuis quinze ans dans l'in- telligentsia québécoise, sur le « natio- nalisme civique » ou le « pluralisme cul- turel », on a la même impression que l'atterrissage d'un OVNI dans son jardin provoquerait alors qu'on s'était allongé dans l'herbe un soir d'été pour contempler les étoiles. Jean Renaud il- lustre au mieux que le conservatisme d'*Égards*, comme cela avait été annoncé dès le départ, ne fera aucun compromis afin de s'adapter à l'ère du temps. L'objectif consistant à « défaire systé- matiquement l'œuvre meurtrière de la Révolution tranquille », sur lequel se ter- minait la « Déclaration fondamentale » d'*Égards*, était à prendre au sens littéral, comme le révèle la lecture attentive des numéros suivants.

Certes, *Égards* compte en ses rangs des rédacteurs plus modérés – il est douteux que le « red torysme » de Gary Caldwell, pour ne donner que cet exemple qui repose plutôt sur une analyse sociologique de la modernité et, dans le cas du Québec, sur les conséquences de la Révolution tranquille, puisse être assimilé sans plus à la théologie politique de Jean Renaud[8]. Mais *Égards* ne vise pas fondamentalement à corriger ou à amender la modernité et son avatar québécois, la Révolution tranquille – dont l'envahissante doxa droit-de-l'hommiste la place sans équivoque aucune du côté des « accélérateurs ». « Défaire systématiquement » le monde moderne et son rejeton au Québec veut dire les prendre totalement à revers et leur opposer ce qu'ils n'ont eu de cesse de rejeter violemment, sinon de vomir : le christianisme[9] entendu dans son sens le plus englobant, c'est-à-dire comme fondement à la fois d'une véritable « théologico-politique » et d'une philosophie de l'histoire.

Pour Jean Renaud, le fait que le christianisme soit en train de devenir étranger au monde et aux hommes ne doit pas inquiéter outre mesure, puisque c'est aussi là l'un des signes annonciateurs de la fin. Or le chrétien sait que celle-ci porte avec elle l'espérance au-delà de la désolation ; il sait qu'« à l'apparente victoire du mal et de la mort, répondra une fin cachée, extratemporelle, inespérée d'un point de vue humain » (É, n° 2, p. 79). Mais aussi ancrée soit-elle dans la foi chrétienne comme la conçoit Jean Renaud, une telle espérance en un miraculeux renversement des choses ne peut que vaciller parfois devant l'ampleur de la déchristianisation effective des sociétés : à la question, qu'il pose lui-même, de l'existence d'un fondement objectif à une entreprise de « résistance conservatrice », Jean Renaud répond : « J'avoue mon doute », avant d'ajouter : « Parions du côté de l'espérance ! » (É, n° 1, p. 42). Pari ou foi dans un miraculeux renversement que rien n'annonce, tout au contraire : il y a peut-être là, par-delà la discussion théologique au sein de laquelle de tels propos visent à s'insérer, l'aveu parfaitement terre-à-terre de l'impasse voire de l'impossibilité du nouveau conservatisme moral que veulent faire renaître les rédacteurs d'*Égards*.

Clore la Révolution tranquille ?

Égards ne s'interroge jamais sur le pourquoi de l'éradication de l'Église catholique et du catholicisme au Québec. La critique que leur adresse *La lettre conservatrice* prend tout son sens ici : plutôt que de partir du « sujet historique canadien-français et québécois » (LC, no 12, p. 9) pour comprendre la Révolution tranquille, celle-ci est saisie comme un simple avatar de la modernité qui, comme on l'a vu, œuvre systématiquement à la falsification du bien. Or si l'on se penche sur les conditions dans lesquelles la Révolution tranquille s'est déroulée – c'est-à-dire, fait unique ou très rare pour une révolution, sans rencontrer d'opposition contre-révolutionnaire, l'Église catholique s'étant, pour diverses raisons, en quelque sorte refusée au combat dès le commencement –, on peut peut-être comprendre le climat de révolution inachevée ou permanente dans lequel semble baigner la société québécoise qui la fait non seulement s'en prendre avec une colère qui ne passe pas à l'Église catholique, mais aussi à toute institution susceptible d'incarner un principe d'autorité (famille, école, etc.).

Autrement dit, du fait de ne pas avoir mené de combat contre un adversaire contre-révolutionnaire inexistant, la société québécoise est comme dans l'impossibilité de terminer ou de clore sa révolution, de la déclarer achevée et se trouve ainsi engagée dans un combat sans fin contre tout ce qui est susceptible d'incarner, même lointainement, les motifs de transcendance et d'autorité qu'on a pu associer historiquement à la religion catholique[10]. Dans ces conditions, non seulement celle-ci s'est-elle trouvé éradiquée à une vitesse et à un degré peut-être jamais vus dans des pays comparables, mais elle continue de l'être constamment – du fait même, paradoxalement, qu'elle n'a pas

opposé de résistance à la révolution. Il faut dès lors se poser la question : le « catalogue interminable de nos défaites » dont parle *Égards* dans son premier numéro (É, n° 1, p. 9), n'était-il pas inéluctable ?

L'apparente renaissance du conservatisme moral, dans une société pour laquelle la morale, c'est le moralisme et le moralisme, c'est du catholicisme déguisé – et le catholicisme, déguisé ou non, c'est l'oppression pure et simple – ne serait-il pas plutôt son chant du cygne ? Il y a de bonnes raisons de le croire, simplement parce qu'on a détruit et qu'on continue de détruire constamment dans la société québécoise les fondements d'une « résistance conservatrice », que la guerre culturelle que souhaitent les nouveaux conservateurs n'aura pas lieu.

Notes

1 La traversée du désert du conservatisme américain né après la Seconde Guerre mondiale s'étend au moins jusqu'à la présidence Reagan (1980).

2 Voir le dossier de la revue *Argument*, vol. VII, n° 2.

3 *Égards* a publié sept numéros jusqu'à présent. *La lettre conservatrice*, diffusée électroniquement seulement, a publié quatorze numéros à ce jour. Je citerai désormais ces revues entre parenthèse en utilisant les abréviations suivantes : É pour *Égards*, LC pour *La Lettre conservatrice*. Je ferai le numéro dont il est question et la page. Je ne traiterai pas dans ce court article des groupes de tendance néolibérale (l'Institut économique de Montréal) ou libertarienne (*Le Québécois libre*). Je ne traiterai pas non plus du conservatisme modéré du Cercle Raymond Aron. Enfin, je laisserai de côté l'extrême-droite québécoise, radicale et groupusculaire.

4 L'extrême violence des propos de ce dernier, à propos de l'islam notamment, et surtout le ton souvent scatologique qu'il emploie, ont fait sursauter quelques lecteurs. Mais c'est que pour Dantec, le langage ne sert pas à rassembler dans le « consensus » ou à « communiquer », il vise plutôt à « creuser toujours plus les différences ontologiques », à « ouvrir des abysses entre les âmes » (Conférence-débat du 2 avril 2005, Festival Métropolis-Bleu, Montréal).

5 Entre autres, aux éditions du Beffroi : *La quête antimoderne*, en 1985 et *La conversion de Faust*, en 1988.

6 2 Th, 2-6.

7 « J'ai toujours compris la "politique" comme *ce qui retarde la fin des temps*. Pourquoi différer la fin des temps ? *Pour gagner du temps, pour permettre des conversions !* C'est aussi bête que cela ! La bataille de Poitiers a été gagnée en 732 pour que quelques élus de plus se convertissent en 2004, douze cent soixante et douze ans plus tard à Montréal ou à Rimouski, *l'histoire* étant l'utérus des âmes, le lieu de leur gestation. » (É, n° 2, 79).

8 En outre, quand les rédacteurs de *La lettre conservatrice* commentent l'actualité politique (ce qu'ils font davantage qu'*Égards*), ils adoptent une attitude bien plus terre à terre et, quoiqu'ils s'en prennent aussi avec une extrême vigueur à l'islam, ils ne se situent jamais au niveau de la théologie politique à proprement parler.

9 Plus précisément le catholicisme, puisque le protestantisme a depuis longtemps partie liée avec le monde moderne – qu'il a d'ailleurs contribué à fonder en coupant la nature de la surnature (thèse classique de Weber, reprise dans É, n° 2, 31).

10 J'ai cherché à étayer cette hypothèse notamment dans Gilles Labelle (2005). « Par delà le "contractualisme généralisé" : repenser la Révolution tranquille et re-fonder l'indépen-dance », dans Jocelyne Couture, *Redonner sens à l'indépendance*, Montréal, VLB éditeur, p. 37-53.

Le nouveau visage du sport professionnel à Montréal

Jean Dion
Journaliste, Le Devoir

1994. Le Québec sportif connaît une période d'effervescence. Les Expos de Montréal possèdent la meilleure équipe, et de loin, des ligues majeures de baseball. Le Canadien de Montréal vit encore sur le nuage de sa plus récente coupe Stanley, remportée l'année précédente. Et l'atmosphère est d'autant plus intense que la rivalité avec les Nordiques de Québec a été relancée après que ceux-ci eurent connu de longues années de médiocrité.

Dans ce contexte, un visionnaire prédit que dans une décennie, les deux sports les plus en vue dans la métropole seront le football et le soccer, qu'on s'entichera de plongeon et qu'une candidature montréalaise pour les Jeux olympiques d'été sera même évoquée. Les Alouettes de Montréal n'existent plus. L'Impact de Montréal en est à ses premiers balbutiements. On s'empare du visionnaire, on lui passe la camisole de force et on l'interne dans un établissement spécialisé.

2005. Les Alouettes, de la Ligue canadienne de football, disputent tous leurs matchs à guichets fermés au stade Percival-Molson. L'Impact, de la United Soccer League, attire régulièrement 11 000 spectateurs au centre Claude-Robillard, dont les gradins ne sont censés contenir que 9000 places. En septembre 2004, le club a remporté le championnat du circuit devant... 13 600 supporters. Les Alouettes ont annoncé un plan d'agrandissement de 2500 sièges sur le campus de l'Université McGill. L'Impact construira son propre complexe, le stade Saputo, qui ouvrira ses portes en 2007 dans le Technoparc.

Pendant ce temps, les Expos sont devenus, après une interminable agonie, les Nationals de Washington. Les Nordiques sont morts depuis si longtemps que le port de leur chandail est à la mode. Et le Canadien a passé une saison entière sur le carreau alors que la Ligue nationale de hockey était plongée dans un pénible lock-out.

Vers la fin des années 1990, la multiethnicisation de Montréal aidant, le soccer est passé au premier rang de la pratique sportive chez les jeunes Québécois. Et le football, autrefois chasse gardée des anglophones, connaît un essor considérable. Le Rouge et Or de l'Université Laval a remporté les deux dernières coupes Vanier, et Montréal et Sherbrooke figurent parmi les meilleurs programmes de football au Canada. Le Québec compte 23 000 footballeurs amateurs, une hausse de plus de 350 % en douze ans. Au début de la campagne 2005, 32 Québécois jouaient dans la LCF, comparativement à deux en 1988.

Puis, l'espace de deux semaines, Montréal a vibré au rythme des championnats du monde de sports aquatiques, un événement dont il avait perdu la présentation six mois plus tôt avant de la récupérer au prix d'une prise en charge de la facture (de 4 millions de dollars, finalement). Grisé par les exploits dont le parc Jean-Drapeau fut le théâtre, à commencer par les deux médailles d'or du plongeur Alexandre Despatie, le maire Gérald Tremblay allait jusqu'à laisser circuler l'idée d'une participation à la course aux Jeux olympiques de 2016, qui ne semblait toutefois pas avoir un avenir très prometteur puisque le gouvernement du Québec la récusait quelques jours plus tard.

Aux dernières nouvelles, le visionnaire avait été désinstitutionnalisé.

Le Canadien en vacances forcées

Si tout un hiver sans hockey constituait pour plusieurs un scénario intolérable, les amateurs ont quand même dû composer avec le plus long arrêt de travail de l'histoire du sport professionnel en Amérique du Nord. Sitôt la Coupe du monde terminée en septembre 2004, les dirigeants de la LNH ont fermé boutique, alléguant que la situation financière catastrophique de la plupart des clubs rendait nécessaire une profonde restructuration des méthodes de fonctionnement de la ligue : plafond sala-

José Théodore

rial, échelle de rémunération liée aux revenus de l'ensemble des clubs et modification des règlements afin de rendre le jeu, engoncé dans un carcan défensif depuis plusieurs années, plus attrayant. Tout comme les 29 autres formations de la LNH, le Canadien s'est donc retrouvé en vacances forcées.

Et pour une rare fois, les propriétaires ont fait front commun tout du long et n'ont pas cédé un pouce de terrain. Alors qu'il est de coutume, dans

Antoni Calvillo

joueurs. Début août 2005, une course folle aux joueurs autonomes s'est de fait déroulée, mais les contrats octroyés étaient déjà moins ronflants et toutes les franchises pouvaient se permettre de prendre part aux enchères.

À terme, le plafond salarial devrait aussi permettre aux équipes canadiennes de la LNH, traditionnellement défavorisées par un dollar canadien faible, de rejoindre le peloton. Des revendications demeurent toutefois eu égard aux taux de taxation dans l'ensemble supérieurs à ceux en vigueur aux États-Unis (et à l'appui moins grand des pouvoirs publics), et le Canadien continue de faire valoir que la facture annuelle de 11 millions en taxes accolée au Centre Bell nuit à sa compétitivité.

R.I.P. les Expos (1969-2004)

Par ailleurs, la mort annoncée depuis plusieurs années des Expos s'est finalement produite. La franchise, rendue exsangue par la cession de ses meilleurs joueurs à compter du milieu des années 1990, incapable de dénicher le ou les propriétaires qui auraient pu la relancer, a disputé son dernier match en octobre 2004 avant de prendre le chemin de Washington, où, sans le dire, le baseball majeur voulait la déménager depuis un bon bout de temps.

Le départ des Expos après 36 saisons à Montréal s'est déroulé, il faut le dire, dans une indifférence à peu près totale, à peine troublée par les efforts d'une poignée d'aficionados. En une décennie, après la grève des joueurs qui l'avait privée d'une possible participation à la Série mondiale en 1994, l'équipe avait vu ses meilleurs éléments être échangés à rabais les uns après les autres, elle avait échoué dans sa tentative de faire construire un nouveau stade de base-

ce type de conflit, de voir la résolution des dirigeants s'étioler à mesure que les pertes de revenus liées aux matchs annulés s'accumulent, la politique de fermeté fut cette fois totale, à tel point que même une proposition des joueurs de réduire leurs salaires de 24% n'a pas suffi. Résultat : début mars, un trait définitif était tiré sur le calendrier 2004-05.

Ce n'est qu'en juillet qu'une entente est finalement intervenue, dont l'élément essentiel réside dans l'imposition d'un plafond salarial de quelque 39 millions $US par équipe. Cette approche a notamment pour effet de rapprocher les clubs entre eux, interdisant aux plus riches de dépenser inconsidérément pour s'assurer les services des meilleurs ball au centre-ville, elle avait traversé les années de disputes entre son propriétaire new-yorkais Jeffrey Loria et des actionnaires locaux peu enclins à ouvrir leur portefeuille, et elle s'était enfin retrouvée sous le contrôle des dirigeants des autres équipes des ligues majeures, eux qui avaient bien d'autres priorités que d'aider un concurrent à s'améliorer.

Tous ces démêlés avaient fait en sorte d'éloigner du club la grande majorité de ses supporters d'antan et de dégarnir les gradins du Stade olympique (à la fin, les Expos attiraient moins de 800 000 spectateurs par saison). La situation était à ce point catastrophique qu'au cours de ses deux dernières campagnes, l'équipe a disputé le quart de ses matchs locaux à Puerto Rico. Ainsi la ville où, en 1946, Jackie Robinson avait écrit l'histoire en devenant le premier Noir à joindre le baseball organisé blanc au XXe siècle, se retrouvait-elle sans formation des ligues majeures. Si certains y voyaient la preuve que le baseball ne fait pas vraiment partie de la culture sportive du Québec, d'autres préféraient mettre en relief un immense gâchis de la part d'un sport arrogant qui se croit tout permis et regarde de haut tous ceux qui ne sont pas prêts à se plier à ses quatre volontés.

Le succès des gars ordinaires

Le baseball décédé, le hockey temporairement aux abonnés absents, l'occasion était trop belle pour que d'autres sports n'en profitent pas pour combler le vide. Deux sports pour être précis, dont la particularité est de mettre en vedette des joueurs qui ne sont pas des millionnaires, dont le salaire est à peu près comparable à celui de l'amateur et qui demeurent faciles d'accès.

Déjà, il faut le dire, depuis 1997 les Alouettes avaient conquis l'affection des Montréalais grâce à leur rendement sur le terrain, à une politique de présence assidue dans la communauté mise en place dès son arrivée par le président Larry Smith et à un stade aussi vieillot que sympathique situé dans un décor enchanteur. Mais on n'a pas encore fini de mesurer les échos de ce succès, qui ont fait du football, malgré les risques inhérents à sa pratique, la discipline dont l'expansion est la plus rapide chez les jeunes Québécois.

Tout comme la progression du soccer regorge-t-elle de promesses. Depuis l'engouement fou pour le Manic, au début des années 1980, les Québécois avaient plus ou moins boudé le soccer professionnel, qui a vu passer plusieurs franchises à Montréal. Mais l'Impact, qui doit la vie à la famille Saputo, semble enfin assis sur des bases solides, qui devraient se stabiliser encore davantage lorsqu'ils emménageront dans leur nouvelle demeure.

Cela étant, rien n'est jamais acquis. On pouvait s'en rendre compte dans les semaines qui ont suivi la ratification d'une nouvelle convention collective dans la LNH, les pages des journaux, les bulletins d'information sportive, les tribunes téléphoniques à la radio faisaient la part quasi exclusive à une chose : hockey, hockey, hockey, Canadien, Canadien, Canadien. Cela alors que des milliers de fans assuraient quelques jours plus tôt qu'on ne les y reprendrait plus, que ce marché de dupes avait fait son temps, qu'ils allaient avoir d'autres passe-temps pour occuper le reste de leur vie.

Chassez le naturel, il revient à l'aréna.

Liberté ?

Jean-Hugues Roy

Journaliste à la télévision de Radio-Canada et rédacteur en chef du magazine Le Trente, édité par la Fédération professionnelle des journalistes du Québec (FPJQ).

Les journalistes aiment penser qu'ils font partie d'une profession libre. Ils se leurrent. Car l'année 2004-2005 leur a prouvé plus que jamais que s'ils ne se donnent pas eux-mêmes des normes pour encadrer la liberté de presse, d'autres s'en chargent à leur place. En effet, rarement le journalisme n'a été autant modelé par des décisions prises non par des journalistes, mais par des fonctionnaires, des gens d'affaires et, surtout, des juges.

Ces derniers, justement, ont lancé le bal le 29 juillet 2004. Ce jour-là, la Cour suprême a condamné la Société Radio-Canada à verser plus d'un demi-million de dollars au relationniste Gilles E. Néron pour l'avoir diffamé dans un reportage diffusé près de 10 ans plus tôt.

Pourtant, dans leur décision, les juges ont admis que les informations contenues dans le reportage en question pouvaient être véridiques et d'intérêt public. Là n'est cependant pas la question, ont-ils précisé.

En effet, selon eux, un média peut quand même se voir condamner pour diffamation s'il ne respecte pas certaines normes : « On se trouve beaucoup de-

vant une responsabilité assimilable à la responsabilité professionnelle », pouvait-on lire dans le jugement.

Professionnels malgré eux

Selon le plus haut tribunal du pays, en somme, les journalistes sont désormais assimilés aux médecins, aux avocats, aux ingénieurs et aux autres professionnels encadrés par un ordre. Or, un ordre professionnel des journalistes n'existe pas. Les artisans de l'information ne sont encadrés par aucun code déontologique unique, universel et contraignant.

Bien sûr, certains adhèrent à des guides d'éthique, des manuels de normes et pratiques ou encore des politiques d'information. Mais ces outils ne servent qu'à guider leurs façons de faire. Ils s'y conforment volontairement et les écarts ne compromettent généralement pas leur carrière, contrairement aux quelque 300 000 professionnels membres des 45 ordres reconnus au Québec.

Il y a également le Conseil de presse du Québec, un « tribunal d'honneur » composé de journalistes, de cadres d'entreprises de presse et de membres du public. Le public, d'ailleurs, est majoritaire au sein du comité qui examine les plaintes que reçoit le Conseil (2 journalistes, 2 cadres d'entreprises de presse et 4 membres du public).

De temps à autre, donc, des journalistes et des entreprises de presse se voient « condamnés » par le Conseil de presse du Québec. Mais celui-ci n'est doté d'aucun pouvoir de sanction. En privé, plusieurs journalistes se rient de cet organisme qui ne les menace en rien et qui constitue tout au plus une nuisance.

Autrement dit, les journalistes peuvent se faire japper après, mais personne ne va les mordre. En 2004, la Cour suprême a décidé de planter ses crocs dans le jarret des médias. Normal, puisque comme avec Jeff Fillion, seuls les tribunaux peuvent infléchir le comportement des journalistes.

Au congrès annuel de la FPJQ, le juge en chef de la Cour supérieure du Québec, Michel Robert, a même prédit une sévérité de plus en plus grande des tribunaux à l'encontre des journalistes tant et aussi longtemps que ceux-ci ne se doteront pas d'une structure déontologique plus rigoureuse.

En 2002, les membres de la FPJQ ont refusé de demander au gouvernement québécois de voter une loi sur un statut de « journaliste professionnel ». En quelques mots, pareille loi aurait permis aux journalistes le souhaitant de réclamer un statut de « professionnels », ce qui leur aurait conféré certains privilèges (l'accès plus rapide à des documents publics, par exemple), mais aussi certaines responsabilités (comme de s'astreindre à d'éventuelles décisions du Conseil de presse).

L'exemple de CKAC

Ceux qui s'opposent à toute forme d'encadrement professionnel font valoir qu'on ne peut pas permettre à l'État, par le biais d'une loi, de baliser la pratique du journalisme. La profession, de par le rôle crucial qu'elle joue comme chien de garde de la démocratie, ne peut tolérer aucune influence extérieure, surtout par l'État.

Les partisans de l'encadrement professionnel disent qu'au contraire, une telle loi pourrait défendre plus efficacement le journalisme contre des influences néfastes qu'il subit. Les entreprises de presse elles-mêmes prennent des décisions (qu'on pense à la convergence) qui sont contraires au droit du public à l'information et une loi pourrait donner aux journalistes le pouvoir de collectivement veiller au grain. En théorie, c'est valable. En pratique, on peut se demander si, par exemple, une telle loi aurait pu donner aux reporters le pouvoir de sauver CKAC, qui a diffusé son dernier bulletin de nouvelles le 30 mai 2005 après être passée aux mains de Corus Entertainment.

Revoyons les faits. Quatre mois plus tôt, en janvier, le Conseil de la radiodiffusion et des télécommunications canadiennes (CRTC) autorisait une transaction qui permettait notamment à Corus de mettre la main sur sept stations du réseau Radiomédia (qui comprend, hormis CKAC, CHRC à Québec, CJRC à Gatineau, CKRS à Saguenay, CHLN à Trois-Rivières, CHLT à Sherbrooke et CFOM-FM à Lévis).

Radiomédia appartenait à Astral qui avait été forcé par le Bureau de la concurrence, en 2001, de s'en départir. Voilà donc trois ans qu'Astral cherchait un acheteur. En 2002, le CRTC avait refusé une transaction impliquant le groupe TVA et Radio-Nord. En 2004, l'ex-pgd de Radiomédia, Sylvain Chamberland, et l'éditeur Gaëtan Morin s'étaient montrés intéressés, mais s'étaient par la suite désistés. Astral était donc « coincé » avec Radiomédia et, par la force des choses, le réseau était pratiquement laissé à l'abandon. Ses pertes se chiffraient à près de deux millions de dollars en 2003, le double en 2004.

Dans sa décision, le CRTC a paru pressé d'entériner l'offre de Corus : « le Conseil juge qu'il y a lieu d'approuver la transaction afin de mettre fin à l'incertitude dans laquelle se retrouvent les stations AM ». Il salue même la mise sur pied de Corus Nouvelles, l'entité réunissant les journalistes qui restent au sein des stations du groupe : « le Conseil note que, même si les effectifs journalistiques à la station CKAC étaient réduits, les montréalais (sic) continueraient à bénéficier d'informations produites pour le marché de Montréal par un effectif total de 17 journalistes œuvrant au sein des stations montréalaises de Corus CINF (Info690), CHMP-FM [le 98,5], CKAC et CKOI-FM. » Avant la transaction, il y avait 20 journalistes à CKAC seulement... Il faut cependant dire qu'à la grandeur du Québec, Corus-nouvelles embauchera et comptera à terme près de 70 journalistes, selon *La Presse*.

Le milieu journalistique s'est mobilisé comme on l'a rarement vu contre cette transaction. Manifs, mémoires, pétitions et appuis politiques n'ont cependant pas empêché qu'elle ait lieu. Une loi qui ferait des journalistes les gardiens du droit du public à l'information aurait-elle pu changer quoi que ce soit ? Il est permis d'en douter puisqu'une loi québécoise n'aurait été que d'un secours limité pour intervenir sur l'organisme réglementaire fédéral, mais surtout indépendant, qu'est le CRTC.

Pas plus que les ordres professionnels des médecins, des infirmières ou des ergothérapeutes n'ont pu empêcher les fermetures d'hôpitaux, il y a quelques années, un semblant d'ordre de journalistes n'aurait pu empêcher Corus de réduire CKAC à une peau de chagrin.

À l'ordre

Qui plus est, d'autres journalistes sont parvenus, en 2004-2005, à mettre au pas l'entreprise qui les emploie sans le secours d'aucune loi, même si l'entreprise en question était nulle autre que Quebecor Media.

En octobre 2004, les journalistes de TVA et leurs patrons ont tenu, dans le plus grand secret, des « états généraux » afin de résoudre une crise qui avait éclaté quelques mois plus tôt. Après la démission du député Svend Robinson pour avoir volé un bijou, une directive interne avait interdit aux journalistes de TVA de faire un parallèle entre cette affaire et le vol d'un manteau qui avait mis brutalement un terme, en 1982, à la carrière politique de Claude Charron... aujourd'hui commentateur vedette de TVA.

Les journalistes se sont opposés à cette tentative de censure et il semble, selon Sylvain Drapeau, membre du comité professionnel de TVA, qu'ils aient réussi : « Il y a eu confirmation de la direction que les journalistes et reporters étaient les seuls au bout du compte à avoir le dernier mot sur ce qui allait en ondes », a-t-il confié en entrevue téléphonique.

Toujours à l'automne, le Syndicat des travailleurs de l'information du *Journal de Montréal* a porté plainte au Conseil de presse contre Quebecor Media pour protester contre la couverture démesurée accordée aux émissions de téléréalité de l'entreprise (surtout les *Star Académie*) dans les pages du quotidien. On attendait toujours la décision du Conseil au moment de mettre sous presse, mais cette seule démarche semble avoir donné des résultats puisque les articles du *Journal* sur une autre série, *Occupation Double*, ont été joués plus sobrement.

La démarche des journalistes de Quebecor Media est importante puisque les bulletins de nouvelles les plus écoutés au Québec sont ceux de TVA et que le quotidien le plus lu dans la province est celui de la rue Frontenac. Et, rappelons-le, ils n'ont pas eu besoin de loi pour agir.

Par ailleurs, à l'occasion de son congrès 2004, la FPJQ a déposé un Dossier noir de l'information gouvernementale. Elle y dénonçait différents organismes publics auprès desquels il était particulièrement difficile d'obtenir de l'information. La publication de ce document a donné lieu à des rencontres entre les responsables des communications de différents ministères et des journalistes. Résultat : plusieurs irri-

tants seraient en voie d'être réglés.

Les journalistes disposent donc d'un pouvoir d'influence non négligeable. Ceux du *Soleil* s'en sont servi en février quand le quotidien de la capitale s'est mis à faire appel à des « rédacteurs en chef invités ». Tout a commencé avec Robert Lepage. Puis, ce furent au tour du chef Jean Soulard, du businessman Louis Garneau et de la chanteuse Jorane. Mais lorsqu'il a été question de la femme d'affaires Christiane Germain, aussi administratrice de Gesca, propriétaire du *Soleil*, le syndicat des journalistes a protesté et Mme Germain s'est retirée d'elle-même du projet.

Les journalistes sont aussi capables d'autodiscipline. Les reporters affectés au Palais de justice de Montréal en ont fait preuve le 17 novembre 2004, lors de l'enquête préliminaire de Guy Cloutier, accusé d'agression sexuelle sur l'une de ses protégées. Ils se sont sagement tenus à un périmètre délimité au lieu de pourchasser leur proie dans les corridors du Palais, comme c'est leur habitude. Mais cette démarche de bonne foi n'a pas attendri les juges, d'autant plus qu'ils se sont demandé pourquoi ne pas avoir appliqué le même décorum au procès de Robert Gillet, à Québec, un véritable « capharnaüm », selon le juge en chef associé de la Cour supérieure du Québec, Robert Pidgeon.

Les magistrats ont donc amendé, le 15 décembre 2004, le Règlement de procédure civile avec l'ajout d'un nouvel article, le 38.1, que voici : « Afin d'assurer la saine administration de la justice, la sérénité des débats judiciaires et le respect des droits des justiciables et des témoins, la prise d'entrevues et l'usage de caméras dans un palais de justice ne sont permis que dans les lieux prévus à cette fin par directives des juges en chef.» À la limite, ce lieu pourrait être l'extérieur du Palais. Les reporters et leurs caméramen n'auraient ainsi d'autre choix que de faire le pied de grue sur le trottoir et de laisser la justice se faire sereinement, mais plus secrètement.

À l'ordre, j'ai dit

Aussi frustrant qu'il soit, l'article 38.1 se comprend quand on voit le comportement collectif de la meute journalistique dans certaines autres affaires. Qu'on pense au pied de grue de quatre jours qui a précédé la libération de Karla Homolka, devant le pénitencier de Sainte-Anne-des-Plaines, début juillet, ou à la frénésie qui a envahi le Palais de justice de Joliette, un mois plus tôt, lors des audiences sur les conditions de remise en liberté de la blonde meurtrière. Dans les deux cas, plusieurs reporters ont parlé de leurs collègues pour décrire ce qu'ils appelaient le «cirque médiatique», en évitant bien entendu de mentionner qu'ils en faisaient eux-mêmes partie. En privé, justement, bien des journalistes et techniciens vous avoueront leur gêne d'avoir participé à ces événements.

Bien sûr, la libération de Homolka était d'intérêt public. Le fait que sa sentence ait été si courte soulève de nombreuses questions sur le système judiciaire. C'est le rôle des journalistes de poser ces questions et, à la limite, de faire écho à l'indignation du public. Mais on peut se demander si l'insistance collective des médias n'a pas transformé cette saine indignation en curiosité morbide. Plus que jamais, les médias ont fait d'une criminelle une vedette.

Il n'est pas certain, par contre, qu'une loi sur le droit du public à l'information aurait pu prévenir les débordements médiatiques de l'affaire Homolka. On pourrait présumer qu'une telle loi s'inspirerait des Droits et responsabilités de la presse, le document qui contient les principes qui guident le Conseil de presse du Québec. Dans ce document, on trouve la section 2.3.2, selon laquelle, les journalistes, lorsqu'ils parlent de faits divers, «doivent éviter tout sensationnalisme dans le traitement de ces événements et prendre garde de leur accorder un caractère démesuré, sinon amplifié, par rapport à leur degré d'intérêt public». Voilà qui donne à penser que des entreprises de presse pourraient éventuellement être condamnées à des amendes pour leur traitement démesuré, amplifié et sensationnaliste de l'affaire Homolka.

Mais dans ces mêmes Droits et responsabilités de la presse se trouve le passage suivant: «Il relève de la discrétion rédactionnelle des médias et des professionnels de l'information de déterminer l'espace et le temps d'antenne qu'ils accordent à la publication ou à la diffusion des informations qu'ils ont retenues et choisies de porter à l'attention du public.» Autrement dit, les médias peuvent consacrer autant de tonnes de papier ou d'heures d'antenne qu'ils le désirent à Karla Homolka. Au public de trouver ailleurs d'autres informations, s'il le souhaite. C'est aussi ça, la liberté de la presse.

On retrouve la même ambiguïté dans un autre dossier survenu cette année: les 100 000 dollars versés par TVA pour l'exclusivité d'une entrevue avec Nathalie Simard, diffusée le 29 mai. Une loi encadrant la pratique des médias aurait-elle pu servir pour condamner TVA ?

Il est permis de le penser, puisque rémunérer des sources d'information est une pratique dénoncée par quantité de codes d'éthique journalistique de par le monde. Mais il est aussi permis d'en douter puisque les Droits et responsabilités de la presse du Conseil de presse du Québec sont totalement muets sur le sujet!

Le temps d'un débat

On le voit, les questions déontologiques ont été au cœur de la plupart des événements qui ont secoué le paysage médiatique québécois en 2004-2005. Il faut surtout retenir que les questions soulevées le sont depuis des générations. En effet, depuis la Révolution tranquille, année après année, les journalistes se demandent comment mieux protéger leurs sources, comment se libérer de l'emprise des entreprises de presse ou comment réduire l'élasticité de leur éthique. Peut-être serait-il temps que les journalistes voient dans un encadrement non pas une menace, mais un outil pour parer à des menaces plus graves encore.

Le débat, en tous cas, mériterait d'être relancé en 2006.

L'année des médias :
CRTC, des décisions qui dérangent

Nicolas Saucier
Centre d'études sur les médias, Université Laval

Le Conseil de la radiodiffusion et des télécommunications canadiennes (CRTC) occupe une place importante dans l'univers médiatique au pays. L'organisme réglementaire supervise à la fois la radio, la télévision, la distribution de signaux (câble et satellites) et les différentes formes de téléphonie. Il est ainsi appelé à intervenir dans de nombreux dossiers et certaines de ses décisions dérangent. Dans le domaine de la radio, la décision du CRTC de ne pas renouveler la licence de la station CHOI-FM de Québec s'est retrouvée en Cour d'appel fédérale. Lorsque le Conseil a approuvé la vente de la station CKAC au groupe Corus, les employés de cette station ont fait appel au Conseil des ministres du gouvernement fédéral pour empêcher cette vente. Et quand il a octroyé des licences à deux services de radiodiffusion par satellite associés à des entreprises américaines, des radiodiffuseurs canadiens concurrents et des groupes culturels ont demandé au Conseil des ministres de revoir sa décision. Par ailleurs, plusieurs entreprises de câblodistribution sont irritées de devoir attendre les décisions de l'organisme pour pouvoir offrir de nouvelles chaînes à leurs clients. Et les compagnies de téléphonies sont fort mécontentes que le CRTC ait, en quelque sorte, encouragé les câblodistributeurs à leur faire concurrence. Elles demandent au Conseil des ministres d'invalider cette décision.

Radio

Le monde de la radio a connu plusieurs changements importants au cours des derniers mois. D'abord, le CRTC a finalement approuvé la vente du réseau AM Radiomédia qui a été acquis par le groupe Corus. Ce dernier compte apporter d'importantes modifications à la programmation de ces stations, notamment à celle de CKAC qui deviendra complémentaire d'autres stations francophones du groupe à Montréal (le 98,5 et Info-690). Puis, le très controversé animateur Jean-François Fillion a quitté la station CHOI-FM de Québec, dont la survie dépend des tribunaux. L'animateur et la station ont par ailleurs été condamnés pour diffamation dans un jugement qui engage la responsabilité des propriétaires et établit que le montant des dommages doit tenir compte des profits réalisés grâce à un style radiophonique volontairement outrancier. Cette décision pourrait amener les propriétaires et les animateurs de radio à être plus prudents à l'avenir. Aussi, Radio-Canada a transformé sa Chaîne culturelle en une chaîne musicale, Espace musique, et une autre chaîne musicale, Couleur Jazz, a vu le jour à Montréal. Enfin, l'avènement de la radio numérique diffusée par satellite risque de bousculer le paysage radiophonique canadien au cours des prochaines années.

Radiomédia/Corus

Après trois années de tentatives infructueuses, le groupe Astral a finalement réussi à se conformer aux attentes du Bureau de la concurrence en cédant sept stations AM du réseau radiophonique Radiomédia, dont les stations CKAC à Montréal et CHRC à Québec, et une station FM de Québec. Il était temps, car les déficits s'accumulaient et l'écoute de ces stations diminuait, particulièrement chez CKAC qui subissait la concurrence de la station 98,5 FM, transformée par son propriétaire Corus en radio parlée (l'écoute de 98,5 FM a triplé en un an). Or, c'est justement Corus qui est le nouveau propriétaire de CKAC et des autres stations mises en vente par Astral. Corus contrôle ainsi quatre stations francophones dans le marché de Montréal.

En approuvant la transaction, au début de 2005, le CRTC souhaitait ainsi mettre fin à l'incertitude entourant l'avenir du réseau Radiomédia acquis par Astral en 2001. L'organisme estime que le nouveau propriétaire saura assurer la survie de ces stations AM. Il a d'ailleurs approuvé le plan d'affaires proposé par Corus. Ce plan prévoit la création d'une salle de nouvelles desservant l'ensemble des stations du groupe et la spécialisation de trois de ses quatre stations montréalaises dans des facettes différentes de l'information : Info 690 continuera de faire de l'information continue, le 98,5 FM en fera l'analyse alors que les débats constitueront le menu principal de CKAC. Quant à CKOI, la quatrième station montréalaise appartenant à Corus, elle conserve son format de musique et d'humour. Le CRTC a toutefois exigé le maintien par Corus d'un nombre minimal d'heures de programmation locale et d'information locale dans toutes les stations AM acquises. L'organisme n'a accordé à Corus qu'une période de licence de quatre ans pour ces stations (contre sept habituellement), afin de revoir leur situation dans un avenir rapproché.

Pour revenir à CKAC, son plan de restructuration prévoit la diminution de sa programmation locale ainsi que sa spécialisation dans les débats et le sport. Le syndicat des employés a bien cherché à s'opposer à la fermeture de la salle des nouvelles de CKAC en mobilisant la population et le milieu journalistique ainsi qu'en faisant appel au Conseil des ministres du gouvernement fédéral, mais sans succès. Une vingtaine d'employés permanents, dont une dizaine de journalistes, ont été mis à pied.

Enfin, précisons que la transaction qui a permis à Corus de mettre la main sur les stations qu'Astral devait céder a pris la forme d'un échange de stations. Astral a obtenu en retour cinq stations FM régionales appartenant à Corus qui se joindront à l'un ou l'autre de ses trois réseaux (Énergie, Rock Détente et Boom).

CHOI-FM

À Québec, la station de radio CHOI-FM, appartenant à Genex Communications, ainsi que son animateur Jean-François Fillion ont continué d'alimenter la controverse.

D'abord, la Cour d'appel fédérale, dans une décision unanime rendue le 1er septembre, a rejeté la requête de Genex pour faire annuler la décision du CRTC de ne pas renouveler la licence de CHOI-FM. À l'été 2004, le CRTC a rendu une décision d'une sévérité exceptionnelle, celle de ne pas renouveler cette licence en raison des propos offensants de ses principaux animateurs. Le CRTC a alors jugé qu'il ne pouvait plus faire confiance aux propriétaires de la station qui ont refusé de s'amender malgré des avertissements répétés de l'organisme réglementaire. La station de radio a cependant obtenu un sursis pour la durée des procédures judiciaires devant la Cour fédérale d'appel. Sans ce sursis, la station aurait alors dû cesser de diffuser le 31 août 2004, à la fin de sa licence.

L'avocat de Genex, Me Guy Bertrand, a fait valoir devant les juges de la Cour fédérale d'appel, au printemps 2005, que la décision du CRTC était excessive, ajoutant que celui-ci ne devrait pas avoir le pouvoir de se prononcer sur le contenu verbal des émissions parce que cela équivaut à son avis à de la censure et est une atteinte à la liberté d'expression. De son côté, l'avocat du CRTC, Me Guy Pratte, a défendu l'autorité du CRTC et son droit de contrôler le contenu des émissions de radio. Il a précisé que l'organisme n'a pas à agir comme censeur, mais peut se pencher sur le contenu (notamment offensant et dégradant) des émissions lors de l'é-

tude d'une demande de renouvellement de licence. Il a souligné que l'obtention d'une licence (d'une durée normale de sept ans) n'est pas un droit mais un privilège soumis à des conditions. Un représentant du procureur général du Canada est également intervenu pour défendre le pouvoir du CRTC de ne pas renouveler une licence.

Les trois juges de la Cour d'appel fédérale ont rejeté toutes les prétentions de Me Bertrand. Ils expliquent d'abord que, contrairement à ce qu'affirme son propriétaire, la décision qu'ils avaient à prendre n'engage aucun débat sur la liberté d'expression. Il s'agit plutôt de savoir si le CRTC avait le pouvoir de prendre pareille décision et s'il l'a fait en respectant les règles de droit. Le jugement rappelle que l'obtention d'une licence est un privilège qui peut être assorti de conditions, y compris concernant les contenus, et que le CRTC est en droit de ne pas renouveler une licence s'il croit qu'un titulaire n'a pas respecté les conditions qui lui sont faites. La Cour d'appel estime que le CRTC a donné de nombreux avertissements à la station et lui a permis de s'expliquer. Le tribunal conclut que la liberté d'expression a toujours été balisée au Canada et que « liberté d'expression, liberté d'opinion et liberté de parole ne veulent pas dire liberté de diffamation, liberté d'oppression et liberté d'opprobre ». On ne peut invoquer la Charte canadienne des droits et libertés « pour faire de l'État ou de ses organismes un instrument d'oppression ou de violation des droits individuels à la dignité humaine, à la vie privée et à l'intégrité au nom de la rentabilité commerciale d'une entreprise ».

Genex a demandé à la Cour Suprême la permission d'en appeler de cette décision. Elle continue d'émettre, le temps que la Cour d'appel fédérale décide si la station peut être maintenue sous le respirateur judiciaire qui lui a permis de poursuivre ses activités pendant le processus d'appel.

Par ailleurs, au printemps 2005, l'animateur Jean-François Fillion a dû expliquer devant un juge de la Cour supérieure certains des propos qu'il a tenus dans le passé. La présentatrice de météo Sophie Chiasson a engagé des procédures pour diffamation contre M. Fillion et ses collaborateurs auxquels elle reproche d'avoir tenu de manière répétitive (depuis 1999) des propos vulgaires et blessants à son égard. L'affaire a été très médiatisée et la plaignante a reçu l'appui de plusieurs groupes désapprouvant les propos de l'animateur. Après s'être d'abord excusé de ses propos devant le tribunal, Jean-François Fillion a ensuite tenté de minimiser l'affaire et y est allé de nouveaux commentaires lors de son émission. L'animateur et son employeur ont finalement été condamnés par la Cour supérieure à verser 340 000 dollars à Sophie Chiasson.

Rappelons que le juge a justifié l'importance du montant accordé dans cette cause par la teneur des propos (sexistes, haineux, malicieux, non fondés et blessants) et le fait que ces «attaques gratuites» ont été diffusées pendant plusieurs années et même lorsque le procès était en cours. Le juge a ajouté que cette condamnation devait avoir un effet dissuasif afin d'éviter que de telles attaques personnelles ne se reproduisent sur les ondes radiophoniques, et que les dommages

étaient à l'échelle des profits générés grâce au style controversé de la station. Les commentaires du juge ont été très sévères envers les animateurs qu'il a estimés «être prêts à dire n'importe quoi sur n'importe qui pour améliorer leurs cotes d'écoute». Quant au propriétaire de la station, le juge lui a reproché de n'avoir rien fait pour faire cesser le comportement de son animateur et a considéré qu'il était plus préoccupé par les profits de son entreprise que par le sort réservé aux cibles de son animateur.

Peu après ce jugement, le propriétaire de la station, Patrice Demers, a congédié Jean-François Fillion parce qu'il ne voulait pas modifier son style d'animation afin de se soumettre aux volontés de Genex qui souhaite tenir compte des critiques venant de plusieurs groupes de la société. L'animateur a demandé un dédommagement de deux millions de dollars à son ancien employeur.

D'autre part, Genex a décidé d'aller en appel de sa condamnation dans l'affaire Chiasson, estimant le montant des dommages trop élevé, compte tenu de la jurisprudence dans le domaine de la diffamation. Rappelons que dans le passé, Genex avait pris l'habitude de régler hors cours (pour de faibles sommes) les poursuites dont elle faisait l'objet. Mentionnons que plusieurs autres poursuites en diffamation sont encore engagées contre CHOI, notamment une poursuite de trois millions de dollars déposée par l'ex-animateur de radio de Québec Robert Gillet qui estime que la station a mené une campagne de dénigrement à son endroit dans le seul but de détruire sa réputation. Après l'avoir critiqué tout au long de son procès au terme duquel il a été condamné pour avoir eu une relation sexuelle avec une prostituée d'âge mineur, les animateurs de CHOI ont incité les annonceurs à rompre leurs liens avec la station concurrente CJMF-FM lors du retour à cette antenne de l'animateur à l'automne 2004. En raison de cette controverse et de faibles cotes d'écoute, M. Gillet a été congédié quelques mois après son retour.

Enfin, malgré toutes ces péripéties, la station CHOI-FM a continué de dominer les cotes d'écoute de la radio à Québec. À l'automne 2004, donc avant le procès Chiasson, CHOI recueillait 26 % du marché, soit autant que ses deux plus proches concurrents réunis. L'émission du matin de M. Fillion se taillait une part de marché de 34 %. Au printemps 2005, l'écoute de CHOI avait légèrement baissé avec 22 % des parts du marché. Mais ce sondage s'est déroulé avant le départ de l'animateur vedette.

Espace Musique/Couleur jazz

À l'automne 2004, Radio-Canada a transformé sa Chaîne culturelle en une chaîne musicale, Espace Musique, ce qui a mécontenté des gens du secteur culturel. Un groupe a demandé au CRTC, mais sans succès jusqu'à maintenant, de tenir des audiences publiques au sujet de l'avenir de la culture à la radio publique. Ce groupe estimait qu'en optant pour une radio uniquement musicale, la société d'État ne respecte ni son mandat, ni les conditions de sa licence de radiodiffusion. Du côté de Radio-Canada, on a estimé que l'ajout de 12 heures de contenu culturel à la programmation de la Première Chaîne, qui rejoint un auditoire plus important, compensait largement. La nouvelle station a d'abord attiré plus d'auditeurs que l'ancienne Chaîne culturelle, mais l'écoute a ensuite baissé. Au printemps et à l'été 2005, Espace Musique recueillait environ 1,7 % du marché radiophonique montréalais.

À la toute fin de 2004, la nouvelle station montréalaise Couleur Jazz a commencé sa diffusion sur un territoire où vivent trois millions de Québécois. Six semaines après son entrée en ondes, un premier sondage BBM évaluait son auditoire à plus de 150 000 personnes, ce qui a satisfait les propriétaires de la station, les groupes Radio-Nord et Spectra. Au printemps 2005, Couleur Jazz obtenait 1,7 % du marché.

Radio numérique par satellite

À l'été 2005, le CRTC a octroyé des licences pour des services de radio numérique par abonnement aux trois groupes qui lui avaient présenté des demandes. Deux groupes vont diffuser leur signal par des satellites américains, alors que le troisième (CHUM/Astral), s'il va de l'avant avec son projet, implantera un réseau terrestre. Les licences des deux groupes de radio par satellite (qui sont associés aux entreprises américaines Sirius Satellite Radio et XM Satellite Radio) sont toutefois assorties de plusieurs conditions. Ils devront offrir un minimum de huit chaînes canadiennes (dont deux en français) dont le contenu musical et vocal devra être à 85 % canadien. La programmation des chaînes canadiennes devra comporter 25 % de nouveautés et 25 % d'artistes canadiens de la relève. Enfin, les groupes devront consacrer 5 % de leurs recettes annuelles au développement de talents canadiens. Les conditions imposées à CHUM/Astral sont moins lourdes, compte tenu que ce groupe proposait d'offrir 50 chaînes, toutes canadiennes, dont 10 en français et cinq destinées aux autochtones et à des groupes ethniques. Ces chaînes devront diffuser 35 % de contenu musical canadien et 65 % de musique francophone dans le cas des chaînes en français. Le groupe devra consacrer 2 % de ses recettes au développement de talents canadiens. Pour tous les groupes, le CRTC exige que la majorité des chaînes offrent des contenus originaux, et non une simple rediffusion d'émissions existantes.

La décision du CRTC a vite été contestée par les partenaires CHUM et Astral ainsi que par plusieurs groupes culturels qui ont déposé un appel au Conseil des ministres. Les partenaires CHUM/Astral estiment que les conditions de licence imposées aux deux groupes concurrents sont trop peu contraignantes. Ils ont été appuyés par une dizaine de radiodiffuseurs privés canadiens qui craignent d'être désavantagés face à la concurrence de ces nouveaux services de radiodiffusion qui sont soumis à des règles de contenu moins exigeantes (et moins coûteuses) que celles de la radio conventionnelle. Des groupes de représentants des secteurs culturels francophone et anglophone ont soulevé que les conditions de licence des deux services affiliés à des groupes américains sont en rupture avec la politique canadienne de radiodiffusion ainsi qu'avec la législation qui prévoit que le contenu canadien doit être prédominant. Le milieu culturel considère que le CRTC abaisse dangereusement ses exigences en matière de contenu canadien et craint que le marché radiophonique canadien ne soit bientôt inondé de chaînes américaines.

La ministre de la Culture et des Communications du Québec, Line Beauchamp, estime que cette décision pourrait avoir des effets négatifs sur la culture québécoise. Selon elle, l'importance de l'offre de contenus anglophones ne laissera que peu de place à nos artistes dont les voix seront noyées dans l'ensemble.

De son côté, le CRTC considère qu'il n'avait pas le choix d'ouvrir la porte à ces services, puisque aucune entreprise canadienne n'a de satellite disponible pour diffuser de la radio numérique, ou ne semble intéressée à le faire. Les auditeurs vont ainsi bénéficier d'un choix plus vaste de programmation radiophonique, partout au pays. L'organisme réglementaire estime que les conditions imposées à ces groupes vont contribuer au développement de talents canadiens et à leur diffusion au Canada ainsi qu'aux États-Unis. Il a d'ailleurs reçu l'appui de plusieurs artistes canadiens indépendants (qui devront occuper 25 % du temps d'antenne des stations satellitaires canadiennes) qui gagnent ainsi de nouveaux débouchés et toucheront davantage de droits d'auteur.

En réponse aux protestations, les groupes CSR et Sirius ont annoncé qu'ils étaient prêts à prendre des engagements supérieurs aux conditions que le CRTC leur a imposées quant au contenu musical canadien et au nombre de canaux francophones qu'ils offriront. En septembre, le Conseil des ministres du gouvernement fédéral a décidé de maintenir la décision du CRTC estimant qu'elle ne dérogeait pas aux objectifs de la Loi sur la radiodiffusion.

Situation financière

L'écoute de la radio est demeurée stable en 2004 au pays avec une moyenne de 19,5 heures par semaine (20 heures au Québec). Les stations FM ont poursuivi leur croissance des 15 dernières années et recueillent maintenant 75 % de l'écoute radiophonique (contre 50 % il y a quinze ans) et la même proportion des revenus. Au chapitre des profits cependant, le FM se taille la part du lion, soit 98 % de bénéfices. Quant aux stations AM, les stations de langue anglaise sont maintenant globalement rentables (après plus d'une décennie de pertes), alors que les stations francophones sont encore déficitaires. Au Québec en 2004, les 74 stations FM ont recueilli des revenus de 197 millions de dollars et généré des bénéfices avant impôts de 35 millions, alors que les 18 stations AM ont recueilli des revenus de 33 millions mais réalisé des pertes de 8,5 millions.

Télévision

L'année télévisuelle 2004-2005 a été marquée par un certain retour en force de Radio-Canada qui a repris la deuxième place devant TQS dont les cotes d'écoute ont baissé. TVA, toujours bonne première, a continué son développement en procédant au lancement de nouvelles chaînes numériques ainsi qu'à l'acquisition de la station Toronto 1. Quant à Télé-Québec, elle est appelée à connaître de profonds changements à la suite des conclusions d'un groupe de travail dont les recommandations devraient être appliquées par une nouvelle présidente. Enfin, si l'écoute des chaînes spécialisées n'a pas augmenté, leurs revenus et leurs profits vont toujours croissant.

TVA

Le réseau TVA domine encore avec 34 % de l'écoute télévisuelle des Québécois à l'automne 2004. Ses émissions représentent une très grande part des 30 émissions les plus regardées (dont une vingtaine qui rejoignent régulièrement plus d'un million d'auditeurs). L'émission de télé-réalité *Occupation Double* a été la plus populaire avec une moyenne de deux millions d'auditeurs. Et même si *Star Académie* a fait relâche, les auditions en vue de la troisième édition (qui sera présentée à l'automne 2005) ont encore une fois attiré un vaste public, soit environ 1,7 million d'auditeurs. Les fictions québécoises *Km/h*, *Histoires de filles*, *Lance et Compte*, *Hommes en quarantaine*, *Les Poupées russes* et *Annie et ses hommes* ont toutes franchi la barre du million de téléspectateurs. Loin de vouloir se reposer sur ses lauriers, TVA a cherché à assurer sa croissance avec le lancement des deux premières chaînes spécialisées numériques de langue française, Mystère et LCN Argent, ainsi qu'avec l'acquisition (en décembre 2004) de la station ontarienne Toronto 1. Il s'agit d'une première incursion de TVA hors du Québec, où son propriétaire Quebecor possède déjà la chaîne de quotidiens Sun Media.

Toronto 1, achetée au coût de 46 millions de dollars, est largement déficitaire depuis son lancement il y a deux ans (par Craig Media). TVA souhaite relancer la station avec une nouvelle programmation axée sur le divertissement et les sports. La station délaissera le secteur de l'information, son nouveau propriétaire estimant qu'il lui aurait fallu investir trop de ressources dans ce domaine s'il avait voulu se démarquer dans un marché torontois très concurrentiel. La station a mis à pied une quinzaine d'employés, ne conservant que quelques journalistes spécialisés dans le divertissement. Les émissions locales auront aussi moins de place, du moins tant que la situation financière de Toronto 1 ne se sera pas améliorée. La direction de TVA admet que celle-ci est plus difficile que prévu, mais pense pouvoir atteindre la rentabilité dans un horizon de trois ou quatre ans. TVA entend aider à la relance de la station grâce à une campagne de promotion mettant à contribution les autres médias du groupe Quebecor dans le marché ontarien, soit le quotidien payant *Toronto Sun*, le quotidien gratuit 24 Hours et le portail Internet Canoe. D'ailleurs, l'appellation Toronto 1 est disparue au profit de Sun TV. Une manière pour le propriétaire de faciliter la mise en marché de la station en l'associant clairement au bien connu *Toronto Sun*.

D'autre part, TVA, qui possède déjà 42 magazines francophones, envisagerait de se lancer dans l'édition de magazines dans le marché anglophone.

Les résultats financiers de TVA pour l'année 2004 et le début de 2005 se sont d'ailleurs ressentis des pertes d'exploitation des nouvelles chaînes numériques et de la station torontoise qui ont entraîné une légère baisse du bénéfice net (51,5 millions, comparativement à 54,5 millions en 2003) malgré une hausse des revenus (358 millions, comparativement à 342 millions en 2003). Le groupe estime néanmoins que ces additions à son secteur de la télédiffusion vont contribuer à la prospérité à long terme.

Quant à la valeur de Quebecor Media dans son ensemble, qui avait été touchée de plein fouet par l'effondrement boursier du secteur des médias entre 2000 et 2002, elle serait maintenant de 3,5 milliards de dollars. C'est deux fois plus qu'à la fin de 2002. La valeur de la part de la Caisse de dépôt et de placements du Québec (qui a investi trois milliards dans Quebecor Media en 2000) serait aujourd'hui de 1,56 milliard. Si les deux partenaires sont loin d'avoir récupéré leur mise initiale, les perspectives de l'entreprise, qui a subi une vaste opération de rationalisation, sont plutôt bonnes. En effet, en 2004, tous les secteurs d'activités ont vu leurs revenus augmenter : câblodistribution (8,3 %), journaux (5 %), loisirs et divertissements (18 %), et la télédiffusion (5 %). Globalement, les revenus de Quebecor Media ont été de 2,46 milliards, en hausse de 7 %, alors que le bénéfice d'exploitation a été de près de 700 millions, une hausse de 14 %.

RADIO-CANADA (SRC)

Chez Radio-Canada, le succès de quelques émissions de la saison 2004-2005, notamment *Tout le monde en parle* (1,9 million d'auditeurs) et *Les Bougon* (1,7 million d'auditeurs), a eu un effet stimulant. À l'automne 2004, la SRC recueillait près de 19 % de l'écoute télévisuelle. Cela s'est poursuivi durant l'été 2005 (habituellement une période creuse pour la SRC) où le talk-show *Bons baisers de France* et la couverture des championnats mondiaux de natation ont permis à la Société d'État de conforter sa deuxième place devant TQS. L'écoute de ses bulletins d'information est également en hausse. Radio-Canada a d'ailleurs décidé de déplacer son bulletin de nouvelles de début de soirée à 17 heures (jusqu'à 18 heures). Il s'agit d'un défi de taille puisqu'il entrera ainsi en concurrence directe avec les bulletins de TVA et de TQS qui commencent, respectivement, à 17 h et 16 h 30. Notons aussi que la diffusion des travaux de la commission Gomery, qui enquêtait sur le scandale des commandites, a fait grimper les cotes d'écoute du canal d'information continu RDI.

Le secteur de l'information de la chaîne généraliste de la SRC a eu à subir des compressions budgétaires (quatre millions de dollars) et l'abolition de 21 postes. Les émissions d'affaires publiques touchées sont *Zone Libre, La Facture, Justice* et *Second Regard*. Ces coupures ont entraîné des protestations de la part d'une centaine d'universitaires, intellectuels et scientifiques qui estiment que la télévision publique doit cesser de réduire ses ressources en information. Ils ont dénoncé la tendance à remplacer l'information par du divertissement dans le but d'augmenter les revenus publicitaires de la SRC.

Les autres secteurs du réseau de télévision ont subi, quant à eux, des compressions de neuf millions. Les effets de ces compressions sont toutefois

moins visibles que dans le secteur de l'information où le personnel représente le principal poste budgétaire. La direction de Radio-Canada a justifié ces compressions par une diminution de ses revenus commerciaux, la hausse des coûts de production et la diminution des crédits obtenus du Fonds canadien de télévision (FCT). Dans ce dernier cas, la situation devrait se stabiliser puisqu'une partie du budget du FCT sera dorénavant réservée à Radio-Canada. Soulignons que le président de la SRC, Robert Rabinovitch, a évoqué l'idée que les télédiffuseurs généralistes pourraient bientôt exiger des redevances des distributeurs de télévision par câble et par satellite comme le font les canaux spécialisés. Actuellement, les émissions de Radio-Canada et des autres télévisions généralistes sont libres de droits pour les distributeurs.

TQS

La dernière année a été difficile pour TQS qui semble avoir souffert de la bonne performance de Radio-Canada, lequel a repris son titre de deuxième réseau québécois. Certaines émissions de TQS ont connu un succès bien mitigé, notamment *Casting*, ce téléroman quotidien interprété par des débutants qui devaient improviser à partir d'un scénario général. À l'automne 2004, TQS récoltait 13 % de l'écoute des téléspectateurs québécois. Les propriétaires du réseau, Cogeco (60 %) et BCE (40 %) ont d'ailleurs été contraints de diminuer sa valeur comptable de près de 50 millions de dollars. TQS espère se relancer lors de la saison 2005-2006 avec une nouvelle programmation misant encore davantage sur la téléréalité et des émissions d'information accordant plus de place au débat et à l'opinion.

Ainsi, le réseau présentera à l'automne 2005 une version québécoise de l'émission américaine *The Bachelor* où un jeune célibataire doit choisir sa future femme (qu'il épousera à la télévision) entre 25 prétendantes. TQS prépare aussi pour l'hiver prochain une deuxième série de l'émission *Loft Story*. La première série avait attiré de gros auditoires, mais les coûts de productions élevés n'avaient pas permis de dégager des profits. Depuis, TQS a racheté les droits de l'émission et entend faire en sorte que les coûts de production soient moins élevés. TQS diffusera également cet hiver une émission nommée *Des gens pas ordinaires* qui mettra en vedette six personnalités québécoises ayant connu la célébrité dans le passé, mais qui sont tombées dans l'oubli. Le réseau placera aussi dans sa programmation quelques versions doublées d'émissions américaines de téléréalité, comme cela a été le cas au printemps et à l'été 2005.

Côté information, TQS entend adopter pour son bulletin d'information de 22 heures une formule faisant place à des commentaires qui seront livrés par Isabelle Maréchal. Celle-ci animera aussi l'émission de téléréalité *Loft Story 2* (en plus de jouer dans *Virginie* à Radio-Canada). Cette confusion des genres a d'ailleurs soulevé l'ire du syndicat qui estime que la formule de « l'infotainment » préconisée par le réseau ne doit pas être poussée au point de miner la crédibilité de l'information. Le bulletin de nouvelles du midi fera aussi une place aux commentaires. Benoît Dutrizac, cet ex-animateur des *Francs-Tireurs* congédié par Télé-Québec,

s'en chargera. TQS offrira aussi le matin (de 9 à 10 heures) l'émission *L'Avocat et le Diable*, un « magazine d'opinion » qui sera animé par Gilles Proulx et Stéphane Gendron, tous deux réputés pour leurs opinions tranchées.

Enfin, notons que TQS fait partie du groupe ayant obtenu les droits de diffusion des Jeux olympiques d'hiver de 2010 qui se tiendront à Vancouver. TQS, qui en sera à sa première expérience olympique, présentera alors 12 heures de programmation sportive par jour aux Québécois et aux francophones du Canada. L'investissement du réseau sera peu important, puisque CTV et RDS lui fourniront la programmation, TQS ne fera que leur fournir du temps d'antenne.

TÉLÉ-QUÉBEC

Le futur de la télévision publique québécoise devrait être fortement influencé par le rapport du Groupe de travail sur l'avenir de Télé-Québec qui a été déposé au printemps 2005. Ce rapport propose plusieurs changements importants. La principale recommandation est de cesser la production d'émissions à l'interne pour la confier entièrement à des producteurs privés. Les effectifs de la télévision publique, qui compte actuellement 300 employés permanents, seraient réduits d'une centaine de personnes. Le rapport suggère aussi à Télé-Québec de cesser d'exploiter ses studios (rendus inutiles par l'abandon de la production) et de déplacer son siège social qui serait actuellement trop grand. Selon le rapport, les sommes dégagées par cette réorganisation devraient être consacrées à la programmation afin d'augmenter le nombre d'émissions québé-

groupe de travail à l'automne 2004. Elle souhaite plutôt poursuivre la modernisation de Télé-Québec en s'inspirant des recommandations du comité. Dans ce but, elle a remplacé la présidente, Paule Beaugrand-Champagne, dont le mandat se terminait en 2007. Rappelons que cette dernière avait critiqué la ministre en lui reprochant de se baser sur des données erronées pour justifier la privatisation de l'ensemble de la production de la télévision publique. C'est Michèle Fortin, qui a déjà dirigé la télévision française de Radio-Canada, qui est devenue pdg de Télé-Québec. À l'automne 2004, Télé-Québec attirait 3 % des téléspectateurs québécois.

coises et de multiplier par quatre le budget consacré aux productions régionales. Enfin, le rapport suggère que Télé-Québec pourrait augmenter ses revenus en demandant au CRTC la permission de diffuser plus de publicité (12 minutes par heure au lieu de 8).

Les réactions à ce rapport ont été divergentes. Les réalisateurs de Télé-Québec et l'opposition officielle à l'Assemblée nationale considèrent que le rapport propose une forme déguisée de privatisation. Tous deux ont souhaité la tenue d'une commission parlementaire pour évaluer les impacts de l'application des recommandations du rapport. De son côté, le syndicat des employés de Télé-Québec conteste certains chiffres et analyses sur lesquels s'appuie le rapport.

Quant à la ministre de la Culture et des Communications, Line Beauchamp, elle a écarté la tenue d'un débat public, estimant que celui-ci a déjà eu lieu lors des audiences tenues par le

Plus de publicité

Au début de 2005, le CRTC a autorisé les réseaux francophones de télévision à diffuser plus de publicité s'ils présentent davantage d'émissions dramatiques canadiennes (téléromans, téléséries et comédies). Ces émissions sont coûteuses à produire, c'est pourquoi les réseaux se sont parfois tournés vers la téléréalité ou des émissions américaines traduites. Les télédiffuseurs auront ainsi le droit de diffuser de deux à trois minutes de publicité supplémentaires, selon le budget de production, pour chaque heure additionnelle d'émission dramatique présentée aux heures de grande écoute (entre 19 et 23 heures). Ces minutes de publicité pourront être diffusées au moment choisi par les diffuseurs, sans toutefois dépasser une limite de 14 minutes par heure (la limite est de 12 minutes en temps normal). Les dramatiques réalisées par des producteurs indépendants et n'ayant pas reçu d'aide du Fonds canadien de télévision pourront recevoir une prime additionnelle de quatre minutes de publicité. À l'automne 2004, le CRTC avait adopté des mesures similaires (30 secondes à 8 minutes de publicité supplémentaires) concernant les dramatiques de langue anglaise. Notons que cette nouvelle politique n'est pas nécessairement bien accueillie par le milieu des acheteurs de publicité qui trouvent déjà que le message de leurs clients est dilué par le nombre important de messages publicitaires et promotionnels à la télévision. Les réseaux privés TVA et TQS entendent profiter de cette mesure, alors que la SRC a déclaré qu'elle allait s'en abstenir par respect pour ses téléspectateurs.

Le CRTC a également décidé de permettre à TV-5 de diffuser de la publicité commerciale au cours de ses émissions. Comme les réseaux généralistes, TV-5 aura droit à 12 minutes de messages publicitaires par heure, mais elle ne pourra vendre du temps d'antenne qu'à des annonceurs nationaux. La publicité pourrait permettre à TV-5 de recueillir un demi-million de dollars qui s'ajouteraient à son budget annuel de 10 millions. La majorité (70%) des revenus de la chaîne provient des redevances versées par les câblodistributeurs et les distributeurs par satellite, le reste étant des contributions gouvernementales. TV-5 a demandé d'avoir accès au marché publicitaire parce que ses revenus sont très limités, le niveau des redevances qu'il reçoit étant le même depuis 16 ans (il le restera jusqu'en 2009). Notons qu'après cette décision du CRTC, le canal pour enfants Vrak-TV reste le seul au Québec qui soit exempt de publicité.

Les Québécois se disent d'ailleurs saturés de publicité selon une enquête réalisée par Léger Marketing. Devant l'abondance des messages publicitaires, 43% des gens interrogés disent y porter moins attention. Les opinions varient selon les médias. Ainsi, 61% des répondants pensent qu'il y a juste assez de publicité dans les journaux, mais 79% d'entre eux en voient trop à la télévision. L'étude mentionne que le degré d'acceptation de la publicité diminue avec l'âge et que, par conséquent, le vieillissement de la population devrait entraîner une hausse du sentiment de saturation publicitaire.

Cela lance un défi aux annonceurs et aux publicitaires qui doivent trouver de nouvelles manières d'attirer l'attention des téléspectateurs. Alors, on essaie de nouvelles formules à la télévision pour sortir du format traditionnel du 30 secondes, comme les mini-films publicitaires de deux minutes racontant une histoire, ou à l'inverse les mini-pubs de 5 à 10 secondes. Les réseaux tentent aussi de garder l'attention du public en intégrant la publicité à la programmation, lors du générique des émissions, au moyen d'un décompte indiquant que l'émission suivante arrive tout de suite, voire dans un encadré au sein même d'une émission. La télévision de Radio-Canada a d'ailleurs été critiquée pour sa pratique consistant à réduire la taille des génériques à la fin des émissions pour pouvoir y insérer des messages publicitaires. Devant les critiques émanant des téléspectateurs et du milieu des artisans de la télévision, Radio-Canada a décidé de cesser de diffuser des publicités durant le défilement du générique de ses émissions. Le réseau va cependant conserver les décomptes et les courts messages annonçant l'émission suivante.

Enfin, une autre menace plane sur les publicitaires, soit les appareils d'enregistrement numérique permettant d'emmagasiner jusqu'à 120 heures d'émission et, facilement, d'éviter les messages publicitaires lorsqu'on écoute ces enregistrements. Selon une étude, 57 % des utilisateurs de ces appareils n'écouteraient pas les publicités. De 7 % à 10 % des abonnés à la télévision numérique seraient dotés de tels appareils, et ce nombre va en augmentant. Cette tendance pourrait amener les publicitaires à réévaluer leurs budgets consacrés à la télévision.

Situation financière de la télévision généraliste

La télévision généraliste privée se porte encore bien au Canada, mais ses perspectives de croissance sont limitées par la hausse des dépenses de programmation et la perte d'une partie du marché publicitaire au profit de la télévision spécialisée, voire même d'Internet. Pendant l'année 2004, les revenus de la télévision privée ont atteint 2,1 milliards de dollars, une hausse de 1 % par rapport à 2003. Le bénéfice net avant impôt de l'industrie a été de 113 millions, une baisse de 40 % par rapport à l'année précédente. La baisse du bénéfice s'explique par la croissance des dépenses, notamment des coûts de programmation qui ont atteint 1,3 milliard, en hausse de 5,8 %. L'achat d'émissions étrangères a coûté 567 millions, alors que les émissions d'information ont coûté 310 millions. Les comédies et les émissions dramatiques ont coûté 86 millions (en baisse de 13 %), alors que les émissions dites d'intérêt général, qui comprennent les émissions de téléréalité, ont coûté 81 millions (une hausse de 57 %). Au Québec, les revenus de la télévision privée ont été de 505 millions (en hausse de 2,9 %) alors que le bénéfice net avant impôt a été de 38 millions (une baisse de 7 %). En 2004, près de 8 000 personnes étaient employées par les 95 stations canadiennes de télévision privée et se partageaient 553 millions en salaires.

Chaînes spécialisées

L'écoute des services de télévision spécialisée et de télévision payante s'est stabilisée après des années de croissance. Ils recueillaient à l'automne 2004, globalement, autour de 22 % de l'écoute télévisuelle des Québécois.

Au Canada en 2004, les revenus de tous les services spécialisés et payants ont été de 2,05 milliards de dollars, en hausse de 9 % comparativement à l'année 2003. Durant la même période, le bénéfice avant impôt et intérêts a progressé de 47 % pour atteindre 418 millions. Notons que le secteur a presque rattrapé les stations de télévision conventionnelle privée qui ont recueilli des revenus de 2,1 milliards en 2004. Les revenus de la télévision spécialisée, payante et à la carte, proviennent d'abord des redevances sur les revenus d'abonnement à la distribution par câble et par satellite, 892 et 428 millions respectivement, alors que la publicité nationale rapporte 691 millions. À la fin de 2004, il y avait au pays 63 services spécialisés analogiques et 52 canaux numériques. Au Québec, l'offre de services continue de se diversifier avec l'arrivée de chaînes numériques visant des niches bien précises.

Chaînes étrangères

Le CRTC a ouvert plus largement le marché canadien aux chaînes étrangères de télévision qui diffusent dans d'autres langues que le français et l'anglais. Jusqu'ici, le CRTC refusait d'autoriser la distribution de ces services lorsque ceux-ci entraient en concurrence avec des chaînes canadiennes diffusant dans la même langue. Mais plusieurs communautés culturelles, notamment la communauté italienne, pressaient l'organisme réglementaire de leur donner accès à des chaînes provenant de leur pays d'origine. Le CRTC a trouvé une solution permettant de satisfaire cette demande sans nuire aux chaînes canadiennes. Ainsi, il approuvera les demandes de services de télévision en langue étrangère, mais les Canadiens qui voudront y avoir accès devront obligatoirement être également abonnés aux services canadiens déjà offerts dans la même langue. Le premier cas concerné par cette nouvelle politique est celui de la chaîne italienne RAI, que les câblodistributeurs Rogers et Vidéotron souhaitaient offrir, mais qui entrait en concurrence avec la chaîne spécialisée canadienne Telelatino qui diffuse notamment en italien. Rogers pourra maintenant offrir la RAI à ses clients pourvu qu'ils s'abonnent aussi à Telelatino.

La ministre du Patrimoine canadien estime que la solution préconisée par l'organisme réglementaire établit un juste équilibre entre la protection de l'industrie canadienne de la télévision et l'accès à la télévision en langues étrangères. L'Association canadienne de télécommunications par câble (ACTC), dont les membres souhaitent offrir de nouveaux services, s'est réjouie de la décision du CRTC. Elle souhaite maintenant que le gouvernement consacre davantage d'efforts pour contrer l'utilisation de matériel illégal afin de capter des télévisions étrangères, puisque celles-ci seront dorénavant disponibles auprès des distributeurs canadiens.

Le CRTC a également accédé à la demande de l'Association canadienne de télécommunications par câble dont les membres souhaitaient distribuer le réseau américain d'information continue Fox News aux Canadiens abonnés à la télévision numérique. L'Association canadienne des radiodiffuseurs s'opposait à la distribution de Fox News qui entre en concurrence avec les chaînes canadiennes d'information continue. Mais le CRTC ayant déjà autorisé la distribution d'autres services étrangers de nouvelles, dont CNN, MSNBC et BBC News, il devenait difficile de refuser la demande de l'ACTC. L'organisme réglementaire a estimé que la programmation de Fox News était suffisamment différente de celle des chaînes canadiennes CBC Newsworld et CTV Newsnet pour ne pas leur nuire.

Enfin, le CRTC a autorisé les câblodistributeurs et les distributeurs de télévision par satellite à ajouter à leur programmation la chaîne Al-Jazira. Mais l'organisme a imposé des conditions si sévères à la diffusion de la chaîne arabe qu'il est peu probable que les distributeurs se décident à l'offrir à leurs clients. Ainsi, le CRTC leur demande d'éviter de diffuser d'éventuels propos offensants de la chaîne arabe et de conserver pendant un certain temps les enregistrements de ses programmes. L'ACTC se demande comment ses membres pourraient exercer cette surveillance de la programmation d'Al-Jazira, qui s'apparente à de la censure préalable, et comment ils détermineraient ce qui est offensant. Jusqu'ici, les câblodistributeurs ne sont jamais intervenus dans le contenu des émissions qu'ils transmettent par leurs réseaux.

Chaînes numériques et télévision à haute définition

Les trois premières chaînes québécoises de télévision spécialisée numérique, Mystère, LCN Argent et le Réseau Info Sport (RIS), sont apparues à la fin de l'année 2004 et au début de 2005. La programmation de Mystère, appartenant à TVA, est composée de séries policières ou fantastiques dont 40 % de nouveautés. TVA cherche ainsi à entrer sur le marché des chaînes spécialisées qui est dominé par Astral. Notons que Mystère concurrence deux chaînes d'Astral, soit Séries + et Canal Z. LCN Argent, qui appartient aussi à TVA, traite des affaires et de l'économie. Sa programmation vise les acteurs de l'économie et des marchés financiers, mais aussi les travailleurs et les consommateurs. RIS est une filiale du Réseau des Sports (RDS), propriété de BCE, dont elle se veut le complément. Sa programmation consiste en des résultats sportifs qui défilent à l'écran en même temps qu'on nous montre des images des événements sportifs. RIS consacrera aussi jusqu'à 20 % de sa programmation de fin de semaine à la diffusion en direct de compétitions sportives qui ne trouvent pas de place à RDS. Ces nouvelles chaînes ne sont offertes qu'aux personnes abonnées à un système numérique de distribution.

Le développement de la télévision numérique amène avec lui la possibilité de diffuser des émissions en mode Haute Définition (HD). Radio-Canada a procédé à ses premières diffusions HD au début de 2005 avec deux téléromans (*Le Bleu du ciel* et *L'Auberge du chien noir*) de même que trois séries (*Grande Ourse 2, Cover Girl* et *Minuit le soir*). Les télédiffuseurs privés québécois n'ont aucun projet d'émission en HD pour l'instant, notamment en raison du prix de l'équipement nécessaire qui peut faire grimper les coûts de production de manière importante.

Précisons que pour bénéficier de la qualité supérieure de l'image et du son en HD, il faut être abonné à un service numérique de distribution, par câble ou par satellite, et, si possible, posséder également un téléviseur haute définition. À la fin de 2003, seulement 5 % des téléspectateurs possédaient ces coûteux appareils HD (1 000 dollars auxquels s'ajoutent 400 à 600 dollars pour un décodeur), mais la SRC estime qu'ils seront 25 % en 2006.

Cette tendance devrait se poursuivre avec la diminution du prix des appareils. Cela devrait permettre d'atteindre une masse critique qui justifierait l'offre d'un plus grand nombre d'émissions HD par les télédiffuseurs. Le CRTC estime que la croissance doit se faire en fonction de la demande du public.

Cependant, l'organisme s'est récemment mis à encourager l'industrie à produire davantage de contenus en HD. C'est que si les télédiffuseurs canadiens devaient prendre trop de retard, ils risqueraient de perdre une partie des nouveaux abonnés à la télévision numérique au profit des réseaux de télévision américains offrant des émissions populaires en format HD.

Distribution

Le secteur de la distribution de signaux continue d'être prospère et profite de l'appétit toujours croissant des consommateurs pour les nouveaux produits médiatiques. Même si la clientèle de leurs services analogiques est plus ou moins stagnante (6,6 millions d'abonnés), les câblodistributeurs maintiennent leur croissance par la vente de services plus coûteux à leurs abonnés, notamment la télévision numérique (où ils sont en voie de rattraper les diffuseurs par satellite), la vidéo sur demande et l'accès à Internet. Cela a permis au secteur de la câblodistribution de recueillir en 2004, dans l'ensemble du Canada, des revenus de 4,5 milliards de dollars, une hausse de près de 10 %, et de réaliser des profits avant impôt de 567 millions, soit le double de l'année précédente.

De leur côté, les distributeurs de télévision par satellite ont accru de 5 % leur nombre d'abonnés (2,3 millions) et leurs revenus ont augmenté de 13 % pour atteindre 1,4 milliard. Mais les deux compagnies canadiennes, ExpressVu et StarChoice, sont encore largement déficitaires avec des pertes avant impôt de 162 millions en 2004, ce qui est toutefois une amélioration comparativement à des pertes de 211 millions en 2003 et de 423 millions en 2002.

Enfin, le marché canadien de la vidéo sur demande (VSD) pourrait connaître une croissance soutenue au cours des prochaines années. En 2004, les revenus générés par la vidéo sur demande au Canada ont été de 85 millions de dollars. La VSD permet

d'obtenir à domicile un film ou une émission de télévision pour une période de 24 heures et de la regarder à n'importe quel moment en l'arrêtant, revenant en arrière ou en avançant au besoin. Ce service est offert par les câblodistributeurs aux clients de leur service numérique. Les revenus tirés de la VSD (2 % des revenus des câblodistributeurs en 2004) augmenteront donc avec la popularité croissante de la télévision numérique. Afin d'attirer davantage de clients, les câblodistributeurs ont augmenté le nombre de titres offerts qui atteignent maintenant quelques centaines, voire le millier dans certains cas. Pour le moment, les affaires des magasins de location de vidéos et de DVD n'ont pas encore souffert de la VSD. Ils possèdent l'avantage de disposer des films offerts peu après leur sortie en salle, alors que les clients de la VSD doivent attendre plus longtemps.

Les câblodistributeurs à l'assaut de la téléphonie

Afin de répliquer aux compagnies de télécommunications qui ont récemment lancé des services de télévision par leurs réseaux filaires (fils de cuivre ou fibre optique), les câblodistributeurs ont décidé de contre-attaquer en investissant le lucratif marché de la téléphonie (évalué à 10 milliards de dollars par le CRTC) en utilisant la technologie Internet Protocol (IP). Selon certaines prévisions, les services de téléphonie Internet (IP) offerts par les câblodistributeurs devraient attirer entre 400 000 et 500 000 clients en 2005, et 1,5 million d'ici la fin de 2007, en raison de prix inférieurs à ceux des compagnies de téléphone. Celles-ci ont lancé leurs propres services de téléphonie IP afin de ne pas laisser le champ libre aux câblodistributeurs. Au Québec, Bell Canada a lancé son propre service de téléphonie IP dans les villes de Québec, Trois-Rivières et Sherbrooke.

Les câblodistributeurs ont reçu un coup de pouce du CRTC qui a décidé de réglementer les activités des anciens monopoles de la téléphonie (notamment Bell et Telus) dans le nouveau marché de la téléphonie locale par Internet (IP), mais de ne pas le faire pour les nouveaux arrivants (câblodistributeurs et petites compagnies). Afin de favoriser l'établissement de la concurrence, les anciens monopoles qui contrôlent toujours plus de 90 % du marché de la téléphonie locale dans son ensemble ne pourront, contrairement aux nouveaux arrivants, vendre leurs services de téléphonie IP sous le prix coûtant, et leurs tarifs devront être approuvés par le CRTC. Les compagnies de téléphonie traditionnelles ont immédiatement demandé au Conseil des ministres du gouvernement fédéral de révoquer la décision du CRTC qui, selon elles, confère un avantage indu à leurs rivaux.

Au Québec, le câblodistributeur Vidéotron a connu plus de succès qu'il l'espérait, attirant près de 50 000 clients au cours des six premiers mois de 2005, alors que son service de téléphonie IP n'était encore disponible que dans quelques régions (Rive-Sud de Montréal, Laval, Québec). Cela représente une proportion de 7 à 8 % de ses clients du service de câble dans les régions où le nouveau service est offert. Il faut dire que (selon le forfait choisi) le prix du service de Vidéotron

est de 20 à 40 % inférieur à celui de Bell. Le service de téléphonie du câblodistributeur devrait être étendu à l'ensemble des 2,4 millions de foyers pouvant être raccordés à son réseau d'ici la fin de 2005. Pour faire face au développement rapide de son service, notamment dans l'important marché de l'île de Montréal, l'entreprise devra investir plus de 80 millions de dollars au cours des quatre prochaines années et embaucher 300 employés.

Le câblodistributeur Cogeco a également lancé un service de téléphonie numérique par Internet au Québec. Cogeco procède plus lentement et son service devrait être offert à tous les clients de l'entreprise d'ici la fin 2006. Cogeco espère que 15 % de ses clients, 830 000 abonnés au câble au Québec et en Ontario, adopteront son service de téléphonie Internet au cours des cinq prochaines années.

Le câblodistributeur compte aussi introduire prochainement au Québec le service de télévision haute définition qu'il a lancé en Ontario il y a quelques mois. Ce service devrait croître lentement puisqu'il dépend de l'offre d'émissions de ce type par les télédiffuseurs.

Notons en terminant que toutes les compagnies, tant de câblodistribution que de téléphonie, ambitionnent de devenir le fournisseur unique de l'ensemble des services auprès de leurs clients (télévision, téléphone, téléphonie sans fil et accès Internet).

La concurrence s'annonce donc féroce, ce qui devrait avantager les consommateurs tant en ce qui concerne la diversité des services offerts que les prix.

Des écrans partout

La télévision demeure un média important dont les utilisations se multiplient. Ainsi, des écrans de télévision commencent à apparaître dans les transports publics des grandes villes canadiennes (Montréal, Toronto, Vancouver). À Montréal, la Société de Transport de Montréal (STM) a conclu une entente avec l'entreprise Métrovision qui a installé des écrans de télévision dans le métro. De leur côté, les compagnies de téléphonie entendent profiter des récents développements technologiques en offrant un service de télévision aux abonnés de la téléphonie cellulaire. Les compagnies ne pensent pas que les gens passeront des heures devant l'écran minuscule de leur téléphone, mais qu'ils l'utiliseront à l'occasion pour s'informer ou se divertir. Enfin, des compagnies d'aviation canadiennes offrent maintenant un éventail d'émissions de télévision à leurs passagers. Des écrans individuels (situés devant chaque passager) donnent accès à plusieurs chaînes de télévision généraliste et spécialisée diffusées en direct par satellite.

Presse écrite

Le phénomène marquant de l'année 2005 dans le domaine de l'édition est sans contredit le développement rapide des publications gratuites dans plusieurs villes du pays. Face à cette évolution qui menace de réduire le lectorat de leurs titres payants, les grands groupes de presse ont décidé d'occuper ce nouveau marché, le plus souvent en partenariat avec des entreprises auxquelles elles livrent concurrence dans le marché de l'information payante.

Publications gratuites

L'apparition de publications gratuites est une tendance mondiale puisque la planète compte maintenant 112 journaux gratuits dont le tirage combiné atteint 21 millions d'exemplaires. Ces tabloïds visent une clientèle jeune (de 18 à 34 ans) et urbaine, peu attirée par les journaux grand format. Ce groupe démographique représente un bassin important de consommateurs qui intéresse beaucoup les annonceurs et qui est par conséquent une source de revenus publicitaires potentiels pour les éditeurs. Outre l'intérêt de ces publications comme véhicules publicitaires, l'idée des éditeurs est de créer des habitudes de lecture chez ce jeune public dans l'espoir qu'il opte plus tard pour les quotidiens traditionnels.

Les journaux gratuits ont connu du succès à Montréal et Toronto en 2004. Ainsi, selon les données de l'organisme NADbank, à Montréal le lectorat régulier de *Métro*, propriété de Transcontinental, Gesca-La Presse et Metro International, a augmenté de 27 % pour atteindre 260 500 lecteurs, alors que *24 Heures* (Quebecor-Le Journal de Montréal) a presque triplé le sien qui est maintenant de 152 500 lecteurs. À Toronto, le lectorat de *Metro* (Torstar-Toronto Star/Metro International) a augmenté de 6 % pour atteindre 404 000 lecteurs, alors que *24 Hours* (Quebecor/Toronto Sun), de retour sur le marché en 2004, comptait 308 000 lecteurs.

Encouragés par cette performance, des groupes ont lancé plusieurs nouvelles publications gratuites en 2005. La ville de Vancouver a été choyée avec l'apparition de *Metro* et *24 Hours*. Cette fois, la suédoise Metro International (42 journaux gratuits publiés dans 17 pays) s'est associée à CanWest, propriétaire des deux journaux payants de Vancouver, et à Torstar, qui songeaient jusque-là à lancer chacune une publication concurrente. De son côté, Quebecor s'est associée à Pattison, un groupe de Vancouver (radio, publicité, alimentation et vente de voitures) qui sera l'un des annonceurs locaux de 24 Hours. Metro International a également collaboré avec CanWest, propriétaire du Ottawa Citizen, et Torstar pour le lancement de Metro à Ottawa (le 4ᵉ au Canada). Ces groupes envisagent maintenant la possibilité de s'établir dans des villes plus petites qui ne possèdent pas nécessairement de réseaux de transport en commun. Soulignons que l'éditeur Black Press a été encore plus audacieux en procédant au lancement d'une dizaine de quotidiens gratuits (80 000 exemplaires au total) dans de petites villes de Colombie-Britannique où il possèdait déjà des journaux locaux paraissant deux à trois fois par semaine.

Il est encore trop tôt pour tirer toutes les conséquences de cette floraison de quotidiens gratuits sur le lectorat des journaux payants, mais certains pensent que ce sont les publications payantes de format tabloïd qui ont le plus à perdre, notamment parce qu'elles s'adressent, en partie du moins, à la même clientèle et aussi parce qu'elles sont le plus souvent distribuées en kiosque et non par abonnement.

Enfin, alors qu'ailleurs dans le monde plusieurs journaux ont cherché à relancer leur tirage et à attirer de jeunes lecteurs en abandonnant le grand format pour le format tabloïd, de grands quotidiens canadiens cherchent à devenir plus attrayants en s'inspirant

des caractéristiques de ce format tout en maintenant le grand format. Ainsi, le National Post mise sur des manchettes et des titres plus gros et parfois aguicheurs en première page, le tout assorti de photographies grand format. Du côté de La Presse du Toronto Star, c'est l'édition du dimanche qui se voit transformée avec une mise en forme et des couleurs s'inspirant des magazines.

Quant à CanWest, il distribue maintenant dans les villes de Toronto, Ottawa, Calgary, Edmonton et Vancouver un magazine quotidien gratuit dont le tirage initial est de 320 000 exemplaires. Cette publication, nommée Dose, est destinée à un public âgé de 18 à 34 ans. Un site Internet relié au magazine gratuit offre des nouvelles et du divertissement.

Lectorat

En ce qui concerne le lectorat des principaux journaux québécois (montréalais), le quotidien La Presse se réjouit de son excellente performance confirmée par les données de l'organisme NADbank pour l'année 2004. En semaine, la publication a gagné 55 000 lecteurs par rapport à 2003, alors que le samedi, le gain est de 80 000 lecteurs, une hausse de 15 % dans les deux cas. Le dimanche, le quotidien a gagné 78 000 lecteurs, une hausse de 25 %. Son principal concurrent, Le Journal de Montréal, a perdu 32 000 lecteurs en semaine, 60 000 le samedi et 16 000 le dimanche, des baisses de 5 %, 9 % et 4 % respectivement. De son côté, Le Devoir a gagné 8 500 lecteurs en semaine, une hausse de 14 %, alors que l'édition du samedi gagnait 2 500 lecteurs, une hausse d'un peu moins de 3 %. De son côté, le lectorat du quotidien anglophone The Gazette a peu varié en 2004 comparativement à l'année précédente.

Un seul journal, Le Devoir, dévoile ses résultats financiers. Le seul quotidien indépendant du Québec a connu une excellente année 2004 avec un chiffre d'affaires de 15,6 millions de dollars, en hausse de 8,7 %, ce qui lui a permis de réaliser un bénéfice net de 213 000 dollars. Il s'agit du bénéfice le plus important des dix dernières années, dont six ont été déficitaires. Le directeur du Devoir, Bernard Descôteaux, attribue ce résultat à la restructuration entreprise il y près de dix ans. Au cours de la dernière année, la révision à la hausse du prix de vente a permis d'augmenter les revenus de diffusion de 9,8 %. Pour leur part, les recettes publicitaires ont augmenté de 7,2 %.

Internet

Un sondage réalisé par le CEFRIO et Léger Marketing indique que les Québécois ont presque rattrapé la moyenne canadienne d'utilisation d'Internet. En 2004, 60 % des adultes québécois naviguaient quotidiennement sur Internet. Ce chiffre se rapproche des 64 % d'utilisateurs réguliers d'Internet dans le reste du Canada et des 68 % aux États-Unis, et devance les 45 % d'utilisateurs de l'Union européenne. Des disparités demeurent cependant entre les grands centres et les régions, l'utilisation d'Internet étant de 64 % à Montréal et de 60 % à Québec, comparativement à 43 % dans le Bas-Saint-Laurent et 36 % en Gaspésie. C'est encore chez les jeunes de 18 à 24 ans que le taux d'utilisation est le plus élevé, soit 80 %. Cependant, l'utilisation augmente chez les personnes de 55 ans et plus, atteignant 44 %. Notons que les 3,5 millions d'internautes québécois naviguaient en moyenne cinq heures par semaine. Enfin, 40 % des Québécois dont le domicile est branché optent pour un accès à haute vitesse.

La fonction d'Internet la plus prisée demeure le courrier électronique, 57 % des Québécois possédant une adresse électronique. Les services bancaires en ligne et le commerce électronique attirent davantage de Québécois et sont maintenant utilisés respectivement par 33 % et 30 % des internautes. Notons que la langue française est utilisée par 61 % des internautes québécois lorsqu'ils naviguent sur le Web. Ce phénomène s'explique par une augmentation des contenus en français sur Internet (au 3e rang en matière de contenus avec 113 millions de pages) et aussi parce que plusieurs nouveaux internautes (très jeunes ou plus âgés) ne maîtrisent pas l'anglais. La perte d'influence de l'anglais dans Internet est un phénomène mondial, le nombre de sites Web dans les autres langues ayant fortement augmenté depuis l'an 2000.

Piratage de musique

Malgré les campagnes de sensibilisation, le téléchargement illégal de musique sur Internet se poursuit encore à grande échelle. En réponse aux demandes pressantes de l'industrie canadienne de la musique, le gouvernement fédéral a déposé un projet de loi qui modifiera la Loi sur le droit d'auteur. Cette législation vise principalement à combler le vide juridique actuel en adaptant le droit au développement d'Internet. Ainsi, l'échange de fichiers (musique ou images) deviendra illégal sans autorisation ou paiement de droits. Le projet de loi pourrait être adopté au début de 2006. Par ailleurs, l'industrie québécoise du disque a entrepris à l'été 2005 une série de saisies de disques contrefaits qui étaient écoulés à travers la province par des réseaux organisés.

Aux États-Unis, la Cour suprême a jugé que les propriétaires de logiciels permettant l'échange gratuit de fichiers numérique de musique et de vidéo (films) peuvent être tenus responsables du non-respect des droits d'auteurs. Cette décision a ouvert la porte à des poursuites des industries de la musique et du film contre les exploitants de tels logiciels ainsi que contre leurs utilisateurs. L'industrie considère qu'il s'agit d'une victoire dans le domaine de la propriété intellectuelle à l'ère du numérique. Certains spécialistes estiment cependant qu'il sera encore difficile de lutter contre le piratage et que l'industrie devra trouver des moyens de s'adapter aux nouvelles pratiques des consommateurs.

Accès à l'information et protection des sources

Au cours des derniers mois, la profession journalistique a eu quelques occasions de réfléchir aux questions déontologiques entourant l'accès à l'information et la protection des sources.

D'abord, une enquête réalisée pendant quatre mois par 89 journalistes provenant de 45 médias écrits du Canada a révélé qu'il est souvent difficile d'obtenir des renseignements de la part d'organismes publics pourtant soumis à la Loi sur l'accès à l'information. Les administrations ne coopèrent pas toujours avec les demandeurs, notamment en ne respectant pas les délais prévus, en exigeant des frais importants ou en renvoyant le demandeur d'un endroit à l'autre. L'Association canadienne des journaux (AJC), qui a coordonné l'enquête, juge la situation du droit d'accès du public à l'information déplorable. Elle juge que la loi compte tellement d'exceptions que le gouvernement peut toujours trouver une raison pour cacher l'information qu'il ne souhaite pas révéler. L'association recommande que le Commissaire à l'information détienne le pouvoir d'obliger la diffusion de documents lorsque celle-ci est délibérément retardée. Le Commissaire fédéral à l'information a confirmé qu'il existe encore une culture du secret dans les organisations publiques.

Au Québec, la Fédération professionnelle des journalistes du Québec (FPJQ) s'est montrée peu surprise de la situation puisqu'elle reçoit régulièrement des plaintes de ses membres à ce sujet. À la fin de 2004, la FPJQ a publié son Dossier noir des communications gouvernementales, un document qui recensait un nombre important de cas où les politiques et pratiques gouvernementales ont entravé l'accès des journalistes à de l'information publique. La FPJQ a dénoncé l'«obsession du contrôle politique de l'information» ainsi que les contraintes imposées aux journalistes par le gouvernement et les organismes publics dans le seul but de protéger leur image. La FPJQ souhaite que la loi soit modifiée et déplore le report d'une modification de la loi québécoise visant à favoriser une plus grande transparence. De son côté, le gouvernement fédéral prépare une proposition visant à améliorer la loi canadienne.

La présence des médias dans les palais de justice et dans les salles des tribunaux a aussi été fort discutée. Les juges de la Cour supérieure du Québec ont causé toute une surprise dans les milieux médiatiques en annonçant que la diffusion d'enregistrements (extraits audio) des audiences de ce tribunal sera désormais interdite. La FPJQ et le Conseil de presse ont vivement réagi, qualifiant cette directive d'entrave au travail de la presse et allant à l'encontre de la transparence du système de justice. Le milieu journalistique a été d'autant plus surpris que cette nouvelle mesure n'a pas été évoquée, et encore moins discutée, avant d'être mise en vigueur. La Cour a également annoncé qu'elle entendait baliser davantage l'usage des caméras et la réalisation d'entrevues dans les palais de justice. Cette mesure visant à éviter les cohues à l'entrée des salles où ont lieu les procès était attendue puisqu'elle a été discutée au cours des mois qui ont précédé sa mise en vigueur.

La liberté des médias a été mise en cause à quelques reprises lorsque les forces policières ont procédé à des perquisitions. La Gendarmerie royale du Canada (GRC) a ainsi fouillé les locaux du *Ottawa Citizen* et le domicile d'une de ses journalistes qui avait révélé des informations provenant de documents de la GRC. La Cour supérieure de l'Ontario a par la suite statué que la GRC avait violé les droits constitutionnels de la journaliste en ne révélant pas les raisons motivant ces perquisitions. À Montréal, les locaux des quotidiens *La Presse* et *Le Journal de Montréal*, ainsi que la radio CKAC, ont subi des perquisitions de la Sûreté du Québec. Les policiers ont consulté des courriels afin de récupérer le message d'un groupe ayant revendiqué le dynamitage d'un pylône d'Hydro-Québec. Les médias ont alors rappelé aux autorités que la Cour suprême a déjà affirmé qu'une perquisition dans les locaux d'un média viole la liberté de la presse. Selon les médias, les informateurs pourraient cesser de renseigner les médias s'ils ont l'impression que la police peut les identifier en fouillant dans le courrier électronique des journalistes. Cela viendrait entraver la capacité des médias de jouer leur rôle de « chien de garde » de la démocratie.

Enfin, un juge de la Cour supérieure de l'Ontario a condamné un journaliste du *Hamilton Spectator* à une amende de 31 600 dollars pour outrage au tribunal. Témoin lors d'un procès en diffamation, ce journaliste a refusé de révéler l'identité de la source d'un de ses articles traitant de cas de mauvais traitements dans une résidence de personnes âgées. Le *Hamilton Spectator* s'est engagé à payer l'amende imposée à son employé et a indiqué qu'il comptait en appeler de la décision. Cet appel est soutenu par l'Association canadienne des journaux.

Au Québec, la Cour supérieure a, pour sa part, rejeté une poursuite intentée contre le réseau de télévision TVA et deux de ses journalistes (Pierre Jobin et Nicolas Vigneault) par le Centre de réadaptation en déficience intellectuelle de Québec (CRDIQ). En août 2004, TVA avait eu recours à des sources confidentielles pour la préparation d'un reportage dévoilant un projet d'intégration de patients d'un hôpital psychiatrique dans un quartier résidentiel de Québec. Le CRDIQ demandait, entre autres, que le journaliste Pierre Jobin dévoile l'identité de ses sources, soupçonnant certains de ses employés d'avoir dérogé à leur devoir de confidentialité. Au grand soulagement des médias québécois, le juge a rejeté cette demande au nom de la liberté d'expression. Il a estimé que la révélation des sources risquait « d'affecter irrémédiablement la capacité de Pierre Jobin d'obtenir à l'avenir de l'information sous le sceau de la confidentialité ».

Vue d'ensemble des médias Québécois

Daniel Giroux
(avec la collaboration de Sophie Loiselle)
Centre d'études sur les médias, Université Laval

Combien de Montréalais lisent maintenant un quotidien gratuit ? Les quotidiens payants perdent-ils des lecteurs ? La part de l'écoute des Québécois qui va aux chaînes spécialisées de télévision, les RDS, Vrak-TV, RDI et autres, augmente-t-elle encore ? Quelle est la situation financière des stations de radio AM ? Quels médias sont contrôlés par les Quebecor, Gesca (Power Corporation), Cogeco, Transcontinental et Astral ? Voilà quelques-unes des questions auxquelles nous répondrons dans ces brefs portraits de la presse quotidienne, de la télévision, de la radio et de la presse hebdomadaire régionale.

LA PRESSE QUOTIDIENNE

Titres et tirage

Douze quotidiens payants sont publiés au Québec, dont dix en langue française. Ce nombre n'a pas bougé depuis plusieurs années, soit depuis l'expérience infructueuse du journal *Le Fleuve* qui aura duré moins d'une année dans la région de Rimouski en 1996. Par ailleurs, deux quotidiens gratuits de langue française desservent le marché de Montréal depuis 2001. Ces journaux visent principalement les utilisateurs des transports en commun auxquels ils proposent, du lundi au vendredi, une synthèse des principales nouvelles du jour.

Dans l'ensemble, le tirage des quotidiens québécois payants a peu varié ces cinq dernières années. Cette relative constance constitue plutôt une bonne nouvelle étant donné les baisses de tirage que connaissent les journaux ailleurs. En effet, les autres titres canadiens ont connu une chute de 7,5 % depuis 1998. On note également des baisses dans la plupart des pays développés. Ainsi, de 2000 à 2004, la diffusion des quotidiens a diminué dans de nombreux pays européens. La baisse a atteint 5,8 % en France, 7,7 % en Allemagne et 11,4 % au Royaume-Uni. Pour la même période, les ventes des journaux ont également faibli aux États-Unis (- 2,1 %), au Japon (- 2,1 %) et en Australie (- 4,8 %).

Cette stabilité récente des tirages au Québec ne constitue-t-elle qu'un répit avant une nouvelle période baissière

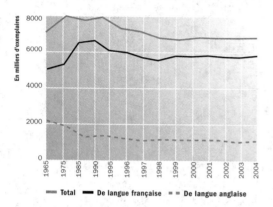

GRAPHIQUE 1   Tirage hebdomadaire des quotidiens québécois

Total — De langue française — De langue anglaise

Source : Compilation du Centre d'études des médias de l'université Laval (CEM) à partir de données vérifiées par l'Audit Bureau of Circulation

comme celle qu'on a connu dans les années 1990 ? Il serait étonnant, en tout cas, qu'on revienne aux sommets atteints à la fin des années 1980 (graphique 1). De 1965 à la fin des années 1980, le tirage sur l'ensemble de

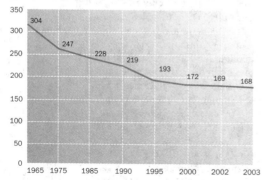

GRAPHIQUE 2   Nombre d'exemplaire vendus en moyenne chaque jour par mille habitants chez la population âgée de 20 ans et plus ; quotidiens, 1965-2003

Source : Compilations du CEM à partir des données de tirage vérifiées par ABC et des données de population de Statistique Canada.

la semaine des quotidiens québécois a augmenté de quelque 900 000 exemplaires malgré la mort de quelques titres. Toutefois, 96 % de cette croissance est attribuable à l'apparition d'éditions du dimanche pour cinq des douze quotidiens. Mais, depuis 1990, c'est la chute. Une perte hebdomadaire de près de 1,1 million d'exemplaires malgré une légère embellie depuis 2001. La baisse est de 12,5 % pour les titres francophones, et de 23,2 % pour les titres anglophones. La perte de popularité des quotidiens est toutefois plus importante que ne le démontrent ces données brutes qui ne tiennent pas compte de l'augmentation de la population et, donc, du nombre des clients potentiels. En effet, l'ensemble des quotidiens québécois vend maintenant presque deux fois moins d'exemplaires par tranche de 1 000 personnes âgées de vingt ans et plus qu'au milieu des années 1960. Le nombre est passé de 304 exemplaires pour 1 000 lecteurs potentiels en 1965, à 165 en 2004 (graphique 2).

Lectorat

La baisse de popularité touche tous les groupes d'âge, mais elle est plus marquée chez les jeunes adultes. À l'échelle du Canada, ils ne sont plus que 45 % chez les 18-24 ans à lire régulièrement un journal en semaine (graphique 3) comparativement à plus de 50 % au début de la décennie. Aux États-Unis, cette proportion est tombée à 39 % et la tendance est présente dans de nombreux autres pays. L'arrivée de quotidiens gratuits, prédisaient certains, devait contrecarrer cette perte de popularité en rejoignant un nouveau public. Les expériences de Montréal et de

Toronto, les deux villes canadiennes où ce type de journal a été lancé, ont prouvé que la relation n'était pas aussi évidente.

D'une part, dans la métropole du Québec, le nombre de personnes qui lisent régulièrement un journal du lundi au vendredi a connu une augmentation de 18 % entre 2001 et 2004. La percée des gratuits est manifestement le facteur le plus important qui explique une telle hausse. Bon nombre des 300 000 Montréalais qui fréquentent maintenant sur une base régulière *Métro* ou *24 heures* sont de nouveaux lecteurs. Toutefois, certains ont délaissé un titre payant au profit d'un gratuit parce qu'ils y trouvent l'essentiel de l'information, sans frais. C'est ainsi que le *Journal de Montréal* a perdu 52 000 lecteurs chez les moins de 50 ans pendant la période.

Dans le marché de Toronto, à l'inverse, le développement du lectorat des gratuits n'a pas empêché une régression du nombre total de Torontois de moins de 50 ans qui lisent un journal régulièrement les jours de semaine. Ils sont près de 6 % à avoir abandonné cette pratique depuis 2001. Par ailleurs, la croissance de *Metro* et de *24 hours* auprès des 18-49 ans s'est faite tout particulièrement au détriment du *Toronto Star* et du *Toronto Sun*. Le *Globe and Mail* et le *National Post* ont aussi encaissé des pertes, mais de moindre importance.

Les journaux gratuits sont particulièrement populaires auprès des 18-34 ans. De fait, *Métro* est maintenant au second rang des journaux les plus fréquentés par ces jeunes adultes montréalais, devant *La Presse* et après le *Journal de Montréal*, alors que son alter

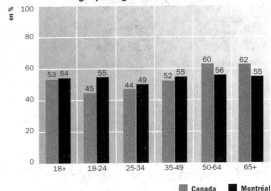

GRAPHIQUE 3 **Lecteurs réguliers des quotidiens en semaine dans l'ensemble du Canada et à Montréal selon les groupes d'âge en 2004**

Source : Données de NADbank.

ego talonne le *Toronto Sun* pour le second rang dans la Ville reine. Par ailleurs, un peu plus de la moitié des lecteurs de « gratuits », tant à Montréal qu'à Toronto, ne parcourent jamais les pages d'un quotidien payant en semaine. Bon nombre d'entre eux sont des consommateurs fort actifs. Ils sont très recherchés par les annonceurs qui doivent donc, s'ils veulent les rejoindre au moyen d'un quotidien, acheter de l'espace dans les « gratuits ». Il n'est pas étonnant, devant de tels succès, que de nouveaux journaux gratuits aient été lancés ces derniers mois dans plusieurs autres villes canadiennes.

La formule se développe aussi à une vitesse folle à travers le monde, représentant 40 % du tirage en Espagne, 29 % en Italie, 27 % au Danemark et 25 % au Portugal.

Revenus

Pour des raisons de confidentialité, ni Statistique Canada ni l'Association

TABLEAU 1   Répartition des titres et du tirage des quotidiens québécois payants selon la propriété (2004)

Groupes	Titres	Tirage					
		Nombre total d'exemplaires vendus par semaine	Parts de marché (%)		Moyenne lundi au vendredi	Samedi	Dimanche
			Marché total	Marché francophone			
Gesca (Power)	La Presse	1 441 738			191 938	276 055	205 993
	La Tribune	194 102			31 001	39 097	0
	La Voix de l'Est	95 249			15 292	18 794	0
	Le Nouvelliste	253 989			41 619	45 894	0
	Le Soleil	594 989			79 316	114 263	84 146
	Le Quotidien	168 492			28 082	28 082	0
	Le Droit	214 227			34 898	39 737	0
		2 962 786	43,6	51,4			
Quebecor	Le Journal de Montréal	1 922 597			267 191	320 658	265 984
	Le Journal de Québec	713 423			98 165	122 863	99 735
		2 636 020	38,8	45,7			
CanWest Global	The Gazette	1 001 139	14,7		140 778	162 860	134 389
Le Devoir Inc	Le Devoir	169 200	2,5	2,9	25 614	41 130	0
Hollinger	The Record	25 130	0,4		5 026	0	0
Total	**12 quotidiens**	**6 794 275**	**100,0**	**100,0**			

Source : Compilation du CEM à partir de données de tirage vérifiées par l'Audit Bureau of Circulation.

canadienne des journaux ne divulguent le montant des revenus que les quotidiens québécois tirent de la vente de publicité. En conséquence, les données disponibles pour 2003 concernent tous les journaux, soit les quotidiens, les hebdomadaires et des titres tels que Voir et Les Affaires. Ensemble, ils ont obtenu 676 millions de dollars des annonceurs, petites annonces incluses. Ces revenus étaient de 606 millions en 1999. Il s'agit d'une augmentation de 11,6 % avec une croissance annuelle moyenne de 3,7 %. À l'échelle du pays, les trois quarts de ces revenus sont allés aux quotidiens et il est raisonnable de penser que c'est, grosso modo, la même chose au Québec. Mentionnons

que pour l'ensemble du pays, les revenus publicitaires des quotidiens ont crû de 1,9 % entre 2001 et 2003.

Ailleurs dans le monde, la situation n'est pas toujours au beau fixe. Les recettes des quotidiens dégringolent dans les principaux pays européens depuis cinq ans. Par contre, les journaux américains enregistrent une hausse de 3,9 % de leurs revenus publicitaires en 2004 par rapport à l'année précédente.

Propriété

La popularité des quotidiens gratuits nous oblige à examiner la question de la propriété des journaux sous de nouveaux angles. La mesure habituelle

TABLEAU 2   **Nombre total de lecteurs des quotidiens québécois payants et gratuits selon la propriété (2004)**

Groupes	Titres	Marchés anglophone et francophone		Marché francophone*	
		Nombre total de lecteurs**	Parts de marché (%)	Nombre total de lecteurs**	Parts de marché (%)
Gesca (Power)	La Presse	926 400		810 200	
	La Tribune	75 500		75 500	
	La Voix de l'Est	37 000		37 000	
	Le Nouvelliste	79 400		79 400	
	Le Soleil	249 700		249 700	
	Le Quotidien	90 300		90 300	
	Le Droit	149 700		127 300	
		1 608 000	33,8	1 469 400	40,0
Quebecor	Le Journal de Montréal	1 238 900		1 055 200	
	Le Journal de Québec	357 000		357 000	
	24 Heures	260 000		183 900	
		1 855 900	39,0	1 596 100	43,3
Transcontinental (60 %)	Métro	513 400	10,8	354 600	9,6
CanWest Global	The Gazette	579 300	12,1	89 600	2,4
Le Devoir Inc	Le Devoir	200 000	4,2	170 800	4,6
Hollinger	The Record	3 500	0,1	3 500	0,1
Total	**14 quotidiens**	**4 760 100**	**100,0**	**3 684 000**	**100,0**

* Des données spécifiques aux francophones sont compilées pour les marchés de Montréal et de Ottawa-Gatineau.
** Il s'agit du nombre de personnes ayant feuilleté ou lu au moins une édition pendant une semaine de publication.
Source : Compilation du CEM à partir des données de NADbank. Les données les plus récentes de NADbank pour *La Tribune, La Voix de l'Est, Le Nouvelliste, Le Quotidien* et *The Record* concernent l'année 2002.

consiste à compiler les parts de tirage, soit le nombre d'exemplaires vendus par abonnement ou en kiosque, de l'ensemble des titres payants appartenant à chacun des propriétaires. Ces tirages sont vérifiés par l'Audit Bureau of Circulation (ABC). Les exemplaires distribués gratuitement, considérés comme promotionnels, ne sont pas comptés.

Dans le cas des journaux gratuits, la difficulté est de savoir combien des exemplaires placés chaque matin dans les présentoirs ou remis à des camelots ont vraiment trouvé preneur. La Canadian Circulation Audit Board (CCAB) s'y emploie, mais les résultats ne paraissent pas encore satisfaisants. On ne peut donc comparer le tirage du gratuit *24 heures* à celui de *La Presse*. Seules les données concernant le lectorat sont compilées sur les mêmes bases et permettent des comparaisons qui prennent en compte tous les quotidiens. L'indicateur lié au tirage demeure, malgré tout, pertinent. Les jour-

Évolution de l'écoute de la télévision au Québec

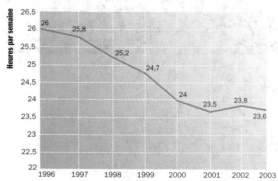

Source : Divers numéros de la publication de Statistique Canada *Le Quotidien*.

naux payants auxquels il s'applique emploient généralement un plus grand nombre de journalistes que les titres gratuits. Ainsi, la salle de nouvelles de *La Presse* compte quelque 175 journalistes alors que *Métro* et *24 heures* en emploient, ensemble, moins d'une vingtaine. Les salles plus imposantes des payants leur permettent de traiter un éventail plus grand de sujets et de le faire avec plus de profondeur (notamment par des analyses, commentaires et éditoriaux). De ce fait, ils sont susceptibles d'exercer une influence plus marquée sur les débats publics que les titres gratuits.

Depuis l'acquisition en novembre 2000 par Gesca (Power Corporation) de trois quotidiens du groupe Hollinger, dont *Le Soleil* de Québec, deux groupes se partagent maintenant l'essentiel du tirage de la presse quotidienne payante de langue française au Québec (tableau 1). Avec ses sept titres répartis sur l'ensemble du territoire québécois, Power Corporation acca-

pare la moitié du tirage des titres de langue française. Quebecor ne possède que deux titres, mais leurs parts de marché totalisent 45 %. Les parts de tirage du seul quotidien indépendant, *Le Devoir*, ne représentent plus que 3 % de l'ensemble. Chez les anglophones, *The Gazette* appartient à *CanWest Global* qui possède plusieurs grands quotidiens au Canada anglais, dont le *National Post*.

La mesure du lectorat (tableau 2) qui tient compte des deux titres gratuits qui desservent Montréal traduit une réalité un peu différente. Transcontinental, qui est l'actionnaire majoritaire (60 %) de *Métro* rejoint, en effet, 10 % des lecteurs francophones. Power Corporation et Quebecor qui est propriétaire de l'autre gratuit en rejoignent, chacun, environ 40 %.

LA TÉLÉVISION

Services et écoute

On compte actuellement 31 stations de télévision qui émettent par voie hertzienne pour desservir le Québec. Vingt-six d'entre elles appartiennent à des intérêts privés. Les autres sont opérées par les services publics de Radio-Canada et de Télé-Québec. Quelques-unes des stations privées sont affiliées au réseau français de Radio-Canada. Les autres stations diffusent les programmations de TQS ou de TVA du côté francophone, de CTV ou de Global pour les anglophones. On dit de ces stations, parce que leurs programmations sont variées (information, dramatiques, émissions pour enfants, variétés et magazines divers), qu'elles font de la télévision généraliste.

Il y a aussi des chaînes qui œuvrent dans des créneaux bien précis : sport, information, émissions pour enfants, histoire, musique, etc. Ce sont les chaînes spécialisées. Pour les écouter, il faut être abonné à un service de câblodistribution (analogique ou numérique), à un service de radiodiffusion directe par satellite (ExpressVu ou Star Choice, numérique seulement) ou à un service de distribution multipoint (LookTV, numérique). Le nombre de ces chaînes de langue française est passé de cinq en 1991 à 16 actuellement. Cela fait en sorte que tous les espaces disponibles sur les services analogiques de câblodistribution sont maintenant occupés. Les services numériques peuvent, pour leur part, distribuer un plus grand nombre de chaînes. De telles chaînes sont offertes aux anglophones depuis septembre 2001, mais le marché francophone étant plus restreint, les diffuseurs ont choisi d'attendre que les services numériques de distribution comptent un million d'abonnés au Québec avant d'offrir des chaînes francophones supplémentaires. Ce seuil minimal ayant été atteint, trois chaînes numériques ont été lancées depuis l'automne 2004 : deux par TVA (LCN Argent et Mystère) et l'autre par Bell Globemedia (Réseau Info Sports) D'autres chaînes spécialisées de langue française devraient être offertes aux abonnés des services numériques au cours des prochains mois. Enfin, les abonnés à l'un ou l'autre des systèmes de distribution peuvent aussi écouter des services payants tels Super Écran (tarification mensuelle) ou des émissions à la carte proposées notamment par Indigo (facturation selon la consommation). Certains câblodistributeurs offrent également, depuis l'automne 2002, des

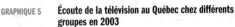

GRAPHIQUE 5   **Écoute de la télévision au Québec chez différents groupes en 2003**

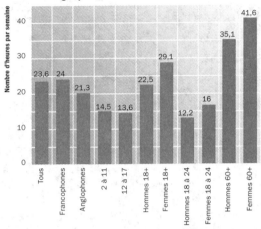

Source : Statistique Canada, *Le Quotidien,* édition du 31 mars 2005

services de vidéo sur demande pour les abonnés à leurs services numériques.

Ce plus grand choix ne se traduit cependant pas par une hausse de l'écoute de la télévision. Au contraire, on écoute de moins en moins d'émissions télévisées et cela tant au Québec qu'au Canada. En 2003, les Québécois ont passé en moyenne 23,6 heures devant le petit écran chaque semaine. En 1996, cette moyenne était de 26 heures (graphique 4). Les Québécois de langue française écoutent davantage la télévision que les autres Canadiens, et cela année après année. En 2003, l'écart était de 1,9 heure par semaine. Les données les plus récentes publiées par Statistique Canada et rapportées au graphique 5 montrent notamment qu'au Québec :

• Les femmes sont de plus grandes téléphages que les hommes (une différence de plus de six heures en 2003) ;

• L'écoute de la télévision augmente avec l'âge ;

GRAPHIQUE 6 **Évolution des parts d'écoute chez les francophones du Québec**

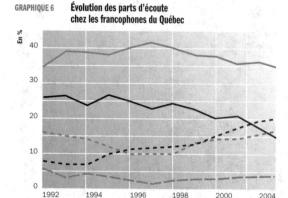

Source : Compilation réalisées par Télé-Québec à partir des données BBM (automne)

• Les femmes âgées de plus de 60 ans passent près de trois fois et demie plus de temps devant leur téléviseur que les hommes de 18 à 24 ans.

Les Québécois francophones sont très fidèles aux émissions que leur proposent les réseaux de langue française. Ils leur accordent près de 90 % de leurs heures d'écoute de télévision. Les réseaux canadiens de langue anglaise ont moins de succès auprès des Québécois anglophones, n'obtenant que 60,1 % de leur écoute, et cela en raison, principalement, de l'écoute qu'ils réservent aux réseaux américains (23,6 %).

Par ailleurs, le choix plus grand de chaînes a entraîné un morcellement croissant de l'écoute. La part de l'ensemble des chaînes spécialisées et des services payants de langue française (Vrak TV, RDS, Séries +, LCN, Canal D, Super Écran et autres) auprès des téléspectateurs francophones est passée de 6,3 % en 1992 à 19 % en 2004

(graphique 6). Le résultat pour 2004 est, toutefois, en baisse de 1,3 point comparativement à 2003. Cela est surtout attribuable à une plus faible écoute de la chaîne sportive RDS, qui a souffert du conflit de travail dans la Ligue nationale de hockey. De leur côté, les parts de TVA qui avaient connu une légère baisse l'an dernier se sont stabilisées à 30,1 %. Ses émissions demeurent d'ailleurs les plus populaires. Les parts de marché de Télé-Québec n'ont pas bougé elles non plus et sont restées à 2,6 %. Après une chute vertigineuse qui l'avait placée au troisième rang pour la première fois en 2003, Radio-Canada a su stopper sa descente et a repris sa deuxième position (16,7 %) devant TQS (11,6 %). Cette dernière a vu son ascension se terminer, avec une baisse de plus de 4 points de ses parts de marché en 2004. Notons que la part globale de l'écoute attribuée aux chaînes spécialisées se répartit entre 18 services différents. Plusieurs d'entre elles recueillent donc moins de 1 % de l'écoute. Les plus prisées, RDI, Vrak TV, Télétoon et RDS, obtiennent autour de 2 % chacun. Ensemble, les parts d'écoute des huit chaînes spécialisées et du service payant dans lesquels le groupe Astral détient une participation de 50 % et plus totalisent 10,5 %.

Revenus

Les chaînes de télévision tirent principalement leurs revenus de trois sources :
• la vente de temps d'antenne aux annonceurs ;
• les crédits versés par le gouvernement fédéral à Radio-Canada et ceux versés par le gouvernement québécois à Télé-Québec ;
• une partie de ce que les abonnés

paient aux services de distribution. Il s'agit de redevances que versent les opérateurs de ces services aux propriétaires de chaînes spécialisées en échange du droit de pouvoir distribuer leurs émissions.

Les recettes que les services privés et publics de télévision - généraliste et spécialisée - tirent de la publicité au Québec sont évaluées à 625 millions de dollars en 2004. Elles ont crû de 46,7 % depuis 1994. La télévision est depuis de nombreuses années le véhicule publicitaire auquel, globalement, les annonceurs accordent la plus large part (environ le tiers) de leurs budgets. Les quotidiens, qui arrivent au second rang, obtiennent environ le quart de ces budgets.

En 2004, les dépenses des annonceurs à la télévision se répartissent ainsi : près des deux tiers vont aux réseaux privés généralistes, une tranche de 18 % bénéficie à Radio-Canada, alors que la part des canaux spécialisés atteint 17 %. Les revenus publicitaires des réseaux privés généralistes ont augmenté, au total, de 14 % en 2003 et 2004. Cette croissance exceptionnelle est attribuable, pour une bonne part, à une augmentation appréciable des tarifs. Elle suivait une stagnation qui s'est étendue de 1998 à 2002. Sur une plus longue période, soit de 1994 à 2004, les revenus publicitaires des réseaux privés généralistes ont connu une hausse de 34 %. De leur côté, les revenus que les canaux spécialisés tirent de la vente de temps d'antenne aux annonceurs augmentent de façon marquée année après année. Ils ont presque triplé depuis 1999. La situation est moins rose pour le réseau français de Radio-Canada,

dont les recettes publicitaires décroissent lentement depuis cinq ans. La publicité représente un peu plus de 80 % des revenus de la télévision privée généraliste. Il en va autrement pour le service public et les services spécialisés.

Le financement gouvernemental est la principale source de revenus des services publics. Il représente 62 % (612 millions de dollars) des revenus dont dispose Radio-Canada pour les émissions de ses deux réseaux, anglais et français, de télévision généraliste et 77 % (59 millions) de ceux de Télé-Québec.

Pour leur part, les services spécialisés tirent 66 % de leurs recettes des redevances qui leur sont versées par les services de distribution. Ces revenus ne cessent, par ailleurs, d'augmenter (croissance de 56,6 % depuis 1999) en raison du nombre grandissant de foyers qui s'abonnent à un service de distribution. Globalement, les services spécialisés bénéficient de revenus de plus en plus importants qu'ils peuvent investir dans leur programmation afin de mieux concurrencer les services généralistes.

Précisons que d'autres sommes servent aussi à encourager la production d'émissions canadiennes de télévision. Les deux paliers de gouvernement accordent, en effet, à la fois des subventions et des crédits d'impôts aux producteurs indépendants de télévision (des entreprises privées qui ne peuvent être des diffuseurs comme TVA ou Radio-Canada). Les propriétaires de services de distribution, pour se conformer aux conditions de licence que leur impose le CRTC, versent également de l'aide à des projets d'émissions soumis par les producteurs indépendants. Le Fonds canadien de télévision distribue l'aide du gouvernement fédéral et une grande part de celle des services de distribution.

Propriété

Comme le montre le tableau 3, Quebecor, le consortium formé de Cogeco (60 %) et de Bell Globemedia, ainsi que le groupe Astral sont les acteurs les plus importants en télévision privée au Québec.

Quebecor possède le réseau le plus écouté, TVA, la chaîne d'information continue LCN ainsi que les canaux Mystère et LCN Argent, ses deux nouvelles chaînes numériques lancées en 2004.

Cogeco est le principal actionnaire de TQS, le troisième réseau le plus écouté. Outre sa participation dans TQS, Bell Globemedia possède la chaîne spécialisée dans le sport RDS et le service numérique Réseau Info Sports.

Ces trois groupes sont également propriétaires des réseaux de distribution les plus importants au Québec. Quant au groupe Astral, il détient une participation dans neuf des 16 chaînes spécialisées francophones distribuées à la fois sur les systèmes analogiques et numériques.

Par ailleurs, outre ses deux réseaux de télévision généraliste, Radio-Canada exploite des services d'information continue, un dans chaque langue, et est partenaire dans le canal spécialisé culturel ARTV.

Pour sa part, Télé-Québec opère une chaîne éducative et culturelle et détient, elle aussi, une participation dans ARTV.

LA RADIO

Services et écoute

Le Québec est desservi par une centaine de stations de radio privées à but lucratif. Ce nombre a peu varié ces dernières années, même si quelques stations diffusant sur la bande AM et établies dans leur milieu depuis longtemps ont dû fermer leurs portes au cours de la décennie 1990. On pense notamment aux stations CJMS à Montréal et CJRP à Québec. D'autres, sur la bande FM, les ont remplacées. Quelques nouvelles stations sont entrées en ondes en 2004 et au cours de l'été 2005 : le CRTC a notamment octroyé une nouvelle licence pour desservir Gatineau.

Le service public exploite deux réseaux dans chacune des deux langues officielles. Seule la programmation de la Première Chaîne de la Société Radio-Canada comporte des décrochages locaux (dix stations locales au Québec). On dénombre aussi 34 stations de radio communautaires et cinq stations étudiantes. Plusieurs communautés autochtones sont par ailleurs dotées de stations de radio.

La bande d'amplitude modulée (AM) est de moins en moins utilisée par les diffuseurs. Au printemps 1994, 45 % des stations de radio privées, publiques et communautaires du Québec utilisaient la bande AM. Aujourd'hui, la proportion n'est plus que de 15,5 %, ce qui représente moins d'une vingtaine de stations. Outre les fermetures, de nombreuses stations AM sont passées à la bande de fréquence modulée (FM). C'est le cas de toutes les stations de Radio-Canada et de la plupart des stations privées situées hors des grands centres. Bon nombre des stations AM encore existantes se retrouvent dans de grandes agglomérations où les auditeurs bénéficient d'un grand choix de stations sur la bande FM. Le nombre restreint de stations qui poursuivent

TABLEAU 3 **Principaux groupes privés de télévision et leurs actifs au Québec**

Groupes	Télévision généraliste	Télévision spécialisée et payante de langue française	Distribution
Quebecor	Réseau TVA et les six plus importantes stations qui forment le réseau En partenariat à hauteur de 45 % avec Marc Simard : une station affiliée à TVA, une station affiliée à Radio-Canada, une station affiliée à TQS (45 %)	LCN Canal Évasion (8 %) Canal Indigo (20 %)	Vidéotron
Cogeco	En partenariat à hauteur de 60 % avec Bell Globemedia : réseau TQS et les cinq plus importantes stations qui forment le réseau ; trois stations régionales affiliées à Radio-Canada	Canal Indigo (40 %)	Cogeco Câble
Bell Globemedia	La station montréalaise du réseau CTV Partenaire à 40 % dans les actifs de Cogeco en télévision généraliste	RDS Canal Indigo (20 %)	Bell ExpressVu
Astral		Vrak TV, Canal D, Canal Vie, Canal Z, Historia (50 %), Séries + (50 %), MusiquePlus (50 %), Musimax (50 %), Télétoon (40 %) Super Écran Canal Indigo (20 %)	
CanWest Global	Les deux stations du réseau Global au Québec.		
Radio-Nord	Deux stations affiliées à TVA Deux stations affiliées à TQS Une station affiliée à Radio-Canada		
Marc Simard	En partenariat à hauteur de 55 % avec Quebecor : une station affiliée à TVA, une station affiliée à TQS, une station affiliée à Radio-Canada. Une autre station affiliée à Radio-Canada		

Source : Statistique Canada, cat. 13-217, *Le revenu au Canada*, Ottawa, cat. 75-202, Cansim II, tableau 202-010.

leurs activités sur la bande AM la rend moins alléchante et l'habitude de la fréquenter semble se perdre. Le graphique 7 illustre bien le phénomène. En 1990, les Québécois accordaient 45 % de leurs heures d'écoute aux stations AM alors que depuis 2003, cette proportion est de 15 %. Ces pionnières de la radio ont perdu une grande part de leur lustre. Ainsi, la station CKAC ne recueille plus que 7,6 % de l'écoute à Montréal, alors que la station CHRC doit se contenter de 7,7 % dans le marché de Québec. En 1995, la première était créditée de 11,2 parts de marché et la seconde de 24 parts.

GRAPHIQUE 7 **Évolution des parts d'écoute des radio AM et FM au Québec**

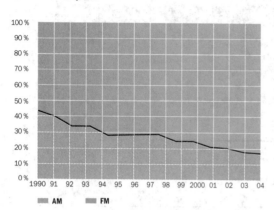

■ AM   ■ FM

Source : Plusieurs éditions du Guide annuel des médias publié par Infopresse

Le nombre d'heures passées en moyenne à écouter la radio chaque semaine a baissé en 2003 et 2004 par rapport aux pratiques observées depuis 1996, et cela tant au Québec que dans l'ensemble du Canada. Les Québécois consacrent maintenant environ 20 heures hebdomadairement à l'écoute d'émissions de radio comparativement à quelque 21 heures les années précédentes. Chez l'ensemble des Canadiens, cette moyenne est aujourd'hui de 19,5 heures alors qu'elle dépassait les 20 heures auparavant. Comme le montrent ces données, la radio est écoutée davantage par les Québécois que par les Canadiens. Cet écart, qui était d'environ une heure par semaine au cours des 15 dernières années, s'est toutefois rétréci à une trentaine de minutes en 2004.

Comme le graphique 8 l'illustre, les Québécois, qu'ils soient francophones ou anglophones, consacrent le même nombre d'heures (20,1) à l'écoute hebdomadaire de la radio. On constate aussi que :

• De façon générale, les hommes et les femmes écoutent autant la radio les uns que les autres. Une différence marquée entre les sexes apparaît cependant chez les 25 à 34 ans où l'écoute radiophonique des hommes devance celle des femmes de plus de trois heures ainsi que pour les 65 ans et plus où le phénomène inverse se produit.

• Les adolescents et les 18-24 ans écoutent bien moins la radio que leurs aînés. Le temps qu'ils passent à écouter la radio semble d'ailleurs en baisse constante. Les plus jeunes y ont consacré 7,8 heures en 2004 comparativement à 10,7 en 1999. Depuis cette même année 1999, l'écoute chez les 18-24 ans a baissé de 2,5 heures pour les hommes et de 0,7 heure pour les femmes.

Quel genre de radio les Québécois préfèrent-ils ? Les nombreuses stations qui proposent surtout de la musique, donc des stations FM, recueillent plus de 70 % des heures d'écoute. La Société Radio-Canada, qui mise davantage sur l'information et les interviews, est créditée de 11,3 % des heures d'écoute, alors que les stations privées à prépondérance verbale (information, magazines, tribunes téléphoniques et description de matchs sportifs) en obtiennent 12,1 %. Comme le graphique 9 en témoigne, la SRC a fait des gains importants depuis 1998, alors que l'écoute des radios parlées de propriété privée est plutôt à la baisse. Ces deux formules radiophoniques attirent très peu les jeunes. Plus l'âge des auditeurs augmente, plus la popularité de ces radios augmente.

Revenus

La publicité constitue presque l'unique source de revenus (98,4 %) des stations de radio. Elle a rapporté 226 millions aux radios québécoises en 2004. Les recettes publicitaires ont augmenté de 27,2 % depuis 1999. La radio doit livrer une chaude lutte aux hebdomadaires et aux magazines pour occuper le troisième rang dans la faveur des annonceurs après la télévision et les quotidiens.

La hausse des revenus ne profite cependant qu'aux stations FM. Entre 1999 et 2004, les radios FM ont accru leurs revenus de 36,9 %, alors que ceux des stations AM ont baissé de 10,2 %. Cette situation découle en partie de la diminution du nombre de stations privées AM. On en dénombre maintenant 18 alors qu'on en comptait 29 il y a cinq ans. Leur part de l'écoute, on l'a vu, a également chuté.

Cette baisse des revenus publicitaires pour les stations utilisant la bande AM a un effet sur leur santé financière. Prises globalement, elles accumulent des déficits dont l'importance s'est maintenue entre 1999 et 2004, et cela, même si leur nombre diminue (graphique 10). Pendant ce temps, les stations FM cumulent les surplus. Les écarts entre les deux groupes sont attribuables tant aux revenus qu'aux dépenses. En moyenne, les messages publicitaires rapportent 29,9 % moins à une station AM qu'à une FM, alors que la station AM dépense 32,8 % de plus pour produire ses émissions.

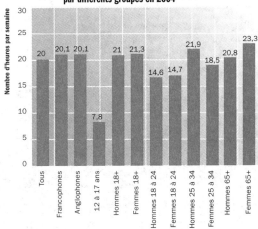

GRAPHIQUE 8 **Écoute de la radio au Québec par différents groupes en 2004**

Source : Statistique Canada, *Le Quotidien*, édition du 8 juillet 2005.

Propriété

Astral Média et Corus sont les principaux propriétaires de stations de radio privées au Québec (tableau 4). L'approbation en janvier 2005 par le CRTC de la transaction impliquant les deux groupes a toutefois modifié le nombre de stations détenues par chacun. L'échange de stations d'une valeur de 11 millions de dollars a fait passer sept stations AM, dont les stations CKAC à Montréal et CHRC à Québec, et une station FM d'Astral aux mains de Corus en retour de cinq stations FM situées hors des grands centres. Le groupe Corus possède maintenant six stations dans le marché de Montréal : quatre de langue française et deux de langue anglaise. La première décision de Corus, à la suite de cette transaction, a été d'abolir la salle de nouvelles de CKAC. Les bulletins de la station seront dorénavant produits par l'équipe Corus

GRAPHIQUE 9 **Évolution des parts d'écoute des radios parlées au Québec**

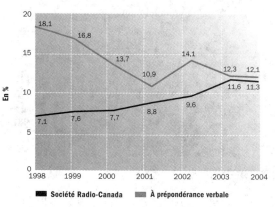

Source : Divers numéros de la publication de Statistique Canada *Le Quotidien*.

TABLEAU 4 **Principaux groupes privés de radio et leurs actifs au Québec**

Groupes	Nombre de stations
Astral Média	22
Corus	15
Radio-Nord Communications	6
Guy Simard	6
Cogeco	5
Groupe Radio Antenne «6»	5
Radio Mégantic	4
Standard Radio	3
Radio Beauce	2
Autres	36
Ensemble des stations privées au Québec	104

Source : Compilation du CEM à partir de données du CRTC www.crtc.gc.ca/frn/ind_broad.htm#charts (consulté le 26 juillet 2005).

GRAPHIQUE 10 **Évaluation des bénéfices (pertes) avant intérêts et autres ajustements - B.A.I.I - des stations AM et FM du Québec**

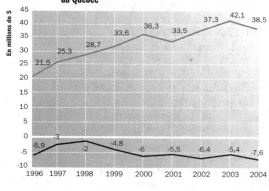

Source : Diverses éditions de la publication annuelle du CRTC Radio privée commerciale, relevés statistiques et financiers.

Nouvelles qui alimente déjà les autres stations du groupe et dont les effectifs devraient croître. La programmation de CKAC sera orientée vers les débats et le sport. Les nouveaux propriétaires espèrent que ces changements permettront à la station, longtemps considérée comme une institution, de retrouver le chemin de la rentabilité.

Les autres propriétaires de stations de radio sont plutôt des acteurs régionaux, à l'exception de Cogeco dont les cinq stations détiennent une bonne part de l'écoute dans les importants marchés de Montréal et Québec.

LA PRESSE HEBDOMADAIRE D'INFORMATION GÉNÉRALE

Titres et tirage

Le nombre de titres desservant un ensemble de villages, une petite ville ou un quartier d'une grande ville est en baisse depuis quelques années. On en comptait 179 en 2004 comparativement à 204 en 1997.

Cette presse hebdomadaire est aujourd'hui largement gratuite (bien plus que dans d'autres régions du pays) tant en regard du nombre de titres (88 %) que de la part des exemplaires totaux publiés (96,5 %). Ce qui est devenu la règle était pourtant l'exception en 1960, alors que seulement 23 % des journaux hebdomadaires optaient pour la gratuité. Comme l'indique le tableau 5, cette tendance s'accentue constamment. Depuis 1987, le nombre d'exemplaires publiés par les hebdomadaires gratuits a augmenté environ du tiers tant pour l'ensemble des titres publiés que pour ceux de langue française. De fait, la croissance des tirages que le secteur dans son ensemble a connue depuis cette date s'est faite en très large partie grâce aux hebdomadaires distribués gratuitement.

Les propriétaires espèrent que cette large pénétration – les exemplaires sont distribués dans tous les foyers du territoire desservi par la publication – convaincra les annonceurs de préférer leurs journaux aux autres moyens publicitaires.

Seuls quelques titres ayant une longue tradition se maintiennent à titre de journaux vendus. Les plus importants d'entre eux sont : *The Gazette* West *Island* (Montréal), *Le Progrès-Dimanche* (Saguenay), *L'Écho Abitibien*, *Le Canada*

TABLEAU 5 **Tirage des hebdomadaires régionaux du Québec selon la langue et le type de publication (1987, 1993, 1997, 2002, 2004))**

	1987 n '000	%	1993 n '000	%	1997 n '000	%	2002 n '000	%	2004 n '000	%
FRANCOPHONES										
- vendus	256	8,5	150	3,6	125	3,2	114	2,8	108	2,6
- gratuits	2 769	91,5	4 023	96,4	3 841	96,8	3 912	97,2	4 088	97,4
TOTAL	3 025	100,0	4 173	100,0	3 966	100,0	4 026	100,0	4 196	100,0
ANGLOPHONES										
- vendus	47	28,4	46	22,1	107	41,1	52	17,9	51	16,1
- gratuits	119	71,6	161	77,9	153	58,9	237	82,1	266	83,9
TOTAL	166	100,0	207	100,0	260	100,0	289	100,0	317	100,0
BILINGUES										
- vendus	12	4,7	12	3,7	8	3,5	8	3,1	8	2,8
- gratuits	236	95,3	309	96,3	223	96,5	254	96,9	260	97,2
TOTAL	247	100,0	321	100,0	232	100,0	262	100,0	228	100,0
TOTAL										
- vendus	315	9,2	208	4,4	240	5,4	174	3,8	166	3,5
- gratuits	3 124	90,8	4 494	95,6	4 217	94,6	4 403	96,2	4 614	96,5
TOTAL	3 438	100,0	4 701	100,0	4 457	100,0	4 577	100,0	4 780	100,0

Source Enquête du Centre d'étude sur les médias, *Annuaire CCE Matthews* et Canadian *Advertising rates & Data* (CARD).
Les données ayant été arrondies, il est possible que les totaux diffèrent.

Français (Saint-Jean-sur-Richelieu) et *Le Courrier de Saint-Hyacinthe*. Une assez grande proportion des foyers qu'ils desservent y sont abonnés, ce qui leur assure tout de même une bonne pénétration.

Lectorat

Selon une étude de lectorat menée par Les Hebdos du Québec, 90 % des Québécois adultes habitent une région desservie par au moins un des 142 hebdomadaires francophones membres de l'association. Il existe cependant un bon écart entre la pénétration et la fréquence de lecture. On peut fort bien recevoir à sa porte un hebdo et ne pas s'y intéresser. Selon une enquête conduite en 2004 par le ministère de la Culture et des communications du Québec (MCCQ) auprès d'un échantillon représentatif des personnes âgées de 15 ans et plus, les hebdomadaires régionaux sont boudés par près de la moitié de la population qui ne les lit soit jamais, soit rarement ou au rythme d'une parution sur quatre (graphique 11)

Selon la même enquête du MCCQ, la popularité de ces publications croît avec l'âge et semble liée au sexe du répondant puisque 56,9 % des femmes les consultent hebdomadairement contre 47,5 % pour les hommes. De plus, l'endroit où l'on réside a une grande influence : dans les régions métropolitaines de Montréal et de Québec, la proportion de ceux qui affirment lire chaque édition de l'hebdo local tourne autour de 42 %. Cette proportion est nettement plus élevée dans d'autres régions. Elle est d'au moins 60 % en Abitibi-Témiscamingue, en Mauricie, en Gaspésie - Îles-de-la-Madeleine ainsi que dans Chaudière-Appalaches,

Lanaudière et le Centre-du-Québec, et même de 73 % sur la Côte-Nord.

Revenus

Puisqu'une grande partie de ces journaux a renoncé aux revenus d'abonnement et de vente en kiosque, les recettes publicitaires constituent, de loin, la principale source de revenus de ce secteur. De 1991 à 2001 (derniers chiffres disponibles), la valeur des achats d'espace publicitaire dans les hebdomadaires régionaux du Québec avait augmenté à un rythme annuel moyen de 1,7 % pour atteindre les 192 millions de dollars. À l'instar des quotidiens, il est aujourd'hui impossible d'obtenir des données concernant les sommes que les annonceurs ont réservé, au Québec, à ces publications locales. Il est toutefois permis de penser que ces revenus poursuivent leur croissance. En effet, au cours de la période 2001-2003, les recettes publicitaires des journaux québécois, tous types confondus, ont augmenté de 5,1 %. De plus, à l'échelle de l'ensemble du Canada pour lequel les données propres à cette presse hebdomadaire locale sont disponibles, les revenus tirés de la publicité ont augmenté de 12,1 % entre 2001 et 2003.

Propriété

Quatre groupes nationaux (Transcontinental, Quebecor, Gesca-Power Corporation et CanWest Global) possèdent 50 % des publications et cumulent les deux tiers du tirage total (graphique 12). La société Transcontinental, qui ne s'est lancée dans ce secteur d'activités qu'en 1995, en détient près du tiers à elle seule (57/179) et publie 40 % des exemplaires en circulation. Le second groupe en importance, Quebecor, possède 40 titres (22 %) et contrôle 15 % du tirage total. Cela est sans compter les cinq titres (5 % du tirage) que le groupe possède en copropriété avec l'éditeur Jean-Paul Auclair.

À côté de ces deux « géants », un groupe régional occupe la troisième place. L'entreprise Les Hebdos Montérégiens est propriétaire de 13 publications représentant 7 % du tirage global. On dénombre encore 34 hebdos indépendants (leur propriétaire ne possède qu'un seul titre dans la presse hebdomadaire régionale et n'édite pas de quotidien) qui, ensemble, comptent pour 13 % des exemplaires totaux. Soulignons aussi que, outre Quebecor, deux entreprises propriétaires de quotidiens au Québec possèdent aussi des hebdos. Il s'agit de Gesca (Power Corporation), qui publie quatre hebdos, et de CanWest Global, qui en publie deux.

Quebecor et Transcontinental sont tous deux présents dans plusieurs régions du Québec. Il est très rare, cependant, que les deux groupes possèdent des titres dans la même région. On retrouvera les hebdos de Quebecor surtout dans les régions Gaspésie - Îles-de-la-Madeleine, Bas-Saint-Laurent, Chaudière-Appalaches, Côte-Nord, Saguenay-Lac-Saint-Jean, Abitibi-Témiscamingue et Laurentides. Transcontinental concentre ses titres à Montréal et Laval ainsi que dans les régions Lanaudière, Outaouais, Mauricie et Centre-du-Québec.

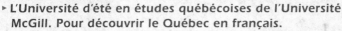

La vie politique

LA DÉMOCRATIE AU MUSÉE !

VOX POPULI
MUSÉE DE LA CIVILISATION
DU 19 OCTOBRE 2005 AU 8 AVRIL 2007

Éducation,
Loisir et Sport
Québec ❦❦

LE DIRECTEUR GÉNÉRAL
DES ÉLECTIONS DU QUÉBEC

MUSÉE DE LA CIVILISATION

Québec

La vie politique

Les jeunes appuient la souveraineté et les souverainistes le demeurent en vieillissant

Gilles Gagné et Simon Langlois
Sociologues, Université Laval

Nous entendons dans cet article aborder deux questions : d'abord, est-ce que les souverainistes de 1995 maintiennent, dix ans après le référendum, leur intention de voter OUI lors d'une prochaine consultation sur la souveraineté ? La question est particulièrement importante pour les nouvelles générations de retraités : en vieillissant, les souverainistes restent-ils fidèles à l'idéal de leur jeunesse ? Ensuite, qu'en est-il des nouvelles cohortes de jeunes qui iraient pour la première fois voter dans un référendum sur la souveraineté? Cette seconde question a une importance certaine pour ceux qui soutiennent la thèse du caractère «générationnel» du mouvement souverainiste et qui font à répétition le pronostic d'un épuisement de l'intérêt pour la question nationale dans le contexte de la mondialisation.

Évidemment, plusieurs autres questions se profilent en filigrane de ces deux questions principales : le niveau d'appui à la souveraineté dans les sondages étant actuellement très élevé, nous aurons à nous demander comment cet appui général a évolué depuis dix ans et à interroger la nature de ces variations. La structure sociale de l'appui à la souveraineté, la distribution régionale de cet appui, ses variations selon l'âge et le sexe font aussi partie des «variables» de la question que l'on prend habituellement en considération et que nous aborderons ici dans l'espoir de les éclairer les unes par les autres, selon la méthode plus synthétique d'une typologie.

Retour en arrière

Avant de répondre à ces questions, il importe de revenir brièvement sur ce qui s'est passé lors du dernier référendum sur la souveraineté et sur la manière de mettre en lumière les sondages sur la question que nous avons proposée il y a quelques années. Dans un ouvrage publié en 2002 - *Les Raisons fortes. Nature et signification de l'appui à la souveraineté* -, nous avons avancé que le mouvement souverainiste (tel que manifesté par le vote référendaire) était désormais porté par un groupement très large de personnes appartenant à la classe moyenne francophone active sur le marché du travail et formée de jeunes et de personnes d'âge médian.

Dans une étude qui visait d'abord à comprendre comment se distribuait l'appui à la souveraineté parmi les francophones, nous avons montré que ce groupe d'électeurs s'était fortement mobilisé en faveur du OUI durant le mois précédent le vote d'octobre 1995, en particulier les femmes de ce groupe dont l'appui à la souveraineté à la fin de la campagne s'était rapproché de celui des hommes du même groupe. C'est la classe moyenne francophone, avons-nous soutenu alors, telle que visible dans la lunette imparfaite d'un découpage qui lui associe des éléments de la classe supérieure, qui a voté OUI à 71 % et qui a donné au camp du OUI les deux tiers des voix qu'il a recueillies, le très haut niveau d'appui de ce groupe se combinant à son poids démographique (plus ou moins 45 % des électeurs) pour produire ce résultat.

L'appui au mouvement souverainiste, tel qu'il se montre dans la pro-

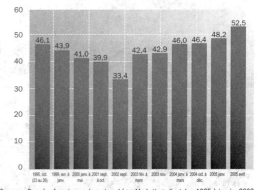

GRAPHIQUE 1 **Proportion des personnes ayant l'intention de voter OUI lors d'un prochain référendum sur la souveraineté, octobre 1995 et 1999 à 2005, sondages empilés, Québec**

Sources : Données fournies par la maison Léger Marketing, d'octobre 1995 à janvier 2003, et par Repère communication, de février 2003 à avril 2005, sondages omnibus. Calculs des auteurs.

portion de OUI fermes que recueillent les sondages, s'est maintenu à un niveau élevé dans les cinq ans qui ont suivi la consultation populaire[1]. Puis le mouvement souverainiste a par la suite connu une grave crise à partir de 2000, à la suite d'une grève des infirmières qui a alors acquis une importance symbolique et qui fut suivie du départ de Lucien Bouchard. L'appui donné au OUI dans les sondages a fortement diminué jusqu'à un creux d'environ un tiers des électeurs en sa faveur. Or, ce déclin a été surtout observé dans le groupement même d'électeurs qui s'étaient mobilisé en 1995 en faveur de l'option souverainiste.

La classe moyenne francophone active sur le marché du travail a diminué son appui au OUI alors qu'un gouvernement issu de ses rangs s'épuisait à épurer les finances publiques dans le cadre fédéral. Ce gouvernement favorisait pour cela un certain « retrait » de l'État et redéfinissait en conséquence son rôle économique en le mettant au service des investissements dans l'économie du savoir. À la lumière de ces faits, nous avions conclu en 2002 que cet appui de la classe moyenne à la souveraineté était lié à une conception de la société selon laquelle l'État ne devait être instrument de l'économie qu'en vue d'être, comme l'aurait dit Trudeau, maître d'œuvre de la justice sociale.

Lorsque nous avons constaté, en 2001-2002, le déclin de l'appui à la souveraineté dans les rangs de ses principaux supporters, nous avions fait l'hypothèse que c'était précisément sur cette question que le courant ne passait plus entre la classe moyenne et le parti au pouvoir. Cet épisode s'est terminé en 2003 par le pire score électoral du Parti québécois depuis 1973.

Mais il y a plus que l'examen de la permanence des convictions chez les forces souverainistes. Il faut aussi prêter attention aux effets de génération comme nous y invite la seconde question posée plus haut. La population des électeurs est en effet en profond changement : les électeurs âgés – plus souvent fédéralistes – décèdent, et de nouveaux électeurs arrivent à l'autre extrémité de l'échelle des âges, jeunes et plus souvent souverainistes. Comment évaluer l'impact de ces effets de générations ? C'est là notre deuxième objectif dans ce court texte, l'importance de l'effet de génération n'étant plus à démontrer.

Loco Locass

Dans l'ouvrage cité plus haut, par exemple, nous avions observé un déclin significatif de dernière heure de l'appui donné au OUI au sein d'un autre groupe d'électeurs, formé celui-là de seniors (personnes âgées de 55 ans et plus) et composé en majorité de personnes inactives sur le marché du travail. Les écarts entre les groupes d'âge observés en 1995 dans le résultat du vote référendaire traduisaient en fait des différences importantes entre générations, différences fort intéressantes dans le cas des électeurs francophones.

Les seniors de ce groupe linguistique formaient en effet un groupe-ment de personnes socialisées essentiellement dans l'espace cana-dien-français et encore attachées au Canada pour de bonnes raisons, alors que les générations plus jeunes socialisées quant à elles sur le plan politique dans l'espace de la société québécoise se montraient plus disposées à faire de cette société leur « pays » et à y inscrire leurs aspirations.

Les différences entre les femmes et les hommes sont de-venues négligeables dans les années 2004 et 2005.

Il faut donc combiner une approche par types d'électeurs (et non plus seulement par variables considérées isolément) à une approche par cohortes afin de comprendre l'évolution du sentiment souverai-niste exprimé dans les intentions de vote à une éventuelle question référendaire.

Une option qui a retrouvé ses appuis

Après avoir connu un déclin au début des années 2000, l'appui à la souveraineté du Québec est de nouveau en hausse au sein de la population québécoise et les intentions de voter OUI à un troisième référendum qui poserait une question sem-blable à celle de 1995 - appui donné à la souveraineté du Québec assortie d'une offre de partenariat avec le Canada - sont même à un niveau très supérieur à celui qui avait été observé dans les sondages il y a dix ans (graphique 1). L'appui ferme donné au OUI tournerait autour de 52 et 54 % du total des électeurs, alors qu'il avait atteint un sommet de 46,1 % dans les sondages de la maison Léger marketing

Précisions de méthodes

En l'absence d'une véritable campagne référendaire autour d'un enjeu bien réel, force est de nous rabattre sur l'examen du sentiment souverainiste manifesté dans les sondages d'opinions sur la question et de le comparer aux intentions de vote qui prévalaient avant le référendum de 1995 afin de comparer le comparable avec le comparable. Nous analysons les réponses à la question posée par les son-deurs : « Si un référendum avait lieu aujourd'hui sur la sou-veraineté du Québec assortie d'une offre de partenariat économique et politique avec le reste du Canada, voteriez-vous pour ou contre la souveraineté du Québec ? ». Nous analysons les réponses à la question posée avec relance. Nous nous limitons à l'étude des réponses fermes (oui, non, ne sait pas/refus) et nous ne répartissons pas les indécis, car notre intention n'est pas d'estimer le score final à un éventuel référendum.

Nous analysons les données de 37 sondages au total, soit 4 effectués en octobre 1995, avant le Référendum, et 33 sondages postérieurs faits entre 1999 et 2005. Au total, 23 sondages ont été faits par la maison Léger Marketing et 14

autres par Repère Communication entre 2003 et 2005, sui-vant une méthodologie comparable. La distribution des caractéristiques des répondants et leur distribution en types d'électeurs sont comparables dans les deux séries de don-nées, ce qui rend possible l'étude de l'évolution des inten-tions fermes du vote pour ou contre la souveraineté pro-posée dans cet essai.

Des éléments de méthodologie plus détaillés ont été présen-tés longuement dans notre ouvrage *Les raisons fortes. Nature et signification de l'appui à la souveraineté du Québec* (Montréal, Presses de l'Université de Montréal, 2002) auquel nous renvoyons le lecteur, car nous avons ap-pliqué, dans la présente étude, les mêmes approches que dans celle qui a été publiée en 2002.

Les auteurs sont professeurs au département de sociolo-gie de l'Université Laval (Québec). Ils ont publié Les Raisons fortes. Nature et signification de l'appui à la souveraineté du Québec (Montréal, Presses de l'Université de Montréal, 2002).

quelques jours avant le vote du 30 octobre 1995. À noter que nous comparons des intentions de vote fermes, avant la répartition des indécis, notre but étant non pas de prédire de manière précise le niveau de popularité de l'option souverainiste, mais bien plutôt de mesurer son évolution dans le temps. Les données de sondages dont nous disposons en provenance de deux firmes différentes concordent et vont dans le même sens. (Voir l'encadré pour les remarques méthodologiques et les sources de données). Une majorité ferme d'électeurs manifeste son intention de voter OUI, ce qui n'avait pas été observé avant le dernier référendum, il faut le souligner au passage.

On objectera que ce haut score du OUI est observé dans le contexte où le Parti québécois est dans l'opposition - l'appui à la souveraineté ayant tendance, dira-t-on, à augmenter dans cette situation - et que la perspective de la tenu d'une autre consultation populaire est lointaine sinon hypothétique. Ces objections relèvent de la conjoncture et de conjectures. Le seul autre cas depuis 1976 où le PQ fut dans l'opposition (sous le deuxième gouvernement de Bourassa) fut marqué essentiellement par le rejet, par le reste du Canada, de tout compromis constitutionnel (l'affaire du Lac Meech) et il n'y a aucun moyen de tirer, sur cette base, une conclusion quant à l'effet sur la souveraineté du passage du PQ par l'opposition.

Depuis 1968, l'appui à la souveraineté a monté ou descendu indépendamment du statut parlementaire du PQ, avec une tendance générale à la hausse. De plus, l'effort d'expliquer les variations globales de l'appui à la souveraineté par le recours à ce genre de supposition revient le plus souvent à expliquer le mauvais phénomène : la variation de l'appui global à la souveraineté et la variation de l'appui des électeurs du groupe porteur sont deux choses fort différentes, deux choses qui n'ont ni le même rythme ni la même logique sociale et qui vont fréquemment dans le sens contraire l'une par rapport à l'autre.

TABLEAU 1 **Proportion des personnes ayant l'intention de voter OUI lors d'un prochain référendum sur la souveraineté selon la typologie des citoyens, octobre 1995 et 1999 à 2005, sondages empilés, Québec**

Typologie (18-54 ans ; 5ns et +)	23-26 oct. 1995	Sondages empilés				
		Avr. 1999 à sept. 2001	Oct. 2001 à janv. 2003	2003 Fév. à nov.	2004 Janv. à déc.	2005 Janv. à avr.
Francophones, 18-54 ans, actifs, 20 000 $ et plus	61,0	53,3	47,1	55,1	58,0	61,0
Francophones, 18-54 ans, inactifs et actifs faible revenu	47,9	49,3	44,0	47,3	52,3	57,0
Francophones, 55 ans et plus, actifs	48,6	41,9	36,1	40,2	51,2	61,7
Francophones, 55 ans et plus, inactifs	34,9	33,8	30,2	37,3	38,8	42,6
Anglophones, 18-54 ans	11,1	16,5	15,3	18,6	21,4	21,8
Anglophones, 55 ans et plus	4,3	12,3	9,2	13,4	15,4	8,0
Total %	45,6	43,8	38,8	42,8	46,2	49,5
N	4 020	20 715	5 988	29 120	34 944	16 503

Sources : Données fournies par la maison Léger Marketing, d'octobre 1995 à janvier 2003, et par Repère communication, de février 2003 à avril 2005, sondages omnibus, Calculs des auteurs.

Si l'on veut bien jeter ici un premier coup d'œil sur le tableau 1, on verra qu'entre le mois d'octobre 1995 et la période 2001-2003 (première et troisième colonnes du tableau, l'appui global à la souveraineté baisse de 6,8 % mais que l'appui des électeurs de type I, représentant 45 % de l'échantillon baisse de 13,9 % sur cet intervalle, faisant à lui seul baisser le score global de 6,25 %, ce qui représente 92 % de la variation globale. Dans le passé, nous avons observé des situations où le retrait de l'appui des électeurs du groupe porteur représentait plus de 110 % du recul global (ceci dit sans plaisanterie sportive), la chute des intentions exprimées par cette petite moitié de la société étant partiellement compensée par la remontée, dans la même conjoncture, des OUI fermes de l'autre moitié.

Nous constatons une hausse de l'appui au OUI chez ceux qui ont plus de 65 ans en 2005 (40 %) comparé au même groupe d'âge en 1995 (33 %).

Le fait le plus marquant dans ce retour en popularité de l'option souverainiste en 2005 est donc précisément le regain de faveur dans le groupement d'électeurs qui lui avaient retiré son appui au tournant de l'an 2000, soit aussi le même groupement qui s'était mobilisé au cours de la campagne référendaire de 1995 en faveur du OUI et qui avait failli l'emporter. C'est donc dans le groupement des personnes actives, jeunes et d'âge moyen et francophones que s'observe aussi bien la mobilisation que la démobilisation en faveur du projet souverainiste. C'est là le premier phénomène à noter.

Cette population active sur le marché du travail est formée de personnes autonomes, responsables d'elles-mêmes, capables de se projeter dans l'avenir, de faire des projets et de mettre à l'occasion en suspend les urgences quotidiennes pour se prêter à la discussion du bien commun, pour peu que la question en jeu lui paraisse définir le cadre général de la vie privée ou qu'elle paraisse liée aux conditions politiques de la liberté. Les membres de ce groupement prennent en considération un projet collectif s'ils y trouvent un sens et s'ils le jugent désirable par quelque côté. Ils peuvent donc se mobiliser pour faire advenir un « possible » où ils ont de bonnes raisons de se reconnaître - ou se démobiliser pour sanctionner le parti qui porte l'option si ses politiques lui semblent défavorables, comme ce fut le cas au tournant des années 2000.

Pour dire la chose en quelques mots, nous considérons que l'appui à la souveraineté relève de l'action sociale significative et que l'action, bien qu'elle relève elle-même du domaine de la liberté, s'inscrit dans un ensemble de contraintes qui marquent la situation de l'acteur. Le fait que le groupe social qui est de loin le plus favorable à la souveraineté (et celui sur lequel repose de manière décisive sa réalisation) soit aussi celui dont les membres sont les plus prompts à moduler l'expression de leur accord nous parait indiquer que les convictions idéologiques irréfléchies ou les intérêts matériels impératifs sont moins contraignants dans ce groupe, du moins face à cette question. La liberté, une chose dont on use jamais qu'en vue de l'accroître a dit le philosophe, se présente ici comme « délibération », et les fortes variations de l'appui du groupe porteur à la souveraineté nous semblent typiquement révélatrices de la nature de cet appui (ou de ce rejet) pour l'ensemble de la société : cet appui relève des comportements politiques qui sont moins

L'appui au OUI est plus fort dans les nouvelles cohortes de jeunes électeurs qui n'avaient pas le droit de voter en 1995.

«l'effet» mécanique de «causes» que le résultat du jugement. C'est dans ce sens qu'il faut les comprendre pour les expliquer et que les corrélations qui mettent en jeu des évènements (une élection, un scandale, etc.) ne sont que des adjudants de cette tâche.

Nous avons pour preuve de la pertinence de notre problématique un élément nouveau, en sus de ceux qui ont déjà été avancés dans notre ouvrage. Nous avions retenu l'âge de 55 ans en 1995 pour identifier une coupure de génération, soit celle des individus qui ont voté pour la première fois dans l'espace de la société québécoise moderne à l'âge de 21 ans en 1960. Ceux qui avaient voté avant 1960 pour la première fois appartenaient à un monde politique davantage identifié à l'espace culturel du Canada français et c'est pour cette raison, et non en raison de l'âge pris en lui-même, que nous avions fait passer à 55 ans la ligne de notre typologie.

Or, en 2005, les personnes qui ont voté pour la première fois en 1960 ont dix ans de plus qu'en 1995 (environ 65 ans). Pour être cohérents, nous devons donc maintenant refaire notre typologie et faire passer à 65 ans la frontière des groupes d'âge afin de mieux refléter la nature des «générations politiques», selon l'expression de Vincent Lemieux. Les résultats de ce réaménagement, qui ramène en 2005 notre typologie à ce qu'elle était pour 1995, sont remarquables à plus d'un égard (voir le tableau 2). Alors que la colonne de gauche du tableau 2 montre la distribution actuelle des OUI fermes en 2005, mais selon la typologie qui avait été faite pour interpréter le vote de 1995, la colonne de droite indique comment se redistribuent ces appuis actuels une fois que l'on a remis à jour le critère d'âge de la typologie. L'opération revient en gros à ajouter aux types I, II et V les gens ayant entre 55 et 64 ans, électeurs qui correspondent désormais à la nouvelle frontière

TABLEAU 2 **Proportion des personnes ayant l'intention de voter OUI lors d'un prochain référendum sur la souveraineté selon la typologie des citoyens, octobre 1995 et 1999 à 2005, sondages empilés, Québec**

	Typologie (18-54 ans ; 55 ans et +)	Sondages empilés 2005	2005	Typologie modifiée (18-64 ans ; 65 ans et +)
Francophones, 18-54 ans, actifs, 20 000 $ et plus		61,0	61,8	Francophones, 18-64 ans, actifs, 20 000 $ et plus
Francophones, 18-54 ans, inactifs et actifs faible revenu		57,0	53,1	Francophones, 18-64 ans, inactifs et actifs faible revenu
Francophones, 55 ans et plus, actifs		61,7	43,4	Francophones, 65 ans et plus, actifs
Francophones, 55 ans et plus, inactifs		42,6	39,9	Francophones, 65 ans et plus, inactifs
Anglophones, 18-54 ans		21,8	21,0	Anglophones, 18-64 ans
Anglophones, 55 ans et plus		8,0	1,0	Anglophones, 65 ans et plus
Total	%	49,5	49,5	%
	N	16 503	16 501	N

Sources : Données fournies par la maison Léger Marketing, d'octobre 1995 à janvier 2003, et par Repère communication, de février 2003 à avril 2005, sondages omnibus. Calculs des auteurs.

Jeunes Patriotes

d'âge de ces types et à les retirer des types III, IV et VI, types qui ne regroupent plus que leurs aînés (65 et plus).

On appréciera la valeur de la théorie qui avait présidé à la formation de cette typologie en constatant d'abord que l'ajout au type I d'une cohorte d'électeurs (et d'électrices) âgés, ne diminue pas (et peut-être même augmente) la proportion de OUI fermes de ce groupe. Pour la majorité des observateurs, la chose paraîtra contre intuitive. On appréciera aussi la valeur prédictive de la théorie en constatant de quelle manière la mise à jour de la typologie corrige une erreur de perspective qui s'était renforcée au fil des ans.

Alors que nous avions fait passer la ligne à 55 ans essentiellement pour interpréter le référendum de 1995, l'obligation qui nous était faite par la nature des données de sondage de garder la même frontière d'âge pour les années suivant le référendum a eu pour effet de mettre de plus en plus de «Québécois» dans les types III et IV, donnant du même coup l'impression d'une hausse continuelle du niveau d'appui de ces types d'électeurs. La correction que nous devons faire, maintenant qu'une tranche d'âge de 10 ans peut être précisément remise à sa place, fait disparaître cette illusion et montre, dans la colonne de droite, une distribution des intentions qui, à l'exception de la hausse du type V, reproduit la structure d'octobre 1995. Les «Canadiens français», pour dire la chose simplement, n'ont pas significativement augmenté leur appui à la souveraineté et, globalement, l'effet de discrimination des six classes d'électeurs que nous avions proposées, loin de s'atténuer, s'est accru.

Commençons par mieux cerner l'effet de génération qui se montre dans ce réaménagement par un examen de cohortes, puis examinons ensuite conjointement l'effet de la génération et l'effet du type d'électeurs dans les intentions de vote, par région et par sexe.

De nouvelles générations pour le OUI

En 2005, le Québec compte 912 000 jeunes nouveaux électeurs – tous nés entre 1978 et 1987 inclusivement – donc trop jeunes pour avoir voté lors du dernier référendum mais qui auront droit de vote lors d'une éventuelle consultation populaire. D'ici cinq ans (2010), presque un demi million de nouveaux électeurs s'ajoutera encore à ce nombre, soit cinq cohortes nées dans la période connue chez les démographes comme l'écho du baby-boom à la fin des années 1980 (exactement 469 524 naissances en cinq ans de 1988 à 1992). Ces jeunes ne sont pas tous restés au Québec, certes, mais la très grande majorité d'entre eux feront partie du prochain paysage électoral. Il y aura donc environ près d'un million et demi de nouveaux électeurs lors d'un prochain référendum, s'il a lieu dans un avenir rapproché, et ce par simple renouvellement des générations auxquels s'ajouteront les immigrants installés au Québec depuis 1995 qui acquerront le droit de vote dès l'obtention de leur citoyenneté.

Pendant la même période, les cohortes de seniors et de personnes âgées qui avaient voté en majorité pour le NON au dernier référendum sur la souveraineté ont connu un taux de mortalité qui en a réduit considérablement les effectifs. On peut estimer à environ 600 000 le nombre de personnes décédées entre 1995 et 2005, dont 85 % avaient plus de 60 ans, ce qui donne un demi million d'électeurs âgés qui avaient voté en 1995 mais qui ne voteront plus à l'avenir. Or, on sait que le OUI ne rejoignait qu'une personne sur trois dans ce groupement composé de personnes attachées à l'ancien Canada français, situation, nous venons de le voir, qui a assez peu changé. Pour ironiser sur la sociologie électorale spontanée de Jacques Parizeau, nous avons montré dans *Les raisons fortes* que le OUI l'aurait emporté en 1995 si les Québécois francophones âgés de 55 ans et plus avaient maintenu, au moment de voter, l'appui qu'ils accordaient à la souveraineté au début de la campagne.

Ces changements démographiques soulèvent l'importante question de la manière d'estimer les effets de génération en plus des effets d'âge qui sont déjà

TABLEAU 3   **Proportion des francophones ayant l'intention de voter OUI lors d'un prochain référendum sur la souveraineté, selon le groupe d'âge et la cohorte, octobre 1995 et 2005, sondages empilés, Québec**

Cohortes	Âge en 1995	Âge en 2005	% oui 1995	% oui 2005
C1	-	18-24 ans	-	67,0
C2	18-24 ans ⟶	25-34 ans	61,6 ⟶	61,5
C3	25-34 ans ⟶	35-44 ans	55,5 ⟶	56,7
C4	35-44 ans ⟶	45-54 ans	59,4 ⟶	58,5
C5	45-54 ans ⟶	55-64 ans	53,5 ⟶	54,8
C6	55-64 ans ⟶	65 et + (actifs)	43,6 ⟶	(43,4)
	65 et plus	**65 et plus**	**32,6**	**40,0**

Sources : Données fournies par la maison Léger Marketing, d'octobre 1995 à janvier 2003, et par Repère communication, de février 2003 à avril 2005, sondages omnibus. Calculs des auteurs.

connus. Deux questions se posent donc. D'abord, comment voteraient les jeunes nouveaux électeurs ? Nous savons que les jeunes électeurs ont appuyé davantage l'option de la souveraineté dans le passé (effet d'âge). Cet appui sera-t-il encore plus élevé dans les nouvelles cohortes, comme il a été en croissance continue depuis quarante ans chez les jeunes (effet de génération) ? Ensuite, nous savons que les électeurs les plus âgés ont voté en forte majorité pour le NON lors du dernier référendum (effet d'âge). Or, en sera-t-il ainsi dans les nouvelles cohortes de personnes âgées (effet de génération) ? Autrement dit, les électeurs qui ont voté lors du référendum de 1995 conserveront-ils en vieillissant leurs convictions et leurs engagements, en particulier dans le cas de ceux qui ont voté pour le OUI en 1995 ?

Ceux qui ont voté OUI dans un groupe d'âge donné entendent le faire à nouveau dix ans plus tard dans les mêmes proportions.

À la question du changement générationnel des intentions de vote s'en ajoute une autre : celle de la permanence des convictions exprimées en 1995 lors d'une éventuelle nouvelle consultation populaire. Ceux et celles qui ont voté OUI en 1995 entendent-ils le faire de nouveau lors d'un prochain référendum ?

Seule une analyse par cohortes est susceptible de répondre à ces questions, ce qui est possible avec les données que nous avons puisque les tranches d'âges dans les sondages empilés ont des intervalles de dix ans et qu'il s'est écoulé dix ans depuis le dernier référendum. Nous avons donc empilé les trois sondages de l'année 2005 afin de les comparer avec les quatre sondages empilés d'octobre 1995 (tableau 5). Rappelons que ces proportions ne mesurent pas l'estimation du vote final (qui devrait être estimé par d'autres techniques). Elles permettent par contre d'estimer les changements dans le temps des intentions et en particulier d'estimer les effets d'âge et de génération séparément.

Trois constats ressortent de notre analyse par cohortes. Tout d'abord, l'appui au OUI augmente dans les nouvelles cohortes de jeunes électeurs qui n'avaient pas le droit de voter en 1995. L'appui donné au OUI est plus fort chez les 18-24 ans de 2005 que dans le même groupe d'âge en 1995.

Ensuite, il apparaît que les seniors proches de la retraite en 1995 (55-64 ans) ont maintenu leurs intentions dix ans plus tard. Ce résultat est important. Il signifie que l'âge élevé (disons plus de 60 ans) n'est pas en soi lié à un niveau plus faible d'appui au OUI, (ou, plus exactement, que le niveau d'appui dépend plus fortement des générations politiques que de l'âge). Par ailleurs, les données ne permettent pas d'estimer l'effet de génération après l'âge de 65 ans. Seul l'effet d'âge peut être apprécier pour ce type d'électeurs dans nos sondages, et nous constatons une hausse de l'appui au OUI chez ceux qui ont plus de 65 ans en 2005 (40 %) comparé au même groupe d'âge en 1995 (33 %). Cette hausse ne peut être expliquée autrement que par un effet de génération politique qu'il resterait à mesurer de manière précise. L'arrivée d'une nouvelle cohorte de personnes âgées (les 65-74 ans en 2005) aurait donc contribué à la hausse de l'appui donné au OUI dans ce groupe.

Enfin, les électeurs d'âge médian conservent leurs choix exprimés en 1995. Ceux qui ont voté OUI dans un groupe d'âge donné entendent le faire à nouveau

Défilé de la Saint-Jean

dix ans plus tard dans les mêmes proportions. Ce résultat est particulièrement clair pour les cohortes C2 à C5 du tableau 5. Il n'y a donc pas eu défection dans les intentions de vote chez ceux qui avaient entre 18 et 54 ans en 1995, dix ans plus tard. Les proportions sont même étonnamment proches.

Chez les allophones

Par ailleurs, cet effet de génération est-il aussi observable chez les allophones, en particulier dans la génération des jeunes néo-québécois? Nous observons dans nos données que les jeunes allophones donnent un appui plus marqué à l'option souverainiste que les plus âgés. Il en va de même pour les personnes actives dans tous les groupes d'âge par comparaison avec les personnes inactives. Si, après avoir regroupé tous les sondages de 2004-2005, nous isolons dans ce type V (64 ans et moins) les seuls allophones, le niveau de l'appui à la souveraineté s'établit alors à 23 %, et montent à 27 % dans le sous-groupe (77 %) de ceux qui sont actifs sur le marché du travail. Ce résultat ne laisse pas d'étonner, surtout quand on songe que deux ans auparavant les sondages empilés établissaient à 38,8 % le niveau d'appui pour l'ensemble de la société. Bref, âge et activité contribuent à hausser le niveau de l'appui donné au OUI chez les allophones, un niveau qui se situe entre un quart et un tiers des électeurs actifs, dépendamment de l'âge. Les proportions sont moins élevées chez les anglophones dont une faible minorité appuie le OUI, mais qui tend elle aussi à varier selon l'âge et l'activité. Enfin, l'appui donné à la souveraineté est plus élevé dans le cas des minorités vivant en milieux largement francophones.

En résumé, la hausse de l'appui au OUI observable dans les sondages est largement un effet de génération. L'appui donné au OUI dans les intentions de vote précédant le dernier référendum s'est maintenu à peu près au même niveau dix ans plus tard. L'augmentation des intentions de vote au total s'explique donc par l'arrivée de nouvelles générations de jeunes aux convictions souverainistes plus marquées, par la fidélité au OUI chez les nouvelles cohortes de seniors, et par la hausse, variable selon les groupes, de l'appui des électeurs du type V.

TABLEAU 4 **Proportion des personnes ayant l'intention de voter OUI lors d'un prochain référendum sur la souveraineté selon la typologie des citoyens et le sexe, octobre 1995 et 1999 à 2005, sondages empilés, Québec**

Typologie (18-54 ans ; 5ns et +)	Sexe	Oct. 1995	Avril-juin 1999	Sondages empilés Janvier-mai 2001	Février-nov. 2003	Janvier-avril 2005
I	Homme	65,2	59,1	58,9*	56,8	61,2
	Femme	56,6	60,1	47,9*	53,0	60,9
II-VI	Homme	36,5	32,1	34,2	36,2	41,8
	Femme	28,2	30,5	33,7	32,2	38,4
Total	**Homme**	**51,3**	**46,0**	**46,9**	**45,7**	**51,7**
	Femme	**39,0**	**41,8**	**39,5**	**40,0**	**47,4**

Sources : Données fournies par la maison Léger Marketing, d'octobre 1995 à janvier 2003, et par Repère communication, de février 2003 à avril 2005, sondages omnibus. Calculs des auteurs.
* Différences statistiquement significatives, du seuil 05

Les différences entre les femmes et les hommes

Il était courant d'affirmer, jusqu'au Référendum de 1995, que les femmes appuyaient en moins forte proportion le OUI que les hommes. Ce résultat s'explique en bonne partie par la démographie : les femmes âgées sont plus nombreuses et les personnes âgées ont voté en majorité pour le NON. Nos analyses précédentes avaient montré que les différences entre les sexes étaient variables selon les types d'électeurs comme on peut le voir nettement dans le tableau 4. Mais surtout, nous avons fait état d'une disparition des écarts entre les femmes et les hommes au sein du groupement porteur dans les années suivant le référendum, élimination virtuelle qui a été confirmée par la suite, pour ne laisser transparaître entre les hommes et les femmes de ce groupe qu'une différence de chronologie et d'ampleur dans les variations de leur appui respectif : pour dire les choses intuitivement, les femmes du groupe porteur sanctionnent plus sévèrement (et pas toujours au même moment) l'option qu'elles appuient. En conséquence, les différences observables entre les femmes et les hommes du type I sont nettement plus faibles dans tous les sondages postérieurs au référendum. Elles sont devenues négligeables dans les années 2004 et 2005.

Deux explications peuvent être avancées à la réduction importante des différences entre les sexes.

La première tient au remplacement des générations. Les jeunes femmes ne sont pas moins souverainistes que les jeunes hommes et nous avons vu plus haut que les jeunes appuient davantage l'option souverainiste. Par ailleurs, le taux d'emploi des femmes a continué de grimper, notamment après l'âge de cinquante ans, et l'appui au mouvement souverainiste est plus élevé chez les personnes actives, y compris chez les femmes. Mais surtout, une partie des femmes âgées qui avaient

Selon l'âge, entre un quart et un tiers des électeurs allophones appartenant à la population active appuient la souveraineté.

appuyé le NON en 1995 sont maintenant décédées. Rappelons que celles-ci avaient été marquées par le mouvement pour le NON des Yvette en 1980, un mouvement typique de leur génération. Or, les nouvelles cohortes de femmes âgées, qui appartiennent à de nouvelles générations politiques, sont moins réticentes à voter OUI.

La seconde explication est à chercher dans la dynamique des opinions au sein du groupement porteur du projet souverainiste. L'écart entre les femmes et les hommes a été plus important dans la période creuse de l'appui au mouvement souverainiste au tournant des années 2000, notamment au sein du type 1, le groupement porteur du projet souverainiste. La défection plus marquée des femmes actives avait commencé au moment de la grève des infirmières 1999 et elle s'est maintenue jusqu'en 2003. Les sondages des deux ou trois dernières années indiquent que les femmes actives qui avaient retiré leur appui au OUI sont redevenues de nouveau favorables à cette option dans les sondages. Les écarts notés entre les deux sexes dans les intentions de vote précédant le dernier référendum sont disparus, au total et dans les groupements d'électeurs que nous avons distingués.

L'énigme de la région de Québec

On se rappellera que le support donné au OUI en 1995 avait été globalement plus faible dans la région de Québec, au point où certains analystes ont avancé que l'option souverainiste l'aurait remporté si la région de la capitale avait voté comme les francophones du reste du Québec. On a alors parlé de «l'énigme de Québec». L'analyse par région exige de distinguer la langue maternelle, pour y voir plus clair, ce qui est fait dans la typologie des électeurs que nous proposons. Aussi distinguerons-nous encore une fois le type porteur (type I) et les autres (regroupés) pour l'analyse de ce qui se passe dans les régions du Québec, et notamment dans la région même de Québec.

La classe moyenne active francophone a largement appuyé le projet du mouvement souverainiste en 1995, votant OUI aux deux tiers environ partout sur le territoire québécois sauf en Outaouais (un tiers des votes) et un peu moins dans la grande région de Québec (58,8% des intentions de vote). Il y avait donc dès 1995 une différence intrigante dans la région de la capitale québécoise, une différence qui n'était pour nous «intrigantes» que dans la mesure où elle concernait aussi le groupement porteur de l'option souverainiste. Nos travaux sur le Référendum de 1995 avaient cependant montré que c'est dans la couronne de Québec que le OUI avait été le plus faible dans le groupement porteur, et non dans la ville centre elle-même, alors que les francophones actifs de l'île et de la région de Montréal votaient comme les autres électeurs francophones actifs du Québec de notre type I.

Par ailleurs, la proximité du gouvernement fédéral, et le fait que de nombreux électeurs jugent que la prospérité de leur région soit liée à la sienne, expliquent aisément le résultat observé en Outaouais.

TABLEAU 5 — Proportion des personnes ayant l'intention de voter OUI lors d'un prochain référendum sur la souveraineté selon la typologie des citoyens et la région, octobre 1995 et 1999 à 2005, sondages empilés, Québec

Typologie (18-54 ans ; 54 ans et +)	Région	Oct. 1995	Avr. 1999 à sept. 2001	Oct. 2001 à janv. 2003	2003 Fév. à nov.	2004 Janv. à déc.	2005 Janv. à avr.
I	Montréal	64,7	53,7	47,6	58,1	56,6	62,5
	Couronne de Montréal	62,3	55,2	52,7	57,4	59,4	60,3
	Périphérie de Montréal	62,2	59,4	51,3	56,3	61,7	71,5
	Québec	58,8	50,1	44,5	48,8	51,3	50,0
	Outaouais	32,9	34,7	25,2	32,8	39,4	45,1
	Centre du Québec	63,9	55,2	46,7	56,1	55,3	65,4
	Régions éloignées	65,2	56,4	47,4	59,4	65,5	66,6
II-VI	Montréal	20,8	24,9	22,2	26,5	30,0	28,4
	Couronne de Montréal	36,1	32,2	28,6	32,0	34,6	42,9
	Périphérie de Montréal	45,4	39,5	35,3	41,9	44,4	49,2
	Québec	32,6	35,1	33,1	39,8	39,0	49,0
	Outaouais	14,3	23,7	25,3	31,3	27,0	36,2
	Centre du Québec	34,6	34,7	41,0	33,5	38,9	46,1
	Régions éloignées	46,6	42,4	38,1	42,9	51,8	44,9
Total	Montréal	35,4	34,2	29,4	35,9	38,3	39,2
	Couronne de Montréal	48,8	42,9	38,9	43,1	45,1	50,8
	Périphérie de Montréal	52,7	49,4	42,9	48,3	53,5	60,8
	Québec	46,8	43,1	39,0	44,7	45,2	49,6
	Outaouais	22,4	28,6	25,2	32,1	32,5	40,3
	Centre du Québec	48,3	44,6	43,3	42,9	46,7	56,3
	Régions éloignées	55,9	49,5	42,4	50,3	58,7	55,6

Sources : Données fournies par la maison Léger Marketing, d'octobre 1995 à janvier 2003, et par Repère communication, de février 2003 à avril 2005, sondages omnibus. Calculs des auteurs.

L'analyse des intentions de vote par régions en 2005 montre une grande simili-litude avec les intentions qui avaient été observées en 1995, avant le vote du 31 oc-tobre (tableau 5). L'appui donné au OUI est partout comparable à ce qu'il avait été lors du référendum de 1995, sauf en Outaouais où il est en hausse en 2005 et dans la région de Québec où il est cette fois en baisse. Il n'est pas surprenant de noter que l'appui donné au OUI est plus faible en Outaouais qu'ailleurs au Québec, mais il est cependant en augmentation dans cette région par rapport à 1995, au total (40,3%) et en particulier dans le groupement porteur du projet souverainiste (45,1% en 2005).

La situation est fort différente dans la grande région de Québec, et cette fois « l'énigme de Québec » touche aussi la classe moyenne francophone. Cette dif-férence se pointait déjà en 1995, mais elle n'était pas significative sur le plan sta-

Bernard Landry et Gilles Duceppe au défilé de la Fête nationale.

tistique. Ce n'est plus le cas maintenant, puisque le niveau de l'appui au OUI dans le groupe porteur y tourne depuis cinq ans autour de 50%, démarquant ainsi la région immédiate de Québec des autres régions, alors qu'il est en hausse dans les autres types d'électeurs de la même région (les seniors, les inactifs, etc.) sans doute à cause des effets de génération notés plus haut (notamment le remplacement des cohortes âgées). Autrement dit, la classe moyenne francophone qui est active sur le marché du travail dans la région de Québec hésite plus qu'ailleurs à donner un fort taux d'appui au mouvement souverainiste.

Comment expliquer l'énigme de Québec? Deux explications complémentaires viennent à l'esprit que nous évoquerons brièvement faute d'espace.

La première nous amènerait à examiner les changements qui ont marqué la composition du groupement même des travailleurs de la grande région de Québec. La ville de Québec a en effet perdu depuis une quinzaine d'années une partie non négligeable de ses jeunes diplômés en début de carrière - la classe d'âge des 25-34 y est en régression - partis vers Montréal en majorité y occuper des emplois spécialisés qu'on ne retrouve pas dans la région de la capitale, qui n'a pas un tissu d'emplois bien diversifiés.

Une seconde explication tiendrait au fait que les raisons qu'ont les travailleurs et les personnes actives de voter OUI ne seraient pas les mêmes à Montréal, dans les régions et à Québec. Nous croyons que la situation des électeurs du type I de

Québec est dans la continuité de celle des électeurs de l'Outaouais, mais à un moindre degré: là où ces derniers ont des raisons de supposer que la souveraineté serait défavorable à leurs perspectives d'emploi, les premiers n'ont aucune raison de supposer qu'elle entraînerait des changements notables; cela se voit à ce que le moindre appui du type I dans ces régions y est plus important chez les jeunes, lesquels ont une plus grande sensibilité à la question des perspectives de l'emploi.

Les personnes actives en régions verraient la nécessité de compter sur l'État pour assurer leur développement économique et elles seraient prêtes à se mobiliser pour que cet État québécois ait tous les pouvoirs pour agir.

Gérald Larose

Rappelons que le gouvernement du Parti québécois a énormément investi dans cette perspective, tissant des liens étroits avec les élites régionales, et que l'État fédéral y est moins présent ou visible. Les Montréalais francophones verraient aussi quant à eux des avantages à la souveraineté, depuis l'intégration des immigrants à la majorité francophone jusqu'au développement économique appuyé par un État souverain qui aurait tous les pouvoirs pour le faire. Les travailleurs de la région de Québec, quant à eux, sentiraient moins qu'en région le besoin d'un État fort pour assurer leur développement (la présence de «l'appareil gouvernemental» leur étant en quelque sorte assurée), et ils seraient moins sensibles que les Montréalais à la menace qui pèserait sur le français ou à la nécessité de se donner un État mieux placé pour assurer l'intégration des nouveaux arrivants à la majorité francophone.

Et maintenant?

Il ressort de l'analyse par types d'électeurs et par générations deux constats. Tout d'abord, les nouvelles cohortes de jeunes Québécois sont davantage acquises au projet souverainiste que les précédentes. En fait, d'une génération de jeunes à une autre, l'appui donné au projet de René Lévesque s'amplifie. Ensuite, le sentiment souverainiste demeure marquant au sein des diverses générations d'électeurs lorsqu'elles vieillissent et les électeurs conservent leurs convictions en changeant de tranche d'âges. Cela donne une base solide sur laquelle repose l'action du mouvement souverainiste et cela signifie que la probabilité de voter OUI va augmenter chez les seniors dans les prochaines années.

Mais il faut aussi dépasser l'explication par la morphologie et par le remplacement des générations, afin d'insister sur le fait que le mouvement souverainiste est aussi un mouvement social. Il est animé par un fort groupement de personnes - qui forment la classe moyenne francophone active au sens très large - capable de se mobiliser en faveur du OUI comme il l'a fait durant la campagne référendaire de 1995, capable aussi de se démobiliser pour sanctionner le parti politique qui porte le projet souverainiste sur la scène politique québécoise lorsque cela ne fait pas son affaire, capable enfin de faire élire un fort contingent de députés du Bloc québécois à Ottawa.

Loin d'être moribond comme le donne une lecture trop rapide de la situation, le mouvement souverainiste québécois est au contraire une force tranquille, dormante peut-être au moment de célébrer le dixième anniversaire du référendum de 1995, mais qui conserve tout son potentiel de changement sur le plan politique.

Notes

1 Mentionnons ici que l'expérience enseigne que la proportion de OUI fermes (ou de NON dans le cas de Charlottetown) exprimés dans les sondages pré-référendaires sous-estime l'appui réel que l'on observe le jour du vote. Bien que l'estimation ne soit pas notre but, la signification d'un niveau donné d'appui à la souveraineté, et celle des variations de ce niveau, ne sont certes pas indifférentes à notre étude. Nous tenons donc, en général, la proportion de OUI fermes livrée par un sondage pour un indicateur: a) qui ne nous dit pas quel aurait été le niveau atteint par le vote souverainiste quelques jours plus tard, b) mais qui nous montre avec certitude quelle aurait été, au minimum, sa valeur.

Le bilan de l'année politique
Un leadership en crise

Michel David
Chroniqueur, Le Devoir

Jean Charest

Aussi bien à Québec qu'à Ottawa, l'année 2005 est marquée par une véritable crise du leadership. Les révélations de la commission présidée par le juge John Gomery qui expose les détails du scandale des commandites éclaboussent l'ensemble de la classe politique. Après une première moitié de mandat déjà difficile, le gouvernement libéral dirigé par Jean Charest semble incapable de se ressaisir et multiplie les décisions controversées. Au moment où le gouvernement et le premier ministre lui-même battent des records d'impopularité, la contestation larvée qui minait l'autorité du chef du Parti québécois, Bernard Landry, depuis sa défaite aux élections générales du 14 avril 2003, le force à démissionner de façon dramatique au congrès de juin.

À l'automne 2004, l'avenir semble pourtant plus prometteur pour les libéraux du Québec. Annoncé de façon totalement improvisée en début d'année, le Forum des générations, qui se réunit finalement à Saint-Augustin-de-Desmaures les 12, 13 et 14 octobre, se révèle un succès médiatique à défaut d'accoucher de mesures concrètes. Après dix-huit mois de dialogue de sourds, le gouvernement donne enfin l'impression de s'être mis à l'écoute de la société civile. Il est malheureusement incapable de capitaliser sur ce succès. La dure réalité d'une situation financière qui demeure très précaire a tôt fait de le rattraper.

Au début de septembre, l'entente « historique » sur le financement des soins de santé a pu laisser croire à la possibilité d'une nouvelle ère de collaboration entre Québec et Ottawa. À la fin d'octobre, une deuxième conférence des premiers ministres a l'effet d'une douche glacée. La délégation québécoise en espérait de sérieuses améliorations au programme de péréquation mais elle rentre les mains pratiquement vides. Le ministre des Finances, Yves Séguin, dont le prochain budget s'annonce problématique, laisse éclater sa frustration devant un groupe de journalistes, accusant le gouvernement fédéral de s'être comporté comme une sorte de Dracula ayant sciemment monté les autres provinces contre le Québec pour mieux le saigner. Cette nouvelle sortie de l'incontrôlable grand argentier irrite au plus haut point l'entourage du premier ministre. Déjà, la rumeur annonce son limogeage prochain.

Yves Séguin

Le 17 novembre, après un an de tergiversations, le ministre des Ressources naturelles, Sam Hamad, annonce officiellement l'abandon du projet de centrale thermique du Suroît qui a fait pratiquement l'unanimité contre lui. Un mois plus tard, son collègue de l'Environnement, Thomas Mulcair, dépose un avant-projet de loi sur le développement durable qui lui vaut un concert de louanges dans les milieux écologiques. Le gouvernement Charest se serait-il réellement mis à l'écoute de la population ?

La descente aux enfers

Au début de 2005, la planète tout entière est bouleversée par le tsunami qui frappe l'Asie du Sud-Est. Les Québécois sont émus eux aussi par les images de détresse qui leur parviennent quotidiennement et sont choqués par l'apparente pingrerie du gouvernement Charest qui annonce une aide famélique de 100 000 $. C'est le début d'une véritable descente aux enfers qui, en six mois, va reléguer le PLQ au troisième rang dans les intentions de vote.

Le 13 janvier, *Le Devoir* révèle que le ministre de l'Éducation, Pierre Reid, a autorisé la conclusion d'ententes en catimini entre deux commissions scolaires et cinq écoles privées juives qui va leur permettre d'être entièrement subventionnées par l'État. Au total, une quinzaine d'écoles pourraient s'en prévaloir au coût de 10 millions. L'objectif est de permettre une meilleure intégration de la communauté juive à la société québécoise, plaide M. Reid. La consternation et la réprobation sont d'autant plus grandes que les écoles privées catholiques ne sont subventionnées qu'à hauteur de 60 %. Des informations, vivement niées par le gouvernement, veulent que cette entente soit intervenue peu après que la communauté juive ait versé 750 000 $ à la caisse du PLQ. On apprend également que la présidente du Conseil du Trésor, Monique Jérôme-Forget, a refusé d'autoriser le paiement de ces 10 millions et qu'on a profité de son absence pour faire signer le décret par le vice-président du Conseil du Trésor, également ministre de la Sécurité publique, Jacques Chagnon. Ni le conseil des ministres ni le caucus des députés libéraux n'ont été informés de cette décision.

Malgré le tollé, le premier ministre la défend vivement en conférence de presse. Moins de vingt-quatre heures plus tard, sous la pression de ses députés incapables de justifier une telle mesure auprès de leurs commettants, il fait volte-face : « Il est clair que l'adhésion que nous avions anticipée n'était pas au rendez-vous », reconnaît-il. Les députés libéraux eux-mêmes n'arrivent pas à comprendre comment leur chef a pu commettre pareille erreur de jugement. Si lui-même ne trouvait pas la chose incongrue, ce qui était déjà inquiétant, M. Charest aurait dû savoir d'instinct que la population ne l'accepterait pas.

Cette bourde monumentale fait déraper un autre dossier dans lequel le premier ministre s'est déjà commis. Le 23 juin 2004, le ministre de la Santé, Philippe Couillard, avait annoncé qu'il entendait suivre les recommandations du comité présidé par deux anciens premiers ministres, Brian Mulroney et Daniel Johnson, et que le futur Centre hospitalier de l'Université de Montréal (CHUM) s'installerait finalement sur l'emplacement de l'hôpital Saint-Luc,

plutôt qu'au 6000 rue Saint-Denis comme l'avait jadis décidé le gouvernement péquiste qui n'avait cependant jamais donné le feu vert au début des travaux. À l'époque, le recteur de l'Université de Montréal, Robert Lacroix, s'était rallié au projet du 6000 Saint-Denis mais la perspective d'un CHUM au centre-ville, qu'il juge contraire aux intérêts de son université, l'incite à présenter un tout nouveau projet. Pourquoi ne pas installer le CHUM sur le site de la gare de triage du CP, à Outremont, et y déménager les facultés de la santé de son université ? En novembre, fort de l'appui de Paul Desmarais et du monde des affaires, M. Lacroix se lance publiquement en campagne pour vendre son projet de « technopole de la santé et du savoir ».

Un nouvel avis demandé à M. Johnson, assisté cette fois de l'ancien président de la Régie régionale de la santé de Montréal, Marcel Villeneuve, conclut toutefois que l'emplacement de l'hôpital Saint-Luc demeure plus avantageux que celui d'Outremont, principalement en raison des coûts et des questions de sécurité. Le rapport d'un comité interministériel, que le gouvernement refuse de rendre public, en est arrivé à la même conclusion. Le 7 janvier 2005, le premier ministre annonce pourtant la création d'un autre comité d'experts, dirigé par Guy Saint-Pierre et Armand Couture. Il ne s'agit plus de choisir entre deux emplacements mais entre deux projets différents, explique M. Charest, qui veut maintenant qu'on tienne compte de la

Après une première moitié de mandat déjà difficile, le gouvernement libéral dirigé par Jean Charest semble incapable de se ressaisir.

Philippe Couillard

synergie qui résulterait du regroupement du CHUM et des facultés de l'université.

Même si le premier ministre met tout son poids derrière le projet du recteur Lacroix, son ministre de la Santé laisse clairement entendre qu'il préfère le centre-ville et encourage en sous-main les opposants au projet du recteur. Depuis l'affaire des subventions aux écoles privées juives, les députés libéraux doutent du jugement de leur chef et exigent la convocation d'une commission parlementaire. Malgré les assurances données par les nouveaux experts, le projet d'Outremont y est taillé en pièces. M. Charest doit s'incliner : le CHUM ira au centre-ville. Philippe Couillard apparaît comme le grand gagnant de ce bras de fer. Même s'il est en politique depuis moins de deux ans, plusieurs le voient déjà succéder à M. Charest dont l'avenir paraît très incertain.

Coups d'épée dans l'eau

Malgré les rumeurs qui annonçaient un remaniement ministériel au début de 2005, le premier ministre aurait préféré attendre en juin, sinon à l'automne mais l'insatisfaction chronique à l'endroit de son gouvernement le force à précipiter les choses. Le 18 février, il frappe un grand coup. Les gaffeurs impénitents sont rétrogradés, comme Pierre Reid qui quitte l'Éducation pour un nouveau ministère bidon, les Services gouvernementaux, ou carrément limogés comme Jacques Chagnon (Sécurité publique) et Sam Hamad (Ressources naturelles). Le fait saillant du remaniement est cependant l'éviction du ministre des Finances, Yves Séguin, qui est à couteaux tirés avec le bureau du premier ministre depuis des mois. Le risque est grand : avec son collègue de la Santé, M. Séguin est un des rares membres du cabinet à bénéficier de l'estime de la population. M. Charest veut cependant en faire un exemple. Il entend que son gouvernement soit désormais placé sous le triple signe de la solidarité, de la discipline et de la cohésion. Il profite de l'occasion pour ressusciter l'ancien comité des priorités, qu'il avait aboli à son arrivée au pouvoir.

Le remaniement n'a malheureusement pas l'effet escompté sur l'opinion publique. Celui que le premier ministre a choisi pour recoller les pots cassés par M. Reid à l'Éducation, Jean-Marc Fournier, ne parvient pas à désamorcer la crise provoquée par les compressions de 103 millions dans le programme d'aide financière aux étudiants. À la mi-mars, plus de 200 000 d'entre eux envahissent les rues de Montréal, bénéficiant clairement de l'appui de la population. Dans toutes les régions, cégeps et universités sont paralysés à des degrés divers. Depuis 1968, le monde étudiant n'a jamais été plongé dans une telle tourmente. Encore une fois, le gouvernement doit faire volte-face. L'entente qui intervient au début d'avril donne gain de cause aux étudiants.

Loin d'avoir donné une nouvelle cohésion au gouvernement, le remaniement semble l'avoir désorienté davantage. Alors que la loi lui fait obligation de présenter ses prévisions de dépenses avant le 31 mars, elles sont retardées de plusieurs semaines. De nouvelles rumeurs de compressions budgétaires imposées aux garderies et à l'aide sociale alourdissent encore le climat. Le successeur de M. Séguin aux Finances, Michel Audet, ardent partisan de nouvelles baisses d'impôt, paraît maintenant hésiter. Le budget qu'il présente finalement le 21 avril constitue un autre coup d'épée dans l'eau. En éditorial, *Le Devoir* est particulièrement dur : « Le budget le plus inutile présenté depuis longtemps par un gouvernement québécois ». Alors que le PLQ s'était engagé à abaisser les impôts d'un milliard par année, la diminution annoncée est d'à peine 81 millions pour l'année 2005-2006. Les réinvestissements

Bernard Landry

promis dans le secteur de la santé ne sont pas davantage au rendez-vous. Comme son prédécesseur, mais de façon plus molle, M. Audet en rejette la responsabilité sur Ottawa qui continue à nier l'existence d'un déséquilibre fiscal au sein de la fédération.

La « réingénierie » de l'État, que M. Charest a jadis comparée à une deuxième Révolution tranquille, semble également en panne. Le bilan qu'en dresse à la mi-mai la présidente du Conseil du Trésor, Monique Jérôme-Forget, n'impressionne guère. La grande révision d'une soixantaine d'organismes gouvernementaux a conclu à la nécessité d'en abolir... quatre. Une vingtaine d'autres seront fusionnés ou regroupés. Malgré quelques réussites, par exemple la signature d'une entente avec Ottawa sur les congés parentaux, l'impopularité du gouvernement atteint des sommets. En mai, 77 % des Québécois et 81 % des francophones s'en disent insatisfaits. De mémoire de sondeur, c'est du jamais vu. À peine deux ans après avoir été porté au pouvoir, le PLQ arrive au troisième rang

Pauline Marois

dans les intentions de vote des francophones.

Les vieux démons

La situation serait encore plus difficile pour les libéraux si le PQ n'avait choisi ce moment pour renouer avec sa riche tradition de querelles entre modérés et radicaux. Déjà très ébranlé depuis la défaite du 14 avril 2003, le leadership de Bernard Landry est mis à dure épreuve. Au conseil national d'août 2004, Pauline Marois n'a pas réussi à provoquer le déclenchement immédiat d'une course à la direction du parti, mais ceux qui souhaitent le départ de M. Landry fourbissent leurs armes en prévision du congrès de juin 2005. Conformément aux statuts du parti, les délégués doivent se prononcer sur son leadership par un vote secret.

Il alimente lui-même la contestation par une série de déclarations maladroites sur l'échéancier du prochain référendum sur la souveraineté. Pressé par les « purs et durs » qui souhaitent qu'un prochain gouvernement péquiste pose des « gestes de rupture » avec le Canada avant même la tenue du référendum, M. Landry profite de la tenue d'un autre conseil national, à la mi-octobre, à Sherbrooke, pour s'engager à ce qu'il ait lieu dans la première moitié du mandat. Cette déclaration sème la consternation chez les modérés. Le chef du Bloc québécois, Gilles Duceppe, qui est son plus sûr allié, lui signifie son profond désaccord. Jamais un chef du PQ ne s'est commis à ce point. Face à ce tollé, M. Landry se ravise : le référendum aura lieu « le plus

tôt possible », c'est-à-dire lorsqu'il sera convaincu que le OUI pourra l'emporter. C'est le retour aux « conditions gagnantes » évoquées jadis par Lucien Bouchard. Cette fois, ce sont les « purs et durs » qui s'insurgent alors que les modérés se demandent quelle confiance ils peuvent encore accorder à un homme qui virevolte de la sorte.

Malgré tout, la grogne finit par s'apaiser. L'impopularité du gouvernement Charest est telle qu'un changement de chef n'apparaît plus comme une nécessité pour redonner le pouvoir au PQ. D'ailleurs, ni Pauline Marois ni François Legault n'arrivent à convaincre les militants péquistes qu'ils offrent une solution de rechange avantageuse. Certes, il y a Gilles Duceppe, auréolé de sa brillante victoire aux élections fédérales de juin 2004, mais le chef du Bloc soutient que M. Landry reste l'homme de la situation. Bien entendu, s'il décidait lui-même de partir… La perspective de devoir d'affronter le souverainiste le plus populaire de l'heure n'enthousiasme pas François Legault qui, sans le dire ouvertement, se résigne à l'idée que son tour n'est pas encore venu.

Au début de 2005, les assemblées de circonscriptions puis les congrès régionaux laissent entrevoir qu'un compromis se dessine sur l'échéancier référendaire : la consultation aura lieu « le plus tôt possible dans le mandat ». À l'approche du congrès de juin, Jacques Parizeau lance bien quelques flèches en direction de son ancien ministre. Cependant, après le ralliement de Mme Marois, puis de M. Legault, personne ne doute que M. Landry obtiendra un vote de confiance suffisant pour demeurer en poste.

Le 5 juin, au Centre municipal des congrès de Québec, c'est la consternation. Le chef du PQ a reçu l'appui de 76,2 % des délégués, soit légèrement moins que Lucien Bouchard en novembre 1996. M. Landry monte sur la scène et annonce aux militants qu'il quitte son poste et son siège de député de Verchères. Alors que les sondages prédisent une victoire éclatante du PQ aux prochaines élections et accordent 54 % des intentions de vote référendaire au OUI, cet incorrigible parti inflige un insupportable camouflet à son chef, au risque de saboter une conjoncture exceptionnellement favorable.

Dans l'immédiat, ce coup de théâtre ne semble pas nuire au PQ, loin de là. Un sondage CROP effectué dans la deuxième moitié de juin lui accorde toujours 20 points d'avance sur les libéraux et situe le OUI à 55 %. La question est de savoir si le chef qui sera élu le 15 novembre saura conserver ce momentum. Personne ne s'étonne de la candidature de Pauline Marois qui se met sur les rangs dans les heures qui ont suivi le départ de M. Landry ; l'ancienne vice-première ministre attend ce moment depuis vingt ans. Après une période de réflexion visiblement déchirante, Gilles Duceppe annonce que son devoir lui commande de diriger le Bloc québécois lors des prochaines élections fédérales. La grande surprise est le désistement de François Legault dont la situation familiale n'avait encore jamais semblé faire obstacle à ses ambitions politiques. Ces deux absences ouvrent toute grande la porte à André Boisclair qui fait rapidement son deuil de son nouvel emploi à Toronto et devient aussitôt le grand favori. La liste s'allonge rapidement : l'ancien secrétaire général

du gouvernement Lévesque, Louis Bernard, que personne n'attendait ; Richard Legendre qui hérite d'une bonne partie de l'organisation de son ami Legault ; l'ancien député bloquiste de Chambly, Ghislain Lebel, « pur et dur » notoire qui avait été expulsé de son parti ; l'actuel député péquiste de l'Assomption, Jean-Claude Saint-André, qui fait également partie de l'aile radicale ; Pierre Dubuc, rédacteur en chef de L'Aut'Journal, qui se veut la voix de la gauche ; un ancien ministre de René Lévesque, Gilbert Paquette ; l'ancien chef du Parti Vert, Jean Ouimet et quelques autres encore.

Pendant tout l'été, une ombre plane, celle de Bernard Landry qui n'en finit plus de regretter d'être parti sur un coup de tête et suppute ses chances d'effectuer un retour victorieux malgré les sarcasmes qui l'attendent. À sa grande déception, personne ne lui demande de revenir, sauf ses vieux amis. Dans une déclaration très dure, André Boisclair lui fait cruellement sentir que l'heure de la retraite a sonné. Le 16 août, il confirme que sa retraite est définitive. Un simple communiqué de presse met tristement fin à une carrière politique de quarante ans.

Un automne chaud

En attendant de connaître l'identité de son prochain vis-à-vis péquiste, le premier ministre Charest se prépare à un automne chaud. Depuis deux ans, son gouvernement est à couteaux tirés avec le monde syndical. Les négociations pour le renouvellement des conventions collectives, échues depuis juin 2003, dans les secteurs public et parapublic s'annoncent particulièrement dures. Au début d'août, à l'occasion du congrès de la commission jeunesse de son parti,

Ralph Klein et
Jean Charest

M. Charest réitère que l'offre d'une hausse de 12,6 % sur une période de six ans, incluant les rajustements au titre de l'équité salariale, n'est pas négociable. Les syndicats réclament 12,5 % sur trois ans, en sus de l'équité salariale. L'issue de cet affrontement pourrait déterminer l'avenir du premier ministre. Au printemps 2006, le gouvernement entrera dans la quatrième et dernière année de son mandat normal de trois ans. Si, entre-temps, les chances de victoire du PLQ ne se sont pas améliorées de façon significative, les pressions pourraient être fortes pour qu'il cède sa place à Philippe Couillard.

Le front des relations fédérales-provinciales s'annonce également très animé. Le gouvernement Charest, qui espérait que le départ de Jean Chrétien se traduirait par une plus grande ouverture aux revendications québécoises, a été très déçu par Paul Martin. La plus récente rebuffade est survenue en juin lorsque Ottawa a refusé d'approuver l'entente sur l'adoption internationale intervenue entre le Québec. Les négociations sur la place du Québec au sein des organismes internationaux, pierre angulaire de la politique constitutionnelle du PLQ, sont au point mort. Les sondages indiquent maintenant que le Parti libéral du Canada pourrait retrouver sa majorité à la Chambre des communes sans faire de gains additionnels au Québec, ce qui rend le gouvernement Martin moins sensible aux revendications québécoises. Le 2 septembre, le ministre des Affaires étrangères du Canada, Pierre Pettigrew, jette une douche froide sur les espoirs du gouvernement Charest en décrétant que la mondialisation rend caduque la doctrine Gérin-Lajoie, doctrine sur laquelle sont fondées les prétentions internationales du Québec depuis quarante ans. Le Canada doit plus que jamais parler d'une «voix unique», affirme-t-il.

Le problème du déséquilibre fiscal, dont le gouvernement Martin nie toujours l'existence, demeure également entier. À l'instigation de M. Charest, les premiers ministres des provinces, réunis à Banff en août, se sont entendus pour réclamer du gouvernement fédéral des transferts additionnels de 2,2 milliards dont 700 millions iraient au Québec pour le financement de l'enseignement postsecondaire. Pour en arriver à ce consensus, M. Charest a accepté le principe d'une « stratégie pancanadienne d'éducation et de formation professionnelle ». La même stratégie appliquée au financement de la santé lui avait valu un succès certain en septembre 2004, alors qu'il avait pu présenter la signature d'une entente distincte entre Ottawa et Québec comme la reconnaissance du principe de l'asymétrie au sein de la fédération. Cette fois-ci, Ottawa rejette d'entrée de jeu les demandes des provinces.

Le seul chef des trois partis représentés à l'Assemblée nationale dont personne ne conteste le leadership est Mario Dumont. Peut-être devrait-il s'en inquiéter. Après sa déconfiture aux élections d'avril 2003, l'Action démocratique du Québec a repassé la barre des 20 % dans les sondages, mais son virage populiste et «autonomiste» n'a convaincu pratiquement personne qu'elle peut constituer une option valable de gouvernement.

L'héritage de Bernard Landry

Graham Fraser
Journaliste, *The Toronto Star*

L'évènement reste une surprise même quelques mois plus tard. Assuré d'un vote de confiance déterminant au congrès du Parti québécois de juin 2005, Bernard Landry laisse savoir qu'il quittera le leadership s'il ne reçoit pas l'appui d'au moins 80 % des délégués. Personne ne croit que cela puisse arriver ; un nombre considérable d'observateurs politiques qui se font un devoir d'assister aux moments historiques de la politique québécoise prennent congé, tous convaincus que le congrès de la fin de semaine des 4 et 5 juin sera sans intérêt.

Ils ont eu tort. Avec un score de 76,2 %, Landry démissionne, dévasté par son erreur de prévision : « Je suis désolé de vous faire cela », dit-il aux délégués. « Ça me brise le cœur de vous le dire, mais je le fais au nom de l'intérêt national. Je le fais par respect de la démocratie. »

À deux décimales près, c'est un score identique à ce que Lucien Bouchard avait obtenu au congrès de 1996 d'un parti encore tiraillé par le débat linguistique, et toujours amer après la défaite référendaire, un an au-

« Je me rappelle qu'on me disait "Lt. Landry, speak English! It's an order!"»

paravant. Pour Bernard Landry, qui a toujours cherché à être un pont entre les modérés et l'aile radicale du parti, c'est l'échec.

Ce n'est pas la fin des surprises. Gilles Duceppe, pressenti depuis longtemps comme successeur naturel de Landry, se désiste ; le timing n'est pas bon. Il se rend compte que le mouvement souverainiste court le risque d'avoir deux courses au leadership en même temps – une pour le Parti québécois, l'autre pour le Bloc québécois – et se trouver avec deux leaders sans expérience dans les prochaines élections. La survie du gouvernement minoritaire de Paul Martin au printemps a mis fin à la possibilité pour Duceppe de passer à la scène québécoise peu de temps après une victoire historique au fédéral.

Louis Bernard, grand fonctionnaire, expert constitutionaliste et ancien collaborateur de René Lévesque, annonce sa candidature. François Legault, qui avait une machine prête à partir, renonce à la course. André Boisclair revient de Harvard et devient immédiatement le candidat préféré. Pauline Marois, malgré son expérience dans tous les ministères de grande envergure, traîne derrière. Richard Legendre, mieux connu en tennis qu'en politique, se présente. Et la liste s'allonge pendant l'été.

Si cela ne suffisait pas, Bernard Landry laisse savoir qu'il réfléchit à la possibilité d'un retour en politique, pour se succéder à lui-même ! Certains l'encouragent, d'autres rigolent, disant que Landry risque de « se JoeClarkiser » – c'est-à-dire, de chercher le leadership qu'il a déjà abandonné et de perdre

comme l'avait fait l'ancien chef conservateur – ce qui serait une humiliation totale pour un homme non dépourvu d'orgueil et d'amour-propre.

Finalement, de toute évidence à contre-cœur, après un été de consultations, de pétitions reçues et de commentaires polis mais fermes de la part de plusieurs dans le parti, Landry résiste à la tentation de revenir chercher le poste qu'il a abandonné sur un coup de tête.

Nationaliste avant l'heure

Le téléroman estival a occulté un peu l'héritage de Bernard Landry, laissant planer la possibilité que certains chapitres de sa vie politique resteraient encore à écrire. Il est certain que malgré son amertume, ses bagages sont déjà assez pleins, à l'âge de 68 ans, pour qu'on puisse parler avec confiance de ce qu'il a déjà laissé au Parti québécois et à la société québécoise. Ses réussites vont rester. À l'ère des réseaux d'information en continu, on ne s'arrête pas assez souvent pour faire le bilan des hommes politiques, préférant passer tout de suite au prochain.

Jean-Bernard Landry est né le 9 mars 1937 et a passé son enfance à Saint-Jacques de Montcalm, un village près de Joliette. Comme étudiant, il fréquente le Séminaire de Joliette, tout comme Jean Chrétien, quelques années plus âgé que lui. Politicien avant l'heure, il fonde l'association des étudiants au collège. Déjà nationaliste, il se fait recruter par l'Ordre de Jacques Cartier, le réseau nationaliste secret, surnommé La Patente. Plus tard, Landry minimise l'importance de ce geste, me disant que c'était presque automatique. De plus, insiste-t-il, il avait abandonné le principe « d'Achat Chez

Nous » (mot d'ordre de la Patente) pour embrasser le libre échange.

Mais boutade à part, on ne doit pas sous-estimer la portée de l'adhésion d'un étudiant collégial à l'Ordre : d'abord, il était reconnu pour son talent et son potentiel par ses aînés de l'élite locale et, comme Obélix, c'est tout petit qu'il était tombé dans la potion magique de la mouvance nationaliste. En plus, bien que son nationalisme ait évolué au cours des décennies pour devenir plus ouvert et accueillant, il restait marqué par l'imaginaire et le vocabulaire de « la nation » comme un concept presque sacré ; les mots « nation », « national » et « patrie » sont répétés dans ses discours comme les relents d'un chapelet qu'on récite dans les moments de réflexion. Cette foi profonde le laissait souvent totalement incapable de comprendre ceux qui ne l'avaient pas.

À la même époque, Landry s'est joint au Canadian Officers' Training Corps (le bilinguisme n'existait pas dans les Forces armées canadiennes à l'époque), et devint un officier dans la réserve, membre du Régiment de Joliette, le 83e bataillon de l'infanterie. « Je menais une lutte pour la langue française », me dira-t-il plus tard. « Je me rappelle qu'on me disait "Lt. Landry, speak English ! It's an order !" »

L'expérience a marqué Landry : la posture, la discipline, le zèle organisationnel, la détermination de s'emparer du leadership, un vocabulaire rempli de métaphores militaires et une appréciation de la stratégie et de la tactique en toute situation de conflit demeurent visibles chez lui. Et son affection pour la chose militaire perdure ; en contraste avec ses camarades qui fuyaient les forces armées aussitôt les frais de scolarité acquittés, Landry y reste ; il est officier de la réserve à Joliette pendant dix ans, jusqu'aux années 1970.

Il arrive en ville nationaliste, de la tradition de Lionel Groulx et marqué par le conservatisme d'une petite ville et d'un petit collège des années 1950. Les étudiants qu'il rencontre à l'Université de Montréal – Jacques Girard, futur sous-ministre, et Pierre Marois, futur ministre, vont modifier son conservatisme ; Marois est urbain et fils de syndicaliste.

L'AGEUM, l'UGEQ, la Ligue des droits de l'Homme

Après un début plutôt malheureux à la Faculté de Médecine, Landry s'inscrit en droit à l'Université de Montréal où il suit des cours de Pierre Elliott Trudeau. En 1962, en troisième année de droit, Landry devient président de l'Association générale des étudiants de l'Université de Montréal (l'AGEUM). Avec Marois – plus émotif, plus charismatique, mais moins dur – comme allié, Landry entreprend une opération visant à transformer la politique étudiante d'une association sociale et presque folklorique en mouvement quasi syndical.

En novembre 1962, le président de la Canadian National Railways, Donald Gordon, est questionné en Commission parlementaire à Ottawa par le député créditiste Gilles Grégoire sur l'absence de cadres francophones dans la société d'État. Gordon a la maladresse de répondre qu'il n'y a pas de Canadiens Français suffisamment qualifiés pour être cadres. La remarque provoque des manchettes et des manifestations. Le 11 décembre 1962, Landry et Marois organisent une manifestation massive devant le siège social de la compagnie de chemin de fer ; avec quelques collègues de l'AGEUM, il sont invités à rencontrer Gordon dans son bureau ; à la sortie, Gordon a l'air d'un vieux fatigué et dépassé ; les étudiants sont calmes et confiants. Pour la première fois, la photo de Bernard Landry est à la une du *Globe and Mail*.

La présidence de Bernard Landry représente plus qu'une manifestation monstre, aussi réussie qu'elle soit. Il organise une caisse étudiante, crée un régime de bourses et implique l'association dans les grandes questions du jour. Comme dit son biographe Michel Vastel, « l'association qui regroupe les 7 000 étudiants de l'Université de Montréal s'éloigne de plus en plus de son modèle corporatiste pour épouser la forme d'un vrai syndicat d'étudiants ».

En plus, il met en place les jalons qui mèneront à la création de l'Union générale des étudiants du Québec (l'UGEQ), cette organisation qui va former toute une génération de politiciens, de fonctionnaires, de conseillers politiques et de gens d'affaires, une génération qui va de Landry et Marois à Claude Charron, Gilles Duceppe et Louise Harel, du dernier exécutif de 1968-1969. C'est d'ailleurs une ironie de l'histoire qui fait que pendant la grève des étudiants en 1968, le gouvernement du Québec fait appel à un jeune fonctionnaire pour négocier avec les leaders étudiants et c'est le fondateur de l'UGEQ, Bernard Landry, qui négocie avec Charron, Duceppe et Harel.

Après l'université, Landry travaille brièvement pour La ligue des droits de l'homme – dont il était cofondateur avec Trudeau – avant d'aller à Québec,

travailler pour René Lévesque. Lorsqu'il arrive à son bureau pour sa première journée de travail en 1963, il voit que, dans le bureau qui lui a été attribué, il y a une table de travail avec une plaque de verre brisée au milieu. La secrétaire lui explique que, quelques jours plus tôt, en réunion avec les représentants de la compagnie Quebec North Shore, M. Lévesque réagit mal aux menaces de la compagnie face à sa politique, et brise la vitre avec un coup de poing. Le secrétaire offre de la faire remplacer. « N'en faites rien Madame, cela va me rappeler quelle est la politique de la maison », répond M. Landry.

Candidat péquiste en 1970

Après un séjour à Paris pour se perfectionner en économie et politique – où il se trouve en compagnie de Marois, d'Yves Duhaime et de Jacques Léonard, tous des futurs collègues ministériels –, il revient à Québec en 1967 pour devenir fonctionnaire, dans la division de la planification du ministère des Ressources naturelles. Il travaille sur des dossiers comme Rexfor, SOQUIP et SOQUEM, toutes des initiatives de l'État dans l'économie québécoise, mais, convaincu que le gouvernement de l'Union nationale ne poursuivrait pas ce chemin, il démissionne pour pratiquer le droit à Joliette. Il se présente pour le Parti québécois en 1970 et perd – mais sa campagne est filmée par Denys Arcand pour son film *Québec : Duplessis et après...*

Après sa deuxième défaite, il déménage à Montréal et pratique le droit – et continue de militer dans le parti, il est l'allié indéfectible de René Lévesque dans les batailles intestines du parti. Le 15 novembre 1976, il est élu député dans la circonscription lavalloise de Fabre et devient ministre d'État du Développement économique. C'est dans ce poste-là qu'il laissera une grande marque dans le Québec moderne, car il est le parrain de deux rapports approfondis qui auront une influence structurante sur l'avenir : *Bâtir le Québec* et *Le virage technologique*. Vingt ans plus tard, avec la construction de la Cité du commerce électronique à Montréal, on voit l'importance cruciale de ces politiques qui définissent les grandes lignes de la nouvelle économie montréalaise.

Pendant les neuf ans du gouvernement Lévesque, Landry établit aussi ses propres grandes lignes qui définissent son comportement d'homme politique. Il est un des rares politiciens hétérosexuels de l'époque à être tout à fait à l'aise avec les homosexuels (contrairement à Lévesque) et a l'habitude d'en engager dans son cabinet : « Ils n'ont pas de famille, et ils travaillent tout le temps », avoue-t-il candidement en privé, ajoutant « ... sauf quand ils vivent une crise amoureuse ». Nationaliste profond et classique, il engage quand même aussi des anglophones dans son cabinet – dont David Levine –, et fait un grand effort pour côtoyer la communauté juive.

C'est l'homme du parti – et il essaie de jouer le rôle de médiateur et de conciliateur entre Lévesque et les militants de Montréal-Centre qui irritent royalement le chef. Mais lorsqu'il fallait choisir, pendant la crise du gouvernement à l'automne du 1984, quand le tiers du conseil des ministres a démissionné, il restait loyal au chef. Économiste, il est partisan du libre-échange, mais il continue à croire au rôle primordial de l'État comme intervenant majeur et stratégique dans l'économie. Et, sans utiliser la phrase qu'il répète ad nauseam vingt ans plus tard, il ne se lance jamais dans des luttes sans l'assurance morale qu'il va gagner.

Donc, après la retraite forcée de Lévesque en 1985, il constate que non seulement il ne gagnera pas le leadership contre Pierre Marc Johnson, mais aussi qu'il risque de finir derrière Pauline Marois. Il se désiste alors et, bon soldat, devient ministre des Finances pour quelques mois avant d'être battu aux élections de l'automne 1985.

Pour le libre-échange

Landry ne revient en politique formellement qu'en 1989 – mais, en exil de l'Assemblée nationale, il n'abandonne pas la politique pour autant. Pendant le débat sur le libre-échange en 1987 – 1988, il joue un rôle très important au Québec en donnant son appui indéfectible au projet de Brian Mulroney, alors premier ministre fédéral. Il est toujours disponible pour le Parti québécois, comme orateur aux assemblées de comté, comme conférencier et comme porte-parole. Entre les entrevues, il enseigne à l'UQAM, apprend l'espagnol et enseigne au Mexique.

De retour en politique électorale en 1989, il devient pour Jacques Parizeau ce qu'il était pour Lévesque et ce qu'il sera pour Lucien Bouchard : l'homme de confiance et l'homme de réconciliation avec les éléments divers du parti. Quand Parizeau devient premier ministre en 1994, Landry devient vice-pre-

Il est le parrain de deux rapports approfondis qui auront une influence structurante sur l'avenir : Bâtir le Québec et Le virage technologique.

Comme premier ministre, sa grande réussite, celle qui restera, sera la Paix des Braves.

mier ministre, ministre d'État de l'Économie et des Finances, ministre du Revenu – et la voix de la prudence. De façon mémorable, au printemps 1995, il utilise son savoir militaire en faisant allusion à un incident de la guerre de Crimée au XIXᵉ siècle : je ne veux pas servir de numéro deux dans la charge de la brigade légère, dira-t-il, faisant référence au massacre d'une brigade de la cavalerie britannique par l'artillerie russe après une charge suicidaire. Encore une fois, il ne voulait pas entreprendre une bataille sans l'assurance morale de la gagner.

Toujours bon soldat, il reste loyal, non seulement à la stratégie référendaire qu'il aide à façonner, mais aussi au nouveau chef, Lucien Bouchard, choisi après le départ soudain de Parizeau suivant la défaite si serrée du référendum. Toujours ministre des Finances, il est l'artisan du déficit zéro – et réussit à garder pour lui les outils centraux de l'État, tout comme Parizeau faisait, quinze ans plus tôt. Résigné à finir sa carrière politique comme lieutenant loyal et maître d'œuvre de la machine gouvernementale, il est étonné par l'occasion qui lui est offerte avec la démission surprise de Bouchard, en janvier 2001. Il fait tout pour s'assurer qu'il n'y aura pas de course à la chefferie, mais même avant de devenir chef, son cheminement serein vers le poste de premier ministre est perturbé par un incident colérique : il explose contre la présence du drapeau canadien à Québec, le traitant de chiffon rouge. (Plus tard, le scandale des commandites rendra sa colère plus généralisée.) Comme premier ministre, sa grande réussite, celle

qui restera, sera la Paix des Braves. Il réussit à se mettre sur la même longueur d'ondes que les autochtones qui, comme lui, ont un sens aigu du concept de « la nation ». Mais en plus de signer avec les Cris, il a réussi davantage : il a reçu l'appui du grand chef Ted Moses pendant les élections de 2003. Ce n'est pas une mince affaire, ni une réussite purement partisane : c'était la première fois qu'un chef autochtone d'une telle importance s'impliquait dans des élections québécoises – un précédent d'engagement autochtone avec des implications importantes pour la démocratie québécoise.

Audi alteram partem

Les élections de 2003 représentent un paradoxe dont Jean-Claude Labrecque n'a présenté qu'une partie dans son documentaire *À hauteur d'homme* : le politicien formel, harcelé par des journalistes qui décortiquaient ses phrases de mantra si soigneusement construites, piégé par des interventions rapportées partiellement et à la pièce de Jacques Parizeau. Le portrait, aussi sympathique soit-il, présente le dernier premier ministre du Québec issu des collèges classiques : quand il subit une interrogation féroce des journalistes sur les propos de Parizeau (des propos que Jean Charest a habilement lancés à Landry en plein débat télévisé, laissant entendre que l'ancien premier ministre a répété sa gaffe de la soirée référendaire sur l'argent et des votes ethniques), Landry répond, non pas deux fois, non pas trois fois, mais sept fois avec la phrase « audi alteram partem » : écoutez l'autre partie. Plus tard, un humoriste dira à la radio qu'il était souverainiste, mais qu'il n'aimait pas

Bernard Landry « parce que le latin n'est pas la langue officielle du Québec ».

Mais le film, doublement cruel en étant sympathique, a laissé dans l'ombre la réussite considérable de Landry. Un an plus tôt, le Parti québécois était en troisième position ; les électeurs étaient fatigués du poids de l'État : les taxes, les règlements, la bureaucratie, les formulaires, l'engorgement dans les salles d'urgence. Le succès des *Invasions barbares* – de ce même Denys Arcand qui a suivi le début électoral de Landry – était, en présentant l'image que les Québécois avaient de l'État après des années des compressions budgétaires, un mélange de médiocrité, de surcharge, d'égoïsme, de délabrement et de corruption.

En préparant la campagne de 2003, Landry a souligné la réconciliation travail-famille par le congé parental et l'amélioration des garderies à cinq dollars. C'était le visage humain de l'État, le PQ a réussi à déclencher la campagne en avance dans les sondages, et à passer vingt-deux jours de campagne avec 15 points d'écart entre le PQ et les libéraux.

La réussite de Charest était de faire sortir le Bernard Landry qu'on n'aimait pas : le souverainiste érudit qui laisse tomber des citations en latin avec un petit sourire d'autosatisfaction. La réussite de Bernard Landry – celle qui a miné le mandat et l'agenda de Jean Charest dès son début – était de rappeler aux Québécois qu'ils aimaient l'État social qu'ils avaient construit. Le seul problème : ils ne voulaient plus que Bernard Landry le dirige.

Pendant le mois d'août de 2005, le cœur brisé une deuxième fois, Bernard Landry conclut, comme le Parti québécois l'avait fait, qu'il serait dommage que son téléroman d'été – le jeu de suspense autour de sa tentation de revenir – occulte la contribution majeure qu'il a faite au Québec pendant plus que quarante ans.

Graham Fraser est correspondant national à Ottawa pour le Toronto Star. Il est l'auteur du livre Le Parti québécois (Libre Expression, 1984) et Vous m'intéressez... : chroniques (Les Éditions Boréal, 2001).

L'état des finances du Québec souverain

La « souveraineté payante » ?

Robert Dutrisac
Correspondant parlementaire à l'Assemblée nationale, Le Devoir

En mai 2005, Bernard Landry, alors chef du Parti québécois à un mois d'un vote de confiance qui lui apparaissait faussement comme une simple formalité, et François Legault, député de Rousseau et porte-parole en matière de finances de l'Opposition officielle, ont présenté l'état des finances d'un Québec souverain. D'une province qui fait face à des déficits structurels, le Québec, une fois devenu souverain, se

François Legault

transformerait en un pays prospère, recueillant, en cinq ans, 17,1 milliards de plus que s'il était resté dans la fédération canadienne. Après le fédéralisme rentable de Robert Bourassa, François Legault développait le thème de la « souveraineté payante ».

L'encre à peine séchée sur le document de quarante-huit pages, les critiques fédéralistes ont fusé en dénonçant le caractère « jovialiste » de l'analyse péquiste : « C'est Alice au pays des merveilles », s'est exclamé le ministre des Finances, Michel Audet. « C'est une hypothèse euphorique » qui ne tient pas compte de l'incertitude créée par « l'un des plus importants bouleversements politiques de l'histoire de l'Amérique du Nord » a écrit l'éditorialiste en chef du quotidien *La Presse*, André Pratte.

Au départ, Bernard Landry n'était pas convaincu qu'il fallait tabler sur cette étude pour faire avancer la souveraineté. Il gardait un fort mauvais souvenir du budget de l'an 1 que le PQ avait concocté lors de la campagne électorale de 1973. Mal préparé, Jacques Parizeau avait trébuché lors du débat télévisé qui l'avait opposé à Raymond

Garneau. Le ministre des Finances libéral avait terrassé le fort en thème péquiste en le reprenant sur des éléments techniques. Le résultat net de l'opération fut que la controverse lancée par le budget de l'an 1 a détourné l'attention des électeurs et occulté la critique que les péquistes faisaient du bilan des libéraux.

C'est après s'être assuré que l'étude conduite par M. Legault et sa petite équipe ne résulterait pas en un second budget de l'an 1, mais simplement à un état des revenus et dépenses d'un Québec souverain, que M. Landry a donné son aval à cette initiative. M. Legault souhaitait qu'on présente aux électeurs non seulement les marges de manœuvre dont disposerait l'État du Québec, mais aussi l'usage que l'on ferait de ces surplus, en éducation notamment. M. Landry soutenait qu'il s'agissait là de choix politiques que les citoyens d'un Québec souverain auraient à faire plus tard. Le PQ est une coalition, disait-il. Évitons d'être précis : le PQ doit ratisser large et rallier des électeurs de différences tendances, droite et gauche confondues, pour réaliser la souveraineté.

Même s'il a dû restreindre la portée de son document, M. Legault s'est repris de belle manière par la suite. Au Congrès national de juin 2005, ses supporters ont présenté une proposition affirmant que la plate-forme électorale du PQ aux prochaines élections sera un programme de pays et non pas de province. L'étude sur les finances d'un Québec souverain servira de cadre financier à la plate-forme. Cette proposition fait maintenant partie intégrante du nouveau programme péquiste adopté en juin.

Un exercice calqué sur Bélanger-Campeau

Comptable de formation, François Legault, entouré de quelques collaborateurs, a peaufiné pendant dix-huit mois son étude. Comme c'est le cas pour d'autres exercices du genre – on se rappellera que le cadre financier de la plate-forme électorale du Parti libéral du Québec avait reçu l'imprimatur de quatre universitaires, ce qui ne l'avait pas empêché d'être ensuite démenti par les faits –, cet état des finances d'un Québec souverain fut validé par quatre économistes – Charles A. Carrier, professeur à la retraite de l'Université Laval, Marc Van Audenrode, de l'Université Laval, Alain Guay et Nicolas Marceau, de l'UQAM – et par un fiscaliste, Stéphane Saintonge, qui fut membre de la Commission Séguin sur le déséquilibre fiscal.

L'étude du PQ débute par une projection des finances publiques de la province de Québec jusqu'en 2009-2010. Se basant essentiellement, pour les trois premières années, sur les prévisions du dernier budget Audet, elle montre que le Québec fait face à un manque à gagner – une impasse financière, selon les termes employés par le ministère des Finances – de 937 millions en 2006-2007, de 848 millions l'année suivante et de près de 800 millions pour chacune des deux années suivantes. Le total pour cinq ans s'élève à 3,33 milliards. Il n'y a rien à redire sur ces données qui ne font que confirmer ce que le gouvernement Charest, tout comme les partis d'opposition, clame depuis des années : entre Ottawa et les

Tout compté, au lieu d'être confronté à une impasse financière, le Québec souverain encaisserait 1,3 milliard dès la première année d'existence

provinces, il existe un déséquilibre fiscal structurel qui menace les finances du Québec.

Pour dresser le portrait des finances d'un Québec souverain, les auteurs de l'étude ont procédé à une actualisation de l'analyse pro forma des finances publiques qui avait été effectuée en 1991 pour la Commission Bélanger-Campeau. La colonne des revenus ne pose guère de difficultés : il s'agit de déterminer quel pourcentage des revenus du gouvernement fédéral provient du Québec, des données qui sont bien documentées. Au chapitre de l'impôt des particuliers, par exemple, les Québécois ont fourni 18,1 % de l'ensemble, soit moins que leur poids démographique dans la fédération qui s'établit à 23,6 %. Pour la TPS, cette part s'élève à 21,4 % et à 22,6 % pour l'impôt des sociétés. Au total, la part des revenus fédéraux récupérée par un Québec souverain est de 20 %, ce qui représenterait 41 milliards pour 2005-2006. De cette somme, il faut retrancher les transferts fédéraux – le transfert canadien en matière de santé et de programmes sociaux (TCSPS) et la péréquation – d'une valeur de 9,6 milliards.

En ce qui a trait aux dépenses, les choses se compliquent. Certaines d'entre elles sont facilement identifiables. C'est le cas des transferts fédéraux aux particuliers comme la sécurité de la vieillesse – 7,3 milliards pour le Québec, ou 27,2 % de l'ensemble – et des prestations d'assurance-emploi – 4,4 milliards ou 29 % du total. Pour d'autres, les dépenses dites de programmes, il faut évaluer la part des dépenses des ministères fédéraux qui sont engagées pour le bénéfice des

Québécois. Pour les Affaires indiennes, c'est 9,1 % du total en raison du nombre moindre d'autochtones sur le territoire québécois. Pour l'Agriculture, c'est 9 %. Dans d'autres secteurs, le Québec reçoit davantage que son poids démographique : c'est le cas de l'Industrie (l'aide aux entreprises), soit 28,5 %, et de Patrimoine canadien, soit 28,3 %. Pour la Défense, les auteurs ont opté pour une moyenne de diverses évaluations, soit 14,4 % de l'ensemble canadien ou 1,9 milliard. Au total, l'étude conclut que la part du Québec des dépenses fédérales de programmes s'élève à 17,4 %, ou 11,4 milliards.

Reprenant la méthodologie utilisée par le Secrétariat à la Restructuration en 1994-1995, les auteurs ont ensuite tenu compte des économies réalisées par l'élimination des chevauchements. Ces économies varient entre 889 millions en 2005-2006 et 2,7 milliards en 2007-2008.

Enfin, les auteurs s'attardent à la question épineuse du partage de la dette, là encore en s'appuyant sur la méthode utilisée pour la Commission Bélanger-Campeau. Ils arrivent à une part de la dette fédérale de 18,2 %, ce qui tient compte du fait que seulement 15,3 % des actifs du gouvernement fédéral sont situés au Québec. Le nouvel État du Québec assumerait ainsi 126,3 milliards du passif du gouvernement canadien, ce qui se traduit par un service de la dette qui augmenterait de 6,3 milliards.

Tout compté, au lieu d'être confronté à une impasse financière, le Québec souverain encaisserait 1,3 milliard dès la première année d'existence, somme qui augmenterait par la suite pour atteindre 5,3 milliards après cinq ans, pour un total cumulatif de 17,1 milliards au terme de cette période. Cela correspond à un surplus accumulé de 13,8 milliards.

Une situation financière qui s'est grandement améliorée

En 1990-91, le secrétariat de la Commission Bélanger-Campeau concluait, en utilisant, on l'a vu, une méthode semblable, qu'un Québec souverain ferait face à un déficit annuel de 9,6 milliards. En 1994, la mise à jour faite par les chercheurs de l'IRNS-Urbanisation faisait état d'un déficit astronomique de 15 milliards. En 2000, le Parti québécois avait refait cette évaluation pour l'année 1999-2000 qui s'était soldée par un léger surplus de 41 millions, à quoi s'ajoutaient des économies de 700 millions liées à l'élimination des chevauchements.

Comment s'expliquent de tels écarts? En premier lieu, contrairement aux exercices de 1990-1991 et de 1994-1995, le gouvernement du Québec a réussi à équilibrer ses revenus et dépenses. Le déficit zéro est donc atteint, bien que cet objectif soit aujourd'hui menacé. En 1990-1991, le Québec affichait un déficit de près de 3 milliards et, en 1994-1995, de 5,8 milliards.

La deuxième partie de l'explication et non la moindre, c'est que le gouvernement fédéral, de son côté, a non seulement éliminé ses déficits mais s'est mis à dégager d'importants surplus budgétaires. De 1997-1998 à 2003-2004, il a accumulé des surplus totalisant 61,3 milliards. Pour les dix premiers mois de 2004-2005, le surplus s'élève à 13,4 milliards selon la revue financière de janvier 2005 du gouvernement fédéral.

Les critiques fusent

Après le ministre des Finances, Michel Audet, qui n'a vu dans cette étude que « pure fantaisie », ce fut au tour de l'ancien ministre de la Restructuration dans le gouvernement Parizeau, Richard Le Hir, de la taxer de « véritable fumisterie ». Cet ancien souverainiste estime aujourd'hui qu'elle entraînerait le départ massif de 300 000 anglophones du Québec et un recul du produit intérieur brut (PIB) de 4%, rien de moins.

Sur un mode plus sérieux, l'économiste de la firme SECOR, Marcel Côté, juge que l'étude est truffée d'oublis volontaires. Elle ne prévoit pas de pertes de revenus pour l'État québécois advenant l'inévitable ralentissement économique, voire la récession, qu'engendrerait la séparation du Québec, avance-t-il. Le partage de la dette devra aussi se faire au prorata de la population et non pas sur la base des actifs. Le Québec souverain devrait ainsi supporter une dette équivalant à 120% du PIB, un poids très lourd.

Répliquant à ses détracteurs, Jean Campeau croit qu'au lendemain d'une victoire du OUI au référendum, le Canada accueillera ce résultat avec « une certaine dose d'émotivité mais rien ne permet de dire que les Canadiens perdront la raison et le sens de leurs intérêts ».

Dans le cadre de la Commission d'étude sur des questions afférentes à l'accession du Québec à la souveraineté en 1992, l'économiste Pierre Fortin avait prédit que l'économie du Québec serait sans doute affectée, bien que légèrement, pour une

« Il faut prendre le document pour ce qu'il est : un exercice comptable. Il détermine où sera le point de départ d'un Québec souverain. »

« L'argent compte mais l'indépendance nationale est avant tout une question de cœur. »

courte période lors de l'accession à la souveraineté et qu'elle reviendrait à la normale par la suite. Un recul temporaire de 1 % du PIB, par exemple, se traduirait par une baisse de revenus de 600 millions pour le nouvel État, c'est moins que l'avantage de 1,3 milliard que prédit l'étude. L'avis de Pierre Fortin tranchait avec les témoignages de l'économiste en chef de la Banque Royale, John McCullum, aujourd'hui ministre fédéral, et de cet autre économiste, Patrick Grady, qui avaient évoqué des scénarios catastrophes.

Or, si l'économie du Québec était à ce point affectée après un OUI au référendum, ce ne serait pas sans conséquence pour l'économie canadienne. Comme leurs économies sont interdépendantes, le Québec et le Canada auront avantage à réduire au maximum les répercussions économiques de la sécession, notamment sur le plan des taux d'intérêt.

Déjà en 1992, la question du partage de la dette avait fait l'objet de savantes analyses. Un des principes qu'il faut retenir, c'est qu'une partie de la dette est liée à des actifs. Selon les juristes Claude Gendron et Daniel Desjardins, l'État qui fait sécession obtient les actifs qui sont situés sur son territoire. Pour le reste, le droit international énonce que ce partage ne doit avantager ou désavantager aucun des deux pays. Ces experts ont rappelé que c'est l'État canadien, et lui seul, qui a une obligation envers les créanciers qui détiennent des titres de dette du Canada. On comprend dès lors que le Canada aura tout intérêt à régler cette question pour éviter de

payer le prix d'un désaccord sur les marchés obligataires internationaux. En dehors de principe général d'équité, les règles et les précédents sur le partage de la dette en cas sécession ne sont pas clairs.

Conclusion

C'est un des économistes qui ont validé l'étude, Marc Van Audenrode, qui s'est chargé de la remettre en perspective : « Il faut prendre le document pour ce qu'il est : un exercice comptable. Il détermine où sera le point de départ d'un Québec souverain », confiait-il au quotidien *Le Soleil*. Les souverainistes y verront un budget de l'an 1, tandis que les fédéralistes devraient y voir une illustration du déséquilibre fiscal ajoutait M. Van Audenrode.

François Legault souhaite convaincre les Québécois que la souveraineté est « payante ». Les marges de manœuvre que fait miroiter l'étude permettront de proposer aux Québécois un « projet de pays emballant » au cœur de la prochaine plate-forme électorale estime le député de Rousseau. À ses yeux, la souveraineté permettra avant tout de réaliser des choses concrètes comme d'améliorer les soins de santé et d'investir en éducation de façon importante.

De son côté, Bernard Landry se montrait circonspect : « L'argent compte et on veut dire aux Québécois et aux Québécoises qu'il n'y a aucune raison d'argent qui les empêche d'être indépendants, mais ne jamais leur faire croire que l'indépendance est une question d'argent », avait-il nuancé lors du dévoilement de cet état des finances d'un Québec souverain. L'indépendance nationale est avant tout une question de cœur.

Chronique de l'Assemblée nationale, août 2004-juillet 2005

Serge Laplante
Recherchiste, Le Devoir

Assermentation - Élu lors de l'élection partielle du 20 septembre, Sylvain Légaré, député de Vanier, est assermenté le 4 octobre. Il devient le 5e député de l'ADQ.

Jean Filion coupable - L'ex-député péquiste et indépendant de la circonscription de Montmorency, Jean Filion, est trouvé coupable le 7 octobre de quatre accusations d'abus de confiance et de quatre chefs de fraude pour une somme de 93 880 $ à l'endroit de l'Assemblée nationale. Les crimes reprochés se sont produits en 1997-1998, alors qu'il siégeait comme indépendant. Le 15 juillet 2005, l'ex-député sera condamné à six mois de prison ferme, ce qui mettra un terme à cinq années de procédures judiciaires marquées d'une multitude de requêtes de l'accusé pour éviter de faire face à la justice.

Assermentation - Yolande James prête serment à titre de nouvelle députée libérale de la circonscription de Nelligan le 18 octobre, devenant ainsi la première députée de couleur noire à siéger à l'Assemblée nationale du Québec. Elle avait été élue lors de l'élection partielle du 20 septembre.

Assermentations - Les nouveaux députés péquistes de Laurier-Dorion, Elsie Lefebvre, et de Gouin, Nicolas Girard, sont assermentés le 19 octobre. À 26 ans, Elsie Lefebvre devient la plus jeune députée à siéger à l'Assemblée nationale.

Rentrée parlementaire - Ajournés le 17 juin 2004, les travaux de la 1re session de la 37e Législature, amorcée le 4 juin 2003, reprennent le 19 octobre 2005. Selon l'usage, les députés élus aux élections partielles du 20 septembre, Yolande James, Elsie Lefebvre et Nicolas Girard, font leur entrée à l'Assemblée nationale. Le député adéquiste de Vanier, Sylvain Légaré, refuse de se présenter à la cérémonie protocolaire pour protester du sort réservé à sa formation politique en Chambre et fait distribuer une lettre à ses collègues pour expliquer son geste.

Cusano élu 1er vice-président - Le député libéral de Viau, William Cusano, est élu à l'unanimité, le 19 octobre, premier vice-président de l'Assemblée nationale. M. Cusano a pour particularité d'être un greffé du cœur.

Proclamation royale acadienne - Une cérémonie soulignant l'entrée en vigueur de la Proclamation royale acadienne se déroule à l'Assemblée nationale le 19 octobre. La Chambre venait d'adopter à l'unanimité une motion soulignant l'entrée en vigueur de la Proclamation. Pour le président de l'Assemblée nationale, Michel Bissonnet, « l'adoption de cette Proclamation est non seulement un moment historique pour les Acadiens eux-mêmes, mais également pour les Québécoises et les Québécois, puisque 15 % d'entre eux sont de souche acadienne. Je suis fier et honoré que notre Parlement souligne aujourd'hui cet événement et témoigne ainsi de son amitié et de sa solidarité envers nos frères et sœurs acadiens ».

Droit de parole de l'ADQ - Le 20 octobre, considérant l'arrivée d'un sixième député indépendant, le président Michel Bissonnet, se basant sur les précédents, porte le ratio de deux questions par cinq séances à un ratio de deux questions par quatre séances pour l'ensemble des six députés indépendants (dont cinq de l'ADQ).

Unanimité sur les services de garde - L'Assemblée adopte le 3 novembre une motion stipulant « que, dans le cadre des négociations avec le gouvernement fédéral sur la mise en place d'un nouveau programme pancanadien de services de garde, l'Assemblée nationale appuie le gouvernement du Québec dans sa démarche d'obtenir un fi-

nancement sans conditions et dans le respect des compétences constitutionnelles du Québec. »

Usage du bâillon - Pour une deuxième année consécutive, le gouvernement Charest impose le bâillon, le 14 décembre, afin d'adopter en bloc, sans débat et à toute vapeur, cinq projets de loi contestés. La motion de suspension des règles – communément appelée « bâillon » – a pour objet, en principe, d'accélérer les débats qui s'étirent en longueur. Le bâillon a été utilisé 41 fois depuis 1985, soit en moyenne deux fois par année.

Référendums sur les défusions - Le DGE dépose le 16 décembre 2004 son rapport d'activités sur les 89 consultations référendaire tenues en 2004 sur les défusions municipales. Plus de 468 000 personnes habiles à voter avaient participé à ces scrutins. L'exercice était une première pour le DGE qui n'avait jamais agi auparavant comme maître d'œuvre de la tenue de scrutins municipaux. Intitulé Consultation référendaire municipale du 20 juin 2004. Rapport d'activités du Directeur général des élections, le rapport n'est disponible qu'en version imprimée.

Ajournement - Le 16 décembre, les travaux de la 1re session de la 37e Législature sont ajournés, après 32 séances, au 8 mars 2005.

Michaud débouté - Le 13 janvier, l'ancien député, journaliste et diplomate Yves Michaud, qui demandait au tribunal de déclarer que l'Assemblée nationale avait outrepassé ses pouvoirs constitutionnels en adoptant, en décembre 2000, une motion de blâme à son égard, est débouté par la Cour supérieure du Québec. Les parlementaires avaient unaniment reproché à M. Michaud d'avoir dit que le peuple juif n'était pas le seul à avoir souffert dans l'histoire de l'humanité. La Cour supérieure a rejeté les prétentions d'Yves Michaud. Le juge Jean Bouchard affirme que la motion de blâme prononcée par les parlementaires est valide et qu'elle a été adoptée alors que l'Assemblée nationale était dans l'exercice de ses fonctions.

Nouveau cabinet - La cérémonie de prestation de serment du nouveau Conseil des ministres se déroule le 18 février 2005 au Salon rouge.

Bibliothèque virtuelle - Le Bulletin de la Bibliothèque de l'Assemblée nationale (mai 2005) fait état d'un projet pilote pour la modernisation du processus entourant l'étude des projets de loi en commission parlementaire. Des députés peuvent ainsi accéder par leur ordinateur portable à un espace de travail collaboratif réservé qui contient une bibliothèque virtuelle de documents (ouvrages de référence, liens Internet, etc.). Ce projet pilote a cours au sein de la commission des Institutions dans le cadre de l'étude du projet de loi 88, Loi sur la sécurité privée.

Rentrée parlementaire - Les travaux parlementaires de la reprennent le 8 mars, à la 123ᵉ séance de la 1ʳᵉ session de la 37ᵉ Législature.

Unanimité contre le déséquilibre fiscal - Une autre motion unanime contre le déséquilibre fiscal, présentée par le ministre des Finances, Michel Audet, est adoptée le 8 mars. Elle stipule «que l'Assemblée nationale réaffirme l'existence d'un déséquilibre fiscal et réitère son exigence envers le gouvernement fédéral à l'effet que le déséquilibre fiscal et l'iniquité du nouveau calcul de péréquation soient reconnus et corrigés.»

Appui unanime à CKAC - Le 9 mars, les parlementaires adoptent une motion unanime d'appui à CKAC dans le dossier de la vente de Radiomédia à Corus, motion qui reconnaît que la transaction constitue un sérieux problème en matière de diversité des sources d'information. Elle énonce que «l'Assemblée nationale du Québec, dans le cadre de la transaction entre Corus Entertainment inc. et Astral Média inc., demande auxdites entreprises de bonifier leur offre de service en production de nouvelles pour la région de Montréal afin d'assurer et de maintenir la diversité des sources d'information dans la région.»

Crédits temporaires - Incapable de présenter son budget des dépenses (les crédits des ministères) avant le 1ᵉʳ avril – conséquence du remaniement ministériel du 18 février et de la nomination d'un nouveau ministre des Finances, Michel Audet –, le gouvernement dépose, le 17 mars, des crédits temporaires de 11 823 429 201 $ destinés à financer le paiement de dépenses et autres coûts nécessaires à l'administration du gouvernement pour trois mois, à compter du 1ᵉʳ avril 2005 jusqu'au 30 juin 2005. Le gouvernement Charest rompt ainsi avec une tradition vieille de 64 ans, depuis l'adoption du 1ᵉʳ avril comme début de l'année financière en 1941.

Les crédits au bâillon - Devant le refus de l'opposition officielle de collaborer à ce qu'elle estime être de la désorganisation, la Chambre est convoquée d'urgence le 21 mars, après six jours seulement de travaux parlementaires, pour adopter les crédits temporaires de trois mois déposés le 17 mars et le projet de loi 71, réduisant les droits de coupe forestière de 20 %, la principale recommandation du rapport Coulombe. Parce que le Parlement siège, le gouvernement se voit forcé d'agir ainsi, ne pouvant procéder par mandats spéciaux adoptés par décret du Conseil des ministres pour expédier ses dépenses courantes, comme il l'avait fait immédiatement après son élection en 2003.

Mulcair condamné - Le 22 mars, le député libéral de Chomedey, ministre du Développement durable, de l'Environnement et des Parcs, Thomas J. Mulcair, est condamné par la Cour supérieure du Québec à payer 95 000 $ de dommage à l'ancien ministre péquiste Yves Duhaime.

Au printemps 2002, le député Mulcair avait invectivé M. Duhaime à la sortie d'une émission d'affaires publiques, insinuant que l'ancien ministre s'était rendu coupable de trafic d'influence en agissant comme lobbyiste pour des marchands Métro auprès du gouvernement Landry.

Nouveaux secrétaires adjoints - Le 20 avril, Michel Bonsaint est nommé, pour un mandat de sept ans, secrétaire général adjoint (sous-ministre adjoint) de l'Assemblée nationale. Jacques Jobin est nommé, pour un mandat de sept ans lui aussi, secrétaire général adjoint aux affaires administratives.

Budget et crédits - Le nouveau ministre des Finances, Michel Audet, livre son premier Discours sur le budget le 21 avril. Les crédits sont déposés le même jour. Dans son budget sans surplus ni déficit, le ministre des Finances prévoit pour l'année financière en cours des dépenses de 55,402 milliards de dollars, pour des revenus de 55,135 milliards de dollars, en hausse de 3,3 %.

Unanimité contre le Plan vert fédéral - Le Québec rejette d'emblée le plan fédéral de réduction des gaz à effet de serre pour respecter l'accord de Kyoto. Le plan est jugé inacceptable parce que le Québec a consenti des dizaines de milliards de dollars en dépenses en hydroélectricité, ce qui en fait la province qui produit le moins de GES par habitant. Le 21 avril, la Chambre adopte une motion stipulant «que l'Assemblée nationale du Québec réitère sa volonté de respecter l'accord de Kyoto et dénonce le Plan vert fédéral qui ne tient pas compte des spécificités économiques, énergétiques et historiques du Québec et exige une entente bilatérale reconnaissant notre spécificité».

Unanimité pour les producteurs de lait - Le 28 avril, l'Assemblée donne son appui aux producteurs laitiers qui réclament du gouvernement canadien qu'il mette un frein aux importations grandissantes d'ingrédients laitiers subventionnés. Une motion ordonne «que l'Assemblée nationale réitère l'importance qu'elle accorde à un secteur laitier fort et prospère au Québec et qu'à cet effet, elle soutienne les objectifs poursuivis par la Fédération des producteurs de lait du Québec visant à assurer efficacement la gestion des importations grandissantes d'ingrédients laitiers tels que les huiles de beurre et les mélanges de protéines, et que l'Assemblée nationale réclame du gouvernement fédéral qu'il agisse dans les plus brefs délais en utilisant tous les moyens à sa disposition ».

L'ADQ abandonne sa poursuite - Le 10 mai, un quotidien rapporte que l'Action démocratique du Québec s'est résignée à laisser tomber sa poursuite contre l'Assemblée nationale dans le but d'obtenir plus de temps de parole et plus de moyens pour ses travaux parlementaires. « Nous nous désistons d'une cause trop coûteuse où nous ne nous battions pas à armes égales », déclare l'attaché de presse de Mario Dumont, Jean-Nicolas Gagné. En octobre, le chef de l'ADQ, Mario Dumont, avait critiqué le président de l'Assemblée nationale, Michel Bissonnet, pour avoir porté en appel un premier jugement favorable à l'ADQ et avoir embauché un procureur du secteur privé, Me Reynold Langlois, à un taux horaire de 400 $, soit deux fois plus que les règles habituelles. En juin 2004, se voyant refuser une motion visant à faire reconnaître immédiatement son parti comme groupe parlementaire en Chambre, Mario Dumont avait annoncé son intention d'intenter un recours judiciaire contre l'Assemblée nationale. L'Action démocratique du Québec s'adressa à la Cour supérieure pour faire déclarer inconstitutionnels les articles du Règlement de l'Assemblée nationale qui empêchent cette formation d'obtenir le statut de groupe parlementaire. C'était la première fois qu'un parti politique traînait l'Assemblée nationale en cour.

Députés mis en demeure - Excédée de voir mise en doute son intégrité, la ministre déléguée aux Transports, Julie Boulet, envoie une mise en demeure aux députés péquistes Jonathan Valois et Normand Jutras, afin qu'ils cessent leurs attaques concernant une somme de 33 734 $ qu'elle a reçue au moment où elle était candidate du Parti libéral du Canada dans la circonscription de Champlain, durant les élections fédérales de 2000. Cette somme provient d'un compte en fiducie suspect, estime l'opposition, puisqu'il a été au cœur de certains témoignages à la commission Gomery.

Yves Séguin démissionne - L'ancien ministre québécois des Finances démissionne le 25 mai en affirmant qu'il tire un trait définitif sur sa carrière en politique active. M. Séguin avait perdu le portefeuille des Finances lors du remaniement ministériel du 18 février 2005. « On est tout ou rien. Moi, je ne suis jamais à moitié. Alors, comme je sais à l'avance que je ne peux pas être tout, j'aime mieux me retirer », déclare-t-il à la veille de transmettre sa lettre de démission au président de l'Assemblée nationale. Il ne sera pas présent en Chambre pour annoncer son départ, préférant ne pas faire de déclaration ni s'expliquer publiquement sur sa démission. Il n'avait d'ailleurs pas remis les pieds à l'Assemblée nationale depuis le remaniement de février, ni participé à aucune réunion du caucus des députés libéraux.

Unanimité pour saluer Séguin - Le 26 mai, les députés adoptent (sans débat) une motion présentée conjointement par le chef de l'opposition Bernard Landry,

Une réforme du mode de scrutin

Le 15 juin, l'Assemblée adopte, sur division, une motion créant une commission spéciale pour étudier la réforme du mode de scrutin. La Commission spéciale sur la Loi électorale, une commission parlementaire mixte, aura pour mandat l'étude de l'avant-projet de loi remplaçant la Loi électorale, déposé le 15 décembre 2004. La commission devra pour ce faire entendre des spécialistes en consultations particulières, et tenir une consultation générale, hors des murs du parlement si elle le juge nécessaire.

La commission est composée de 13 membres ainsi répartis : huit libéraux, incluant le président de la Commission et le ministre responsable de la Réforme des institutions démocratiques, quatre péquistes, incluant le vice-président de la commission, un député indépendant.

Il est prévu au mandat que la commission entende en consultations particulières le Directeur général des élections du Québec et président de la Commission de la représentation électorale, Me Marcel Blanchet, des experts des questions électorales qu'elle choisira et des représentants des partis politiques autorisés en vertu de la Loi électorale.

La commission tiendra aussi une consultation générale avec pour mandat d'aborder les questions suivantes: l'intérêt d'une révision du mode de scrutin, le principe de l'égalité des votes, le mode de scrutin proposé à l'avant-projet de loi, la pertinence de tenir un référendum sur la réforme du mode de scrutin, les mesures favorisant la représentation équitable des femmes, des jeunes, des minorités ethnoculturelles et des autochtones à l'Assemblée nationale, la tenue des élections à date fixe, le jour du scrutin, la liste électorale permanente et sa révision, la carte électorale et sa révision, le vote électronique, toute autre question relative à l'avant-projet de loi ou à la Loi électorale.

Un comité de citoyens

Il est également prévu qu'un comité citoyen sur les questions électorales assiste, de façon non partisane et sur une base consultative, la commission dans la réalisation de son mandat, en faisant valoir le point de vue des électeurs en complément de celui des élus. Ce comité citoyen soit composé de douze personnes inscrites sur la liste électorale, soit six femmes et six hommes. Un appel de candidatures a été lancé en septembre 2005.

Le Commission spéciale sur la Loi électorale est présidée par le libéral François Ouimet. André Gabias, Fatima Houda-Pépin, Benoît Pelletier et Sarah Perreault sont les autres représentants du Parti libéral. Sylvain Simard (vice-président), Lorraine Richard et Luc Thériault sont les représentants de l'opposition officielle, tandis que le député indépendant est Marc Picard, de l'Action démocratique du Québec. Le secrétaire de la commission des Institutions de l'Assemblée nationale, Louis Breault, agit comme secrétaire de cette commission spéciale.

---

le premier ministre Jean Charest et le chef de l'ADQ Mario Dumont, par laquelle « l'Assemblée nationale du Québec souligne le départ de la vie politique de M. Yves Séguin et reconnaît son importante contribution à la vie politique québécoise, notamment par ses travaux sur le déséquilibre fiscal. »

Unanimité contre les tribunaux islamiques - Le 26 mai, l'Assemblée nationale adopte une motion unanime portant sur l'implantation de tribunaux islamiques au Québec et au Canada. La motion est présentée conjointement par des élues des trois partis politiques représentés au Parlement, dont la députée libérale de La Pinière, Fatima Houda-Pepin, elle-même musulmane. Lors du débat, madame Houda-Pepin a justement souligné que «les membres de la communauté musulmane, dont la présence au Canada remonte à 1871, font des efforts considérables pour s'intégrer, malgré les stigmates et les amalgames dont ils font l'objet, mais que ces efforts d'intégration, consentis par des dizaines de milliers de musulmans, sont anéantis par une mouvance islamiste minoritaire mais agissante, qui cherche à imposer son système de valeurs, au nom d'une certaine idée de Dieu ». Le texte de la motion se lit comme suit : « Que l'Assemblée nationale du Québec s'oppose à l'implantation des tribunaux dits islamiques au Québec et au Canada.»

Landry démissionne - Prenant ses troupes par surprise, le chef de l'opposition officielle démissionne de son poste de chef du Parti québécois et de député de Verchères le 4 juin, lors du congrès des membres tenu à Québec. **Louise Harel chef de l'opposition -** Succédant au chef démissionnaire Bernard Landry, la députée d'Hochelaga-Maisonneuve devient le 6 juin chef intérimaire de l'aile parlementaire du Parti québécois. Madame Harel est la deuxième femme à occuper ce poste à l'Assemblée nationale (après la libérale Monique Gagnon-Tremblay, de mai à octobre 1998).

Hommage à Landry - Le 6 juin, l'Assemblée adopte (en l'absence de l'intéressé) une motion de Louise Harel, chef intérimaire de l'opposition officielle, de Jean Charest, premier ministre, et Mario Dumont, chef de l'ADQ, proposant conjointement « que l'Assemblée nationale du Québec souligne le départ du député de Verchères, chef de l'opposition officielle et ex-premier ministre du Québec, Bernard Landry, et lui rende hommage pour son immense contribution à la politique québécoise de même qu'au développement économique, culturel et social du Québec».

Ajournement - Le 16 juin, à sa 170ᵉ séance, les travaux de la 1ère session de la 37ᵉ Législature, amorcée le 4 juin 2003, sont ajournés au 18 octobre 2005.

Charest s'excuse - Le 16 juin, le premier ministre Jean Charest revient sur des propos tenus à l'endroit de la députée péquiste Elsie Lefebvre, qu'il avait qualifiée à voix basse de «chienne», la veille, en Chambre. La jeune députée avait accusé l'épouse du premier ministre, Michèle Dionne, d'avoir fait pression pour favoriser la Croix-Rouge (où elle œuvre bénévolement depuis sept ans) aux dépens de Centraide. « J'ai laissé tomber un mot en me parlant à moi-

Partis politiques provinciaux autorisés au 4 septembre 2005

Action démocratique du Québec / Équipe Mario Dumont
Chef : Mario Dumont

Bloc pot
Chef : Hugô St-Onge

Parti conscience universelle
Chef : Aline Lafond

Parti démocratie chrétienne du Québec
Chef : Gilles Noël

Parti égalité / Equality Party
Chef : Keith Henderson

Parti libéral du Québec / Quebec Liberal Party
Chef : Jean Charest

Parti marxiste-léniniste du Québec
Chef : Claude Brunelle

Parti québécois
Chef : Louise Harel (chef intérimaire)

Parti vert du Québec / Green Party of Québec
Chef : Richard Savignac

Union des forces progressistes
Chef : Danielle Maire

Composition de l'Assemblée nationale en date du 16 juin 2005

Parti libéral du Québec 72

Parti québécois 45

Députés indépendants (ADQ 5, autre 1)

Vacants 2 (Verchères, Outremont)

Rapports financiers des partis politiques provinciaux

Le Directeur général des élections du Québec (DGE), Me Marcel Blanchet, a rendu publics, le 22 juin 2005, les rapports financiers des partis politiques autorisés ainsi que le montant total de la participation de l'État au financement politique pour les exercices financiers terminés les 31 décembre 2004.

Les données de 2004 (les chiffres entre parenthèses se réfèrent à l'année 2003), concernant les neuf partis politiques autorisés et leurs instances, ainsi que les candidats indépendants autorisés, indiquent que les entités autorisées ont eu des revenus globaux de 17 369 405 $ (33 062 990 $). Les trois partis représentés à l'Assemblée nationale se partagent 98,3 % (98,6 %) des revenus totaux.

Les contributions des électeurs ont totalisé 12 485 280 $ (17 543 527 $). Un total de 38 664 personnes (52 553) ont fait des contributions de moins de 200 $, 17 815 (23 429) de plus de 200 $: ces contributions comptent pour 79 % (78 %) de l'argent recueilli. La contribution moyenne est de 221 $ comparativement à 231 $ en 2003.

Le rapport du DGE montre à nouveau que l'État québécois demeure le principal pourvoyeur des partis politiques. La participation financière totale de l'État au financement politique québécois est estimée à 10 801 849 $ (contre 13 181 849 $ en 2003, mais 2003 était une année électorale), comprend les montants suivants :

Allocation de fonctionnement versée aux partis autorisés :

Action démocratique du Québec/ Équipe Mario Dumont
500 213 $ (444 886 $)

Parti libéral du Québec/Québec Liberal Party
1 265 346 $ (1 228 652 $)

Parti québécois
914 624 $ (975 878 $)

Autres partis
63 526 $ (55 798 $)

Sous-total : 2 743 709 $ (2 705 214 $)

Remboursements des frais de vérification effectués aux partis :
33 090 $ (30 378 $)

Remboursements de dépenses électorales :
569 685 $ (10 446 257 $)

Total : 3 346 484 $ (13 181 849 $)

Il est à noter que ces chiffres ne comprennent pas les crédits d'impôt accordés par Revenu Québec qui peuvent être estimés à environ 7 455 000 $ (crédit jusqu'à 75 % d'une contribution maximale de 400 $ par an).

L'allocation que verse l'État aux partis politiques est basée sur le nombre d'électeurs inscrits sur la liste électorale lors de la dernière élection. Un montant de 50 cents est accordé pour chaque électeur inscrit. La somme globale est redistribuée entre les partis en fonction du pourcentage de vote obtenu lors de l'élection du 14 avril 2003.

Pour six des neuf formations politiques ayant produit leurs rapports financiers, l'année 2004 se termine par un excédent des charges sur les produits. Pour l'Action démocratique du Québec il atteint 72 902 $, au Parti libéral du Québec 3 800 006 $, au Parti québécois 274 001 $. Le total des actifs nets des trois principaux partis politiques et celui de leurs instances respectives s'élevaient à (1 459 091 $) pour l'Action démocratique du Québec, 5 112 145 $ pour le Parti libéral du Québec et 614 800 $ pour le Parti québécois.

L'Action démocratique du Québec demeure celui des trois principaux partis qui bénéficie le plus largement du financement de l'État pour son fonctionnement. Ce financement, qui était 46,7 % en 2003 passe à 45,5 %, contre 11,2 % (23,4 %) pour le PLQ et 19,7 % (30,3 %) pour le PQ.

Les militants libéraux ont été les plus généreux en 2004 avec des contributions totales de 8 848 021 $ (8 369 876 $), les péquistes viennent ensuite avec 2 988 827 $ (1 865 104 $), puis les adéquistes avec 474 924 $ (1 367 868 $).

même et je le regrette, a dit le premier ministre. Si cela a pu offenser quelqu'un, je m'en excuse.» M. Charest a admis que sa réaction avait été émotive. «Je pense que le Parti québécois est allé trop loin», a-t-il toutefois ajouté, estimant que les députés ne devraient pas s'attaquer à la famille d'un adversaire politique.

Sites Internet

Site Internet de l'Assemblée nationale : www.assnat.qc.ca

Le Parti québécois : www.partiquebecois.org

Le Parti libéral du Québec : www.plq.org

L'Action démocratique du Québec : www.adq.qc.ca/

Le gouvernement du Québec (en ligne) : www.gouv.qc.ca/wps/portal/pgs/commun

Budget 2005-2006 du 21 avril 2005 :
www.budget.finances.gouv.qc.ca/budget/2005-2006/index.asp

Budget des dépenses 2005-2005 du 21 avril 2005 : www.tresor.gouv.qc.ca/fr/budget/index.asp

Le Directeur général des élections : www.electionsquebec.qc.ca

Rapports financiers des partis politiques : www.electionsquebec.qc.ca/fr/sec_salle_de_presse.asp

Rapports du Vérificateur général du Québec : www.vgq.gouv.qc.ca/HTML/Rapports.html

Rapports du Protecteur du citoyen :
www.ombuds.gouv.qc.ca/fr/publications/rap_annuel/liste_rap_annuel.asp

Rapports du Commissaire au lobbyisme : www.si2.commissairelobby.qc.ca/motcommissaire.asp

Moderniser l'État. Pour des services de qualité aux citoyens. Plan de modernisation 2004-2007 :
www.tresor.gouv.qc.ca/fr/modernisation/

Briller parmi les meilleurs, programme d'action et autres documents de la série Briller parmi les meilleurs :
www.briller.gouv.qc.ca/publications_briller.htm

Profil institutionnel du Québec :
www.enap.uquebec.ca/documents-pdf/observatoire/profil-institutionnel-quebec.pdf

Institut de la statistique du Québec :www.stat.gouv.qc.ca

L'Institut du Nouveau Monde : www.inm.qc.ca

Rapport d'enquête sur les dépassements de coûts et de délais du chantier de la Société Papiers Gaspésia de Chandler :
www.travail.gouv.qc.ca/publications/rapports/RapportCESPG.pdf

Rapport de la Commission d'étude sur la gestion de la forêt publique québécoise (Rapport Coulombe) : www.commission-foret.qc.ca/rapportfinal.htm

Bulletin de la Bibliothèque de l'Assemblée nationale du Québec :
www.assnat.qc.ca/fra/Bibliotheque/publications/Bulletin/index.html

Consultation sur la réforme du mode de scrutin :
www.xn--institutions-dmocratiques-oic.gouv.qc.ca/

Avant projet de loi sur la réforme du mode de scrutin :
www.assnat.qc.ca/fra/37legislature1/Av-projets/04-fAVPL_LE.htm

Projet de loi sur le développement durable :
www.assnat.qc.ca/fra/37legislature1/Projets-loi/Publics/05-f118.htm

La voie autonomiste: Nouvelle position constitutionnelle de l'ADQ :
www.adq.qc.ca/fr/vision/ADQ_Voie_autonomiste.pdf

Les finances d'un Québec souverain (Budget de l'An 1) : www.pq.org/nv/tmp/finance_quebec.pdf

La modernisation de l'État québécois

Inutile de crier au loup !

Daniel Maltais
Professeur, École nationale d'administration publique

Une mise en contexte : de la réingénierie de l'État à sa modernisation

La « réingénierie » est un concept emprunté au monde des affaires que peu de gens avaient osé appliquer à l'État. C'est pourtant ce concept qui anime la présidente du Conseil du Trésor et ministre responsable de l'Administration, Mme Monique Jérôme-Forget, au printemps 2003. Elle demande alors à tous les sous-ministres de questionner systématiquement la pertinence des missions ministérielles et des moyens qu'elles utilisent dans la poursuite de leurs objectifs. Cette démarche prend la forme de cinq questions concernant la pertinence des programmes, leur efficacité, leur efficience (l'atteinte d'objectifs à des coûts raisonnables), la possibilité de transférer leur gestion à d'autres organismes (subsidiarité) et la suffisance des moyens financiers disponibles pour assumer leurs coûts.

Cette démarche se calque sur la revue de programmes que le gouvernement canadien avait entreprise en 1994-1995 pour annuler les déficits annuels de plus de 40 milliards de dollars qui alimentaient une dette incontrôlable. La démarche québécoise, elle, fera long feu et ce pour plusieurs raisons. Premièrement, la situation budgétaire québécoise, bien que fragile, ne s'apparentait nullement aux yeux de l'opinion publique à la crise financière des années 1990 du gouvernement du Canada. Bien sûr, la dette québécoise accumulée, de l'ordre de 115 milliards de dollars, inquiète, mais les budgets annuels respectent depuis plusieurs années la consigne du « déficit zéro[1] ».

Jean Charest et Jean-Marc Fournier

Deuxièmement, l'exercice a été très peu transparent et fait de manière précipitée, ce qui n'a pas favorisé une réflexion rigoureuse et convaincante. Enfin, l'opération a reposé essentiellement sur les avis des technocrates alors qu'un questionnement en lien avec les grandes missions de l'État aurait dû y associer, au premier titre, les élus et la population. Il n'est donc pas surprenant qu'appréhendant, à tort ou à raison, une remise en question radicale d'un État interventionniste, plusieurs groupes et intellectuels ont réussi à miner la crédibilité de cette démarche de réingénierie.

C'est dans ce contexte que la réingénierie de l'État annoncée en 2003 s'est muée en plan de modernisation annoncé au printemps 2004 et devant être mise en œuvre au cours des quatre années suivantes (2004-2007).

Le plan de modernisation dévoilé en mai 2004

Le plan de modernisation annoncé en mai 2004 s'articule autour de quatre grandes préoccupations : l'amélioration des façons de faire, l'allègement des structures, la réévaluation des programmes et la planification des ressources humaines.

Les principales initiatives annoncées pour améliorer les façons de faire de l'État sont : la mise en place de Services Québec, un « guichet » qui facilitera l'accès des citoyens et des entreprises en regroupant des services publics, le développement d'un « gouvernement en ligne », le regroupement de certains services administratifs internes du gouvernement au sein d'un nouveau « Centre de services partagés » et la création d'une Agence des partenariats public-privé (PPP).

Au chapitre de l'allègement des structures, trois mesures sont prévues : l'examen en 2004-2005 d'une première série de 60 organismes publics par un groupe d'experts, la simplification de modes de fonctionnement (par des regroupements d'organismes) et la transformation de structures existantes (le ministère du Revenu devient une « agence »). Il faut préciser qu'à ces changements, qui visent la fonction publique proprement dite, s'ajoutent des modifications à la structure du système de santé et des mesures visant à augmenter l'autonomie des régions (la création des conférences régionales des élus).

La réévaluation « continue » des programmes proposée dans le plan découle en grande partie de l'exercice de réingénierie (revue de programmes) amorcé dans tous les ministères québécois en juin 2003, sauf qu'ici il ne s'agit pas de remettre en question leur pertinence mais d'envisager leur regroupement, leur simplification, leur recentrage et de lutter contre la sédimentation et le cloisonnement de certains d'entre eux. On propose également d'examiner le financement des programmes de santé et des services sociaux dont les coûts comptent pour plus de 40 % du budget de l'État québécois.

Enfin, l'État veut réduire de 20 % le nombre de ses fonctionnaires au cours des dix prochaines années.

L'amélioration des façons de faire

Le premier rapport d'étape concernant la réalisation du plan de modernisation au terme de sa première année de mise en œuvre a été déposé en mai 2005. En lien avec les quatre grandes préoccupations du gouvernement évoquées plus haut, le rapport fait le point sur l'état d'avancement de dix projets principaux et annonce douze nouvelles mesures initiées au cours de l'année. Le tout est détaillé dans un état de situation qui précise le degré de réalisation des mesures annoncées.

Le développement du gouvernement en ligne, en 2004-2005, est passé par la nomination d'un ministre délégué[2], un nouveau portail, l'accentuation des investissements dans des initiatives déjà amorcées et des possibilités accrues de consultation et de transactions en ligne auprès du gouvernement pour les citoyens et les entreprises.

Services Québec est le nouvel organisme dorénavant voué au développement d'un guichet multiservice et multimode mettant à contribution les possibilités qu'offrent les nouvelles technologies de l'information et des communications et Internet. Créé légalement en cours d'année, le dépôt d'un rapport portant sur son mode d'opération et la nomination d'un ministre responsable sont les éléments marquants de cette mesure en 2004-2005. C'est dire que les citoyens devront patienter pour profiter des retombées appréhendées de la création de ce nouveau centre au chapitre d'une plus grande accessibilité à un plus grand éventail de services en ligne. Il est par ailleurs étonnant que cette mesure soit présentée comme un élément du développement du gouvernement en ligne alors que logiquement il en constitue une des manifestations.

Le Centre des services partagés doit regrouper des services administratifs (reprographie, informatique, etc.) jusqu'ici dispersés dans les ministères et organismes gouvernementaux. Ce regroupement ne vise pas à améliorer les services aux citoyens mais à produire des économies d'échelle au chapitre des coûts de fonctionnement de l'appareil administratif. Ces économies, qui pourraient atteindre 20 % des coûts actuels, constituent pour l'instant un pari puisque le Centre ne commencera à opérer qu'au cours de la prochaine année.

La création d'une nouvelle Agence des partenariats public-privé est certes, parmi toutes les mesures annoncées, celle qui a créé le plus de controverses. La publication d'une politique cadre sur les intentions gouvernementales, la nature de certains projets annoncés (tableau 1) et l'opposition grandissante à un gouvernement « néo-libéral » auquel plusieurs prêtent l'intention de

TABLEAU 1   **Les projets PPP du gouvernement du Québec**

Secteurs	Projetés
Transports	Autoroute 30 (entre Candiac et Vaudreuil-Dorion) Autoroute 25 (parachèvement du tronçon entre le boulevard Henri-Bourassa et l'autoroute 440 Un nouveau réseau de parcs routiers (le long des autoroutes)
Autres secteurs	La rénovation ou le remplacement des 3000 à 5000 places dans des Centres d'hébergement et de soins de longue durée. Un centre de détention (Montérégie) Un complexe culturel à Montréal

Source : Moderniser l'État. Pour des services de qualité aux citoyens. Plan de modernisation 2004-2007.

TABLEAU 2 **Les points de vue des groupes qui ont présenté des mémoires concernant le projet de loi créant l'Agence des PPP**

	Groupes appuyant le projet de loi	Groupes dénonçant le projet de loi	Groupes avec réserves
Nombre (/40)	15	21	4
(+) Principaux arguments avancés / (-) Principales réserves	(+) Développement de l'expertise, standardisation dans la manière de procéder et meilleur contrôle des coûts et des échéanciers. / (-) L'obligation de recourir à l'Agence et absence de précision quant à la nature et l'ampleur des projets.	(-) Une étape vers la privatisation, la commercialisation et la tarification des services publics, l'appauvrissement des conditions de travail.	(-) Pas d'accès garanti à l'information entourant les contrats. Perte de contrôle sur le lobbyisme.

remettre en question les acquis de la révolution tranquille sont parmi les facteurs qui expliquent que plus de quarante mémoires aient été discutés en commission parlementaire à l'automne 2004 (voir tableau 2 pour un résumé des arguments).

Pour les intervenants en faveur de la création de la nouvelle agence, en majorité des associations des milieux d'affaires, celle-ci permettra au Québec de développer une expertise sur les PPP, d'appuyer les ministères et les organismes dans l'élaboration d'ententes et de définir une démarche standardisée de conception des PPP. Le recours obligatoire à l'Agence par tous les organismes publics québécois fut la principale réticence formulée, une réserve à laquelle la ministre s'est montrée sensible en acceptant d'apporter un amendement au projet de loi.

Les syndicats constituent les principaux groupes ayant demandé le retrait du projet de loi[3]. Ils se sont opposés non seulement à la création d'une agence des PPP mais à la formule même des partenariats entre le public et le privé qui, selon eux, ne constitue qu'une étape menant à la privatisation des services publics. Signe avant-coureur d'un désengagement de l'État, les PPP favoriseraient l'instauration probable d'une tarification des services publics et une diminution des conditions de travail des employés de l'État transférés aux entreprises. Doutant sérieusement des économies qu'entraînerait la formule, on juge qu'au final seul l'État assumera les coûts d'un échec toujours possible. Enfin, on craint que la formule donne lieu à des transactions plus ou moins transparentes qui ne profiteront qu'aux dirigeants des entreprises et à leurs actionnaires.

Quatre organismes répondant à l'Assemblée nationale, et non au gouvernement, ont exprimé des réserves au chapitre de la transparence et de la reddition de comptes de l'Agence. La Commission d'accès à l'information, la Protectrice du Citoyen, le Commissaire au lobbyisme et le Vérificateur général mettent en doute la possibilité d'un contrôle efficace par les élus sur l'utilisation des deniers publics. La ministre acceptera de modifier le projet de loi pour tenir compte de ces réserves.

L'allègement des structures.
Le rapport du premier[4] Groupe de travail sur l'examen de 60 des 188 organis-

TABLEAU 3   **Les principales recommandations du Groupe de travail et le nombre d'organismes visés par elles**

Organismes maintenus (38)		Organismes abolis (22)		
Sans modifications	Avec modifications	Avec transfert de mandats dans le secteur public	Avec transfert de mandats dans le secteur public/privé	Sans transfert
16	22	13	5	4
1*	2*	3*	2*	-

* Nombre d'organismes dont les recommandations ne sont pas suivies ou sont reportées.

mes du gouvernement était d'autant plus attendu que des démarches du même genre par le passé n'ont guère donné de résultats[5]. Or, une analyse des recommandations faites par ce Groupe de travail présidé par Thomas Boudreau[6] n'annonce aucune réduction significative du nombre de ces organismes, ce que laisse pourtant croire l'abolition proposée de 22 des 60 organismes étudiés. Le tableau 3 résume les recommandations du Groupe et les organismes visés par elles.

Des 38 organismes que le groupe recommande de maintenir, 16 le sont sans modifications alors que 22 font l'objet de modifications visant à accroître leur performance. Il faut réaliser que la plupart de ces modifications sont accessoires et qu'elles ne sauraient donner lieu à des économies importantes. À titre d'exemples, on propose le transfert de mandats (le Curateur public, l'Office de la protection du consommateur, la Régie des alcools, des courses et des jeux), des modifications de statut administratif (les Services correctionnels, la Sûreté du Québec), une meilleure coordination des activités (la Commission des transports du Québec) et une amélioration de la gouverne (la Commission administrative des régimes de retraite et d'assurances). Seul le recours recommandé à la formule des partenariats public-privé pour

l'exploitation du futur Complexe culturel de Montréal et l'actuelle Société du Grand Théâtre de Québec pourraient donner lieu à des économies pour l'État.

C'est de l'abolition recommandée de 22 organismes qu'on aurait pu attendre des économies importantes. Or, ce n'est pas le cas. En effet, 13 de ces 22 organismes seront en fait intégrés à des structures ministérielles conventionnelles. Ils perdent donc en autonomie de fonctionnement mais continuent d'opérer. Des neufs organismes restants, le Groupe de travail recommande que deux organismes soient privatisés et que trois le soient que partiellement. Or, la présidente du Conseil du Trésor a émis des réserves et donc reporté la privatisation de deux des cinq organismes (la Société des traversiers et la Société québécoise de l'information juridique). En outre, la privatisation de deux autres de ces organismes n'aura pas ou peu d'implications financières pour le gouvernement (le Bureau d'accréditation des pêcheurs et des aides-pêcheurs du Québec et la Société de développement de la Baie James). En fait, seule la privatisation de la Société nationale du cheval de course pourrait « libérer » financièrement l'État[7]. Quant aux quatre organismes qui disparaîtront véritablement, il s'agissait en fait de « coquilles déjà vides ».

L'un des passages du rapport explique en partie que le Groupe de travail ait finalement accouché d'aussi peu : « Une analyse rigoureuse de la performance d'une organisation et des moyens d'améliorer cette performance nécessite des études approfondies. Le Groupe de travail n'avait ni le temps ni les ressources nécessaires à l'exécution des travaux d'une telle ampleur. [...] les commentaires et propositions formulés [...] visent généralement à désigner des éléments organisationnels qui pourraient être améliorés. » (p. 4) L'absence d'une analyse rigoureuse de la performance des organismes examinés explique aussi que le rapport ne chiffre nulle part les impacts de ses recommandations au plan du budget et des effectifs. Tout porte à croire qu'ils seront minimes. Au mieux, peut-on espérer des améliorations au chapitre du fonctionnement des organismes qui sont maintenus.

En marge de ces recommandations à l'endroit de la fonction publique, les modifications structurelles apportées au système de santé découlent de la réforme annoncée l'année précédente et visant à rendre les services de première ligne plus accessibles et plus efficaces[8]. Pour mener à bien cette réforme les « régies régionales de services de santé et de services sociaux » ont été transformées en « agences régionales de développement de réseaux locaux, de services de santé et de services sociaux ». De tels réseaux, toujours en construction, ont profité de la fusion de plusieurs établissements offrant des services de santé et de services sociaux de première ligne (les anciens centres locaux de services communautaires ou CLSC) ou des services hospitaliers généraux. Ces fusions ont donné naissance à 95 centres de services santé et

de services sociaux en appui à autant de réseaux locaux[9].

Ces changements structurels apportés au réseau de la santé et des services sociaux risquent d'avoir peu d'impact sur les coûts d'un système qui n'arrêtent de croître à un rythme difficilement soutenable à terme. Le rapport Ménard, du nom du président d'un groupe de réflexion invité par le gouvernement à se pencher sur ce problème, a déposé son rapport à la fin juillet 2005. Pour contrer l'augmentation importante des coûts du système au cours des prochaines années, le rapport propose de nouvelles sources de financement et un recours plus important au secteur privé dans la prestation de services. Les représentants syndicaux, membres du groupe, se sont dissociés de ses principales recommandations[10].

La diminution des effectifs de la fonction publique québécoise

L'annonce d'une diminution importante des effectifs de la fonction publique québécoise doit être mise en perspective ; ils ne comptent après tout que pour 18 % des employés rémunérés par l'État, 82 % de ces derniers œuvrant au sein des réseaux de la santé, des services sociaux et de l'éducation qui eux ne sont l'objet d'aucune mesure annoncée. La diminution annoncée s'étalera sur dix ans, faisant passer les effectifs de 75 800 en 2004, à 60 000 en 2013. Bien qu'il s'agisse d'un horizon temporel plutôt hypothétique pour un gouvernement qui bat des records d'impopularité, il a le mérite de permettre une planification à long terme qui veut conjuguer le remplacement partiel des retraités des prochaines années par une relève dans des postes à repenser en fonction des éléments de modernisation annoncés. La réduction se produira apparemment sans heurt pour les employés en place puisqu'on procédera par attrition de la moitié des postes libérés par les retraités des prochaines années.

Conclusion

Le premier rapport du gouvernement du Québec sur l'application de son plan de modernisation de son administration comprend peu de résultats probants, ce qu'on pourra jugé normal alors qu'une seule année s'est écoulée depuis le dépôt du plan. Quoi qu'il en soit, ces premiers résultats montrent bien que le passage de la « réingénierie de l'État », annoncée au lendemain de son accession au pouvoir en avril 2003, à sa « modernisation » est davantage qu'un changement sémantique. En effet, alors que l'opération originale de « réingénierie » laissait présager des changements radicaux, la « modernisation » en cours évoque plutôt une réforme administrative en douce[11]. Battant des records d'impopularité et à deux ans de la prochaine campagne électorale, il serait étonnant que le gouvernement actuel s'éloigne d'une démarche somme toute timide. En outre, la modernisation actuelle est clairement en continuité plutôt qu'en rupture avec ce que les gouvernements précédents avaient entrepris. Qui plus est, en cherchant à améliorer des façons de faire, à alléger des structures et réévaluer des programmes, le Québec ne fait qu'emprunter des voies tracées depuis longtemps par plusieurs autres gouvernements occidentaux. Bref, si le plan de 2004-2005 a pu susciter des craintes (Fortier et al., 2004), ce premier rapport devrait contribuer à les diminuer.

Références

ANCTIL, Hervé et Amélie JUHEL. « Le système de santé québécois : un édifice imposant en constante rénovation », *L'Annuaire du Québec 2005*, 2004, Fides, p. 321-327.

FORTIER, Isabelle et al. (2004). « De la dérive comptable à la rhétorique architecturale », *L'Annuaire du Québec 2005*, 2004, Fides, p. 487-496.

Modernisation de l'État - La Présidente du Conseil du Trésor rend public le rapport de travail sur l'examen des organismes du gouvernement pour l'année 2004-2005. Communiqué de presse du 17 mai 2005.

OSBORNE, David et Ted GAEBLER. *Reinventing Government: How the Entrepreneurial Spirit Is Transforming the Public Sector?*, 1992, Longman, Addison-Wesley.

Plan de modernisation 2004-2007, Moderniser l'État. Pour des services de qualité aux citoyens. Briller parmi les meilleurs, mai 2004.

Plan de modernisation 2004-2007. Pour des services de qualité aux citoyens. Briller parmi les meilleurs. Premier rapport d'étape, mai 2005

Rapport du Groupe de travail sur l'examen des organismes du gouvernement. Les 60 organismes désignés par le gouvernement pour 2004-2005.

Notes

1 Les dépenses prévues en 2004-2005 étaient de 53,6 millions de dollars dont 6,8 millions de dollars pour le service de la dette. Cette dette qui croît en chiffres absolus et qui constitue une

partie importante des dépenses du gouvernement du Québec, décroît cependant en proportion du PIB québécois ; cette proportion était d'un peu plus de 46 % en 2001 et de 44 % en 2005. On prévoit que ce pourcentage sera de 40 % en 2010. Pour des informations additionnelles, consulter le site : www.budget.finances.gouv.qc.ca/budget/2005-2006.

2 Le remaniement ministériel du 18 février 2005 nommait M. Henri-François Gautrin, ministre délégué du gouvernement en ligne, et M. Pierre Reid ministre responsable du Centre des services partagés.

3 L'opposition officielle s'est aussi dite en désaccord avec la création de la nouvelle agence bien qu'elle ait créé un Bureau des PPP alors qu'elle était au pouvoir.

4 La Présidente du Conseil du Trésor annoncera le 17 mai 2005 la constitution d'un second groupe de travail qui examinera 58 autres organismes au cours de l'année 2005-2006.

5 Paul Gobeil, ministre libéral dans les années 1980 avait produit une étude de même nature qui n'a pas eu de suite. Plus récemment, Joseph Facal, ministre péquiste et alors président du Conseil du Trésor, avait proposé un régime minceur resté lettre morte.

6 Ancien haut fonctionnaire au gouvernement du Québec.

7 Nous utilisons le conditionnel parce que rien n'assure que la privatisation de l'organisme ne continuera pas de bénéficier de subventions de l'État.

8 Pour un portrait de ce système en évolution, nous référons le lecteur à l'article de Hervé Anctil et Amélie Juhel, paru dans l'*Annuaire du Québec 2005*.

9 Pour plus de détails consulter le site Web du ministère : www.msss.gouv.qc.ca/reseau/rls/

10 *La Presse*, édition du 28 juillet 2005.

11 On peut citer la fusion des municipalités du Québec, forcée par le gouvernement précédent et mise à l'épreuve référendaire par le gouvernement actuel, ou encore la réforme parlementaire et la révision du mode de scrutin actuellement envisagées, comme autant d'exemples de réformes aux impacts potentiellement plus significatifs que la modernisation actuelle de l'État québécois.

Pour comprendre les PPP

Noureddine Belhocine
Professeur, École nationale d'administration publique

Joseph Facal
Professeur invité, HEC Montréal

Bachir Mazouz
Professeur agrégé, École nationale d'administration publique du Québec

Il ne se passe pratiquement plus une journée sans de nouveaux rebondissements dans la controverse publique sur les partenariats public-privé (PPP) : permettent-ils réellement de réduire les coûts et les risques ? Sont-ils le début d'un engrenage conduisant inexorablement à la privatisation de services publics ? Entraînent-ils une dilution de la capacité stratégique de l'État d'orienter le développement des collectivités ? Qu'en est-il des questionnements éthiques particuliers qu'ils soulèvent ? Font-ils appel à des modes particuliers de gestion ? Nous ferons d'abord ressortir la grande variété des définitions données des PPP, de même que la diversité des formes concrètes de collaboration qu'elles recouvrent. Puis, nous passerons en revue les avantages et les risques présumés de ces formules, ainsi que les enjeux et les défis particuliers qu'ils posent du point de vue du gestionnaire.

Le partenariat public/privé : une notion polysémique

Recenser toutes les définitions de la notion de partenariat public-privé ne serait pas une mince tâche tant celles-ci sont nombreuses. Par exemple, le Bureau des partenariats d'affaires du gouvernement du Québec, logé au sein du Conseil du Trésor et mis sur pied en 1999 afin de faire la promotion des PPP, les définit ainsi : « Le partenariat d'affaires public-privé est une entente contractuelle entre des partenaires public et privé qui stipule des résultats à atteindre pour améliorer la prestation de services publics. Cette entente établit un partage réel des responsabilités, des investissements, des risques et des bénéfices de manière à procurer des avantages mutuels qui favorisent l'atteinte des résultats. » (www.tresor.gouv.qc.ca/marche/partenariats/index.htm).

Mme Monique Jérôme-Forget, l'actuelle ministre québécoise en charge de piloter le projet de loi 61, qui a mené à la création de l'agence gouvernementale qui supervisera les futurs PPP auxquels le gouvernement du Québec souhaite donner le feu vert, caractérisait pour sa part les PPP par l'existence « d'un contrat à long terme qui lie un organisme public et une entreprise privée » (cité par Maltais, 2004). Elle ajoutait : « Par ce contrat, l'entreprise est associée à la conception, à la réalisation, à l'exploitation et, généralement, au financement d'un projet émanant de l'administration publique. Dans un PPP, il y a partage des responsabilités, des risques et des bénéfices entre les partenaires public et privé. » (cité par Maltais, 2004). Dans la littérature managériale et scientifique, on trouvera chez Brinkerhoff (2002, p. 21) une des définitions les plus fines de la nature de la relation entre les partenaires privé et public dans un PPP : « Partnership is a dynamic relationship among diverse actors, based on mutually agreed objectives, pursued through a shared understanding of the most rational division of labour based on the respective comparative advantages of each partner. Partnership encompasses mutual influence, with a careful balance between synergy and respective autonomy, which incorporates mutual respect, equal participation in decision making, mutual accountability and transparency. »

Certains auteurs préféreront pour leur part insister sur l'importance des obligations mutuelles et de la confiance qui doivent prévaloir entre les partenaires (Muetzelfeldt, 2001). D'autres mettront plutôt l'accent sur la dimension proprement commerciale du partenariat (Chalmers et Davis, 2001). Il faut dire que l'exercice de clarification de la notion de PPP est singulièrement compliqué par le fait que les gouvernements eux-mêmes qualifient de PPP des arrangements institutionnels de natures très différentes (Mazouz et Belhocine, 2002).

Pourquoi cette montée en puissance des PPP à l'heure actuelle ?

Quatre principaux phénomènes se combinent à l'heure actuelle pour expliquer cette émergence de nouvelles formes d'association entre les secteurs public et privé : la persistance de la fragilité des finances publiques, la frustration grandissante de l'opinion publique à l'endroit de la qualité des services publics, le retour en force évident ces dernières années d'une rhétorique d'inspiration libérale qui fait la part belle au recours à des mécanismes de marché pour la fourniture de services et la propension des gouvernements à imiter en les adaptant des expériences étrangères jugées positives (Pongsiri, 2002 ; Savas, 2000 ; Tang, 1997 ; Nioche, 1991).

L'engouement médiatique en cours sur les PPP ne doit cependant faire perdre de vue que le phénomène n'a rien de récent. Dahl et Lindblom (1953) avaient déjà prédit, il y a plus d'un demi-siècle, le rapprochement progressif des secteurs privé et public. Pongsiri (2002), pour sa part, fait des efforts du gouvernement fédéral américain pour revitaliser les infrastructures urbaines dans les années 1960 le point de départ moderne des expériences de PPP.

La récession économique des années 1970 incita par la suite les autorités politiques un peu partout en Occident, à droite comme à gauche, à approfondir encore leur collaboration avec des firmes privées pour la livraison de services publics (Etzioni, 1973). Pendant les années 1980, les PPP furent davantage perçus comme des dérivés du courant plus global de privatisation impulsé par des dirigeants politiques conservateurs, principalement Margaret Thatcher au Royaume-Uni et Ronald Reagan aux États-Unis d'Amérique (Moore, Richardson et Moon, 1985 ; Moore et Pierre, 1988 ; Moon et Willoughby, 1990).

C'est sans doute la raison pour laquelle une bonne partie de la littérature managériale de la fin des années 1980 et du début des années 1990 sur les PPP s'insère dans un courant intellectuel – au demeurant une constellation très éclectique – qu'on appelle généralement le nouveau management public (Peters et Savoie, 1995 ; Charih et Rouillard, 1997 ; Kaboolian, 1998). Dans l'ouvrage emblématique du nouveau management public (ci-après NMP), Osborne et Gaebler (1992) consacrent d'ailleurs le premier chapitre aux PPP et en font l'un de leurs sept mécanismes privilégiés de réingénierie des gouvernements, aux côtés de la privatisation, de la contractualisation, de la décentralisation, de la rémunération au rendement, du management par résultats et de l'orientation client. Même si dès cette époque, plusieurs reprochent au NMP ses soubassements idéologiques et politiques (Hood, 1991 ; Pollitt, 1990 ; Aucoin, 1990), de nombreux gouvernements, dans les textes officiels de présentation de leurs intentions de réforme, en intégreront de larges pans. Pensons à la Grande-Bretagne (1988), au Canada (1990) et aux Etats-Unis (Gore, 1993). Même une société avec une solide tradition d'économie mixte, comme la France, s'ouvre progressivement à ce courant de pensée (France, 1989).

C'est aussi à cette époque que les PPP font leur entrée dans la rhétorique et les recommandations d'organismes internationaux comme l'OCDE ou la Banque Mondiale, jusque-là des tenants assez stricts du marché comme mode optimal d'allocation des ressources (Wettenhall, 2003). L'ouverture affichée à l'endroit des PPP par le New Labour de Tony Blair, qui se hisse au pouvoir en 1997, fera ensuite beaucoup pour élargir l'intérêt des chercheurs, particulièrement dans les pays anglo-saxons.

On note également que les pays en voie de développement n'échappent pas, eux aussi, à la vague des PPP (Wallis et Dollery, 2001). À vrai dire, la diffusion planétaire des PPP est aujourd'hui telle qu'il serait bien difficile de conclure à une mode éphémère ou localisée (Langford, 2002 ; Rondinelli et Iacono, 1996). On compterait en effet sur les doigts d'une seule main les pays qui n'expérimentent pas à l'heure actuelle ces modes de collaboration public-privé. Les domaines les plus divers font l'objet de projets de PPP : l'aide aux pays en voie de développement (Hulme et Edwards, 1997 ; Van der Heijden, 1987), la R&D (Stiglitz et Wallsten, 1999), la lutte à la pauvreté (Rom, 1999), la défense nationale (Guttman, 2001), la mise au point de véhicules à moindre consommation énergétique (Dunn, 1999), la gestion des prisons (Schneider, 1999), le renouveau urbain (Johnson et Osborne, 2003 ; Fosler, 1986), les bons d'étude (Levin, 1999), la protection environnementale (Kamienecki et al., 1999), la collecte des ordures (Szymanski, 1996), la gestion de l'eau (Aubert et Patry, 2004) et bien d'autres.

LES FORMES DE PPP LES PLUS COURANTES

Pour rendre compte des implications

managériales substantiellement différentes selon la forme du PPP, il convient d'en présenter les modèles les plus courants à l'heure actuelle. La plus ancienne forme de partenariat public-privé est l'impartition par les autorités publiques à l'entreprise privée de certaines fonctions techniques de soutien généralement assez simples. L'entretien d'immeubles gouvernementaux ou la collecte des ordures ménagères en sont des exemples parmi les plus courants. Dans cette forme de partenariat, le partenaire public peut être ou non le propriétaire des actifs : il l'est dans le cas des immeubles, mais ne l'est pas pour les camions qui collectent les déchets. Mais l'entité publique demeure responsable devant la population de la fourniture du service et elle rémunère le partenaire privé pour qu'il s'acquitte de sa tâche. Le partenaire privé est l'employeur des ressources humaines mises à contribution. Les profits ou les pertes sont au bilan de l'entité privée pour la fonction précise dont elle a accepté d'assumer la responsabilité.

À l'autre bout de l'éventail des PPP, la concession consiste généralement pour un partenaire privé à construire lui-même un actif ou à l'acheter à l'État pour le rénover, puis à l'exploiter, avant de le céder ou de le revendre à l'État. L'autoroute 407 en banlieue nord de Toronto en est un exemple caractéristique (Aubert et Patry, 2004). Ce genre de PPP repose généralement sur un contrat de longue durée. Le partenaire privé est le propriétaire des actifs (jusqu'à la cession à l'État), le responsable devant la population, l'employeur des ressources humaines, et il assume les pertes ou encaisse les profits. Il

fournit également le capital en tout ou en partie, et il se finance en tarifant l'usager et/ou en recevant des subventions gouvernementales.

Entre ces deux formes simples, on trouve habituellement une forme intermédiaire de PPP que l'on qualifie d'affermage, dont on trouve deux principales variantes. Dans la première d'entre elles, l'entreprise privée construit un actif et le loue à l'État qui l'opère. Plusieurs nouveaux hôpitaux relèvent de cette catégorie de PPP (IEM, 2004). Le capital de départ et la propriété des actifs sont ici privés. L'État rémunère le partenaire privé au moyen d'un loyer, mais il est l'employeur des ressources humaines et demeure l'ultime responsable du service devant la population.

Dans ce type d'arrangement, la gestion des risques repose habituellement sur une nette séparation entre les risques liés à la construction et ceux liés à l'exploitation.

Dans la deuxième variante de l'affermage, les actifs appartiennent à l'autorité publique, qui en confie l'exploitation à une entreprise privée qui lui verse un loyer et se finance en tarifant l'usager, avec ou sans subvention d'appoint du partenaire public.

Plusieurs réseaux de transport en commun municipaux en Europe et aux États-Unis relèvent de cette catégorie de PPP (Aubert et Patry, 2004).

Considérant la grande diversité des modalités d'aménagement du partenariat (voir tableau 1), il n'est pas étonnant qu'elles donnent lieu à toute la gamme des prises de position possibles sur leurs avantages ou leurs inconvénients présumés par rapport aux modes traditionnels de prestation des services.

LES PPP : LES IMPLICATIONS
POUR LE GESTIONNAIRE PUBLIC

De ce qui précède, nous pouvons retenir que la complexité du PPP, comme phénomène lié à la coordination de l'intervention publique, n'est plus à démontrer. Cependant, la complexité du phénomène ne doit en aucun cas servir son occultation.

Bien au contraire, les praticiens et les théoriciens des organisations ont besoin d'un cadre conceptuel et de tentatives typologiques pour pouvoir saisir « la chose» et surtout agir sur elle. Pour le théoricien, des analyses empiriques portant sur des projets majeurs – réalisés en PPP et documentés par la littérature et la presse spécialisée – devraient permettre l'élaboration d'un cadre de référence. En effet, à partir de pratiques (observables) issues de rapprochements opérés entre des entités servant des finalités publiques ET privées, tels un contrat de services ou une action conjointe inscrite dans la durée, il est devenu possible d'identifier des formes distinctes de PPP (voir notre typologie plus loin).

Pour un gestionnaire, il importe que chacune de ces formes soit cernée à travers des variables de gestion, tels la planification, la coordination, le contrôle, la prise de décision, les stratégies appropriées, les risques, les défis à relever, pour ne citer que ces dimensions importantes de la réalité organisationnelle. Pour les besoins de cet article, nous nous plaçons dans la perspective du gestionnaire public. Ainsi, nous nous limitons aux enjeux stratégiques, aux défis à relever par les gestionnaires publics, aux risques majeurs et aux avantages associés à quatre formes distinctes de PPP. À la base

de notre cadre conceptuel une question bien simple : abstraction faite des options idéologiques et politiques, qu'est-ce qui pourrait amener une organisation publique à conclure un partenariat avec une organisation privée ? À tort ou à raison, cette question nous renvoie à des considérations strictement managériales.

Les réponses pourraient paraître multiples, allant des besoins en expertise jusqu'aux impératifs financiers, en passant par une méconnaissance du marché, des impératifs de proximité géographique, etc. Cependant, leur analyse en profondeur permet de les regrouper selon deux axes majeurs : la proximité de la cible et la capacité à générer des projets.

La proximité de la cible

Cette notion renvoie à la position de l'organisation publique par rapport à sa clientèle cible. On retient l'hypothèse que les besoins des citoyens évoluent en fonction des transformations qui s'opèrent dans la société et que, par conséquent, des ajustements s'imposent dans l'offre de services. L'effort d'adaptation du service public doit être permanent en vue de maintenir la qualité du service offert et de pouvoir répondre à temps aux besoins nouveaux de la population et des entreprises.

À l'instar d'une firme privée qui fait de la veille technologique pour maintenir sa compétitivité et son avantage concurrentiel, le service public doit faire une sorte de veille sociologique et être à l'écoute du citoyen et de l'entreprise. Dans ce cas, on parle de proximité élevée.

Une disjonction entre les besoins de la clientèle et l'offre de services, du fait

TABLEAU 1   **Principaux modèles de partenariat public-privé**

	IMPARTITION	AFFERMAGE A	AFFERMAGE B	CONCESSION
MODÈLE	Le partenaire public externalise des activités qu'il juge non essentielles et non productrices de revenus	Le partenaire privé construit un actif et le loue à l'État qui l'exploite (*Build, Own, Lease*)	Le partenaire privé exploite un actif existant appartenant à l'État et lui verse un loyer	Le partenaire privé construit un actif (ou acquiert de l'État un actif existant pour le rénover), l'exploite, puis le cède à l'État à terme (*Build, Own, Operate, Transfer*)
EXEMPLE TYPE	Gestion d'installations	Nouvel hôpital (ex.: Royal Ottawa)	Systèmes de transport en commun (ex.: traversiers)	Construction d'une autoroute (ex.: 407 à Toronto)
QUI EST PROPRIÉTAIRE DES ACTIFS?	État	Actionnaires privés	État	Actionnaires privés puis État
COMMENT LE PARTENAIRE PRIVÉ EST-IL RÉMUNÉRÉ?	Paiements de l'État	Loyer payé par l'État	Tarification à l'usage ou prix fantômes chargés à l'État, en plus d'une possibilité de subventions de fonctionnement	
QUI DÉTERMINE LE PRIX/TARIF DEMANDÉ À L'UTILISATEUR FINAL, LE CAS ÉCHÉANT?	État	État	Contrat ou partenaire privé, parfois soumis à une autorité réglementaire	
QUI EST RESPONSABLE DU SERVICE DEVANT LA POPULATION?	État	État	Partenaire privé	
QUI EST L'EMPLOYEUR DES RESSOURCES HUMAINES?	Impartiteur, sous réserve de l'article 45 du Code du travail	État	Partenaire privé, sous réserve de l'article 45 du Code du travail dans le cas d'une infrastructure ou d'une activité déjà existante	
QUI FOURNIT LE CAPITAL?	État	Partenaire privé	État	Concessionnaire, parfois avec un apport de fonds publics
QUI ASSUME LE RISQUE DE DÉPASSEMENT DES COÛTS, DES PERTES ET PROFITS?	Impartiteur, pour ce qui est de la fonction précise dont il est responsable	Séparation des risques reliés à la construction et la propriété de l'actif de ceux reliés à l'exploitation du service		Concessionnaire
DURÉE TYPIQUE DE LA RELATION	1 à 5 ans	10-12 ans	10-12 ans	20-30 ans

Source: IEM (septembre 2003, p.2): «Des services publics plus efficaces grâce au partenariat public-privé» (avec adaptation)

d'un éloignement de l'organisation publique par rapport à sa clientèle cible, engendre non seulement un gaspillage de ressources mais jette aussi le discrédit sur l'organisation publique. Sous l'effet conjugué de la force d'inertie de la bureaucratie et de l'ampleur des changements sociaux, il est possible, en effet, que le service public se déconnecte de la réalité et soit incapable de répondre adéquatement aux besoins de sa clientèle. Dans ce cas, on parle de proximité faible.

La capacité à générer des projets

Pour un service public, la capacité à générer des projets se mesure par sa propension à traiter la demande sociale et à la transformer en projets viables. Pour cela, l'organisation publique doit disposer non seulement de ressources suffisantes, mais aussi et surtout d'une volonté politique de satisfaire les besoins exprimés par sa clientèle. Dans le cadre de sa mission, une organisation publique pourrait disposer de toutes les ressources nécessaires à la réalisation d'un projet donné. Or, la disponibilité des ressources à elle seule n'est pas suffisant. Celle-ci doit être accompagnée d'une volonté de réalisation.

L'importance des ressources, d'une part, et la volonté politique, d'autre part, placeraient donc l'organisation publique sur un continuum allant de capacité faible à capacité élevée.

En croisant la proximité de la cible et la capacité à générer des projets, nous identifions quatre types de PPP. Nous les présentons en soulignant les enjeux stratégiques, les défis, les avantages et les risques inhérents à chacun d'eux.

Le PPP circonstanciel

Il place côte à côte une organisation publique ayant un ou plusieurs projets en main et une organisation privée ayant développé un savoir-faire et une expertise en raison de sa connaissance du marché. Si pour le partenaire public ce type de PPP lui permet, le plus souvent, d'atteindre ses objectifs, il en est autrement pour le partenaire privé. Et pour causes, (1) le partage équitable du pouvoir reste problématique : Qui contrôle le partenariat en fin de compte ? (2) Comment capitaliser sur les connaissances ? La controverse entourant le projet APC, Alliance pour le change-

TABLEAU 2   **Une typologie «orientée projet» des partenariats public-privé**

		PROXIMITÉ DE LA CIBLE	
		Proche	**Éloignée**
CAPACITÉ À GÉNÉRER DES PROJETS	Élevée	**I** **Partenariat circonstanciel** Dicté par des impératifs de gestion, d'expertise, d'injection de capitaux privés	**II** **Partenariat élémentaire** Recherche d'économie, d'efficacité et d'efficience
PPP ÉLÉMENTAIRE	Faible	**III** **Partenariat symbiotique** Découle d'une vraie communauté de pratiques, de convergences des valeurs et des intérêts	**IV** **Partenariat prospectif** Dicté par des enjeux stratégiques à l'échelle des nations et des gouvernements

Source : Mazouz et Belhocine (2002, avec adaptation)

ment, liant la firme Accenture (ex-Andersen Conseil Canada) et une organisation gouvernementale du Nouveau-Brunswick fera désormais partie des annales des PPP traumatisants pour le partenaire privé. En plus de la controverse générale entourant le PPP dans le domaine social, la firme Accenture aurait été victime de l'asymétrie caractérisant les rapports de pouvoir des partenaires.

Les retards enregistrés par rapport à l'échéancier initial conjugués aux déboires médiatisés qu'a connus la firme Andersen à cette époque ont fini par pousser Accenture à rompre avec le secteur gouvernemental au Nouveau-Brunswick.

Ce qui distingue les PPP des autres modes d'interaction entre le secteur public et le secteur privé c'est le partage du processus de prise de décision : « In the most strategic partnerships, the partners will work together at all levels and stages from the design and governance of the initiative to implementation and evaluation. » (Jane Nelson, 2002 : 47) Le partage du processus de prise de décision et la participation des partenaires dans la gestion du projet-commun résulteront toutefois de leur capacité respective à influer sur et à orienter le partenariat, en somme à en exercer un certain contrôle. D'une manière générale, les PPP, par la collaboration qu'ils instaurent, impliquent par définition une certaine confiance, une loyauté, un respect des engagements pris. Cependant, cette vision ne prend pas en considération la nature différente des partenaires, en termes de finalités, de philosophies, de valeurs, de comportements, etc., qui est source de divergences, voire de con-

flits. L'intensité des conflits est déterminée généralement par l'état des rapports de force qui s'établit entre les partenaires et leur volonté de coopérer (*intuitu personae*).

La notion de contrôle, est, comme on l'a vu plus haut, quelque peu liée à la prise de décision, mais non exhaustivement, car l'État peut et doit l'exercer non seulement par les moyens internes (mécanismes de gestion) mais aussi par des moyens externes (comme les réglementations spécifiques). Le dispositif de contrôle viserait à s'assurer que le PPP respecte les impératifs de la politique gouvernementale. En revanche, un contrôle excessif ou inadéquat deviendrait répulsif aux yeux des partenaires privés, soucieux de préserver leur autonomie de décision.

Une attention particulière doit donc être portée à l'étape des négociations entre les partenaires afin de déterminer les contours de l'association. Le gestionnaire public en charge d'un projet à réaliser en Partenariat de Circonstance doit donc développer un mécanisme de contrôle basé sur une délimitation plus précise des responsabilités de chaque partenaire. La délimitation des responsabilités non transférables doit être à la base dudit partage de pouvoir. Aussi, le gestionnaire public doit créer les conditions favorables au transfert d'apprentissage et à la capitalisation des connaissances pour rapprocher davantage son organisation de la cible qui, elle, justifie sa raison d'être.

Le PPP élémentaire

Font partie de ce type de PPP les contrats de gestion accordés par les gouvernements à des firmes privées (gestion d'espaces et d'édifices publics, collecte de résidus ménagers, cueillette de résidus recyclables, prestation de certains services de soins à domicile, etc.). Dans ce cas de figure, le partenaire public recherche une forme d'organisation plus flexible et une gestion rigoureuse des coûts lui permettant de garantir un service public – d'intérêt général ou de cohésion sociale – de qualité et de moindre coût (Lewandowsky, 2004). En définitive, peu importe les intentions sous-jacentes aux PPP, stratégiques ou opérationnelles, le contrôle du partenariat est quasi unilatéral (Pycroft, 1996).

Autrement dit, il revient au partenaire public de décider de la conduite et de l'avenir du PPP. Les rapports qui animent le partenariat Ville de Montréal / Firmes privées spécialisées dans la cueillette de résidus ménagers recyclables illustrent parfaitement le PPP élémentaire. En effet, pour réaliser ses projets touchant, entre autres, la préservation de l'environnement, la Ville de Montréal a choisi de faire appel à quelques partenaires privés. Le partenaire public précise et gère l'application des règles du jeu, dont celles relatives à l'arbitrage entre les soumissions, et les partenaires privés retenus assument la gestion et la responsabilité des opérations de cueillette des résidus recyclables. Ce faisant, des ressources humaines, financières et matérielles sont déployées et gérées par les partenaires privés au service de la collectivité. En contrepartie, la Ville de Montréal rémunère, sur une base périodique, les services rendus à la collectivité. C'est le cas aussi des partenariats entre les CLSC et des agences privées de prestation de services de soins à domicile ; ou encore du partenariat

développé par le ministère des Finances du Québec et la Banque nationale du Canada en matière de gestion des opérations de Placement Québec.

Pour ce qui est des enjeux majeurs de gestion, stratégique et opérationnelle, il va de l'intérêt du partenaire public que les standards (en termes de qualité des services, d'accessibilité, d'universalité, etc.) soient établis dès la phase initiale du projet. L'évaluation d'un PPP se faisant sur la base du respect des standards du service public, l'étape du choix du partenaire privé se révèle un facteur déterminant pour son succès. Comment, en effet, choisir un partenaire privé dans ce type de PPP? Le choix doit porter non seulement sur les capacités corporatives du partenaire mais aussi sur sa « moralité » et son potentiel à entrer en conflit avec les intérêts publics. Par ailleurs, la perte d'expertise ainsi que l'extrême sensibilité de l'opinion publique constituent pour l'essentiel les risques auxquels devrait faire face le gestionnaire public. La perte d'expertise découlerait de l'éloignement du partenaire public de sa cible. Et de sa tendance à reléguer la gestion d'un service à un partenaire privé sans se soucier de mettre en place des mécanismes d'apprentissage lui permettant au minimum de s'approprier l'expertise de son partenaire, et ce, dans le but à la fois de s'assurer de la fiabilité de son partenaire et de maintenir, voire d'améliorer, son pouvoir de négociation au sein du partenariat. La sensibilité de l'opinion publique est liée au fait qu'il s'agit, dans ce type de partenariat, de services publics de proximité qui sont exposés au jugement de l'opinion en matière de variation de prix, de régularité, de quantité, de qualité, etc. du service.

Le PPP symbiotique

Les projets issus de ce type de partenariat sont caractérisés par une plus grande convergence des valeurs, des missions et des objectifs des partenaires. C'est une forme de communautés de pratiques caractéristique des PPP liant le plus souvent des organisations privées sans but lucratif (c'est-à-dire de type communautaire) et des organismes gouvernementaux, autour de services destinés à des clientèles particulières ou répondant à des situations mouvantes, ou encore à des besoins émergents. Bien que ce genre de projets ait la particularité d'être d'intérêt public, régional ou national, de cohésion sociale et d'universalité des services, l'Organisation gouvernementale – tout en se montrant préoccupée par ces dossiers – admet ouvertement l'insuffisance des ressources, des expertises disponibles et le manque de connaissance pratique du terrain. Elle ne peut concevoir ni lancer des projets pour remédier aux dossiers en question. Dès lors, elle favorise par des politiques publiques l'émergence de collaborations serrées entre ses organisations et celles présentes sur le terrain. À titre d'illustration, le partenariat entre le Fonds de lutte contre la pauvreté par la réinsertion au travail et les organismes communautaires œuvrant dans le domaine de l'emploi correspond dans une large mesure au partenariat symbiotique. Par des projets ciblant des groupes sociaux spécifiques (immigrants, femmes monoparentales, minorités visibles, etc.) s'instaure en principe une collaboration symbiotique entre le service public et les organismes communautaires, favorisée et portée par une communauté de vue et de valeurs. Les partenaires sont censés servir les mêmes «causes» et les mêmes objectifs.

En raison de la forte interdépendance qu'induit ce type de partenariat – les organismes communautaires dépendent essentiellement du gouvernement pour leur financement et le gouvernement dépend des organismes communautaires pour mettre en œuvre ses politiques publiques – le partenaire public serait enclin à ménager l'organisation privée dans le souci de stabiliser le partenariat et de le faire fructifier à moyen et à long termes. En effet, le défi à relever consisterait à trouver un compromis entre la nécessité de maintenir viable le partenaire privé – afin d'éviter son affaiblissement éventuel, compte tenu de la forte interdépendance qu'induit ce type de partenariat – et les impératifs liés à l'imputabilité, qui, elle, revient immanquablement au partenaire public. Aussi, un déséquilibre entre ces deux impératifs risquerait de conduire à une dilution des responsabilités allant jusqu'à compromettre les résultats, particulièrement lorsque la collaboration implique plusieurs partenaires. L'imputabilité étant l'apanage du partenaire public, le gestionnaire doit mettre sur pied un mécanisme de collaboration flexible permettant, sur la base d'une délimitation rigoureuse des responsabilités, d'effectuer des ajustements en cours de route et d'assurer un suivi périodique modulable des résultats intermédiaires du PPP.

Par ailleurs, dans la réalité, les mécanismes de collaboration, bien évidemment quand ils existent formellement, sont «dysfonctionnels» à cause des différences dans les modes opéra-

toires et dans les cultures organisationnelles. En termes d'enjeux majeurs
de gestion, une attention toute particulière doit être accordée par le gestionnaire aux mécanismes de collaboration favorisant les adaptations
culturelles mutuelles, dans la perspective de réduire les risques de conflits et
de dilution des responsabilités.

Enfin, le gestionnaire public, profitant d'une opinion publique généralement favorable à ce type de partenariat
et de l'absence de conflits d'intérêts
majeurs entre les associés, gagnerait à
instaurer un climat favorable à la
coopération et au renforcement des capacités opérationnelles de son partenaire, condition essentielle pour l'atteinte des objectifs communs.

Le PPP prospectif

Ce type de PPP concerne des projets
d'intérêt stratégique pour les parties
engagées. Toutefois, il permet au partenaire public d'infléchir et d'orienter les
choix stratégiques du partenaire privé
par le biais de mécanismes incitatifs.
Visant la réalisation d'intérêts stratégiques pour les nations et les gouvernements qui les représentent, ce
type de partenariat lie des partenaires
publics et des entreprises privées
hautement spécialisés dans des
secteurs névralgiques de l'économie,
de la santé publique, de la défense et de
l'éducation nationale. Contrairement
au PPP symbiotique, le PPP prospectif
s'efforce d'aligner des attentes diamétralement opposées. Entre, d'un côté,
des firmes privées qui aspirent à des
profits élevés, justifiés par les risques
encourus, et, de l'autre, des agences
gouvernementales soucieuses de doter
la collectivité d'avantages compétitifs

durables. La complexité, les risques et
les coûts des projets dans certains domaines (biotechnologies, pharmaceutique, télécommunications, défense,
espace, etc.) incitent très souvent des
agences gouvernementales à s'associer
au secteur privé. Il arrive que ce type de
PPP ait mauvaise presse et soulève des
débats à l'intérieur même des coali-
tions politiques. C'est souvent autour
des mécanismes gérant les rapports
des partenaires et l'allocation des
ressources que la controverse s'organise : qui profite le plus du partenariat ?
Devrait-on dépenser l'argent des contribuables dans tels ou tels domaines ?
Ne serait-il pas plus raisonnable de
limiter l'action des organismes gouvernementaux à la réglementation ? À
ces questions, s'ajoutent d'autres in-
terrogations d'ordre opérationnel.

S'agissant des enjeux majeurs de
gestion, les PPP, qui servent des projets
dont les retombées publiques ne sont
pas aisément identifiables par le
citoyen – ou par ses représentants, par
rapport aux notions de service d'intérêt
général, de cohésion sociale ou d'universalité qui légitiment l'action gouvernementale – nécessitent un système
de gestion approprié.

Ce dernier devrait être essentiellement axé sur la gestion étroite des in-
terfaces et la négociation permanente
(1) des ressources à consacrer aux projets, (2) des attributs et des fonction-
nalités des produits et services publics
qui en découlent et (3) des objectifs
stratégiques communs à atteindre et
des retombées (en matière de droits de
propriété et autres actifs intangibles).
Il s'agit là de conditions à intégrer dans
le système de gestion pour préserver
l'exercice du contrôle du partenariat et

en améliorer la légitimité. En effet, l'implication des firmes privées dans des PPP risquerait fort bien d'éroder le pouvoir de décision des autorités publiques dans des domaines hautement stratégiques en leur offrant l'occasion d'influer sur des choix de société.

Dans ces conditions, il appartient au gestionnaire public d'établir des mécanismes formels et informels lui permettant de s'assurer que l'association envisagée n'entre pas en contradiction avec l'intérêt général et produise les résultats escomptés.

Conclusion

Compromis entre une privatisation totale et le monopole d'État dans les services publics, les PPP mettent en relation des partenaires aux objectifs et aux stratégies plus ou moins contradictoires. Ces formes d'association peuvent conduire à des dysfonctionnements organisationnels importants et à des risques de gestion. Quelle que soit la formule retenue, les réserves à l'endroit des PPP sont pour une grande part dues à la complexité qui les caractérise mais aussi à la confusion qui est souvent faite avec la privatisation, associée souvent à une remise en question du service public et à un désengagement de l'État par rapport à ses missions et à ses modes traditionnels d'intervention. Les accepter sans critique, c'est faire preuve de myopie, les

TABLEAU 3   **Enjeux, défis, avantages et risques des PPP**

TYPE DE PARTENARIAT	ENJEUX	DÉFIS DE GESTION	AVANTAGES PRÉSUMÉS	RISQUES
PPP CIRCONSTANCIEL	Partage de pouvoir	Arrimage des méthodes et des processus de travail	Mobilisation des actifs privés	Barrières à la sortie élevées
PPP ÉLÉMENTAIRE	Respect des standards du service public	Le suivi, le contrôle et la maîtrise des coûts	Réduction des coûts	Choix inapproprié du partenaire privé Perte d'expertise Extrême sensibilité de l'opinion publique
PPP PROSPECTIF	Mise en place de mécanismes de coopération et d'ajustement	Maintien de la viabilité du partenaire privé	Prolonge l'action gouvernementale dans un esprit de service public Peu de conflits majeurs Sensibilité sociale positive	Dilution des responsabilités Affaiblissement des capacités opérationnelles du partenaire privé
COMMENT LE PARTENAIRE PRIVÉ EST-IL RÉMUNÉRÉ?	Réduction de la zone d'incertitude Appropriation des résultats	Prise de décision et marge de manœuvre pour la résolution de problèmes Droit de propriété et partage de revenus	Compétitivité et avantage concurrentiel national	Monopole de l'expertise par le partenaire privé Transfert de connaissances

refuser d'emblée, c'est faire preuve d'étroitesse d'esprit. Chose certaine, les partenariats public-privé devront faire l'objet d'une évaluation permanente de la part de l'ensemble des parties prenantes. L'amélioration de l'efficacité économique recherchée par les gouvernements ne doit pas occulter les risques d'accentuer les coûts sociaux (discontinuité des services, augmentation des tarifs pour les usagers, risques de santé, risques de pollution, chômage, etc.) qu'elle peut induire.

Enfin, les pratiques de gestion liées aux PPP ne doivent pas mettre en cause la préservation de l'intérêt public. Si les gouvernements accordent une attention particulière à la protection de l'intérêt public et à la gestion des coûts sociaux, les PPP gagneront en légitimité.

Cet article a été publié dans Télescope, *la revue de l'Observatoire de l'administration publique de l'ENAP, en février 2005.*

Le marketing gouvernemental : ce que révèle la commission Gomery

Robert Bernier
Professeur titulaire, École nationale d'administration publique, Université du Québec

Le programme des commandites et la Commission d'enquête (Gomery) mise sur pied afin d'élucider ses activités douteuses, ont illustré des façons de faire, dans la gestion des communications gouvernementales fédérales, qui diffèrent des pratiques en vigueur dans l'État québécois. Nous allons répondre ici aux hypothèses suivantes : les communications du gouvernement québécois se sont développées historiquement à partir d'appareils de communication adaptés à l'évolution culturelle et technologique de la société québécoise, leur conférant ainsi un statut permanent dans sa trame sociologique. Pour sa part, le gouvernement du Canada a fondé son intervention en matière de communications sur des organisations temporaires requises lors de conflits ou de crises intérieures (référendums), accordant ainsi une faible importance à l'établissement d'un dialogue permanent entre l'État et le citoyen dans l'exercice des fonctions quotidiennes de gouverne.

Enfin, la performance d'un gouvernement comme relayeur d'information est étroitement associée aux services utilitaires qu'il offre à la population. Des trois paliers de gouvernements qui œuvrent au Québec, le gouvernement du Canada occupe le dernier rang comme relayeur d'information auprès de la population (Bernier ; Lemieux, 1994, 2000, 2003).

Propagande de guerre

Ce sont les vents de la guerre qui conduisent Ottawa à confier, en 1939, la direction de l'Office national du film nouvellement créé à l'Écossais John Grierson, le pionnier du film documentaire en Grande-Bretagne au cours des années 1920 et 1930. Ce dernier réalisera, malgré une forte opposition des fonctionnaires et des conservateurs, une propagande de guerre à caractère sociologique visant, entre autres, à promouvoir la contribution des Canadiens à l'effort de guerre, l'internationalisation du conflit et la place du Canada sur l'échiquier mondial. Le gouvernement du Canada va connaître ses années les plus prolifiques en matière d'information et de propagande au cours de la période comprise entre 1939 et 1945.

Le gouvernement du Canada a fondé ses communications sur des organisations temporaires requises lors de conflits ou de crises intérieures.

Le conflit terminé, Ottawa ne renouvelle pas le mandat de Grierson qui est victime de la chasse aux sorcières réservée aux internationalistes que l'on qualifie d'agitateurs communistes. Le Wartime Information Board est démantelé, faute de vocation dans une société en reconstruction. L'ONF, taxé d'officine communiste par la commission Kellogg-Taschereau, perd toute crédibilité auprès du Parlement fédéral entre 1946 et 1950. Le Canadian Information Service devient l'appareil responsable des communications gouvernementales sans toutefois être capable de coordonner les interventions en matière d'information gouvernementale. Au début des années 1960, la Commission royale d'enquête sur l'organisation du gouvernement canadien insiste sur l'absence de coordination des communications, de la publicité et des sondages dans l'administration publique fédérale (Glassco; Therrien; Sellar, 1962). Les années 1950 sont caractérisées par une intervention économique massive du gouvernement fédéral lui conférant ainsi une imposante visibilité auprès de la population.

Le gouvernement du Québec voit Ottawa refuser sa demande de création d'un système de radiodiffusion en 1931. Le Conseil privé de Londres confirme ainsi la juridiction fédérale en matière de communication. La paix revenue, Duplessis se rappelle l'odieuse façon dont il fut traité par Radio-Canada lors de la campagne électorale de 1939 – on avait refusé de passer ses discours en

direct sous prétexte qu'il pouvait prêcher la sédition – et adopte le 20 avril 1945, la loi créant l'Office de la radio de Québec afin de se doter d'un canal de diffusion sur le territoire québécois (Bernier, 1988). L'année suivante, la Commission de la radio à Ottawa refuse d'accorder un permis d'exploitation à Radio-Québec. Le premier ministre québécois refuse de baisser les bras et met sur pied, en avril 1946, l'Office provincial de publicité (OPP) afin de faire connaître le Québec sous son vrai jour et de mettre en relief son caractère propre et ses aspirations (Georges VI, ch. 44). Le besoin de coordonner la publicité gouvernementale signifié dans le préambule de la loi créant l'OPP illustre l'importance que l'exécutif gouvernemental accorde à ses communications externes. La Révolution tranquille va provoquer les premières manifestations d'un marketing gouvernemental organisé avec la création de l'OIPQ qui succède à l'OPP à une période marquée par une croissance de l'intervention de l'État dans la vie quotidienne des Québécois et la bureaucratisation de l'information gouvernementale.

Dans ce contexte, l'autonomie administrative des fonctionnaires se renforce, plus particulièrement lors de la crise politico-administrative qui se produit dans les bureaux de l'OIPQ le 26 mars 1965, au moment où son ministre responsable, Bona Arsenault, exige qu'un communiqué partisan soit transmis par l'Office. Il n'en faut pas plus aux jeunes fonctionnaires en poste pour convoquer une conférence de presse dénonçant ce geste qui portera un coup dévastateur à l'organisation. Il faudra attendre le retour au pouvoir de l'Union nationale, le 5 juin 1966, pour que l'OIPQ puisse enfin se déployer efficacement entre autres avec la campagne publicitaire «Québec sait faire» dont l'axe de communication fait la promotion du savoir-faire des Québécois dans une conjoncture dominée par le nationalisme socioéconomique. La période comprise entre 1966 et 1970 va permettre une consolidation des communications gouvernementales de l'État québécois, et ce, malgré une forte contestation de son rôle par l'opposition officielle et la presse (Bernier 1988, 1994, 2001).

La guerre... des nationalismes

La montée du nationalisme québécois va inciter le gouvernement libéral fédéral de Pierre Elliott Trudeau à faire revivre le Comité permanent des communications qui avait été supprimé avec le Wartime Cabinet à la fin du second conflit. Dans le sillon de cette décision, Trudeau crée Information Canada en 1970 afin de coordonner l'information fédérale dans les ministères et établir un dialogue entre l'État et le citoyen. Les critiques de l'opposition parlementaire et l'incapacité de l'organisation à gagner la confiance de l'administration publique fédérale provoqueront son démantèlement au printemps 1976. Les libéraux provinciaux de Robert Bourassa accèdent au pouvoir le 29 avril 1970 et s'empressent de supprimer l'OIPQ tout en décentralisant la responsabilité de l'information gouvernementale dans les ministères. La Direction générale des communications gouvernementales succède à l'OIPQ et le gouvernement libéral privilégie le recours à l'entreprise privée pour faire la publicité gouvernementale

et celle des élus sans se soucier du statut de l'information gouvernementale. Toutefois, au cours de cette période, Communication Québec se développe à l'abri des interventions politiques avec la complicité de l'administration publique dans le but d'établir un rapport permanent entre l'État et le citoyen.

Le Parti québécois est porté au pouvoir le 15 novembre 1976 avec une option (la souveraineté-association) qui impose une information gouvernementale accessible à tous les citoyens. Après une année de réflexion, le gouvernement péquiste crée le poste de sous-ministre adjoint à l'information gouvernementale en 1978 et forme le Conseil des directeurs de communications. De plus, il élabore une politique d'appels d'offres en matière d'octroi de contrats de publicité et de placements médias, l'avis préalable exige l'accord formel du Conseil du Trésor avant d'octroyer des contrats à des agences publicitaires. Cette démarche va contribuer à assainir le processus contractuel entre les firmes et l'État. Cette initiative était une première parmi les trois paliers de gouvernements au Canada. Après plusieurs consultations régionales portant sur les nombreuses réformes qui ont caractérisé le premier mandat du PQ et un dialogue continu avec la population, il s'engage dans un processus référendaire où le contrôle de la radiotélédiffusion ne lui est pas acquis et le spectre de l'incertitude est brandi auprès de la population avec succès par

Des trois paliers de gouvernements qui œuvrent au Québec, le gouvernement du Canada occupe le dernier rang comme relayeur d'information auprès de la population.

ses adversaires. Le PQ revient quand même au pouvoir en mai 1981, sous le thème du bon gouvernement qu'il a été dans son premier mandat. Sans tarder, il entreprend une seconde réforme de l'information gouvernementale qui se traduit dans la création du Comité ministériel permanent des communications (CMPC) en octobre 1981, ainsi que dans une plus grande centralisation de l'information gouvernementale. Sur le terrain, Communication Québec accroît sa présence en tant que diffuseur de l'information et du renseignement sur les services gouvernementaux disponibles.

À l'automne 1984, les conservateurs de Brian Mulroney sont portés au pouvoir à Ottawa et s'engagent avec le gouvernement du PQ dans le pari du « beau risque » qui favorisera momentanément l'établissement d'une meilleure relation entre les deux paliers de gouvernements. Le Parti libéral du Québec, avec Robert Bourassa à sa tête, est porté au pouvoir le 2 décembre 1985. Les relations entre Ottawa et Québec se développent et, portent à conclure, en 1986, une entente sur la diffusion du renseignement fédéral par Communication Québec qui sera en vigueur jusqu'à son abolition en mars 1997, notamment grâce aux pressions du fonctionnaire fédéral Charles Guité. Cette entente confirmera l'excellence de Communication Québec comme relayeur d'information gouvernemental et l'ampleur de sa pénétration en région où son taux de notoriété atteint 85 %. Ottawa veut accroître sa présence après sa quasi défaite référendaire de l'automne 1995 et s'engage en 1996 dans le programme des commandites avec à sa tête Charles « Chuck » Guité.

Le référendum de 1995

Le PQ remporte une éclatante victoire à l'élection de septembre 1994. L'appareil gouvernemental de communication est au service de la population dans son rapport avec le citoyen. Le premier ministre Parizeau n'hésitera pas à faire appel aux communicateurs gouvernementaux afin d'améliorer le processus de consultation. Au printemps 1994, la recherche quantitative confirme que 54 % de la population contre 38 % est disposée à appuyer la question associée à la souveraineté avec association dans le référendum qui s'annonce. Les communicateurs gouvernementaux ont été présents lors des consultations des commissions régionales. La population québécoise est consciente des enjeux qui s'offrent à elle dans ce choix de société. Le gouvernement fédéral de Jean Chrétien, élu à l'automne 1993, dispose, à l'été 1994, des résultats provenant de la recherche sur le comportement de l'électorat québécois qui accorde une nette avance aux nationalistes avec la question incluant l'association. En novembre 1994, le Bureau du premier ministre Chrétien convient que le parapluie du non relève des libéraux provinciaux, et que l'action fédérale est tributaire de ces derniers. Une organisation adhocratique est mise sur pied au Bureau du conseil privé sous la responsabilité de Howard Balloch afin de coordonner, entre autres choses, les opérations de communication avec les organisateurs du non au Québec.

Contrairement au référendum de 1980 où l'organisation fédérale était coordonnée à partir d'Ottawa, celle du Bureau du conseil privé doit composer, en 1994-1995, avec plusieurs intervenants sous le parapluie du non qui ne sont pas enclins à travailler avec Ottawa. La coordination et la liaison sont déficientes à tous les échelons et la capacité de mobilisation est réduite à néant. Les résultats du référendum sont désastreux pour le camp fédéraliste qui gagne de justesse le scrutin référendaire. Le programme des commandites est mis sur pied à la hâte sous la direction d'un gestionnaire de logistique, Charles Guité, qui perçoit la publicité gouvernementale dans le cadre d'une présence massive à des événements sociaux, culturels et sportifs sans se soucier de la relation entre l'État et le citoyen. La haute fonction publique fédérale accorde peu d'importance aux communications gouvernementales. Le peu d'attention qu'elle accorde au Bureau d'information du Canada (BIC), créé en 1996 et démantelé en 2001, témoigne de ce phénomène de rejet de l'administration publique fédérale à l'égard des appareils gouvernementaux de communication.

Lorsque Lucien Bouchard succède à Jacques Parizeau comme premier ministre du Québec à l'hiver 1996, il devient le lien le plus crédible dans le rapport État-citoyen, notamment en raison de la nature charismatique de la relation qu'il entretient avec la population adulte. Parallèlement, Communication-Québec rejoint plus du quart de la population québécoise et se voit confier, à l'automne 1998, la responsabilité de la vitrine gouvernementale sur Internet. De plus, les ministères québécois dont celui du tourisme accroissent significativement leur visibilité dans le développement du loisir québécois par la communication en ligne et les campagnes publicitaires. Bernard Landry succède à Lucien Bouchard en mars 2001 et, contrairement à son prédécesseur, renoue avec la tradition de son parti programmatique de renforcer son appareil de communication en se dotant d'un secrétaire général associé à l'information gouvernementale et chargé d'améliorer le marketing de l'exécutif gouvernemental et la coordination de la publicité avec les ministères.

Pendant ce temps à Ottawa un rapport interne déposé en juin 2001 met en lumière de nombreuses irrégularités dans la gestion du programme des commandites sous la responsabilité du fonctionnaire Charles Guité. Ce dernier, laissé à lui-même, sans aucun véritable contrôle de la haute fonction publique sur ses activités, s'engage avec la complicité d'agences de publicité et de distribution dans une vaste opération d'arrosage visuel de la présence fédérale. Ses interventions s'avèrent peu porteuses pour la promotion de la légitimité du gouvernement du Canada auprès de la population québécoise et canadienne.

Relayeur d'information

Au Québec, depuis 1974, nous évaluons la capacité des gouvernements à communiquer avec la population, de l'informer sur ses activités. Il est intéressant de constater que le premier relayeur d'information gouvernementale auprès de la population est la municipalité avec 36% suivie de près par le gouvernement québécois avec 34% et du gouvernement du Canada qui oc-

Un programme comme celui des commandites n'est pas nécessairement le véhicule publicitaire approprié pour effectuer la promotion d'un gouvernement.

511

cupe le dernier rang avec 11% (Bernier; Lemieux, 1974, 1994, 1998, 2001, 2003). La piètre performance du gouvernement fédéral en la matière serait, entre autres raisons, attribuable à son désengagement dans l'offre de services publics au cours des trente-cinq dernières années.

Notons ici que les services de première ligne (éducation, santé, services utilitaires) sont de compétence provinciale et que la relation État-citoyen est plus présente dans la vie quotidienne de l'usager que ne l'est celle du palier fédéral de gouvernement.

Nous constatons ici que la relation État-citoyen est étroitement associée à la dimension utilitaire de son interaction avec l'usager, conférant ainsi à l'État titulaire des services de première ligne une proximité et une légitimité certaine en matière de communication externe. Enfin, le ciblage d'événements visant à associer l'image d'un gouvernement à leur déroulement, comme ce fut le cas dans le programme des commandites, n'est pas nécessairement le véhicule publicitaire approprié pour effectuer la promotion d'un gouvernement dans son exercice de gouverne.

Le territoire

▶ Le territoire

Les conditions de réussite d'un traité avec les Innus

Rémy « Kak'wa » Kurtness

Rémy « Kak'wa » Kurtness, signataire en son nom personnel du présent article, a été, pendant huit ans, Chef du Conseil des Montagnais du Lac-Saint-Jean et pendant les huit années suivantes, négociateur en chef pour le Conseil tribal Mamuitun mak Nutakuan, regroupant les communautés de Mashteuiatsh, d'Essipit, de Betsiamites et de Nutakuan. Pendant cette période, il y a eu signature avec les gouvernements du Canada et du Québec, d'une Entente de principe d'ordre général, aussi connue sous le vocable de « Approche commune ».

Cette Entente fait l'objet de nombreux articles et reportages dans les médias et suscite beaucoup de questionnements et de commentaires au sein des populations innue et québécoise, plus particulièrement dans les régions du Saguenay – Lac-Saint-Jean et de la Côte-Nord. Ladite Entente, qui devrait conduire à un traité, engendrera des modifications importantes dans les législations canadienne et québécoise. Elle confirmera le droit inhérent à l'autonomie gouvernementale des Innus et modifiera, notamment, les politiques et les pratiques en matière de gestion du territoire, des ressources naturelles et de l'environnement. Elle permettra aux Innus de recouvrer leur fierté, leur dignité et leurs autonomies politique, financière et fiscale plutôt que la dépendance étatique actuelle, engendrée, depuis plus de cent ans, par une loi fédérale désuète et archaïque (Loi sur les Indiens), qui statue qu'un segment de la population canadienne, soit les Indiens, est sous la tutelle fédérale. Ces changements semblent créer une certaine résistance chez une partie des populations.

Avant d'aborder le vif du sujet, permettez-moi de vous faire un bref rappel des principaux événements qui ont eu cours lors des 25 dernières années.

En 1980, le Conseil des Atikamekw et des Montagnais (CAM) déposait auprès des gouvernements du Canada et du Québec le résultat d'une grande recherche démontrant l'occupation historique et continue du Nitassinan (notre territoire ancestral) par les Montagnais (Innus) et les Atikamekw. Ces derniers entreprenaient alors le début de véritables négociations principalement financées sous forme de prêts. Le Nitassinan représente, pour l'ensemble des Premières Nations innues, plus de 700 000 kilomètres carrés, soit près du tiers du territoire qu'on appelle maintenant le Québec.

En 1988, une entente-cadre a été signée par le Conseil des Atikamekw et des Montagnais (CAM), le Canada et le Québec. Celle-ci faisait état des parties présentes au processus de négociation, du plan, des échéanciers de travail et des étapes à franchir. De plus, elle déterminait les sujets à négocier, dont les mesures provisoires.

L'entente sur les mesures provisoires a été signée en 1989 par les parties. Elle avait pour objectif de protéger les intérêts des Atikamekw et des Montagnais relativement au territoire et à l'exercice de leurs activités pendant la durée de la négociation.

Au début des années 1990, le Québec, les Atikamekw et les Innus se sont échangé quelques offres et propositions, lesquelles ont été rejetées, ce qui selon moi a conduit au démantèlement du CAM en 1994. Ces quinze premières années ont donc été ponctuées de rebondissements et les parties n'ont pu en arriver à un projet de règlement. Par la suite, les Atikamekw ont mené leur propre processus de négociation et les Innus ont fait de même sous l'égide de deux Conseils tribaux (Mamuitun et Mamit Innuat). À la suite de ces évènements et après de nombreuses années de négociation sans résultat probant, le Conseil tribal Mamuitun déposait, le 14 février 1997, une proposition d'entente de principe au Canada et au Québec. Cette proposition, issue d'une large consultation dans les communautés et sous le leadership innu, donnait le ton à une reprise du processus de négociation territoriale et globale.

Ce n'est donc que peu avant les années 2000 que le processus de négociation a repris à un rythme intéressant. En effet, le rapport de la Commission royale sur les Peuples autochtones a été déposé et recommandait aux gouvernements du Canada et aux provinces de développer et maintenir des relations avec les Nations autochtones sur la base de nation à nation, de gouvernement à gouvernement, c'est-à-dire d'égal à égal. On y recommandait également de profondes modifications à la Loi sur les Indiens, sur la base de ces principes et de l'accessibilité au territoire ancestral et aux ressources naturelles, ainsi que la mise en œuvre de leur autonomie gouvernementale. De plus, des jugements de la Cour suprême du Canada ont été rendus sur la base de l'existence des droits ancestraux, y compris le titre d'aborigène, et y reconnaissaient leur préexistence à l'arrivée des Européens.

Le Conseil tribal Mamuitun, le Canada et le Québec ont convenu, en janvier 2000, d'un texte appelé *Approche commune*. Ce texte, largement influencé par la proposition innue de 1997, représentait des pistes de solutions aux principales divergences rencontrées au cours des vingt dernières années. On assurait, du même coup, une reprise active et dynamique du processus de négociation, sur la base du rapport de la Commission royale d'enquête, du texte de l'Approche commune et des récents jugements de la Cour suprême. La première nation de Nutakuan joignait, en novembre 2000, le Conseil tribal Mamuitun pour fins de négociations. Le texte *Approche commune* a ainsi conduit à l'Entente de principe d'ordre général. Elle est basée sur la reconnaissance des droits ancestraux, y compris le titre aborigène, ainsi que sur le droit inhérent à l'autonomie gouvernementale (pouvoir général) des Innus plutôt que sur la cession, l'échange et l'abandon des droits (équivalant à l'extinction des droits) tel que stipulé dans la politique fédérale. Malheureusement, cette politique désuète est toujours en vigueur. L'Entente a été paraphée par les négociateurs innus et québécois en avril 2002, par le négociateur fédéral en juin de la même année et ratifiée le 31 mars 2004 par les chefs et les ministres, après avoir fait l'objet d'une Commission parlementaire à Québec, où plus de 80 mémoires furent déposés.

La dernière étape, conduisant au traité, devrait permettre aux parties de convenir des effets et des modalités d'exercice des droits ancestraux et du titre innu, donc, de s'entendre sur leur nature et leur portée.

Ce bref rapport factuel commenté permet de constater, à quel point les négociations territoriales et globales entre les gouvernements innu, canadien et québécois ont été ardues. Il permet également, j'espère, de mieux apprécier ce que j'appellerais les conditions de réussite pour en arriver à un règlement final, c'est à dire, à un traité avec les Innus.

D'abord, et j'insiste sur cet aspect parce qu'il interpelle avant tout les valeurs humaines. Il faut une réelle volonté politique d'en arriver à un règlement. Cette condition de réussite est en amont de tous les autres critères, préalables et/ou conditions.

Dans le cas des gouvernements du Canada et du Québec, elle fait appel à la responsabilité étatique. C'est la raison pour laquelle j'estime que la volonté d'en arriver à un règlement relève des hommes et des femmes qui gouvernent. Cette réelle volonté politique d'en arriver à un règlement s'adresse également au leadership innu.

Durant mes années de négociation avec les gouvernements du Canada et du Québec, j'ai constaté que le gouvernement du Canada est demeuré muet sinon passif sur la promotion de l'Entente de principe d'ordre général. Pire encore, lors des dernières élections fédérales, il a suspendu les négociations pendant toute la durée de la campagne électorale.

Quant au Québec, il aura fallu, avant la ratification de l'entente de principe d'ordre général, une commission parlementaire et une élection, et ce, même si les trois partis (libéral, québécois et adéquiste) étaient d'accord avec le contenu de l'Entente. Malheureusement, le gouvernement du Québec promeut davantage le processus de négociation que le règlement lui-même.

Je peux vous affirmer, qu'en matière de négociation avec les Innus, le Canada et le Québec sont réellement complices malgré les nombreux litiges entre eux, même si les Innus relèvent de la compétence et de la responsabilité fiduciaire fédérales.

Une autre preuve de ces énoncés est qu'après avoir paraphé l'entente de principe d'ordre général, en avril 2002, le Canada et le Québec nous informaient qu'ils feraient une tournée d'information en régions pour expliquer à la population québécoise les raisons des négociations avec les Innus et ce que sont les droits ancestraux. Nous les avons informés, de notre côté, que nous présenterions plutôt le contenu de l'Entente à nos citoyens et nous leur avons suggéré de faire de même en leur mentionnant, à maintes reprises, que s'ils ne présentaient pas le contenu de l'Entente, leurs citoyens leur reprocheraient leur manque de transparence. De plus, nous leur avons proposé de faire la présentation de l'Entente ensemble, mais ils ont refusé notre offre. En juin 2002, après quelques assemblées houleuses, les gouvernements du Canada et du Québec ont finalement rendu public le contenu de l'Entente. Je considère que nous sommes encore, en 2005, en mode «récupération», et que nous devons compenser dans notre travail d'information, même si le Québec a, depuis, nommé un représentant, des délégués et des coordonnateurs régionaux chargés d'informer les personnes et organismes concernés.

Les conditions socioéconomiques des Premières Nations, en général, sont catastrophiques. Notamment, les taux de suicide et de mortalité infantile sont parmi les plus élevés au Canada, et l'espérance de vie parmi les plus basses. Dans le Rapport mondial sur le développement humain 2003 du Programme des Nations Unies du Développement (PNUD), le Canada se classait parmi les premiers sur les 174 pays recensés. Si l'on prend en compte l'indicateur du développement humain (IDH) des Indiens inscrits, le Canada se classerait au 48e rang mondial. Il y a donc un véritable rattrapage socioéconomique à faire pour les citoyens innus.

En plus des statistiques sociales, la croissance démographique est fulgurante chez les Premières Nations innues et elle se situe autour de celle des pays du tiers-monde. Cette forte croissance démographique pourrait permettre d'atténuer les pénuries prévisibles de main-d'œuvre au Québec, particulièrement pour les emplois reliés à la gestion, la protection et l'exploitation du territoire et des ressources naturelles. D'ailleurs, les caractéristiques de la main-d'œuvre innue peuvent très bien répondre aux exigences de ces types d'emploi. Cela devrait permettre d'ouvrir la voie à des perspectives de formation, d'emplois, de développement et d'épanouissement pour notre jeunesse, notre capital humain.

Sur le plan juridique, les parties devront négocier sur la base de la reconnaissance des droits ancestraux, y compris le titre aborigène ainsi que le droit inhérent à l'autonomie gouvernementale (pouvoir général) des Innus. Elles devront convenir de la nature et de la portée de ces droits et y permettre un caractère évolutif. La reconnaissance des droits dans l'Entente de principe d'ordre général aura permis à ce projet de règlement d'être qualifié de «traité de nouvelle génération».

Cette reconnaissance des droits est fondamentale pour les Innus. Toute tentative, même subtile, d'éteindre les droits ou qu'ils deviennent des droits issus de traité, pourrait conduire à l'échec des négociations. Donc, un traité négocié dans l'esprit de la Constitution canadienne, des tendances jurisprudentielles, des recommandations énoncées dans le Rapport de la Commission royale d'enquête sur les Peuples autochtones et en conformité avec l'Entente de principe d'ordre général élèvera le niveau de confiance des Innus face aux autres gouvernements.

Dans ce dossier, l'objectif ultime pour tous les gouvernements est de lever l'incertitude juridique et d'ainsi favoriser les développements et les investissements économiques sur le territoire grevé du titre innu. Sur le plan politique, il faudra développer des relations et des attitudes, bien sûr en fonction des droits des parties, mais basées sur des valeurs de respect, de partage et d'entraide, toutes des valeurs traditionnelles innues. Ces valeurs caractérisaient déjà les relations avec les premiers arrivants. On confirmera ainsi le nécessaire partenariat, le partage et le transfert des connaissances et enfin, la coexistence pacifique et harmonieuse. On évitera ainsi les confrontations liées aux intégrités territoriales respectives. On confirmera plutôt notre maturité politique à établir des relations basées sur la cohabitation de nos nations et de nos peuples respectifs, sur un territoire devenu commun. Il n'y aura pas de négation de l'histoire et de la toponymie. On misera sur des relations orientées vers le futur et les grands défis liés à la mondialisation des échanges et des marchés. Cela favorisera les occasions d'attirer des investissements extérieurs puisque l'incertitude juridique sera levée.

Le processus et la négociation devront être davantage transparents. Cela ne veut pas dire augmenter le nombre de représentants à la table centrale de négociation. On doit miser plutôt sur des processus continus d'information, de consultation et de communication qui atteindront les milieux concernés. On favorisera alors l'acceptabilité sociale et politique du futur traité.

Les élus, particulièrement les Chefs et les membres de leurs conseils, les premiers ministres et les ministres ainsi que les négociateurs et représentants à la table centrale de négociation devront régulièrement faire rapport de l'évolution du contenu de négociation. Le règlement final étant sous la gouverne des élus, ceux-ci devront faire preuve de courage politique.

Le sensationnalisme et la désinformation devront être immédiatement dénoncés et corrigés. Des campagnes d'information à caractère pédagogique devront être tenues, favorisant ainsi une meilleure connaissance et compréhension des enjeux, des droits et des responsabilités de chacune des parties. Ce règlement représentera alors un accord historique qui devra recevoir la protection constitutionnelle et une reconnaissance internationale.

Nous avons tout un chacun l'immense responsabilité d'assurer l'avenir de nos jeunes et des générations futures. Les nôtres devront relever le double défi d'assurer la pérennité de notre langue, de notre culture, de nos coutumes et de nos traditions distinctes puisque celles-ci sont la source de nos droits ancestraux. Enfin, celui de les faire évoluer avec les exigences et les réalités contemporaines. Défi certes difficile, mais emballant. Cultivons ensemble notre enthousiasme afin de leur permettre de le relever.

Renaissance autochtone

Marc-Urbain Proulx et Josée Gauthier
Centre de recherche sur le développement territorial (CRDT)
Université du Québec à Chicoutimi

Longtemps en déclin socioculturel sur le plan des traditions, de la langue, des savoir-faire, de la création, ainsi qu'en dramatique déficit d'occupation des ressources humaines, les collectivités autochtones rebondissent actuellement au Québec. Elles semblent plus déterminées que jamais à relever les défis du développement. Les contraintes à la pleine émancipation de ces Premières Nations demeurent certes importantes. Néanmoins, de nombreuses indications de progrès socioéconomiques importants s'avèrent réelles. Même si les statistiques sont encore limitées sur l'autochtonie québécoise, certains faits tirés de publications officielles ainsi qu'induits d'une enquête nous permettent de considérer une véritable « renaissance autochtone ». Ce renouveau sociétal semble correspondre en réalité à un mouvement plus large en Amérique du Nord. Son analyse en contexte québécois nous conduit à présenter dans ce texte cinq grandes tendances significatives, soit la démographie, la réponse aux besoins de base de la population, l'entrepreneuriat, les vocations territoriales ainsi que l'appropriation de leviers économiques et sociaux.

La forte démographie

Sur le plan démographique d'abord, signalons une croissance annuelle affirmée de 2,14 lors du dernier recensement, alors que la population québécoise croît globalement de 1,42 seulement. Le bon taux de natalité, la diminution de la mortalité infantile et l'amélioration de l'espérance de vie expliquent cette démographie relativement forte. Précisons que 60 % des autochtones du Québec ont moins de 30 ans, voire moins de 25 ans dans certaines collectivités. En conséquence, la demande sociale s'avère partiffculièrement forte pour les services d'éducation (24 % d'étudiants), le logement et évidemment l'emploi.

La population des onze nations autochtones du Québec, soit dix peuples amérindiens et le peuple Inuit, totalise environ 78 000 habitants répartis dans

54 collectivités dispersées sur tout le vaste territoire québécois. Ces petits lieux et milieux s'avèrent généralement distants des grands centres urbains et souvent même difficiles d'accès par les moyens terrestres de transport. On constate, sur la carte, qu'ils se regroupent néanmoins dans l'espace selon l'appartenance à leur nation.

En diminution constante causée par l'attrait des villes, notamment pour les femmes, une proportion de seulement 70 % des autochtones vit maintenant à l'intérieur des collectivités délimitées appelées traditionnellement « réserves ». Parmi la forte minorité de résidents hors réserves, nous retrouvons principalement la grande majoffrité des Malécites, 81 % des Abénaquis, 50 % des Micmacs, 57 % des Hurons-Wendats ainsi que 42 % des Algonquins. Signalons, à cette rubrique démographique, que les nations autochtones les plus populeuses au

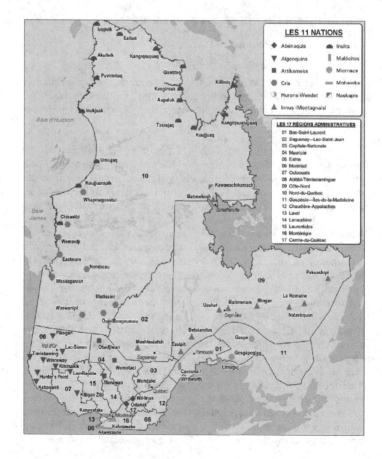

Québec sont les Innus (15 385 habitants), les Cris (14 632 h.), les Mohawks (11 287 h.) et les Inuits (10 054 h.).

La réponse aux besoins de base

Il est important de noter les gains continus dans les conditions générales de vie des autochtones au cours des dernières décennies. La qualité de l'habitat s'est grandement améliorée grâce à la construction massive de résidences familiales, illustrant même certains succès d'architecture et d'urbanisme à Chisasibi, à Oujé-bougoumou et à Mashteuiatsh. La desserte universelle de services de santé a permis notamment de prolonger l'espérance de vie, de réduire la mortalité infantile et de soulager les familles de leurs malades chroniques. Des progrès très importants eurent lieu du côté de l'hygiène. S'est aussi grandement amélioré le régime alimentaire, désormais mieux équilibré et plus régulier. Et que dire de l'alphabétisation générale de la jeune génération? Non seulement le niveau moyen d'éducation s'élève-t-il progressivement, mais les efforts inédits portés actuellement à la spécialisation des expertises nous amènent à avancer que les autochtones seront bientôt à l'heure de l'économie du savoir.

On sait cependant que les problèmes sociaux demeurent très importants, sinon dramatiques, dans plusieurs collectivités autochtones du Québec, notamment un état général de la santé inquiétant, souvent alarmant. L'espérance de vie demeure beaucoup plus basse que la moyenne québécoise, en particulier chez les hommes. La criminalité est devenue problématique, notamment chez les Algonquins, les Cris, les Inuits et les Mohawks. Le taux de suicide se situe autour du double de la moyenne du Québec. Très élevé aussi s'avère le pourcentage de familles monoparentales. La pénurie de logements représente un problème particulièrement crucial pour les Naskapis, les Malécites, les Atikamekw et aussi les Inuits dans une moindre mesure. Plusieurs collectivités nécessitent des équipements de base tels que des garderies, des maisons de jeunes, des résidences pour personnes âgées, des centres communautaires multifonctionnels. D'autres doivent impérativement restaurer leurs équipements actuels, y compris l'aqueduc, les égouts, la voirie et les écoles. Bref, malgré les gains, les conditions matérielles du développement sont souvent déficientes dans les collectivités. Auxquelles s'ajoute l'enclavement routier total pour 30 % des communautés, généralement localisées dans le nord du Québec. Aussi, pour diverses raisons, l'utilisation des équipements et des services publics n'est pas toujours optimale. À titre d'exemple, un fort pourcentage d'autochtones ne terminent pas leurs études secondaires, malgré l'accessibilité relativement aisée aux équipements d'éducation. Alors que de plus en plus d'étudiants qui traversent cette étape se retrouvent au cégep et à l'université.

L'entrepreneuriat dynamique

Du côté de la composante entrepreneuriale, nous assistons actuellement à la forte émergence d'initiatives autochtones diverses. Une nouvelle élite d'affaires en pleine éclosion explore et exploite plusieurs nouveaux domaines et nouveaux créneaux selon un processus d'apprentissage des lois et des règles des marchés elles-mêmes en évolution constante. Apprentissage qui se bute à des difficultés mais qui génère aussi beaucoup de confiance au fil des succès obtenus. Cette nouvelle classe d'entrepreneurs et de dirigeants autochtones en essor joue un rôle croissant dans la prospérité de l'ensemble du Québec en participant de plus en plus à la création de richesse.

À cet effet, les entreprises autochtones sont présentes dans tous les grands secteurs d'activités économiques (primaire, secondaire, tertiaire) en y développant des savoir-faire dans plusieurs domaines. Une brève consultation du répertoire d'affaires[1] des nations autochtones du Québec 2004 révèle l'existence de plus de 2 200 entreprises et organismes se situant dans des champs d'activités aussi variés que l'administration, la finance, l'immobilier, la forêt, le transport, les vêtements et le plein air. Parmi les créneaux forts et rentables, on trouve la construction, le tourisme et la culture. Nous savons maintenant que les autochtones possèdent et gèrent des centres commerciaux, des services financiers, des entreprises en alimentation, des hôtels et des restaurants. Les entrepreneurs et les gestionnaires ont développé une expertise reconnue dans l'artisanat, bien sûr, mais aussi dans la fabrication de plusieurs produits tels que des vêtements, mocassins, raquettes, poêles, tentes et canoës. Dans le domaine des communications, ils offrent des services variés se situant entre la câblodistribution et le graphisme, en passant par les services de traduction et d'interprétation simultanée.

Selon une enquête récente de Statistique Canada[2], le rendement général des entreprises autochtones ne cesse de s'améliorer dans le milieu concurrentiel très actuel. Fait intéressant, les entrepreneurs autochtones canadiens sont plus jeunes que la moyenne générale des entrepreneurs, plus de 25 % ayant moins de 35 ans. En considérant l'expérience souvent nécessaire à la réussite en affaires, il s'agit là d'un potentiel fort intéressant. D'une manière générale, ces entreprises deviennent de plus en plus présentes dans les secteurs à forte concentration de connaissances, notamment dans les services professionnels, de l'éducation, de la santé, des services sociaux et de la science qui ont vu tripler leurs effectifs depuis 1996. Généralement ancrées dans des collectivités de taille réduite, les entreprises autochtones contribuent grandement au développement économique de leur territoire en matière d'investissements initiaux, d'emplois créés, de salaires versés et d'achat d'intrants. Elles enregistrent des profits qu'elles réinvestissent largement dans leur milieu.

Nos résultats de recherche sur les formes que ces entreprises adoptent nous ont permis de constater qu'il n'existe pas de modèle unique et spécifique d'entreprises autochtones au Québec. Si l'héritage d'entreprises communautaires s'avère encore important, la tendance semble être à la diversification des formules. Ce qui correspond aux résultats d'une vaste étude effectuée dans les collectivités autochtones américaines par le « Harvard Project on American Indian Economic Development ». À travers les comportements libéraux qui s'affirment progressivement, les valeurs communautaires fortement ancrées dans la mentalité autochtone influencent néanmoins toujours, à degrés divers, les pratiques de gestion, les relations d'échanges et les formes de propriété des entreprises.

Malgré notre échantillon encore limité, nous sommes en mesure de cibler les principales difficultés vécues par les entreprises autochtones. Puisque 70% des autochtones présents dans les collectivités ne détiennent pas de diplôme d'études secondaires, l'accès à la formation professionnelle leur est évidemment plus difficile. Le manque de main-d'œuvre spécialisée devient alors évident, ce qui complique le fonctionnement des entreprises. Difficulté accentuée aussi par l'éloignement des grands marchés tels que Montréal, Québec et les États-Unis. En outre, la difficulté d'obtenir du financement représente un autre facteur défavorable qui limite la création d'emplois stables et rémunérateurs pour les autochtones dans leurs collectivités. À cet effet, l'absence de traditions d'épargne ainsi que les limites du crédit représentent des contraintes bien connues du milieu des affaires autochtones. Finalement, le rôle dirigiste souvent joué par le conseil de bande ne favorise pas toujours suffisamment l'ouverture pluraliste, l'éclatement du leadership et la multiplication des initiatives.

Les vocations territoriales

Les savoir-faire et les expertises cumulés au sein des entreprises autochtones se situent de façon variable dans la plupart des collectivités. Cependant, certaines collectivités autochtones se spécialisent davantage dans des domaines ou des créneaux particuliers. Le secteur du tourisme et du plein air en milieux autochtones connaît un essor tout à fait remarquable depuis quelques années. Plusieurs communautés offrent maintenant des infrastructures d'hébergement et des activités récréatives qui donnent plus ou moins accès à leur mode de vie traditionnel. On retrouve ainsi, dans cette niche «indienne», une bonne quinzaine d'entreprises localisées à Mashteuiatsh, Uashat, Wendake, Val-d'Or, Chisasibi. La communauté d'Essipit, sur la Haute-Côte-Nord, s'avère particulièrement dynamique à cet effet en s'appuyant sur un modèle de développement communautaire original. Grâce à l'exploitation de leurs attraits touristiffques par des activités bien ciblées (observation des baleines, villégiature, camping, pêche...), la Société de gestion d'Essipit réinvestit ensuite localement dans des entreprises de forme coopérative (forêt, construction, services...) qui diversifient l'économie territoriale.

En outre, elle actualise aussi une vocation sociale en investissant dans de nombreuses activités récréatives non mercantiles qui participent à offrir des conditions de vie de qualité aux citoyens.

Du côté de l'exploitation forestière, ce secteur est très bien desservi dans les communautés autochtones de Lac Simon, Kitigan Zibi et Obijwan. Des entreprises forestières autochtones, et aussi minières, exercent leurs activités dans des collectivités atikamekw, innus, algonquines et cries.

Signalons à ce propos les opérations de la coopérative agroforestière de Mashteuiatsh, la Gestion minière Innu de Sept-îles, la Corporation Waswanipi Mishtuk de Waswanipi et Déboisement montagnais de Sept-îles.

Dans le secteur hautement concurrentiel du transport, les initiatives autochtones s'avèrent nombreuses et largement concluantes, en particulier dans le transport aérien. Mentionnons les activités d'Air Inuit, d'Air Creebec, d'Air Wemindji, d'Air Schefferville et d'Air Roberval. Aussi, des services de transport par autobus, par camion et par taxi se sont développés dans plusieurs collectivités telles que Odanak, Val-d'Or, Pointe-Parent, Manouane, Maliotenam, Oujé-Bougoumou, Mashteuiatsh, Wendake et Kahnawake.

On sait que Kuujjiuaq et Wendake s'avèrent des pôles économiques importants. Ces collectivités s'inscrivent en réalité comme des centres administratifs qui concentrent plusieurs organisations publiques et collectives importantes reliées à la desserte de biens, services et programmes gouvernementaux sur de vastes aires de gestion. À partir de ces foyers agglomérés du domaine public gravitent un ensemble d'entreprises telles que sous-traitants, fournisseurs et activités complémentaires.

À cet effet de pôle économique en formation, la collectivité de Mashteuiatsh, au Lac-Saint-Jean, se distingue. Plus de 125 entreprises y œuvrent, en composant un petit noyau industriel, un pôle de services privés et publics, une petite grappe dans la construction ainsi qu'une grappe émergente dans l'hébergement et la restauration. Grâce à une Société de développement dynamique, un conseil de bande qui sait déléguer le leadership et une stratégie pertinente de collaboration avec le milieu régional, Mashteuiatsh devient un modèle sous plusieurs aspects de sa dynamique économique, sociale et culturelle.

Autre facteur et non le moindre, de nombreuses entreprises autochtones sont localisées en dehors des collectivités désignées. Il semble même que le contact et le mélange des cultures autochtones et non autochtones provoque souvent des conditions favorables au succès entrepreneurial. La possibilité de l'accès à des marchés s'avère aussi primordiale. Il faut reconnaître qu'en général, les populations autochtones qui vivent plus près des centres urbains contribuent davantage à l'éclosion d'entreprises de toutes natures.

L'appropriation de leviers

Les revendications de droits de propriété territoriale, comme celle exercée en 2005 sur l'île Levasseur (réservoir Manicouagan) par les Innus de la Côte-Nord, représentent la plus connue des volontés bien exprimées d'appropriation de leviers économiques par les autochtones. Ce désir collectif de prise en main de leur destinée épouse cependant au quotidien bien d'autres formes aux échelles locales, régionales et québécoises.

Au niveau des collectivités locales, les conseils pro-actifs, les coopératives, les entreprises communautaires, les commissions, les comités, les regroupements, les réseaux ainsi que les Sociétés locales de développement se sont multipliées au cours des deux dernières décennies. À degrés divers, chaque collectivité autochtone s'implique dans la desserte publique de biens et services collectifs à sa population (aqueduc, voirie, santé, éducation...) et de plus en plus à ses travailleurs (formation, mobilité...) ainsi qu'à ses entreprises (incubation, parrainage...). Plusieurs collectivités épousent un modèle paternaliste assez fort par lequel le conseil de bande devient le garant, le gérant général, sinon le parrain des affaires communautaires en misant sur la hiérarchie traditionnelle. Plus libérales, d'autres collectivités misent progressivement sur la propriété privée et sur les forces concurrentielles du marché.

Dans cette voie libérale qui s'affirme çà et là, les Cris de la Baie James ont mis en place des entités locales et régionales de développement économique dont la plus importante est représentée par la société en portefeuille CREECO, qui soutient plusieurs entreprises, dépiste les technologies et les savoir-faire tout en fertilisant la culture entrepreneuriale autochtone. Au Nunavik, leur société régionale d'investissement effectue également un travail remarquable pour offrir les conditions matérielles, bien sûr, mais aussi immatérielles et institutionnelles afin de soutenir le développement économique et social des Inuits. En outre, plusieurs nations se sont dotées d'institutions représentatives telles que des Grands conseils, des Assemblées, des Secrétariats, des Associations, des Sociétés à objectifs ciblés, des rendez-vous collectifs périodiques.

À l'échelle du Québec, par ailleurs, les collectivités et les nations autochtones se sont dotées d'instruments collectifs. Soulignons notamment l'Association d'affaires des premiers peuples, la Société touristique des autochtones ainsi que les Fonds institutionnalisés tels que la société de capital de risque SOCARIAQ, la société de crédit commercial SOCCA et Carrefour Capital. L'organisation politique s'avère tout aussi effervescente avec notamment Femmes autochtones, le Centre d'amitié autochtone, l'Alliance autochtone du Canada, et la très active APNQL (Association des premières nations du Québec et du Labrador). Cet ensemble d'organisations joue non seulement un rôle de mise en commun et de représentation, mais aussi d'orientation générale des actions et des interventions plus locales. Nul doute, à cet effet, que l'organisation et la tenue du grand Forum socioéconomique prévu pour mai 2006 suscitera des innovations institutionnelles. Innovations dans le contexte général d'une imposante bureaucratie qui tente d'encadrer et de répondre à une très grande diversité d'intérêts et de besoins au sein d'une population autochtone très fragmentée dont les relations sont soumises à une hiérarchie complexe paradoxalement dépendante de la subsidiarité historique, tout en étant néanmoins confrontée au libéralisme émergent.

À ce chapitre institutionnel, nous avons constaté l'explosion actuelle des partenariats économiques. Les grands médias nous entretiennent certes sur les conventions et les ententes d'ordre général et spécifique dans l'hydroélectricité, les minéraux, la forêt, la pêche. Ce n'est que la pointe de l'iceberg. Faisant d'abord partie des traditions autochtones, les partenariats en multiplication actuelle prennent de nouvelles formes, notamment une grande diversité d'alliances commerciales avec des non-autochtones. En fertilisant les réseaux d'affaires, les partenariats favorisent bien sûr l'accès à des capitaux et des expertises. Ils facilitent aussi l'ouverture de nouveaux marchés, la saisie de nouvelles occasions d'affaires, l'appropriation de technologies, l'allègement de contraintes comme les barrières à l'entrée, le protectionnisme, etc. Ils donnent aussi accès à de la formation et à des transferts de savoir-faire. Ils permettent également la coopération dans la mise en œuvre de programmes et de services tout en soutenant le partage des meilleures pratiques en matière de production, d'achats, de comptabilité, de marketing, de commerce et de gestion des ressources humaines. Les partenariats économiques touchent aujourd'hui toutes les collectivités et tous les domaines d'activité en devenant la principale institution de soutien à la dynamique socioéconomique autochtone. On leur doit une ouverture bénéfique des collectivités, tout en protégeant le caractère endogène de leur développement. À travers les nombreux partenariats, une très belle réussite se démarque à cet égard au sein de la scierie opérée avec la compagnie Abitibi-Consol dans la collectivité d'Obedjiwan.

Conclusion

Le mode de vie autochtone a toujours été fondé sur un solide engagement à l'égard de valeurs communautaires largement orientées vers le partage des ressources collectives. Ces valeurs solidement ancrées sont à la base de l'identité autochtone. Elles expliquent notamment la popularité de la formule coopérative dans une large gamme d'activités économiques, notamment chez les Inuits. Signalons qu'au Nunaviq, chaque collectivité possède sa propre coopérative. Par contre, ces traditions communautaires confortent souvent la légitimité de certains conseils de bande trop paternalistes. Ce qui limite l'émancipation de l'entrepreneuriat, l'éclatement du leadership ainsi que l'émergence d'initiatives économiques, culturelles et sociales pourtant si nécessaires.

En contexte autochtone contemporain par lequel l'ouverture libérale effectue son œuvre émancipatrice, l'esprit communautaire perdure et s'adapte vertueusement en épousant des formules novatrices variées associables à ladite « économie sociale ». Formules qui forcent les autorités à ouvrir les règles du jeu vers un nouveau champ de possibles. Ce nouveau champ institutionnel qui se déploie entre le communisme du conseil de bande et les forces du marché représente la dimension centrale de la nouvelle économie des collectivités autochtones. Champ fertile qui, s'il conserve sa capacité d'innovation, va assurer la pérennité de la renaissance autochtone actuelle.

Dans leurs efforts de développement culturel, social et économique, la plupart des lieux et milieux autochtones sont contraints par une localisation désavantageuse. Bien sûr, certaines collectivités bénéficient de la proximité d'un bassin de ressources naturelles ou d'un port en eaux profondes. D'autres ont la chance d'avoir des équipements publics attrayants ou des bureaux gouvernementaux qui génèrent des activités économiques. D'autres encore s'inscrivent tel un carrefour naturel ou profitent d'une position centrale au sein d'une région prospère. Mais la majorité des collectivités sont petites, éloignées et souvent même enclavées. Ce legs historique et géographique représente une réalité spatiale que les dirigeants doivent prendre en compte dans leur volonté d'améliorer le sort des autochtones du Québec. La vocation de chaque territoire doit, à notre avis, être ciblée adéquatement, évaluée dans ses forces et ses limites et ensuite valorisée par des mécanismes institutionnels appropriés à l'ouverture pluraliste des communautés.

Notes

1 Voir Répertoire d'affaires et des communautés autochtones du Québec, 2004.

2 Statistique Canada, Enquête sur les entrepreneurs autochtones, 2002.

Cultiver l'avenir
Saint-Camille, village modèle

Anne-Marie Lemay et Michel Venne

Photo : Sylvain Laroche

Le P'tit Bonheur

En entrant dans le petit village de 440 habitants situé sur la route 216, à 35 kilomètres à l'est de Sherbrooke, rien ne laisse présager l'effervescence qui a redonné vie à cette communauté rurale. En 15 ans, le nombre d'élèves a plus que doublé à l'école Christ-Roi. La moyenne d'âge à Saint-Camille est inférieure à celle du Québec. Le taux de chômage est moitié moindre que celui de la province. Et le village connaît une pénurie de logements. En roulant rue Miquelon, on arrive au P'tit Bonheur, l'ancien magasin général, déserté au début des années 1980, recyclé, par la volonté d'un quarteron de villageois décidés à relancer leur patelin, en centre culturel et communautaire. Les Richard Desjardins et Jim Corcoran y ont fait vibré les murs de leurs musiques. La popote roulante y réunit tous les mardis les vieux et les enfants du village. Et on y sert la meilleure pizza maison de la région, le vendredi. Le P'tit Bonheur est en quelque sorte le quartier général, le rendez-vous des bâtisseurs, en même temps que le symbole de ce modèle de développement local.

De la grande galerie du P'tit Bonheur on aperçoit l'ancien presbytère transformé lui aussi par la magie de l'initiative locale, en coopérative d'hébergement et de soins de santé pour les aînés, la Corvée. Pour relancer l'agriculture nourricière, les villageois ont fondé récemment La Clé des champs, une autre coopérative, spécialisée dans le maraîchage, l'agroforestier et la transformation. La municipalité a créé un parc agro-villageois pour faire de la place aux petites familles qui voudraient s'installer à proximité : dix-sept terrains d'un acre ont été mis en vente dans le but d'inciter les propriétaires à construire des habitations respectant des normes écologiques. Tous les terrains sont réservés. Mais les acheteurs se heurtent aux décisions de la Commission de protection du territoire agricole qui a refusé de modifier le zonage. Une dizaine de fermettes de dix acres ont également été mises en vente dans le rang 13 pour favoriser l'agriculture de créneau et la relève agricole.

Les villageois de Saint-Camille ont entrepris depuis des années de développer une culture originale, celle de l'avenir. Ils refusent ce que certains disent inévitable soit l'exode des régions, le vieillissement de la population, la fermeture d'écoles, la disparition de petites fermes au profit de l'agriculture industrielle. Ils ont décidé de se donner les moyens de vivre dans un milieu correspondant à leurs plus grands rêves : un village vivant, jeune,

innovateur et créatif, ce que plusieurs nomment une utopie. Tout en donnant vie à leurs rêves, ils cultivent l'avenir pour les générations futures. Mais comment réussit-on à modifier des tendances lourdes pour devenir une inspiration pour plusieurs autres villages du Québec ?

Contre le fatalisme

Au fond, il n'y a pas de recette secrète. Le développement local s'appuie sur des leaders locaux, la transmission des savoirs, la perméabilité à l'innovation et l'ouverture à la concertation. Les succès de ce village se font de plus en plus remarquer, mais il faut dire que les citoyens bâtissent sur une terre fertile. « Ce qui nous distingue, c'est le temps qu'on prend, la fierté et l'audace, dit le maire de Saint-Camille, Henri-Paul Bellerose. On se sent sous surveillance, on n'a plus le droit d'être ordinaire. Il faut être fier, mais pas triomphant. ».

Première condition de succès : ils n'ont pas attendu l'aide de l'extérieur. L'une des vedettes locales, l'ancien président de l'Union des producteurs agricoles et aujourd'hui président de Solidarité rurale, Jacques Proulx, explique qu'ils ont plutôt tenté de contrer des politiques ou des normes qui leur mettaient plus des bâtons dans les roues qu'autre chose. « Il y a un refus très fort de la fatalité. Il faut prendre le contrôle de son destin. C'est un refus de subir. C'est très fort ici parce qu'en fait, il y a toujours des batailles à livrer avec des fonctionnaires. Il faut que tu « piles » sur les orteils de certains, car on refuse de tomber dans un modèle qui est urbain. Les lois, les politiques sont faites en fonction de la concentration urbaine. Alors, avec ça, on ne peut rien faire ici. Et si on attend leur aval, on ne fera jamais rien», dit le coloré paysan.

Un chercheur réputé dans le domaine du développement local, Paul Prévost de l'Université de Sherbrooke, corrobore ces propos : « Dans ce débat [sur le développement local], les milieux locaux y perdent souvent leur latin. Situés en première ligne, au niveau de l'action, ils se sentent très loin des modèles élaborés par les universitaires et trouvent maintes fois les politiques et les programmes gouvernementaux mésadaptés à leur réalité locale.» (Prévost 2005 : 4) [Voir encadré]

Enrayer le déclin

Saint-Camille semblait pourtant voué à un lent et inexorable déclin. Depuis 1911, où environ 1000 personnes y vivaient, la population n'a cessé de diminuer. Le magasin général tombait en ruine et a été mis en vente dans les années 1980. En 1990, l'école ne comptait plus que 40 élèves, le presbytère a été déserté. En 1992, les villageois ont dû se battre activement pour éviter la fermeture du bureau de poste.

Le génie de Saint-Camille a été de saisir les occasions au moment oppor-

---

Les facteurs de succès développement local

Quels sont les facteurs, les critères, les conditions nécessaires pour initier une nouvelle dynamique et soutenir une démarche de développement local ?

L'existence d'un sentiment d'appartenance

La participation et l'implication de tous les éléments de la population sont essentiels à toute initiative de développement endogène. Cette participation sera d'autant plus facile à assurer qu'il existe déjà un sentiment de communauté, un sentiment d'appartenance sur le territoire.

Des leaders

Dans tous les cas de « success story » recensés dans la littérature, il y a eu des leaders dynamiques élus ou non, des bougies d'allumage qui ont mobilisé la population, suscité des partenariats, provoqué des choses, assuré leur exécution et maintenu le rythme de travail. Ils ont joué un rôle de catalyseur et leur présence a été particulièrement essentielle dans les phases initiales de développement. Comme le développement prend du temps, l'un des défis du leadership local est de se renouveler. L'implication des jeunes devient donc essentielle à long terme.

Un esprit d'entreprise

L'esprit d'entreprise est aussi un critère primordial dans le succès des expériences de développement local. Cet esprit ne doit toutefois pas être seulement le lot des entrepreneurs, mais doit enflammer toutes les institutions locales et la population. Il s'exprimera par une attitude de développeur et la volonté de prendre des risques.

Des entreprises et des initiatives locales

Le développement local se matérialise en bout de ligne par des actions concertées de développement (souscription de fonds, création d'agences de développement, événements spectaculaires...), par la création de nouvelles entreprises et le développement des entreprises locales. Ce ne sont pas les seules sources de création d'emplois, ni les seuls moyens de créer un environnement local favorable, mais, ce sont le plus souvent les seuls leviers qu'une communauté locale peut influencer directement. Comme leur poids dans la création d'emplois au Québec est statistiquement fort important, ce sont des outils de choix.

Un effort soutenu

Le développement est un processus historique, cela prend du temps. Le développement endogène implique, de plus, un changement de culture et de façon de faire de la part d'une communauté. Il faut donc être patient et prévoir un effort soutenu qui risque de s'allonger au-delà du mandat des élus ou de nécessiter une succession de leaders locaux. L'expérience enseigne que les efforts de développement pour réaliser des résultats durables doivent être maintenus durant dix, quinze, vingt-cinq ou trente ans.

Référence

Prévost, P. Les dimensions et processus du développement des collectivités locales. Sherbrooke : Université de Sherbrooke Institut de recherche et d'enseignement pour les coopératives de l'Université de Sherbrooke(IRECUS) Cahiers de recherche IREC 01-05.

tun. Selon le philosophe de l'Université de Sherbrooke, Jean-François Malherbe, résidant du village, « c'est le sens de l'anticipation d'un noyau de leaders qui sentait que le village allait mourir si on ne faisait rien » qui l'a sauvé.

En 1985, ces catalyseurs de changement, quatre hommes du village, décident d'unir leurs forces en se regroupant dans le Groupe du coin, une compagnie privée de capital de risque. Avec une mise de fonds initiale d'à peine une quinzaine de milliers de dollars, ils achètent des bâtiments pour les céder ensuite à des organismes à but non lucratif afin de voir des projets prendre forme. À la suite de l'achat de l'ancien magasin général, le Groupe du coin a favorisé la création du P'tit Bonheur, en 1988, puis il a récemment rendu possible l'achat du presbytère où sont maintenant situées les coopératives d'habitation et de soins de santé regroupées sous la bannière La Corvée.

Depuis maintenant 15 ans, le P'tit bonheur de Saint-Camille a présenté pas moins d'une centaine de spectacles et d'expositions. La salle de spectacle a été inaugurée par Richard Desjardins. Un de ces leaders et fondateur du P'tit Bonheur, Sylvain Laroche, se plaît à le nommer un magasin général de services. C'est une organisation sans but lucratif (OSBL) qui tire 60 % de ses revenus de la vente de la pizza du vendredi. La pizza est si populaire que le P'tit Bonheur a un point de service à Asbestos. Une légende villageoise veut que lors de la crise du verglas, l'électricité soit revenue plus rapidement à Saint-Camille pour que les employés d'Hydro-Québec puissent se régaler de la meilleure pizza maison de la région.

Lors d'un atelier donné à l'École

La rencontre des générations

Photo : Sylvain Laroche

d'été de l'*Institut du Nouveau Monde*, en août 2005, Sylvain Laroche, président et fondateur du P'tit Bonheur, a expliqué que le changement demande que des gens s'assoient ensemble pour réfléchir. Chaque fois, la créativité et l'innovation émergent. Ensuite, il faut agir, persévérer et avoir un minimum de capital.

Le Groupe du coin a acheté un garage et prévoit le transformer en lieu de création multimédia. La fibre optique passe désormais par le village et avec elle la connexion Internet la plus rapide disponible sur le marché. Certains parlent du P'tit Bonheur comme d'une petite graine semée qui est devenue un arbre dont le feuillage englobe toute la communauté.

Garder nos vieux

La Corvée, une coopérative pour personnes âgées, fut récipiendaire du prix de la ruralité 2002, deux ans seulement après sa fondation. Elle fut également lauréate du prix Jean-Pierre-Bélanger

2004 de l'Association pour la santé publique du Québec. Il s'agit d'une coopérative de solidarité en soins et services de santé et d'une coopérative d'habitation qui loge une dizaine d'aînés. Ces deux coopératives ont été créées en 1999, permettant aux personnes âgées de se loger et de demeurer dans la communauté à peu de frais, en se dotant de services communs comme une clinique de santé, des services complémentaires avec six thérapeutes, des jardins communautaires, des aires de repos et de jeux, une cuisine collective et un lieu de rencontre pour la communauté.

La Corvée a germé dans la tête de Joanne Gardner alors étudiante au certificat en gérontologie de l'Université de Sherbrooke. Elle refusait tout simplement de voir ces sages être exclus de la communauté en les enfermant dans un foyer. Mais ce projet ne s'est pas réalisé sans embûches. « On ne respecte pas les normes de la Société immobilière du Québec, il a fallu faire comprendre à un fonctionnaire ce qu'on voyait comme architecture pour que ce soit accepté. » affirme-t-elle. « Les bailleurs de fonds voulaient avoir des résultats financiers tout de suite. Comment fait-on pour être rentable en un an ? Ce n'est pas logique. On oublie souvent la rentabilité sociale d'un projet pareil, les gens qui vivent ici en santé et heureux, ça ne coûte rien à la société, mais ça, c'est pas facile à calculer. »

Elle a ainsi favorisé un dialogue intergénérationnel se répercutant sur tous. Depuis, elle anime avec créativité des cafés rencontres, avec un drôle de personnage, une vieille femme très franche, tante Rose. Elle a aussi favorisé un retour à la terre en aménageant des jardins communautaires dans la cour de la coopérative. Elle a publié À chacun son histoire, relatant l'histoire de vie des aînés. Des résidantes de La Corvée aident les enfants de l'école à faire leurs devois. Ils sont très heureux de se retrouver au P'tit Bonheur pour manger à la popote du mardi avec leur grand-maman d'adoption. Selon une recherche publiée par le Centre de recherche sur les innovations sociales (CRISES) de l'Université du Québec à Montréal, La Corvée s'appuie sur « cinq dimensions propres à la cohésion sociale, soit la territorialité, l'accessibilité, l'employabilité, la démocrativité et la connectivité. » (Langlois : 25)

Les chiffres parlent

Les efforts de revitalisation se répercutent sur les statistiques officielles. Le village s'est rajeuni. En 2001, la proportion de la population de 65 ans et plus par rapport à celle de moins de 20 ans était de 36 % à Saint-Camille comparativement à 54 % pour le Québec. L'âge médian des habitants de Saint-Camille, soit 37 ans, est inférieur à celui de la MRC (43,4 ans) et à celui du Québec (38,8 ans). Le taux de chômage était de 3,9 % en 2001 à Saint-Camille comparativement à 8,8 % dans la MRC et à 8,2 % à l'époque pour le Québec. L'école primaire accueille pas moins de 90 élèves, pour une population villageoise de 440 âmes. L'école Christ-Roi a été retenue pour la mise en oeuvre du projet "L'école éloignée en réseau" visant à contrer les fermetures des écoles dans de petits villages.

Ce développement s'est réalisé dans un esprit de démocratie participative. Les mécanismes et les lieux de participation démocratique sont nombreux.

Deux organes de communication tiennent les villageois au courant de l'actualité villageoise : Le Babillard, un journal papier distribué directement chez les résidants. Et chaque semaine, le bulletin virtuel Mon Village est envoyé par courriel.

Ces développements ne font-ils que des heureux ? La contestation n'est pas vive. Mais au fil de conversations informelles, il est possible de repérer chez quelques personnes une certaine envie. Pourquoi le P'tit Bonheur jouit-il de toutes ces subventions mais pas nous ?

Quoi qu'il en soit, le village cultive beaucoup l'accueil des « étrangers », des citadins à la recherche d'une qualité de vie, notamment. Contrairement à ce qui est observé ailleurs, les nouveaux n'y sont pas exclus par les anciens. Le maire Bellerose : « On n'a pas peur des étrangers. Si on accueille des gens, on va avoir des idées puis on trouvera bien de l'argent pour réaliser les idées ».

Une jeune biologiste rencontrée sur la galerie du P'tit Bonheur, Karen Anne Page, a entendu parler de ce village lorsqu'elle était au Guatemala. Ce qui l'a motivée à venir s'installer c'est qu'il y a « une ouverture à ce qui nous intéresse comme le développement durable. Des gens de la génération de nos parents nous appuient là-dedans. On arrive à faire passer nos idées. » Son copain ajoute spontanément : « On a rencontré de grandes personnes qui ont encore de l'imagination ».

Il y a bien un petit quelque chose qui distingue les nouveaux arrivants des anciens : ils prononcent le nom du village au féminin : « Sainte-Camille ».

Philosopher pour agir

L'une des conditions de réussite du

Des initiatives stimulantes pour le milieu rural

Université rurale du Québec
www.uqo.ca/urq2005
En septembre dernier a eu lieu la cinquième édition de l'Université rurale en région qui « contribue au développement et à la promotion des territoires ruraux en proposant des activités de formation continue où chercheurs et praticiens se côtoient dans le but de favoriser des actions plus réfléchies et des réflexions plus agissantes. » Le rendez-vous se renouvelle chaque année.

La foire des villages
Tous les deux ans, depuis 2000, la Foire des villages permet aux villages dynamiques du Québec de mener une opération de séduction auprès des urbains au Marché Bonsecours à Montréal. Son objectif, « faire le pont entre le monde rural et le monde urbain québécois, et valoriser et promouvoir la ruralité, ses potentiels économiques et humains ainsi que la qualité de vie qu'elle offre ». L'édition 2005 a accueilli 4000 visiteurs. Prochaine édition : février 2007.

Solidarité rurale
www.solidarite-rurale.qc.ca
La mission de cet organisme est la revitalisation et le développement du monde rural, de ses villages et de ses communautés, de manière à renverser le mouvement de déclin et de déstructuration des campagnes québécoises.

Place aux jeunes
www.placeauxjeunes.qc.ca/fr
Place aux jeunes intervient directement auprès des jeunes, mais il vise aussi à sensibiliser la population entière au phénomène de la migration et au potentiel des régions du Québec afin d'encourager le développement régional. Plus de 14 000 jeunes se sont inscrits à un site, Accro des régions, pour consulter les offres d'emploi, des opportunités d'affaires, les besoins en main-d'œuvre, ou des activités et des services régionaux. www.accrodesregions.qc.ca

Annick Giguère

développement local est la capacité des résidants à discuter entre eux, à réfléchir collectivement. Depuis quelques années, plusieurs villageois se réunissent pour suivre leur cours hebdomadaire d'éthique donné par le philosophe Jean-François Malherbe, de l'Université de Sherbrooke. Ce dernier réside maintenant au village. « L'éthique, c'est de réduire l'écart entre ce qu'on dit et ce qu'on fait », explique-t-il. Le cours permet simplement une reconnaissance des particularités des habitants avec leurs forces, leurs habilités et leurs compétences afin de provoquer des initiatives locales et même internationales.

Il semble que ce soit justement dans le cadre d'un cours d'éthique que le défi de diversifier l'agriculture en revalorisant la consommation de produits locaux a été identifié. « C'est assez génial comme idée. Il s'agit de réaffirmer son identité pour mieux rentrer en communication avec l'autre », affirme

M. Malherbe. La jonction de ces différents besoins a permis de développer le projet d'une coopérative maraîchère : La Clé des champs, une coopérative de solidarité œuvrant dans le maraîchage, l'agroforestier et la transformation, en complémentarité avec l'agriculture conventionnelle.

La Clé des champs développe de l'agriculture nourricière soutenue par la communauté, ce qui veut dire que ce sont les clients qui financent le producteur en payant d'avance la production à venir. La coopérative veille à la commercialisation d'un nombre impressionnant d'espèces de plantes poussant dans les sous-bois. Elle souhaite aussi acquérir un abattoir mobile ce qui éviterait à certains petits agriculteurs d'envoyer leurs bêtes à plus de 80 km.

Selon le directeur de la coopérative, François Rancourt, ce projet vient à point, car « les gens ne se nourrissent

Villages modèles

Saint-Clotide-de-Beauce, un village de 600 âmes a accueilli en 2004 dix familles immigrantes – qui comptaient au total près de 30 enfants – qui ont plus tard été suivies de trois autres. Du coup, la survie de l'école menacée de fermeture était assurée.

Chesterville, Centre-du-Québec. Cette municipalité de 800 habitants a tenté le tout pour le tout pour attirer de nouveaux villageois : en 2001, 13 terrains résidentiels ont été offerts gratuitement à quiconque s'engagerait à y construire une maison au cours de l'année suivante. À ce jour, une vingtaine de maisons ont été construites et plus de 50 nouveaux résidants se sont établis dans le village. On envisage une deuxième phase de développement.

St-Élie-de-Caxton tire sa réputation entre autre d'un conteur, Fred Pellerin qui s'est mis à raconter aux visiteurs et puis au grand public, sur les scènes québécoises, puis à la

télévision, des histoires de son village. Plusieurs initiatives folles se réalisent à St-Élie. Notamment, le café de pierre angulaire est à sa huitième édition du festival des contes et légendes de la Mauricie. www.saint-elie.net

Sainte-Élisabeth, dans Lanaudière. L'association entre un village du Mali, Sanankoroba, et un village dans Lanaudière, Sainte-Élisabeth, est un succès en développement international. On se souviendra des 100 $ envoyés par ces Maliens pour aider ce village à se remettre de la crise du verglas. Cette collaboration existe depuis maintenant dix ans et s'est élargie. « C'est au quotidien que nous pouvons suivre la population dans l'apprentissage de la démocratie et de la responsabilité individuelle et collective menant à l'amélioration des conditions de vie de l'ensemble du village. » Extrait du livre Sur les petites routes de la démocratie L'expérience d'un village malien, Éditions Écosociété.

plus de l'agriculture locale, mais se nourrissent des productions du village, c'est donner de l'emploi et être un moteur de développement économique pour les petits producteurs. C'est aussi de rendre accessible l'agriculture à la relève et tenter de contrer des problèmes comme la concentration des fermes, la spéculation foncière qui fait en sorte que les jeunes ont peu accès à la terre. On favorise donc un accès à la terre avec le métayage, un type de location». Les projets de la Clé des champs se heurtent, ici aussi, aux politiques agricoles qui sont généralement faites pour les grandes entreprises.

Pas d'habit universel

L'exemple de Saint-Camille montre qu'au cœur du changement social, il y a des individus qui par leur volonté et leur ténacité entreprennent des actions et développent des pratiques novatrices autour d'enjeux concrets et locaux visant à réaliser leurs rêves avec les ressources disponibles. Dans ce village, on n'a pas attendu de grandes réformes technocratiques. Comme le dit Jacques Proulx : « Vous pouvez vous en inspirer, mais faites attention pour ne pas mettre un habit qui ne vous convient pas. Il faut que les projets soient enracinés dans le milieu. Il n'y a pas d'habit universel».

Quand va-t-on daigner faire confiance aux acteurs concernés pour dépister les problèmes, encourager les initiatives et ainsi formuler des solutions viables qui tiennent compte de leur réalité ?

Anne-Marie Lemay enseigne la sociologie au CEGEP de Sherbrooke.
Michel Venne est directeur général de l'Institut du Nouveau Monde

Références

JEAN, B. *Territoires d'avenir. Pour une sociologie de la ruralité*, Presses de l'Université du Québec, 1997.

CEFRIO, (Martine Lorrain-Cayer et Karl Lussier) *L'École éloignée en réseau. Étude de cas. La communauté de Saint-Camille et l'école Christ-Roi*, février 2004.

GARDNER, J. *À chacun son histoire. Recueil de vie d'aînés de notre campagne*. St-Camille, La Corvée de St-Camille, 2004.

LANGLOIS, G. *La Coop de solidarité en soins et services de Saint-Camille et son impact sur la cohésion sociale*, Montréal, UQAM, CRISES, Collection Études de cas d'entreprises d'économie sociale, n° ES0409, décembre 2004.

LAROCHE, S. *S'impliquer en région*, Montréal, Atelier École d'été de l'Institut du Nouveau Monde, août 2005.

LEMAY, A-M., *Cultiver l'avenir*, Sherbrooke, Taratatam production, documentaire 19 min., support DVD.

PAYETTE, F., St-Germain, C., SAUVÉ, P., KRAKOW, E. «L'école éloignée en réseau» *Virage*, vol.5, n°.2, janv. 2003 [En ligne] http://www.meq.gouv.qc.ca/virage/journal_fr/PDF/Virage5-2.pdf

PRÉVOST, P. *Les dimensions et processus du développement des collectivités locales*. Sherbrooke : Université de Sherbrooke Institut de recherche et d'enseignement pour les coopératives de l'Université de Sherbrooke(IRECUS) Cahiers de recherche IREC 01-05.

SOLIDARITÉ RURALE, *Les pages vertes*, [En ligne] www.solidarite-rurale.qc.ca

VACHON, B. «Développement régional et dynamique territoriale», *Colloque de l'Association des économistes du Québec Développement régional, ressources naturelles et redevances*, Québec, 22 mars 2002.

VENNE, M. «Un paysan au Sommet», *Le Devoir*, 20 mars 1996.

VENNE, M. «Une région, la vie», *Le Devoir*, 7 mai 2003.

La loi sur la protection du territoire et des activités agricoles
Une loi essentielle mais contestée dans ses modalités d'application

Clermont Dugas
Géographe, Université du Québec à Rimouski

La loi sur la protection du territoire et des activités agricoles (LPTAA) impose depuis la fin des années 1970 un important contrôle sur l'utilisation du territoire agricole au Québec. En raison de ses implications et modalités d'application, elle constitue l'une des lois majeures régissant l'aménagement du territoire de la province. Elle sert non seulement à délimiter la zone agricole et à en contrôler les usages, mais aussi à établir les contours des périmètres d'urbanisation et à régir l'utilisation des érablières. Conçue dans une perspective de préservation du potentiel agricole, elle a parmi ses conséquences celle de restreindre considérablement les implantations résidentielles, commerciales et industrielles sur les terres zonées agricoles situées en dehors des périmètres urbains. C'est une loi qui dissocie le droit d'usage du droit de propriété et qui affecte directement des centaines de milliers de propriétaires terriens, entrepreneurs de toutes sortes et résidents, mais qui est généralement considérée pertinente sur les plans social et environnemental.

La zone agricole délimitée en fonction de la loi couvre actuellement une superficie de 63 500 kilomètres carrés, répartie dans 948 municipalités. Elle est occupée par 28 930 exploitations agricoles. Leur nombre est en constante diminution. Le territoire couvert par les exploitations ne correspond qu'à 53 % de la zone agricole. Le reste de la zone est largement constitué de terrains boisés et de terres sans potentiel agricole. Selon Lauréan Tardif[1], ancien commissaire et vice-président de la CPTAQ, 60 % de la zone agricole est impropre à l'agriculture. Les meilleures terres arabes, celles des catégories 1, 2 et 3 de l'Inventaire des terres du Canada (ITC), ne forment qu'une superficie d'environ 24 500 kilomètres carrés. Situées surtout dans la plaine de Montréal, elles sont les plus menacées par l'urbanisation. Par ailleurs, dans de nombreuses municipalités, la zone agricole est constituée dans des proportions allant de 50 à 90 % de terres de catégories 5 et 7 de l'ITC, c'est-à-dire à potentiel agricole très faible ou inexistant. La LPTAA en réserve l'usage à l'agriculture, alors qu'elles ont une valeur relativement faible ou inexistante pour cette activité et sont largement occupées par la friche et la forêt. Cette situation dénoncée depuis les débuts de la mise en application de la loi contribuerait aux problèmes de développement des territoires concernés.

La loi a incontestablement contribué à préserver les meilleurs sols du Québec de l'empiétement urbain et à freiner la spéculation sur les terres agricoles à la périphérie des villes. Elle a même favorisé le retour à l'agriculture de terres en friche en raison des avantages fiscaux associés aux terres cultivées en zone agricole. Elle est néanmoins perçue de façon très différente selon les endroits et les groupes sociaux. Pour certains, dont des écologistes, diverses associations et des groupes d'agriculteurs, elle n'est pas assez contraignante et c'est le patrimoine agricole du Québec qui est en jeu, alors que pour des promoteurs, des administrations municipales, des aménagistes et des individus intéressés à se loger en milieu rural, elle l'est trop, et c'est le développement économique et l'avenir du monde rural qui sont en cause.

Des individus et organismes reprochent notamment à la Commission de protection du territoire agricole (CPTAQ) d'appliquer la loi de façon trop laxiste sur les bonnes terres arables à la périphérie des grandes villes, tandis que d'autres considèrent qu'elle est trop restrictive. Il faut reconnaître que les sollicitations auprès de la Commission sont toujours très fortes et émanent de toutes les parties du territoire

québécois. Le nombre de décisions qu'elle a rendues est de l'ordre de 3000 par année depuis les cinq dernières années. Durant le dernier exercice financier, elle a donné des autorisations totales ou partielles pour 70 % des demandes d'implantation d'un nouvel usage et d'agrandissement en zone agricole. Elle a autorisé l'exclusion de 882 hectares de terres de la zone agricole sur une demande de 2359 hectares. De la zone exclue, 211 hectares étaient considérés avec des perspectives agricoles et seulement 14 hectares se situaient à l'intérieur des communautés métropolitaines et agglomérations urbaines. En contrepartie, 243 hectares ont été inclus dans la zone. Ainsi malgré les sévères restrictions qu'elle impose, la loi ne peut pas empêcher complètement un certain effritement de la zone agricole.

Toutefois, ce qui est trop pour les uns n'est pas assez pour les autres. Plusieurs municipalités de la Communauté métropolitaine de Montréal considèrent qu'elles n'ont plus suffisamment de terrains disponibles en dehors de la zone agricole pour répondre aux demandes de constructions résidentielles et commerciales et cherchent à obtenir des exclusions de la zone agricole ou des autorisations pour construire à l'intérieur de cette dernière. La Commission considère que ces problèmes d'espace ne doivent plus être considérés uniquement en référence aux périmètres de municipalités mais par rapport à l'ensemble de l'agglomération. La Communauté métropolitaine de Montréal disposerait encore d'une zone de l'ordre de 30 000 hectares de terrains vacants prévus pour l'urbanisation. La Commission s'attribue ainsi un rôle de gestionnaire de l'urbanisation qui ne tient pas compte des orientations de chaque municipalité et des effets de ses décisions sur la fiscalité municipale. Les sites alternatifs pris en compte par la Commission à l'extérieur des municipalités demanderesses de terrain n'offrent pas toutes les caractéristiques de ceux envisagés par les promoteurs et évidemment ne présentent pas le même intérêt pour les municipalités.

Les besoins d'espace se font aussi sentir dans les autres régions du Québec. Des municipalités aimeraient aussi être en mesure d'autoriser des implantations résidentielles, commerciales et industrielles à l'extérieur des périmètres d'urbanisation en mettant en valeur des terrains inoccupés. À ces endroits on accuse la CPTAQ de bloquer le développement économique et de favoriser le dépeuplement.

Dans son rapport annuel de gestion 2003-2004, la CPTAQ reconnaît que les enjeux sont différents entre la périphérie des grands ensembles urbains et les milieux ruraux. Dans le premier cas, les municipalités « tendent à repousser les limites de la zone agricole », alors que dans le second, « c'est davantage une occupation diversifiée de la zone agricole qui constitue l'enjeu principal ». Ces différents arguments ne sont pas nouveaux et ont conduit les législateurs à amender la loi à plusieurs reprises, mais sans faire disparaître les principaux motifs d'insatisfaction. Au contraire, les modifications apportées en 1997 et 2001 ont créé d'autres frustrations en fournissant des arguments supplémentaires de refus à la Commission. Un nouveau projet de révision est attendu, mais des pressions prove-

nant de différents milieux s'exercent tout autant pour un renforcement de la loi que pour un adoucissement.

Pour beaucoup de résidents et de représentants du monde municipal dans les régions périphériques, ce sont les adoucissements qui s'imposent. Leurs frustrations, doléances et revendications sont bien exprimées dans les résultats d'une enquête[2] que nous avons effectuée en 2004 et 2005 auprès des municipalités des régions de la Gaspésie, du Bas-Saint-Laurent, de l'Abitibi-Témiscamingue et du Saguenay – Lac-Saint-Jean. Les problèmes sont aussi sensiblement les mêmes dans les quatre régions prises en compte.

Les quatre régions ont toutes connu une importante décroissance démographique entre 1996 et 2001, accusant au total une perte de 30 304 personnes ce qui correspond à 4 % de leurs effectifs. En Gaspésie, cette décroissance est continue depuis 1981 et s'est traduite par une diminution de 14,5 % de la population. À l'instar de l'ensemble du Québec, les quatre régions ont subi une forte réduction du nombre de fermes. Ces dernières sont passées de 7 494 en 1981 à 4 683 en 2001. Les pertes varient de 30 % dans le Bas-Saint-Laurent à 58 % en Gaspésie. Cependant, tous ces déficits n'ont pas empêché la construction de continuer à progresser dans toutes les régions. Certaines municipalités éprouvent maintenant des problèmes d'espace pour fins résidentielles et commerciales.

Pour 47 % des municipalités, l'application de la loi a comme conséquences de leur laisser un périmètre d'urbanisation trop petit ou encore inadéquat pour leurs besoins actuels et futurs. Les régions de la Gaspésie et du Bas-Saint-Laurent sont les plus affectées par le problème avec 52 % des municipalités concernées. Plusieurs municipalités ont réussi au fil des ans à faire modifier de façon satisfaisante leur périmètre d'urbanisation. Mais ce n'est pas le cas pour d'autres. En fait, pour l'ensemble des régions, 29 % des municipalités n'ont pas réussi à obtenir les changements demandés et jugés nécessaires. Le plus haut taux d'insatisfaction se situe dans la Gaspésie et le Bas-Saint-Laurent avec le tiers des municipalités répondantes.

En raison des importantes contraintes qu'elle crée au développement du secteur résidentiel, l'application de la loi aurait entraîné la perte d'au moins 1134 résidences et de plus de 3500 habitants dans les localités qui disposent d'une zone agricole durant les dernières années. Donc, contrairement à ce qui est mentionné dans le dernier rapport annuel de la CPTAQ, la loi contribuerait à la décroissance démographique des régions. Elle serait aussi responsable de la perte d'un capital foncier de l'ordre de 100 millions de dollars et d'importantes recettes fiscales pour les municipalités.

La rareté des terres à construire causée par la loi crée une augmentation du prix des terrains dans un certain nombre d'endroits. La situation varie d'une région à l'autre. Dans l'Est-du-Québec, le quart des municipalités déplorent cette situation, alors qu'il n'y en a aucune en Abitibi-Témiscamingue et le tiers au Saguenay – Lac-Saint-Jean.

La quasi totalité des municipalités, soit 91,7 %, trouvent la loi trop contraignante en ce qui concerne la construction résidentielle et souhaitent son assouplissement afin de pouvoir construire le long des routes de rangs et à la périphérie des villages sur les terres à faible potentiel agricole et dans les endroits recouverts par la friche ou la forêt. Les pourcentages de répondants qui partagent cet avis sont sensiblement les mêmes dans les quatre régions. Ces constructions auraient l'avantage de retenir des jeunes dans la localité, d'attirer d'autres résidents, de valoriser des sites exceptionnels actuellement sous utilisés, de rentabiliser les infrastructures existantes, de renforcer le tissu social et d'augmenter les revenus fiscaux. Certaines petites municipalités en décroissance démographique considèrent même qu'il faudrait chercher à densifier la structure de peuplement en autorisant les constructions sur une étroite bande de sols agricoles sous-utilisés le long des corridors routiers existants.

Beaucoup de municipalités aimeraient aussi avoir l'autorisation de construire des chalets en milieu forestier et le long des plans d'eau pour les activités de loisir et de villégiature. L'autorisation d'implanter de petites fermes pour fins d'agriculture expérimentale, de loisir et à temps partiel fait aussi l'objet de demandes de la part de plusieurs municipalités. Ces diverses modalités d'occupation du territoire compatibles avec la ruralité seraient des mesures de diversification de l'économie.

Seulement le tiers des municipalités considèrent que la loi présente des avantages pour elles. Quelle que soit la région, le principal motif de satisfaction mentionné a trait à l'importance de protéger les sols agricoles. En outre, le fait que la loi permet aux cultivateurs d'obtenir des subventions et de faire payer une bonne partie de leurs taxes municipales par le gouvernement constitue un autre avantage important. Toutefois, la plupart des municipalités qui trouvent des avantages à la loi y trouvent aussi des inconvénients.

Les quatre cinquièmes des municipalités considèrent en effet que la loi crée des inconvénients à leur développement socioéconomique. L'Abitibi-Témiscamingue, suivi de près par l'Est-du-Québec (81,2 % des répondants), affiche le plus haut taux d'insatisfaction. Les motifs d'insatisfaction sont fort nombreux et varient d'une localité à l'autre. On peut les regrouper sous plusieurs thèmes.

On estime que la loi entraîne une sous-utilisation des ressources et des potentiels de développement des localités. Elle empêche le retour d'anciens résidents de tout âge qui aimeraient revenir et s'établir sur la terre familiale ou près de leurs parents parce que leur expérience de la ville s'est avérée décevante ou encore parce qu'ils ont atteint l'âge de la retraite.

En donnant aussi priorité absolue à l'agriculture, la loi permet des formes d'élevage ou des modes d'exploitation qui deviennent des inconvénients pour d'autres résidents qui sont majoritaires dans le secteur. Tout l'espace est mobilisé pour un ou quelques agriculteurs qui peuvent polluer l'air tout en étant protégés par la loi. La production porcine vient briser la quiétude de bien des gens. Elle constitue pour certains une menace pour la qualité de leur environnement qui n'existait pas lors de leur installation.

En limitant l'extension des périmètres d'urbanisation et une utilisation polyvalente du milieu zoné agricole, la loi nuit aussi au développement industriel et des affaires. Certaines municipalités n'ont pas l'espace requis ou convenable à l'intérieur de leur périmètre d'urbanisation pour pouvoir autoriser l'implantation de nouvelles entreprises ou encore se doter d'un parc industriel ou agrandir celui existant. Il existe aussi de petites entreprises, qui de par leur nature, (rafting, gravière, kiosque de vente de fruits et légumes, fleurs, terre à jardin, engrais) doivent être localisées en zone rurale. Or, dans de nombreuses municipalités la loi interdit leur implantation.

La loi nuit aussi au développement d'entreprises existantes en limitant l'espace dont elles ont besoin pour leur expansion. L'impossibilité dans laquelle elles se trouvent d'utiliser l'espace adjacent parce qu'il est zoné agricole et l'obligation qu'elles ont d'utiliser un terrain loin de l'entreprise est suffisant pour les faire abandonner leur projet d'agrandissement. La loi nuit aussi à l'implantation dans les rangs de petites entreprises à faible capitalisation et à emplois souvent saisonniers dont la rentabilité repose largement sur la disponibilité d'un terrain à très faible coût ou qu'on peut obtenir gratuitement parce qu'il appartient à la famille. Elle empêche des résidents des rangs d'ajouter des usages connexes à leur habitation qui pourraient leur permettre d'accroître leurs revenus et dans certains cas de bénéficier aux résidents du secteur.

Dans plusieurs petites municipalités aux prises avec une diminution des services, les contraintes imposées par la loi sont vues comme un facteur supplémentaire de déstructuration. En incitant des jeunes couples à s'établir à l'extérieur, la loi contribue à la fermeture de commerces et d'écoles et à la réduction du nombre de bénévoles nécessaires pour animer le fonctionnement de différents organismes communautaires et d'individus pour maintenir le dynamisme social.

La loi crée aussi des problèmes aux municipalités qui veulent ouvrir de nouvelles rues, creuser de nouveaux puits pour l'eau potable, améliorer des services et infrastructures existantes et implanter de nouveaux services. Lorsque les espaces envisagés sont dans la zone agricole, elles doivent effectuer des investissements importants et réaliser de longues démarches pour essayer d'obtenir l'autorisation de la CPTAQ sans être sûrs des résultats. La loi est coûteuse à divers égards pour les municipalités. Ces coûts peuvent provenir de la perte de taxe, de la sous-utilisation des infrastructures et services publics et des coûts administratifs pour l'application de la loi.

On estime aussi que la loi nuit au développement de l'agriculture en empêchant le morcellement de terres vacantes pour leur utilisation dans de petites productions. Elle empêche aussi d'éventuels producteurs de bénéficier des subventions du MAPAQ pour des projets sur des terres situées à l'extérieur de la zone agricole. Les petites activités agricoles non reconnues qui ne réussissent pas à rencontrer les critères du MAPAQ peuvent difficilement voir le jour en zone agricole.

Soixante-dix pour cent des répondants considèrent que les modalités d'application de la loi leur créent des problèmes. Les municipalités qui partagent cette opinion sont sensiblement dans les mêmes proportions dans les quatre régions, avec une légère prédominance pour celle du Saguenay–Lac-Saint-Jean.

Les motifs d'insatisfaction sont nombreux et diffèrent selon les localités. De façon générale, on trouve la loi trop restrictive et certains critères sont trop sévères ou non appropriés, ce qui permet à la CPTAQ de rejeter n'importe quelle demande et ce qui laisse aussi place à des décisions arbitraires fortement contestables. On considère que la loi est trop contraignante pour les espaces zonés agricoles. Ces zones comportent aussi, selon les endroits, trop de terre à faible potentiel agricole ou encore sans potentiel. C'est donc ici le découpage de la zone agricole qui est en cause.

Telle que conçue et appliquée, on estime que la loi nuit à la diversification de l'économie et à l'occupation du territoire dans certaines localités, tout particulièrement là où l'agriculture est devenue une activité marginale. En empêchant le morcellement des terres et l'utilisation de terres vacantes à d'autres fins que l'agriculture, la loi conduit à une sous-utilisation du potentiel de développement. On considère aussi que le modèle agricole favorisé par la loi freine l'entrée dans l'agriculture de nouveaux producteurs et l'implantation de nouvelles productions.

On déplore le fait que des décisions prises par la CPTAQ ne tiennent pas compte de la qualité des sols. À certains endroits on voit même la loi comme un objet de pouvoir qui permet à quelques fonctionnaires résidant à Québec de décider unilatéralement de l'orientation du développement rural sans bien connaître le contexte local et régional. Pour modifier cette situation, on voudrait que la mise en application de la loi soit décentralisée, ce qui permettrait de mieux tenir compte du contexte biophysique et des caractéristiques socioéconomiques de chaque localité ou région. Cela serait d'ailleurs plus conforme à la politique de la ruralité.

On considère aussi que la loi n'est pas assez vulgarisée, qu'elle est complexe et lourde à appliquer, qu'elle est coûteuse sur le plan économique, tant pour les demandeurs que pour les municipalités, et qu'elle est exigeante en temps. Le processus décisionnel est aussi trop long, ce qui a souvent des conséquences négatives pour les municipalités et les promoteurs. Tous ces problèmes d'application en découragent plus d'un à demander des autorisations à la CPTAQ et les conduisent à abandonner leur projet.

Notes

1 TARDIF, Lauréan, « Vingt-cinq ans de zonage agricole, une bonne loi mais une application à revoir », *Le Devoir*, mardi 30 décembre 2003, p. A 7

2 Enquête réalisée à l'UQAR. Un questionnaire a été expédié au maire de chaque municipalité. Le taux de réponse est de l'ordre de 50 % dans chacune des régions.

▶ Les régions

Montréal : entre rêve et réalité

Jacques Keable
Journaliste

Gérald Tremblay

Les élections municipales 2005 avaient lieu juste au moment de mettre sous presse. Voir les principaux résultats en page 587

L'île de Montréal est un navire géant dont les cartes marines sont imprécises, dont les officiers de bord sont empêtrés dans leurs problèmes d'intendance et dont les passagers se demandent vers quel port on les conduit, si jamais quelqu'un le sait ! Et si jamais il ne fait pas du sur-place !

2005, année ingrate. Heureusement, la Grande Bibliothèque ! Heureusement, les Jeux aquatiques, réussis de justesse, mais réussis… Heureusement... parce que l'essentiel du temps aura été accaparé par l'interminable saga du CHUM, la rocambolesque libération de Karla Homolka, les consternantes bagarres entre festivals qui se marchent sur les pieds, le gênant problème des innombrables nids-de-poule, la sournoise obsession municipale de nettoyage urbain non seulement physique mais social, sinon même politique !

Longtemps aménagée comme une catalogne avant d'être unifiée et fusionnée de force puis, peu après, défusionnée en partie en raison de la grogne populaire, Montréal, aujourd'hui divisée en arrondissements dotés de maires et de conseillers, peine à retrouver ses petits ! Embourbée dans les difficultés liées à la répartition des pouvoirs et rôles entre le Conseil de ville et les conseils des arrondissements, puis entre la Ville centrale et les villes défusionnées qui n'en demeurent pas moins existantes, l'île de Montréal n'a d'énergie (et encore !) que pour sa gestion au jour le jour : tenter, par exemple, mais en vain, de combler ses nids-de-poule si nombreux et profonds qu'ils menacent à tout moment d'avaler une partie de la population avec ses voitures aux ressorts cassés !...

Dans cette ville en interminable transition, si les pauvres sont un petit peu moins nombreux qu'il y a dix ans, ils sont toutefois plus pauvres qu'ils ne l'étaient. Près de 30 % de la population montréalaise vit aujourd'hui sous le seuil dit du faible revenu, la fraction d'âge la plus démunie étant celle des jeunes enfants. Quant au taux de diplomation affiché par Montréal, il demeure encore inférieur à celui des autres grandes villes canadiennes. La triste réalité est que, de toutes ces grandes villes, Montréal est la plus pauvre[1].

Forcément, tout s'en ressent, à commencer par la santé : entre les quartiers riches et les quartiers pauvres, l'écart quant à la durée moyenne de vie continue d'atteindre sinon même, parfois, de dépasser les dix ans. Qu'à cela ne tienne ! Toujours débordante de bonne volonté, de bons sentiments et toujours d'accord avec les grands principes, la Ville de Montréal s'est jointe au consortium des grandes villes du monde pour mener la lutte contre la pauvreté... L'avenir nous dira de quoi il en retournera.

Entre-temps, Montréal fait le ménage, son maire estimant que la ville est sale. C'est pourquoi on ajoutera, aux six existants, huit écocentres, ces lieux chargés du recyclage des déchets. Montréal, qui ne recycle que 20 % des siens, est loin de l'objectif québécois 2008 de 60 %, mais elle se promet d'y arriver.

Côté propreté... sociale, la Ville, pour surveiller et contrôler les itinérants du centre-ville, a installé des systèmes de caméra en certains lieux. Paradoxalement, Cactus, un organisme qui soutient et accompagne les toxicomanes dans leur dérive au lieu de les laisser couler à pic, a beaucoup de difficulté à se loger, même bénéficiaire d'une grosse subvention de l'État : ce genre d'établissement n'est pas apprécié du voisinage, entend-on de la bouche de certains conseillers municipaux du centre chaud de la métropole. Dans le même secteur chaud, les forces policières multiplient aussi les arrestations de prostituées et de clients. Le groupe Stella, qui défend les droits des prostituées, dénonce ces attitudes et pratiques policières qui ont pour principal effet, soutient-il, de repousser les travailleuses du sexe dans une clandestinité de plus en plus malsaine et dangereuse. Puis, détestable résurgence du passé, inconnue depuis fort longtemps à Montréal, la censure franche et ouverte, épiphénomène de nettoyage politique, surgit inopinément. Sans masque. Cela, dans un lieu public de l'arrondissement Côte-Saint-Luc, à l'occasion d'une exposition des photos de feu Zahra Kazemi, photographe irano-canadienne décédée tragiquement sous la torture, en Iran. En mai, alors que l'exposition est en cours, les autorités de l'arrondissement décrochent cinq des photos évoquant le conflit au Moyen-Orient, sous prétexte qu'elles offensent certains citoyens de l'arrondissement qui compte une forte population juive. Ces photos sont perçues, explique alors le maire de l'arrondissement, Robert Libman, comme une critique contre Israël et manquent d'équilibre. Face à cette très grave atteinte à la liberté d'expression, le fils Kazemi préférera retirer aussitôt la totalité de l'exposition plutôt que de tolérer la censure...

L'interminable saga du CHUM!...

Ville pauvre à l'échelle nord-américaine, Montréal n'en voit pas moins grand, sinon même super grand! À preuve, on y érige actuellement non pas un mais deux super-hôpitaux universitaires ultramodernes, à la fine pointe de la technologie. L'un, dans l'ouest de la ville, parlera anglais. L'autre, au centre-ville, à la bordure de l'est, en lieu et place de l'hôpital Saint-Luc, parlera français. On prévoit encore que les prévisions en pareille matière tiennent

d'habitude lieu d'approximations ratoureuses destinées à être défoncées vers le haut que chacun coûtera la modique somme d'un milliard de dollars! Chacun.

Promoteur et bailleur de fonds principal de ces projets : le Québec. Un promoteur hésitant, indécis, qui tergiverse... Pour cette raison, l'hôpital francophone, appelé le Centre hospitalier de l'Université de Montréal (CHUM), défraiera la manchette pendant des mois. Véritable roman-fleuve, s'y succèdent coups bas, surprises, bisbille et astuces... Avec, en fond de scène, invisibles à l'œil nu, de grands groupes financiers et politiques qui s'agitent. Objet de ce grenouillage : le lieu d'implantation du CHUM!

Deux groupes principaux de pugilistes s'affrontent : dans le coin droit, derrière leur porte-voix Robert Lacroix, alors recteur de l'Université de Montréal, se regroupent les tenants de l'ex-cour de triage du Canadien Pacifique. Il s'agit, à proximité de l'Université de Montréal, d'un vaste espace outremontais vide, où serait bâtie une véritable technopole médicale centralisée. Technopole? En plus du super-hôpital d'un milliard, on déménagerait sur ce nouveau site la Faculté de médecine, alors que d'innovants et créatifs laboratoires privés et publics de recherche en santé et en sciences de la vie viendraient comme naturellement s'y greffer, formant ainsi un ensemble cohérent, synergique, une séduisante technopole médicale. Sans compter, à la marge, une série de fournisseurs et de sous-traitants qui auraient tout intérêt à venir se coller à ces géants de la santé.

Dans le coin gauche, les tenants de l'implantation du CHUM au centre-ville, en lieu et place de l'hôpital Saint-

Luc. Pourquoi ce choix ? Là est la population, le lieu est facilement accessible par le métro, les coûts de construction seront moins élevés, etc.

À ces deux gladiateurs s'ajoutent, question de compléter ce déconcertant tableau et de faire bonne mesure, les tenants de l'Hôtel-Dieu... puis de Notre-Dame... sinon même, enfin, du... Stade olympique, quelque peu réaménagé, disons ! Bref, les caricaturistes auront eu de beaux jours devant eux. Et ils en ont profité !

Les coûts des études, contre-études, expertises, reprises des analyses, comités divers, sondages, enquêtes, commissions et autres campagnes de pression auront coûté au trésor public un tas de millions de précieux dollars jusqu'au printemps, alors qu'enfin, jour béni, le dossier fut fermé. Décision : le CHUM sera érigé au centre-ville, à la place de l'hôpital Saint-Luc !

Point final ? On le croyait mais... pas tout à fait ! La poussière médiatique étant stratégiquement retombée quelque peu, voilà qu'un nouveau débat est relancé. Sujet : où seront aménagés les laboratoires de recherche en lien avec le super-hôpital ? On croyait que ce serait tout logiquement autour du nouvel hôpital, lui-même haut lieu de la recherche, mais voilà qu'on propose de couper en deux, puis en cinq... cette éventuelle technopole médicale dès lors répartie aux cinq coins de Montréal qui, sait-on jamais, a peut-être plus de coins encore, on verra bien ! Bon prince plutôt favorable à cette dispersion proposée par le groupe Montréal international et cautionnée par le maire Gérald Tremblay, le gouvernement du Québec délie discrètement les cordons de sa pourtant petite et maigre bourse et dé-pose la bagatelle de 400 000 $ sur la table pour défrayer des études fraîches sur la nouvelle affaire ! Une douzaine de firmes de consultants sont donc aussitôt sollicitées, le gagnant devant remettre son rapport en janvier 2006... On peut dès lors prévoir que ce rapport conduira à la tenue d'un quelconque comité parlementaire et d'une consultation populaire avant l'étude finale, précédée de quelques avis de groupes-conseils experts. Et qui sait, avec un peu de chance, la chicane recommencera peut-être de plus belle !

Pendant tout ce temps, la communauté anglophone, elle, qui n'a rien à cirer de ce genre de bataille de coqs têtus, se tient le grain fin et silencieuse dans son coin, organise ses flûtes, signe des contrats, fait décontaminer le vaste terrain qu'elle a choisi et entreprend de construire son grand hôpital universitaire high tech dans son West Island. On jacasse en français pendant qu'en anglais, on creuse !

Sortie du litige CHUM, Montréal n'est pas pour autant libérée du dossier santé, loin de là ! Elle doit sans délai entreprendre, avec l'aide du Québec, la lutte pour éviter, cette fois, la fuite vers l'Ontario de l'estimé et vieil hôpital Shriner's pour enfants ! Les promoteurs ontariens poussent leur sournoise et féroce attaque jusqu'à soutenir devant les Shriner's que le site que Montréal leur offrait, gratis, est en réalité non seulement pollué mais surtout indépolluable ! Cette fois, l'argument est si grossier que les Shriner's n'en croient pas un mot. Ouf !... L'hôpital demeurera à Montréal.

Une bibliothèque toute neuve

Côté santé de l'esprit, les choses se

présentent sous un meilleur jour : dans une euphorie populaire dont la source semble intarissable, la Grande Bibliothèque ou, si vous préférez, la toute neuve Bibliothèque Nationale, ouvre ses portes le 30 avril 2005. Les élites invitées à l'inauguration officielle n'ont pas vidé leurs verres de champagne que déjà le peuple les repousse vers la sortie pour occuper enfin la place, toute la place. Depuis, ça ne dérougit pas !... Et ce n'est pas l'éclatement surprise de quelques lames de verre, sur la façade extérieure de l'édifice, qui va éloigner la clientèle ni refroidir son incontestable enthousiasme.

Si l'allure extérieure de la Grande Bibliothèque, sinon même son point d'ancrage dans le quartier, ne font pas l'unanimité, il en va tout autrement de l'intérieur : vastes et lumineux espaces, remarquable design des tables et des chaises, accessibilité à Internet, aux ordinateurs et même aux graveurs, ce qui n'est pas sans soulever l'ire de l'industrie du disque qui a le sentiment de se faire littéralement voler par certains pirates qui abusent avec plus ou moins de discrétion des moyens gracieusement offerts à sa clientèle par la bibliothèque, le disque se transformant à la vitesse de l'éclair en disque copié ! Finalement, la direction interdira en octobre ce type de piratage.

Côté architecture, comment ne pas noter, au cœur de Montréal, rue Sainte-Catherine près de la rue de Bleury, la véritable et spectaculaire résurrection de l'église Saint-James, cachée depuis des décennies à la vue des fidèles et des passants, par une série de commerces, véritables vendeurs du Temple grâce auxquels, pourtant, le sanctuaire, dès lors soustrait à l'admiration populaire,

put au moins boucler ses fins de mois. En 2005, les vendeurs du Temple ne sont toutefois pas chassés à coups de fouets mais plutôt à coups de subventions mises à la disposition des autorités paroissiales. La démolition des édifices commerciaux a révélé toute la splendeur de cette église à une population qui en ignorait jusqu'à l'existence même.

Enfin, à la veille de l'automne 2005, Montréal dévoile sa politique culturelle. Les analystes applaudissent poliment, mais ne peuvent s'empêcher de noter que cette politique est pour l'instant plus remarquable par ses intentions vertueuses que par les mesures et investissements concrets qu'elle annonce. Cela dit, elle réitère néanmoins l'engagement des autorités de hausser le niveau des bibliothèques de quartier à celui de la moyenne des grandes villes canadiennes. En dix ans. Montréal est aussi capable, on le voit, de modestie...

En voulez-vous des films ? En v'là !

Ville championne des festivals, Montréal commence à s'y embourber ! L'année 2005 aura connu non pas un ni deux, mais trois festivals internationaux de cinéma ! Faute de profiter des tournages états-uniens, de moins en moins nombreux à Montréal, la Ville se livre entière à ses festivals !

Le plus célèbre d'entre eux, le Festival des films du monde (FFM), mis sur pied il y a vingt-neuf ans par Serge Losique mais soudainement, cette année, répudié par les gouvernements canadien et québécois, se trouve donc désormais sans subventions. Qu'à cela ne tienne. Contre vents et marées, le FFM a bel et bien lieu et Serge Losique fait un bras d'honneur bien senti aux organismes subventionnaires qui l'ont laissé tomber. Claudiquant quelque peu en raison des extraordinaires diminutions de ses revenus, le FFM n'en annonce pas moins bravement qu'il reprend des forces et sera de nouveau présent l'an prochain, et pour la trentième fois, subventions ou pas.

Le chouchou des subventionnaires étatiques est donc, en 2005, le tout neuf Festival international du film de Montréal (FIFM), placé sous la houlette de l'empereur des festivals montréalais, le groupe Spectra d'Alain Simard, champion, entre autres, du très célèbre Festival international de jazz de Montréal. Cet ambitieux Festival nouveau souhaitait rien de moins qu'éliminer le FFM tout en phagocytant le troisième des festivals, le Festival du nouveau cinéma (FNC), mais mal lui en prend : le FFM se déroule malgré le boycott de l'État et le FNC, ruant lui aussi dans les brancards, maintient son autonomie, ses dates, ses lieux et sa programmation !

Rendez-vous à l'été 2006 pour y voir plus clair. Un été qui sera plus riche que jamais en festivals, les Jeux gais s'ajoutant à la programmation, d'où une menace de déplacement des Franco-Folies, de Spectra toujours, à une date qui les aurait mises en concurrence notamment avec le Festival d'été de Québec et Présence autochtone. Conflit, discussions, négociations... Bref, on menaçait de se marcher sur les pieds.

Des jeux... réussis !

Décidément, rien n'avait l'air facile dans l'île de Montréal au cours de cette année 2005. Après avoir annoncé, en grandes pompes, la venue à la tête de l'Orchestre symphonique de Montréal, du célèbre chef Kent Nagano, voilà qu'au printemps c'est la grève, l'annulation de concerts...

Dans le monde sportif, les Jeux de la Fédération internationale de natation (FINA) passent à une brasse d'échapper à Montréal qui, pourtant, les a obtenus plusieurs années plus tôt. À peine quelques mois avant la date prévue pour l'ouverture, *Le Devoir* (21 janvier 2005) a titré : La tenue des Championnats aquatiques reste incertaine. Tout alors allait mal : lentes rentrées de fonds, suicide d'un dirigeant, inquiétude de la direction de la Fédération qui alla même jusqu'à annoncer qu'elle retirait à Montréal la tenue des Jeux 2005 ! Panique au village ; le maire Gérald Tremblay ira déployer tout son charme et plaider, avec succès, la cause de Montréal jusqu'au siège social de la FINA en Europe. Lutte gagnée, succès des Jeux aquatiques et déficit final de quatre millions. Moins que prévu. Et largement compensé, soutient le Maire, par les retombées multiples, notamment sur l'économie de la métropole.

La rue Notre-Dame sera boulevautoroute urbain

Vieille soupe rebrassée pour une énième fois : la concrétisation du projet de modernisation de la rue Notre-Dame, qui traîne dans les dossiers de Montréal et de Québec depuis plus de trente ans, sera peut-être engagée à compter de cette année 2006. Peut-être ! Ce dossier a connu tellement de reports que les analystes n'y croient pas vraiment, même si la dernière cuvée a été solennellement lancée par le premier ministre Charest et le maire Tremblay. Compromis entre l'autoroute et le boulevard dit urbain, sévèrement critiquée par la plupart des analystes, cette formule hybride de chemin à huit voies, en partie en surface, en partie en tranchées, conçue pour tenter de satisfaire tout le monde et son père, a été bureaucratiquement baptisée boulevard urbain à double fonctionnalité. Ce que, plus prosaïquement, le président du Conseil régional de l'environnement, Robert Perreault, appelle plutôt boule-route ! Longeant le port de Montréal et le quartier Hochelaga-Maisonneuve, dont bon nombre de résidants sont en colère contre ce projet qu'ils jugent agressant et polluant, ce boulevau-toroute urbain coûtera la modique somme de 750 millions de dollars et sera inauguré vers 2011... à moins que de nouveaux changements, qui sait? ne viennent reporter une nouvelle fois ce projet que la population voudrait voir remplacé par un système de transport en commun efficace.

À cet égard, comment ne pas le noter : l'Est francophone, contrairement au nord, au sud et à l'ouest de l'île, est totalement dépourvu de quelque forme que ce soit de transport en commun rapide vers le centre-ville de Montréal. La population de l'Est, à n'en pas douter, préférerait la circulation de pareils transporteurs à la construction d'un faux boulevard urbain à huit voies, communément et spontanément appelé autoroute ! Quand pareille voie traverse un quartier résidentiel, qui s'étonnera que cela soulève des protestations...

Les médias en folie

On croyait que la concentration de la presse ne pouvait aller plus loin, au Québec, mais c'était une erreur : la station CKAC, monument radiophonique

montréalais, radio mythique indissociablement associée au Montréal populaire, tête de pont du réseau Radiomédia qu'elle alimentait en information à partir de sa salle de rédaction, a été vendue à un concentrationnaire canadien-anglais, Corus, qui possède dès lors plus de 60 stations radiophoniques au Canada, majoritairement anglaises. Ce CKAC new look s'alimentant désormais à même le service d'information centralisé de Corus, la salle de rédaction de CKAC est tout bonnement fermée, et la vingtaine de journalistes qui y travaillaient, purement et simplement congédiés ! Les sources à partir desquelles l'information est diffusée aux quatre coins du Québec sont donc de moins en moins nombreuses.

Le monde merveilleux des médias n'est pas au bout de ses peines ni de ce qu'il faut bien appeler sa considérable capacité de ridicule-qui-ne-tue-pas! Apprenant que Karla Homolka, la criminelle ontarienne emprisonnée au Québec pour la protéger de la fureur des Ontariens, sera libérée après avoir purgé la totalité de sa peine de douze ans de prison, les médias sont saisis d'une crise aiguë de folie. Ils font, avec leurs micros, caméras, appareils-photo, enregistreuses et stylos, un interminable pied de grue devant l'entrée, qu'ils espéraient être aussi la sortie, de la prison. Homolka, dissimulée sous une couverture au fond d'un véhicule, leur passe sous le nez, file vers le centre-ville de Montréal et gagne avec son avocate un studio-télé de Radio-Canada pour y accorder une entrevue ! Gros-Jean comme devant, les journalistes de tout le pays, ridiculisés, n'ont plus qu'à s'en mordre les pouces et à ravaler leur humiliation, sans avoir capté la moindre image. On se dit que si tant d'efforts et de patience étaient mis à fouiller des dossiers plus significatifs et importants, quelle information formidable nous aurions ! Mais ça n'est pas demain la veille : la dite loi du marché et de la concurrence n'a apparemment pas fini de tirer les médias vers le bas.

Consolation médiatique de 2005 : le juge John Gomery. Vedette instantanée, le juge aura démontré que la bonne télé ne tient ni aux effets spéciaux, ni aux décors, mais à la vérité des personnages. Installé dans une salle parfaitement neutre du centre de Montréal, le juge a acquis le statut de star sans bouger de sa chaise, si ce n'est pour venir s'y asseoir ou pour la quitter...

« ...à la hauteur de nos rêves... »

2005, année difficile et ingrate ? Deux rappels moins anecdotiques qu'ils n'en ont l'air. À l'occasion de la Fête nationale du Québec, journée d'unité s'il doit y en avoir, voilà que de sérieux tiraillements se manifestent et qu'un clivage apparaît qui en inquiète plusieurs. Pendant qu'au parc Maisonneuve se déroule, gratuit comme toujours, le grand spectacle de la fête nationale officielle du 24 juin, un groupe d'artistes populaires, qui se donnent comme politiquement plus engagés, se produit très exactement au même moment, au parc Jean-Drapeau. Moyennant prix d'entrée... Cette brisure provocante, ce bras d'honneur à une vieille tradition, était une première.

Autre déchirement, dans le monde universitaire cette fois. Peu après la Fête nationale, l'ex-premier ministre français Alain Juppé, écarté temporairement de toute vie politique par les tribunaux de son pays, s'exile volontairement à Montréal. Il y enseignera pendant un an, à l'École nationale d'administration publique (ENAP), malgré une très vigoureuse protestation médiatique préalable contre sa venue, signée par un nombre imposant d'universitaires réputés. Pourtant, l'arrivée d'Alain Juppé se déroule en douce. La Société Radio-Canada l'accueille en lui réservant même une édition du Point où, sans la moindre confrontation, le grand homme peut s'exprimer à loisir, seul, et faire part de son amour pour ce Québec dont d'illustres porte-parole lui avaient pourtant fait publiquement savoir que sa venue, comme enseignant, n'était pas souhaitable et leur serait difficilement acceptable...

Est-ce ce genre de mélange montréalais, fait de répression, de divisions et de tolérance ou peut-être, au fond, d'indifférence, qui aura inspiré le prophète états-unien jovialiste Richard Florida ? Ou alors voulait-il faire oublier à Montréal ses difficultés de l'heure ? Toujours est-il qu'à ses yeux d'extralucide, l'avenir de Montréal est extraordinairement radieux. Culture Montréal lui a versé 200 000 $ pour qu'il vienne le dire publiquement. Et il l'a dit ! « Montréal est une des étoiles montantes des économies créatives qui existent dans le monde. » Et vlan sur la tête des pessimistes. Il ajoute : Montréal a l'un « des meilleurs écosystèmes en Amérique du Nord pour réussir en cette ère de créativité. » Etc. Ignorant apparemment qu'un certain nombre de Montréalais savent lire les statistiques, y compris celles qui mettent à mal les visions du gourou, Florida se trouve contraint d'avouer, quoique apparemment sans états d'âme : « Montréal met ma théorie au défi ». Ce qui ne lui interdit pas, même si les statistiques assombrissent l'enthousiasme local, de maintenir que : «Montréal has it all!» (*Le Devoir*, 28 janvier 2005). Point final. Et il regagne les USA.

Puis, Montréal se retrouve face à face avec ses nids-de-poule ! Puis, elle continue de surveiller et de combattre ses itinérants et ses toxicomanes, de pourchasser les prostituées, avant de s'en prendre finalement à un problème gravissime : l'odeur du café! Ah! la terrible odeur de café... Sûr, ça n'est pas nocif, reconnaît la municipalité, mais ça déplaît aux voisins. Alors, les torréfacteurs devront, au coût de plus ou moins 20 000 $, installer des épurateurs d'air. Autant d'initiatives qui, à n'en pas douter, contribueront à « créer un Montréal à la hauteur de nos rêves », pour reprendre le titre d'un document pondu par la Mairie de la ville, en fin

d'été, sous forme, au dire des mauvais esprits, de fuite en avant. Baptisé «Imaginer/Réaliser Montréal 2025», ce plan en 26 pages, plus une maquette informatique disponible sur Internet, le tout produit au coût de quelque 100 000 $, sera bien sûr mis en œuvre par un nouveau comité créé à cette fin... (*Le Devoir*, 15 septembre).

La population n'a donc plus qu'à rêver ce Montréal de demain, très certainement championne des villes où il fait bon vivre. C'est en tout cas ce que me vociférait à l'oreille un concitoyen optimiste, alors qu'une enfilade de tonitruantes motos sans silencieux, montées par d'inquiétants personnages rondelets et couverts de cuir, déferlaient arrogants, maîtres après Dieu, rue Sainte-Catherine, sous l'œil plein de sollicitude d'un policier ému passionné par ces belles mécaniques...

La couronne métropolitaine est une fois de plus championne de l'emploi

Vicky Boutin
Journaliste

La dérive des régions éloignées a fait les manchettes au cours des derniers mois. Rappelons seulement les mises à pied provoquées par la fermeture de l'usine d'Abitibi-Consolidated de Port-Alfred, à La Baie ou celle de la cartonnerie Smurfit Stone à New Richmond. Les bonnes nouvelles se font habituellement plus discrètes. L'extraordinaire vitalité économique des régions de la couronne métropolitaine en est un bon exemple. Cette réalité est beaucoup plus optimiste pour l'avenir du Québec. Le texte qui suit s'attarde aux faits saillants de l'emploi dans les régions de Lanaudière, des Laurentides et de la Montérégie, les championnes en ce domaine. Les données qui y sont présentées sont issues de l'*Enquête sur la population active* de Statistique Canada, tel que rapportée par divers documents régionaux d'Emploi-Québec.

LANAUDIÈRE

État de la situation

L'emploi poursuit sa lancée du côté de Lanaudière. Pour les deux premiers trimestres 2005, le nombre de person-nes en emploi était en hausse par rapport aux mêmes trimestres de l'année précédente. En 2004, la région de Lanaudière avait même été nommée grande championne du Palmarès de la décennie de *La Presse Affaires*, pour sa création d'emplois entre 1994 et 2003.[1]

Au deuxième trimestre 2005, Lanaudière affichait le meilleur taux d'emploi du Québec, soit 64,5 %. Celui de l'ensemble du Québec était de 60,3 %. Le taux d'activité dans la région s'établissait pour sa part à 68,3 % et le taux de chômage à 5,6 %, des indica-teurs une fois de plus supérieurs à la plupart des autres régions.[2]

L'emploi à la loupe

Les bons résultats du deuxième trimestre proviennent de nombreux secteurs. Celui de la fabrication, par exemple, a mis fin à sept trimestres consécutifs de variation négative. Emploi-Québec estime même que l'augmentation du nombre de personnes occupées dans ce secteur se poursuivra.

Le secteur de la finance, des assu-rances, de l'immobilier et de la location a également connu des résultats posi-

555

tifs au deuxième trimestre. La croissance de la population lanaudoise et
l'augmentation de la demande de services en sont les grandes causes. Des
projets résidentiels d'envergure sont en
cours ou ont été annoncés.

Le vieillissement de la population et
la croissance du nombre de résidents
ont également un impact positif sur le
secteur des soins de santé. Là aussi, on
note une hausse du nombre de personnes occupées au deuxième trimestre.

La croissance fulgurante qui a
touché de nombreux secteurs au cours
des dernières années ne pouvait
évidemment pas se poursuivre indéfi-
niment sans montrer des signes d'essoufflement. Le secteur de la construction a notamment connu un recul de
l'emploi au deuxième trimestre. En
2004, le nombre de travailleurs de la
construction dans Lanaudière avait
connu la plus importante hausse de son
histoire. Ce ralentissement devrait
toutefois être de courte durée, puisque
les nouveaux projets et les investissements sont nombreux.

Les conclusions sont les mêmes
pour ce qui est du recul dans le secteur
du commerce, du moins au deuxième
trimestre. Dans ce cas aussi, la croissance ne pouvait se poursuivre indéfin-
iment. Selon Emploi-Québec, cette tendance à la baisse sera de courte durée.
Parmi les projets majeurs qui seront
bénéfiques aux travailleurs du commerce, notons la relocalisation de la
quincaillerie Patrick Morin de
Charlemagne à Repentigny, un investissement de 10 millions $ qui devrait
entraîner la création de plusieurs
dizaines d'emplois.

Le nombre de personnes occupées a
aussi diminué au deuxième trimestre

2005 par rapport à celui de 2004 dans
les secteurs de l'agriculture et de l'enseignement.

LAURENTIDES

État de la situation

Comme pour Lanaudière, un certain essoufflement se fait sentir dans la région
des Laurentides, après l'essor de l'emploi observé au cours des dernières années. Au deuxième trimestre, l'effectif
en emploi est passé de 257 000 en 2004
à 250 700 en 2005. C'est un premier
trimestre de recul après plusieurs mois
de croissance. Par conséquent, le taux
de chômage a légèrement remonté au
deuxième trimestre pour s'établir à 7 %.
Le taux d'activité était de 66,3 % à cette
même période, et le taux d'emploi de
61,7 %. Des indicateurs tout de même
supérieurs à la moyenne québécoise.
Les spécialistes de l'emploi ne s'inquiètent toutefois pas du recul dans les
Laurentides puisque les projets en
cours ou annoncés devraient être
grandement positifs pour la région.[3]

L'emploi à la loupe

Les résultats les plus négatifs proviennent du secteur de la fabrication, du
moins c'était le cas pour la première
moitié de l'année 2005. Les quelques
300 pertes d'emplois à l'usine d'em-
ballage de laitue Ready Pac de
Boisbriand y sont sûrement pour beaucoup. L'entreprise transfère ses activités vers les États-Unis. Tout porte à
croire cependant que ce secteur d'emploi reprendra son essor, notamment
avec les annonces plus qu'intéressantes
dans le domaine de l'aéronautique.
Bombardier a en effet annoncé que sa
nouvelle gamme d'avions commer-

ciaux, la CSeries, serait assemblée à Mirabel. Cela pourrait se traduire par la création, au minimum, de 2000 emplois. Les syndiqués de l'entreprise avaient auparavant entériné une entente pour favoriser l'implantation de cette usine d'assemblage dans la région de Montréal. Il s'agissait d'une nouvelle convention collective d'une durée de six ans qui permettait de réduire les coûts de production, notamment grâce à la création de nouveaux quarts de travail et au regroupement des métiers. Au début de l'automne, Bombardier n'avait cependant aucun contrat ferme en poche pour lancer la production de la CSeries. Les travailleurs commençaient à s'impatienter et agitaient la menace de nouvelles négociations pour leur convention collective.

Parmi les autres nouvelles encourageantes pour le secteur de la fabrication dans les Laurentides, notons que Bell Helicopter investira 700 millions $ d'ici 12 ans pour développer une nouvelle gamme de quatre appareils. Cet investissement consolide quelques 1400 emplois à l'usine de Mirabel et lui assure une existence d'au moins 15 ans.

Certaines activités du secteur tertiaire ont affiché des résultats beaucoup plus positifs que le secteur de la fabrication. Le commerce, l'hébergement et la restauration ont notamment connu une forte progression dans leur effectif en emploi. Cette situation a particulièrement profité aux travailleurs de 15 à 29 ans, du moins dans la première moitié de l'année 2005. Au cours des prochains mois, certains projets seront très bénéfiques pour ces secteurs. Notons simplement le vaste centre récréocommercial Lac Mirabel. L'aménagement du terrain de 14 millions de pieds carrés devait débuter en août 2005. La construction des locaux devrait pour sa part débuter en avril 2006, pour une ouverture officielle en décembre 2007. Il s'agit d'un projet de 425 millions $. L'exploitation du site seulement pourrait créer plus de 10 000 emplois. Les promoteurs assurent que Lac Mirabel deviendra le plus important complexe du genre en Amérique du Nord. Ils s'attendent à y accueillir jusqu'à 50 000 personnes par jour.

Au début de 2005, le secteur de la construction dans les Laurentides avait connu un ralentissement important selon les données rapportées par Emploi-Québec. La situation semblait toutefois être revenue à la normale pendant les mois d'avril, de mai et de juin. Les résultats étaient positifs au deuxième trimestre 2005.

MONTÉRÉGIE

État de la situation

En Montérégie, la situation de l'emploi est également un peu moins éclatante que l'an dernier. Au deuxième trimestre 2005, le taux d'activité s'élevait à 65,8 %, et le taux d'emploi à 61,5 %, des résultats inférieurs à ceux de la même période en 2004. Le taux de chômage était de 6,5 %. Au début de l'année, la région accusait la perte de 37 400 emplois, soit une baisse de 5,4 % par rapport à l'année précédente. Cette diminution s'est quelque peu ralentie d'après les résultats du deuxième trimestre de 2005 qui indiquent un recul de 1,7 %, soit la perte de 11 500 emplois. Alors que le Québec continue sa progression en matière d'emplois, le recul de la Montérégie s'est fait sentir pendant au moins quatre trimestres consécutifs.[4]

L'emploi à la loupe

L'événement le plus médiatisé, et celui qui nous vient le plus vite en mémoire lorsqu'il est question de ces pertes d'emplois, est bien sûr la fermeture de six usines de textile dans la petite municipalité de Huntingdon. Peu avant Noël 2004, l'annonce a fait craindre le pire aux 2 600 habitants, puisqu'elle signifiait la perte de près de 800 emplois. Selon le maire, Stéphane Gendron, presque trois habitants de Huntingdon sur quatre travaillaient dans ces usines. La plupart des employés avaient plus de 50 ans et peu de scolarité. Peu de temps après l'annonce, la municipalité a acquis les cinq usines de la compagnie Cleyn & Tinker dans l'espoir d'y attirer d'autres entreprises. En mai, le maire Gendron, appuyé par la population, a bloqué la route 138 pour protester contre l'inaction du gouvernement dans la relance de l'économie de la ville. Peu après ce geste d'éclat, Québec annonçait la création d'un Fonds d'intervention économique régional (FIER) de 3 millions $. Le gouvernement s'engage donc à donner 2 $ pour chaque dollar investi par le secteur privé dans la relance de l'économie de la petite municipalité, jusqu'à concurrence de 3 millions de dollars. Puis, plus tard en mai, une nouvelle coalition, nommée Action Solidarité Huntingdon, a été mise sur pied pour attirer les investisseurs et soutenir les familles touchées par ces mises à pied. La population espère que tous ces efforts porteront des fruits.

Pourquoi ces pertes d'emplois dans le secteur du textile ? La cause la plus souvent citée est celle de la concurrence internationale, notamment celle des pays asiatiques. En janvier dernier, la situation ne s'est pas améliorée avec l'abolition des quotas d'importation sur les produits du vêtement et du textile ainsi que l'entrée en vigueur des nouvelles règles de commerce de l'Organisation mondiale du commerce (OMC). Cette forte concurrence se fait sentir dans le secteur depuis quelques années déjà. Selon Statistique Canada, à la fin de 2004, les usines de textile employaient 17 % de la population active totale, comparativement à 19,1 % en 1999.[5] Cette tendance risque fort de s'accentuer.

Outre le textile et le vêtement, le secteur de la construction affichait également un recul de l'emploi au deuxième trimestre 2005 en Montérégie. Il s'agissait d'un second recul en autant de trimestre. Toutefois, Emploi-Québec ne s'en souciait guère puisque le secteur de la construction à l'échelle de la province semblait en bonne santé.

Les secteurs des services, du commerce et de l'hébergement sont également à comptabiliser parmi les reculs en emploi. Les travailleurs âgés de 15 à 29 ans ont probablement été parmi les plus touchés par le ralentissement de ces secteurs puisqu'on les y retrouve en plus grande proportion.

La vigueur de certains secteurs permet toutefois aux spécialistes d'Emploi-Québec de demeurer optimiste quand à l'avenir économique de la Montérégie. Le secteur de la fabrication, par exemple, bénéficie d'importants investissements. Notons ceux chez Pratt & Whitney à Longueuil, chez General Electric, à Bromont et chez Spectra Prenium à Boucherville. Ces investissements permettront à eux seuls l'ajout de 500 emplois. Par contre, la fermeture de l'usine Olymel à Granby a entraîné plusieurs mises à pied dans la région, d'autant plus que la compagnie menaçait cet automne de fermer son usine de Saint-Hyacinthe. Elle demandait à ses employés de rouvrir leur convention collective et d'accepter des baisses de salaires de 20 %.

La Montérégie profitera des bonnes nouvelles dans le secteur de l'aéronautique, un secteur durement touché au cours des dernières années. Au moment de mettre sous presse, Pratt & Whitney Canada était toujours en grande discussion avec Bombardier en vue du développement du moteur qui équipera sa nouvelle famille d'avions CSeries.

La réouverture des frontières au bœuf canadien apportera aussi un peu d'air frais pour le milieu agricole. Au deuxième trimestre de 2005, un gain d'emploi avait déjà été enregistré dans ce secteur comparativement au même trimestre de l'année précédente.

Conclusion

Les trois régions de la couronne métropolitaine continuent à briller grâce à leur performance en emploi. Les Laurentides et la Montérégie affichaient un essoufflement plus marqué au bilan de mi-année, mais la vigueur économique est toujours de mise dans la couronne métropolitaine.

Putsch à Longueuil

Longueuil a été le théâtre de tout un bouillonnement politique en 2005. Le maire Jacques Olivier s'est fait surprendre par des membres de sa propre équipe. À la mi-juin, le jour même où son parti devait dévoiler le nom des 26 candidats aux élections de novembre, 15 d'entre eux ont claqué la porte. D'autres se sont joints au groupe de dissidents dans les heures et les jours qui ont suivi. Jacques Olivier voguait avant ces événements vers une victoire tranquille. Le putschiste en chef, Claude Gladu, était maire de Longueuil avant les fusions municipales. Il avait annoncé son intention de briguer à nouveau la mairie quelques jours avant le départ en bloc d'autres membres du Parti municipal Rive-Sud / Équipe Olivier. Ils reprochaient au maire Olivier son style de gestion autocratique. À quelques jours d'un vote de confiance décisif au sein de son parti, Jacques Olivier a annoncé qu'il quittait la formation politique et qu'il siégerait comme maire indépendant pour le reste de son mandat.

Notes

1 PAQUET, Stéphane. « On s'arrache les travailleurs », *La Presse Affaires*, 18 septembre 2004.

2 EMPLOI QUÉBEC. *Bulletin régional sur le marché du travail* : Lanaudière, vol. 25, n° 2, 2005.

3 EMPLOI QUÉBEC. *Bulletin régional sur le marché du travail* : Laurentides, vol. 25, n° 2, 2005.

4 EMPLOI QUÉBEC. *Bulletin régional sur le marché du travail* : Montérégie, vol. 25, n° 2, 2005.

5 LACOMBE, Réjean. « La Chine fait mal au Québec », *Le Soleil*, 26 avril 2005.

La fin d'une époque

Isabelle Porter
Collaboratrice du Devoir à Québec

Les gens de Québec aiment garder leurs maires longtemps. Les prédécesseurs de Jean-Paul L'Allier, Gilles Lamontagne (1965-1977) et Jean Pelletier (1977-1989), sont restés en poste 12 ans chacun. Jean-Paul L'Allier, lui, quitte après 16 ans à la mairie de Québec. Avec son départ, la capitale amorce un nouveau cycle dans son histoire.

En octobre dernier, Jean-Paul L'Allier confiait au *Devoir* que les deux dossiers qui l'avaient le plus passionné pendant ses années de pouvoir étaient la revitalisation du quartier Saint-Roch et la création de la ville unique. Or, s'il a fait preuve de la même détermination dans ces deux dossiers, le premier lui a valu davantage de reconnaissance.

Revitalisation réussie du quartier Saint-Roch

Le dossier de Saint-Roch a eu sa part de remous au cours des premières années, mais rares sont ceux qui oseront critiquer ce projet aujourd'hui. En quinze ans, ce quartier qu'on a déjà surnommé « Plywood city », s'est transformé en une zone branchée et en plein essor. Le symbole le plus éloquent de cette renaissance est probablement le retour dans le quartier des bureaux du quotidien *Le Soleil*, après dix ans d'exil en Haute-Ville.

La crise de Saint-Roch remontait au début des années 1960. L'activité commerciale du centre-ville avait alors été écrasée par l'arrivée des grands centres commerciaux de banlieue et en particulier par l'ouverture, à Sainte-Foy, en 1961, de Place Laurier, alors le « plus grand centre d'achats en Amérique du Nord ».

En misant sur le commerce et les affaires, les maires Lamontagne et Pelletier avaient échoué à relancer le quartier. Fort de son expérience de ministre de la culture sous Robert Bourassa, Jean-Paul L'Allier a opté pour une nouvelle approche : Saint-Roch serait plutôt le carrefour de l'éducation, des technologies de l'information (TI) et surtout de la culture.

La ville s'associe d'abord au milieu des arts visuels qui était déjà très présent dans le quartier. Dès 1993, l'École des arts visuels de l'Université Laval s'installe dans l'ancienne manufacture de la Dominion Corset et deux ans plus tard, la coopérative Méduse ouvre ses portes sur la Côte d'Abraham.

Enfin, la ville crée un nouveau programme de subventions pour encourager les artistes à acquérir des immeubles et aménager leurs ateliers dans le coin.

Le milieu des arts emboîte le pas. Les écoles de métiers d'art migrent vers le boulevard Charest et ouvrent le centre de diffusion Materia (2000). Autre nouveau venu d'importance, le théâtre de la Bordée quitte le Vieux-Québec pour s'installer en face de la Bibliothèque Gabrielle-Roy, rue Saint-Joseph (2002).

Dans le secteur de l'éducation, l'École nationale d'administration publique (1998) et l'INRS (2004) se joignent au mouvement. Plus tardive, la percée dans le secteur des nouvelles technologies a été marquée, ces dernières années, par l'arrivée de CGI (2002) et de la prestigieuse multinationale française Ubisoft (2005).

La destruction du Mail Saint-Roch (2000) est un autre moment fort de la revitalisation. À l'époque du maire Gilles Lamontagne, on avait pensé sauver l'activité commerciale la rue Saint-Joseph en la recouvrant d'un toit. Déserté par les clients, le Mail Saint-Roch était devenu, avec les années, le refuge des itinérants et le symbole de la faillite commerciale du quartier. Maintenant à ciel ouvert, la nouvelle rue Saint-Joseph a vu affluer les magasins, bars et restaurants. Et ce n'est pas terminé. Si la nouvelle administration suit les recommandations du comité exécutif dans ce dossier, la dernière portion du toit du mail devrait être retirée d'ici à 2007.

La fusion, quatre ans plus tard

Jean-Paul L'Allier aura également réussi à mener à terme son projet de regroupement municipal. En dépit de l'opposition des banlieues menée par nulle autre qu'Andrée P. Boucher, le maire de Québec avait remporté une victoire significative lors de l'élection municipale de 2001. L'an dernier, lors des référendums sur les défusions, il gagnait de nouveau. À l'exception de l'Ancienne-Lorette et de Saint-Augustin, le NON a vaincu dans toutes les banlieues, même à Sainte-Foy, l'ancien fief d'Andrée P. Boucher.

Un an plus tard, cette féroce adversaire des fusions soumettait sa candidate à la mairie de la nouvelle ville de Québec, en assurant qu'il n'y aurait pas de retour en arrière. Sur le plan symbolique, cette reconnaissance de la nouvelle ville est une victoire de plus pour Jean-Paul L'Allier.

Il reste néanmoins beaucoup à faire pour parachever l'entreprise et consolider la nouvelle ville. La nouvelle administration municipale devra notamment poursuivre le rééquilibrage des taux de taxations, processus dont on prévoit qu'il s'étirera jusqu'en 2020. Cette année, la majorité des anciennes banlieues ont subi de nouvelles hausses de taxes. Celles de l'ouest (Sillery, Sainte-Foy, Cap-Rouge et L'Ancienne-Lorette) ont fait face à des augmentations d'environ 3 %, tandis que Québec, Saint-Augustin, Charlesbourg et Val-Bélair ont hérité d'un 1,9 % supplémentaire. Quant aux résidants de Saint-Émile, Vanier, Beauport, Lorretteville et Lac-Saint-Charles, ils s'en sont tirés avec de modestes réductions.

Les municipalités de L'Ancienne-Lorette et de Saint-Augustin, qui ont opté pour la défusion, se préparent de surcroît à payer cher leur retrait de la ville nouvelle. En effet, le rapport du comité de transition présenté à l'automne leur promettait des hausses de taxes de 11 et 25 %. On peut en outre s'attendre à ce que le conseil d'agglomération fasse l'objet de débats assez animés au retour des Fêtes. L'aspirant maire de Saint-Augustin, Marcel Corriveau, a laissé entendre que cette instance pourrait être dissoute pour réduire les nouvelles dépenses des deux municipalités sortantes. Il a suggéré que les liens entre les deux villes défusionnées et la ville nouvelle soient plutôt définis par des ententes.

Les « refusionnistes » pourraient également faire parler d'eux cette année. À L'Ancienne-Lorette et à Saint-Augustin, des citoyens sont de nouveau intervenus en 2005 pour réclamer un retour en arrière, et ce, malgré que la ministre Nathalie Normandeau ait déclaré qu'elle n'appuierait pas de pareilles initiatives.

Penser la nouvelle ville

La fusion des onze villes s'est traduite par de nouvelles responsabilités financières. Le budget de décembre 2004 a révélé que la ville avait augmenté ses dépenses de près de 60 millions pour atteindre 896,3 M, ce sur quoi l'opposition n'a pas manqué de l'attaquer. L'opposition de l'Action Civique, alors dirigée par l'ancien maire de Sillery, Paul Shoiry, s'est surtout inquiétée de la croissance de la dette qui a atteint cette année 956 M (une hausse de 30 M) et accapare 20 % du budget de la ville. À titre de comparaison, le service de la dette de Sherbrooke compte pour 15 %, tandis que celui de Laval s'élève à près de 24 %. La dette n'a toutefois pas empêché Québec d'engranger des surplus

de 16 M en 2004, notamment grâce au dynamisme du marché immobilier. La ville a par ailleurs augmenté ses dépenses dans le service des incendies (4,6 M), la mise en œuvre du plan de gestion des matières résiduelles (6,4M) et le Réseau de transport de la capitale (3,6M).

La nouvelle ville fait face à de grands défis en matière d'urbanisme, comme l'a démontré le nouveau Plan directeur d'aménagement et de développement (2005). Le document fournit des pistes de développement pour les différents arrondissements au cours des 20 prochaines années. Il met en évidence l'impact du vieillissement de la population sur les anciennes banlieues, les besoins de ces dernières en matière d'infrastructures et la volonté des urbanistes de rendre plus conviviales les rues commerciales et les grands axes routiers.

À Charlesbourg, par exemple, les urbanistes suggèrent de miser sur des artères commerciales dynamiques pour rajeunir la population. Beauport se retrouve face à des défis similaires et, pour rendre cet arrondissement plus attrayant auprès des jeunes familles, on compte dynamiser le secteur d'Estimauville. On songe en outre à améliorer les accès routiers vers cette zone tout en offrant un meilleur service d'autobus.

À Sillery-Sainte-Foy, on voudrait capitaliser sur la présence du campus de l'Université Laval et briser son isolement. On compte en outre rendre le secteur plus attrayant en dynamisant les abords du boulevard Laurier et ceux du boulevard Champlain, près du fleuve.

Dans certaines zones, il faudra prévoir des investissements importants dans les infrastructures. Dans la Haute-

Saint-Charles, la ville devra surtout veiller à la protection du lac Saint-Charles qui fournit près de 60 % de son eau potable, tandis que l'arrondissement Laurentien est confronté à des impératifs d'approvisionnement en eau, dans le secteur Val Bélair. Les dommages causés par les inondations de l'automne dans le secteur L'Ancienne-Lorette donnent une idée de l'importance de ces enjeux. Pour l'administration municipale, ce dossier est d'ailleurs loin d'être réglé puisque des groupes sinistrés ont menacé d'entreprendre des recours collectif contre elle.

Toujours au chapitre des infrastructures, il faudra aménager les zones environnantes du boulevard Du Vallon qui vient d'être prolongé et bien sûr compléter au plus vite les travaux d'assainissement de la rivière Saint-Charles. La question des transports est également centrale.

On voudrait faciliter tant les déplacements à l'intérieur de la zone, que les liens avec les différentes périphéries. Dans l'arrondissement de la Cité (centre-ville), on compte faciliter les allées et venues des piétons entre la Haute et la Basse-ville et implanter un mode de transport alternatif (une navette) dans le centre-ville.

Transport public et environnement

Malgré les nouvelles dépenses consenties dans le dernier budget, le dossier du transport en commun a peu progressé au cours de la dernière année. Le budget du Réseau de transport de la capitale RTC) a encore augmenté (à près de 125 millions en hausse de 5 M) mais les plans de développement sont sur la glace. C'est le cas notamment du projet de ligne de tramway auquel tenait beaucoup l'administration sortante.

D'après un sondage CROP réalisé en mars, moins d'une personne sur cinq dit prendre l'autobus pour aller travailler. Il faut dire que la population de Québec a vécu onze grèves d'autobus depuis 1971 ce qui n'aide pas le RTC à conquérir de nouveaux usagers. Cette année encore, la vente de billets et d'abonnements était en baisse. Or, tout n'est pas perdu. D'après le sondage mentionné plus haut, jusqu'à 40 % des gens seraient prêts à envisager ce mode de transport si le service était amélioré.

Cet enjeu est d'autant plus important que la capitale s'est donnée des objectifs ambitieux de réduction des émissions de gaz à effets de serre (61 000 tonnes d'émissions annuelles de CO_2 en moins d'ici à 2010). Et les résultats sont prometteurs : en 2004, la ville est parvenue à diminuer ses émissions de 25 000 tonnes. Ces progrès sont dus essentiellement au système de captage et de brûlage des biogaz du site d'enfouissement sanitaire de Saint-Tite-des-Caps.

La ville de Québec a été très active cette année en matière d'environnement et le dernier Plan triennal d'immobilisations (2005-2007) prévoyait des investissements supplémentaires de 10 millions dans ce secteur. Pour donner l'exemple à ses citoyens, elle a acquis de nouveaux véhicules hybrides et imposé des mesures d'économies d'énergie dans ses propres immeubles. Elle est également intervenue pour limiter l'utilisation des pesticides ou encore réduire la consommation d'eau potable.

Enfin, on a consenti 6,4 millions de dollars à la mise en œuvre de la Politique québécoise sur la gestion des matières résiduelles. Rappelons que la

Communauté métropolitaine de Québec s'était donné, en décembre 2004, une série d'objectifs en cette matière dans le but de porter à 60 % le taux de matières récupérées d'ici 2008. Les dernières données démontraient qu'à peine 26 % étaient récupérées. Pour réaliser ses objectifs, la ville a investi dans son centre de tri et dans la cueillette. Pendant ce temps, la modernisation de l'incinérateur mobilisait des fonds bien plus importants, avec des investissements prévus de près de 20 millions, d'ici à 2007. La ville a quand même cherché à tourner les choses à son avantage sur le plan environnemental dans le dossier de l'incinérateur, en menant un projet pilote pour voir s'il serait possible de capter et transformer le CO_2 émis par les cheminées. Reste à savoir ce qu'en pensera le ou la future maire.

Ententes avec les pompiers et les policiers

On aura beaucoup parlé de policiers et de pompiers en 2005 à Québec. En plus d'être l'hôte des Jeux mondiaux des policiers et pompiers en juin, la capitale a dû se livrer à une partie de bras de fer, avec son personnel policier et pompier, à propos de leurs nouveaux contrats de travail.

Le service des incendies a sans contredit été l'un des dossiers les plus exigeants de l'année. Dans la foulée des fusions, la capitale devait se doter d'un nouveau schéma de couverture de risque et conclure un nouveau contrat de travail avec ses pompiers. Adopté en septembre, le nouveau schéma uniformise les interventions dans la ville unifiée et garantit, qu'en cas d'alerte, quatre pompiers seront sur place en moins de cinq minutes. Avec l'ajout de trois casernes et l'embauche de près de 200 employés, le budget du Service devrait passer de 25 à 43 millions d'ici 2010.

L'adoption du Schéma a été suivie de près par la conclusion d'un nouveau contrat de travail. Après avoir évité de peu l'arbitrage, les deux parties se sont entendues sur une nouvelle convention collective valide pour quatre ans prévoyant des hausses salariales de 9 % et l'élimination des postes à temps partiel au profit d'équipes à temps plein à la grandeur du territoire.

Les choses n'ont pas été plus faciles avec ses policiers. Après trois ans de négociations, l'entente conclue en juillet a permis d'harmoniser les contrats de travail valides dans les anciennes villes. La nouvelle ville a en outre consenti une hausse de salaire (10 %), une légère augmentation du nombre de policiers (de 721 à 744), l'élimination de clauses orphelin et le maintien du poste de police de l'ancienne ville de Beauport. Les discussions entre la ville et son corps policier ne sont toutefois suspendues que temporairement puisque la nouvelle convention s'applique aux années 2002-2006. La prochaine administration devra donc renégocier avec les policiers dès l'an prochain.

Fêtes du 400e : Québec et Ottawa prennent leur temps

Dans son dernier budget, le gouvernement du Québec s'est engagé à verser 40 millions à l'organisation des Fêtes du 400e anniversaire de Québec et le fédéral a promis la même somme. Or, d'un côté comme de l'autre, les deniers tardent à venir. En octobre dernier, à peine 1,7 million avait été octroyé à la Société du 400e anniversaire, ce qui a forcé l'organisation à repousser certains préparatifs et couper dans son budget.

Bien des aspects de l'organisation des Fêtes demeurent donc en suspens. On sait toutefois que le fédéral investira massivement dans la revitalisation du littoral. Le projet prévoit la transformation du boulevard Champlain qui borde le fleuve en une véritable promenade urbaine. Il prévoit aussi le développement de multiples accès au fleuve pour les piétons et les cyclistes. Les changements apportés s'étireraient sur une quinzaine de kilomètres entre Cap-Rouge et la gare maritime.

Quant au projet de Place de France qui avait fait beaucoup de bruit l'an dernier, il a été abandonné. Jean-Paul L'Allier avait alors proposé d'aménager un grand escalier entre la Haute et la Basse-Ville, à la hauteur du boulevard Dufferin. Évalué à 35 millions, Place de France avait été mal reçu par une partie de la population qui craignait des dépassements de coûts notamment pour détruire les bretelles d'autoroutes inutilisées qui surplombent le site. Ironie du sort, le ministère des Transports a révélé cet automne qu'il comptait s'en débarrasser, de toute façon, l'an prochain.

Au-delà des préparatifs du 400ᵉ, les deux paliers de gouvernements se sont montrés peu pressés d'appuyer la région. Certes, le gouvernement fédéral a fait des heureux en annonçant l'octroi de 120 millions de dollars sur cinq ans, dans le cadre du programme sur le remboursement des infrastructures, mais il a déçu dans le dossier du transfert de Québec à Montréal du centre de tri de Postes Canada. Le transfert qui entraîne la perte de 300 emplois a été perçu

comme un exemple de plus de la mise à l'écart de la capitale, au profit de la métropole. Malgré les nombreux appels lancés et la tenue de manifestations, Ottawa a refusé de bouger.

Quant au gouvernement du Québec, il a déjà été plus généreux avec sa capitale nationale. D'abord, on a appris cette année de la bouche du ministre responsable de la capitale nationale, Michel Després, que le contrat de ville conclu en 2003, juste avant les élections n'était plus valide. L'entente prévoyait que Québec investisse 600 millions de dollars dans la capitale avant 2008.

Le ministère des Transports qui est également sous la responsabilité de M. Després a quand même égalé les investissements de la ville dans le prolongement de l'autoroute du Vallon (23 millions) et confirmé sa participation dans le projet d'aménagement de la rivière Saint-Charles. Ce projet qui doit être complété pour le 400ᵉ de Québec nécessite des investissements de 110 M$ que les trois paliers de gouvernements prévoient assumer à parts égales. Enfin, il faudra voir quel sort on réservera au zoo et à l'aquarium. Les deux équipements connaissent des problèmes récurrents d'achalandage et de financement et il faudra bien trouver une solution.

Le grand retour d'Andrée P. Boucher

Le contexte de l'élection municipale n'a sûrement pas accéléré le règlement des dossiers. À l'exception du candidat du parti de Jean-Paul L'Allier, Claude Larose, les différents aspirants à la mairie ont affiché des priorités très différentes de celles de l'administration sortante. On peut donc prévoir que les grands chantiers de la capitale ne seront plus les mêmes.

2005 fut d'autant plus une année de transition que la campagne électorale a débuté très tôt. L'espace médiatique a d'abord été monopolisé par le candidat Marc Bellemare. Donné gagnant dans les sondages avant même qu'il n'annonce officiellement sa candidature, l'ancien ministre de la Justice était déjà en campagne à un an des élections. Dans les médias locaux comme à l'émission *Tout le monde en parle*, il a laissé planer le suspense durant des mois, avant de se lancer officiellement en mars, sous la bannière d'un nouveau parti, Vision Québec.

Les médias ont certes donné beaucoup de place à Marc Bellemare en début de course mais ils ne l'ont pas ménagé par la suite. Son arrogance et certaines manœuvres faciles ont amené plus d'un observateur à le taxer de populiste. L'ancien ministre de la Justice n'a pas hésité par exemple, à s'associer à des causes populaires mais controversées comme la lutte à la prostitution juvénile ou encore la sauvegarde de l'Agora du Vieux-Port, où les propriétaires de CHOI-FM produisent des spectacles. Favorable à une plus grande participation du secteur privé dans le développement de la ville, M. Bellemare a même suggéré de ramener une équipe de hockey professionnelle à Québec. Heureusement et malheureusement pour lui, Marc Bellemare fut, de tous les candidats, le plus populaire auprès des jeunes... qui ont l'habitude de ne pas voter massivement aux élections municipales. Dans l'ensemble, les sondages révélaient que la population hésitait à faire confiance à cet homme ambitieux qui avait démissionné de son poste de ministre en déclarant que la politique n'était pas faite pour lui. De

fait, en dépit de son avance dans les premiers coups de sonde, il a vu sa popularité s'effriter rapidement au profit d'Andrée P. Boucher.

L'annonce de la candidature de Marc Bellemare a été suivie de près par la victoire serrée du candidat Claude Larose à la course à la chefferie du parti au pouvoir, le Renouveau municipal de Québec (RMQ). Le parti est sorti affaibli de cette course. Non seulement l'homme d'affaires Régis Labeaume avait-il failli l'emporter contre Claude Larose, mais il avait réussi à rallier une majorité de conseillers qui se trouvaient dès lors dans le mauvais camp. Malgré près de 20 ans d'expérience en politique municipale, Claude Larose a éprouvé des difficultés à imposer son leadership, tant au sein de son parti que dans la population en général. Au surplus, il n'est jamais parvenu à briser l'étiquette de « parti de centre-ville » qui colle au RMQ. Ses appuis, concentrés dans la ville centre, lui ont à peine permis de plafonner à 20 % des intentions de vote.

Le parti d'opposition Action civique a éprouvé des problèmes encore plus graves. En mars, le chef de l'Action civique et ex-maire de Sillery renonçait à la mairie, estimant que son parti devait dénicher un candidat plus populaire pour battre Marc Bellemare. Il a fallu attendre à la fin août, avant que le parti fasse son choix en la personne de Pierre-Michel Bouchard. Or, cet avocat qui avait piloté avec succès le projet des Jeux mondiaux policiers et pompiers a peiné à s'imposer au cours de la campagne, se retrouvant la plupart du temps, au dernier rang dans les sondages.

Le candidat Hugo Lépine remporte toutefois la palme de la campagne électorale ratée. Après avoir échoué à se faire élire à la chefferie du Renouveau municipal de Québec et fondé son propre parti (Option Capitale), il a tenté une alliance avec le parti de Marc Bellemare, puis a changé d'avis. Abandonné par son équipe, il a finalement décidé de se retirer de la course... et d'appuyer Andrée P. Boucher.

En se lançant dans l'arène, l'ex-mairesse de Sainte-Foy a permis à la campagne de sortir de sa torpeur. Sa candidature n'a surpris personne si ce n'est par son choix de concourir sans parti, comme candidate indépendante. Dès le départ, cette politicienne aguerrie s'est présentée comme l'antithèse de Marc Bellemare en opposant un discours de rigueur budgétaire et de prudence au discours enthousiaste et gorgé de promesses de son adversaire. Mme Boucher est par ailleurs parvenue à se faire remarquer... sans se faire remarquer. Elle a ainsi mené sa campagne sans équipe, sans affiches en refusant de participer à certains des débats auxquels tous les candidats étaient conviés. Quelques jours à peine après son annonce, elle coiffait déjà dans les sondages Marc Bellemare, tendance qui s'est accrue tout au long de la campagne et laissait peu de doute quant à sa victoire le 6 novembre.

La probabilité de son élection à la mairie de Québec soulève de nombreuses questions. En premier lieu, sa gouverne dépendra pour beaucoup de la composition du conseil municipal et des appuis qu'elle y trouvera. En deuxième lieu, on peut s'interroger sur sa vision du développement économique. Andrée P. Boucher estime que ce domaine relève des gouvernements provincial et fédéral et qu'on reconnaît une bonne administration municipale à

une gestion prudente des finances publiques, une surveillance à toute épreuve des infrastructures et la délivrance de bons services de proximité.

Diversification économique et desserte aérienne

Le développement économique demeure un enjeu important pour la capitale. Confrontée au déclin de la fonction publique et au maintien de la force d'attraction de la métropole dans de nombreux secteurs, l'équipe de Jean-Paul L'Allier a cherché avec plus ou moins de succès à favoriser la diversification économique. On s'est beaucoup appuyé sur le tourisme bien sûr, mais aussi sur l'économie du savoir, avec le développement du secteur de l'optique, des télécommunications et des nouvelles technologies. Et, pour pousser le tout, on fondait beaucoup d'espoir sur le projet d'un train à grande vitesse (TGV) dans le corridor Québec-Windsor.

Après des années difficiles notamment en raison de la crise dans le secteur des télécommunications, la capitale commence à remonter la pente. Reste à savoir si cette tendance va se confirmer. Le récent réveil de l'entreprise EXFO, qui a longtemps fait la fierté de la capitale, est peut-être le signe annonciateur de meilleurs jours. Fondée par des étudiants de l'Université Laval, ce fabricant de fibres optiques a connu un boom en 2000 avant de voir son titre dégringoler sur les marchés boursiers. Or cette année, EXFO a de nouveau engrangé des profits et tous les espoirs sont permis.

Autre bonne nouvelle : l'installation dans le quartier Saint-Roch d'Ubisoft, le géant français des jeux vidéo.

Appuyée par le gouvernement provincial à une hauteur de 11,6 millions $, la compagnie prévoit embaucher jusqu'à 200 personnes d'ici à 2010. Elle rejoint ainsi ABB, CGI et les dizaines d'entreprises membres du Centre national des technologies de Québec (CNNTQ), équivalent dans la capitale de la Cité du multimédia. De la conception de jeux vidéo aux services informatiques, le quartier TI promis à Saint-Roch commence à s'imposer.

Le secteur du tourisme demeure par ailleurs extrêmement dynamique dans la région. Grâce à la belle température, le Festival d'été de Québec 2005 a attiré une affluence record et les Jeux mondiaux policiers et pompiers ont rencontré un grand succès en début d'été. La tenue des fêtes du 400e a également amené de nombreux congrès à réserver leur place dans la capitale pour 2008.

Les données sur l'emploi sont en outre particulièrement encourageantes avec un taux de chômage en baisse et une offre d'emplois en hausse. Mais une médaille a toujours son revers, une enquête menée par le quotidien Le Soleil en octobre démontrait que la principale menace à l'économie de la capitale était une pénurie de main-d'œuvre dans les secteurs du tourisme, de la plasturgie, des métiers du bois, du multimédia et des jeux vidéo, de la construction, de l'assurance et en science et technologie.

Les besoins en main-d'œuvre soulèvent la question du vieillissement de la population, de l'exode des jeunes et des ratés dans le dossier de l'immigration à Québec. La capitale éprouve toujours de la difficulté à attirer des immigrants et à les retenir notamment parce qu'ils peinent à se tailler une place sur le marché du travail. Voilà un autre

dossier que la future administration ne pourra pas ignorer.

La question des transports demeure un souci constant pour les leaders économiques de la région. Étant donné que le projet de TGV ne rencontre pas suffisamment d'appuis, les chambres de commerce de la capitale et les gens d'affaires ont décidé de miser sur l'Aéroport de Québec. En effet, le manque de liaisons aériennes à partir de la capitale revient comme un leitmotiv auprès des gens d'affaires, tous secteurs confondus. À titre d'exemple, la mauvaise desserte aérienne a fait en sorte que la capitale avait perdu le Congrès de l'Association pharmaceutique canadienne de 2008 au profit d'Ottawa. Aussi mise-t-on beaucoup sur les travaux d'agrandissement de l'aéroport de Québec pour attirer davantage de lignes aériennes. Au printemps dernier, Air Canada avait abandonné la liaison Québec-Boston avant même de la mettre à l'essai, en invoquant la faible demande. Évalués à 45 millions de dollars, les travaux de modernisation de l'aéroport de Québec n'ont pas encore reçu d'appuis clairs de la part des deux paliers de gouvernement. Après avoir refusé de s'engager, Ottawa s'est dit intéresser à le soutenir dans le cadre de l'un de ses programmes d'infrastructures. Voilà un autre dossier à surveiller de près au cours de l'année.

Peu de promesses en culture

Jean-Paul L'Allier a fortement contribué à faire de la culture l'une des forces d'attraction de la capitale. Cette association est si forte dans l'imaginaire collectif que les différents candidats à la mairie, pour se distinguer du maire sortant, ont préféré ne pas promettre de nouveaux investissements dans ce secteur, encore moins de nouveaux équipements.

Ainsi pendant que le candidat Marc Bellemare évoquait le retour d'une équipe de la Ligue nationale de hockey dans la capitale, le candidat Claude Larose promettait une piscine olympique, un nouvel anneau de glace et une piste BMX d'envergure internationale. Quant à Pierre-Michel Bouchard et Andrée Boucher, ils se sont contentés de manifester de l'intérêt pour les questions culturelles, avec un souci particulier pour la mise en valeur et l'accès à la culture dans les anciennes banlieues. Des efforts ont déjà été entrepris en ce sens par l'administration sortante avec des investissements dans les bibliothèques des anciennes villes.

On peut donc présumer que le développement de la culture ne figurera pas au sommet des priorités de la future administration municipale. Ce qui ne devrait pas l'empêcher de poursuivre et boucler les projets déjà entrepris. Il faudra notamment compléter les travaux de rénovation du Palais Montcalm, à Place d'Youville. Le vieil immeuble – qui doit être transformé en Maison de la musique et servir de résidence permanente aux Violons du Roy – a connu une année difficile. En juillet, l'explosion des coûts de construction a forcé la mairie à réévaluer ses contrats et repousser de nouveau l'ouverture de la salle de spectacle prévue pour le printemps 2006.

Les dépenses liées aux travaux totalisent jusqu'à présent 23 millions de dollars et la population a commencé à manifester de l'exaspération dans ce dossier.

La polémique entourant la fermeture de l'Agora du Vieux-Port a aussi pris beaucoup de place cette année. La salle de spectacles en plein air située dans le Vieux-Port accueille notamment des spectacles produits par Genex, le propriétaire de la station radiophonique CHOI. Son arrêt de mort annoncé par le directeur du Port de Québec, Ross Gaudreault, a donc réveillé les ardeurs des auditeurs de la station. Avec l'appui de CHOI-Radio X, le collectif Sauvons l'Agora a organisé des manifestations et fait circuler une pétition qui a recueilli plus de 10 000 signatures. Le Port de Québec a néanmoins maintenu sa décision.

Sinon, les «X» se sont tenus plutôt tranquilles durant cette année. Il faut dire que les nouvelles n'étaient pas très bonnes pour CHOI et l'animateur Jeff Fillion. Après avoir été condamné à verser 340 000 $ à Sophie Chiasson pour ses propos diffamatoires, l'animateur a été invité à quitter la station. Les propriétaires de CHOI ont ensuite été déboutés devant la Cour fédérale où ils avaient contesté la décision du CRTC de leur retirer leur licence. Il faudra attendre au printemps 2006, avec le jugement de la Cour suprême, pour savoir si la station pourra finalement rester ouverte.

2005 a par ailleurs eu son lot de bonnes nouvelles en culture. Le Festival d'été a connu une année record et l'Académie des Masques a honoré deux jeunes artistes de la relève de Québec : Frédéric Dubois et Anne-Marie Olivier. Avec les matches des Remparts et les concerts des Avril Lavigne, Iron Maiden et Green Day, le Colisée a multiplié les succès de foule. Enfin, l'installation d'une nouvelle compagnie de production de films par Robert Lepage et Daniel Langlois est venu renforcer un secteur qui, demeure fragile dans la capitale.

Cette dernière association tranche en outre avec la concurrence qu'on observe souvent entre la capitale et la métropole en matière de culture. Cette année, les organisateurs du Festival d'été de Québec ont dû se battre pour empêcher le producteur d'évènements montréalais Spectra de déplacer les Francofolies de Montréal trop près de leur évènement dans le calendrier. Plus tard, on apprenait que la Biennale de Montréal aurait désormais lieu la même année plutôt qu'en alternance avec la Manif d'art de Québec, un jeune évènement en art contemporain promis à un bel avenir. D'autres évènements grand public comme le Carnaval de Québec et le Marathon des deux rives sont prisonniers de la même logique. Ce qui a amené la Communauté métropolitaine de Québec à lancer un appel au gouvernement du Québec pour qu'il mette un terme à cette « concurrence stérile » en établissant un Plan intégré de développement des évènements touristiques majeurs.

Tensions politiques et boom économique à Lévis

Pendant ce temps, Lévis se préparait cette année à réélire Jean Garon, au pouvoir depuis 1998. Malgré l'opposition grandissante à laquelle il faisait face, M. Garon (Parti des citoyens et des citoyennes) pouvait espérer l'emporter, grâce à une division du vote entre ses deux principaux adversaires, Danielle Roy-Marinelli (Force 10) et Gilles Lehouillier (Démocratie Lévis).

Mme Marinelli, qui était auparavant dans son équipe, avait claqué la porte du conseil municipal en cours d'année en dénonçant les méthodes autoritaires du chef. Trois autres conseillères l'avaient suivie, privant ainsi le maire de la majorité au conseil de ville.

Les propos qu'a tenus Jean Garon en octobre sur la démocratie municipale n'ont rien fait pour renverser cette image de dirigeant autoritaire... : « L'opposition, dans un conseil de ville est une nuisance », avait-il déclaré. « Un conseil de ville, c'est comme un conseil d'administration. Voyez si les grandes entreprises avaient des conseils d'administration divisés. Dans n'importe quelle grande entreprise, mettez sur un conseil d'administration un groupe au pouvoir, puis un parti dans l'opposition, il n'y a pas une compagnie qui va marcher de même ».

Le projet de terminal méthanier de Rabaska défendu par Gaz Métro, Embridge et Gaz de France risque de soulever de nouveaux débats en 2006. Évalué à 800 millions de dollars, Rabaska vient avec la promesse de 3500 emplois directs et indirects, mais la population craint pour sa sécurité et les retombées environnementales. Après avoir vu son projet rejeté à 74 % à Beaumont l'an dernier, le consortium s'est tourné en 2005 vers la ville voisine de Lévis, avec un nouveau plan prévoyant que le port méthanier serait construit sur le territoire de Lévis, à quelques centaines de mètres du projet de Beaumont. Après s'être prononcé contre, le conseil de ville de Lévis s'est laissé convaincre. Les trois principaux candidats à la mairie se sont tous rangés du côté du côté du consortium, moyennant diverses exigences ayant trait à la sécurité, aux compensations ou encore aux taxes municipales. Seul le jeune candidat indépendant Mathieu Castonguay s'est dit contre. Les études d'impact du promoteur doivent être soumises en début d'année au BAPE et l'Agence canadienne d'évaluation environnementale. On verra ensuite ce qui se produira.

Alors que certains promoteurs cherchaient à convaincre Lévis de les laisser s'installer sur son territoire, la ville espérait en voir d'autres sauver son chantier naval, la MIL-Davie. Le vieux chantier en faillite depuis quatre ans a subi un nouveau revers cette année quand un nouvel acheteur représenté par André Giraud et Sylvio Goudreault a dû se retirer après avoir échoué à boucler le montage financier exigé par le syndic.

Or, sur la Rive-Sud, on s'en fait de moins en moins avec la Davie, seule ombre au tableau d'une période rêvée sur le plan économique. Le moins qu'on puisse dire c'est que la nouvelle ville de Lévis a la faveur du secteur privé. Couronnée ville de l'année par la revue Commerce et la Fédération des chambres de commerce du Québec, la 8e ville de la province (126 400 habitants) multiplie les efforts pour attirer des entreprises, créer des emplois et rajeunir sa population.

Et les résultats sont probants. En 2004 seulement, 3000 emplois ont été créés à Lévis et le taux de chômage (5,9 %) est l'un des plus faibles au Québec. De plus, la construction immobilière est en pleine effervescence. Les finances de la ville sont également en bon état et on prévoyait à l'automne dégager un surplus de plus d'un million de dollars à la fin de 2005. La ville fusionnée a en outre conclu de nouveaux contrats de travail avec tous ses employés (policiers, pompiers, cols bleus, cols blancs) et a adopté cette année un nouveau schéma de couverture de risque en incendie qui lui permettra notamment de remplacer ses pompiers volontaires par des employés à temps plein.

De plus, la ville caresse de nombreux projets. On veut construire de nouveaux centres commerciaux, des hôtels, développer un pôle économique dans le secteur des nouvelles technologies et bien sûr se doter d'un Centre des Congrès. Pour financer ce projet de 13 millions $ dont on discute depuis 20 ans sur la Rive Sud, la ville compte désormais faire appel au Fond sur l'infrastructure municipal rurale du Québec.

La réélection de Jean Garon ne serait pas une bonne nouvelle pour la Communauté métropolitaine de Québec (CMQ), un organisme créé lors des fusions pour réunir les deux rives autour de projets communs. Depuis la création de la CMQ, le maire de Lévis s'est cantonné dans une logique de confrontation, notamment en matière de développement économique. Il a notamment refusé de s'associer au Pôle Québec-Chaudière-Appalaches, un organisme de développement économique régional. Même chose pour la Commission de la capitale nationale et les Fêtes du 400e de Québec. À la suite de l'élection, il faudra donc surveiller les relations entre les nouveaux élus des deux rives.

Une diversité et une autonomie qui s'affirment et se confirment

Bernard Vermot-Desroches
Institut de Recherche sur les PME
Université du Québec à Trois-Rivières

Non, le pire n'arrivera certainement jamais, dans tous les cas pas dans un avenir prévisible. Ce pire serait le décès pur et simple de l'une ou de l'autre de nos régions québécoises, qu'elles soient proches ou moins proches de Montréal. Un passé assez récent apportait de plus en plus souvent de telles craintes. La grande ouverture des communications et la possibilité devenue très facile de faire des échanges économiques et culturels n'étaient menaçantes que dans nos têtes. Ces TIC, alors appelées NTIC indisposaient de plus en plus les « régiologistes ». On semblait se diriger vers une grande unité nationale dépourvue de diversité. Un aboutissement, somme toute, logique dans un contexte de capitalisme de plus en plus dévorant. Les petites régions malades étaient vouées à une mort certaine tandis que les autres, les survivantes, n'auraient qu'à s'aligner en fonction de Montréal, de Toronto ou de New-York...

Non, cette vision pessimiste qui se croyait logique faisait fi de caractéristiques bien humaines qui sournoisement gèrent de belles adaptations aux nouvelles situations. L'individu, qu'il soit de Montréal, de Saguenay ou de Matane, agit toujours en fonction de ses différences personnelles tout en cherchant à les valoriser. La complémentarité se nourrit de particularités. Ce sont ces différences, ces particularités qui sont à la source des appartenances régionales et ces appartenances gèrent finalement le développement de toute une nation.

Non, ces TIC et cette très grande augmentation des communications, à la limite cette mondialisation, n'ont fait que souligner et renforcer ces différences et donc ces appartenances régionales. La grande couronne de Montréal est faite de régions et de villes intermédiaires bien sûr fortement liées à cette capitale économique. La Mauricie tout comme les Laurentides ou l'Estrie dépendent fortement de Montréal à presque tous les niveaux (économiques, sociaux, culturels...). Il apparaît cependant que les gens de ces régions s'attachent de plus en plus à leurs particularités et le font savoir bien souvent haut et fort. Il ne faut pas oublier non plus que Montréal fait partie du pays. Cette ville dépend des régions et de toute évidence ne jouit d'aucune autonomie.

Depuis un an, ces considérations se confirment et les régions, proches ou éloignées de Montréal s'adaptent en conséquence. Aucune ne ressemble au paradis mais la plupart jouissent d'une santé plus que raisonnable.

La Mauricie, la brise se gonfle, le chômage s'estompe

Cette région de la Mauricie est la plus rapprochée de la grande ville, une petite centaine de kilomètres lie Trois-Rivières à l'agglomération montréalaise. Plus que collée, elle est même coincée entre les deux grosses agglomérations de la province, Montréal et Québec. Une particularité propre à cette région en découle habituellement, il s'agit de l'effet d'aspiration, de pompage, subit par cette région vis-à-vis de Montréal et de Québec. La renommée de Trois-Rivières comme capitale canadienne du chômage semblait indéracinable depuis bien longtemps. Bien sûr, la grosse industrie du papier a diminué des deux tiers en une quinzaine d'années et un bon nombre de travailleurs a toujours été aspiré par les deux métropoles.

Le développement régional et local se mesure principalement à partir de deux variables clés, celle de l'emploi et celle de la richesse collective et individuelle. Il est donc clair que la considération de ces mouvements et parfois des relocalisations de ces travailleurs doivent être scrupuleusement analysées.

Selon les derniers relevés de Statistiques Canada, le taux de chômage de Trois-Rivières est tombé à 8 %, laissant six autres agglomérations derrière

elle. Elle se place ainsi en meilleure position que l'ensemble du Québec (8,4 %) ou de Montréal même (8,3 %). C'est un plancher définitivement historique pour cette ville intermédiaire.

Une année pourtant très menaçante en Mauricie. Elle commence avec un conflit long et intense entre les Innus de la Côte-Nord et la seule entreprise de papier restante à Trois-Rivières, la Kruger (usines de Kruger et de Kruger-Wayagamak). Pour des raisons de droits ancestraux, les Innus et leur chef Raphaël Picard revendiquent le droit de préserver le bois dans l'Île René-Levasseur de la Côte-Nord. Une longue bataille juridique s'ensuit, faisant craindre le pire à Kruger et aux travailleurs qui s'approvisionnent du bois de l'île René-Levasseur. La cause se retrouve devant la cour d'appel, 1000 emplois dépendant de ces coupes.

Le conflit du bois d'œuvre avec les États-Unis menace plusieurs entreprises, dont celle de Gérard Crête et fils. Deux divisions en Mauricie, une à La Tuque et l'autre à Saint-Roch-de-Mékinac. La difficulté pour le Canada à exporter son bois d'œuvre vers les États-Unis force le gouvernement canadien à entreprendre de se tourner vers la Chine.

Québec veut se débarrasser des hippodromes et les revendre à l'entreprise privée. Quatre hippodrome, soit Montréal, Québec, Aylmer et aussi Trois-Rivières. Il a fallu très longtemps au ministère des finances pour lancer les appels d'offres et ainsi ouvrir la vente au privé, ce qui a découragé un peu les éleveurs de chevaux. Devant cette lenteur, plusieurs abandonnent et vendent leurs bêtes, à perte. Finalement, l'appel d'offres est lancé et sept groupes d'investisseurs se sont montrés intéressés à en faire l'acquisition. La firme québécoise Remstar et l'ontarienne Magna sont sur les rangs. Le gouvernement devrait faire son choix avant la fin de l'année 2005.

Concernant le tourisme, le secteur économique devenu le plus important au monde, ça va très bien à Saint-Alexis-des-Monts. Les travaux pour la construction du Château Sacacomie, un hôtel de luxe de 25 millions $ doivent commencer à l'automne 2005 ou au printemps 2006. Ce projet créera 150 nouveaux emplois. Puis, on parle maintenant d'une possible construction d'un spa scandinave et d'une auberge pour accueillir les clients sur les abords de la rivière Sacacomie. Ce dernier projet, s'il se réalise, coûtera 8 millions $. La municipalité de Saint-Alexis-des-Monts sera-t-elle le prochain Mont-Tremblant de la province?

La Mauricie constitue une partie importante de cette grande couronne des villes intermédiaires. La roue tourne favorablement pour elle, la jeunesse et son entrepreneurship font tranquillement place à la génération vieillissante des anciens chômeurs des usines de pâtes et papiers. Ces anciens chômeurs sont désormais retraités.

Le Centre-du-Québec, de plus en plus solide mais bien tiraillé

La petite et très jeune sœur de la Mauricie, cette dix-septième région se développe selon ses capacités. Elle a connu quelques soubresauts de croissance, mais globalement son emploi va aussi de mieux en mieux. Elle possède actuellement un taux de chômage égal à celui de la province et une sensible amélioration s'est faite au cours de 2005.

Olymel et Gentilly II sont incontournables si l'on veut suivre le jeu de l'emploi. Olymel, l'abattoir de Princeville, fermait en mai 2004, mettant 380 personnes au chômage. Depuis lors, on assiste à de nombreuses propositions et contre-propositions de la part de l'entreprise et du syndicat des travailleurs pour tenter une réouverture coûte que coûte. En septembre 2005, l'échec semblait inévitable mais à la fin du mois, nouveau coup de théâtre car suite à une volte-face des employés, la relance semble à nouveau possible pour la fin du mois d'octobre. Une affaire à suivre et à vivre pour bien du monde.

Le réacteur CANDU de la centrale Gentilly II nécessiterait une réfection, ce réacteur est en exercice depuis 23 ans, il tire à sa fin, et Hydro-Québec espère obtenir l'aval du gouvernement Charest pour une réfection complète. Il s'agit d'un projet évalué à plus de 800 millions de dollars. Plusieurs oppositions se font sentir dans la population, dont le mouvement Greenpeace et la campagne « Sortir du Nucléaire ». Après le recul du gouvernement Charest envers la centrale du Suroît, le suspense demeure toujours du côté de Gentilly, la seule centrale nucléaire du Québec.

À L'Aluminerie de Bécancour, un règlement intervient finalement en novembre 2004. Ce règlement est accepté par 80% des 810 travailleurs et met fin à une grève de plusieurs semaines qui a paralysé la production et forcé la fermeture de deux des trois cuves pour de longues périodes. En septembre 2005, cette fois-ci, ABI annonce un investissement de 23 millions $ pour ses installations. On parle notamment d'un nouveau four d'homogénéisation pour la ligne de production de billettes. Un premier signal vraiment très positif après la grève de 2004.

Finalement, le conflit de Shermag en 2004-2005, à Disraeli, a eu plusieurs séquelles en Estrie mais aussi dans d'autres régions. Plusieurs divisions de Shermag ont dû fermer en 2004-2005 même si l'entreprise de Disraeli elle-même a pu être assurée de vivre jusqu'en avril 2008. Mobilier HPL Athabaska, une division de Shermag à Victoriaville, ferme ses portes en juillet 2005, avec 30 pertes d'emplois. L'entreprise avait plus de 100 ans. La concurrence avec la Chine bouleverse les données au détriment des fabricants de meubles canadiens. Le contexte n'est pas facile non plus pour Plessi inc. de Plessisville qui a fermé ses portes le 2 septembre 2005. Le fabricant de meubles sur mesure était en opération depuis 55 ans. La ville perd ainsi 65 emplois.

L'Estrie, le textile et le meuble...

L'Estrie s'impose depuis longtemps grâce à son dynamisme presque légendaire. Depuis quelques temps cependant un nécessaire réenlignement dû à plusieurs événements simultanés s'avère assez difficile.

L'année 2005 confirme le renouveau complet de l'industrie du textile. Le Mexique et l'Asie jouent fort dans les nouveaux marchés du textile. Partout au Québec et surtout en Estrie plusieurs entreprises sont touchées par ces changements. Déjà en juillet 2004, l'usine Cookshire-Tex fermait ses portes après 61 ans d'existence et 83 employés perdent ainsi leur emploi. Tissage Sherbrooke subit aussi le même sort au cours de l'année 2005, avec 160 pertes d'emplois. Tout récemment, c'est un autre coup dur pour l'Estrie qui verra, en mars 2006, son usine Canadelle de Lac Mégantic fermer ses portes. 185 employées perdent ainsi leur emploi. La production du fabricant de lingerie féminine sera transférée au Mexique. Le coût de la main d'œuvre y est beaucoup moins élevé. Le gouvernement Charest annonce alors, en août 2005, une aide de 375 000 $ pour la réinsertion de 24 travailleuses du textile. C'est loin d'être suffisant, vu le nombre élevé de pertes d'emplois dans ce secteur.

Olymel... encore Olymel, l'entreprise frappe évidemment en Estrie. Le plan de redéploiement des activités de production de l'entreprise, annoncé le printemps dernier, se fait sentir. L'usine de Granby ferme ses portes, avec 77 mises à pied en juillet 2005. Les activités seront concentrées principalement à l'usine de Trois-Rivières. L'usine de Magog connaît le même sort et ses activités sont redirigées vers les installations de Saint-Henri-de-Lévis. Même opération à Laval, où l'on déplace la production vers Anjou. En tout, 366 emplois sont supprimés contre 171 qui sont relocalisés ailleurs au Québec. Les usines de Trois-Rivières, Anjou et Saint-Henri-de-Lévis seront agrandies pour un investissement total de 16 millions $.

La crise du meuble aussi se fait ressentir en Estrie, notamment avec Shermag dont on parlait plus haut, elle annonçait en mars 2005 la fermeture définitive de son usine de Scotstown, dans les Cantons-de-l'Est avec 84 travailleurs qui sont touchés. Du même coup, une réduction temporaire de production à l'usine de l'arrondissement Lennoxville à Sherbrooke se fait à pareille date. Dans une entrevue à la Presse Canadienne, le pdg de Shermag,

Jeff Casselman, s'explique alors : «Je crois que ce processus difficile mais nécessaire débouchera sur une compagnie plus efficace et plus orientée vers la clientèle, dans un contexte où le dollar canadien a pris beaucoup de valeur et où la concurrence des fabricants de meubles asiatiques continue de prendre de l'ampleur».

Finalement, tout ne va pas trop mal en Estrie. Par exemple, le parc industriel de Richmond accueillait, en avril 2005, une nouvelle entreprise spécialisée dans la fabrication de portes et fenêtres en PVC. Benor inc. ouvre une nouvelle division indépendante pour un investissement de 500 000 $ et une création de 30 nouveaux emplois.

De même, en décembre 2004, Mine Jeffrey retrouve son autonomie administrative. La mine d'Asbestos survivra grâce à un plan d'arrangement proposé par le syndic et approuvé par les travailleurs et les retraités, malgré que ces derniers subissent de lourdes pertes. On parle de suppression de l'assurance collective ainsi que d'une perte de revenus de retraite entre 30 % et 40 %. Mais grâce à ces sacrifices, Mine Jeffrey a concentré, dès le début de 2005, ses efforts pour partir sa mine souterraine, créant d'ici quelques années jusqu'à 500 emplois.

L'Outaouais, la forêt s'essouffle...

Il n'est pas possible de ne s'en tenir qu'à la seule région de l'Outaouais du Québec. L'Outaouais ontarienne n'en est séparée que par une rivière parsemée de nombreux ponts et de traverses. Il faut donc analyser ces deux régions administrativement distinctes comme un territoire assez bien intégré.

La proximité d'Ottawa est naturellement bénéfique pour les grands indicateurs du développement économique de ce coin du Canada. Le taux de chômage de cette région atteint à peine 7 % pour une population qui, dans sa partie québécoise, atteint le million d'habitants. Ces aspects positifs sont connus et entretiennent un dynamisme notoire dans cette région de Gatineau.

Cependant, l'industrie forestière de l'Outaouais, un secteur très important pour cette région du Sud du Québec est présentement en crise. Le quotidien Le Droit rapporte, en juillet 2005, que plus de 300 emplois sur les 2100 de la région sont à la veille de disparaître. La raison majeure tient à un resserrement par le gouvernement des normes entourant la sélection des arbres qui peuvent être abattus. À cause de frais d'exploitation plus élevés, la scierie Lauzon de Maniwaki va bientôt fermer ses portes. Une situation identique à celle qui est survenue récemment à la scierie Atlas près de la ville de Low.

L'usine Tembec de Mansfield-et Pontefract a déjà commencé les mises à pied et la fermeture ne saurait tarder. 330 emplois devraient être supprimés, excluant les employés affectés à la coupe des arbres en forêt. Le président de Tembec, Frank Dotori, ferme du même coup trois autres usines dont l'une près de la grande maison mère de Témiscaming non loin de l'Outaouais.

À l'été 2006, on s'attend à la fermeture de l'usine Nestlé de Chesterville, village de l'est ontarien très proche du Québec qui voit ainsi 300 emplois perdus dans cette entreprise âgée de 87 ans. Nesté est le plus gros employeur de North Dundas, canton qui englobe Chesterville. Selon Nestlé, il aurait fallu encore 50 millions $ pour moderniser cette usine, dans laquelle on avait injecté 70 millions en 10 ans. L'usine ne fonctionnait qu'à 45 % de sa capacité. À l'heure actuelle il semble probable que la mise en place d'un abattoir bovin puisse en partie remplacer cette prochaine disparition de l'usine, peu rentable, de Nestlé.

En revanche, l'entrepreneurship et les PME se portent bien en Outaouais. En avril 2005, *Le Droit* rapporte que le CLD de Gatineau a reçu pas moins de 587 nouveaux projets, une hausse de 30 % par rapport à l'année 2004. On assiste à 44 démarrages ou expansions d'entreprises soutenues par le CLD avec des investissements de 8,7 millions $. Puis, Versatel Networks du secteur de Hull reçoit un capital-risque de 10 millions $ pour intensifier ses efforts de Marketing vers les États-Unis où elle écoule la quasi-totalité de sa production d'appareils électroniques très spécialisés.

Finalement, de gros projets partent d'Ottawa et se répercutent également en Outaouais. Par exemple, l'université d'Ottawa ouvre son Complexe des biosciences, après plus de 12 ans d'attente (59 millions $) ; l'université peut compter désormais sur les laboratoires les plus avancés d'Amérique du nord.

Une dépendance bénéfique et garantie à long terme avec l'Outaouais ontarienne voisine. En effet, il s'agit plutôt d'une interdépendance car les échanges se font dans les deux sens de chaque côté de la rivière Outaouais.

Lanaudière, tout va presque bien

L'économie de la région de Lanaudière se porte très bien depuis au moins 10 ans. Selon le palmarès de la décennie publié par *La Presse Affaires*, Lanaudière sort championne de la création d'emplois entre 1994 et 2003, avec plus de 50 000 personnes qui ont trouvé un emploi dans cette région. Un bond de 35 %, comparativement à une moyenne de 17,7 % pour l'ensemble du Québec.

En juillet 2005, le taux de chômage de Lanaudière est à 5,6 %, c'est le meilleur résultat au Québec. Claude Picher de *La Presse* dit : « La région de Lanaudière a connu un développement démographique exceptionnel depuis quelques années. La plupart des nouveaux résidants sont des ménages jeunes, possédant une scolarité supérieure à la moyenne et occupant de bons emplois à Montréal. Il y a trois ans à peine, le taux de chômage dans cette région se situait à 8 %. Le revirement est impressionnant et il est dû beaucoup plus à la proximité de Montréal qu'au dynamisme entrepreneurial local ».

C'est très clair, Lanaudière s'impose comme la plus belle partie de cette grande ceinture montréalaise. La région est très dépendante de la métropole, elle joue le jeu qu'elle doit jouer et tout le monde en sort gagnant.

En décembre 2004, on annonçait la venue prochaine d'un développement touristique majeur à Saint-Côme, dans Lanaudière. Un centre de villégiature haut de gamme au coût de 40 millions $ regroupera un hôtel de 60 chambres et une vingtaine de chalets en bois rond. Le projet se nomme le Manoir des cinq continents.

Quelques autres projets, petits et grands sont à venir au sein de cette région. Citons à titre d'exemple le Groupe ADF de Terrebonne ou les Aciers Blais qui s'installe à Terrebonne également (ouverture au printemps prochain). Peu de fermetures, ou de réduction d'emplois. Quelques cas cependant sont inévitables et toujours très douloureux pour les travailleurs concernés. Bien sûr, on ne peut pas ignorer la compagnie Volaille maxi de Saint-Lin. Plus de 300 travailleurs à formation minimale sont licenciés.

Les Laurentides, une bien jolie deuxième place

Le palmarès de la décennie de *La Presse Affaires* place les Laurentides en deuxième position, avec un taux de croissance de l'emploi sur 10 ans de 29,8 %. 50 000 emplois ont été créés entre 1994 et 2003, comme dans Lanaudière, sauf que la population des Laurentides est plus importante. Les Laurentides évoluent depuis quelques temps maintenant sur deux grands axes. L'industrie au sud, dans ces Basses-Laurentides qui renaissent autour de Mirabel et le récréatif qui s'étend de plus en plus dans le nord de la grande métropole, autant vers le Mont-Tremblant que vers ses Parcs et ses grands jardins de faune et de flore.

La fermeture de l'aéroport de Mirabel a de plus en plus d'effets parfois étonnants mais toujours positifs pour cette région. Vers la fin du mois d'août 2005, Quebecor Media annonce la construction d'une imprimerie à Saint-Janvier-de-Mirabel, un projet de 110 millions $. Ce nouvel établissement sera inauguré en 2007 et abritera trois presses. Cependant, on peut regretter une perte de 250 emplois, temps plein et occasionnels, en raison de l'installation d'un système d'encartage automatique. Là aussi, à court terme, l'efficacité peut coûter très cher. L'imprimerie servira d'abord au Journal de

Montréal, mais pourrait s'imposer facilement sur d'autres produits d'impression. Une suite logique dans cette chaîne d'effets induits qui grandit de plus en plus. Même les avions de la C-Série de Bombardier seront assemblés dans ce grand secteur de Mirabel.

L'industrie touristique du nord des Laurentides se porte bien, elle va très vite. Les phases de développement de la station Mont-Tremblant se succèdent sans relâche à coup de milliards. En décembre 2004, la région subit tout de même un rude coup. Une décision juridique empêche les motoneiges de circuler sur un tronçon de 38 km du parc linéaire du Petit Train du Nord. Cette activité très riche en retombées économiques est subitement réduite de façon importante. Des villages entiers, petits et gros, risquent bien d'être privés de ces retombées. Le chiffre de 100 millions$ est avancé.

Et le sud?

La boucle est presque bouclée. Il ne reste que ce petit territoire collé entre Montréal et les États-Unis, la Montérégie, ce tout début des Cantons de l'Est, cette régions élargie de Saint-Jean-sur-Richelieu et de l'Acadie. Bien sûr, cette partie de la couronne complète un bel et grand arc de cercle autour de Montréal. Géographiquement ce secteur est sans doute peu éloigné du centre de la couronne mais sa proximité et sa dépendance immédiate avec les États-Unis lui confirme clairement son appartenance à la couronne.

Un mot-clef permet de mieux cerner le rayonnement de cette région, il s'agit du mot innovation. La mission de Valotech est claire et s'impose comme un exemple tout à fait remarquable. Ce regroupement contribue au développement de la région en favorisant des alliances technologiques innovantes. Ce centre s'impose comme un facilitateur, un guide orienteur, un promoteur ou un créateur. Tous les coups lui sont autorisés. Dernièrement Valotech entrait ainsi dans l'agrandissement du Pôle universitaire très attrayant de cette région près de Longueuil. Un pôle qui met en valeur trois universités de renom, l'UQAM, L'Université Laval et l'Université de Sherbrooke. Un pôle résolument tourné vers ce qu'il est convenu d'appeler le développement durable, ce développement entièrement tourné vers le respect du futur. Bien sûr la Montérégie a eu ses coups durs ces derniers temps. Le textile est, là encore, le grand perdant. Près de 800 travailleurs ont perdu leur emploi avec les fermetures de Cleyn and Thinker et de Les usines Huntingdon, à Huntingdon, cette perte peut avoir d'autres effets induits tout aussi négatifs dans un avenir proche. Un dur effet de la mondialisation qui entraîne la confrontation de marchés dont les règles du jeu sont très différentes, voire condamnables d'un pays à l'autre.

Un jeu à somme nulle

Oui, la grande couronne de Montréal des villes intermédiaires se porte bien. Aucune ville, aucune région n'est mourante ou très souffrante. Chacune profite à différents niveaux de la proximité de Montréal et Montréal profite à tous les niveaux de sa proximité avec ces villes et ces régions. À chaque instant de nouveaux développements peuvent survenir dans l'un ou l'autre de ces grands territoire et bien souvent le malheur des uns va faire le bonheur des autres. Certaines villes ont connu des problèmes plus internes et non dépendants de Montréal. Des problèmes plus reliés au reste du monde, c'est le cas du textile en Montérégie comme c'était jadis le cas en Mauricie avec la Wabasso. Dans bien des cas cependant une délocalisation en Mauricie ou en Estrie va se faire au profit de relocalisations en Montérégie ou dans les Laurentides.

Au niveau des régions, qu'elles soient périphériques ou non de Montréal, on assiste à une sorte de jeu à somme nulle où la « globalité » du pays retrouve son compte. La globalité peut diminuer d'une année à l'autre, c'est un symptôme puis une séquelle de la décroissance. Au Québec, on a assisté cette dernière année à une croissance certes modérée mais garante de ce que l'on peut appeler un « Bonheur national brut » raisonnable.

DES HOMMES ET DES FEMMES DE VALEURS.
LES ACTEURS ET ACTRICES DE L'ÉCONOMIE SOCIALE ONT COMPRIS QUE LE MEILLEUR PROFIT, C'EST QUAND TOUT LE MONDE Y GAGNE. ILS ONT CHOISI DE TRAVAILLER POUR LE BIEN COMMUN AU SEIN D'ENTREPRISES QUI VALORISENT LE RESPECT, LA DÉMOCRATIE ET LA SOLIDARITÉ.

L'ÉCONOMIE SOCIALE.
ÇA PARLE D'ARGENT ET DE **VALEURS HUMAINES.**

CHANTIER DE L'ÉCONOMIE SOCIALE   www.chantier.qc.ca

Côte-nord, Gaspésie-Îles-de-la-Madeleine et bas Saint-Laurent

Une évolution économique différenciée

Clermont Dugas et Majella Simard
Université du Québec à Rimouski

Les régions de la Gaspésie-Îles-de-la Madeleine, du Bas-Saint-Laurent et de la Côte-Nord ont en commun un environnement maritime, une économie fortement appuyée sur la mise en valeur des ressources naturelles, une population en décroissance et une structure de peuplement très étalée dont les effets se font particulièrement ressentir sur l'armature de services. Mais elles se différencient néanmoins à bien des égards et notamment par rapport à la nature des emplois, aux taux d'activité, aux niveaux de revenus et aux modalités de développement. Durant l'année 2005, ces trois régions ont partagé des problèmes communs, mais ont aussi vécu des événements particuliers à chacune tout en maintenant entre elles les mêmes écarts que par le passé. Elles ont subi toutes les trois les effets de la mondialisation, les conséquences des droits de compensation sur le bois d'œuvre, la diminution des volumes de coupe dans la forêt publique. Toutefois, la Côte-Nord a été beaucoup plus éprouvée par les conflits de travail, alors que la Gaspésie et le Bas-Saint-Laurent ont subi d'importantes pertes d'emplois. La Gaspésie a en outre été

déchirée par le problème de la gestion des déchets. L'énergie éolienne en tant que secteur économique émergent continue à mobiliser les énergies et à susciter de l'espoir dans la Gaspésie et le Bas-Saint-Laurent.

Dans toutes les régions, la diversification économique, le développement technologique et la production de biens spécialisés continuent à mobiliser les énergies. Des réalisations intéressantes ont été faites et des manifestations de dynamisme et de créativité émergent dans toutes les parties du territoire. Toutefois, un ensemble de caractéristiques propres à ces régions telles que l'étalement de leur population, leur dépeuplement, la distance des grands centres, la faiblesse des marchés intérieurs, des problèmes de communication et leur structure économique les rendent particulièrement sensibles à une multiplicité de facteurs externes tels que la compétition nationale et internationale, les décisions politiques, des changements dans le secteur de l'énergie et l'évolution de la demande et des prix pour les matières premières. Les fermetures d'entreprises et les licenciements démontrent bien que malgré leurs efforts de développement, les résidents et entrepreneurs des régions demeurent fortement soumis à un ensemble de décisions extérieures sur lesquelles ils ont relativement peu de prise.

Le Bas-Saint-Laurent

Selon l'Institut de la statistique du Québec, le Bas-Saint-Laurent aurait perdu 2000 emplois entre juillet 2004 et juillet 2005. Son taux d'activité, qui a diminué de 1,7 point en un an, s'établissait à 60,1 % en juillet comparativement à 65,3 % pour celui du Québec. Les pertes d'emplois se sont produites autant en milieu rural qu'en secteur urbain. Comme c'est le cas depuis des décennies, la région a évolué de façon différenciée. Les principaux centres urbains ont été les grands bénéficiaires de diverses interventions de développement. Malgré leurs pertes d'emplois ils ont accaparé la majeure partie des nouveaux investissements notamment dans le secteur de la construction et des services.

La concurrence internationale a entraîné des pertes d'emplois et la fermeture de plusieurs entreprises. Confection JCR de Notre-Dame-du-Lac et la Coopérative de couture de Causapscal ont dû mettre fin à leurs opérations. Uniboard Canada à Sayabec, une des plus importantes entreprises de la région a procédé à 55 mises à pied. Le groupe BSL qui a ouvert récemment une nouvelle usine à Matane a dû supprimer 30 postes. À Saint-Cyprien, l'entreprise Les Moulages AMT a procédé au licenciement d'une dizaine d'employés. Dans Kamouraska, la fermeture de l'usine Agropur, de Saint-Alexandre, a occasionné la perte de 56

emplois. La petite localité de Saint-Bruno a également perdu sa coopérative d'alimentation. Bombardier a aussi procédé à plusieurs mises à pied. À Rivière-du-Loup, la concurrence chinoise a affecté l'industrie du textile. Deux entreprises locales (Qualité Élastique et Calko) ont été dans l'obligation de ralentir de 40 % leur rythme de production, entraînant par le fait même la suppression d'une soixantaine d'emplois. Rimouski a aussi perdu une centaine d'emplois dont plus de la moitié dans son faible secteur industriel.

En dépit de ces pertes d'emplois, le dynamisme social et économique a continué de se manifester dans différentes parties du territoire. La ville de Rivière-du-Loup a poursuivi sa croissance dans les secteurs industriel, résidentiel et commercial. La venue de nouvelles entreprises a contribué à faire passer, en l'espace d'un an, le périmètre du parc industriel de cinq à huit millions de pieds carrés. Le secteur commercial a continué son expansion avec l'ajout de nouveaux commerces dans la partie ouest de la ville ainsi que l'arrivée du siège social de Kingsway Transport. En outre, la réalisation du carrefour de la nouvelle économie a favorisé la création de 200 nouveaux emplois. Un taux d'inoccupation des logements inférieur à 1 % a aussi contribué à la construction de centaines de nouveaux logements.

À Rimouski, le secteur de la construction a été particulièrement dynamique. En plus de financer la réalisation de quatre projets majeurs, soit la salle de spectacle, le garage municipal, la réfection du centre civique et l'aménagement du nouveau lieu d'enfouissement sanitaire, la ville est intervenue aussi avec ses encouragements financiers dans la rénovation d'édifices commerciaux du centre-ville. La construction résidentielle a aussi été fort active. Le secteur commercial n'a pas été en reste avec plusieurs chantiers dont la construction du nouveau magasin Tanguay. Les fonds publics gouvernementaux ont aussi contribué au renforcement du secteur institutionnel avec l'aménagement de nouveaux laboratoires de recherche.

La ville de Matane a poursuivi ses efforts de développement dans les domaines de l'éolien, des nouvelles technologies et de l'industrie diamantifère. Elle a connu également une bonne année en ce qui a trait à la construction résidentielle et commerciale. Trois commerces ont investi, à eux seuls, près de quatre millions dans l'agrandissement de leurs installations.

L'éolien est devenu un objet de grand intérêt dans plusieurs secteurs du Bas-Saint-Laurent. Municipalités, MRC et organismes de développement économique y voient une excellente occasion de diversification de l'économie tant par les créations d'emplois que par les rentes pour les propriétaires de terrain et les retombées fiscales. Dans le but de maximiser les revenus dans la région, des municipalités veulent même se faire promoteurs.

La MRC de Matane, favorisée tout comme la Gaspésie par des mesures gouvernementales particulières, cherche à consolider les bases d'une filière en pleine expansion, particulièrement depuis un an. En effet, outre la présence de deux usines de fabrication de composantes éoliennes, un parc comportant une centaine d'appareils est présentement en voie de réalisation dans les municipalités de Saint-Damase, de Saint-Ulric, de Matane et de Saint-Léandre.

Quelques projets liés à la transformation des ressources ont été réalisés ou sont en voie de l'être en milieu rural. À La Pocatière, les travaux d'un incubateur d'entreprises agroalimentaires au coût de 7 millions $ ont été complétés en mars dernier. En outre, une douzaine d'emplois ont été créés à Saint-Pascal grâce à l'implantation d'une usine qui fabrique des coffrets de bois haut de gamme. À Dégelis, dans la MRC de Témiscouata, l'implantation d'une usine de transformation du sirop d'érable, un projet réalisé au coût de 7,9 millions $, a permis de créer 40 nouveaux emplois en plus de consolider le créneau acéricole. Sur l'initiative de l'UPA, un centre de transformation des viandes devant créer une cinquantaine d'emplois sera construit au coût de 3,3 millions $ à Saint-Gabriel-de-Rimouski. Enfin, la compagnie Sky Power a ajouté Cacouna à sa liste de municipalités où seront installées les 134 éoliennes de son vaste projet. L'entreprise compte ériger une quinzaine d'éoliennes de 1,5 mégawatt sur les terres agricoles situées à l'ouest du village.

La Gaspésie-Îles-de-la-Madeleine

La fermeture surprise au début d'août de la cartonnerie de la Smurfit-Stone de New Richmond est l'élément majeur qui a affecté la fragile économie gaspésienne durant la dernière année. Avant cette fermeture le taux d'activité de la région était toujours le plus faible du Québec, se situant à 15 % en bas de la moyenne provinciale. Les emplois à temps plein ont légèrement diminué entre juillet 2004 et 2005, tandis que ceux à temps partiel ont augmenté de 32 %. Le revenu moyen y était aussi le plus faible de toutes les régions administratives, comme c'est le cas depuis que l'on en fait la mesure.

Après la fermeture de Noranda à Murdochville, puis de la Gaspésia de Chandler, l'arrêt définitif de la production à la cartonnerie de New Richmond marque la fin des activités de la dernière des trois grandes industries de la région. Dans un tel contexte, ce ne sont donc pas seulement les 295 travailleurs de l'usine qui sont pénalisés, c'est toute une région. La fermeture de la cartonnerie affecte des centaines de travailleurs à l'extérieur de l'usine et de nombreux commerçants et entrepreneurs. Elle entraîne la perte d'une masse salariale de 25 millions de dollars. Elle oblige également les propriétaires de scierie à se trouver de nouveaux débouchés pour leurs résidus de sciage. La survie du Chemin de fer de la Baie des Chaleurs est aussi en cause parce qu'elle perd 65 % de son trafic de marchandise. De plus, comme une bonne partie des employés de la Smurfit-Stone résident à l'extérieur de New Richmond, ce sont pratiquement toutes les localités des MRC de Bonaventure et d'Avignon qui sont directement concernées.

Le problème de la Smurfit-Stone s'ajoute à la perte des 200 emplois occasionnés par la fermeture du nouveau centre d'appels de Caplan, localité située immédiatement à l'est de New Richmond. La réduction des droits de coupe dans la forêt publique contribue aussi à assombrir le contexte économique. Dans cette partie du territoire la forêt est la principale ressource exploitée.

Les localités de la Baie des Chaleurs ont connu d'importantes dissensions à propos des matières résiduelles. Les municipalités des MRC de Bonaventure et d'Avignon sont depuis longtemps à la recherche d'un endroit pour déposer leurs matières résiduelles. Comme le lieu d'enfouissement sanitaire de New Richmond est plein, les municipalités qui l'utilisaient doivent se trouver d'autres endroits pour déposer leurs déchets. Elles pourraient le faire pour une courte période de temps dans les dépôts en tranchées des petites localités. Mais ces dernières manifestent beaucoup de réticence à le permettre, de peur de se voir elles-mêmes rapidement aux prises avec un manque d'espace. Une proposition récente de la municipalité de Saint-Alphonse pour accueillir le nouveau lieu d'enfouissement régional a été acceptée par les MRC, ce qui a comme conséquence de mettre de côté le projet de les expédier à une nouvelle usine de compostage qui serait construite à Murdochville. Mais il peut s'écouler plusieurs années avant que le site entre en opération s'il reçoit l'aval du ministère de l'Environnement. Entre-temps, il pourra être nécessaire pour certaines municipalités d'exporter leurs déchets à l'extérieur de la région. Tout projet de transport sur de longues distances est loin de faire l'unanimité. On craint évidemment les coûts d'une telle opération et on admet mal d'en arriver à une telle situation sur un territoire en dépeuplement où la densité de population est très faible. Toute la politique de régionalisation des déchets est ici en cause.

Heureusement, tout n'est pas négatif en Gaspésie; le développement de l'énergie éolienne contribue à la création d'emplois et suscite bien des espoirs. Les secteurs de Gaspé, Chandler et Murdochville constituent les principales zones qui devraient en profiter, suivies, dans une moindre mesure, des Méchins, de Mont-Louis, de Gros-Morne, de l'Anse-à-Valleau et de Carleton. Mais en fait, la plupart des municipalités aimeraient bien tirer avantage de cette nouvelle perspective de développement et différentes stratégies sont mises en place pour obtenir l'implantation d'éoliennes et en maximiser les retombées économiques.

Pour Murdochville, l'éolien constitue un des axes de développement retenus en vue d'atténuer l'impact de la fermeture de la Noranda. Au cours de la dernière année, 3Ci y a investi 90 millions pour la construction d'un troisième parc éolien de 54 mégawatts. Le projet, dont les retombées régionales sont sommairement évaluées à 20 millions de dollars, devrait permettre la création de 150 emplois. Murdochville s'est également enrichie d'un centre de recherche sur l'éolien créant une dizaine d'emplois. De plus, une entreprise spécialisée dans le transport des pièces éoliennes devrait s'installer dans la localité, créant entre 50 et 60 emplois. L'éolien s'est également avéré bénéfique pour la ville de Gaspé où General Electric a implanté une usine de composantes pour les pales.

Si, durant la phase de construction, la filière éolienne est pourvoyeuse de nombreux emplois, ses retombées sont beaucoup moins significatives à plus long terme. L'entretien des équipements requiert, en effet très peu d'employés. Pour tirer un meilleur parti de la situation, de nombreux intervenants locaux et régionaux préconisent la mise

en place d'une politique de redevances.

L'impact visuel des éoliennes dans les paysages et leurs conséquences sur l'aménagement du territoire soulèvent aussi des questions. L'effervescence qui prévaut depuis quelques années en vue d'implanter des éoliennes un peu partout a fait quelque peu oublier leurs effets sur l'environnement. Certains craignent que de faibles retombées économiques à long terme pour la région s'exercent au détriment de l'important potentiel que représente le paysage. Des projets de réglementation sont actuellement en cours en vue d'en assurer la protection.

Différentes initiatives et réalisations en dehors du secteur éolien ont aussi pris forme à différents endroits. Le secteur de la construction a été très dynamique à Gaspé et des démarches ont déjà été réalisées en vue de l'implantation d'un centre commercial comprenant au moins une grande surface. On vient de terminer à Sandy Beach la construction d'un important complexe de transformation du bois. Dans le secteur de la Baie des Chaleurs, les usines Temrex de Saint-Alphonse et de Nouvelle ont modernisé leurs installations en vue de diversifier et d'améliorer leurs productions. L'Association coopérative forestière de Saint-Elzéar a aussi modernisé son usine de sciage. À Sainte-Anne-des-Monts on a procédé à l'agrandissement du parc industriel et de l'entreprise Crustacés des Monts. Cap-Chat a bénéficié de l'implantation d'une usine de fabrication de quartz synthétique et de bois de sciage. On a aussi construit une usine de transformation d'algues à Paspébiac et mis en chantier un centre de recherche biotechnologique de la chitosane à

Rivière-au-Renard. Enfin, aux Îles-de-la-Madeleine, le gouvernement du Québec a érigé, au coût de 5,5 millions, un centre de services spécialisés en pêche et en aquaculture.

Le domaine des télécommunications a aussi été amélioré. Grâce à une subvention de 18,4 millions $, Télus a complété le déploiement de son réseau de fibre optique, une opération couvrant quelque 900 kilomètres qui a également profité aux Îles-de-la-Madeleine. Le réseau bénéficiera aux 90 écoles du territoire, aux trois commissions scolaires, aux bureaux municipaux, aux bibliothèques, au cégep ainsi qu'aux entreprises privées.

La Côte-Nord

La vie socioéconomique de la Côte-Nord a été marquée par ses habituelles fluctuations dans le domaine du travail, mais le niveau d'emploi est demeuré sensiblement le même en juillet 2005 qu'il était en juillet 2004. Le taux d'activité s'est aussi maintenu tout près de celui de la moyenne provinciale. Néanmoins deux faits majeurs ont retenu l'attention dans la région, soit le conflit de travail à la minière Québec Cartier Mining (QCM) dont Dofasco est devenu propriétaire dès la fin de la grève et la controverse entourant la coupe de bois dans l'île René-Levasseur, qui oppose la compagnie Kruger aux Innus de Betsiamites.

Une grève impliquant 1 400 employés syndiqués a paralysé pendant huit semaines les activités de la compagnie QCM. Cette grève s'est terminée par une convention collective dont les employés se sont dits très satisfaits, compte tenu des gains importants qu'ils ont effectués. Ils ont profité

d'une conjoncture très favorable pour le prix du fer et du retour aux bénéfices pour la compagnie. L'entente d'une durée de six ans implique des hausses de salaire de 4 à 5 % par an et une prime salariale en fonction du prix du minerai du fer, ce qui est une nouveauté permettant aux employés de partager l'augmentation de la richesse de la compagnie. Cette nouvelle convention collective fait contraste avec la situation de 2003, alors que les employés avaient accepté une diminution de 5 % de la masse salariale en raison des problèmes de la compagnie.

Le conflit opposant Kruger aux Innus n'est pas qu'économique, car il crée aussi des tensions sociales entre deux communautés. Le conseil de bande de Betsiamites a déposé une requête demandant la fin de l'exploitation forestière sur l'aire commune 093-20 comprenant l'île René-Levasseur et une bonne partie de la région alléguant que les droits de la communauté avaient été brimés par l'octroi du contrat d'approvisionnement forestier à la compagnie Kruger. Le 17 juin, un juge de la Cour supérieure interdisait toute activité forestière dans l'île René-Levasseur jusqu'à ce qu'un jugement définitif soit rendu. Ce jugement n'était que le début d'une procédure judiciaire actuellement en cours. La nécessité de récupérer rapidement le bois brûlé dans l'île à la suite des incendies de l'été a amené le gouvernement du Québec et Kruger à demander et obtenir un sursis afin de récupérer 200 000 mètres cubes de bois brûlé. Les Innus ont répliqué par une requête en autorisation d'appel à la Cour suprême. Les Innus ne s'opposent pas à la récupération du bois brûlé dans l'île, mais souhaitent faire appliquer leurs conditions.

Après le premier jugement de la Cour supérieure, la compagnie Kruger a licencié 153 de ses 750 employés. La perte de bois découlant du jugement du tribunal s'ajoute à celle résultant de la décision du gouvernement du Québec de réduire de 20 % les volumes de coupe sur le territoire québécois. Les difficultés d'approvisionnement de l'entreprise sont susceptibles d'amener d'autres licenciements sur la Côte-Nord. Des propriétaires de machinerie sont aussi concernés par la situation.

Dans le secteur de l'aluminium, la ville de Baie-Comeau a particulièrement été affectée. Alcoa y a supprimé 200 emplois en raison de l'accroissement de ses coûts de production. Cette mesure s'inscrit dans le cadre d'un vaste mouvement de restructuration entamé par la compagnie en mars dernier.

Élections municipales du 6 novembre 2005
Quelques résultats

MONTRÉAL
Gérald Tremblay est réélu à la mairie, avec une majorité d'élus de son parti, l'Union des citoyens et citoyennes de l'île de Montréal, au conseil municipal et une majorité de mairies d'arrondissements. Pierre Bourque est chef de l'Opposition. Richard Bergeron, chef de Projet Montréal, est élu conseiller.

QUÉBEC
Andrée Boucher, l'ancienne mairesse défusionniste de Sainte-Foy, remporte la mairie de Québec. Mme Boucher doit composer avec un conseil municipal formé en majorité de conseillers de l'opposition.

LAVAL
Gilles Vaillancourt est réélu à la mairie pour un cinquième mandat. Les 21 conseillers élus sont de son parti. Son adversaire, une cégépienne de 18 ans, Audrey Boisvert, qui s'est présentée in-extremis contre M. Vaillancourt pour éviter qu'il soit élu par acclamation, a réussi à récolter 16% du vote.

LONGUEUIL
Claude Gladu est élu à la mairie avec une majorité au conseil municipal.

GATINEAU
Marc Bureau est élu à la mairie. Il défait le maire sortant Yves Ducharme.

SHERBROOKE
Jean Perreault est réélu pour un quatrième mandat. Tout l'ancien conseil municipal a d'ailleurs été réélu.

SAGUENAY
Jean Tremblay est réélu à la mairie et son parti domine le conseil municipal.

TROIS-RIVIÈRES
Yves Lévesque est réélu à la mairie contre l'ancien ministre péquiste Guy Julien.

LÉVIS
Danielle Roy-Marinelli, élue à la mairie contre le maire sortant Jean Garon.

RIMOUSKI
Le patron de la populaire équipe de hockey L'Océanic, Éric Forest, succède à l'ancien président de l'Union des municipalités du Québec, Michel Tremblay, à la mairie de Rimouski.

Le Québec
Le Canada
Le monde

▶ Le Québec et le Canada

Le Bloc très populaire

Alec Castonguay
Correspondant parlementaire à Ottawa, Le Devoir

Lucien Bouhard et Gilles Duceppe

C'est l'automne. Le temps est aussi gris que la mine de plusieurs députés fédéraux du Québec qui ont le malheur de ne pas siéger dans le bon parti. La famille et les amis leur tapent dans le dos, leur souhaite bonne chance, avec dans la voix cette compassion de celui qui sait que l'autre va se casser la gueule.

Les sondages montrent une carte politique de la province dominée par un seul parti, qui règne en maître. L'adversaire, lors de l'élection fédérale qui approche, sera balayé du paysage ou au mieux, poussé dans ses derniers retranchements, avec une poignée de circonscriptions.

Automne 2005, avec le Parti libéral du Canada en déroute face au Bloc québécois ? Non, automne 2003, avec la formation souverainiste donnée pour morte et des libéraux fédéraux au zénith dans les sondages.

On dit souvent que six mois en politique, c'est long. Et deux ans, donc. Le renversement est spectaculaire, alors que des libéraux fédéraux influents osaient même prédire en 2003 que le PLC raflerait plus de 70 des 75 comtés du Québec, rien de moins. L'auréolé ministre des Finances Paul Martin se préparait alors à prendre le pouvoir. Le vent soufflait dans l'électorat. En cas d'élections, les sondages d'un bout à l'autre du pays donnaient M. Martin vainqueur avec une facilité déconcertante.

Le Bloc québécois semblait vivoter et les sondages tombaient les uns après les autres comme une tonne de brique sur la tête des souverainistes. Au milieu de l'automne 2003, les intentions de vote des Québécois accordaient moins de 30 % au Bloc si une élection était déclenchée sur-le-champ. C'est le désastre pour les souverainistes, qui passeraient de 38 sièges (36 pour le PLC et un au PC) à une vingtaine, tout au plus.

Changement de cap

Le paysage est aujourd'hui complètement inversé. La politique étant par définition imprévisible, plusieurs facteurs contribueront à renverser la vapeur et à faire du Bloc québécois, à l'automne 2005, quelques mois avant un scrutin déjà annoncé, une force dominante au Québec, en route vers une élection sans tracas.

Dans la genèse de cette remontée, deux événements principaux ramènent les libéraux fédéraux sur terre. D'abord, l'arrivée à la tête du pays de Paul Martin en décembre 2003. Rapidement, le nouveau premier ministre déçoit. Il hésite, ne semble pas avoir de ligne directrice claire, ne fonctionne qu'avec sa calculatrice et les sondages, cherchant seulement le meilleur moment pour lancer le pays en élection et se dénicher un vrai mandat après des années sous le règne de Jean Chrétien. La bulle d'espoir se dégonfle tranquillement. Déjà, en janvier 2004, six semaines après l'arrivée de Paul Martin au poste de premier ministre, les sondages montrent une légère remontée du Bloc. Un coup de sonde Léger Marketing fait pour *Le Devoir-CKAC-The Globe and Mail* entre le 14 et le 18 janvier accorde 36 % des intentions de vote au Bloc, contre 47 % au PLC. La pertinence du Bloc à Ottawa est affirmée par 60 % des répondants.

Puis, la bombe éclate. Le 10 février 2004, la vérificatrice générale Sheila Fraser dévoile au grand jour le scandale des commandites, déjà déterré dans certains coins par les médias depuis trois ans. Le cataclysme est puissant et les résultats immédiats. Les libéraux perdent plus de 15 % dans les sondages nationaux en quelques jours. Tous les partis remontent, et au Québec, c'est le Bloc seul qui profite de la grogne des électeurs. Un sondage Crop *La Presse-Le Soleil* effectué les 25 et 26 février 2004 accorde 48 % au Bloc et 32 % au PLC.

Depuis, c'est la balade de printemps pour le Bloc. Aux élections de juin 2004, la formation concrétise ses intentions de vote et rafle 48,9 % des suffrages au Québec, avec 54 circonscriptions à la clé. C'est le meilleur résultat de l'histoire du Bloc, qui réédite l'exploit de Lucien Bouchard en 1993. Ce dernier avait alors surfé sur la frustration post-Lac Meech, en route vers le référendum sur la souveraineté de 1995. Gilles Duceppe a quant à lui surfé sur le scandale des commandites.

Une multitude de facteurs

Mais si ce scandale a indéniablement agi comme un catalyseur, il serait faux de prétendre que cet orage qui n'en finit plus est le seul facteur qui explique la popularité du Bloc. «C'est une combinaison de facteurs, il y a plus», soutient Jean-Herman Guay, politologue à l'Université de Sherbrooke.

Le premier facteur a déjà près de 25 ans. Les Québécois sont divisés entre une rage latente, un inconfort permanent et une méfiance viscérale envers les libéraux fédéraux, et ce, depuis le rapatriement de la constitution en 1982. Les chiffres sont là pour en témoigner. La dernière domination rouge au Québec remonte à 1980, alors que les troupes de Pierre Elliott Trudeau emportaient 74 des 75 circonscriptions de la province, laissant un village gaulois au Parti conservateur.

En 1984, Brian Mulroney et son «beau risque» démolissaient les libéraux en amenant 58 députés du Québec à Ottawa. Mulroney en a remis une couche en 1988, avec 63 élus au Québec. La province est alors plus bleue – une teinte différente, il va sans dire – que maintenant. Et elle est restée bleue sans relâche depuis.

Le Bloc de Lucien Bouchard est créé en 1990 et rafle 54 comtés en 1993, puis 44 en 1997 sous Gilles Duceppe. La domination diminue en 2000, quand les libéraux de Jean Chrétien s'approchent à deux sièges du Bloc, qui reste majoritaire au Québec avec 38 élus, contre 36 au PLC et un au PC. Mais en 2004, le Bloc refait le coup de 1993 et remporte 54 sièges.

On le voit, les Québécois n'ont pas accordé leur confiance aux libéraux de façon claire et majoritaire depuis 25 ans. C'est plutôt tout le contraire. À chaque élection, sauf celle de 2000 qui a été le théâtre d'un véritable affrontement, le PLC se creuse les méninges pour ne pas se faire engloutir et rayer de la carte. Et il peut dire merci à ses châteaux forts de Montréal.

La pente à remonter pour les libéraux fédéraux au Québec est donc beaucoup plus abrupte que la simple cote des commandites. Le lien de confiance entre les Québécois et cette formation politique est si mince qu'il se brise au moindre coup de vent.

Du travail bien fait

Rien d'étonnant donc à ce qu'une solution de rechange comme le Bloc québécois fasse fureur. Surtout lorsque sa raison d'être première lui garantit un nombre important d'appuis, notamment chez les francophones: le bassin de souverainistes. «Dans le cas particulier du Bloc, l'importance du chef est accessoire par rapport à sa fonction de représentation des partisans de la souveraineté à la Chambre des communes. La disparition de ce parti, tant souhaitée par les stratèges et les organisateurs du Parti libéral fédéral, n'est donc pas pour demain», écrivait dans Le Devoir du 15 juin 2005 le spécialiste en sondage Jean Noiseux.

Dans son texte, qui suivait la décision du chef du Bloc, Gilles Duceppe, de ne pas faire le saut sur la scène provinciale pour remplacer le chef du PQ Bernard Landry, Jean

Noiseux met le doigt sur une autre force du Bloc qui s'est développée depuis sa création. « Le scandale des commandites a fortement renforcé la position électorale du Bloc, écrit-il. L'attrait de voter pour un parti qui a de fortes chances d'être porté au pouvoir est dorénavant beaucoup moindre pour les électeurs que les qualités de transparence et d'intégrité de ses candidats. À cela, il faut ajouter que plusieurs élections ont permis au Bloc de créer avec ses électeurs une affiliation partisane distincte de celle du Parti québécois. »

Les élus du Bloc n'ont jamais été au pouvoir, n'ont jamais manipulé l'argent des contribuables, et par conséquent, ne peuvent pas avoir les mains sales, se disent les électeurs. Et la population connaît aussi bien mieux les candidats et les députés du Bloc. La formation a grandi, s'est imposée et a développé ses propres liens avec l'électorat. « Le Bloc n'a plus l'apparence du club école du PQ, estime le politologue Jean-Herman Guay. Ce n'est plus le petit parti souverainiste. Le Bloc est même perçu comme étant plus fort que le PQ présentement. Il est au centre de l'actualité depuis 18 mois et ça l'aide énormément. »

Le travail de terrain a aussi sa large part dans les succès du Bloc. Un travail qui remonte à la discipline de fer imposée par Lucien Bouchard et perpétuée par Gilles Duceppe. Le Bloc étant constamment sous surveillance à Ottawa, les autres partis et les médias scrutant le moindre faux pas de la formation « séparatiste » qui « encombre » le Parlement, il faut faire mieux que les autres. Le Bloc ne peut donc se permettre des erreurs. Les députés connaissent leur dossier sur le bout des doigts, tant les nouveaux venus que les vétérans. La rigueur est de mise. Les députés bloquistes quadrillent donc leur circonscription au centimètre près, rencontrent les élus locaux, les chefs d'entreprises, les groupes de pression, les citoyens, etc. Quand arrive une élection, ils sont prêts, difficiles à prendre en revers, savent quoi faire. La machine est efficace et les gens ne doutent plus que leur député du Bloc fait un bon travail à la Chambre des communes. C'est déjà un énorme poids de moins pour une formation souverainiste.

Un refuge de frustration

Ce travail de fond amène tout naturellement l'argument principal du chef bloquiste : « Nous sommes là pour défendre les intérêts du Québec, la souveraineté, ça ne se fait pas à Ottawa », a répété maintes fois Gilles Duceppe. Un bon travail, une connaissance des dossiers, puis un peu de souveraineté dans quelques discours... un cocktail tout à fait digeste pour les nationalistes québécois qui hésiteraient normalement à soutenir un parti souverainiste.

« Le Bloc est un refuge de frustration facile, un catalyseur sans conséquence, puisqu'il ne fera pas la souveraineté, explique Jean-Herman Guay. Le Bloc a l'avantage d'être dans l'opposition et d'avoir un spectre de position très vaste. Il n'a pas de décision à prendre, pas de compromis à faire, donc il ne déplaît pas. Il est en phase avec un nationalisme très large. Il n'a pas d'aile radicale comme le PQ. Ils peuvent jouer sur tous les tableaux. »

De plus, le Bloc peut se concentrer uniquement sur le Québec, toujours en équilibre sur les valeurs de la province, alors que les partis nationaux doivent aussi être à l'écoute des autres régions du pays, déchirés entre les clivages idéologiques parfois immenses que l'on connaît. La faiblesse du Parti conservateur de Stephen Harper et du NPD de Jack Layton à toucher les Québécois montre bien cette difficulté. La terre labourée par le Bloc depuis 1993 est peu fertile aux autres partis, qui doivent trouver leur niche entre le refuge facile du Bloc et les libéraux. Et cette faiblesse du PC et du NPD nourrit également la domination du Bloc, dans un cercle vertueux pour la formation souverainiste.

Le chef, bien que secondaire selon Jean Noiseux, joue tout de même un rôle important dans les succès actuels du Bloc. Depuis le désastre de la campagne électorale de 1997 - où il avait tout de même soutiré 44 députés -, Gilles Duceppe a mangé ses croûtes, bataillé ferme et appris sur le tas. De sorte qu'aujourd'hui, il est de loin le chef de parti le plus expérimenté à Ottawa. Et cela paraît. À l'aise avec les médias, habile en Chambre lors de la période de questions, conscient de ses armes législatives et des moyens procéduraux mis à sa disposition, il tire les cordes stratégiques avec facilité. Ses adversaires le respectent et le craignent.

Lors de la campagne électorale de juin 2004, il était le seul chef à avoir une campagne électorale derrière la cravate... et il en avait même deux! Résultat: aucune gaffe et une connaissance de la joute électorale qui l'a bien servi, même si le scandale des commandites le rendait de toute façon intouchable, ou presque, par les libéraux fédéraux.

Et la suite?

Où conduiront ces facteurs favorables dans les prochains mois? Fort probablement au même point que maintenant. L'élection annoncée pour février ou mars 2006 ne devrait pas causer de surprise pour le Bloc québécois. En juin 2005, les sondages montraient des intentions de vote à plus de 50 %, ce qui pourrait lui valoir près de 60 circonscriptions au prochain scrutin. Et au pire, une réédition, à peu de choses près, de l'élection de juin 2004.

Évidemment, les libéraux fédéraux ne se laisseront pas vaincre sans livrer bataille. Les travaux de la commission Gomery maintenant dans le rétroviseur, mis à part les rapports attendus en novembre et en décembre, le PLC pourra au moins sortir la tête de l'eau dans la province. «Depuis février 2004, le Bloc est en mode attaque contre les libéraux. Qu'est-ce qui va arriver maintenant que les travaux de Gomery sont terminés? C'est à voir. Les libéraux vont vouloir reprendre l'offensive. Ça fait des mois que le PLC est coincé au Québec, qu'aucun message ne peut passer dans l'électorat. Là, ils vont tenter de reprendre du terrain», soutient Jean-Herman Guay.

Il faudrait toutefois une crise majeure au Bloc ou un changement gigantesque de perception pour transformer la balade du Bloc en escalade périlleuse lors du prochain scrutin. «Le Bloc est en quasi-monopole jusqu'à la prochaine élection, dit Jean-Herman Guay. Ensuite, c'est trop risqué de se prononcer. La politique, c'est tellement imprévisible.» Parlez-en aux libéraux fédéraux ou aux bloquistes qui étaient présents à l'automne 2003...

Québec-Canada : la fin des illusions

Jean Cermakian
Géographe, Université du Québec à Trois-Rivières

Paul Martin

Les deux cofondateurs de la Confédération canadienne, John A. Macdonald et Georges Étienne Cartier, auraient du mal à retrouver en 2005 les principes fondateurs du pays qu'ils mirent au monde en 1867. Les colonies de l'Amérique du Nord britannique, pauvres, peu peuplées, séparées les unes des autres par des centaines de kilomètres de territoire inhabité et hostile, ne ressemblaient en rien au Canada actuel : 10 provinces, 3 territoires et une population de 32 millions d'habitants reliés les uns aux autres par des réseaux de transport et de communications dont l'importance et la complexité n'ont fait que croître depuis la fondation du pays. Le Québec, avec ses 7,5 millions d'habitants, représente près du quart de la population canadienne (et donc de la députation fédérale) et demeure la deuxième province en importance démographique et économique. À première vue, la croissance de la population et de la richesse du Canada a été spectaculaire depuis ses débuts. Mais plusieurs problèmes viennent compliquer ce tableau à première vue reluisant. L'objectif de cet article est d'identifier ces problèmes et de conclure avec quelques éléments de prospective à court terme.

Problème n° 1 : L'abandon des principes fondateurs

Le Canada de 1867 reposait sur trois principes essentiels qui constituaient ce que Macdonald appelait la National Policy et qui ont été appliqués pendant plus d'un siècle. Tout d'abord, il fallait construire un chemin de fer transcontinental pour relier entre elles les colonies britanniques dispersées entre l'Atlantique et le Pacifique ; il fallut attendre près de 20 ans (jusqu'en 1885) pour que la première locomotive en provenance de Montréal atteigne le Pacifique à Vancouver. Deuxième principe : le chemin de fer, voie de commerce et de peuplement, n'avait un sens que si l'on édifiait un mur douanier commun face au voisin

américain. Troisième principe : à armes très inégales, il fallait lutter contre l'impérialisme territorial des États-Unis (ceux-ci avaient acheté l'Alaska aux Russes en 1867 ; la tentation était donc grande pour eux d'annexer aussi le territoire canadien qui séparait l'Alaska de l'État de Washington). Dès sa fondation, le Canada se définit comme pays afin de résister aux pressions expansionnistes de son grand voisin.

Problème n° 2 : L'intégration économique du continent

Mais on a eu beau appliquer ces principes et faire venir d'Europe des dizaines de milliers d'immigrants pour peupler le territoire canadien, les États-Unis se sont développés plus vite ; ils ont maintenant neuf fois plus d'habitants que le Canada et un niveau de vie plus élevé. Leur économie a besoin du pétrole et des nombreuses richesses naturelles du Canada. Il devenait dès lors illusoire de maintenir des barrières douanières qui pénalisaient finalement plus les producteurs canadiens que les clients américains, qui eux pouvaient se tourner vers d'autres sources. Mais il fallut attendre près d'un siècle avant de percer des brèches dans le mur douanier : d'abord avec le pacte de l'automobile (1965), puis avec les deux traités de 1988 et 1993 (libre échange Canada - USA puis ALENA). Depuis 1994, les économies américaine et canadienne sont de plus en plus intégrées, ce qui n'empêche pas Washington de fermer la frontière quand cela fait son affaire (vache folle et bois d'œuvre, par exemple). Beaucoup d'entreprises de petite ou moyenne taille (notamment au Québec) ont profité pour élargir leurs marchés et ainsi créer des emplois; d'autres (bois d'œuvre) ont souffert des quotas ou surtaxes imposés par nos voisins. D'autre part, le dynamisme et la taille de l'économie américaine ont entraîné une mainmise de sociétés américaines sur des compagnies canadiennes tout à fait rentables, comme dans le domaine du commerce de détail et de l'alimentation. Si l'on fait le bilan des dix années d'intégration, on arrive donc à un résultat mitigé et préoccupant.

Problème n° 3 : La fin du mythe des deux peuples fondateurs

Jack Layton

Lors de la fondation du Canada en 1867, les anglophones formaient deux tiers de la population, les francophones un tiers. De nos jours, les francophones représentent un peu moins du quart de la population canadienne. Malgré une natalité très forte jusqu'en 1960, les francophones ont fait face à une immigration venue d'horizons divers, mais qui allait grossir les rangs des anglophones de l'Ontario et de l'Ouest ; même au Québec, avant l'adoption de la loi 101 en 1977, la majorité des immigrants optaient pour l'anglais comme langue d'usage, et comme langue d'enseignement pour leurs enfants. De plus, depuis l'entrée en vigueur de la Constitution de 1982, les droits collectifs ont cédé le pas aux droits individuels, lesquels n'incluent pas la protection linguistique des groupes minoritaires. On peut donc dire que le pacte fondateur entre les deux « nations », francophone et anglophone, ne tient plus, ou a été tellement dilué dans le multiculturalisme canadien, que les francophones ne constituent plus au Canada que la plus importante des minorités ; et les recensements successifs, depuis 1961, montrent que si le français maintient sa position au Québec, et y progresse même un peu, la place du français dans le reste du Canada est de plus en plus restreinte. On assiste donc à une polarisation croissante entre le Québec et le reste du Canada sur le plan des langues d'usage, ce qui n'augure rien de bon pour l'avenir des relations entre les deux communautés.

Problème n° 4 : Le Québec et le reste du Canada de plus en plus distincts

En 1987, sous le gouvernement conservateur, le premier ministre Brian Mulroney tenta de faire accepter par l'ensemble des premiers ministres des provinces canadiennes l'idée de signer un accord reconnaissant le caractère distinct du Québec; ce fut la saga de l'Accord du Lac Meech, que deux provinces (Terre-Neuve et le Manitoba), représentant moins de 5 % de la population canadienne, refusèrent d'entériner. À défaut d'un accord unanime, le Québec se fit signifier un message

Stephen Harper

clair par le Rest of Canada : pas question de statut particulier, même pas de manière symbolique ! Une telle attitude, renforcée par l'attitude intransigeante du gouvernement libéral de Jean Chrétien à partir de 1993, faillit donner un « oui » gagnant au référendum sur la souveraineté en octobre 1995, et fit basculer les deux tiers des sièges du Québec à la Chambre des Communes dans le camp souverainiste (en juin 2004, 54 des 75 circonscriptions du Québec firent élire des députés du Bloc québécois). En cela, le Québec est devenu, dans les faits, une province pas comme les autres, un peu par défaut, devant l'incompréhension et le manque de dialogue des dirigeants du Canada anglophone avec un Québec où plus de 40 % de l'électorat se reconnaît dans le projet souverainiste.

Problème nᵒ 5 : La fin du dialogue entre francophones et anglophones
Le Canada de 1867 était basé sur un compromis historique entre Canadiens français et anglais : ces derniers voulaient un gouvernement fédéral fort afin de mettre en place la National Policy ; les francophones voulaient une autonomie aussi grande que possible pour défendre leur langue et promouvoir leur culture minoritaire. Il en résulta une fédération maquillée en confédération (la définition de cette dernière serait plutôt une association d'États quasi-souverains, sur le modèle des cantons qui forment la Confédération suisse), d'où le grand malentendu issu des tractations entre Macdonald et Cartier entre 1864 et 1867. On connaît la suite : partout en dehors du Québec, les autorités provinciales éliminèrent systématiquement les écoles françaises séparées, l'éducation étant de juridiction provinciale, et Ottawa se garda bien d'intervenir. Même lorsque fut adoptée la Loi fédérale sur les langues officielles en 1969, l'obligation de services bilingues pour accommoder les populations minoritaires ne s'appliqua qu'aux services fédéraux. Seul le Nouveau-Brunswick adopta le bilinguisme officiel au niveau provincial en 1968, en reconnaissant officiellement le fait que près du tiers de sa population avait alors le français pour langue maternelle. En 2005, le Canada est donc un pays anglophone, avec une province essentiellement francophone, une province bilingue et le reste de cet immense territoire avec des minorités francophones de plus en plus assimilées. Comment, dès lors, parler de dialogue entre les deux grandes communautés linguistiques qui forment le Canada ?

Problème nᵒ 6 : Un pays « balkanisé » et ingouvernable
De précédentes analyses (Cermakian, 2001 et 2004), basées sur les résultats

des deux dernières élections fédérales, ont démontré que depuis 1993 le Canada n'est plus gouvernable dans la conjoncture politique actuelle, avec une assise territoriale plus régionale que nationale pour la plupart des partis fédéraux. Le résultat en est qu'une majorité parlementaire est difficile à constituer et que le pays s'achemine vers l'instabilité chronique de gouvernements minoritaires (durée de vie moyenne : de 18 mois à 2 ans). Tel n'était pas le cas pour la période précédente (1984-1993). Le Canada était alors gouverné par la grande alliance entre conservateurs de l'Ouest et nationalistes du Québec (sous couvert de leur allégeance conservatrice, ils passèrent pour la plupart au Bloc québécois après le naufrage de Meech en 1990), avec curieusement l'Ontario en opposition et toujours en majorité libéral. Ce fut en fait une alliance artificielle entre « alliancistes » ultra conservateurs de l'Ouest, futurs « bloquistes » du Québec et conservateurs « progressistes » de l'Ontario et de l'Atlantique, mais cette alliance permit au Canada de connaître une stabilité politique réelle et un resserrement des liens politiques et économiques entre le Canada et les États-Unis. Depuis 1993, après la victoire des libéraux de Jean Chrétien, seules les provinces de l'Atlantique firent élire des députés de chacun des trois partis fédéralistes, le Québec devint le fief du Bloc, l'Ontario une forteresse libérale et l'Ouest le centre de gravité des conservateurs. Cette répartition géographique reflète la « balkanisation » politique du Canada. Cet état de choses favorise le renforcement des tendances centrifuges des différentes régions : l'Atlantique attiré par la Nouvelle-Angleterre, le Québec tenté par la souveraineté, l'Ouest canadien orienté de plus en plus par l'Ouest des États-Unis.

Cette réalité a été décrite par de nombreux auteurs, notamment des géographes canadiens (Bone, 2002), mais aussi par des observateurs étrangers ayant des affinités avec le Canada (Garreau, 1982). Toutes ces descriptions pointent vers le fait que (mis à part le Québec), les régions du Canada ne sont en fait que les prolongements de grandes régions des États-Unis. Sur la carte de l'Amérique du Nord telle qu'imaginée par Garreau, on peut voir que la façade canadienne du Pacifique est incluse dans *Ecotopia*, région qui va de San Francisco à Anchorage. Les territoires nordiques sont inclus dans le Empty Interior au même titre que les déserts du Nevada et de l'Arizona, le sud des Prairies dans le Breadbasket, le sud de l'Ontario dans The Foundry et les provinces de l'Atlantique dans New England, une classification bien plus réaliste que le découpage officiel en provinces et États. Après tout, la National Policy de 1867 était une stratégie pour contrecarrer cette attraction vers le sud des différents noyaux de peuplement dispersés à travers le Canada. Mais on voit bien qu'en 2005 cette stratégie ne fonctionne plus depuis au moins vingt ans. Le Canada anglophone s'américanise de plus en plus, le Québec un peu moins, et plus de 80 pour cent de nos exportations vont vers les États-Unis. Cette tendance lourde n'est pas près de s'inverser ni même de s'atténuer dans un proche avenir.

Jean Lapierre

Une mini prospective en guise de conclusion

Quels sont les scénarios imaginables pour l'avenir des relations entre le Québec et le reste du Canada ? Elles sont au nombre d'au moins quatre :

1) Le statu quo politique et constitutionnel, accepté par l'ensemble du Canada anglophone, mais non par le Québec, dont les gouvernements suc-cessifs ont toujours refusé de signer la Constitution de 1982 ;

2) Une réforme constitutionnelle en profondeur qui ferait du Canada une Confédération sur le modèle de la Suisse (Constitution suisse de 1848), avec une base fiscale qui donnerait 90 pour cent du « pouvoir de dépenser » aux provinces et aux municipalités ;

3) Un Québec souverain, avec ou sans union économique et monétaire entre le Québec et le reste du Canada, à la suite d'un référendum au Québec;

4) Un Canada balkanisé en quatre ou cinq grands États souverains (Colombie, Prairies, Ontario, Mariti-mes avec ou sans Terre-Neuve) une fois que le Québec aurait voté en faveur de la souveraineté. Un tel scénario pour-rait entraîner (mais pas forcément) l'absorption d'un ou plusieurs de ces États par le voisin américain.

Ces quelques scénarios ont pour but d'alimenter la réflexion de nos conci-toyens, et d'abord de la classe politique dont les membres sont imputables aux citoyens de ce que Jean Chrétien qualifiait, il y a quelques années, de « meilleur pays du monde ».

Références

BONE, Robert M., *The Regional Geography of Canada. Second Edition.* Oxford University Press, Don Mills, 2002, 556 p.

CERMAKIAN, Jean, « Un pays divisé : géopolitique des élections fédérales du 27 novembre 2000 », *Québec 2002*, Fides, Montréal, 2001, p. 669-675.

CERMAKIAN, Jean, « Un territoire, deux solitudes », *Annuaire du Québec 2005*, Fides, Montréal, 2004, p. 666-672.

GARREAU, Joel, *The Nine Nations of North America*, Avon, New York, 1982, 427 p.

Solide comme le ROC

Antoine Robitaille

Journaliste, *Le Devoir*

Début 2005, le Canada anglais traversait une période de confiance en lui-même iné-galée, jusqu'à développer des complexes de supériorité. La commission Gomery et ses suites, notamment la remontée de l'option souverainiste au Québec, ont ébranlé cette belle assurance, sans toutefois l'annihiler.

Le Canada «n'est pas vraiment un pays qu'on aime, mais un pays pour lequel on se fait du souci», écrivait jadis l'écrivain canadien anglais Robertson Davies. L'angoisse est un trait de carac-tère fondamental du ROC (Rest of Canada). Et cette angoisse a deux sources: d'abord, celle d'être englobé dans le grand tout états-unien. Ensuite: de périr dans une grande dislocation: souveraineté du Québec, autonomie de l'Alberta, déloyauté radicale de Terre-Neuve, etc.[1]

Mais début 2005, la phrase de Davies en semblait plus pertinente. Car grâce à un singulier alignement des planètes économique et identitaire, les deux grandes peurs du ROC – «en-globement» et «éclatement» – parais-saient pratiquement jugulées.

C'était, bien sûr, avant la commis-sion Gomery. Nous y reviendrons.

L'AVANT-GOMERY

Dix ans après «le grand effroi», qui a traversé l'échine du ROC dans les mois qui ont précédé le référendum de 1995 sur la souveraineté, «les périls guettant le Canada semblent aujourd'hui bien minces», affirmait en décembre 2004 le chroniqueur du *Globe and Mail*, Lawrence Martin.

Selon le célèbre sondeur Michael Adams, président de Environics, les dernières enquêtes d'opinion de cette firme démontraient clairement que «les Canadiens forment un peuple qui a surmonté sa mentalité coloniale pour développer une confiance forte et gran-dissante en lui-même».

Le symbole huard

Quel décalage par rapport aux années 1990! En 1995, non seulement le Canada risquait d'éclater, mais l'État central croupissait sous les déficits et sa dette. Cette année-là le *Wall Street Journal* avait même évoqué «la faillite du Canada», avait rappelé Lawrence Martin. Le huard entamait alors sa chute de valeur qui allait le mener au début de la présente décennie sous le plancher historique des 65 sous améri-cains. Juin 1999: le magazine *Maclean's*, en page couverture, sur un fond noir déprime, présentait même un dollar canadien de 2010 avec, en son centre, le visage de George Washington, en lieu et place du célèbre volatile. Sous l'illustration, cette phrase : « *Say it ain't so* ». L'union monétaire avec les États-Unis était « inévitable », répétaient à l'époque des économistes comme Thomas Courchesne, rattaché à l'Institut C.D. Howe.

1er juillet 1999 : l'humeur était tellement maussade que le cabinet Chrétien, lors d'une longue réunion, avait abordé, pour définir des façons de la contrer, la question de l'éventuelle fusion du Canada avec les États-Unis. Puis vint le 11 septembre 2001 et les contraintes qui forçaient le Canada à harmoniser ses règles d'immigration. L'ancien premier ministre Brian Mulroney plaida pour une union douanière avec les États-Unis.

Encore une fois, le ROC fut quitte pour une sérieuse déprime à la George Grant (célèbre pour son essai de 1964 *Lament for a Nation*, qui prophétisait la fin du Canada). En 2002, l'historien Michael Bliss, dans le *National Post*, prédisait que le Canada deviendrait une « banlieue nord des États-Unis », laquelle opterait tôt ou tard pour la « fusion » avec la « grande ville au sud ». La notion d'« annexion tranquille » faisait florès.

Période rose

Et au début de 2005, avant Gomery ? Tous les nuages noirs semblaient avoir quitté la place publique canadienne anglaise. « Sans le sous-estimer, nous avons appris à vivre avec le souverainisme », disait même Lawrence Martin, admettant qu'il s'était trompé en prédisant en 2003 la disparition du Bloc québécois. De plus, le fédéral – l'État considéré dans le ROC comme le

plus important – nage dans les surplus. Le huard a rebondi et se maintient autour de la barre des 85 sous US.

Des inquiétudes économiques encore plus anciennes s'étaient apaisées. « Nous avons survécu à l'ALE et à l'ALENA », concède le politologue de l'Université de la Colombie-Britannique Philip Resnick, qui s'était opposé au libre-échange. Oui, celui-là même qui s'était querellé avec son collègue québécois Daniel Latouche dans les années 80 et « contre » qui il avait signé le « livre dispute » *Letters to a Quebecois friend* (publié chez Boréal en français et suivie d'une *Réponse à un ami Canadien*, signée Latouche). Resnick considérait comme une « trahison » l'appui des souverainistes du Québec au libre-échange, un accord qui « tuerait le Canada », avait-il écrit. Et aujourd'hui ? « Je l'avoue, dit Resnick, les Cassandres dont j'étais ont été contredits. Les pires scénarios ne se sont pas réalisés. Malgré une plus forte intégration économique, on se sent différents sur le plan des valeurs. »

Selon Michael Adams, l'identité canadienne anglaise contraste même de plus en plus avec l'américaine, laquelle a pris depuis 20 ans une tangente néo-conservatrice. Adams l'a clarionné dans *Fire and Ice* (Penguin Canada), un livre au titre fort, qui décrypte, à partir d'enquêtes d'opinion, les différences entre les deux pays nord-américains. Par exemple, le sentiment religieux décline au Canada et progresse aux États-Unis. « Nous pouvons faire du commerce avec les Américains, regarder leurs films et leur télévision et admirer leurs idoles, mais non seulement nous restons malgré tout Canadiens dans les valeurs que nous chérissons, mais plus le temps passe et plus celles-ci deviennent de plus en plus canadiennes. » Mariage gai, décriminalisation de la marijuana : le côté « hippy nation » du Canada, selon le terme de la militante de gauche Naomi Klein (auteur de *No Logo*), tend à l'emporter.

Optimiste, le chroniqueur Lawrence Martin dit que les craintes d'être annexé par les Américains « ne sont plus réalistes ». Au contraire, « nous sommes en train de devenir un vrai pays nordique », lequel pourra, dans les prochaines décennies, diversifier ses échanges avec d'autres superpuissances comme la Chine ou l'Union européenne et profiter de ses richesses autrefois insoupçonnées, comme les gisements de diamant.

Le NON

Un point tournant, pour l'identité du ROC, fut le Non du Canada aux États-Unis sur l'Irak, en 2003. Peu après les attentats de septembre 2001, Michael Bliss s'interrogeait : « la souveraineté serait-elle une autre de ces moribondes illusions canadiennes ? » Le gouvernement Chrétien avait beau insister pour dire qu'il ne suivrait pas automatiquement les États-Unis dans ses aventures belliqueuses, « mais dans la réalité, il ne pourrait faire grand chose d'autre », avait prédit Bliss. « En théorie, nous pourrions exercer notre droit d'être différents », écrivait-il , mais « le prix à payer serait trop élevé », ce pourquoi, selon Bliss, on suivrait assurément les Américains. Peu après que le Canada eut décidé de ne pas joindre l'effort de guerre des deux plus grands pays de « l'anglosphère » (confrérie des pays anglosaxons), un autre historien canadien anglais, Jack Granatstein, se disait

terrifié : « les Américains sont plus que jamais furieux à l'endroit du Canada et lorsque la poussière retombera sur l'Irak, ils se vengeront ».

Or, deux ans plus tard, les habitants du ROC constatent que « le ciel n'est pas tombé sur la tête du Canada », comme le souligne la chroniqueuse Chantal Hébert. Cela a d'ailleurs facilité la décision de ne pas adhérer au bouclier anti-missile. Lawrence Martin fait remarquer qu'à ce propos, l'opinion populaire a largement précédé celle des élites. Et se maintient dans son opposition, malgré l'attitude des voisins du sud sur la question de la vache folle, par exemple. Au Canada, la presse est de droite et le peuple, de gauche et patriotique, dit Martin en s'étonnant qu'aucun journal ou presque, dans le ROC, n'ait appuyé la décision de Paul Martin de dire « non merci » au bouclier anti-missile. Ces craintes des élites à l'égard des États-Unis révèlent selon lui « que des traces de colonialisme subsistent dans les classes favorisées ». Sur l'Irak, rappelle-t-il, « 85 % des Québécois appuyaient Chrétien. Mais il faut savoir qu'ils étaient aussi 71 % dans le ROC à soutenir le premier ministre », ajoute-t-il. En fait, seule l'Alberta, l'unique « État rouge » – c'est-à-dire républicain – voulait en majorité suivre les États-Unis.

Le *National Post* démenti

Revenons à la fin des années 90, marquées par les critiques acerbes du *National Post* à l'endroit du Canada, qualifié de « canukistan socialiste » voué à la faillite. Le journal de droite n'en finissait plus de dire que les Canadiens étaient trop taxés, que l'État y était trop présent, pas assez productifs, que les cerveaux s'exilaient au sud, etc.. Bliss, encore, parlait du Canada comme d'un pays « mal géré, mal gouverné, où la dénégation est un mode de vie, où la médiocrité passe pour de l'excellence, où la politique de l'abandon à la petite semaine devient la norme ».

Or aujourd'hui, le *Post* a adouci sa ligne éditoriale, entre autres parce qu'il avait perdu nombre de lecteurs, note Chantal Hébert. Souvenons-nous que ce journal, sorti de la cuisse de Conrad Black, avait démarré en lion, défendant avec verve une vision néo-conservatrice du Canada. Black y publiait de grands papiers faisant la leçon au Canada de Chrétien « socialisant » et peu productif. Aujourd'hui, le journal n'appartient plus à l'arrogant magnat... il a été acheté par un admirateur de Jean Chrétien. Et Black? Il est totalement déchu, poursuivi pour une affaire de « cleptocratie d'entreprise », croqué par des caméras de surveillance en train de dissimuler des boîtes de documents. Son sort rappelle les affaires Enron. Sans compter que c'est l'État Bush au sud, son modèle, qui multiplie les déficits et voit la valeur de sa monnaie chuter.

Utopie réalisée

Ainsi, devant ces succès, les chroniqueurs, commentateurs et intellectuels qui ont le haut du pavé dans le ROC célèbrent le Canada comme un modèle à exporter. Comme le philosophe de l'Université de Toronto, Joseph Heath, qui a remporté un succès considérable avec son essai *The Efficient Society*, dont le sous-titre était « pourquoi le Canada est le pays qui se rapproche le plus de l'utopie ». Selon lui, le Canada a su trouver un « équilibre durable » entre intervention de l'État et la main invisible du

marché. Les classements du « meilleur pays » de l'ONU l'ont démontré, disait-il. « J'ai écrit ce livre parce que je voulais dire que l'on perdait beaucoup à imiter les États-Unis », dit Heath, qui constate que son point de vue est beaucoup plus partagé dans le ROC qu'il y a cinq ans.

Le philosophe rappelle aussi que l'arrivée massive d'immigrants depuis les années 80 avait fait craindre le pire à de nombreux Canadiens, notamment l'essayiste Richard Gwyn et l'écrivain Neil Bissoondath. « Or, dit Heath, ça se passe plutôt bien. En tout cas, les taux de crime n'ont pas augmenté. L'intégration se fait. » Cette idée d'un multiculturalisme « réussi » revient régulièrement dans le ROC. Un autre philosophe, Will Kymlicka, s'est fait le théoricien et parfois le porte-parole, de cette réussite canadienne, bien qu'il nuance son constat.

Une mission universelle

D'autres ne s'embarrassent pas de nuances. « Le monde nous regarde », disait l'intellectuel Michael Ignatieff lors d'une grande conférence au congrès du Parti libéral du Canada, à l'hiver. « Si nous échouons, l'avenir des États multilingues et multiculturels s'annonce sombre, dans l'ère moderne. Du Sri Lanka à l'Irak, de l'Afrique du sud à l'Ukraine, nous pouvons aider à promouvoir le fédéralisme démocratique. » La politique étrangère canadienne, poursuivait-il, doit chercher à exporter « la paix, l'ordre et le bon gouvernement » [les mots clé de la constitution canadienne]. Bref, elle doit viser à « répandre le rêve canadien » dans le reste du monde. Notamment par une action internationale « à la Pearson », la signature de traités (comme celui d'Ottawa sur les mines anti-personnel), le Canada pourrait transformer le monde. Ce type de position, courante dans le ROC, sont consignées dans le livre *At Home in The World* de Jennifer Welsh, une spécialiste canadienne en relations internationales, qui enseigne à Oxford, conseille Paul Martin et qui a rédigé en partie la nouvelle politique canadienne en matière de relations étrangères.

« C'est incroyable, le Canada devient chez certains un modèle universalisable! », réagit Philip Resnick, en rapportant que Will Kymlicka est déjà allé jusqu'à parler de « canadianisation du monde ». Selon le politologue, « il y a un nouveau messianisme qui s'ignore ici », soulignant que c'est habituellement les grandes nations comme les États-Unis et la France qui ont eu ce genre d'ambition. « Mon sens critique m'oblige à me montrer sceptique », dit Resnick, déplorant cette « naïveté ».

Européanisation

Alors que le *National Post* répétait sans cesse, jadis, que « les cerveaux canadiens s'exilaient au sud », ce sont des Américains des « États bleus » – ces « blue states » qui ont voté pour le démocrate John Kerry après la réélection de George Bush, qui se sont mis à envisager de déménager au Canada. Le site Web d'immigration Canada a été pris d'assaut dès l'annonce des résultats. « Ce fut un symbole très fort qui conforta bien des Canadiens dans leur sentiment qu'ils avaient le bon modèle », dit Joseph Heath. Autre symbole : des indépendantistes du Vermont ont réclamé le rattachement au Canada. Aux lendemains de l'élection, le *Toronto Star* publia même une carte fictive où

les frontières de l'Amérique du Nord étaient totalement redessinées. En haut, on trouvait un gros pays, le « United States of Canada », formé des 10 provinces canadiennes et des fameux blues states américains ayant refusé Bush. En bas, le Texas et ses États acolytes constituaient le « Jesusland ».

Cette vision des choses n'est pas qu'imaginaire, semble-t-il. Dans la revue canadienne *The Walrus*, en février 2005, l'intellectuel américain très connu Jeremy Rifkin signait un long article où il décrivait dans le menu détail tous les liens transfrontaliers qui sont en train de se forger entre les « États bleus » et les provinces canadiennes, entre autres grâce aux traités de libre-échange. Son propos : démontrer que les États bleus et le Canada forment une majorité sur ce continent et que celle-ci pourrait un jour former une « Nouvelle union nord américaine »! Et le rêve de cette majorité est... européen. « Lors de mes récents voyages au Canada, j'ai été impressionné par le fait que les valeurs canadiennes s'apparentent à celles de l'Europe qui se fait. Au fond, le rêve européen pourrait bien se qualifier de rêve canadien », écrit Rifkin. L'idée est dans l'air, faut croire, puisque Philip Resnick a publié début 2005 un petit livre, *The European Roots of Canadian Identity* (Broadview Press) où il fait ressortir les « nombreux aspects selon lesquels le Canada est un pays plus européen que les États-Unis ».

Michael Adams va plus loin. C'est maintenant le vieux continent qui lorgne de ce côté : « le Canada, c'est le type d'endroit que l'Europe souhaite devenir. Et ça, les États-Unis ne s'en rendent pas compte. Nous avons un secteur public très fort, dans lequel une forte majorité de citoyens et de politiciens veulent investir (...). Nous sommes en fait une solution qui cherche un problème. Bien sûr, tout n'est pas parfait ici, mais ça va pas mal bien, il faut l'avouer », lance le sondeur.

La « nouvelle assurance » du Canada anglais n'est toutefois pas à toute épreuve. Philip Resnick insite pour dire que « le questionnement sur sa propre identité », « l'incertitude quant à l'avenir », bref la définition du Canada de Robertson Davies, demeure malgré tout importante.

Michael Adams, lui aussi, concède que certaines choses pourraient venir gâcher cette belle période : « le Québec pourrait décider de se séparer avant la fin de la décennie. Les États-Unis pourraient tomber en crise économique grave. Et un autre important attentat terroriste au sud aurait pour conséquence de réduire de beaucoup notre marge de manœuvre. »

Grâce au Québec

Cette identité qui rend les habitants du ROC si confiants aujourd'hui serait-elle en grande partie québécoise? Plusieurs l'affirment. La conviction que le marché ne peut être laissé à lui-même et que l'État peut très bien intervenir dans l'économie; le pacifisme et la promotion du droit international; le contrôle des armes à feu; les politiques sociales post-modernes ultra-individualistes, presque libertaires à certains égards, comme sur la décriminalisation de la marijuana; la méfiance croissante envers le religieux; l'extrême « tolérance » sur les questions sociales : mariage homosexuel, divorce, avortement, etc. : sur toutes ces questions, le Québec a les positions les plus radi-

cales au Canada, comme le confirme le sondeur Michael Adams.

Le ROC a toujours beaucoup puisé au Québec, rappelle pour sa part le chercheur de l'ÉNAP Christian Dufour, qui réfléchit à cette dynamique depuis une vingtaine d'années. Le politologue Daniel Latouche, lui, dit carrément que « c'est le Québec qui a cré le ROC, comme quoi il faut toujours tout faire dans la vie! Malheureusement, j'ai bien peur que notre "création" ne nous soit pas très reconnaissante ».

Pas si vite. Lawrence Martin est de ceux qui soulignent que le Québec a eu une influence sur l'ensemble du Canada en l'entraînant vers le « centre-gauche ». Martin rappelle que la culture politique québécoise, est « plus étatiste et plus influencée par les courants européens que les autres parties du Canada ». C'est pourquoi, depuis la révolution tranquille, les courants politiques conservateurs canadiens se sont heurtés à l'influence québécoise et les « Westerners ont toute les raisons du monde d'être amers ».

En décembre 2004, dans une chronique du *Globe and Mail*, Martin écrivait : « bien que le mouvement souverainiste ait presque détruit le pays, c'est l'excès même du pouvoir québécois à Ottawa qui a préservé ce même pays. » En effet, expliquait-il, si, pendant toutes ces décennies, les dirigeants canadiens avaient été des conservateurs de l'Ouest nullement contraint à cultiver de base électorale au Québec, « quel sorte de pays aurions-nous ? ». D'une part, supputait Martin, le Québec aurait peut-être déjà fait sécession. D'autre part, le Canada dans son ensemble aurait été beaucoup moins différent des États-Unis qu'à l'heure actuelle; il aurait en tout cas été moins épris « de droits linguistiques, de justice sociale et d'autres valeurs progressistes ».

L'APRÈS-GOMERY

Mais tout cela, c'était avant Gomery, nous l'avons dit. Plus précisément avant ce mois de mars 2005 où le désormais célèbre juge entama ses audiences à Montréal. Avant les bombes de Jean Brault et les incroyables révélations de Benoit Corbeil sur le «réseau libéral» et le «référendum volé».

Fin avril, début mai, un, puis deux sondages indiquent un «effet Gomery » dans l'opinion québécoise. La souveraineté passe la barre des 50 % dans l'opinion. Une des deux grandes angoisses du ROC, «l'éclatement», remontre donc le bout de son nez.

C'est alors que quelques voies extrêmement marginales du ROC, inouïes dans les précédentes crises, tentent d'évoquer une nouvelle voie : la souveraineté du Québec est « inévitable ». D'ailleurs, «elle est déjà en grande partie réalisée». Il faut «donner raison» au chef bloquiste Gilles Duceppe: « Le reste du Canada et le Québec seraient plus heureux séparés qu'unis. » « Divorçons de façon amicale. » Ces phrases sont de plumes connues comme Paul Jackson, du *Calgary Sun* et Richard Gwyn, du *Toronto Star*. Pour ce dernier, «il est difficile pour les Canadiens de le reconnaître», mais le Québec, depuis la Révolution tranquille, est lancé dans un processus qui le sépare du Canada graduellement, sans grande rupture. Une séparation « à la canadienne », dit Gwyn, parce qu'elle s'apparente à la façon dont le Canada a lentement coupé les ponts avec la Grande-Bretagne tout en maintenant quelques liens symboliques.

Colère

Mais contrairement à Gwyn et Jackson, la quasi totalité des commentateurs et éditorialistes du Canada anglais ragent.

Lawrence Martin, dans le *Globe and Mail*, affirme qu'il y a eu le plan A, fait d'«apaisement»; le plan B, lui, consistait à riposter aux séparatistes. « Ne serait-il pas temps de passer au plan C, pour "couper les vivres"? Plus un sou d'Ottawa » au Bloc québécois.

Tout autant exaspéré, le chroniqueur humoristique du *Toronto Star*, en juin, écrit qu'avant un troisième référendum, le TRRROC («The Rip-Snorting, Raring-to-Go, Red-Blooded Rest of Canada», autrement dit, le ROC très déterminé) devrait sortir le Québec de son indécision chronique et tenir un référendum. La question? «Il faudra la formuler soigneusement pour respecter la Loi sur la clarté. »

Slinger propose : « Devrait-on se débarrasser du Québec? » Se disant exaspéré par la Belle Province, ses hésitations et ses menaces incessantes, Slinger écrit que le thème de la campagne du OUI serait simple : «Goodbye! », ou encore : « Enlevez-nous de votre chemin ».

Et si le Québec part? Première conséquence à court terme: la fin du français, puisque cette langue, sur ce continent, «ne peut pas plus survivre en dehors du Canada qu'un poisson sur une table de snooker». Par ailleurs, les avantages pour le ROC seront considérables : ce sera «la fin des paiements de transfert. Nous pourrons avoir plus d'argent dans nos poches, tellement que chaque Torontois pourra être propriétaire de son propre wagon de métro», dit Slinger.

Heureusement, la clarté

Plusieurs, comme le *Globe and Mail*, en éditorial, s'accrochent à un espoir : «heureusement qu'il y a la clarté», cette loi fédérale imposant une question claire et une majorité claire. À l'approche de la fête de la Saint-Jean-Baptiste, par exemple, dans un éditorial, le *Toronto Star* commente la décision de Gilles Duceppe de renoncer au leadership du PQ et de rester à Ottawa. Certes, il s'agit d'un «soulagement pour les fédéralistes du Québec». Le chef du Bloc demeure toutefois une «véritable menace à l'intégrité du pays», opine le *Star*. Et il faut sans tarder déployer l'énergie nécessaire pour défendre le Canada au Québec. D'abord, on doit rappeler la Loi sur la clarté, qui impose aux souverainistes les règles du jeu, de la majorité claire à une question claire. Ensuite, « il faut qu'on répète aux Québécois que dans l'année qui a suivi le référendum de 1995, le Parlement a adopté une résolution qui reconnaissait que le Québec était une "société distincte" ainsi qu'une loi qui conférait au Québec, à l'Ontario, à la Colombie-Britannique et à chacune des deux régions un veto sur tout changement constitutionnel». Le *Star* somme les fédéralistes: ils doivent faire prendre conscience aux Québécois que le Canada est «un des pays les plus libres du monde» et que

c'est «une réussite». «Nous ne devons pas nous comporter en somnambules» comme en 1995, conclut le *Star*.

Mais qui parlera pour le Canada? Cette question angoissait le *Toronto Star*, dès juin. Selon le *Star*, rien ne garantit que les Québécois rejetteront encore une fois la souveraineté. Les circonstances ne sont plus celles de 1980 ou de 1995. *Star* souligne que «jamais les Québécois n'ont éprouvé autant d'antipathie envers les libéraux fédéraux». Et les conservateurs de Stephen Harper leur sont étrangers. Le *Star* estime donc que les Canadiens doivent montrer aux Québécois «qu'on peut leur faire une meilleure place au Canada», mais «sans tomber dans la complaisance». Ottawa et le ROC, selon le *Star*, doivent pleinement participer au débat à venir afin de «remettre en question les arguments des souverainistes». Et ça prendra un leadership fort. Mais à qui faire confiance? «Paul Martin a-t-il ce qu'il faut pour gérer le dossier de la souveraineté? Le ministre des Transports, Jean Lapierre, est-il la bonne personne pour diriger l'équipe du gouvernement national au Québec? Le ministre de l'Environnement, Stéphane Dion, à qui Paul Martin a décidé de retirer son rôle de lieutenant québécois parce qu'il était un fidèle de Jean Chrétien, ne doit-il pas avoir un rôle plus important au Québec?» À ces questions, le *Star*, à l'époque, disait ne pas avoir de réponses.

Gageons que l'angoisse les conduira à y répondre assez rapidement.

Notes

1 Nous nous sommes penché sur ce trait dans « Le Canada anglais : une petite nation qui s'ignore », texte sur l'état du Canada anglais dans *L'Annuaire du Québec 2003*, éditions Fidès, Montréal, 2002, pages 649-663.

La participation populaire à la réforme électorale
en Colombie-Britannique :

Quelles leçons pour le Québec ?

Henry Milner
Politologue, Collège Vanier et Université Laval

Peu de gens nient le fait que le déficit démocratique soit particulièrement grand au Canada. Le taux de participation aux élections a atteint le niveau très bas de 60 %, inégalé jusqu'alors, lors de l'élection fédérale générale de 2004, plus bas pour la première fois que celui des États-Unis la même année. Et puisque nous savons que cette baisse est due en grande partie à un manque d'intérêt générationnel pour la politique électorale[1], nous devons nous attendre à ce que le taux continue de chuter. Il n'est ainsi pas étonnant que l'on considère la manière spécifique dont fonctionnent les élections, le système électoral, comme étant un élément du problème, et que beaucoup de gens – pas seulement les experts – croient que pour régler le problème du déficit démocratique, on doive commencer par réformer le système électoral.

Il y a cinq ans le Canada était considéré comme le dernier bastion du système électoral majoritaire à un tour, hérité de la Grande-Bretagne. Ceci a changé considérablement depuis lors[2]. En effet, il y a des raisons de croire que 2006 s'avérera être une année décisive pour la réforme électorale. Si l'élan remarquable des deux dernières années n'est pas perdu, la prochaine année pourrait marquer le début de la fin du système britannique du « premier-à-la-ligne-d'arrivée ».

À l'Île-du-Prince-Édouard, à la suite d'une consultation publique, un nouveau système électoral sera soumis au plébiscite d'ici novembre prochain. Un processus semblable est prévu au Nouveau-Brunswick où un rapport réclamant une réforme électorale a été soumis par une Commission royale au début de 2005. Même le Parlement fédéral est entré dans la partie : une Commission parlementaire, qui s'adjoindra des citoyens qui n'auront pas droit de vote, consultera les Canadiens à cet effet cet automne. Elle a entre les mains une proposition concrète pour établir un nouveau système électoral formulé par la Commission du droit du Canada.

Cette approche fédérale ressemble à celle du Québec, où une Commission de l'Assemblée nationale, qui s'adjoindra également des représentants non votants des citoyens, sollicitera l'avis de la population et des organismes et experts québécois cet automne. Et les législateurs québécois, contrairement à leurs homologues d'ailleurs, ont devant eux un projet de loi qui présente en détail un nouveau système électoral. Le Québec propose un système électoral mixte compensatoire (SMC) pour l'élection des 125 législateurs, dont 75 représenteraient différentes circonscriptions, et les autres seraient des représentants régionaux distribués de façon compensatoire pour assurer une représentation proportionnelle des partis. Si tout se produit tel que prévu, l'Assemblée nationale adoptera un nouveau système électoral avant la fin de 2006.

Dans cet article, j'examine ce qui se passe ailleurs au Canada afin de jeter la lumière sur la réforme électorale au Québec. D'une manière générale, les développements au Québec s'inscrivent autour d'un consensus naissant sur la version particulière de SMC utilisée pour élire les membres du Parlement écossais - bien qu'il y ait des différences dans les versions proposées pour le Nouveau-Brunswick, l'Île-du-Prince-Édouard, le Québec et (par la Commission du droit) pour la Chambre des communes.

Au Nouveau-Brunswick, le premier ministre a nommé une Commission de démocratie législative de neuf personnes, qui a réclamé un SMC de 36 représentants élus sur la base d'un système de « winner-take-all » (le vainqueur rafle tous les sièges), dans différents comtés de vote, et 20 représentants sur une base régionale élargie. Pour sa part, la Commission de l'Île-du-Prince-Édouard a également recommandé un SMC, suggérant qu'il y ait 21 sièges de comté et 10 sièges de liste. La proportion de sièges de liste est de moins que le tiers proposé par la Commission du droit. La version du Québec se distingue par la petite taille des comtés régionaux proposés. Elle propose que le territoire québécois soit découpé en 26 comtés électoraux, chacun devant comporter, en moyenne, 3 circonscriptions électorales fortement inspirées de celles utilisées lors des élections fédérales, ainsi que 2 députés de liste représentant le comté.

Puisque la proportion de voix requises pour se qualifier pour un siège compensatoire est élevée dans le cadre de ce découpage, elle impose un seuil qui est trop élevé et qui constitue un obstacle à la fois inutile et illégitime pour les petits partis qui cherchent à être représentés à la législature (je reviens à cette question dans la section de conclusion).

L'expérience la plus innovatrice jusqu'ici est celle de la province de Colombie-Britannique (CB), particulièrement en raison de la façon dont elle a mené la consultation populaire par laquelle le nouveau système a été identifié. En effet, le processus a rayonné bien au-delà des frontières de la CB ou même du Canada.

La réforme a été remise entre les mains d'une « assemblée » de citoyens ordinaires qui devaient décider quelle proposition devrait être présentée aux électeurs dans un référendum obligatoire. Au moment où j'écris ces lignes, l'Ontario se prépare à lancer un procédé semblable.

Dans cet article, j'examine l'expérience de la CB pour étudier le rapport entre la méthode choisie pour faire participer des citoyens et les résultats obtenus, c'est-à-dire le système électoral proposé. Plus spécifiquement, j'avance que la méthode de participation populaire choisie explique en quoi la proposition de la CB est une version du système de VUT (vote unique transférable) utilisé en Irlande et à Malte et dans des régions de l'Australie, dans lesquelles les électeurs établissent un ordre de priorité des candidats dans des comtés à plusieurs députés. Le VUT (STV en anglais - Single Transferable Vote) est une forme de système électoral qui offre le choix le plus large possible aux électeurs. Je démontrerai que ce n'est pas un hasard que le processus décisionnel, qui a maximisé la participation citoyenne en CB, en soit arrivé à choisir un système de VUT, une proposition tout à fait inattendue et peu commune.

Dans d'autres cas de réforme électorale, le choix adopté ou proposé s'apparente à une forme du système de SMC conçu en Allemagne. Ceux-ci incluent la Nouvelle-Zélande, l'Écosse, le Pays de Galles, le Québec, l'Île-du-Prince-Édouard, le Nouveau-Brunswick et le Parlement fédéral canadien. L'avantage comparatif du SMC par rapport aux autres systèmes proportionnels est qu'il maintient le lien entre l'électeur et son représentant (lien qui existe dans notre système actuel), car plus de la moitié des sièges à combler sont des sièges simples de comté. Cet avantage n'était cependant pas suffisamment grand aux yeux de l'Assemblée des citoyens de la CB, qui ont plutôt choisi une forme de VUT.

L'Assemblée des citoyens de la Colombie-Britannique

Tout a commencé en 1996 lorsque, même s'il avait remporté plus de voix qu'à l'élection précédente, le chef libéral de la CB, Gordon Campbell, a été défait aux élections législatives. Il a promis que, s'il était élu la fois prochaine, il proposerait aux citoyens une réforme du système électoral. Après avoir pris le pouvoir en 2001, remportant tous les sièges de l'Assemblée législative sauf deux, il a tenu parole, mandatant aussitôt l'ancien chef libéral Gordon Gibson pour qu'il explore les différentes façons de mener une consultation publique. La proposition de Gibson de créer une « Assemblée des citoyens » a été par la suite approuvée par la législature de la CB, qui a nommé Jack Blaney, ancien président de l'université de Simon Fraser, comme président de l'Assemblée. La composition de l'Assemblée a reflété la volonté de garder le processus de la réforme électorale hors des mains des politiciens et de leurs intérêts personnels : toute personne impliquée en politique partisane a été exclue.

Une invitation a été envoyée à un échantillon aléatoire de 200 électeurs de chaque comté électoral (préparé par Elections BC), stratifié par sexe et par âge. Parmi ceux qui ont accepté, dix hommes et dix femmes ont été choisis au hasard et invités à assister à des réunions régionales d'information. À la fin de la réunion, parmi ceux qui ont choisi de continuer, un homme et une femme ont été choisis au hasard pour chaque comté. Ont également été ajoutés aux 158 choisis ainsi deux autochtones parmi ceux qui s'étaient rendus à la dernière étape de sélection aléatoire, car aucun n'avait été tiré au sort. En général, le groupe était tout à fait représentatif de la population de la CB, – excepté que les membres de l'Assemblée étaient davantage impliqués dans leur communauté que la moyenne des gens. L'agent de recherche principal de l'Assemblée, Ken Carty, les décrit comme suit:

«Tout comme les Britanno-Colombiens, ils sont de partout dans le monde (40% sont nés dans la province, 30% dans le reste du Canada et 30% à l'étranger) mais, à la différence de la législature de la province, les membres sont équitablement répartis entre les sexes. L'adhésion à l'Assemblée a impliqué un engagement important de temps et d'énergie - les membres ont passé au moins 30 jours pendant 2004 sur le travail de l'Assemblée - ainsi, il n'est pas étonnant de constater que ceux qui ont accepté de participer avaient déjà un niveau élevé d'engagement social. Presque tous étaient des voteurs assidus et 90% d'entre eux ont signalé qu'ils étaient bénévoles dans des associations communautaires locales, certains étant même actifs dans différents plusieurs groupes locaux... Les membres de l'Assemblée avaient donc d'emblée de bonnes connaissances en politique canadienne, mais la majorité en connaissait relativement peu sur d'autres systèmes électoraux, et la plupart d'entre eux ne pouvaient pas identifier les pays dans lesquels différents types de systèmes ont été employés[3].»

Les 160 membres de l'Assemblée recevaient un remboursement pour leurs dépenses et pour la garde de leurs enfants, ainsi que des honoraires de 150 dollars par jour de travail. L'Assemblée des citoyens a commencé sa phase d'é-

tude lors de six week-ends à Vancouver (entre le 10 janvier et le 21 mars 2004), suivis de 49 auditions publiques qui ont eu lieu dans des centres régionaux à travers la province en mai et en juin. L'Assemblée a d'abord publié un «Rapport préliminaire aux personnes de Colombie-Britannique» de huit pages, présentant des arguments pour et contre la réforme et invitant tous les citoyens à y contribuer. En réponse à son appel, l'Assemblée a reçu 1 603 soumissions publiques écrites. Après le congé estival, les discussions finales ont continué pendant l'automne, et plusieurs semaines furent consacrées à la fin à l'élaboration des recommandations et à leur présentation au Procureur général le 15 décembre 2004.

Il n'est pas étonnant que l'Assemblée ait choisi de proposer un véritable changement; des observateurs ont d'ailleurs rapporté un haut niveau d'enthousiasme parmi ses membres. Des rapports ont suggéré qu'ils tenaient absolument à ce que le fruit de leurs efforts soit réellement mis en application, ce qui les a obligés à soumettre une proposition susceptible d'être approuvée par 60% d'électeurs, avec un appui majoritaire de 60% des comtés, suivant les exigences de la loi référendaire. Ceci excluait des aspects qui pouvaient provoquer l'opposition, telle l'augmentation du nombre de membres de la législature, ou l'imposition de quotas pour les femmes.

Après avoir restreint leur choix au SMC et au VUT, les membres de l'Assemblée se sont réunis à l'automne pour deux week-ends afin de concevoir un modèle pour chacun des deux modes de scrutin. Ces réunions plénières étaient ouvertes au public: entrée libre, premier arrivé, premier servi. Bien qu'elles aient été télévisées, ces réunions étaient tellement populaires qu'il était nécessaire d'arriver bien avant le début afin d'obtenir un siège dans l'auditorium où elles étaient tenues. Les premières réunions, qui ont eu lieu les 25 et 26 septembre, devaient élaborer un concept pour un modèle de VUT. Dans ses communiqués suivant la session, l'Assemblée a décrit ce modèle comme suit :

« Les électeurs choisiraient les candidats en ordre de préférence en numérotant les candidats sur le bulletin de VUT (1, 2, 3, etc.). Les votes seraient alors comptés d'une manière à assurer que les candidats obtenant le plus de préférences soient élus. Par consensus, les membres de l'Assemblée ont proposé qu'il y ait 2 ou 3 députés pour des comtés nordiques et éloignés, et jusqu'à 7 dans des secteurs urbains denses. Les frontières des comtés devraient être redessinées par une commission provinciale de frontières... À quoi les bulletins de vote du VUT ressembleraient-ils ? Les membres de l'Assemblée ont proposé que les noms des candidats soient groupés sous des étiquettes de parti, mais que les noms soient en ordre aléatoire plutôt qu'alphabétique. Et l'ordre aléatoire tournerait, de sorte qu'aucun candidat n'obtienne toujours la très convoitée première place sur le bulletin de vote. Cela signifie que plus d'une version du bulletin de vote devrait être imprimée pour chaque comté. Le VUT change selon le nombre de candidats que l'électeur doit numéroter. Avec ce système, vous pourriez voter pour un ou plusieurs...

Et qu'arriverait-il si un siège se libérait entre deux élections générales ?

Les membres de l'Assemblée ont décidé que des élections partielles devraient être tenues (plutôt que de redépouiller les bulletins originaux et de recompter les préférences des électeurs). De telles élections partielles devraient employer un système alternatif de voix (AV), ont précisé les membres de l'Assemblée. Dans ce cas, les électeurs rangent également des candidats numériquement. Mais si aucun candidat ne gagne plus de 50 % des votes au premier comptage, les deuxièmes préférences énumérées sur les votes du candidat ayant le moins réussi sont distribuées parmi les candidats restants. Ce processus continue jusqu'à ce qu'un candidat ait une majorité de voix[4]. »

Les membres de l'Assemblée ont passé le week-end des 16 et 17 octobre à concevoir leur version d'un système électoral mixte compensatoire (SMC). Dans ses communiqués suivant la session, l'Assemblée l'a décrit comme suit :

« Avec le modèle de SMC conçu par les membres de l'Assemblée, 60 % des 79 députés de la CB seraient élus directement comme représentants d'une circonscription électorale. Une conséquence serait l'agrandissement des circonscriptions. Les 40 % restants viendraient des listes de noms préparées par les partis, avec des sièges assignés de sorte que, à la fin, la part de sièges de chaque parti reflète sa part de voix populaires... Les électeurs auraient donc deux choix à faire sur leur bulletin, le premier pour un représentant de circonscription et le second pour un candidat provenant des listes de parti... Les électeurs voteraient pour des candidats de listes de partis de leur région.

Mais des sièges de liste seraient assignés en fonction des votes à la grandeur de la province, afin d'assurer la proportionnalité. Les listes de parti seraient « ouvertes », et les électeurs pourraient numéroter les candidats sur la liste en fonction de leurs préférences... Les députés de circonscription seraient élus par un système alternatif de voix (AV). Sous le système AV, les électeurs classent les candidats en mettant 1, 2, 3, etc. à côté de leurs noms. Mais si aucun candidat ne gagne la majorité des votes au premier comptage, les deuxièmes préférences énumérées sur les votes du candidat ayant le moins réussi sont distribuées parmi les candidats restants. Ce processus continue jusqu'à ce qu'un candidat ait une majorité de voix[5]. »

En réalité, aucun système de SMC n'offre à des électeurs autant de choix que celui proposé par l'Assemblée. Tout comme leur version du VUT, tel que nous le verrons, l'application d'un tel système affaiblirait les partis politiques en limitant leur capacité à établir des priorités par leur choix des listes et des candidats. En outre, augmenter les choix des électeurs de cette manière rendrait la participation aux élections complexe, et découragerait presque certainement les électeurs de voter.

Samedi le 23 octobre 2004, le VUT a supplanté le SMC et a été choisi par l'Assemblée des citoyens, par un vote de 123 voix contre 31. Afin d'expliquer ce choix, il faut notamment souligner l'argumentation importante en faveur du VUT présentée par le partisan le plus visible de la réforme, Nick Loenen, chef de l'organisation Fair Voting BC. Également, Ken Carty, l'agent de recherche en chef de l'Assemblée, est professeur de science politique à l'université de Colombie-Britannique et l'auteur d'un livre sur la réforme électorale irlandaise. Son adjointe, Campbell Sharman, est une spécialiste australienne de la science politique vivant au Canada, et connaît particulièrement bien les VUT utilisés dans plusieurs états australiens aussi bien que dans des élections nationales pour le Sénat.

Bien qu'il offre un vaste choix de candidats, leur version du SMC a été rejetée par les membres de l'Assemblée, car elle accorde une trop grande importance aux partis politiques. Le premier rapport du représentant du VUT pour le site Internet de l'Assemblée énonce cette orientation clairement : « Pour moi, il s'agit d'une question de démocratie... À mon avis, les élections portent sur la personne qui me représente moi et mes intérêts. Je n'ai pas encore trouvé un parti qui me représente vraiment, et ce en quoi je crois vraiment. Je vois le VUT comme me permettant de voter pour un candidat qui représente le plus étroitement ce que j'aime et quelles questions je voudrais voir avancées. » Puis il ajoute : « Et la personne est redevable à nous et pas au parti ».

Après avoir préféré le VUT au SMC, choisir entre le VUT et le statu quo n'était qu'une formalité. Le jour suivant, l'Assemblée des citoyens a adopté leur version du VUT, et soumis comme recommandation aux personnes de Colombie-Britannique ; seuls 11 députés ont voté non. Après l'accord final, un rapport de 16 pages a été présenté le 10 décembre 2004 lors d'une réunion ouverte du Conseil des ministres à Victoria. Voici les mots que l'Assemblée a choisis afin de compléter son mandat :

Le 17 mai 2005, la question de référendum placée devant tous les électeurs sera celle-ci : « La Colombie-Britannique devrait-elle passer au système électoral de VUT tel que recommandé par l'Assemblée des citoyens sur la réforme électorale ? Oui/Non » (« Should British Columbia change to the BC-VUT electoral system as recommended by the Citizens' Assembly on Electoral Reform? Yes/No »)

La raison de ce choix est bien expliquée par Ken Carty. Abordant le sujet à la conférence de Mel Smith à l'université Trinity Western le 24 février 2005, Carty a comparé la proposition de la CB à « l'arrangement relativement conservateur du Québec, proposé par les experts et les professionnels de parti ».

« Lors du processus démocratique, les électeurs ont des priorités différentes. Soucieux d'assurer l'équité, le choix et la représentation, les citoyens sont susceptibles d'être plus enthousiastes au sujet du VUT que les politiciens professionnels car, entre autres, il leur promet :

Plus de choix : les électeurs peuvent classer les candidats dans l'ordre de leur choix, sélectionnant les candidats d'un seul parti ou plutôt des candidats parmi différents partis... L'utilisation de comtés à plusieurs députés donne à des partis une véritable raison de produire une équipe équilibrée de candidats qui reflète la diversité sociale et culturelle du comté.

Meilleure réaction : étant donné l'ouverture à la compétition à l'intérieur des partis, les politiciens doivent être encore plus sensibles à leurs électeurs afin de garder leurs sièges. Ceci marque la fin de l'ère des sièges garantis pour les politiciens.

Discipline de parti transformée : les partis doivent équilibrer leurs intérêts avec les intérêts électoraux de leurs membres. Ceci mine un modèle autoritaire centré sur le chef. Représentation proportionnelle : la part de sièges d'un parti reflète l'appui électoral qu'ils ont parmi le public...

Politique de coalition par opposition au modèle de confrontation : sachant qu'ils devront former un gouvernement de coalition, les partis sont ainsi incités à pratiquer de la politique d'accommodation.

Indépendants : c'est probablement le seul système électoral qui donne vraiment aux candidats indépendants une chance respectable d'être élus. »

Peu importe ce que l'on pense du résultat, le processus était fort impressionnant et les discussions et votes étaient menés publiquement par des citoyens dévoués. En fait, un seul des 160 membres de l'Assemblée des citoyens a démissionné avant la fin. Au cours des 14 week-ends (souvent de trois jours), 95 à 98 % des membres étaient présents. L'atmosphère, selon des observateurs, était généralement coopérative et marquée par le respect mutuel[6].

Le rapport a été publié dans sa version intégrale sur le site Internet de l'Assemblée, et des versions en chinois, en punjabi et en français ont été postées ultérieurement. Un bureau de l'information référendaire a été créé par le gouvernement – son budget de 810 000 dollars employé pour envoyer par la poste 1,7 million de dépliants et, plus tard, placer trois grandes publicités dans 140 journaux. Des copies du rapport ont également été distribuées à des bibliothèques, des centres mu-

nicipaux, des organismes gouvernementaux, des centres communautaires
et autochtones, des écoles et des universités, aux bureaux des députés, aux
archives provinciales et nationales et à
d'autres endroits.

Les implications de la décision de la Colombie-Britannique

Le VUT a gagné, car il est le plus individuel et le moins partisan des deux
modèles. Le chroniqueur Vaughn
Palmer du Sun de Vancouver a capté
l'esprit de l'Assemblée lorsqu'il a écrit
le 23 septembre : « Comme argument
de vente pour un nouveau système électoral, il serait difficile de faire mieux
que la présentation suivante faite par
l'un des membres de l'Assemblée des
citoyens sur la réforme électorale :
"Aucun parti politique ne préconisera
jamais cette option. Cela en soi est un
argument de force." » C'est Nick Loenen
qui a prononcé ces paroles… qui ré-
sonnent fortement avec l'Assemblée,
dont les membres semblent avoir aussi
peu d'estime pour les partis politiques
que pour le système électoral actuel. »
Considérez également les mots de
Gordon Gibson, dont le rapport a inauguré le processus de l'Assemblée des
citoyens, qui était clairement très
heureux de la décision qu'elle a prise.
Écrivant « Pourquoi les politiciens de
parti n'aiment pas le VUT » dans le Sun
de Vancouver le 14 décembre 2004,
Gibson énonce :

« Avec le nouveau système… les
électeurs classent les candidats sur le
bulletin de vote selon leur préférence…
Maintenant, prenez une circonscription à quatre députés, obtenant un
appui local de parti se situant autour de
la moyenne provinciale. Sachant que

chaque parti obtiendra seulement sa
« part » en pourcentage des quatre
sièges, les libéraux et le NPD nomi-
neront trois candidats chaque, et les
verts peut-être deux, ou un s'ils ne s'organisent pas comme il faut. Cela veut
dire… que les nominés libéraux ne font
pas la compétition uniquement au NPD
et aux verts, mais entre eux. Seuls deux
des trois libéraux et NDP seront élus et
encore moins si un vert se fait une
place. En général, cela signifie que les
électeurs peuvent choisir leur libéral ou
NDP préféré, pas le parti. »

Et puisque chacun veut profiter des
deuxièmes préférences des électeurs
dont le premier choix n'est pas compté
(parce que leur candidat favori a déjà
été déclaré élu, ou laissé tomber au bas
de la liste), il sera profitable pour
chaque candidat d'être respectueux envers ses adversaires. Nouveau paradigme en effet.

Dans la législature ainsi composée,
la discipline de parti sera moins importante. Pourquoi ? Car pour une
question donnée, le député Jones ou
Wong peut indiquer à son whip : « je ne
peux pas voter ainsi – mes électeurs
n'approuveront pas ». Et si le whip insiste sous peine d'expulsion du caucus,
le député peut répondre – avec beaucoup de crédibilité : « Bien, vous pouvez m'expulser, mais à la prochaine
élection, je me présenterai en tant
qu'indépendant – et je gagnerai ». »

Ma propre interprétation est davantage nuancée. L'idée originale d'éloigner la décision des politiciens était
bonne, courageuse, puisque les intérêts
partisans et personnels affectent inévitablement les jugements des politiciens sur cette question ; mais elle s'est
peut-être avérée trop bonne. L'ex-

clusion de tout individu ayant un lien ou de l'expérience avec les partis politiques a renforcé le préjugé populaire selon lequel les partis sont l'antithèse de la démocratie. À la différence de Gibson, je crois que plutôt que de de craindre les « boss de parti », l'évolution vers une démocratie plus représentative doit permettre aux partis de jouer leur rôle efficacement. Dans cette optique, une mauvaise estime des partis politiques est elle-même un problème. Je considère que le SMC est la meilleure solution de rechange, en partie parce que, à la différence du VUT, il ne met pas l'accent sur la méfiance populaire face à la politique partisane. Il ne rend pas avantageux, comme le fait le VUT en effet, que les candidats se présentent contre leur propre parti.

Je ne me soucie pas des « boss de parti », mais de la capacité d'électeurs ordinaires avec peu d'éducation ou de ressources d'obtenir le minimum d'information requis pour faire un choix éclairé. Je crains qu'avec le VUT, la participation aux élections serait inférieure qu'avec un système où les choix possibles sont simples et clairs. D'ailleurs, puisqu'il est fondé sur les candidats, le système de VUT favorise moins l'augmentation de la représentation des femmes. L'exemple de l'Irlande, où seulement 13 % des députés sont des femmes, et de Malte, où seulement 6 % des députés sont des femmes, illustre ce problème.

Malgré le fait que des partisans du SMC et d'autres systèmes électoraux alternatifs ont eu l'occasion de présenter leurs arguments, il est clair qu'il n'y a personne à l'Assemblée des citoyens capable d'opposer une vraie expérience personnelle aux sentiments négatifs des membres à l'égard des partis politiques. C'est d'autant plus apparent que la variante de VUT qui élit le Sénat australien – qui permet aux électeurs de voter « au-dessus de la ligne », c'est-à-dire pour tous les candidats proposés par leur parti préféré dans l'ordre proposé par ce parti – ne semble jamais avoir été considérée.

J'ajouterais que, à la différence d'une commission d'experts, les membres de l'Assemblée se sont naturellement perçus comme des citoyens ordinaires. Ils ont cru que leur mandat était de trouver un système électoral qui leur convienne à eux. Toutefois, alors qu'ils ont bien pu être des citoyens ordinaires au départ, quand est venue l'heure de décider de leur proposition, ils étaient beaucoup plus au courant des fonctionnements des systèmes électoraux que les citoyens ordinaires le sont ou pourrait jamais l'être. On ne pouvait cependant pas s'attendre à ce qu'ils se rendent compte de ce problème – c'est-à-dire qu'en choisissant un système adapté à eux, ils ne choisissaient plus un système adapté aux citoyens ordinaires.

Prenez par exemple le représentant des membres de l'Assemblée cité plus haut. Combien d'électeurs ordinaires ont l'information nécessaire pour conclure comme lui qu'aucun parti ne représente leurs intérêts et pour appuyer à la place un candidat spécifique « qui représente le plus étroitement ce que j'aime et quels sujets je voudrais voir avancés ».

Cela étant dit, si la proposition de l'Assemblée fait défaut à certains égards – de mon point de vue en tout cas – elle reste une amélioration claire par rapport au statu quo. Tout compté, bien que le processus ait abouti à un choix moins qu'optimal, il a accordé aux résultats une légitimité qui augmente sûrement les chances d'aboutir à un changement fort nécessaire.

Perspectives d'avenir

La légitimité du processus est reflétée dans les résultats du référendum. Même s'il n'a pas atteint le seuil artificiellement élevé de 60 %, les résultats sont partout perçus comme une approbation du changement. Cela est impressionnant, car trois mois avant le référendum, des sondages suggéraient que seulement la moitié des Britanno-Colombiens savaient qu'il y aurait un référendum, et de ceux-ci, presque les deux tiers ont indiqué qu'ils ne connaissaient rien au sujet de la proposition de réforme. L'ignorance a été légèrement compensée par les nombreux événements de sensibilisation qui ont eu lieu à l'approche du vote. Mais, simultanément, la campagne électorale a commencé en avril et les informations sur le référendum ont été étouffées par la couverture médiatique de la campagne.

Les partis politiques ont choisi de ne pas le commenter, se concentrant sur la campagne électorale. La seule exception, partielle, est la sortie du Parti vert qui, après avoir exprimé sa grande déception que le SMC soit rejeté et avoir choisi de rester neutre, a ensuite officieusement soutenu le camp du oui, car « n'importe quoi est meilleur que le statu quo ». Les partis politiques n'intervenant pas, Fair Voting BC a travaillé fort pour convaincre les électeurs ; aussi, de nombreux membres de l'Assemblée des citoyens se sont impliqués à titre individuel, certains se transformant momentanément en personnalités médiatiques. Le camp du non a semblé être moins bien organisé, quoique certains commentaires défavorables dans les médias ont donné l'impression d'une certaine coordination. Un groupe a émergé, nommé Know STV (« Connaître le SMC »), avec une base qui a semblé être composée principalement de supporters du NPD.

Personne n'a pu nier la victoire du oui, qui a obtenu 57,4 % du vote et une majorité de oui dans toutes les circonscriptions sauf deux. Cependant, le fait que le référendum n'ait pas tout à fait atteint les 60 % exigés laisse la question en suspens. Le peuple a parlé, mais pas assez fort, semblerait-il. Jusqu'ici, le premier ministre Campbell, qui a obtenu un second mandat, est resté effarouché. Quelques spécialistes ont suggéré que le gouvernement se dirige vers un système de SMC, par compromis ; mais jusqu'ici un tel compromis a été rejeté par les membres de l'Assemblée, pour qui c'est ignorer leur choix, approuvé par la population.

Il est certain qu'une action devra être entreprise. Et cette action aura des répercussions bien au-delà de la Colombie-Britannique. En premier lieu, elle incitera l'Ontario à agir, où le gouvernement a promis d'amener la question devant une assemblée de ses propres citoyens. Elle prévoie améliorer le modèle de la CB en instaurant des mécanismes d'éducation publique avant le référendum, en réduisant l'exclusion des partis politiques, en accroissant la diversité des personnes ressource et, surtout, en offrant plus d'options sur le bulletin de vote. Alors que je rédige ce texte, l'Ontario a fait passer un projet de loi qui autorise le commencement de la procédure de sélection en dressant des listes de noms aléatoires. Une fois que la CB et que l'Ontario auront agi, il sera plus difficile pour les libéraux fédéraux d'ignorer les résultats de la Commission parlementaire sur la réforme électorale.

... et le Québec ?

Il y a un mouvement bien organisé en faveur de la réforme électorale au Québec, particulièrement depuis les cinq dernières années. Je n'en décrirai pas l'évolution ici, mais je remarquerai que si la proposition actuelle est sur la table, c'est en grande partie en raison des mesures prises par ce mouvement. C'est à l'automne 2005 que la décision sera prise, et que ce mouvement devra décider de sa stratégie vis-à-vis de la proposition du gouvernement du Québec, que j'ai présentée en introduction.

Il est tentant pour certains de se servir de l'expérience de la CB afin de dénoncer le processus au Québec, de sorte qu'au lieu de laisser le peuple décider – sous forme d'une assemblée et d'un référendum de citoyens – le gouvernement du Québec s'est tourné vers les experts qui partagent ses opinions. À mon avis, adopter cette stratégie reviendrait à faire le jeu du Parti québécois, qui ne voudrait rien de mieux que de se joindre à une chorale de dénonciation et continuer ainsi à éviter de prendre position sur l'adoption d'un système électoral plus proportionnel, qu'il s'obstine à refuser. Stratégiquement, ceci pourrait condamner à l'échec n'importe quel projet de réforme.

Au lieu de cela, le mouvement doit aborder le débat sur la base du contenu réel de la loi. La proposition du Québec s'éloigne dangereusement de la proportionnalité puisque les sièges de liste sont associés aux petits comtés régionaux qui peuvent entraver la capacité des partis mineurs d'obtenir des sièges. Mais il est possible de trouver un compromis : c'est facile et normal de redessiner des cartes. Il serait dommage en effet que les efforts déployés pour modifier les propositions divisent tant les camps que cela mine le consensus requis pour adopter et mettre en application les changements.

C'est plus qu'une simple question de stratégie. Nous ne devrions pas idéaliser le processus de la CB, qui a un préjugé populiste. Ce qui est approprié en CB ne l'est pas nécessairement au Québec. Ici, le débat public sur la question a été plus long et plus vaste, entamé par le travail de la commission Côté instaurée par M. Lévesque en 1983, puis poursuivi par les discussions des États généraux de Jean-Pierre Charbonneau 20 ans plus tard. Dans ce contexte, la participation citoyenne, par l'inclusion de membres non initiés dans la Commission de l'Assemblée nationale qui sollicite l'avis des citoyens, des organismes et des experts, est toute désignée.

En ce qui concerne un référendum, nous ne devrions pas être doctrinaires, et laisser la porte ouverte. Si la Commission réussit à offrir une proposition de réforme qui fasse consensus, soumise et approuvée par l'Assemblée nationale en 2006, il sera peut-être nécessaire de la ratifier par un référendum au moment de la prochaine élection provinciale (par majorité simple, non pas comme l'inutile et divisif seuil de 60 % de la CB). Si ceci se produit, il sera beaucoup plus difficile pour le PQ – qui a de bonnes chances de gagner cette élection – de ne pas la mettre en application pour l'élection suivante.

Henry Milner est chercheur invité au Institute for Research on Public Policy et a récemment dirigé la publication Steps Toward Making Every Vote Count: Electoral System Reform in Canada and its Provinces. *Il est actuellement titulaire de la chaire Canada-US Fulbright à SUNY (Plattsburgh).*

Notes

1 MILNER, Henry, « The Phenomenon of Political Drop-outs: Canada in Comparative Perspective », dans *Policy Matters*, Montreal, IRPP, 2005.

2 MILNER, Henry « First past the Post? Progress Report on Electoral Reform Initiatives in the Canadian Provinces », dans *Policy Matters*, Montreal, IRPP, 2004 ; Henry Milner (dir.), *Steps Toward Making Every Vote Count: Electoral System Reform in Canada and its Provinces.* Peterborough, Broadview, 2004 ; Henry Milner (dir.), *Making Every Vote Count: Reassessing Canada's Electoral System*, Peterborough, Broadview, 1999.

3 Transcription du discours de Carty à la Seventh Annual Mel Smith Lecture de l'université Trinity Western, 24 février, 2005.

4 Communiqué de l'Assemblée des citoyens, 26th September, 2004 : www.citizensassembly.bc.ca/public/news/2004/09/dmaclachlan-3_0409261330-344.

5 *The British Columbia Citizens' Assembly on Electoral Reform Final Report*, décembre 2004 : www.citizensassembly.bc.ca/resources/FinalRep_word.doc.

6 Selon Patrick Fournier de l'Université de Montréal qui a assisté comme observateur à plusieurs séances (conversation le 3 juillet 2005).

Polémique Gomery et la nomination des juges :

Les seigneurs du droit.
Ce pouvoir qu'on dit inoffensif

Marc Chevrier

Professeur. sciences politiques, UQAM

L'un des effets bénéfiques de la commission Gomery est d'avoir braqué soudain les projecteurs de l'attention publique sur un milieu qui a l'habitude d'évoluer dans l'austérité solennelle des salles d'audiences : la profession juridique. Les déclarations faites en avril 2005 par l'ancien directeur général du Parti libéral du Canada au Québec, Benoit Corbeil, et par le juge en chef de la Cour d'appel du Québec, Michel Robert, ont jeté le doute sur l'intégrité du processus usité au Canada pour nommer les juges fédéraux. Le premier a déclaré que des avocats qui avaient travaillé bénévolement à la permanence de son parti ont été nommés en retour à la magistrature fédérale et que quatre des sept membres du comité chargé de proposer des candidatures au ministre fédéral de la Justice étaient de bons libéraux ; et le deuxième a fait bondir plus d'un souverainistes en affirmant que ces derniers n'avaient pas leur place dans le système judiciaire canadien[1].

Ces déclarations illustrent un phénomène ancien qui n'a pas encore trouvé sa solution : la politisation excessive du processus de nomination des juges au Canada. Au Canada, le ministre fédéral de la Justice nomme la plupart des juges des cours supérieures, après consultation et accord du cabinet ; le premier ministre se réserve les nominations à la Cour suprême et celles des juges en chef des autres cours, après l'assentiment de son cabinet. Les États provinciaux ont leurs tribunaux et en nomment les juges suivant une méthode similaire. Depuis les années 1980, pour faire barrage à la critique, le gouvernement fédéral a confié la présélection des candidats à la magistrature à des comités consultatifs qui établissent une première liste de candidats. Ces comités, constitués dans chaque État provincial ou territoire, sont composés de cinq à sept membres, représentant la profession juridique, la magistrature fédérale et les procureurs généraux des États provinciaux et des territoires.

Les tenants d'une réforme du processus de nomination des juges perdent souvent de vue le contexte historique et la doctrine politique qui sous-tendent la mainmise de l'exécutif fédéral sur la nomination des juges. Ce pouvoir manifeste un pouvoir encore plus vaste, qui déploie ses tentacules sur l'ensemble de l'État canadien. Inscrit dans la constitution, il abandonne au cabinet fédéral le choix, outre des juges fédéraux, du gouverneur général, des lieutenants gouverneurs et des sénateurs. En réalité, il englobe aussi la nomination des généraux, des ambassadeurs et de tous les hauts fonctionnaires de l'appareil fédéral, si bien qu'aujourd'hui au-delà de trois mille âmes tombent sous la coupe du cabinet fédéral. Il faut garder en tête que les pères fondateurs du pays, bien loin de désavouer des pratiques que l'on jugerait aujourd'hui comme du favoritisme éhonté, les ont constitutionnalisées en en faisant un principe de gouvernement en 1867. Lord Durham, dans son célèbre rapport de 1839, l'avait parfaitement exprimé, lui qui estimait que la stricte séparation des pouvoirs entre l'exécutif, le législatif et le judiciaire était impropre à assurer un gouvernement stable au Bas-Canada. À cette séparation il fallait préférer « un sage principe de gouvernement qui consiste à donner aux chefs de la majorité parlementaire la direction de la politique nationale et la distribution du patronage. »

La pratique du « patronage » qu'on traduit imparfaitement par les termes « népotisme » ou « favoritisme » est l'un des fondements du parlementarisme anglais. Elle nous vient de la vision des artisans du gouvernement responsable dans la première moitié du XVIIIe siècle. Après la mort de la reine Anne, dernière des Stuart sur le trône anglais, la Couronne passa à une dynastie allemande, les Hanovre. Ce fut dans ce contexte que profitant de la présence d'un souverain peu intéressé aux affaires anglaises, la figure du premier ministre s'est imposée, qui devait à la fois obtenir l'appui du roi et de la chambre. Pour se subordonner les parlementaires, les partisans de la Cour, le Court Party, n'hésitèrent pas à distribuer bonnes places, largesses et honneurs, et à mesure que la figure du premier ministre grandit, la « distribution du patronage » devint sa prérogative. Le patronage n'est pas qu'une simple pratique politicienne. C'est une philosophie « réaliste » du pouvoir. Un exécutif stable et efficace ne peut compter sur le soutien d'une chambre en proie aux passions démocratiques s'il n'a en main des armes pour s'attacher les ambitieux, policer les opinions et canaliser en sa faveur les énergies partisanes. Le patronage procède aussi d'une vision paternaliste du pouvoir : dans une Angleterre où le gouvernement est l'affaire des aristocrates et des parvenus argentés, seule la Couronne a le discernement requis, au lieu du peuple et de ses députés, pour repérer les talents aptes à servir la collectivité. Paul Valéry disait que la politique est l'art d'empêcher les autres de s'occuper de leurs affaires : on ne saurait mieux dire du patronage.

Comme l'ont montré Stéphane Kelly et Peter Smith, les débats et les idéologies qui avaient agité l'Angleterre après sa Glorieuse Révolution de 1689 se sont reproduits au Canada au XIXe siècle et ont marqué notamment la genèse du Dominion canadien en 1867[2]. Les pères fondateurs avaient tellement à cœur d'imiter le génie constitutionnel britannique qu'ils en importèrent les plus vilaines pratiques. Il est d'ailleurs intéressant de s'enquérir des arguments avancés par Hector Louis Langevin, ministre de la Justice en 1865, pour justifier l'octroi au gouvernement fédéral, plutôt qu'aux « provinces », du pouvoir de nomination des juges des cours supérieures. Premièrement, selon Langevin, un tel pouvoir attirera les candidats qui « voudront paraître et briller sur le plus grand théâtre »[3]. Bref, l'arène fédérale, parce que plus grande et plus prestigieuse, suscitera d'autant mieux l'intérêt des ambitieux. Deuxièmement, les législatures provinciales seraient plus vulnérables à la pression funeste des influents que le gouvernement fédéral, lequel, plus dégagé, fera avec plus d'équanimité le choix des hommes les plus qualifiés. Enfin, persuadé que le cabinet fédéral consultera les ministres provinciaux, il y voit une mesure d'économie, puisque c'est le parlement fédéral qui paiera le salaire des juges... Le discours de Langevin illustre à merveille un schéma de pensée tenace, à la base du régime canadien : l'ambition et le détachement prospèrent au niveau fédéral ; au palier provincial la petite politique et les ambitions médiocres...

La proposition Cotler

La procédure de nomination usitée depuis les années 1980 est loin d'avoir rallié la communauté juridique. Pour Peter W. Hogg et Patrick J. Monahan, cette procédure, en raison du fait qu'elle laisse en réalité la nomination des juges à un seul individu, le premier ministre, bafoue les normes démocratiques fondamentales[4]. Selon Jacob

Ziegel, ce dernier est carrément en conflit d'intérêts, puisque le principal plaideur devant la Cour suprême est le gouvernement fédéral[5]. Dans une lettre adressée au premier ministre le 8 mars 2004, l'Association du Barreau canadien pressait le gouvernement d'instaurer un Comité consultatif fédéral composé à la manière des comités consultatifs existants, à la différence qu'il inclurait quatre députés fédéraux. Le 7 avril 2005, Irwin Cotler ministre fédéral de la Justice, annonçait une réforme du processus de nomination des juges à la Cour suprême. Dorénavant, la sélection des candidats relèverait d'un comité consultatif d'environ neuf membres, composé de députés délégués par les partis reconnus à la chambre, d'un juge retraité, d'un membre proposé par les procureurs généraux provinciaux, d'un membre du barreau concerné, ainsi que deux personnes profanes, non juristes, nommées par le ministre. Ce comité, constitué en cas de vacance à la Cour suprême, devrait proposer une liste de cinq à huit aspirants. Mais le ministre se ravise le 8 août 2005 pour modifier la réforme annoncée en avril : entre les consultations préliminaires avec les procureurs généraux des États et la création du comité, le public sera invité à proposer des candidats, et le comité devra arriver à une liste finale de trois noms. Le choix final fait, le ministre l'explique devant le Comité permanent de la justice de la Chambre des communes.

Dans l'ensemble, la réforme d'avril a reçu un accueil mitigé, et comme l'a observé Manon Cornellier, le ministre Cotler a dû attendre de nommer deux juges à Cour suprême, Rosalie Abella et Louise Charron, avant de proposer des changements[6]. Elle n'a guère réussi à dissiper le doute qui entachait déjà le processus de nomination. Le chroniqueur judiciaire de *La Presse*, Yves Boisvert, estime même qu'il est inconstitutionnel[7]. La proposition Cotler, même améliorée, n'élimine pas l'influence du cabinet fédéral le processus, puisqu'au moins trois membres du comité continueront d'être nommés par lui ou son parti, et que le cabinet garde la main haute sur la décision finale, comme sur les pré-consultations. Cette réformette, qui se limite à la nomination des juges de la Cour suprême, procure des garanties fragiles contre les risques d'osmose partisane entre le parti au pouvoir, l'administration fédérale et certains juristes influents. Et la discussion publique de la réforme du processus de nomination des juges est en partie minée par le tabou qui sévit dans la communauté des juristes, dont plusieurs s'abstiennent de critiquer ouvertement le système, par crainte de nuire à leur avancement[8].

En somme, la réforme Cotler s'apparente à la solution préconisée par l'Association du Barreau Canadien de mars 2004, une féroce opposante du processus, plus politique, usité aux États-Unis. Dans son mémoire, l'ABC écrivait qu'elle « s'oppose fermement à tout système qui exposerait les juges à des critiques parlementaires à propos de leurs décisions, ou qui les forcerait à justifier leur croyance, leurs préférences ou leurs opinions judiciaires ou à toute mesure qui donnerait à la population l'impression fallacieuse que le pouvoir judiciaire relève du pouvoir législatif. »[9] La position de l'ABC tient de l'angélisme. Il faut dire qu'il règne

au Canada, en raison de sa culture antirépublicaine, un fort préjugé contre la méthode américaine de nomination des juges élus dans certains États, nommés par le président après confirmation du Sénat, pour les hauts magistrats fédéraux. Déjà, dès 1858, J.C. Taché, un conservateur ultramontain pourtant tenté par le républicanisme, mettait ses concitoyens en garde contre l'idée absurde d'imiter les Américains en ce domaine.[10]

La méthode américaine de nomination des juges fédéraux, si elle a donné lieu à certains dérapages, somme toute peu nombreux, comporte d'indéniables avantages. Tout d'abord, elle introduit le principe, sain pour la démocratie, que les juges ne sont pas des monarques à vie qui n'ont même pas à s'expliquer devant ceux qui les nomment. Qu'il faille garantir leur indépendance, soit, mais les soustraire à toute intervention du politique, même balisée avant leur nomination, c'est accréditer l'idée, naïve et fausse, que la fonction judiciaire, notamment à l'ère des chartes des droits, ne revêt aucune dimension politique fondamentale. Ensuite, cette procédure, en impliquant deux branches du pouvoir, rappelle que la garantie de la justice et des droits est aussi l'affaire du politique. Comme les juges sont appelés à annuler des lois, il est normal que le principal intéressé, le pouvoir législatif, soit associé dans le choix de ses censeurs. Quant à l'idée que les parlementaires ne sauraient critiquer les décisions judiciaires, mon Dieu! quelle pudibonderie politique! Les juges sont-ils des grands prêtres dont les oracles, infaillibles, emportent la dévotion immédiate des élus et de la population?

L'éclipse du fédéralisme

La méthode américaine de nomination des juges fédéraux a aussi l'avantage d'incorporer un principe fondamental, en voie d'être oublié au Canada : le fédéralisme. Les sénateurs américains, élus par la population des États, incarnent le principe fédéral dans le fonctionnement du Congrès. C'est en vertu de ce principe qu'ils approuvent aux deux tiers les nominations du Président. La Suisse et l'Allemagne, des fédérations accomplies, observent aussi ce principe. En Allemagne, les 16 juges de la Cour constitutionnelle sont élus pour moitié par la chambre basse, et pour moitié par la chambre des États, le Bundesrat. En Suisse, les juges du Tribunal fédéral sont élus conjointement par la chambre des députés et la chambre représentant les Cantons. Il découle donc du fédéralisme que les États fédérés aient une voix décisionnelle dans le choix des magistrats de la plus haute cour du pays. Au Canada, nous en sommes loin, le processus usité depuis 1867 convient plutôt à un État unitaire. Les accords du Lac Meech et de Charlottetown auraient corrigé la situation le cabinet fédéral devait nommer les juges de la Cour suprême à partir d'une liste soumise par les gouvernements provinciaux. La coalition de la gauche identitaire canadienne et des trudeauistes s'est élevée contre cette mesure, comme l'Association du Barreau canadien. L'idée que les États provinciaux ne sauraient défendre l'intérêt public grève encore les mentalités canadiennes. La proposition Cotler ne change rien à la donne : les États provinciaux jouiraient d'une participation diffuse à un comité consultatif fédéral où leurs représentants, minoritaires, sont mis sur un pied d'égalité avec les autres membres. Et le cabinet fédéral se réserve la décision finale. Le ministre Cotler a opposé des arguments plutôt spécieux pour rejeter la demande que le gouvernement québécois lui avait faite en 2004 de participer formellement au choix des juges de la Cour suprême issus du Québec. Agréer à cette demande constituerait une délégation illégale de pouvoir[11]. Or, choisir les juges à partir d'une liste soumise par le Québec n'équivaut pas à une délégation de pouvoir législatif interdite par la constitution, et cette dernière n'interdit pas au gouvernement fédéral d'aménager l'exercice de ses prérogatives.

Il est vrai que le principe fédéral est étranger à l'organisation judiciaire canadienne, calqué sur celle d'un État unitaire. Au contraire de son homologue américaine, la Cour suprême du Canada chapeaute un système judiciaire centralisé et possède donc une juridiction sur toutes espèces de litige, même sur les affaires qui ressortissent exclusivement à la compétence des États. S'il fallait appliquer strictement le principe fédéral, la Cour suprême n'aurait pas de juridiction sur le droit civil québécois. Cependant, les juristes québécois semblent avoir fait un troc en 1867 : en échange de garanties pour le droit civil québécois et de l'assurance que les juges nommés au Québec proviendraient du Barreau québécois, ils ont renoncé à réclamer pour le Québec une pleine souveraineté sur son droit et son organisation judiciaire, un peu comme l'avaient fait, 160 ans plus tôt, les Écossais qui abdiquèrent leur liberté politique en retour de protections pour leur droit. Il y a bien Claude Ryan qui a remarqué l'incongruité de l'organisation judiciaire canadienne au regard du fédéralisme[12]. Mais les soi-disant fédéralistes du Québec s'accommodent plutôt bien de cette situation. Et puis, la Cour suprême, quand bien elle proclamerait que le fédéralisme constitue un principe constitutionnel au pays, fait rarement jouer ce principe dans sa jurisprudence[13].

Les seigneurs du droit

L'année 2005 a été fertile en décisions judiciaires manifestant l'étendue du pouvoir des juges au Canada. On pense à l'affaire Chaouilli, décision rendue par la Cour suprême en juin 2005 dans laquelle elle casse l'interdiction faite au Québec de contracter une assurance privée pour couvrir des soins déjà offerts par le réseau public de santé[14]. Cette décision audacieuse mais peu surprenante au vu des décisions passées de la Cour aurait pu être l'occasion d'un vrai débat, hélas vite escamotée. Aussitôt connue la décision, le premier ministre Charest et ses ministres Pelletier et Couillard se sont empressés de déclarer, lors d'un banal point de presse, que leur gouvernement renonçait d'avance à recourir à la clause dérogatoire pour suspendre l'effet du jugement pendant cinq ans. Point de débat à l'Assemblée nationale, point de commission parlementaire, point de consultation publique. Voilà une réaction digne d'une république... de petits bleuets. Cette impréparation de nos politiques devant la montée du pouvoir judiciaire est le prix que le Québec doit payer pour avoir, depuis la réforme constitutionnelle de 1982, fait porter sa critique sur l'aspect unilatéral de cette réforme et d'avoir négligé la réflexion sur le nouvel équilibre des pouvoirs qui

s'ensuivrait. La décision de la Cour a fait pleuvoir une averse de critiques ; la gauche, qui d'ordinaire applaudit l'activisme judiciaire quand il étend les protections sociales et rehausse les minorités, s'est rebiffée[15]. Des juristes éminents ont réclamé l'adoption de la clause dérogatoire, dont Julius Grey et Patrice Garant[16]. Pour une fois, le « papisme légal », terme dont j'avais affublé en 1999 l'extrême déférence de nos politiques devant le judiciaire, a laissé place à un peu de « protestantisme » constitutionnel au Québec[17].

Une autre question a toutefois moins retenu l'attention : la rémunération des juges. En septembre 2004, le gouvernement Martin annonçait qu'il allait supprimer le lien existant entre la hausse des salaires des juges fédéraux et le salaire des députés des communes, ce qui fut fait au printemps 2005 par l'adoption d'une loi qui lie dorénavant le salaire des parlementaires à un indice déterminé par la bureaucratie fédérale. Cette décision plafonne le salaire de ces derniers à 144 300 $ en 2005, alors que salaire moyen des juges fédéraux doit passer de 220 000$ à 244 000 $ annuellement, selon les recommandations de la Commission d'examen de la rémunération des juges que le gouvernement Martin a entérinées dans un projet de loi déposé en mai 2005. Ce texte entraînera que le juge en chef de la Cour suprême gagnera plus que le premier ministre (respectivement 308 400 $ et 288 600 $), et un juge puîné de la Cour plus qu'un ministre.

L'absence de débat sur cette question indique à quel point aujourd'hui les hommes politiques craignent de froisser le pouvoir judiciaire. Est-il normal dans une démocratie que les juges gagnent plus que leurs homologues politiques et plus encore que la plupart des professions? Aux États-Unis, le salaire du président détermine un plafond pour tous les serviteurs de l'État américain; cette année, ce dernier gagne 400 000 $, et le vice-président et le juge en chef de la Cour suprême, chacun 208 100 $[18]. En matière de droit, le Canada est tellement convaincu d'être un modèle exportable qu'il se dispense de faire des comparaisons...

La politique a perdu d'ailleurs son droit de regard sur la rémunération des juges depuis 1982. En 1987, la Cour suprême décidait que le respect de l'indépendance des magistrats exigeait que le processus de fixation du salaire des juges soit dépolitisé, et que partant, la détermination du traitement échoie à un organisme indépendant[19]. En conséquence de quoi les deux paliers de gouvernement ont mis sur pied des commissions indépendantes chargées de recommander à l'exécutif le traitement des juges. La Cour exclut toute négociation dans la fixation des salaires, comme toute réduction. Un jugement rendu par la Cour en juillet 2005 a révélé qu'il n'est point loisible à un gouvernement de s'écarter des recommandations de son comité, à moins d'avoir des motifs conformes à la «norme de la rationalité»[20]. Dans cette affaire, le Québec s'est fait admonester pour n'avoir pas suivi à la lettre les propositions salariales de son comité. Il est frappant de voir quels sont les facteurs que retiennent les membres de ces commissions pour majorer le salaire des juges. L'un deux est la nécessité d'offrir des salaires qui rivalisent avec les honoraires des avocats «seniors» des grands cabinets. C'est à croire qu'être nommé juge au Canada représente un sacrifice monétaire qu'il leur devient de plus en plus lourd à porter. En somme, c'est un droit constitutionnel à de belles augmentations que les juges de la Cour suprême se sont voté en 1987. Les juges confondent l'amour de la justice avec celui de leur promotion, disait si bien Montesquieu.

Le pouvoir des «légistes»

Les analystes de la scène judiciaire ont souvent le défaut de montrer du doigt le seul pouvoir des juges. Au Canada, à l'instar des États-Unis, les juges proviennent d'une puissante profession juridique, omniprésente dans toutes les branches de l'État. Chez ces derniers, les avocats composent environ 37% des membres de la chambre des représentants et 59% des sénateurs[21], et le nombre d'avocats avoisine maintenant le million. Au Canada aussi, les avocats sont surreprésentés dans les gouvernements et les parlements. Presque tous nos premiers ministres, tant à Ottawa qu'à Québec, étaient diplômés en droit. De 1995 à 2002, le nombre de juristes au Canada a augmenté de 69,2% pour atteindre 85 863 avocats et notaires[22]. Tocqueville a eu l'intuition féconde que la profession juridique les «légistes» disait il jouerait le rôle d'aristocratie naturelle dans les démocraties, en raison notamment de ses habitudes intellectuelles et de ses mœurs qui modéreraient les passions populaires. Les avocats en Amérique du Nord sont des courtiers en pouvoir, des généralistes sollicités à tout instant par l'État et la société pour démêler le moindre problème. Aux États-Unis, un avocat gagnait en 2003 en moyenne 135 778 $, soit plus que la plupart des professions, et un professeur de droit, plus en moyenne qu'un professeur de génie ou de mathématiques[23].

On connaît mal l'étendue du pouvoir des juristes, au Québec comme au Canada. Le sociologue Michael Porter observait en 1965 que les avocats y formaient une classe gouvernante de substitution – à défaut d'élite autochtone prête à diriger le pays – qu'il qualifiait de « haut clergé » du système politique. Il est notoire que des liens intimes unissent les grands cabinets et le pouvoir. Beaucoup de juges et de ministres proviennent de ces antichambres sélectes et y retournent. Dans les ministères, les juristes, en contrôlant la validité des projets de lois, exercent a priori une censure insoupçonnée. Les juristes aiment seriner à tous que la sauvegarde des libertés individuelles requiert toujours plus de juges, de procès, de Chartes et d'aide juridique. Chose certaine, ils ont réussi en 1982 à convaincre les Canadiens, voire les Québécois, qu'une société de libertés dépend de leur action ; c'est en somme un acte de foi qu'ils nous ont demandé de faire, de foi en le droit, cette inoffensive puissance.

Notes

1 NOËL, André, « Des avocats dévoués au PLC promus juges, selon Corbeil », La Presse, 29 avril 2005.

2 KELLY, Stéphane, La petite loterie, Boréal, Montréal, 1997 ; Peter J. Smith, « The Ideological Origins of Canadian Confederation », dans Janet Ajzenstat et Peter J, Smith (dir.), Canada's Origins : Liberal, Tory of Republican?, Carleton University Press, 1997, p. 47-78.

3 Débats parlementaires sur la question de la Confédération, Hunter, Rose et Lemieux, Québec, 1865, p. 394.

4 HOGG, Peter W. , et Patrick J. MONAHAN, « We need an open parliamentary review of Court appointments », National Post, 24 avril 2004.

5 TIBBETTS, Janice, « System to vet judges 'fatally' flawed », The Gazette, 24 mars 2004.

6 CORNELLIER, Manon, « Un ministre atypique », Le Devoir, 9 et 10 juillet 2005.

7 Yves Boisvert, « Le tabou de la nomination des juges », La presse, 27 avril 2005

8 CRÉPEAU, François, CUMYN, Michelle, et al., « Mode de nomination des juges, un tabou dans la communauté juridique », Le Devoir, 17 mai 2005.

9 Association du Barreau canadien, Processus de nomination à la Cour suprême du Canada, mémoire, mars 2004, p. 9.

10 TACHÉ, Jean-Charles, Des Provinces de l'Amérique du Nord et d'une union fédérale, Québec, Brousseau, frère, 1858, p. 184.

11 CHOUINARD, Tommy, « Québec veut être consulté sur la nomination des juges de la Cour suprême », Le Devoir, 26 août 2004.

12 RYAN, Claude, « Le pouvoir judiciaire dans le Québec d'aujourd'hui », 9 septembre 1977, dans Marc BRIÈRE, À bâtons rompus sur la justice..., Montréal, Wilson & Lafleur, 1978, p. 137.

13 BROUILLET, Eugénie, « La dilution du principe fédératif et le jurisprudence de la Cour suprême du Canada », Les Cahiers de droit, vol. 45, n°1, 2004, p. 7-67.

14 Chaoulli c. Québec (Procureur général), 2005 CSC 35.

15 MALBOEUF, Marie-Claude, « La gauche se plaint d'activisme judiciaire », La Presse, 11 juin 2005.

16 Voir l'article précédent et Patrice GARANT, « Un choix politique ou judiciaire? », Le Devoir, 11 et 12 juin 2005.

La Cour suprême du Canada en 2004-2005 : une année québécoise

Alain-Robert Nadeau
Avocat et correspondant à la Cour suprême du Canada

Bien qu'elle ait été constituée en 1875, il est incontestable que depuis l'enchâssement de la Charte canadienne des droits et libertés dans la Constitution le 17 avril 1982, le rôle de la Cour suprême a considérablement changé et a pris une importance considérable dans la régulation des rapports sociaux. À l'instar de la Cour suprême des États-Unis, la Cour suprême du Canada est depuis lors appelée à se prononcer sur des questions juridiques controversées qui étaient jusque-là (en raison du principe de la suprématie du Parlement qui était profondément ancré dans la culture politique anglo-canadienne) l'apanage quasi exclusif du Parlement, de l'Assemblée nationale du Québec et des assemblées législatives provinciales et territoriales. On ne saurait donc aujourd'hui apprécier le contexte politique, social ou économique du Québec en faisant abstraction des décisions rendues par le plus haut tribunal canadien.

L'année 2004-2005

L'année judiciaire 2004-2005 a été marquée par l'arrivée de deux nouvelles juges : Louise Charron et Rosalie Abella, toutes deux en provenance de la Cour d'appel de l'Ontario (nommées le 30 août 2004), lesquelles ont remplacé le juge Frank Iacobucci et la juge Louise Arbour, devenue Haut Commissaire aux droits de l'homme de l'Onu. Le 3 août dernier, le juge John Major, qui aura 75 ans le 20 février 2006, a annoncé son intention de prendre sa retraite le 25 décembre 2005.

Au cours de l'année judiciaire 2004-2005, la Cour suprême a rendu 76 décisions dont 60 arrêts motivés. Les 16 autres décisions concernent des ordonnances, des requêtes ou encore des jugements oraux rendus à l'audience à la suite d'un appel de plein droit. Cette année, plus de 82 % des jugements étaient unanimes ; ce qui représente près de cinq décisions sur six, soit une hausse de 10 % comparativement à l'année dernière. Les décisions unanimes, une caractéristique qui démontre une plus grande cohésion de la Cour, sont en progression constante depuis que Beverley McLachlin préside aux destinées du plus haut tribunal du pays.

De ces 76 décisions, près d'une décision sur trois provenait du Québec (21 décisions) et une sur cinq de la Colombie-Britannique (16 décisions). Les appels à l'encontre d'une décision de la Cour d'appel de l'Ontario (12 décisions) et de la Cour d'appel fédérale (cinq décisions) suivent.

Les décisions marquantes de l'année judiciaire

La vaste majorité des 60 décisions motivées rendues par la Cour suprême au cours de l'année judiciaire 2004-2005 concerne le domaine du droit public (droit qui régit l'organisation et le fonctionnement de l'État ainsi que les rapports entre l'État et les individus) par opposition au droit privé (droit qui régit les rapports entre les individus). Nous les avons regroupées en cinq catégories par souci de commodité.

(a) Les libertés publiques et les droits fondamentaux

Dans le Renvoi relatif au mariage entre personnes de même sexe, le gouverneur en conseil a déféré quatre questions à l'appréciation des juges de la Cour suprême. Ces questions consistaient, premièrement, à déterminer si la proposition du gouvernement fédéral de faire adopter par le parlement une loi consacrant la légalité des mariages entre personnes de même sexe relevait de sa compétence législative. Deuxièmement, la Cour était appelée à déterminer si la loi était conforme aux garanties prévues à la Charte canadienne. La troisième question consistait à déterminer si la liberté de religion garantie par la Charte canadienne

protégeait les autorités religieuses à marier les personnes de même sexe. Enfin, la quatrième et dernière question, ajoutée par le gouvernement Martin (les trois premières étant du fait du gouvernement Chrétien), consistait à déterminer la compatibilité de l'exigence selon laquelle seule deux personnes de sexes opposés peuvent se marier avec la Charte canadienne. C'est sans grande surprise que la Cour a répondu par l'affirmative (sous réserve du second article du projet de loi concernant la célébration des mariages par les autorités religieuses qui relève, lui, de la compétence exclusive des provinces) aux trois premières questions ; elle a cependant refusé de répondre à la quatrième en raison du fait que le gouvernement fédéral avait déjà exprimé son intention de légiférer et que les décisions rendues par les différentes cours d'appel provinciales et territoriales faisaient en sorte que la définition du mariage ne comportait déjà plus cette exigence que les époux soient de sexes opposés.

Dans l'arrêt Chaoulli, une affaire largement médiatisée, une majorité de quatre juges contre trois a déclaré que la prohibition de souscrire une assurance maladie privée contrevient à l'article 1 de la Charte québécoise et n'est pas justifiable au regard de l'article 9.1. (tout comme l'article premier de la Charte canadienne, cette disposition permet au législateur de justifier le caractère raisonnable d'une atteinte aux droits et libertés fondamentaux). La juge en chef McLachlin ainsi que les juges Major et Bastarache estiment, de plus, que cette prohibition contrevient également à l'article 7 de la Charte canadienne et n'est pas justifiée au regard de l'article premier. Dans ses motifs, la juge Deschamps précise que, bien que les tribunaux doivent faire preuve de déférence à l'égard des pouvoirs législatif et exécutif, ils ne doivent pas pour autant abdiquer leurs responsabilité. « Le gouvernement a certes le choix des moyens pour résoudre la question des listes d'attente pour la fourniture des soins de santé, écrit-elle, mais pas celui de ne pas agir réagir devant la violation du droit à la sécurité des Québécois ». En dissidence, les juges Binnie, LeBel et Fish estiment quant à eux que le débat ne peut être tranché par la voie judiciaire, comme s'il s'agissait d'un simple problème constitutionnel.

Au même effet, dans l'arrêt Nouvelle-Écosse (ministre de la Santé), dans lequel la Cour devait jauger la compétence du Tribunal de la famille de la province d'imposer des conditions aux plans de soins proposés par le ministre de la Santé, la Cour a statué que, étant donné que la loi assigne expressément au tribunal la responsabilité de veiller au bien-être et aux intérêts des patients, celui-ci pouvait déterminer si les services à fournir par l'État étaient dans son intérêt et, au besoin, il peut modifier le plan proposé par le ministre.

Dans l'arrêt Auton, la Cour a renversé la décision du juge de première instance (laquelle avait été confirmée par la Cour d'appel) et jugé que le refus pour une province de financer certains services de santé, en l'occurrence il s'agissait d'une thérapie comportementale pour les enfants autistes, ne portait pas atteinte aux droits à l'égalité des patients.

Dans l'arrêt NAPE, la Cour a décidé que l'article 9 de la Public Sector Restraint Act de Terre-Neuve (une disposition qui avait pour effet de reporter les réajustements salariaux déterminés à la suite d'une entente entre le gouvernement et les syndicats qui accordait l'équité salariale aux employées du secteur des soins de santé) était constitutionnel en raison de la situation de « crise grave » qui grevait les finances publiques provinciales. Selon la Cour, l'adoption de cette loi discriminatoire constituait un objectif législatif urgent et réel et était nécessaire pour remédier à cette crise financière. Ainsi est reconnu, dans une certaine mesure, le droit du gouvernement de gérer les finances publiques sans ingérence indue des tribunaux judiciaires.

C'est, à peu ou à prou de différence, sur la même analyse qu'est fondée la décision de la Cour suprême concernant la contestation constitutionnelle des juges des cours provinciales des provinces du Nouveau-Brunswick, de l'Ontario, de l'Alberta et du Québec. Dans cet arrêt, que nous désignerons simplement par Association des juges puisque sa désignation officielle fait plus d'un paragraphe, la Cour rappelle d'abord le principe qu'elle a établi dans le Renvoi sur la rémunération des juges (1997), à savoir qu'il faut recourir à une commission indépendante, objective et efficace pour maintenir ou modifier le traitement des juges. Cependant, précise la Cour suprême, « sauf avis contraire de l'assemblée législative, le rapport d'une commission a valeur d'avis ; il n'a pas force obligatoire ». Il faut, bien sûr, accorder du poids aux recommandations de la commission, mais le gouvernement peut toujours s'en écarter s'il justifie sa décision par des « motifs rationnels ». Enfin, la Cour rappelle aux juges d'instance inférieure qu'ils devraient s'abstenir de rendre des ordonnances donnant force obligatoire aux recommandations d'une commission, à moins d'y être expressément autorisés par le régime législatif applicable.

Dans l'arrêt Hodge, la Cour a répudié les arguments de Betty Hodge, qui contestait la décision du gouvernement du Canada de ne pas lui verser la pension de survivant à son conjoint alors qu'elle était séparée depuis plusieurs mois, en raison du fait que la définition de «conjoint de fait» (laquelle exige, contrairement aux conjoints mariés, la cohabitation) ne violait pas les droits à l'égalité consacrés par la Charte canadienne.

Dans l'arrêt Tessling, la Cour conclut (contrairement en cela à la Cour suprême des États-Unis qui est arrivée au résultat contraire dans l'arrêt Kyllo en 2001) que l'utilisation par la police d'un aéronef muni d'un dispositif d'imagerie thermique pour prendre une photographie de la chaleur de la maison d'un individu sans avoir obtenu préalablement un mandat de perquisition ne portait pas atteinte à la Charte canadienne. En d'autres termes, l'utilisation de la «thermographie», comme moyen d'enquête, ne constitue pas une intrusion dans la vie privée des individus.

Dans l'arrêt *Toronto Star* Newspapers Ltd., dans lequel la Cour suprême devait appliquer le critère «Dagenais /Mentuck» (critère en vertu duquel un tribunal compétent conclut que la divulgation de certains documents judiciaires serait «préjudiciable aux fins de la justice ou nuirait indûment à la bonne administration de la justice»), la Cour a penché en faveur de la liberté de la presse en rappelant que la présomption de la publicité des procédures judiciaires est bien établie au Canada et que la partie qui réclame le secret [généralement le ministère public] doit démontrer l'existence d'un risque grave et précis pour l'intégrité de l'enquête criminelle; une simple allégation générale d'entrave éventuelle à une enquête en cours ne saurait suffire».

En ce qui concerne la Charte de la langue française du Québec, la Cour suprême a rendu trois décisions concernant son application et son interprétation. Dans l'arrêt Gosselin, où des parents membres de la majorité francophone québécoise contestaient les dispositions interdisant l'accès des enfants francophones à l'école anglaise, la Cour a indiqué que l'article 73 ne viole pas les droits à l'égalité garantis par les articles 10 et 12 de la Charte québécoise et par l'article 15 de la Charte canadienne. La Cour précise que, contrairement à la prétention des parents, l'article 73 de la Charte québécoise n'a pas pour effet d'exclure des catégories d'enfants relativement à l'admissibilité à un service public, mais plutôt de mettre en œuvre l'obligation constitutionnelle, consacrée à l'article 23 de la Charte canadienne suivant un compromis politique soigneusement formulé.

Dans l'arrêt Solski (aussi connu comme étant l'affaire Casimir), la Cour suprême devait interpréter l'expression «majeure partie» de l'enseignement que l'on retrouve au paragraphe 73(2) de la Charte de la langue française. Cette affaire faisait suite à la décision du ministre de l'Éducation, que l'on pourrait aisément qualifier de tatillonne, de déclarer inadmissibles certains enfants anglophones à fréquenter l'école publique de langue anglaise au Québec pour le motif qu'ils n'avaient pas reçu la majeure partie de leur enseignement en anglais. Paradoxalement, ces enfants se voyaient exclus de l'application de cette disposition en raison du fait qu'ils avaient fréquenté une école qui dispensait un cours d'immersion française dans une autre province. La Cour a d'abord confirmé la validité constitutionnelle de cette disposition de la Charte de la langue française pour ensuite préciser que l'évaluation visant à déterminer l'admissibilité ne saurait être simplement quantitative. Il ne suffit pas de s'adonner à de simples calculs arithmétiques, mais plutôt de « prendre en considération l'ensemble de la situation de l'enfant ». En l'espèce, cette évaluation qualitative du cheminement scolaire des enfants indiquait qu'ils avaient droit de recevoir l'enseignement en anglais au Québec.

Enfin, dans la troisième décision, l'arrêt Okwuobi, la Cour suprême a conclu que le TAQ (Tribunal administratif du Québec) avait compétence pour entendre les demandes d'instruction dans la langue de la minorité et que ce processus d'appel ne pouvait être contourné. L'interprétation conjuguée des dispositions de la Charte de la langue française et de la Loi sur la justice administrative « fait clairement ressortir la volonté du législateur québécois d'attribuer au TAQ une compétence exclusive à l'égard des litiges liés à l'article 73 de la Charte de la langue française ».

(b) Le droit constitutionnel et le droit autochtone

Dans l'arrêt R. c. Marshall ; R. c. Bernard, la Cour devait décider si les Mi'kmaq de la Nouvelle-Écosse et du Nouveau-Brunswick avaient des droits issus des traités pour exploiter commercialement les ressources forestières sur les terres publiques. Les sept juges ayant participé à la décision (les juges Binnie et Deschamps n'ont pas pris part aux jugements) conclurent que les traités de 1760-61 ne confèrent pas aux Mi'kmaq d'aujourd'hui le droit de couper du bois sans observer la réglementation. La clause des traités relative aux maisons de troc (celle-là même qui est à l'origine de la conclusion de la Cour dans l'arrêt Marshall [1999] relativement au droit aborigène de pratiquer la pêche commerciale) est une clause qui accorde le « droit de continuer le commerce des articles dont ils faisaient le commerce en 1760-61 ». Enfin, dans l'arrêt Gladstone, la Cour a statué que les autochtones ne sauraient invoquer avec succès une obligation fiduciaire de la Couronne pour obtenir des intérêts sur le montant de la vente des produits de pêche après que le ministère des Pêches et Océans eut saisi et vendu de la vogue de hareng sur varech à la suite de la violation des dispositions de la Loi sur les pêches.

En ce qui a trait au partage des compétences entre le Parlement et les assemblées législatives provinciales, trois affaires ont été jugées par la Cour suprême et dans les trois cas, faut-il le souligner, la Cour suprême semble avoir favorisé les droits des provinces plutôt que ceux du gouvernement central.

Dans l'arrêt UL Canada, la Cour a conclu que la disposition réglementaire québécoise interdisant la coloration de la margarine relevait de la compétence législative du gouvernement du

Québec. Elle a aussi rejeté les arguments voulant que le règlement dépassait le cadre de sa loi habilitante, qu'il était contraire à la liberté d'expression commerciale garantie par la Charte canadienne ou encore qu'il était en violation des accords provinciaux et internationaux en matière de commerce.

Dans l'arrêt Rothman, Benson & Hedges, où il s'agissait de jauger la constitutionnalité de la loi anti-tabac du gouvernement de la Saskatchewan (dont les dispositions sont plus restrictives en ce qui concerne les mineurs) en fonction de celle du gouvernement fédéral, la Cour suprême a confirmé la validité constitutionnelle de la loi provinciale et semble avoir opté pour l'application de la doctrine constitutionnelle dite du chevauchement (doctrine en vertu de laquelle les législations fédérale et provinciale peuvent coexister si elles sont complémentaires) plutôt que celle dite de la prépondérance des lois fédérales (doctrine en vertu de laquelle le fait pour le Parlement de légiférer dans un domaine empêcherait l'autre gouvernement de légiférer).

Enfin, dans l'arrêt Pelland, la Cour suprême a confirmé la constitutionnalité du Régime fédéral-provincial de commercialisation du poulet, lequel a été décentralisé aux offices provinciaux, lesquels se sont vu accorder le pouvoir d'attribuer et d'administrer les contingents fédéraux et de réglementer la commercialisation du poulet sur les marchés interprovincial et international.

En ce qui a trait au privilège parlementaire, la Cour suprême a rappelé dans l'arrêt Vaid que celui qui invoque l'immunité que confère le privilège parlementaire a le fardeau d'en établir l'existence. En l'espèce, la Cour a statué qu'il n'existait aucun privilège parlementaire qui aurait permis d'obvier à l'application de la Loi canadienne sur les droits de la personne, laquelle s'applique aux employés du Parlement.

(c) **Le droit administratif et réglementaire, le droit professionnel et les relations de travail**

Dans l'arrêt Glykis, une majorité de quatre juges contre deux a indiqué que le Règlement n° 411 établissant les conditions de fourniture d'électricité au Québec permet à Hydro-Québec d'interrompre la fourniture de service d'électricité lorsque le client fait défaut de payer sa facture et cela, indépendamment du point de livraison pour lequel le client défaillant est titulaire d'un abonnement. En d'autres termes, la société d'État peut interrompre la fourniture d'électricité à la résidence personnelle d'un client si celui-ci fait défaut de payer les factures concernant un immeuble locatif séparé.

Dans l'arrêt Les Entreprises Sibeca Inc., dans lequel un promoteur immobilier poursuivait la municipalité de Frelishburg pour perte de profit à la suite d'une modification à un règlement de zonage relativement à des terrains situés sur le Mont Pinacle dans les Cantons-de-l'Est, la Cour a statué que « l'adoption, la modification ou l'annulation d'un règlement de zonage ne sont pas, en elle-même, source de responsabilité même si ces actes entraînent une diminution de la valeur des terrains visés ». Les municipalités bénéficient d'un vaste pouvoir discrétionnaire dans l'exercice de leur pouvoir de réglementation; elles ne peuvent être tenues responsable si elles agissent de bonne foi ou si l'exercice de ce pouvoir ne peut être qualifié d'irrationnel.

Dans l'arrêt Pacific National Investment Ltd, une autre affaire impliquant un promoteur immobilier et une modification à un règlement de zonage, la Cour a statué que la municipalité, qui a modifié un règlement de zonage ayant pour effet d'empêcher le développement du projet immobilier après que le promoteur eut procédé à la construction d'infrastructure, ne pouvait conserver les travaux et les améliorations qu'elle avait antérieurement exigés de celui-ci sans le dédommager.

En ce qui concerne le droit disciplinaire, deux arrêts ont été rendus par la Cour suprême au cours de cette période. Le premier concernait le devoir de loyauté d'un avocat envers son client (Côté), alors que le second concernait la confidentialité du dossier médical d'un individu poursuivant un professionnel de la santé (Glegg).

Dans l'arrêt Côté, une affaire dans laquelle une cliente reprochait à son avocat d'avoir omis de la conseiller sur certains aspects de son dossier et d'avoir permis à son associé d'avoir représenté un coaccusé ayant des intérêts opposés aux siens, la Cour a rejeté les prétentions de la cliente. En l'espèce, elle ne pouvait invoquer un manquement au devoir général de loyauté de son avocat puisque celui-ci l'avait informé des limites de sa compétence et lui avait recommandé de consulter un autre avocat quant aux aspects civils de son dossier, le tout conformément au Code de déontologie des avocats.

Dans l'arrêt Glegg, bien que reconnaissant l'importance considérable du secret professionnel du professionnel de la santé, la Cour a statué que celui-ci connaît des limites et que le titulaire du droit peut y renoncer expressément au tacitement. En l'espèce, le bénéficiaire du secret professionnel qui intente une poursuite judiciaire ne peut en refuser la divulgation s'il est démontré que les renseignements recherchés sont pertinents, nécessaires et que, compte tenu de sa conduite et de ses allégations, une divulgation tacite a eu lieue.

En matière de relations de travail, une seule décision a été rendue par la Cour suprême. Il s'agit de l'arrêt Vaughan dans lequel la Cour est venu préciser le fait que lorsque le législateur a établi un régime complet pour le règlement des différends en matière de relations de travail, les tribunaux doivent faire preuve de déférence envers ce régime afin d'éviter de mettre en péril le mécanisme prévu par la loi.

(d) Le droit criminel

Le droit criminel est constitué par l'ensemble des règles ayant pour but de sanctionner une infraction. Au cours de l'année dernière, la Cour a eu à se prononcer sur plusieurs aspects concernant : la preuve de faits similaires lors de présentations au jury (Perrier; Chan), les directives au jury concernant l'appréciation d'une question de faits (Gunning; Menard), les critères applicables pour annuler les déclarations de culpabilité pour cause d'interprétation erronée de la preuve par le juge au procès (Lohrer), l'admissibilité de la preuve par ouï-dire dans certaines circonstances exceptionnelles (Mapara), la rétention de biens saisis (la « confiscation compensatoire ») au sens de la Loi sur les douanes (Martineau), de certaines dispositions du Code criminel relatives à l'interception des communications privées (Chow), les critères d'application concernant la détermination de la peine lors d'un «emprisonnement à la maison» (la notion d'«emprisonnement avec sursis» est peu révélatrice de la réalité) (Fice), de la défense de provocation (Roberts), celle de la légitime défense invoquée à la suite d'une bagarre à coups de poing (Paice) ainsi que la question de savoir si les infractions de contacts et d'agressions sexuelles sont comprises dans celle d'inceste (G.R.).

Dans une décision rendue le 29 juillet dernier, la Cour suprême a examiné la portée de certaines dispositions du Code criminel dans le cyberespace. Dans l'arrêt Hamilton, une majorité de six juges contre trois semble avoir élargi l'imputation de la responsabilité pénale aux personnes qui conseillent à autrui la commission d'actes criminels. Dans cette affaire, il s'agissait de déterminer si on pouvait imputer une intention criminelle à un individu qui proposait la vente de fichiers ultra-secrets transmis par courriel, lesquels devaient permettre au destinataire de générer des numéros de carte de crédit valides, d'obtenir des instructions expliquant comment fabriquer une bombe et comment entrer par effraction dans une maison figurant au registre des maisons vendues. La Cour a répondu par l'affirmative en précisant qu'il fallait examiner le sens évident de l'annonce-mystère contenue dans le courriel afin de déterminer sa responsabilité pénale.

Deux autres questions ressortissant du droit criminel méritent une attention plus particulière : il s'agit de la propagande haineuse (Mugesera; Krymowski) ainsi que l'étendue des pouvoirs de la police.

Dans le cas de la propagande haineuse, l'arrêt Mugesera n'a échappé à personne, non pas tant en raison du principe judiciaire qu'il a institué qu'en raison de la réprobation sans précédent que la Cour a servie à l'avocat Guy Bertrand, qui agissait pour le compte de Léon Mugesera, un ex-membre actif d'un parti politique hutu radical au Rwanda. Bien que techniquement la décision Mugesera porte véritablement sur la norme de contrôle judiciaire, on se rappellera que la Cour a statué que l'expulsion de Léon Mugesera était bien fondée (et cela contrairement à la décision de la Cour d'appel fédérale mais conformément aux décisions de toutes les autres instances antérieures) en raison du fait que celui-ci avait incité au meurtre, au génocide et à la haine et, pis encore, qu'il existait des motifs raisonnables de croire qu'il avait commis un crime contre l'humanité.

Dans l'arrêt Krymowski, la Cour suprême a cassé la décision du juge au procès, lequel avait acquitté un individu accusé de propagande haineuse à l'encontre des Tziganes en raison du fait que l'acte d'accusation les désignait sous un synonyme (les «ROMs»). La Cour estime qu'il incombait au juge du procès d'examiner la totalité de la preuve et de prendre judiciairement connaissance du sens commun des termes employés.

En ce qui a trait à l'étendue des pouvoirs de la police, quatre décisions, auxquelles il faudrait ajouter l'arrêt Tessling déjà évoqué, ont été rendues par la Cour suprême au cour de cette période : les deux premières concernent l'ordre d'un policier de fournir un échantillon d'haleine sur le bord de la route (Woods; Orbanski), les deux autres ont trait aux pouvoirs des policiers issus des premières nations (Decorte) ou agissant comme agent banalisé (Grandinetti).

Dans l'arrêt Woods, dans lequel il fallait préciser le sens du terme « immédiatement » prévu au paragraphe 254(2) du Code criminel, la Cour suprême a statué qu'un individu sommé par un policier de fournir un échantillon d'haleine doit obtempérer immédiatement et non pas attendre le moment de son choix pour le fournir.

Dans l'arrêt Orbanski s'est posée la question de savoir si le défaut pour les policiers, qui procèdent à l'interception d'un véhicule automobile afin de s'assurer de la sobriété de son conducteur, de l'informer de son droit à l'assistance d'un avocat portait atteinte à la Charte canadienne. Bien que le droit à l'assistance d'un avocat s'applique dès la détention, affirme la Cour, il peut être restreint par une règle de droit dont la justification peut se démontrer dans une société libre et démocratique. En l'absence d'une règle de droit, poursuit la Cour, la restriction prescrite peut découler, par implication nécessaire, des conditions d'application des dispositions législatives fédérales et provinciales. En l'espèce, les mesures de détection prises pour déterminer la sobriété des conducteurs étaient raisonnables et nécessaires pour permettre aux policiers d'accomplir leur devoir.

Dans l'arrêt Grandinetti, la Cour suprême, bien que reconnaissant la nécessité de garantir l'équité d'un procès en faisant échec aux manœuvres indûment coercitives des agents de l'État, a statué que les déclarations faites à un agent banalisé se faisant passer pour un criminel sont admissibles dans la mesure où la conduite des policiers ne peut obvier à l'application du critère de la « personne en situation d'autorité » en raison du fait qu'un agent banalisé agissant subrepticement ne saurait rencontrer le critère de la « personne en situation d'autorité » puisque la victime du subterfuge ne saurait le percevoir ainsi.

Enfin, dans l'arrêt Decorte, la Cour a statué que des agents de police issus des premières nations, bien qu'ils ne soient pas formellement des agents de police au sens de la Loi sur les services policiers de l'Ontario, sont des agents de la paix aux sens de l'article 2 du Code criminel. Or, selon l'Anishnabek Police Service Agreement, une entente intervenue entre le gouvernement de l'Ontario et les Anishnabek, la compétence des agents des premières nations n'est pas limitée aux limites territoriales de la communauté; elle est plutôt fonction des lois, des règlements applicables, des accords auxquels ils sont assujettis ainsi que des modalités assortissant leur nomination ou leur embauche. En l'espèce, tous les policiers Anishnabek sont des agents de la paix « dans la province de l'Ontario »; ils peuvent donc légalement intercepter des véhicules automobiles à l'extérieur des limites territoriales de leur communauté.

(e) Le droit commercial

Au cours de l'année dernière, la Cour a eu à se prononcer sur plusieurs aspects concernant les règles de cautionnement (Épiciers Unis Métro-Richelieu Inc.), la faillite et l'insolvabilité (Lefebvre (syndic de); Ouellet (Syndic de), le refus d'un assureur d'indemniser son assuré en raison de son omission de déclarer un risque (State Farm Fire and Casualty; Compagnie d'Assurance Halifax), l'octroi de dommages-intérêts en vertu de la Loi sur la protection du consommateur de la Saskatchewan (Prebushewski), les conditions de validité d'un avis de conformité établi en vertu du Règlement sur les médicaments brevetés (Bristol-Myers Squibbe Co.) ainsi que du calcul du revenu d'emploi aux fins de l'application de la Loi de l'impôt sur le revenu (Tsiapraillis). La Cour s'est aussi prononcée sur des questions de pratique judiciaire (Ryan; H.L.).

Deux affaires concernant la responsabilité des administrateurs de sociétés méritent une attention particulière. Dans l'arrêt B.C. Hydro, la Cour suprême a confirmé la décision de la Cour d'appel de la Colombie-Britannique et validé le texte d'un accord de fusion limitant la responsabilité de la nouvelle société en matière de décontamination de sites.

Puis, dans l'arrêt Magasins à rayons Peoples, c'est sans grande surprise que la Cour suprême a indiqué que les administrateurs de sociétés par action ont une obligation de fiduciaire et une obligation de diligence envers les créanciers de la société. Ces obligations ne sauraient cependant imposer aux administrateurs d'autres devoirs que ceux d'agir avec intégrité et bonne foi. Ainsi, en l'absence d'éléments de preuve démontrant l'existence d'un intérêt personnel ou d'une fin illégitime, les administrateurs ne sauraient être réputés avoir manqué à leur obligation de diligence. La norme de diligence est une norme objective qui s'apprécie en fonction des circonstances particulières et du contexte économique existants.

alain-robert.nadeau@sympatico.ca

La version intégrale de cette étude est disponible sur le site Internet de l'Institut du Nouveau Monde (www.inm.qc.ca), section Annuaire du Québec.

▷ Le Québec et le monde

Le gouvernement Charest et l'action internationale du Québec :

Bilan d'une année de transition

Nelson Michaud
École nationale d'administration publique

En matière de relations internationales, l'année 2005 en aura été une, pour le gouvernement Charest, de réalignement stratégique. Inspirée au cours des derniers mois de 2004 d'un nouvel élan donné par la mission Québec-France au Mexique, la position que le gouvernement a affichée est marquée au coin de la continuité et d'une fermeté de principes réitérée à maints égards, mais elle a surtout permis d'explorer de nouvelles avenues continentales et de nouvelles pratiques multilatérales. Cet esprit d'innovation aura aussi suscité, à la fin de l'été, une fin de non-recevoir exprimée par le ministre fédéral des Affaires étrangères, Pierre Pettigrew, quant au rôle international autonome que le Québec veut jouer. Le ministre affermissait du coup l'inquiétante allusion déjà présente dans l'Énoncé de politique internationale du gouvernement Martin[1].

L'année 2006 s'annonce donc déterminante quant aux actions futures du Québec. Avant de l'amorcer, il peut être utile de mettre en perspective quels ont été les grands axes de ce réalignement amorcé en 2005 pour bien saisir les défis qu'il reste à surmonter. À cet égard, deux éléments doivent retenir notre attention : le renforcement de l'affirmation concrète de la nord-américanité du Québec et la mise en place de nouveaux paramètres de définition de l'action du Québec sur la scène internationale.

Je les aborderai donc tour à tour pour ensuite ouvrir sur quelques perspectives que nous laissent entrevoir les engagements administratifs du gouvernement quant au Ministère (MRI). L'ensemble nous permettra d'évaluer où se situe le Québec par rapport à son autonomie internationale et de déterminer les avenues possibles qui s'offrent à un gouvernement à la veille d'entrer en phase préélectorale.

Renforcer sa nord-américanité
Ce n'est plus un secret : Jean Charest est un premier ministre conscient de

l'importance du rôle international que le Québec peut et doit jouer[2]. En ce sens, il s'inscrit dans la lignée de ses prédécesseurs, voire parmi les plus résolus d'entre eux. Ce qui le distingue toutefois, c'est l'importance qu'il accorde à la dimension continentale. Si le Québec international s'est bâti à partir des axes « de Paris à Washington »[3], il semble clair que la maturité de la relation outre-atlantique permet maintenant de consacrer plus d'énergie au second objectif. Pour Jean Charest, les États-Unis constituent un interlocuteur incontournable. Fort d'une expérience fédérale à l'intérieur d'un gouvernement qui a bâti la continentalisation économique dans le cadre de l'Accord de libre échange canado-américain et de l'ALENA, le premier ministre évoque volontiers le renforcement de la place du Québec comme partenaire nord-américain.

Dans l'action concrète, le gouvernement du Québec a non seulement participé à la mission Charest-Raffarin au Mexique, mais il s'est aussi imposé, malgré les réticences d'Ottawa, en tant qu'acteur nommément identifié dans le cadre de la reconstruction haïtienne. Ce dernier fait peut sembler anodin et aller de soi, mais il représente néanmoins une innovation importante : jusqu'à ce jour, l'aide internationale que le Québec pouvait apporter dans le monde ne se faisait qu'auprès d'organismes présents sur le territoire visé et non de gouvernement à gouvernement. Dans le cas haïtien, la rencontre des premiers ministres Charest et Latortue a permis d'abaisser cette barrière. Il sera intéressant d'évaluer les retombées concrètes de ces échanges, principalement sous deux dimensions : quelle

sera l'évolution du rôle du gouvernement québécois vis-à-vis du gouvernement haïtien et est-ce que la possibilité pour le gouvernement du Québec d'étendre une telle pratique à d'autres parties du monde, se concrétisera ?

Ces actions en vue d'une plus grande affirmation de la nord-américanité du Québec reposent sur une doctrine clairement affirmée par le premier ministre. Qualifiant de « vitale » la relation du Québec avec les États-Unis[4], il assoit celle-ci sur trois axes d'intérêts majeurs : intérêts économiques, intérêts en matière de sécurité y compris la sécurité énergétique et la sécurité environnementale, mais aussi intérêts partagés vis-à-vis des jours hémisphériques tiers, comme c'est le cas de la Floride et du Québec vis-à-vis de la situation en Haïti. En fait, Jean Charest voit le Québec comme étant partenaire des Canadiens, des Américains et des Mexicains dans « la construction d'une Amérique du Nord plus forte, plus sûre et plus prospère »[5].

En ce qui concerne plus précisément le Mexique, le premier ministre a pu exprimer l'intérêt québécois directement au président Vincente Fox. Tout en soulignant les 25 ans de présence du Québec à Mexico, Jean Charest a réitéré cette « volonté [du Québec] de continuer d'être un partenaire nord-américain. »[6] Appelant implicitement les États mexicains à travailler avec le Québec, il a souligné que « les États fédérés sont donc des joueurs incontournables dans la définition de nouveaux modes de coopération à l'échelle continentale. »[7] Pour le premier ministre, « la "mondialisation des régions" va de pair avec une diplomatie parallèle des régions. »[8]

Les trois discours desquels des extraits ont été choisis pour illustrer l'attitude de Jean Charest vis-à-vis de la continentalisation des intérêts du Québec illustrent bien, par eux-mêmes, l'importance que le premier ministre accorde au réseautage afin de faire connaître le Québec à l'étranger.[9] Il a vraisemblablement connu l'utilité de cette approche auprès de son ancien maître politique et il l'a fait sienne. Il avait saisi, dès son arrivée au pouvoir, l'occasion d'aller prononcer un discours à New York; s'en sont suivies les invitations gigognes, d'abord pour retourner à New York, puis de là, pour se rendre à Washington et enfin à Monterrey où il a promis que le Québec assurerait une «présence dynamique» au Forum universel des cultures de l'UNESCO qui s'y tiendra en 2007. Profitant de son passage à Washington, le premier ministre a aussi noué contact avec des décideurs politiques de haut niveau dans la capitale américaine. Ses rencontres régulières avec les gouverneurs des États limitrophes et ceux alors établis avec leurs collègues de Floride, du Delaware, du Maryland[10] et de la Géorgie, voire avec le nouvel ambassadeur américain en poste à Ottawa[11], procèdent de la même logique. Il reste à voir quels seront les dividendes de ces rencontres, ceux-ci ne pouvant être récoltés qu'à moyen ou à long terme.

La ministre des Relations internationales résume d'ailleurs bien cette affirmation de la personnalité continentale du Québec: une «société à la fois ouverte sur le monde et intégrée au continent nord-américain»[12]. Mais réussir à implanter ces nouvelles priorités tout en enrichissant les acquis

(notamment avec la France et l'Europe) et en ajoutant des dimensions multilatérales – sollicitant une voix dans les forums où les intérêts du Québec sont en jeu – et bilatérales – comme ce fut ce cas avec l'Australie[13] –, exige toutefois de se doter d'assises solides. Cette seconde dimension a aussi fait partie de l'approche Charest quant au rôle international du Québec.

Définir un nouveau cadre d'action

L'établissement de ces principaux paramètres menant à une redéfinition de l'action internationale du Québec a principalement été confié aux ministres Benoît Pelletier et Monique Gagnon-Tremblay. Ces paramètres ont été livrés dans le cadre de discours programmes prononcés devant des auditoires spécialisés en relations internationales.

Dans un premier temps, Benoît Pelletier s'est adressé aux participants de la conférence «Le Canada dans le monde» organisée par l'Institut d'études canadiennes de l'Université McGill. Se basant sur la vision du gouvernement, articulée autour des concepts d'affirmation, d'autonomie et de leadership, le ministre a réclamé «que soit maintenue la capacité, pour le Québec et les autres provinces, d'exercer sans entraves les responsabilités qui leur sont conférées par la constitution.»[14] Et, puisque «la mondialisation brouille la démarcation entre politiques extérieures et intérieures»[15], Pelletier demande si le Québec peut se permettre de rester en marge du monde extérieur. Il conclut alors sans équivoque que «l'évolution rapide de la situation mondiale et ses conséquences, très lourdes pour les intérêts du Québec, rendent de plus en plus inacceptable l'absence d'un cadre formel et prévisible »[16] qui permette au Québec d'orchestrer son action de manière efficace.

Les volte-face répétées des acteurs fédéraux, malgré des engagements antérieurs, ne laissent en effet que deux solutions possibles : les représentants du Québec ne peuvent que soit faire cavalier seul, soit mettre en place un cadre de travail où les actions ne seront pas sujettes aux sautes d'humeur des participants. Pour le gouvernement fédéraliste de Jean Charest, c'est la deuxième option qui prévaut : « nos codes d'accès au monde ne peuvent plus être assujettis au bon vouloir des représentants du gouvernement fédéral du moment »[17], dira Pelletier.

Non que Pelletier recherche une exclusion du fédéral. Ce serait contraire à la philosophie du gouvernement auquel il appartient. Il reconnaît même un « noyau dur », un « domaine réservé » où le fédéral a pleins privilèges pour déterminer les grandes orientations de politiques. Toutefois, dans les domaines où le Québec a des fers au feu, il en va autrement. C'est cette dernière affirmation qui pose problème au niveau fédéral et, pour baliser son action, Pelletier fait appel à six principes :
• établir des mécanismes institutionnels pour accompagner la participation du Québec aux organisations et aux négociations internationales ;
• permettre au Québec de jouer un rôle plus soutenu à toutes les étapes du processus de négociation des instruments internationaux lorsque ses compétences sont en cause ;
• obtenir, pour le Québec, le droit de s'exprimer de sa propre voix dans les forums qui traitent de sujets qui définissent sa spécificité ;

• rendre possible la participation du Québec à la négociation et à la mise en œuvre de futurs accords commerciaux ;
• préserver les acquis historiques du Québec ;
• faire bénéficier le Québec de toute évolution future quant à la place des entités fédérées dans les forums internationaux.[18]

Ces principes généraux servent ainsi de base pour contextualiser les requêtes spécifiques du Québec envers Ottawa. Dans un discours prononcé devant le Conseil des relations internationales de Montréal, Monique Gagnon-Tremblay précise en quoi consistent ces requêtes :
• un statut de membre à part entière au sein des délégations canadiennes et une responsabilité exclusive quant à la désignation de ses représentants ;
• un accès à toute l'information et une participation, en amont de la négociation, à l'élaboration de la position canadienne ;
• un droit de s'exprimer de sa propre voix à l'intérieur des Forums ;
• la reconnaissance du droit du Québec de donner son assentiment avant que le Canada ne signe ou se déclare lié par un traité ou un accord ;
• le droit d'exprimer ses positions lors des comparutions du Canada devant les instances de contrôle des organisations internationales, lorsqu'il est mis en cause ou lorsque ses intérêts sont visés ;
• une révision du mandat de la commission canadienne pour l'UNESCO afin que le Québec soit lui-même chargé d'effectuer la consultation de la société civile québécoise.[19]

Comment évaluer ces pétitions ? Objectivement, il s'agit des demandes les plus précises que le Québec a formulées en matière de relations internationales depuis plusieurs années. Certains, heureux des rejets d'Ottawa toujours susceptibles d'arriver dans un climat d'incertitude, trouveront sans doute que le Québec, en agissant ainsi, se « peinture dans le coin » : si définir c'est se limiter, pourquoi se contraindre si d'aventure on pouvait gagner davantage à la faveur d'un contexte particulièrement propice ? D'autres, tenant de la doctrine « un pays, une voix », trouveront au contraire ces demandes exagérées et irrecevables.

Un fait est sûr cependant : ces demandes sont compatibles avec l'esprit et la lettre du fédéralisme. En ce sens, ce sont ceux qui rejettent le fédéralisme – autant les tenants de l'indépendance du Québec que les défenseurs de l'État unitaire canadien – qui refuseront d'y donner suite. Quant au gouvernement Charest, s'il désire que ces positions soient crédibles, il devra investir les ressources à partir desquelles ces revendications pourront avoir du poids.

Ressources et perspectives

À cet égard, le premier élément qu'il nous faut analyser consiste en les sommes dont disposera le ministère des Relations internationales pour effectuer son travail. Les crédits présentés en mai nous apprennent que le budget du ministère demeure au même niveau que l'an dernier, soit 99,6 millions de dollars. En fait, il est possible d'y voir un léger accroissement puisque la force du dollar canadien et les dépenses d'entretien moins élevées cette année ont permis de diminuer la somme dévolue aux infrastructures des missions à l'étranger, ce qui dégage

une marge de manœuvre plus grande pour les sommes affectées au propre des relations internationales.

Autre élément d'importance, le ministère a connu une transformation majeure de son organisation. L'arrivée d'un nouveau sous-ministre en septembre 2004 s'est en effet fait sentir et désormais, outre les secteurs du protocole et des services ministériels, le ministère se décline à partir de deux grandes divisions : analyse & politiques et affaires bilatérales & Francophonie. On constate ici que l'analyse stratégique et la définition de politiques ont notamment été mises en valeur, ce qui confirme l'importance des orientations énoncées dans les discours. Une bonne illustration de cela nous est donnée par la direction des organisations internationales qui a été affectée au sous-ministariat adjoint de l'analyse et des politiques : nous sommes bien en phase de planification d'une intervention du Québec dans ces forums et non déjà au niveau opérationnel multilatéral. Le gouvernement semble décidé à organiser l'action du ministère sur le long terme plutôt que de répondre à des demandes ponctuelles et de rester dans des sentiers connus.

Le ministère s'est aussi doté d'un plan stratégique, une figure imposée par la nouvelle Loi sur l'administration publique. Rempli de phrases convenues et de clichés, le texte n'est toutefois pas très révélateur sinon de sa courte durée de vie : on y annonce en effet qu'il sera de « portée limitée »[20] au point où il « devra être révisé dès l'exercice 2005-2006 », et ce, même si la loi prévoit que le plan « a, par définition, une portée pluriannuelle »[21]! Si les axes de développement et les objectifs qui y sont associés confirment en grande partie les orientations énoncées jusqu'à présent, les indicateurs de résultats qui s'y greffent sont, dans plusieurs cas, particulièrement vagues.

Ce « flou artistique » est dû à l'attente d'un énoncé de politique qui est en gestation dans le ministère depuis le printemps 2003. Il est vrai que plusieurs éléments se sont bousculés, y compris la venue d'un nouveau cadre de politique étrangère canadienne dont il faudra tenir compte. Il est aussi exact que la consultation menée par la ministre auprès de ses collègues d'autres ministères – en vue de faire du document un énoncé gouvernemental et non seulement une politique ministérielle – consomme temps, énergie et talents de négociation afin d'orienter des priorités assurément diverses dans une même direction. Néanmoins, si le gouvernement Charest veut que sa position revendicatrice vis-à-vis d'Ottawa soit crédible, il faudra que la ministre livre son énoncé avant la fin de 2005 et que son collègue chargé de la négociation, Benoît Pelletier, sache bien appuyer ses réclamations.

Le gouvernement dispose toutefois d'une assez bonne marge de manœuvre puisque la véritable opposition à ces avancées se trouve davantage à Ottawa qu'à Québec. En effet, le critique de l'opposition officielle en matière de relations internationales, Daniel Turp, est principalement intervenu lors des quelques heures consacrées à l'étude des crédits budgétaires, mais très peu en Chambre sur les questions liées aux relations internationales du Québec.[22] Quant au « Budget de l'an 1 » présenté par François Legault[23], l'attention portée aux relations internationales et aux diverses composantes incontournables de toute politique étrangère n'ont pas de quoi inquiéter le gouvernement.

Par contre, lors d'un discours prononcé devant la Chambre de commerce de Québec, le ministre Pettigrew a déclaré que le Québec est mieux servi sur la scène internationale si le Canada ne parle que d'une seule voix et que la doctrine Gérin-Lajoie est dépassée[24]. Cette sortie du ministre trouve une partie de ses fondements dans un ministère désorganisé qui s'accroche à des valeurs symboliques dissociées de la réalité contemporaine. La doctrine Gérin-Lajoie, il est vrai, date de 40 ans. Il est tout aussi exact qu'elle doit être évaluée à la lumière d'un monde qui a changé. Cette relecture doit toutefois s'effectuer en considérant que de plus en plus de questions débattues sur la scène internationale relèvent des compétences exclusives des entités fédérées et affectent directement leur gouvernance, ce que le ministre feint d'ignorer. D'ailleurs, face à l'exigence que le Canada ne parle que d'une seule voix, la réponse déjà connue du premier ministre est claire : « Je n'aime pas la cacophonie plus que les autres [...] Mais je n'arrive pas à voir pourquoi il faudrait que les provinces soient systématiquement absentes de la scène internationale et étrangères aux négociations qui s'y déroulent. »[25] C'est donc dire que le plan d'action en vue d'un rôle continental et multilatéral accru pour le Québec ne se réalisera pas sans heurts, ce qui est le propre de toute période de transition.

Bilan

L'année 2005 a donc permis une ouverture sur la continentalisation et sur la redéfinition de paramètres à l'intérieur desquels le Québec désire exercer son action multilatérale. Il s'agit d'une action dont les bases ont été jetées et qui doit se poursuivre d'ici la fin de l'actuel mandat du gouvernement Charest. Pour ces raisons – innovation et nécessité de poursuite – nous pouvons qualifier cette année de transitoire.

Dans ce contexte par définition incertain, les succès déjà connus – et non seulement les coups d'éclat comme la rencontre du premier ministre avec la vice-secrétaire générale des Nations-Unies[26] – sont d'autant plus méritoires; ils contribuent à faire du dossier des relations internationales l'un de ceux où le gouvernement semble le mieux performer. Il ne pourra toutefois s'asseoir longtemps sur ces lauriers tant est pressante la nécessité d'en arriver avec un énoncé de politique maintes fois promis.

De plus, la négociation qu'entreprendront les ministres Gagnon-Tremblay et Pelletier avec leurs homologues fédéraux Pettigrew et Robillard ne laissera pas davantage de répit. Elle constituera vraisemblablement l'élément le plus important des mois à venir. La position d'ouverture du gouvernement fédéral affichée il y a un an a été rabrouée par ses propres fonctionnaires qui ont convaincu leurs maîtres politiques de faire volte-face. Pour sa part, le gouvernement Charest est déterminé à doter le Québec d'outils lui permettant une action internationale autonome encore plus grande. Ici, les échéanciers électoraux des deux gouvernements pourraient constituer un facteur déterminant et jouer légèrement à l'avantage du Québec qui est davantage maître du calendrier électoral que ne l'est le gouvernement minoritaire de Paul Martin. La partie n'est toutefois pas gagnée d'avance.

Autre élément qu'il faudra garder à l'esprit pour évaluer l'action internationale du gouvernement Charest dans les mois à venir, c'est la performance qu'il affichera vis-à-vis d'autres partenaires tels l'Europe, la Francophonie ou la France. À ce dernier égard, la venue d'un nouveau premier ministre à Matignon sera-t-elle marquée par la continuité des rapports chaleureux ou évoluera-t-elle sur des bases différentes?

Somme toute, il est possible de conclure qu'en 2005, la position du Québec international s'est à la fois affirmée et s'est aussi engagée sur une voie de renouvellement. L'année 2006 nous permettra de juger si les fruits des efforts investis sont au rendez-vous ou si l'action internationale du Québec se buttera à des limites qu'une interprétation étriquée du cadre fédéral empêche de repousser.

Notes et références

1 *Fierté et influence : Notre rôle dans le monde - Diplomatie.*
www.dfait-maeci.gc.ca/cip-pic/ips/ips-diplomacy9-fr.asp

2 Cette profession de foi s'est affirmée dans le cadre d'un discours prononcé à l'École nationale d'administration publique en février 2004. C'est à ce moment qu'il a formulé l'affirmation qui, depuis, a été retenue comme caractéristique de son action internationale: «Ce qui est de compétence du Québec chez nous est de compétence du Québec partout.»
www.premier.gouv.qc.ca/general/discours/archives_discours/2004/fevrier/dis20040225.htm

3 BERNIER, Luc, *De Paris à Washington : La politique internationale du Québec*, Québec, Presses de l'Université du Québec, 1996.

4 Allocution du premier ministre du Québec, M. Jean Charest, au 3e forum sur les relations entre le Canada et les États-Unis, organisé par *The American Assembly*, à la Columbia University, 3 février 2005. www.mri.gouv.qc.ca/fr/ministere/allocutions/textes/2005/2005_02_04.asp

5 «Québec : Partner in a New North American Agenda», Notes for a Speech by the Premier of Québec, Jean Charest, to the Woodrow Wilson International Center for Scholars, Washington DC, April 19, 2005.

6 «Le Québec : un partenaire dans le nouvel espace continental», Notes pour un discours du premier ministre du Québec, M. Jean Charest, lors du Sommet nord-américain *Hemispheria*, San Pedro Garza garcia, État du Nuevo Leon, Mexique, 13 mai 2005.

7 Idem. 8 Idem.

9 Le MRI a fait sienne cette tactique au point d'en faire un axe d'intervention dans le cadre de la deuxième orientation de son plan stratégique. Ministère des Relations internationales, *Plan stratégique 2005-2007*, p.13.

10 En marge d'un colloque international à Philadelphie en juin.

11 À la suite des réunions du Conseil de la Fédération tenues à Banff en juillet.

12 *Plan stratégique...*, p.7

13 Profitant d'un colloque international sur les biotechnologies tenue à Philadelphie, le premier ministre a tenu des rencontres d'échange avec des homologues australiens et ses collègues du Manitoba et de la Colombie britannique. Voir «Québec et l'Australie-Sud à Philadelphie», www.mri.gouv.qc.ca/fr/salle_de_presse/bulletin/050704_bio2005.asp

14 «L'action internationale du Québec dans une perspective fédérale», Allocution prononcée par monsieur Benoît Pelletier dans le cadre de la conférence Le Canada dans le monde, 17 février 2005.
www.saic.gouv.qc.ca/centre_de_presse/discours/2005/pdf/saic_dis20050217.pdf

15 Idem. 16 Idem. 17 Idem.

18 «La place du Québec dans les organisations et les négociations internationales», Allocution prononcée par M. Benoît Pelletier à l'occasion d'un déjeuner causerie tenu par le Conseil des relations internationales de Montréal, 17 mars 2005.
www.saic.gouv.qc.ca/centre_de_presse/discours/2005/pdf/saic_dis20050317.pdf

19 «Vers une politique d'affaires internationales», Allocution de la ministre des Relations internationales, Madame Monique Gagnon-Tremblay, au Conseil des relations internationales de Montréal, 19 mai 2005.
www.mri.gouv.qc.ca/fr/ministere/allocutions/textes/2005/2005_05_19.asp

20 *Plan stratégique*, p.3, 7.

21 Idem, p. 7, note 1.

22 www.assnat.qc.ca/Indexweb/Recherche.aspx?cat=sv&Session=jd37l1se&Section=particip&Requete=TURP%20Daniel%20-%20Mercier

23 www.francoislegault.org/francoislegault/pdf/Finances_Quebec_Souverain_Mai2005.pdf

24 DUTRISAC, Robert, «Le Canada doit parler d'une seule voix», *Le Devoir*, 2 septembre 2005, p. A-1.

25 «Le fédéralisme à l'heure de la mondialisation», Notes pour une allocution du premier ministre du Québec à la Conférence internationale sur le fédéralisme, Bruxelles, 4 mars 2005. www.premier.gouv.qc.ca/general/discours/2005/mars/dis20050304.htm Monique Gagnon-Tremblay s'est immédiatement opposée à la sortie de son homologue (voir Robert Dutrisac, «Pierre Pettigrew a beau dire - le Québec entend renforcer la doctrine Gérin-Lajoie», *Le Devoir*, 3-4 septembre 2005) et Benoît Pelletier avait aussi démoli l'argument a priori (voir notamment «La place du Québec dans les organisations et les négociations internationales»).

26 www.premier.gouv.qc.ca/general/communiques/2005/fevrier/com20050204.htm

Québec-Las Vegas : petite autopsie d'un grand succès

Stéphane Baillargeon
Journaliste, *Le Devoir*

Photo : CPimages.ca / Lionel Hahn/ABACA

Céline Dion

Mieux qu'hier, moins que demain. Le mot d'ordre reste à la démesure à Las Vegas, capitale mondiale du divertissement, avec une quarantaine de millions de touristes bien comptés annuellement.

Les industries culturelles made in Québec en attirent quelques millions à elles seules et entendent faire encore mieux en 2006. Pendant que Céline Dion poursuivra la présentation de son spectacle *A New Day* dans la salle-cathédrale spécialement conçue pour elle par le Caesars Palace, le Cirque du Soleil (CDS) lancera un des shows les plus attendus de la décennie de ce côté-ci de la galaxie, un hommage aux Fab Four, les Beatles, le groupe de référence de l'histoire de la musique pop.

La production multimédia a nécessité plusieurs dizaines de millions de dollars d'investissement et des années de tortueuses tractations entre les dirigeants du CDS et les ayants droit des Beatles. C'est la première fois que leurs chansons serviront à une telle dérive scénique officiellement approuvée. L'entreprise occupe depuis plus de deux ans une équipe de plusieurs centaines de créateurs dans le quartier général de Montréal. Si la troupe dirigée esthétiquement par le metteur en scène montréalais Dominic Champagne accouche de ce qu'on attend d'eux, le show devrait garder l'affiche au moins une décennie.

La compagnie, qui vient de fêter ses vingt ans, a l'habitude de repousser la barre très haut, surtout à Las Vegas. L'an dernier, le spectacle KÀ, piloté par Robert Lepage, a complètement bouleversé les codes scéniques pour finalement engendrer ce qui a été décrit comme le premier grand spectacle du XXIe siècle. La scène elle-même a été remplacée par une gigantesque plateforme mobile capable de pivoter dans tous les sens jusqu'à devenir un plan horizontal de projection multimédia.

Dirigé par le Québécois Robert Lepage, KÀ est la quatrième production du CDS pour Las Vegas. Les sommes en jeu prennent des proportions himalayennes. Avec ses quelque 200 millions $ CAN (pour la salle et son contenu), le mastodonte accapare l'équivalent de trois ans de budget total du Conseil des arts et des lettres du Québec (un des mieux dotés en Amérique du Nord) et encore plus que tout l'argent dépensé par le Théâtre du Nouveau Monde depuis sa création il y a un demi-siècle.

Ce n'est pas tout. L'équipe de production de *Reve : A Small Collection of Imperfect Dreams* de Franco Dragone, un spectacle aquatique lancé quelques mois après KÀ dans le casino-hôtel Wynn, compte aussi des Québécois en surnombre. Ils occupent deux des cinq plus hautes fonctions, dont la présidence du Groupe Dragone. Il faut dire que le metteur en scène Franco Dragone a passé une quinzaine d'années au Cirque du Soleil, où il a dirigé toutes les productions jusqu'au milieu des années 1990.

Avec ce genre d'ébullition créative, il n'est pas étonnant que des centaines de Québécois se soient installés au Nevada au cours des deux dernières décennies. Le CDS a lancé le bal avec *Mystère* à la fin des années 1980. Musiciens, techniciens, scénographes, danseurs ou gestionnaires, ont ensuite choisi de vivre, chacun à leur façon, une forme de rêve américain dans la capitale mondiale du préfabriqué, du faux et du clinquant, mais aussi du « show-business » à grand déploiement.

Il faut dire que le nouveau Broadway grossit à une vitesse supersonique puisque de 6 000 à 8 000 personnes s'y installent chaque mois. Un documentaire intitulé *Du Québec à Las Vegas*, réalisé l'an dernier par Joël Bertomeu, a recensé environ 250 Québécois exilés au cours des 11 dernières années dans ce lot, dont le pionnier André-Philippe Gagnon. « Autrefois, les Québécois jouaient des rôles secondaires à Las Vegas, dit le réalisateur. Maintenant, ils sont carrément à l'avant-plan. Céline Dion est la chanteuse la plus populaire du monde et le Cirque du Soleil ne connaît aucun rival dans son domaine.»

Follow the money

À tout prendre, per capita, le Québec fournit probablement plus d'artistes de très haut niveau à Las Vegas que n'importe quel autre coin du monde. Comment expliquer cette réussite phénoménale?

Le succès s'explique évidemment en partie par des causes économiques. Les entreprises culturelles québécoises et leur main-d'œuvre plus ou moins artistique se retrouvent à Las Vegas tout simplement parce qu'on veut bien payer pour leurs services.

«Le Québec demeure trop petit pour soutenir ses grands talents, observe encore Joël Bertomeu. Las Vegas est capable de se payer n'importe qui, à commencer par les meilleurs. C'est le Klondike pour les artistes du monde entier qui se ruent vers le filon. Même les artistes n'occupant pas le haut de l'affiche dans une grande production peuvent empocher 200 000 $ ou 300 000 $ par année.»

Daniel Lamarre, président du Cirque du Soleil, en rajoute. «Las Vegas est un marché unique au monde, observe-t-il. Aucun autre lieu ne peut risquer autant sur une seule production. Cela dit, aucune de nos productions de Las Vegas ne peut nous déstabiliser financièrement. La grande majorité de l'investissement vient de notre partenaire, MGM Mirage.»

L'alliance stratégique a déjà porté fruits. Le show sur les Beatles suivra KÀ, Mystère, O et Zumanity, qui à eux quatre attirent déjà environ 11 000 spectateurs par soir, soit plus de 6% du total de la clientèle de la ville. Avec l'ajout en 2006 du spectacle sur les Beatles dans une autre salle du complexe MGM, la part du marché du CDS passera à plus de 7% des billets vendus dans la ville. Bon an, mal an, avec ses quelque 13 productions en représentation dans le monde, le Cirque du Soleil vend d'ailleurs déjà pour 700 000 000 $CAN de billets et espère passer le cap du milliard dès l'an prochain.

Pour sa part, MGM Mirage annonçait en 2004 sa meilleure année, avec des revenus de cinq milliards $CAN répartis à parts égales entre les casinos et les autres activités commerciales (restaurants, spectacles, etc.). Les profits, en hausse de 36% par rapport à l'année précédente, ont dépassé le milliard. «Le dernier quart de 2004 force à placer un point d'exclamation à la fin d'une année formidable pour nous», a dit Terry Lanni, président de MGM Mirage, en dévoilant son bilan aux actionnaires.

Des empires semblables, Las Vegas en compte une bonne dizaine, presque tous aussi profitables. Sur les cent plus grandes compagnies du Nevada, 70 s'activent dans le secteur du jeu. Huit d'entre elles ont un budget supérieur à celui de l'État, qui croupit toujours en fond de cale de l'Union pour son taux de criminalité, la consommation d'alcool, le nombre de mères célibataires, le taux de suicide ou les équipements socioculturels.

«La ville appartient aux casinos», résument les journalistes Sally Denton et Roger Morris dans leur livre traduit l'an dernier sous le titre Une hyper-Amérique, Argent, pouvoir, corruption ou le modèle de Las Vegas (chez Autrement). Les reporters ont passé des années à retracer la genèse de ce lieu fou. Avec ses gangsters, ses maquereaux et ses trafiquants de drogue, avec ses politiciens véreux soutenus par des enveloppes louches et ses milliardaires excentriques, la bio de la ville fait penser à une dérive hallucinée de Tintin en Amérique.

La ville fêtera son incorporation officielle en 2009. Après sa naissance entourée de mormons polygames, la métropole de tous les excès vicieux a vite accueilli des casinos, les trafiquants de drogue et d'alcool, d'innombrables membres de la Cosa Nostra. Mais elle a aussi très rapidement fait de l'œil aux stars d'Hollywood sa voisine, avec Marilyn Monroe et Sinatra en première ligne, puis d'un Elvis surdimensionné et kitsch à souhait. Le Canadien Paul Anka y a aussi laissé sa marque à compter du tournant des années soixante. Les anti-chambres enfumées des casinos servirent à quelques épisodes politiques plus ou moins glorieux de la chasse aux sorcières à la baie des Cochons, sans oublier Watergate...

Self made men milliardaires, politiciens prêts-à-tout, vedettes olympiennes : la ville se retrouve à la croisée des grands mythes de l'Amérique et joue de ses clichés. « Créée comme une oasis du vice légalisé, la cité criminelle s'est transformée en colonie, puis en centre de trafic en tout genre et finalement en zone internationale de la corruption à l'américaine, écrivent les journalistes en conclusion de leur enquête. À la fin des années 1980, le lieu originel du crime organisé avait évolué pour devenir, au moins en partie, le fief d'une oligarchie légitime plus raffinée. Elle gouverne avec les mêmes buts et les mêmes moyens, mais la collusion est maintenant plus franchement assumée

avec les autorités locales ou nationales. [...] La corruption est tellement profonde, tellement ancrée dans l'ordre social et économique, que la plupart des citoyens l'acceptent cyniquement comme une donnée incontournable. Et en ce sens, pour une large part, Las Vegas est la première ville américaine du XXIᵉ siècle. »

L'adaptation comme clé de survie

Les Québécois venus de loin ont aidé la ville à se refaire une image vers la fin des années 1980. Le Cirque du Soleil a même en quelque sorte initié le virage famille de la cité du vice.

Le promoteur Steve Wynn avait alors invité la compagnie cendrillon des chapiteaux à s'installer en permanence dans son casino baptisé Treasure Island, précisément pour attirer la marmaille et leurs parents. Quinze ans plus tard, le spectacle *Mystère* y tient toujours l'affiche avec un succès indéfectible mais dans un hôtel rebaptisé TI, histoire de ne plus faire trop fleur bleue et bon enfant.

« Céline Dion, Franco Dragone et le Cirque du Soleil ont changé l'image que l'on se fait de Las Vegas, dit le réalisateur Joël Bertomeu. Autrefois, la ville était perçue comme le cimetière des artistes sur leur déclin. Depuis plus d'une décennie, notamment grâce aux Québécois, c'est devenu une des grandes capitales du show-bisness de qualité. »

La ville continue maintenant sa transformation pour multiplier les offres de divertissement de qualité tout en renouant avec ses racines lubriques, plus profitables que jamais. Et le Cirque du Soleil sait parfaitement s'adapter pour garder sa place en première ligne.

Il y a pas moins de 31 strip clubs autour de Las Vegas par rapport à une quarantaine de casinos. Aucun n'a pignon sur rue sur le « Strip » (!), le boulevard principal de la ville. Le Sapphire a gonflé jusqu'à des proportions waltmartiennes. Il a fallu une trentaine de millions de dollars américains pour transformer les 71 000 pieds carrés d'un ancien club sportif, maintenant trois fois plus grand que le Jaguars Gentleman's Club, son plus féroce concurrent. Le rendement annuel sur l'investissement devrait friser les 25 %, un taux de profit exceptionnel, même là-bas.

Certains casinos voudraient évidemment leur part de ce marché lucratif. Seulement, un vieux règlement municipal leur défend d'en développer. Les prostituées sont aussi interdites de séjour en ville, d'où l'étonnante absence de péripatéticiennes sur les trottoirs de cette cité-lupanar qui tolère pourtant tout. Les agences d'escortes doivent attirer le client avec des dépliants distribués par de pauvres bougres, presque tous hispanophones, puis le transporter par limousine en banlieue.

Comme les casinos ne peuvent ouvrir de tels lieux, les usines à jeu développent des placebos, mille et une propositions de spectacles et de lieux de divertissement pour adultes avertis, histoire de satisfaire les bas instincts de leur clientèle. Les complexes proposent de tous pour tous les goûts. Le Tangerine, inauguré il y a deux ans à côté de la salle du spectacle *Mystère*, propose du « bawdy burlesque », une sorte de « revue déshabillée paillarde ». On est loin de la Poune avec cette licence de bon goût, où des déesses exhibent un maximum d'attributs dans un minimum de tissu.

Le spectacle gratuit offert tous les soirs dans un immense bassin, creusé devant le TI, offre un autre exemple du retour du refoulé. La bataille waltdisneyenne n'oppose plus des pirates à la marine de Sa Majesté, mais des boucaniers mâles à des sœurs de la côte en petite tenue, pour ainsi dire « défringuées » comme des émules de chanteuses pop. En plus, maintenant, les filles l'emportent...

Zumanity, présenté par le CDS au New York-New York Hotel & Casino répond parfaitement à cette nouvelle concurrence de la vieille manière. Là encore, l'idée demeure d'une simplicité « toutte nuttte » : présenter les numéros de cirque dans une atmosphère « sardanapalesque ». Ce qui permet par exemple de voir des contorsionnistes en string, un numéro aérien avec nain, des toutounes italiennes, des homosexuels gais et même un quatuor de clowns grivois. Comme dans les autres lieux distingués de ce mégabled en carton-pâte, les spectateurs obèses en bermuda peuvent croquer du popcorn pendant la représentation...

L'Amérique made in Québec

N'empêche, tout ce qui précède ne dit rien, ou si peu, des raisons pour lesquelles les artistes et les spectacles du Québec triomphent autant dans ce lieu en particulier. Pourquoi le Cirque du Soleil ? Pourquoi Céline Dion ? Pourquoi leurs mécaniques artistiques correspondent-elles parfaitement à cette métropole américaine en particulier ?

On peut évidemment chercher du côté des évidences, rappeler que Mme Dion chante en anglais, que le Cirque est aphone, ou presque. On doit souligner deux fois plutôt qu'une la qualité exceptionnelle de leurs prestations.

Mais encore? La clé de l'énigme ne se trouve-t-elle pas dans la ville elle-même et dans les créations elles-mêmes, dans ce que Las Vegas demande et trouve en miroir dans les productions québécoises?

Au fond, qu'est-ce que Las Vegas? Certainement un simulâcre urbain, une ville fantôme et pourtant hyperréelle, de partout et de nulle part, une utopie concrète qui possède la formidable capacité de tout digérer. Mais c'est surtout une oasis diluant de l'opium spectaculaire. Un grand parc à thèmes, une civilisation du festif permanent, où s'entremêlent le jeu paupérisant, l'amusement normalisé, la consommation hallucinée et la démesure kitsch d'une architecture thématique mélangeant la séduction par les poncifs et l'imaginaire puéril. Las Vegas, c'est la surpuissance faite divertissement.

«Les artistes québécois maîtrisent parfaitement les règles du jeu», commente alors le professeur Yvon Lamonde de l'université McGill, spécialiste de la culture québécoise et de l'américanité. «On est devant un succès industriel, au même titre que Bombardier ou Jean Coutu. En un sens c'est un processus d'américanité et d'américanisation. Dans le premier cas, les artistes québécois accouchent d'une culture des Amériques. Dans le second cas, ils maîtrisent parfaitement les règles du jeu états-unien.»

Dans *Learning from Las Vegas*, les philosophes de l'urbanité contemporaine Robert Venturi et Denise Scott Brown affirmaient que l'idée géniale et profitable de cette ville était d'avoir réussi «à revivifier la haute culture par un détour dans la masse, alors même que le pop commençait à décrépir». Franchement, on ne saurait donner de meilleure définition de l'entreprise du CDS. En s'inspirant largement des recherches de l'avant-garde circacienne en Europe, la compagnie nord-américaine a forgé de toutes pièces un nouveau Barnum & Bailey qui a fini par s'imposer comme le nouveau cirque traditionnel de notre modernité avancée.

Le recours à des créateurs de pointe de la scène québécoise témoigne également de cette logique phagocitante. Robert Lepage, un des créateurs les plus adulés des planches contemporaines, y a trouvé des moyens immenses pour assouvir son désir de machines scéniques. Un observateur acide de la scène québécoise a pu écrire l'an dernier que le théâtre d'ici est devenu une sorte de loterie dont le vainqueur remporte le droit de diriger là-bas un spectacle, avec au passage un chèque de quelques millions de dollars.

«Tout le monde a son prix, note Joël Bertomeu. Les jeunes artistes sont purs et durs. En vieillissant, l'argent devient attrayant pour lui-même et force au compromis. Mais c'est aussi un outil de création essentiel pour créer certaines œuvres. Robert Lepage répète que la seule limite à son travail à Las Vegas c'était son imagination.»

Le problème moral ne disparaît pas pour autant. L'éthique et l'esthétique ne font qu'un, selon le joli mot du théologien Jacques Maritain. Comment par exemple concilier les propos socio-critiques et toujours hypercyniques des shows du théâtre «Il va sans dire», fondé et dirigé par le metteur en scène

Dominic Champagne, avec les contrats qu'il a obtenu pour des empires du jeu?

«Nous sommes tous dans une position complexe, a déjà répondu Dominic Champagne, qui avec le spectacle sur les Beatles, signera cette année son troisième engagement avec MGM et le Cirque du Soleil. Ces paradoxes font partie de nos difficultés de vivre. Henri Laborit gagnait sa vie en vendant des pilules. Nous sommes tous complices. Nous sommes tous en porte-à-faux. Alors, quand quelqu'un se présente comme un pur et décrit tous les autres comme des trous de cul... Je pars du principe que nous sommes tous des trous de cul. *Cabaret Neige Noire*

dansait sur les tombes. C'était une fête du cynisme. *Vacarme*, dix ans plus tard, tentait de transcender ce cynisme mais constatait l'impossibilité d'y arriver. Nous sommes à la fois bourreaux et victimes, complices. *Vacarme* exprimait cette mauvaise conscience.»

Nous serions donc en somme tous des enfants de Las Vegas, que nous le voulions ou non. Certains le sont tout de même plus que d'autres. Et en redemandent. Guy Laliberté, qui multiplie l'expansion mondiale de sa compagnie, répète qu'il y a de la place pour sept ou huit spectacles du Cirque du Soleil à Las Vegas, où le mot d'ordre est et restera à la démesure...

Éloge de la gratuité

Christian Rioux
Essayiste et correspondant du Devoir à Paris

Manifestation étudiante

Il y a quelques années de cela, j'ai amené ma fille au Louvre. Jusqu'à 18 ans, l'entrée de la collection permanente est gratuite. Nous avons pu ainsi flâner devant les Gréco et les Giotto. Ce sont mes préférés. Nous avons ensuite parcouru la salle des Antiquités égyptiennes. Rien ne l'émeut plus que le corps effilé d'une déesse du Nil. Je ne sais pas ce qu'elle trouve à ces sphinx à quatre pattes. Elle seule le sait.

Tout cela était gratuit pour elle, car l'entrée de la collection permanente est gratuite jusqu'à 18 ans. J'ai d'abord été surpris parce qu'il n'y a plus grand chose de gratuit dans ce monde. Puis, j'ai tout simplement été heureux. Sans savoir pourquoi, j'étais simplement heureux que la société fasse un tel cadeau à ma fille.

Pour une fois qu'on ne lui donnait pas un gadget électronique, des bonbons dégueulasses, un magazine mal écrit ou un T-shirt faisant la promotion d'une boisson gazeuse.

Le plus étonnant, c'est que ce n'était pas une question d'argent. Ça se passait ailleurs. Nous serions certainement allés quand même au Louvre s'il avait été payant. Mais le fait qu'il soit gratuit pour ma fille créait quelque chose que j'avais de la difficulté à définir. Je ne réclamais pas la gratuité pour moi, mais j'étais heureux qu'elle n'ait rien à payer. J'en étais même fier. Non pas pour économiser quelques malheureux dollars, mais pour une raison indéfinissable qui exprime peut-être notre rapport à l'art et à nos enfants aussi.

Pour tout dire, j'étais tout simplement heureux qu'elle sache qu'il y a encore dans ce monde quelques rares choses gratuites et que l'art en fait partie, surtout pour les enfants.

Ces quelques réflexions et les réactions qu'elles ont suscitées m'ont amené à m'interroger sur ce que signifiait la gratuité.

Qu'est-ce que la gratuité ?

Je suis toujours frappé de voir les partisans du dégel des frais de scolarité à l'université, et ils sont nombreux par les temps qui courent, se lancer dans toutes sortes de savants calculs. Les uns explorent les méthodes complexes qui permettraient de faire en sorte que les parents paient les études de leurs enfants avec un compte d'épargne. Les autres se livrent à des calculs tout aussi savants pour voir comment les étudiants eux-mêmes pourraient rembourser ces frais pendant de longues années après leurs études.

Il est frappant de voir que l'on se pose ces questions compliquées sans jamais s'interroger sur le sens de la gratuité. Pourtant, les études universitaires sont gratuites, ou presque gratuites dans de nombreux pays européens. Au Québec même, ce qu'on appelle le «gel des frais de scolarité» n'a jamais été rien d'autre qu'une façon de tendre progressivement vers une forme de gratuité plus ou moins complète des études universitaires.

Il n'est pas possible d'amorcer un véritable débat de fond sur les frais de scolarité universitaires – comme ceux aussi des bibliothèques ou de tout autre service public – sans revenir sur les choix que nous avons faits comme société, sans s'interroger sur le sens de la gratuité elle-même, ce qu'elle représente et ce qu'elle révèle comme message social.

S'est-on déjà demandé pourquoi certaines choses sont gratuites et d'autres ne le sont pas ?

Chacun a évidemment en tête des exemples de biens gratuits comme l'air, l'eau, les places publiques des villes, les autoroutes, les musées, Internet, etc. On sait pourtant que tout a un coût dans une société marchande comme la nôtre.

Commençons d'abord par mettre de côté ce qu'il convient d'appeler la «fausse gratuité». Il s'agit de la gratuité intéressée et commerciale. C'est une forme de gratuité en recrudescence. C'est celle de ces produits d'épicerie que l'on offre à moitié prix pour que le consommateur achète une marque plutôt qu'une autre.

C'est ce qu'on pourrait appeler une gratuité frauduleuse dans la mesure où elle n'est destinée qu'à faire vendre un peu plus. La gratuité de la télévision est à ranger dans cette catégorie. La télévision est gratuite en autant que celui qui l'écoute se soumette au lavage de cerveau publicitaire et qu'il accepte de subir des messages qu'aucune personne sensée n'accepterait autrement de regarder. En fait, cette télévision nous la payons par ce temps gaspillé à nous laisser convaincre d'acheter ce qu'on veut bien nous vendre. Il en va de même de la gratuité des journaux dits «gratuits» et de celle d'une grande partie du contenu d'Internet.

Cette forme de «gratuité» est aujourd'hui en recrudescence. Peut-être même a-t-elle tendance à phagocyter les autres formes de gratuité. Mais, il n'y a pas que la «fausse gratuité». Il y a aussi la vraie.

L'air est gratuit. Pourtant l'air coûte cher. On sait qu'il faut lui permettre de se recycler et empêcher qu'il soit pollué. Les systèmes antipollution des voitures et des usines coûtent des fortunes. Rien n'empêcherait, par exemple, de facturer les citoyens pour leur consommation moyenne d'oxygène à chaque année. On pourrait envoyer à chacun une facture d'air. Celle-ci tiendrait compte du fait que la famille possède une ou deux voitures ou qu'elle se déplace à vélo.

Pourtant, on ne le fait pas. Si l'air est gratuit, ne serait-ce pas parce qu'il est étroitement associé à la vie? N'importe quel humain trouverait révoltant qu'on lui demande de payer un bien aussi directement lié à sa survie quotidienne.

Payer l'air que l'on respire ce serait comme payer un droit de vivre.

On pourrait comparer l'air au sang que l'on donne aux accidentés. Le sang des transfusés a pourtant un coût énorme. Il faut le recueillir, le transporter, le conserver avec des techniques qui coûtent très cher. Pourtant, il est gratuit.

Nous jugeons même essentiel qu'il ne soit pas seulement gratuit, mais qu'il soit le produit d'un don non seulement social, mais aussi personnel. C'est pourquoi nous interdisons formellement toute rétribution pour les dons de sang comme pour les dons d'organes. Je crois que nous ferions ainsi, même si une étude savante prouvait par exemple qu'une rémunération modérée et contrôlée des dons de sang pourrait permettre de résoudre des problèmes de pénurie.

Le sang, comme l'air, c'est la vie et ça ne se monnaye pas ! Tel est le message social que nous voulons adresser par cette mesure symbolique à tous les humains, riches ou pauvres, y compris à ceux qui vivent dans la majorité des pays de la terre où le sang se monnaie comme le reste.

Le cas de l'eau est très intéressant. L'eau aussi est associée à la vie. Pourtant, elle est payante en Europe. Dans les pays européens, les maisons ont leur compteur d'électricité, de gaz et d'eau. Bref, on ne prend pas un verre d'eau gratuitement. En Amérique, l'eau est pourtant demeurée gratuite. Pourquoi ? Ce n'est certainement pas parce qu'elle coûte moins cher ici. Le coût du traitement de l'eau doit être à peu près le même à Paris, à Berlin et à Montréal.

Si l'eau est gratuite en Amérique du Nord, c'est probablement parce que nous avons un rapport à la nature différent de celui des Européens. À la différence de ces derniers, les Nord-Américains ont le souvenir d'avoir découvert ce continent, de l'avoir connu pratiquement vierge. Comme leurs ancêtres, ils continuent de caresser l'idée (évidemment fausse) qu'il recèle des ressources inépuisables, et qu'il les offre à tous indistinctement de leur origine et de leur classe sociale. Cette idée est disparue depuis longtemps en Europe.

Les places publiques sont aussi gratuites parce qu'elle sont considérées comme essentielles au fonctionnement des villes. Depuis l'apparition de ces dernières, dans les pays arabes, on a jugé essentiel d'y aménager des lieux centraux où les habitants peuvent se rencontrer. C'est la place du marché, celle de l'église ou de l'hôtel de ville. Au XIXe siècle, on a jugé que pour être salubres et vivables, les villes devaient offrir un accès libre à des squares, des parcs et des espaces verts où les enfants pouvaient jouer en paix et leurs parents se reposer. La construction d'espaces verts gratuits a fait partie des campagnes de salubrité des villes au XIXe siècle et elle s'est poursuivie tout au long du XXe siècle.

Comme l'eau, les autoroutes sont elles aussi généralement gratuites en Amérique. En Europe, elles coûtent pourtant très cher. Le vacancier qui fait Paris-Marseille, dans le sud de la France, doit s'attendre à payer aussi cher pour l'autoroute que pour son essence.

Comment expliquer cette différence ? Les autoroutes ne coûtent pas moins cher à construire en Amérique, où elles couvrent des distances beaucoup plus grandes. Bien sûr, les Européens ont tendance à encourager les transports en commun. Cela explique en partie la différence. Mais, il n'y a pas que cela. Comme pour l'eau, les Américains ont un rapport à l'espace et au territoire qui rend très difficile la tarification des autoroutes, pour l'instant du moins. Partis d'Europe à une époque où il fallait payer un droit pour entrer dans chaque ville, où il y avait des contrôles sur chaque voie de communication, les colons venus en Amérique ont souhaité que l'espace ici appartiendrait à tous, qu'on puisse se déplacer librement sans avoir à payer.

L'Amérique du Nord a d'ailleurs un des niveaux de mobilité de la main-d'œuvre les plus élevés au monde. La littérature américaine, de Jack Kerouac (*On the Road*) à Jacques Poulin (*Volkswagen Blues*) a magnifié cette liberté de mouvement à travers tout le continent. C'est pourquoi les rares tentatives de faire payer les autoroutes et les ponts, par exemple autour de Montréal, ont toutes fait long feu. Le Nord-Américain aime vivre avec ce rêve qu'il peut se lever un beau matin et décider de partir vers l'ouest. Le grand voyage initiatique de tous les Québécois ne consiste-t-il pas à partir sur le pouce jusqu'à Vancouver, ou mieux jusqu'à San Francisco ?

Parmi les gestes gratuits, il ne faudrait pas oublier ceux qui sont posés dans le cadre de la vie familiale. L'an dernier, le philosophe Michael Sandel m'expliquait que l'amour de nos enfants est le geste gratuit par excellence. C'est un des derniers gestes qui échappent encore à la logique utilitaire dans la mesure où il est exclu des circuits de l'échange. Une gratuité que remettent d'ailleurs en question, soutient Sandel, les techniques de procréation qui permettent déjà de choisir la couleur des yeux et la capacité musculaire de notre progéniture.

Tout cela pour dire que la gratuité, on le voit, n'est pas d'abord une question de coût. Contrairement aux Européens, nous, Nord-Américains, sommes en quelque sorte fiers de dire à nos enfants que dans ce continent mythique et rêvé qu'est l'Amérique l'eau est gratuite, et que n'importe qui peut se déplacer librement. Cela fait partie de nos mythes.

Les autoroutes et l'eau ont beau coûter très cher à la société, elles n'en sont pas moins aussi gratuites pour les riches d'Outremont que pour les pauvres du quartier Saint-Michel, à Montréal. Parce que, face à de telles valeurs fondatrices d'un peuple, d'une nation, il n'y a plus de riches ni de pauvres. Quand une infirmière fait une transfusion sanguine à un patient, elle ne veut pas savoir s'il est riche ou pauvre. Le fait même de poser la question semble répugnant. C'est pourquoi nous avons éloigné le plus possible l'acte de la transfusion de son paiement. Car, il faut bien payer tôt ou tard. Mais pour préserver l'idée de la gratuité, ce paiement est caché, il est dissimulé derrière l'impôt et des taxes diverses. Si bien que ce lien n'est pas apparent.

Un débat de comptables

Vous aurez compris que je n'ai pas l'intention d'entrer dans le débat sur le mode de calcul de l'augmentation des frais universitaires ou de la gratuité des bibliothèques ou de celle des parcs nationaux et que je souhaite d'abord

poser la question à un autre niveau.

Qu'est-ce qui doit être gratuit ? Qu'est-ce qui ne doit pas l'être ? La réponse à ces questions varie inévitablement d'une société à l'autre, elle dépend des valeurs, des mythes et des idéaux de chacune. Si l'on veut proposer le dégel des frais de scolarité universitaires, et s'opposer donc à une forme particulière de gratuité universitaire, il faut le faire en acceptant d'examiner, non seulement les coûts, mais aussi les aspects symboliques et culturels qui sont à la base de l'idée de gratuité.

Au-delà des coûts et bénéfices, la gratuité est en effet porteuse d'un immense message social. Pourquoi l'entrée de l'église de Notre-Dame, à Paris, est-elle gratuite alors qu'il s'agit d'un des monuments les plus visités au monde ? Ceux qui le visitent ont les moyens de payer puisqu'ils ont déjà déboursé 1000, 2000 ou 3000 dollars pour venir à Paris. L'État français ferait des millions en chargeant cinq euros à des visiteurs qui les paieraient sans rechigner. Les sommes recueillies pourraient servir à de bonnes causes, comme rénover les milliers de trésors architecturaux que possède le pays. Pourtant, les Français s'y opposent au nom du libre accès aux chefs-d'œuvre de leur patrimoine. Peut-être même ont-ils conservé vivace l'esprit qui faisait autrefois de l'église le dernier refuge des miséreux et des persécutés.

Contrairement à Notre-Dame, certaines grandes églises britanniques sont devenues payantes depuis quelques années. Contrairement à la France qui accuse un déficit budgétaire, la Grande-Bretagne est pourtant en croissance et ne connaît pas de problèmes budgétaires.

On le constate, la gratuité n'est pas d'abord affaire de budget, mais de volonté. Pourquoi l'université est-elle à peu près gratuite en France, en Espagne, en Italie, dans les pays scandinaves et même en Hongrie, en Grèce, en République tchèque et en Pologne? Le PNB de la Pologne ne fait pourtant pas la moitié de celui de la Grande-Bretagne, où elle est payante.

On le constate, le choix de la gratuité universitaire n'a rien à voir avec la richesse ou la pauvreté d'un pays. La Suède a un PNB par habitants plus élevé que celui des États-Unis et de la Grande-Bretagne, pourtant l'université gratuite fait partie du modèle social suédois comme de celui de pays beaucoup plus pauvres comme la Pologne et la Hongrie. La Grande-Bretagne et les quatre länders allemands qui ont récemment augmenté leurs frais de scolarité à l'université, ne sont d'ailleurs pas des régions pauvres comme on aurait pu s'y attendre.

L'été dernier, les jeunes libéraux se prononçaient pour la nationalisation de l'eau et le dégel des frais de scolarité. Voulaient-ils dire par là que l'eau est une valeur plus importante que le savoir?

Que faut-il penser d'une société où toutes les autoroutes sont gratuites, mais où l'on envisage de dégeler les frais de scolarité? S'est-on demandé quel est le message social d'une telle politique? Quelle leçon en tireront les générations futures?

J'imagine qu'on en conclura que la voiture est plus importante que le savoir. Et l'on aura probablement raison.

La question de la gratuité a rarement été posée ainsi au Québec. Depuis un certain nombre d'années, le débat sur la gratuité est devenu un débat de comptables. Je n'ai rien contre les comptables, mais je ne suis pas certain qu'il leur revienne de décider des valeurs de la société dans laquelle je vis. Je souligne d'ailleurs que l'on retrouve souvent autant de comptables à gauche qu'à droite.

Le raisonnement du comptable est relativement simple. Prenez les bibliothèques. Le comptable étudiera leur fréquentation et en conclura qu'elles sont fréquentées par des gens relativement fortunés. Il en déduira que la gratuité est une subvention déguisée aux classes les plus favorisées. Il calculera ensuite les milliers d'acheteurs potentiels que perdent ainsi les éditeurs. Maisons d'édition qui engloutissent en plus les subventions de l'État...

Tout cela est peut-être vrai. Il n'empêche que les Québécois ont décidé de construire la Grande Bibliothèque au cœur de Montréal, pour affirmer l'importance du livre et du savoir, et cela quelque soit l'origine et le revenu de ceux qui voudront bien la fréquenter.

Les comptables envisagent le gel des frais de scolarité universitaires de la même façon. La gratuité universitaire n'est pour eux qu'une subvention aux enfants de familles riches, une aide à ceux qui décrocheront demain les meilleurs emplois. Même le jeune candidat à la chefferie du Parti québécois, André Boisclair, pose la question de cette façon. «Je suis contre l'université gratuite pour le moment, écrivait-il sur son blogue. Car si on met les universités gratuites, les riches seront encore une fois avantagés. »

C'est que le comptable ne parvient pas à imaginer que la gratuité universitaire (ou la quasi-gratuité) puisse avoir d'autre but qu'«utilitaire» et qu'elle puisse servir à autre chose qu'à d'aider les classes défavorisées. Il ne peut pas imaginer qu'elle exprime, par exemple, l'importance que la société accorde au savoir et à ses enfants. Car l'éducation a ceci de particulier et d'unique qu'elle concerne à la fois le patrimoine culturel de l'humanité et qu'elle s'adresse aussi à nos enfants.

C'est pourquoi, la plupart des sociétés développées ont choisi, vers le début du XXe siècle, de rendre l'école primaire gratuite. Après la Seconde Guerre mondiale, cette gratuité s'est étendue au niveau secondaire. Autour des années 60, elle a commencé à gagner les niveaux collégial et universitaire.

Le comptable ne parvient pas à comprendre que les sociétés qui ont fait ce choix se fichent au fond de savoir si l'étudiant qui lit Emmanuel Kant ou Gaston Miron est le fils d'un millionnaire de Westmount ou d'une famille d'assistés sociaux d'Hochelaga-Maisonneuve. Pour les partisans de l'éducation gratuite, face à Kant et à Miron, on n'y a ni riches ni pauvres, seulement des êtres humains responsables de l'activité la plus essentielle de ce monde, celle qui consiste à transmettre notre héritage culturel aux générations futures.

Le comptable ne comprend pas qu'en accordant à tous, sans discernements, le privilège d'entrer dans une bibliothèque, de visiter un musée ou d'étudier à peu près gratuitement, la société veuille crier haut et fort que le savoir et la culture sont des denrées aussi vitales que l'air et l'eau, qu'elles doivent être en quelque sorte sacralisées, et donc pour cela mises hors du circuit marchand.

Le comptable ne comprend pas que ce message s'adresse indifféremment aux riches et aux pauvres, qui ont tous les deux besoin de se faire rappeler que ce qui fait notre humanité, ce n'est pas le dernier modèle de voiture ou d'ordinateur portable, ni la belle autoroute (gratuite !), mais l'héritage culturel que nous ont légué les générations passées.

Je constate qu'un grand nombre d'opposants à l'idéal de la gratuité – je dis idéal car j'ai conscience qu'il n'est pas toujours pleinement réalisable – se sont ralliés à un raisonnement radicalement différent. Ce raisonnement soutient généralement que, puisque celui qui fréquente l'université «investit» pour s'enrichir, il est normal qu'il paie sa quote-part.

Si l'on raisonne ainsi, c'est que non seulement l'idée de gratuité a déjà commencé à disparaître de notre univers mental, mais que notre conception de l'université s'est elle aussi radicalement transformée.

Quelle université ?

Si dans le discours dominant l'étudiant est devenu un «investisseur» qui «investit» dans son avenir, c'est que l'évolution même de l'université depuis un certain nombre d'années tend à accréditer l'idée que le savoir est une marchandise comme les autres. Pour une partie de la population, et une partie de nos élites, l'université semble en effet devenue une sorte de vaste fond de gestion qui aide l'étudiant à investir à la bonne place pour assurer son avenir.

Ce vocabulaire boursier, utilisé aussi bien par les éditorialistes que par les spécialistes, n'est pas un hasard. Il révèle les changements qui se sont produits dans les universités. Dans un article du *Wilson Quaterly*, le professeur d'anglais James B. Twitchell racontait l'an dernier comment, depuis 30 ans, le monde universitaire s'était transformé. Il décrivait l'université de ses débuts, alors que jeune enseignant, il découvrait des bâtiments gris avec des tableaux noirs, des pupitres usés, du matériel défraîchi et une cafétéria plutôt spartiate.

Écoutez-le décrire l'Université de Floride où il enseigne aujourd'hui, à Gainesville.

« Quand je quitte le campus pour revenir à la maison, je passe à côté de nouvelles constructions. (...) À ma gauche, l'immeuble de l'association étudiante a doublé de surface. On y trouve des comptoirs de restauration rapide, des salles de réception, un cinéplex, un bowling, un hôtel de trois étages, des services juridiques et un réparateurs de bicyclettes (qui sont tous les deux gratuits), des conseillers en orientation et toutes sortes de choses que nous avions l'habitude de trouver dans les centres commerciaux, sans oublier un magasin dont la surface fait la moitié d'un terrain de football et dont un étage entier est rempli de tous les objets imaginables portant le logo de l'université. Il y a aussi une galerie d'art, des jeux vidéos, un marchand de lunettes une agence de voyage, un marchand de cadres, un magasin d'articles de sport et un gigantesque aquarium remplis de poissons orange et bleus, les deux couleurs de l'université.[1] »

Et James B. Twitchell de se demander : « Où est passé l'idéal socratique de la classe et de son maître ? »

Cette description peut sembler caricaturale, mais elle n'est pas si loin de ces publicités que l'on peut voir dans

les journaux québécois et où l'on vante la piscine olympique de telle université, le cadre enchanteur d'une autre, les résidences étudiantes confortables de celle-ci ou la quincaillerie informatique de celle-là.

Si l'université est devenue une gigantesque entreprise de marketing à la recherche de consommateurs, et je crois qu'elle l'est devenue en partie (en partie seulement), il ne faut pas s'étonner que l'idée de gratuité ait de plus en plus l'air d'un fossile du néolithique entre ses murs.

James B. Twitchell conclut que les professeurs n'ont « plus pour tâche de transmettre ce que E. D. Hirsch[2] aurait appelé les fondements de la culture (*cultural literacy*), ni d'enseigner la différence entre le mot juste et le mot juste, comme aurait dit Mark Twain. Nous avons pour tâche de créer un environnement global, de livrer une expérience, de satisfaire des consommateurs et de leur décerner un diplôme d'intelligence quant ils ont terminé.[3] »

Pour de nombreux recteurs d'universités, pour certains hommes politiques et pour une partie des étudiants aussi, celui qui étudie est devenu un consommateur qui investit 10, 15 ou 20 000 $ dans des études pour que ça rapporte.

Parions que l'université cherchera d'ailleurs à développer des facultés et des programmes susceptibles d'attirer ce nouvel étudiant-investisseur, qui vient d'ailleurs souvent de l'étranger. Incapables d'imaginer que l'éducation puisse être un geste gratuit et désintéressé, une sorte de cadeau de la société aux générations futures, ils proposeront donc tout naturellement d'ajuster les frais de scolarité en fonction de l'emploi que cette formation permet de décrocher.

Ceux qui pensent ainsi – en toute bonne foi, reconnaissons-le – ne se doutent pas qu'ils sont en train de transformer radicalement le rapport de nos sociétés face au savoir. Une transformation que l'augmentation des frais de scolarité à l'université ne fera qu'accentuer.

Le philosophe belge Philippe Van Parijs exprimait parfaitement cette idée en écrivant que : «Tout ce qui contribue à transformer la relation de nos étudiants aux institutions d'enseignement et à la communauté politique dont elles relèvent en une relation purement mercantile, loin d'apporter une solution au problème, ne fera que l'aiguiser.»[4]

Ce que dit Van Parijs, c'est que si l'on traite l'étudiant en simple investisseur, on ne devra pas se surprendre qu'il traite un jour l'université comme un vulgaire fond d'investissement. Le jour où ça ne lui rapportera pas assez, il ira voir ailleurs et nous n'aurons absolument rien à dire.

Contrairement à ce que dit l'idéologie du jour, le savoir n'a pas rapporté à toutes les époques. Selon un économiste aussi réputé que Paul Krugman, rien n'indique que l'économie de demain exigera des travailleurs toujours plus instruits. On peut facilement imaginer que l'automation, le développement des services et de la distribution n'exigent un jour qu'une petite proportion d'employés vraiment instruits.[5]

N'en déplaise aux psychanalystes, on ne connaît pas la valeur que de ce qu'on a payé. C'est même souvent le contraire. Les choses qui ont socialement le plus de valeur sont souvent gratuites : la famille, l'amitié, l'amour, la connaissance, les traditions culturelles, la religion, etc.

Rendre quelque chose gratuit, c'est même le faire accéder au niveau d'un bien commun essentiel, le sacraliser en quelque sorte. C'est l'élever au niveau d'un «don».

Le don crée une dette

Depuis Marcel Mauss, les anthropologues savent que le don est créateur de relations sociales. Les mêmes anthropologues savent aussi qu'on ne donne que ce qui a de la valeur. Maurice Godelier a même montré que pour que le don fonctionne et soit créateur de liens sociaux, il faut que la chose donnée «semble à tous les membres de la société indispensable à leur existence» et que ce soit une chose «qui doit circuler entre eux pour que tous et chacun puissent continuer d'exister»[6].

Godelier a soutenu que, dans la plupart des sociétés primitives, les objets qu'on se donne étaient souvent des doubles d'objets sacrés qui sont conservés, eux, précieusement loin de l'échange, qu'ils sont même des symboles de biens communs qui appartiennent à la collectivité, comme la terre, sans être jamais la propriété de quelqu'un puisque l'objet donné circule sans cesse, qu'on le donne et qu'on le redonne.

Il n'est pas question d'entrer dans le détail de l'analyse de Godelier. Contentons-nous de souligner que le savoir semble correspondre parfaitement à cette définition d'un objet «indispensable à l'existence» et «qui doit circuler pour que tout un chacun puisse continuer d'exister». Mais Godelier souligne aussi que le don a une autre caractéristique essentielle.

Chez tous les peuples, le don crée une dette. Accepter un don – et un don ne se refuse pas – c'est accepter de devoir quelque chose à quelqu'un. C'est accepter de devoir rembourser un jour, d'une façon ou d'une autre, celui qui vous a donné. Alors que l'échange marchand crée ce que Marx appelle des individus totalement « libres » le uns des autres, le don crée une dette, pour ne pas dire un devoir. Si quelqu'un vous donne, vous lui devez quelque chose. Si la société vous donne, vous devez quelque chose à la société.

Se pourrait-il que la commercialisation du savoir et l'entrée des universités dans le cycle marchand ne soit le résultat d'une machination ou un complot du grand capital ? Se pourrait-il que l'homme moderne, celui qui n'a plus que des droits, ne veuille plus assumer aucun devoir ? J'ai peur que si certains s'acharnent tant à vouloir réintroduire le savoir et la culture dans le circuit marchand, c'est parce qu'ils veulent dorénavant être totalement libres, libres de toute dette, libres, de ne plus rien devoir à personne, libres, de ne plus rien avoir à léguer.

En offrant le Louvre gratuitement à ma fille, la société ne lui faisait pas simplement un cadeau en argent, elle lui disait que toute cette culture lui appartenait, qu'elle était ce qu'elle avait de plus précieux et qu'elle avait la responsabilité de s'en saisir. Elle lui disait aussi qu'elle ne pouvait pas faire n'importe quoi de cet héritage, qu'elle avait le devoir de le protéger, de veiller sur lui, afin de pouvoir le rendre un jour aux générations futures.

Notes

1 TWITCHELL, James B., Higher Ed, Inc., *The Wilson Quaterly*, Washington, été 2004.

2 E. D. Hirsch a été associé au mouvement *Back to the basics* et est l'auteur de *Cultural Literacy - What Every American Needs To Know*.

3 TWITCHELL, James B., Higher Ed, Inc., *The Wilson Quaterly*, Washington, été 2004.

4 Est-il juste que l'Université soit gratuite ? Par Philippe Van Parijs, Chaire Hoover d'éthique économique et sociale, Université catholique de Louvain.

5 Voir à ce propos Paul R. KRUGMAN, *La Mondialisation n'est pas coupable, Vertus et limites du libre-échange*, La Découverte, Paris 1998.

6 GODELIER, Maurice, *L'Énigme du don*, Champs Flammarion, Paris 1996, p. 100.

Le Québec comme objet d'étude en 2204-2005

Hélène Chouinard et Robert Laliberté
Association internationale des études qubécoises (AIEQ)

Au cours des dernières décennies, le Québec a été un objet d'étude pour de nombreux étudiants, professeurs et chercheurs du Québec, mais également, et ce, bien souvent au grand étonnement des Québécois eux-mêmes, du reste du Canada et de partout ailleurs dans le monde. Ainsi, au fil des ans, le Québec est devenu un laboratoire pour de nombreux analystes qui cherchent à mieux connaître et à mieux comprendre la spécificité québécoise ou encore, lorsqu'ils sont de l'extérieur du Québec, se réfèrent à l'expérience québécoise pour mieux comprendre leur propre société.

Il serait bien sûr exagéré de prétendre que l'Association internationale des études québécoises (AIÉQ) est seule responsable de cet intérêt croissant à l'égard du Québec. Il n'en demeure pas moins que l'Association a pour mission, voire pour raison d'être, de susciter cet intérêt, de le soutenir et de le renforcer.

L'AIÉQ existe depuis mai 1997 seulement. Mise en place à l'initiative d'un petit groupe de professeurs d'universités du Québec et de l'extérieur, elle est vite devenue une véritable organisation internationale qui, tout en bénéficiant du soutien financier du gouvernement du Québec, notamment du ministère des Relations internationales (MRI) et du ministère de la Culture et des Communications (MCC), jouit de l'entière autonomie dont elle a besoin pour assurer sa crédibilité aussi bien que pour garantir l'indépendance intellectuelle de ses membres.

De 1997 à 1999, l'AIÉQ a été présidée par le professeur Claude Corbo de l'Université du Québec à Montréal (UQAM). De 1999 à 2004, elle a été présidée par le professeur Ingo Kolboom, de l'Université de Dresde, en Allemagne. Depuis 2004, c'est le professeur Yannick Resch, de l'Université de Provence, en France, qui est présidente de l'Association.

Au départ, l'AIÉQ s'est efforcée d'identifier celles et ceux qui dans le monde se consacraient à l'étude du Québec. Puis, elle a cherché à mieux

Vous trouverez sur www.inm.qc.ca, section Annuaire du Québec, une bibliographie commentée des principaux ouvrages sur le Québec publiés en 2004-2005.

connaître leurs motivations, leurs caractéristiques personnelles et professionnelles ainsi que leurs principales activités, de façon à pouvoir leur offrir des services ainsi que des aides techniques et financières répondant à leurs besoins. Enfin, elle s'est employée à stimuler le développement des études québécoises dans certains milieux où elles n'existaient que peu ou pas et à élargir ainsi sans cesse le réseau international des québécistes.

Aujourd'hui, ce réseau est composé de près de 2700 professeurs, chercheurs et étudiants qui ont fait du Québec l'objet de leurs enseignements, de leurs recherches ou de leurs publications. Ces québécistes sont répartis dans les universités de 65 pays et dans plus de 40 disciplines. La majorité d'entre eux, soit 70 %, sont de l'extérieur du Québec. Ils se retrouvent dans chacune des différentes régions du monde, mais en plus grand nombre en Europe et aux États-Unis. On estime que chaque année ils font découvrir le Québec à près de 50 000 étudiants étrangers. C'est à travers l'intérêt qu'ils accordent à la littérature et à la culture québécoises que le plus grand nombre d'entre eux développent une meilleure connaissance du Québec.

Les moyens qu'a mis en place l'AIÉQ pour promouvoir et soutenir concrètement le développement des études québécoises dans le monde peuvent être classés en deux grandes catégories : ceux qui servent à assurer la circulation et la diffusion d'informations au sujet du Québec, et ceux qui permettent de soutenir techniquement et financièrement les projets initiés par les membres de l'Association.

Chaque semaine, l'AIÉQ adresse à plus de 2600 abonnés dans le monde un bulletin électronique d'information. Grâce à ce bulletin, celles et ceux qui se consacrent à l'étude du Québec peuvent être tenus au courant des recherches, colloques ou publications qui portent sur le Québec et qui peuvent avoir un intérêt pour leurs propres activités universitaires. En outre, l'Association dispose de deux sites Internet qui fournissent une foule d'informations fort utiles pour étudier le Québec. Sur le site www.aieq.qc.ca on trouve, par exemple, la liste des livres, dont les « classiques » de la littérature québécoise, des films et des enregistrements sonores qui sont fortement recommandés pour établir les bases d'un centre de documentation sur le Québec. Sur le site www.panorama-quebec.com, qui est le fruit d'une collaboration entre l'AIÉQ, le Département de langue française du Centre d'éducation permanente de l'Université McGill, le Programme d'études sur le Québec de cette même université et l'École de langue française et de culture québécoise de l'Université du Québec à Chicoutimi, on trouve des dossiers bien documentés sur le Québec ainsi que sur les traits caractéristiques des Québécoises et Québécois.

Ce travail de diffusion d'informations est complété par un travail de soutien aux projets initiés par les membres de l'Association. Grâce à son programme de soutien à la diffusion de connaissances sur le Québec, l'AIÉQ peut en effet accorder un soutien financier à ceux de ses membres qui souhaitent, par exemple, préparer un cours, un livre ou un colloque sur le Québec. En 2004-2005, l'AIÉQ a soutenu 60 projets de cette nature. Ce programme d'aide financière est rendu possible grâce à une subvention que verse le ministère des Relations internationales à l'AIÉQ.

Le second programme d'aide dont dispose l'AIÉQ vise à favoriser une meilleure connaissance des auteurs québécois et de leurs livres à l'étranger. Ce programme consiste à soutenir techniquement et financièrement l'organisation de tournées d'auteurs québécois à travers le réseau international des études québécoises. En 2004-2005, 24 auteurs québécois, soit des romanciers, des poètes, mais aussi des essayistes, ont pu bénéficier de ce programme pour se faire inviter à venir faire la promotion de leurs livres dans des universités des États-Unis, d'Amérique latine, d'Europe et même d'Asie.

Consciente de l'importance de préparer une relève dans le domaine des études québécoises, l'AIÉQ offre quelques bourses d'études et de stages aux étudiants québécois et étrangers. La bourse Gaston-Miron et la bourse Pierre-et-Yolande-Perrault visent respectivement à encourager les étudiants à faire porter leur thèse ou recherche sur la littérature québécoise ou sur l'écriture intermédiatique. Chaque année, des bourses sont également offertes à au moins six étudiants, du Québec et de l'étranger, qui viennent à l'AIÉQ pour y effectuer un stage pratique d'une durée de trois ou quatre mois.

En 2004-2005, l'AIÉQ a mené une véritable offensive auprès des professeurs de français langue seconde ou étrangère dans le but de les encourager à introduire des contenus québécois dans leur enseignement. À l'évidence, ces professeurs peuvent devenir de bons relayeurs d'informations sur le Québec et contribuer à accroître la connaissance du Québec à l'étranger, pour peu qu'ils soient encouragés et aidés à le faire. Pour s'en convaincre, il suffit de se rappeler qu'il y a dans le monde, selon les données recueilles par le Conseil consultatif de l'Organisation internationale de la Francophonie pour 2002-2003 , environ 700 000 professeurs de français langue seconde ou étrangère qui rejoignent chaque année près de 70 millions d'étudiants. C'est dans cet esprit que l'Association a mis en place le site Internet Panorama sur le Québec et qu'elle a, en outre, grâce à une subvention du ministère des Affaires étrangère du Canada (MAE), créé un nouveau programme d'aide visant à permettre à des professeurs de français de l'étranger de venir se perfectionner au Québec.

Cette trop brève présentation de l'AIÉQ serait bien incomplète si elle ne fournissait également certains éléments d'information au sujet de ses sources de financement. En fait, l'AIÉQ tire la majeure partie de ses revenus, soit près de 80 %, de subventions gouvernementales qui lui sont versées d'abord par le MRI, puis par le MCC et enfin par le MAE. Confrontée à l'obligation de réduire la part de ses revenus provenant de sources gouvernementales, l'Association a lancé au printemps 2005 sa toute première campagne de financement auprès de donateurs privés. Le résultat de cette campagne de financement pourrait être déterminant pour l'avenir de l'AIÉQ.

Le Québec en un coup d'œil

▶ Le Québec en un coup d'œil

Le territoire

Superficie : 1 667 926 km2 (15,5 % du territoire canadien)

Le Québec est un très vaste territoire : 1 667 441 km², soit trois fois la France et près du cinquième des États-Unis d'Amérique. Il s'étend sur plus de 17 degrés de latitude et 22 degrés de longitude, entre le 45e et le 62e degré de latitude nord et entre le 56e et le 79e degré de longitude ouest. C'est la deuxième province la plus populeuse du Canada et la plus vaste en superficie ; elle occupe 15,5 % du territoire canadien.

Le Québec est délimité par plus de 10 000 km de frontières terrestres, fluviales et maritimes : à l'ouest il est bordé par l'Ontario, au sud par quatre États américains (Maine, Vermont, New York et New Hampshire), et au nord par le territoire du Nunavut (frontière maritime). À l'est, les provinces canadiennes du Nouveau-Brunswick et de Terre-Neuve-et-Labrador, la Nouvelle-Écosse et l'Île-du-Prince-Édouard partagent aussi des frontières avec le Québec.

Le fleuve majestueux

Le Saint-Laurent, long de 3058 km, traverse le territoire d'ouest en est pour se jeter dans l'océan Atlantique. C'est le troisième plus grand fleuve en Amérique du Nord, après les fleuves Mackenzie et Yukon, le 19e plus long au monde. Il reçoit dans sa portion québécoise 244 affluents, ce qui le classe au 15e rang mondial quant à la superficie de son bassin versant. En plus d'alimenter les Québécois en eau potable, il est le plus important axe fluvial nord-américain. Grâce à son estuaire de 65 km de largeur, il ouvre la voie vers les confins de l'Amérique, en plus d'atteindre par la Voie maritime le cœur du continent.

Le mont D'Iberville, situé dans la chaîne des monts Torngat, est le plus élevé du Québec, à 1652 mètres.

La population

7 455 208 habitants (23,7 % de la population canadienne)

Le Québec compte 95 000 femmes (3 756 200) de plus que d'hommes (3 661 500). En 2002, une personne sur cinq (19,7 %) était âgée de 15 à 29 ans.

Population amérindienne
79 400 personnes
10 nations
54 communautés

Superficie des eaux :

315 638 km² (19 % du territoire)

750 000 lacs

130 000 ruisseaux

3 % des réserves d'eau douce mondiale

Superficie de la forêt :

757 900 km² (50 % du territoire)

2 % des forêts mondiales

Terres agricoles :

3,5 millions d'hectares (2 % du territoire)

Population inuit (nation autochtone non amérindienne)
8625 personnes
14 communautés du Nunavik, sur les bords des baies d'Ungava et d'Hudson

Revenu personnel disponible par habitant
20 259 $ (2002)

Religions
Catholicisme: six millions de baptisés
Protestantisme: 335 590
Islam: 108 620
Orthodoxe: 100 370
Judaïsme: 89 915

Scolarité
Selon Statistique Canada, en 2001, le Québec arrivait au premier rang des provinces canadiennes pour le nombre de détenteurs de diplômes d'études postsecondaires (collège et université) âgés entre 25 et 34 ans. 68,5 % des jeunes détiennent un tel diplôme, comparativement à 63,9 % en Ontario. À ce chapitre, le Québec pris séparément se classe au troisième rang parmi les pays de l'OCDE.

Devise et emblèmes
Je me souviens
C'est en 1883 que l'architecte et sous-ministre des Terres de la Couronne Eugène-Étienne Taché fait graver, sur la porte en pierre du Palais législatif de Québec, la devise «Je me souviens». En 1939, elle est officiellement inscrite sur les nouvelles armoiries. L'architecte Taché a voulu rendre hommage à tous les pionniers du Québec en rassemblant, sur la façade de l'hôtel du Parlement, des figurines de bronze qui représentent les Amérindiens, les

Principales villes

Montréal	1 812 000 hab.
Québec	513 000
Longueuil	285 000
Laval	343 000
Gatineau	228 000

Espérance de vie

Femmes	81,9 ans
Hommes	76,8 ans

Indice de fécondité: 1,45 (en 2002)

Économie

PIB	230 milliards de dollars canadiens en 2001
Croissance du PIB	(2002) 4,3 %
Chômage	(septembre 2005) 8,4 %
Taux d'activité	(septembre 2003) 66 %
Exportations	(2002) 57 % du PIB

Principales langues parlées

Français	81,4 %
Anglais	10,1 %

Français et les Britanniques. On y trouve représentés les premiers moments de la Nouvelle-France, avec les explorateurs, les missionnaires, les administrateurs, les généraux, les chefs, etc. Taché a aussi fait inscrire, au bas de l'œuvre, la nouvelle devise.

Armoiries
Les armoiries du Québec reflètent les

différentes époques du Québec. Elles sont décorées de fleurs de lis or sur fond bleu pour souligner l'origine française de la nation québécoise, d'un léopard or sur fond rouge pour mettre en évidence l'héritage britannique, et de feuilles d'érable pour signaler l'appartenance du Québec au Canada.

Drapeau

Depuis le 21 janvier 1948, le drapeau officiel du Québec, le fleurdelisé, flotte sur la tour de l'Assemblée nationale. En hommage à la France, le drapeau représente quatre lis blancs sur autant de rectangles de fond azur. Une croix blanche, symbole de la foi chrétienne, les sépare. La fleur de lis est l'un des plus anciens emblèmes au monde. Les Assyriens, quelque 3000 ans avant notre ère, l'utilisaient déjà. Le fleur-delisé a aussi occupé une grande place dans l'ornementation en France.

Emblèmes

L'iris versicolore a été désigné emblème floral du Québec à l'automne 1999.

Le harfang des neiges, grand-duc blanc qui habite le nord du Québec, a été désigné emblème aviaire en 1987. Il évoque la blancheur des hivers québécois.

Le bouleau jaune, ou merisier, est présent dans la sylviculture québécoise depuis les temps de la Nouvelle-France.

Recherche, rédaction et révision :
Valérie Martin et Ian Parenteau

Références

Institut de la statistique du Québec, *Le Québec statistique*, édition 2002

Institut de la statistique du Québec, *Le Québec chiffres en main*, édition 2003.

Statistique Canada, *Recensement 2001 : données sur les populations* (langues, origines ethniques, etc)

Portail Web du Gouvernement du Québec : Territoire, Vision du Québec, Vivre au Québec. (Dernière révision : 25 avril 2003).

Portail Web du ministère des Relations avec les citoyens et de l'Immigration. Histoire du Québec, Emblèmes, Armoiries, Drapeau, Devise. 2002.

Encyclopaedia Universalis 2003 en DVD-ROM, articles « Canada : histoire et politique » et « Québec, province de » (auteurs : Michel Brunet, Louis Massicotte, Henry Rougier).

Histoire du Québec, sous la direction de Jean Hamelin, Éditions France-Amérique, 1976, 537 pages.

Site Web du ministère des Ressources naturelles, faunes et parcs : données sur l'énergie et l'hydroélectricité.

Site Web du Parti québécois : données sur les diplômes postsecondaires.

Site Web de l'Union des municipalités du Québec.

Cahier *Profil économique et financier du Québec, printemps 2003*. Portail Web du ministère des Finances, de l'Économie et de la Recherche, pour toutes les statistiques sur l'économie.

Budget 2003-2004, Points saillants, ministère des Finances, Québec.

Site Web du ministère de l'Industrie et du Commerce pour les données sur le PIB (www.mic.gouv.qc.ca) et Cahier excellence Québec 2000.

Atlas du Canada sur le site du Gouvernement du Canada (pour les statistiques sur le Saint-Laurent)

Cahier *Le Québec bio-alimentaire en un clin d'œil, portrait statistique 2001*, ministère des Pêcheries et de l'Agriculture, données sur l'agriculture.

Les grandes dates de l'histoire

8000 av. J.-C. Arrivée des premières peuplades autochtones sur le territoire actuel du Québec.

Vers 1390 Fondation de la Confédération iroquoise par Dekanawidah et son assistant Hiawatha unissant les Cinq Nations iroquoises (Mohawks, Sénécas, Onondayas, Coyugas, Oneidas).

1534 Jacques Cartier, de Saint-Malo, accoste dans la baie de Gaspé. Au nom de François Ier, roi de France, il prend possession de ce territoire qui s'appellera le Canada.

1608 Samuel de Champlain arrive aux abords d'un site escarpé que les Amérindiens appellent «Kébec». Il fonde sur ce site une ville du même nom (Québec). Il est par la suite nommé lieutenant du vice-roi de la Nouvelle-France (1612).

1625 Arrivée des premiers Jésuites.

1639 Fondation à Québec du couvent des Ursulines par Marie Guyart, dite Marie de l'Incarnation, et de l'Hôtel-Dieu de Québec.

1642 Paul de Chomedey, sieur de Maisonneuve, fonde Ville-Marie (Montréal).

1689-97 Première guerre intercoloniale (Français contre Anglais).

1701 Le gouverneur Callières met fin aux guerres franco-amérindiennes. Il signe la Grande Paix de Montréal avec les Iroquois.

1701-1713 Deuxième guerre intercoloniale.

1718 Érection de la forteresse de Louisbourg pour défendre la Nouvelle-France.

1740-48 Troisième guerre intercoloniale.

1748- Fin de la guerre entre les colonies (Traité d'Aix-la-Chapelle).

1754-1760 Quatrième guerre intercoloniale.

1759 Siège de Québec et bataille des plaines d'Abraham. Les troupes françaises du général Montcalm sont défaites par le général Wolfe et son armée britannique.

1760 L'armée britannique prend possession de Montréal. Capitulation de la Nouvelle-France et de Montréal. Établissement d'un régime militaire anglais.

1763 Proclamation royale : le roi de France, par le Traité de Paris, cède le Canada au royaume britannique. La *Province of Quebec* est soumise aux lois d'Angleterre.

1774 Le Parlement de Londres, par l'Acte de Québec, reconnaît le droit civil français (tout en gardant le droit criminel britannique), la religion catholique et le régime seigneurial.

1791 L'Acte constitutionnel divise le Canada en deux provinces : le Haut-Canada, à majorité anglophone, et le Bas-Canada, à majorité francophone. Débuts du parlementarisme britannique.

1792 Premier Parlement du Bas-Canada et premières élections. Deux partis s'opposent : les « Tories », surtout des marchands et des nobles Anglais, et les «Canadiens», qui sont francophones.

1799 L'anglais est déclaré langue officielle du Bas-Canada.

1834 Ludger Duvernay fonde la Société Saint-Jean-Baptiste, vouée à la cause des Canadiens français. Le Parti Canadien (Patriotes) propose 92 résolutions à l'Assemblée du Bas-Canada, pour réclamer les mêmes privilèges que le Parlement britannique.

1837-1838 Londres refuse les 92 résolutions. Rébellions dans le Bas et le Haut-Canada. Les Patriotes (Parti Canadien), avec à leur tête Louis-Joseph Papineau, se soulèvent. Douze Patriotes sont pendus à Montréal, de nombreux autres sont forcés à l'exil et des villages sont détruits par l'armée britannique.

1839 Rapport Durham

1840 L'Acte d'Union rassemble les provinces du Bas et du Haut-Canada.

1852 Fondation de l'Université Laval, première université francophone et catholique en Amérique.

1867 L'Acte de l'Amérique du Nord britannique réunit les provinces du Canada - l'Ontario, le Québec, la Nouvelle-Écosse et le Nouveau-Brunswick - pour créer le Dominion du Canada. C'est le début de la Confédération canadienne. Pierre-Joseph-Olivier Chauveau, un conservateur, devient le premier premier ministre du Québec et John A. MacDonald, un conservateur, premier premier ministre du Canada.

1896 Wilfrid Laurier, premier premier ministre francophone du Canada.

1900 Alphonse Desjardins fonde la première caisse populaire à Lévis.

1907 Le gouvernement Gouin crée l'École des hautes études commerciales (HEC).

1909 Fondation du club de hockey Canadien.

1910 Fondation du journal *Le Devoir* par Henri Bourassa, un nationaliste canadien.

1912 Premier Congrès de la langue française.

1917 Crise de la Conscription. Résistance des Canadiens français à l'enrôlement forcé.

1918 Les femmes obtiennent le droit de vote au niveau fédéral.

1919 Fondation, au Monument-National, à Montréal, du Congrès juif canadien.

1922 Inauguration de la première radio de langue française, CKAC (mise en ondes par le quotidien *La Presse*; en 1919, Marconi avait mis en ondes une station de langue anglaise, CJAD).

1931 Le Statut de Westminster consacre la pleine indépendance du Canada.

1934 Création de la Banque du Canada.

1935 Maurice Duplessis fonde l'Union nationale, un parti réformiste et nationaliste. Il devient premier ministre du Québec (battu en 1939, puis régulièrement réélu à partir de 1944).

1937 La Loi du Cadenas, adoptée sous Maurice Duplessis, interdit l'utilisation d'une maison «pour propager le communisme ou le bolchévisme».

Maurice Duplessis

1940 Droit de vote accordé aux femmes aux élections provinciales; création par Ottawa de l'assurance-chômage.

1942 Plébiscite sur la conscription approuvée par les deux tiers des Canadiens, mais rejetée par 71% des Québécois; accords fiscaux cédant à Ottawa le pouvoir d'imposition.

1943 *Loi sur l'instruction obligatoire des enfants.*

1944 Création d'Hydro-Québec.

1945 *Loi sur l'électrification rurale.*

1948 Paul-Émile Borduas, à la tête des automatistes rebelles, écrit son manifeste intitulé *Refus global*; adoption du drapeau du Québec.

1949 Grève de l'amiante; la Cour suprême du Canada devient la dernière instance d'appel au Canada après l'abolition du droit d'appel au Comité judiciaire du Conseil privé de Londres.

1952 Création de la première station de télévision au Québec, CBFT (Radio-Canada), Montréal.

1955 Émeute au Forum de Montréal à la suite de la suspension de Maurice Richard.

1959 Inauguration de la Voie maritime du Saint-Laurent.

1960 Début de la Révolution tranquille, après 16 ans d'un régime duplessiste plus conservateur que réformiste (la période a été qualifiée de «Grande Noirceur»). L'élection du gouvernement libéral de Jean Lesage inaugure une période de moderni-

Jean Lesage

sation accélérée de la société québécoise et de son économie : création d'entreprises publiques, création de l'assurance-hospitalisation (1960), du ministère des Affaires culturelles (1961), nationalisation de l'électricité (1963), création du ministère de l'Éducation (1964), création de la Caisse de dépôts et placements du Québec (1965) et de la Société générale de financement ; ouverture des premières délégations du Québec à l'étranger.

1961 Candidate libérale dans Jacques-Cartier, Claire Kirkland-Casgrain devient la première femme élue à l'Assemblée législative du Québec.

1963 Création du Front de libération du Québec (FLQ) ; création par Ottawa de la Commission royale d'enquête sur le bilinguisme et le biculturalisme (Laurendeau-Dunton).

1964 Adoption de la loi qui met fin à l'incapacité juridique des femmes mariées.

1966 Inauguration du métro de Montréal.

1967 Montréal accueille l'exposition universelle ; visite du général De Gaulle : «Vive le Québec libre ! » ; États généraux du Canada français ; création de la Bibliothèque nationale.

1968 Fondation du Parti québécois, le chef : René Lévesque ; parachèvement du barrage de la centrale hydro-électrique Manic 5 ; instauration du mariage civil ; Commission Gendron sur la situation de la langue française ; l'assemblée législative du Québec devient l'Assemblée nationale ; fondation de l'Université du Québec.

1969 Manifestation pour un McGill français ; adoption à Ottawa de la Loi sur les langues officielles du Canada ; émeute à Saint-Léonard relative à la loi 63 qui donnait le libre choix de la langue d'enseignement aux enfants d'immigrants.

1970 Le libéral Robert Bourassa devient premier ministre du Québec.

Crise d'octobre 1970

1970 Crise d'Octobre. Des membres du FLQ enlèvent le diplomate britannique James Richard Cross et assassinent le ministre du Travail, Pierre Laporte. Pierre-Elliott Trudeau, premier ministre du Canada, applique la Loi sur les mesures de guerre (suspension des libertés civiles). Le Québec est occupé par l'armée canadienne. Assurance-maladie ; agence de coopération culturelle et technique (ancêtre de l'Organisation internationale de la Francophonie).

1972 Grève du Front commun syndical du secteur public ; emprisonnement des chefs syndicaux ; aide juridique.

1974 Le français devient la langue officielle du Québec (loi 22).

1975 Création de Radio-Québec qui deviendra Télé-Québec en 1996 ; signature de la Convention de la Baie-James et du Nord québécois avec les Cris, les Inuits et les Naskapis.

1976 Montréal accueille les Jeux olympiques de la XXIᵉ olympiade ; René Lévesque remporte les élections à la tête du Parti québécois.

1977 Adoption de la *Charte de la langue française* (loi 101).

1980 60 % des Québécois rejettent le projet de «souveraineté-association», lors d'un référendum ; une loi consacre le «Ô Canada » comme hymne national du Canada.

1982 Nouvelle constitution canadienne, sans l'accord de l'Assemblée nationale du Québec qui perd des pouvoirs en matière de langue et d'éducation. Selon la Cour suprême du Canada, le Québec ne jouit d'aucun statut particulier au sein du pays.

1983 Création du Fonds de solidarité des travailleurs du Québec ; adoption de la *Charte québécoise des droits et des libertés de la personne* à l'Assemblée nationale.

1985 Retour au pouvoir de Robert Bourassa, libéral.

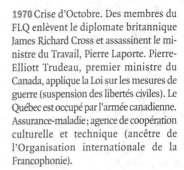

1987 Accords du Lac Meech (négociations constitutionnelles) pour réintégrer le Québec dans la Constitution canadienne. Signature des onze premiers ministres du Canada et des provinces. Mais l'accord ne sera pas ratifié.

1988 Les clauses sur l'affichage unilingue français de la loi 101 sont jugées inconstitutionnelles par la Cour suprême du Canada. La loi 178 permet l'affichage commercial bilingue à l'intérieur des commerces.

1989 Entrée en vigueur de l'Accord de libre-échange (ALE) Canada-États-Unis.

1990 Échec des Accords du Lac Meech ; Commission Bélanger-Campeau sur l'avenir politique du Québec ; crise d'Oka : affrontement entre citoyens blancs et Mohawks sur une question territoriale.

1991 Rédaction du Rapport Allaire par les libéraux : on y recommande un transfert massif de pouvoirs aux provinces, et en particulier au Québec.

1992 Accords de Charlottetown (négociations constitutionnelles). Lors d'un référendum pancanadien, 57 % des Québécois et 54 % des Canadiens rejettent l'entente.

1993 Adoption de la loi 86 permettant l'affichage bilingue avec prédominance du français. Le Bloc québécois, parti souverainiste, avec à sa tête Lucien Bouchard, est élu « opposition officielle » à Ottawa.

1994 Jacques Parizeau (PQ) est élu premier ministre du Québec ; entrée en vigueur de l'Accord de libre-échange nord-américain (ALENA) Canada-États-Unis-Mexique.

1995 Pour la deuxième fois de son histoire, le Québec, par voie référendaire, refuse la souveraineté politique : 49,4 % de OUI ; 50,6 % de NON.

1996 Lucien Bouchard (PQ), premier ministre, réélu en 1998 ; déluge au Saguenay.

1998 Grand Verglas ; déconfessionnalisation du système scolaire par la création de commissions scolaires linguistiques ; renvoi de la Cour suprême du Canada sur la sécession, reconnaissant la légitimité du mouvement souverainiste. Il n'existe pas de droit à la sécession dans la Constitution, mais avec une question claire et une majorité claire lors d'un référendum sur la sécession du Québec, le reste du Canada aura l'obligation de négocier.

2000 Sanction de la loi fédérale sur la clarté, découlant du renvoi de la Cour suprême de 1998, imposant des conditions pour que le Parlement fédéral prenne en compte les résultats d'un référendum sur la souveraineté (loi C-20) ; en riposte, adoption à l'Assemblée nationale de la *Loi sur l'exercice des droits fondamentaux et les prérogatives du peuple québécois et de l'État du Québec* (loi n° 99). Fusions municipales, notamment des 29 municipalités de l'île de Montréal.

2001 Bernard Landry (PQ) succède à Lucien Bouchard comme premier ministre.

2003 Sous la gouverne de Jean Charest, retour du Parti libéral au pouvoir. Jean Chrétien se retire de la vie politique. Paul Martin devient chef du Parti libéral du Canada (14 nov.) et premier ministre du Canada (12 déc.).

2004 Éclatement du scandale des commandites (portant sur l'utilisation de fonds publics pour la promotion du Canada au Québec) ; le mariage gai déclaré légal au Québec ; élection d'un gouvernement libéral minoritaire au fédéral sous la direction de Paul Martin.

2005 Grève étudiante sans précédent contre la réduction de l'aide financière aux études ; Bernard Landry quitte la présidence du Parti québécois ; ouverture de la Grande Bibliothèque.

Jean Charest

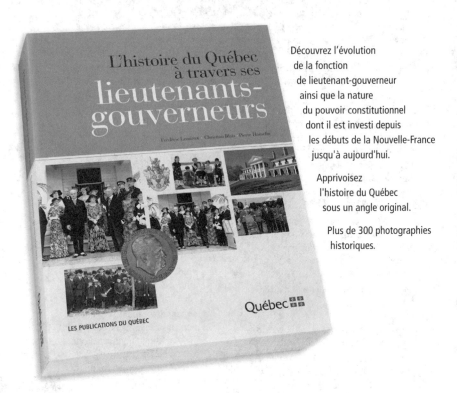

Personnel politique en 2005

Serge Laplante
Recherchiste, Le Devoir

Boisclair démissionne. Député péquiste de Gouin depuis 15 ans et candidat présumé à la succession de Bernard Landry, André Boisclair, 38 ans, annonce le 17 août 2004 son retrait de la vie politique pour retourner sur les bancs d'école à la prestigieuse université Harvard, aux Etats-Unis.

Stéphan Tremblay s'écrase. Un avion piloté par le député péquiste de Lac-Saint-Jean, Stéphan Tremblay, s'écrase le 17 août dans la rivière Petite-Décharge d'Alma. La conjointe du député ainsi qu'un attaché politique étaient également à bord. Miraculeusement, tous trois sortent quasiment indemnes de l'accident. Seul le député est hospitalisé, souffrant de blessures au dos et aux côtes. Il semble que le pilote n'aurait pas vu un câble de mise en terre suspendu cinq mètres au-dessus d'une ligne électrique de 735 000 volts surplombant la rivière, câble sans balise qu'il a percuté avec le flotteur de son avion au moment d'amerrir. Pilote aguerri, comptant plus de 1000 heures de vol, Stéphan Tremblay était pilote de brousse avant de faire de la politique.

Diane Lemieux leader parlementaire. Le 18 août, le chef de l'opposition Bernard Landry désigne la députée de Bourget, Diane Lemieux, comme leader parlementaire de l'opposition officielle à l'Assemblée nationale, en remplacement du démissionnaire André Boisclair. C'est la première fois qu'une femme occupe ce poste clé pour un parti politique en Chambre.

Nicole Léger rétrogradée. Le 9 septembre, Bernard Landry annonce la nomination du député de Dubuc, Jacques Côté, au poste de whip adjoint de l'opposition officielle. La députée de Pointe-aux-Trembles, Nicole Léger, est donc rétrogradée de son poste de whip adjointe pour avoir donné son appui à Pauline Marois dans sa tentative de forcer la tenue d'une course à la direction du Parti québécois. Cette sanction a pour effet de priver Nicole Léger d'une prime de l'ordre de 15 777 $ qui s'ajoute au salaire de députée. Elle conserve ses fonctions de porte-parole de l'opposition en matière de Relations avec les citoyens.

Élections partielles. Élections partielles dans les circonscriptions de Vanier, Gouin, Nelligan et Laurier-Dorion le 20 septembre. Assez curieusement, les partis déploient une énergie sans précédent dans le comté de Vanier alors qu'il n'y a d'enjeux réel ni pour le gouvernement, ni pour le Parti québécois ou l'Action démocratique. Le candidat de l'ADQ, Sylvain Légaré, est finalement élu grâce au soutien actif de la controversée station de radio CHOI-FM.

Boulerice se marie. On apprend en septembre 2004 que le député péquiste de Sainte-Marie-Saint-Jacques, André Boulerice, est devenu le premier élu de l'Assemblée nationale à se prévaloir de l'union civile entre conjoints de même sexe. M. Boulerice aurait épousé à la fin de l'été son conjoint des 32 dernières années dans le cadre d'une cérémonie privée, en présence de ses proches. L'événement aurait eu lieu à Montréal dans la circonscription que le député représente depuis 1985. M. Boulerice n'a pas nié la nouvelle, mais il a refusé de la commenter, prétextant qu'il s'agissait de sa vie privée.

Cabinet fantôme du PQ. Le 18 octobre, le chef de l'opposition officielle Bernard Landry procède à la modification des responsabilités de 19 des 46 porte-parole de l'opposition péquiste. Le nouveau député de Gouin, Nicolas Girard, est nommé porte-parole en matière d'Habitation. La nouvelle députée de Laurier-Dorion, Elsie Lefebvre, est nommée porte-parole en matière d'Action communautaire.

Cabinet fantôme de l'ADQ. Le chef de l'Action démocratique du Québec,

Mario Dumont, annonce le 18 octobre les nouvelles responsabilités parlementaires que ses députés assumeront lors de la prochaine session parlementaire, grâce à l'ajout du nouveau député de Vanier :

Mario Dumont : Jeunes, Éducation et Aînés

Janvier Grondin : Régions, Municipalités, Agriculture et Transports

Sylvain Légaré : Développement économique, PME, Ressources naturelles et Main-d'œuvre

Marc Picard : Finances publiques, Travaux parlementaires, Environnement ainsi que Réforme électorale et parlementaire

Sylvie Roy : Santé, Famille et Justice

Remaniement ministériel. Carole Théberge est assermentée, le 21 octobre, à titre de ministre déléguée aux Aînés.

Julie Boulet dans l'eau chaude. Le 22 décembre, la ministre déléguée aux Transports, Julie Boulet, qui avait démissionné une première fois après qu'il eut été révélé qu'elle avait reçu gratuitement des dosettes de compagnies pharmaceutiques, est à nouveau plongée au cœur d'une controverse quand il est révélé qu'elle a offert un loyer gratuit à des médecins dans son ancienne pharmacie. Appelé à enquêter, le syndic de l'Ordre des pharmaciens conclut que le contexte de cette situation temporaire et les raisons qui l'ont motivée ne justifient pas une plainte au Comité de discipline l'Ordre. L'affaire remonte à l'époque où Mme Boulet, pharmacienne de profession, avait consenti un loyer gratuit à des médecins dans la clinique médicale située dans l'édifice dont elle était propriétaire, à Saint-Tite. À cette époque, Mme Boulet vendait sa pharmacie et les médecins avaient fait valoir qu'ils allaient quitter Saint-Tite pour s'installer ailleurs où on leur offrait bureau et secrétariat gratuits. Elle a donc consenti à ce loyer gratuit pour retenir les médecins jusqu'à ce que la pharmacie soit vendue.

Daniel Bouchard accusé. Le député de Mégantic-Compton, Daniel Bouchard, doit faire face le 21 décembre à six chefs d'accusation de fraude, de fabrication et d'usage de faux documents à l'encontre de deux compagnies d'assurances, alors qu'il était directeur général de la SADC du Haut-Saint-François. Élu sous la bannière libérale, le député Bouchard a quitté le caucus dès qu'une enquête sur l'affaire a été ouverte. Il continue de siéger à l'Assemblée nationale à titre de député indépendant depuis le 16 mars 2004.

Jérôme-Forget vandalisée. Le chalet de la présidente du Conseil du trésor, Monique Jérôme-Forget, a été vandalisé le 21 décembre. Des individus non identifiés ont lancé des œufs et décoré les murs et les fenêtres de la résidence de Saint-Donat d'autocollants aux couleurs de la CSN, en plus de laisser des pancartes dénonçant les politiques du gouvernement, notamment l'introduction des partenariats public-privé (PPP). La Sûreté du Québec, qui enquête sur l'affaire, évalue à environ 1000 $ les dommages causés au chalet de madame Jérôme-Forget.

Remaniement ministériel. Après 22 mois de pouvoir, alors qu'il est au plus bas dans l'opinion publique, le premier ministre Charest procède au plus important remaniement ministériel de l'histoire du Québec le 18 février 2005 : 18 des 23 ministres sont touchés ; 3 ministres sont démis ; 6 accèdent au cabinet. Le nouveau cabinet compte maintenant 27 ministres : Jean Charest, 21 ministres en titre (2 de plus), 5 ministres délégués (2 de moins), plus le whip en chef et le président du caucus qui assistent au Conseil des ministres. Un nombre record de femmes, 10 femmes au lieu de 8, siègent au Conseil. Six nouveaux visages font leur apparition : Yvon Vallières (le doyen de l'Assemblée et seul nouveau venu à avoir une expérience ministérielle), Laurent Lessard, Lise Thériault, Margaret F. Delisle, Geoffrey Kelly, Henri-François Gautrin. Yves Séguin (Finances) quitte le cabinet. Jacques Chagnon (Sécurité publique) et Sam Hamad (Ressources naturelles) sont expulsés du conseil des ministres et redeviennent simples députés. Pierre Reid (Éducation) et Françoise Gauthier (Agriculture, Pêcheries et Alimentation) sont rétrogradés. Jacques Dupuis succède à Monique Gagnon-Tremblay comme vice-premier ministre.

Paul Martin doit donner son approbation. Aucune des personnes habilitées à officialiser l'assermentation n'étant disponible, la lieutenant-gouverneur Lise Thibault ayant subi un malaise dans la matinée (un léger AVC), et le représentant du juge en chef de la Cour supérieure étant à l'extérieur du pays, Jean Charest a dû demander au cabinet fédéral de désigner un remplaçant comme représentant royal, en l'occurrence le secrétaire général de l'Assemblée nationale, François Côté. Le premier ministre a donc téléphoné à Paul Martin, qui a accordé l'autorisation légale nécessaire, et M. Côté a pu être assermenté par le juge René Dussault.

Assermentation de deux ministres. Le 17 mars, le premier ministre Jean Charest annonce que Benoît Pelletier se voit confier les responsabilités de ministre responsable des Affaires intergouvernementales canadiennes, de la Francophonie canadienne, de la Réforme des institutions démocratiques et de l'Accès à l'information. Thomas J. Mulcair est assermenté à titre de ministre du Développement durable, de l'Environnement et des Parcs.

Landry démissionne. Insatisfait d'un vote de confiance de 76,2 % obtenu au XVe congrès du Parti québécois, Bernard Landry annonce le 4 juin qu'il quitte immédiatement la présidence et son siège de député de Verchères. La décision du chef sème la consternation parmi les délégués. «Je suis désolé de vous faire ça. Ça me brise le cœur de vous dire ça mais je le fais au nom de l'intérêt national. Je le fais par respect pour la démocratie. Il aurait fallu que j'aie un niveau d'appui beaucoup plus élevé pour être en mesure d'accomplir parfaitement mes fonctions», déclare-t-il à ses troupes médusées.

Louise Harel chef de l'opposition - La députée d'Hochelaga-Maisonneuve devient le 6 juin chef intérimaire de l'aile parlementaire du Parti québécois. Madame Harel est la deuxième femme à occuper ce poste à l'Assemblée nationale (après Monique Gagnon-Tremblay, de mai à octobre 1998). Trois femmes occupent les principales fonctions parlementaires du Parti québécois : Diane Lemieux, leader de l'opposition, et Agnès Maltais, présidente du caucus. Le PQ devient le seul parti majeur au Canada dont les principaux postes sont occupés par des femmes, considérant que Monique Richard a été élue présidente du PQ au congrès du week-end précédent.

Composition du Conseil des ministres au 4 septembre 2005

Charest, Jean
Premier ministre
Responsable des dossiers jeunesse
Président du Comité des priorités

Dupuis, Jacques
Vice-premier ministre
Ministre de la Sécurité publique
Leader parlementaire du gouvernement
Vice-président du Comité des priorités

Jérôme-Forget, Monique
Présidente du Conseil du Trésor
Ministre responsable de l'Administration gouvernementale

Audet, Michel
Ministre des Finances

Gagnon-Tremblay, Monique
Ministre des Relations internationales
Ministre responsable de la Francophonie
Ministre responsable de la région de l'Estrie

Couillard, Philippe
Ministre de la Santé et des Services sociaux
Président du Comité ministériel du développement social, éducatif et culturel

Fournier, Jean-Marc
Ministre de l'Éducation, du Loisir et du Sport
Ministre responsable de la région de la Montérégie

Marcoux, Yvon
Ministre de la Justice

Béchard, Claude
Ministre du Développement économique, de l'Innovation et de l'Exportation
Président du Comité ministériel de la prospérité économique et du développement durable
Ministre responsable de la région du Bas-Saint-Laurent et de la région de la Côte-Nord

Vallières, Yvon
Ministre de l'Agriculture, des Pêcheries et de l'Alimentation

Mulcair, Thomas J.
Développement durable, de l'Environnement et des Parcs
Président du Comité de législation
Ministre responsable de la région des Laurentides et de la région de Lanaudière

Corbeil, Pierre
Ministre des Ressources naturelles et de la Faune
Ministre responsable de la région de l'Abitibi-Témiscamingue et de la région du Nord-du-Québec

Després, Michel
Ministre des Transports
Ministre responsable de la région de la Capitale-Nationale

Normandeau, Nathalie
Ministre des Affaires municipales et des Régions
Présidente du Comité ministériel à la décentralisation et aux régions
Ministre responsable de la région de la Gaspésie/Îles-de-la-Madeleine

Beauchamp, Line
Ministre de la Culture et des Communications
Ministre responsable de la région de Montréal

Pelletier, Benoît
Ministre délégué aux Affaires intergouvernementales canadiennes, à la Francophonie canadienne et à la Réforme des institutions démocratiques
Responsable de l'Accord sur le commerce intérieur et de l'Accès à l'information
Ministre responsable de la région de l'Outaouais

Reid, Pierre
Ministre des Services gouvernementaux

Bergman, Lawrence S.
Ministre du Revenu

Courchesne, Michelle
Ministre de l'Emploi et de la Solidarité sociale
Ministre responsable de la région de Laval

Gauthier, Françoise
Ministre du Tourisme
Ministre responsable de la région du Saguenay/Lac-Saint-Jean

Théberge, Carole
Ministre de la Famille, des Aînés et de la Condition féminine
Ministre responsable de la région de la Chaudière-Appalaches

Lessard, Laurent
Ministre du Travail
Ministre responsable de la région du Centre-du-Québec

Thériault, Lise
Ministre de l'Immigration et des Communautés culturelles

Boulet, Julie
Ministre déléguée aux Transports
Ministre responsable de la région de la Mauricie

Kelley, Geoffrey
Ministre délégué aux Affaires autochtones

Gautrin, Henri-François
Ministre délégué au Gouvernement en ligne

Delisle, Margaret F.
Ministre déléguée à la Protection de la jeunesse et à la Réadaptation

Participent également au Conseil des ministres :

MacMillan, Norman
Whip en chef du gouvernement

Whissell, David
Président du caucus du gouvernement

**Cabinet fantôme de l'opposition officielle
Au 27 juin 2005**

Arseneau, Maxime
(Îles-de-la-Madeleine)
Agriculture, Alimentation, Pêcheries

Beaudoin, Denise
(Mirabel), Régime de retraite

Bédard, Stéphane
(Chicoutimi)
Justice, Accès à l'information

Bertrand, Rosaire
(Charlevoix), Institutions financières

Bouchard, Camil
(Vachon)
Emploi, Famille, Solidarité sociale

Boucher, Claude
(Johnson), Travaux routiers, Voirie

Boulerice, André
(Sainte-Marie/Saint-Jacques)
Médias communautaires

Bourdeau, Alexandre
(Berthier), Jeunesse

Caron, Jocelyne
(Terrebonne), Condition féminine

Champagne, Noëlla
(Champlain)
Aînés et hébergement des aînés

Charbonneau, Jean-Pierre
(Borduas), Santé

Charest, Solange
(Rimouski)
Jeunesse, Réadaptation, Services sociaux

Côté, Jacques
(Dubuc), Lois professionnelles

Cousineau, Claude
(Bertrand), Innovation

Deslières, Serge
(Beauharnois), Transports

Dion, Léandre
(Saint-Hyacinthe), Langue

Dionne-Marsolais, Rita
(Rosemont), Énergie

Doyer, Danielle
(Matapédia)
Faune, Forêts, Mines, Terres

Dufour, Marjolain
(René-Lévesque), Travail

Girard, Nicolas
(Gouin), Habitation

Harel, Louise
(Hochelaga-Maisonneuve)
Chef intérimaire de l'opposition
officielle , Aîné-e-s, Santé

Jutras, Normand
(Drummond)
Développement des régions, Tourisme

Lefebvre, Elsie
(Laurier-Dorion)
Action communautaire autonome et Formation
professionnelle et technique

Legault, François
(Rousseau)
Développement économique, Finances

Legendre, Richard
(Blainville)
Affaires municipales, Décentralisation

Léger, Nicole
(Pointe-aux-Trembles)
Relations avec les citoyens

Lelièvre, Guy
(Gaspé), Revenu et Sécurité publique

Lemieux, Diane
(Bourget), Métropole

Létourneau, Michel
(Ungava), Affaires autochtones

Maltais, Agnès
(Taschereau), Capitale nationale

Marois, Pauline
(Taillon), Éducationo

Pagé, Sylvain
(Labelle), Sport et loisir

Papineau, Lucie
(Prévost), Immigration

Pinard, Claude
(Saint-Maurice), Exportation

Richard, Lorraine
(Duplessis), Transport maritime

Robert, Hélène
(Deux-Montagnes), Ruralité

Simard, Sylvain
(Richelieu)
Conseil du Trésor, Services
gouvernementaux

St-André, Jean-Claude
(L'Assomption)
Démographie

Thériault, Luc
(Masson)
Réforme des institutions
démocratiques

Tremblay, Stéphan
(Lac-Saint-Jean)
Environnement, Parcs

Turp, Daniel
(Mercier)
Culture et Communications, Relations interna-
tionales

Valois, Jonathan
(Joliette)
Affaires intergouvernementales canadiennes

Vermette, Cécile
(Marie-Victorin)
Gouvernement en ligne

Les premiers ministres du Québec depuis 1867

Pierre-Joseph-Olivier Chauveau (C) .... 15 juillet 1867

Gédéon Ouimet (C) .... 26 février 1873

Charles-Eugène Boucher de Boucherville (C) .... 8 septembre 1874

Henri-Gustave Joly de Lotbinière (L) .... 8 mars 1878

Joseph-Adolphe Chapleau (C) .... 31 octobre 1879

Joseph-Alfred Mousseau (C) .... 81 juillet 1882

John Jones Ross (C) .... 23 janvier 1884

Louis-Olivier Taillon (C) .... 25 janvier 1887

Honoré Mercier père (L) .... 29 janvier 1887

Charles-Eugène Boucher de Boucherville (C) .... 21 décembre 1891

Louis-Olivier Taillon (C) .... 16 décembre 1892

Edmund James Flynn (C) .... 12 mai 1896

Félix-Gabriel Marchand (L) .... 26 mai 1897

Siméon-Napoléon Parent (L) .... octobre 1900

Lomer Gouin (L) .... 23 mars 1905

Louis-Alexandre Taschereau (L) .... 8 juillet 1920

Joseph-Adélard Godbout (L) .... 11 juin 1936

Maurice Le Noblet Duplessis (UN) .... 26 août 1936

Joseph-Adélard Godbout (L) .... 9 novembre 1939

Maurice Le Noblet Duplessis (UN) .... 30 août 1944

Joseph-Mignault-Paul Sauvé (UN) .... 11 septembre 1959

Antonio Barrette (UN) .... 8 janvier 1960

Jean Lesage (L) .... 22 juin 1960

Daniel Johnson père (UN) .... 5 juin 1966

Jean-Jacques Bertrand (UN) .... 2 octobre 1968

Robert Bourassa (L) .... 29 avril 1970

René Lévesque (PQ) .... 25 novembre 1976

Pierre Marc Johnson (PQ) .... 3 octobre 1985

Robert Bourassa (L) .... 12 décembre 1985

Daniel Johnson fils (L) .... 11 janvier 1994

Jacques Parizeau (PQ) .... 26 septembre 1994

Lucien Bouchard (PQ) .... 29 janvier 1996

Bernard Landry (PQ) .... 8 mars 2001

Jean Charest (L) .... 29 avril 2003

C - Parti conservateur / L - Parti libéral / UN - Union nationale / PQ - Parti québécois
La date indiquée est celle de l'assermentation du premier ministre.

Vingt tendances marquantes de la société québécoise

Simon Langlois et David Dupont
Département de sociologie, Université Laval

L'*Annuaire du Québec* a publié dans son édition 2005 un long essai sur les tendances socio-démographiques et culturelles marquantes du Québec depuis un quart de siècle. Comme ce texte occupait beaucoup d'espace et surtout, comme les tendances de fond ne changent pas de manière importante d'une année à l'autre, nous avons choisi de ne retenir, dans l'édition de 2006, qu'une vingtaine de coups de sonde parmi les tendances les plus importantes, toutes mises à jour dans les pages qui suivent. Les lecteurs intéressés par le document original pourront le lire dans L'*Annuaire du Québec* 2005, ou encore le consulter sur le site Internet de l'Institut du nouveau monde.

GRAPHIQUE 1   **Accroissement quinquennal de la population (en %), Québec, 1966-2004**

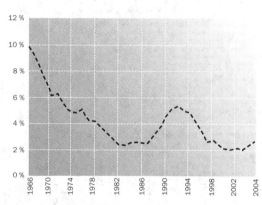

Source : Statistique Canada, Division de la démographie, Estimations de la population. Calculs des auteurs.

La croissance démographique s'essouffle

La croissance de la population québécoise s'essouffle. Elle était de près de 10 % de 1961 à 1966, mais elle est tombée à moins de 2 % au tournant de l'an 2000. L'Institut de la statistique du Québec prévoit que la population du Québec commencera à décliner, selon divers scénarios, entre 2016 et 2026. La dénatalité explique en bonne partie ce déclin. Fait à noter dans les années 2000 : le solde migratoire du Québec est positif et il a surpassé depuis trois ans l'accroissement naturel de 9 000, 13 000 et 15 000 personnes.

Des ménages plus petits et plus nombreux

La population québécoise a augmenté

GRAPHIQUE 2 **Population totale et nombre de ménages en indice (1961 = 100), Québec, 1961-2004**

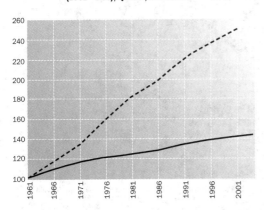

Source : Statistique Canada, recensements du Canada (ménages) et Statistique Canada, Division de la démographie, Estimations de la population (population). Calculs des auteurs.

d'un peu plus de 40 % depuis quarante ans, si bien qu'elle dépasse maintenant la barre des sept millions et demi d'individus. Les Québécois vivent dorénavant dans des ménages de plus petite taille. De 4,4 personnes par ménage en 1961, on est passé à une moyenne de 2,5 personnes en 2001. Avec la mutation observée dans les modes de vie – augmentation du divorce, hausse continue du nombre de personnes vivant seules, allongement de la vie au quatrième âge – le nombre de ménages a connu une croissance beaucoup plus marquée que la population elle-même. C'est d'ailleurs en bonne partie cette augmentation des ménages de petite taille qui est à la source de la pénurie de logements qu'ont connue plusieurs régions du Québec ces dernières années.

GRAPHIQUE 3 **Pyramide des âges, Québec, 1ᵉʳ juillet 2004**

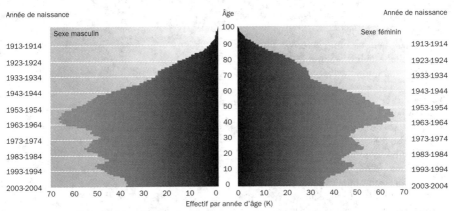

Sources : Statistique Canada, Estimation de la population.
Dernière mise à jour le 8 novembre 2004

Une pyramide des âges qui se déforme

La pyramide des âges est due pour un changement de nom : sa forme ressemble moins à une pyramide qu'à un champignon et elle se transformera bientôt, selon les prévisions de l'ISQ, en une ampoule. À cause des cohortes issues du baby boom, le Québec contemporain a une population mature, dominée par les 45-55 ans qui pèsent actuellement de tout leur poids dans la société, mais aussi par leurs enfants, l'écho du baby boom, jeunes adultes en train de s'établir en ménage. Cette pyramide annonce le vieillissement de la population, qui sera rapide et d'autant plus marqué que la base est restreinte.

Un nouveau type de dépendance

La part des personnes âgées de 65 ans et plus dans la population québécoise ne cesse de croître depuis les années 1960 et elle dépassera celle des 0 à 14 ans d'ici peu. Il en résulte un nouveau type de dépendance, mesurée par le rapport du nombre de jeunes et de personnes âgés sur la population de 15 à 64 ans. Quoique le rapport de dépendance soit pratiquement identique, à 0,70 en 1961 et en 2041, le phénomène lui-même changera radicalement de visage. Les personnes âgées deviendront, avant le recensement de 2011, majoritaires chez les personnes dépendantes. Toutefois, ces dernières auront pour bon nombre d'entre elles un patrimoine et des ressources financières accumulées, ce qui atténuera l'impact attendu de la nouvelle forme de dépendance.

Individualisation des modes de vie

Le nombre de nids vides (couples sans

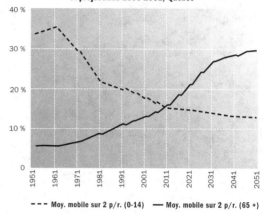

GRAPHIQUE 4 **Évolution de la population composant deux groupes d'âges (0-14 ans et 65 ans et plus), 1951 à 2001 et projections 2006-2051, Québec**

- - - Moy. mobile sur 2 p/r. (0-14)   — Moy. mobile sur 2 p/r. (65 +)

2006- 2051 : projections, hypothèse moyenne.

Source : Institut de la statistique du Québec, www.stat.gouv.qc.ca.

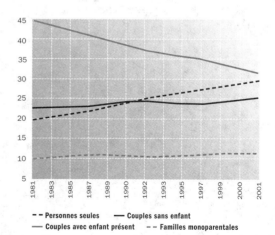

GRAPHIQUE 5 **Distribution des ménages selon le type, Québec, 1981-2001**

- - Personnes seules   — Couples sans enfant
— Couples avec enfant présent   - - Familles monoparentales

Source : Statistique Canada, recensement du Canada, 1981-2001.

GRAPHIQUE 6 **Répartition des anglophones et des allophones en pourcentage de la population totale du Québec, 1901-2001**

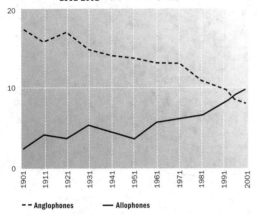

- - Anglophones   **— Allophones**

* Pour les années 1901 et 1911, les données portent sur l'origine ethnique.
Source : Recensement du Canada 1901, 1911, 1921, 1931, 1941, 1951, 1961, 1971, 1981, 1991, 2001.

GRAPHIQUE 7 **Indice synthétique de fécondité, Québec, 1960-2004**

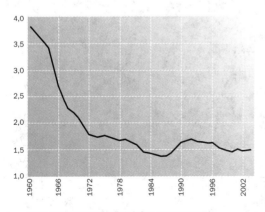

Source : Institut de la statistique du Québec, www.stat.gouv.qc.ca.

enfant présent) est en progression. La diminution du nombre de familles avec au moins un enfant présent et la hausse du nombre de ménages formés de couples seuls sont les deux changements marquants survenus dans les modes de vie ces deux dernières décennies. L'interaction quotidienne entre adultes et enfants au sein de la famille occupe une place de plus en plus limitée dans le cycle de vie, à cause de la réduction du nombre d'enfants par ménage et de l'allongement de l'espérance de vie. Par ailleurs, les types de ménages se diversifient de plus en plus et il en est de même au cours de la vie d'un nombre grandissant d'individus. Vivre seul, vivre avec des enfants, vivre en couple sont autant de modes de vie possibles dans la société mais aussi à diverses étapes de la vie de chacun.

Les minorités linguistiques en recomposition

La part de la population de langue maternelle française est restée assez stable au Québec au XXe siècle, autour de 80-82%. Il en va tout autrement de la part relative de sa composante anglophone, qui est passée de 17,6 à 7,9 % du total en un siècle. Le changement est majeur. Les anglophones de langue maternelle ont été remplacés cependant en bonne partie par des immigrants qui ont majoritairement choisi de s'intégrer à la minorité anglophone du Québec, un mouvement qui s'est atténué dans le dernier quart du XXe siècle dans la foulée de l'adoption des lois linguistiques. L'étude des substitutions linguistiques au cours de la vie des immigrants ou entre générations montre qu'une partie plus importante que par le passé adopte le français comme langue parlée le plus souvent au foyer. Une part importante des transferts linguistiques se fait cependant vers l'anglais, ce qui contribue à régénérer les rangs de la minorité anglophone et compense l'émigration d'une partie de ses membres vers les provinces canadiennes.

Stabilité de la fécondité

L'indice synthétique de fécondité a touché un creux historique au milieu des années 1980, après vingt-cinq ans de chute rapide. Il se maintient à un niveau moins fluctuant depuis cette date et il est assez constant depuis le milieu des années 1990, ayant arrêté de diminuer. Il faut par contre noter les faibles taux de fécondité des 20-24 ans et des 25-29 ans et l'avancée de l'âge à la première naissance qui s'approche maintenant de 30 ans.

Naissances hors mariage en hausse

Les enfants naissent de moins en moins dans des couples mariés. De 3,6 % en 1961, la proportion de naissances hors mariage atteint désormais 59,1 % si bien que ce type de naissances est devenu la norme dans les années 1990. À noter que le phénomène ne varie pas selon la conjoncture économique. Les changements législatifs adoptés en 1981 se sont ajustés aux nouveaux comportements, et certains avanceront qu'ils en ont encouragé le développement puisque la pente de la courbe des naissances hors mariage devient plus prononcée à la hausse après cette date. Ce phénomène des naissances hors mariage est largement répandu dans les pays nordiques, c'est un fait connu, mais il a atteint au Québec des sommets inégalés ailleurs (sauf en Islande) dans les années 2000.

GRAPHIQUE 8   **Naissances hors mariages en % du total, Québec, 1960-2004**

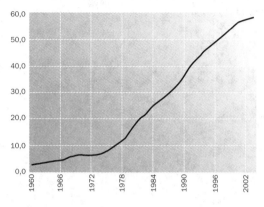

Source : Institut de la statistique du Québec, www.stat.gouv.qc.ca.

GRAPHIQUE 9   **Accroissement naturel de la population, Québec, 1960-2004**

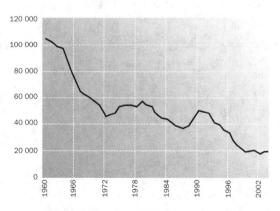

1999 : données provisoires, 8 mai 2002
Source : Institut de la statistique du Québec, *La situation démographique au Québec*, Édition 1998, tableau 412 ; www.stat.gouv.qc.ca.

GRAPHIQUE 10   **Immigration internationale, Québec, 1980-2004**

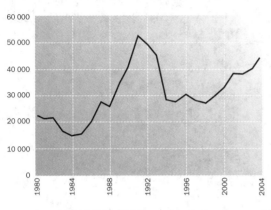

Source : Institut de la Statistique du Québec, www.stat.gouv.qc.ca

GRAPHIQUE 11   **Solde migratoire (international et interprovincial), Québec, 1980-2004**

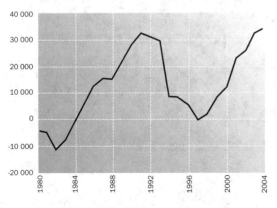

Source : Institut de la Statistique du Québec, www.stat.gouv.qc.ca

Accroissement naturel de la population en baisse

L'accroissement naturel de la population – différence entre les naissances et les décès – est en forte diminution. Il est estimé à environ 18 900 personnes en 2004, alors qu'il était proche de 50 000 il y a quinze ans et qu'il dépassait les 100 000 en 1960. Le temps arrivera vite où le nombre annuel de décès (autour de 55 000 en 2005) va surpasser le nombre de naissances (autour de 73 000). Pour la première fois dans l'histoire du Québec, la croissance de la population ne sera bientôt alimentée que par les migrations de population, en provenance du Canada ou de l'étranger.

Immigration internationale en hausse

L'immigration internationale est de nouveau en hausse dans les années 2000, après avoir connu un certain déclin après le pic atteint au début des années 1990. Les immigrants sont d'origines diversifiées, mais certains pays arrivent en tête lors de la compilation de l'origine ces dernières années, soit la France, la Chine, l'Algérie, le Maroc, la Roumanie et Haïti.

Solde migratoire interprovincial en hausse

Le solde migratoire net du Québec est positif depuis une vingtaine d'années, un changement important de tendance par rapport au bilan négatif qui a eu cours des années 1960 jusqu'au milieu des années 1980. Le solde migratoire s'est approché de zéro après le référendum de 1995, mais il est reparti à la hausse par la suite. Le Québec est déficitaire dans ses échanges de populations avec les autres provinces, mais ce déficit est compensé par le fait qu'il retient mieux qu'avant les immigrants internationaux qui s'y installent.

Vers des échanges équilibrés de populations avec l'Ontario

Les migrations de populations en provenance de, et à destination du Québec se font surtout avec l'Ontario. Ainsi, la part des Canadiens migrant vers le Québec provient-elle surtout de l'Ontario, soit entre 60 % et 70 % depuis le milieu des années 1970. Ces échanges de population ont cependant toujours été inégaux dans le dernier quart du XXᵉ siècle, marqués notamment par la conjoncture politique. L'élection du Parti québécois en 1976, puis les deux référendums sur la souveraineté ont contribué à creuser l'écart, soit en incitant des Québécois à partir, soit en devançant l'heure du départ de ceux qui auraient quitté de toute façon pour diverses raisons (retraite, travail, se rapprocher des petits-enfants, etc.). Un changement majeur en trente cinq ans s'est produit : les entrées en provenance de l'Ontario et les sorties vers la province voisine sont presque devenues équilibrées dans les années 2000.

Taux d'emploi en hausse

Le taux d'emploi – soit la part de la population totale âgée de quinze ans et plus qui est en emploi – a connu une constante progression passant de 53,7 % en 1976 à 60,3 % en 2004. Cette augmentation est toutefois due à la présence accrue des femmes sur le marché du travail, rétrécissant du même coup l'écart avec le taux d'emploi des hommes. Cet écart est encore moins important dans les jeunes

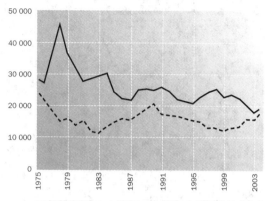

GRAPHIQUE 12   **Migration interprovinciale entre le Québec et l'Ontario (entrées et sorties), 1975-2004**

— Sorties du Québec vers l'Ontario   – – Entrées du Québec depuis l'Ontario

Source : Institut de la Statistique au Québec, www.stat.gouv.qc.ca

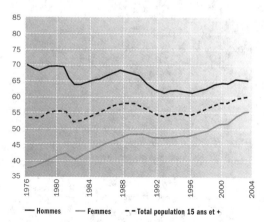

GRAPHIQUE 13   **Taux d'emploi de la population âgée de 15 ans et plus (en %) selon le sexe, Québec, 1976-2004**

— Hommes   — Femmes   – – Total population 15 ans et +

Source : Statistique Canada, Cansim tableau 282-0002.

697

GRAPHIQUE 14 **Taux de chômage en % selon le sexe, Québec, 1975-2004**

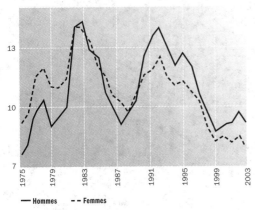

— Hommes – – Femmes

Source : Statistique Canada, Cansim tableau 282-0002.

GRAPHIQUE 15 **Revenu moyen total et revenu disponible des familles économiques en dollars constants (2002), Québec, 1980-2002**

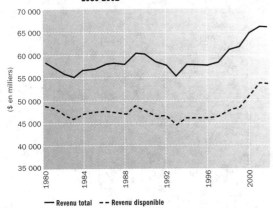

— Revenu total – – Revenu disponible

Source : Statistique Canada, cat. 13-210 (pour les années 1973 et 1975) et *Tendances du revenu au Canada 1980-2002*. Calculs des auteurs.

générations, ce qui annonce une réduction plus importante des différences entre les sexes dans les années à venir. L'implication des hommes sur le marché du travail a sans cesse diminué dans les années 1970 et 1980, avec la régression du nombre de bons emplois dans la grande industrie et par suite des nombreuse fermetures d'usines. Le tissu industriel du Québec s'est largement modifié dans le dernier quart de siècle, ce qui a touché davantage les hommes. Le taux d'emploi de ces derniers est de nouveau en hausse depuis les années 1990.

Les hommes chôment davantage

Deux changements majeurs se sont produits depuis vingt ans dans la composition du groupe des chômeurs, qui n'est plus tout à fait le même. Tout d'abord, les hommes ont chômé nettement plus que les femmes au cours des années 1990 et 2000, ce qui était le contraire au milieu des année 1970 et au début des années 1980. Le taux est de 9,1 % chez les hommes contre 7,8 % chez les femmes en 2004. Ces dernières années, les travailleurs les plus âgés (45 ans et plus) ont chômé moins que les autres, sans doute parce qu'un certain nombre d'entre eux ont quitté définitivement le marché du travail en prenant leur retraite. Le taux de chômage évolue de manière cyclique. Il a connu deux cycles complets bien nets dans le graphique. Un nouveau cycle se dessine au tournant de l'an 2000 et la tendance à la hausse apparaît mieux quand on distingue les différents groupes d'âge. Les jeunes sont plus touchés que les autres, car ils sont les premiers mis à pied en cas de ralentissement. Le taux de chômage des jeunes hommes de 20-24 ans était particulièrement élevé en 2004, se situant à 13 %.

Le revenu disponible des familles de nouveau en hausse

Après une longue période de stagnation, le revenu familial moyen total et le revenu moyen disponible des familles sont de nouveau en hausse depuis le milieu des années 1990, mais les deux dernières années disponibles semblent marquer un temps d'arrêt dans la reprise de la croissance. Le revenu disponible moyen reste largement inférieur au revenu total, malgré les réduction d'impôts annoncées, qui sont en fait restées mineures.

Lente croissance des gains annuels

Les gains annuels moyens en dollars constants des individus travaillant à temps plein poursuivent leur lente croissance après environ vingt ans de stabilité. Cette tendance est cependant inégale selon les groupes d'âge, les plus jeunes ayant de la difficulté à obtenir les mêmes augmentations que les personnes plus âgées.

De même, les personnes scolarisées tirent mieux leur épingle du jeu que celles qui n'ont pas de diplôme. Les femmes gagnent moins que les hommes, mais l'écart s'explique en bonne partie par leur concentration dans un nombre plus restreint d'emplois, malgré des changements importants survenus ces dernières années sur le marché du travail. Un autre facteur explique cette différence marquée : le nombre d'heures travaillées par semaine, qui est plus élevé chez les hommes.

GRAPHIQUE 16 **Gains annuels totaux moyens des hommes et des femmes travaillant à temps plein toute l'année, en dollars constants ($ 2002), Québec, 1973 à 2002**

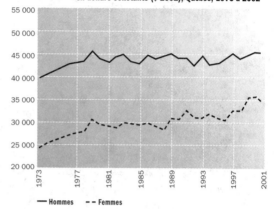

Source : Statistique Canada, cat. 13-217 (années 1973 et 1975), *Le revenu au Canada*, Ottawa, cat. 75-202 (année 1979), *Tendances du revenu au Canada 1980-2002*. Calculs des auteurs.

GRAPHIQUE 17 **Ratio des gains annuels totaux moyens des femmes sur ceux des hommes travaillant à temps plein toute l'année, en dollars constants ($ 2002), moyenne mobile sur trois périodes, Québec, 1980 à 2002**

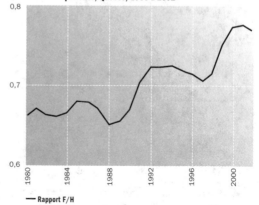

Source : Statistique Canada, *Tendances du revenu au Canada, 1980-2002*. Calculs des auteurs.

699

GRAPHIQUE 18 **Mesure de l'inégalité (coefficients de GINI) entre les familles économiques de deux personnes ou plus selon des concepts de revenus différents, en indice (1980=100), Québec, 1980-2002**

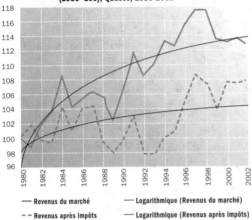

— Revenus du marché   — Logarithmique (Revenus du marché)

- - Revenus après impôts   — Logarithmique (Revenus après impôts)

Source : Statistique Canada, *Tendances du revenu au Canada, 1980-2002.*

GRAPHIQUE 19 **Part du revenu total moyen des familles économiques de deux personnes ou plus selon les quintiles de revenu, Québec, 1980 à 2002**

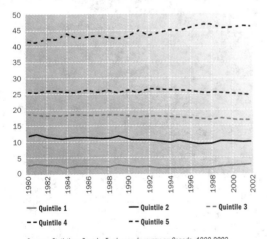

— Quintile 1   — Quintile 2   - - Quintile 3

- - Quintile 4   - - Quintile 5

Source : Statistique Canada, *Tendances du revenu au Canada, 1980-2002.*

Réduction tendancielle des écarts de revenu entre les femmes et les hommes

La discrimination salariale régresse depuis l'adoption de mesures visant l'équité salariale, mais d'autres facteurs contribuent à maintenir à un niveau élevé les différences entre les gains des femmes et des hommes, notamment leur implication différente dans le travail salarié et la vie familiale, en particulier au sein des jeunes ménages.

Hausse des inégalités de revenus

Les inégalités de revenus entre les familles sont en hausse dans les années 1990 et 2000. Cette tendance est particulièrement évidente pour les revenus de marché, soit les revenus tirés du travail salarié, du travail autonome et des placements. Mais il faut ajouter que les impôts et les revenus de transferts réduisent considérablement ces inégalités, de sorte que la croissance des inégalités entre les revenus disponibles est nettement moins forte, signe que l'État providence continue de fonctionner et en particulier de redistribuer la richesse.

Les ménages à revenus élevés se distancient des autres

Le quintile supérieur de la population – les vingt pour cent les mieux nantis – se détache encore un peu plus du reste sur le plan des revenus dans les années 1990 et 2000, alors que les écarts restent assez stables entre les autres groupes de familles. Par ailleurs, les plus riches au sein de ce quintile se distancient encore davantage des autres types de familles. Le double revenu – et en particulier l'homogamie de statuts entre conjoints favorisés – contribue à expliquer ce phénomène. De même, la croissance exponentielle, ou du moins nettement plus rapide, des revenus des hauts salariés explique ce détachement vers le haut de certaines unités familiales.

Le nombre de bénéficiaires de l'aide sociale régresse à court terme

Le nombre de personnes bénéficiaires de l'aide de dernier recours est en diminution. Mais cette tendance est cyclique, comme l'indique le graphique qui s'étend sur deux cycles économiques complets, une approche qui met en perspective le phénomène et permet de mieux en cerner l'évolution. Le contraste entre les deux cycles est frappant pour deux raisons. D'abord, le nombre de personnes dépendantes de l'aide sociale a atteint un sommet plus élevé en 1995 qu'en 1985. Ensuite, la période au cours de laquelle a été atteint le sommet du nombre de personnes dépendantes a été plus étendue dans les années 1990 que dans les années 1980. Autrement dit, la gravité de la dépendance sociale a été plus mar-

quée dans le cycle économique des années 1990 que dans celui des années 1980. Autre changement à observer dans les années 2000 : les personnes dépendantes de l'aide sociale vivent de plus en plus seules.

GRAPHIQUE 20 · **Nombre d'individus bénéficiaires de l'aide sociale et types de ménage (personnes seules et ménages de deux personnes et plus), Québec, 1980 à 2005**

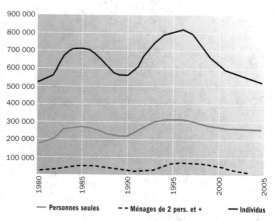

Sources : Québec, Ministère de l'Emploi et de la Solidarité sociale. Calculs des auteurs.

L'état de santé :
Comparaison du Québec avec le reste du monde

Robert Choinière
Institut national de santé publique du Québec

Les indicateurs les plus fiables pour comparer l'état de santé de différents pays sont ceux se rapportant à la mortalité comme l'espérance de vie et les taux de mortalité pour différentes causes. Un indicateur comme l'espérance de vie en santé, qui prend en compte à la fois la mortalité et l'incapacité, permet de mieux juger de l'état de santé d'une population, mais est difficilement comparable d'un pays à l'autre puisque la façon de mesurer l'incapacité n'est pas uniforme.

En 2001 au Québec, l'espérance de vie à la naissance s'établissait à 76,5 ans chez les hommes et à 82,2 ans chez les femmes. Parmi les 10 pays comparés, les Québécois se classaient au 6e rang et les Québécoises au 5e rang à égalité avec les Canadiennes. Tant chez les hommes que chez les femmes, le Japon domine le classement et les États-Unis se retrouvent au dernier rang.

Le rang qu'occupe le Québec sur le plan international varie selon la cause de décès. Trois causes ont été retenues : l'ensemble des maladies de l'appareil circulatoire dont les principales caté-gories sont les cardiopathies ischémiques (infarctus du myocarde) et les maladies vasculaires cérébrales; le cancer du poumon et le suicide.

Pour les maladies de l'appareil circulatoire, le Québec enregistre l'un des taux de mortalité les plus faibles et seuls le Japon et la France bénéficient d'une mortalité plus basse. La chute de la mortalité par maladies de l'appareil circulatoire a été particulièrement marquée au Québec et le taux québécois est maintenant inférieur au taux canadien. En 2001, parmi les provinces canadiennes, le Québec enregistre d'ailleurs le taux le plus faible[1]. Cette année, pour la première fois depuis les années 1920, les tumeurs supplantent les maladies de l'appareil circulatoire à titre de première cause de décès au Québec.

Pour les tumeurs et plus particulièrement les cancers du poumon, le Québec arbore au début des années 2000 le pire bilan des pays comparés, une situation qui était semblable à la fin des années 1990[1]. Il est d'ailleurs paradoxal de voir que le Québec affiche avec les États-Unis et le Canada les taux les plus élevés de mortalité par cancer du poumon mais les taux les plus faibles de tabagisme. Ceci montre bien que le haut niveau de mortalité par cancer du poumon observé actuellement en Amérique du Nord est la résultante des habitudes tabagiques des dernières décennies et que l'on devrait enregistrer à moyen terme une baisse en Amérique du Nord et un changement dans les comparaisons internationales où l'Europe et le Japon seront désavantagés.

Le Québec est affligé depuis le milieu des années 1990 par un taux de mortalité par suicide très élevé, et enregistrait en 2001 le taux le plus haut parmi les provinces canadiennes [2-3]. Sur le plan international, le taux de suicide du Québec est également élevé mais d'autres sociétés industrialisées semblent être touchées de façon similaire par ce phénomène, notamment la Suisse et la France alors qu'au Japon, le taux atteint des sommets. Le taba-

gisme et l'obésité représentent deux déterminants importants de la santé et de la durée de vie, et pour lesquelles des données comparables sur le plan international sont disponibles.

Plusieurs études ont montré qu'au Québec, la proportion de fumeurs était la plus élevée parmi les provinces canadiennes, mais que celle-ci avait diminué de façon assez importante au cours des dix dernières années[4]. Cependant, sur le plan international, le Québec affiche actuellement un taux de tabagisme relativement faible. Si on fait exception de la Suède, l'Amérique du Nord (Canada, États-Unis et Québec) se démarque avec des taux de tabagisme nettement plus faibles qu'en Europe et qu'au Japon.

À l'inverse, pour ce qui est des proportions de personnes obèses, ce sont les États de l'Amérique du Nord, à l'exception du Royaume-Uni, qui affichent

GRAPHIQUE 1

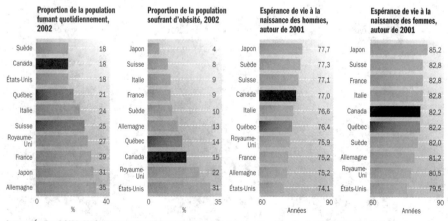

Sources : Éco-Santé OCDE, 2004 ; Statistique Canada, *Enquête sur la santé dans les communautés culturelles 2003* ; OMS, Mortality Database ; MSSS, fichier des décès, 2000-2002.

les valeurs les plus élevées. Aux États-Unis, près d'une personne sur trois serait obèse.

En ce qui concerne la durée de vie, le Québec se situe au milieu du classement des pays sélectionnés. Mais par rapport à l'ensemble des pays de l'OCDE, la situation du Québec se serait légèrement améliorée au cours des dernières années et le Québec ne serait devancé que par six pays tant chez les hommes que chez les femmes. La lutte contre les maladies de l'appareil circulatoire a été particulièrement fructueuse au Québec, tout au moins en ce qui concerne la mortalité, le Québec se classant au troisième rang derrière le Japon et la France. Il est cependant difficile d'identifier la part respective jouée, par exemple, par les technologies médicales, les médicaments, les habitudes de vie dans cette diminution de la mortalité. À l'opposé, le Québec affiche toujours une morta-

lité élevée par cancer du poumon et par suicide. Dans le premier cas, on connaît bien la cause et on peut envisager une amélioration à moyen terme si la diminution du tabagisme se poursuit et si les volontés du gouvernement d'instaurer, dans un futur rapproché, une politique de lutte au tabac encore plus vigoureuse. Pour le suicide, nous avons encore une connaissance imparfaite des causes associées à cette surmortalité enregistrée au Québec et des interventions efficaces à mettre en place. Ici encore, on aura avantage à s'inspirer des expériences observées dans d'autres pays, comme la Suède et le Danemark qui ont réussi à diminuer considérablement leur taux de suicide au cours des deux dernières décennies.

Extrait d'un article publié dans 100 idées citoyennes pour un Québec en santé, Fides, 2005

GRAPHIQUE 2

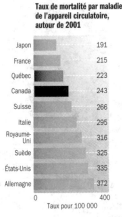

Taux de mortalité par maladie de l'appareil circulatoire, autour de 2001

Japon	191
France	215
Québec	223
Canada	243
Suisse	266
Italie	295
Royaume-Uni	316
Suède	325
États-Unis	335
Allemagne	372

0   400
Taux pour 100 000

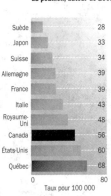

Taux de mortalité par cancer du poumon, autour de 2001

Suède	28
Japon	33
Suisse	34
Allemagne	39
France	39
Italie	43
Royaume-Uni	48
Canada	56
États-Unis	60
Québec	68

0   80
Taux pour 100 000

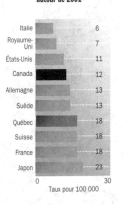

Taux de mortalité par suicide, autour de 2001

Italie	6
Royaume-Uni	7
États-Unis	11
Canada	12
Allemagne	13
Suède	13
Québec	18
Suisse	18
France	18
Japon	23

0   30
Taux pour 100 000

Sources : OMS, Mortality Database ; MSSS, fichier des décès, 2000-2002.

Sources

Éco-Santé OCDE, 2004 ; Institut de la statistique du Québec ; Roy, D., Choinière, R., Lessard, R. *Évolution des besoins de la population et implications pour le système de santé*, Présentation de la Conférence des régies régionales de la santé et des services sociaux du Québec à la Commission d'étude sur les services de santé et les services sociaux, Montréal, septembre 2000.

Éco-Santé OCDE, 2004 ; Statistique Canada, *Enquête sur la santé dans les communautés culturelles 2003* ; OMS, Mortality Database ; MSSS, fichier des décès, 2000-2002.

OMS, Mortality Database ; MSSS, fichier des décès, 2000-2002.

Références

1 CHOINIÈRE, R. (2003). *La mortalité au Québec : une comparaison internationale*, Montréal, INSPQ, 88 p.

2 Statistique Canada et Institut canadien d'information sur la santé (2005). *Indicateurs de la santé*, volume 2005, n° 1.

3 ST-LAURENT, D. et BOUCHARD, C. (2004). *L'épidémiologie du suicide au Québec : que savons-nous de la situation récente ?*, Québec, Institut national de santé publique du Québec, 23 p.

4 Statistique Canada (2004). *Enquête de surveillance de l'usage du tabac au Canada 2003*.

Statisitiques régionales
Vous trouverez sur www.inm.qc.ca, section Annuaire du Québec, les fiches statistiques des 17 régions administratives du Québec.

Le Québec n'est pas le cancre économique qu'on dit
Version amendée

Alain Guay et Nicolas Marceau[1]
Institut national de santé publique du Québec

Des erreurs se sont glissées dans notre texte « Le Québec n'est pas le cancre économique qu'on dit », paru dans *L'Annuaire du Québec 2005* (pp.66-83).

L'erreur la plus importante est survenue dans la préparation des graphiques I (p.68) et Ia (p.69), dans lesquels nous voulions présenter l'évolution du PIB réel *per capita* (dollars enchaînés de 1997) au Québec et dans le reste du Canada de 1981 à 2003. Dans ces graphiques, une méprise nous a fait utiliser des données inadéquates pour construire les courbes « Canada » (Graphique I) et « Canada sans l'Alberta » (Graphique Ia). Il en découle que notre présentation des faits était erronée.

Dans cette note, nous présentons tout d'abord les graphiques I et Ia corrigés, ainsi qu'une brève discussion du comportement des diverses courbes qu'ils contiennent. Il s'avère que les graphiques corrigés semblent infirmer la thèse d'un Québec rattrapant le reste du Canada. Cependant, nous poussons plus loin l'analyse et examinons les taux de croissance du PIB réel per capita au Québec et dans le reste du Canada. Cet examen révèle que depuis le milieu des années 1980, le Québec a fait mieux que le reste du Canada au chapitre de la croissance du PIB réel *per capita*. Nous sommes donc toujours en mesure d'affirmer que le Québec est en voie de rattraper la moyenne canadienne quant aux grands indicateurs économiques.

Notons que le texte publié contient, à notre connaissance, deux autres erreurs, l'une dans le Graphique 2 (p.69) et l'autre dans le Graphique 8 (p.74). Dans les deux cas, elles sont sans conséquence puisqu'au moment de la rédaction de notre texte, nous utilisions les bons graphiques. Le lecteur intéressé pourra consulter les graphiques corrigés sur le site[2] de l'*Institut du Nouveau Monde*.

Production (PIB réel per capita)
L'évolution du PIB réel per capita du Québec, de l'Ontario, de l'Alberta et de l'ensemble du Canada est présentée dans le Graphique I (corrigé). On constate que l'écart dans le PIB réel *per capita* entre le Québec et le Canada s'est

creusé de 1981 à 2003, passant de 2210 $ à 3798 $. On constate par ailleurs que les écarts Québec-Ontario et Québec-Alberta se sont également creusés. Enfin, l'écart se creuse aussi, au Graphique Ia (corrigé), quand on compare le PIB réel *per capita* du Canada sans l'Alberta avec celui du Québec.

Croissance de la production

Dans notre texte paru dans *L'Annuaire du Québec 2005*, nous écrivions :

« Quant [...] au revenu disponible *per capita* et aux indicateurs de performance du marché du travail [taux de chômage, emploi *per capita*, taux de participation], le Québec accuse toujours un retard relativement à ses principaux partenaires. Cependant, on constate que l'écart entre le Québec et les autres provinces a diminué de manière significative depuis 20 ans. De plus, le Québec affiche un taux de diplomation postsecondaire de ses jeunes plus élevé qu'ailleurs au Canada et c'est au Québec que les dépenses de R&D en proportion du PIB sont les plus élevées au Canada. Selon nous, ces deux facteurs ont contribué de manière significative au rattrapage du Québec. Il est donc probable que l'écart entre le Québec et les autres provinces continuera de rétrécir dans un futur prévisible. » (p.76)

Cette thèse d'un rattrapage du Québec est-elle valide à la lumière du comportement du PIB réel *per capita* que nous avons présenté dans les graphiques 1 et 1a (corrigés) ? Nous croyons que oui.

Tout d'abord, rappelons que les PIB réel *per capita* du Québec et du reste du Canada vont croissant tout au long de

GRAPHIQUE 1

GRAPHIQUE 1 — **PIB réel per capita ($ enchaînés – 1997) – Québec, Ontario, Alberta et Canada, 1981-2003.**

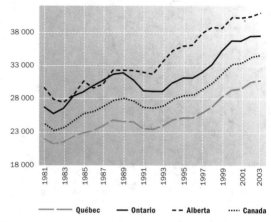

Source : Cansim 384-0013.

GRAPHIQUE 1a — **PIB réel per capita ($ enchaînés – 1997) – Québec et Canada sans l'Alberta, 1981-2003.**

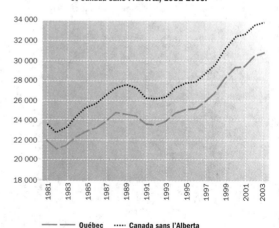

Source : Cansim 384-0013.

707

GRAPHIQUE 1b **Taux de croissance annuels du PIB per capita ($ enchaînés, 1997) - Québec et Canada sans le Québec, 1982-2003.**

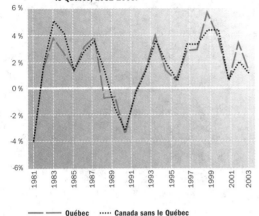

——— Québec ···· Canada sans le Québec

Source : Cansim 384-0013.

GRAPHIQUE 1c **Taux moyens de croissance du PIB per capita entre l'année t et 2003 ($ enchaînés, 1997), Québec et Canada sans le Québec, 1981-2002.**

Année t

——— Québec ···· Canada sans le Québec

Source : Cansim 384-0013.

la période étudiée, et qu'en conséquence, un *effet* de niveau tend à faire croître l'écart entre les deux. Par exemple, à taux de croissance égaux dans les deux régions, l'écart en niveau irait nécessairement croissant, au rythme du taux de croissance. Or, l'écart observé dans les graphiques I et Ia (corrigés) croît plus lentement à partir de 1990 et se stabilise à partir de 1999. Plus encore, en proportion du PIB réel *per capita* (du Québec ou du Canada), l'écart est constant ou diminue depuis la fin des années 80. Dans ce contexte, on ne peut tirer des conclusions qu'en étudiant les taux de croissance du PIB réel *per capita* du Québec et du reste du Canada.

Examinons tout d'abord les taux de croissance annuel du PIB réel per capita du Québec et du Canada sans le Québec entre 1982 et 2003. Ces taux de croissance sont présentés dans le Graphique Ib. Pour une courbe donnée, un point à l'année t indique le taux de croissance du PIB réel *per capita* entre l'année t-1 et l'année t. On constate au Graphique Ib que généralement, les taux de croissance annuel du Québec et du Canada sans le Québec se suivent de près. On ne peut en conclure qu'un des taux de croissance est plus rapide que l'autre.

Pour mieux y voir, nous examinons maintenant, dans le Graphique Ic, les taux moyens de croissance du PIB réel *per capita* du Québec et du Canada sans le Québec entre 1981 et 2002. Pour une courbe donnée, un point à l'année t indique le taux moyen de croissance du PIB réel *per capita* entre l'année t et l'année 2003. On constate dans le Graphique Ic que sauf pour les premières années de la période (de 1981 à 1985), le taux moyen de croissance du Québec a été supérieur à celui du Canada sans le Québec. À plus long terme, un taux de croissance moyen plus élevé se traduira inexorablement pas une diminution des écarts de PIB réel *per capita* entre le Québec et le reste du Canada.[3]

Conclusion

Le Québec n'a certes pas encore rattrapé le reste du Canada en termes de niveau du PIB réel *per capita*, mais il affiche un taux moyen de croissance du PIB réel *per capita* supérieur à celui du reste du Canada depuis le milieu des années 1980. À cela s'ajoute le fait que le Québec a comblé une partie de son retard en termes des indicateurs de performance du marché du travail et qu'il affiche des taux de diplomation postsecondaire et de dépenses de R&D qui se comparent avantageusement à ceux du reste du Canada. La performance économique du Canada ces dix dernières années est par ailleurs fréquemment présentée par nombre d'experts comme ayant été très bonne ou même excellente. Il est, dans ce contexte, intenable de prétendre que la performance de l'économie québécoise est mauvaise ou même simplement passable. Nous demeurons convaincus que le Québec n'est pas un cancre économique.

Notes

1 M. Pierre Lemieux nous a signalé les erreurs contenues dans les graphiques 1 et 1a. Nous aimerions le remercier.

2 Notre texte, revu et corrigé, est disponible à l'adresse suivante : www.inm.qc.ca

3 Notons que nous ne discutions pas de croissance du PIB r éel *per capita* dans le texte paru l'an dernier.

INTERNATIONAL POLITICAL SCIENCE ASSOCIATION

ASSOCIATION INTERNATIONALE DE SCIENCE POLITIQUE

L'AISP est la seule association internationale de science politique, et son Secrétariat est basé à Montréal depuis 2001.

En plus de faire partie du plus grand réseau international de professionnels en science politique, les membres de l'AISP reçoivent les services suivant:

- → Un accès privilégié à nos 49 comités de recherche répartis sur les 5 continents
- → Abonnement à la *Revue Internationale de Science Politique* (4 numéros par année)
- → Abonnement à *Participation* (Bulletin de l'AISP, 3 numéros par année)
- → Répertoire annuel de l'AISP (publication annuelle)
- → Newsletter mensuelle de l'Association (via courriel)
- → Les publications des membres de l'AISP sont publicisées gratuitement sur notre site web
- → Rabais sur un abonnement optionnel à la *Documentation Politique Internationale*

Les autres activités de l'Association sont:

- → L'organisation de symposiums internationaux
- → **IPSAonline**, un répertoire des 300 meilleurs sites web de science politique: WWW.IPSAPORTAL.NET
- → L'organisation de congrès mondiaux tous les trois ans:

IPSAonline
the **Portal** of **Political Science**

20ième Congrès Mondial de l'AISP
THÈME: **LA DÉMOCRATIE FONCTIONNE-T-ELLE?**
Fukuoka, Japon - 9 au 13 juillet 2006
WWW.FUKUOKA2006.COM

2000 congressistes de plus de 90 pays participent à 350 panels!
Y serez-vous?

Pour nous contacter ou pour devenir membre: **WWW.IPSA.CA**

Association Internationale de Science Politique
Université Concordia
1590 avenue Docteur Penfield, Bureau SB-331
Montréal, Québec
H3G 1C5

Tél.:   514-848-8717
Fax: 514-848-4095
Courriel: info@ipsa.ca

Chronologie 2004-2005
Les principaux événements

Serge Laplante
Recherchiste, Le Devoir

Voici les principaux événements survenus au Québec entre le 1er août 2004 et le 31 juillet 2005.

AOÛT 2004

Le 19 - Démission de la juge en chef. Démission surprise de la juge en chef de la Cour supérieure du Québec, Lyse Lemieux. Elle a été interceptée le 5 août à Montréal pour conduite avec les facultés affaiblies, alors qu'elle était en vacances. Âgée de 68 ans, la juge Lemieux exerçait ses fonctions depuis 26 ans.

Le 24 - Candidatures des juges examinées. Le gouvernement Martin entend nommer Louise Charron et Rosalie Abella, deux juges de la Cour d'appel de l'Ontario, à la Cour suprême du Canada, portant ainsi à quatre le nombre de femmes siégeant au plus haut tribunal du pays, un sommet historique. Pour la première fois, les deux nominations font l'objet d'un examen de la part d'un comité spécial formé de sept députés, d'un représentant du Barreau du Haut-Canada, et d'un représentant du Conseil canadien de la magistrature. Après examen, le comité avise le premier ministre qu'il est convaincu que les deux candidates retenues « sont éminemment qualifiées pour siéger à la Cour », peut-on lire dans le rapport signé par tous les députés, sauf les conservateurs.

Le 25 - Sursis pour CHOI-FM. Le gouvernement fédéral et le Conseil de la radiodiffusion et des télécommunications canadiennes (CRTC) consentent à ce que la station de Québec reste en ondes au moins jusqu'en mars 2005. Dans des documents déposés en Cour d'appel fédérale, le CRTC et le gouvernement confirment qu'ils ne s'opposent pas à la demande de sursis de la station de radio de Québec, qui devait cesser de diffuser le 31 août, en vertu d'une décision rendue à la mi-juillet par l'organisme réglementaire. CHOI en appelle à la Cour fédérale pour obtenir une ordonnance de sursis d'exécution de cette décision.

Le 27 - Landry reste. « Si je reste à la tête de nos troupes, ce n'est pas pour gouverner provincialement. C'est pour aller à l'indépendance nationale ! » déclare Bernard Landry en ouverture du conseil

Bernard Landry et Chantal Renaud

national de son parti qui se déroule à Québec. Alors que seulement cinq délégués sur 335 appuient une résolution soutenue par Pauline Marois visant à forcer la démission de Bernard Landry et enclencher une course au leadership du parti, le conseil national maintient avec une majorité écrasante son appui à Bernard Landry.

Le 29 - Junqueira devance Carpentier. Le Brésilien Bruno Junqueira remporte le Molson Indy de Montréal. Deuxième, Patrick Carpentier ravit ses supporteurs, tandis qu'Alexandre Tagliani termine septième.

Le 29 - Clôture de la 28e Olympiade à Athènes. Le Canada remporte 12 médailles au total, sa plus petite récolte depuis les jeux de Séoul en 1988.

Le juge John Gomery

Le 31 - Lord Black aurait pillé Hollinger. Selon le rapport d'enquête d'un comité spécial du conseil d'administration de Hollinger, Lord Conrad Black et ses proches associés auraient « pillé » 400 millions des coffres de la société au cours d'une période de sept ans. Le rapport présenté à la SEC américaine avait été requis par cette dernière dans le cadre d'une entente conclue avec Hollinger International. Les allégations formulées par ce comité depuis novembre 2003 ont coûté au magnat canadien le contrôle sur un empire médiatique qui a déjà possédé de nombreux quotidiens au Canada.

SEPTEMBRE 2004

Le 6 - *La fiancée syrienne* rafle tout. Au 28e Festival des films du monde de Montréal, le film *La fiancée syrienne*, du réalisateur israélien Eran Riklis, sort grand vainqueur de la cérémonie de clôture, au cinéma Impérial. En plus de remporter le Grand prix des Amériques, le film a également reçu le Prix du public, le Prix du jury œcuménique et le Prix de la Fédération internationale de la presse cinématographique.

Le 7 - Début de la commission Gomery. Début à Ottawa des audiences publiques de la Commission d'enquête sur le programme des commandites et les activités publicitaires, présidée par le juge John Gomery.

Le 9 - Charest a l'appui des syndicats. Scène unique et inhabituelle à Québec à la veille de la conférence des premiers ministres sur le financement de la santé. Malgré les différents nombreux qui les opposent au gouvernement Charest, les syndicats appuient sans réserve le premier ministre dans sa démarche visant à réclamer plus d'argent d'Ottawa pour la santé. « Ça fait longtemps que je n'ai pas vu le premier ministre défendre avec autant d'agressivité (sic) et d'enthousiasme les intérêts du Québec », déclare le président de la FTQ, Henri Massé, au sortir d'un entretien avec Jean Charest.

Le 12 - Succès de foule au Marathon. Le Marathon international de Montréal, de retour dans la métropole pour une deuxième année après 13 ans d'absence, attire 3000 athlètes. Dix-sept mille sportifs auront participé aux événements du week-end (Marathon et Festival de la santé).

Le 12 - Victoire de Charles Dionne. L'athlète originaire de Saint-Rédempteur, près de Québec, remporte le Grand Prix cycliste de San Francisco.

Le 14 - Équipe-Canada championne. Le Canada s'empare de la Coupe du monde de hockey grâce à une victoire de 3 à 2 sur la Finlande. Vincent Lecavalier est sélectionné meilleur joueur du tournoi.

Le 15 - Le prix Diamond pour Céline Dion. Les World Music Awards consacrent Céline Dion comme artiste féminine ayant vendu le plus d'albums de tous les temps. Lors d'une cérémonie à Las Vegas, la chanteuse reçoit le prix Diamond, créé pour honorer les artistes ayant vendu plus de 100 millions de disques au cours de leur carrière. Selon les chiffres certifiés par sa maison de disques Sony, Céline Dion aurait vendu, de 1987 à 2004, plus de 174 millions d'albums dans le monde. Et les ventes des douze premiers albums en français enregistrés avant sa signature chez Sony ne figurent même pas dans ce total.

Claude Julien

Le 15 - La LNH décrète un lock-out. Les observateurs sont pessimistes et s'attendent à un long conflit. Plusieurs prédisent même que la saison 2004-2005 sera annulée et que la coupe Stanley ne sera pas disputée pour la première fois depuis 1919 alors qu'une épidémie d'influenza avait interrompu la finale qui opposait Montréal à Seattle.

La ligue veut l'instauration d'un plafond salarial. Les dirigeants font valoir que le circuit a perdu 273 millions $US en 2002-2003 et 224 millions $US la saison dernière. Les joueurs s'y opposent farouchement.

Le 15 - Retour de Villeneuve en F1. L'ancien champion du monde Jacques Villeneuve tournera pour Renault, en remplacement de l'Italien Jarno Trulli, pour les trois dernières épreuves de la saison de F1, commençant par le Grand Prix de Chine. On apprendra par la suite qu'il a signé un contrat de deux ans, à compter de la saison 2005-2006, avec l'écurie suisse Sauber.

Le 15 - Entente fédérale-provinciale en santé. Au terme d'un marathon de discussions de trois jours, les premiers ministres réunis à Ottawa concluent une entente avec le fédéral qui permettra aux provinces d'obtenir quelque 18 milliards de plus en six ans pour le financement de la santé, dont 4,2 milliards au Québec (502 millions dès cette année, 702 l'an prochain), une hausse de 41 milliards sur 10 ans. Le Québec obtient une entente «asymétrique», qui fait qu'Ottawa ne lui impose aucune condition pour obtenir sa part des nouveaux investissements fédéraux. Le premier ministre Jean Charest confirme que les 502 millions versés au Québec par Ottawa pour la santé cette année seront absorbés par le fonds consolidé. «On a déjà investi en santé», plaide-t-il, en se félicitant de l'entente. «Nous marquons aujourd'hui une étape très importante de l'histoire du Canada. Nous avons tracé une voie nouvelle dans le fédéralisme canadien grâce à la reconnaissance de l'asymétrie par l'ensemble des partenaires de la fédération.» Pour Paul Martin, «c'est une entente qui reflète vraiment la réalité du Canada».

Le 15 - Desjardins paralysé. Une panne informatique majeure du réseau informatique du Mouvement Desjardins paralyse les activités des caisses. Une panne informatique avait également perturbé les activités de la Banque Royale au début du mois de juin.

Le 17 - Début des Paralympiques. Début à Athènes des douzièmes Jeux paralympiques. La délégation canadienne compte 143 athlètes et espère une récolte de 70 médailles.

Le 18 - L'Impact champion. L'Impact remporte le titre de champion de la League A de soccer après avoir blanchi les Sounders de Seattle par un compte de 2-0, devant 13 648 spectateurs – la foule la plus nombreuse de l'histoire du club – rassemblés au stade Claude-Robillard. L'équipe de soccer de Montréal remporte ainsi le deuxième titre de son histoire, 10 ans après son premier triomphe.

Le 18 - Amiante chrysotile. L'amiante chrysotile est exclue de la liste noire des produits chimiques considérés dangereux par l'ONU. Rendue en vertu de la Convention de Rotterdam qui compte 74 pays membres, la décision est accueillie avec soulagement par l'industrie canadienne de l'amiante. La liste noire de la Convention de Rotterdam compte présentement 22 pesticides et cinq produits chimiques. L'ajout de l'amiante chrysotile aurait obligé le Canada à informer les pays importateurs sur la toxicité du produit ainsi que sur les mesures de sécurité à adopter.

Cette décision revêt une grande importance pour le Québec, le deuxième producteur mondial de chrysotile, et plus spécialement pour les populations d'Asbestos et de Thetford Mines. Le Canada, pourtant un ardent défenseur de la Convention de Rotterdam, s'était opposé à l'inclusion de la fibre chrysotile à cette liste.

Le 20 - Élections partielles. Les élections partielles ont réservé deux surprises : la perte de deux sièges pour les libéraux. Contre toute attente, l'ADQ l'emporte facilement dans Vanier (Sylvain Légaré, majorité de 4492), laissé orphelin depuis le départ du ministre de la Justice Marc Bellemare, une circonscription où elle était arrivée bonne deuxième lors de la dernière élection générale. L'ADQ a fait le pari du populisme, épousant les causes de la fermeture de la station CHOI et de la fondation Scorpion (qui demande de rouvrir l'enquête sur la prostitution juvénile à Québec). Résultat imprévu dans Laurier-Dorion, que la péquiste Elsie Lefebvre arrache de justesse, une forteresse libérale, libre depuis le départ de Christos Sirros. Dans Nelligan et Gouin, aucune surprise. Le PQ conserve Gouin, libre depuis la démission d'André Boisclair, avec la victoire de Nicolas Girard. Les libéraux gardent Nelligan, Yolande James devenant la première femme de race noire à siéger à l'Assemblée nationale. Ces élections partielles enregistrent parmi les plus bas taux de participation de l'histoire électorale du Québec (entre 28,6 % dans Nelligan et 47,3 % dans Vanier). La composition de l'Assemblée est maintenant : PLQ : 73, PQ : 46, ADQ : 5, IND 1.

Le 21 - Le Queen Mary à Québec. Une

foule nombreuse et statique assiste à l'arrivée en rade de Québec du plus grand et prestigieux paquebot du monde, fleuron de la Cunard, à sa première escale canadienne. Les rassemblements de curieux provoqueront des embouteillages monstres dans le centre-ville de la capitale tout le temps de l'escale du navire.

Le 21 - Chantal Petitclerc championne paralympique. L'athlète en fauteuil roulant Chantal Petitclerc, 34 ans, remporte l'or du 100 m en fauteuil roulant, battant son propre record du monde établit la veille en demi-finale. C'est sa 12e médaille paralympique. Elle a participé à tous les jeux depuis 1992. Au terme des Jeux, la jeune femme originaire de Saint-Marc-des-Carrières, véritable reine des compétitions, reviendra au pays avec cinq médailles d'or et trois records mondiaux. Le nageur Benoît Huot récolte pour sa part cinq médailles d'or et une d'argent. L'équipe canadienne a conclu les 12e paralympiades avec un total de 28 médailles d'or, 19 médailles d'argent et 25 médailles de bonze pour un total de 72 médailles. L'objectif de l'équipe canadienne à Athènes se situait entre 70 et 75 médailles. Le Canada termine septième au classement général.

Les 25-26 - Ve congrès de l'ADQ. À Drummondville, le Ve congrès des membres, sur le thème « Voir grand pour le Québec », marque le 10e anniversaire de l'Action démocratique du Québec. Le chef Mario Dumont obtient un vote de confiance de 95,7 %. L'ancien ministre libéral Yvon Picotte succède à Guy Laforest comme président. Intitulée *La voie autonomiste* :

Nouvelle position constitutionnelle de l'ADQ, la nouvelle plate-forme constitutionnelle, qui propose de créer un État autonome du Québec au sein de la fédération canadienne, est facilement adoptée.

Jacques Villeneuve

Le 26 - Villeneuve 11e. Au Grand Prix de Chine, disputé à Shanghai, Jacques Villeneuve termine 11e derrière son coéquipier Alonzo mais devant Michael Shumacher. Un retour décevant pour le pilote, après une absence d'une saison.

Le 26 - Suicide assisté. La mort de Charles Fariala, un Montréalais souffrant de sclérose en plaques, relance le débat sur l'euthanasie. Sa mère, Marielle Houle, une infirmière auxiliaire à la retraite, échappe à une accusation de meurtre mais est accusée d'avoir « aidé ou encouragé » son fils de 36 ans à se suicider.

Le 29 - Adieu aux Expos. Les Expos jouent leur dernier match au Stade olympique contre les Marlins de la Floride devant 31 395 spectateurs. L'équipe montréalaise encaisse une défaite de 9-1. L'histoire d'amour, qui durait depuis 1969, prend fin au 2786e match à Montréal. Le premier avait été disputé le 14 avril 1969. Plus tôt en journée, le président de l'équipe, Tony Tavares, avait confirmé le déménagement de l'équipe à Washington à compter de la saison 2005. La nouvelle met fin à plus de 10 ans de spéculation sur l'avenir et la survie de la concession.

OCTOBRE 2004

Le 3 - Triste fin des Expos. Les Expos disputent le dernier match de leur histoire face aux Mets au Stade Shea de New York, là où ils avaient joué leur tout premier match, le 8 avril 1969. Ils perdent 8-1.

Le 4 - Nouveau Parlement. Début de la 38e Législature à Ottawa. Les députés élus le 20 juin 2004 élisent d'abord Peter Miliken Président de la Chambre des communes. La Gouverneure générale ouvre la première session le 5 octobre, en prononçant le discours du Trône dans la Chambre du Sénat. Député de la circonscription de LaSalle-Émard depuis 1988, Paul Martin est le 21e premier ministre du pays.

Le 6 - Le NCSM Chicoutimi à la dérive. À son voyage inaugural de la Grande-Bretagne vers le Canada, le sous-marin à propulsion diesel, acheté usagé de l'Angleterre, se retrouve à la dérive au large de l'Écosse après qu'un incendie eut éclaté à bord. Privé de toute capacité motrice, d'alimentation en électricité et de moyens de communication, sévèrement ballotté par une mer démontée, le Chicoutimi doit être remorqué vers l'Écosse. Neuf des 57 membres d'équipage sont blessés. Un sous-marinier, Chris Saunders, meurt des suites de l'intoxication sévère causée par la fumée dé-

gagée par l'incendie. La marine canadienne avait pris possession du Chicoutimi le 2 octobre. Il s'agit du dernier des quatre sous-marins de classe Victoria acquis de la Marine royale britannique au coût d'environ un milliard de dollars. Ces appareils datent des années 80 et 90.

Les 12-13-14 - Forum des générations. Les participants sont réunis à Saint-Augustin, dans la région de Québec, pour débattre des problèmes du financement de la santé, de l'éducation, de la précarité des finances publiques et du choc démographique à venir. À l'issue du Forum, le premier ministre annonce la formation de neuf équipes de réflexions qui auront, d'ici juin 2005 pour la plupart, à faire des propositions sur le financement de la santé et de l'éducation, la conciliation travail-famille, la formation de la main-d'œuvre et de la jeunesse, ainsi que l'engagement de respecter deux promesses électorales dès 2006 : ajouter une heure et demie d'enseignement par semaine au primaire et porter à deux heures par semaine le temps consacré à l'éducation physique. La plupart des observateurs soulignent le succès de cette opération de relations publiques qui a permis au gouvernement Charest de redorer son image et de renouer le dialogue avec la société civile.

Les 16-17 - Un référendum hâtif. Sur fond de crise de leadership, les 400 délégués réunis à Sherbrooke en conseil national décident qu'une fois porté au pouvoir, un gouvernement du Parti québécois s'engagera à tenir un référendum « durant la première moitié du mandat » et non plus « dans les meilleurs délais » comme le stipule le programme actuel. Pour la première fois le PQ se donne un échéancier contraignant et abandonne l'obligation d'avoir «l'assurance morale» d'une victoire avant d'enclencher un référendum sur la souveraineté. Mais devant le barrage de réserves soulevé par ce virage, Bernard Landry fait lui-même volte-face. Dès la rentrée parlementaire, le 19 octobre, il troque l'expression «à mi-mandat» contre celle de «le plus tôt possible».

Le 17 - Congrès eucharistique mondial. Le pape Jean-Paul II confirme que c'est à Québec, en juin 2008, que se tiendra le 49e Congrès eucharistique mondial, sans préciser s'il y prendra part.

Le 19 - Isabelle Blais-Beisiegel à la PGA. La Québécoise de 25 ans, originaire de Montréal, devient la première golfeuse à participer au tournoi de qualifications pour le circuit de la PGA.

Le 20 - Épidémie de Clostridium difficile. La mutation de la bactérie C. difficile pose «un problème sérieux» admet le ministre de la Santé, Philippe Couillard, qui confirme que certains hôpitaux du Québec sont aux prises avec une souche mutante et virulente de la bactérie. Une douzaine d'hôpitaux de Montréal, Laval et Sherbrooke connaissent une véritable épidémie de C. difficile qui aurait causé le décès d'au moins 217 personnes entre janvier et juin 2004 seulement. C'est au mois d'août 2004 que Dr Jacques Pépin, du Centre hospitalier de l'Université de Sherbrooke, a sonné l'alarme après avoir constaté le décès par la bactérie de dizaines de patients. Cette alerte a conduit les spécialistes de la santé à élaborer des mesures pour surveiller et contrer la propagation de la bactérie. Le Clostridium difficile est une bactérie qui s'attaque aux intestins et produit des toxines qui causent des diarrhées, potentiellement fatales. La bactérie se contracte généralement à l'hôpital, bien souvent après un traitement aux antibiotiques.

Le 26 - Réunion des premiers ministres sur la péréquation. Ottawa refuse catégoriquement de se rendre aux demandes des provinces et d'augmenter de 10 à 10,9 milliards de dollars dès cette année les sommes versées en péréquation. Les provinces auront donc 10 milliards de dollars en péréquation cette année, 10,9 milliards l'année prochaine, et par la suite une augmentation de 3,5 % par an. Le programme coûtera 28 milliards de dollars en dix ans à Ottawa.

Le 31 - Derniers passagers à Mirabel.

Mirabel

L'aéroport de Mirabel, situé au nord de Montréal, cesse toutes ses activités de transport de passagers avec le vol TS-710 d'Air Canada à destination de Paris. Dorénavant, seuls les avions-cargos se poseront à la controversée aérogare. Un important chapitre de l'histoire aéronautique canadienne se termine ainsi. Inauguré en octobre 1975, il devait, selon les prévisions, accueillir 40 millions de passagers en l'an 2000, grâce à ses six pistes d'atterrissage. Pour construire cet aéroport qui occupe 98 000 acres de terrain, Ottawa avait dû lancer, dès 1969, le plus vaste programme d'expropriation de l'histoire canadienne (le fédéral a exproprié 40 000 hectares de terres agricoles pour finalement n'utiliser que 5 % de cette superficie. 32 000 hectares seront rétrocédées en 1985). Au total, 3126 familles avaient été dans l'obligation de déménager. Mais l'Aéroport de Mirabel n'a jamais véritablement pris son envol. Situé loin de Montréal (60 kilomètres), mal desservi par le réseau routier, boudé par les grandes compagnies aériennes, Mirabel n'accueille plus aujourd'hui que 50 vols nolisés par semaine, comparativement à 1500 pour l'aéroport Pierre-Elliott-Trudeau de Dorval.

NOVEMBRE 2004

Le 2 - Fin du conflit au RTC. Le conflit de travail dans le réseau de transport en commun de Québec est terminé, après 11 jours de grève. Le syndicat des 717 chauffeurs en grève a accepté à plus de 96 % la proposition soumise par le médiateur. Le nouveau contrat est valide jusqu'en 2009. Le syndicat demandait, entre autres, la parité avec les chauffeurs d'autobus de Montréal. Il s'agissait du 11e conflit de travail des 35 dernières années au RCT.

Le 11 - Éric Lapointe blanchi. Après avoir été arrêté, le 28 octobre, détenu et interrogé pour des allégations de violence conjugale, le chanteur Éric Lapointe est blanchi par les policiers de la Sûreté du Québec et la femme qui l'accusait de voies de fait est arrêtée pour avoir provoqué une enquête criminelle sur la base d'allégations fausses et mensongères.

Le 12-13 - Gregory Charles à New York. Le polyvalent musicien montréalais donne deux représentations de son spectacle *Black and White* au Beacon Theater. Le spectacle fait bonne impression.

Le 13 - Victoire du Rouge et Or. La très populaire équipe de football de l'Université Laval remporte une éclatante victoire de 30-12 aux dépens des Carabins de l'Université de Montréal et remporte pour la deuxième fois d'affilée la coupe Dunsmore.

Le 14 - Défaite des Alouettes. Au Stade olympique, les Alouettes perdent 26-18 contre les Argonautes de Toronto en finale de la division Est de la Ligue canadienne de football.

Le 16 - Un Canadien à l'OTAN. Le chef d'état major de l'armée canadienne, le général Raymond Henault, a été élu par ses pairs président du comité militaire de l'OTAN. C'est la plus haute instance militaire de l'Alliance atlantique. Il entrera en fonction en juillet 2005 et sera chargé d'élaborer les objectifs militaires de l'OTAN.

Le 17 - Guy Cloutier plaide coupable. Au premier jour de son enquête préliminaire, et à la surprise générale, le producteur Guy Cloutier, un des piliers de la culture populaire au Québec, plaide coupable à cinq des sept chefs d'accusation qui pèsent sur lui. Il est accusé d'avoir agressé sexuellement deux enfants pendant de nombreuses années.

Photo : Publications TVA Inc.

Nathalie Simard

Le 17 - Pauline Michel poète officielle du Canada. Originaire d'Asbestos, la romancière et scénariste montréalaise de 60 ans devient la première francophone à occuper le poste. La nouvelle « poète lauréate », titre officiel de la fonction, est nommée pour deux ans et reçoit une allocation annuelle imposable de 12 000 $.

Le 21 - Heurs au Congrès du PLQ. Près de 5000 protestataires, issus de dizaines de groupes sociaux, syndicaux, communautaires et étudiants, farouchement opposés à diverses politiques du gouvernement Charest, ont participé à une imposante manifestation organisée devant le Palais des congrès de Montréal, où se déroulait le Congrès biennal du Parti libéral du Québec. La veille, près de deux cents protestataires avait été interpellés lors d'une manifestation étudiante à laquelle avaient participé quelque 600 personnes.

Le 23 - Record pour un Marc-Aurèle Fortin. Une toile de Marc-Aurèle Fortin, *Baie-Saint-Paul sous la neige*, brise un record en trouvant preneur aux enchères à la maison Joyner Waddington's de Toronto pour un prix de 360 000 $. Le prix de départ était fixé à 140 000 $. Avant cette vente, le meilleur prix obtenu pour une œuvre de Marc-Aurèle Fortin avait été de 160 000 $.

Le 25 - Plan de développement durable. Rare consensus autour d'une mesure avancée par le gouvernement Charest, le Plan de développement durable du ministre de l'Environnement, Thomas J. Mulcair, est favorablement accueilli. L'avant-projet de loi sur le développement durable propose d'inclure dans la Charte des droits et libertés, le droit de vivre dans un environnement sain, une première en Amérique du Nord. L'avant-projet de loi confirme également la création d'un poste de Commissaire à l'Environnement. De plus, un Fonds vert sera constitué pour financer le ministère de l'Environnement et les groupes écologistes. Une Stratégie sur la biodiversité obligera tous les ministères à tenir compte de l'environnement dans ses décisions.

Pauline Michel

Le 27 - La Francophonie à Québec en 2008. Les membres de la Francophonie réunis à Ouagadougou, au Burkina Faso, ont confirmé officiellement que le 12e Sommet de la francophonie se déroulera à Québec, en 2008. Québec souhaitait obtenir l'organisation du Sommet l'année où elle célébrera le 400e anniversaire de fondation de sa capitale.

DÉCEMBRE 2004

Le 5 - Attentat antimondialiste ? Par voie de communiqué expédié aux médias québécois et étrangers, dont le *New York Times* et Al jazera, un groupe antimondialisation inconnu, s'indentifiant comme l'Initiative de Résistance Internationaliste (IRI), revendique le sabotage à l'explosif (sans conséquence) d'un pylône de la ligne d'exportation Radisson-Des Cantons d'Hydro-Québec, survenu le 1er décembre. Cette ligne est destinée à l'exportation d'électricité vers les États-Unis.

Le 5 - NON au port méthanier. Les citoyens de Beaumont, sur la rive sud de Québec, rejettent par référendum un projet de terminal méthanier de 700 millions $ qui aurait créé entre 3000 et 3500 emplois directs et indirects, optant

Usine à Huntingdon

(OMC) sur les textiles et les vêtements, signé en 1995, expirera le 1er janvier prochain. Il permettait de limiter temporairement les importations de textiles en provenance de pays où les salaires sont peu élevés, notamment la Chine.

Le 14 - Rapport Coulombe sur la gestion des forêts. Très attendu, le rapport de la commission présidée par Guy Coulombe confirme la surexploitation de la forêt québécoise que dénonçait le documentaire de Richard Desjardins *L'erreur boréale*. Il attribue celle-ci à la faiblesse des données qui alimentent le calcul de la possibilité forestière et une surévaluation de ce que la forêt produit.

pour la qualité de vie plutôt que pour le développement économique. Les Beaumontois ont voté à 72 % pour le NON dans le cadre d'un référendum portant sur la construction d'un port pouvant accueillir des cargos chargés de gaz naturel. Le taux de participation à ce référendum était de 70 %.

Le rapport de la Commission d'étude sur la gestion de la forêt publique, formée en octobre 2003 à l'initiative du gouvernement Charest, compte 307 pages et contient 81 recommandations. Les principales mesures que préconise la Commission sont : une réduction de 20 % des droits de coupe ; la révision des méthodes de calcul du temps de renouvellement des forêts ; la création d'un poste de « Forestier en chef », chargé d'examiner et d'évaluer les méthodes utilisées pour établir les capacités de régénération des forêts québécoises ; la création d'un poste de « Vérificateur de la forêt » rattaché au Vérificateur général du Québec ; le report d'un an, soit en avril 2008, de l'entrée en vigueur du prochain plan d'aménagement forestier, pour donner le temps de mettre en pratique ces recommandations.

Le 9 - Feu vert aux mariages gais. La Cour suprême du Canada, dans un renvoi très attendu, tranche que le gouvernement fédéral peut permettre aux personnes de même sexe de se marier. Il revient maintenant au gouvernement de Paul Martin d'aller de l'avant avec un projet de loi.

Le 13 - 800 emplois perdus à Huntingdon. Devant l'imminence de l'élimination des quotas d'importation dans le secteur textile, six usines situées à Huntingdon, une municipalité de la Montérégie de 2 600 habitants, ferment, provoquant la perte de 800 emplois. L'Accord de l'Organisation mondiale du commerce

Le 20 - Guy Cloutier condamné à 42 mois de prison. Le producteur et impresario Guy Cloutier est condamné à 42 mois de prison par le juge Robert

Sansfaçon, au Palais de justice de Montréal. Guy Cloutier renonce par ailleurs à porter cette sentence en appel pour ne pas nuire davantage aux victimes impliquées dans cette affaire. La première victime, qui a été agressée pendant sept ans, n'avait que neuf ans au moment des premières agressions. L'autre victime aurait été agressée par le gérant d'artistes sur une période de six ans à partir de l'âge de 12 ans.

JANVIER 2005

Le 4 - L'or pour l'Équipe Canada Junior. Le Canada remporte le Championnat mondial junior de hockey en défaisant la Russie au compte de 6-1. Le seul Québécois de l'équipe, Patrice Bergeron, a été le meilleur marqueur du tournoi.

Le 7 - Un maigre 100 000 $. Le gouvernement lequel soulève la controverse en ne donnant qu'un maigre 100 000 $ aux victimes du tsunami du 26 décembre en Asie. L'annonce du montant provoque l'indignation des syndicats, de l'opposition et même de plusieurs députés libéraux. Le gouvernement doit rapidement rectifier le tir. « Le montant total sera beaucoup plus élevé que les 100 000 $ annoncés, une fois que nous aurons ajouté notre expertise, notre soutien matériel et des ressources humaines », explique la ministre Michelle Courchesne.

Le 13 - Financement des écoles juives. Le gouvernement du Québec provoque à nouveau un tollé quand un quotidien révèle que le ministre de l'Éducation, Pierre Reid, a décidé de financer à 100 % cinq écoles juives privées de Montréal, afin de « favoriser les échanges culturels ». Le ministre a autorisé en décembre l'octroi du statut d'« école associée » aux institutions juives privées subventionnées qui concluront une entente avec une commission scolaire. Ce faisant, le financement alloué par Québec passera de 60 à 100 % du montant accordé aux écoles publiques. Le gouvernement fait volte-face le 19 janvier : « Le moyen retenu n'était pas le bon. La population du Québec n'a pas suivi. On en prend acte. Il est clair que l'adhésion que nous avions anticipée n'était pas au rendez-vous », déclare Jean Charest. C'est le deuxième recul du gouvernement Charest, après l'abandon du projet du Suroît.

Le 18 - JJ Anderson remporte l'or. À Whistler, en Colombie-Britannique, le planchiste de 29 ans, originaire de Mont-Tremblant, remporte la médaille d'or de l'épreuve de slalom géant parallèle des Championnats du monde de surf des neiges, les premiers à se tenir en Amérique du Nord. Jasey-Jay Anderson remporte l'or une deuxième fois le lendemain lors de l'épreuve de slalom parallèle.

Le 19 - Montréal perd les Mondiaux. La Fédération internationale de natation annonce qu'elle retire l'organisation des Championnats du monde de sports aquatiques 2005/ Mondiaux aquatiques 2005 à Montréal parce qu'il manque 10 millions au budget de l'organisation.

Émélie Haymans

Le 26 - Fermeture de l'usine Abitibi-Consol de Port-Alfred. La fermeture définitive de l'usine de l'Abitibi-Consol à Port Alfred cause une véritable commotion dans une région déjà fortement affectée par la crise du bois d'œuvre.

Wal-Mart

Cette usine de papier journal, qui employait 640 personnes, était fermée depuis décembre 2003 en raison de problèmes de rentabilité provoqués par la faiblesse des marchés du papier. Le gouvernement Charest demande à la société Abitibi Consolidated d'attendre au moins six mois avant de commencer à démanteler ses installations, le temps d'explorer les possibilités de relance de la papetière avec de nouveaux partenaires éventuels, notamment le Brésil.

FÉVRIER 2005

Le 2 - Yvon DesRochers trouvé mort. Consternation dans la communauté sportive et politique montréalaise à l'annonce du suicide d'Yvon Des-Rochers, directeur général du comité organisateur des Championnats du monde de sports aquatiques. Il a été retrouvé mort dans sa voiture. Il se serait enlevé la vie au moyen d'une arme à feu, à l'angle des rues Notre-Dame et Panet. Âgé de 59 ans, M. DesRochers était marié et père de deux enfants. Ce coup de théâtre survient à peine deux semaines après que la Fédération internationale de natation (FINA) eut retiré l'événement au comité que dirigeait M. DesRochers en raison

d'un manque de financement. Yvon DesRochers était au centre d'une véritable tempête depuis ce temps.

Le 3 - Première officielle de KÀ. La dernière production du Cirque du Soleil (et quatrième production du Cirque à Las Vegas, le plus coûteux dans l'histoire du Cirque), mise en scène par Robert Lepage, est lancée devant 4000 invités. Estimé à 165 millions $ US, dont 30 millions $ US directement investis dans le contenu artistique, KÀ vient participer à la relance de l'hôtel MGM Grand, un complexe comptant 5000 chambres d'hôtel et de 8000 employés. Le théâtre rénové pour l'occasion compte 1950 places.

Le 9 - Le Wal-mart fermera. Premier magasin du géant du commerce de détail à se syndiquer en Amérique du Nord, le Wal-Mart de Jonquière cessera ses activités le 6 mai, six mois après que ses employés eurent reçu l'autorisation de se syndiquer. C'est la première fois que la plus grosse entreprise du monde ferme un magasin au Canada pour une raison autre qu'un déménagement. Le magasin de Jonquière serait devenu le moins rentable de la chaîne. Dans un communiqué, Wal-Mart Canada affirme que l'impossibilité de conclure avec le syndicat une convention collective qui lui permettrait d'exploiter le magasin de façon efficace et rentable, l'oblige à cesser ses activités.

Le 10 - Retour des Mondiaux aquatiques. Le maire de Montréal, Gérald Tremblay, a gagné son audacieux pari de récupérer l'organisation des Championnats du monde de sports aquatiques. La FINA a annoncé, à

Francfort, que Montréal redevenait la ville hôte de l'événement. Trois villes désiraient prendre la relève de Montréal, soit Athènes, Moscou et Berlin. La FINA a toutefois opté pour Montréal à la suite des démarches du maire Tremblay qui a rencontré les dirigeants de la FINA une dernière fois avant l'ultime décision. Une stratégie qui a fonctionné. « Ce sont des Jeux très importants pour Montréal. Et on va tout faire pour que les XIᵉ Championnats du monde aquatiques soient un très grand succès », a assuré M. Tremblay avant de prendre l'avion pour Montréal.

Le 23 - Budget fédéral. Ralph Goodale, ministre fédéral des finances, dépose un huitième budget fédéral équilibré d'affilé, qui dépasse pour la première fois de l'histoire le cap des 200 milliards de dollars (200,4 milliards), pour des dépenses prévues de 196,4 milliards.

MARS 2005

Le 1ᵉʳ - Entente sur les congés parentaux. Après des années de négociations, Québec et Ottawa ont finalement signé l'entente transférant au Québec la gestion du programme de congés parentaux. En vertu de l'accord, les parents québécois pourront bénéficier d'un régime de congé parental plus généreux que celui qu'offre actuellement le régime administré par le gouvernement fédéral. L'entente concrétise l'accord souhaité au Québec depuis près de 15 ans et met fin à plusieurs semaines de négociations difficiles, qui portaient sur le financement de la première année du nouveau régime, que Québec compte mettre en place dès le 1ᵉʳ janvier 2006. Au terme des négociations, Québec se retrouve cependant avec un manque à gagner de 250 millions. Le ministre des Affaires intergouvernementales canadiennes, Benoit Pelletier, a salué l'entente comme un nouvel exemple de fédéralisme asymétrique qui respecte l'esprit du pacte confédératif.

Le 6 - Martin plébiscité. Au terme de leur congrès biennal à Ottawa, les membres du Parti libéral du Canada ont renouvelé leur appui à Paul Martin, lors d'un vote de confiance que le chef libéral a remporté dans une proportion de 88 %.

Le 16 - Les étudiants dans la rue. Amorcé le 24 février, le mouvement de grève qui touche 230 000 étudiants, de loin le plus important de l'histoire du Québec, s'étend à toutes les régions. À Montréal se déroule une manifestation record, la plus importante depuis le déclenchement du mouvement de grève étudiante en opposition à la décision gouvernementale de transformer 103 millions de dollars de bourses en prêts, augmentant d'autant l'endettement des étudiants les plus démunis. Quatre-vingt mille étudiants, selon certaines estimations, défilent dans les rues.

Étudiants en colère

Kent Nagano

Le 16 - Enquête sur Urgence-santé. Avec en main un rapport d'inspection ministériel qui lui recommande la mise en tutelle de l'organisme, le ministre de la Santé, Philippe Couillard, ordonne la tenue d'une enquête indépendante sur la gestion d'Urgence-Santé. L'enquête découle de la décision d'Urgence santé d'autoriser et payer (au coût de 2,7 millions) la formation de 18 paramédicaux formés en soins préhospitaliers avancés, une spécialité que ne reconnaît pas le Collège des médecins au Québec.

Le 17 - Fillion quitte les ondes. L'animateur-vedette Jean-François Fillion est retiré des ondes de CHOI-FM. Genex Communications évoque une «accumulation d'événements» pour justifier le retrait de l'animateur controversé, contre lequel les poursuites se sont multipliées au cours des dernières années.

Les 17-19 - Congrès des conservateurs. À Montréal, les délégués au premier congrès du nouveau Parti conservateur du Canada accordent leur confiance au chef Stephen Harper dans une proportion de 84%.

Le 24 - La CASSEE à Québec. Bruyante manifestation à Québec de la faction la plus radicale du mouvement étudiant en grève, la CASSEE, après les actions d'éclat que furent l'occupation des bureaux du Conseil du patronat, le blocage de ponts et de l'accès au port de Montréal.

Le 24 - Le CHUM à Saint-Luc. Après des années de tergiversations, le gouvernement annonce finalement que le nouveau Centre hospitalier de l'Université de Montréal sera implanté sur l'em-

placement de l'hôpital Saint-Luc, au 1000, rue Saint-Denis.

Le 29 - Les honneurs pour Petitclerc. Chantal Petitclerc est élue meilleure athlète féminine de l'année 2004, à Toronto, au gala de Sport Canada. La Montréalaise a gagné cinq médailles d'or en autant d'épreuves en fauteuil roulant aux Jeux paralympiques d'Athènes, en plus de remporter la course de démonstration aux Jeux olympiques.

Le 30 - Débuts de Kent Nagano. Le maestro américain de 53 ans dirige pour la première fois à titre de chef de l'OSM devant une salle bondée.

Le 31 - Les valeurs de la loi 101 confirmées. La Cour suprême confirme la constitutionnalité de l'article 73 de la Charte de la langue française, c'est-à-dire des dispositions interdisant aux jeunes des familles francophones l'accès aux écoles publiques anglaises. Mais les parents venus du reste du Canada auront désormais plus de facilité à y inscrire leurs enfants. Ce faisant, la Cour confirme les valeurs qui sous-tendent l'équilibre des droits linguistiques au Québec.

AVRIL 2005

Le 1er - Wozniak tête d'affiche. Aleksandra Wozniak, de Blainville, 4e au mondial chez les moins de 18 ans, le plus haut rang atteint par une joueuse de tennis canadienne, se retrouve en tête d'affiche du tournoi Nasdaq 100 de Key Biscayne en Floride.

Le 10 - Fin de la grève étudiante. En congrès à Sherbrooke, la Coalition de l'Association pour une solidarité syndicale étudiante élargie (CASSEE) appelle ses 30 000 membres toujours en grève à retourner en classe. Au plus fort des six semaines de grève étudiante, ils étaient 230 000 à exiger le retour dans le régime des prêts et bourses des 103 millions convertis en prêts par le gouvernement.

Le 21 - Discours sur le budget. Le nouveau ministre des Finances du Québec, Michel Audet, garde le cap sur les priorités du gouvernement Charest. Il accorde de modestes baisses d'impôt aux contribuables et annonce plusieurs mesures pour stimuler l'investissement. Dans son budget sans surplus ni déficit, le ministre des Finances prévoit pour l'année financière en cours des dépenses de 55,402 milliards de dollars, en hausse de 3,3 %, pour des revenus de 55,135 milliards de dollars. La santé absorbera le gros des nouvelles dépenses, avec 826 millions, portant le budget global de la santé à 20,9 milliards.

Line Beauchamp, Lise Bissonnette et Jean Charest

Le 21 - Discours à la nation de Paul Martin. En réaction à la crise politique alimentée par le scandale des commandites, Paul Martin s'adresse au peuple canadien, exhortant les partis d'opposition à ne pas faire tomber son gouvernement minoritaire, et promettant de tenir des élections 30 jours après la parution du rapport final de la commission Gomery, en décembre. C'est le premier discours à la nation d'un premier ministre en dix ans, un geste rare, posé seulement 13 fois depuis l'apparition de la télévision.

Le 25 - Prix record de l'essence. Le prix de l'essence à la pompe atteint un seuil record de 99,9 $ le litre de régulier, à Québec.

Le 27 - Le OUI à 54 %. L'indignation populaire que soulève le scandale des commandites semble stimuler l'appui à la souveraineté du Québec qui atteint 54 %, révèle un sondage Léger Marketing, un sommet depuis 1998, à la veille de la réélection du Parti québécois mené par Lucien Bouchard.

Le 30 - Ouverture de la BNQ. Malgré la pluie, plus de 18 000 personnes franchissent les portes de la Grande Bibliothèque du Québec durant les deux journées portes ouvertes de l'inauguration. Construit au coût de 96,7 millions $, le spectaculaire édifice de quatre étages contient 4 millions de documents, dont 1,1 million de livres.

François Legault

MAI 2005

Le 5 - Le PQ publie son Budget de l'an 1.
Présenté par le député de Rousseau et critique péquiste en matière de Développement économique et de Finances, François Legault, le document de 48 pages, intitulé *Les finances d'un Québec souverain*, constitue une mise à jour de l'*Analyse pro forma des finances publiques dans l'hypothèse de la souveraineté du Québec*, effectuée en 1991 pour la commission Bélanger-Campeau. Il avance notamment qu'un Québec souverain disposerait d'une importante marge de manœuvre financière, de l'ordre de 17,1 milliards $ sur cinq ans.

Le 6 - Les profs dans la rue. De 30 à 40 000 membres de la CSQ manifestent dans les rues de la capitale pour dénoncer la lenteur des négociations syndicales dans le secteur de l'éducation.

Le 6 - Rapport sur la Gaspésia. La Commission d'enquête sur le projet de Papiers Gaspésia rend public son rapport et formule 27 recommandations au gouvernement. La commission identifie quatre causes principales de la déconfiture du projet Gaspésia, qui a entraîné des pertes de 253 millions pour le trésor public : l'absence d'un propriétaire privé vraiment responsable, la précipitation, la mauvaise gestion du chantier et, enfin, les problèmes de main-d'œuvre, imputés aux syndicats. Le juge à la retraite Robert Lesage affirme de plus que ce sont les pressions politiques exercées par l'ex-premier ministre Bernard Landry qui ont contribué à la précipitation qui a caractérisé le projet de relance, principale cause de ce «naufrage». Une conclusion que rejette vigoureusement l'ex-premier ministre qui impute la responsabilité du fiasco au gouvernement Charest. «C'est Jean Charest qui était premier ministre du Québec quand le désastre est arrivé et il doit en répondre.»

Le 9 - L'OSM en grève. Sans contrat de travail depuis le 31 août 2003, les 90 musiciens de l'OSM déclenchent la grève.

Le 9 - Mouawad refuse le Molière. Le metteur en scène Wajdi Mouawad remporte le Molière du meilleur «auteur francophone vivant» pour sa pièce

L'OSM en grève

Littoral, qui était présentée à Paris l'hiver dernier. C'est la première fois qu'un créateur québécois décroche un Molière, depuis la création de cette récompense il y a une vingtaine d'années. Mouawad a refusé la statuette pour protester contre « l'indifférence » des directeurs de théâtre à l'égard de la création contemporaine.

Le 10 - Les libéraux défaits. Crise politique à Ottawa : le gouvernement Martin est défait aux Communes sur une motion demandant sa démission (153 à 150), mais refuse de voir le vote comme une motion de défiance.

Le 10 - L'Océanic champion. L'Océanic de Rimouski remporte la série finale 4-0 contre les Mooseheads d'Halifax et la Coupe du Président couronnant l'équipe championne de la Ligue de hockey junior majeur du Québec. Avec un total de 31 points, le joueur vedette Sydney Crosby remporte le titre de joueur du match et de joueur le plus utile à son équipe dans les séries éliminatoires.

Le 12 - La CSERIE de Bombardier à Mirabel - L'avionneur Bombardier choisit le Québec pour l'assemblage final de sa nouvelle famille d'appareils de 110 et 130 places, la CSeries. Bombardier peut donc compter sur les 448 millions de dollars qu'il exigeait du fédéral et de Québec comme préalable à ses propres investissements qui pourraient créer au Québec de 5000 à 6000 emplois.

Le 15 - Le Canada vaincu. À Vienne, les Tchèques détrônent le Canada au Championnat mondial de hockey. Vaincu 3-0, Équipe-Canada était à la recherche d'un troisième titre successif.

Le 17 - Belinda Stronach change de camp. Coup de maître de Paul Martin : dans la stupéfaction générale, la conservatrice Belinda Stronach change d'allégeance et traverse la Chambre pour se joindre au caucus des libéraux à titre de ministre des Ressources humaines. Le geste, pour le moins spectaculaire, a un effet immédiat sur les intentions de vote en Ontario, province cruciale pour une réélection du PLC.

Le 19 - Les libéraux survivent. Le gouvernement Martin survit à un vote de confiance (153 à 152) grâce au vote du président de la Chambre des communes, Peter Milliken. Jamais auparavant un président de la Chambre n'avait eu à briser l'égalité lors d'un vote de confiance à l'égard d'un gouvernement.

Le 24 - Sidney Crosby MVP. L'attaquant vedette de l'Océanic de Rimouski est élu joueur par excellence de la Ligue canadienne de hockey pour la deuxième fois de suite, une première dans l'histoire de la Ligue canadienne de hockey. Fait peu banal, il l'a fait à... 16 et 17 ans.

Le 28 - Le mariage de l'année. Une foule de curieux se presse à Montréal au mariage du fils de l'ancien premier ministre Pierre-Elliott Trudeau et de Margaret, Justin, avec l'animatrice de télévision Sophie Grégoire.

Le 28 - Jeanson reine du mont Royal. Pour une quatrième fois en cinq ans, Geneviève Jeanson remporte la Coupe du monde de Montréal. Jeanson a bouclé la course en 2 h 55 min 43 s.

Le 29 - L'Océanic s'incline en finale. Les Knights de London de l'ex-Nordique

Geneviève Jeanson

Dale Hunter ont complètement dominé l'Océanic de Rimouski, blanchissant l'équipe championne de la LHJMQ 4-0 pour remporter la Coupe Memorial. Sidney Crosby termine au premier rang des marqueurs du tournoi.

Le 30 - Une Québécoise sur l'Everest. Shauna Burke, 29 ans, de l'arrondissement Pointe-Claire à Montréal, fait partie de la trentaine d'alpinistes qui parviennent au sommet de l'Everest le même jour. Diplômée de l'Université McGill, Mme Burke est seulement la deuxième Canadienne à accomplir cet exploit depuis Sharon Wood, en 1986.

JUIN 2005

Le 2 - Karla Homolka bientôt libérée. Une frénésie médiatique rarement vue entoure l'audience devant un juge de la Cour du Québec, au palais de justice de Joliette, de Karla Homolka Teale, 35 ans, qui termine une peine de 12 ans de prison pour sa participation à des meurtres crapuleux commis par son mari Paul Bernardo. La plus célèbre criminelle du Canada, qui sera libérée entre le 30 juin et le 5 juillet, a fait savoir son intention de s'installer dans la région de Montréal. Or, le ministère de la Justice de l'Ontario, appuyé par le procureur général du Québec, plaide qu'elle constitue toujours une menace pour la société et réclame que des mesures exceptionnelles soient prises pour limiter sa liberté.

Le 4 - Landry démissionne. Insatisfait d'un vote de confiance de 76,2 % obtenu au XVe congrès du Parti québécois, Bernard Landry annonce qu'il quitte immédiatement la présidence et son siège de député de Verchères. La décision du chef sème la consternation parmi les délégués. «Je suis désolé de vous faire ça. Ça me brise le cœur de vous dire ça mais je le fais au nom de l'intérêt national. Je le fais par respect pour la démocratie. Il aurait fallu que j'aie un niveau d'appui beaucoup plus élevé pour être en mesure d'accomplir parfaitement mes fonctions», déclare-t-il à ses troupes médusées.

Le 9 - Jugement Chaoulli. Jugement historique de la Cour suprême du Canada qui ouvre la porte à l'établissement d'un système privé de santé au Québec en invalidant deux articles de deux lois québécoises. La Cour donne raison au docteur Jacques Chaoulli, qui milite depuis des années en faveur de l'ouverture d'un hôpital privé au Québec et à un patient, George Zeliotis, qui a dû attendre un an pour se faire remplacer une hanche. Tous deux réclamaient que les Québécois puissent acheter des assurances privées qui couvriraient les services déjà assurés par la Régie de l'assurance maladie, malgré l'interdiction imposée par les articles de la Loi de l'assurance maladie et de la Loi sur la Régie de l'assurance maladie. Chaoulli et Zeliotis soutenaient que la loi actuelle sur la santé est inconstitutionnelle, parce qu'elle porte atteinte aux droits à la vie, à la liberté et à la sécurité garantis par les Chartes des droits. Dans un jugement partagé, à 4 contre 3, le plus haut tribunal du pays leur donne raison, en concluant que les longues listes d'attente violent le droit à l'intégrité de la personne reconnu dans la Charte québécoise des droits, étant donné qu'elles accroissent le risque de mortalité, de blessures irrémédiables et les souffrances.

Le 12 - Kimi Räikkönen remporte le Grand Prix de Montréal. Une foule record de 121 000 personnes assiste à la course, pour un total de 326 000 pour le week-end. Huitième sur la grille de départ, le pilote Gilles Villeneuve termine neuvième.

Le 13 - Duceppe reste au BQ. Candidat putatif à la succession de Bernard Landry, le chef du Bloc québécois, Gilles Duceppe, annonce qu'il renonce à se présenter à la direction du Parti québécois, et qu'il continuera de diriger le Bloc à Ottawa en raison notamment de l'imminence du scrutin fédéral, les deux partis (PQ et BQ) ne pouvant se permettre une course à la direction au même moment.

Le 21 - Entente sur la taxe sur l'essence. Jean Charest et Paul Martin annoncent la signature d'une entente de principe concernant le transfert des revenus de la taxe d'accise sur l'essence. Cette entente historique rapportera aux municipalités 1 150 MM sur cinq ans. Finan-

Kimi Raïkkönen

cièrement, selon Jean Charest, c'est l'entente fédérale-provinciale la plus importante à avoir été signée.

Le 22 - Record pour *Le Vaisseau d'or*. Ce qu'on croit être la copie manuscrite et autographiée la plus ancienne du poème d'Émile Nelligan *Le Vaisseau d'or* est adjugée pour 23 000 $ à l'Hôtel des Encans, à Montréal. L'acheteur et le vendeur sont restés anonymes. Le poème *Le Vaisseau d'or* est considéré comme une métaphore de la descente aux enfers de Nelligan, qui souffrait de schizophrénie. La copie est datée du 4 mars 1912, soit environ 13 ans après qu'Émile Nelligan eut écrit le poème.

Le 26 - Élections à Kanesatake. Les habitants de la communauté mohawks élisent le rival de James Gabriel, Steven Bonspille, au poste de grand chef, au terme d'une élection serrée qui s'est déroulée sans incident majeur. Mais les six chefs élus en même temps que lui sont des supporters avoués de son rival, ce qui laisse à ces derniers le contrôle décisionnel du Conseil de bande.

Gilles Duceppe

Mariage gai

Tutsis diffusé par la radio Mille Collines. Le Canada peut expulser M. Mugesera, mais non sa famille, qui n'est pas visée, le gouvernement devant toutefois vérifier le sort que lui réserve le Rwanda.

Le 28 - Le mariage gai est légal. Vote historique à la Chambre des communes qui reconnaît, par un vote de 158-133, les mariages entre conjoints de même sexe. En adoptant le projet de loi C-38, le Canada devient le 3ᵉ pays à légaliser le mariage gai, après les Pays-Bas et la Belgique.

Le 27 - Prix de l'essence - Le prix du litre d'essence ordinaire sans plomb atteint un sommet record de 1,02 $ à Montréal.

Le 28 - Mugesera peut être expulsé du Canada. Dans un jugement unanime, la Cour suprême décide que l'ancien politicien rwandais Leon Mugasera, installé à Québec avec sa famille depuis 1993, peut être chassé du Canada. La Cour est d'avis que Mugasera a incité la majorité hutue au meurtre, au génocide et à la haine, en prononçant au Rwanda, en 1992, un discours virulent contre les

JUILLET 2005

Le 4 - Karla Homolka est libre. La meurtrière la plus célèbre du Canada est libre après 12 ans de prison. Faisant un véritable pied de nez à la horde de journalistes qui faisaient le pied-de-grue devant le pénitencier de Sainte-Anne-des-Plaines, elle a filé en douce. Quelques heures plus tard, elle accordait une entrevue exclusive à l'émission *Le Point* de Radio-Canada.

Le 5 - Les Shriners choisissent Montréal. L'hôpital orthopédique pour enfant des Shriners ne déménagera pas à London, en Ontario. Ainsi en ont décidé les 1214 délégués réunis en congrès à Baltimore.

Le 7 - Nouveau record. L'essence ordinaire à 1,05.4 $ le litre d'ordinaire à Québec.

Le 13 - Entente dans la LNH. Une entente de principe met fin à 301 jours de lock-out dans la Ligue nationale de hockey, le plus long conflit de toute l'histoire du sport professionnel en Amérique du Nord. L'entente de six

Prix de l'essence

ans, qui reste à ratifier par les deux parties, prévoit un plafond salarial de 39 millions US par équipe, avec un plancher établi à 21 millions. Chaque joueur assumera une baisse de salaire de l'ordre de 24 % et aucun joueur ne pourra toucher plus de 20 % de la masse salariale de l'équipe. De plus, le nouveau contrat de travail prévoit un salaire maximum de 850 000 $ US pour une recrue.

Le 18 - La canicule embrasse les forêts. Le Québec traverse une des pires vagues d'incendies de forêt de son histoire. Quelque 950 pompiers tentent de circonscrire 128 incendies qui ont détruit jusqu'à maintenant 400 000 hectares. Cette saison désastreuse, une des pires depuis 1922, succède à une des moins pires depuis 1928. L'exploitation forestière a été interrompue par mesure préventive. Quelque 12 000 travailleurs forestiers sont ainsi forcés à l'inaction.

Le 20 - Défaite des autochtones. Dans un jugement unanime, la Cour suprême du Canada tranche que les Mi'kmaqs des Maritimes n'ont pas le droit de couper du bois sans permis sur les terres de la Couronne. Fermant la porte aux droits de coupe commerciaux des autochtones, cette décision provoque la colère des autochtones partout au pays. La Cour estime que les traités de 1760-1761 ne protègent que « les produits traditionnellement échangés avec les Européens ». Or, écrit-elle, les Mi'kmaqs ne faisaient pas le commerce du bois au

Les forêts

moment de la signature des traités et n'occupaient pas les territoires de coupe convoités « de façon exclusive ».

Le 25 - Des femmes défient le Vatican. Neuf femmes (sept Américaines, une Canadienne et une Allemande) défient le Vatican en étant ordonnées prêtres ou diacres sur un navire naviguant sur le Saint-Laurent. Chapeauté par l'organisme américain Women's Ordination Conference, qui vise à susciter le débat sur le droit des femmes au sacerdoce, l'événement est condamné par l'Église, mais salué par nombre de théologiens. Quatre femmes sont ordonnées prêtres tandis que cinq autres sont ordonnées diacres.

Les grands disparus

Serge Laplante
Recherchiste, Le Devoir

Voici un aperçu des grands disparus au Québec du 1ᵉʳ août 2004 au 31 juillet 2005.

Pouliot, Dʳ Jean A. (1923 – 8 août 2004). Ingénieur, il a fondé Télé-4, CFCF, acheté CF Cable TV et a fondé, en 1985, le Réseau de télévision Quatre-Saisons.

Jérôme, Jean-Paul (1928 – 13 août 2005). Peintre de premier ordre, enseignant, il est surtout connu pour avoir été un des signataires, en 1955, du *Manifeste des Plasticiens*, groupe qui s'est démarqué, à l'époque, pour ses critiques de l'automatisme.

Cotroni, Frank Santo (1933 - 17 août 2005). Véritable légende de la mafia montréalaise, Frank Cotroni a été emporté par un cancer du cerveau à l'âge de 72 ans. Il était en libération conditionnelle et avait passé presque la moitié de sa vie en prison. Né et élevé dans l'est de Montréal, d'une famille originaire de Calabre, dans le sud de l'Italie, il fera parler de lui des années 40 jusqu'à la fin des années 80. Frank Cotroni s'était signalé une dernière fois en septembre 2003, lors de la parution d'un livre de recettes italiennes de son cru.

Olivier, Michael Kelway (1925 - 29 septembre 2004). Universitaire, militant politique, le professeur Olivier est décédé subitement, tout juste après avoir donné une présentation à l'université McGill sur les syndicats et la politique canadienne. Toute sa carrière est marquée par son engagement profond envers les gens et la justice sociale et par ses efforts de rapprochement entre les communautés anglophone et francophone. Professeur de sciences politiques dans plusieurs universités, il avait été président et vice-chancelier de l'université Carleton, principal adjoint de l'université McGill, premier directeur du programme d'études canadiennes-françaises (maintenant québécoises) en 1963. Il a été parmi les premiers, en 1957, à anticiper la montée du nationalisme québécois. Il a été le président-fondateur du NPD en 1961.

Desjardins, Marcel (1907 - 10 octobre 2004). Journaliste, ancien directeur des pages sportives de *La Presse*, premier véritable columnist sportif francophone au Québec, membre du Temple de la Renommée du Hockey, il est décédé à l'âge de 96 ans. Ce Marcel Desjardins (ne pas confondre avec son homonyme, éditeur-adjoint de *La Presse* décédé il y a quelques mois) avait fait carrière pendant 50 ans à *La Presse*.

Roiseux, Jules (1924 - 20 octobre 2004).
Grand sommelier, «Maître Jules» fut un
des pionniers de la sommellerie québécoise dans les années 60. Bien connu
des téléspectateurs, notamment de
l'émission *Vins et fromages*, où il a été
chroniqueur pendant plusieurs années,
cet ancien meilleur sommelier du
Canada (en 1963) était né en Belgique
mais vivait au Québec depuis une
cinquantaine d'années. Ambassadeur
du vin au Québec, Officier du mérite
agricole de France, il est aussi l'auteur
d'un livre sur les fromages québécois.

**Loiselle, Hubert (1932 - 16 novembre
2004).** Comédien, Hubert Loiselle a
joué dans de nombreuses pièces de
théâtre, téléromans et séries télévisées.
Il était notamment de la distribution de
la série *Ti-Jean Caribou* et du téléroman
Rue des Pignons. Au cinéma, il a joué dans
Bonheur d'occasion, adapté du roman de
Gabrielle Roy.

**Bourdon, Michel (1943 - 29 novembre
2004).** Le journaliste, syndicaliste et ancien député Michel Bourdon est mort à
61 ans. Il souffrait depuis plusieurs années de la sclérose en plaques. Il a
représenté la circonscription de Pointe-
aux-Trembles pour le Parti québécois de
1989 à 1996. En plus de sa carrière politique, Michel Bourdon a été un ardent
syndicaliste qui lutta contre le «bandi-
tisme» dans le monde de la construction. Journaliste à Radio-Canada, où
il a travaillé de 1966 à 1970, il a participé
à la fondation du Syndicat des journalistes. «C'était un homme de gauche qui
n'était pas gauchiste», dira Bernard
Landry en lui rendant hommage.

**Filion, Claude (1946 - 2 décembre
2004).** Ancien député péquiste de
Taillon, Claude Filion, juge de la Cour
du Québec, est décédé à l'âge de
58 ans. Successivement avocat de pratique privée, chef de cabinet ministériel,
député de 1985 à 1989, alors qu'il avait
notamment agi comme porte-parole de
l'opposition officielle en matière de
politiques linguistiques, président de la
Commission des droits de la personne,
il avait été nommé juge en mai 2001.

**Gigantes, Philippe Deane (né Geras-
simos Theodoros Christodoulou
Gigantes) (1923 - 9 décembre 2004).**
Sénateur, écrivain, journaliste au *Globe
& Mail*, diplomate, il fut l'ami de Pierre-
Elliott Trudeau qui en fit le premier sénateur d'origine grecque. Son principal
fait d'arme parlementaire fut de dis-
courir sans interruption pendant
24 heures, en 1990, lors du filibuster
mené contre la TPS.

**Alleyn, Edmund (1931 - 24 décembre
2004).** Peintre et artiste multimédia de
renommée mondiale, il s'était intéressé
très tôt aux nouvelles technologies. Il a
enseigné l'art visuel à l'université
d'Ottawa pendant 19 ans. Il laisse une
œuvre très diversifiée qui figure dans les
collections de plusieurs musées.

**Lorrain, Pierre (1942 - 24 décembre
2004).** Avocat, député et président de
l'Assemblée nationale de 1985 à 1989, il
fut par la suite nommé Délégué général
du Québec à Bruxelles, puis président
de la Commission des services juridiques.

Bélanger, Edwin (1910 - 14 janvier 2005). Chef d'orchestre, violoniste, altiste, arrangeur pour la radio, professeur, le maître de musique bien connu de Québec est mort à 94 ans. Un kiosque a musique fort prisé des amateurs porte son nom sur les Plaines d'Abraham.

Giguère, Roland (1926 - 17 janvier 2005). Un des pionniers de la télévision, Roland Giguère, a succombé à une embolie pulmonaire. Il avait 79 ans. Frère de Réal, il a d'abord été annonceur à la radio avant d'entamer une carrière comme dirigeant, à la radio et à la télévision de Radio-Canada, dans les années 1950. Il sera gérant de CFTM-TV, le Canal 10, à sa création en 1960, puis PDG de Télé-Métropole, avant de participer à la fondation de TVA.

Schmidt, Gisèle (1921 - 30 janvier 2005). Comédienne, elle mena une carrière de près de 60 ans au théâtre et à la télévision où elle a joué dans plusieurs téléséries dont La Petite Patrie et Montréal PQ.

Chapdelaine, Jean (1914 - 2 février 2005). Pionnier de la diplomatie québécoise, haut fonctionnaire, premier président du Conseil de la culture du Québec, conseiller de René Lévesque. Il fut ambassadeur du Canada en Suède, au Brésil, en Égypte, de 1956 à 1965, et Délégué général du Québec à Paris de 1965 à 1976. C'est sous son mandat que la délégation générale prit véritablement son essor et qu'un des principaux fleurons du rapport France-Québec, l'Office franco-québécois pour la jeunesse, a vu le jour.

Choquette, Marthe (1931 - 9 février 2005) – Comédienne, elle a mené une carrière longue de près de 50 ans où elle a fait du théâtre, de la télévision et du cinéma. Elle avait joué dans plusieurs téléromans, notamment dans Du tac au tac, Épopée rock, Les Brillant et de nombreuses autres émissions populaires. Elle fut également de la distribution de productions théâtrales, notamment Les Belles-sœurs de Michel Tremblay. Au cinéma, elle avait joué dans Parlez-nous d'amour de Jean-Claude Lord.

Lanza, Tony (1920 - 20 janvier 2005). Culturiste, lutteur professionnel bien connu de la scène montréalaise, il fut l'un des premiers photographes spécialisés dans les magazines pour culturistes.

Filion, Gérard (1909 - 26 mars 2005). Ex-directeur du quotidien Le Devoir, membre de la commission Parent, ancien PDG de la Société générale de financement, journaliste, homme d'affaires, administrateur, Gérard Filion, mort à 95 ans, fut l'un des hommes les plus influents du XXe siècle au Québec.

Spry, Robin (1940 - 2005). Cinéaste, auteur d'une quinzaine de films avant de devenir producteur, il réalisa notamment des documentaires sur la crise d'Octobre, au début des années 70, alors que la plupart des cinéastes du Québec préféraient se tenir loin de cet épineux sujet. Il a été un des premiers anglophones à s'intéresser à la réalité politique et culturelle québécoise et à vouloir l'évoquer. Il est mort dans un accident de voiture à Montréal.

Bellow, Saul - (1915 - 5 avril 2005).
Écrivain d'origine montréalaise (Lachine), bien qu'ayant fait carrière aux États-Unis, prix Nobel en 1976, il était considéré comme le maître de la comédie mélancolique. L'Assemblée nationale a rendu hommage, le 7 avril 2005, à son apport exceptionnel à la littérature.

Gold, Allan B. - (1917 - 15 mai 2005).
Ancien juge en chef de la Cour supérieure du Québec, médiateur, connu pour avoir mis fin à la crise d'Oka en 1990, arbitre entre 1966 et 1983 de toutes les négociations collectives des employés du gouvernement du Québec. Il laisse le souvenir d'un juriste éminent, d'un juge respecté, d'un arbitre de grande sagesse et d'un citoyen engagé dans sa communauté.

Tardy, Guy (1935 - 24 mai 2005).
Criminologue, ex-député, ex-ministre, vigneron, l'homme a mené plusieurs carrières. Il avait été agent de la Gendarmerie royale du Canada, chargé de cours au collège André-Grasset, chargé d'études et de planification au Service de police de Montréal. Titulaire d'un doctorat en criminologie, il avait été conseiller technique à la Communauté urbaine de Montréal, puis consultant au ministère des Affaires municipales. Professeur adjoint à l'École de criminologie de l'Université de Montréal, il s'est ensuite fait élire député pour le Parti québécois, dans Crémazie, en 1976. Membre du cabinet de René Lévesque dès 1976, il sera titulaire de nombreux ministères, avant d'être défait en 1985. À partir de 1986, il s'est aussi fait vigneron, sur les bords de la rivière Richelieu.

Sloan, Tom (1928 - 3 juin 2005).
Journaliste, analyste politique, premier directeur du département de journalisme de l'Université Laval, il est décédé à Ottawa. Il avait été un des premiers à analyser le mouvement indépendantiste québécois dans son livre Quebec : The Not So Quiet Revolution. Il fut correspondant québécois du Globe & Mail dans les années 60, professeur à l'Université Laval en 1969, puis conseiller du chef conservateur Robert Stanfield de 1970 à 1973. Il avait ensuite fait partie de l'équipe éditoriale de The Gazette et avait été professeur de journalisme à l'Université Carleton à Ottawa.

Parent, Mimi (1924 - 14 juin 2005).
Artiste surréaliste, peintre provocatrice dont l'œuvre était fortement imbibée d'onirisme et de sexualité, elle vivait en France depuis un demi-siècle avec son mari, l'artiste Jean Benoît. Le Musée des Beaux-Arts du Québec leur avait consacré une importante rétrospective l'an dernier.

Mauffette, Guy (1915 - 30 juin 2005).
Poète, premier réalisateur de la radio de Radio-Canada, il fut acteur, concepteur, réalisateur et animateur d'innombrables émissions au cours de sa carrière de plus de 50 années, mais on retiendra surtout Le Cabaret du soir qui penche, son émission diffusée le dimanche soir pendant 15 ans.

Verreau, Richard (1926 - 6 juillet 2005).
Né à Château-Richer, près de Québec, il fut l'un des grands ténors québécois. Au cours de sa carrière, Richard Verreau s'est illustré sur les plus grandes scènes du monde et les plus prestigieuses comme Covent Garden et le Metropolitan Opera. Mais après avoir connu

une renommée internationale, une chirurgie de la gorge a mis fin prématurément à sa carrière de chanteur vers l'âge de 40 ans, alors qu'il était en pleine possession de ses moyens. Richard Verreau aura donc connu une carrière musicale assez brève, d'une quinzaine d'années seulement. Par la suite, il s'intéresse à la peinture et fonde sa propre galerie, qui devient sa principale activité à partir de 1977. Les Québécois se rappelleront de son interprétation inoubliable de Minuit, chrétiens!, repris pendant les fêtes.

Vacher, Laurent-Michel (1944 - 8 juillet 2005). Professeur de philosophie au cégep d'Ahuntsic, journaliste et essayiste, cofondateur des revues Chroniques et Spirale, il est l'auteur d'un grand nombre d'articles et d'une quinzaine de livres qui traitent d'art contemporain, de science et de politique.

Francœur, Jacques Gervais (1925 - 24 juillet 2005). Figure marquante du journalisme québécois, devenu magnat de la presse, il fut l'un des fondateurs de la chaîne de journaux Unimédia, longtemps propriétaire du Soleil et du Droit, avant d'être vendue à Conrad Black. Jacques Francœur est mort d'une hémorragie cérébrale à l'âge de 80 ans.

Les principales lois adoptées par l'Assemblée nationale

Serge Laplante
Recherchiste, Le Devoir

Le gouvernement Charest, on le voit à l'usage, légifère peu. Le bilan législatif de la dernière année en témoigne avec, au total, seulement 51 lois adoptées (22 à la session d'automne, 29 à la session du printemps), dont deux projets de loi dits «de députés», qui se révèlent cependant d'une certaine importance. En 27 mois de gouvernement, les libéraux n'ont donc fait adopter qu'une centaine de lois.

Les principaux éléments législatifs de son plan de réingénierie de l'État, rebaptisé «plan de modernisation», sont maintenant adoptés et aucun des projets de loi qui figurent au bilan de la dernière année n'a mobilisé des pans entiers de la société civile, comme ce fut le cas dans la première année de l'équipe libérale.

Le gouvernement a pourtant fait usage du règlement du bâillon en décembre, pour une deuxième année, non pas en raison d'une l'obstruction systématique de l'opposition, mais uniquement pour accélérer les débats et permettre l'adoption avant l'ajournement des Fêtes de cinq projets de loi (55 sur le Fonds de l'assurance automobile, 61 sur l'Agence des partenariats public-privé du Québec, 63 sur Services Québec, 75 sur les fusions municipales et 78 sur la mission de la Caisse de dépôt).

Or, si gouvernement Charest propose peu de lois, il consulte beaucoup experts, groupes sociaux, syndicats et simples citoyens, et cela de plus en plus fréquemment hors des murs du parlement. Un survol des consultations générales et particulières menées à l'Assemblée nationale, de même que des consultations régionales pilotées par les ministériels, donne d'ailleurs une idée assez juste des préoccupations politiques de la dernière année et des mois à venir.

Toujours soucieux de la qualité des relations américano-québécoises, le premier ministre a présidé lui-même le Forum pour l'intensification des relations Québec-États-Unis, une rencontre privée de gens d'affaires canado-américains, tenue dans les premiers jours d'octobre 2004 à Québec. Se sont enchaînés ensuite pour Jean Charest le Forum des présidents des CRÉ, préparatoire au Forum des générations, tenus à la fin septembre et en octobre. Une vingtaine de forums régionaux avaient précédé le Forum des générations.

Le gouvernement a tenu des consultations, générales ou particulières, sur des sujets aussi variés que les régimes complémentaires de retraite, l'exercice des droits des personnes handicapées, la réforme de l'aide sociale, l'Agence des partenariats public-privé, l'équité salariale dans les entreprises, la sécurité énergétique (après l'abandon du projet de la centrale thermique du Suroît), l'égalité entre les femmes et les hommes (la condition féminine), la réorganisation de la santé, la sécurité privée. Une commission spéciale a tenu quatre jours de consultations particulières sur le choix d'un site pour le futur Centre hospitalier de l'Université de Montréal (CHUM).

Des ministres ont effectué des tournées de consultation publique sur des sujets aussi divers que les moyens de permettre aux aînés de participer pleinement au développement du Québec, le Plan de développement durable, l'exploitation forestière en région après le rapport de la commission Coulombe, l'usage des véhicules hors route. D'autres tournées ont été annoncées avant l'ajournement d'été, notamment sur la stratégie d'action jeunesse 2005-2008 et la réforme du mode de scrutin, par le biais d'une commission parlementaire mixte et itinérante.

Depuis la reprise des travaux parlementaires le 19 octobre 2004, jusqu'à l'ajournement du 16 juin 2005, la Chambre n'aura siégé que 80 jours (32 à l'automne, 48 au printemps).

À l'ajournement du 16 juin 2005, le gouvernement avait 17 projets de loi inscrits au Feuilleton.

Session d'automne 2004 : 22 lois

44 Pollueur-payeur - La loi autorisera le ministre de l'Environnement à exiger des pollueurs des rapports fréquents sur leurs émissions ou leurs rejets et à imposer des frais à ceux dont la conduite force le gouvernement à prendre des mesures de contrôle, de surveillance et de restauration de l'environnement.

54 Production porcine - Donnant suite aux recommandations du BAPE sur la production porcine, une loi concrétise la levée totale du moratoire sur la production porcine et donne aux municipalités la responsabilité d'en réglementer l'implantation.

55 Assurance automobile - Le gouvernement fait de la SAAQ le fiduciaire du Fonds de l'assurance automobile du Québec, qui sera exclu du périmètre comptable du gouvernement et devra être capitalisé à même les primes des automobilistes. La loi prévoit que ce n'est plus lui, mais la SAAQ qui déterminera dorénavant les primes pour l'assurance que doivent payer les automobilistes, ce qui facilitera la hausse des tarifs d'assurance automobile et des frais d'immatriculation des véhicules.

56 Droits des handicapés - La loi 56, visant à améliorer l'exercice des droits des personnes handicapées, oblige tous les ministères et organismes publics comptant au moins 50 employés, les municipalités de plus de 15 000 habitants et toute société de transport en commun à se doter d'un plan d'action destiné à réduire les obstacles à l'intégration des personnes handicapées. La loi contient cependant une clause qui

permettra au gouvernement, aux municipalités et aux organismes publics ou privés d'éviter d'honorer leurs obligations envers cette tranche de la population.

60 Infrastructures - La nouvelle Société de financement des infrastructures locales du Québec aura pour mission de verser une aide financière aux organismes municipaux pour contribuer à la réalisation de projets d'infrastructures en matière d'eaux usées, de voirie locale et de transport en commun.

61 Les PPP - La loi 61, créant l'Agence des partenariats public-privé du Québec, encadrera l'instauration de partenariats public-privé au Québec.

63 Guichet unique - Le gouvernement créé Services Québec, un guichet unique qui permettra aux citoyens d'accéder directement aux services de l'État par téléphone, Internet et service au comptoir.

69 Grande Bibliothèque - Naissance d'une nouvelle institution, Bibliothèque et archives nationales du Québec, vouée à l'acquisition, à la conservation et à la diffusion du patrimoine documentaire publié, archivistique et filmique. En réunissant ces deux importantes institutions du patrimoine québécois sous une même administration, le Québec se donne une institution nationale d'envergure.

72 Sus aux Bougon à cravates - Québec durcit les règles en matière de valeurs mobilières et adopte une loi qui vise à mieux protéger les consommateurs, faisant passer les amendes pour délit

d'initié d'un million de dollars à cinq millions de dollars.

73 Programmes particuliers - En modifiant la Loi sur l'instruction publique et la Loi sur l'enseignement privé, le gouvernement permet aux commissions scolaires et aux écoles privées de déroger au régime pédagogique – et à la liste des matières imposées – pour offrir un projet pédagogique particulier.

75 Défusions municipales - La loi 75, qui encadre la reconstitution des villes ayant décidé de défusionner lors du référendum du 20 juin 2004, définit plus spécifiquement les équipements locaux et d'agglomération, précise le fonctionnement du conseil d'agglomération ainsi que diverses règles de fiscalité.

78 Caisse de dépôt - Le gouvernement modifie la mission de la Caisse de dépôt et de placement du Québec. Celle-ci devra désormais mettre l'accent prioritairement sur la rentabilité. Son rôle moteur dans le développement économique du Québec passera au second plan.

79 Équité salariale - Un amendement à la loi évite que chacun des syndicats demande un programme distinct pour chacune des unités de négociation au sein de l'organisation de l'État, ce qui devrait faciliter la conclusion d'une entente dans le secteur public.

90 Motoneiges - Le gouvernement adopte une loi en vertu de laquelle aucune action en justice fondée sur des inconvénients de voisinage ne pourra être intentée d'ici mai 2006. Le gouverne-

ment veut protéger les MRC contre toute poursuite judiciaire et sauver les deux prochaines saisons de motoneige, une industrie qui est réputée générer près d'un milliard de dollars en retombées, le temps de mener des consultations sur l'usage des véhicules hors route au Québec.

Session du printemps : 29 lois.

38 Commissaire à la santé - Engagement électoral des libéraux, une loi prévoit la nomination d'un Commissaire à la santé et au bien-être pour un mandat de cinq ans, renouvelable une fois, et abolit le Conseil de la santé et du bien-être ainsi que le Conseil médical du Québec.

57 Aide sociale - La Loi sur l'aide aux personnes et aux familles vient remplacer la loi actuelle sur l'aide sociale qui n'a été remplacée que deux fois depuis la première loi en 1969 : une première fois en 1989, et l'autre en 1998, à chaque fois dans beaucoup de contestations. La loi, qui se veut une mesure de lutte à la pauvreté, prévoit une indexation partielle, et non complète, des prestations pour les assistés sociaux aptes au travail qui ne participent pas à des programmes d'Emploi-Québec et une réduction de 100 $ de la prestation mensuelle d'un assisté social qui habite chez ses parents, la « clause Tanguy ».

71 Forêts - La Loi modifiant la Loi sur les forêts réduit de 20 % les droits de coupe forestière, comme le recommandait le rapport de la commission Coulombe. La commission estimait que la forêt québécoise était surexploitée et que le gouvernement en

surestimait la productivité. La loi a été adoptée à l'unanimité, mais sous le bâillon, le 21 mars 2005.

85 Centre de services partagés du Québec - Un des engagements du Plan de modernisation 2004-2007 du gouvernement Charest, le CSP intégrera et rationalisera les services administratifs du gouvernement. Le Centre deviendra le point d'entrée des demandes de biens et de services des ministères et organismes publics et le point de référence des fournisseurs qui veulent faire affaire avec le gouvernement.

91 Crédits - Incapable de présenter son budget de dépenses dans les délais statutaires, le gouvernement doit faire adopter sous le bâillon (une première) des crédits temporaires de trois mois, nécessaires à l'administration de l'État à compter du 1er avril 2005.

94 Forestier en chef - Création du poste de forestier en chef nommé par le gouvernement – une autre recommandation de la commission Coulombe –, qui aura pour mandat de déterminer les possibilités annuelles de coupe à rendement soutenu.

95 Enseignement de la religion – Par sa loi 95, modifiant diverses dispositions législatives de nature confessionnelle dans le domaine de l'éducation, le gouvernement reconduit pour une durée de trois ans la clause dérogatoire permettant l'enseignement de la religion catholique et protestante dans les établissements scolaires du Québec.

96 Services gouvernementaux - Cette loi institue le ministère des Services gou-

vernementaux qui aura pour mission d'offrir aux citoyens, aux entreprises ainsi qu'aux ministères et organismes gouvernementaux un accès simplifié à des services de qualité. Il assumera également les fonctions du dirigeant principal de l'information gouvernementale.

102 Déficit des régimes de retraite - Une loi donne la possibilité à tous les comités de retraite qui en font la demande à la Régie des rentes du Québec de mettre 10 ans au lieu de cinq pour rembourser leur déficits de solvabilité résultant ou aggravés par de mauvais rendements boursiers et la faiblesse persistante des taux d'intérêt à long terme.

106 Montrer pattes blanches - Québec adopte une loi obligeant les commissions scolaires à vérifier les antécédents judiciaires de tout le personnel œuvrant auprès des élèves.

108 Assurance parentale - Loi permettant la mise en œuvre du régime québécois d'assurance parentale, le plus généreux au Canada.

112 Loi sur le tabac - Fumer va devenir interdit dans tous les lieux publics dès janvier 2006, et l'usage du tabac sera banni à compter du 31 mai 2006 des bars et restaurants.

195 Surplus des régimes de retraite - Par ce projet de loi présenté par le député Henri-François Gautrin, le gouvernement modifie les régimes complémentaires de retraite pour obliger les employeurs à consulter les retraités avant de disposer des surplus actuariels. Actuellement, seuls le patron et les employés syndiqués ont leur mot à dire sur la façon de disposer des surplus d'un régime de retraite.

229 Oléoduc d'Ultramar - Loi concernant Pipeline Saint-Laurent, projet de loi privé présenté par le député Claude Bachand, autorise la compagnie Ultramar à acquérir par expropriation si nécessaire les terrains pour le passage d'un oléoduc de la ville de Lévis jusqu'à Boucherville.

Les rendez-vous 2006

Serge Laplante
Recherchiste, Le Devoir

Rendez-vous, anniversaires et commémorations : survol des événements incontournables de l'année

Sources : Chronologie du Québec de Jean Provencher. Ont aussi collaboré à cette section, Éric Bédard, Jean Provencher, Serge Laplante et l'équipe de l'Événementiel.

Mise en garde : *L'Annuaire du Québec* n'est pas responsable de l'annulation ou du changement de dates de certains événements. Pour fournir toute information relative à ce calendrier ou à tout rendez-vous à signaler pour l'année 2007, écrivez à inm@inm.qc.ca.

Les rendez-vous culturels et sportifs

Janvier

27 janvier - 12 février - 52ᵉ Carnaval de Québec

Février

Février – Le Gala des Jutra rend hommage aux artistes et artisans du cinéma québécois.

Février – Fête des neiges de Montréal

16-26 février – Festival Montréal en lumières

25 février – 7 mars – Championnats juniors mondiaux de ski alpin au Mont-Saint-Anne et au Massif de Petite-Rivière-Saint-François.

Mars

Mars – Le Gala des Oliviers récompense les artisans de l'humour.

Mars – Le Gala des Métrostars, grande messe du milieu de la télévision.

Mars – Le Raid Harricana aurait lieu à la fin mars 2006.

5 mars – La 78ᵉ Cérémonie des Oscars aura un intérêt particulier pour les Québécois avec la nomination du film C.R.A.Z.Y, de Jean-Marc Vallée, dans la catégorie meilleur film étranger.

9-19 mars – 24ᵉ édition du FIFA (Festival International du Film sur l'Art)

Avril

5-9 avril – 8ᵉ Festival littéraire international de Montréal Métropolis bleu

8 avril - Finale internationale de la Dictée des Amériques

19-23 avril - Salon international du livre de Québec

Mai

16 mai - 3 juin – 8ᵉ Carrefour international de théâtre de Québec

Juin

Juin - Mondial SAQ - Les Feux d'artifice de Montréal

Juin - Grand Prix du Canada de Formule Un

Juin - Vélirium (compétition internationale de vélo de montagne) au Mont-Saint-Anne

8-11 juin - 23ᵉ Festival de la chanson de Tadoussac

10-11 juin - Spectacle aérien de Québec

23 juin - 2 juillet - Festival d'humour Le Grand Rire Bleue de Québec

29 juin - 2 juillet - 12ᵉ Woodstock en Beauce à Saint-Ephrem

29 juin - 9 juillet - 27ᵉ Festival International de Jazz de Montréal

Juillet

Juillet - FrancoFolies de Montréal

Juillet - Tour cycliste de l'Abitibi

Juillet - Festival Juste pour rire

Juillet - Festival international de Lanaudière

Juillet - Grands Feux Loto Québec de Québec

Juillet - Régates Molson Dry de Valleyfield

Juillet - Traversée Internationale du lac Saint-Jean

6-16 juillet - Festival d'été international de Québec

13-23 juillet - 20ᵉ Festival International Nuits d'Afrique de Montréal

29 juillet - 5 août - Premiers Outgames mondiaux Rendez-vous Montréal 2006, festival sportif et culturel gai.

Août

Août - Course automobile Molson Indy de Montréal

Août - Le parc Jarry accueille chaque année l'élite mondiale du tennis à l'occasion des Internationaux de Tennis du Canada. En effet, le stade Uniprix (anciennement nommé le stade du Maurier) reçoit en alternance, la Coupe Rogers AT&T (féminin) et Les Masters de Tennis du Canada (masculin). Ainsi, les amateurs de tennis sont assurés de pouvoir assister à une compétition d'envergure chaque année. Montréal reçoit la compétition féminine en 2006.

Août - Les Internationaux Junior de tennis du Canada. Depuis vingt ans déjà, Repentigny accueille les meilleurs jeunes joueurs et joueuses de tennis du monde.

Août - International de montgolfières de Saint-Jean-sur-Richelieu

2-6 août - 10ᵉ Fêtes de la Nouvelle-France à Québec

3-13 août - 26e Plein Art à Québec

4-6 août - 37e Grand Prix de Trois-Rivières

27 août - Marathon des Deux Rives. Départ de Lévis/arrivée à Québec

Septembre

Septembre – 21e Festijazz international de Rimouski

Septembre – Festival western de Saint-Tite

Septembre – Festival du nouveau cinéma (?)

Septembre – 30e Festival des Films du Monde

Septembre – Festival international du film de Montréal

Septembre – Festival international du film de Toronto

Septembre – 38e Festival international de la chanson de Granby

Septembre – 10e Mois de la Photo à Montréal

Septembre – 24e Carrousel international du film de Rimouski

Septembre – 22e Festival international de la poésie de Trois-Rivières

Septembre – 16e Festival mondial des arts pour la jeunesse (Montréal)

Septembre - Le Festival de la Santé et le Marathon international de Montréal

Octobre

Octobre – 28e Gala de l'ADISQ (Association québécoise de l'industrie du disque, du spectacle et de la vidéo)

Octobre – Festival du cinéma international en Abitibi-Témiscamingue

Novembre

Novembre - 20e Coup de coeur francophone

Novembre - 29e Salon du livre de Montréal

Décembre

Décembre – 51e Salon des métiers d'art du Québec

Décembre – La Soirée des Masques couronne les artisans du théâtre.

Les rendez-vous d'intérêt général

Cet hiver

Audiences au parlement et en région de la Commission spéciale sur la réforme du mode de scrutin.

Janvier

1er janvier - Entrée en vigueur des défusions municipales.

13, 14 et 15 janvier - Congrès de fondation d'un parti plitique né de la fusion entre l'Union des forces progressiste (UFP) et Option citoyenne.

Février

Février - Dépôt du budget fédéral

1er février - Rapport final de la commission Gomery.

Mars

14 mars - Reprise des travaux parlementaires à Québec.

Printemps

Conclusion prévue de l'Entente commune, traité final entre les Innus et les gouvernements du Canada et du Québec.

Avril

Avril - Dépôt du budget du Québec. Le budget des dépenses (les crédits) est traditionnellement déposé au plus tard le 31 mars.

Avril - Sixième symposium international sur le droit d'auteur à Montréal. Ce forum coïncidera avec la fin de l'année d'activités de l'événement «Montréal, capitale mondiale du livre 2005-2006 ».

26-29 avril – 85es Assises annuelles de l'Union des municipalités du Québec (Québec)

Mai

Mai - Des Québécois, regroupés dans une association appelée Initiative vers un Forum social québécois, souhaitent organiser au Québec un forum social du type de ceux qui se tiennent annuellement à Porto Alegre, au Brésil, sommet des altermondialistes de toutes origines. L'événement aurait lieu au mois de mai.

7-10 mai - 100e congrès annuel du GFOA (Government Finance Officers Association), à Montréal

15-19 mai - Le 74e congrès de l'ACFAS (Association francophone pour le savoir) aura lieu à Montréal à l'Université McGill. C'est la deuxième fois que McGill recevra les quelques 3000 chercheurs et universitaires de l'ACFAS. La première, c'était en 1996.

17-18-19 mai - Forum sur le développement social et économique des Premières Nations, avec la participation des Inuits. À l'issue du Forum des générations qui s'est tenu les 12, 13 et 14 octobre 2004, le premier ministre Jean Charest, des représentants des Premières Nations et des Inuits ainsi que des intervenants politiques et socioéconomiques ont convenu ensemble de réaliser un forum portant sur le développement social et économique des nations autochtones.

21-26 mai - La Conférence annuelle de l'Association of International Educators attirera au Palais des congrès de Montréal de 7000 à 8000 congressistes provenant de près de 85 pays.

26-27 mai – 30e congrès de la Fédération des comités de parents du Québec (Québec)

Juin

Juin - À Saint-Boniface, Conférence ministérielle de la Francophonie portant sur la prévention des conflits et la sécurité humaine. Regroupe les ministres des Affaires étrangères des 53 États et gouvernements membres de l'organisation internationale.

Juin - 7e Congrès mondial de la Recherche ferroviaire (Montréal)

Juin – Le Vérificateur général publie le Tome 2 de son Rapport annuel au début de juin de chaque année.

Juin – Le Protecteur du citoyen publie son Rapport annuel au début du mois de juin de chaque année.

Juin – Le Directeur général des élections du Québec publie les Rapports financiers des partis politiques autorisés, un ouvrage de plus de 800 pages, en juin de chaque année. Les faits saillants du rapport sont diffusés par communiqué en mai.

2-5 juin - Congrès annuel de la Fédération canadienne des municipalités (Montréal)

5-8 juin – 12e Forum économique international des Amériques - Conférence de Montréal

23 juin - Ajournement des travaux parlementaires à Québec

Juillet

Juillet - Expo agricole de Saint-Hyacinthe

17-23 juillet - Le ministère des Ressources naturelles et de la Faune et l'Association des agents de protection de la faune du Québec organiseront conjointement à Québec la 25e Conférence annuelle de la North American Wildlife Enforcement Officers Association (NAWEOA), la plus grande tribune nord-américaine consacrée aux personnes chargées d'appliquer les lois relatives à la protection de la faune et de ses habitats.

Août

Août – Le congrès de la Commission jeunesse du Parti libéral du Québec marque traditionnellement la rentrée politique après les vacances d'été.

16-20 août – Festival citoyen et École d'été de l'Institut du Nouveau Monde

Août – 30e Conférence annuelle des Gouverneurs de la Nouvelle-Angleterre

L'Événementiel

Quand il y a rencontre, fête, partage de savoir, échange ou manifestation, au Québec, ça se retrouve dans *l'Événementiel*, l'agenda des événements à venir au Québec (www.evenementiel.qc.ca).

L'aventure a commencé en 1992. « Il nous fallait un outil de travail permettant de voir venir les événements, de les mettre en contexte et en perspective, sans influence commerciale », explique Alain Théroux, journaliste et cofondateur du centre de veille *l'Événementiel*, dont les agendas professionnels contiennent en moyenne plus d'un millier d'événements de tous les domaines à venir au Québec dans les douze prochains mois.

Se distinguant de tout agenda existant par la fréquence de ses mises à jour, sa portée et sa couverture résolument panquébécoise, *l'Événementiel* regroupe par exemple les congrès, colloques, activités de levées de fond, foires, journées thématiques, conférences de presse et lancements ou tout événement ou activité qui intéresse son lectorat, soit les journalistes, affectateurs, gens d'affaires, responsables du marketing, publicitaires ou agents de communication.

L'Événementiel représente pour ses lecteurs une source d'information riche et indépendante qui permet par exemple d'éviter les chevauchements ou d'obtenir rapidement le numéro de téléphone d'un organisateur. Publié sur Internet au format PDF, c'est un outil de travail performant. On y accède de partout et en tout temps avec un mot de passe, on imprime les pages désirées ou on effectue une recherche par mot-clé en un clin d'œil. Les trouvailles de la semaine sont immédiatement repérables et chaque événement inscrit est détaillé de manière à la fois concise et complète.

et des Premiers ministres de l'Est du Canada

Août - Expo Québec

Septembre

Septembre – 3e édition du Forum Tremblant sur la responsabilité sociale de l'entreprise et la durabilité

Septembre – 45e congrès de l'Association provinciale des constructeurs d'habitation du Québec.

Automne

Installation dans la capitale du monument à Don Bernardo O'Higgins. Une statue équestre du grand homme d'État chilien sera installée dans le parc de l'Amérique-Latine et côtoiera celle de Simon Bolivar. Sous sa direction, en 1818, le Chili proclama officiellement son indépendance.

Octobre

17 octobre - Reprise des travaux parlementaires à Québec

Novembre

Novembre – 82e congrès général de l'Union des producteurs agricoles

Décembre

Décembre – Le Vérificateur général publie le Tome 1 de son Rapport annuel au début du mois de décembre.

Décembre - Congrès annuel de la Fédération professionnelle des journalistes du Québec

Décembre – Événement les Entretiens Jacques-Cartier à Lyon, en France (en

alternance avec Montréal).

21 décembre - Ajournement des travaux parlementaires à Québec

Fin 2006

Prévue pour Noël 2005, la réouverture du Palais Montcalm rénové, qui deviendra la nouvelle résidence permanente des Violons du Roy, est reportée à une date indéterminée.

Quelques rendez-vous sur la scène internationale

Janvier - Forum économique mondial de Davos

Janvier - Forum Social Mondial. Né à Porto Alegre, au Brésil, le FSM devrait avoir lieu dans trois lieux (Amérique latine, monde arabe et Asie) cette année.

5 février - Super Bowl XL à Detroit

10-26 février - XXes Jeux olympiques d'hiver à Turin.

15-26 mars - Jeux du Commonwealth à Melbourne, Australie

22 mars – 4e Forum Mondial de l'Eau à Mexico. Première réunion du parlement mondial de l'eau qui servira à établir des règles de gestion transparente de l'eau et dont la première réunion aura lieu en 2006 à Bruxelles.

22 avril - 1er mai 2006 - Premier Festival Juste pour rire en France

Juin - Salon aéronautique du Bourget

9 juin-9 juillet - Le Mondial de soccer a lieu en Allemagne cette année.

Été

Le géant Microsoft rendra disponible la version bêta 2 de Vista de son système d'exploitation Windows, qui succède à la mouture Win XP apparue en octobre 2001.

Été - Le 32e Sommet du G8 se tiendra en Russie.

Automne

Le XIe Sommet de la Francophonie se tiendra à Bucarest en Roumanie. Le représentant de la Roumanie a annoncé qu'il sera organisé sous le thème de : « La Francophonie vers la société informationnelle et du savoir par l'éducation pour tous ». L'OIF a 53 membres et dix pays observateurs.

Automne - Conférence internationale sur le fédéralisme (à vérifier)

Activités interparlementaires et simulations parlementaires

Participation des parlementaires québécois à des activités multilatérales d'organismes interparlementaires en 2006 :

Mai - Équateur - Assemblée générale de la Confédération parlementaire des Amériques (COPA)

Juillet - Marrakech, Maroc – 32e session de l'Assemblée parlementaire de la Francophonie

1er au 10 septembre - Abuja, Nigéria – 52e Conférence parlementaire du Commonwealth (dans le cadre de l'Association parlementaire du Commonwealth)

Délégation de l'Assemblée nationale pour les relations avec les États-Unis :

Juillet - Philadelphie - Assemblée annuelle de l'Eastern Regional conference du Council of State Governments (ERC/CSG)

Août - Nashville - Assemblée annuelle du National Conference of State legislatures (NCSL)

7-10 décembre - Nouvelle-Orléans - Assemblée annuelle du Council of State Governments (CSG)

Mission éducative de l'Assemblée nationale. Les simulations parlementaires :

Au primaire – 10e législature du Parlement écolier, 12 mai 2006

Au secondaire - 4e législature du Parlement des jeunes, 15-17 février 2006

Au collégial - 14e législature du Forum étudiant, janvier 2006

Chez les 18-25 ans - 57e législature du Parlement Jeunesse, 26 au 30 Décembre 2006

20e législature du Parlement Étudiant du Québec, 3-7 janvier 2006

Pour les Aînés – 7e législature du Parlement des sages, septembre 2006.

Anniversaires

Il y a 200 ans :

- Fondation du journal *Le Canadien*

Il y a 180 ans :

- Le Parti canadien devient le Parti patriote

Il y a 120 ans :

- Fondation de la Chambre de commerce de Montréal, qui deviendra au XXe siècle la Chambre de commerce du Montréal métropolitain.

Il y a 110 ans :

- Élection des libéraux de Wilfrid Laurier, premier premier ministre canadien-français.

Il y a 100 ans :

- Déclenchement de la grève au moulin à bois de Buckingham

- Grève dans les textiles et première grève dans le secteur de l'amiante

- Ernest Ouimet ouvre le cinéma « Ouimetoscope ».

- Fondation de l'École d'architecture de Montréal.

- Errol Bouchette publie son essai *L'indépendance économique du Canada français*

- Grand tremblement de terre de San Francisco.

Il y a 90 ans :

- Olivar Asselin prononce un discours au Monument-national : « Pourquoi je m'enrôle ».

Il y a 80 ans :

- L'incident Byng-King.

Il y a 70 ans :

- Création de Radio-Canada

- Fondation du *Globe & Mail*

- Première élection de Maurice Duplessis après l'enquête des fonds publics dans laquelle le chef de l'Union nationale avait mis en lumière toute la malhonnêteté des libéraux du régime Taschereau.

Il y a 60 ans :

- Félix Leclerc fait paraître *Pieds nus dans l'aube*.

- *Le Survenant*, de Germaine Guèvremont, remporte le prix Sully Oliver.

Il y a 50 ans :

- Fondation de l'Institut d'histoire de l'Amérique Française par Lionel Groulx.

- En 1956, le scandale du pipeline éclatait à Ottawa et entraînait les libéraux de Louis Saint-Laurent dans la défaite. Cette fois, ce fut le mépris à l'endroit d'une opposition qui exprimait les préoccupations légitimes des citoyens qui les avait révoltés.

- Première saison de l'émission *Point de Mire*, de René Lévesque.

- Lester B. Pearson obtient le prix Nobel de la paix.

Il y a 40 ans :

- Inauguration du métro de Montréal.

- Fin de la commission Parent sur l'enseignement.

- L'Union nationale reprend le pouvoir le 5 juin à la surprise générale... De nombreux intellectuels – dont ceux de Partis Pris – y verront un vent de réaction, une marche arrière de l'Histoire. Cela jouera un certain rôle dans la radicalisation politique de cette période.

- Pierre Vallières fait paraître *Nègres blancs d'Amérique*.

Il y a 30 ans :

- En juillet : Jeux olympiques de Montréal.

- 15 novembre : élection du Parti québécois de René Lévesque.

- Les Gens de l'air réclament la francisation de l'espace aérien.

- Mise en service de la centrale hydro-électrique Manic 3.

Il y a 25 ans :

- Réélection du Parti québécois.

Il y a 20 ans :

- Naissance du réseau de Télévision Quatre-Saisons.

- Jean Doré devient maire de Montréal

- Québec est classée Ville du patrimoine mondiale de l'UNESCO.

Il y a 10 ans :

- Le « déluge » au Saguenay.

- Lucien Bouchard élu premier ministre.

Commémorations

17-31 juillet 1976 - 30ᵉ anniversaire des Jeux olympiques de Montréal.

15 novembre 1976 - 30ᵉ anniversaire de la victoire du Parti québécois de René Lévesque aux élections générales.

- Centenaire du peintre Alfred Pellan, né à Québec en 1906.

- 50ᵉ anniversaire de la mort d'Adélard Godbout.

- Accident nucléaire de Tchernobyl, c'était il y a 20 ans.

- Centenaire de la mort de Paul Cézanne.

- 250ᵉ anniversaire de la naissance de Mozart.

- 800ᵉ anniversaire de la fondation de la ville de Dresde, en Allemagne.

- James Dean (mort le 30 septembre 1955) aurait eu 75 ans !